D1654906

HANDBUCH
der
CHIRURGISCHEN und
NEUROLOGISCHEN
UNFALLBEGUTACHTUNG
in der
PRIVATVERSICHERUNG

(UNFALL- und HAFTPFLICHTVERSICHERUNG,
ZIVILGERICHTSVERFAHREN)

von

E. SCHERZER und W. KRÖSL

1994

VERLAG WILHELM MAUDRICH
WIEN – MÜNCHEN – BERN

Unfallchirurgischer Teil: Obermedizinalrat Dr. Wolfgang KRÖSL, Facharzt für Unfallchirurgie
Ehem. ärztlicher Direktor der AUVA, Flemminggasse 3, A-1190 Wien

Neurologischer Teil: Univ.- Prof. Dr. Erich SCHERZER, Facharzt für Neurologie und Psychiatrie
Ärztlicher Leiter des Neurotraumatologischen Rehabilitationszentrums Wien/Meidling der AUVA, Kundratstraße 37, A-1120 Wien

---

Printed in Austria

Filmsatz und Offsetdruck: Ferdinand Berger & Söhne Gesellschaft m. b. H.,
A-3580 Horn, Wiener Straße 80

ISBN 3 85175 593 6

Gewidmet unseren verständnisvollen
und geduldigen Gattinnen
sowie der jungen Gutachtergeneration

Inhalt

Vorwort

Es gibt im deutschen Sprachraum mehrere Publikationen, die sich mit der Begutachtung von Unfallfolgen befassen. Zum Teil sind sie auf die gesetzliche Unfallversicherung zugeschnitten, zum Teil behandeln sie auch juristische Grundlagen und Kausalitätsfragen. Speziell für Österreich gibt es auf dem Gebiete der Unfallchirurgie von R. Schütz ein Werk mit dem Titel „Das ärztliche Gutachten im Privat-Versicherungswesen“ aus dem Jahre 1956, das aber nicht mehr neu aufgelegt wurde und längst vergriffen ist. Auf dem neurologischen Gebiete stammt das Buch „Nervenärztliche Begutachtung“ von P. Mifka, wurde 1960 herausgegeben, betraf die gesetzliche Unfallversicherung und ist ebenfalls schon lange nicht mehr erhältlich. Beide Werke sind mit dem vorliegenden Buch nicht vergleichbar, weil sie sich isoliert auf das jeweilige Fachgebiet beschränken, wogegen unser Werk sowohl die unfallchirurgische als auch die neurologische Begutachtung beinhaltet, insbesondere in deren Überschneidungen und Überlappungen.

In den letzten Jahren haben die Mehrfachverletzungen wesentlich an Zahl zugenommen. Im Rahmen von Polytraumen finden sich häufig auf der einen Seite Verletzungen des Bewegungs- und Stützapparates sowie der großen Körperhöhlen und auf der anderen Seite Verletzungen des Zentralnervensystems sowie der peripheren Nerven. Eine kombinierte unfallchirurgisch-nervenärztliche Begutachtung ist daher in vielen Fällen erforderlich, wogegen Gutachtenkombinationen mit anderen Fachgebieten seltener sind. Es müssen also, da eine nicht unbeträchtliche Zahl von Verletzungsfolgen beide Fachgebiete betrifft, der Unfallchirurg und der Neurologe in zunehmendem Maße gemeinsam Unfallfolgen für die Privatversicherung und für das Gericht beurteilen. Dabei ergeben sich Überschneidungen nicht nur hinsichtlich des unfallbedingten Schadens, sondern auch hinsichtlich der Schmerzperioden und anderer Probleme. Deshalb ist es zumeist notwendig, daß auf Grund solcher Überschneidungen der betroffenen Fachgebiete abschließend eine zusammenfassende Einschätzung getroffen wird.

Die Begutachtung von Unfallfolgen außerhalb der gesetzlichen Unfallversicherung, also für die private Unfallversicherung und für die Haftpflichtversicherung bzw. für das Zivilgericht, nimmt einerseits mit der Häufigkeit von Unfallfolgen auf dem privaten Sektor zu (nur mehr jeder zehnte Unfall ist ein Arbeitsunfall) und andererseits mit dem Umstand, daß sich vernünftigerweise immer mehr Menschen privat gegen Unfälle versichern lassen. Solchermaßen hat sich die Zahl der zu begutachtenden Schadensfälle erhöht. Damit ist der Bedarf an einschlägigen Gutachten und dementsprechend auch die Zahl der Gutachter gestiegen.

Nach dem Ärztegesetz ist jeder Arzt berechtigt, Gutachten zu erstellen. Für den praktischen Arzt gibt es dabei keine Einschränkung, der Facharzt muß sich nach § 13 Abs. 2 des Ärztegesetzes auf sein eigenes Fachgebiet beschränken; ärztliche Tätigkeit im Sinne des Gesetzes ist nämlich nicht nur kurative Tätigkeit.

Viele neue Gutachter sind leider bloß Autodidakten, zumal die Begutachtung im Zuge der ärztlichen Ausbildung nicht hinreichend gelehrt wird, weder obligatorisch für Studenten an der Universität, noch später allgemein für junge Ärzte in Krankenanstalten. Der Umstand des Autodidaktismus läßt sich wiederholt an Gutachten erkennen, die uns beiden seit Jahrzehnten zur Überprüfung vorgelegt werden. Der Weg desjenigen, der sich lediglich aus eigener Erfahrung selbst bildet, ist mühevoll und dornenreich. Es dauert eben längere Zeit, bis sich der Autodidakt genügend Wissen angeeignet hat, um als fähiger Gutachter wirken zu können. Anfängliche Fehlentscheidungen sind trotz eifrigsten Bemühens nicht zu vermeiden. So mancher geht auf diesem Wege in die Irre oder gibt schließlich enttäuscht die ursprünglich angestrebte Gutachtertätigkeit auf.

Die Tatsache, daß ein Arzt große Erfahrung auf dem Gebiete der kurativen Medizin hat, schließt keineswegs ein, daß er mit gutachtlichen Fragestellungen vertraut sein muß. Mag ein Facharzt noch so kompetent auf dem diagnostischen und therapeutischen Sektor seines speziellen Fachgebietes sein, die Fähigkeit zum ärztlichen Gutachter ist dadurch nicht automatisch gegeben. Es müssen zusätzliche Voraussetzungen bestehen, zumal die Begutachtung eine reiche praktische Erfahrung, einschließlich gewisser juristischer Basiskenntnisse erfordert. So kommt es nicht selten vor, daß selbst von prominenten Fachkollegen erstellte Gutachten wohl medizinisch richtig, jedoch in den Schlußfolgerungen unbrauchbar und falsch sind, weil sie einfach den spezifischen Fragen der Versicherung nicht gerecht werden. Dies gilt insbesondere für die Beantwortung von Kausalitätsfragen.

Das unfallchirurgische Gutachten stellt erwiesenermaßen ein weites Land dar, denn Verletzungen können jede Körperregion betreffen. Wiederholt liegen Mehrfachverletzungen vor, welche sich in ihren Funktionsbeeinträchtigungen entweder günstig überschneiden oder ungünstig potenzieren. Mit Rücksicht auf das Versicherungswesen hat die Begutachtung gerade in der Unfallchirurgie schon von jeher eine große Rolle gespielt. In der Neurotraumatologie kommt der Begutachtung im Vergleich zu vielen anderen Disziplinen eine überragende Bedeutung zu, weil das Nervensystem den ganzen Körper durchdringt und Verletzungen, wie zuvor erwähnt, jede Körperregion betreffen können. Auch stellt das Gehirn das Substrat für Persönlichkeitsstruktur und individuelle Reaktionsweisen dar, so daß sehr häufig psychiatrische Aspekte gutachtlich zu berücksichtigen sind. Der neurologische Gutachter muß nicht nur über genaue Kenntnisse in der klinischen Neurologie, sondern auch über ausreichende Kenntnisse in den neurologischen Randgebieten (Elektroenzephalographie, Elektromyographie, Bestimmung der Nervenleitgeschwindigkeit und der evozierten Potentiale, kraniale und spinale Computertomographie usw.) verfügen. Sehr wichtig ist ferner die Abgrenzung psychogener Störungen und sonstiger unfallfremder Veränderungen im Rahmen der Kausalitätsbeurteilung.

Wir befassen uns in diesem Buch vor allem mit den medizinischen Problemen der Unfallbegutachtung in der nicht-gesetzlichen Versicherung. Rechtsgrundlagen werden nur so weit behandelt, als deren Kenntnis für den Gutachter unbedingt erforderlich ist. Ausführlicher wird dieses Thema in dem Buch von H. EMBERGER und A. SATTLER mit dem Titel „Das ärztliche Gutachten", herausgegeben von der Österreichischen Ärztekammer, behandelt und ist dort nachzulesen.

Wenn die zwei Wissenschaften Medizin und Jurisprudenz einander im ärztlichen Gutachten oder im Gerichtsverfahren treffen, dann wollen wir als medizinische Gutachter auf Grund entsprechend großer Erfahrung in kurativer Hinsicht (und nur solche versierte Ärzte können seriöse Gutachter werden) die uns zukommende beratende Funktion übernehmen. Wir wollen uns aber einzig und allein auf diese Rolle beschränken und wollen uns keineswegs zu Pseudorichtern aufspielen. Das Bild des Gutachters als neutraler, integerer und fachlich qualifizierter Berater der Versicherungen und der Gerichte muß gewahrt bleiben.

Die Verfasser haben sich bemüht, allen Gutachtern auf dem Gebiete der Neurologie und Unfallchirurgie einen Leitfaden zur Verfügung zu stellen, der es diesen ermöglicht, fundierte Gutachten zu erstatten, die dem Versicherten bzw. Geschädigten, der Privatversicherung und dem Zivilgericht eine brauchbare sowie wertvolle Entscheidungsgrundlage liefern.

Zu danken ist für die Beiträge Herrn Dr. jur. Karlheinz KUX, Kammeramtsdirektor der österreichischen Ärztekammer, Herrn OMR Dr. Peter FREYBERGER, Lehrbeauftragter an der Karl Franzens Universität Graz, Herrn Ass. Prof. Dr. Herbert WEGSCHEIDER, Universitätsdozent am Institut für Strafrecht, Strafprozeßrecht und Kriminologie in Linz und Herrn Dr. jur. Helmut KÖBERL, Abteilungsleiter für Rechtswesen der Allgemeinen Unfallversicherungsanstalt. Ferner sprechen wir Herrn Dr. Walter WURZER, leitendem Psychologen im Rehabilitationszentrum Wien-Meidling, für die Beratung in fachpsychologischen Fragen und für die druckfertige Aufbereitung des gesamten Buchtextes, Herrn Prokuristen Gerhard Grois vom Verlag W. Maudrich für die Aufnahme des Werkes in die Verlagspublikationen und vor allem Frau Lektorin Gertraud Hexel für ihre große Geduld und wertvolle Hilfe unseren herzlichsten Dank aus.

Die Autoren

Allgemeines über die Begutachtung

Die Begutachtung im allgemeinen und mindestens in gleichem Maße, wenn nicht noch in größerem Maße, die Begutachtung von Unfallfolgen – gleich ob es sich um die gesetzliche (soziale), die private Unfallversicherung, die Haftpflichtversicherung oder das Zivilgerichtsverfahren handelt – bedarf einer ganz speziellen Erfahrung auf diesem Gebiet, die es sich anzueignen gilt, will man Gutachten erstatten, die sowohl dem Geschädigten, als auch dem Schädiger oder seiner Haftpflichtversicherung gerecht werden. Die gesetzliche (soziale) Unfallversicherung wird im folgenden ausgeklammert. Diesbezüglich wird verwiesen auf „Die Unfallrente" von Krösl und Zrubecky, 4. Auflage, Ferdinand Enke Verlag, Stuttgart, 1992.

Dabei genügt es nicht, auf seinem Fachgebiet große kurative Erfahrung zu haben, da hier Fragen zu beantworten, Feststellungen zu treffen sind, die über das kurative Fachwissen und die kurative Erfahrung des ein Gutachten Erstellenden hinausgehen. Man sieht dies, wenn man lange genug in dieser nicht unwesentlichen Sparte der Medizin tätig ist, nicht allzu selten, wenn man beispielsweise sogenannte „Fakultätsgutachten" liest, die ein hohes wissenschaftliches Niveau haben, die aber vom gutachtlichen Standpunkt für die das Gutachten anfordernde Stelle unbrauchbar sind, da sich zeigt, daß der das Gutachten abgebende Fachmann mit den versicherungsrechtlichen oder zivilrechtlichen Grundlagen nicht vertraut ist.

Dazu kommt in vielen Fällen, daß der Gutachter sich als guter Arzt verpflichtet fühlt, seinem Patienten zu helfen, ein Bestreben, das ihm richtiger Weise zu eigen ist, solange er kurativ tätig ist. Mancher, nicht ständig gutachtlich tätige Arzt überträgt dies dann auf die gutachtliche Einschätzung seines Patienten, dem er gegen die „reiche Versicherung" (Privat- oder Haftpflichtversicherung) helfen will, möglichst viel Geld von dieser zu bekommen.

Der Gutachter muß sich von diesem Gefühl distanzieren. Er muß objektiv sein und weder dem Geschädigten, noch der Versicherung einen Vorteil verschaffen, da es sich beim Geschädigten im Falle der privaten Unfallversicherung um ein Mitglied einer Riskengemeinschaft handelt und jedes Mehr, das über eine objektive Beurteilung hinausgeht, diese Riskengemeinschaft schädigt. Ein namhafter Vertreter des Versicherungsverbandes hat einmal gesagt, daß es ohne weiteres möglich wäre, bei einem Blechschaden auch seelische Schmerzen abzugelten, nur müßten dann die Versicherungsprämien entsprechend erhöht werden, was sicher nicht im Interesse der großen Masse der Versicherten liegt. Andererseits sind auch die Versicherungen nicht daran interessiert, Gutachten zu bekommen, die den wahren Anspruch minimieren, da dies auf die Dauer dem Image der Versicherung schadet. Zwischen dieser Skylla und Charybdis hat sich der Gutachter zu bewegen und schon dies beweist, daß eine große gutachtliche Erfahrung notwendig ist, um sowohl dem Geschädigten, als auch der Versicherung und der Rechtsfindung des Richters gerecht zu werden. Wir möchten uns nun der Frage zuwenden:

I. Wer soll begutachten?

Rein rechtlich ist jeder Arzt mit Jus practicandi berechtigt, für die private Unfallversicherung und die Haftpflichtversicherung ein Gutachten zu erstatten. Für das Gericht muß er sich in die Liste der allgemein beeideten gerichtlichen Sachverständigen eintragen lassen.

Nach unserer Meinung muß der ein Gutachten erstellende Facharzt jedenfalls auf seinem Fachgebiet entsprechend beschlagen sein und er muß in seinem Fach auch entsprechend lange kurativ tätig gewesen oder noch sein und vor allem, er muß sich auf sein Fachgebiet beschränken. Dies ist jedoch schon durch § 13 Abs. 2 des Ärztegesetzes vorgeschrieben.

Wir halten es beispielsweise für absurd, wenn ein Gerichtsmediziner, dessen Patienten in der Regel tot sind, über Schmerzperioden urteilt, da er diese Erfahrung nur durch lange Tätigkeit am Krankenbett gewinnen kann und wir halten es genauso für ein Unding, wenn sich ein Unfallchirurg anmaßt, über Dauerschäden, Schmerzperioden und Spätfolgen, beispielsweise nach Augenverletzungen, Gehirnverletzungen, Verletzung des Urogenitalsystems etc. ein Urteil abzugeben, was leider hie und da vorkommt.

Damit sollte Gerichtsmedizinern nicht jede Qualifikation zur Abgabe eines Gutachtens auf dem großen Gebiet der Unfallverletzungen abgesprochen werden. Sie sind sicher besser in der Lage, Fragen zu beantworten, die den Unfallhergang betreffen, welche Verletzungen durch einen bestimmten Unfall entstanden sind, welche Unfallsituation zu bestimmten Unfallverletzungen geführt hat, ob beispielsweise zwei aufeinanderfolgende Ereignisse für die Unfallfolgen verantwortlich waren etc. Auf diesem Gebiet hat der Gerichtsmediziner sicherlich die größere Erfahrung, und es wird kein Unfallchirurg oder Neurologe solchen gutachtlichen Aussagen widersprechen können.

Im übrigen möchten wir hier einfügen, daß sich kein Gutachter – welcher Fachrichtung auch immer – scheuen soll, zu sagen, daß er diese oder jene Frage nicht beantworten könne, da ihm dazu der nötige Sachverstand fehle. Das hat noch keinem Gutachter geschadet – im Gegenteil.

Zur Frage, für wen ein Gutachten erstattet werden soll, möchten wir folgende Feststellung treffen: Der seriöse Gutachter wird (wir haben den Sektor der Sozialversicherung bereits am Anfang ausgeklammert) nur über Aufforderung einer Versicherung (Privat- oder Haftpflichtversicherung) oder eines Gerichtes ein Gutachten abgeben (nicht aber im Auftrag eines Patienten und nicht im Auftrag eines Rechtsanwaltes).

Gerade das letztere wird hier vielleicht Widerspruch hervorrufen, aber wir möchten es gleich begründen: Die Causa ist der Bezahler des Gutachtens. Ist es der Patient und ist es der Rechtsfreund des Geschädigten, entsteht der Eindruck, daß das Gutachten nicht objektiv sei; wir sagen, es entsteht der Eindruck. Warum entsteht er bei den anderen nicht? Bei einem Gericht steht die Objektivität außer Zweifel. Aber auch die private Unfallversicherung und die Haftpflichtversicherung sind an einem objektiven Gutachten, wie bereits ausgeführt, interessiert, und es liegt daher auf der Hand, daß weder Versicherungen noch Gerichte privat für den Geschädigten oder für den Anwalt erstellte Gutachten in der Regel als Entscheidungsgrundlage verwenden. Diese Gutachten, die vom Geschädigten direkt oder über den Anwalt zu honorieren sind, bedeuten eine unnotwendige Ausgabe für den Geschädigten. Besonders warnen möchten wir in diesem Zusammenhang davor, auf deren Verlangen Kopien von Gutachten, die für Versicherungen erstattet wurden, zuzusenden. Die von den betreffenden Versicherungen bezahlten Gutachten sind Eigentum dieser Versicherung und können damit an Dritte nicht weitergegeben werden. Dem Anwalt oder dem Geschädigten, der eine Kopie begehrt, solle man zweckmäßigerweise vorschlagen, seinen Wunsch an die Versicherung heranzutragen, wobei es dieser anheimgestellt wird, diesem Wunsch zu entsprechen.

Der Geschädigte benötigt für die Durchsetzung seiner Ansprüche in der privaten Unfallversicherung ein ärztliches Attest, möglichst des behandelnden Arztes. Es genügt, wenn dieses die Diagnose und, soweit es dem Arzt möglich ist, den Krankheitsverlauf und den entstandenen Schaden enthält. Der attestierende Arzt soll sich davor hüten, diesen Schaden einzuschätzen, denn das wäre bereits ein Gutachten.

Wir haben in den Jahrzehnten, in denen wir als Gutachter tätig sind, die abenteuerlichsten Einschätzungen vorgelegt bekommen, die nach völlig mißverstandenen Grundlagen erstellt wurden und die schlußendlich dazu führten, daß der Patient zeit seines Lebens glaubt, falsch beurteilt worden zu sein, da er ja nicht wissen kann, daß der Arzt, der ihn behandelt hat und zu dem er berechtigterweise großes Vertrauen hat, über Begutachtungsprobleme nicht informiert ist. Auf diese Weise wird der Patient, sollte sich die endgültige Entscheidung durch die Versicherung oder das Gericht mit dem Gutachten seines behandelnden Arztes nicht decken, sein Leben lang das Gefühl haben, ungerecht beurteilt worden zu sein, was eine nicht unbedeutende psychische Belastung darstellt.

Am schlimmsten ist es, wenn ein Arzt seinem Patienten attestiert, ein Schmerzengeldbetrag von – sagen wir S 60.000,– wäre angemessen. Damit geht er über sein Attestierungsrecht hinaus. Auch ein Gutachter für die Haftpflichtversicherung oder für das Gericht hat keinen Betrag zu nennen; dieses Gutachten hat nur die Höhe des Dauerschadens in Prozenten der Invalidität oder für die private Unfallversicherung nach den AUVB oder für die Haftpflichtversicherung und im Zivilgerichtsverfahren zusätzlich die Schmerzperioden zu enthalten. Die Festsetzung des Betrages ist Sache der privaten Unfallversicherung (sie richtet sich nach der Höhe der Versicherungssumme), der Haftpflichtversicherung bzw. im Zivilgerichtsverfahren des Richters, wobei leider – das müssen wir an dieser Stelle auch sagen – die Beträge von Schmerzperioden in Österreich nicht einheitlich sind, sondern sehr differieren. Doch das ist kein Problem des Gutachters.

Noch eine Bemerkung dazu: Nach unserer Meinung ist es besser, wenn der für eine private Unfallversicherung tätige Gutachter die Höhe der Versicherungssumme gar nicht weiß. Er ist damit in seiner Beurteilung freier.

II. Wie wird man Sachverständiger?

OMR Dr. Peter Freyberger, Lehrbeauftragter an der Karl Franzens Universität Graz, Allgemein beeideter gerichtlicher Sachverständiger

Ärztliche Zeugnisse, begonnen von der einfachen ärztlichen Bestätigung bis hin zum Sachverständigengutachten, spielen in der täglichen ärztlichen Praxis eine zunehmende Rolle. Ist doch neben der beratenden und rein kurativen Tätigkeit des Arztes ein weiter Bereich der Berufsausübung dem Erstellen von schriftlichen Unterlagen gewidmet, die nicht nur in der Straf- und Zivil-, sondern vor allem in der Sozial- und Arbeitsgerichtsbarkeit eine entscheidende Rolle spielen. Aber die Zunahme von Verkehrsunfällen, leider auch eine gewisse Klagsfreudigkeit seitens der „mündigen" Patienten wegen des in Laienkreisen so beliebten sogenannten „ärztlichen Kunstfehlers", tragen dazu bei, gutachtliche Tätigkeiten in die Berufsausübung aufnehmen zu müssen.

Diese Tätigkeit ist auch im Österreichischen Ärztegesetz § 1, Abs. 3 ÄG festgehalten, wonach es heißt:

> *„Jeder zur selbständigen Ausübung des Berufes berechtigte Arzt ist auch befugt, ärztliche Zeugnisse auszustellen und ärztliche Gutachten zu erstatten."*

Daneben schreibt auch der § 28 ÄG genau vor, unter welchen Voraussetzungen dies nur erfolgen kann; denn es heißt dort:

> *„Ein Arzt darf ärztliche Zeugnisse nur nach gewissenhafter ärztlicher Untersuchung und nach genauer Erhebung der im Zeugnis zu bestätigenden Tatsachen nach seinem besten Wissen und Gewissen ausstellen."*

Nicht im Gesetz definiert aber ist der Begriff: „Ärztliches Gutachten", so daß dieser vielleicht genauer umschrieben werden muß. Demnach wäre unter einem ärztlichen Gutachten die von einem zur selbständigen Ausübung seines Berufes berechtigten und hiezu bestellten Arzt begründete, meist schriftlich niedergelegte Stellungnahme zu konkret gestellten Fragen zu verstehen, in der durch Auswertung des Ergebnisses der ärztlichen Untersuchung einschließlich des Befundes und der sonst festgestellten erheblichen Umstände, Schlußfolgerungen für die tatsächliche Beurteilung eines konkreten Geschehens oder Zustandes gezogen werden. In diesem Gutachten wird also vom unterzeichneten Arzt entweder der Befund des körperlichen oder geistigen Zustandes einer Person bezeugt oder eine Sache aufgrund persönlich beobachteter Wahrnehmungen nach medizinisch-wissenschaftlichen Erkenntnissen beurteilt.

Mit dem Begriff „ärztliches Gutachten" verbindet sich aber auch der Begriff „ärztlicher Sachverständiger", so daß sich die Frage berechtigterweise ergibt, wie man nun überhaupt Sachverständiger wird, zu dieser Tätigkeit kommt bzw. diesen Titel erreichen kann?

Da die Bezeichnung Gutachter oder Sachverständiger gleichsam ungeschützt, und wie dem Ärztegesetz zu entnehmen, die Erstellung von Gutachten jedem nach dem Gesetz berechtigten Arzt auch erlaubt ist, muß die Bestellung zum allgemein beeideten gerichtlichen Sachverständigen näher erläutert werden, ist diese Tätigkeit doch immerhin mit gewissen Rechten, aber auch erheblichen Pflichten verbunden. Denn unter diesem Titel versteht man jene Ärzte, die als Sachverständige in Listen bei den Gerichtshöfen eingetragen sind und die durch ihre Gutachten Beweismittel im Verfahren vor den Gerichten oder Verwaltungsbehörden liefern. Das Gericht oder die Behörde ist nämlich zur Heranziehung von Sachverständigen verpflichtet, wenn dies zur Entscheidungsfindung erforderlich ist. Da der Richter, Verwaltungsbeamte oder sonstige Rechtsanwender selbst bei Spezialisierung nicht mehr in der Lage ist, seinem Rechtswissen ein gleichwertiges Sachwissen an die Seite zu stellen, benötigt er den Sachverständigen, der nicht nur Beweismittel ist, sondern auch als fachkundiger Berater und Helfer fungieren muß.

Mit der Führung der Sachverständigenlisten sind die jeweiligen Präsidenten des Gerichtshofes I. Instanz betraut. Da es in Wien und Graz aber gesonderte Landesgerichte für Zivilrechts- und Strafsachen gibt, führen die Präsidenten der Landesgerichte für Strafsachen Wien und Graz sowie des Jugendgerichthofs Wien keine Listen; dies übernehmen die Präsidenten der jeweiligen Landesgerichte für Zivilrechtssachen. In diesen Listen sind die Sachverständigen nach Fachgebieten und innerhalb der Fachgebiete nach dem allenfalls beschränkten sachlichen Wirkungsbereich gegliedert. Dadurch ist dem Benutzer dieser Listen eine stets aktuelle Übersicht über die zur Verfügung stehenden allgemein beeideten gerichtlichen Sachverständigen möglich. Dies stellt einen Behelf für die Gerichte dar, hat jedoch nur deklarative Bedeutung, denn es besteht grundsätzlich kein Anspruch, beschäftigt zu werden, auch wenn man in diese Liste eingetragen ist.

Besteht also Interesse an der Aufnahme der Tätigkeit als allgemein beeideter gerichtlicher Sachverständiger, so sind, bevor man die Hürde der Eintragung genommen und danach den Sachverständigeneid geleistet hat, eine Reihe von Formalitäten zu absolvieren bzw. gesetzlich verankerte Voraussetzungen zu erfüllen.

Die einschlägigen Bestimmungen findet man ausführlichst im Sachverständigen- und Dolmetschergesetz vom 19. Februar 1975, Bundesgesetzblatt 1975/137. Dieses Gesetz (SDG) bezieht sich auf die allgemeine Beeidigung von Sachverständigen für ihre zukünftige Tätigkeit vor Gerichten und deren Erfassung in Listen. Dieses Gesetz regelt also das Rechtsgebiet, das in der juristischen Umgangssprache als Bestellung zum ständig beeideten gerichtlichen Sachverständigen bezeichnet wird, obwohl es sich nicht um eine Bestellung, sondern um eine Beeidigung handelt.

Die rechtliche Wurzel für den allgemein beeideten gerichtlichen Sachverständigen und der Grund für eine solche Einrichtung sind die §§ 385 der *Zivilprozeßordnung* (ZPO) und 121 der *Strafprozeßordnung* (StPO), die den zukünftigen Sachverständigen auch bekannt sein sollten. Diesen Bestimmungen ist auch die gesetzlich geregelte Bezeichnung „allgemein beeideter gerichtlicher Sachverständiger" entnommen, mit der ein deutlicher Unterschied zu dem nur in einem bestimmten Verfahren bestellten Sachverständigen gemacht wird. Die frühere Bezeichnung „ständig beeideter gerichtlicher Sachverständiger" wurde verlassen, da ja auch, wie noch zu behandeln ist, nunmehr nur ein befristeter Eintrag erfolgt, von einer ständigen Tätigkeit also nicht mehr gesprochen werden kann.

Die Einrichtung des allgemein beeideten gerichtlichen Sachverständigen ist ausschließlich Anliegen der Rechtspflege. Die Listen sind ein brauchbares Hilfsmittel für die Gerichte, die Auswahl eines geeigneten Sachverständigen zu erleichtern. Vorweggenommen soll aber gleich noch werden, daß durch die Eintragung in die Liste eine Befugnis, die also eine hauptberufliche Berufsausübung ermöglichen soll, nicht verliehen wird. Allerdings bestehen keine Vorschriften, *die dem Eingetragenen die Verwendung der Bezeichnung als allgemein beeideter Sachverständiger im privaten Bereich und im Verkehr mit Behörden verbieten!* Dennoch ist ein abträglicher Gebrauch der Bezeichnung unstatthaft, so daß es eher empfehlenswert erscheint, diese Bezeichnung zumindest nicht auf das Arztschild aufzunehmen, da hier der Verdacht, einen gewissen Wettbewerbszweck zu erzielen, nicht von der Hand zu weisen wäre. Denn ein echter Mißbrauch dieser Bezeichnung führt berechtigterweise zum Verlust der Vertrauenswürdigkeit und damit zur Entziehung der Eigenschaft.

Doch nun wissen wir immer noch nicht, welche Voraussetzungen für die Eintragung in die Sachverständigenliste nötig sind, wie es im § 2 SDG aufgelistet ist und nun behandelt werden soll.

Dazu muß eingangs festgehalten werden, daß grundsätzlich *kein Rechtsanspruch auf die Eintragung* besteht und der Bedarf an eingetragenen Sachverständigen von der gerichtlichen Eintragungsbehörde bestimmt wird. Eine allfällige Verweigerung einer Eintragung ist eine inappellable Entscheidung, es gibt dagegen keine Möglichkeit, ein Rechtsmittel einzuleiten, die getroffene Entscheidung ist daher nicht anfechtbar!

Der das Eintragungsverfahren nun einleitende Antrag des Bewerbers muß grundsätzlich schriftlich gestellt werden. Dieser Antrag hat genaue Angaben über Vor- und Familiennamen, Geburtstag, Geburtsort, Beruf und Anschrift zu enthalten, wobei urkundliche Belegung erforderlich ist. Außerdem hat der Antrag ausreichende Angaben über alle Eintragungsvoraussetzungen zu enthalten, wobei hier entsprechende Urkunden tunlichst schon mit dem Antrag vorzulegen sind. Diese Urkunden können natürlich auch in beglaubigter Ablichtung beigelegt werden.

Die *Voraussetzungen für die Eintragung in die Sachverständigenliste* sind im Sachverständigen- und Dolmetschergesetz genau aufgelistet. Sie teilen sich in:

1. Voraussetzungen in der Person des Bewerbers und
2. Voraussetzungen in sachlichen Bedingungen.

1. *Voraussetzungen in der Person des Bewerbers*

a) Sachkunde, für deren Beweis das Dekret zum praktischen Arzt oder Facharzt dient und die zuständige Ärztekammer angehört werden muß.

b) *Mindestens fünfjährige berufliche Tätigkeit in verantwortlicher Stelle im betreffenden medizinischen Fachgebiet,* wobei die Ärztekammer in ihren Gutachten über die Sachkunde zwei Jahre verantwortlicher Assistententätigkeit aus der Ausbildungszeit dann einrechnet, wenn eine entsprechende Anzahl von Gutachten während der Ausbildung erstellt worden ist.

c) *Volle Geschäftsfähigkeit.*

d) *Körperliche und geistige Eignung.*

e) *Vertrauenswürdigkeit.*

Diese Forderungen sind Voraussetzung, ist der zukünftige Sachverständige ja ein von den Parteien unabhängiges, zur Objektivität verpflichtetes Hilfsorgan des Gerichtes, von dem ein besonders hohes Maß an Vertrauenswürdigkeit gefordert wird. Ein Mindest- oder Höchstalter des Bewerbers sieht das Gesetz nicht vor. Einerseits sichern die Eintragungsvoraussetzungen ohnedies eine untere Altersgrenze, anderseits würden, wenn aufgrund körperlicher oder geistiger Gebrechen, die ihre Ursache im wesentlichen im fortgeschrittenen Alter haben, ohnedies die Voraussetzungen nicht mehr gegeben sein und so eine Eintragung nicht mehr erfolgen können.

f) *Die österreichische Staatsbürgerschaft ist Eintragungsbedingung.*

g) Der *Ort der beruflichen Tätigkeit* im Sprengel des Gerichtshofes, bei dem das Eintragungsverfahren beantragt wird, ist Voraussetzung. Damit ergibt sich eine örtliche Zuständigkeit schon auch im Hinblick darauf, daß nur eine Eintragung in eine einzige Liste erfolgen darf, nach erfolgter Eintragung aber bei allen Gerichten im Bundesgebiet die Sachverständigentätigkeit ausgeübt werden kann.

h) *Geordnete wirtschaftliche Verhältnisse sind ebenfalls Voraussetzung.*

2. *Voraussetzungen in sachlichen Bedingungen*

Bei den *sachlichen Voraussetzungen* ist erforderlich, daß überhaupt der Bedarf an allgemein beeideten Sachverständigen für das spezielle Fachgebiet des Bewerbers gegeben ist. Meist kann man davon ausgehen, daß ein Antrag eines Arztes kaum mangels Bedarfs abgelehnt wird, zumal das Bundesministerium für Justiz schon 1987 im Hinblick auf eine gewisse Knappheit an gerichtlichen Sachverständigen die Anwendung eines großzügigen Maßstabes dort empfohlen hat, wo häufig Sachverständige herangezogen werden müssen.

Ist nun dieser Antrag mit seinen nötigen Unterlagen, formlos, jedoch mit einer S 250.– Gerichtskostenmarke versehen, bei Gericht eingelangt, so hat der Gerichtspräsident alle ihm erforderlich scheinenden Ermittlungen anzustellen, die Ärztekammer anzuhören und den Bewerber gemäß § 4 (2) SDG zu vernehmen. Hiebei hat der Bewerber ein Wissen über die wesentlichen Bestimmungen der Verfahrensvorschriften und der die Sachverständigen im allgemeinen betreffenden Vorschriften nachzuweisen. Gleichzeitig wird auch so dem eintragenden Präsidenten die Möglichkeit gegeben, sich einen persönlichen Eindruck vom Bewerber zu machen, die Vertrauenswürdigkeit zu prüfen und über dessen Kenntnisse der Vorschriften informiert zu werden. Das für die Vernehmung nötige Wissen wird in Fortbildungswochenenden seitens des Gutachterreferates der Österreichischen Ärztekammer gelehrt und die Teilnahme testiert. Für Bewerber, die eine Lehrbefugnis an einer österreichischen Universität haben, entfällt die Anhörung der Ärztekammer.

Da die Vernehmung den Abschluß des Ermittlungsverfahrens zur Eintragung darstellt, erfolgt auch in den meisten Fällen anläßlich dieser die Ablegung des Sachverständigeneides. Der Wortlaut dieses Eides ist im § 5 (1) SDG festgelegt und wird nach Erinnerung an die Heiligkeit des Eides und seine Wichtigkeit für die Rechtsordnung geleistet. Die Ablegung dieses Eides hat nun die Wirkung, daß der nunmehrige Sachverständige, solange er in der Sachverständigenliste eingetragen ist, bei seiner Tätigkeit vor den Gerichten im ganzen Bundesgebiet nicht mehr besonders zu beeiden ist.

Dem Sachverständigen wird anläßlich seiner Eintragung auch ein Lichtbildausweis ausgestellt, den er bei seiner Tätigkeit mit sich führen muß und der auf Verlangen vorgewiesen werden muß.

Ist man nun also eingetragener Sachverständiger, so darf man auf den § 8 SDG nicht vergessen, der die *Befristung des Eintrags* in der Sachverständigenliste regelt. Mit Ausnahme inländischer Hochschullehrer ist nämlich die erfolgte erste Eintragung zunächst mit dem Ende des fünften, auf die Eintragung folgenden Kalenderjahres befristet. Die gesetzliche Bestimmung der Befristung des Eintrags soll eine wirkungsvollere Auswahl besonders fähiger Sachverständiger herbeiführen. Dem Bewerber wird also gleichsam ein gewisser Vorschuß an Vertrauen hinsichtlich seiner Eignung entgegengebracht, welches er zum Ablauf der Frist durch Anzeigung seiner bisherigen gerichtlichen Tätigkeit nachweisen muß. Denn im letzten Jahr der Geltungsdauer, spätestens drei Monate vor Ablauf der Frist, kann der Sachverständige beantragen, daß diese Befristung aufgehoben wird. Im Antrag sind die gerichtlichen Verfahren mit Angabe von Gericht und Aktenzeichen anzuführen, in denen der Sachverständige seit seiner Eintragung tätig war. Bereits vielbeschäftigten Sachverständigen wird diese Aufzeichnung auf das letzte Jahr reduziert werden können. Der Gerichtspräsident hat stichprobenartig einige der Gutachten auf die Nachvollziehbarkeit und den richtigen Aufbau zu überprüfen.

Für den Newcomer nicht so wichtig, aber dennoch von Interesse ist der § 9 SDG, der das *Erlöschen der Eigenschaft* behandelt. Die Eigenschaft als gerichtlich beeideter Sachverständiger erlischt, wenn

1. der Sachverständige nicht rechtzeitig die Aufhebung der ersten Befristung beantragt,

2. dem für die Eintragung zuständigen Präsidenten nicht innerhalb der letzten drei Monate vor Ablauf des mit der Endziffer Null bezeichneten Kalenderjahres eine schriftliche Erklärung zugeht, eingetragen bleiben zu wollen,
3. wenn eine Verzichtserklärung auf weitere Eintragung seitens des Sachverständigen erfolgt.

Natürlich kann dem Sachverständigen auch seitens des Präsidenten des Gerichtshofes erster Instanz *die Eigenschaft entzogen* werden. Der § 10 SDG sieht diese Zwangsmaßnahme vor, wenn

1. es sich herausstellt, daß die Voraussetzungen für die Eintragung seinerzeit nicht gegeben waren oder später weggefallen sind. Dies könnte bei Involvierung in ein Strafverfahren als Beschuldigter der Fall sein, wenn die Vertrauenswürdigkeit also weggefallen ist,
2. sich der Sachverständige wiederholt ungerechtfertigt weigert, zum Sachverständigen bestellt zu werden oder
3. er wiederholt die Erstattung des Gutachtens über Gebühr hinauszögert, sei es durch Nichtbeachtung gesetzter Fristen oder Vernachlässigung ergangener gerichtlicher Vorladungen.

Die Entziehung der Eigenschaft erfordert einen schriftlichen rechtsmittelfähigen Bescheid, der eine Berufung seitens des Sachverständigen zuläßt. Diese ist an den Präsidenten des Oberlandesgerichtes zu richten, zieht jedoch keine aufschiebende Wirkung nach sich.

Sieht im allgemeinen der Verfahrensgang zur Eintragung in die Liste der allgemein beeideten gerichtlichen Sachverständigen im ersten Moment kompliziert aus, so tragen die vom Gutachterreferat der Österreichischen Ärztekammer veranstalteten Wochenend-Gutachterseminare dazu bei, sich schon vor einer geplanten Eintragung mit der nötigen Materie vertraut zu machen. Das Studium des im Verlag der Österreichischen Ärztekammer erschienenen Buches: H. EMBERGER, A. SATTLER: Das ärztliche Gutachten. 2. Auflage 1988, erscheint als Pflichtlektüre und reicht anderseits völlig aus, das nötige Basiswissen in Verbindung mit einem Seminar erarbeiten zu können.

Ob nach all dem Gesagten nun die Bestellung zum allgemein beeideten gerichtlichen Sachverständigen erstrebenswert ist, muß dem einzelnen Arzt überlassen bleiben. Ein den Sozialversicherungstarifen ähnliches Gebührenanspruchsgesetz (Bundesgesetz vom 19. Februar 1975, Bundesgesetzblatt 136 in seinen Fassungen, kurz Geb. AG) läßt schon erkennen, daß ein besonderer finanzieller Anreiz für diese Tätigkeit sicher nicht gegeben ist. Dem zukünftigen Sachverständigen muß wohl die Freude an – und die Liebe zu – dieser Tätigkeit vorrangig erscheinen. Wen aber die Verflechtung der kurativen Medizin mit den gültigen Rechtsnormen interessiert, wer Zeit und Geduld aufzubringen bereit ist, der wird auch an dieser ärztlichen Tätigkeit Freude finden und damit auch ein guter Sachverständiger werden.

Denn die Tätigkeit selbst unterscheidet sich doch sehr von der rein beratenden oder kurativen Medizin. Ist bei letzterer eine wohlwollende und wohlmeinende Haltung erforderlich, darf sich der Sachverständige keinesfalls von einer mehr oder minder subjektiven Meinungseinstellung oder gar von sozialem Denken und Mitleid lenken lassen. Wie man also sieht, eine sehr verantwortungsvolle Tätigkeit, die leider oft mehr Mühe und Ärger als Lohn und Anerkennung findet. Wer aber nur glaubt, mit diesem Titel seinen ärztlichen Ruf aufbessern zu können, ist sicher fehl am Platze und sollte keine Eintragung anstreben!

Schließen möchte ich aber mit den Worten von K. HOLLDACK:
Wer den Einfluß der medizinischen Begutachtung auf das Lebensschicksal von Menschen sieht, wird sicherlich auch die ärztliche Gutachtertätigkeit als „Ärztliche Kunst" bezeichnen müssen. Der Gutachter leistet reine ärztliche Hilfe, wenn er den durch Leiden oder Krankheit aus der Bahn geworfenen Menschen im Rahmen des Gutachtenauftrages wieder rehabilitiert. Er beurteilt nicht nur, nein, er hilft damit auch!

III. Auskunftspflicht und Schweigepflicht des medizinischen Privatsachverständigen

Ass. Prof. Univ. Doz. Dr. Herbert Wegscheider, Institut für Strafrecht, Strafprozeßrecht und Kriminologie in Linz

Nehmen wir an, ein medizinischer Privatsachverständiger stellt während der Durchführung seines Auftrages zufällig fest, daß (von irgend jemandem – wahrscheinlich –) eine strafbare Handlung begangen wurde. Besteht nun eine Auskunftspflicht oder Anzeigepflicht des medizinischen Privatsachverständigen gegenüber der Staatsanwaltschaft hinsichtlich der maßgeblichen Informationen? Oder ist der Sachverständige umgekehrt z. B. wegen des Vertrauensverhältnisses gegenüber dem Auftraggeber zum Schweigen darüber verpflichtet, was er bei der Auftragsbearbeitung ermittelt hat?

Diesen Fragen wird in drei Gedankenschritten nachgegangen: Zu Anfang wird die Stellung des Sachverständigen, insb. des medizinischen Sachverständigen, erörtert (1.), sodann wird auf die Auskunftspflicht des medizinischen Privatsachverständigen in Gerichts- und Verwaltungsverfahren (2.) und zuletzt auf seine Schweigepflichten (3.) eingegangen. Zum Schluß wird das Ergebnis zusammengefaßt (4.).

1. Zum Begriff des Sachverständigen

Der Sachverständige stellt sich unterschiedlich dar im Strafprozeß (A.), Zivilprozeß (B.) und im Verwaltungsverfahren (C.). Wiederum anders zu beurteilen ist die Position des Privatsachverständigen (D.). Dabei ist jeweils insb. auf das Wesen und die Aufgaben des Sachverständigen einzugehen.

A. Der Sachverständige im Strafprozeß

Im XI. Hauptstück der Strafprozeßordnung (§§ 116–138 StPO) findet sich ein umfangreicher Abschnitt über den Sachverständigen. Zunächst werden die Grundfragen des Augenscheins und der Beiziehung des Sachverständigen dazu geregelt (§§ 116–126 StPO) und anschließend werden besondere Fragen bei Tötungen und Körperverletzungen (§§ 127–133 StPO), bei Zweifeln über die Zurechnungsfähigkeit (§ 134 StPO), bei der Prüfung von Handschriften (§ 135 StPO), bei Fälschungsdelikten (§ 136 StPO), bei Brandlegungen (§ 137 StPO) und bei „Untersuchungen wegen anderer Beschädigungen" (§ 138 StPO) normiert. Weitere (Sonder-)Regelungen sieht das Gesetz zur Hauptverhandlung (§§ 241–243, 247–258 StPO) und zur Anstaltsunterbringung (§§ 429–440 StPO) vor.

Den medizinischen Sachverständigen betreffen insb. die §§ 127–134 StPO. An die Spitze stellt das Gesetz die Leichenbeschau und -öffnung, worüber ein Befund und hinsichtlich der wahrscheinlichen Todesursache ein Gutachten zu erstellen sind. Die Formulierungen des § 129 StPO sind in diesem Zusammenhang nicht mehr ganz zeitgemäß, weil sie sich noch stark am gesetzlichen Konzept der Tötungsdelikte des bis Ende 1974 in Kraft stehenden StG orientieren. § 132 StPO sieht im Fall von Körperverletzungen auch die Beurteilung vor, ob es sich um eine leichte, schwere oder lebensgefährliche handelt. Freilich kann und soll der Sachverständige nicht die Rechtsfrage beantworten, welcher gesetzlichen Qualifikation die Verletzung zuzuordnen ist. Jura novit curia! Zuletzt sieht § 134 StPO die Begutachtung des Geisteszustandes des Beschuldigten durch einen medizinischen Sachverständigen bei Zweifeln über seine Zurechnungsfähigkeit vor.

1. *Begriff*

Unter Sachverständigen versteht die Strafprozeßlehre „unparteiische . . . Personen, die ihrer Fachkenntnisse wegen über rechtserhebliche Umstände vor Gericht unter Wahrheitspflicht (§ 288 StGB) aussagen (Befund) und aus Tatsachen Schlüsse ziehen und begründen (Gutachten)" (F-S StPO[4] § 118 I). Ausschlaggebend zur Begründung der Sachverständigeneigenschaft im prozessualen Sinn ist die förmliche Bestellung durch das Gericht (Bertel[2] RN 375 f). In der Praxis wird die Sachverständigenbestellung meist als prozeßleitende Verfügung angesehen. Da das Gericht aber auch „Einwendungen" gegen den Sachverständigen zuläßt (§ 120 StPO), sollte die Bestellung wohl besser durch Beschluß erfolgen.

Für gewöhnlich werden physische Personen als Sachverständige bestellt. Das Gesetz sieht aber – gerade im medizinischen Bereich – auch die Möglichkeit eines Fakultätsgutachtens vor (§ 126 Abs. 2 StPO); in diesem Fall hat die gesamte Fakultät die Funktion des Sachverständigen.

2. *Aufgaben*

Der Sachverständige unterstützt vermöge seiner besonderen Sachkunde das Gericht bei der Feststellung und Auswertung von Tatsachen (vgl. SSt 22/66; SSt 41/31). Der Sachverständige kann dennoch nicht als Organ der Gerichtsbarkeit angesehen werden, sondern gilt als persönliches Beweismittel ähnlich wie der Zeuge. Aus diesem Grund besteht die Aufgabe des Sachverständigen allein darin, auf Tatfragen einzugehen, Rechtsfragen beurteilt allemal das Gericht.

Gutachten nennt man einerseits die Vermittlung von Wissen allgemeiner Art durch den Sachverständigen (vgl. Bertel[2] RN 375), andererseits das Schließen aus Tatsachen (vgl. Bertel ebenda). Als Befund dagegen bezeichnet man die bloße Feststellung von Tatsachen, soweit dafür besondere Sachkunde vorausgesetzt ist (Beispiele bei Bertel[2] RN 375).

B. Der Sachverständige im Zivilprozeß

Der zweite Teil, 5. Titel der Zivilprozeßordnung regelt eingehend den Beweis durch Sachverständige (§§ 351–367 ZPO). Grundsätzliche Bestimmungen zur diskretionären Gewalt des Vorsitzenden enthält § 183 ZPO.

Sonderregelungen für das Berufungsverfahren finden sich in den §§ 481 u. 488 ZPO.

1. *Begriff*

Als Sachverständige bezeichnet die Zivilprozeßlehre „Personen, die dem Richter kraft ihrer besonderen Sachkunde die Kenntnis von Erfahrungssätzen . . . vermitteln, daraus Schlußfolgerungen ziehen oder zufolge ihrer Sachkenntnis streiterhebliche Tatsachen feststellen sollen" (Fasching[2] RN 996). Das Gericht bestellt den Sachverständigen in dieser Funktion von Amts wegen (Fasching[2] RN 997). Im Zivilprozeß ist die Bestellung auch juristischer Personen in weiterem Umfang zulässig als im Strafprozeß (vgl. Fasching[2] RN 998 m. N.). Andererseits kennt die ZPO kein Fakultätsgutachten (Fasching[2] RN 998; a. A. Holzhammer[2] 269). Die Bestellung erfolgt mit Beweisbeschluß (Fasching[2] RN 1009), den Parteien steht ein Ablehnungsrecht zu (§§ 355 f ZPO).

2. *Aufgaben*

Im Zivilprozeß hat der Sachverständige eine doppelte Rolle. Zum einen wirkt er als Gehilfe des Gerichts und verschafft diesem damit fremdes Erfahrungswissen, zum anderen vermittelt er die Kenntnis von Tatsachen und hat daher die Funktion eines Beweismittels. Entweder erstattet der Sachverständige einen Befund oder ein Gutachten oder beides gemeinsam.

Die rechtliche Beurteilung des Sachverhalts ist immer dem Gericht vorbehalten. Das Gericht hat weiters Befund und Gutachten im Wege der freien Beweiswürdigung zu beurteilen.

Unter Befund versteht die Zivilprozeßlehre die Feststellung und Beschreibung von Tatsachen, die der Sachverständige selbst ermittelt hat (vgl. Fasching[2] RN 1003). Gutachten dagegen sind zum einen Schlußfolgerungen, die der Sachverständige auf Grund seines Fachwissens aus bestimmten Tatsachen zieht sowie zum anderen Erfahrungssätze zu einem bestimmten Sachverhalt (vgl. die Beispiele bei Fasching[2] RN 1004).

C. Der Sachverständige im Verwaltungsverfahren

Das AVG regelt im zweiten Abschnitt des II. Teils in einigen Bestimmungen den Fragenkreis des Sachverständigen (§§ 52–53a AVG). In besonderen Verwaltungsverfahrensgesetzen ist gelegentlich zwingend der Sachverständigenbeweis vorgeschrieben (z. B. § 67 KFG).

1. *Begriff*

Die Verwaltungsverfahrenslehre versteht unter einem Sachverständigen eine Person, „die in einem Verfahren bei der Feststellung des entscheidungserheblichen Sachverhalts dadurch mitwirkt, daß sie Tatsachen erhebt (Befund) und aus diesen Tatsachen auf Grund besonderer Fachkundigkeit tatsächliche

Schlußfolgerungen zieht (Gutachten)" (Walter-Mayer[4] RN 358). Als Sachverständige im Verwaltungsverfahren kommen vor allem natürliche Personen in Betracht (Walter-Mayer[4] RN 360). Gelegentlich sehen die Verwaltungsvorschriften aber auch Gutachten von Anstalten vor (z. B. § 43 LebensmittelG; § 135 ForstG). Die entsprechende Anstalt ist in diesem Fall als Sachverständiger anzusehen. Primär verweist das Gesetz auf den Amtssachverständigen (§ 52 Abs. 1 AVG), der Verwaltungsorgan und damit weisungsgebunden ist (Walter-Mayer[4] RN 367). Nur ausnahmsweise besteht die Möglichkeit der Bestellung eines nichtamtlichen Sachverständigen (§ 52 Abs. 2 AVG). Seine Bestellung erfolgt durch Bescheid. Bei Vorliegen eines Befangenheitsgrundes haben sich Amtssachverständige von Amts wegen der Tätigkeit des Sachverständigen zu enthalten; nichtamtliche Sachverständige können von einer Partei abgelehnt werden (Walter-Mayer[4] RN 368).

2. *Aufgaben*

Auch im Verwaltungsverfahren sind die Aufgaben des Sachverständigen auf Tatsachenfragen beschränkt, Rechtsfragen löst die Behörde – ebenso wie die Beweiswürdigung allein ihre Sache ist (VwGH 27. 10. 1977, Zl 783/77; 4. 4. 1960, Zl 649/58). Die Behörde zieht den Sachverständigen bloß zur Ergänzung des eigenen Fachwissens heran. Selbst wenn Verwaltungsrechtsvorschriften die Beiziehung eines Sachverständigen zwingend vorschreiben, hat dieser für die Behörde bloß eine unterstützende Funktion.

Die Ermittlung oder Klarstellung von Tatsachen nennt man Befund; aus bestimmten Tatsachen gezogene (tatsächliche) Schlüsse bezeichnet man auch im Verwaltungsverfahren als Gutachten (vgl. die Beispiele bei Walter-Mayer[4] RN 359).

D. Der Privatsachverständige

1. *Sachverständiger und Privatsachverständiger*

Wer im Auftrag einer Privatperson tätig wird, mag er sich auch durch besondere Sachkunde auszeichnen, gilt nach h. M. nicht als Sachverständiger im Sinn des Verfahrensrechts (zum Strafprozeß Bertel[2] RN 376; zum Zivilprozeß Fasching[2] RN 1008; zum Verwaltungsverfahren Walter-Mayer[4] RN 363). Sein Wissen kann er immerhin als (sachverständiger) Zeuge in das Verfahren einbringen.

Die Position des Privatsachverständigen resultiert aus seinem Vertrag mit dem Auftraggeber. Umstritten ist dabei, um welchen Vertragstypus es sich dabei handelt. Diese Frage erscheint zunächst als rein klassifikatorische; die Antwort hat aber durchaus eine weittragende Bedeutung, da sie im Streit- und Zweifelsfall für die Bestimmung der wechselseitigen Rechte und Pflichten relevant ist. Nach dem im österr. Privatrecht herrschenden Grundsatz der Vertrags- bzw. Gestaltungsfreiheit steht es den Vertragsschließenden frei, im

Gesetz gar nicht geregelte (sog. atypische) Verträge oder aus gesetzlich geregelten Typen zusammengesetzte (sog. gemischte) Verträge abzuschließen. In letzterem Fall ist der gesetzlich geregelte Typus bei der Vertragsauslegung – ergänzend – von Bedeutung.

2. *Typische Aufgaben*

Vereinbart wird regelmäßig die entgeltliche Stellungnahme zu Fragen, für deren Beantwortung der Sachverständige auf Grund seines Fachwissens besonders kompetent erscheint. Es mag sich dabei um einen Befund und/oder ein Gutachten handeln. Über Entgelt, Frageninhalt und Art der Antwort hinaus wird häufig auch eine Frist zur Erbringung der Leistung, die Verpflichtung zur Rücksprache mit dem Auftraggeber vor Fertigstellung des Befundes oder Gutachtens u. ä. zum Vertragsinhalt gemacht.

3. *Zivilrechtliche Beurteilung*

Folgende gesetzliche Vertragstypen bieten sich an: Werkvertrag (a), Auftrag (b) oder freier Dienstvertrag (c).

a) Werkvertrag

Wesentlicher Vertragsinhalt des Werkvertrages ist i. S. d. §§ 1151 u. 1165 ff ABGB die Herbeiführung eines bestimmten Erfolges. Freilich wird i. d. R. eine Fragenbeantwortung in Form eines Befundes und/oder Gutachtens nicht von vornherein so genau abgrenzbar sein wie etwa die Herstellung eines Schrankes. Ebensowenig ist bei einem Behandlungsvertrag mit einem Arzt nicht etwa die Heilung als Werk vereinbart, sondern vielmehr die Anwendung der medizinisch wissenschaftlichen Methoden.

Als Werkvertrag wird der Sachverständigenvertrag daher nur dann einzuordnen sein, wenn die Fragenbeantwortung von vornherein überschaubar ist und vollständig wie auch abschließend durchgeführt werden kann.

b) Auftrag

Wenn mit dem Beantworten der Sachfragen auch die Besorgung von Geschäften für den Auftraggeber verbunden ist (z. B. Behördenwege u. ä.), so sind die gesetzlichen Regelungen über den Auftrag (§§ 1002 ff ABGB) grundsätzlich anwendbar. Freilich wird ein solcher Vertragsinhalt nur ausnahmsweise im Mittelpunkt stehen. In aller Regel wird er allenfalls als Nebenverpflichtung vereinbart werden.

c) Freier Dienstvertrag

Die h. M. versteht den Privatsachverständigenvertrag regelmäßig als freien Dienstvertrag (Sporn 31). Gegenstand dieses Vertragstypus sind Dienstleistungen, die jedoch im Gegensatz zum Dienstvertrag nicht in persönlicher Abhängigkeit geleistet werden. Die Regeln des Dienstvertrages können auf ein solches Vertragsverhältnis nur so weit analog angewendet werden, als es nicht um die persönliche Abhängigkeit des Dienstnehmers und seine damit verbundene sozial schwächere Position geht.

Verglichen mit den in der Literatur genannten Beispielen für freie Dienstverträge (vgl. Krejci § 1151 RN 83 ff) ist der Privatsachverständigenvertrag am ehesten der Rechtsfigur des freien Dienstvertrages zuzuordnen, weil die vom Sachverständigen geschuldete Leistung doch regelmäßig „allein durch eine (sachverständige) Tätigkeit umschrieben wird . . ., ohne daß hiezu ein bestimmter, vertraglich umschriebener Erfolg hinzuzutreten hat" (Sporn 31).

d) Ergebnis

Es ist kaum möglich, den Privatsachverständigenvertrag abstrakt zu einem Vertragstypus zuzuordnen. Nach der h. M. handelt es sich i. d. R. um einen freien Dienstvertrag. Doch zwingt die Vielfalt der möglichen Vertragsverhältnisse dazu, in jedem Einzelfall genau den gewollten Vertragsinhalt zu prüfen. Erst danach kann entschieden werden, ob eher (oder teilweise – beim gemischten Vertrag) die Regeln über den Werkvertrag, über den Auftrag oder über den freien Dienstvertrag heranzuziehen sind oder ob (bei abschließender eigenständiger Regelung des Vertragsverhältnisses) ein atypischer Vertrag anzunehmen ist.

4. *Prozessuale Stellung*

Auf den Privatsachverständigen sind die gesetzlichen Regelungen für den Sachverständigen nicht anwendbar. Er kann sein Wissen daher allenfalls als Anzeiger, Auskunftsperson oder Zeuge in einem Prozeß oder Verwaltungsverfahren einbringen. Muß der Privatsachverständige daher wie jede andere Person behandelt werden, die als Anzeiger, Auskunftsperson oder Zeuge auftritt? Oder muß nicht vielmehr bedacht werden, daß der Privatsachverständige neben seiner allfälligen prozessualen Pflicht in einem besonderen Pflichtenverhältnis zum Auftraggeber steht? Erst aus dieser Spannung heraus läßt sich seine prozessuale Stellung angemessen beurteilen. Das ist das Thema der folgenden Abschnitte.

2. Auskunftspflicht des Privatsachverständigen in Gerichts- und Verwaltungsverfahren

Die weitere Darstellung konzentriert sich zunächst auf den Strafprozeß. Vor allem in diesem Bereich tritt die innere Spannung des Privatsachverständigenverhältnisses besonders deutlich zutage. Im Strafverfahren geht es um den staatlichen Strafanspruch, somit um eine insoweit herausragende Fragestellung, als die Kriminalstrafgesetze nur solche Handlungen mit gerichtlicher Strafe bedrohen, „die das Zusammenleben in der Gesellschaft schwer beeinträchtigen und die deshalb jedermann als strafwürdig erkennen kann" (EB 55). Das Strafverfahren ist weiters vom Legalitätsprinzip und vom Grundsatz der amtswegigen Wahrheitserforschung getragen. Insofern stellt der Strafprozeß im Hinblick auf die Tatsachenfeststellungen die strengsten Anforderungen an alle Beteiligten. Umgekehrt ist davon auszugehen, daß in Zivilprozeß und Verwaltungsverfahren die Pflichtenbindung des Privatsachverständigen gegenüber Gerichts- oder Verwaltungsbehörde weniger stark ausgeprägt ist und die Vertragsbeziehung zwischen Auftraggeber und Sachverständigem mehr in den Vordergrund tritt.

Im weiteren wird zunächst allgemein die Stellung des Privatsachverständigen als Zeuge im Strafprozeß (A.) untersucht, sodann der Frage einer allfälligen Pflicht zur Anzeige – insb. gem. § 84 StPO (B.) – nachgegangen. Anschließend wird auf die Sonderstellung des Arztes eingegangen und zwar im Strafprozeß (C.), im Zivilprozeß (D.) und im Verwaltungsverfahren (E.).

A. Der Privatsachverständige als Zeuge im Strafprozeß

Im folgenden wird zunächst grundsätzlich die Position des Privatsachverständigen als Zeuge erörtert (1.), sodann werden seine Pflichten umschrieben (2.).

1. *Grundsätzliches*

Der Zeuge hat die Aufgabe, dem Gericht über Vorfälle zu berichten, die er selbst wahrgenommen hat. Zu diesem Zweck wird er ausdrücklich „als Zeuge" geladen und vom Vorsitzenden (Untersuchungsrichter, Bezirksrichter, Einzelrichter, ergänzend auch vom Beisitzer, Ankläger, Privatbeteiligten, Verteidiger, Beschuldigten u. U. auch vom gerichtlichen Sachverständigen) nach entsprechender Belehrung befragt. Die vom Gericht oder von anderen Frageberechtigten an ihn gerichteten Fragen muß er wahrheitsgemäß beantworten. Eine darüber hinausreichende Pflicht zur Information läßt sich dem Gesetz jedoch nicht entnehmen.

Vom (gerichtlichen) Sachverständigen unterscheidet sich der Zeuge – auch der sachverständige Zeuge – dadurch, daß er seine Wahrnehmungen zufällig und nicht über Auftrag des Gerichts gemacht hat.

Auch der Privatsachverständige kann daher durchaus als Zeuge vernommen werden, da er zwar im Auftrag des Auftraggebers, nicht aber in dem des Gerichtes, seine Wahrnehmungen gemacht hat.

2. *Zeugenpflichten*

Bevor auf die Ausnahmen (b) eingegangen wird, ist der Grundsatz (a) darzustellen.

a) Grundsatz

Im Strafprozeß trifft den Zeugen vor allem die Erscheinungspflicht, die Aussagepflicht und die Wahrheitspflicht (§ 150 StPO). Notfalls kann der Widerstrebende durch Zwangsmittel zum Erscheinen (§ 159 StPO) bzw. zur Aussage (§ 160 StPO) verhalten werden. Die Verletzung der Wahrheitspflicht wird durch § 288 StGB unter gerichtliche Strafe gestellt. Das Gesetz droht Freiheitsstrafe bis zu 3 Jahren an, wenn der Zeuge bei seiner förmlichen Vernehmung vor einem Gericht falsch aussagt.

b) Ausnahmen

Ausnahmen von der Erscheinungspflicht sieht insb. das Völkerrecht (wegen Exterritorialität) vor. Die Strafprozeßordnung selbst dagegen regelt die Ausnahmen von der Aussagepflicht.

In § 151 StPO sind Vernehmungsverbote vorgesehen für Geistliche (hinsichtlich ihrer seelsorgerischen Tätigkeit), für Staatsbeamte (hinsichtlich von Amtsgeheimnissen) und für Personen, die „außerstande sind, die Wahrheit anzugeben".

§ 152 StPO nennt einige Möglichkeiten, in denen der Zeuge das Recht hat, die Aussage zu verweigern (Entschlagungsrecht). Das Gesetz nennt folgende entschlagungsberechtigte Personen (samt dem entsprechenden Beweisthema): Angehörige (unabhängig vom Beweisthema); Verteidiger, Rechtsanwälte, Notare und Wirtschaftstreuhänder (hinsichtlich der Tatsachen, die ihnen aus dieser Eigenschaft bekannt geworden sind); jedermann (hinsichtlich des Wahlgeheimnisses); Medienmitarbeiter (hinsichtlich des Redaktionsgeheimnisses).

Schwächer ist dagegen die Norm des § 153 StPO: Demnach soll das Gericht dem Zeugen die Aussage überhaupt oder wenigstens die Beantwortung einzelner Fragen erlassen, wenn der Zeuge mit der Aussage sich selbst oder einen seiner Angehörigen belasten müßte.

Eine besondere Ausnahme für Privatsachverständige sieht das Gesetz jedoch nicht vor.

B. Anzeigepflicht des Privatsachverständigen

Neben der allgemeinen Anzeigepflicht (1.) öffentlicher Dienststellen gem. § 84 Abs. 1 StPO sind noch weitere, besondere Anzeigepflichten (2.) zu erwähnen. Abschließend ist auf das Anzeigerecht des § 86 StPO hinzuweisen (3.).

1. *Allgemeine Anzeigepflicht*

Gem. § 84 StPO sind „alle öffentlichen Behörden und Ämter" verpflichtet, dem Staatsanwalt oder „bei Gefahr im Verzug . . . an das Bezirksgericht" über Offizialdelikte Anzeige zu erstatten. Insofern bedarf es auch keiner besonderen Entbindung von der Amtsverschwiegenheit (vgl. dazu § 151 Z 2 StPO), damit der Beamte als Zeuge vernommen werden bzw. aussagen darf (vgl. OGH JBl 1986, 532 m. Anm. Liebscher).

Foregger-Serini (StPO[4] § 84 II) verstehen mit dem OGH (SSt 8/105) unter öffentlichen Behörden „Organe des Bundes, der Länder, Bezirke und Gemeinden . . ., die nach außen mit entscheidender und verfügender Gewalt ausgestattet, dauernd organisiert sind und innerhalb eines sachlich und örtlich festgesetzten Wirkungskreises die staatlichen Aufgaben der Verwaltung oder Rechtsprechung erfüllen“, wie z. B. Gemeindebehörden oder Schulen. Als Ämter bezeichnen sie „alle öffentlichen Dienststellen, die keine Behörden sind“.

Nach der restriktiven Interpretation Bertels (Bertel[2] RN 348) gilt diese unbedingte Anzeigepflicht jedoch allein für solche Dienststellen, zu deren Hauptaufgaben die Aufklärung von Straftaten gehört (also Gendarmerie, Polizei, Zollwache, Finanzamt). Für andere Behörden und Ämter gelte dagegen eine Anzeigepflicht bloß hinsichtlich von Straftaten von Beamten zum Nachteile des Staates. Im übrigen lehnt Bertel „eine Anzeigepflicht entschieden ab“ (Bertel[2] RN 349).

Selbst wenn man dieser umstrittenen Auffassung nicht folgen wollte, so gehören Privatsachverständige doch jedenfalls nicht zum Kreis der Anzeigepflichtigen, da sie ihre Kenntnisse auf Grund eines privaten Auftragsverhältnisses erlangt haben. Auch ein Staatsbeamter wäre nicht zur Anzeige verpflichtet, wenn er außerhalb des Dienstes Wahrnehmungen machte, die auf eine gerichtlich strafbare Handlung hinweisen. Denn die Anzeigepflicht gilt nach dem klaren Gesetzeswortlaut für „die öffentlichen Behörden und Ämter“, nicht aber persönlich für die Organwalter. Eine originäre Verpflichtung des Beamten zur Anzeige von Straftaten ist dem Strafprozeßrecht fremd, daher wird die Anzeige auch von dem die Behörde repräsentierenden Dienststellenleiter erstattet und nicht von dem einzelnen wahrnehmenden Beamten (vgl. SSt 26/44).

2. *Besondere Anzeigepflichten*

Gem. § 84 FinanzstrafG ist die Finanzstrafbehörde zur Anzeige an die Staatsanwaltschaft verpflichtet, wenn nach Einleitung des Verwaltungsstrafverfahrens der Verdacht einer gerichtlich zu ahndenden Finanzstraftat auftaucht.

Nach § 10a ÄrzteG besteht die Verpflichtung des Arztes zur Anzeige an die Sicherheitsbehörde, wenn er „in Ausübung seines Berufes Anzeichen dafür feststellt, daß durch eine gerichtlich strafbare Handlung“ eine Beeinträchtigung der körperlichen Integrität nach den §§ 75, 83 ff, 92 StGB herbeigeführt worden ist.

Dagegen existiert keine spezifische generelle Anzeigepflicht für gerichtlich beeidete Sachverständige, Ziviltechniker o. ä. Personen mit besonderem öffentlichem Glauben. Schon gar nicht existiert eine solche Verpflichtung für den Privatsachverständigen.

3. *Anzeigerecht*

§ 86 StPO sieht vor, daß jedermann jederzeit berechtigt ist, Offizialstraftaten anzuzeigen. Sicherheitsbehörden, Staatsanwaltschaften und Gerichte sind demgegenüber verpflichtet, solche Anzeigen entgegenzunehmen. Für

Privatpersonen besteht daher grundsätzlich keine Anzeigepflicht, wohl aber ein Anzeigerecht (vgl. SSt 26/44). Allerdings darf die Anzeige nicht wider besseres Wissen erstattet werden. Andererseits bedarf es keiner vollen Gewißheit hinsichtlich der Straftat. Ein Tatverdacht ist aber jedenfalls vorausgesetzt. Die Klärung des Verdachts ist letztlich Aufgabe der Strafverfolgungsbehörden.

Die allgemeine Anzeigebefugnis nach § 86 StPO könnte freilich auf Grund besonderer Pflichtenbindungen im Einzelfall ausgeschlossen sein. Andererseits würde die Unzulässigkeit der Anzeige aber nicht die Untersuchung und Verfolgung der Offizialstraftat durch die Strafverfolgunsgbehörden ausschließen. Allerdings könnte sich aus der Unzulässigkeit einer Anzeige eine disziplinäre, zivilrechtliche oder gar strafrechtliche Haftung für den Anzeiger ergeben. Das soll aber hier nicht weiter vertieft werden.

C. Zeugenpflicht des Arztes im Strafprozeß

§ 150 StPO verpflichtet – wie oben (A.) ausgeführt – jedermann, einer Zeugenladung zu folgen und wahrheitsgemäß auszusagen. Immerhin sehen die §§ 151–153 StPO unterschiedlich wirkungsvolle Ausnahmen vor. Der Arzt wird jedoch von diesen nicht erfaßt – oder anders gewendet: Der Arzt ist als Zeuge im Strafprozeß allemal zur Preisgabe des Patientengeheimnisses verpflichtet. Anders ist die Rechtslage in Deutschland, wo nach § 53 dStPO ein Zeugnisverweigerungsrecht des Arztes vorgesehen ist; ähnlich ist die Rechtslage in den meisten Schweizer Kantonen (vgl. Klaus 101 m. N.).

D. Zeugenpflicht des Arztes im Zivilprozeß

Die Rechtslage stellt sich im Zivilprozeß ganz anders dar: § 321 Abs. 1 Z 3 ZPO räumt dem Zeugen immer dann ein Entschlagungsrecht ein, wenn er nicht aussagen könnte, „ohne eine ihm obliegende . . . Pflicht zur Verschwiegenheit zu verletzen“. Offenbar bewertet der Gesetzgeber das Wahrheitsfindungsinteresse im Zivilprozeß anders als im Strafprozeß: Das Interesse der Rechtspflege tritt hier hinter dem ärztlichen Berufsgeheimnis zurück. Freilich wird dies durch die undifferenzierte Formulierung des § 26 ÄrzteG nicht ganz deutlich gemacht (vgl. Fasching § 321 Anm. 5), entspricht aber wohl der h. M. (vgl. Klaus 103 m. N.).

Derselbe Grundsatz ist auch im Außerstreitverfahren maßgeblich (vgl. OGH RZ 1955/166). Mehr noch: § 121 StGB macht es dem Arzt bei sonstiger gerichtlicher Strafsanktion zur Pflicht, sich der Aussage über Patientengeheimnisse zu entschlagen (vgl. auch § 26 ÄrzteG sowie VfGH in VfSlG 66 44 zur entsprechenden Pflicht des Rechtsanwalts gem. § 9 RAO).

E. Zeugenpflicht des Arztes im Verwaltungsverfahren

§ 49 Abs. 1 lit. b AVG übernimmt die Regelung des § 23 Abs. 1 Z 3 ZPO beinahe wortwörtlich. So gilt daher im Verwaltungsverfahren allgemein das oben zum Zivilprozeß Ausgeführte. Auch die besonderen Verfahrensvorschriften des § 171 Abs. 1 lit. c BAO und des § 24 VStG sehen im wesentlichen dasselbe vor. Daher geht das Geheimhaltungsinteresse i. S. d. § 121 StGB sowohl dem staatlichen Interesse an vollständiger Feststellung von Abgabeansprüchen wie dem der Ermittlung der Tatsachengrundlagen für eine Verwaltungsstrafe vor.

3. Schweigepflicht des medizinischen Privatsachverständigen

Gem. Art. 20 Abs. 2 B-VG sind „alle mit Aufgaben der Bundes-, Landes- und Gemeindeverwaltung betrauten Organe sowie Organe anderer Körperschaften öffentlichen Rechts . . . zur Verschwiegenheit über alle, ihnen ausschließlich aus ihrer amtlichen Tätigkeit bekannt gewordenen Tatsachen verpflichtet, deren Geheimhaltung . . . geboten ist (Amtsverschwiegenheit)“.

Privatsachverständige sind i. d. R. keine Organe von Körperschaften öffentlichen Rechts, jedenfalls beziehen sie ihre Kenntnisse nicht „ausschließlich aus ihrer amtlichen Tätigkeit“. Daher ist die verfassungsrechtlich vorgezeichnete Amtsverschwiegenheit für Privatsachverständige nicht heranzuziehen. Wohl aber ist eine vertragliche zivilrechtliche Schweigepflicht zu bedenken (A.). Weiters ist auf die Schweigepflicht aus dem materiellen Strafrecht (B.), die strafprozessuale Schweigepflicht (C.) und auf sondergesetzlich begründete Schweigepflichten (D.) einzugehen.

A. Vertragliche Verschwiegenheitspflicht

Nicht immer sieht der Sachverständigenvertrag ausdrücklich eine Verschwiegenheitspflicht vor. Dennoch stellt sich die Frage, ob eine solche aus dem Vertragstypus, insb. aus den Bestimmungen des ABGB, ableitbar ist. Zur Beantwortung dieser Frage spielt die systematische Einordnung des Privatsachverständigenvertrages eine zentrale Rolle. Dabei macht es einen wesentlichen Unterschied, welchem Vertragstypus der Vertrag zuzuordnen ist – nämlich Werkvertrag (1.), Auftrag (2.) oder freiem Dienstvertrag (3.).

1. *Verschwiegenheitspflicht aus Werkvertrag*

Der Werkunternehmer hat nach der h. M. auch Schutzpflichten gegenüber dem Besteller. Er hat sich so zu verhalten, daß Rechtsgüter des Bestellers, mit denen er „im Zuge der Erfüllung seiner Hauptpflicht in Berührung kommt, vor Schaden bewahrt bleiben“ (Krejci § 1169 RN 9 m. N.). Denkbar ist z. B., daß dem Werkunternehmer zur Werkerstellung eine wichtige Information (vielleicht sogar ein Betriebsgeheimnis) gegeben wird, deren Weitergabe den Besteller schädigen könnte. In den von Lehre und Rechtssprechung diskutierten Fallgestaltungen geht es vor allem um Gefährdungen. Eine besondere Verschwiegenheitspflicht als vertragliche Nebenpflicht wird dagegen nicht erwähnt. Eventuell wäre an die sinngemäße Heranziehung der Bestimmungen für den Dienstvertrag (dazu unten 3.) zu denken.

2. *Verschwiegenheitspflicht aus Auftrag*

Nach der h. M. hat der Geschäftsbesorger eine umfassende Treuepflicht (Strasser § 1009 RN 17 m. N.; ähnlich Apathy § 1009 RN 5). Dies ergibt sich bereits unmittelbar aus dem Gesetzeswortlaut des § 1009 ABGB: „redlich . . . besorgen“. Auf entsprechende ausdrückliche Vereinbarungen kommt es hiebei nicht an. Als besondere Treuepflicht wird gelegentlich auch die Verschwiegenheitspflicht genannt (vgl. Strasser § 1009 RN 20): Der Geschäftsbesorger dürfe keine Informationen weitergeben, die ihm im Rahmen der Geschäftsbesorgungsverhältnisse bekannt geworden sind, sofern zumindest erkennbar sei, daß der Geschäftsherr einen Schaden erleiden könnte. Schwerwiegende Fälle des Bruchs der Verschwiegenheitspflicht berechtigten sogar zum außerordentlichen Widerruf des Auftrages gem. § 1020 ABGB (Strasser ebenda).

3. *Verschwiegenheitspflicht aus freiem Dienstvertrag*

Für die Bestimmung von Informationsweitergabeverboten muß wohl auf die allgemeinen Bestimmungen des Dienstvertrages zurückgegriffen werden. Das Gesetz erlegt dem Dienstnehmer nicht ausdrücklich eine besondere Treuepflicht auf. Diese könnte allenfalls im Wege der Rechtsanalogie aus Sondergesetzen abgeleitet werden (vgl. Grillberger § 1153 RN 22).

Die h. M. nimmt eine Verschwiegenheitspflicht des Dienstnehmers als Nebenpflicht des Dienstvertrages an. Diese Pflicht bezieht sich nach Grillberger (§ 1162 RN 130) im Anschluß an Mayer-Maly „auf alle Tatsachen, an deren Geheimhaltung der Dienstgeber ein schutzwürdiges Interesse hat . . . Erfaßt werden Geschäfts- und Betriebsgeheimnisse . . ., die nur einem eng umgrenzten Personenkreis bekannt . . . sind“. Eine Verschwiegenheitspflichtverletzung stellt u. U. sogar einen wichtigen Grund zur vorzeitigen Auflösung des Dienstverhältnisses dar.

4. *Zwischenergebnis*

Bei Ausgestaltung des Sachverständigenvertrages als Auftrag oder freien Dienstvertrag läßt sich eine Verschwiegenheitspflicht als vertragliche Nebenpflicht annehmen, zweifelhaft ist das dagegen bei der Einordnung als Werkvertrag.

B. Strafrechtliche Verschwiegenheitspflicht

Verschwiegenheitspflichten aus dem materiellen Strafrecht ergeben sich aus dem Schutz von Berufs-, Geschäfts- und Betriebsgeheimnissen nach §§ 121 ff StGB (1.) sowie aus dem Tatbestand der verbotenen Veröffentlichung nach § 301 StGB (2.).

1. *Schutz von Berufsgeheimnissen*

Durch § 121 Abs. 1 StGB werden Geheimnisse geschützt, die den Gesundheitszustand bestimmter Einzelpersonen betreffen (a). Abs. 3 bezieht sich auf Geheimnisse aller Art (Einzelheiten bei F-S StGB[4] § 121 pass.). Im Einzelfall sind Rechtfertigungsgründe denkbar (b-d).

a) Tatbestand

Die Pflicht zur Geheimhaltung von Gesundheitsdaten trifft vor allem Ärzte, aber auch andere Medizinalpersonen, die vom Gesetz abschließend aufgezählt sind (Einzelheiten bei Klaus 19). Der Strafschutz der Geheimnisse über „den Gesundheitszustand einer Person“ setzt zusätzlich zur berufsmäßigen Informationsbeschaffung durch den Verpflichteten voraus, daß die „Offenlegung oder Verwertung geeignet ist, ein berechtigtes Interesse zu verletzen“.

Was ein Geheimnis ist, wird vom Gesetz nicht definiert – und zwar weder im StGB noch in anderen gesetzlichen Regelungen von Verschwiegenheitspflichten (§ 26 ÄrzteG, Art. 20 B-VG, § 11 UWG). Dabei existiert aber bereits seit mehr als einem halben Jahrhundert eine feststehende Rechtssprechung (vgl. SSt 7/6 u. ÖBl 1988, 13). Freilich steht in der Judikatur kaum die ärztliche Schweigepflicht zur Debatte. Vielmehr geht es i. d. R. um Geschäfts- und Betriebsgeheimnisse sowie um Berufsgeheimnisse von Rechtsanwälten und Wirtschaftstreuhändern. Demnach kann es heute als gesichert gelten, daß es auf drei Kriterien ankommt:
- das faktische Geheimsein einer Tatsache (d. h. sie ist nur einem beschränkten Personenkreis bekannt);
- das objektive Interesse an der Geheimhaltung (wie es sich für einen mit den rechtlich geschützten Werten verbundenen Menschen darstellt);
- den Geheimhaltungswillen des Geheimnisherren, das ist der, den die Tatsache betrifft (im einzelnen vgl. Klaus 48 m. w. N.).

Der Strafschutz ist ausdrücklich auf medizinische Geheimnisse beschränkt (vgl. dagegen § 26 ÄrzteG, wonach alle Privatgeheimnisse des Patienten geschützt sind). Dabei ist aber zu beachten, daß sehr viele Informationen den Gesundheitszustand einer Person betreffen können, insb. die im Zuge der Anamnese erhobenen Daten gehören hierzu (vgl. L-St StGB[2] § 121 RN 14; Zipf § 121 RN 8; enger F-S StGB[4] § 121 I).

Die Kenntnis des Geheimnisses muß in einem engen Zusammenhang mit der beruflichen Tätigkeit des Arztes stehen. Entweder wird die Information vom Patienten aktiv an den Arzt weitergegeben oder sie wird dem Arzt auf andere Art, ohne Mitwirkung des Patienten, bekannt. In jedem Fall kommt es darauf an, daß das Geheimnis „während oder wegen der beruflichen Tätigkeit" (EB 260) bekannt geworden ist. Das gilt nicht nur für die formelle Inanspruchnahme eines Arztes in der Praxis, sondern auch für die Offenbarung von Geheimnissen in einem informellen Gespräch, etwa im Rahmen einer Party (vgl. Klaus 75).

Die im Gesetz zuletzt genannte Eignung der Offenbarung oder Verwertung zur Interessensverletzung ist als potentielles Gefährdungsdelikt konzipiert. Es kommt dabei auf die Möglichkeit der Gefährdung rechtlich anerkannter Interessen an, etwa vermögensrechtlicher Interessen oder immaterieller Interessen, nicht dagegen auf eine tatsächliche Gefährdung oder gar Beeinträchtigung dieser Interessen (vgl. Zipf § 121 RN 21).

Als Tathandlung nennt das Gesetz Offenbaren oder Verwerten. „Offenbaren" meint die Mitteilung des Geheimnisses an zumindest eine dritte Person (auch nahe Angehörige, Arztkollegen!); eine Veröffentlichung ist keineswegs vorausgesetzt (vgl. Zipf § 121 RN 18; L-St StGB[2] § 121 RN 24). Neben der ausdrücklichen mündlichen oder schriftlichen Äußerung kommt auch eine konkludente Geheimnisoffenbarung in Betracht (vgl. SSt 53/4); ebenso wie ein Unterlassen (etwa der sorgfältigen Verwahrung von Patientendaten). „Verwerten" dagegen wäre jedes Ausnützen eines Geheimnisses zur Erlangung (vor allem wirtschaftlicher) Vorteile (vgl. Klaus 81).

Freilich ist die Strafbarkeit gemäß § 121 Abs. 5 StGB ausgeschlossen, wenn „die Offenbarung . . . durch ein öffentliches oder berechtigtes privates Interesse gerechtfertigt ist".

b) Grundsätzliches zur Rechtfertigung

Vor dem Inkrafttreten des StGB hat es einen entsprechenden ausdrücklichen Rechtfertigungsgrund nicht gegeben. Das deutsche Strafrecht (vgl. § 203 dStGB) verzichtet darauf ebenso wie das schweizerische (vgl. Art. 321 schwStGB). Freilich hat sich durch das Inkrafttreten des StGB materiellrechtlich dennoch nichts geändert. Die bis dahin angenommenen Grundsätze vor allem des übergesetzlichen Notstandes gelten weiterhin. Vor allem darf der Gesetzeswortlaut nicht dahin mißverstanden werden, daß bei Vorliegen eines öffentlichen Interesses eine Güter- bzw. Interessensabwägung gänzlich entbehrlich wäre. Vielmehr kann nur ein überwiegendes öffentliches Interesse die Durchbrechung des Berufsgeheimnisses rechtfertigen (vgl. Klaus 96; a. A. Zipf § 121 RN 32).

Insb. stellt sich die Frage, ob Interessen der Rechtspflege generell dem Geheimhaltungsinteresse vorgehen. Auch in diesem Zusammenhang ist eine einheitliche Antwort nicht möglich. Vielmehr ist die Frage getrennt zu untersuchen für Strafprozeß, Zivilprozeß und Verwaltungsverfahren. Darauf ist oben 2. C.-E. schon eingegangen worden. Auch bestimmte Offenbarungspflichten sind hier zu bedenken (c), schließlich ist kurz auf die allgemeinen Rechtfertigungsgründe einzugehen (d).

c) Offenbarungspflichten

Ausdrückliche Meldepflichten durchbrechen die Schweigepflicht des Arztes als Leges speciales. Als Beispiele dafür sind zu nennen: das EpidemieG, das GeschlechtskrankheitenG, das TuberkuloseG, das AIDS-G, das ArzneimittelG, das PersonenstandsG u. a. mehr (vgl. Klaus 123 mit Hinweis darauf, daß es sich bei allen diesen Bestimmungen auch um Leges posteriores handelt).

d) Weitere Rechtfertigungsgründe

Bei Vorliegen der entsprechenden Merkmale kommen auch die allgemeinen Rechtfertigungsgründe der Notwehr (§ 3 StGB), des rechtfertigenden Notstandes und der Einwilligung in Betracht (vgl. dazu eingehend Klaus 130–180).

2. *Verbotene Veröffentlichung*

§ 301 StGB sieht im Zusammenhang mit den Straftaten gegen die Rechtspflege eine Strafbarkeit für besondere Veröffentlichungen von Gerichts- oder Verwaltungsakten vor. Solche Fallgestaltungen spielen jedoch im hier erörterten Zusammenhang keine Rolle (näher dazu F-S StGB[4] § 301 pass.).

C. Strafprozessuale Schweigepflicht

1. *Grundsätzliches*

Im Strafprozeß geht es u. a. darum, die für die Durchführung des Verfahrens erforderlichen Beweise zu beschaffen. Das Prinzip der amtswegigen Tatsachenermittlung und der Grundsatz der materiellen Wahrheit bedeuten aber nicht, daß die Erforschung der Tatumstände um jeden Preis zu erfolgen hat. Vielmehr ist i. S. d. tragenden Prozeßgrundsätze eine Abwägung von Interessen durchaus vorgesehen. Daher sieht die Strafprozeßordnung zwar grundsätzlich eine Aussagepflicht von Zeugen vor, macht aber davon auch Ausnahmen. Für besondere Berufsgruppen gilt das Entschlagungsrecht des § 152.

2. *Entschlagungsrecht und Schweigepflicht*

Der Zeuge ist vom Richter über die Möglichkeit der Entschlagung zu belehren und hat sodann eine Erklärung abzugeben. Er entscheidet frei, ob er sich der Aussage entschlägt oder nicht. Eine Pflicht zur Aussageentschlagung sieht das Gesetz nicht vor, bloß die Pflicht zur Entscheidung. Wenn eine entschlagungsberechtigte Person sich dazu entscheidet auszusagen, so können die entsprechenden Informationen ohne weiteres im Strafprozeß verwertet werden. Der Zeuge ist wie jeder andere zur Wahrheit verpflichtet.

Eine Schweigepflicht läßt sich aus dem Entschlagungsrecht daher nicht ableiten.

Am Rande ist noch darauf hinzuweisen, daß das Entschlagungsrecht für den medizinischen Privatsachverständigen ohnedies nicht gilt (vgl. oben 2. A. 2. b).

D. Sondergesetzliche Schweigepflichten

In zahlreichen Rechtsvorschriften finden sich besondere gesetzliche Verschwiegenheitspflichten. Diese betreffen die nachstehenden, von Fasching (Kommentar 412 f) erwähnten Bereiche:

Gesundheitsdienst (Ärzte, in Krankenanstalten beschäftigte Personen, Hebammen); Berufsvertretungen (Ärztekammer, Apothekerkammer, Dentistenkammer, Tierärztekammer, Kammer der Gewerblichen Wirtschaft, Kammer der Wirtschaftstreuhänder); Sozialrecht und Sozialordnung (Arbeitsinspektion, Betriebsräte und Vertrauensmänner, Vorsitzende, Stellvertreter, Mitglieder und Beisitzer der Heimarbeitskommissionen, die mit der Durchführung des Invalideneinstellungsgesetzes betrauten Organe); Sozialversicherungsrecht (Versicherungsvertreter u. ä. Bedienstete der Sozialversicherungsträger, Bedienstete der Notarenversicherung, Bedienstete der pharmazeutischen Gehaltskasse); Rechtspflege (Beschäftigte der Jugendgerichtshilfe, Rechtsanwälte, Notare, Verteidiger vor den Disziplinarkommissionen der Hochschulen); Landwirtschaft (Mitglieder der Kommissionen zur Verwaltung des Milchwirtschaftsfonds, des Getreideausgleichsfonds und des Viehverkehrsfonds, Ernährungsinspektoren, Organe des amtlichen Pflanzenschutzdienstes, Organe der Versuchsanstalten, Bundeskellereiinspektoren, Organe und Beauftragte der Wasserverbände, Angestellte der Bundesforste); Außenhandel, Wirtschaftsplanung und Wirtschaftslenkung (Organe und Bevollmächtigte der Wirtschaftsverbände, Mitglieder des Rohstofflenkungsausschusses, Mitglieder und Experten im Rahmen der Kreditlenkungskommission, Mitglieder und andere Personen, die den Sitzungen des Zollbeirates beiwohnen, Mitglieder des Außenhandelsverkehrsbeirates); Verkehr- und Energiewirtschaft (Mitglieder des Kraftfahrbeirates, Mitglieder des Zivilluftfahrtsbeirates, Bundeslastverteiler, Landeslastverteiler und deren Organe); Erhebungsaufgaben des Bundes und diverse andere amtliche Funktionen und Kontrollaufgaben (Organe des statistischen Zentralamtes, Beauftragte der geologischen Bundesanstalten, Architekten, Ingenieurkonsulenten und Zivilingenieure, Prüfer einer Aktiengesellschaft, Bedienstete der Anmelde- und Prüfstellen nach dem Wertpapierbereinigungsgesetz); Hausbesorger gem. § 4 Hausbesorgerordnung.

Dazu ist noch § 18 des ZiviltechnikerG zu nennen, wonach eine Verpflichtung „zur strengsten Verschwiegenheit" besteht.

Die besonderen Verschwiegenheitspflichten stehen i. d. R. unter dem Vorbehalt entgegenstehender gesetzlicher Bestimmungen. Dabei wird allerdings oft eine Interessensabwägung angezeigt sein. Gerade im Strafprozeß werden die beruflichen Verschwiegenheitspflichten jedoch meist zurücktreten. Das ergibt sich schon aus § 152 StPO, wonach das Entschlagungsrecht für Zeugen auf einen sehr engen, im Gesetz taxativ aufgezählten Personenkreis beschränkt ist.

Immerhin lassen die dargestellten Regelungen erkennen, daß die Schweigepflicht des Interessensvertreters ein allgemeines Prinzip darstellt. Auch der medizinische Privatsachverständige wird im allgemeinen als Interessensvertreter des Auftraggebers oder – falls das ein dritter ist – des Patienten anzusehen sein. Für seine zivilrechtliche Pflichtenbindung läßt sich daraus bestätigend ableiten, daß der Privatsachverständige zur Verschwiegenheit in den Angelegenheiten verpflichtet ist, die mit seinem Auftrag in direktem Zusammenhang stehen.

4. Zusammenfassung

Der Begriff des Sachverständigen in Strafprozeß, Zivilprozeß und Verwaltungsverfahren hat vielfältige Facetten und unterliegt unterschiedlichen Regelungen. Im wesentlichen besteht insoweit Einigkeit, als seine Aufgabe darin besteht, vermöge seiner besonderen Sachkunde das ihn beauftragende Gericht bzw. die ihn beauftragende Verwaltungsbehörde bei der Feststellung des entscheidungsrelevanten Sachverhalts zu unterstützen. Funktion und Aufgaben des Privatsachverständigen dagegen resultieren aus einem zivilrechtlichen Vertrag, der nach der h. M. (meist) als freier Dienstvertrag anzusehen ist.

Im öffentlich-rechtlichen Verfahren hat der Privatsachverständige i. d. R. keine Sonderposition, insb. gegenüber dem Zeugen. Daher trifft ihn i. d. R. eine unbedingte Auskunfts- und Wahrheitspflicht gegenüber Gericht bzw. Verwaltungsbehörde. Eine Anzeigepflicht sieht das Gesetz nur ausnahmsweise vor. So etwa sind Ärzte zur Anzeige an die Sicherheitsbehörde verpflichtet, wenn sie bei ihrer beruflichen Tätigkeit den Verdacht einer gerichtlich strafbaren Beeinträchtigung der körperlichen Integrität feststellen.

Im Gegensatz zum Strafprozeß sind für den medizinischen Privatsachverständigen im Zivilprozeß und Verwaltungsverfahren Sonderregelungen vorgesehen, indem regelmäßig das ärztliche Berufsgeheimnis dem staatlichen Interesse an der Wahrheitsfindung vorgeht.

Die Schweigepflicht des Arztes ergibt sich zivilrechtlich aus dem Privatsachverständigenvertrag, strafrechtlich aus § 121 StGB sowie aus verschiedenen anderen Vorschriften. Die Schweigepflicht des Arztes wird durch Meldepflichten oder andere Rechtfertigungsgründe durchbrochen.

Insgesamt ist zu erkennen, daß die Schweigepflicht des Arztes in weiten Bereichen seiner Verpflichtung zur Aussage vorgeht, nämlich im Zivilprozeß und im Verwaltungsverfahren. Dagegen hebt im Strafprozeß die Aussagepflicht als Zeuge die ärztliche Schweigepflicht auf.

Literaturhinweise

(Auf Literatur wird im Text in der angegebenen abgekürzten Zitierweise verwiesen)

Apathy, in: Schwimann, Kommentar zum ABGB (zitiert: Verfasser § RN)Bertel, Grundriß des österreichischen Strafprozeßrechts² (zitiert: Bertel²)
EB zur RV 1971. 30 Blg. NR 13. GP in: Dokumentation zum Strafgesetzbuch (zitiert: EB)
Fasching, Kommentar zur ZPO (zitiert: Fasching)
Fasching, Lehrbuch des österreichischen Zivilprozeßrechts² (zitiert: Fasching²)
Foregger-Serini, Manz'scher Kurzkommentar: StGB und wichtige Nebengesetze⁴ (zitiert: F-S StGB⁴)
Foregger-Serini, Manz'scher Kurzkommentar: StPO und wichtige Nebengesetze⁴ (zitiert: F-S StPO⁴)
Grillberger, in: Schwimann, Kommentar zum ABGB (zitiert: Verfasser § RN)
Holzhammer, Österreichisches Zivilprozeßrecht² (zitiert: Holzhammer²)
Klaus, Ärztliche Schweigepflicht. Wien 1991 (zitiert: Klaus)
Krejci, in: Rummel, Kommentar zum ABGB (zitiert: Verfasser § RN)
Leukauf-Steininger, Kommentar zum StGB² (zitiert: L-St² § RN)
Sporn, in: Aicher-Funk (Hrsg.), Der Sachverständige im Wirtschaftsleben. Wien 1990, 28 ff (zitiert: Sporn)
Strasser, in: Rummel, Kommentar zum ABGB² (zitiert: Verfasser § RN)
Walter-Mayer, Verwaltungsverfahrensrecht⁴ (zitiert: Walter-Mayer⁴)
Zipf, in: Wiener Kommentar (zitiert: Verfasser § RN)

IV. Die Haftung des Gutachterarztes

Dr. jur. Karl-Heinz Kux, Kammeramtsdirektor der Österreichischen Ärztekammer

Bei der Vorbereitung dieses Kapitels ist mir erst so richtig bewußt geworden, wie unterschiedlich, ja vielleicht sogar gegensätzlich die ärztliche Gutachtertätigkeit im Vergleich zur üblichen ärztlichen Arbeit ist: Bei letzterer versucht der Arzt in erster Linie menschliche Hilfeleistung zu erbringen; darauf ist seine ärztliche Ausbildung und sein ärztliches Handeln ausschließlich ausgerichtet. Er tut dies in Form einer ganz konkreten Tätigkeit an einem Patienten, um dessen Zustand zu verbessern. Nicht nur dieser, sondern der Arzt selbst will den Erfolg seines Handelns sehen.

Das alles darf der Arzt als Gutachter nicht: Er soll, selbst als Privatgutachter, seinem Auftraggeber nicht in dem Sinne helfen wollen, wie er als Arzt gegenüber seinen Patienten dazu verpflichtet ist. Die unterschiedliche Situation zeigt sich ja schon aus der Terminologie: Hie Patient und dort Auftraggeber. Die Erstellung eines Gutachtens ist eben nicht mit der sonst üblichen konkreten ärztlichen Intervention am Menschen zu vergleichen, sondern ist eher das Gegenteil, eine Abstraktion bei der Befundaufnahme, noch mehr bei den gutachterlichen Schlußfolgerungen; und letztlich darf der begutachtende Arzt nicht einen Erfolg anstreben, wie er dies bei kurativer Tätigkeit doch immer wieder versucht und erlebt. Als Gutachter hat er „der Wahrheit zu dienen" und sieht das Ergebnis, z. B. den Richterspruch, oft nicht einmal.

Mag sein, daß aus diesem Auseinanderfallen zwischen der erlernten und üblicherweise ausgeübten beruflichen Tätigkeit des kurativen Mediziners und des abstrahierenden Gutachters – eine Diskrepanz, die wahrscheinlich bei anderen Berufen nicht so deutlich zutage tritt –, so manche Schwierigkeit, aber auch so manche Versuchung für einen ärztlichen Gutachter besteht.

Ich kann mir die Erläuterung des Begriffes „Gutachten" ersparen, nicht die des Terminus „Haftung". Wortwörtlich versteht man unter „Haftung" das Einstehen für ein Verhalten im weitesten Sinne; so für eine Handlung, Unterlassung, einen Rat bzw. eine fachliche Änderung, z. B. ein Gutachten, wenn einem anderen dadurch ein Nachteil geschieht.

Obwohl das Haftungsrecht zu den komplexesten Rechtsgebieten gehört, erspare ich mir vorweg eine theoretische Darstellung seiner Grundsätze und Regeln, sondern gehe gleich in die speziellen Rechtsvorschriften und die Judikatur, die Sachverständigen betreffend, ein und behandle dabei grundsätzliche Fragen, soweit sie zum Verständnis dieser Bestimmungen erforderlich sind.

Wenn wir über die Haftung des ärztlichen Gutachters sprechen, so müssen wir von den allgemeinen Sachverständigenhaftungsbestimmungen ausgehen, da es im Privatrecht keine speziellen ärztlichen Haftungsregeln gibt; diese finden sich nur im ärztlichen Berufsrecht.

Zwei Gesetzesbestimmungen im ABGB sind es, die primär in Betracht kommen: § 1300, wonach ein Sachverständiger auch dann verantwortlich ist, wenn er *gegen Belohnung* in Angelegenheiten seiner Kunst oder Wissenschaft *aus Versehen* einen nachteiligen Rat erteilt. Außer diesem Fall haftet ein Ratgeber nur für den Schaden, welchen er *wissentlich* durch Erteilung des Rates dem anderen verursacht hat. Rat, Auskunft und Gutachten werden nach denselben Haftungsregeln behandelt.

Ich verzichte bei meinen weiteren Ausführungen auf die Behandlung der Rechtsfolgen für wissentliches Fehlverhalten, denn wissentlich ist nur ein anderes Wort für „absichtlich", und ich darf wohl davon ausgehen, daß ein Arzt nicht absichtlich en falsches Gutachten erstellt, um einem anderen Schaden zuzufügen.

Ich beziehe mich somit bei meinen weiteren Darstellungen auf aus *Fahrlässigkeit* entstehende Haftungsfälle und das *Zivilrecht*, und es sei hier nur insofern angemerkt, daß vorsätzliches, schädigendes Handeln eines Sachverständigen auch strafrechtliche Folgen nach sich ziehen kann.

Wir kennen im Zivilrecht zwei Haftungsbereiche:

Die Gewährleistung und den Schadenersatz.

Gewährleistung ist das bei *entgeltlichen* Verträgen vom Gesetz her angeordnete Einstehen, d. h. Haftenmüssen für Mängel, die eine Leistung oder ein Werk im Zeitpunkt ihrer Erbringung aufweisen.

Diese Rechtsregel gilt auch für die Erstellung von Gutachten. Sind diese gegen Entgelt zu erbringen, so ist völlig unabhängig von einem Verschulden des Gutachters für allfällige Mängel einzustehen. Wenn also etwa das Gutachten verspätet erbracht wird oder wenn es in fachlicher Hinsicht Mängel aufweist, dann hat der Gutachtensbesteller entweder den Anspruch auf kostenlose Verbesserung des Gutachtens oder – so dies nicht möglich ist und das Gutachten unbrauchbar wäre – keine Verpflichtung zur Zahlung des Honorares. An sich geht es bei der Gewährleistung nicht um Schäden, die durch ein mangelhaftes Werk – hier Gutachten – beim Besteller eingetreten sind, denn für den Eintritt eines Schadens ist immer Verschulden Voraussetzung; bei Gewährleistung geht es um das Herbeiführen bestimmter, üblicher, mit einer Leistung oder eben mit einem Werk verbundener oder vertraglich zugesagter Ergebnisse.

Der OGH (vom 19. 9. 84, 1 Ob 605/84, JBl. Heft 19/20, Okt. 85) hat allerdings eine Durchbrechung der strengen Trennung zwischen Haftung für Gewährleistung und Haftung für Schäden ein einziges Mal, und dies bei einem Gutachten, vorgenommen:

Ein Privatgutachter hatte zwar ein wissenschaftlich einwandfreies (graphologisches) Gutachten erstellt, es jedoch unterlassen, seinen Auftraggeber hinzuweisen, daß gewisse Zweifel an seinem gutachterlichen Ergebnis nicht auszuschließen wären. Der Auftraggeber erlitt nun im Vertrauen auf die unbedingte Richtigkeit einen Schaden (indem er einen Prozeß einleitete, diesen prompt verlor und kostenersatzpflichtig wurde), den zu ersetzen der OGH den Sachverständigen im Folgeprozeß verurteilte; aber nicht nur das, der Sachverständige mußte auch das an ihn bezahlte Honorar rückerstatten.

Aus der sehr verkürzten Begründung des OGH:

Gutachten sollten möglichst erkennen lassen, wieweit sie auf Information oder gesicherten Erkenntnissen aufbauen und wieweit es sich um subjektive Urteile des Gutachters handelt. Den Werklohn, d. h. das Honorar, hätte der Besteller nicht entrichten müssen, wäre ihm die Unrichtigkeit des Gutachtens bekannt gewesen. Wenn nun die Gewährleistungsfrist – bei Gutachten beträgt sie 6 Monate – abgelaufen ist, könnte vom Vertrag nicht mehr zurückgetreten und somit das geleistete Honorar nicht mehr zurückgefordert werden. Nun urteilte der OGH erstmals und möglicherweise gutachtensspezifisch, daß nunmehr dieses Honorar zwar nicht mehr aus dem Titel der Gewährleistung, sondern aus dem Titel des Schadenersatzes zurückzubezahlen ist.

Der Sachverständige haftet zwar nicht, wenn ein nach den Regeln der Wissenschaft erarbeitetes Gutachten in der Folge nicht standhält; er muß aber den Auftraggeber auf allfällige Risken hinweisen, vor allem dann, wenn er weiß, daß der Auftraggeber sein weiteres Verhalten vom Inhalt seines Gutachtens abhängig machen wird.

Noch einen bedeutenden Unterschied zwischen Gewährleistungs- und Schadenersatzhaftung gibt es. Bei ersterer ist die Frist für die Inanspruchnahme bei beweglichen Sachen, wozu auch Gutachten zählen, sechs Monate ab Übergabe, bei Schadenersatz drei Jahre ab Kenntnis des Schadens und des Schädigers.

Wir gehen nun zur Haftung nach *Schadenersatz* über:

Zum Unterschied von der Gewährleistung sei nochmals gesagt, daß Haftung ein Verschulden des Schädigers voraussetzt und dieses Verschulden in Vorsatz und Fahrlässigkeit bestehen kann. Wenn wir Vorsatz – wie bereits begründet – außer acht lassen, so haben wir uns mit dem Verschuldensgrad der Fahrlässigkeit zu beschäftigen.

§ 1294 ABGB versteht unter *Fahrlässigkeit* die Außerachtlassung der gehörigen Aufmerksamkeit oder des gehörigen Fleißes.

Die Feststellung einer Fahrlässigkeit bedeutet den Vorwurf eines *Willensmangels*. Ein solcher muß mit einem *Verschulden* verbunden sein, d. h. der fahrlässig Handelnde hätte auf Grund seiner Fähigkeiten den Schadenseintritt und die Rechtswidrigkeit erkennen und dementsprechend handeln können. Seine Fähigkeiten müssen also ausreichen, den Schaden zu vermeiden, nur dann kann ihm ein persönlicher Vorwurf gemacht und von einem Verschulden gesprochen werden. Allerdings legt das Gesetz schon objektive Kriterien eines Bewertungsmaßstabes an, wenn der Grad der Aufmerksamkeit und des Fleißes beurteilt werden muß; und dies gilt ganz speziell im Falle des § 1299 ABGB, wo von der *Haftung des Sachverständigen* allgemein die Rede ist:

Der Wortlaut des
§ 1299: Wer sich zu einem Amte, zu einer Kunst, zu einem Gewerbe oder Handwerke öffentlich bekennt; oder wer ohne Not freiwillig ein Geschäft übernimmt, dessen Ausführung eigene Kunstkenntnisse, oder einen nicht gewöhnlichen Fleiß erfordert, gibt dadurch zu erkennen, daß er sich den notwendigen Fleiß und die erforderlichen, nicht gewöhnlichen Kenntnisse zutraue; er muß daher den Mangel derselben vertreten.

Der Oberste Gerichtshof hat in seiner Entscheidung vom 28. 1. 81, 1 Ob 775/80, JBl. Jg. 104, Heft 5/6 vom 13. 3. 1982 dazu festgestellt, daß für die Haftung des Sachverständigen kennzeichnend ist, daß der Sorgfaltsmaßstab gegenüber der allgemeinen Sorgfaltsregel verschärft ist; es handelt sich bei dieser Bestimmung allerdings um *keinen speziellen Haftungstatbestand* für Sachverständige, der übertreten und verletzt werden kann und damit für sich allein eine Haftung auslöst; es muß zuerst vielmehr immer geprüft werden, ob überhaupt Rechtswidrigkeit, also ob eine Vertrags- oder Schutznormverletzung vorliegt; ist dies der Fall, so hat die Prüfung der Sorgfalt des Sachverständigen nach dem gehobenen Verschuldensgrad des § 1299 ABGB stattzufinden.

Aus der Begründung:
Während sonst auf den gewöhnlichen Grad der Aufmerksamkeit und des Fleißes abzustellen ist, ist nach § 1299 ABGB der für die übernommene Tätigkeit notwendige Grad des Fleißes entscheidend. Maßgebend ist nicht der Sorgfaltsmaßstab des Durchschnittsmenschen, sondern die übliche Sorgfalt jener Personen, die derartige Tätigkeiten ausüben (Koziol, Österr. Haftpflichtrecht II 149). Während es sonst bei der Prüfung der Frage, ob jemandem ein Schuldvorwurf gemacht werden kann, auf die subjektiven Fähigkeiten und Kenntnisse ankommt, führt § 1299 ABGB für die vom Sachverständigen geforderten Fähigkeiten und Kenntnisse einen objektiven Maßstab ein (SZ 49/47; Koziol a. a. O. und I², 130; vgl. auch Larenz, Lehrbuch des Schuldrechts¹¹, 233). Dennoch ist eine differenzierte Beurteilung notwendig. Der Sorgfaltsmaßstab wird nämlich durch die typischen und demnach objektiv bestimmten Fähigkeiten eines Angehörigen des betreffenden Verkehrskreises und durch die differenzierten Erwartungen des Verkehrs bestimmt (Reimer Schmidt in Soergel-Siebert 10 Anm. 15 zu § 276 BGB). Entscheidend ist der Leistungsstandard der betreffenden Berufsgruppe (Löwisch in Staudinger Anm. 18 zu BGB¹² § 276 BGB). Vom Facharzt ist etwa ein höheres Maß an Sorgfalt zu verlangen als vom praktischen Arzt (JBl. 1960, 188).

Es genügt also für einen Gutachter nicht, wenn er einen Fehler damit zu entschuldigen sucht, er habe ohnedies nach bestem Wissen und Gewissen gearbeitet; wenn sich herausstellt, daß sein Wissen, gemessen am fachlichen Durchschnittsstandard, nicht ausreichend war.

Das Gesetz, und zwar § 1324 ABGB, unterscheidet zwischen grober und leichter Fahrlässigkeit, ohne eine Definition zu bieten. Diese Unterscheidung ist aber für den Umfang des zu ersetzenden Schadens wichtig. *Grobe Fahrlässigkeit* – nicht gleichzusetzen mit bewußter Fahrlässigkeit, die wieder kaum vom Vorsatz zu unterscheiden ist – liegt dann vor, wenn es sich um ein Versehen handelt, wie es nur „besonders nachlässigen oder leichtsinnigen Menschen unterläuft" (Ehrenzweig); wichtig ist auch die Gefährlichkeit der Situation, der Wert der gefährdeten Interessen, die persönlichen Fähigkeiten des Handelnden etc. *Leichte Fahrlässigkeit* hingegen liegt dann vor, wenn es sich um kein grobes Verschulden handelt, sondern nur eine gewöhnliche Nachlässigkeit vorliegt (Koziol, Österr. Haftpflichtrecht, allgem. Teil, Seiten 102, 103). Für diese wird nach dem Gesetz bei Erstellung eines Gutachtens aus einem Vertragsverhältnis – somit also in der Regel – gehaftet.

Verschulden allein reicht aber für die Haftungsbegründung nicht aus. Das Verhalten muß außerdem rechtswidrig sein, wofür nur objektive Kriterien maßgeblich sind.

Die *Rechtswidrigkeit* kann sich aus einer vertraglichen Regelung, aus einer Verletzung eines Schutzgesetzes sowie ohne Beziehung auf einen Vertrag ergeben; in den beiden letzteren Fällen spricht man von einer deliktischen Haftung; dies bedeutet nicht, oder jedenfalls nicht immer eine strafrechtliche Tat. Es kann sich dabei auch um ausschließlich zivilrechtliche Rechtsverletzungen und Schadenfolgen handeln, z. B. auf Grund einer wissentlich falschen Raterteilung.

Letzte Haftungsvoraussetzung ist die *Kausalität* zwischen der schuldhaften und rechtswidrigen Handlung einerseits und dem Eintritt des Schadens andererseits. Im Zivilrecht werden nicht schlechthin alle Schäden dem Schädiger zugerechnet, für die das haftungsbegründende Ereignis eine *Bedingung* war, sondern nach einer erfolgten Wertung nur solche, welche für den Handelnden objektiv vorhersehbar waren, somit für den Schadenseintritt *typisch* sind und die daher in den Bereich der Verantwortlichkeit des Schädigers fallen und ihm daher noch zurechenbar sind.

Neben diesen Kausalitätsregeln hat die österreichische Rechtslehre und in der Folge auch die Judikatur eine Haftungsbegrenzung durch die Lehre vom *Schutzbereich der Norm* bzw. vom *Rechtswidrigkeitszusammenhang* aufgestellt: Danach ist auf Grund eines rechtswidrigen Verhaltens nur für jene verursachten Schäden zu haften, die vom Schutzzweck der Verbotsnorm erfaßt werden, da sie gerade diese Schäden verhindern wollen. Es ist also zu fragen, aus welchen Gründen die eine Haftung anordnende Norm aufgestellt wurde und welche Schäden von der Ersatzpflicht noch erfaßt werden sollen (Koziol, Österr. Haftpflichtrecht, allg. Teil, Seite 115).

Neben den besprochenen Bestimmungen des ABGB gelten bei einer Gutachtenserstellung einige Bestimmungen des ärztlichen Berufsrechts; außerdem sind sie für die disziplinarrechtliche Haftung des ärztlichen Gutachters interessant:

§ 1 Abs. 2 und 3 ÄG:

(2) Die Ausübung des ärztlichen Berufes umfaßt jede auf medizinisch-wissenschaftlichen Erkenntnissen begründete Tätigkeit, die unmittelbar am Menschen oder mittelbar für den Menschen ausgeführt wird, insbesondere
1. die Untersuchung auf das Vorliegen oder Nichtvorliegen von körperlichen Krankheiten, Geistes- und Gemütskrankheiten, von Gebrechen oder Mißbildungen und Anomalien, die krankhafter Natur sind;
2. die Beurteilung von in Z 1 angeführten Zuständen bei Verwendung medizinisch-diagnostischer Hilfsmittel;

(3) Jeder zur selbständigen Ausübung des Berufes berechtigte Arzt ist befugt, ärztliche Zeugnisse auszustellen und ärztliche Gutachten zu erstatten.

Ein ärztliches Gutachten darf daher nur auf medizinisch-wissenschaftlichen Erkenntnissen aufbauen.

Nach *§ 22 ÄG* ist der Arzt verpflichtet, jeden von ihm in ärztliche Beratung übernommenen Gesunden gewissenhaft zu betreuen und dies nach Maßgabe der ärztlichen Wissenschaft und Erfahrung zu tun.

Ebenso gilt es, *§ 13 Abs. 2 ÄG* zu beachten, der die Fachärztebeschränkung regelt, d. h. die fachärztliche Tätigkeit auf das jeweilige Sonderfach begrenzt; und dies gilt selbstverständlich auch bei der Gutachtenerstellung.

Letztlich ist *§ 28 ÄG* noch zu beachten, wonach ärztliche Zeugnisse – und dies wird wohl auch für Gutachten gelten müssen – nur nach gewissenhafter ärztlicher Untersuchung ausgestellt werden dürfen. Dazu gibt es aber ein interessantes Judikat des OGH bereits aus dem Jahre 1959 (OGH 7. 1. 59 6 0B 330/58, Evidenzbl. Nr. 91). Diese Bestimmung – so der OGH – besagt lediglich, daß

> *der Arzt sich vor Ausstellung des Zeugnisses über alle von ihm sachkundig zu beurteilenden Tatsachen in ausreichender Weise Gewißheit verschafft haben muß, keineswegs aber, daß er sich diese Gewißheit in allen Fällen nur durch eine unmittelbar vorangehende persönliche Untersuchung verschaffen darf. Es wird daher immer nach den besonderen Umständen des Falles zu beurteilen sein, ob in der Ausstellung eines ärztlichen Zeugnisses ohne eine unmittelbar vorangegangene persönliche Untersuchung ein Verstoß gegen die dem Arzt im § 11 des Ärzte G. auferlegte Verpflichtung erblickt werden muß.*

Über das enge Verständnis des mir gestellten Themas, nämlich die Gutachterhaftung eigentlich hinausgehend, möchte ich kurz auf die aktuelle Bedeutung der ärztlichen Rat- und Auskunftspflichten eingehen, welche zur Aufklärungspflicht gehören.

Der OGH hat nämlich in einer sehr grundlegenden Entscheidung aus dem Jahre 1982 (OGH vom 23. 6. 1982, 3 Ob 554/82, Evidenzbl. Nr. 5, 38. Jg., Heft 5) die ärztliche Aufklärung in acht Fragen und Antworten abgehandelt, die ich stark und wie ich hoffe auf das Wesentliche gekürzt wiedergebe:

- Was ist im Grenzfall letzten Endes wichtiger, das Selbstbestimmungsrecht des Patienten oder die ärztliche Fürsorge- und Hilfeleistungspflicht?
  Nach der in Österreich überwiegend vertretenen Ansicht ist der Umfang der ärztlichen Aufklärungspflicht in erster Linie unter dem Gesichtspunkt des Wohles des Patienten abzugrenzen und erst in zweiter Linie auch unter Bedachtnahme auf sein Selbstbestimmungsrecht.
- Trifft es zu, daß aus diesem Grund die weitaus meisten Patienten gar keine besondere Aufklärung wünschen?
  Gegen seinen Willen soll daher dem Patienten nach dem bisher Gesagten eine Aufklärung nicht aufgenötigt werden.
- Kommt es hier letztlich nicht doch immer nur darauf an, ob der Patient zu seinem Arzt Vertrauen hat, und darf von einem „verständigen" Patienten immer erwartet werden, daß er die Bestimmung des Umfanges der Aufklärung seinem Arzt überläßt?
  Ein Patient kann seinem Arzt die Einwilligung auch dadurch erteilen, daß er ihm sein Vertrauen bekundet und es ausdrücklich oder konkludent dem Arzt überläßt, zu beurteilen, was für ihn, den Patienten, besser ist: den Eingriff zu wagen oder ihn zu unterlassen.
- Ab welchem Häufigkeitsgrad eines Operationsrisikos muß aufgeklärt werden?
  Für den Häufigkeitsgrad lassen sich keine allgemeinen Richtlinien angeben. Es kommt vielmehr auf die jeweiligen Umstände des Einzelfalles und dabei vor allem darauf an, ob die nach allgemeiner Erfahrung nicht geradezu ganz seltenen Risken lebensbedrohend sind oder wichtige Körperfunktionen betreffen.
- Muß immer der den Eingriff durchführende Chirurg selbst die Aufklärung vornehmen oder kann er sich auf die Aufklärung anderer Ärzte verlassen?
  Im Zuge der immer größer werdenden Arbeitsteilung zwischen mehreren Ärzten muß die Aufklärung über die einzelnen Behandlungsrisken nicht von jedem einzelnen Arzt immer wieder wiederholt werden, sondern es hat eine sogenannte permanente oder stufenweise Aufklärung stattzufinden.
- Muß auch über Umstände aufgeklärt werden, die an sich auch bei Nichtmedizinern bekannt sind?
  Auf die Kenntnis der nicht medizinisch geschulten Bevölkerung darf sich der Arzt in der Regel nicht verlassen.

Im Bereich der sogenannten *„Neulandmedizin"* muß die Aufklärung über neue Behandlungsmethoden und damit verbunden, besondere Risken umfassen, weil der Patient erwarten kann, nach dem aktuellen Stand der medizinischen Wissenschaft und Erfahrung behandelt zu werden; ein Abgehen von diesem Standard begründet daher besondere Aufklärungspflichten.

Abschließend zu diesem Kapitel sei bemerkt, daß bei der Verletzung der Aufklärungspflicht der Arzt auch für Schäden haftet, die selbst bei kunstgerechter Behandlung eingetreten sind.

Zurück zum eigentlichen Thema:

Zum *Privatgutachten* ein weiteres, auch für einen oder gerade für einen Nichtjuristen selbstverständliches Judikat des OGH vom 15. 3. 1989, 3 Ob 545/88, JBl. Jg. 111, Heft 5/6.

Wer für eine Partei schon ein Privatgutachten gegen Entgelt erstattet hat, kann, wenn in derselben Sache prozessiert wird, nicht Gerichtssachverständiger sein.

Nur ein Satz aus der Begründung:

Dabei geht es nicht um die Qualität des Gutachtens oder die Integrität des Sachverständigen; sondern es kann einer Partei aus grundsätzlichen Erwägungen im Interesse eines fairen Verfahrens nicht zugemutet werden, sich ohne ihre Zustimmung dem Gutachten eines Sachverständigen zu unterwerfen, der in derselben Sache schon für die Gegenseite tätig war.

Somit sind wir beim gerichtlich bestellten Sachverständigen angelangt, für den es interessante Haftungsaspekte bei seiner Gutachtenserstellung gibt:

Schon mit einer Entscheidung aus dem Jahre 1930 (SZ 11/225 = JBl. 1930, 190) hat der OGH die Haftung des Gerichtssachverständigen gegenüber den Prozeß*parteien für jedes Verschulden* mit dem Hinweis festgelegt, es handle sich nicht um einen Rat, dem eine der Parteien folge, sondern um die vom Willen der Prozeßparteien unabhängige Hervorrufung einer richterlichen Überzeugung. Diese Haftung ist vor allem mit der verfahrensrechtlichen Sonderbeziehung zu erklären, in der die Parteien zum Sachverständigen stehen. Im übrigen hat der OGH in dieser Entscheidung judiziert, daß nicht einmal die Rechtskraft des Urteiles, welches das Sachverständigengutachten zugrunde gelegt hat, der Schadenersatzklage gegen den Sachverständigen entgegensteht.

In einem jüngst ergangenen Erkenntnis vom 20. 3. 85, 1 Ob 7/85, JBl. Jg. 107, Heft 19/20 hat der OGH neuerlich bekräftigt, daß der Sachverständige im Gerichtsverfahren – zum Unterschied vom Amtssachverständigen – *kein Organ der Rechtspflege* ist. Der Bund als Träger der Rechtspflege haftet so auch nicht für einen mangelnden Wissensstand eines gerichtlich bestellten Sachverständigen. Für den durch ein Gerichtsgutachten verursachten Schaden haftet der Sachverständige demnach unmittelbar und persönlich.

Inwieweit besteht eine Haftung über den Empfänger des Gutachtens hinaus, und somit *gegenüber dritten Personen*? Grundsätzlich ist es ja so, daß nur der Auftraggeber in einer vertraglichen Rechtsbeziehung steht und nur er als Adressat und Haftungsberechtigter in Betracht kommt. Gegenüber Dritten wird allerdings nur bei *wissentlich* falscher Raterteilung sowie bei Verletzung von *Schutzgesetzen* gehaftet, vor allem solcher, die zum Schutz absoluter Rechtsgüter wie das Leben, die Gesundheit, die Ehre oder das Eigentum dienen. Natürlich besteht auch eine Haftung des Sachverständigen dann, wenn er dolos und im Einverständnis mit seinem Auftraggeber ein falsches Gutachten abgegeben hat, um einem Dritten einen Schaden zuzufügen.

Der Sachverständige haftet einem Dritten auch dann, wenn er weiß und voraussehen kann, daß der Besteller durch die Verwendung des Gutachtens einen Dritten zu vermögensrechtlichen Handlungen bestimmen werde, z. B. wenn eine Lebensversicherung abgeschlossen werden soll.

Allerdings ist es möglich, sich von der Haftung „freizuzeichnen". Darunter versteht man eine vertragliche Vereinbarung der Haftungsbegrenzung:

- Bei unentgeltlichem Rat oder Gutachten ist der Haftungsausschluß bis zur Grenze des Vorsatzes zulässig.
- Bei entgeltlichem Auftrag ist der *Haftungsausschluß für leichte Fahrlässigkeit* grundsätzlich erlaubt; für grobe Fahrlässigkeit im Rahmen des Konsumentenschutzgesetzes ausgeschlossen; für sonstige Aufträge auch dann, wenn er eine unseriöse Vertrauensenttäuschung zulassen würde, wenn ein grundlegender Mangel an Fähigkeit und Fleiß vorliegt und nicht einmal die primitivsten Regeln der Grundlagen eines Gutachtens eingehalten werden.
- Insofern eine Freizeichnung gegenüber dem Vertragspartner möglich und erlaubt ist, gilt sie auch gegenüber dritten Personen, weil nicht angenommen werden kann, daß der Dritte besser gestellt wird als die Partei, von der er seinen Anspruch ableitet. Besser *wäre es* jedenfalls, *dem Dritten* mit nötiger *Deutlichkeit bekanntzumachen, daß das Gutachten nicht für ihn bestimmt ist, da ihm gegenüber keinerlei Haftung übernommen wird*; dafür genügt eine einseitige Erklärung des Gutachters. Gegenüber dem Besteller bedarf der Haftungsausschluß einer individuellen Vereinbarung.

Der juristischen Vollständigkeit halber mußte ich die Möglichkeit der Haftungsfreizeichnung anführen. Ich kann mir allerdings nicht vorstellen, daß dies für den ärztlichen Gutachter von großer Bedeutung sein kann, weil es wahrscheinlich schlecht um eine Auftragserteilung bestellt wäre, würde er sich vor Auftragsannahme für leichte oder gar grobe Fahrlässigkeit exkulpieren wollen.

Wie ist nun die prozessuale Situation, wenn ein Gutachter auf Schadenersatz geklagt wird? Geschieht dies aus einem Auftragsverhältnis heraus oder einer Verletzung eines Schutzgesetzes, so kommt es gem. § 1298 ABGB zu einer sogenannten Umkehr der Beweislast: Der *Schädiger*, also in diesem Fall der *Gutachter, hat seine Schuldlosigkeit* und nicht der Geschädigte das Verschulden des Gutachters zu beweisen.

Die Beweisführung für den Schaden und den Kausalzusammenhang zwischen dem mangelhaften Gutachten und dem eingetretenen Schaden hat der Geschädigte vorzunehmen. Im Falle der Arzthaftung genügt aber nach der Judikatur des OGH (JBl. 1960, 188), daß der Verletzte oder Geschädigte nur die *Möglichkeit und Wahrscheinlichkeit* darzutun hat, der Beweis des ersten Anscheins – prima facie-Beweis – also genügt. Der Arzt hat dann das Fehlen der Ursächlichkeit, also der Kausalität zu beweisen.

Zum Schluß kommend, ein kurzer Blick auf die Haftung des Sachverständigen, der für einen Versicherer tätig wird:

Er ist sein Erfüllungsgehilfe nach § 1313 ABGB, d. h. der Versicherer haftet für dessen Verschulden wie für sein eigenes; der Sachverständige seinerseits haftet *primär dem Versicherer* für dessen Vermögensschaden. Dies kann bei der Begutachtung von Personenschäden von Bedeutung sein. Erweist sich ein Gutachten, weil ausschließlich auf Angaben des zu Untersuchenden angewiesen – und daher bestimmte Beschwerden nicht objektivierbar sind –, als unrichtig, wurde dies aber im Gutachten klargestellt, so hat der Sachverständige die erforderliche Sorgfalt eingehalten, ein zwar objektiv unrichtiges, aber kunstfehlerfreies Gutachten erstattet; eine Haftung wäre demnach auszuschließen (Stichwort Schleudertrauma!).

Im Rahmen eines Versicherungsvertrages wird die Haftung für grob fahrlässig unrichtige Gutachten somit nicht wirklich ausgeschlossen werden können.

Beim Regreß des Versicherers gegenüber seinem Sachverständigen ist zu unterscheiden:

Werden vom Versicherer eigene Dienstnehmer als Sachverständige eingesetzt, so ergibt sich deren Haftung aus dem Dienstnehmerhaftpflichtgesetz. So kann das Gericht aus Gründen der Billigkeit den Ersatz mäßigen oder bei nur leichter Fahrlässigkeit ganz erlassen. Für entschuldbare Fahrlässigkeiten haftet der Dienstnehmer überhaupt nicht.

Wenn *selbständige Sachverständige* eingesetzt werden, so ergibt sich deren Rückersatzanspruch aus dem Werk- oder Auftragsvertrag, der mit dem Versicherer abgeschlossen wurde. Bei diesen kommt eine Minderung der Regreßansprüche in aller Regel nicht in Betracht.

Zum Abschluß noch zur *disziplinarrechtlichen Haftung* des Sachverständigen. Auf Grund der zitierten ärztegesetzlichen Bestimmungen gelten auch für Sachverständige die disziplinarrechtlichen Vorschriften:

§ 95. (1) Ärzte machen sich eines Disziplinarvergehens schuldig, wenn sie

1. das Ansehen der österreichischen Ärzteschaft durch ihr Verhalten der Gemeinschaft, den Patienten oder den Kollegen gegenüber beeinträchtigen, oder

2. die Berufspflichten verletzen, zu deren Einhaltung sie sich anläßlich der Promotion zum Doctor medicinae universae verpflichtet haben oder zu deren Einhaltung sie nach diesem Bundesgesetz oder nach anderen gesetzlichen Vorschriften verpflichtet sind.

(5) Auf praktische Ärzte und Fachärzte, die ihren Beruf im Rahmen eines Dienstverhältnisses bei einer Gebietskörperschaft oder einer anderen Körperschaft öffentlichen Rechts ausüben, sind die Vorschriften über das Disziplinarverfahren hinsichtlich ihrer dienstlichen Tätigkeit und der damit verbundenen Berufspflichten nicht anzuwenden. Die Dienststelle solcher Ärzte ist jedoch verpflichtet, die von der Österreichischen Ärztekammer erstattete Anzeige in Behandlung zu nehmen und ihr das Verfügte mitzuteilen.

Ein mangelhaft erstelltes Gutachten kann daher eine Berufspflichtenverletzung darstellen, es kann aber auch damit eine Beeinträchtigung des Ansehens der österreichischen Ärzteschaft verbunden sein.

Zuletzt darf ich noch ein ganz neues Erkenntnis des VGH vom 3. 3. 89, B 847/87 zur Frage Kritik eines Sachverständigen an einem anderen und disziplinäre Verantwortung bringen.

Der Beschwerdeführer erachtete sich nämlich in seinem verfassungsgesetzlich gewährleisteten Recht auf Freiheit der Meinungsäußerung gem. Art. 13 StGG und Art. 10 MRK für verletzt, da er wegen einer Kritik an einem Fachkollegen diszipliniert wurde.

Der VGH gab ihm mit folgender verkürzter Begründung recht:

Gerade die unter einer besonderen öffentlichen Verantwortung tätigen Angehörigen Freier Berufe sind in einer demokratischen Gesellschaft nicht vor Kritik geschützt. Eine gebotene und sachliche Kritik an der Tätigkeit und damit an der Qualifikation eines Sachverständigen zu üben, ist jedem mit Verfassungsgesetz gewährleistet, umso mehr muß sie aber den Berufsgenossen eröffnet sein. Dies deshalb, weil nur diese über das für eine tiefgreifende Kritik erforderliche Fachwissen verfügen. Weder der Grundsatz der Kollegialität noch die Achtung der Ehre und Würde des Standes können daher einen Freiberufler von einer sachlichen Kritik durch einen anderen Standesangehörigen schützen. Eine derartige Kritik – wenn sie nicht eine unsachliche und herabsetzende ist – kann daher nicht zum Gegenstand eines verurteilenden Disziplinarerkenntnisses werden.

V. Der Sachverständige im Zivilprozeß

(Einschließlich Arbeits- und Sozialrechtssachen, ohne Berücksichtigung des Gebührenrechtes)

Dr. Helmut Köberl, Abteilungsleiter für Rechtswesen der AUVA

Begriff

Sachverständige sind Personen, die dem Richter diesem unbekannte Erfahrungssätze vermitteln oder darüber hinaus auch die sich aus der Anwendung dieser Erfahrungssätze ergebenden Schlußfolgerungen mitteilen oder überhaupt für den Richter Tatsachen feststellen (insb. bei medizinischen Gutachten).

Sachverständige sind neben Urkunden, Zeugen, Augenschein und Parteienvernehmung das fünfte klassische Beweismittel, welche alle dem Gericht aufgrund sinnlicher Wahrnehmung die Feststellung behaupteter Tatsachen ermöglichen sollen.

Funktion

Der Sachverständige ist in der ersten Linie als Gehilfe des Richters zu verstehen, indem er diesem die fehlende Sachkunde vermittelt, weshalb dann, wenn der Richter selbst über hinreichende Fachkenntnisse verfügt, die Befassung eines Sachverständigen nicht erforderlich ist; allerdings ist hiefür die Zustimmung der Prozeßparteien nötig (§ 364 ZPO). Der Richter kann, sofern kein entsprechender Antrag einer Prozeßpartei vorliegt, von Amts wegen die Beiziehung eines Sachverständigen anordnen. Bestellung und Auswahl des Sachverständigen liegt im Ermessen des Gerichtes, doch wird der Richter in der Regel die Vorstellungen der Parteien berücksichtigen (§ 183 Abs. 1 Z. 4 und § 363 Abs. 2 ZPO). Die Entscheidungen des Gerichtes über Anzahl, Ablehnung, Beeidigung oder Fristen für die Abgabe des Gutachtens können nicht durch ein Rechtsmittel bekämpft werden (§ 366 Abs. 2 ZPO). Obwohl Gehilfe des Richters, unterliegt auch das Gutachten des Sachverständigen der *freien Beweiswürdigung* durch den Richter (§ 367 und § 327 ZPO).

Mündlichkeit

Grundsätzlich ist im *Zivilprozeß* der Grundsatz der *Mündlichkeit* (§ 176 ZPO) beachtlich, so daß auch der Sachverständige sein Gutachten primär mündlich abzugeben hat. Das Gericht kann aber – was es in der Regel auch tun wird – die schriftliche Begutachtung anordnen. Diesfalls muß der Sachverständige auf Verlangen über sein Gutachten mündlich Auskunft geben oder das Gutachten anläßlich der mündlichen Verhandlung erläutern (§ 357 ZPO).

Befangenheit

Ausfluß der *Gehilfenstellung* ist die Ablehnungsmöglichkeit eines Sachverständigen aus denselben Gründen wie beim Richter selbst (§ 351 Abs. 1 ZPO iVM § 20 JN) – z. B. in Prozessen:

- wo der *Sachverständige selbst Partei* ist oder zu einer Partei in einem für den Prozeß relevanten Naheverhältnis steht (Mitberechtigter oder -verpflichteter, Regreßpflichtiger),
- wo der *Sachverständige mit einer Partei verheiratet, eng verwandt oder verschwägert* ist,
- wo der *Sachverständige eine Partei als Wahl- oder Pflegeeltern, Wahl- oder Pflegekind, Mündel oder Pflegebefohlenen* hat,
- *wo der Sachverständige als Parteienbevollmächtigter bestellt* war oder ist.

Im Unterschied zum Richter kann ein Sachverständiger allerdings nicht wegen einer in derselben Sache zuvor abgelegten Zeugenaussage abgelehnt werden (§ 355 Abs. 1 ZPO).

Die *Ablehnung eines Sachverständigen* durch eine Partei hat vor Beginn der Beweisaufnahme, bei schriftlicher Gutachtenerstattung vor erfolgter Einreichung des Gutachtens durch den Sachverständigen bei Gericht mittels Schriftsatz oder mündlich eingebracht zu werden, um wirksam zu sein, wenn nicht die ablehnende Partei glaubhaft machen kann, sie habe erst später vom Ablehnungsgrund Kenntnis erlangt oder sei aus anderen Gründen an der rechtzeitigen Geltendmachung gehindert gewesen (§ 355 Abs. 2 ZPO).

Über die Ablehnung entscheidet:

- *der ersuchte Richter,* wenn das Prozeßgericht einen Richter an einem anderen Gerichtsort mit der Durchführung des Sachverständigenbeweises ersucht hat (§ 352 Abs. 1 ZPO),
- *der beauftragte Richter,* wenn das Prozeßgericht ein Mitglied des erkennenden Senates mit der Durchführung des Sachverständigenbeweises außerhalb der Verhandlungstagsatzung am Ort des Gerichtes oder in dessen Nähe beauftragt hat (§ 282 ZPO) oder
- *das erkennende Gericht,*

  je nachdem, wo der Ablehnungsantrag eingebracht worden war (§ 355 Abs. 1 ZPO).

Beschlüsse, mit denen die Ablehnung eines Sachveständigen verworfen oder die schriftliche Begutachtung aufgetragen worden ist, können nur im Wege der Bekämpfung der Entscheidung in der Sache selbst mittels Rechtsmittel angefochten werden. Ein gesonderter Rekurs nur gegen diese Art von Beschlüssen ist nicht zulässig (§ 366 Abs. 1 ZPO).

Gutachten

Der *Sachverständige* äußert sich in einem Gutachten zu den vom Gericht gestellten Fragen. Das Gutachten hat *Erfahrungssätze* (den jeweiligen Stand der von ihm vertretenen Fachrichtung) zu erläutern, aus Erfahrungssätzen

Schlußfolgerungen zu ziehen oder aufgrund von Erfahrungssätzen Tatsachen festzustellen. Wenn die Kenntnis der Beschaffenheit von Personen, Sachen oder Örtlichkeiten und dergleichen für Verständnis und Würdigung des Gutachtens wesentlich ist, hat das Gutachten einen Befund zu enthalten (§ 362 Abs. 1 ZPO). Dies wird bei medizinischen Gutachten regelmäßig der Fall sein.

Pflichten

Der Sachverständige hat:
- der *Ladung durch das Gericht* Folge zu leisten (Erscheinungspflicht; § 354 Abs. 1 ZPO),
- den Sachverständigeneid abzulegen (*Eidespflicht;* § 358 ZPO) und
- Befund und Gutachten *fristgerecht* abzugeben (§ 354 Abs. 1 ZPO).

Auswahl

Die Pflicht zur Tätigkeit als Sachverständiger trifft den „öffentlich bestellten" Sachverständigen, das ist jeder in der Sachverständigenliste bei den *Gerichtshöfen erster Instanz* (Landes- und Kreisgerichte, Handelsgericht Wien und Arbeits- und Sozialgericht Wien) Eingetragene.

Ebenso hat auch derjenige, der „die Wissenschaft, die Kunst oder das Gewerbe, deren Kenntnis Voraussetzung der geforderten Begutachtung ist, öffentlich als Erwerb ausübt oder zu deren Ausübung öffentlich angestellt oder ermächtigt ist", die Pflicht, der Aufforderung des Gerichtes, als Sachverständiger aufzutreten, zu folgen. (§ 353 Abs. 1 ZPO).

Entschlagung

Aus denselben Gründen, die für das Aussageverweigerungsrecht der Zeugen gelten, kann der Sachverständige die Enthebung von der Bestellung begehren (§ 353 Abs. 2 ZPO), also beispielsweise, wenn der Sachverständige durch sein Gutachten sich oder seine Angehörigen der Gefahr einer strafgerichtlichen Verfolgung aussetzen würde, oder die Abgabe eines Gutachtens nur unter Verletzung einer dem Sachverständigen obliegenden staatlich anerkannten Verschwiegenheitspflicht möglich wäre (§ 321 ZPO).

Verbietet aus dienstlichen Gründen der Vorgesetzte eines öffentlichen Beamten diesem die Ausübung des Sachverständigenamtes, so hat ebenfalls eine *Enthebung* des bereits bestellten Sachverständigen zu erfolgen (§ 353 Abs. 3 ZPO).

Sanktionen

Weigert sich ein Sachverständiger unbegründet, ein Gutachten zu erstellen oder liefert er dieses nicht in der ihm vom Gericht gesetzten Frist ohne genügende Entschuldigung ab oder erscheint er trotz ordnungsgemäßer Ladung nicht zur Verhandlung, so hat ihm der Richter mittels Beschluß die durch diese Pflichtverletzung entstandenen Säumniskosten aufzuerlegen und den

Gutachter mit einer *Ordnungsstrafe* bzw. bei Mutwillen (als absichtlich pflichtwidrigem Verhalten) mit einer *Mutwillensstrafe* zu belegen (§ 354 Abs. 1 ZPO). Neben der Kostenersatzpflicht für die Säumnisfolgen hat der pflichtwidrig handelnde Sachverständige den Parteien auch allen Schaden zu ersetzen, der durch diese Pflichtwidrigkeit entsteht (z. B. als Ersatz der Kosten für die weitere Prozeßführung, wenn das Gutachten aufgrund mangelnder Sorgfalt des Sachverständigen unrichtig war und deshalb der Prozeß unnötig verlängert worden war; § 354 Abs. 3 ZPO).

Vereidigung

Die allgemeine Beeidigung von Dolmetschern, Übersetzern und Sachverständigen für ihre Tätigkeit vor Gericht und ihre Erfassung in Listen regelt das Bundesgesetz vom 19. Feber 1975 über den allgemein beeideten gerichtlichen Sachverständigen und Dolmetscher, BGBl. Nr. 137/1975. Die solcherart öffentlich bestellten Sachverständigen sind vom Richter an diesen Eid zu erinnern (§ 358 Abs. 2 ZPO). Ad hoc bestellte, also nicht in der Liste eingetragene Sachverständige haben den Sachverständigeneid vor Beginn der Beweisaufnahme durch das Gericht abzulegen, sofern nicht beide Prozeßparteien darauf verzichten.

Unterlagen

Die für die Beantwortung der dem Sachverständigen durch das Gericht anläßlich der Betrauung gestellten Fragen erforderlichen, bei Gericht befindlichen Gegenstände, Aktenstücke und Hilfsmittel sind dem Sachverständigen mitzuteilen (§ 359 ZPO). Bei medizinischen Gutachten wird stets die Untersuchung einer Person erforderlich sein. Diese Untersuchung ist im Befund dem Gutachten voranzustellen (§ 362 Abs. 1 ZPO).

Mehrere Sachverständige

Hat das Gericht von Anfang an mehrere Sachverständige bestellt, so können diese ein *gemeinsames Gutachten* erstatten, wenn ihre Ansichten – Inhalt und Aussagen des Gutachtens betreffend – übereinstimmen. Sind die Sachverständigen unterschiedlicher Auffassung, so hat jeder Sachverständige ein eigenes Gutachten abzugeben und die Gründe für die eigene Ansicht gegenüber der der anderen Sachverständigen ausdrücklich darzulegen (§ 361 ZPO).

Ist ein Gutachten nicht genügend plausibel oder widersprechen sich verschiedene Sachverständige, so kann der Richter amtswegig oder auf Parteienantrag die ergänzende Begutachtung durch den- oder dieselben Sachverständigen oder die Bestellung anderer Sachverständiger anordnen. Eine derartige Anordnung kann auch der ersuchte oder der beauftragte Richter treffen (§ 362 Abs. 2 ZPO).

Parteiverzicht

Die Partei, die den Sachverständigenbeweis angeboten hat, kann auf die Ausführung dieses Beweises verzichten, doch kann der Prozeßgegner die Fortsetzung der angeordneten Beweisaufnahme verlangen, wenn diese bereits begonnen wurde, oder der Sachverständige bereits bei Gericht zum Zweck der Beweisaufnahme erschienen ist (§ 363 Abs. 1 ZPO).

VI. Der Sachverständige im Strafprozeß

(Ohne Berücksichtigung des Gebührenrechtes)

Dr. Helmut Köberl, Abteilungsleiter für Rechtswesen der AUVA Wien

Die wesentlichen Grundsätze, die für den Sachverständigenbeweis im *Zivilprozeß* gelten, finden auch im *Strafprozeß* Anwendung. Im Nachstehenden sind daher nur die Unterschiede berücksichtigt. Wesentlich für das Strafverfahren ist seine Gliederung in verschiedene, in ihrer typischen Aufgabenstellung unterschiedliche Abschnitte, wobei die Durchführung des jeweils späteren Abschnittes vom Ergebnis des vorangegangenen abhängt:

Vorerhebungen durch die Staatsanwaltschaft (mit Unterstützung durch die Sicherheitsbehörden) zur Erforschung von der Behörde bekanntgewordenen Verdachtsgründen;

Voruntersuchung als erste Stufe des Strafverfahrens vor dem Untersuchungsrichter in Zusammenarbeit mit der Staatsanwaltschaft, um zu prüfen, ob die einer Person zur Last gelegten Vorwürfe eine Anklageerhebung rechtfertigen oder die Einstellung des Verfahrens angezeigt wäre;

Hauptverhandlung vor dem erkennenden Richter oder Senat mit abschließendem Urteil.

Im wesentlichen sind Rolle und Aufgabenstellung des Sachverständigen in allen drei Verfahrensabschnitten identisch. Im Rahmen der Vorerhebungen kann der Staatsanwalt den Untersuchungsrichter mit der Führung von Erhebungshandlungen befassen. Dieser hat dabei nach den Grundsätzen zur Voruntersuchung vorzugehen (§ 88 StPO), so daß auch während der Vorerhebungen der Untersuchungsrichter die Einholung von Sachverständigengutachten betreiben kann.

Funktion

Wie im Zivilprozeß ist der Sachverständige ein *Gehilfe des Richters (bzw. des Staatsanwaltes)* und ist demnach nur dann zu bestellen, wenn das Gericht nicht selbst über die nötigen Fachkenntnisse verfügt (§ 118 StPO). Lediglich in einigen, ausdrücklich im Gesetz angeführten Fällen ist die Befassung eines Sachverständigen unerläßlich:

Leichenbeschau und Leichenöffnung sind durch einen oder nötigenfalls durch zwei Ärzte vorzunehmen (§ 128 StPO).

Die Feststellung der Zurechnungsfähigkeit des Beschuldigten ist, wenn Zweifel daran bestehen, durch einen oder zwei Ärzte vorzunehmen (§ 134 StPO).

Bei Fällen von Geld-, Wertpapier- oder Wertzeichenfälschung hat die **Überprüfung der Falsifikate** durch/über das BM für Finanzen oder die Oesterreichische Nationalbank zu erfolgen (§ 136 StPO).

Ist es wegen der Schwierigkeit der Begutachtung erforderlich, sind statt eines zwei Sachverständige beizuziehen.

In der Hauptverhandlung steht die Wahl des Sachverständigen dem Richter, sonst dem Untersuchungsrichter zu (§ 119 Abs. 1 StPO und § 254 StPO). Allerdings kann auch der Ankläger (Staatsanwalt oder Privatankläger), der Privatbeteiligte oder der Angeklagte die Bestellung und Ladung eines Sachverständigen verlangen (§ 222 StPO).

Mündlichkeit

Auch im Strafprozeß herrscht der Grundsatz der *Mündlichkeit* (§ 258 StPO), so daß auch hier der Sachverständige grundsätzlich zur mündlichen Gutachtenerstattung aufgefordert ist. Der Sachverständige kann sich jedoch die Abgabe eines schriftlichen Gutachtens vorbehalten. Das Gericht hat diesfalls dem Sachverständigen eine angemessene Frist einzuräumen (§ 124 StPO), sofern es die schriftliche Gutachtenerstattung zugesteht.

Ausschließung

Angehörige des Beschuldigten oder des Verletzten sind von der Sachverständigenfunktion ausgeschlossen. Die Prozeßparteien (Ankläger, Beschuldigter, Privatbeteiligter) können wegen der *Befangenheit* oder *mangelnden Eignung* eines Sachverständigen Einwendungen bei Gericht anbringen. Schließt sich das Gericht diesen Einwendungen an, so hat es einen neuen Sachverständigen zu bestellen (§ 120 StPO).

Rechte und Pflichten

Um ein Gutachten erstatten zu können, muß dem Sachverständigen hinreichende Informationsmöglichkeit geboten werden:

Das Gericht hat dem Sachverständigen die vorliegenden Akten zur Einsicht zu überlassen oder – wenn er dies verlangt – ist ihm Auskunft über deren Inhalt zu geben (§ 123 Abs. 1 und 2 StPO).

Der Sachverständige kann verlangen, bei einer Zeugenvernehmung beigezogen zu werden und an den Zeugen Fragen richten zu dürfen (§ 123 Abs. 1 StPO).

Den Sachverständigen trifft wie im Zivilprozeß die *Eidespflicht:* Er ist entweder als in die Sachverständigenliste Eingetragener bereits allgemein beeidet und daher nur an den abgelegten Eid zu erinnern oder er hat vor Aufnahme seiner Sachverständigentätigkeit einen entsprechenden Eid abzulegen. Wer einmal im Zuge eines Verfahrens vereidigt worden ist, braucht späterhin nicht nochmal derartig in Pflicht genommen zu werden (§ 121 und § 247 StPO).

Der Sachverständige hat Ladungen des Gerichtes Folge zu leisten und an der Verhandlung bzw. am Augenschein in der Voruntersuchung gehörig mitzuwirken. Kommt der Sachverständige einer Ladung unentschuldigt nicht nach, so kann der Untersuchungsrichter eine *Geldstrafe bis zu S 10.000,–* gegen ihn verhängen (§ 119 StPO). In der Hauptverhandlung muß der Richter einen derart säumigen Sachverständigen mit einer Geldstrafe bis zu S 5.000,–

bestrafen. Der Richter kann auch die zwangsweise Vorführung des nicht Erschienenen anordnen (§ 242 StPO). Wird durch das Nichterscheinen bedingt die Verhandlung vertagt, so hat der Sachverständige die damit verbundenen Kosten zu tragen (§ 242 Abs. 3 und § 243 StPO).

Obergutachten

Ist das Gutachten unklar oder nicht schlüssig, so ist, wenn sich die offenen Fragen nicht durch eine ergänzende Befragung des Sachverständigen klären lassen, das Gutachten eines oder zweier anderer Sachverständiger einzuholen (§ 126 Abs. 1 StPO). Dasselbe gilt auch in jenen Fällen, wo der Befund unklar ist oder in der Befundaufnahme zwei Sachverständige einander widersprechen (§ 125 StPO). Wenn die betreffenden Sachverständigen Ärzte oder Chemiker sind, so kann ein Fakultätsgutachten einer österreichischen medizinischen Fakultät eingeholt werden (§ 126 Abs. 2 StPO).

VII. Vergleich der Einschätzung verschiedener Versicherungsträger

Die Einschätzung von Unfallfolgen richtet sich danach, für welchen Zweck diese Einschätzung vorgenommen wird. Die Einschätzungsgrundlagen differieren nämlich in großem Maße je nach Versicherungssparte bzw. Entscheidungszweck. Es ist für den Gutachter daher von großer Wichtigkeit, die Einschätzungsrichtlinien in den einzelnen Sparten zu kennen, um nicht Einschätzungsgrundlagen heranzuziehen, die für den gegenständlichen Fall falsch sind. Nicht selten haben wir Einschätzungen über den Dauerschaden sehen müssen, die nach völlig anders gearteten Einschätzungsrichtlinien erstellt wurden, was für den Versicherten unverständlich ist. Leider kommt es immer wieder vor, daß beispielsweise die Richtsätze der Kriegsopferversorgung herangezogen werden, die sich weniger am Funktionsausfall als an der Diagnose orientieren, dadurch wesentlich überhöhte Prozentsätze ergeben, die für den Zweck der privaten Unfallversicherung, Haftpflichtversicherung und auch im Zivilgerichtsverfahren unrealistisch und nicht anwendbar sind.

Es gibt jedoch nicht wenige Unfälle, bei denen es sich um solche handelt, für die auch die gesetzliche Unfallversicherung leistungszuständig ist, und es ist daher notwendig, auf die Begutachtungsgrundsätze in der gesetzlichen Unfallversicherung kurz einzugehen, um den Unterschied klarzumachen.

In der *gesetzlichen Unfallversicherung* ist zum Unterschied zur privaten Unfallversicherung der unfallbedingte Schaden (sofern es sich um einen Arbeitsunfall nach dem ASVG handelt) nach der Minderung der Erwerbsfähigkeit auf dem allgemeinen Arbeitsmarkt zu beurteilen. Das heißt, daß der unfallbedingte Schaden abstrakt zur Berufsausübung festgestellt wird, wie auch in der privaten Unfallversicherung. Der Unterschied ist jedoch der, daß in der privaten Unfallversicherung der unfallbedingte Schaden zum Zeitpunkt der Begutachtung festgestellt wird, wobei zukünftige mögliche unfallkausale Verschlimmerungen nicht eingeschätzt werden können; siehe dazu später die AUVB (Allgemeine Bedingungen für die Unfallversicherung). Dies deshalb, da zum Zeitpunkt der Feststellung des Dauerschadens nicht abgesehen werden kann, ob solche Verschlimmerungen überhaupt eintreten, bzw. ob der Versicherte solche Verschlimmerungen überhaupt erlebt. Wollte man diesen Aspekt miteinbeziehen, wäre ein Abschluß des Versicherungsverfahrens nicht möglich, da abgewartet werden müßte, ob eine dieser erwähnten Verschlimmerungen eintreten werde. In der Haftpflichtversicherung muß jedoch festgestellt werden, ob solche spätere Verschlimmerungen wahrscheinlich oder möglich sind, und besonders im Zivilgerichtsverfahren ist es erforderlich, daß der Gutachter derartige mögliche Verschlimmerungen erwähnt, um ein sogenanntes „Feststellungsbegehren" aus der Sicht des Gutachters zu rechtfertigen.

VII. Vergleich der Einschätzung verschiedener Versicherungsträger

Die größten Differenzen treten nach unserer Erfahrung meistens dann auf, wenn ein Vergleich mit der Einschätzung durch die Allgemeine Unfallversicherungsanstalt erfolgt. Dazu ist zu sagen, daß in der gesetzlichen Unfallversicherung gemäß der erwähnten Einschätzungsgrundlage der Minderung der Erwerbsfähigkeit auf dem allgemeinen Arbeitsmarkt zuerst eine „vorläufige Rente" festgestellt wird. Erst etwa 2 Jahre nach dem Unfallereignis wird in der Regel die Dauerrente festgesetzt. Das bedeutet, daß die Ersteinschätzung in der Regel höher liegt, als die Einschätzung der Dauerrente, da die Ersteinschätzung in vielen Fällen als Übergangsrente (Anpassung und Gewöhnung) festgesetzt wird und die Dauerrente in der Regel oder in vielen Fällen niedriger liegt als die erste Einschätzung. Dazu kommt, daß in der gesetzlichen Unfallversicherung die Minderung der Erwerbsfähigkeit in Höhe von 20 Prozent eine Grenze darstellt, unter der eine Entschädigung nicht geleistet wird, sofern nicht bereits aus einem vorhergehenden Unfall eine Rente gewährt wurde (sog. „Stützrente"). Überdies besteht in der gesetzlichen Unfallversicherung die Möglichkeit, daß bei einer Verschlimmerung des unfallbedingten Dauerschadens jederzeit (mindestens 1 Jahr nach der letzten Dauerrentenfestsetzung und bei mindestens 10% Verschlimmerung) die unfallbedingte Rente erhöht, aber auch bei Verbesserung des Zustandes erniedrigt werden kann. Es empfiehlt sich daher für den Gutachter, bei Vorliegen eines Bescheides aus der gesetzlichen Unfallversicherung auf diese Unterschiede hinzuweisen, um a priori diese Einschätzungen als für das gegenständliche Verfahren nicht relevant zu bezeichnen und darzulegen, warum dies so ist.

VIII. Die Ärztekommission

Nach den AUVB (Allgemeine Bedingungen für die Unfallversicherung) hat der Versicherte das Recht, soferne er oder sein Rechtsfreund mit der Einschätzung nicht einverstanden ist, die Einsetzung und Durchführung einer Ärztekommission nach den AUVB zu beantragen. Wie in den AUVB angeführt, steht dieses Recht natürlich nicht nur dem Versicherten, sondern auch der Versicherung zu. In der Regel ist es aber so, daß der Versicherte eine Ärztekommission beantragt.

Wie bereits angeführt, muß in diesem Fall der Versicherte die Durchführung dieser Ärztekommission beantragen und einen Arzt seines Vertrauens nennen, der ihn bei dieser Ärztekommission vertritt. Die Versicherung ihrerseits nennt einen Arzt ihres Vertrauens (in der Regel ist es der Arzt, der das Gutachten erstellt hat), und diese beiden Gutachter müssen dann einvernehmlich einen Obmann bestellen. Kommt ein solches Einvernehmen nicht zustande, wird der Obmann durch die zuständige Ärztekammer bestimmt.

Das Verfahren spielt sich so ab, daß, nachdem der Versicherte von beiden Gutachtern untersucht und begutachtet wurde, dieser auch vom Obmann untersucht wird, der dann eine Ärztekommission einberuft, an der der Obmann und die beiden Gutachter teilnehmen. Der Obmann gibt in dieser Ärztekommission seine Entscheidung bekannt. Er kann aber auch seine Einschätzung nach nochmaligem Studium der Unterlagen und der Angaben der beiden Gutachter schriftlich erstatten. In diesem Fall unterzeichnen selbstverständlich nur die beiden Gutachter das Protokoll der Streitverhandlung, während der Obmann sein Protokoll selbst unterzeichnet. Hinsichtlich der Kostentragung der Ärztekommission verweise ich auf die Bedingungen der Unfallversicherung.

Die ganze Angelegenheit wäre rechtlich einwandfrei geregelt, doch kommt es in letzter Zeit immer wieder vor, daß Versicherte, die bei der Ärztekommission unterlegen sind, sich an das Zivilgericht wenden und diese Gerichte die Klage trotz der eindeutigen Bedingungen für die Unfallversicherung auch annehmen, ein Umstand, der in diesem Punkt die Bedingungen der Unfallversicherung obsolet machen würde.

IX. Kurze Bemerkungen zu einigen Nachbarschaftsdisziplinen

Hinsichtlich der *Augenverletzungen* ist nach Vukovich bei der Beurteilung zu klären, ob es sich bei dem festgestellten Funktionsausfall tatsächlich um eine ursächliche Folge des zu begutachtenden Unfalles handelt. Es ist zu prüfen, ob das angeschuldigte Trauma in der Lage war, den vorliegenden Schaden zu verursachen, oder mit welchem Grad an Wahrscheinlichkeit die Funktionsminderung auf den Unfall zurückzuführen ist. „Wahrscheinlich" heißt, daß die zureichenden Gründe für die Annahme der Kausalität stärker sind, als die Gründe für die Verneinung. Es wird daher von überwiegender Wahrscheinlichkeit gesprochen. Die Ausdrücke „möglich", „nicht auszuschließen" oder „unwahrscheinlich" verneinen den ursächlichen Zusammenhang. Post hoc und propter hoc sind hier genau auseinanderzuhalten.

Wie Vukovich in seinem Vortrag über das Problem der Sehkraftminderung, gehalten auf der wissenschaftlichen Tagung der Gesellschaft der Gutachterärzte Österreichs vom 15. 3. 1985, weiter ausführte, ist in der Beurteilung des Kausalzusammenhanges zwischen Ablatio retinae und indirektem Trauma, körperlicher Erschütterung oder schwerer körperlicher Anstrengung lange Zeit die Ansicht vorherrschend gewesen, den Zusammenhang anzuerkennen. Diesbezüglich wird auch noch beim Kapitel über die Kausalität näher eingegangen werden.

Bei der Beurteilung des Vorschadens ist laut Vukovich zu unterscheiden zwischen den Bedingungen der Unfallversicherung und der Haftpflichtversicherung. Bei der Unfallversicherung wäre ein festgestellter Vorschaden am verletzten Auge vom Unfallschaden abzuziehen. Beim Vorschaden des vom Unfall nicht betroffenen Auges ist dieser für die Einschätzung nicht heranzuziehen, es sei denn, die Funktion des nicht betroffenen Auges wäre auf praktische Erblindung herabgesetzt. Dieser Umstand sollte jedoch der Versicherung beim Abschluß bekanntgemacht werden. Das hat eine Erhöhung der Versicherungsprämie zur Folge, aber für das funktionstüchtige Auge erhöht sich der volle *Augenwert* auf 50, 60 bzw. 70%, je nach den geltenden Bedingungen (AUVB). In diesem Punkt sei Lisch in seiner Arbeit über die Invaliditätsgrade in der privaten Unfallversicherung ein Irrtum unterlaufen, wenn er meint, daß auch ein Teilschaden am nicht verletzten Auge zu berücksichtigen sei, so Vukovich.

Bei der Haftpflichtversicherung sind die Unfallfolgen hinsichtlich der eingetretenen Minderung der Erwerbsfähigkeit auf dem allgemeinen Arbeitsmarkt und dann im Hinblick auf den ausgeübten Beruf einzuschätzen. Dabei ist ein Vorschaden am unverletzten Auge mitzuberücksichtigen.

Bei der Beurteilung des Kausalzusammenhanges zwischen Ablatio und indirektem Trauma, körperlicher Erschütterung oder schwerer körperlicher Anstrengung überwog lange Zeit die Ansicht, den Zuammenhang anzuerkennen. VUKOVICH bezieht sich dabei auf SLEZAK, der bei derselben Tagung zusammenfassend festgestellt hat: Es wird darauf hingewiesen, daß Eintragungen in der Krankengeschichte sehr wichtig sind, und es wurde gefordert, daß die Krankengeschichten in den zuständigen Abteilungen der Spitäler genaue Angaben enthalten sollen. In strittigen Fragen hilft aber die Morphologie der Ablatio maßgeblich bei der Bewertung der Kausalität. Erfolgt die Begutachtung einige Jahre später, so ist anamnestisch zu erheben, ob unmittelbar nach dem Trauma auch fachärztliche Hilfe in Anspruch genommen worden ist. Es ist in höchstem Grade unwahrscheinlich, daß bei Vorliegen eines direkten Traumas der Augenfacharzt nicht aufgesucht worden wäre.

Aus den Erfahrungen des Rehabilitationszentrums Meidling, wo ein großes Krankengut an Schädel-Hirn-Dauertraumen vorliegt, ist ableitbar, daß eine Ablatio retinae durch ein indirektes Trauma unwahrscheinlich ist, weil bei schweren Schädelverletzungen keine Ablatio retinae festgestellt wurde.

Die Begutachtung von *Unfallfolgen im Bereiche der Nase und der Ohren sowie des Auges* ist selbstverständlich Gutachtern dieser Fachgebiete vorbehalten. Mit den vorgenannten Ausführungen soll lediglich ein Überblick für den unfallchirurgischen Gutachter gegeben werden, um ihn auch davor zu bewahren, sich Beurteilungen von Verletzungen, die diese Fachgebiete betreffen, anzumaßen.

Bei der Untersuchung des *Hör- und Geruchsverlustes* muß nach WELLESCHIK die Erhebung der Vorgeschichte mit großer Gründlichkeit erfolgen. Gerade bei der Beurteilung der Kausalität einer Hörstörung ist die Anamnese oft von entscheidender Bedeutung, ebenso zur Klärung der Frage eines Vorschadens.

Bei Vorliegen einer Hörstörung ist vor allem eine exakte Untersuchung des Ohres, der Nase und des Nasenrachens erforderlich. Die Tubendurchgängigkeit ist zu prüfen. Bei der Untersuchung des Trommelfelles ist eine mikroskopische Untersuchung schon Standard und wünschenswert. Residuen nach Trommelfellverletzungen können oft auf diesem Wege nachgewiesen werden.

Um WELLESCHICK weiter zu zitieren, ist die Hörweitenprüfung für Umgangssprache und Flüstersprache trotz aller technischen Fortschritte noch immer unentbehrlich. Sie ist eine Orientierung für die audiologischen Befunde, gibt Hinweise auf das Sprachverständnis und dient orientierend bei der Frage der Simulation oder Aggravation. Der Prüfraum hat gewisse Mindestanforderungen bezüglich Raumakustik und Grundpegel zu erfüllen. Stimmgabelprüfungen nach WEBER und RINNE werden hier nur erwähnt, da dem Fachmann hinlänglich bekannt. Sie sind eine sehr verläßliche und schnell durchzuführende Kontrolle der audiometrischen Befunde und sollten immer durchgeführt werden. Ergebnisse dieser Untersuchungen sollten im Gutachten angegeben werden. Der Versuch nach SCHWABACH ist angesichts der modernen Tonaudiometrie obsolet.

Auch die folgenden Ausführungen sind dem Vortrag von B. WELLESCHIK anläßlich der wissenschaftlichen Tagung der Gesellschaft der Gutachterärzte

Österreichs vom 15. 3. 1985 entnommen. Er führte dabei aus, daß die tonaudiometrische Untersuchung für Luft- und Knochenleitung das Kernstück der topischen Funktionsdiagnostik des Gehörs ist. Für die Begutachtung einer Hörstörung ist die Durchführung einer tonaudiometrischen Untersuchung unbedingt zu fordern. Ein Unterlassen dieser Untersuchung ist als Fehler anzusehen. Eine Kopie des Tonaudiogrammes ist dem Gutachten beizufügen.

Die *Sprachaudiometrie* mit dem Freiburger Sprachtest ist die entscheidende Grundlage für die quantitative Bemessung des Hörschadens (FELDMANN 1976). Bei dieser Untersuchung wird dem Probanden ein genormtes Sprachmaterial bei verschiedenen Lautstärken angeboten, die Zahl der richtig verstandenen Wörter beurteilt. Eine exakte Beurteilung des prozentualen Hörverlustes ist nur sprachaudiometrisch möglich. Eine Beurteilung des Unfallschadens nur aus der Hörweitenprüfung entspricht nicht mehr dem Stand der Wissenschaft.

Simulation und Aggravation sind gerade bei *Hörstörungen* nicht selten, sind daher durch geeignete Tests auszuschließen. Bei Simulation einer einseitigen *Schwerhörigkeit* oder *Taubheit* kann die tatsächliche Hörschwelle mittels STENGER-Tests bis auf etwa 10 dB genau gemessen werden. Schwerer sind genaue Angaben bei der Simulation oder Aggravation beidseitiger Hörstörungen zu machen. Hinweise auf Simulation oder Aggravation ergeben sich schon aus Ton- und Sprachaudiometrie, beweisend sind die Teste, wie etwa der DOERFLER-STEWART-Test oder dgl.

Die Beurteilung des Grades der Unfallschädigung ist im Artikel 10 der allgemeinen Bedingungen für die Unfallversicherung exakt vorgegeben.

Eine *Progredienz von Hörstörungen* nach stumpfen Schädeltraumen, nach Schläfenbeinbrüchen, nach Knalltraumen und Explosionstraumen ist beschrieben und daher bei den gutachterlichen Überlegungen in Betracht zu ziehen. Dabei kann die Beurteilung der Kausalität erhebliche Schwierigkeiten bereiten. Es sei daran erinnert, daß auch eine klinisch eindeutige Schläfenbeinfraktur unter Umständen röntgenologisch nicht nachweisbar ist. Ein Knalltrauma (etwa durch einen Feuerwerkskörper) hinterläßt schon per definitionem keine sichtbaren Folgen.

Über den Geruchsverlust führt WELLESCHIK, den ich deswegen wörtlich zitiere, weil er in kurzen Angaben die wesentlichen Aspekte herausstellt, aus: Anamnestisch muß ein geeignetes Trauma nachgewiesen werden. Immerhin werden Störungen des Geruchssinnes in etwa 10% aller Schädeltraumen gefunden. Es sei aber darauf hingewiesen, daß eine große Zahl von chemischen Substanzen zu einer Schädigung des Riechepithels führen können, u. U. schon nach einmaligem Kontakt (z. B. Kampfgifte).

Eine exakte Inspektion der Nase und vor allem des Rachenraumes (ggf. endoskopisch) ist erforderlich. Die nicht seltene Polyposis nasi oder eine andere mechanische Behinderung im Nasen-Rachenraum kann verantwortlich für Geruchsstörungen sein.

Die Riechprüfung wird in der Regel nur qualitativ durchgeführt. Es ist darauf zu achten, daß nicht nur reine Riechstoffe, sondern auch Stoffe mit Trigeminuskomponenten und Geschmackskomponenten angeboten werden, um Aggravation oder Simulation aufzudecken. Gleichzeitiger Ausfall von Riech- und Geschmacksfunktion (Anosmie und Ageusie) sind sehr selten. Andererseits wirkt der Verlust des Riechvermögens auch als Beeinträchtigung des Geschmackssinnes. Werden die reinen Riechstoffe negiert, Trigeminusreize (Menthol wird etwa als kühl empfunden) und Geschmacksreize (Chloroform: leicht süßlich) aber wahrgenommen, ist die Anosmie oder Hyposmie in der Regel echt.

Bemerkt wird (Kropej), daß bei Untersuchungen auf Lärmschäden und einseitige Gehörverletzungen der Lautheitsausgleich nicht vergessen werden darf. Einseitige Hörausfälle wurden nach der Untersuchung als *einseitige retrokochleäre Schädigungen* erkannt.

Es wurde auch von Kropej festgestellt, daß sich vom Neurologen festgestellte Geruchsausfälle nach einer Rhinoskopie als durch Polypen verursacht erklären ließen. Es sollte daher bei jedem Geruchsausfall eine *Rhinoskopie* durchgeführt werden.

Hinsichtlich der *Zahn- und Kieferschäden* hat nach G. Weinländer die Anamnese den Einfluß von Vorschäden und Vorerkrankungen abzuklären. Bei Zahnverlust ist es wichtig und entscheidend, wie der Zustand des Gebisses vor dem Geschehen war. Fast jeder Zahnarzt oder Dentist fertigt heute einen Zahnstatus von seinem Patienten an. Vor Erstellung eines Gutachtens ist daher das Röntgen und der Zahnstatus beim behandelnden Zahnarzt leihweise anzufordern. Es stellt sich immer wieder heraus, daß bei unfallkausalem Zahnverlust sehr oft parodontal schwer geschädigte Zähne verloren werden – der im Kiefer fest verankerte Zahn wird durch äußeren Gewalteinfluß in der Regel nicht zur Gänze aus der Alveole heraus verloren, sondern er bricht. Es gibt natürlich Ausnahmen, vor allem in der Front, wenn die labiale Alveolarwand sehr dünn ist. Bei einem Lückengebiß kommt es leichter zu einem Zahnverlust oder zu einer Fraktur, da die gegenseitige Abstützung fehlt.

Bei *Unterkieferbrüchen* ist zu berücksichtigen, ob ein *impaktierter Zahn* (meistens Sapiens oder Fünfer) vorhanden ist, da auch schon kleine traumatische Schädigungen zu Frakturen führen können. Dasselbe gilt bei radikulären und follikulären Zysten sowie bei Tumoren. Hier stellt sich die Frage, ob es nicht auch ohne zusätzliche traumatische Schädigung sehr bald zu einer Spontanfraktur gekommen wäre. Bei Kieferfrakturen, die durch Gewalteinwirkung zustande kamen, ist immer der Gelenksfortsatz zu beachten.

Die *Gelenksfortsatzfraktur* im kindlichen Alter ist einer Epiphysenschädigung gleichzusetzen. Das Längenwachstum des Unterkiefers wird beeinträchtigt (Vogelgesicht). Die Ankylose durch Kieferklemme – auch hypertrophierende Knochenbildung – verursacht eine Verunstaltung.

Die Frage, ob auf eine stumpfe Gewalteinwirkung auf den Zahn, welche eine Lockerung herbeiführt, ein Pulpatod eintreten kann, wurde von Wein-

LÄNDER bejaht. Dies bezieht sich auch auf eine allenfalls nachfolgende Infektion.

Was die letztgenannten Verletzungsfolgen betrifft, wird der unfallchirurgische Gutachter diese in seinem Gutachten bewerten können. Hier stehen im Vordergrund: *Verletzungen der Jochbeine, des Oberkiefers und des Unterkiefers*, wobei Jochbeinfrakturen, die nicht ideal reponiert wurden, nicht nur eine Verunstaltung bedeuten, sondern auch zu einer Behinderung der Mundöffnung führen können. Es ist das Gebiß zu kontrollieren (wobei es unter Umständen schwierig sein kann, unfallbedingte Schäden von akausalen Schäden zu trennen) und auch die Okklusion.

Unfallchirurgische Gutachtenerstellung

I. Allgemeines

Ein Gutachten – sei es für wen immer – sollte unbedingt auf der persönlichen Untersuchung des zu Begutachtenden basieren. Ein Gutachten ohne Untersuchung des Verunfallten abzugeben, birgt immer die große Gefahr in sich, daß – zu Recht oder zu Unrecht – der Begutachtete oder dessen Rechtsvertreter gewichtige Einwände gegen das Gutachten vorbringen können, auch wenn dem Gutachter ausführliche und fundierte Befunde aus jüngster Zeit, eventuell Entlassungsbefunde aus einem Rehabilitationszentrum, zur Verfügung standen. Allerdings wird es sich in seltenen Fällen nicht vermeiden lassen, ein Gutachten ohne persönliche Untersuchung des Verunfallten zu erstatten, wenn der Betreffende, aus welchen Gründen immer, nicht untersucht werden kann. In diesen Fällen muß der Gutachter aber hervorheben, daß das Gutachten auf Wunsch der anfordernden Stelle oder aus anderen Gründen ohne Untersuchung des Patienten erstattet wurde und die Beurteilung der Unfallfolgen daher mit Vorbehalt gemacht wird. Dasselbe gilt für diejenigen Fälle, in denen beispielsweise von einer Versicherung ein Gutachten ausdrücklich auf Grund der Aktenlage angefordert wird, wobei es meistens gilt, ein Vorgutachten zu beurteilen. Dies wird in den Fällen leichter sein, in denen der Vorgutachter ein erfahrener Sachverständiger ist, dessen Befund eine Beurteilung ermöglicht; in der Mehrzahl der Fälle wird es sich jedoch nicht um ein derartiges Gutachten handeln, bei dem eine Überprüfung leicht ist, sondern es wird das Gutachten eines Arztes vorliegen, der in der Begutachtung nicht so versiert ist und mit dessen Befund man sich dann manchmal sehr schwer tut. Gerade in solchen Fällen ist ein ausdrücklicher Vorbehalt vonnöten.

Am Beginn der Befunderhebung steht unbedingt die ausführliche Erhebung der *Vorgeschichte*, die natürlich gemeinsam mit dem zu Begutachtenden erfolgen soll. Es gibt Fälle, in denen ausführliche Krankengeschichtenunterlagen vorliegen, es gibt aber auch Versicherungen, die den Gutachter mit derartigen Unterlagen nicht verwöhnen, und manchmal hat man nur einen „Anfangsbericht des behandelnden Arztes“, in dem handschriftlich und nicht immer gut leserlich eine Diagnose verzeichnet ist. In diesen Fällen ist es zweckmäßig, gleich zu Beginn darauf hinzuweisen, daß keinerlei oder nur wenige und welche medizinische Unterlagen vorliegen und der Begutachter beziehungsweise der Unterzeichnete daher auf die Angaben des Versicherten angewiesen ist.

Auch wenn ausreichende Unterlagen wie Krankengeschichten, Ambulanzkarten, Röntgenbefunde etc. vorliegen, ist es zweckmäßig, diese gemeinsam mit dem zu Untersuchenden durchzugehen und vor ihm zu diktieren, wobei ich immer zu Beginn den Standardsatz verwende: „Wenn ich etwas sage, was nicht stimmt, korrigieren Sie mich“. Dies schafft ein Vertrauensverhältnis und der zu Untersuchende hat nicht das Gefühl, daß im Gutachten Dinge erwähnt werden, die nicht richtig sind. Auch wenn die Angaben in der

Krankengeschichte vom zu Untersuchenden bestritten werden, soll man die Krankengeschichtsangaben in die Anamnese aufnehmen und gleichzeitig den Einwand des Patienten. Die Wertung dieser manchmal sich widersprechenden Angaben bleibt dann in der Schlußausführung dem Begutachter überlassen.

Der Gutachter für die gesetzliche Unfallversicherung hat es in dieser Beziehung leichter, da besonders hinsichtlich des Unfallherganges wegen der Frage der haftungsausfüllenden Kausalität und der damit verknüpften Leistungszuständigkeit umfangreiche Erhebungen gepflogen werden bis zu Zeugenbefragungen, Krankenstandsauszügen etc., welche Möglichkeit in der privaten Unfallversicherung nicht besteht, wohl aber, wenn auch nur zum Teil, bei der Begutachtung für die Haftpflichtversicherung, in ausreichendem Maße jedoch bei der Begutachtung im Zivilgerichtsverfahren.

Den Abschluß der Anamneseerhebung bildet die Befragung nach einschlägigen Vorkrankheiten und vor allem Vorunfällen, doch ist man hier in der Regel auch auf die Mitteilungsfreudigkeit des zu Begutachtenden angewiesen, es sei denn, man hat eine gut geführte Krankengeschichte zur Verfügung, in der diese Dinge, wie es eigentlich immer der Fall sein sollte, angeführt sind.

Bei der Anamnese ist es für den unfallchirurgischen Begutachter nur sinnvoll, Angaben anzuführen, die für die unfallchirurgische Begutachtung von Bedeutung sind. Man findet in unseren chirurgischen Gutachten manchmal auch Angaben über die Gesundheit oder die Todesursache der Eltern, die Schulerfolge, die Angaben über den Konsum von Alkohol und Nikotin (die in vielen Fällen nicht stimmen), die Zahl der Geburten und Fehlgeburten etc. Dies mag zum Teil für den neurologisch/psychiatrischen Gutachter von Bedeutung sein, für den unfallchirurgischen Begutachter in der Regel nicht.

Den nächsten Teil bildet die Aufnahme der subjektiven Beschwerden des Versicherten bzw. Geschädigten. Hier gilt es, sämtliche Angaben aufzunehmen, auch wenn sie nicht glaubhaft sein sollten bzw. mit dem gegenständlchen Unfall nichts zu tun haben. Die Glaubhaftigkeit der Beschwerden stellt sich ja sowieso erst bei der Untersuchung heraus, und die Bewertung bleibt auch hier wiederum der Beurteilung durch den Sachverständigen vorbehalten. Keinesfalls sollte man dem Verletzten bzw. Geschädigten gegenüber Zweifel an seinen Angaben äußern oder gar mit ihm ein diesbezügliches Streitgespräch führen, zumal es sich ja bei weiterer Befassung mit dem Fall herausstellen kann, daß der zu Begutachtende so unrecht ja gar nicht hat.

Zusammenfassend sollte alles vermieden werden, was dem zu Begutachtenden den Eindruck vermittelt, daß der Begutachter nicht objektiv ist, sondern auf der einen oder anderen Seite steht. Dies wird am ehesten bei Gutachten für private Unfallversicherungen und für Haftpflichtversicherungen der Fall sein, weniger im Zivilgerichtsverfahren, da der Sachverständige hier im Einvernehmen zwischen dem Klagsvertreter und dem Beklagtenvertreter durch das Gericht bestellt wird und bei einer Sachverständigenladung Fragen gestellt werden können. Sollte aber der Sachverständige als Zeuge geladen werden (was vorkommt), so ist er nicht verpflichtet, Fragen, deren

Beantwortung gutachtlichen Sachverstand erfordern, zu beantworten, und der Richter (die Richterin) ist darauf hinzuweisen.

Neben einer möglichst eingehenden und für die Beurteilung der Unfallfolgen alles Wesentliche umfassenden Anamnese ist für die unfallchirurgische Beurteilung von Unfallfolgen ein exakter und ausführlicher Befund die weitere Voraussetzung.

Bei dem Wort „ausführlich" muß ich allerdings eine notwendige Bemerkung machen. Der Befund für das unfallchirurgische Gutachten soll nur die Dinge enthalten, die für die endgültige Beurteilung auch wesentlich sind. Nach meiner Erfahrung soll daher das Gutachten nicht das Aussehen und die Funktion von Körperregionen beschreiben, die beim Unfall nicht betroffen waren, weil man damit wohl das Gutachten verlängern, seine Lektüre aber erschweren kann. Es ist allerdings schwierig, hier eine Grenze zwischen notwendig und überflüssig zu ziehen, doch ist der erfahrene Gutachter in der Lage, dies zu tun. Wichtig ist jedenfalls die Angabe der Körpergröße und des Körpergewichtes, weil sich der Leser des Gutachtens damit einen gewissen Eindruck vom zu Begutachtenden machen kann, und außerdem die Angabe auffälliger Körperanomalien, auch wenn diese nicht Folge des gegenständlichen Unfalles sind, sondern angeboren oder durch Krankheit oder Vorunfälle erworben wurden. Diese Anomalien können unter Umständen für die Beurteilung des gegenständlichen Unfalles von Bedeutung sein und müssen dann auch selbstverständlich in die Gesamtbeurteilung miteinfließen.

Der Gutachtenbefund umfaßt in erster Linie die klinische Untersuchung des Patienten, wenn notwendig, die Erhebung von Hilfsbefunden: Für den Unfallchirurgen Röntgenaufnahmen, wobei heute die erweiterte Möglichkeit von Schichtaufnahmen, Computertomographien und Kernspintomographien gegeben ist, und eventuell invasive Methoden wie beispielsweise Arthrographien oder Arthroskopien etc. ersetzen können, wobei bei invasiven Untersuchungsmethoden nach allgemeiner Ansicht eine Duldungspflicht nicht besteht. Mit Röntgenaufnahmen sollte man nicht zu sparsam sein, da ich in jahrzehntelanger Tätigkeit nicht selten erlebt habe, daß Knochenverletzungen, Verrenkungen etc. durch die bisher behandelnden Ärzte übersehen wurden. Ich kann mich an einen Fall aus der jüngsten Vergangenheit erinnern, bei dem ich glücklicherweise eine Röntgenaufnahme der Halswirbelsäule veranlaßt habe, die eine Teilverrenkung zweier Halswirbel zeigte, deren Operation dringend notwendig war, da es sonst zu einem schweren Schaden der Verunfallten hätte kommen können.

Nicht zuletzt – und das ist auch der Grund für ein gemeinsames Werk auf dem Gebiet der unfallchirurgischen und neurologisch/psychiatrischen Begutachtung, ist in vielen Fällen ein zusätzliches neurologisch/psychiatrisches, manchmal auch psychologisches Gutachten erforderlich. Dies betrifft alle jene Unfallverletzungen, die sowohl den Bewegungs- und Stützapparat als auch das zentrale Nervensystem und/oder die peripheren Nerven betroffen haben, und die Zahl dieser Fälle ist im Hinblick auf die Zunahme der Polytraumatisierungen im Steigen begriffen. Darüber soll jedoch in einem späteren Kapitel gesprochen werden. Hier soll nur angemerkt sein, daß periphere Nervenausfälle (beispielsweise eine Schädigung des Armplexus) einer zusätzlichen neurologischen Begutachtung nicht unbedingt bedürfen, da im Bereiche der privaten Unfallversicherung der Armwert bzw. die Armwertmindung in diesen Fällen vom Unfallchirurgen festgestellt werden kann, daß aber andererseits bei Unfallfolgen im Bereiche der Wirbelsäule meistens eine zusätzliche neurologische Begutachtung notwendig ist, was besonders auch hinsichtlich der Kausalität von großer Bedeutung sein kann.

Selbstverständlich ist der unfallchirurgische Begutachter nicht in der Lage, Schäden des Zentralnervensystems zu beurteilen, und wenn er dies tut bzw. tun sollte, überschreitet er nicht nur seine Fachkompetenz und überfordert sein Fachwissen, sondern er verstößt auch gegen § 13 Abs. 2 des Ärztegesetzes, nach dem er sich auf sein Fachgebiet zu beschränken hat (wie erwähnt nicht nur auf dem kurativen Sektor, sondern selbstverständlich auch auf dem Gebiete der Begutachtung). Auch bei der Beurteilung von Schäden peripherer Nerven wird man manchmal ohne den Neurologen nicht auskommen, wenn es um die Prognose des weiteren Verlaufes geht, dies besonders bei der Haftpflicht und bei der Begutachtung für das Zivilgericht.

Bei der Erhebung des klinischen Befundes soll unbedingt eine gewisse Systematik eingehalten werden. Dies widerspricht nicht der Freiheit der Erstellung eines Gutachtens, sondern es erleichtert die Beurteilung eines Gutachtens sowohl für den Sachbearbeiter in einer Versicherung, den Nachbegutachter, der ein solches Gutachten überprüfen oder bewerten soll, als auch für den Richter im Zivilprozeß, der sich als medizinischer Laie leichter tut, wenn er ein Gutachten bewerten und aus diesem Gutachten Schlüsse für sein Urteil ziehen soll.

Dies fängt an mit der Reihung der Untersuchung, die nicht nach der Schwere der Verletzungen, sondern nach der Lokalisation vorgenommen werden soll. Die Lokalisation geht nach der üblichen menschlichen Erkenntnis davon aus, daß nach dem Schädel (soferne unfallchirurgisch) zuerst der Bewegungsapparat und hier zuerst die oberen Extremitäten und dann die unteren Extremitäten beurteilt werden sollen, sofern in beiden Regionen Unfallfolgen vorliegen, und schlußendlich der Stützapparat. Das heißt, daß beispielsweise eine Fingerverletzung vor einem Oberschenkelbruch oder einem Unterschenkelbruch beschrieben wird und schlußendlich auch ein eventuell vorliegender Wirbelbruch. Wenn sich diese Reihung durchsetzt, ist ein Vergleich mehrerer Gutachten und eine daraus erfolgende Beurteilung leichter möglich.

Unfallfolgen im Bereiche des Schädels sind, sofern nicht das Zentralnervensystem betroffen ist, vom Unfallchirurgen zu beurteilen. Dies betrifft vor allem die Verletzungen im Bereiche des Gesichtsschädels und des Kiefers. wobei selbstverständlich Verletzungen, die die Augen betroffen haben, der Beurteilung eines Sachverständigen auf dem Gebiete Ophthalmologie vorbehalten bleiben müssen. Dies betrifft in gleicher Weise Unfallschäden, die einen Gehörverlust oder einen Geruchverlust nach sich gezogen haben, welche Schäden durch einen Sachverständigen auf dem Gebiete der Hals-Nasen-Ohren-Heilkunde zu beurteilen sind.

II. Die Befunderhebung an den Extremitäten durch den Unfallchirurgen

Wenn man durch Jahrzehnte hindurch Gutachterbefunde, die die Extremitäten betreffen, gelesen hat, so begegnet man den verschiedenartigsten Formen der Befunderstellung, die es einem Nachbegutachter, aber auch dem das Gutachten lesenden Laien (Richter, Sachbearbeiter der Versicherung etc.) oft sehr schwer machen, sich zurechtzufinden beziehungsweise verschiedene Gutachten miteinander zu vergleichen.

Es ist mir in vielen Jahren nur auf dem Gebiete der gesetzlichen Unfallversicherung gelungen, ein einheitliches Schema zu erreichen, und vor allem die nachfolgenden Generationen sind nicht allzuselten kaum in der Lage, einen exakten Begutachtungsbefund, der auch verständlich und vergleichbar ist, zu erstellen. Das beginnt schon damit, daß die von Lorenz BÖHLER aufgestellten Richtlinien der Untersuchung, die auch heute voll gültig sind, kaum mehr bekannt sind, da sein Werk *„Die Technik der Knochenbruchbehandlung"* Verlag W. Maudrich, Wien, hinsichtlich der Therapie nicht mehr als „up to date" betrachtet und daher nicht mehr gelesen wird, was dazu führt, daß beispielsweise in kaum einem Gutachten, die untere Extremität betreffend, ein exakter Hüftstatus erhoben und dokumentiert ist.

Es mag vielleicht kleinlich erscheinen, wenn man die Reihenfolge der Beweglichkeitsprüfung systemisiert, doch möchte ich trotzdem anregen, dabei nach der alten BÖHLERschen Systematik bei den Fingern beziehungsweise bei den Zehen zu beginnen und nicht umgekehrt. Dies allein erleichtert eine Vergleichbarkeit von Gutachten. Wesentlich ist auch die Messung der *Umfangmaße* der Extremitäten, da eine Umfangdifferenz die Minderung der Gebrauchsfähigkeit einer Extremität eindeutig dokumentiert, sofern nicht andere Gründe (Vorschäden) vorliegen.

Des weiteren sollte im Gutachten darauf verzichtet werden, beispielsweise bei der Untersuchung des Kniegelenkes, Fachausdrücke, die erst seit wenigen Jahren gebräuchlich sind, wie z. B. LACHMANN-Test, Pivot-shift-Phänomen mit einem oder mehreren Kreuzen zu verwenden, da sie dem Laien – und für einen Laien werden ja die Gutachten erstellt – völlig unverständlich sind. Ich erinnere nur daran, daß es z. B. eine Rotatorenmanschette auch nicht so lange gibt und der Laie sich darunter nichts vorstellen kann.

Bei dieser Gelegenheit möchte ich überhaupt anregen, in Gutachten keine Fachausdrücke zu verwenden, die dem medizinischen Laien unverständlich sind. Das Gutachten wird ja nicht für einen Fachkollegen erstattet, sondern für einen Sachbearbeiter in einer Versicherung und für einen Richter, und ich empfinde es nachgerade als Zumutung, diesen Personenkreis mit Fachausdrücken zu bombardieren, mit denen er nichts anfangen kann. Es mag zwar dem wissenschaftlichen Image des Gutachters seinen Fachkollegen gegenüber förderlich sein, nicht jedoch der Brauchbarkeit des Gutachtens für den, der das Gutachten beurteilen und seine rechtlichen Schlüsse daraus ziehen soll.

Um auf das Kniegelenk zurückzukommen, ist dem nichtmedizinischen oder sogar nichtunfallchirurgisch-orthopädisch gebildeten Leser mit den vorgenannten Ausdrücken nicht gedient, sondern er kann viel mehr damit anfangen, wenn der Gutachter feststellt, daß das Kniegelenk in der Stirnebene in Streckstellung oder in leichter Beugestellung locker ist oder in der Scheitelebene eine Lockerung besteht und welcher Art eine eventuell kombinierte Lockerung resultiert. Ich möchte an dieser Stelle überhaupt anregen, lateinische Fachausdrücke zu vermeiden und beispielsweise statt Flexion Beugung oder statt Extension Streckung zu verwenden. Jeder Laie wird dafür dankbar sein.

Wenn man glaubt, ohne medizinische Fachausdrücke nicht auskommen zu können, so muß zumindest in der Zusammenfassung der Befund allgemein verständlich sein.

Ein wesentlicher Teil der Befunderhebung des Bewegungsapparates ist die Messung der Beweglichkeit der einzelnen Gelenke. Es gibt dafür grob gesprochen zwei Methoden, und es erhebt sich daher die Frage, nach welcher Methode die Beweglichkeit der Gelenke gemessen werden soll.

E. F. Cave und S. M. Roberts haben 1936 in ihrer Arbeit: *„A method of Measury and Recording Joint Function"* als Grundsatz der Messung die sogenannte *„Neutral Zero Method"* angegeben. Darauf aufbauend haben die American Academy of Orthopedic Surgery (1965) und die British Orthopedic Association (1966) einheitliche Richtlinien (Method of Measury and Recording) zur Messung der Gelenksbeweglichkeit empfohlen. Die vorgeschlagene Methode zur Messung einzelner Gelenke unterscheidet sich von der in den deutschsprachigen Ländern derzeit noch allenthalben geübten Methode nur durch die Ausgangsstellung der Messung (Neutral Zero), während die Form des Messens – bis auf wenige Ausnahmen – unserer gebräuchlichen Methode entspricht.

Die vorgeschlagene „Neutral Zero Method" (Neutral-Null-Methode, SFTR*–Notierung) ist zur Objektivierung der Folge operativer Eingriffe an den Gelenken durchaus geeignet, können doch dadurch die erzielten Ergebnisse international verglichen werden.

Es war dies auch der Grund dafür, daß diese Meßmethode nunmehr ebenso in Österreich immer mehr an Bedeutung gewinnt. Im Juli 1971 beschloß der Vorstand der Österreichischen Gesellschaft für Unfallchirurgie und noch im selben Jahr die Primarärztekonferenz der Allgemeinen Unfallversicherungsanstalt, sich ab 1. 1. 1972 allgemein der *Neutral-Null-Methode* bei der Dokumentation der Gelenksmessung zu bedienen, was bedeutet, daß sie in allen österreichischen Unfallkrankenhäusern und Unfallabteilungen sowie in allen Gutachten für die gesetzliche Unfallversicherung angewendet wird.

---

*) s. S. 91

Diese Meßmethode wurde daher neben der bisher üblichen Meßmethode in das Buch *„Die Unfallrente"* von Krösl und Zrubecky aufgenommen.

Da aber im deutschsprachigen Raum die Neutral-Null-Methode derzeit nicht von allen ärztlichen Gutachtern verwendet wird, habe ich auch die bisher bewährten Methoden der Gelenkmessung der Neutral-Null-Methode ergänzend und vergleichend gegenübergestellt.

Die Vorschläge für einen *Meßbogen „Obere Gliedmaße" und „Untere Gliedmaße"* – wie solche von E. Günther und R. Hymmen stammen, sind sicher ein brauchbarer Weg, alle zur Beurteilung von Unfallfolgen erforderlichen meßbaren Einzelheiten festzustellen, scheinen mir aber – vor allem bei der Beurteilung von Hand- und Armverletzungen – zu schematisch, um jedem Gutachter als Richtlinie empfohlen zu werden. Ich bin daher der Ansicht, daß bei einer allgemeinen Einführung solcher Meßbögen die gravierenden wesentlichen Unfallfolgen nicht entsprechend berücksichtigt werden.

Es sind also zwei Gründe, daß ich beide Meßmethoden im folgenden nebeneinander stelle, da ich selbst der Meinung bin, daß die Neutral-Null-Methode für die Begutachtung nicht immer aussagekräftig genug ist. So wie einerseits der Nackengriff und der Kreuzgriff bei der alten Untersuchungsmethode und Untersuchungsdokumentation nicht immer die wahre Beweglichkeit der Schulterrotation wiedergeben, da die Höhe des Nacken- und Kreuzgriffes von einer Beugebehinderung des Ellbogengelenkes verfälscht werden kann, so ist beispielsweise bei der Neutral-Null-Methode die Beweglichkeit der Fingergelenke wohl für den Fortgang und den Erfolg therapeutischer Maßnahmen sicherlich aussagekräftig, nicht aber für die Beurteilung der Funktion eines Fingers durch einen Laien, der sich unter einem Fingerkuppen-Hohlhand-Abstand wesentlich mehr vorstellen kann, wobei in diesen Fällen selbstverständlich auch die Behinderung des Fingerkuppen-Hohlhand-Abstandes durch eine Beugebehinderung im Grund-, Mittel- oder Endgelenk erwähnt werden muß. Schlußendlich ist aber die Funktion des Fingers bei der Beugung oder des Daumens bei der Opposition (Daumenkuppen-Kleinfingergrundgelenk-Abstand) aussagekräftiger.

Ein weiteres Problem ist das der *Rechts-Links-Händigkeit*. Kein Problem ist es im Bereiche der privaten Unfallversicherung, da dort glücklicher- und vernünftigerweise in der Gliedertaxe kein Unterschied gemacht wurde und wird, doch wird in anderen Gutachten beziehungsweise Gutachten für andere Anforderer noch zwischen der Rechts- und Linkshändigkeit unterschieden.

Der Handchirurg G. Zrubecky hat sich eingehend mit diesem Thema befaßt und in dem Buch *„Die Unfallrente"* von W. Krösl und G. Zrubecky folgende Aussagen getroffen:

In allen, auch den neuesten Lehrbüchern über Fragen der Begutachtung wird bei der Einschätzung der Minderung der Erwerbsfähigkeit (MdE) einer Hand oder Armverletzung zwischen einem Rechts- und Linkshänder differenziert und die Höhe der Unfallentschädigung von dieser Feststellung abhängig gemacht.

Die angeborene und später manifest werdende Händigkeit des Rechts- bzw. Linkshänders bezieht sich ausschließlich auf die Geschicklichkeit der jeweiligen Hand und auf die dadurch bedingte Bevorzugung als *Gebrauchs-* oder *Hilfshand*. Die Gebrauchshand führt durch ihre größere Geschicklichkeit die Handgriffe an und dirigiert somit die manuelle Arbeit, während die weniger geschickten Finger der Hilfshand den Arbeitsvorgang unterstützen.

NEUMANN hat in diesem Zusammenhang aufgezeigt, daß das Auge den Arbeitsvorgang nur kontrolliert, die *Griffbildungen* aber automatisch – ohne nennenswerte Einschaltung unseres Bewußtseins – geformt werden.

Dabei ist es gleichgültig, welche Hand bei der Arbeit bevorzugt eingesetzt wird. Durch Erziehung und die Form bestimmter Werkzeuge und Geräte ist das Leben in Haus und Beruf aber auf Rechtshändigkeit eingestellt. Untersuchungen (NEUMANN) haben aber auf der anderen Seite ergeben, daß auch offensichtliche Rechtshänder durchaus in der Lage sind, den einen oder anderen differenzierten Feingriff mit großer Geschicklichkeit links auszuführen.

L. KREUZ hat im letzten Krieg tausende Handamputierte und sechshundert Ohnhänder im Oskar-Helene-Heim behandelt. Er hat persönlich mitgeteilt, daß jeder rechtsseitig Handamputierte ohne einzige Ausnahme lernte, mit der linken Hand zu schreiben. Läßt man aber nur das Schreiben als Kriterium der Rechts- bzw. Linkshändigkeit gelten, so gäbe es – nach einiger Zeit der Gewöhnung und Anpassung – keine unterschiedliche Beurteilung der verletzten rechten bzw. linken Hand. Diese Annahme hieße aber, die aufgezeigte Problematik zu vereinfachen. Selbst wenn man unterstellt, daß jeder rechtsseitig Amputierte auch mit der linken Hand schreiben lernte, so müßten in diesem Zusammenhang doch folgende Fragen gestellt werden:

1. Wie lange dauert es, bis die primäre Hilfshand die gleiche Geschicklichkeit erreicht wie die ursprüngliche Gebrauchshand?
2. Bis zu welchem Grad der technischen Perfektion kann diese Umstellung erfolgen?
3. Bis zu welchem Alter des Verletzten – naturgemäß abhängig von der Intelligenz und dem Willen des Versehrten – kann die Hilfshand zur Gebrauchshand umgeschult werden?
4. Welche Greifformen der menschlichen Hand können von der Gebrauchs- auf die Hilfshand transportiert werden?

Eine detaillierte Beantwortung der aufgezeigten Fragen kann und soll nicht erfolgen, aufgezeigt werden sollen die für die Begutachtung von Arm- und Handverletzungen wesentlichen Schlußfolgerungen.

Das Schreiben ist eine höherentwickelte Form der Greiffunktion (P. MIFKA). Die bereits zitierten Beobachtungen werden untermauert durch die Erfahrungstatsache (F. KREUZ), daß die Bildung eines Greifarmes nach KRUKENBERG bei einseitig Amputierten sinnlos ist, da diese Verletzten mit der ihnen verbliebenen Hand – gleichgültig ob es die Gebrauchshand oder die Hilfshand ist – alle Verrichtungen des täglichen Lebens und der Arbeit ausführen, so daß der operativ gebildete Greifarm nicht benützt, untrainiert und somit letzten Endes auch praktisch nicht eingesetzt wird.

Die Erfahrungen mit der *myoelektrischen Prothese* haben gezeigt, daß diese bei einseitig Amputierten, auch wenn es sich bei der amputierten Hand bzw. dem amputierten Unterarm um die Gebrauchshand handelte, in einem hohen Prozentsatz der Fälle nicht oder nur als Schmuckhand verwendet wird. Ähnliche Untersuchungen haben auch in der BRD zu diesem Ergebnis geführt. Ich habe daher schon vor Jahren verfügt, daß eine myoelektrische Prothese im Rahmen der gesetzlichen Unfallversicherung nur *Ohnhändern* verordnet wird. Ausnahmen bestätigen wie immer die Regel.

Daraus muß folgerichtig abgeleitet werden: Die erhöhte Geschicklichkeit der einen (Gebrauchshand) gegenüber der anderen Hand (Hilfshand) kann bei einem Verlust bzw. einer schweren Verletzung der Gebrauchshand fast ausnahmslos durch Training und Anpassung weitgehend auf die primäre Hilfshand transportiert werden.

Sicher ist die Zeitspanne, welche die Umstellung erfordert, von Alter, Beruf und Intelligenz des Verletzten abhängig. Sie wird aber erfahrungsgemäß – so paradox dies auf den ersten Blick erscheinen mag – um so schneller erfolgen, je schwerer die Gebrauchshand verletzt bzw. verstümmelt ist.

Ausnahmen dieser Erfahrungstatsache sind Verletzte über dreißig Jahre mit einer speziellen Berufsausbildung, bei denen besonders trainierte Geschicklichkeit und gefühlvolle Dosierung des Spitzgriffes erforderlich ist – diese Tätigkeit wird dann letzten Endes zerebral fixiert (P. Mifka). In allen anderen Fällen wird bis zum Feststellen des endgültigen Unfallschadens die Umstellung aber so weit erfolgt sein, daß diese Einschätzung nicht mehr von der Rechts-Links-Händigkeit des Verletzten abhängig gemacht werden muß.

Die bisher geübte Annahme, daß grundsätzlich gleiche Schäden bei einem Rechtshänder höher zu bewerten sind als bei einem Linkshänder ist nicht mehr haltbar. Am Beispiel des *vollständigen Verlustes des Daumens* kann dies überzeugend dargestellt werden.

Der Daumen ist zur Bildung des *Spitzgriffes* unbedingt erforderlich, hat daher bei der Funktion der rechten Hand gleiche Bedeutung wie bei der linken Hand. Somit ist der Verlust dieses Fingers – bei funktioneller Betrachtungsweise – an beiden Händen gleich zu bewerten und eine Unterscheidung „rechte und linke Hand“ sinnwidrig, da sowohl der rechte als auch der linke Daumen als Gegenspieler der dreigliedrigen Finger eine vollständige gleichwertige Funktion im Rahmen des Greif- und Tastvorganges der Hand zu erfüllen hat.

Ein weiterer Grund, die Unterscheidung in Rechts- Linkshändigheit bei Einschätzung des Dauerschadens endlich aufzugeben, sei noch erwähnt. Pieper stellte 1969 fest, daß bei den meisten Arbeitsvorgängen beide Hände gleichzeitig erforderlich sind. Eine hält das Werkstück (Hilfshand), welches von dem in der anderen Hand gehaltenen Werkzeug (Gebrauchshand) bearbeitet wird. Somit ist ersichtlich, daß die Leistungsfähigkeit der Gebrauchshand nicht voll genützt werden kann, wenn die Greif- und Haltefähigkeit der Hilfshand durch eine Verletzung gemindert ist.

Die Hände sind ein paariges Organ, dessen Leistungsfähigkeit von der Funktion beider Hände zu gleichen Teilen abhängig ist. Da die erworbene größere Geschicklichkeit der Einhand fast ausnahmslos auf die andere Hand übertragen werden kann (schreiben) soll künftig nicht mehr in „Rechts-Linkshänder" gedacht und die Verletzungen im Gutachten nicht mehr unterschiedlich eingeschätzt werden.

In Österreich ist diese Feststellung, die anfänglich Widerspruch hervorrief, bei allen Gutachtern und Richtern der Sozialgerichte als richtig anerkannt worden.

III. Allgemeine Richtlinien zur Erhebung des objektiven unfallchirurgischen Befundes

Bei Verletzungen des Bewegungsapparates sind festzuhalten:

1. Schwellung, Farbveränderung, Muskelverschmächtigung, Verbiegung, Verdrehung, Verkürzung, Benützungszeichen, Kraft, Lokalisation und Beschaffenheit von Narben.
2. Messung der Beweglichkeit aller Gelenke der verletzten Extremität bei gleichzeitiger Angabe des entsprechenden Bewegungsausmaßes der Gegenseite.
3. Vergleichende Messungen des Gliedumfanges in gleicher Höhe, um eine unfallkausale Muskelverschmächtigung als Ausdruck einer verminderten Gebrauchsfähigkeit und damit einer sogenannten Inaktivitätsatrophie festzustellen.
4. Bei Verletzungen des Beines muß die reelle und funktionelle Verkürzung im Verhältnis zur Vergleichsseite in Zentimetern festgehalten werden.

In vielen Fällen erweist es sich als zweckmäßig, neben der aktiven auch die passive Beweglichkeit zu messen und zu dokumentieren. Dies nicht nur, um eine Aggravation oder Simulation aufzudecken, was sowieso kaum gelingt, da in diesen Fällen bei der passiven Prüfung aktiver Widerstand geleistet wird, was machmal durch Muskelspannung bemerkt wird; es gibt jedoch Fälle, in denen die Differenz zwischen aktivem und passivem Bewegungsanschlag neurologisch oder durch Muskelschwäche (Schulter) bedingt ist. In der Regel wird man aber bei der Beurteilung des Funktionsausfalles in diesen Fällen den aktiven Bewegungsausschlag berücksichtigen, da der passive Anteil funktionell nicht verwertbar ist.

Bei Verletzungen des Stützapparates sind festzuhalten:

Der Verlauf der Wirbelsäule sowie ihre Beweglichkeit in den einzelnen Abschnitten.

Bei der Untersuchung des Bewegungs- und Stützapparates sind auch dabei auftretende Schmerzen, Verspannungen und – wie erwähnt – aktive Widerstände gegen die Prüfung der passiven Beweglichkeit zu dokumentieren.

Ein wichtiges Hilfsmittel bei der Untersuchung des Bewegungs- und Stützapparates sind, wie bereits genannt, *röntgenologische Verfahren*, wobei es sich in vielen Fällen als zweckmäßig erweist, Vergleichsaufnahmen der anderen, das heißt der nicht verletzten Seite, durchführen zu lassen, um beispielsweise *unfallbedingte arthrotische Veränderungen oder unfallfremde Abnützungsschäden sowie anlagemäßig bedingte Deformitäten und den Mineralgehalt des Knochens und seine Struktur feststellen und beurteilen zu können.*

A. Die Gelenkmessung nach der Neutral-0-Methode (SFTR-Notierung)

Die Ausgangsstellung: Für die Messung der Gelenkbewegungen ist die Ausgangsstellung die Neutral-0-Stellung. Diese entspricht etwa der anatomischen Grundstellung, wobei jedoch die Hohlhände nach vorn zeigen *(Abb. 1 und 2a)*. Beide Arme und Beine sind gestreckt und beide Füße nach vorn gerichtet. Die Winkelbezeichnung für den Ellbogen oder die Hüfte ist bei dieser Stellung 0 Grad (früher 180 Grad). Näheres findet sich bei Russe, Gerhardt, King: *An Atlas of Examination Standard Measurements and Diagnosis in Orthopaedics and Traumatology, Verlag H. Huber, Bern, Stuttgart, Wien 1971.*

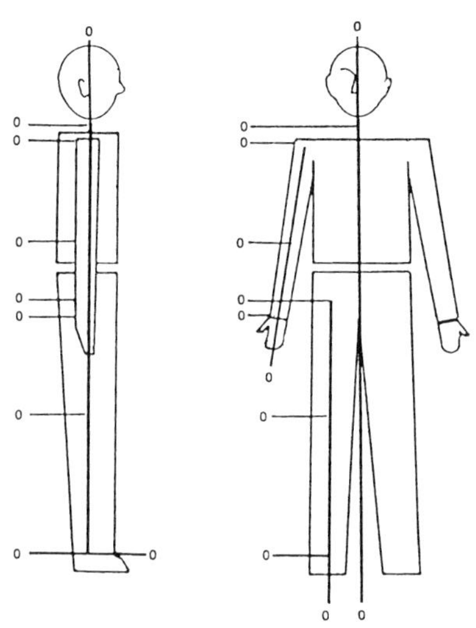

Abbildung 1

Die drei grundlegenden Bewegungsebenen werden nach Schlaaf in Beziehung gebracht zur *Sagittalebene, Frontalebene und Transversalebene*. Die Bewegungen werden entweder in einer dieser Ebenen oder parallel dazu gemessen. Entsprechend der Ebene, in welcher die Bewegung erfolgt, wird dem Umfang der Bewegung der Buchstabe S, F oder T vorangesetzt; eine Drehbewegung wird mit R bezeichnet (Rotation) *(Abb. 2b)*.

Die Ebene, die den Körper in seine linke und rechte Hälfte teilt und in der die Sutura sagittalis verläuft, heißt *Sagittalebene*. Alle Bewegungen, die in dieser Ebene oder in einer dazu parallelen Ebene erfolgen, werden als „Bewegungen in S" bezeichnet. Für den Laien ist auch die Bezeichnung *„Scheitelebene"* zweckmäßig. In diese Gruppe fallen Bewegungen, die sonst als Extension und Flexion, Streckung und Überstreckung sowie Beugung, Rückwärts- und Vorwärtsheben etc. bezeichnet werden.

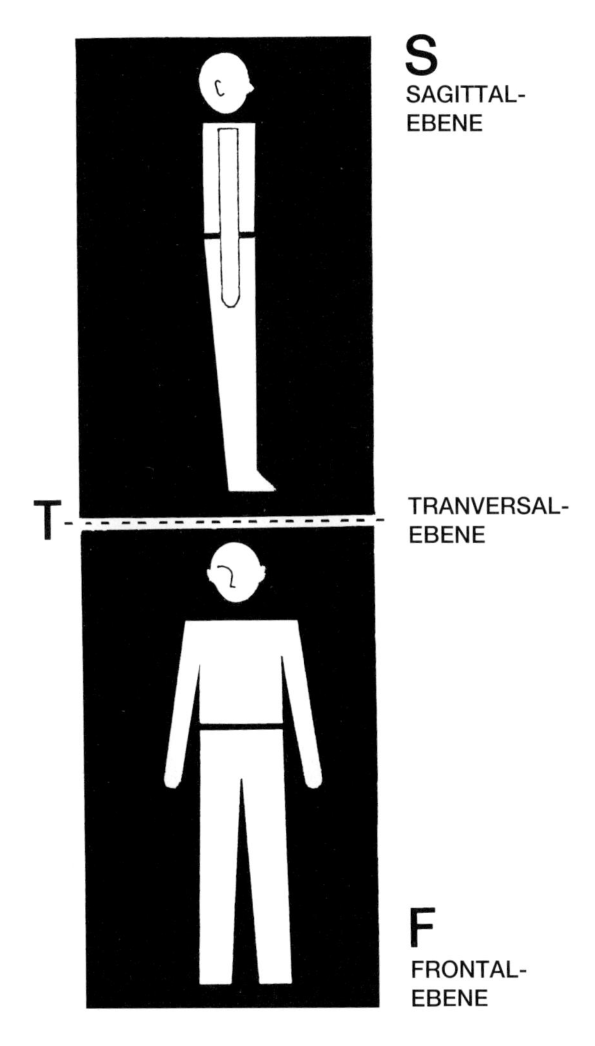

Abbildung 2 a

Die zur Stirn parallel liegende Ebene heißt *Frontal- oder Stirnebene*. Alle Bewegungen, die in einer solchen Ebene erfolgen, werden als „Bewegungen in F" bezeichnet. In diese Gruppe fallen die Abduktion (Abspreizen) und Adduktion (Anlegen) sowie das Neigen nach links und nach rechts.

Die *Transversalebene* liegt beim aufrechten Stand horizontal und senkrecht zur Scheitel- und Stirnebene. Alle Bewegungen in dieser Ebene werden als „Bewegungen in T" bezeichnet. In diese Gruppe fallen zum Beispiel das Rück- und Vorführen des 90 Grad abduzierten Armes oder das Abspreizen und Anlegen des in der Hüfte 90 Grad gebeugten Beines.

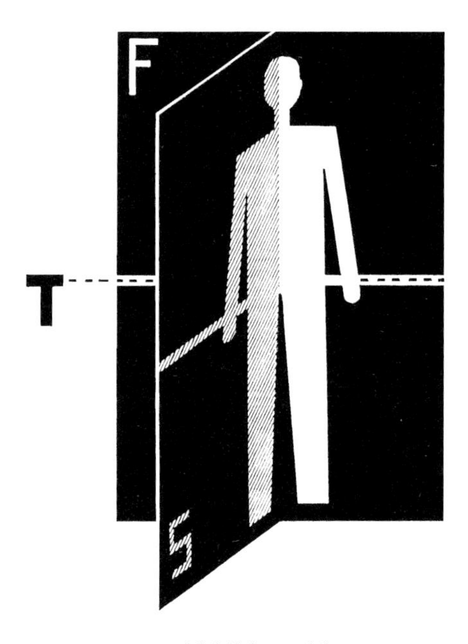

Abbildung 2b

Rotationsbewegungen werden mit „Bewegungen in R" bezeichnet. Hierher gehören die Außen- und Innendrehung, aber auch Pronation und Supination sowie Eversion und Inversion. Als Zeiger für den jeweiligen Ausschlag dienen der Unterarm, der Unterschenkel und der Fuß.

J. J. Gerhardt vereinigte die Vorteile der Neutral-0-Methode mit dem Vorteil der Angabe der Bewegungsebene und schuf die *„SFTR-Methode"*. Für die Drehbewegungen wurde noch der Begriff „R" (Rotation) hinzugefügt.

Bei der SFTR-Methode erfolgt die Dokumentation des Bewegungsumfanges durch einen Buchstaben S, F, T oder R, der die Bewegungsebene anzeigt, und drei Zahlen. Die erste Zahl gibt das Ausmaß der Extension, Abduktion oder Außendrehung an (das sind Bewegungen, die im allgemeinen vom Körper wegführen), die zweite Zahl ist 0, entsprechend der Neutral-0-Ausgangsstellung, die dritte Zahl gibt das Ausmaß der Flexion, Adduktion und Innendrehung an (das sind also Bewegungen, die im allgemeinen zur Körpermitte hinführen).

Kontrakturen können auch durch drei Zahlen dokumentiert werden. Die Dokumentation einer Ankylose oder einer bestimmten Gelenksstellung erfolgt durch zwei Zahlen. Notiert wird die aktive Beweglichkeit; bei Notierung der passiven Beweglichkeit ist dies besonders zu vermerken.

Es gibt in der Zwischenzeit eine ganze Reihe von *Winkelmessern* für die SFTR-Methode. Als Beispiel soll hier ein Winkelmesser gezeigt werden, der auf einem Schenkel zusätzliche Längenangaben machen läßt, wie das beispielsweise für die Messung des Fingerkuppen-Hohlhand-Abstandes (FKHA) oder für das Messen der Kopfvor- und -rückwärtsneigung zweckmäßig ist. Es hat sich jedoch bewährt, zwei verschiedene Größen von Winkelmessern zu verwenden, und zwar einen kleinen für die Hand und einen großen für die übrigen Gelenke *(Abb. 3)*.

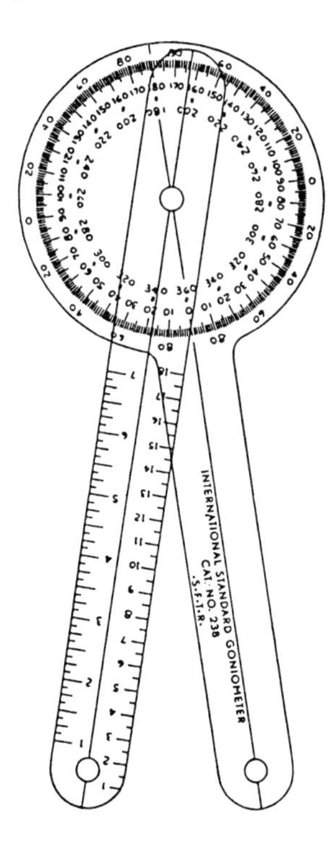

Abbildung 3

Es soll im folgenden eine Zusammenstellung der *normalen Bewegungsbefunde* nach O. Russe wiedergegeben werden, wobei diese Zusammenstellung nur einen groben Hinweis bietet. Auch würde ich für die Angabe der Beweglichkeit der Halswirbelsäule nur die Rotation in dieser Weise messen und die des Kopfvor- und -rückwärtsneigens sowie das Kopfseitwärtsneigen durch Zentimeterangaben (Kinn-Jugulum-Abstand bzw. Ohrläppchen-Schulterhöhlen-Abstand) notieren. Außerdem soll, soweit es möglich ist, die Rotation des Schultergelenkes bei waagrecht gehaltenem Oberarm und die Rotation des Hüftgelenkes bei Beugung im rechten Winkel gemessen werden. Selbstverständlich nicht angeführt sind auch die bei manchen Personen auftretenden Überstreckungen, besonders in den Fingergelenken, in den Ellbogengelenken und in den Kniegelenken.

Zusammenstellung der normalen Bewegungsbefunde (nach O. Russe)

Halswirbelsäule	
Extension / Flexion	S 40-0-40
Seitbeugen nach links / rechts	F 45-0-45
Drehung nach links / rechts	R 50-0-50
Brust- und Lendenwirbelsäule	
Extension / Flexion	S 30-0-85
Seitbeugen nach links / rechts	F 30-0-30
Drehung nach links / rechts	R 45-0-45
Schulter	
Armrückheben / Vorheben	S 50-0-170
Abduktion / Adduktion	F 170-0-75
Horizontales Rückführen / Vorführen	T 30-0-135
Rotatio externa / interna	
(Oberarm angelegt)	R (F 0) 60-0-70
(Oberarm 90° abduziert)	R (F 90) 90-0-80
Ellbogen	
Extension / Flexion	S 0-0-150
Unterarm	
Supination / Pronation	R 90-0-80
Handgelenk	
Extension / Palmarflexion	S 50-0-60
Radialduktion / Ulnarduktion	F 20-0-30
Hüfte	
Extension / Flexion	S 15-0-125
Abduktion / Adduktion (Hüfte gestreckt)	F 45-0-15
Abduktion / Adduktion (Hüfte 90° gebeugt)	T 45-0-20
Rotatio externa / interna	
(Hüfte gestreckt)	R (S 0) 45-0-40
(Hüfte 90° gebeugt)	R (S 90) 45-0-45
Knie	
Extension / Flexion	S 0-0-130
Oberes Sprunggelenk	
Extension / Plantarflexion	S 20-0-45
Unteres Sprunggelenk	
Eversion / Inversion	R 20-0-40

Zu warnen ist vor einer Pseudogenauigkeit. Bewegungsangaben wie beispielsweise S 7-0-34 wirken eher lächerlich und man sollte daher über fünf

Gradsprünge nicht hinausgehen, oder besser gesagt, diese nicht unterschreiten, also für das oben erwähnte Beispiel S 10-0-35.

B. Unfallchirurgischer Untersuchungsgang an der oberen Extremität

a. Die Funktion der Hand

Die Hand ist das Werkzeug und ausführende Organ, um alles, was das Gehirn denkt und die Sinnesorgane erfassen, gestalten zu können (ZRUBECKY). Es handelt sich bei der Hand also nicht nur um einen „Gliedabschnitt", sondern um einen Körperteil, der für die Gesamtheit der Persönlichkeit von besonderem Wert ist. In den letzten 40 Jahren sind beachtliche Fortschritte auf dem Gebiet der Behandlung und Wiederherstellung von Verletzungsfolgen an der Hand erzielt worden, und es müssen daher zwangsläufig viele Verletzungsfolgen anders, das heißt funktionell beurteilt werden.

Sowohl der kraftvolle als auch der feinfühlig dosierte Greifakt der menschlichen Hand ist auf das sinnvolle Zusammenspiel von Bewegungen und Hautgefühl aufgebaut. Das heißt, daß auch eine frei bewegliche, aber gefühllose Hand ihrer Funktion genauso beraubt ist wie die gefühlsbegabte, aber unbewegliche bzw. versteifte Hand, die zur Arbeit und zu den Verrichtungen des täglichen Lebens nicht voll eingesetzt werden kann. Es ist daher bei der Begutachtung sowohl für die private Unfallversicherung als auch für die Haftpflichtversicherung darauf Bedacht zu nehmen und nicht nur der anatomische Substanzverlust und der Funktionsverlust, sondern auch der Verlust des Hautgefühls und die Möglichkeit des Zusammenspiels der einzelnen Finger beim Greifvorgang zu beurteilen.

Die Kraft des Faustschlusses wird vom erfahrenen Gutachter ohne jeden Apparat am sichersten durch den Händedruck geprüft. Allerdings ist sowohl bei dieser Prüfung als auch bei der Prüfung durch einen Apparat davon auszugehen, daß der Proband auch wirklich die wahre Kraft einsetzt. Dieser Unsicherheitsfaktor ist sowohl bei der Prüfung durch den Händedruck als auch bei der Prüfung durch einen Druckapparat nicht auszuschließen.

Benützungszeichen (Beschwielung) lassen Schlüsse auf die erhaltene Funktion der verletzten Hand zu. Diese Schlüsse werden unterstützt durch eine vergleichende Messung der Umfangmaße (in der Mitte des Oberarmes und an der dicksten Stelle des Unterarmes) der verletzten und der gesunden oberen Extremität bei rechtwinkelig gebeugtem Ellbogengelenk.

Eine *Längenmessung des Armes* ist in der Regel überflüssig, da die Gebrauchsfähigkeit der Hand nicht von einer nachweisbaren Verkürzung der Gliedmaßen abhängig ist. Eine solche Messung ist nur dann erforderlich, wenn es sich um ein Haftpflichtgutachten oder um ein Gutachten im Zivilgerichtsverfahren handelt, bei dem eine stärkere Verkürzung auch als *Verunstaltung* gewertet werden könnte.

b. Prüfung der aktiven Beweglichkeit

Die für die *Funktion des Daumens* entscheidenden Bewegungen, wie Opposition, Adduktion und Abduktion, werden vornehmlich im Sattelgelenk dieses Fingers ausgeführt. Die Funktion des Daumens ist eine sinnvolle Synthese aus Gegenüberstellung (Anspreizung und Beugung einerseits und Abspreizung und Streckung andererseits). Hier ist es vor allem von Bedeutung, inwieweit und mit welcher Kraft ein Zangengriff zwischen dem Daumen und den dreigliedrigen Fingern möglich ist.

Bei der *Opposition* wird der Daumen durch die vom Mittelnerv (N. medianus) versorgten Anteile der Daumenballenmuskulatur so in die Hohlhand geführt, daß der Daumennagel parallel zur Hohlhand steht, während bei der *Adduktion* – eine Funktion des Ellennerven (N. ulnaris) – der Nagel dieses Fingers senkrecht zur Hohlhand zeigt. Bei der Begutachtung müssen beide Funktionen, nämlich die *Opposition* und die *Adduktion* getrennt geprüft werden, da Ausfälle der genannten Bewegungsabläufe eine Schädigung des Mittel- bzw. Ellennerven manifestieren.

Bei der bislang üblichen funktionellen Meßmethode wird die Gegenüberstellung (Opposition) und Anspreizung (Adduktion) der *Abstand Daumenkuppe-Kleinfingerbasis* in Zentimetern angegeben. Wie die beiden genannten Bewegungen wird auch die Abduktion (Abspreizung) – eine Funktion des Speichennerven – im Sattelgelenk des Daumens ausgeführt. Diese Bewegung wird gemessen: Abstand der Daumenkuppe-Zeigefingergrundglied bei vollständiger Streckung des Grund- und Endgelenkes *(Abb. 4)*.

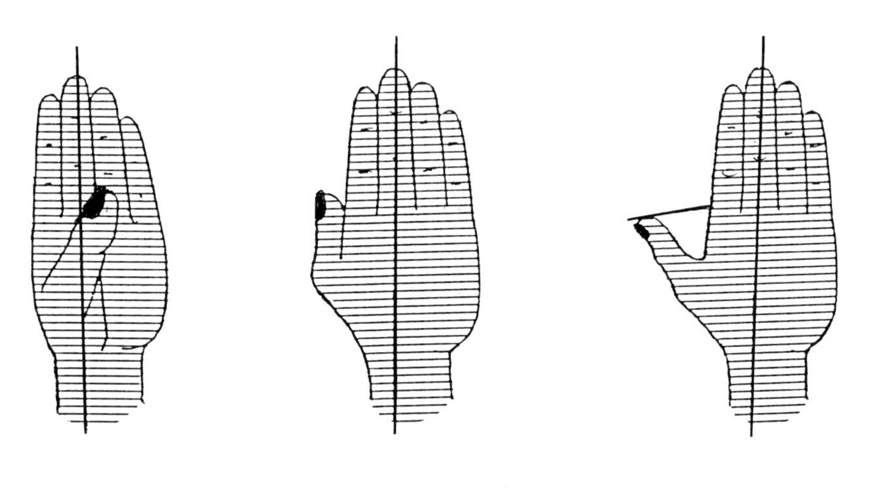

Abbildung 4

Das Ausmaß der aktiven Beweglichkeit im Daumenend- und -grundgelenk wird in Graden – im Vergleich zur gesunden Seite – angegeben *(Abb. 5)*.

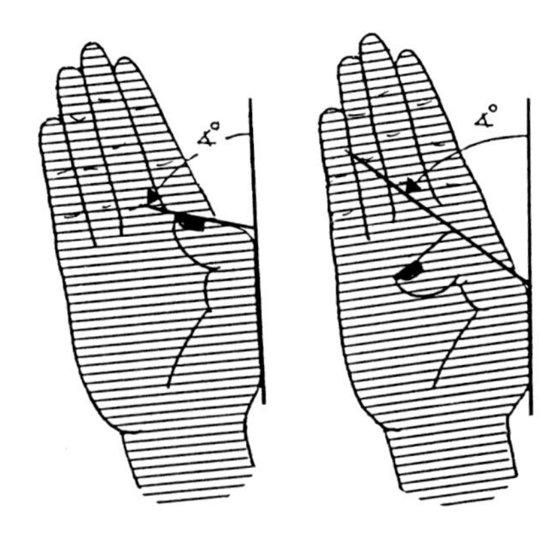

Abbildung 5

Nach der Neutral-0-Methode liegt die 0-Ausgangsstellung zur Gelenkmessung des Daumengrund- und -endgelenkes vor, wenn erst der Mittelhandknochen, Grundglied und Endglied des Daumens in einer geraden Linie stehen *(Abb. 6)*.

Zweckmäßig sind bei den Bewegungsmessungen weiterhin die funktionellen Maßergebnisse. Es wird notiert, wieweit die Daumenspitze dem Kleinfingergrundgelenk genähert werden kann. Der verbleibende Abstand wird in Zentimetern gemessen.

Bei starker Behinderung der Daumenbewegung, eventuell auch der übrigen Finger, wird angegeben, ob oder bis auf welchen Abstand in Zentimentern die Daumenspitze, die Spitze des Endgelenkes, Mittelgelenkes oder Grundgelenkes des Kleinfingers erreicht.

Die Ab- und Adduktion sowie Reposition und Opposition des Daumens empfehle ich nach der bisher üblichen Methode zu messen.

Buck-Gramcko empfiehlt als genauere Angabe bei der Opposition des Daumens die Messung der Distanz zwischen der Kuppe des Daumens und der des Kleinfingers (zur Ausschaltung der Fehlerquelle: Daumenendgelenksbeweglichkeit) und die Angabe der radialen Abduktion in Winkelgraden zwischen erstem und zweitem Mittelhandknochen, da bei der angeführten Messung nicht das Sattelgelenk allein beurteilt, sondern eine eventuelle Überstreckungsmöglichkeit im Grund- und Endgelenk mitgemessen wird. Auch sollte man die *palmare Abduktion* als Ausdruck der Medianusfunktion in entsprechenden Fällen nicht vergessen.

c. Die aktive Beweglichkeit der dreigliedrigen Finger

(1) Bislang geübte funktionelle Meßmethode

Die dreigliedrigen Finger sollen kräftig und vollständig zur Faust gebeugt, voll gestreckt und mit dem Daumen schlüssig in Berührung gebracht werden können. Es ist dabei darauf zu achten, daß die Endglieder der dreigliedrigen Finger voll eingeschlagen und nicht nur bis zur Daumenkuppen-Hohlhand-Berührung gebracht werden.

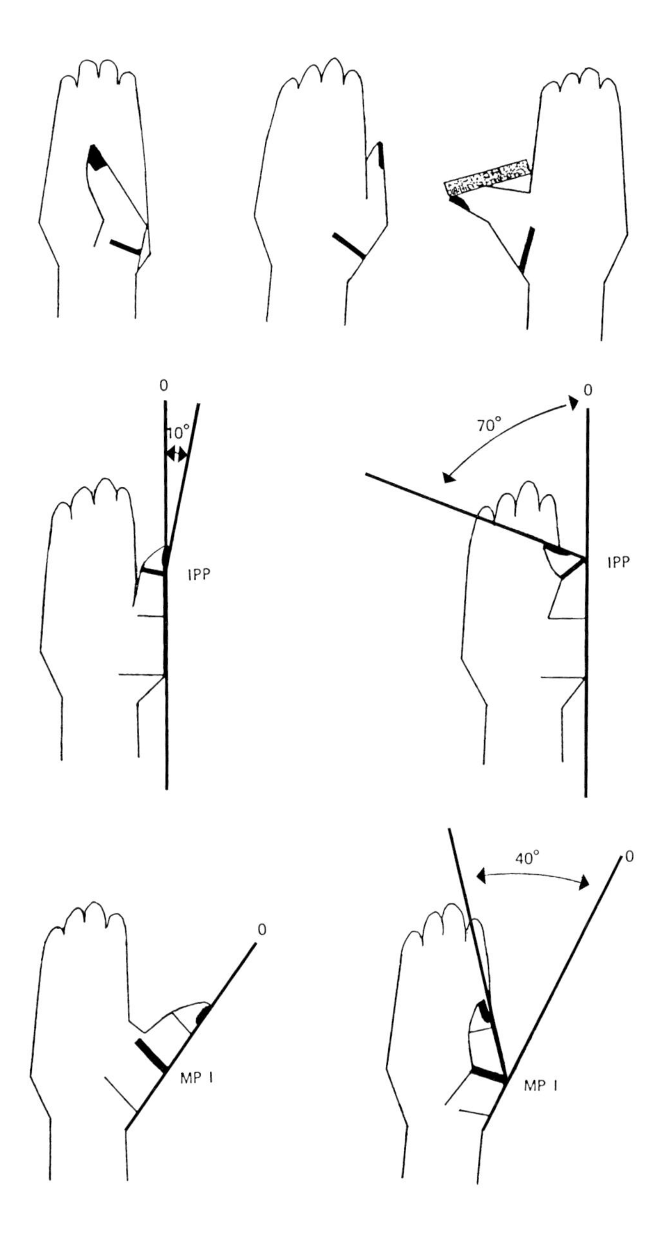

Abbildung 6

Das Ausmaß der Beugung wird im Gutachten durch den Abstand *Fingerkuppe – quere Hohlhandfalte* (Fingerkuppen-Hohlhand-Abstand, FKHA), in Zentimetern ausgedrückt, festgehalten. Ein Streckausfall der dreigliedrigen Finger wird gemessen am *Abstand der Fingerspitze zur Ebene des Handrükkens*. Allerdings muß hier auch berücksichtigt werden, daß eine Streckbehinderung im Mittel- und Endgelenk oder Mittel- oder Endgelenk des dreigliedrigen Fingers durch eine Überstreckung im Grundgelenk kompensiert werden kann. Dies ist im Gutachten festzuhalten, da es sich hiermit nicht um eine freie Streckung des Fingers, sondern eine durch Überstreckung im Grundgelenk kompensierte Streckung des Fingers bis zur Handrückenebene handelt. Es muß daher bei der Einschränkung der Fingerbeweglichkeit angegeben werden, welches der Fingergelenke im Sinne der Beugung bzw. der Streckung eingeschränkt ist. Die Abspreizung und Anspreizung der dreigliedrigen Finger wird auf die Achse des Mittelfingers bezogen und in Zentimetern festgehalten.

Bei der Prüfung der *Funktion des Zeigefingers* kommt der Abduktion und Rotation (Funktion des Ellennerven) besondere Bedeutung zu, weil ein Ausfall dieser Bewegungen die Bildung des Spitzgriffes erheblich erschwert, und dies gutachtlich entsprechend einzuschätzen ist *(Abb. 7).*

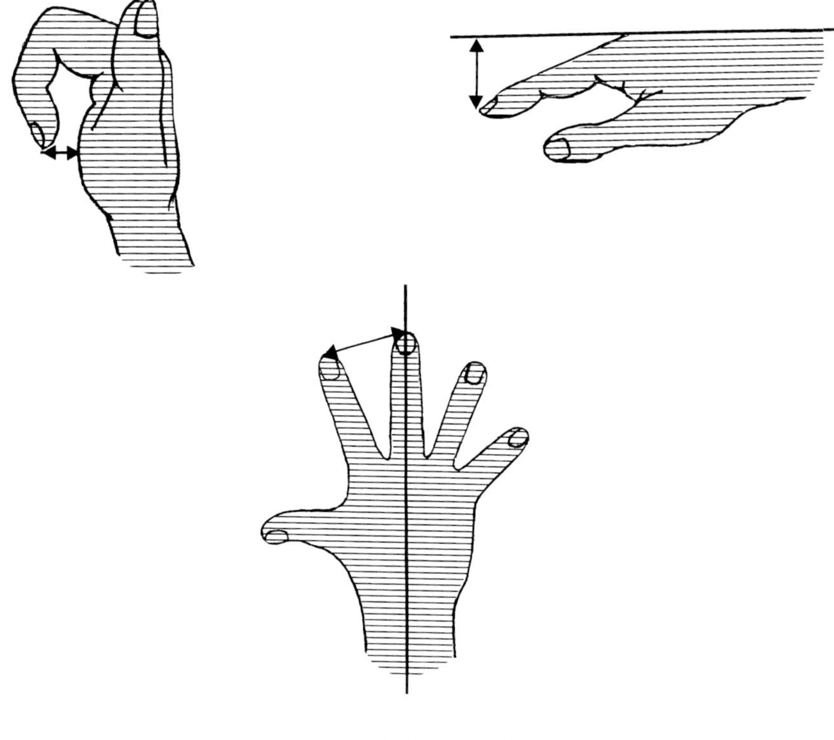

Abbildung 7

(2) Neutral-0-Methode

Die *0-Ausgangsstellung zur Messung der Fingerbeweglichkeit in Graden* wird eingenommen, wenn Mittelhandknochen und alle drei Glieder der Langfinger in einer Geraden stehen. Die Zahl vor der – 0 – gibt eine eventuell vorhandene Hyperextension an, die Zahl nach der – 0 – zeigt das Ausmaß der möglichen Beugung an, immer gemessen von der 0-Stellung aus *(Abb. 8)*.

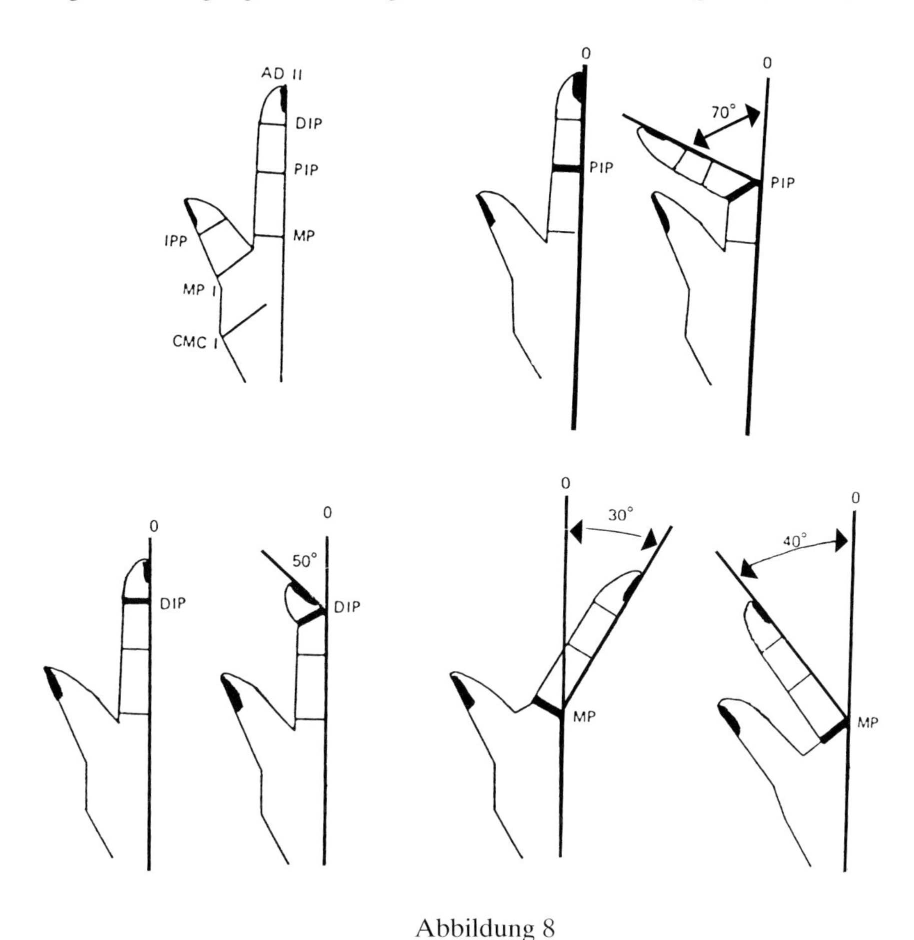

Abbildung 8

d. Aktive Beweglichkeit des Handgelenkes, Unterarms und Ellbogengelenkes

(1) Bislang geübte funktionelle Meßmethode

Die Streckung und Beugung des Handgelenkes sowie die Abduktion und Adduktion (Ellen- bzw. Speichenseite) werden, von der Mittelstellung ausgehend, in Winkelgraden angegeben *(Abb. 9)*.

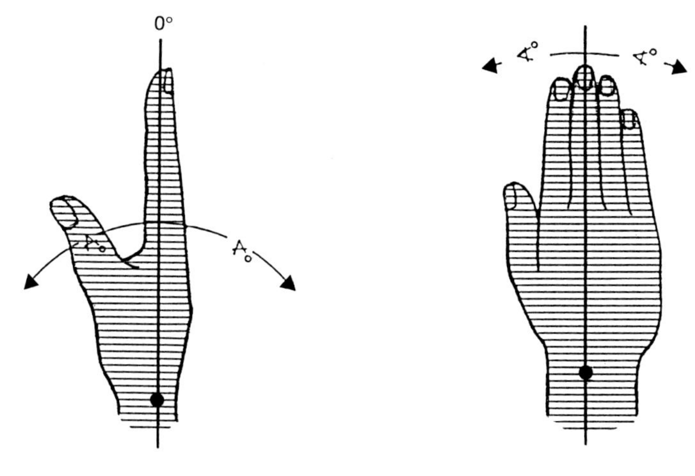

Abbildung 9

Beim Unterarm wird von der Mittelstellung ausgehend das Ausmaß der Beweglichkeit im Sinne der *Innendrehung (Pronation)* und der *Außendrehung (Supination)* in Bruchzahlen im Verhältnis zur Vergleichsseite gemessen, dabei ist zu beachten, daß anlagebedingt manchmal auch Dreheinschränkungen (besonders der Innendrehung) bestehen können, die in diesen Fällen dann nicht zur Gänze oder nur zum Teil unfallkausal sind *(Abb. 10)*.

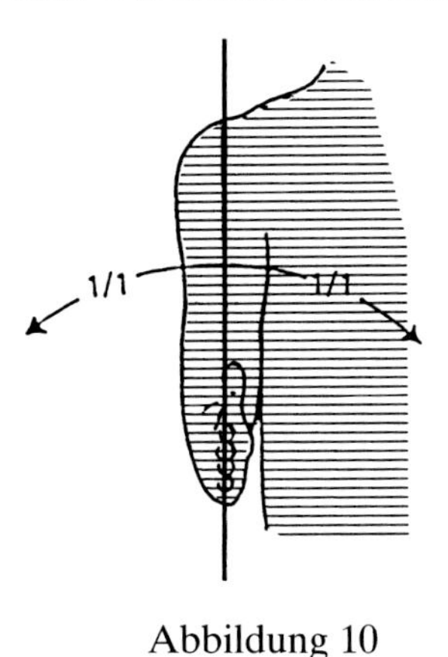

Abbildung 10

Am Ellbogen wird die Beweglichkeit in Winkelgraden angegeben, wobei als volle Streckung 180 Grad angenommen werden *(Abb. 11)*.

(2) Neutral-0-Methode

Die *Extension* wird vor der 0-Ausgangsstellung, die *Flexion* nach der 0-Ausgangsstellung notiert. Bei der Haltung der Hand nach vorn ist die

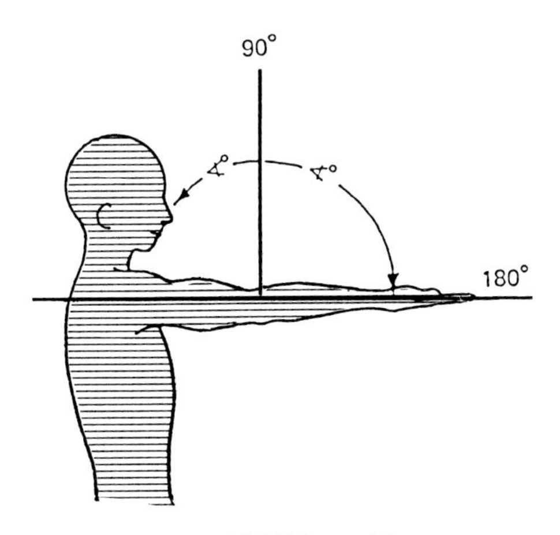

Abbildung 11

Radialabduktion eine Bewegung vom Körper weg, sie wird also als erste Zahl notiert, die ulnare Abduktion wird als letzte Zahl notiert. Bei der Ausgangsstellung der Messung steht der Mittelfinger in gerader Richtung zur Unterarmachse. Der Mittelfinger dient als Anzeiger der Messung *(Abb. 12).*

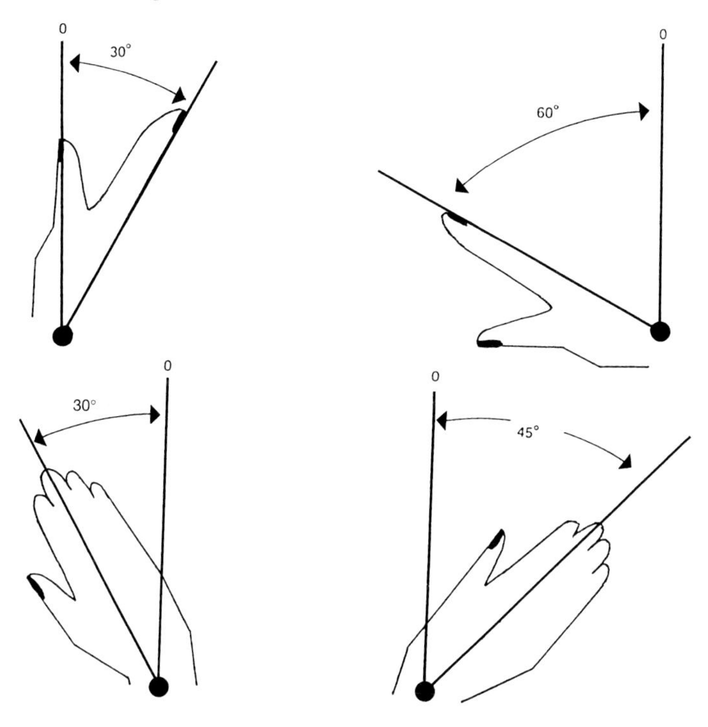

Abbildung 12

Bei der *Supination* wird vor der – 0 – der Gradausfall, die *Pronation* nach der – 0 – notiert. Bei der Ausgangsstellung steht der Handrücken parallel zum Oberarm, der Ellbogen ist rechtwinkelig gebeugt und an den Körper angelegt *(Abb. 13)*.

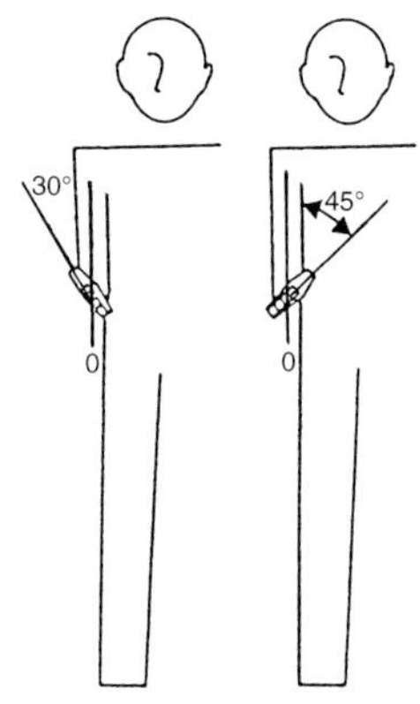

Abbildung 13

Bei vollkommener *Versteifung des Unterarmes* erfolgt die Notierung mit zwei Zahlen. Besteht eine vollkommene Versteifung des Unterarmes in Supination von 30 Grad, erfolgt die Notierung mit zwei Zahlen: F 30-0. Eine Ankylose bei einer Pronationsstellung von z. B. 20 Grad hätte die Notierung R 0-20 zur Folge.

Am Ellbogengelenk gibt eine eventuell vorhandene *Hyperextension* die erste Zahl an, die mittlere Zahl zeigt die Ausgangsstellung (Neutral-0-Stellung) an, die letzte Zahl zeigt das volle Ausmaß der vorhandenen Beugung, gemessen von der Ausgangsstellung *(Abb. 14)*.

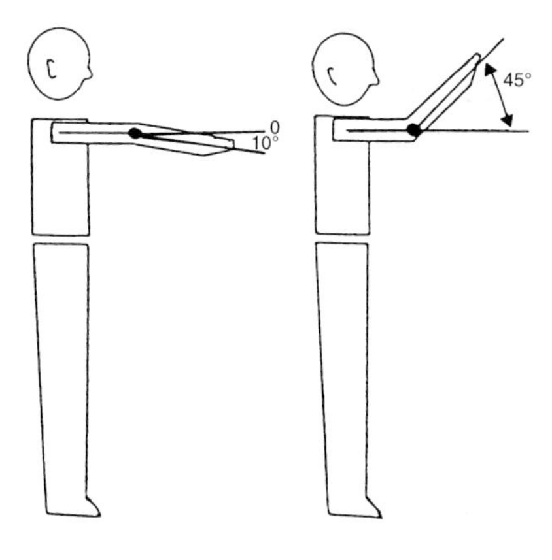

Abbildung 14

e. Aktive Beweglichkeit des Schultergelenkes

(1) Bislang geübte funktionelle Meßmethode

Ausgangpunkt der Untersuchung ist der am Körper hängende Arm mit gestrecktem Ellbogen. Das Heben des gestreckten Armes nach vorn und das Seitwärtsheben werden in Winkelgraden (gebildet aus der Achse des Armes und der Körperachse) angegeben.

Das Ausmaß der Außendrehung wird durch den *Nackengriff* (Angabe, welcher Teil des Kopfes bzw. Nackens mit den Fingerspitzen erreicht werden kann) und die Innendrehung durch den *Kreuzgriff* (Angabe, wieweit die Spitze des Mittelfingers in Richtung des Kreuzbeines unter der Lendenwirbelsäule geführt werden kann) festgehalten *(Abb. 15)*.

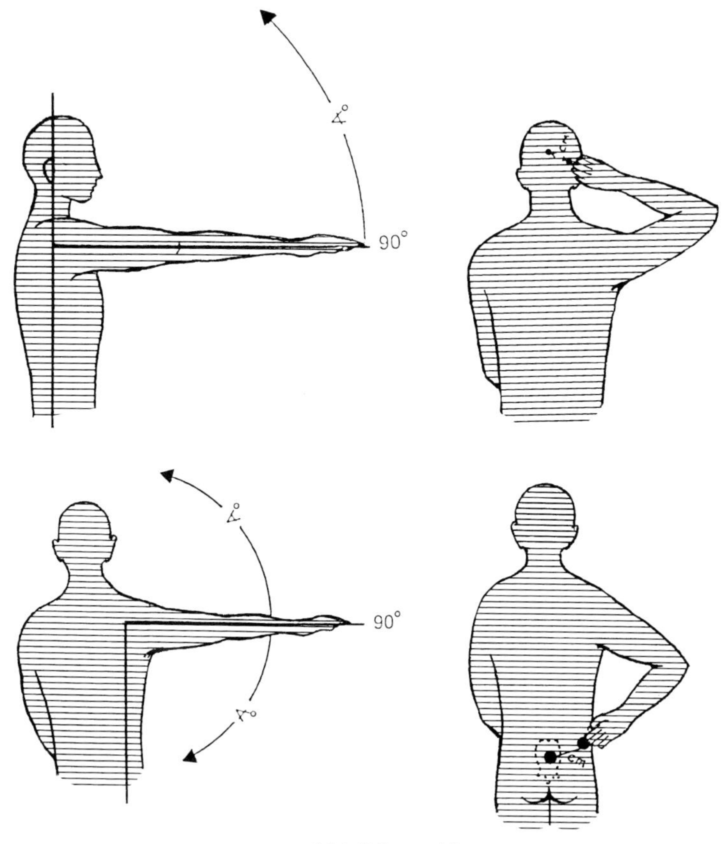

Abbildung 15

Die Bewegung des Schultergelenkes ist eine Kombinationsbewegung, die aus der isolierten Bewegung im Schultergelenk und des Schulterblattes gegenüber dem Brustkorb besteht. Beide Bewegungen sind funktionell als Einheit zu betrachten und entsprechend zu beurteilen *(Abb. 15 a)*.

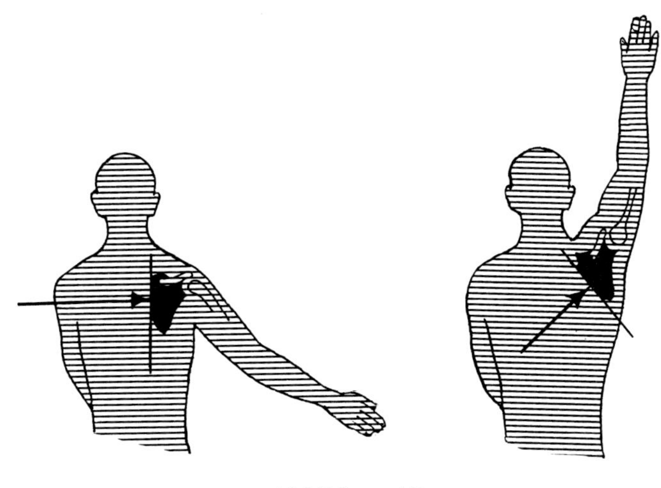

Abbildung 15 a

Teilversteifungen im Schultergelenk können durch Bewegung des Schulterblattes gegenüber dem Brustkorb kompensiert werden.

Die isolierte Beweglichkeit im Schultergelenk kann durch Außen- und Innenrotation des im Ellbogengelenk rechtwinkelig gebeugten und im Oberarm waagrecht gehaltenen Armes geprüft werden. Hier ist eine Angabe des Bewegungsumfanges bzw. der Bewegungseinschränkung in Winkelgraden möglich.

Obwohl bei „funktioneller Betrachtungsweise" dieses Untersuchungsergebnis die Höhe des Funktionsausfalles nicht entscheidend beeinflussen wird, sollte es dennoch im Gutachten festgehalten werden.

(2) Neutral-0-Methode

Wenn der hängende Arm aus der 0-Stellung in der Sagittalebene 30 Grad rückwärts gehoben werden kann und außerdem aus der 0-Stellung 90 Grad vorwärts gehoben werden kann, lautet die Notierung: S 30-0-90 (dies ist nur als Beispiel zu verstehen, da die freie Beweglichkeit [s. d.] größer ist).

Wenn der *hängende Arm aus der Ruhestellung* in der Frontalebene aktiv 90 Grad weit zur Seite gehoben (abduziert) und außerdem aus der 0-Stellung 30 Grad weit vor dem Rumpf zur Körpermitte hin bewegt (adduziert) werden kann, lautet die Notierung: F 90-0-30 *(Abb. 16).*

Die Prüfung der *Rotation* bei angelegtem Oberarm: Kann der Arm nicht volle 90 Grad abduziert werden (F 90 Grad), erfolgt die Messung der Rotation bei hängendem Oberarm (F 0 Grad). Der rechtwinkelig gebeugte und nach vorne zeigende Unterarm dient als Zeiger des Ausschlages. Kann die Schulter aus der 0-Stellung aktiv 30 Grad nach außen und aus der 0-Stellung 60 Grad nach innen gedreht werden, lautet die Notierung R (F 0 Grad) 30-0-60.

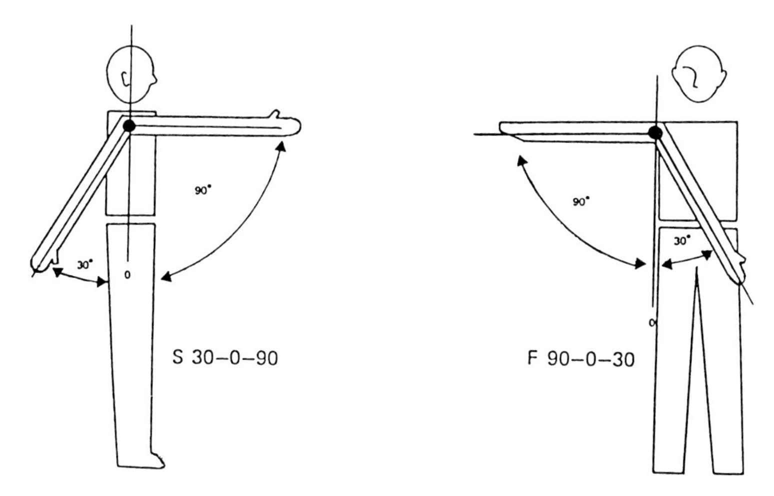

Abbildung 16

Bei 90 Grad abduziertem Oberarm wird der Unterarm rechtwinkelig gebeugt und zeigt nach vorne. Wieder dient der Unterarm als Zeiger des Ausschlages. Kann die Schulter aus dieser Stellung 90 Grad nach außen und aus der 0-Stellung 90 Grad nach innen gedreht werden, lautet die Notierung: R (F 90 Grad) 90-0-90 *(Abb. 17)*.

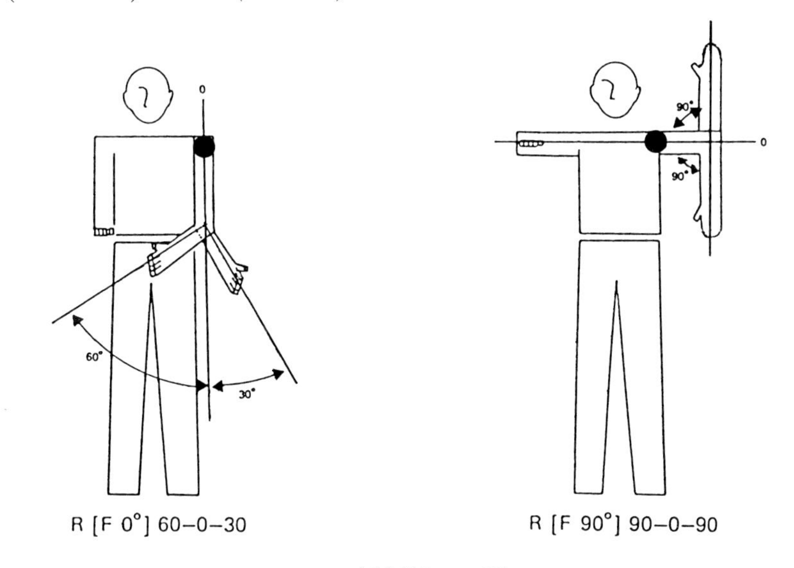

Abbildung 17

Die Prüfung der *Sensibilität im Bereich der oberen Extremität* bleibt im allgemeinen einem Zusatzgutachten eines Sachverständigen auf dem Gebiete der Neurologie vorbehalten. Dies jedoch nur dann, wenn es sich um gravierende Funktionssausfälle handelt, die entweder vom unfallchirurgischen Gutachter nicht mitberücksichtigt werden können, oder wenn es sich um Fragen der Kausalität handelt.

Die Bewegung der Hand ist offensichtlich, während das Gefühl nicht gesehen wird. Aus diesem Grunde wurde fehlendes oder vermindertes Hautgefühl bislang bei der gutachtlichen Beurteilung zu wenig berücksichtigt. Ein gefühlloser Finger ist trocken, seine Haut fühlt sich samtartig an (glossy skin).

Von den subjektiven Testmethoden zur Prüfung des Hautgefühls sind nur die *SEDDONsche Münzenprobe* (Unterscheidung eines glatten von einem geriffelten Münzenrand) und der *WEBERsche Tastzirkelversuch* praktisch von Bedeutung. Die Modalität der taktilen Gnose, das „Fingerspitzengefühl", muß bei jeder Nervenverletzung der Hand und des Armes zusätzlich zu einem funktionellen Sensibilitätstest geprüft werden. Hinsichtlich des objektiven Sensiblitätstestes in Form des *Ninhydrintestes* wird auf die Ausführung des neurologischen Koautors verwiesen.

C. Die Funktion der Wirbelsäule

a. Allgemeines zum Untersuchungsgang

Als Problem besonderer Schwierigkeit erweist sich die morphologische (statische) und funktionelle (dynamische) Befundung der Wirbelsäule, wobei die Morphologie in Verbindung mit den auch hier unerläßlichen Röntgenaufnahmen nicht die Probleme verursacht wie die Beurteilung der Funktion. Gerade bei der Untersuchung der Wirbelsäule ist es aber wichtig, zu einer einheitlichen Art der Beschreibung zu kommen, um Befunde verschiedener Begutachter und verschiedener Zeitpunkte überhaupt vergleichen bzw. Gutachten überprüfen zu können.

Die Schwierigkeiten liegen vor allem darin begründet, daß nicht die Beweglichkeit eines einzelnen Gelenkes, sondern einer Vielzahl von Gelenken zu messen ist, was sich nur komplex als möglich erweist. Gerade aus diesem Problem heraus ist eine ganze Reihe von Meßsystemen der Wirbelsäule entwickelt worden, die aber für unsere Zwecke nicht befriedigen können, da sie einerseits zu kompliziert in der Anwendung sind, andererseits hinsichtlich der Funktion dem mit dem Gutachten befaßten Fachmann, besonders aber dem Laien zu wenig aussagen. Wir möchten hier ein Wort von ERDMANN erwähnen, das er in diesem Zusammenhang geprägt hat: *Nichts ist der Wahrheitsfindung in biologischen Dingen so abträglich wie eine „Pseudogenauigkeit" oder wie das Herummanipulieren mit „Normzahlen", die beispielsweise von der Fiktion ausgehen, die einzelnen Wirbel müßten ab ovo so symmetrisch gebaut sein, wie Dominosteine. Die Wirbel sind nicht so symmetrisch gebaut und es gilt als brauchbare Bauernregel: „Was gut funktioniert und nicht weh tut, ist gesund."* Trotzdem sind Meßzahlen notwendig, um die

Vergleichsmöglichkeit mit folgenden oder vorhergehenden Gutachten zu gewährleisten, denn mit der Feststellung: gute oder schlechte Beweglichkeit, mäßig eingeschränkte Beweglichkeit etc. kann niemand etwas anfangen.

b. Die Funktion der Wirbelsäule – Untersuchungsgang

Wenn man von der Begutachtung der Unfallfolgen im Bereiche der Wirbelsäule spricht, so kann man sich nicht auf die Beurteilung des Unfallschadens an einem oder mehreren der 24 Wirbelknochen plus Kreuzbein und Steißbein beschränken. Gerade bei der Wirbelsäule ist das enge Zusammenleben von Knochen-, Knorpel- und Nervengewebe die Ursache für eine Funktionsstörung mehrerer Wirkungs- und Einflußsphären. Das geht vom Peitschenschlagsyndrom der Halswirbelsäule bis zur Querschnittslähmung durch einen Wirbelverrenkungsbruch.

Hinsichtlich der Wirbelsäule hat daher in nicht wenigen Fällen der neurologische Begutachter ein gewichtiges Wort mitzureden, und es darf nicht verabsäumt werden, in Fällen, in denen das Nervengewebe in irgendeiner Form in Mitleidenschaft gezogen ist, diesen beizuziehen.

Wir möchten daher, und das wollen wir gleich eingangs betonen, nicht in den Fehler verfallen, den wir bei jeder sich bietenden Gelegenheit anprangern, nämlich den der Fachüberschreitung der Gutachter. Nur wer über entsprechende klinische Erfahrung durch langjährige Arbeit am Krankenbett und am Patienten verfügt, kann in seinem Fachgebiet, und nur in seinem, ein fundiertes und ein gerechtes Urteil abgeben. Dies gilt in ganz besonderem Maße auch für die Beurteilung von Schmerzengeldansprüchen.

Das Trauma an der Wirbelsäule ist von allen Körpergegenden diagnostisch vielleicht eines der schwierigsten. Dies gilt schon für die primäre Diagnose unmittelbar nach dem Unfall und noch viel mehr für die Begutachtung. Dazu kommt noch, daß selbst schwere Wirbelbrüche nicht allzu selten übersehen werden.

Wirbelbrüche werden in Laienkreisen immer als sehr schwer betrachtet. Dem widerspricht, daß manche Wirbelbrüche, besonders bei Begleitverletzungen nicht erkannt und vielleicht einmal als Nebenbefund entdeckt werden. Ich spreche dabei nicht von den Kompressionsbrüchen der Wirbelsäule aufgrund einer Osteoporose, wie sie im Postklimakterium entstehen können, worauf später im Rahmen der Beurteilung der Kausalität noch näher eingegangen wird.

Das Übersehen eines Wirbelbruches kann dadurch zustande kommen, daß die Beschwerden nach einem Kompressionsbruch ohne Nervenbeteiligungen primär im Liegen nicht sehr hochgradig sind. Erst wenn nach einigen Wochen noch immer Beschwerden vorhanden sind, bzw. beim Versuch aufzustehen stärkere Beschwerden auftreten, denkt man an eine Knochenverletzung und veranlaßt eine Röntgenuntersuchung.

Das große und verantwortungsvolle Gebiet der Unfallbegutachtung von Wirbelsäulenverletzungen erfordert daher eine exakte Kenntnis der normalen und der pathologischen Anatomie sowie Übung und Erfahrung in der Untersuchung und Behandlungstechnik, wenn man Fehldiagnosen vermeiden will (SCHMIEDEN, MAHLER).

Dies gilt besonders für Fälle, in denen die erste Diagnose eines stattgefundenen Wirbelbruches zu stellen ist. Es bestehen hier die gleichen Schwierigkeiten, die schon bei der Diagnose des frischen Wirbelbruches bestehen, und dies natürlich noch in vermehrtem Ausmaß. Dazu kommt, daß natürlich ein Verletzter alle seine Beschwerden auf den Unfall zurückführt und bewußt oder unbewußt alles, was er früher an Beschwerden hatte, vergessen hat. Um den wahren unfallkausalen Dauerschaden herausschälen zu können, bedarf es nun einer genauen Erhebung der Anamnese mit eingehendem Studium der vorhandenen Unterlagen, eines klinischen Befundes und eines Röntgenbefundes, wobei der klinische Befund bei der Wirbelsäule im Vordergrund steht.

Wenn wir eine Reihung der Wichtigkeit von Untersuchungsmethoden bei der Begutachtung von Wirbelsäulenverletzungen vornehmen sollen, so rangiert für die Beurteilung des Dauerschadens bzw. der Einschränkung für bestimmte Arbeiten und für die Dauer dieser Einschränkung für eine einmalige und dauernde Leistung eindeutig der klinische Befund vor dem Röntgenbefund.

Leider haben aber nicht wenige Gutachter zur klinischen Untersuchung der Wirbelsäule ein gestörtes Verhältnis. Dies hängt sicherlich damit zusammen, daß die Funktion der Wirbelsäule nicht so klar und eindeutig beschrieben werden kann, wie die Funktion eines Gelenkes. Was in einem Fall manchmal des Guten zuviel geschieht, in Form einer Überbewertung der in der SFTR-Methode sehr schön und exakt beschreibbaren Gelenksfunktion, wird hinsichtlich der Wirbelsäule unterbewertet und vernachlässigt. Dazu kommt, daß die Morphologie der Wirbelsäule, sowohl was die Form ihrer Komponenten als auch ihren Verlauf betrifft, eine große physiologische Breite aufweist, so daß zwischen „normal" und „krankhaft" oder „normal" und „posttraumatisch" noch ein weites variationsreiches Feld liegt, das durch seinen Formenreichtum und seine Vielfalt der Reichhaltigkeit der Natur entspricht, die die Schönheit des Lebens ausmacht.

Die Spielbreite der Rumpfformen, der Brustkorbgestalt und der Haltungsvariation ist so groß und ihre pathologische Bedeutung so unterschiedlich, daß aus der analytischen Beschreibung eines Befundes allein häufig nicht auf dessen Krankheitswert geschlossen werden kann. Andererseits fehlen nicht selten auffällige Befunde, weil zum Beispiel der Funktionsverlust einzelner Wirbelsegmente durch Kompensation in den Nachbarsegmenten gut kaschiert wird. Man muß sich also davor hüten, Abweichungen von dem, was man als Norm empfindet, als pathologisch anzusehen, und das gilt ganz besonders für den Röntgenbefund.

Die meisten Gutachter dokumentieren bei ihren klinischen Untersuchungsbefunden den minimalen *Fingerspitzen-Boden-Abstand* bei maximaler Vorwärtsbeugung mit durchgestreckten Kniegelenken. Dieses Maß sagt aber wenig über die tatsächliche Beweglichkeit der Wirbelsäule aus. Abgesehen davon, daß es im besten Fall ein komplexes Maß der Beweglichkeit der Brust- und der Lendenwirbelsäule ergibt, ist dieses Maß zu einem nicht geringen Teil abhängig von der Hüftbeweglichkeit und unter Umständen auch von einer gleichzeitig vorhandenen Fettleibigkeit, bei der der Bauch ein stärkeres Vorbeugen verhindert *(Abb. 18)*.

Statt dessen wird empfohlen: Für die Brustwirbelsäule das *OTTsche Maß*, wobei die Veränderung einer in Ruhehaltung vom 7. Halswirbeldornfortsatz nach kaudal aufgetragenen Distanz von 30 cm gemessen wird, für die Lendenwirbelsäule das *SCHOBERsche Maß*. Dabei wird die Veränderung einer in Ruhehaltung vom Dornfortsatz S I, dem ersten Dornfortsatz, der sich nicht mitbewegt, nach kranial aufgetragenen Distanz von 10 cm gemessen. Beide Maße werden bei Vor- und Rückwärtsneigung angegeben *(Abb. 18a)*. Diese Messungen, es gibt auch ähnliche Methoden, bieten die Gewähr für eine weitgehend der Wirklichkeit entsprechende Angabe der tatsächlichen Wirbelsäulenbeweglichkeit.

Sollte eine völlige oder nahezu völlige Unbeweglichkeit der Wirbelsäule demonstriert werden, so empfiehlt es sich, den liegenden Patienten aufzufordern, sich aufzusetzen. Allerdings muß dies kein Beweis für eine bewußte Vortäuschung einer Unbeweglichkeit der Wirbelsäule sein, da sich die Beweglichkeit vornehmlich in den Hüftgelenken abspielt und der Zug an der Rückenmuskulatur gegen die Schwerkraft beim Vorwärtsbeugen im Stehen wegfällt.

Wir haben uns so ausführlich mit der klinischen Untersuchung der Wirbelsäule befaßt, weil wir nicht genug ihren Vorrang vor der Röntgenbefundung betonen können, da wir aus Erfahrung sagen müssen, daß dieser Vorrang nicht Allgemeingut ist.

Ein Beispiel für die gegenüber der klinischen Untersuchung untergeordnete Bedeutung des Röntgenbefundes ist das *Schleudertrauma der Halswirbelsäule*. Dieser Röntgenbefund gibt hinsichtlich des Vorschadens und der Beurteilung der Kausalität des Dauerschadens wertvolle Hinweise, kaum jedoch hinsichtlich des Vorliegens eines Schleudertraumas überhaupt bzw. dessen Schweregrades, wenn man von einer eventuell vorhandenen Zwangshaltung in Form einer aufgehobenen Lordose der Halswirbelsäule absieht. Das schließt nicht aus, daß in einer sekundären Phase nach etwa 4 – 6 Monaten als Folge einer traumatischen Ruptur einer Halsbandscheibe örtliche Heilungs- und Konsolidierungsprozesse in Gang kommen, die dann röntgenologisch faßbar wären, wenn sie sich an den benachbarten Wirbeln abzuspielen beginnen.

Der Röntgenbefund hat seinen großen Wert, wenn man aus ihm die richtigen Schlußfolgerungen ziehen kann. Röntgenbefunde sind für die Beurteilung von Wirbelsäulentraumen besonders dann von Nutzen, wenn es sich um Röntgenserien in mehreren zeitlichen Abständen vom Trauma handelt, die über die Schwere des Traumas und über die Kausalität von Funktionsstörungen und Beschwerden Auskunft geben können. Dies vor allem hinsichtlich

Abbildung 18

des oft unterbewerteten traumakausalen Zustandes der Zwischenwirbelscheibe, der primär oft gar nicht eindeutig beurteilt werden kann.

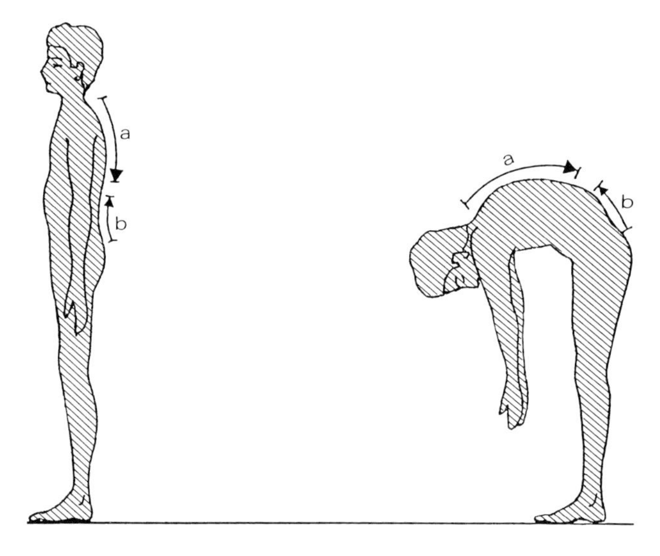

Abbildung 18 a
(a) Ottsches Maß; (b) Schobersches Maß

Das Röntgenbild, wie es Erdmann ausgeführt hat, ist als diagnostische Methode im wesentlichen nur für die Beurteilung der ersten Phase der Heilungsperiode, nämlich der knöchernen Konsolidierungsvorgänge unmittelbar am Ort der Wirbelsäulenverletzung, geeignet. Nicht mehr also für die zweite Phase, die Wiederertüchtigung des Muskelkorsettes und die dritte Phase, die durch die langsam wiederkehrende Fähigkeit des Verletzten gekennzeichnet ist, auch gröbere Kraftleistungen mit der Rumpfachse wieder durchzustehen.

Ein eindeutiges Bild gibt daher nur die Beurteilung von Röntgenserien, die die reaktiven Formveränderungen während der nachfolgenden 4 – 6 Monate zeigen. Es ist folglich unbedingt notwendig, daß sich der Gutachter bemüht, möglichst viele Röntgenbilder eines Falles zu bekommen und daß er sich nicht mit einer zum Zeitpunkt der Begutachtung gemachten Röntgenaufnahme begnügt.

Keinesfalls, und das muß ganz eindeutig betont werden, kann der Röntgenbefund für die Beurteilung des Grades der Funktionsbehinderung und der subjektiven Beschwerden herangezogen werden, wie es nicht nur von Laien, sondern leider auch von manchen Ärzten geschieht. Am schädlichsten sind die von manchen Röntgenologen auf den dem Patienten mitgegebenen Röntgenbildern angebrachten Pfeile. Diese Pfeile fixieren sich im Unterbewußtsein mit der Zeit mit tatsächlich vorhandenen metallischen Fremdkörpern, die gegenüber den echten noch den Nachteil haben, daß sie nicht entfernt werden können.

Die Einschätzung des Unfalldauerschadens ist also das Ergebnis einer Synopsis des klinischen und röntgenologischen Befundes bei richtiger Wertung beider. Beschwerden und damit Funktionsbehinderungen haben ihre Ursache in Achsenknickungen in beiden Ebenen sowohl durch die statisch erhebliche Achsenabweichung als auch durch die Inkongruenz der kleinen Wirbelgelenke. In dieser Hinsicht ist das Röntgenbild sicher relevant. Wir möchten jedoch hinsichtlich des Röntgenbefundes daran erinnern, daß die Zunahme einer eindeutig posttraumatischen spondylotischen Veränderung bis hin zur kompletten Spangenbildung nicht unbedingt als Verschlechterung aufzufassen ist, sondern als Ergebnis eines Selbstheilungsmechanismus in Richtung auf eine Konsolidierung im Bereiche des gebrochenen Wirbels und damit auf eine Verringerung der Beschwerden mit verbesserter Gesamtfunktion.

Im Sinne einer Gesamtschau diese Kapitels soll auch die übliche Einschätzungspraxis der Funktionsbehinderung vorweggenommen werden, da auch nach den AUVB für die private Unfallversicherung die Gliedertaxe in diesen Fällen nicht herangezogen werden kann. Sosehr die Einschätzung in der gesetzlichen Unfallversicherung und in der privaten Unfallversicherung sowie in der Haftpflichtversicherung voneinander abweichen, sosehr nähern sie sich hinsichtlich der Einschätzung der unfallbedingten Schädigungen der Wirbelsäule (ohne Nervenbeteiligung).

Die Einschätzung der *Minderung der Erwerbsfähigkeit* (in der gesetzlichen Unfallversicherung) nach Wirbelverletzungen gehört zu den schwierigsten Entscheidungen der Unfallbegutachtung. Dies ist auch der Grund dafür, daß sich alle Autoren diesbezüglich nur sehr kursorisch äußern, selbst wenn sie für die Unfallfolgen im Bereich des Bewegungsapparates sehr genaue Rententabellen bringen. Auch der Unfallchirurg ist da keine Ausnahme. So schreiben zum Beispiel, um nur einige der bekanntesten zu nennen, GÜNTHER und HYMMEN: Wirbelkörperbrüche ohne Nervenbeteiligungen je nach Leistungsfähigkeit der Wirbelsäule 10 – 20%, Wirbelbrüche mit Beteiligung des Rükkenmarkes 50 – 100%. LINIGER-MOLINEUS macht hinsichtlich der Wirbelsäule keine Angaben in seinen Rententabellen. In KRÖSL/ZRUBECKY heißt es: Bei Funktionsstörungen der Wirbelsäule ohne Schmerzen bei physiologischer Beanspruchung des Haltungsapparates, aber mit Schmerzen bei Bewegungen der Wirbelsäule, beim Rumpfvorwärts- und -rückwärtsbeugen 10%. Funktionsstörung der Wirbelsäule mit Schmerzen bei physiologischer Haltung 20%. Fehlstellung der Wirbelsäule ohne Schmerzen, Gibbus von 20 Grad und mehr: 10 – 20%. Skoliose: 10 – 20%. Fehlstellung mit Schmerzen, Gibbus von 20 Grad: 25%. Skoliose mit Schmerzen: 25%.

Auch diese Angaben sind nicht sehr aufschlußreich. Laut MAYR werden als Anfangseinschätzung in der gesetzlichen Unfallversicherung im allgemeinen zwischen 20 und 40% gegeben. Bei jüngeren Verletzten und nicht zu schweren Wirbelbrüchen ist nach zwei Jahren eine wesentliche Einbuße unwahrscheinlich, bei älteren und besonders bei Spondylosen kann auch bei einem nicht so schweren Wirbelbruch eine Dauerrente zurückbleiben. Und nun schreibt MAYR noch etwas im Hinblick auf die auch in den übrigen Standardwerken der Begutachtung zu findende Unsicherheit bei der Aufstellung von Richtlinien, was voll und ganz zu unterstreichen ist: Allgemeine Richtlinien zur Einschätzung der Wirbelsäulenverletzungen sind unmöglich. Bei Berücksichtigung der Verletzung und des Befundes, bei der Begutachtung des Alters und der Konstitution des Verletzten kann sich der Gutachter aber doch in den meisten Fällen ein Bild machen, nach welchem er die richtige Einschätzung treffen wird. Auch wird man glauben, daß uns keine andere Möglichkeit verbleibt. Der erfahrene Gutachter wird die richtige Einschätzung treffen können, wenn er es zu seiner Maxime macht, den klinischen Befund und nicht den Röntgenbefund bei einer Beurteilung in den Vordergrund zu stellen.

Zusammenfassend kann hinsichtlich des klinischen Befundes zur Objektivierung der Verletzung der Wirbelsäule gesagt werden: Nur die Periode der Heilung – knöcherne Konsolidierungsvorgänge zum Ausgleich der örtlich gestörten Trag- und Belastungsfähigkeit – kann durch Röntgenbilder dargestellt werden, wogegen die Phase der Reaktivierung des Muskelkorsettes und letzen Endes die Wiederherstellung des physiologischen Bewegungsablaufes der Wirbelsäule (Koordinierung der drei Wirbelsäulenregionen in der Gesamtbewegung) nur durch vergleichende klinische Befunde festgehalten werden.

Verbindliche Aussagen über die Haltemuskulatur der Wirbelsäule und über die Möglichkeit, traumatische Achsenknickungen durch eine kompensatorische Aufrichtung der benachbarten Abschnitte der Wirbelsäule auszugleichen, können nicht durch das Röntgenbild allein, sondern nur in Verbindung und Kombination mit dem klinischen Untersuchungsbefund gemacht werden.

Wie bei der Befunderstellung an den Extremitäten muß die exakte Beschreibung der morphologischen Einzelheiten an den Beginn gestellt werden. Dabei müssen angeborene oder erworbene Fehlbildungen und Erkrankungen mit Destruktivveränderungen miteinbezogen werden. Erst bei der Wertung des Befundes in der Zusammenfassung oder an anderer Stelle sind die Erkrankungsfolgen von den Unfallfolgen streng zu trennen. Wo dies nicht möglich oder nicht sicher möglich ist, muß der Begutachter aber auch auf diese Unmöglichkeit oder Schwierigkeit hinweisen und dazu Stellung nehmen. Keinesfalls darf er die Schlußfolgerung dem späteren Bearbeiter des Gutachtens, der ja in der Regel ein Laie ist und überdies den Untersuchten nicht sieht, überlassen.

Hinsichtlich des sogenannten „Schleudertraumas" der Halswirbelsäule wird auf das Kapitel der Kausalitätsfragen verwiesen.

Zur Untersuchung der Wirbelsäule muß der zu Begutachtende vollständig entkleidet sein. Nur so können die Formabweichungen auch außerhalb der

Wirbelsäule selbst, die Hinweise auf Veränderungen in deren Bereich geben können (Muskelschwäche eines Beines, Beckenschiefstand, Formveränderung der *Taillendreiecke*, unterschiedlicher Achselkontakt etc.), überblickt werden.

Schon die Art, wie sich der Verunfallte auskleidet, ist von großer Wichtigkeit für die funktionelle Beurteilung. Man kann als Gutachter daher ruhig unhöflich sein und eine Hilfe unterlassen, sofern der Versicherte nicht zu stark behindert und das Unterlassen einer Hilfe zu verantworten ist. Der Versicherte soll sich dabei nicht beobachtet fühlen.

Gemäß dem bereits mehrfach besprochenen Modus procedendi ist zuerst der Verlauf der Wirbelsäule und die durch pathologische Veränderungen (seien sie unfall- oder nicht unfallbedingt) in weiterer Folge bedingten Fehlformen (Thorax) und Fehlhaltungen (Kopf, Schulter, Becken etc.) zu beschreiben. Dabei ist zu beachten, daß manche Fehlstellungen der Wirbelsäule im aufrechten Stehen noch nicht, sondern erst beim Vorwärtsbeugen des Rumpfes offenbar werden, andere wiederum dabei verschwinden können.

Der Verlauf der Halswirbelsäule wird weitgehend durch die Kopfhaltung bedingt. Allerdings kann diese manchmal völlig im Stich lassen, und man ist daher in diesen Fällen unter Umständen mehr als bei der Brust- und Lendenwirbelsäule auf das Röntgenbild (bei Bedarf in Flexions- und Deflexionshaltung) angewiesen. Eine wertvolle Hilfe bei der Feststellung von Skoliosen stellt die Beurteilung der Taillendreiecke, also der Figur, die in aufrechter Ruhehaltung des Patienten von seinen herabhängenden Armen und der Taille gebildet wird, und des Achselkontaktes dar *(Abb. 19)*.

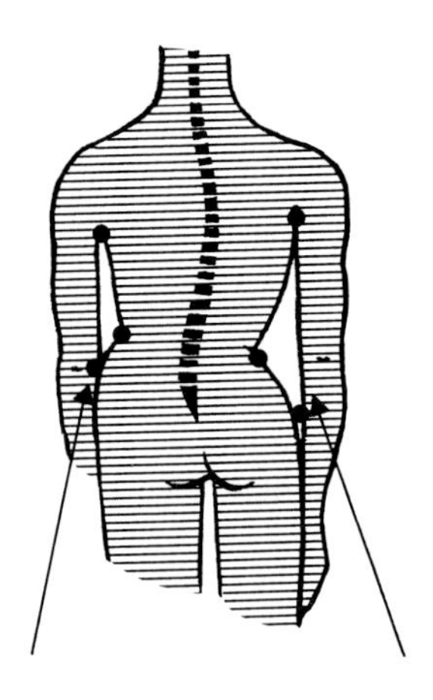

Abbildung 19

Beide sollen seitengleich sein. Eine Abweichung der Form dieser Hilfsfiguren kann aber auch durch andere Ursachen verursacht sein (Seitenverkrümmungen der Wirbelsäule können, abgesehen von angeborenen Fehlbildungen und Erkrankungen, auch durch Armverletzung, Amputationen im Bereich der oberen Extremität, Beckenverletzungen, Beinverkürzungen, falsche Länge der Beinprothese, Lähmungen oder Hyperlordose der Lendenwirbelsäule beispielsweise bei einer Beugekontraktur des Hüftgelenkes) bedingt sein.

Im Bereich der Brustwirbelsäule und der Lendenwirbelsäule finden sich als Verletzungsfolgen *Verkrümmungen in der Sagittalebene, in der Frontalebene und in der Horizontalebene (Torsionen)*, wobei Kombinationen nicht selten sind. LEGER nennt die Fixpunkte für die Beurteilung des Verlaufes der Wirbelsäule: die Stellung des Beckens, den Verlauf der Schulter-Nackenlinie, die Stellung der Schulterblätter, die Taillendreiecke, den Verlauf der Dornfortsatzlinie, die Ausbildung der Rippenwinkel und die Wölbung des Thorax. Außer den Veränderungen im Verlauf der Wirbelsäule müssen selbstverständlich auch Muskelverspannungen, asymmetrischer Muskeltonus und anderes im Gutachtenbefund vermerkt werden.

Wesentlicher jedoch als die Beschreibung der Form ist vom Standpunkt der (funktionellen) Begutachtung aus die *Bewegungsdiagnostik*, wenn auch Formveränderungen in extremen Fällen durch die dadurch bewirkte Stellung für sich allein schon eine Funktionsstörung verursachen und vom Normalverlauf abweichende Achsen die Ursachen für subjektive Beschwerden sein können, die unter Umständen an sich schon – abgesehen von anatomischen Hindernissen – Ursache einer Funktionsbehinderung sind. Nur aufgrund einer dynamischen Untersuchung können wir einigermaßen sicher die Funktions-, Leistungs-, und Belastungsfähigkeit des Wirbelsäulenorganes beurteilen (WAGENHÄUSER), eine Beurteilung, die unerläßlich für die Einschätzung zu sein hat.

Die *klinische Bewegungsdiagnostik* muß stets die ganze Wirbelsäule umfassen, wobei die Halswirbelsäule einerseits und die Brustwirbelsäule gemeinsam mit der Lendenwirbelsäule andererseits als funktionelle Einheit anzusehen ist. Hier ist bei der Prüfung der Beweglichkeit auch die Palpation zu Hilfe zu nehmen, da nur so Störungen im Bewegungsablauf und vom Normalen abweichende Kontraktionsabläufe der Muskulatur erkannt werden können.

Die *Beweglichkeitsprüfung* hat für beide genannten Wirbelsäulenabschnitte zu umfassen: den Bewegungsumfang in der Sagittalebene (Vor- und Rückwärtsneigen), in der Frontalebene (Seitwärtsneigen) und in der Horizontalebene (Drehung).

Über den *Bewegungsumfang der Wirbelsäule* gibt es eine ganze Reihe von bis auf den Grad genauen radiologischen Messungen. So beträgt die radiologische Gesamtbeweglichkeit der Wirbelsäule nach BAKKE 219 Grad in der Sagittalebene, nach CHAPCHAL die klinische Gesamtbeweglichkeit 205 Grad beim Lebenden und 225 bei der Leiche. Diese genauen Gradangaben sind verwunderlich, wenn man bedenkt, wie groß die individuellen Unterschiede sein mögen. Sie besitzen vielleicht wissenschaftlich Wert, für die funktionelle Begutachtung in der Praxis jedoch nicht.

(1) Aktive Beweglichkeit der Halswirbelsäule nach der bislang geübten funktionellen Meßmethode

Bei der Prüfung der *Beweglichkeit der Halswirbelsäule* in der Sagittalebene wird der Proband aufgefordert, den Kopf so weit nach vorn und hinten zu neigen, wie es ihm möglich ist. Gemessen wird der Abstand zwischen Kinn und Jugulum in beiden Endstellungen in Zentimetern *(Abb. 20).* Die Winkelmessung mit dem *Hydrogoniometer* ist vielleicht schwieriger, bringt aber keine größere Genauigkeit. Bei der Prüfung der Beweglichkeit der Halswirbelsäule in der Frontalebene, also des Seitwärtsneigens des Kopfes ist darauf zu achten, daß der Untersuchte die Schulter nicht bewußt oder unbewußt hochzieht und damit eine bessere Beweglichkeit vortäuscht. Hier ist der Abstand Ohrläppchen – Akromioklavikulargelenk zu messen und in Zentimetern festzuhalten.

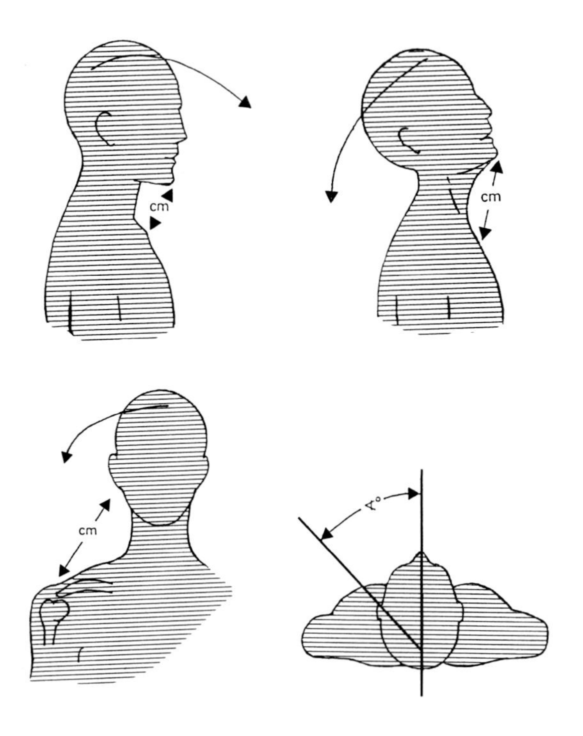

Abbildung 20

Hier ist ebenso diese Art der Messung der Winkelmessung vorzuziehen. Dies nicht zuletzt auch deswegen, weil man nicht weiß, ob der nächste Begutachter ein Hydrogoniometer oder ein ähnliches Gerät besitzt, und somit eine Vergleichbarkeit beider Gutachten nicht möglich sein könnte. Die Beweglichkeit in der Horizontalebene, also die Drehbewegung des Kopfes, ist hingegen bei gerade gehaltenem und nicht seitwärtsgeneigtem Kopf zu prüfen.

Hier ist die Angabe des maximal möglichen Bewegungsanschlages von der Mittelstellung in Winkelgraden am zweckmäßigsten. Eine Messung ist bei sitzendem Patienten von oben mit dem gewöhnlichen Winkelmesser relativ einfach.

(2) Aktive Beweglichkeit der Halswirbelsäule nach der Neutral-0-Methode

Darstellung der Messung der Rückwärtsstreckung (Extension) und Vorwärtsbeugung (Flexion) der Halswirbelsäule. Der Wert für die Extension wird zuerst notiert, der Wert für die Flexion zuletzt *(Abb. 21).*

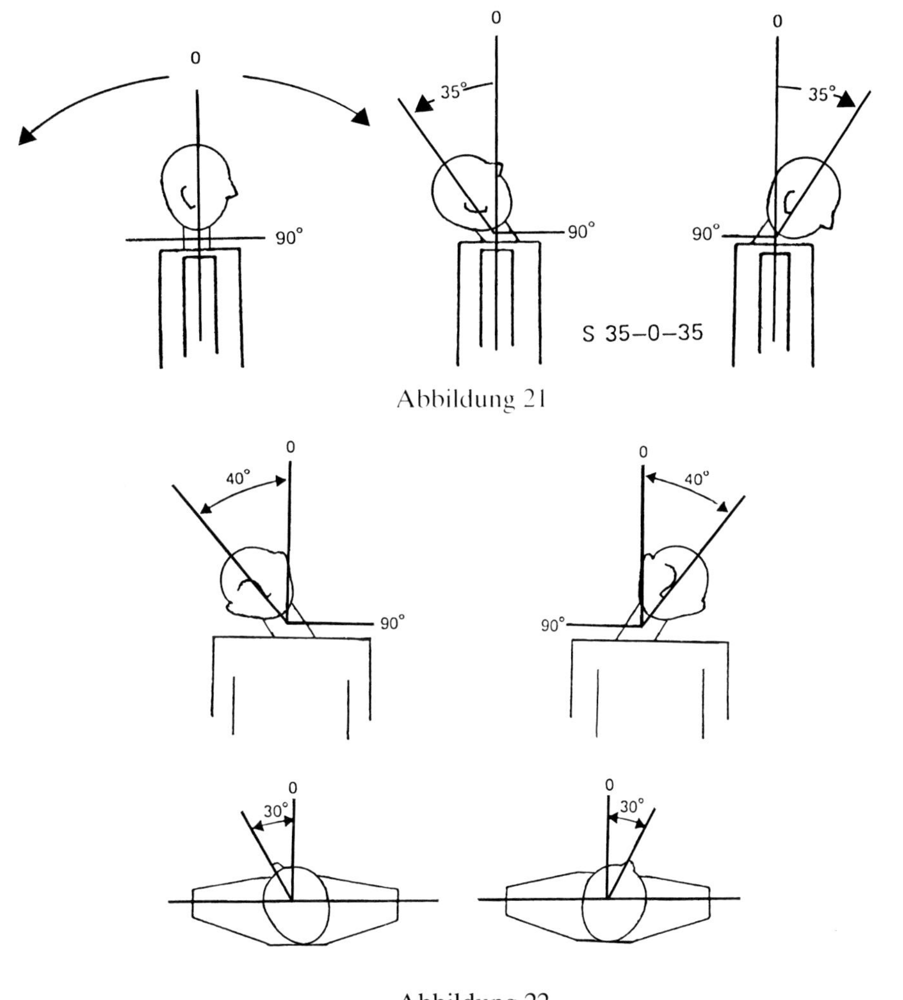

Abbildung 21

Abbildung 22

Seitliches Beugen der Halswirbelsäule: Der Wert für die Beugung nach links wird immer zuerst notiert, der Wert für die Beugung nach rechts zuletzt.

Drehung der Halswirbelsäule nach links und nach rechts *(Abb. 22)*.

(3) Aktive Beweglichkeit der Brust- und Lendenwirbelsäule nach der bislang geübten funktionellen Meßmethode

Die Beweglichkeit der Brust- und Lendenwirbelsäule wird, im Hinblick auf ihre Funktionseinheit, in einem Untersuchungsgang geprüft. Zur Untersuchung der Beweglichkeit in der Sagittalen wird der zu Untersuchende aufgefordert, im Stehen bei gestreckten Kniegelenken und senkrecht herunterhängenden Armen den Oberkörper möglichst weit vorzubeugen. In dieser Stellung werden unter Umständen Veränderungen manifest, die im Stehen noch nicht zu bemerken waren, bzw. kommt es zum Ausgleich von im Stehen bestehenden Verlaufsfehlern der Wirbelsäule. Gerade im Bereich der Brustwirbelsäule kann ein Gibbus verstärkt werden oder erst auftreten, eine Lendenlordorse kann teilweise oder ganz erhalten bleiben, eine Skoliose kann verschwinden. Desgleichen ist von Bedeutung, in welcher Art dem Untersuchten das Vorwärtsbeugen und vor allem das Wiederaufrichten gelingt, ob er sich dabei an den Oberschenkeln abstützt, den Oberkörper verdreht etc.

Gemessen wird beim Vorwärtsneigen der Abstand zwischen Fingerspitzen und Fußboden in Zentimetern (siehe dazu die vorstehenden allgemeinen Ausführungen).

Diese Untersuchung kann durch eine Prüfung des Rumpfvorwärtsneigens im Sitzen bei gestreckten Kniegelenken ergänzt werden. Ein hier besseres Ergebnis muß jedoch nicht unbedingt als Beweis für eine vorgetäuschte schlechte Beweglichkeit im Stehen gelten, da beim Sitzen die durch das Gewicht des im Stehen nach vorn gebeugten Rumpfes vorhandene Beanspruchung der Muskulatur geringer ist. (Es sei daran erinnert, daß die geschilderte Beweglichkeitsprüfung der Brust- und Lendenwirbelsäule im Stehen und im Sitzen auch der Prüfung des LASÈGUEsche Zeichens gleichkommt, daß es sich dabei jedoch auch um einen durch Dehnung der verspannten Muskulatur verursachten muskulären Pseudo-LASÈGUE handeln kann.)

Bei der Auswertung der Beweglichkeit der Brust- und Lendenwirbelsäule in der Sagittalebene muß daran gedacht werden, daß die geschilderte komplexe Bewegungsumfangmessung selbstverständlich auch die Beweglichkeit der Hüftgelenke miteinschließt. Wenn diese gut beweglich sind, wird es dem Patienten auch bei stark eingeschränkter Wirbelsäule möglich sein, mit den Fingerspitzen den Boden zu erreichen oder diesem nahe zu kommen. Auch der Abdominalumfang und das Alter überhaupt spielen selbstverständlich eine Rolle (siehe auch *Abb. 18*).

Aus diesem Grunde wird als genauere Messung nochmals empfohlen: Für die Brustwirbelsäule das OTTsche Maß, wobei die Veränderung einer in

Ruhehaltung vom 7. Halswirbeldornfortsatz nach kaudal aufgenommene Distanz von 30 cm gemessen wird. Für die Lendenwirbelsäule das SCHOBERsche Maß. Dabei wird die Veränderung einer in Ruhehaltung vom Dornfortsatz S I, dem ersten Dornfortsatz, der sich nicht mitbewegt, nach kranial aufgetragene Distanz von 10 cm gemessen. Beide Maße werden bei Vor- und Rückwärtsneigung angegeben. Diese beiden Meßmethoden sind zwar zeitaufwendiger, bieten dafür jedoch die Gewähr für eine weitgehend der Wirklichkeit entsprechende Angabe der tatsächlichen Wirbelsäulenbeweglichkeit.

Die maximale Beugungsfähigkeit der Wirbelsäule nach dorsal im Bereich der Brust- und Lendenwirbelsäule (funktionell ist sie von sekundärer Bedeutung) ist zu prüfen, doch erübrigt sich eine Messung, die nur pseudoexakt sein könnte. Die mancherorts angegebene Messung des Abstandes Okziput – Wand bei mit beiden Fersen an der Wand stehendem Untersuchtem ist nur in seltenen Fällen von Bedeutung.

Bei der Seitwärtsneigung ist der Abstand der Fingerspitzen zum Kniegelenksspalt zu messen *(Abb. 23).*

Die Rotationsfähigkeit der Brust- und Lendenwirbelsäule ist bei fixiertem Becken, also im Sitzen, zu prüfen. Man läßt den zu Untersuchenden dabei die Hand in die Seiten stützen und hat so relativ die Möglichkeit, das Bewegungsausmaß in Graden zu messen *(Abb. 23).*

(4) Aktive Beweglichkeit der Brust- und Lendenwirbelsäule nach der Neutral-0-Methode

Extension (Streckung nach hinten) und Flexion (Beugung nach vorn) der Brust- und Lendenwirbelsäule. Dargestellter Bewegungsumfang: S 25-0-30. Normaler Durchschnittswert: S 30-0-85 *(Abb. 24).*

Beugen der Brust- und Lendenwirbelsäule nach links und rechts. Meßpunkte sind die Dornfortsätze von C VII und S I. Normaler Durchschnittswert: F 30-0-30 *(Abb. 24).*

Prüfung der Drehung der Brust- und Lendenwirbelsäule. Diese Messung soll bei sitzendem Patienten durchgeführt werden. Normaler Befund: R 45-0-45 *(Abb. 25).*

Funktionelle Messungen: Mit einem biegsamen Plastik- oder Metallmeßband wird der Abstand zwischen den Dornfortsätzen von C VII und S I bei aufrechtem Stand und dann bei stärkster Beugung der Wirbelsäule gemessen. Die Zunahme des Abstandes zwischen C VII und D XII beträgt bei gesunden Erwachsenen gewöhnlich 2,5 cm, zwischen D XII und S I gewöhnlich 7,5 cm, also zusammen ungefähr 10,0 cm.

Eine weitere, sehr gebräuchliche funktionelle Messung der Wirbelsäule: Messung des Abstandes, bis zu welchem der Patient seine Fingerspitzen dem Boden nähern kann. Bei dieser Prüfung sind die Knie gestreckt zu halten.

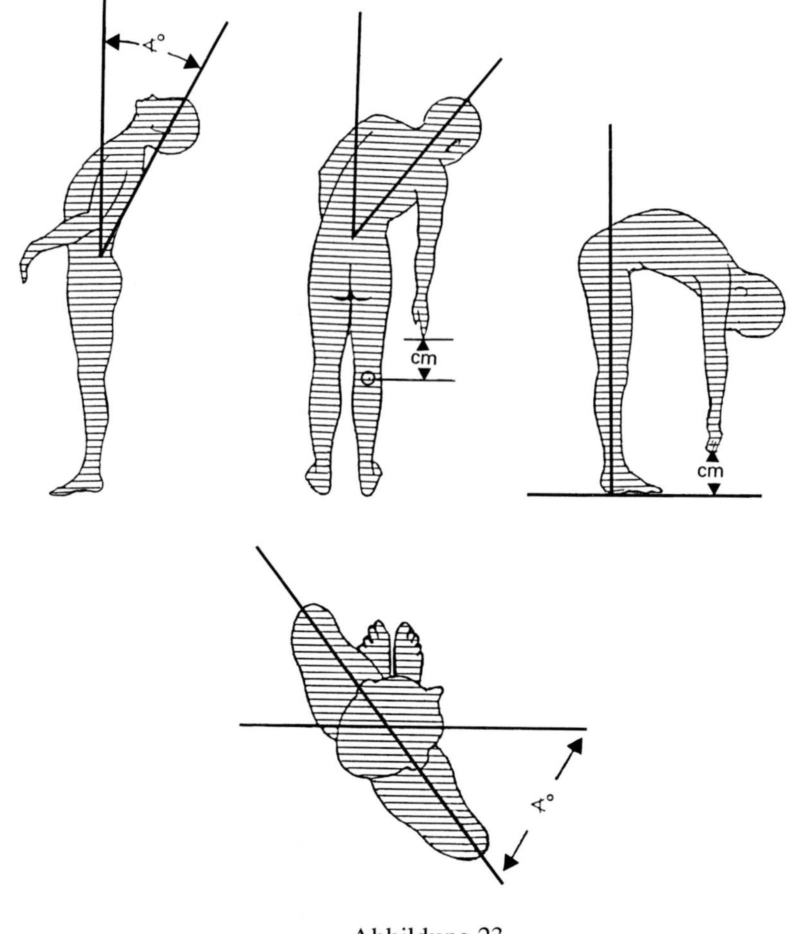

Abbildung 23

Erforderlich ist die Beschreibung *muskulärer Verspannungen* und von *Schmerzpunkten*, denn das im Bewegungsablauf gestörte Wirbelsegment ist – wenn es traumatisch geschädigt wurde – muskulär durch Hartspannbildung gekennzeichnet. (JENSEN und HUFSCHMIDT haben auf die Besonderheit der Haltungsmuskulatur hinsichtlich einer reflektorischen Tonusregelung hingewiesen.) Bei reflektorischen Dauerspasmen kann der tastende Finger typische, periostale, scharf begrenzte Punkte diagnostizieren. Dieser tiefe, segmental-periostale Druckschmerz (Provokationsschmerz) ist eine zuverlässige Methode zur Lokalisierung des gestörten Segmentes.

Bei Verletzung der Wirbelsäule, die auch das Rückenmark in Mitleidenschaft gezogen hat, ist die chirurgische Untersuchung selbstverständlich durch einen neurologische Befundung zu ergänzen.

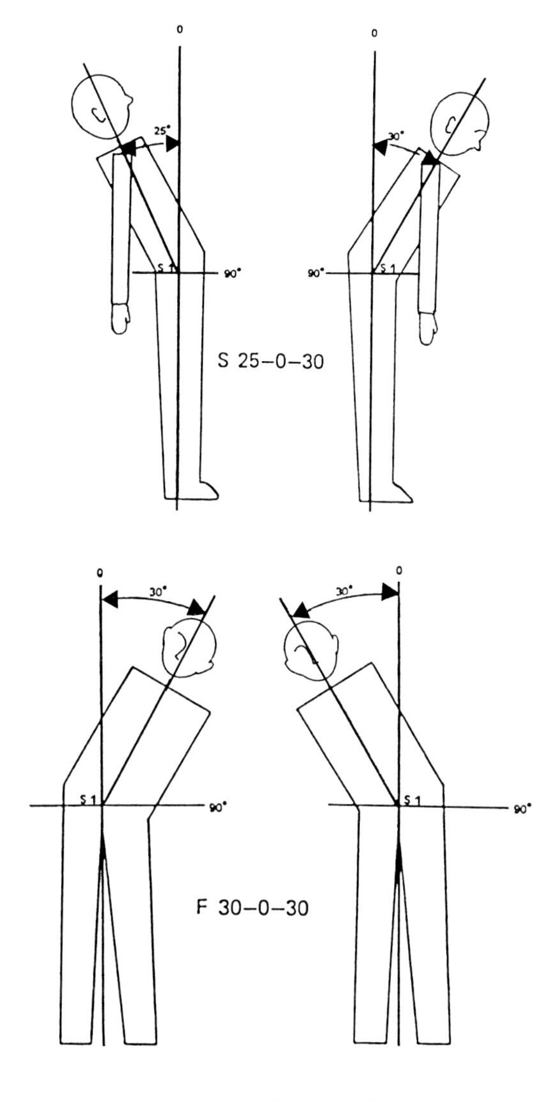

Abbildung 24

Der Druck- und Klopfschmerz über den Dornfortsätzen der Wirbelsäule und der Stauchungsschmerz vom Kopf her ist zu prüfen, ihr objektiver Aussagewert ist jedoch wie bei allen Schmerzangaben gering. Druckschmerzen außerhalb der Wirbelsäule, beispielsweise im Bereich der Lendenmuskulatur oder über den Kreuz-Darmbeingelenken, können wertvolle Hinweise für die Gesamtbeurteilung liefern.

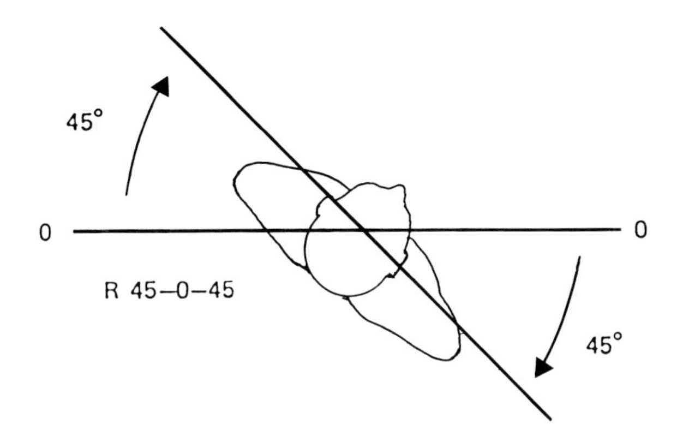

Abbildung 25

c. Die Beurteilung der Röntgenaufnahmen der Wirbelsäule

Einige Worte müssen hier noch zur Beurteilung der Röntgenbilder gesagt werden, da gerade bei der Wirbelsäule erfahrungsgemäß nicht selten eine beträchtliche Diskrepanz zwischen dem Röntgenbefund und dem klinischen Befund festzustellen ist. Schwere spondylotische und spondylarthrotische Veränderungen können symptomlos sein, manchmal als Zufallsbefund entdeckt werden, während beträchtliche klinische Störungen und Beschwerden röntgenologisch keinen faßbaren Ausdruck finden können. Dies gilt gleicherweise auch für posttraumatische Veränderungen, die manchesmal geradezu als günstiges Endergebnis eines Selbsthilfeprozesses des Organismus zu werten sind. Von einer Überbewertung des Röntgenbildes muß somit in diesem speziellen Zusammenhang neuerlich ausdrücklich gewarnt werden. Die Röntgendiagnostik ist daher nicht so problematisch wie die unerläßliche klinische Untersuchung, doch können im Zweifelsfalle aus der Verfolgung reaktiver Formveränderungen (2–6 Monate nach dem Unfall), also aus der röntgenologischen Darstellung der knöchernen Selbstheilungsmaßnahmen, Verletzungsfolgen richtig gedeutet werden.

Eine anlagemäßig bedingte *Wirbelfehlform (Keilform)* kann vom Erfahrenen durch eine röntgenologische „Verlaufsserie" eindeutig als solche erkannt und eine unfallbedingte Erniedrigung (Kompression) der Wirbelsäule somit mit Sicherheit ausgeschlossen werden. Andererseits kann eine Röntgenserie auch eine Zunahme der Keilbildung des Wirbels nach dem Unfall und damit eine Unfallkausalität eindeutig beweisen. Das Hauptziel der röntgenologischen Untersuchung der Wirbelsäule ist die Klarstellung morphologischer Einzelheiten, wobei die entsprechende Untersuchungstechnik von Region zu Region verschieden ist *(Begutachtung der verletzten Wirbelsäule, Band 40,* zusammengestellt von H. ERDMANN, *Hippokrates Verlag, Stuttgart 1968).*

Zusammengefaßt kann den „Röntgen- und Funktionsaufnahmen“ der Wirbelsäule (Fürmaier) nur bedingte und eingeschränkte Aussagekraft zuerkannt werden.

Zur diagnostischen und gutachtlichen Abklärung, ob eine Wirbelsäulenverletzung mit Stabilität oder Instabilität abgeheilt ist (Lob), sind Röntgenaufnahmen der Wirbelsäule aber dennoch von Bedeutung.

D. Brustkorb

Die Befunderhebung am Brustkorb beschränkt sich für den Chirurgen auf die durch Rippen- und Brustbeinbrüche bedingten Formveränderungen (auch Wirbelbrüche können für sich allein erhebliche Brustkorbverformungen zur Folge haben) und – eventuell nach schweren Serienrippenbrüchen – Funktionsbehinderung. Diese können durch die Messung des Brustkorbumfanges bei maximaler In- und Exspiration oberflächlich beschrieben werden. Jede weitere Beurteilung hinsichtlich der Funktion der Brustkorborgane besonders bei Verwachsungen, bei Verschwartungen und intrathorakalen Begleitverletzungen fällt in die Kompetenz des Internisten bzw. des Pulmologen.

E. Untersuchung des Fußes und Beines (Untersuchungsgang)

Zur Prüfung der unfallbedingten Funktionsausfälle im Bereich der unteren Extremität und zur Feststellung, welche Restfunktionen, gegebenenfalls nach Beistellung orthopädischer Hilfsmittel wie Prothesen, Orthesen, orthopädischen Schuhen etc. vorhanden sind, ist eine genaue und umfassende Untersuchung erforderlich.

Vor der Untersuchung ist festzustellen und festzuhalten, wie der Verunfallte zur Untersuchung kommt (ob mit Begleitperson, mit Gehhilfen, Stöcken oder Armstützkrücken, orthopädischen Behelfen etc.) und wie er mit diesem Hilfsmittel in bekleidetem Zustand geht. Diese Beobachtung ist für die tatsächliche Funktion wichtig.

Zur Untersuchung muß der Verletzte im allgemeinen beide Beine bis zur Hüfte entkleiden, da nur so alle Form- und Farbabweichungen erkannt werden können und ein Vergleich mit der gesunden Seite möglich ist. In manchen Fällen, insbesondere dann, wenn die Verkürzung eines Beines zu erwarten ist, ist eine vollständige Entkleidung des Probanden notwendig, um eine durch *Verkürzung des Beines und Beckenschiefstand hervorgerufene Verkrümmung der Wirbelsäule* festzustellen. Diese Wirbelsäulenverkrümmung kann besonders im Haftpflichtgutachten bzw. im Gutachten für das Zivilgericht wegen eines eventuellen Feststellungsbegehrens von Bedeutung sein. Die Untersuchung von Unfallfolgen im Bereich der unteren Extremität hat grundsätzlich und in jedem Fall im Gehen, im Stehen und im Liegen zu erfolgen.

Untersuchung im Gehen: Bei der Prüfung des Barfußganges ist ein eventuelles Verkürzungs- oder Schmerzhinken, eine Verkürzung der Schrittlänge und eine Verkürzung der Belastung des verletzten Beines festzustellen. Zu achten ist auch darauf, ob der Fuß in der Normalrichtung oder in Rotation aufgesetzt wird, ob der Unterschenkel im Kniegelenk wie auf der Vergleichsseite durchschwingt und der Fuß im Sprunggelenk normal abrollt. Auch die Art der Belastung der Fußsohle (etwa nur am Vorfuß, am äußeren Fußrand und auf der Ferse) ist festzuhalten. Darauf ist der Zehenballengang und der Fersengang zu prüfen, wodurch bisher unerkannt gebliebene Störungen deutlich werden können. Hinsichtlich der Hüftfunktion ergibt die Gangprüfung ein erstes eindrucksvolles Bild nicht nur durch die Inspektion der Beine, sondern auch des Beckens und der (Lenden-) Wirbelsäule.

Untersuchung im Stehen: Die Untersuchung im Stehen gibt in erster Linie Aufschluß über Störungen im Bereich der Hüftgelenke. Dazu betrachtet man den Patienten von hinten, da sich so alle Veränderungen am deutlichsten zeigen. Hier sind, wiederum vom Fuß beginnend, die Stellung des Fußes zum Unterschenkel, die Stellung des Unterschenkels zum Oberschenkel und bestehende Achsenknickung oder Verdrehungen im Bereich des Unter- oder Oberschenkels zu beschreiben. Bei der Untersuchung des oder der Hüftgelenke hat man zudem auf die Stellung des Beckens und den Verlauf der Lendenwirbelsäule zu achten. Dieser gibt Aufschluß über eventuell bestehende Kontrakturen des (der) Hüftgelenke(s). Eine Hyperlordosierung der Lendenwirbelsäule ist durch eine Neigung des Beckens nach vorn verursacht, die wiederum durch eine auch im Stehen vorhandene Beugestellung in einem oder beiden Hüftgelenken verursacht ist. Ein Beckenschiefstand kann Folge einer wirklichen oder scheinbaren Beinverkürzung sein, wobei die scheinbare Beinverkürzung (oder -verlängerung) bekanntlich Folge einer Adduktionskontraktur (oder Abduktionskontraktur) der Hüfte ist. Die funktionelle Beinverkürzung kann im Stehen durch das Unterlegen von Brettchen unter das verkürzte Bein gemessen werden *(Abb. 26)*.

Zur weiteren Untersuchung der Hüftgelenke verlängert man zuerst bei geschlossenen Fersen und Fußspitzen die Linie der senkrechten Gesäßfalte zum Boden und beschreibt die Stelle, an der sie auf den Boden trifft (z. B.: an der linken Ferse, 10 cm links der Mittellinie etc.) *(Abb. 26)*.

Die gleiche Angabe macht man bei maximal gespreizten Beinen, wobei eine Adduktionskontraktur am besten zur Darstellung kommt. Dabei ist außerdem die maximale Entfernung beider Fersen in Zentimetern anzugeben.

Schließlich ist noch der *Trendelenburgsche Versuch* durchzuführen: Der zu Untersuchende hebt zuerst das Knie der verletzten Seite, wenn möglich bis zu einem rechten Winkel im Hüftgelenk, dann der gesunden Seite. Der Versuch ist positiv (pathologisch), wenn beim Stehen auf dem verletzten Bein und Anheben des gesunden Beines der Beckenkamm der gesunden Seite sich nicht hebt, sondern absinkt *(Abb. 26)*.

Zur *Untersuchung im Stehen* gehört auch bei speziellen Fällen (z. B. nach Achillessehnenrissen) der Einbeinzehenstand, wobei man den mit dem Gesicht zum Untersucher stehenden Probanden auffordert, sich auf beide Zehenballen zu stellen. Für den Untersuchungsgang ist es zweckmäßig, wenn man den Probanden an beiden Händen oder Unterarmen faßt und unterstützt. Dann fordert man ihn auf, aus dieser Zehenballenstellung heraus das gesunde Bein anzuheben. Positives Ergebnis: Einbeinzehenstand der verletzten Seite möglich.

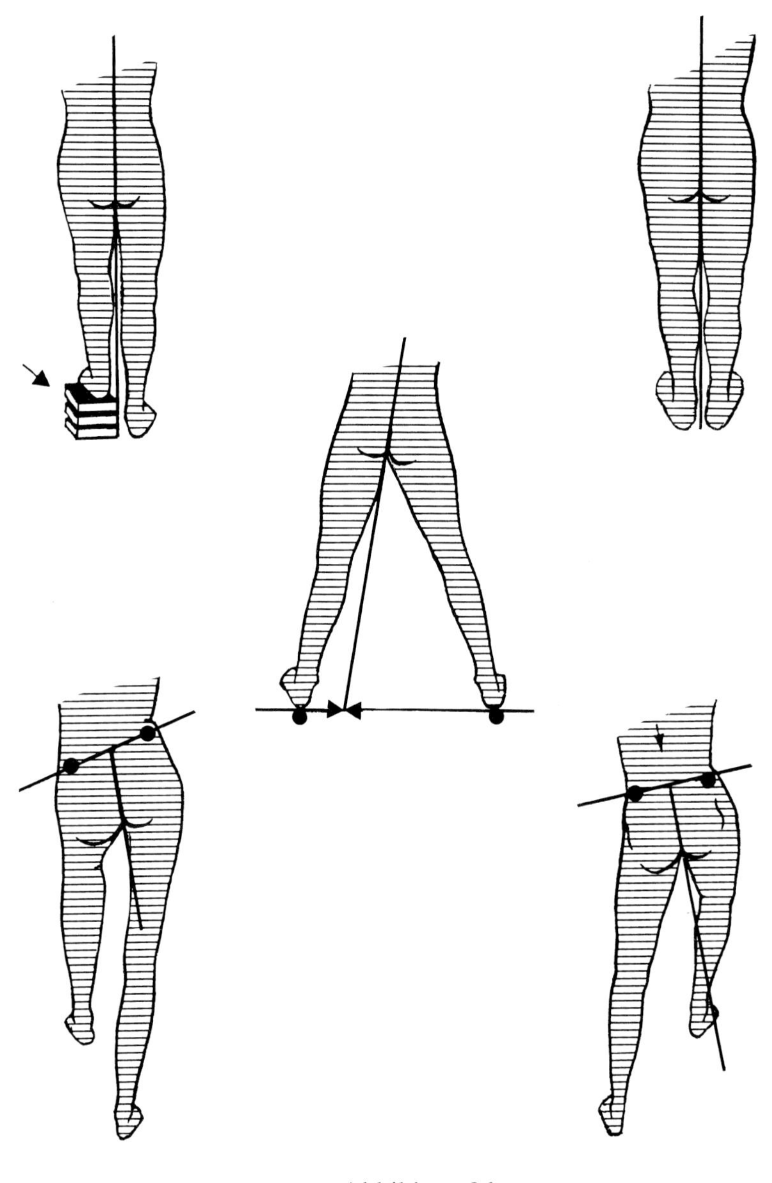

Abbildung 26

Untersuchung im Liegen: Der Patient soll dabei entspannt und mit leicht erhobenem Oberkörper liegen, wobei darauf zu achten ist, daß auch der Kopf auf der Unterlage ruht, da nur so die Entspannung vollständig ist. Wie bei der Untersuchung der oberen Extremität ist zuerst die Form und Farbe der verletzten Extremität im Vergleich zur gesunden Seite zu beschreiben. Änderungen wie Achsenknickungen am Oberschenkel oder am Unterschenkel, Verdrehungen und auffällige Verkürzungen sind im Gutachten festzuhalten. Dabei achte man besonders auf die Kniescheibe, da Verdrehungen im Unterschenkel vom Verletzten unbewußt ausgeglichen werden können. Verdrehungen im Oberschenkel sind klinisch oft schwerer zu erkennen, wenn diese Verdrehung im Hüftgelenk unbewußt korrigiert wird. In diesem Falle ist dann bei der Prüfung der Rotation im Hüftgelenk diese Verdrehung verifizierbar.

Zu beschreiben sind ferner Schwellungen, besonders im Bereich der Gelenke, wobei eine Schwellung besonders im Bereich des Unterschenkels auch eine daneben bestehende Muskelverschmächtigung maskieren kann, es fehlt in diesen Fällen jedoch die entsprechende Muskelkontur. Außerdem sind zu beschreiben die Farbe und die Hauttemperatur, die Aufschluß über die Durchblutung des verletzten Beines gibt, und es sind die Fußpulse (Puls am Fußrücken und hinter dem inneren Knöchel) zu prüfen und in Vergleich zur nicht verletzten Seite zu setzen. Vorhandene Narben, Fisteln und Weichteildefekte sind hinsichtlich ihrer Größe, Verschieblichkeit auf der Unterlage, eventueller kosmetischer Störung und Keloidbildung im Gutachten anzuführen.

Neben der Form des Fußes, Abflachung des Längs- und Quergewölbes, Verstrichensein der Fersenteile, Spitzfußbildung, Zehendeformierung und Fehlstellung wie Hallux valgus und Hammerzehenstellung, Hohlfußbildung etc. ist die Stärke der Sohlenbeschwielung im Vergleich zur unverletzten Seite ein wesentliches Einschätzungskriterium. Selbstverständlich sind bei Fußdeformitäten in gleicher oder ähnlicher Weise vorhandene Deformitäten der unverletzten Seite anzuführen, um die Unfallkausalität dieser Veränderungen anzuerkennen oder auszuschließen. Bei der Fußsohlenbeschwielung zeigt sich ferner ein atypisches Aufsetzen des Fußes, eine Fehlbelastung und eventuell auch bei atypischer Schwielung eine Fehlform. (Ein gutes Hilfsmittel ist hierzu die Verwendung eines *Podometers*, doch genügt im allgemeinen eine exakte Beschreibung.)

Am Kniegelenk ist vor allem der Zustand des Bandapparates klinisch zu untersuchen. Dabei möge man – wie bereits erwähnt – von den in jüngster Zeit üblich gewordenen Fachausdrücken wie Zohlen, Lachmann etc. absehen, da dies in einem Gutachten wohl sehr wissenschaftlich klingt, andererseits aber der dieses Gutachten verwertende Sachbearbeiter einer Versicherung oder ein Richter häufig wenig damit anfangen kann. Es ist wesentlich zweckmäßiger und hilft der Verständlichkeit des Gutachtens durch den Laien mehr, wenn man angibt, ob das Kniegelenk in Streckstellung außen und/oder innen leicht, mittelgradig oder stark locker ist, ob diese Lockerung in leichter Beugestellung stärker ist oder ob eine Schublade besteht. Man spricht dabei am besten von einer Lockerung in der Stirnebene und einer Lockerung in der Scheitelebene und muß selbstverständlich auch den Zustand der Vergleichsseite beschreiben, da anlagebedingte Lockerungen in geringem Maße vorkommen können und eine gleichseitige geringe Lockerung in der Regel nicht als unfallkausal zu werten ist. Überdies ist am Kniegelenk zu prüfen, ob ein intraartikulärer Erguß besteht, und es ist die Beweglichkeit der Kniescheibe im Vergleich zur unverletzten Seite zu beschreiben und eventuelle Reibegeräusche sind festzuhalten.

Am Sprunggelenk ist die Lockerung im Sinne einer Seitenverschiebung durch Erweiterung der Knöchelgabel (nach Knöchelbrüchen oder Zerreißung der peripheren Syndesmose) zu prüfen sowie eine Lockerung im Sinne der Supination. Gerade bei letzterer Prüfung ist auch die Prüfung der Vergleichsseite notwendig, da Lockerungen im Sinne der Supination anlagebedingt vorkommen *(Abb. 27)*.

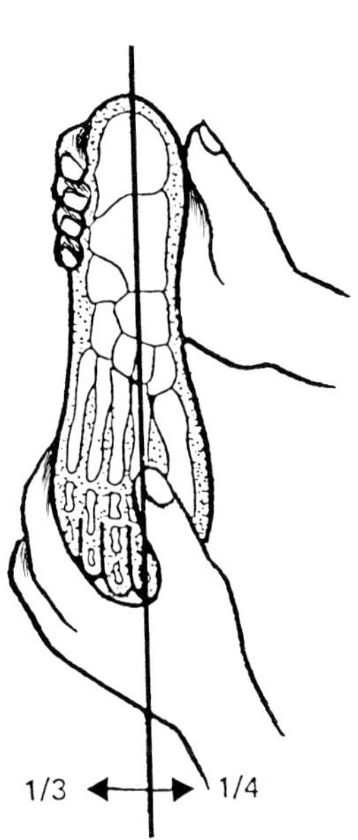

Abbildung 27

Will man einen genauen (meßbaren) Befund, müssen *gehaltene Röntgenaufnahmen* und zwar von *beiden* Kniegelenken bzw. *beiden* Sprunggelenken gemacht werden.

Die Prüfung der Beweglichkeit hat der Einheitlichkeit halber nach einem Schema zu erfolgen. Es ist äußerst mühsam, zwei Gutachten zu vergleichen, von denen das eine bei der Beweglichkeitsmessung an den Zehen, das andere an der Hüfte beginnt; gänzlich unmöglich ist ein Vergleich aber dann, wenn der Begutachter die Beweglichkeit in Graden, der andere in Bruchteilen der freien Beweglichkeit angibt. Letztere Angabe ist an und für sich unbrauchbar und hat in einem Gutachten nichts zu suchen.

Ohne ein anderes Vorgehen grundsätzlich als falsch bezeichnen zu wollen, möchten wir daher folgendes Schema vorschlagen, da es dem von den meisten Gutachtern geübten Modus entspricht und sich gut bewährt hat: *Messung der Beweglichkeit in der Reihenfolge Zehen – hinteres unteres Sprunggelenk – oberes Sprunggelenk – Kniegelenk – Hüftgelenk.* Die Messung der Beweglichkeit der Zehen sowie des hinteren unteren Sprunggelenkes wird in Bruchteilen der vollen Beweglichkeit, des oberen Sprunggelenkes, des Kniegelenkes und der Hüftbeugung und Streckung in Winkelgraden angegeben. Bei Hüftrotation hat es sich eher bewährt, ebenso wie bei der Ab- und Adduktion, Bruchteile der Vollbeweglichkeit bzw. der Beweglichkeit der Vergleichsseite anzunehmen, da bei diesen Gelenkssausschlägen die Folge der Angabe von Winkelgraden lediglich eine Pseudogenauigkeit wäre.

Es soll jedoch nicht unerwähnt bleiben, daß im Bedarfsfall sowohl die aktive als auch die passive Beweglichkeit anzuführen ist, die, wie an der oberen Extremität, besonders bei Nervenstörungen von Bedeutung ist. (Beispiel: Der Unterschied in der aktiven und passiven Beweglichkeit der Zehen und des oberen Sprunggelenkes bei Peroneusläsionen.)

Am Ende der Untersuchung der unteren Extremität steht als sehr wichtiges Detail die *Messung der Umfangmaße und der Beinlänge.*

Die Umfangmaße haben am Oberschenkel, am Kniegelenk, an der Wade und am Sprunggelenk, eventuell auch am Vorfuß zu erfolgen. Wichtig ist dabei – und das gilt besonders für den Oberschenkel –, daß die Messung an beiden Beinen in gleicher Höhe vorgenommen wird, wobei es weniger von Bedeutung ist, wieviel Zentimeter vom Gelenksspalt nach oben die Messung durchgeführt wird. Es hat sich hier folgender einfacher Trick bewährt: Man legt, wenn man links vom Untersuchten steht, die linke Hand auf den Oberschenkel, so daß die ellenseitige Handkante am oberen Rand der Kniescheibe liegt und macht mit dem Hautstift einen Strich entlang der speichenseitigen Handkante und dies beidseits. Damit hat man eine weitgehend gleiche Höhe der Messung erreicht. Am Kniegelenk ist die Messung in Höhe der Mitte der Kniescheibe durchzuführen, an der Wade in Höhe der stärksten Wadenwölbung und am Sprunggelenk in Höhe des Außen- und Innenknöchels. Die Messung der Beinlänge hat von der Spina iliaca anterior zur Spitze des Außenknöchels zu erfolgen, was bei fettleibigen Personen manchmal nicht leicht ist. In diesen Fällen kann man sich, sofern es sich um eine vermutete Verkürzung des Unterschenkels handelt, damit behelfen, daß man vom Kniegelenksspalt zur Spitze des Außenknöchels mißt.

Einen echten diagnostischen Aussagewert haben *Verkürzungen* erst um 1 Zentimeter, da von 0 bis 1 Zentimeter eine Meßfehlerbreite bzw. eine nicht selten vorhandene physiologische Beinlängendifferenz in diesem Ausmaß angenommen werden kann.

Die Messung der *Umfangmaße* ist deswegen von Bedeutung, da eine Muskelverschmächtigung als Inaktivitätsatrophie im Sinne einer noch bestehenden Funktionsstörung und damit Schonung des verletzten Beines anzusehen ist und als Bestätigung für behauptete Gangstörungen oder einen Mindergebrauch des Beines gilt. Sollte eine Streckhemmung des Kniegelenkes bestehen und das Knie auch im Liegen nicht voll gestreckt werden können, ist selbstverständlich bei der Messung darauf zu achten, daß auch das unverletzte Bein in gleicher Beugestellung wie das verletzte Bein gemessen wird.

Zur praktischen Durchführung: Die Prüfung der Beweglichkeit der Zehen muß immer gleichzeitig auf beiden Seiten erfolgen. Es fällt nämlich schwer, bei gleichzeitiger Bewegung der Zehen beider Füße eine aktive Bewegungseinschränkung der Zehen vorzutäuschen, besonders wenn der Gutachter darauf achtet und darauf drängt, daß die Zehen des gesunden Fußes in vollem Umfang bewegt werden. Einen weiteren Aufschluß über die wahren Verhältnisse ergibt die passive Prüfung.

a. Untersuchung der Beweglichkeit der Sprunggelenke und des Kniegelenkes

(1) Bislang geübte funktionelle Meßmethode

Die Beweglichkeit des hinteren unteren Sprunggelenkes läßt sich nicht aktiv prüfen, da beim Versuch der aktiven Bewegung (etwa beim Fußkreisen) nicht nur das hintere untere Sprunggelenk, sonder außer diesem auch das obere Sprunggelenk sowie die Fußwurzelgelenke bewegt werden. Es ist dies eine Parallele zur Prüfung der Schulterrotation durch den Nacken-Kreuz-Griff. Die Beweglichkeit des hinteren unteren Sprunggelenkes ist daher passiv zu prüfen, wobei der Fuß mit einer Hand an der Ferse, der Unterschenkel mit der anderen Hand knapp oberhalb des Sprunggelenkes gefaßt wird (siehe auch *Abb. 27*).

Am oberen Sprunggelenk wird mit dem Winkelmesser zuerst die Dorsal- und dann die Plantarflexion gemessen. Die Messung soll wegen der dazu notwendigen Entspannung der Wadenmuskulatur in rechtwinkeliger Beugung des Kniegelenkes erfolgen. Man muß jedoch bedenken, daß bei dieser Messung auch die Beweglichkeit im CHOPARTschen Gelenk mitgemessen wird. Man kann also auch bei versteiftem oberem Sprunggelenk unter Umständen einen gewissen Bewegungsausschlag erhalten *(Abb. 28).*

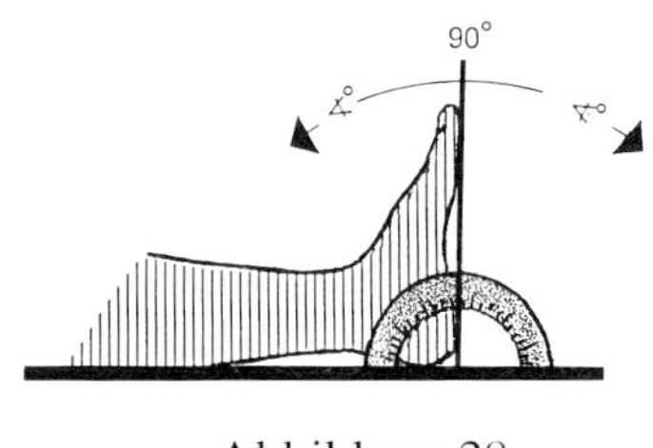

Abbildung 28

Am Kniegelenk ist die Streckung und Beugung mit dem Winkelmesser zu messen. Hier ist besonders die Tatsache zu beachten, daß die Messung mit dem Winkelmesser vielfach nicht die wahre Beweglichkeit, das heißt den Winkelausschlag der beiden das Gelenk bildenden Knochen wiedergibt, sondern daß diese Messung durch die Weichteile verfälscht wird, da man den Winkelmesser bei dieser Meßmethode nicht am Verlauf der Knochen anlegt, sondern an der Streckseite des Beines und des Unterschenkels. Schon durch die Kniescheibe wird der Winkel so verändert, daß in manchen Fällen auch bei freier Streckung 175 Grad nicht oder gerade noch erreicht werden. Auch die Beugung ist weichteilabhängig *(Abb. 29)*. Ein dicker Oberschenkel und eine kräftige Wade behindern oft die Beugung. Gerade aus diesem Grunde ist die

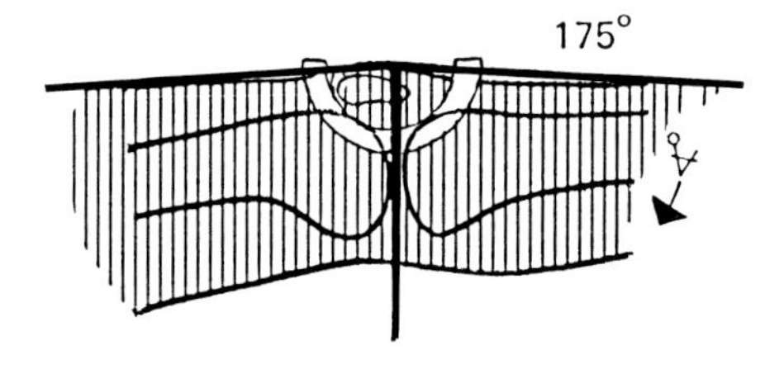

Abbildung 29

Messung der Vergleichsseite unerläßlich. Es kann ebenso vorkommen, daß bei starker Beinverschmächtigung der verletzten Seite und freier Beweglichkeit des Kniegelenkes der verletzten Seite die Beugung stärker ausfällt als auf der gesunden Seite, ein Phänomen, das auch für die Messung nach der Neutral-0-Methode gilt. Bei Überstreckung des Kniegelenkes ist der Winkelmesser umgekehrt aufzulegen und diese Überstreckung zu messen, da eine Streckung des verletzten Kniegelenkes bis 180 Grad bei Überstreckungsmöglichkeit der gesunden Seite um 20 Grad, also bis 200 Grad, bereits einen Streckausfall bedeuten kann, wenn dieser auch funktionell nicht oder kaum ins Gewicht fällt.

(2) Neutral-0-Methode

Die Beweglichkeit des unteren Sprunggelenkes wird gewöhnlich mit Brüchen geschätzt. Notierung: unteres Sprunggelenk frei; oder 2/3 frei (=1/3 behindert); oder 1/2; oder ein 1/3 frei (= 2/3 behindert); oder nur Wackelbewegungen. Bei den Wackelbewegungen ist anzugeben, ob deren Prüfung schmerzhaft ist, da dies einen Einfluß auf die Einschätzung hat.

Oberes Sprunggelenk: Ausgangs-0-Stellung ist die Rechtwinkelstellung. Die Extension wird immer zuerst, die Flexion zuletzt vermerkt. Notierung z. B.: S 15-0-30.

Eine eventuell im Kniegelenk bestehende Überstreckbarkeit wird vor der in der Mitte stehenden „0" notiert, das Ausmaß der Beugung nach der „0".

b. Beweglichkeit des Hüftgelenkes

(1) Bislang geübte funktionelle Meßmethode

Zur Prüfung der Beweglichkeit des Hüftgelenkes wird der Kopfteil des Untersuchungstisches zurückgekippt, so daß der zu Untersuchende flach liegt. Eine Beugekontraktur des Hüftgelenkes ist in dieser Lage bereits durch eine Hyperlordosierung der Lendenwirbelsäule erkennbar. Das heißt, man kann mit der Hand unter der Lendenwirbelsäule durchgreifen. Diese Hyperlordose wird durch den THOMASschen Handgriff ausgeglichen *(Abb. 30).*

Bei der *Messung der Beugung* können insofern Mißverständnisse auftreten, als der Leser des Gutachtens wissen muß, ob der Gutachter die volle Streckung mit 0 Grad oder mit 180 Grad angenommen hat, das heißt, ob beispielsweise 100 Grad eine Beugung von 10 Grad unter oder 10 Grad über dem rechten Winkel bedeuten soll. Es ist daher zweckmäßig, den in beiden Fällen unmißverständlichen rechten Winkel als Ausgangsbasis anzunehmen und etwa festzuhalten, daß das Hüftgelenk 10 Grad weniger als bis zum rechten Winkel oder 15 Grad über den rechten Winkel gebeugt werden kann.

Die *Prüfung der Rotation* erfolgt am zweckmäßigsten und womöglich in rechtwinkeliger Beugung des Hüftgelenkes, wobei der Unterschenkel den Bewegungsausschlag angibt. Es wäre hier, wie bereits erwähnt, ungenau und daher falsch, den Bewegungsausschlag in Graden anzugeben. Aus diesem Grunde muß die Außen- und Innenrotation in Bruchteilen der vollen Rotation, geprüft an der Vergleichsseite, erfolgen.

Es darf hier daran erinnert werden, daß ein Nachaußenführen des Unterschenkels die Innenrotation des Hüftgelenkes bewirkt und umgekehrt. Wo die Prüfung der Rotation im Hüftgelenk nicht bei Beugestellung prüfbar ist, weil sich die Hüfte nicht so weit beugen läßt, muß sie in Streckstellung geprüft werden, doch ist das Ergebnis dabei nicht so einwandfrei, weil beim Rotationsausschlag auch geringe Drehungen im Knie- und stärkere im Sprunggelenk mit eine Rolle spielen. Die Ab- und Adduktion im Hüftgelenk ist zweckmäßiger-

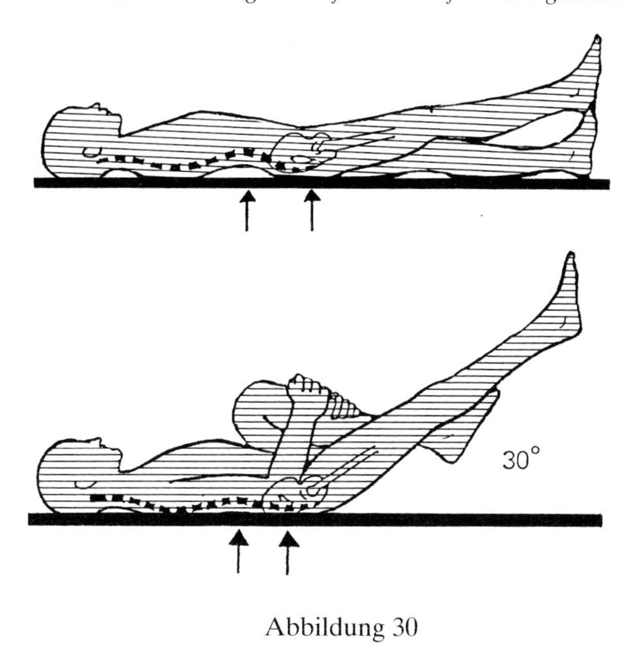

Abbildung 30

weise im Stehen zu prüfen (s. o.). Will man sie im Liegen prüfen, ist darauf zu achten, daß sich das Becken nicht mitbewegt. Auch hier ist die Beweglichkeit in Teilen vom Ganzen anzugeben *(Abb. 31)*.

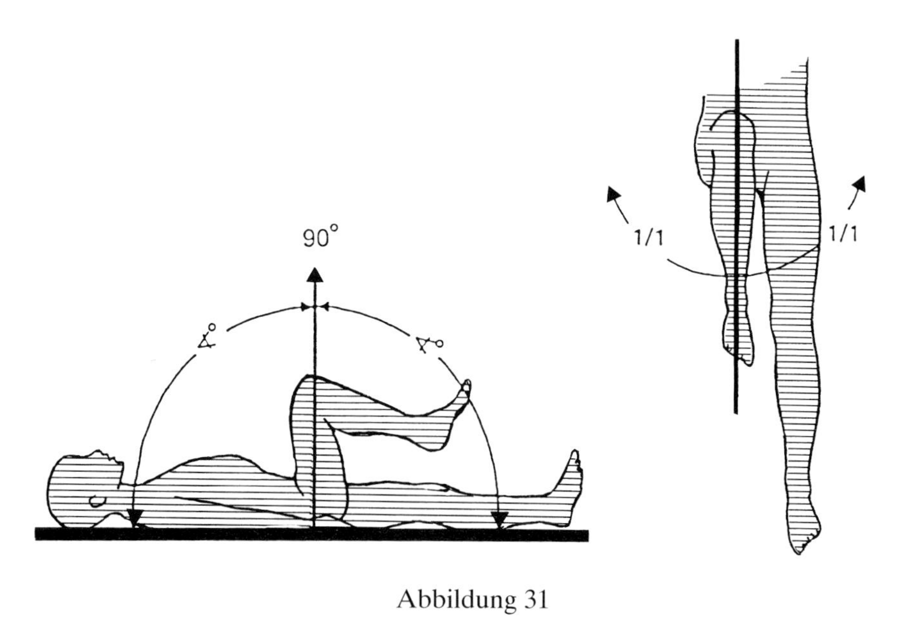

Abbildung 31

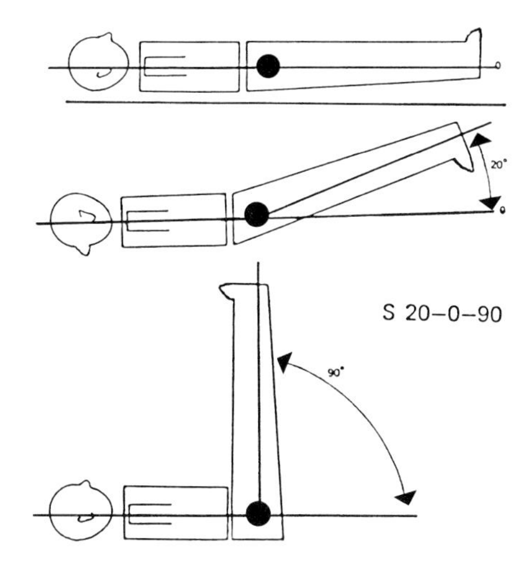

Abbildung 32

(2) Neutral-0-Methode

Prüfung der *Extension der Hüfte* in Bauchlage. Prüfung der Flexion der Hüfte in Rückenlage.

Hier abgebildeter Bewegungsumfang S 20-0-90 *(Abb. 32).*

Abduktion und Adduktion der Hüfte. Die Prüfung erfolgt in Rückenlage. Zuerst wird das Abspreizen (Abduktion), dann das Anspreizen (Adduktion) vermerkt. Beim Anspreizen muß das andere Bein aus dem Weg genommen werden *(Abb. 33).*

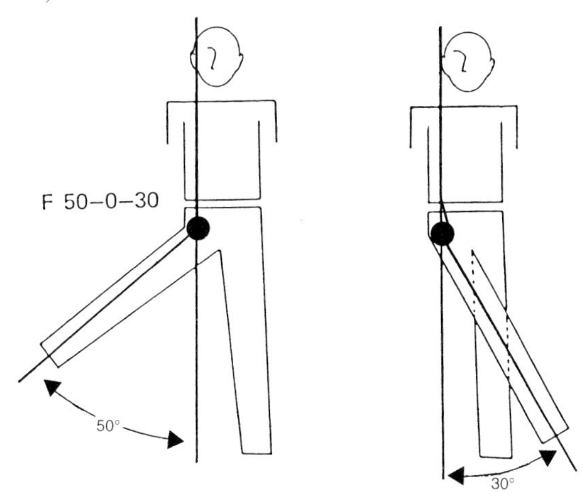

Abbildung 33

Rotation der Hüfte. Prüfung der Außen- und Innendrehung bei rechtwinkelig gebeugter Hüfte (S 90 Grad) und rechtwinkelig gebeugtem Knie im Stehen oder in Rückenlage. Als Zeiger für die Messung der Drehung dient der Unterschenkel *(Abb. 34)*.

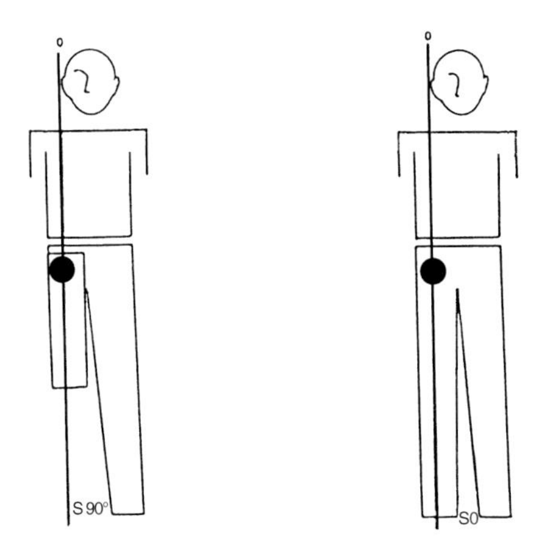

Abbildung 34

Bei Außendrehung der Hüfte bewegt sich der Unterschenkel nach innen, bei Innendrehung der Hüfte bewegt sich der Unterschenkel nach außen. Der Wert für die Außendrehung wird wie immer zuerst vermerkt, der Wert für die Innendrehung zuletzt *(Abb. 35)*.

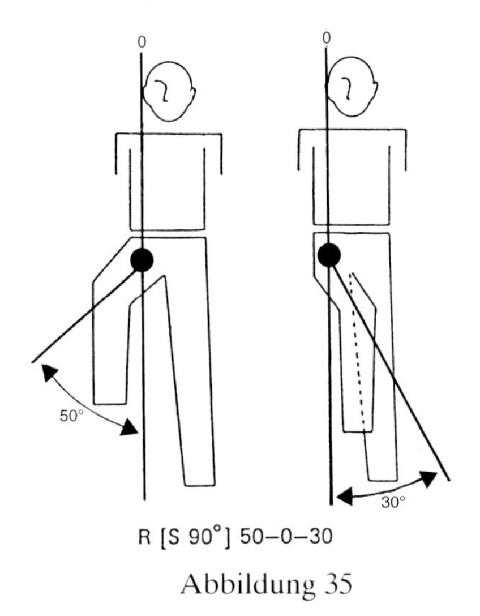

Abbildung 35

Die Prüfung der *Außen- und Innendrehung* bei gestreckter Hüfte und gestrecktem Knie in Rückenlage. Jetzt dient der Fuß als Zeiger. Er dreht sich bei Außendrehung der Hüfte nach außen und bei Innendrehung nach innen *(Abb. 36).*

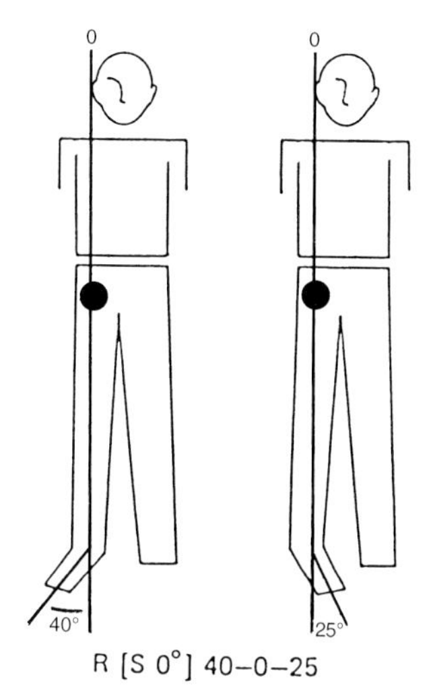

Abbildung 36

c. Schlußbemerkungen zur Messung der Beweglichkeit der Gelenke der unteren Extremitäten nach der Neutral-0-Methode

Eine behinderte *Beweglichkeit der Zehen* wird gewöhnlich nur geschätzt. Entweder notiert man: Die Beweglichkeit der Zehen oder einer bestimmten Zehe beträgt 2/3, die Hälfte oder 1/3 der normalen Beweglichkeit oder man schreibt: Die Zehen sind 1/3, 1/2 oder 2/3 behindert.

Die *Beweglichkeit des unteren Sprunggelenkes* wird gewöhnlich mit Brüchen geschätzt. Notierung: Unteres Sprunggelenk frei; oder 2/3 frei (ist 1/3 behindert); oder 1/2; oder 1/3 frei (= 2/3 behindert); oder „nur Wackelbewegungen", wobei es von gutachterlicher Bedeutung ist, ob es sich um schmerzhafte Wackelbewegungen handelt oder nicht.

Oberes Sprunggelenk: Extension 15 Grad, Plantarflexion 30 Grad; Ausgangs-0-Stellung ist die Rechtwinkelstellung. Die Extension wird immer zuerst, die Flexion zuletzt vermerkt. Notierung: S 15-0-30.

Eine eventuell im *Kniegelenk* bestehende Überstreckbarkeit wird vor der in der Mitte stehenden 0 notiert. Das Ausmaß der Beugung nach der 0. Beispiel: Das Kniegelenk kann 12 Grad überstreckt und von der 0-Ausgangsstellung weg 130 Grad gebeugt werden. Notierung S 12-0-130.

Prüfung der *Extension der Hüfte* in Bauchlage. Prüfung der Flexion der Hüfte in Rückenlage. Zur genauen Prüfung der Streckung einer Hüfte muß die andere Hüfte in Beugung gehalten werden. Man läßt z. B. mit beiden Händen das Knie der nicht auf Streckung geprüften Seite umfassen (Thomasscher Handgriff). So wird eine Beugekontraktur schon in Rückenlage erkenntlich. Bei Prüfung auf Beugung einer Hüfte muß die andere Hüfte in Streckstellung gehalten werden (Cave: Gleichzeitige Beugestellung der anderen Hüfte; durch Ausgleich einer Lordose kann nämlich eine vermehrte Hüftbeugung vorgetäuscht werden).

Die Prüfung der *Abduktion und Adduktion der Hüfte* erfolgt in Rückenlage. Zuerst wird das Abspreizen (Abduktion), dann das Anspreizen (Adduktion) vermerkt. Beim Anspreizen muß das andere Bein aus dem Weg genommen werden.

Beispiel einer Abduktionskontraktur: Das rechte Bein kann von der 0-Stellung weg 45 Grad weit abduziert werden, aber nur bis auf 10 Grad an die Neutral-0-Stellung herangebracht werden. So fehlt natürlich auch eine Abduktion von der 0-Stellung aus. Die eigentliche Ausgangsstellung in diesem Fall ist 10 Grad Abduktion, dieser Wert wird jetzt in der Mitte notiert, Notierung dieser Abduktionskontraktur: F 45-10-0.

Beispiel einer Adduktionskontraktur: Keine Abduktion von der 0-Stellung weg. Notierung F 0-0-25.

Oft werden Rotation, Abduktion und Adduktion auch mit Brüchen der normalen Beweglichkeit geschätzt (z. B. 1/3 = 2/3 behindert). Prüfung der Rotation der Hüfte, nämlich der Außen- und Innenrotation bei rechtwinkelig gebeugter Hüfte (S 90 Grad) und rechtwinkelig gebeugtem Knie im Stehen oder in Rückenlage. Als Zeiger für die Messung der Drehung dient der Unterschenkel. Bei Außendrehung der Hüfte bewegt sich der Unterschenkel nach innen, bei Innendrehung der Hüfte bewegt sich der Unterschenkel nach außen. Der Wert für die Außendrehung wird wie immer zuerst vermerkt, der Wert für die Innendrehung zuletzt. Notierung: R (S 90 Grad) 45-0-45.

Prüfung der Außen- und Innendrehung bei gestreckter Hüfte (S 0 Grad) und gestreckten Knien in Rückenlage. Jetzt dient der Fuß als Zeigepunkt. Er dreht sich bei Außendrehung der Hüfte nach außen und bei Innendrehung nach innen. R (S 0 Grad) 45-0-40.

IV. Zur Frage der Kausalität im allgemeinen und der unfallchirurgischen Kausalität im besonderen

Ganz allgemein gesehen, gibt es drei grundsätzliche Problemkreise der Kausalität. Es sind dies:
- *die medizinische Kausalität,*
- *die versicherungsrechtliche Kausalität,*
- *die gesetzliche Kausalität.*

Die *medizinische Kausalität* und ihre Beurteilung sollte dem ärztlichen Gutachter an und für sich am nächsten liegen, sie ist aber oft nicht sehr leicht zu beantworten und hat besonders für den Unerfahrenen nicht wenige Fallstricke. Ich möchte hier den primitivsten Fehler erwähnen, der trotzdem leider von manchen, besonders gutachterlich nicht erfahrenen Ärzten, die lediglich Bestätigungen ausstellen, begangen wird, daß nämlich das „Post hoc" mit dem „Propter hoc" verwechselt bzw. gleichgestellt wird. Es sind dies die Bestätigungen, in denen es heißt, daß diese oder jene Störungen oder Funktionsbehinderungen vor dem Unfall nicht bestanden hätten, jetzt aber bestehen und daher unfallkausal sind. Sicher wird dies in einer größeren Zahl der Fälle zutreffen, beileibe aber nicht immer, und gerade diese Fälle sind es dann, die zu unliebsamen Differenzen führen; besonders dann, wenn der behandelnde Arzt diese Bestätigung ausgestellt hat und der Patient sich auf den von seiner Seite aus sicher verständlichen Standpunkt stellt, der mich behandelnde Arzt muß das doch besser beurteilen können als der Gutachter, der mich nur einmal gesehen hat und der sicher auf der Seite der Versicherung steht, die sich die mir zustehende Geldleistung ersparen will.

In der Medizin entwickelte sich aus der monokausalen Betrachtung die *Konditions-* und *Konstellationspathologie* bzw. die mehrdimensionale dynamische *Relationspathologie*. Jede Krankheit hat nicht nur eine Ursache, sondern eine Fülle von exogenen Faktoren, die wieder untereinander in Beziehung stehen. Sie prägen das individuelle Krankheitsbild. Die medizinische Auffassung muß aber hinsichtlich der Kausalität dem rechtlichen Kausalbegriff angepaßt werden. Im Strafrecht gilt die *Äquivalenztheorie*, das heißt jede Teilursache verantwortet den Gesamterfolg (conditio sine qua non), im Zivilrecht die *Adäquanztheorie*, das heißt, der Verschulder haftet nur für den adäquaten Erfolg. Im Sozialrecht gilt neben der *haftungsbegründeten* und *haftungsausfüllenden Kausalität* in der Unfallversicherung die Theorie der wesentlich mitwirkenden Ursache, also nicht nur die Gelegenheitsursache oder der Auslöser, wodurch etwas schon Vorhandenes auftritt.

Es kann somit festgestellt werden, daß die Einschätzung der *Unfallkausalität* in den einzelnen Versicherungssparten grundverschieden ist. Im Allgemeinen Sozialversicherungsgesetz (ASVG) ist diese Frage durch das dort verankerte *Kausalitätsprinzip* verursacht. Es steht im Vordergrund die Frage, welche Sparte der Sozialversicherung leistungszuständig ist, und weniger die Frage, ob überhaupt jemand leistungszuständig ist. Sollten die derzeit bestehenden Tendenzen zum Wechsel vom *Kausalitätsprinzip* zum *Finalitätsprinzip* eines Tages erfolgreich sein und nur mehr das Leiden an sich (ob angeboren, erkrankungs- oder unfallbedingt) zur Debatte stehen, wird die Frage der Kausalität im Bereich des ASVG weitgehend verschwinden. Bleiben wird sie selbstverständlich in der privaten Unfallversicherung (da hier nur reine Unfallfolgen entschädigt werden können) und im Zivilprozeß, wo sie jedoch eine völlig andere Dimension hat.

Zunächst sind einige prinzipielle Vorbemerkungen zum medizinischen und juristischen Kausalitätsbegriff zu machen. Der Begriff Kausalität, der sowohl für die Bezeichnung des Elementarzusammenhanges im juristischen wie im naturwissenschaftlichen Bereich verwendet wird, besitzt nach SEITELBERGER in jedem dieser Bereiche einen jeweils verschiedenen und unvermengbaren Inhalt. Die naturwissenschaftliche Kausalität selbst ist nicht als homogener Bereich anzusehen, sondern umfaßt mindestens zwei verschiedene Kausalitätsformen, deren klare Unterscheidung für das Gerichtsverfahren bedeutende Relevanz besitzt.

Die Anwendung des Begriffes im juristischen Bereich leitet ihre Berechtigung aus der Tatsache ab, daß unter diesem Begriff eine Verknüpfung von Elementen vorgenommen wird, analog zu der, die im naturwissenschaftlichen Bereich als Verknüpfung von Ursache und Wirkung erfolgt und Voraussetzung jeder Naturbeschreibung ist. Die *juristische Kausalität*, die z. B. ein getanes Unrecht mit einer zugemessenen Unrechtsfolge verknüpft, hat somit ähnliche Funktion wie die *naturwissenschaftliche Kausalität*.

Die Akte der Zurechnung auf dem Gebiet der juristischen Kausalität erfolgen, wie SEITELBERGER ausführte, im Beziehungsraum der sogenannten Rechtsnorm. Die Rechtsnorm, gemäß welcher im Rechtssatz Tatbestände verknüpft werden, besitzt an sich keine Analogie zum Naturgesetz, denn sie ist selbst keine Aussage, mit der eine Verknüpfung von Phänomenen beschrieben wird. Sie ist vielmehr der Sinn eines im Rechtsgesetz erfüllten Aktes, mit dem eine Verknüpfung von Tatbeständen, insbesondere die von Schuld und Strafe, überhaupt erst dargestellt wird, nämlich der funktionelle Zusammenhang im Sinne der sogenannten Zurechnung nach der Terminologie von Hans KELSEN.

Bei der Betrachtung der *naturwissenschaftlichen Kausalität* müssen zwei unterschiedliche Formen von Kausalgefügen aus praktischen wie aus rationalen Gründen auseinandergehalten werden. Sie sind einerseits als *mathematisch-physikalische oder lineare Kausalität* und andererseits als *biologische oder zyklische Kausalität* zu kennzeichnen. Einer gegebenen Größe und Richtung der Startwerte sind genau definierbare Folgeereignisse eindeutig zugeordnet. Es besteht also eine lineare Verknüpfung von Ursache und Wirkung entlang einer unendlichen, aus der Vergangenheit in die Zukunft reichenden Ereignisreihe der sogenannten kausalen Ketten.

Asanger stellt dagegen – allerdings nicht als Widerspruch – fest, daß es in der Rechtssetzung und auch in der Rechtsanwendung keinen spezifisch juristischen Kausalitätsbegriff, sondern nur einen Kausalitätsbegriff, den *wertfreien Kausalitätsbegriff* gibt, daß aber zur Rechtsanwendung nicht nur die Feststellung der einzelnen Ursachen, sondern auch deren Wertung gehört. Diese sondert aus allen Ursachen einzelne aus. Wenn also gelegentlich von medizinischer und juristischer Kausalität gesprochen und damit ein verschiedenes medizinisches und juristisches Kausaldenken zum Ausdruck gebracht wird, muß dem entgegengehalten werden, daß in Wahrheit der Kausalbegriff keinen wechselnden Inhalt haben kann, je nachdem er etwa vom Mediziner oder vom Juristen verwendet wird.

Aus Gründen der besseren Verständlichkeit möchte ich in den folgenden Ausführungen die vorgenannte Reihenfolge umdrehen und zuerst auf das Schadenersatzrecht und dann noch auf die gesetzliche Unfallversicherung im Rahmen des ASVG zu sprechen kommen, wenn auch die Begutachtung im Rahmen des ASVG nicht Thema dieses Buches ist. Zum besseren allgemeinen Verständnis und auch zur Begründung eines verschiedenen Kausalitätsbegriffes bei einem und demselben Unfall, die zu Differenzen Anlaß geben könnte, kann die Grundlage des ASVG auf diesem Gebiete nicht außer acht gelassen werden.

Die Ursachenlehre des Strafrechtes entspricht nach Asanger der Naturwissenschaft am meisten, ist doch, wie bereits erwähnt, nach seiner allgemein geltenden *Bedingungs- und Äquivalenztheorie* Ursache eines strafrechtlichen Erfolges jede einzelne Bedingung, die – ohne wertende Auswahl – nicht hinweggedacht werden kann, ohne daß der Erfolg entfiele. Eine Handlung oder Unterlassung ist strafrechtlich schon relevant, wenn sie nur eine der Bedingungen des Erfolges war, also zum Beispiel dann, wenn eine leichte Körperverletzung nur deshalb zum Tode führte, weil der Verletzte an der Bluterkrankheit litt. Die Härte dieser objektiven strafrechtlichen Kausalitätsnorm wird dadurch gemildert, daß zur objektiven kausalen Beziehung die subjektive Schuld und das Bewußtsein der Rechtswidrigkeit hinzutreten müssen.

Auch das *zivile Schadenersatzrecht* bedarf eines Korrektivs, damit die Haftung für einen Schaden nicht aus ganz entfernten Bedingungen abgeleitet wird. Dazu haben, noch immer nach Asanger, Rechtslehre und Rechtssprechung die *Adäquanztheorie* entwickelt. Diese wählt unter den Einzelbedingungen des Erfolges diejenigen aus, die mit dem Erfolg in adäquatem Zusammenhang stehen, daß heißt jene, welche im allgemeinen und nicht nur unter ganz besonders eigenartigen, ganz unwahrscheinlichen und nach dem regelmäßigen Verlauf der Dinge außer Betracht zu lassenden Umständen, zur Herbeiführung des eingetretenen Erfolges geeignet waren.

Die *Adäquanztheorie des Zivilrechtes* enthält im Haftungsgrund ein generalisierendes Moment. Ein solches fehlt in der Kausalitätsnorm des Unfallversicherungsrechtes mit ihrer Wesentlichkeit der Bedingung. Dieser Unterschied wirkt sich insofern aus, als im Zivilrecht zu prüfen ist, ob ein durch unerlaubte Handlung Geschädigter nach einem von seiner Person unabhängigen generalisierenden Maßstand, also wie andere Personen im allgemeinen und unter gleichen Umständen, die Folgen bewältigen kann. Im Unfallversicherungsrecht ist der Versicherte dagegen nicht als Durchschnittsmensch, sondern stets nach seiner besonderen Persönlichkeitsstruktur so, wie er tatsächlich individuell mit seiner Belastung und Belastbarkeit beschaffen ist, rechtlich zu beurteilen.

Adäquat ist also die Bedingung, die allgemein oder erfahrungsgemäß geeignet ist, unter Berücksichtigung der gegebenen und zukünftigen Umstände nach Betrachtung eines objektiven Beurteilers den betreffenden Erfolg herbeizuführen. Nicht adäquat ist eine so entfernte Bedingung, daß sie nach Auffassung des Lebens vernünftigerweise nicht in Betracht gezogen werden kann.

In der privaten Unfallversicherung würde die Adäquanztheorie, nach den Krankheitserscheinungen Ursache im Rechtssinne sind, die durch den Unfall manifest geworden sind, weil die Anlage zu der Krankheit schon vorhanden war, den *allgemeinen Versicherungsbedingungen für die Unfallversicherung* widersprechen. Die medizinischen Basisbedingungen sind jedoch praktisch die gleichen. Der Unterschied liegt nur in der Einschätzungsgrundlage: Minderung der Erwerbsfähigkeit, Gliedertaxe, Invalidität.

Außerdem genügt in der privaten Unfallversicherung zum Unterschied zur gesetzlichen Unfallversicherung die haftungsausfüllende Kausalität. Im übrigen bestehen hinsichtlich der medizinischen Kausalität zwischen der privaten Unfallversicherung und der gesetzlichen Unfallversicherung kaum nennenswerte Unterschiede.

Hinsichtlich der Anerkennung als Unfallfolge in der privaten Unfallversicherung s. d. AUVB.

In der gesetzlichen Unfallversicherung muß das schädigende Ereignis in einem *zweifachen Kausalzusammenhang* stehen. Einmal zwischen der versicherten Tätigkeit und dem Unfallereignis als *haftungsbegründende Kausalität* und andererseits in der Verknüpfung von Unfallereignis und seinen körperlichen Folgen als *haftungsausfüllenden Kausalität.* Nach § 174 ASVG sind Arbeitsunfälle Unfälle, die sich im örtlichen, zeitlichen und ursächlichen Zusammenhang mit der die Versicherung begründenden Beschäftigung ereignen. Dazu zählen auch Unfälle auf dem Weg von der Wohnstätte zur Arbeits- oder Ausbildungsstätte bzw. von dort nach Hause oder einige weitere taxativ aufgezählte Situationen, die als Arbeitsunfälle gelten bzw. diesen gleichgesetzt sind. Dies nur zur Abrundung des Problems, da nicht selten Unfälle in der privaten Unfallversicherung auch gleichzeitig Arbeitsunfälle sind und sich hier bei der Beurteilung dann Diskrepanzen ergeben können, besonders was die Beurteilung der Kausalität betrifft.

Im allgemeinen muß darauf hingewiesen werden, daß die gesetzliche Unfallversicherung bei der Beurteilung der Kausalität insofern im Vorteil ist, als bei ihr die Möglichkeit besteht, Vorunfälle und Vorleiden durch entsprechende Recherchen (Krankenstandsauszüge etc.) feststellen zu können; es ist dies eine Möglichkeit, die der privaten Unfallversicherung verschlossen ist. Der Begutachter ist daher im Begutachtungsverfahren für die private Unfallversicherung auf die Angaben des Versicherten angewiesen und kann deren Richtigkeit nicht überprüfen. Es ist dies besonders dann von Nachteil, wenn bereits Vorunfälle oder Vorleiden bekannt sind, vom Versicherten unter Umständen auch berichtet werden, ein Vorschaden aus diesen Vorunfällen oder Vorleiden jedoch negiert wird.

Abschließend noch einige Worte zur sogenannten *„überholenden Kausalität"*. Die Tatbestände der überholenden Kausalität sind nach PRANGE und WATERMANN dadurch gekennzeichnet, daß zeitlich nach- oder nebeneinander zwei Schadensursachen auftreten, die jeweils für sich genommen, den gleichen Schaden ganz oder teilweise verursachen können. Das Problem der überholenden Kausalität, das bei Schadenersatzansprüchen im Zivilrecht von erheblicher Bedeutung ist, kommt im Unfallversicherungsrecht nur zum Zuge, wenn nach einem Arbeitsunfall ein anderes Ereignis eintritt und eine selbständige Kausalkette in Gang setzt, die auch ohne den Unfall zum gleichen Schaden geführt haben würde. Nach sozialgerichtlichen Entscheidungen ist eine Entziehung der Unfallrente in solchen Fällen dann nicht gerechtfertigt, wenn ein durch einen Unfall teilweise geschädigtes Körperglied später unabhängig von diesem Unfall völlig verlorengeht. Ein Neufestsetzen kommt nur in Frage, wenn sich die auf den Unfall kausal zurückzuführenden Schädigungsfolgen verschlechtern oder verbessern, nicht dagegen, wenn in dem Gesundheitszustand, unabhängig von der Unfallschädigung, eine Veränderung eintritt. Dieser Standpunkt entspricht dem sozialethischen Schutzgedanken der gesetzlichen Unfallversicherung.

A. Unterschiede in der gutachtlichen Beurteilung nach dem ASVG, nach den AUVB und in der Haftpflichtversicherung bzw. beim Zivilprozeß

Da es nicht selten vorkommt, daß Unfälle beurteilt werden müssen, bei denen es sich einerseits um Arbeitsunfälle, andererseits um Privatunfälle oder um im Haftpflichtprozeß zu beurteilende Unfälle handelt, und daraus für den Verunfallten verschiedene Einschätzungsrichtlinien angewendet werden müssen, sei im folgenden Kapitel auf diese Unterschiede hingewiesen. Es kommt leider nicht selten vor, daß in der Begutachtungspraxis nicht sehr erfahrene Ärzte diese Unterschiede nicht kennen und beispielsweise bei einem Unfallschadensgutachten für eine private Unfallversicherung eine Minderung der Erwerbsfähigkeit feststellen oder gar Schmerzperioden einschätzen.

Unterschiede der Einstufung der Versehrtheit nach dem ASVG und den AUVB: Nach dem ASVG wird der Grad der Versehrtheit auf der Basis der

Minderung der Erwerbsfähigkeit auf dem allgemeinen Arbeitsmarkt festgesetzt, wobei in Österreich die Rententabellen aus dem Buch „Die Unfallrente" von KRÖSL-ZRUBECKY als Einschätzungsgrundlage herangezogen werden und auch von den Sozialgerichten als Grundlage anerkannt sind. Die Dauerrente wird in der Regel erst zwei Jahre nach dem Unfall festgesetzt und ist häufig niedriger als die Ersteinschätzung, die als Anpassungs- und Übergangsrente anzusehen ist. Dieses System hat den Vorteil, daß bei Besserung oder Verschlechterung des Zustandes die Rente (mindesten ein Jahr nach einer Neufestsetzung) herabgesetzt oder erhöht werden kann. Die Renten der Kriegsopferversorgung können noch weniger zum Vergleich mit der Einschätzung für die private Unfallversicherung herangezogen werden, da es sich hier um fixe und sehr hohe Rentensätze handelt, die sich nicht nur am Zustand, sondern auch an der Diagnose orientieren. Dadurch können Invaliditätsgrade von über 100% zustande kommen, die dann durch Interpolierung herabgesetzt werden. Da diese Umstände dem Gutachter bekannt sind, bzw. bekannt sein sollten, nicht aber dem Verunfallten, ist es zweckmäßig, für ihn und seinen Anwalt in den nicht seltenen Fällen, in denen es sich auch um einen Arbeitsunfall gehandelt hat, im Gutachten dazu Stellung zu nehmen und auf die unterschiedliche Einschätzungspraxis hinzuweisen.

B. Unterschiede in der Beurteilung für die private Unfall- und Haftpflichtversicherung (Spät- und Dauerfolgen, Feststellungsbegehren)

Für die private Unfallversicherung ist nach den AUVB der Zustand einzuschätzen, wie er *zum Zeitpunkt der Begutachtung*, also in der Regel ein Jahr nach dem Unfall, besteht. Künftige Entwicklungen (posttraumatische Arthrosen etc.) sind nicht zu berücksichtigen, da keinesfalls mit Sicherheit vorausgesagt werden kann, ob und in welchem Maße sie eintreten. Wollte man also darauf warten, käme es nie zum Abschluß des Einschätzungsverfahrens und damit nie zur Zuerkennung der Entschädigung.

Anders ist es in der Haftpflichtversicherung bzw. bei Gutachten für Gerichte. Hier hat der Gutachter mögliche *Spät- und Dauerfolgen* zu vermerken oder festzustellen, daß solche nicht zu erwarten sind. Dies ist für ein eventuelles *Feststellungsbegehren* notwendig. Außerdem ist in der Haftpflichtversicherung und im Zivilgerichtsverfahren nicht nach der Gliedertaxe wie für die private Unfallversicherung einzuschätzen, sondern es ist die Invalidität zu bestimmen, wobei im Gegensatz zur Einschätzung nach dem ASVG, wo die Minderung der Erwerbsfähigkeit auf dem Allgemeinen Arbeitsmarkt festgelegt wird, auch der Beruf in die Überlegungen zur Invalidität einbezogen werden kann und soll.

Zeitpunkt der Begutachtung: Für die private Unfallversicherung ist nach den AUVB der Zeitpunkt der Begutachtung weitgehend festgelegt (s. d.).

Nach Knochenbrüchen oder anderen schweren Verletzungen, bei denen es zu Komplikationen gekommen ist, kann natürlich diese Zeit knapp werden. Andererseits ist der Versicherte häufig an einer möglichst frühzeitigen Begutachtung interessiert, um möglichst bald zu seinem Geld zu kommen. In einem solchen Fall kann der Begutachter der Versicherung mitteilen, daß eine endgültige Beurteilung des Dauerschadens noch nicht möglich ist und erst in frühestens . . . Monaten erfolgen sollte, daß aber, wenn man an einer Vorschußleistung interessiert ist, der Mindestdauerschaden . . . betragen wird. Der Begutachter muß diese Grenze jedoch so niedrig ansetzen, daß nicht die Gefahr besteht, daß der Endzustand unter diesen prognostizierten Dauerschaden sinkt, oder besser ausgedrückt, daß das Endergebnis besser ist, als die vom Gutachter angegebene Untergrenze.

V. Unfallchirurgische Zusammenhangsfragen

Bei der *versicherungsrechtlichen Kausalität* handelt es sich vor allem um die Frage, ob ein Unfall im Sinne der Versicherungsbedingungen überhaupt vorgelegen hat. Es muß nicht immer so sein, daß der Versicherte, um eine Leistung zu erlangen, die ihm nicht zusteht, falsche Angaben macht. Es ist nicht allzu selten, daß der Versicherte, bei bestehenden Beschwerden – um sein Kausalitätsbedürfnis zu befriedigen – auf ein längere Zeit zurückliegendes Ereignis stößt, das ihm die Ursache für diese Beschwerden zu sein scheint. Leider ist es aber auch – obgleich nur in seltenen Fällen – so, daß der Versicherte oder sonstwie Anspruchsberechtigte nach wohlwollender Beratung, an der (wenn auch glücklicherweise äußerst selten) leider auch Mediziner beteiligt sein können, seine ursprüngliche Version über die Herkunft seines Leidens ändert und einen Unfallhergang rekonstruiert, den es gar nicht gegeben hat. In diesen Fällen ist es äußerst zweckmäßig, sich die Anamnesen in den medizinischen Unterlagen genau anzusehen, da in der Regel die erste Anamnese der Wahrheit am nächsten kommt. Es sind dies die Fälle, in denen der Patient bei einer ersten Aufnahme angibt, daß er seit 1 bis 2 Jahren zunehmende Beschwerden in dieser oder jener Region habe, während er bei der nächsten Anamnesenerhebung bereits einen Unfall als Beginn der Beschwerden angibt und behauptet, vorher nie irgendwelche Beschwerden gehabt zu haben. Bei diesen Gelegenheiten wird dann meistens die erste Angabe als irrtümlich und unverständlich hingestellt.

Wenn auch theoretisch die Möglichkeit eines Irrtums besteht und gegeben ist, ist es Aufgabe des erfahrenen und seriösen Gutachters, hier genau zu untersuchen und den wahren Kern herauszuschälen.

Auf dem Gebiete der Unfallchirurgie gibt es einige Körperschäden, die zu Differenzen hinsichtlich der Beurteilung, ob ein Unfall im Sinne der Versicherungsbedingungen vorliegt oder nicht, führen können, es sind dies in erster Linie die Achillessehnenrisse, die Meniskusschäden, in weiterer Folge die Risse der Rektussehne, die Risse der langen Bizepssehne und selten auch die Leistenbrüche. Die Schäden der Bandscheiben der Wirbelsäule (der Diskusprolaps) werden gemeinsam mit dem neurologischen Sachverständigen abgehandelt.

A. Der Leistenbruch

Um bei dem letztgenannten Körperschaden, dem Leistenbruch, zu bleiben, ist die Entscheidung relativ einfach. Nach allgemein anerkannter Begutachtungsregel müssen drei Bedingungen vorliegen (außer einer sogenannten „weichen Leiste“, die anamnestisch selten erhebbar und verfizierbar ist). Es sind dies: das Trauma muß die Leistengegend direkt betroffen haben, es muß sich ein Bluterguß im Bereich der betroffenen Leiste gebildet haben, und es muß der Geschädigte veranlaßt gewesen sein, unmittelbar darauf wegen seiner Beschwerden einen Arzt aufzusuchen. Ein bloßes sogenanntes „Verheben" kann nicht als Unfall im Sinne der Versicherungsbedingungen anerkannt werden.

B. Der Achillessehnenriß

Wesentlich schwieriger ist schon die Entscheidung hinsichtlich des Risses der Achillessehne. Die Schwierigkeit liegt hier nicht so sehr im medizinischen Bereich, sondern in der Tatsache, daß der Versicherte einen Riß der Achillessehne sehr oft spürt oder sogar hört und ihn selbstverständlich in jedem Fall als Unfallfolge auslegt. Es ist dem Versicherten in der Regel sehr schwer klarzumachen, daß ein Riß der Achillessehne, auch wenn er spontan erfolgte, nicht als Unfall im Sinne der Versicherungsbedingungen gewertet werden kann, da ja keine Körperschädigung stattgefunden hat. Dies besonders dann, wenn, wie aus den folgenden Ausführungen hervorgeht, der Versicherte den Eindruck hat, einen Schlag gegen die Achillessehne bekommen zu haben. Tatsächlich hat er das Ereignis auch als Schlag empfunden, und der Autor kann sich an einen Fall erinnern, bei dem ein sehr prominenter österreichischer Fußballspieler einen Achillessehnenriß erlitten hat und diesen auf einen Schlag zurückführte. Nur durch Aufzeichnung des ORF von diesem Spiel konnte bewiesen werden, daß ein solcher Schlag nicht erfolgt ist, sondern der Spieler beim Laufen ohne „Feindberührung" zusammengestürzt ist. Es muß dabei, wie auch aus den folgenden Ausführungen hervorgeht, sehr eindeutig darauf hingewiesen werden, daß es sich bei der Achillessehne um eine der kräftigsten Sehnen des Körpers handelt, die durch einen Schlag nicht zerrissen werden kann, ohne daß das darüber befindliche, wesentlich verletzlichere Haut- und Unterhautzellgewebe die geringste Beschädigung aufweist.

Wenn man auch Literatur der jüngsten Zeit heranziehen will, so nenne ich hier E. Beck, der unter anderem schreibt (E. Beck: *„Die Verletzung der Wadenmuskulatur und der Achillessehne", Langenbecks Arch. Chir. 349 (Kongreßbericht 1979)*: Die größte Bedeutung kommt den Achillessehnenrissen zu. Daß bei Zugbelastung der Einheit Muskel-Sehne-Knochen gerade die Sehne am häufigsten reißt, ist wohl darauf zurückzuführen, daß sehr häufig degenerative Veränderungen der Achillessehne nachweisbar sind. Es kann aber auch eine gesunde Achillessehne reißen, wie zum Beispiel beim Schisport, wenn die kinetische Energie, die auf die Achillessehne einwirkt, die Reißfestigkeit der Achillessehne übersteigt. Als Prodromalstadium findet man nicht selten eine Achillodynie, bei der neben den Veränderungen des paratendinösen Gewebes auch kleine Sehnennekrosen, Blutungen, Mikrorisse und deren Ausheilungsstadien im Achillessehnengewebe gefunden werden; die dann in die Achillessehne verabreichten Kortikosteroide können den Riß begünstigen. Eine Achillessehne kann aber auch durch ein Minimaltrauma, ohne erkennbares Prodromalstadium, reißen. Die histologische Untersuchung zeigt dann schwere, degenerative Veränderungen. Eigene Untersuchungen in den zuletzt operierten Fällen haben diese degenerativen Veränderungen nur auf der gerissenen Seite nachweisen lassen, während Probeexzisionen aus der unverletzten Achillessehne der anderen Seite einen normalen Befund ergaben. Die Untersuchungen sprechen auch dafür, daß der Grund für eine degenerative Veränderung eine Minderdurchblutung der Sehne in einer Höhe von 4 – 6 cm oberhalb ihres Ansatzes, der gleichzeitig auch schwächsten Stelle, sein dürfte.

Im Aufsatz *„Vergleichende histologische Untersuchungen bei Achillessehnenrupturen", erschienen in „Sportverletzungen und Sportschäden" auf Grund des 10. Internationalen Symposiums über spezielle Fragen der orthopädischen Chirurgie 1982* schreiben E. Beck und G. Breitfellner unter anderem: . . . Das Maß der degenerativen Veränderung ist dafür verantwortlich, ob ein geringes oder ein erhebliches Trauma nötig ist, um eine Achillessehne zu zerreißen. Durch ein erhebliches Trauma, wie ein Schisturz kann auch die gesunde Achillessehne reißen. Zum Riß einer stark degenerativ veränderten Achillessehne genügt ein Bagatelltrauma, wie der Start zum Sprint. Es ist allerdings bemerkenswert, daß in jenen 2 Fällen, in denen wir keine degenerativen Veränderungen gefunden hatten, ein Bagatelltrauma zum Riß der Sehne geführt hat. Allerdings kann auch hier die Biopsie zufällig aus einer nicht veränderten Stelle entnommen worden sein.

In der *Zeitschrift für Allgemeinmedizin Nr. 56/1980* schreibt E. Beck unter anderen: . . . Es ist aber zu betonen, daß die Reißfestigkeit der Sehne, unabhängig von degenerativen Veränderungen, mit zunehmendem Alter abnimmt. 60% aller Sehnenrupturen sind Folge von degenerativen Veränderungen. Wahrscheinlich dürfte die Sehnendegeneration Folge von ischämischen Störungen sein, weil beim forcierten Training das Angebot an Blutversorgung kleiner als das Erfordernis ist. Man findet daher als Prodrome sehr häufig sogenannte „Peritendinitiden", die aber meist degenerative Veränderungen dieser Sehne mit konsekutiven Mikrorissen und deren Ausheilungsstadien sind. Ein typisches Beispiel dafür ist die *Achillodynie*. Beschwerden im Sinne der Achillodynie dürfen nicht mit Kortikosteroiden behandelt werden, weil es sonst zu einer Störung der Ausheilung von Mikrorissen und nicht selten im Anschluß an solche Injektionen zu spontanen Sehnenrissen kommt.

Anzuerkennen sind Extremsituationen, beispielsweise der Sturz nach vorn beim Schifahren, wobei sich die Bindung nicht gelöst hat.

Immer unfallkausal sind Abrisse der Achillessehne vom Tuber calcanei und Ausrisse aus dem Muskel.

C. Der Meniskusriß bzw. der Meniskusschaden

Der in der Überschrift zusätzlich genannte „Meniskusschaden" wurde deshalb erwähnt, da er als Folge einer bestimmten beruflichen Beanspruchung entstehen kann, wobei allerdings entsprechende Kriterien maßgebend sind. Da der Meniskusschaden als Berufskrankheit aber nur für die gesetzliche

Unfallversicherung von Bedeutung ist, wird er hier nicht mehr weiter behandelt.

Die Frage der Kausalität des Meniskusrisses spielt eigentlich nur in der privaten Unfallversicherung eine Rolle, ganz selten wird diese Frage in der Haftpflichtversicherung oder im Zivilprozeß auftauchen. Er kann unter Umständen als Unfall im Sinne der Versicherungsbedingungen (AUVB) anerkannt werden, wenn das geschilderte Ereignis imstande war, auch einen gesunden Meniskus zu schädigen. Hier ist es die Aufgabe des Gutachters, die Anamnese sehr genau zu erheben und auch als Ergänzung des vom Verletzten geschilderten Ereignisses Unterlagen heranzuziehen. Es kommt nicht allzu selten vor, daß die Angaben des Versicherten anläßlich der Begutachtung von den Angaben differieren, die in der Unfallanzeige oder in der Krankengeschichte dokumentiert sind. Mit längerem Abstand vom Ereignis kann sich dabei die Schilderung des Vorganges nicht unwesentlich in Richtung auf einen als Unfall zu wertenden Vorgang ändern, obwohl in der ersten Angabe (beispielsweise in der Krankengeschichte oder auf der Ambulanzkarte) ein ganz anderer Hergang geschildert wurde.

Dem Autor ist beispielsweise ein kürzliches Gutachten in Erinnerung, bei dem in der Krankengeschichte als „Unfallhergang" angegeben wurde: „Beim Hinuntergehen über die Stiege plötzlich einen Stich im linken Knie verspürt." Bei der Begutachtung wurde berichtet, daß dies nicht stimme, sondern daß er beim Gehen mit dem Fuß in einem Loch hängengeblieben sei und dadurch zu Sturz kam, wobei er sich bei fixiertem Fuß den Oberkörper und damit den Oberschenkel im Kniegelenk nach außen verdrehte.

Die erste Version würde zu einer Ablehnung, die zweite zu einer Anerkennung als Unfallfolge führen. Jedenfalls muß man schon den ersten Angaben einen großen Wahrheitsgehalt zumessen, da diese Angaben unter dem frischen Eindruck des Ereignisses erfolgten und Kenntnisse zur Unfallsanerkennung im Sinne der AUVB schon recht verbreitet sind. Allerdings muß eine differierende spätere Angabe nicht unbedingt eine Unwahrheit darstellen, wie auch der Wahrheitsgehalt der Angaben in der Krankengeschichte nicht unbedingt verbürgt ist. Erschwerend sind auf jeden Fall Kurzatteste von behandelnden Ärzten bzw. Hausärzten, auf denen geschrieben steht, daß es sich um eine Unfallfolge handelt, da der Patient vorher keinerlei Beschwerden im betreffenden Kniegelenk hatte.

Im Falle eines nicht als Unfallfolge zu wertenden Ereignisses kann diese Bestätigung auf Unkenntnis des das Attest ausstellenden Arztes zurückzuführen sein, der mangels einschlägiger Fachkenntnis oder gutachtlicher Unterrichtung über den Unterschied zwischen „post hoc" und „propter hoc" nicht informiert ist – oder, was leider hier und in auch anderen Fällen immer wieder zu beobachten ist, es handelt sich um Gefälligkeitsbestätigungen, mit denen der Arzt seinem Patienten gegen die „reiche Versicherung" helfen möchte und damit seine selbstverständliche Pflicht der Hilfe für den Patienten auf dem kurativen Gebiet auch darüber hinaus aufrechterhält.

KRÖMER, der sich sehr eingehend mit den Meniskusschäden und Meniskusverletzungen befaßt hat, veröffentlichte schon vor 50 Jahren grundlegende Arbeiten über die histologischen Veränderungen des Meniskus und die daraus zu beurteilende Unfallkausalität. Nach einem von ihm aufgestellten Schema unterscheidet er sehr genau zwischen dem verletzungsbedingten und dem durch Abnützung bedingten Meniskusschaden, der sogenannten Meniskopathie.

KRÖMER teilt die Meniskusschäden folgendermaßen ein:

1) *Traumatische Meniskusschäden:*
   a) einzeitig traumatische, unfallbedingte Meniskusverletzung (selten),
   b) mehrzeitig traumatische, unfallbedingte Meniskusverletzung (häufig),
2) *Meniskusschäden („Meniskopathie") durch berufliche Überbeanspruchung (Arbeitsschäden, Berufskrankheit),*
3) *Meniskusschäden („Meniskopathie") aufgrund abnormer degenerativer Veränderungen durch persönliche Disposition (Spontanschaden, Meniskuslösung).*

Die einzeitige, traumatische, unfallbedingte Meniskusverletzung wird von ihm als selten bezeichnet. Es trifft dies vornehmlich auf die isolierten Meniskusverletzungen zu. Es gibt aber auch Meniskusverletzungen, die kombiniert mit Kapselbandverletzungen des Kniegelenkes (Seitenbandverletzungen, Kreuzbandverletzungen) vorkommen. In diesen Fällen, bei denen selbstverständlich die Meniskusverletzung nur eine Begleitverletzung ist und die Hauptverletzung der Bandriß oder die Bandrisse darstellt, sind diese ein Beweis dafür, daß ein schweres Trauma auf das Kniegelenk eingewirkt hat, bei dem auch ein gesunder Meniskus geschädigt werden kann, wobei die Frage des Vorschadens des Meniskus nicht mehr von Bedeutung ist.

Die von KRÖMER als häufiger bezeichnete mehrzeitig traumatische, unfallbedingte Meniskusverletzung ist, nach Ansicht von POIGENFÜRST, fast immer das Resultat einer verschleppten Erstdiagnose. Wenn sich aus der Vorgeschichte ein entsprechender Unfall ableiten läßt, wird auch die Anerkennung dieser Meniskusschäden keine Schwierigkeiten bereiten. Wie POIGENFÜRST weiter feststellt, entsteht die allergrößte Gruppe der Meniskusschäden, deren Unfallkausalität abzulehnen ist, durch ein nicht-adäquates Trauma aufgrund abnormer degenerativer Veränderungen bei bestehender Disposition. Diese Disposition kann in einer atypischen Form des Meniskus (zum Beispiel Scheibenmeniskus), in einer abweichenden Struktur des Meniskus (zum Beispiel bei Tumoren des Meniskus) oder in einer abnormen Belastung des Meniskus (z. B. bei Achsenabweichungen wie Genu varum oder Genu valgum) bestehen. Allerdings steht nach wie vor die Meniskusdegeneration im Vordergrund.

BENNETT, WAINE und BAUER haben bereits 1942 die degenerativen Veränderungen einer großen Zahl von Kniegelenken mikroskopisch untersucht. Dabei zeigte es sich, daß schon ab dem zweiten Lebensjahrzehnt Zahl und Ausmaß der gefundenen Knorpelschäden in allen Teilen des Gelenkes zunehmen. Die altersmäßigen Abnützungsvorgänge beginnen mit einer Auflockerung der Interzellularsubstanz und führen über feintropfige Fettablagerung in den Zellen zu einer fettigen Degeneration der Kittsubstanz um die Fasern. Die altersmäßigen Veränderungen des Meniskus verursachen üblicherweise keine Symptome, sondern erst weitere degenerative Prozesse. Es wäre der Beurteilung der Unfallkausalität sehr dienlich, bei der Operation von Meniskusrissen histologische Untersuchungen des entfernten Knorpels durchzuführen. Leider ist dies ebenso wie bei den Achillessehnenrissen nur sehr selten der Fall. Überdies ist die Aussagekraft einer histologischen Untersuchung zeitlich beschränkt. POIGENFÜRST gibt an, daß vier bis fünf Monate nach dem Unfall der histologische Befund bedeutungslos sei, andere Autoren nehmen einen noch kürzeren Zeitraum an.

Die Beschränkung der histologischen Aussagemöglichkeit auf diesen Zeitraum läßt es, wie POIGENFÜRST fordert, wünschenswert erscheinen, jeden Meniskusschaden möglichst rasch festzustellen. Dies betrifft vor allem jene Knieverletzungen, bei denen zunächst scheinbar kein schwerer Schaden vorliegt.

Zusammenfassend kann gesagt werden, daß auch die Beurteilung der Unfallkausalität einer Meniskusverletzung sehr schwierig ist, sofern es sich um eine isolierte Meniskusverletzung und nicht eine kombinierte Verletzung des Kniegelenkes handelt. Im Zweifel anzuerkennen sind Meniskusverletzungen, die beispielsweise bei Schistürzen entstehen, bei denen sich die Schibindung nicht löst, da bei einem solchen Sturz doch große scherende Gewalten auf das Kniegelenk einwirken können. Ebenso alle Hergänge, bei denen es zu einer Verdrehung des Oberschenkels gegen den Unterschenkel, meistens bei Sturz infolge Fixierung des Fußes und damit Verdrehung des Körpers bzw. des Oberschenkels gegen den Unterschenkel im Kniegelenk kommt und bei allen sonstigen schwerer Polytraumen, da hierbei ein adäquates Trauma auf das Kniegelenk nicht ausgeschlossen werden kann. Alle anderen, zu Meniskusschäden führenden Vorgänge sind genau zu überprüfen und zwar anhand des geschilderten und vor allem auch des dokumentierten Herganges, anhand der Vorgeschichte vor dem angeschuldigten Ereignis und eventuell auch anhand eines vorliegenden histologischen Befundes mit den bereits erwähnten Einschränkungen.

D. Die Zerreißungen der Rektussehne und des Ligamentum patellae proprium

Diese an und für sich glücklicherweise sehr seltene Verletzung des großen Streckapparates am Bein ist nur in den seltensten Fällen unfallkausal. Sie ist es immer dann, wenn bei der Rektussehne eine Knochenlamelle vom zentralen, bei der Kniescheibensehne vom peripheren Pol der Kniescheibe mit der Sehne oder mit dem Band abreißt. Es entspricht dies der Beurteilung des Achillessehnenabrisses vom Ansatz am Fersenbein und ist in diesen Fällen durch direktes Trauma auf das Kniegelenk hervorgerufen.

Schon Lorenz Böhler hat sich mit der Kausalitätsfrage dieser Verletzung befaßt und schreibt im zweiten Band über *„Die Technik der Knochenbruchbehandlung“* u. a.: In der Regel ist nicht nur die Rektussehne, sondern auch der Vastus medialis und lateralis breit eingerissen und bei Rissen des Kniescheibenbandes der Reservestreckapparat auf beiden Seiten. Risse der Rektussehne und des Ligamentum patellae proprium haben wir nur bei Männern gefunden. Jene mit Riß der Rektussehne waren meist über 40 Jahre alt und zeigten gewöhnlich einen pyknischen Habitus. „Ich habe sie meistens bei Wirten und Pfarrern gesehen“. Jene mit Rissen des Ligamentum patellae proprium waren meist jünger. Bei der histologischen Untersuchung findet man gewöhnlich eine Degeneration des Sehnengewebes ähnlich wie bei Achillessehnenrissen.

Es ist in der Tat auch so, daß diese Risse zu einem plötzlichen Einknicken durch Verlust der Streckfunktion führen und damit zum Sturz, wobei vom Betroffenen der Sturz dann als Unfallursache angesehen wird. Auch gleichzeitig beidseitige Risse kommen vor.

Eine genaue Anamneseerhebung ist in diesen wie auch in vielen anderen Fällen von größter Wichtigkeit, wenngleich nicht immer möglich. Leider werden auch sehr selten bei der Operation Proben zur feingeweblichen Untersuchung entnommen, da der Operateur meistens an der Kausalität nicht interessiert ist, sondern lediglich an der Heilung des Risses. Dies gilt leider auch in gleichem Maße für die Meniskusverletzungen und die Zerreißungen der Achillessehne oder der langen Bizepssehne.

Laut E. Beck (zit. „Zeitschrift für Allgemeinmedizin“, 1980 unter dem Titel „Muskel-, Sehnen- und Bandverletzungen beim Sport“) treten diese Risse selten auf. Häufig werden sie bei Geräteturnern gesehen. Sie betreffen meist ältere Sportler, und nicht selten ist eine degenerative Vorschädigung nachweisbar.

E. Bizepssehnenrisse

Bei den Rissen der Bizepssehne unterscheidet man den der kurzen Bizepssehne und den der langen Bizepssehne. Während der Bizepssehnenriß im Ellbogenbereich, also am peripheren Ansatz nahe dem Speichenköpfchen mit Verschleißprozessen praktisch nie etwas zu tun hat und ein Riß der kurzen Bizepssehne in der Regel traumatisch bedingt ist, wobei eine plötzliche unerwartete Dehnung des kontrahierten Muskels den Ausschlag gibt und die Kraft dabei indirekt auf den Unterarm einwirkt, ist die unfallbedingte Ruptur der langen Bizepssehne äußerst selten. Sie ist auch die häufigste Form mit 94% gegenüber 3% der peripheren Sehne und 1% der kurzen proximalen Sehne.

Wie Klatnek beschreibt, handelt es sich beim oberen Riß der langen Bizepssehne um das Endergebnis degenerativer Veränderungen im Bereich der Sehnengleitrinne zwischen großem und kleinem Tuberkulum des Oberarmkopfes. Es kommt meist ohne Trauma im Rahmen normaler beruflicher Tätigkeit zu Spontanrissen, die vom Patienten oft zuerst gar nicht bemerkt werden und meistens gar nicht zur Arbeitsunterbrechung führen, da eine ernstliche Behinderung nicht besteht. Manchmal kommt es auch zum Durchscheuern der langen proximalen Bizepssehne an einem arthrotischen Randwulst der Gelenkspfanne. Nach KLATNEK werden meist Männer jenseits der vierziger Jahre davon betroffen.

So auch E. BECK (zit. *„Zeitschrift für Allgemeinmedizin", 1980 unter dem Titel „Muskel-, Sehnen- und Bandverletzungen im Sport"*): Die distalen Risse (der Bizepssehne) sind weit seltener und zeigen meist keine degenerativen Vorschäden, während die proximalen Risse immer Folge von degenerativen Veränderungen im Sulcus intertubercularis sind. Diese Verletzungen sind vor allem beim Tennissport, Ringen, Gewichtheben, Rudern, Werfen, Stoßen und Geräteturnen zu finden. Klinisch erkennt man die typische Delle am Oberarm und unter ihr eine verstärkte Muskelvorwölbung.

Klinisch findet sich das typische Tieferstehen des Bizepsbauches, besonders beim Anspannen des Bizepsmuskels, eine funktionelle Störung fehlt meist, wenn man von einer geringen Kraftminderung absieht.

F. Risse der langen Daumenstrecksehne

Diese sind in der Regel keine direkte Unfallfolge, sondern indirekte Folge eines Speichenbruches loco typico. Bei schon leichter Verschiebung kann sich die Sehne an der Kante (meist des peripheren) Bruchstückes durchscheuern und irgendeinmal ohne Trauma reißen. In einem solchen Fall handelt es sich aber um eine indirekte Folge des Speichenbruches, sie ist gutachtlich in die Beurteilung einzubeziehen (private Unfallversicherung Dauerschaden, Haftpflichtversicherung und Zivilgerichtsverfahren zusätzliche Schmerzperioden durch Operation etc.).

Hinsichtlich der Spontanrisse ohne Fract. rad. l. t.: Laut E. BECK (zit. *„Zeitschrift für Allgemeinmedizin", 1980 unter dem Titel „Muskel-, Sehnen- und Bandverletzungen beim Sport"*) kommen diese vor allem beim Werfen und Stoßen vor. Auch hier ist eine degenerative Veränderung der Sehnen nachweisbar, so daß eine direkte Sehnennaht meist nicht möglich ist.

VI. Bewertung der Unfallfolgen in der privaten Unfallversicherung

Für den für die private Unfallversicherung tätigen Gutachter ist es unerläßlich, die Versicherungsbedingungen zu kennen, doch ist es leider nicht so, daß diese bei allen privaten Unfallversicherungen gleich sind. Aus verständlichen Gründen der Konkurrenz bieten einzelne Versicherungen unterschiedliche Leistungen an und erkennen beispielsweise Ereignisse als Unfallfolge an, die andere Versicherungen wieder nicht in ihren Versicherungsbedingungen anführen.

Der Verband der Versicherungsunternehmungen Österreichs hat aber einvernehmlich Rahmenbedingungen geschaffen, die sozusagen die Untergrenze, die Basis, darstellen, über die die eine oder andere Versicherung hinausgehen kann.

Dies betrifft jedenfalls nicht so sehr die für den Gutachter wichtige Gliedertaxe, wobei daran erinnert werden muß, daß diese Gliedertaxe, wie auch später noch einmal ausgeführt, nur für Totalverluste gelten kann. Der Gutachter wird daher gut daran tun, bei seiner Einschätzung der Armwert- oder Beinwertminderung immer vom *gesamten Armwert oder Beinwert* auszugehen, da sich eine Verletzung in der Peripherie auf die gesamte betroffene Extremität auswirkt. Als Beispiel sei genannt, daß ein Knöchelbruch nicht mit einem Prozentsatz bis zum Knie eingeschätzt werden kann, da in der Regel als Unfallfolge das gesamte Bein betroffen wird (Gangstörung, Muskelverschmächtigung des gesamten Beines im Sinne einer Inaktivitätsatrophie als Ausdruck einer noch bestehenden Funktionsstörung und damit Schonung des betreffenden Beines etc.). Gutachter, die nicht ständig für eine bestimmte Versicherung tätig sind, sollten daher bei ihrer Einschätzung immer angeben, daß ihre Armwert- oder Beinwertminderung von der gesamten Extremität also vom gesamten Armwert oder vom gesamten Beinwert zu berechnen ist.

Grundsätzlich ist hier neuerlich daran zu erinnern, daß die Bewertung der Unfallfolgen in der privaten Unfallversicherung von der Bewertung in der Haftpflichtversicherung, im Zivilgerichtsverfahren, aber selbstverständlich auch in der gesetzlichen Unfallversicherung oder in der Invalidenversicherung grundsätzlich abweicht. Diese Abweichung zeigt sich insofern, als nach den AUVB, die für die Bewertung der Unfallfolgen in der privaten Unfallversicherung maßgebend sind, die sogenannte *„Gliedertaxe"* als Einschätzungsgrundlage heranzuziehen ist. Damit unterscheidet sie sich von der Haftpflichtversicherung bzw. vom Zivilgerichtsverfahren, wo die Invalidität eingeschätzt wird, und von der gesetzlichen Unfallversicherung, wo als Einschätzungsgrundlage die Minderung der Erwerbsfähigkeit auf dem allgemeinen Arbeitsmarkt heranzuziehen ist, und von den Invalidenversicherungen, wo es fixe Sätze gibt, die ebenfalls weit von den genannten Einschätzungskriterien abweichen.

Da es nicht selten vorkommt, daß ein Versicherter einen Unfall erleidet, der gleichzeitig als Arbeitsunfall anerkannt ist oder der gleichzeitig von einer Haftpflichtversicherung zu entschädigen ist, ist es unbedingt notwendig, daß in diesen Fällen nach der Einschätzung für die private Unfallversicherung vom Gutachter festgehalten wird, daß der Versicherte bereits für eine andere Sparte begutachtet wurde, oder eine solche Begutachtung bevorsteht. Nach der Einschätzung für die private Unfallversicherung ist festzuhalten, worin die Unterschiede bestehen. Ich verwende dazu in der Regel einen Stehsatz folgenden Inhaltes: „. . . der Unfall wurde von der . . . Versicherung als Arbeitsunfall anerkannt, und . . . erhält laut vorgewiesenem (oder dem Akt beiliegendem) Bescheid eine Rente in Höhe von . . . Prozent der Vollrente. Ein Vergleich mit dieser Einschätzung ist aber nicht möglich, da in der gesetzlichen Unfallversicherung der Unfallschaden auf der Basis der Minderung der Erwerbsfähigkeit auf dem allgemeinen Arbeitsmarkt festgesetzt wird, während in der privaten Unfallversicherung nach Extremitätenverletzungen die Gliedertaxe als Einschätzungsgrundlage heranzuziehen ist.“ Ich halte dies für sehr wichtig, da nicht alle Anwälte über diese Umstände informiert sind und es daher vorkommen könnte, daß der Versicherte in ein für ihn aussichtsloses Verfahren gegen die private Unfallversicherung getrieben wird, nach dessen (zu erwartendem) negativem Ausgang der Versicherte aber zeit seines Lebens glaubt, ungerecht beurteilt worden zu sein.

Es ist überdies zweckmäßig, sich mit Einschätzungen durch andere Gutachter, manchmal nur auf einem Rezeptformular des Hausarztes, auseinanderzusetzen. Es ist verständlich, daß der Versicherte dem Hausarzt mehr glaubt als dem Begutachter, da er tatsächlich der Ansicht ist, der Hausarzt habe ihn ja behandelt und gesehen und könne daher besser über seinen Zustand urteilen als ein Gutachter, der ihn nur einmal untersucht hat, wobei er überdies der Meinung ist, der Gutachter stehe auf Seite der Versicherung und habe ihn nicht objektiv beurteilt. Bei großen Diskrepanzen pflege ich in solchen Fällen die auswärtige Einschätzung mit der Tabelle der Behinderungsgrade zu vergleichen, um festzustellen, daß der Zustand des Versicherten doch wesentlich besser ist, als die genannten Beispiele.

Zur Gliedertaxe ist zu sagen, daß diese nicht so interpretiert werden darf, wie es manchmal geschieht – nicht nur von seiten des Versicherten, sondern noch viel häufiger von seiten der Versicherung. Wie bereits ausgeführt, wird beispielsweise nach Bruch eines Außenknöchels manchmal gewünscht, anzugeben, ob diese Beinwertminderung sich auf das Bein bis zum Kniegelenk oder auf die ganze untere Extremität bezieht, da viele der Meinung sind, ein Bruch des Außenknöchels könne sich nur auf den Wert des Fußes oder maximal des Beines bis zum Kniegelenk beziehen.

Ich bin da anderer Meinung, da sich auch ein Bruch im Bereich des Sprunggelenkes auf das gesamte Bein (Gangstörung, Muskelverschmächtigung bis in die Oberschenkelmuskulatur infolge Schonung des Beines und daraus resultierende Inaktivitätsatrophie etc.) auswirkt. Ich gehe daher auch in der Tabelle der Grade der Funktionsstörung oder Gebrauchswertminderung (s. S. 175) immer vom *vollen Beinwert* aus, empfehle aber bei Versicherungen, die mit dem betreffenden Gutachter noch nicht lange zusammenarbeiten und dies nicht wissen, jeweils z. B. anzuführen: „. . . Verminderung des Beinwertes links um 20% vom vollen Beinwert". Man entspricht damit eigentlich auch der Diktion in der Gliedertaxe, wo es heißt: „Bei vollständigem Verlust oder vollständiger Gebrauchsunfähigkeit . . .".

Wesentlich ist – und das soll hier nochmals betont werden –, daß die Einschätzung dem Zustand entspricht, wie er zum Zeitpunkt der Begutachtung besteht bzw. zum Zeitpunkt, der in den AUVB (s. d.) festgelegt ist. Spätere unfallkausale Verschlimmerungen, eventuell durch arthrotische Veränderungen etc. können zum Unterschied vom Haftpflichtgutachten bzw. vom Zivilgerichtsverfahren, wo ein Feststellungsbegehren möglich ist, nicht berücksichtigt werden. Dies hat seinen guten Grund darin, daß der Gutachter zum Zeitpunkt der in den AUVB festgelegten Begutachtung ja gar nicht feststellen kann, ob und wann solche Veränderungen sicher eintreten werden, ob sie der Versicherte überhaupt erlebt und ob nicht akausale Gründe für Verschlimmerungen von Unfallfolgen eine Rolle spielen. Es könnte daher niemals zu einem Abschluß des Versicherungsverfahrens kommen, was ja weder im Interesse des Versicherten noch der Versicherung liegen würde. Es ist allerdings möglich, daß durch auftretende Komplikationen und einen langwierigen Heilungs- und Behandlungsverlauf die Behandlung zu dem in den AUVB vorgesehenen Zeitpunkt der Begutachtung dieser noch nicht abgeschlossen ist oder der Abschluß erst kurze Zeit zurückliegt. In diesem Fall soll sich der Gutachter nicht scheuen, festzustellen, daß zum derzeitigen Zeitpunkt der unfallbedingte Dauerschaden noch nicht absehbar ist und daß man mit einer endgültigen Beurteilung noch etwa ein halbes Jahr oder ein Jahr warten sollte. Der Versicherte und die Versicherung sehen dies ein. Allerdings wird mancher Versicherte gerne eine Akontierung sehen, und auch die Versicherungen sind in der Regel dazu bereit. Es ist daher, wie bereits erwähnt, zweckmäßig, daß in einem solchen Fall der Gutachter feststellt, daß, sollte an eine Akontierung gedacht werden, als Mindestdauerschaden eine Beinwertminderung von soundso vielen % zu erwarten sein wird. Allerdings muß der Gutachter hier sehr vorsichtig sein und die Latte nicht zu hoch legen, damit er bei der endgültigen Beurteilung nicht feststellen muß, daß der Zustand schlußendlich besser ist, als er von ihm als Untergrenze prognostiziert wurde.

A. Die prozentuelle Einschätzung der Unfallfolgen in der privaten Unfallversicherung

Grundsätzlich ist festzuhalten, daß der Gutachter bei der Einschätzung der Unfallfolgen für die private Unfallversicherung frei ist. Es gibt keine verpflichtenden Richtlinien wie beispielsweise bei der Begutachtung für das

KOVG oder die AUVA. Trotzdem sollte man sich grosso modo an gewisse Richtlinien halten, damit es nicht für den Versicherten eine Frage des Glücks oder des Pechs ist, welcher Arzt ihn begutachtet. Es käme dann auch nicht zu jenen abenteuerlichen Einschätzungen, denen wir in unserer jahrzehntelangen Begutachtungstätigkeit begegnet sind und die dazu führen, daß es zu Differenzen zwischen dem Geschädigten und der Versicherung bzw. dem Gutachter kommt. Auf der anderen Seite ist es eine Erfahrungstatsache, daß man sich um 5% mehr oder weniger nicht streiten kann, da es sich bei der Medizin nicht um eine exakte Wissenschaft und bei der Begutachtung auch nicht um eine mathematisch exakt berechenbare Einstufung handeln kann. Bereits Allgemeingut ist glücklicherweise geworden, daß Einschätzungen nur in Sprüngen von 5% (Ausnahmen 33 1/3 und 66 2/3) getroffen werden.

B. Allgemeine Bedingungen für die Unfallversicherung (AUVB 1988)*

ALLGEMEINE BEDINGUNGEN FÜR DIE UNFALL-VERSICHERUNG (AUVB 1988)

INHALTSVERZEICHNIS

*) Zum Zeitpunkt der Abfassung des Buches letzte Fassung.

Abschnitt E: SONSTIGE VERTRAGSBESTIMMUNGEN

Was gilt als Versicherungsperiode?	Art. 22:	Versicherungsperiode, Vertragsdauer
Unter welchen Voraussetzungen und wann kann der Versicherungsvertrag gekündigt werden? Wann erlischt der Versicherungsvertrag ohne Kündigung?	Art. 23:	Kündigung, Erlöschen des Vertrages
Wem steht die Ausübung der Rechte aus dem Versicherungsvertrag zu, wer hat die Pflichten aus dem Versicherungsvertrag zu erfüllen?	Art. 24:	Rechtsstellung der am Vertrag beteiligten Personen
Wo können Ansprüche aus dem Versicherungsvertrag gerichtlich geltend gemacht werden?	Art. 25:	Gerichtsstand
Wie sind Erklärungen abzugeben?	Art. 26:	Form der Erklärungen

Anhang:

Die in den Bedingungen zitierten Bestimmungen des Versicherungsvertragsgesetzes 1958 (Vers VG); Rententafel.

ABSCHNITT A: VERSICHERUNGSSCHUTZ

Artikel 1

Gegenstand der Versicherung

Der Versicherer bietet Versicherungsschutz, wenn dem Versicherten ein Unfall zustößt. Die Leistungen, die versichert werden können, ergeben sich aus Abschnitt B. Aus der Polizze ist ersichtlich, welche Leistungen und Versicherungssummen vereinbart sind.

Artikel 2

Versicherungsfall

Versicherungsfall ist der Eintritt eines Unfalles (Art. 6).

Artikel 3

Örtlicher Geltungsbereich

Die Versicherung gilt auf der ganzen Erde.

Artikel 4

Zeitlicher Geltungsbereich

Versichert sind Unfälle, die während der Wirksamkeit des Versicherungsschutzes (Laufzeit des Versicherungsvertrages unter Beachtung der §§ 38 und 39 VersVG) eingetreten sind.

Artikel 5

Beginn des Versicherungsschutzes, vorläufige Deckung

1. Beginn des Versicherungsschutzes
   Der Versicherungsschutz wird mit der Einlösung der Polizze (Art. 19), jedoch nicht vor dem vereinbarten Versicherungsbeginn wirksam. Wird die Polizze erst danach ausgehändigt, dann aber die Prämie unverzüglich gezahlt, ist Versicherungsschutz ab dem vereinbarten Versicherungsbeginn gegeben.
2. Vorläufige Deckung
   Soll der Versicherungsschutz vor der Einlösung der Polizze beginnen (vorläufige

Deckung), ist eine besondere Zusage der vorläufigen Deckung durch den Versicherer erforderlich. Sie endet mit der Aushändigung der Polizze.
Der Versicherer ist berechtigt, die vorläufige Deckung mit einer Frist von einer Woche schriftlich zu kündigen. Dem Versicherer gebührt in diesem Fall die auf die Zeit des Versicherungsschutzes entfallende Prämie.

Artikel 6
Begriff des Unfalles

1. Unfall ist ein vom Willen des Versicherten unabhängiges Ereignis, das plötzlich von außen mechanisch oder chemisch auf seinen Körper einwirkt und eine körperliche Schädigung oder den Tod nach sich zieht.
2. Als Unfall gelten auch folgende vom Willen des Versicherten unabhängige Ereignisse
   - Ertrinken;
   - Verbrennungen, Verbrühungen, Einwirkungen von Blitzschlag oder elektrischem Strom;
   - Einatmen von Gasen oder Dämpfen, Einnehmen von giftigen oder ätzenden Stoffen, es sei denn, daß diese Einwirkungen allmählich erfolgen;
   - Verrenkungen von Gliedern sowie Zerrungen und Zerreißungen von an Gliedmaßen und an der Wirbelsäule befindlichen Muskeln, Sehnen, Bändern und Kapseln infolge plötzlicher Abweichung vom geplanten Bewegungsablauf.
3. Krankheiten gelten nicht als Unfälle, übertragbare Krankheiten auch nicht als Unfallfolgen. Dies gilt nicht für Kinderlähmung und die durch Zeckenbiß übertragene Frühsommer-Meningoencephalitis im Rahmen der Bestimmungen des Art. 12 sowie für Wundstarrkrampf und Tollwut, verursacht durch einen Unfall gemäß Pkt. 1.
4. Der Versicherungsschutz bezieht sich auch auf Unfälle des Versicherten als Fluggast in Motorflugzeugen, welche für die Verwendungsart Personenbeförderung zugelassen sind.
   Als Fluggast gilt, wer weder mit dem Betrieb des Luftfahrzeuges in ursächlichem Zusammenhang steht oder Besatzungsmitglied ist, noch mittels des Luftfahrzeuges eine berufliche Betätigung ausübt.

ABSCHNITT B: VERSICHERUNGSLEISTUNGEN

Artikel 7
Dauernde Invalidität

1. Ergibt sich innerhalb eines Jahres vom Unfalltag an gerechnet, daß als Folge des Unfalles eine dauernde Invalidität zurückbleibt, wird aus der hiefür versicherten Summe der dem Grade der Invalidität entsprechende Betrag gezahlt.
2. Für die Bemessung des Invaliditätsgrades gilt folgende Bestimmung :

2.1 bei völligem Verlust oder völliger Funktionsunfähigkeit

eines Armes ab Schultergelenk	70%
eines Armes bis oberhalb des Ellenbogengelenkes	65%
eines Armes unterhalb des Ellenbogengelenkes oder einer Hand	60%
eines Daumens	20%
eines Zeigefingers	10%
eines anderen Fingers	5%
eines Beines bis über die Mitte des Oberschenkels	70%
eines Beines bis zur Mitte des Oberschenkels	60%
eines Beines bis zur Mitte des Unterschenkels oder eines Fußes	50%

einer großen Zehe 5%
einer anderen Zehe 2%
der Sehkraft beider Augen 100%
der Sehkraft eines Auges 35%
sofern die Sehkraft des anderen Auges vor Eintritt des Versicherungsfalles bereits verloren war 65%
des Gehörs beider Ohren 60%
des Gehörs eines Ohres 15%
sofern jedoch das Gehör des anderen Ohres vor Eintritt des Versicherungsfalles bereits verloren war 45%
des Geruchsinnes 10%
des Geschmacksinnes 5%

2.2 Bei teilweisem Verlust oder teilweiser Funktionsunfähigkeit der vorgenannten Körperteile oder Organe werden die Sätze des Pkt. 2.1 anteilig angewendet.
Bei Funktionseinschränkungen von Armen oder Beinen ist der Satz für die gesamte Extremität anteilig anzuwenden.

3. Läßt sich der Invaliditätsgrad nach Pkt. 2. nicht bestimmen, ist maßgebend, inwieweit die körperliche oder geistige Funktionsfähigkeit nach medizinischen Gesichtspunkten beeinträchtigt wurde.
4. Mehrere sich aus den Punkten 2. und 3. ergebende Prozentsätze werden zusammengerechnet. Die Versicherungsleistung ist jedoch mit 100% der versicherten Summe begrenzt.
5. Im ersten Jahr nach dem Unfall wird eine Invaliditätsleistung nur erbracht, wenn Art und Umfang der Unfallfolgen aus ärztlicher Sicht eindeutig feststehen.
6. Steht der Grad der dauernden Invalidität nicht eindeutig fest, sind sowohl der Versicherte als auch der Versicherer berechtigt, den Invaliditätsgrad jährlich bis vier Jahre ab dem Unfalltag ärztlich neu bemessen zu lassen, und zwar ab zwei Jahren nach dem Unfalltag auch durch die Ärztekommission.
Ergibt in einem solchen Falle die endgültige Bemessung eine höhere Invaliditätsleistung als der Versicherer bereits erbracht hat, so ist der Mehrbetrag ab Fälligkeit des Vorschusses (Art. 14, Pkt. 2.) mit 4% jährlich zu verzinsen.
7. Stirbt der Versicherte

7.1 unfallbedingt innerhalb eines Jahres nach dem Unfall, besteht kein Anspruch auf Invaliditätsleistung;

7.2 aus unfallfremder Ursache innerhalb eines Jahres nach dem Unfall, ist nach dem Grad der dauernden Invalidität zu leisten, mit dem aufgrund der zuletzt erstellten ärztlichen Befunde zu rechnen gewesen wäre;

7.3 unfallbedingt oder aus unfallfremder Ursache später als ein Jahr nach dem Unfall, ist ebenfalls nach dem Grad der dauernden Invalidität zu leisten, mit dem aufgrund der zuletzt erstellten ärztlichen Befunde zu rechnen gewesen wäre.

8. Hatte der Versicherte am Unfalltag das 75. Lebensjahr bereits vollendet, tritt anstelle der Kapitalzahlung eine Rente, die nach der im Anhang beigedruckten Rententafel unter Zugrundelegung des vom Versicherten am Unfalltag vollendeten Lebensjahres zu bemessen ist.
Barwert dieser Rente ist jener Betrag, der bei Kapitalzahlung zu erbringen wäre.
Steht die Leistungspflicht des Versicherers dem Grunde und der Höhe nach fest, beginnt die Rentenleistung rückwirkend mit dem Monatsersten, der dem Unfalltag folgt. Sie endet mit Schluß des Kalendermonats, in dem der Versicherte stirbt.

Artikel 8

Todesfall

1. Tritt innerhalb eines Jahres vom Unfalltag an gerechnet der Tod als Folge des Unfalles ein, wird die für den Todesfall versicherte Summe gezahlt.
2. Auf die Todesfalleistung werden nur Zahlungen, die für dauernde Invalidität aus demselben Ereignis geleistet worden sind, angerechnet. Einen Mehrbetrag an Leistung für dauernde Invalidität kann der Versicherer nicht zurückverlangen.
3. Für Personen unter 15 Jahren werden im Rahmen der Versicherungssumme nur die aufgewendeten angemessenen Begräbniskosten ersetzt.

Artikel 9

Taggeld

Taggeld wird bei dauernder oder vorübergehender Invalidität für die Dauer der vollständigen Arbeitsunfähigkeit im Beruf oder in der Beschäftigung des Versicherten für längstens 365 Tage innerhalb von 2Jahren ab dem Unfalltag gezahlt.

Artikel 10

Spitalgeld

1. Spitalgeld wird für jeden Kalendertag, an dem sich der Versicherte wegen eines Versicherungsfalles in medizinisch notwendiger stationärer Heilbehandlung befindet, längstens für 365 Tage innerhalb von 2 Jahren ab dem Unfalltag gezahlt.
2. Als Spitäler gelten Krankenanstalten und Sanatorien, die sanitätsbehördlich genehmigt sind, unter ständiger ärztlicher Leitung und Betreuung stehen und sich nicht auf die Anwendung bestimmter Behandlungsmethoden beschränken, sowie Rehabilitationszentren der Sozialversicherungsträger, Werksspitäler und Krankenreviere der Exekutive.
3. Nicht als Spitäler gelten z. B. Heil- und Pflegeanstalten für Lungenkranke sowie für unheilbar chronisch Erkrankte, Erholungs- und Genesungsheime, Altersheime und deren Krankenabteilungen sowie Kuranstalten, ferner Heil- und Pflegeanstalten für Nerven- und Geisteskranke.

Artikel 11

Unfallkosten

Bis zur Höhe der hiefür vereinbarten Versicherungssumme werden Unfallkosten ersetzt, sofern sie innerhalb von 2 Jahren vom Unfalltag an gerechnet entstehen und soweit nicht von einem Sozialversicherungsträger Ersatz zu leisten ist oder von einem sonstigen Leistungsträger Ersatz geleistet wurde.

Unfallkosten sind:

1. Heilkosten,
   die zur Behebung der Unfallfolgen aufgewendet wurden und nach ärztlicher Verordnung notwendig waren. Hiezu zählen auch die notwendigen Kosten des Verletztentransportes, der erstmaligen Anschaffung künstlicher Gliedmaßen und eines Zahnersatzes sowie anderer, nach ärztlichem Ermessen erforderlicher erstmaliger Anschaffungen.
   Kosten für Bade-, Erholungsreisen und -aufenthalte, ferner Kosten der Reparatur oder der Wiederbeschaffung eines Zahnersatzes, künstlicher Gliedmaßen oder sonstiger künstlicher Behelfe werden nicht ersetzt.
2. Bergungskosten,
   die notwendig werden, wenn der Versicherte

2.1 einen Unfall erlitten hat oder in Berg- oder Wassernot geraten ist und verletzt oder unverletzt geborgen werden muß;
2.2 durch einen Unfall oder infolge Berg- oder Wassernot den Tod erleidet und seine Bergung erfolgen muß.
Bergungskosten sind die nachgewiesenen Kosten des Suchens nach dem Versicherten und seines Transportes bis zur nächsten befahrbaren Straße oder bis zu dem Unfallort nächstgelegenen Spital.
3. Rückholkosten,
das sind die unfallbedingten Kosten des ärztlich empfohlenen Verletztentransportes des außerhalb seines Wohnortes verunfallten Versicherten von der Unfallstelle bzw. dem Krankenhaus, in welches der Versicherte nach dem Unfall gebracht wurde, an seinen Wohnort bzw. zu seinem Wohnort nächstgelegenen Krankenhaus. Bei einem tödlichen Unfall werden auch die Kosten der Überführung des Toten zu dessen letztem Wohnort in Österreich bezahlt.

Artikel 12
Kinderlähmung; Frühsommer-Meningoencephalitis

Der Versicherungsschutz erstreckt sich auf die Folgen der Kinderlähmung und der durch Zeckenbiß übertragenen Frühsommer-Meningoencephalitis, wenn die Erkrankung serologisch festgestellt und frühestens 15 Tage nach Beginn, jedoch spätestens 15 Tage nach Erlöschen der Versicherung zum Ausbruch kommt.
Als Krankheitsbeginn (Zeitpunkt des Versicherungsfalles) gilt der Tag, an dem erstmals ein Arzt wegen der als Kinderlähmung oder Frühsommer-Meningoencephalitis diagnostizierten Krankheit zu Rate gezogen wurde.
Eine Leistung wird nur für Tod oder dauernde Invalidität erbracht. Die Leistung bleibt im Rahmen der vereinbarten Versicherungssumme mit öS 200.000,– begrenzt.

Artikel 13
Zusatzleistung

Der Versicherer übernimmt die erforderlichen Kosten, die durch Erfüllung der in Art. 21 bestimmten Obliegenheiten – ausgenommen Pkt. 2.4 – entstehen.

Artikel 14
Fälligkeit der Leistung des Versicherers

1. Der Versicherer ist verpflichtet, innerhalb eines Monats, bei Ansprüchen auf Leistung für dauernde Invalidität innerhalb dreier Monate, zu erklären, ob und in welcher Höhe er eine Leistungspflicht anerkennt. Die Fristen beginnen mit dem Eingang der Unterlagen, die der Anspruchserhebende zur Feststellung des Unfallherganges und der Unfallfolgen und über den Abschluß des Heilverfahrens beizubringen hat.
2. Steht die Leistungspflicht dem Grunde nach fest, kann der Versicherungsnehmer Vorschüsse bis zu der Höhe des Betrages verlangen, den der Versicherer nach Lage der Sache mindestens zu zahlen haben wird.
3. Steht die Leistungspflicht des Versicherers dem Grunde und der Höhe nach fest, ist die Leistung nach zwei Wochen fällig.

Artikel 15
Verfahren bei Meinungsverschiedenheiten (Ärztekommission)

1. Im Fall von Meinungsverschiedenheiten über Art und Umfang der Unfallfolgen oder darüber, in welchem Umfang die eingetretene Beeinträchtigung auf den Versicherungs-

fall zurückzuführen ist, ferner über die Beeinflussung der Unfallfolgen durch Krankheit oder Gebrechen sowie im Falle des Art. 7, Pkt. 6., entscheidet die Ärztekommission.

2. In den nach Pkt. 1. der Ärztekommission zur Entscheidung vorbehaltenen Meinungsverschiedenheiten kann der Versicherungsnehmer innerhalb von 6 Monaten nach Zugang der Erklärung des Versicherers gemäß Art.14, Pkt.1. unter Bekanntgabe seiner Forderung Widerspruch erheben und die Entscheidung der Ärztekommission beantragen.
3. Das Recht, die Entscheidung der Ärztekommission zu beantragen, steht auch dem Versicherer zu.
4. Für die Ärztekommission bestimmen Versicherer und Versicherungsnehmer je einen in der österreichischen Ärzteliste eingetragenen Arzt. Wenn ein Vertragsteil innerhalb zweier Wochen nach schriftlicher Aufforderung keinen Arzt benennt, wird dieser von der für den Wohnsitz des Versicherten zuständigen Ärztekammer bestellt. Die beiden Ärzte bestellen einvernehmlich vor Beginn ihrer Tätigkeit einen weiteren Arzt als Obmann, der für den Fall, daß sie sich nicht oder nur zum Teil einigen sollten, im Rahmen der durch die Gutachten der beiden Ärzte gegebenen Grenzen entscheidet. Einigen sich die beiden Ärzte über die Person des Obmannes nicht, wird ein für den Versicherungsfall zuständiger medizinischer Sachverständiger durch die für den Wohnsitz des Versicherten zuständige Ärztekammer als Obmann bestellt.
5. Der Versicherte ist verpflichtet, sich von den Ärzten der Kommission untersuchen zu lassen und sich jenen Maßnahmen zu unterziehen, die diese Kommission für notwendig hält.
6. Die Ärztekommission hat über ihre Tätigkeit ein Protokoll zu führen; in diesem ist die Entscheidung schriftlich zu begründen. Bei Nichteinigung hat jeder Arzt seine Auffassung im Protokoll gesondert niederzulegen. Ist eine Entscheidung durch den Obmann erforderlich, legt auch er sie mit Begründung in einem Protokoll nieder. Die Akten des Verfahrens werden vom Versicherer verwahrt.
7. Die Kosten der Ärztekommission werden von ihr festgesetzt und sind im Verhältnis des Obsiegens vom Versicherer und Versicherungsnehmer zu tragen. Im Falle des Art. 7, Pkt. 6. trägt die Kosten, wer die Neufeststellung verlangt hat.
   Der Anteil der Kosten, die der Versicherungsnehmer zu tragen hat, ist mit 1 % der für Tod und Invalidität zusammen versicherten Summe, höchstens jedoch mit 25% des strittigen Betrages, begrenzt.

ABSCHNITT C: BEGRENZUNGEN DES VERSICHERUNGSSCHUTZES

Artikel 16

Unversicherbare Personen

1. Unversicherbar und jedenfalls nicht versichert sind Personen, die dauernd vollständig arbeitsunfähig oder von schwerem Nervenleiden befallen sind, sowie Geisteskranke. Vollständige Arbeitsunfähigkeit liegt vor, wenn dem Versicherten infolge Krankheit oder Gebrechen nach medizinischen Gesichtspunkten die Ausübung einer Erwerbstätigkeit nicht zugemutet werden kann und auch tatsächlich keine Erwerbstätigkeit vorliegt.
2. Hinsichtlich einer unversicherbaren Person kommt ein Versicherungsvertrag nicht zustande.
   Wenn der Versicherte während der Laufzeit des Versicherungsvertrages unversicherbar

geworden ist, erlischt der Versicherungsschutz. Gleichzeitig endet der Vertrag für diesen Versicherten.

Artikel 17

Ausschlüsse

Ausgeschlossen von der Versicherung sind Unfälle

1. bei der Benützung von Luftfahrtgeräten und bei Fallschirmabsprüngen sowie bei der Benützung von Luftfahrzeugen, soweit sie nicht unter die Bestimmung des Art. 6, Pkt. 4. fällt;
2. die bei Beteiligung an motorsportlichen Wettbewerben (auch Wertungsfahrten und Rallyes) und den dazugehörenden Trainingsfahrten entstehen;
3. bei der Teilnahme an Landes-, Bundes- oder internationalen Wettbewerben auf dem Gebiet des Schilaufens, Schispringens, Bob-, Schibob- oder Skeletonfahrens sowie am offiziellen Training für diese Veranstaltungen;
4. die beim Versuch oder der Begehung gerichtlich strafbarer Handlungen durch den Versicherten eintreten, für die Vorsatz Tatbestandsmerkmal ist;
5. die unmittelbar oder mittelbar mit Kriegsereignissen jeder Art zusammenhängen;
6. durch innere Unruhen, wenn der Versicherte daran auf seiten der Unruhestifter teilgenommen hat;
7. die mittelbar oder unmittelbar
   - durch den Einfluß ionisierender Strahlen im Sinne des Strahlenschutzgesetzes (BGBl. Nr. 227/1969) in der jeweils geltenden Fassung,
   - durch Kernenergie

   verursacht werden;
8. die der Versicherte infolge eines ihn treffenden Herzinfarktes oder Schlaganfalles erleidet; ein Herzinfarkt gilt in keinem Fall als Unfallfolge;
9. die der Versicherte infolge einer Bewußtseinsstörung erleidet oder infolge einer wesentlichen Beeinträchtigung seiner psychischen Leistungsfähigkeit durch Alkohol, Suchtgifte oder Medikamente;
10. durch körperliche Schädigung bei Heilmaßnahmen und Eingriffen, die der Versicherte an seinem Körper vornimmt oder vornehmen läßt, soweit nicht ein Versicherungsfall hiezu der Anlaß war; soweit ein Versicherungsfall der Anlaß war, findet Pkt. 7. keine Anwendung.

Artikel 18

Sachliche Begrenzung des Versicherungsschutzes

1. Eine Versicherungsleistung wird nur für die durch den eingetretenen Unfall hervorgerufenen Folgen (körperliche Schädigung oder Tod) erbracht.
2. Bei der Bemessung des Invaliditätsgrades wird ein Abzug in Höhe einer Vorinvalidität nur vorgenommen, wenn durch den Unfall eine körperliche oder geistige Funktion betroffen ist, die schon vorher beeinträchtigt war.

   Die Vorinvalidität wird nach Art. 7, Punkte 2. und 3. bemessen.
3. Haben Krankheiten oder Gebrechen, die schon vor dem Unfall bestanden haben, die Unfallfolgen beeinflußt, ist die Leistung entsprechend dem Anteil der Krankheit oder des Gebrechens zu kürzen, sofern dieser Anteil mindestens 25% beträgt.
4. Für organisch bedingte Störungen des Nervensystems wird eine Leistung nur erbracht, wenn und soweit diese Störung auf eine durch den Unfall verursachte organische Schädigung zurückzuführen ist.

   Seelische Fehlhaltungen (Neurosen, Psychoneurosen) gelten nicht als Unfallfolgen.

5. Für Bandscheibenhernien wird eine Leistung nur erbracht, wenn sie durch direkte mechanische Einwirkung auf die Wirbelsäule entstanden sind und es sich nicht um eine Verschlimmerung von vor dem Unfall bestandenen Krankheitserscheinungen handelt.
6. Für Bauch- und Unterleibsbrüche jeder Art wird eine Leistung nur erbracht, wenn sie durch eine von außen kommende mechanische Einwirkung direkt herbeigeführt worden sind und nicht anlagenbedingt waren.

ABSCHNITT D: PFLICHTEN DES VERSICHERUNGSNEHMERS

Artikel 19
Prämie

Die erste oder einmalige Prämie ist vom Versicherungsnehmer gegen Aushändigung der Polizze zu zahlen (Einlösung der Polizze). Die Folgeprämien sind zum vereinbarten, in der Polizze angeführten Fälligkeitstermin zu entrichten.
Wird Ratenzahlung vereinbart, so hat der Versicherer gleichwohl mit Beginn des Versicherungsjahres Anspruch auf die gesamte Jahresprämie. Die nach derl. Prämienrate zu zahlenden Raten sind bis zu den in der Ratenvereinbarung festgelegten Fälligkeitsterminen gestundet.
Für die Folgen nicht rechtzeitiger Prämienzahlung gelten die §§ 38 und 39 Vers VG.

Artikel 20
Anzeige der Änderung der Berufstätigkeit oder Beschäftigung des Versicherten

Veränderungen des im Antrag angegebenen Berufes oder der im Antrag angegebenen Beschäftigung des Versicherten sind unverzüglich anzuzeigen. Einberufungen zum ordentlichen Präsenzdienst, zum Zivildienst sowie zu kurzfristigen militärischen Reserveübungen gelten nicht als Änderung der Berufstätigkeit oder Beschäftigung.

- Ergibt sich für die neue Berufstätigkeit oder Beschäftigung des Versicherten nach dem zur Zeit der Veränderung gültigen Tarif des Versicherers eine niedrigere Prämie, so ist vom Zugang der Anzeige an nur diese Prämie zu bezahlen.
- Ergibt sich eine höhere Prämie, so wird auf die Dauer von drei Monaten ab dem Zeitpunkt, zu welchem dem Versicherer die Anzeige hätte zugehen müssen, auch für die neue Berufstätigkeit oder Beschäftigung der volle Versicherungsschutz gewährt.
  Tritt ein auf die neue Berufstätigkeit oder Beschäftigung zurückzuführender Versicherungsfall nach Abiauf der drei Monate ein, ohne daß inzwischen eine Einigung über die Mehrprämie erreicht worden wäre, so werden die Leistungen des Versicherers in der Weise bemessen, daß dem Vertrag als Versicherungssummen jene Beträge zugrundegelegt werden, welche sich nach den für die neue Berufstätigkeit bzw. Beschäftigung erforderlichen Prämiensätzen aufgrund der tatsächlichen in der Polizze berechneten Prämie ergeben.
- Bietet der Versicherer für die neue Berufstätigkeit oder Beschäftigung grundsätzlich keinen Versicherungsschutz an, finden die Bestimmungen der §§ 23ff. VersVG (Gefahrerhöhung) Anwendung.

Artikel 21
Obliegenheiten

1. Obliegenheiten vor Eintritt des Versicherungsfalles
   Als Obliegenheit, deren Verletzung die Leistungsfreiheit des Versicherers gemäß § 6 Abs. 2 VersVG bewirkt, wird bestimmt, daß der Versicherte als Lenker eines Kraftfahrzeuges in jedem Fall die kraftfahrrechtliche Berechtigung besitzt, die für das Lenken

des Fahrzeuges auf Straßen mit öffentlichem Verkehr vorgeschrieben ist; dies gilt auch dann, wenn das Fahrzeug nicht auf Straßen mit öffentlichem Verkehr gelenkt wird.

2. Obliegenheiten nach Eintritt des Versicherungsfalles
Als Obliegenheiten, deren Verletzung die Leistungsfreiheit des Versicherers gemäß § 6 Abs. 3 VersVG bewirkt, werden bestimmt:

2.1 Ein Unfall ist dem Versicherer unverzüglich, spätestens innerhalb einer Woche, schriftlich anzuzeigen.

2.2 Ein Todesfall ist dem Versicherer innerhalb von 3 Tagen anzuzeigen, und zwar auch dann, wenn der Unfall bereits gemeldet ist.

2.3 Dem Versicherer ist das Recht einzuräumen, die Leiche durch Ärzte besichtigen, auch öffnen und nötigenfalls exhumieren zu lassen.

2.4 Nach dem Unfall ist unverzüglich ärztliche Hilfe in Anspruch zu nehmen und die ärztliche Behandlung bis zum Abschluß des Heilverfahrens fortzusetzen; ebenso ist für eine angemessene Krankenpflege und nach Möglichkeit für die Abwendung und Minderung der Unfallfolgen zu sorgen.

2.5 Nach Erhalt des Formulares für Unfallanzeigen ist dieses ohne Verzug dem Versicherer ausgefüllt zuzusenden; außerdem sind dem Versicherer alle verlangten sachdienlichen Auskünfte zu erteilen.

2.6 Der behandelnde Arzt oder die behandelnde Krankenanstalt sowie diejenigen Ärzte oder Krankenanstalten, von denen der Versicherte aus anderen Anlässen behandelt oder untersucht worden ist, sind zu ermächtigen und aufzufordern, die vom Versicherer verlangten Auskünfte zu erteilen und Berichte zu liefern. Ist der Unfall einem Sozialversicherer gemeldet, so ist auch dieser im vorstehenden Sinne zu ermächtigen.

2.7 Die mit dem Unfall befaßten Behörden sind zu ermächtigen und zu veranlassen, die vom Versicherer verlangten Auskünfte zu erteilen.

2.8 Der Versicherer kann verlangen, daß sich der Versicherte durch die vom Versicherer bezeichneten Ärzte untersuchen läßt.

2.9 Ist auch Spitalgeld versichert, so ist dem Versicherer, wenn der Versicherte in ein Spital (Art. 10, Pkt. 2.) eingewiesen ist, nach der Entlassung aus dem Spital eine Bescheinigung der Spitalsverwaltung einzusenden, in weicher der volle Vor- und Zuname des Versicherten, dessen Geburtsdaten, der Tag der Aufnahme in das Spital und der Tag der Entlassung sowie die Diagnose angegeben sein müssen.

2.10 Im Falle der Mitversicherung von Unfallkosten sind dem Versicherer die Originalbelege zu überlassen.

ABSCHNITT E: SONSTIGE VERTRAGSBESTIMMUNGEN

Artikel 22

Versicherungsperiode, Vertragsdauer

1. Versicherungsperiode
Als Versicherungsperiode gilt, wenn der Versicherungsvertrag nicht für eine kürzere Zeit abgeschlossen ist, der Zeitraum eines Jahres.

2. Vertragsdauer
Beträgt die vereinbarte Vertragsdauer mindestens ein Jahr, verlängert sich der Vertrag jeweils um ein Jahr, wenn er nicht drei Monate vor Ablauf gekündigt wird. Beträgt die Vertragsdauer weniger als ein Jahr, endet der Vertrag ohne Kündigung.

Artikel 23

Kündigung, Erlöschen des Vertrages

1. Kündigung nach Eintritt des Versicherungsfalles

1.1 Nach Eintritt des Versicherungsfalles kann der Versicherungsnehmer kündigen, wenn der Versicherer einen gerechtfertigten Anspruch auf die Versicherungsleistung ablehnt oder seine Anerkennung verzögert.
In diesen Fällen ist die Kündigung vorzunehmen innerhalb eines Monates
- nach Ablehnung des gerechtfertigten Anspruches auf die Versicherungsleistung;
- nach Rechtskraft des Urteiles im Fall eines Rechtsstreites vor Gericht;
- nach Zustellung der Entscheidung der Ärztekommission (Art. 15);
- nach Fälligkeit der Versicherungsleistung bei Verzögerung der Anerkennung (Art. 14).

Die Kündigung kann mit sofortiger Wirkung oder zum Ende der laufenden Versicherungsperiode erfolgen.

1.2 Nach Eintritt des Versicherungsfalles kann der Versicherer kündigen, wenn er den Anspruch auf die Versicherungsleistung dem Grunde nach anerkannt oder die Versicherungsleistung erbracht hat, oder wenn der Versicherungsnehmer einen Anspruch auf Versicherungsleistung arglistig erhoben hat.
Die Kündigung ist vorzunehmen innerhalb eines Monates
- nach Anerkennung dem Grunde nach;
- nach erbrachter Versicherungsleistung;
- nach Ablehnung des arglistig erhobenen Anspruches auf Versicherungsleistung.

Die Kündigung kann nur unter Einhaltung einer einmonatigen Kündigungsfrist erfolgen.
Falls der Versicherungsnehmer einen Anspruch arglistig erhoben hat, kann der Versicherer mit sofortiger Wirkung kündigen.

1.3 Dem Versicherer gebührt die auf die abgelaufene Vertragszeit entfallende Prämie.

2. Erlischt der Vertrag, weil der Versicherte gestorben oder unversicherbar geworden ist (Art. 16), so gebührt dem Versicherer die Prämie für die laufende Versicherungsperiode, wenn der Erlöschungsgrund auf einen Versicherungsfall zurückzuführen ist, ansonsten nur die Prämie für die bei Eintritt des Erlöschungsgrundes abgelaufene Vertragszeit.
3. Hat der Versicherer mit Rücksicht auf die vereinbarte Vertragszeit eine Ermäßigung der Prämie gewährt, so kann er bei einer vorzeitigen Auflösung des Vertrages die Nachzahlung des Betrages fordern, um den die Prämie höher bemessen worden wäre, wenn der Vertrag nur für den Zeitraum geschlossen worden wäre, während dessen er tatsächlich bestanden hat.

Artikel 24

Rechtsstellung der am Vertrag beteiligten Personen

1. Die Unfallversicherung kann gegen Unfälle, die dem Versicherungsnehmer oder gegen Unfälle, die einem anderen zustoßen, genommen werden.
Eine Versicherung gegen Unfälle, die einem anderen zustoßen, gilt im Zweifel als für Rechnung des anderen genommen. Die Vorschriften der §§ 75 bis 79 VersVG sind mit der Maßgabe anzuwenden, daß die Ausübung der Rechte aus dem Versicherungsvertrag ausschließlich dem Versicherungsnehmer zusteht.
Wird eine Versicherung gegen Unfälle, die einem anderen zustoßen, vom Versicherungsnehmer für eigene Rechnung genommen, so ist zur Gültigkeit des Vertrages die schriftliche Zustimmung des anderen erforderlich. Ist der andere geschäftsunfähig oder in der Geschäftsfähigkeit beschränkt und steht die Vertretung in den seine Person

betreffenden Angelegenheiten dem Versicherungsnehmer zu, so kann dieser den anderen bei der Erteilung der Zustimmung nicht vertreten.

2. Alle für den Versicherungsnehmer getroffenen Bestimmungen gelten sinngemäß auch für Versicherte und jene Personen, die Ansprüche aus dem Versicherungsvertrag geltend machen. Diese Personen sind neben dem Versicherungsnehmer für die Erfüllung der Obliegenheiten, der Schadenminderungs- und Rettungspflicht verantwortlich.

Artikel 25

Gerichtsstand

Der Versicherungsnehmer und die versicherten Personen, die zur selbständigen Geltendmachung von Ansprüchen aus dem Versicherungsvertrag berechtigt sind, können diese auch bei den Gerichten geltend machen, in deren Sprengel sie ihren Wohnsitz oder gewöhnlichen Aufenthalt oder ihren Sitz im Inland haben.

Artikel 26

Form der Erklärungen

Alle Mitteilungen und Erklärungen sind nur in schriftlicher Form verbindlich.

Genehmigt vom Bundesministerium für Finanzen mit Bescheid vom 10. März 1988, GZ. 90 1406/1-V/12/87.

ANHANG

Auszug aus dem Versicherungsvertragsgesetz 1958 (VersVG).
(Wiedergabe der in den AUVB erwähnten Bestimmungen des Gesetzes.)

§ 6. (2) Ist eine Obliegenheit verletzt, die vom Versicherungsnehmer zum Zwecke der Verminderung der Gefahr oder der Verhütung einer Erhöhung der Gefahr dem Versicherer gegenüber zu erfüllen ist, so kann sich der Versicherer auf die vereinbarte Leistungsfreiheit nicht berufen, wenn die Verletzung keinen Einfluß auf den Eintritt des Versicherungsfalles oder den Umfang der ihm obliegenden Leistungen gehabt hat.

(3) Ist die Leistungsfreiheit für den Fall vereinbart, daß eine Obliegenheit verletzt wird, die nach dem Eintritt des Versicherungsfalles dem Versicherer gegenüber zu erfüllen ist, so tritt die vereinbarte Rechtsfolge nicht ein, wenn die Verletzung weder auf Vorsatz noch auf grober Fahrlässigkeit beruht. Bei grobfahrlässiger Verletzung bleibt der Versicherer zur Leistung verpflichtet, soweit die Verletzung weder auf die Feststellung des Versicherungsfalles noch auf die Feststellung oder den Umfang der dem Versicherer obliegenden Leistung Einfluß gehabt hat.

§ 23. (1) Nach Abschluß des Vertrages darf der Versicherungsnehmer ohne Einwilligung des Versicherers weder eine Erhöhung der Gefahr vornehmen noch ihre Vornahme durch einen Dritten gestatten.

(2) Erlangt der Versicherungsnehmer davon Kenntnis, daß durch eine von ihm ohne Einwilligung des Versicherers vorgenommene oder gestattete Änderung die Gefahr erhöht ist, so hat er dem Versicherer unverzüglich Anzeige zu machen.

§ 38. (1) Wird die erste oder einmalige Prämie nicht rechtzeitig gezahlt, so ist der Versicherer, solange die Zahlung nicht bewirkt ist, berechtigt, vom Vertrag zurückzutreten. Es gilt als Rücktritt, wenn der Anspruch auf die Prämie nicht innerhalb von drei Monaten vom Fälligkeitstag an gerichtlich geltend gemacht wird.

(2) Ist die erste oder einmalige Prämie zur Zeit des Eintrittes des Versicherungsfalles noch nicht gezahlt, so ist der Versicherer von der Verpflichtung zur Leistung frei.

§ 39. (1) Wird eine Folgeprämie nicht rechtzeitig gezahlt, so kann der Versicherer dem Versicherungsnehmer auf dessen Kosten schriftlich eine Zahlungsfrist von mindestens zwei Wochen bestimmen: zur Unterzeichnung genügt eine Nachbildung der eigenhändigen Unterschrift. Dabei sind die Rechtsfolgen anzugeben, die nach Abs. 2 und 3 mit dem Ablauf der Frist verbunden sind. Eine Fristbestimmung, ohne Beachtung dieser Vorschriften, ist unwirksam.

(2) Tritt der Versicherungsfall nach dem Ablauf der Frist ein und ist der Versicherungsnehmer zur Zeit des Eintrittes mit der Zahlung der Folgeprämie oder der geschuldeten Zinsen oder Kosten im Verzug, so ist der Versicherer von der Verpflichtung zur Leistung frei.

(3) Der Versicherer kann nach dem Ablauf der Frist das Versicherungsverhältnis ohne Einhaltung einer Kündigungsfrist kündigen, wenn der Versicherungsnehmer mit der Zahlung im Verzug ist. Die Kündigung kann bereits mit der Bestimmung der Zahlungsfrist so verbunden werden, daß sie mit Fristablauf wirksam wird, wenn der Versicherungsnehmer in diesem Zeitpunkt mit der Zahlung im Verzug ist; darauf ist der Versicherungsnehmer bei der Kündigung ausdrücklich aufmerksam zu machen. Die Wirkungen der Kündigung fallen fort, wenn der Versicherungsnehmer innerhalb eines Monates nach der Kündigung oder, falls die Kündigung mit der Fristbestimmung verbunden worden ist, innerhalb eines Monates nach dem Ablauf der Zahlungsfrist die Zahlung nachholt, sofern nicht der Versicherungsfall bereits eingetreten ist.

(4) Soweit die in Abs. 2 und 3 bezeichneten Rechtsfolgen davon abhängen, daß Zinsen oder Kosten nicht gezahlt worden sind, treten sie nur ein, wenn die Fristbestimmung die Höhe der Zinsen oder den Betrag der Kosten angibt.

§ 75. (1) Bei der Versicherung für fremde Rechnung stehen die Rechte aus dem Versicherungsvertrag dem Versicherten zu. Die Aushändigung eines Versicherungsscheines kann jedoch nur der Versicherungsnehmer verlangen.

(2) Der Versicherte kann ohne Zustimmung des Versicherungsnehmers über seine Rechte nur dann verfügen und diese Rechte nur dann gerichtlich geltend machen, wenn er im Besitz eines Versicherungsscheines ist.

§ 76. (1) Der Versicherungsnehmer kann über die dem Versicherten aus dem Versicherungsvertrag zustehenden Rechte im eigenen Namen verfügen.

(2) Ist ein Versicherungsschein ausgestellt, so ist der Versicherungsnehmer ohne Zustimmung des Versicherten nur dann zur Annahme der Zahlung und zur Übertragung der Rechte des Versicherten befugt, wenn er im Besitz des Scheines ist.

(3) Der Versicherer ist zur Zahlung an den Versicherungsnehmer nur verpflichtet, wenn dieser ihm gegenüber nachweist, daß der Versicherte seine Zustimmung zur Versicherung erteilt hat.

§ 77. Der Versicherungsnehmer ist nicht verpflichtet, dem Versicherten oder, falls über das Vermögen des Versicherten der Konkurs eröffnet ist, der Konkursmasse den Versicherungsschein auszuliefern, bevor er wegen der ihm gegen den Versicherten in bezug auf die versicherte Sache zustehenden Ansprüche befriedigt ist. Er kann sich für diese Ansprüche aus der Entschädigungsforderung gegen den Versicherer und nach der Einziehung der Forderung aus der Entschädigungssumme vor dem Versicherten und dessen Gläubigern befriedigen.

§ 78. Soweit nach den Vorschriften dieses Bundesgesetzes die Kenntnis und das Verhalten des Versicherungsnehmers von rechtlicher Bedeutung ist, kommt bei der Versicherung für fremde Rechnung auch die Kenntnis und das Verhalten des Versicherten in Betracht.

§ 79. (1) Auf die Kenntnis des Versicherten kommt es nicht an, wenn der Vertrag ohne sein Wissen abgeschlossen worden ist oder eine rechtzeitige Benachrichtigung des Versicherungsnehmers nicht tunlich war.

(2) Hat der Versicherungsnehmer den Vertrag ohne Auftrag des Versicherten abgeschlossen und beim Abschluß das Fehlen des Auftrages dem Versicherer nicht angezeigt, so braucht dieser die Einwendung, daß der Vertrag ohne Wissen des Versicherten abgeschlossen worden ist, nicht gegen sich gelten zu lassen.

Rententafel
auf Grund der österreichischen Sterbetafel MÖ 1930/33 und eines Zinsfußes von jährlich 3% (Art. 7, Pkt. 8.).
Jahresbetrag der monatlich im voraus zahlbaren l e b e n s l a n g e n Rente für eine kapitalsmäßige Berechnungsgrundlage von S 1.000,–.

Alter	75	76	77	78	79	80
Jahres-rente in S	177,94	188,01	198,85	210,48	223,06	236,57

BESONDERE BEDINGUNGEN FÜR DIE KOLLEKTIV-UNFALLVERSICHERUNG 1988

Die Allgemeinen Bedingungen für die Unfallversicherung (AUVB 1988) finden insoweit Anwendung, als in den nachstehenden Besonderen Bedingungen keine Sonderregelung getroffen wird.

1. Versicherungsformen
   Der Versicherungsvertrag gilt je nach der vereinbarten Versicherungsform abgeschlossen als Kollektiv-Unfallversicherung
   – ohne Namensangabe oder
   – mit Namensangabe der Versicherten.

2. Gemeinsame Bestimmungen

2.1 Versicherungssummen
Vereinbart sind
– fixe Versicherungssummen oder
– das Vielfache (Teil) des Jahresbezuges des einzelnen Versicherten.

2.2 Jahresbezug

2.2.1 Begriffsbestimmung
Anzurechnen sind alle Löhne, Gehälter, Provisionen und sonstige Entgelte, welche Bezeichnung sie auch immer tragen (z. B. Gefahren-, Montage-, Schmutzzulage, Weggelder usw.).
Nicht anzurechnen sind nur die freiwilligen außerordentlichen, nicht wiederkehrenden Zuwendungen, wie bei Betriebs- oder Dienstjubiläen, Unglücks- oder Krankheitsfällen und Betriebsveranstaltungen.

2.2.2 Jahresbezug als Versicherungssumme
Als Jahresbezug des Versicherten gelten seine tatsächlichen Bezüge während der dem Unfalltag vorangegangenen 12 Monate; wenn während dieser Zeit kein unun-

terbrochenes Dienstverhältnis bestanden hat, der so errechnete Jahresbezug eines vergleichbaren Dienstnehmers.

2.2.3 Als Höchstgrenze eines der Berechnung der Versicherungsleistung wie auch der Prämienberechnung zugrundezulegenden einfachen Jahresbezuges gemäß Pkt. 2.2.1 des einzelnen Versicherten wird ein Betrag von öS 1,5 Mio bestimmt.

2.3 Fluggastrisiko

Benützen mehrere durch vorliegenden Versicherungsvertrag Versicherte dasselbe Flugzeug, so gilt für das Fluggastrisiko (Art. 6, Pkt. 4. AUVB) ein Betrag von öS 30 Mio als Höchstgrenze der Versicherungsleistungen.

Überschreitet die Summe der Ansprüche dieser Versicherten den Betrag von öS 30 Mio, so wird die Leistung für jeden einzelnen Versicherten im Verhältnis der Summe der vertraglichen Einzelansprüche zu diesem Betrag gekürzt.

2.4 Erlöschen des Versicherungsschutzes

Ohne daß sich am Weiterbestand des Versicherungsvertrages etwas ändert, erlischt die Versicherung für den einzelnen Versicherten mit Beendigung des Dienstverhältnisses oder dem Ausscheiden aus dem Kreis der versicherten Personen.

3. Kollektiv-Unfallversicherung ohne Namensangabe

3.1 Versicherte Personen

Versichert, soweit gemäß Art. 16 AUVB versicherbar, sind alle zu einer eindeutig beschriebenen Gruppe gehörenden Personen zum gleichen Versicherungsumfang. Die Zuordnung der Versicherten hat so zu erfolgen, daß bei einem Unfall kein Zweifel über die Zugehörigkeit des Betroffenen zum versicherten Personenkreis entsteht.

3.2 Prämienregulierung

3.2.1 Der Prämienberechnung wird zunächst eine den zu erwartenden Verhältnissen entsprechende Größe zugrundegelegt.

Nach Ablauf einer jeden Versicherungsperiode hat der Versicherungsnehmer die den tatsächlichen Verhältnissen entsprechenden Größen anzugeben und auf Verlangen nachzuweisen; dieser Verpflichtung hat der Versicherungsnehmer innerhalb eines Monates nach Erhalt der Anfrage des Versicherers nachzukommen.

Der Versicherer hat nach Empfang der Angaben des Versicherungsnehmers die endgültige Abrechnung vorzunehmen; der Mehr- oder Minderbetrag an Prämie ist einen Monat nach Empfang der Abrechnung fällig.

3.2.2 Hat der Versicherungsnehmer die Angaben nicht rechtzeitig gemacht, so hat der Versicherer die Wahl, auf Nachholung der Angaben zu klagen oder eine Zusatzprämie einzuheben. Diese Zusatzprämie beträgt, wenn die ausständigen Angaben die erste Jahresprämie oder die Prämie für eine Versicherungsdauer von weniger als einem Jahr betreffen, so viel wie jene Prämie, die erstmals zur Vorschreibung gelangt ist, andernfalls so viel wie die Prämie für jenes Versicherungsjahr, das dem abzurechnenden Versicherungsjahr unmittelbar vorangeht. Werden die Angaben nachträglich, aber noch innerhalb zweier Monate nach Empfang der Aufforderung zur Bezahlung der Zusatzprämie gemacht, so hat der Versicherer den etwa zuviel gezahlten Betrag rückzuerstatten.

3.2.3 Einblicksrecht des Versicherers

Der Versicherer hat das Recht, die Angaben des Versicherungsnehmers nachzuprüfen. Der Versicherungsnehmer hat zu diesem Zweck Einblick in sämtliche maßgebenden Unterlagen zu gewähren.

4. Kollektiv-Unfallversicherung mit Namensangabe

4.1 Versicherte Personen

Versichert, soweit gemäß Art. 16 AUVB versicherbar, sind alle Personen, die dem

Versicherer mit Angabe von Namen, Geburtsdatum, Beruf und Anschrift sowie den gewünschten Versicherungssummen bekanntgegeben werden.

4.2 An- und Abmeldung

Für Personen, die in den Versicherungsvertrag eingeschlossen werden sollen, tritt die Versicherung für diese Personen nach Zusage des Versicherungsschutzes durch den Versicherer in Kraft.

Personen, die nicht mehr versichert sein sollen, sind beim Versicherer abzumelden.

Genehmigt vom Bundesministerium für Finanzen mit Bescheid vom 10. März 1988, GZ. 90 1406/1- V/12/87.

Bis 1988 lautete der Absatz 3 des Artikels über die Feststellung des Grades der dauernden Invalidität (jetzt Artikel 7, früher Artikel 10 der AUVB):

„Soweit sich der Invaliditätsgrad nach Vorstehendem nicht bestimmen läßt, wird bei der Bemessung in Betracht gezogen, inwieweit der Versicherte imstande ist, Erwerb durch einen Beruf (Beschäftigung) zu erzielen, der seinen Kräften und Fähigkeiten entspricht und ihm unter billiger Berücksichtigung seiner Ausbildung und seines bisherigen Berufes zugemutet werden kann."

In der Praxis zeigt sich, daß die überwiegende Mehrzahl der Begutachtungsfälle noch Verträge aus der Zeit bis 1988 hat, so daß bei ihnen die Berufsbezogenheit der Dauerinvalidität maßgeblich ist. Die in neueren Verträgen genannte Beurteilung der Beeinträchtigung der körperlichen und geistigen Funktionsfähigkeit „nach medizinischen Gesichtspunkten" ist weniger scharf definiert. Sie bedeutet einerseits eine Ausweitung auf alle Bereiche des Lebens und andererseits, obgleich dies nicht gerne zugegeben wird, eine gewisse Annäherung an die Rentensätze der Gesetzlichen Unfallversicherung (MdE = Minderung der Erwerbsfähigkeit auf dem fiktiven allgemeinen Arbeitsmarkt). Da, wie erwähnt, die meisten Personen noch nach den älteren AUVB zu begutachten sind, wurde die Berufsbezogenheit als Grundlage der Einschätzung der Dauerinvalidität bzw. des Dauerschadens in der privaten Unfallversicherung an verschiedenen Stellen des vorliegenden Werkes hervorgehoben. *In Zukunft* wird sich jedoch diesbezüglich eine Änderung ergeben, wenn *mehr Personen nach den neuen Verträgen zu beurteilen* sein werden. *Jedenfalls hat sich der Gutachter in seiner Beurteilung der dauernden Invalidität unbedingt nach den speziellen Vertragsbedingungen des Einzelfalles zu richten.*

C. Vorschläge für die Einschätzung von Unfallfolgen nach den AUVB

a. Tabelle der Armwertminderung (vom vollen Armwert)

* Versteifung des Handgelenkes in günstiger Stellung	20%
* Versteifung des Handgelenkes in Fehlstellung	30%
* Bewegungseinschränkung des Handgelenkes zur Streck- und Beugeseite zur Hälfte	15%
* Bewegungseinschränkung des Handgelenkes zur Streck- und Beugeseite um weniger als die Hälfte	10%
* Völlige Sperre der Unterarmdrehung in Mittelstellung	30%
* Bewegungseinschränkung der Unterarmdrehung nach außen und innen zur Hälfte	15%
* Bewegungseinschränkung des Handgelenkes nach außen und innen um weniger als 1/3	5%
* Pseudarthrose des Unterarmes (Notwendigkeit eines Stützapparates)	50%
* Schlottergelenk des Ellbogens (Notwendigkeit eines Stützapparates)	50%
* Starke Bewegungseinschränkung des Ellbogengelenkes	20%
* Leichte Bewegungseinschränkung des Ellbogengelenkes	5%
* Versteifung des Ellbogengelenkes in Rechtwinkelstellung	40%
* Versteifung des Ellbogengelenkes in mittlerer Stellung zwischen Streck- und Rechtwinkelstellung	50%
* Versteifung des Ellbogengelenkes in Streckstellung	66 2/3%
* Pseudarthrose des Oberarmes (Notwendigkeit eines Stützapparates)	66 2/3%
* Pseudarthrose des Oberarmes (straff)	55%
* Versteifung des Schultergelenkes in günstiger Stellung	33 1/3%
* Bewegungseinschränkung des Schultergelenkes mit Armheben bis 90 Grad und mäßiger Einschränkung der Drehbewegungen	25%
* Bewegungseinschränkung des Schultergelenkes mit Armheben über 30 Grad über die Horizontale, Drehbewegungen nicht wesentlich eingeschränkt	10%
* Bewegungseinschränkung des Schultergelenkes mit Armheben über 120 Grad, Drehbewegungen nicht nennenswert eingeschränkt	5%

Beim Verlust oder Teilverlust eines Armes ist es zum Unterschied vom Verlust oder Teilverlust eines Beines ohne Bedeutung, ob eine prothetische Versorgung durchgeführt wurde und diese funktionsfähig ist. In der Regel handelt es sich dabei lediglich um eine Schmuckhand, und selbst die bioelektrische Prothese ist heute noch nicht so ausgereift, daß sie als vollwertiger Ersatz, auch nicht als teilweiser Ersatz in Rechnung gestellt werden kann. Gerade bei der bioelektrischen Prothese habe ich die Erfahrung gemacht, daß diese bei einseitig Amputierten lediglich als Schmuckhand, und nur selten im Sinne des Erfinders verwendet wird. Ich habe daher, wie bereits betont, im Bereich der Allgemeinen Unfallversicherungsanstalt aufgrund ähnlicher Erfahrungen im Ausland verfügt, daß bioelektrische Prothesen bei einseitig Amputierten nur in Ausnahmefällen verordnet werden sollen. Nachuntersuchungen größeren Stils haben ergeben, daß die bioelektrische Prothese bei einseitig Amputierten, wenn sie nicht als Schmuckhand verwendet wird, nicht benützt wird.

Es wurden hier – und das gilt auch für das Bein – nur Bewegungseinschränkungen angeführt, ohne auf unfallkausale sonstige Verletzungen Rücksicht zu nehmen. Es ist selbstverständlich, daß auf sonstige Funktionsstörungen, z. B. Gefühlsstörungen, Hautveränderungen etc., nicht Rücksicht genommen wurde, die die Armwertminderung entsprechend erhöhen. Das gilt besonders für die Finger, die ja in der Gliedertaxe aufscheinen, bei denen aber nicht nur die Bewegungseinschränkungen, sondern auch die sonstigen Funktionsstörungen wie beispielsweise Kraftlosigkeit, Mangel des Spitzgriffes, Gefühlsstörungen etc. zu berücksichtigen sind. Daß ein erhaltener Zeigefinger, der steif und durchblutungsgestört ist, der damit eher ein Hindernis für die Greiffähigkeit der betreffenden Hand darstellt, gleich bewertet wird wie der Verlust des Zeigefingers, muß von Fall zu Fall entschieden werden. Es ist selbstverständlich, daß hier ein zusätzliches neurologisches Gutachten nicht erforderlich ist, da ja der Finger eine funktionelle Einheit darstellt.

b. Tabelle der Beinwertminderung (vom vollen Beinwert)

* Versteifung des unteren Sprunggelenkes in Normalstellung	10%
* Versteifung des unteren Sprunggelenkes mit schmerzhaften Wackelbewegungen	20%
* Einschränkung des unteren Sprunggelenkes zur Hälfte	5%
* Bewegungseinschränkung des oberen Sprunggelenkes in Rechtwinkelstellung oder leichter Spitzfußstellung	25%
* Bewegungseinschränkung des oberen Sprunggelenkes (geringfügig)	10%
* Versteifung des oberen Sprunggelenkes in Spitzfußstellung	33 1/3%
* Versteifung des oberen Sprunggelenkes in starker Spitzfußstellung	50%

* Pseudarthrose des Unterschenkels mit der Notwendigkeit des Tragens eines Stützapparates	60%
* Straffe Unterschenkelpseudarthrose	30%
* Nicht geheilter Kniescheibenbruch mit nichtfunktionierendem Streckapparat	33 1/3%
* Schlotterknie mit der Notwendigkeit des Tragens eines Stützapparates	45%
* Lockerung des Kniebandapparates (muskulär kompensiert)	15%
* Lockerung des Kniebandapparates (nicht kompensiert)	25%
* Versteifung des Kniegelenkes in ungünstiger Stellung	40%
* Versteifung des Kniegelenkes in günstiger Stellung	33 1/3%
* Bewegungseinschränkung des Kniegelenkes mit Beugebehinderung über die Rechtwinkelstellung	33 1/3%
* Beugebehinderung des Kniegelenkes mit Beugung bis zur Rechtwinkelstellung	15%
* Bewegungseinschränkung des Kniegelenkes (gering)	10%
* Verkürzung des Beines nach Ober- oder Unterschenkelbruch bis 6 cm	33 1/3%
* Versteifung des Beines nach Ober- oder Unterschenkelschenkelbruch mit Verkürzung bis 4 cm	20%
* Verkürzung des Beines nach Ober- oder Unterschenkelbruch bis 2 cm	10%
* Versteifung der Hüfte in ungünstiger Stellung	75%
* Starke Bewegungseinschränkung des Hüftgelenkes (konzentrisch)	30%
* Bewegungseinschränkung des Hüftgelenkes mit leichter Beugebehinderung und Behinderung der Abspreizung und der Drehbewegungen bis zu 1/3	10%

Bezüglich der Einschätzung nervenärztlicher Unfallfolgen nach den AUVB wird auf das entsprechende Kapitel des vorliegenden Buches verwiesen.

Auch hier ist wieder zu sagen, daß es sich um die reinen Bewegungseinschränkungen handelt und übrige Dauerschäden nicht berücksichtigt wurden. Es sind dies beispielsweise Durchblutungsstörungen, Sensibilitätsstörungen, ungünstige Narbenbildungen etc., die selbstverständlich die hier vorgeschlagenen Gebrauchsfähigkeitsverminderungsgrade erhöhen würden. Wie an der oberen Extremität sind auch an der unteren Extremität die Total- und Teilverluste nicht berücksichtigt, da sie nach der Gliedertaxe einzuschätzen sind. Selbstverständlich gilt auch hier, daß es sich bei der Amputation um einen guten Stumpf handelt, der prothetisch einwandfrei versorgt werden konnte, aus welchem Grunde es absolut vertretbar wäre, einen nicht prothetisch versorgbaren Stumpf auch über den in der Gliedertaxe angeführten Satz einzuschätzen. Nicht berücksichtigt wurden auch Beinverkürzungen unter 1 cm. Bis zu 1 cm reicht die Meßfehlerbreite und die physiologische Beinlängendifferenz.

D. Beispiel für ein Gutachten für die private Unfallversicherung

An die

. . . Versicherung   Wien, den . . .

Betrifft: Christian N. . . ., Unfall vom . . . 1988, Pol. Nr. . . .

UNFALLCHIRURGISCHES GUTACHTEN

Untersuchungstag: 15. November 1989

Vorgeschichte:
Vor etwa 25 Jahren Knieoperation links; sonst keine wesentlichen Vorerkrankungen und Vorunfälle erinnerlich.
Am . . . 1988 wurde Herr N. um etwa 23.45 Uhr auf der Westautobahn bei St. Pölten als Fahrer eines PKW bei einem Verkehrsunfall mehrfach verletzt. Herr N. gibt an, beim Unfall bewußtlos geworden zu sein und dies ca. 3 Wochen geblieben zu sein. An den Unfallhergang könne er sich nicht erinnern und er habe eine Erinnungslücke von etwa 2 Monaten vor dem Unfall.
Er wurde nach dem Unfall in die Unfallabteilung des Krankenhauses . . . gebracht, wo nach klinischer und röntgenologischer Untersuchung laut vorgewiesenem Arztbrief **eine Hirnquetschung, ein Schock, mehrere große Rißquetschwunden am Kopf beiderseits, ein offener Bruch des linken Oberarmkopfes, eine große Rißquetschwunde mit Eröffnung des Schleimbeutels am linken Ellenhaken, eine Rißquetschwunde am linken Knie mit Eröffnung des Schleimbeutels vor der Kniescheibe, eine Prellung des linken Unterschenkels, eine Rißquetschwunde über der linken Augenbraue, eine Prellung des linken Augapfels und eine Prellung des Brustkorbes mit Blut- und Luftansammlung im linken Brustkorbraum** festgestellt wurden.
Er wurde in stationäre Behandlung genommen, und es wurde noch am Unfalltag eine Parazentese durchgeführt, die Wunden wurden chirurgisch versorgt, und er wurde auf die Intensivbehandlungsstation verlegt.
Am 21. 11. 1988 wurde der Oberarmbruch in offener Wunde eingerichtet, osteosynthetisch fixiert und mit einem GILCHRIST-Verband ruhiggestellt.
Am 26. 11. 1988 wurde eine Bohrdrahtrückkürzung durchgeführt.
Am 30. 11. 1988 wurden am linken Unterarm Nekrosen entfernt und die Wunde offen gelassen.
Am 2. 12. 1988 wurde er neuerlich operiert, und zwar wurden eine Sekundärnaht am linken Ellbogen und eine Dermatomdeckung am linken Unterarm durchgeführt. Auch eine BÜLAU-Drainage wurde angelegt.
Am 8. 12. 1988 wurde ein Lungenabszeß eröffnet, der bereits subkutan perforiet war. Am 20. 1. 1989 wurden die Bohrdrähte aus der linken Schulter entfernt und am 5. 2. 1989 Herr N. von der Intensivbehandlungsstation auf die Normalstation verlegt.
Am 7. 2. 1989 wurde Herr N. aus der stationären Behandlung entlassen.

Am 27. 2. 1989 wurde er im Rehabilitationszentrum . . . aufgenommen. Bei der Entlassung wurden als derzeitige Verletzungsfolgen festgestellt: Posttraumatisches Psychosyndrom mittleren Grades, sehr geringe Innenohrschwerhörigkeit rechts, Schulterkontraktur links mit Pseudarthrosenbildung, Muskelatrophie in diesem Bereich, geringe Schwellung im Bereich des linken Kniegelenkes mit dorsaler Instabilität, Pleuraschwarten links basal, Trochleari sparese rechts, Gefühlsminderung und Innervationsdefizit an der linken Stirne mit blanden Narben.
Nach der Entlassung aus dem Rehabilitationszentrum . . . war Herr N. nicht mehr in Behandlung.
Im Mai, Juni und Juli 1989 war Herr N. in ambulanter Kontrolle neuerlich im Unfallkrankenhaus . . . Laut vorgewiesener Ambulanzkarte wurde als Diagnose eine Bewegungseinschränkung nach offenem, operiertem, subkapitalem Oberarmbruch links festgestellt. Es wurde dann auch festgestellt, daß nur Heilgymnastik durchgeführt werden solle, daß eine Operation aber nicht mehr notwendig sei.
Der Röntgenbefund ergab einen Mehrfachfragmentbruch des Oberarmkopfes und auch der subkapitale Bruch schien knöchern mit Varus von 60 Grad geheilt. Deutliche periartikuläre Verkalkungen, geringe Subluxationsstellung.
Herr N. ist von Beruf . . ., er steht seit dem Unfall nicht mehr in Arbeit.
Der Unfall wurde von der Allgemeinen Unfallversicherungsanstalt als Arbeitsunfall (Wegunfall) anerkannt, und er erhält laut beiliegender Kopie des Bescheides vom . . . die Vollrente wegen völliger Erwerbsunfähigkeit.

Frühere Unfälle:
Vor ca. 25 Jahren Meniskusoperation am linken Knie. Vor ca. 20 Jahren Verkürzung der linken Großzehe nach Arbeitsunfall.

Subjektive Beschwerden:
Ausgenommen die Beschwerden von seiten der Kopfverletzung, könne er den linken Arm nicht heben, er habe Schmerzen beim Versuch, den Arm zu heben, die Schmerzen werden in der Schulter lokalisiert. Er könne das linke Knie nicht ganz abbiegen, er habe auch einen Kreuzbandriß (es sei nicht bekannt, ob es sich um einen vorderen oder hinteren Kreuzbandriß handelt), dies sei aber erst im Unfallkrankenhaus . . . festgestellt worden. Es knackse im Knie, und er habe ein unsicheres Gefühl im linken Kniegelenk.

Objektiver Befund:
47 Jahre, 183 cm, 79 kg.

Linker Arm:
Die Schulter wird etwas tiefer gehalten als die rechte, die Schulterwölbung kantiger als rechts, deutliche Muskelatrophie auch an der Vorderseite und an der Hinterseite des Schultergelenkes. An der Außenseite der Schulter 3 cm lange, reaktionslose, im Hautniveau gelegene, nicht keloide und auf der Unterlage gut verschiebliche Operationsnarben. Kleine Flecknarben im Bereich des Oberarmes. Über dem Ellenhaken findet sich eine 9 cm lange, bis

1 cm breite, reaktionslose Narbe, eine Narbenplatte im Ausmaß von 7,5 cm zu 3 cm findet sich am linken Unterarm, beuge-ellenseitig in der Mitte, zarte flache Narben an der Streckseite des Unterarmes nach Hautentnahme und mehrere, nicht genau abgrenzbare Narben am linken Mittelfinger.

Beweglichkeit:
Finger, Handgelenk und Unterarmdrehung im vollen Umfang aktiv frei beweglich, Ellbogen S 0-10-145 gegen rechts S 0-10-145.
Schulter: S 50-0-60, passiv bis 90 gegen rechts S 70-0-155, F 20-0-40, passiv bis 80 gegen rechts F 50-0-150, R 80-0-10 gegen rechts F 90-0-90.

Umfangmaße:

Oberarm	links 32,0 cm	rechts 33,0 cm
Unterarm	links 26,0 cm	rechts 28,0 cm

Linkes Bein:
Geht mit Halbschuhen ohne Stock, Barfußgang ataktisch, breitbeinig, kurzschrittig, mit gleicher Belastung beider Beine, wobei er mit beiden Unterschenkeln in den Kniegelenken schlecht durchschwingt und mit beiden Füßen in den Sprunggelenken schlecht abrollt. Zehenballen- und Fersengang ebenfalls mühsam und kurzschrittig, tiefe Kniebeuge links nur bis knapp zur Rechtwinkelstellung möglich.
An der Streck-Innenseite des linken Kniegelenkes findet sich eine ca. 6 cm lange, alte Operationsnarbe nach Meniskusoperation vor etwa 25 Jahren. (Er habe nach dieser Meniskusoperation keinerlei Beschwerden gehabt und auch keine Versicherungsleistung erhalten).
An der Streckseite des Kniegelenkes über der Kniescheibe findet sich eine leicht bogenförmig verlaufende, etwa 5 cm lange Narbe, die angedeutet keloid ist. Kleinere Narben in der Umgebung. Die Narben sind reaktionslos, auf der Unterlage gut verschieblich. Die Kniekonturen links etwas verstrichen, normale Stellung des Unterschenkels zum Oberschenkel mit normalem Knievalgus wie rechts, Hautfarbe und -temperatur normal und seitengleich, Puls am Fußrücken und hinter dem inneren Knöchel seitengleich schwach tastbar, Sohlenbeschwielung seitengleich.
Als Nebenbefund findet sich eine Verkürzung der linken Großzehe mit fehlendem Nagel nach einem Arbeitsunfall vor etwa . . . Jahren.

Beweglichkeit:
Zehen und Sprunggelenke im vollen Umfang frei beweglich, Knie S 0-0-135 gegen rechts S 0-0-150, Hüfte aktiv frei beweglich.
Das Kniegelenk ist in Streckstellung seitenfest, deutliche Schublade.

Umfangmaße:

Oberschenkel	links 43,0 cm	rechts 44,0 cm
Kniegelenk	links 40,0 cm	rechts 40,0 cm
Wade	links 37,0 cm	rechts 37,0 cm

Brustkorb:
An der linken Brustkorbseite mehrere keloide Narben nach Drainage.
Im übrigen siehe neurologisches und pulmologisches Gutachten.

Zusammenfassung:

Rein unfallchirurgisch:
Muskelverschmächtigung der linken Schulter, Narben im Bereich des linken Schultergelenkes und im Bereich des linken Oberarmes, Narbe am linken Ellenhaken, Beugebehinderung des linken Ellbogengelenkes, konzentrische Bewegungseinschränkung des linken Schultergelenkes, Muskelverschmächtigung des linken Armes.
Gangstörung (wobei ein Teil der Gangstörung sicher neurologisch zu bewerten ist), Narben am linken Kniegelenk, Beugebehinderung des linken Kniegelenkes, Muskelverschmächtigung des linken Oberschenkels.
Narben an der linken Brustkorbseite.

BEURTEILUNG

Herr N. erlitt am . . . 1988 neben den vom neurologischen Sachverständigen zu beurteilenden Verletzungen im Bereich des Kopfes einen offenen Bruch des linken Oberarmkopfes, eine Verletzung des linken Ellbogengelenkes mit Eröffnung des Schleimbeutels, eine Rißquetschwunde am linken Knie mit Eröffnung des Schleimbeutels, sowie eine Prellung des linken Unterschenkels, eine Rißquetschwunde über der linken Augenbraue und eine Prellung des linken Augapfels sowie eine Prellung des Brustkorbes mit Blut- und Luftansammlung im linken Brustkorbraum.
Der Oberarmbruch wurde in offener Wunde eingerichtet und am 21. 11. 1988, also 3 Tage nach dem Unfall, osteosynthetisch fixiert und mit einem GILCHRIST-Verband ruhiggestellt. Am 26. 11. 1988 wurde eine Bohrdrahtkürzung durchgeführt. Nekrosen wurden am 30. 11. 1988 am linken Unterarm entfernt.
Am 2. 12. 1988 wurde er neuerlich operiert, und es wurden eine Sekundärnaht am linken Ellbogen und eine Dermatomdeckung am linken Unterarm gemacht.
Am 8. 12. 1988 wurde ein Lungenabszeß eröffnet, der bereits subkutan perforiert war. Die Bohrdrähte aus der linken Schulter wurden am 20. 11. 1988 entfernt.
Am 7. 2. 1989 wurde Herr N. aus der stationären Behandlung entlassen und wurde am 27. 2. 1989 im Rehabilitationszentrum . . . aufgenommen.
Nach der Entlassung war er nicht mehr in Behandlung.
Er war dann noch in ambulanter Kontrolle des Unfallkrankenhauses . . .
Im Unfallkrankenhaus . . . wurde auch ein Kreuzbandriß im linken Kniegelenk festgestellt.
Abgesehen von den Beschwerden von seiten der Kopfverletzung, diesbezüglich wird auf das neurologische Zusatzgutachten verwiesen, gab Herr N. an, daß er das linke Kniegelenk nicht abbiegen könne und er den linken Arm nicht heben könne.

Klinisch findet sich eine Verschmächtigung der Muskulatur des linken Oberarmes im Sinne einer Inaktivitätsatrophie als Ausdruck einer noch bestehenden Funktionsstörung, es finden sich eine Narbe am linken Schultergelenk und kleine Narben im Bereich des Oberarmes und des Ellenhakens. Der Ellbogen weist eine Beugebehinderung von 10 Grad und eine Streckbehinderung von ebenfalls 10 Grad auf, das Schultergelenk ist konzentrisch in seiner Beweglichkeit eingeschränkt.
Es finden sich eine Gangstörung, die jedoch zum Teil auf neurologische Unfallfolgen zurückzuführen ist, eine Narbe am linken Kniegelenk sowie Narben in der Umgebung des Kniegelenkes. Das linke Kniegelenk ist in seiner Beugung um etwa 15 Grad eingeschränkt, es finden sich aber eine deutliche Lockerung des Kniegelenkes in der Stirnebene und eine Muskelverschmächtigung, wie bereits erwähnt, des linken Beines.
Der derzeitige Zustand, etwa 13 Monate nach dem Unfall, muß unfallchirurgisch insofern als Endzustand angesehen werden, als eine nennenswerte Besserung nicht mehr zu erwarten ist.
Als Dauerschaden ist somit rein unfallchirurgisch eine **Minderung des Armwertes links um 10% (zehn Prozent), und eine Beinwertminderung links um 15% (fünfzehn Prozent)** anzunehmen.
Hinsichtlich etwaiger Dauerfolgen auf dem Gebiete der Neurologie/Psychiatrie und auf dem Gebiet der Pulmologie müßten entsprechende Gutachten eingeholt werden.

VII. Das Gutachten für die Haftpflichtversicherung und das Zivilgericht

Beide Themen können zusammengenommen werden, da kein prinzipieller Unterschied besteht. Das Gutachten für die *Haftpflichtversicherung* ist Grundlage für eine außergerichtliche Einigung, das Gutachten für das *Zivilgerichtsverfahren* soll und darf sich nicht davon unterscheiden.

Hinsichtlich der *Kausalität* als Grundlage für das Gutachten hat der Sachverständige bereits Unterlagen, ausreichende Unterlagen werden ihm vom Gericht zur Verfügung gestellt bzw. können vom Gutachter vom Gericht angefordert werden. In der Regel steht die Kausalität fest. Es gibt aber ganz seltene Fälle, in denen die Kausalität angezweifelt werden muß, und ich verweise dabei besonders auf das Kapitel des Schleudertraumas der Halswirbelsäule.

Der Gutachter hat sowohl die Angaben des Geschädigten bzw. des Klägers als auch die ihm zur Verfügung gestellten Unterlagen in seinem Gutachten zu berücksichtigen. Ein genaues Studium des Gerichtsaktes ist hierfür erforderlich.

Er hat auch zu vorliegenden Vorgutachten und ärztlichen Bestätigungen Stellung zu nehmen und diese Stellungnahmen in seinem Gutachten einzuschließen.

Anders als in der privaten Unfallversicherung und in der gesetzlichen Unfallversicherung, wo die Minderung der Erwerbsfähigkeit auf dem allgemeinen Arbeitsmarkt die Einschätzungsgrundlage bildet, hat er zu den unfallkausalen Einschränkungen des beruflichen und privaten Lebens Stellung zu nehmen, beispielsweise auch zur Frage, ob eventuelle Narben oder sonstige Verunstaltungen, die in der gesetzlichen und in der privaten Unfallversicherung nicht als Minderung der Erwerbsfähigkeit anerkannt werden können (abgesehen von der in der letzten Novelle zum ASVG aufgenommenen Integritätsverlustabgeltung) berufsbehindernd wirken können, Heiratschancen vermindern oder ihm die Möglichkeit nehmen, seine bisherigen Freizeitaktivitäten, beispielsweise auch sportliche Aktivitäten, unmöglich machen oder vermindern und damit seine Lebensqualität einschränken.

Hinsichtlich des Berufes ist der Gutachter gut beraten, wenn er sich in dieser Hinsicht nicht äußert, sondern die Entscheidung dieser Frage einem Sachverständigen auf dem Gebiete der Berufskunde überläßt.

Die Invalidität, die zum Unterschied zur privaten Unfallversicherung keine festen Sätze oder Einschätzungsrichtlinien hat, erfordert hinsichtlich ihrer Einschätzung eine große Erfahrung des Gutachters.

Überdies, und das ist ein großer Unterschied zur privaten Unfallversicherung, muß der Gutachter auch mögliche künftige *Verschlimmerungen* des unfallbedingten Zustandes in seine Beurteilung einbeziehen, wobei er selbstverständlich zwischen unfallbedingten Verschlimmerungen und Verschlechterungen des Allgemeinzustandes aufgrund des Alters unterscheiden muß, was allerdings oft erst in einem späteren Gutachten festgestellt werden kann.

A. Das Schmerzengeld

Die Grundlage für die Bemessung des Schmerzengeldes bildet der § 1325 des ABGB: „Wer jemand an seinem Körper verletzt, bestreitet die Heilungskosten des Verletzten, ersetzt ihm den entgangenen oder, wenn der Beschädigte zum Erwerb unfähig wird, auch den künftig entgehenden Verdienst; und bezahlt ihm auf Verlangen überdies ein den erhobenen Umständen angemessenes Schmerzengeld." Das Schmerzengeld und dessen Höhe müssen vom Beschädigten angesprochen werden.

Die Festsetzung der Höhe des Schmerzengeldes liegt im richterlichen Ermessen. Als Grundlage für die richterliche Entscheidung wird ein ärztliches bzw. fachärztliches Gutachten angefordert. Die Aufgabe des Gutachters ist es, die Verletzung und die Verletzungsfolgen anzuführen und die körperlichen Schmerzen, Behinderungen, Beeinträchtigungen und deren Dauer aufgrund beweisbarer Unterlagen darzulegen. In den Fällen, in denen es zu Verunstaltungen kommt, sind diese zu beschreiben, *es ist dem Gericht und dem Richter aber nicht erwünscht, daraus Ableitungen im Hinblick auf eine Schmerzengeldbemessung zu erfassen, da der Richter aufgrund des menschlichen Einfühlungsvermögens und unter Berücksichtigung von Tatsachen, die außermedizinisch sind, zu einer fachlichen Beurteilung kommt.* Außerdem wird vom Richter gefordert, daß der Gutachter auch die künftigen Schmerzen und Beschwerden behandelt, soweit sie als Folge der Beschädigung auftreten können, ebenso wie die Dauerfolgen. Falls nicht mit Folgen zu rechnen ist, ist dies im Gutachten ausdrücklich festzuhalten. Der Sachverständige hat es aber zu unterlassen, die Höhe des Schmerzengeldes in Schillingbeträgen vorzuschlagen; diese Entscheidung obliegt dem Richter.

Der Ausdruck „Schmerzengeld" wird, wie J. Piegler ausführt, nicht näher erklärt; es wird als selbstverständlich vorausgesetzt, daß dies eine Abgeltung für die mit der Körperverletzung verbundenen Schmerzen darstelle. Damit hatte der Gesetzgeber des Jahres 1811 in Wahrheit eine Entscheidung von großer Tragweite getroffen, denn es ist zwar ohne weiteres selbstverständlich, daß dem Verletzten Heilungskosten und Verdienstentgang als eindeutig faßbare materielle Einbußen zu ersetzen sind, nicht aber, daß dies auch hinsichtlich der Schmerzen gelten soll, die ja dem Bereich des Innenlebens angehören und deren Zufügung daher einen sogenannten immateriellen Schaden hervorruft. Die Zubilligung dieser Möglichkeit, Geld für Schmerzen zu verlangen, lag allerdings dem damaligen Rechtsempfinden in Europa keineswegs fern. Eine eigentümliche Lösung fand, so Piegler, das allgemeine preußische Landrecht von 1794, wo angeordnet wurde (I, VI § 113), das Schmerzengeld dürfe nicht unter der Hälfte und nicht über dem doppelten Betrag der Kurkosten bestimmt werden. Hier wurde also ein Rahmen für das Schmerzengeld abgesteckt, der von der Höhe der Heilungskosten abhängig war und damit indirekt der Schwere der Verletzung Rechnung trug, was gewiß nicht unvernünftig ist. Eine solche Entscheidungshilfe bietet das österreichische Recht dem Richter nicht, weshalb die Frage nach der Höhe des im Einzelfall angemessenen Schmerzengeldes völlig ins richterliche Ermessen gestellt ist. Soll aber Ermessensübung nicht als Willkür empfunden werden, so müssen doch gewisse Leitlinien von der Rechtssprechung erarbeitet und eingehalten werden.

Das Schmerzengeld soll angemessen sein. Das kann nur heißen, daß ein Maß da sein muß, nach dem man sich richten kann. Aus dem Wortlaut des § 1325 ABGB ergibt sich zunächst, daß sich die Schmerzen aus einer Körperverletzung, also nicht bloß aus einer seelischen Beeinträchtigung ergeben müssen.

Nicht selten ist der nicht so erfahrene Gerichtssachverständige versucht, auch *seelische Schmerzen* in seine Beurteilung einfließen zu lassen; ich habe es auch schon erlebt, daß der Richter oder noch eher der Rechtsfreund des Geschädigten dieses Ansinnen an den Gutachter gestellt hat. Hier hat PIEGLER eine deutliche Feststellung getroffen, die ich im Wortlaut zitieren möchte: *„Liegt aber eine Körperverletzung vor, dann sind selbstredend auch seelische Schmerzen, zum Beispiel über den Verlust eines Körperteiles, über die Unmöglichkeit, weiterhin Sport zu betreiben, über die Verunstaltung usw. zu berücksichtigen. Gerade in letzterer Hinsicht wird aber der Richter auf das Gutachten eines medizinischen Sachverständigen nicht angewiesen sein, weil es schon aus dem menschlichen Einfühlungsvermögen des Richters heraus möglich ist, zu beurteilen, inwieweit die zugefügte Verletzung auf das Gemüt des Verletzten nachteilig einwirkt. Es ist daher gar nicht erwünscht, daß im Gutachten etwa gesagt wird, unter Mitberücksichtigung der seelischen Schmerzen seien diese oder jene Schmerzperioden anzunehmen. Das hilft uns Richtern nicht, sondern verwirrt eher.“*

Der Richter ist jedenfalls im Bereich der Erfassung der körperlichen Schmerzen des Verletzten immer darauf angewiesen, ein fachärztliches Gutachten über die entstandene Verletzung und die damit verbundenen Schmerzen sowie über die Dauerfolgen zu erhalten. Da unser Gesetz schlicht nur von Schmerzen spricht, aber nach ständiger Rechtssprechung die Angemessenheit des Schmerzengeldes nicht nur von diesen selbst, sondern auch von der Schwere der Verletzung an sich und von den verbleibenden Dauerfolgen abhängt, ist die Verantwortung des Gutachters bei der Bemessung dieser Schmerzperioden sehr groß.

Nach eigener Erfahrung sowie nach der Erfahrung aller mit diesem Thema befaßten Sachverständigen gehört die Einschätzung der Schmerzperioden zu den schwierigsten Entscheidungen überhaupt. Unfallfolgen können zumindest im unfallchirurgischen Bereich durch eine klinische Untersuchung mit Beweglichkeitsmessung etc. relativ sicher beurteilt werden. Die Beurteilung der Schmerzperioden hängt aber von vielen anderen Faktoren ab, die nicht immer meßbar sind. So ist die Schmerzempfindung des einzelnen Menschen verschieden und sie hängt vom Alter ab, da beispielsweise Kinder Schmerzen oft stärker empfinden oder schlechter unterdrücken können als ein Erwachsener. Individuelle Unterschiede sind hier an der Tagesordnung.

Es liegt somit auch auf der Hand, daß die Beurteilung von Schmerzperioden nur ein Sachverständiger durchführen kann, der durch viele Jahre am Krankenbett tätig war und somit die Leidensintensität wenigsten ungefähr einschätzen kann.

Ein weiteres Problem liegt darin, daß in der Regel Schmerzperioden eingeschätzt werden, die entstanden wären, wäre der Verletzte nicht in Behandlung – besonders in stationärer Behandlung – gestanden. Besonders in stationärer Behandlung ist es ja so, daß Schmerzen durch schmerzstillende oder schmerzlindernde Mittel bekämpft werden müssen, und es wären genaugenommen die behandelnden Ärzte straffällig, wenn ein Patient während der Dauer seiner stationären Behandlung ab Unfall beispielsweise 12 Tage unter ununterbrochen starken Schmerzen gelitten hätte. Trotzdem wird ein Leidenszustand, bei dem es notwendig ist, dem Patienten durch schmerzlindernde Mittel zu helfen, in die Schmerzperiodenbemessung Eingang finden müssen, wenn auch mit entsprechendem Vorbehalt.

Es gibt ein sehr wertvolles Buch unter dem Titel „Das Schmerzengeld" von Jarosch-Müller-Piegler. Ich möchte aber davor warnen, hier zu versuchen, einen gleichgelagerten Fall wie die als Beispiele angeführten Fälle in diesem Buch zu suchen; gleichgelagerte Fälle gibt es nicht. Trotzdem ist dieses Buch ein wertvoller Behelf, bei überzogenen Schmerzengeld-Schätzungen bzw., besser gesagt, Schmerzperioden-Bemessungen einen Vergleich mit den dort angeführten Fällen anzuführen. Ich selbst habe davon des öfteren Gebrauch gemacht.

Hinsichtlich der Einteilung der Schmerzperioden möchte ich empfehlen, bei der Einschätzung von starken, mittelstarken und leichten Schmerzen zu bleiben. Die von manchen Gutachtern angeführten Perioden „qualvoller" Schmerzen möchte ich nicht empfehlen. Einerseits gibt es bei ambulanter Behandlung diese Schmerzform nicht, andererseits dürfen sie bei stationärer Behandlung nicht vorkommen, auch dann nicht, wenn der betreffende Patient auf einer Intensivbehandlungsstation liegt, wo ihm diese qualvollen Schmerzen, sofern er sie bei der Schwere der Verletzungen überhaupt bewußt erlebt, gelindert werden müssen. Manchmal werden die „qualvollen" Schmerzen damit begründet, daß der Patient Todesangst hatte. Dies kommt sicherlich vor, doch fällt dies unter die in den Ausführungen über die „seelischen" Schmerzen genannten Überlegungen.

Meiner Meinung nach sind die Ausführungen von Holczabek die zweckmäßigsten, und sie wurden auch bei der Tagung der Gesellschaft der Gutachterärzte Österreichs vom 7. 11. 1975 unter dem Titel „Das Schmerzengeld" in „Forschung und Praxis der Begutachtung" von JECH-KRÖSL-OSWALD veröffentlicht. Sie lauten:

a) *Ein starker Schmerzzustand* wird dann anzunehmen sein, wenn Schmerz- und Krankheitsgefühl den Verletzten so beherrschen, daß er trotz Behandlung oder wegen dieser Behandlung nicht in der Lage war und ist, sich von diesem Zustand zu abstrahieren. Er kann sich nicht ablenken, an nichts erfreuen und war oder ist schwer krank.
b) *Ein mittelstarker Schmerz-, Leidenszustand* wird dann anzunehmen sein, wenn sich dieser mit der Fähigkeit, sich von ihm zu abstrahieren, die Waage hielt, wenn der Kranke also schon zu Interessenverwirklichungen bereit und fähig war.
c) *Der leichte Schmerz-, Leidenszustand* behindert den Patienten nicht, sich zu zerstreuen und abzulenken; er kann sogar einer geeigneten Arbeit nachgehen; hingegen ist er keineswegs frei von Schmerzen oder Unlustgefühlen.

Es sind also nicht nur der reine Schmerz, sondern der Leidenszustand, die Behinderungen und Beeinträchtigung des ganzen Menschen zu beurteilen.

Ein weiteres Problem, das dem Richter Schwierigkeiten bereitet, wenn der Sachverständige nicht darauf eingegangen ist, ist die Frage, ob eine Komprimierung der Schmerzperioden durchgeführt wurde. Es ist ja besonders bei den mittelstarken und bei den geringen Schmerzen üblich, daß diese nicht ständig – und das bezieht sich besonders auf die geringen Schmerzen – bestehen, sondern nur zeitweilig. Der Gutachter hat daher die (allerdings sehr schwere) Aufgabe, eine Komprimierung vorzunehmen. Wenn also nur stundenweise Schmerzen bestanden haben, so sind diese Tage nicht als volle Tage, beispielsweise leichter Schmerzen, zu dokumentieren, sondern es ist eine Komprimierung vorzunehmen, nach der beispielsweise bei im 24-Stunden-Tagesverlauf Schmerzen zeitweilig, aber nur bei bestimmten Bewegungen oder Betätigungen insgesamt etwa 2 Stunden lang auftreten. Es ist eine Komprimierung in der Gestalt vorzunehmen, daß im genannten Fall bei komprimiert 2 Stunden geringer Schmerzen pro 24-Stunden-Periode dies berücksichtigt wird. Ein Beispiel möge dies erläutern: Bei 4 Wochen geringer Schmerzen würde dies – wollte man die Schmerzperiode auf den gesamten 24-Stunden-Bereich ausdehnen, eine Schmerzdauer von 672 Tagen ergeben. Bei der reellen Berechnung kämen 56 Tage heraus.

Ich weiß, daß ich mich dabei wieder auf das Gebiet der Mathematik begebe, doch ist es für den Richter wichtig zu wissen, welche Einschätzungsgrundlagen der Sachverständige vorgenommen hat. Es ist daher erforderlich, daß bei der Schmerzperiodenschätzung festgelegt wird, daß es sich um eine Komprimierung auf einen approximativ errechneten Zeitraum handelt.

PIEGLER hat in seinem genannten Vortrag ausgeführt, daß er als Laie, gerade als Richter des Obersten Gerichtshofes, im übrigen nur hoffen könne, daß die ärztlichen Gutachter zu einer möglichst einheitlichen Auffassung in der Einschätzung der Schmerzphasen finden mögen. Wie sie dahin gelangen können, vermöge er ihnen nicht zu sagen, weil es sich um ein rein medizinisches Problem handle. Aber als Richter könne man sich des Eindrucks nicht erwehren, daß verschiedene Gutachter bei gleichgelagerten Fällen zu mitunter recht unterschiedlichen Schmerzperioden gelangen. Der Oberste Gerichtshof war auch nie dafür zu haben, daß das Schmerzengeld schematisch nach einer Art Tagessatz berechnet wird. Das letzte Wort muß sich daher stets der Richter nach seinem Ermessen vorbehalten, sonst würden unterschiedliche Bewertungspraktiken von Sachverständigen, die wahrscheinlich nie ganz auszuschalten sein werden, sich dahin auswirken, daß das Gericht Gleiches ungleich behandelt, und das wäre eben ungerecht.

Wenn ich PIEGLER weiter zitieren darf, so hält er es von besonderer Bedeutung für den Richter, daß der Gutachter auch die Frage der zukünftigen Schmerzen d. h. jener Schmerzen, die nach dem Zeitpunkt der Begutachtung voraussichtlich noch auftreten werden, schätzt. Da Schmerzengeld üblicherweise nicht in Form einer Rente (was an sich möglich wäre), sondern als Pauschalbetrag zuerkannt wird, muß das Gericht alle beim Schluß der mündlichen Streithandlung überschaubaren Schmerzen miteinbeziehen. Der Sachverständige muß sagen, ob *künftige Schmerzen* auszuschließen oder in einem bestimmten Ausmaß vorhersehbar sind oder ob die künftige Entwicklung ungewiß ist. Im letzteren Fall wird das Gericht in seinem Urteil zum Ausdruck bringen, daß der Zuspruch nur für die bisher feststellbaren Schmerzen erfolgt, weil damit dem Verletzten die Möglichkeit erhalten bleibt, in Zukunft allenfalls eine Ergänzung des Schmerzengeldes zu verlangen. Präzise Klarheit des Gutachtens bezüglich der Überschaubarkeit künftiger Schmerzen sei daher also wesentlich für ein sachgerechtes Urteil. Selbstverständlich könne das Gutachten auch so aussehen, daß etwa gesagt werde, für die nächsten zwei Jahre seien noch zusammengefaßt insgesamt 50 Tage leichter Schmerzen zu erwarten, darüber hinaus sei aber eine Vorhersage noch nicht möglich. Das Gericht werde dann die vorhersehbaren Schmerzen in die Bemessung einbeziehen und in den Urteilsgründen ausführen, daß über allfällige spätere Schmerzen derzeit nicht abgesprochen werden kann. Dies entspricht in gleicher Weise selbstverständlich im Zivilgerichtsverfahren hinsichtlich möglicher späterer Dauerfolgen einem zu stellenden Feststellungsbegehren.

Es betrifft dies natürlich auch alle weiteren, noch vorhersehbaren zukünftigen Behandlungsmaßnahmen, wobei dem Richter sicherlich geholfen wird, wenn man beispielsweise bei einer noch ausstehenden Entfernung des Osteosynthesematerials im Gutachten anführt, daß – komplikationsloser Verlauf vorausgesetzt – für die Entfernung des Osteosynthesematerials noch Schmerzperioden im üblichen Ausmaß (wiederum aufgegliedert in starke, mittlere und geringe Schmerzen) zu erwarten sind. Damit ist nicht nur dem Richter, sondern auch dem Geschädigten und dem Schädiger geholfen, da dadurch ein Abschluß des Verfahrens in Aussicht steht, wenn auch immer noch offen bleibt, daß es bei der Entfernung vom Osteosynthesematerial zu unerwarteten Komplikationen kommen kann, was nicht eindeutig ausschließbar ist.

Abschließend soll noch auf die sogenannten *„Schmerzen gleichzusetzenden Beschwerden"* eingegangen werden, die *mit seelischen Schmerzen nicht gleichzusetzen* sind. Es sind dies Schmerzen oder besser Befindlichkeitsstörungen, die wohl nicht in der Regel schmerzhaft, andererseits aber mit Unannehmlichkeiten verbunden sind. Es ist dies beispielsweise das Liegen im Streckverband oder aber das Tragen eines Gipsmieders oder gar eines „Minerva-Gipsverbandes", bei dem nicht nur der Oberkörper, sondern auch der Kopf und Hals im Gips eingeschlossen sind. Diese Befindlichkeitsstörungen sind mit Schmerzperioden geringen Grades – in diesem Fall aber über 24 Stunden – gleichzusetzen. In der Schmerzperiodenschätzung sind diese als „Schmerzen gleichzusetzende Beschwerden" anzuführen und zu beurteilen. Außerdem ist zu bedenken, daß längere Zeit ruhiggestellte Gelenke bei Wiedererlangung der Beweglichkeit schmerzhaft reagieren, wodurch mittlere Schmerzen in gehäuftem Ausmaß – abklingend über geringe Schmerzen – zu bewerten sind. Auch dies ist natürlich in der Begründung der Schmerzperiodenschätzung anzuführen.

Selbstverständlich ist, wie in der gesamten Begutachtungspraxis, darauf hinzuweisen, daß Vorunfälle oder Vorschäden Schmerzen verursachen können, die in diesem Fall ebenso bei der Gesamteinschätzung zu berücksichtigen sind.

B. Beispiel für ein Gutachten für die Haftpflichtversicherung

An die

. . . Versicherung — Wien, den . . .

Betrifft: Rene N. . . ., Vorfall vom . . . 1988

UNFALLCHIRURGISCHES GUTACHTEN

Untersuchungstag: 11. August 1989

Vorgeschichte:
Am . . . 1988 wurde Herr N. um etwa 20.20 Uhr in Wien 18, als Soziusfahrer auf einem Motorrad fahrend, bei einem Verkehrsunfall verletzt.
Mit der Rettung wurde er an die 1. Wiener Unfallklinik eingeliefert, wo nach klinischer und röntgenologischer Untersuchung laut dem Akt beiliegender Kopie der Krankengeschichte **ein Bruch des rechten Oberschenkels, ein zweitgradig offener Bruch des rechten Unterschenkels und eine Prellung des Brustkorbes** festgestellt wurden.
Röntgenologisch zeigte sich im Bereiche des Oberschenkels ein Querbruch in Schaftmitte mit Ausbruch eines kleinen Keiles und ein Unterschenkelbruch in Schaftmitte mit Ausbruch eines großen Biegungskeiles vom Schienbein. Im übrigen Bereich (Schädel, Brustkorb, Becken) waren keine frischen Knochenverletzungen erkennbar.
Er wurde in stationäre Behandlung genommen und noch am Unfalltag operiert, wobei sowohl am Oberschenkel als auch am Unterschenkel eine Verriegelungsnagelung durchgeführt wurde. Außerdem wurde die Wunde am Unterschenkel chirurgisch versorgt.
Damit enden die dem Unterzeichneten zur Verfügung stehenden Unterlagen.
Nach Angabe des Verletzten sei der Heilungsverlauf komplikationslos gewesen, so daß Herr N. am . . . 1988 aus der stationären Behandlung entlassen werden konnte.
In der Folge waren keine Kontrollen bis zum . . . 1988, an welchem Tage Röntgenaufnahmen durchgeführt wurden.
Im Jänner 1989 wurden ambulant 2 Verriegelungsschrauben aus dem Unterschenkel entfernt, das übrige Osteosynthesematerial liegt noch. Eine weitere Behandlung wurde vorläufig nicht durchgeführt.
Herr N. ist von Beruf . . . und war bis . . . 1989 im Krankenstand.
Vorunfälle und Vorkrankheiten: Keine.

Subjektive Beschwerden:
Er habe manchmal beim Gehen noch ein bißchen Schmerzen im rechten Unterschenkel und in der rechten Hüfte.

Objektiver Befund:
32 Jahre, 171 cm, 72 kg.

Rechtes Bein:
Geht mit Halbschuhen ohne Stock, Barfußgang rechts deutlich hinkend und rechts einsinkend mit außengedrehtem rechtem Bein, wobei er mit dem rechten Fuß im Sprunggelenk schlecht abrollt, mit dem Unterschenkel im Kniegelenk aber gut durchschwingt. Die Schrittlänge ist seitengleich, das rechte Bein wird etwas kürzer belastet als das linke. Zehenballengang rechts ebenfalls hinkend mit außengedrehtem Bein, Fersengang ebenso. Tiefe Kniebeuge rechts bis knapp zur Rechtwinkelstellung des Kniegelenkes möglich. An der Außenseite des Hüftgelenkes findet sich eine 10 cm lange, 1 cm breite, reaktionslose, im Hautniveau gelegene, nicht keloide und auf der Unterlage gut verschiebliche Operationsnarbe. Eine weitere, ebenfalls 1 cm breite Narbe findet sich in einer Länge von 5 cm über der Schienbeinrauhigkeit, mehrere Flecknarben, zum Teil eingezogen und schlecht verschieblich an der Innenseite des rechten Unterschenkels. Die Kniekonturen rechts sind verstrichen. Der rechte Unterschenkel weist einen leichten Varusschwung auf, am Oberschenkel äußerlich keine auffällige Verbiegung oder Verdrehung feststellbar. Hautfarbe und -temperatur normal und seitengleich, Puls am Fußrücken und hinter dem Innenknöchel beiderseits nicht sicher tastbar, Sohlenbeschwielung rechts geringer, dabei fällt eine leichte Verschmälerung des rechten Vorfußes auf.

Beweglichkeit:
Zehen im vollen Umfang aktiv frei beweglich, hinteres unteres Sprunggelenk passiv 1/3 eingeschränkt, oberes S 0-0-40, gegen links S 10-0-65, Knie S 0-0-150, gegen links S 0-0-145, Hüfte: angedeutete Beugekontraktur, Beugung endlagenbehindert, Ab- und Adduktion frei. Außenrotation endlagenbehindert, Innenrotation 1/3 eingeschränkt.

Umfangmaße:

Oberschenkel	rechts 47,0 cm	links 48,0 cm
Knie	rechts 37,0 cm	links 37,0 cm
Wade	rechts 35,5 cm	links 36,5 cm
Beinlänge	rechts 93,5 cm	links 94,0 cm

Röntgenaufnahmen vom . . . 1989:

Rechtes Hüftgelenk ap:
Im Oberschenkel steckt ein Drehverriegelungsnagel mit einer Schraube pertrochantär. Das rechte Hüftgelenk ist normal konfiguriert, der Kopf liegt normal in der Pfanne. Der Mineralgehalt ist normal, die Knochenstruktur innerhalb der Norm, keine auffälligen arthrotischen Veränderungen.

Rechter Oberschenkel ap/s mit Kniegelenk:
Der Bruch liegt oberhalb des oberen Bildrandes, es erscheint der Bruch knöchern durchgebaut, Achse gerade in beiden Ebenen, Marknagel liegt reaktionslos, die beiden Schrauben ebenfalls, der Mineralgehalt ist innerhalb der Norm.

Rechter Unterschenkel ap/s:
Geheilter Bruch des Unterschenkels etwa in Schaftmitte mit einem Drehverriegelungsnagel versorgt, wobei beide Schrauben oberhalb des Sprunggelenkes reaktionslos liegen, ebenso der Marknagel. Der Bruch ist kallös überbrückt, sowohl am Schienbein als auch am Wadenbein. Im Seitenbild findet sich vorn ein mächtiger Drehkeil, der aber gut angeheilt ist. Die Knochenstruktur im Bereiche des Sprunggelenkes ist normal, es finden sich keine arthrotischen Veränderungen, Sprungbein an normaler Stelle, Knöchelgabel geschlossen.

Zusammenfassung:
Deutliche Gangstörung, Narben am rechten Oberschenkel und Unterschenkel, leichte Verbiegung des rechten Unterschenkels, Muskelverschmächtigung des rechten Beines, leichte Bewegungseinschränkung des hinteren unteren Sprunggelenkes, stärkere des oberen Sprunggelenkes, leichte Beugebehinderung des rechten Kniegelenkes, leichte Beugebehinderung des rechten Hüftgelenkes, Einschränkung der Außen- und Innenrotation des rechten Hüftgelenkes.

BEURTEILUNG

Herr N. erlitt am . . . 1988 einen Bruch des rechten Oberschenkels und einen offenen Bruch des rechten Unterschenkels sowie eine Prellung des Brustkorbes. Die Brüche des Ober- und Unterschenkels wurden noch am Unfalltag operiert und mit einem Verriegelungsnagel sowohl am Oberschenkel als auch am Unterschenkel fixiert.

Nach komplikationslosem postoperativem Verlauf wurde Herr N. am . . . 1988, also 13 Tage nach dem Unfall, aus der stationären Behandlung entlassen.

Er verblieb weiter in ambulanter Kontrolle des erstbehandelnden Krankenhauses, wo im Jänner 1989 zwei Verriegelungsschrauben aus dem Unterschenkel entfernt wurden.

Der Krankenstand dauerte bis . . . 1989.

Zum Zeitpunkt der Begutachtung gab Herr N. an, daß er manchmal beim Gehen noch ein bißchen Schmerzen im rechten Unterschenkel und in der rechten Hüfte habe.

Klinisch besteht eine deutliche Gangstörung, es finden sich Narben am rechten Ober- und Unterschenkel. Das rechte Bein ist im Sinne einer Inaktivitätsatrophie als Ausdruck einer noch bestehenden Funktionsstörung und damit Schonung des rechten Beines muskelverschmächtigt. Die Beinlänge weist eine Differenz von minus 0,5 cm auf, was innerhalb der Meßfehlerbreite bzw. der physiologischen Beinlängendifferenz liegt, was ja auch durch die Tatsache erhärtet wird, daß in beiden Fällen eine Marknagelung durchgeführt wurde, womit eine relevante Beinverkürzung nicht auftreten kann. Außerdem weist das hintere untere Sprunggelenk eine leichte Bewegungseinschränkung auf, das obere Sprunggelenk ist in beiden Richtungen um insgesamt 35 Grad eingeschränkt. Am Knie besteht keine Beugebehinderung, die stärkere Beugung ist durch die Muskelverschmächtigung erklärbar. Am Hüftgelenk ist die Beugung geringgradig eingeschränkt, die Rotation in beiden Richtungen behindert.

Der derzeitige Zustand, etwa 1 Jahr nach dem Unfall, kann im Hinblick auf das jugendliche Alter des Verletzten noch nicht als Endzustand angesehen werden, da sich nach der medizinischen Erfahrung die Beweglichkeit noch etwas bessern wird. Zurückbleiben wird sicher eine leichte Bewegungseinschränkung im Bereiche der Sprunggelenke und im Bereiche des Hüftgelenkes. Dieser Dauerschaden entspricht einer **Invalidität von etwa 10 (zehn) %**. Spät- oder Dauerschäden sind nach medizinischer Erfahrung in diesem Fall nicht anzunehmen.

Was die Schmerzen anlangt, so müssen nach Art und Schwere der Verletzung starke Schmerzen zunächst für die ersten 3 bis 4 Tage nach dem Unfall bzw. nach der Operation angenommen werden, besonders im Hinblick darauf, daß es sich dabei um einen Oberschenkel- und Unterschenkelbruch gehandelt hat und beide Brüche operiert wurden. Diese Schmerzen sind dann über zuerst ständige, dann zeitweise mittlere zu geringen Schmerzen abgeklungen. Starke Schmerzen sind dann noch für einen Tag nach der Entfernung des ersten Osteosynthesematerials anzunehmen, wieder abklingend über mittlere zu geringen Schmerzen. Geringe Schmerzen sind auch in den folgenden Wochen und Monaten noch als zeitweise auftretend anzuerkennen. Ihre Verwertung empfiehlt sich im Sinne der Komprimierung auf einen errechneten approximativen Zeitraum anzunehmen.

Auf Grund dieser Überlegungen ergeben sich daher summarisch und abgerundet:

starke Schmerzen als dauernde durch ca. 4–5 Tage,

mittlere Schmerzen als dauernde durch ca. 12–14 Tage,

geringe Schmerzen als dauernde, einschließlich der im Sinne der Komprimierung verwerteten zeitweisen Schmerzen durch ca. 3 bis 4 Wochen.

Für die Entfernung des Osteosynthesematerials aus dem Ober- und Unterschenkel sind, normalen Verlauf vorausgesetzt, starke Schmerzen durch ca. 2 bis 3 Tage, mittlere Schmerzen durch ca. 4 bis 5 Tage, geringe Schmerzen durch ca. 10 bis 14 Tage zusätzlich anzuerkennen.

Weiterführende Literatur zum unfallchirurgischen Teil

Bloemertz, C. B.: Die Schmerzensgeldbegutachtung. Walter De Gruyter-Verlag, Berlin 1964

Emberger, H., Sattler A.: Das ärztliche Gutachten. Hrsg. Österr. Ärztekammer, 1985

Erdmann, H.: Begutachtung der verletzten Wirbelsäule. Band 40. Hippokrates-Verlag, Stuttgart 1968

Fischer, A. W., Herget, R., Molineus, G.: Das Ärztliche Gutachten im Versicherungswesen. Barth-Verlag, München 1955

Gesellschaft der Gutachterärzte Österreichs, Schriftenreihe: Forschung und Praxis der Begutachtung, Eigenverlag

Günther, E., Hymmen, R.: Unfallbegutachtung. Walter De Gruyter-Verlag, Berlin 1972

Jarosch, K., Müller, O. F., Piegler, J.: Das Schmerzengeld. Manzsche-Verlags- und Universitäts-Buchhandlung, Wien 1987

Krösl, W., Zrubecky, G.: Die Unfallrente. Enke-Verlag, Stuttgart 1992, 4. Auflage

Liniger-Molineus: Der Rentenmann. Barth-Verlag, München 1962, 15. Auflage

Liniger-Molineus: Der Unfallmann. Barth-Verlag, München 1964

Marx, H. H.: Medizinische Begutachtung. Thieme-Verlag, Stuttgart 1987

Matzen, P. F.: Lehrbuch der Orthopädie. Verlag Volk und Gesundheit, Berlin 1967

Mayr, S.: Praxis der Begutachtung. Maudrich-Verlag, Wien 1954

Nixdorf, H., Bornemann, H.: Ärztliche Begutachtung. Fischer-Verlag, Stuttgart 1964

Rompe, G., Erlenkämper, A.: Begutachtung der Haltungs- und Bewegungsorgane. Thieme-Verlag, Stuttgart 1978

Russe, O.: Gelenkmessung, Neutral-O-Methode, SFTR-Notierung. AUVA-Wien-Verlag, 1971

Schütz, R.: Das Ärztliche Gutachten im Privat-Versicherungswesen. Maudrich-Verlag, Wien 1956

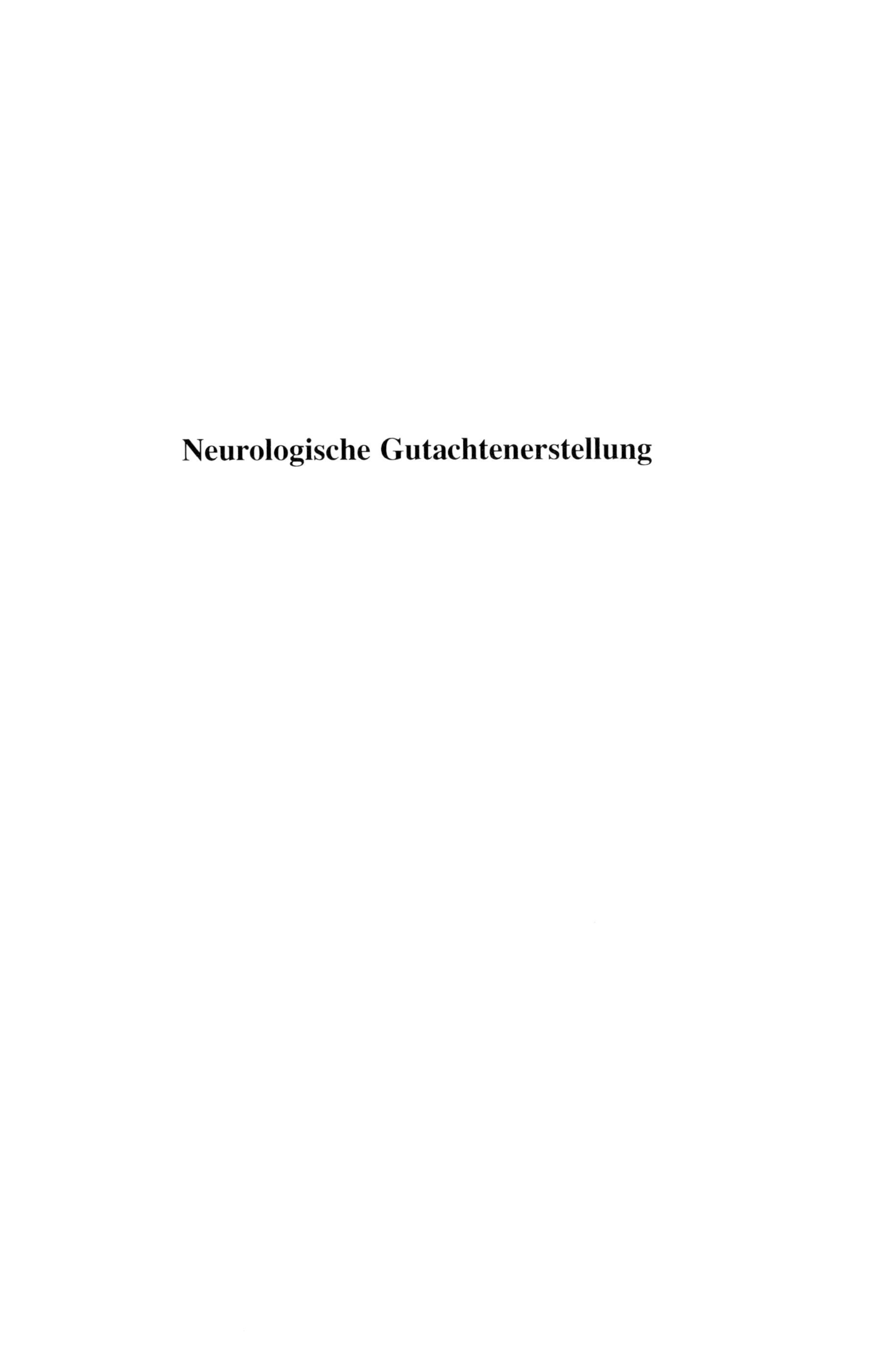

Neurologische Gutachtenerstellung

Die Gutachtenerstellung ist immer ein verantwortungsvoller und häufig ein schwieriger Akt. Dies gilt aus mehreren Gründen vor allem für den nervenärztlich-traumatologischen Sektor. Hier spielen nicht nur Ergebnisse der körperlichen Untersuchung, die man mancherorts auch als „organneurologischen" Befund bezeichnet, sondern darüber hinaus psychische Umstände eine maßgebliche Rolle. Daher muß der neurologische Gutachter stets beide Bereiche, den neurologischen im engeren Sinne und den psychischen Bereich, erfassen und in seinen Schlußfolgerungen berücksichtigen. Besonders die Psyche ist aber, wie schon FREUD als Nervenarzt und SCHNITZLER als Dichter festgestellt haben, ein weites und düsteres Feld, in das der Mensch einem anderen meist nur ungern Einblick gewährt. So ist es nicht verwunderlich, daß der Arzt, speziell in der Situation des Gutachters, vom Untersuchten spontan nur wenig über dessen psychische Lage erfährt. Macht der Deponent schließlich doch Angaben über seinen psychischen Zustand, dann zeichnet er oft ein verzerrtes und der Wirklichkeit nicht entsprechendes Bild, weil er einseitig den Unfall und alles, was seiner Meinung nach damit im Zusammenhang steht, hervorhebt, aber sonstige psychische Belastungen nicht anführt. Diese Betonung bis Übertreibung der Verletzungsfolgen wird durch eine besondere Hinwendung zum Unfall bedingt, in welchem der Betroffene ein Unrecht erblickt, das ihm widerfahren ist. Andere, unfallfremde Störfaktoren werden in den Hintergrund gedrängt, verschwiegen, verheimlicht oder gar wider besseres Wissen bestritten. Dem Laien muß in dieser Hinsicht ein ausgeprägtes Kausalitätsbedürfnis zugutegehalten werden, das ihm selbst oft die klare Einsicht in die tatsächlichen Verhältnisse und Gegebenheiten verwehrt. Aber nicht nur Übertreibungen, sondern auch Untertreibungen von Verletzungsfolgen kommen vor. Manche Versehrte banalisieren ihre Beschwerden und Ausfälle, einzelne dissimulieren tatsächliche und augenfällige Störungen sogar zur Gänze.

Aus diesen Gründen ist der neurologische Gutachter in höherem Maße als ein anderer Sachverständiger darauf angewiesen, seine Schlüsse nach Art eines Indizienbeweises zu ziehen. Er muß also auf Anamnese und medizinische Unterlagen ganz speziellen Wert legen. Diese vermitteln ihm das erste grobe Bild vom Unfall und von dessen Folgezustand. Daher werden sie im vorliegenden Buch auch in eigenen Kapiteln besprochen. Genaue Kenntnisse über Entstehung und Verlauf einer neurotraumatologischen Schädigung, vor allen Dingen was die Anfangsphase anlangt, sind für den neurologischen Gutachter von wesentlichem Interesse. Gleiches gilt im Hinblick auf mögliche posttraumatische Komplikationen. Diesen Umständen wird in der Folge bei der Besprechung der einzelnen Verletzungen große Beachtung gezollt, denn nur so können unfallkausaler Folgezustand und Dauerschaden im Sinne eines irreparablen Defektsyndroms richtig verstanden und differentialdiagnostische Abgrenzungen gegenüber eventuellen unfallfremden Veränderungen vorgenommen werden.

Der Beschreibung des objektiven Untersuchungsbefundes und der einschlägigen Hilfsbefunde wird im vorliegenden Buche deshalb großer Raum gewidmet, weil diesen bei dürftiger Anamnese oder bei unklarer Darstellung der Beschwerden maßgebliche Bedeutung zukommt und diese Befunde geeignet sind, objektive Unfallfolgen von psychogenen Symptomen unterscheiden zu lassen. Letzteres ist gerade für den nervenärztlichen Gutachter wichtig, zumal eine solche Differenzierung im kurativen Bereich meist nicht erfolgt und dort psychogene Störungen entweder total übergangen oder unter Umständen sogar als organische Veränderungen verkannt werden.

In den gutachtlichen Beurteilungen beziehen sich die Invaliditätseinschätzungen, welche nach der sogenannten Gliedertaxe oder in Prozenten vom Ganzen erfolgen, stets, falls nicht anders angegeben, auf das Vollbild des irreparablen Ausfallsyndroms und nicht auf Partialschäden. Wenn nach bestimmten Verletzungen Schmerzperioden angeführt werden, so handelt es sich um durchschnittliche Rahmensätze auf Grund allgemeiner Erfahrung im kurativen Bereich, wobei zusätzliche Unbilden, welche aus gutachtlicher Sicht körperlichen Schmerzen gleichgesetzt werden müssen, bereits mitberücksichtigt sind. Abweichungen hievon sind mitunter, vornehmlich bei abnormem und kompliziertem Verlauf, möglich, bedürfen jedoch einer schlüssigen Erklärung und einer gutachtlich nachvollziehbaren Begründung, zumal der Sachverständige auch die Schmerzeinschätzung nach objektiven Kriterien und nicht bloß nach subjektiven Angaben zu treffen hat.

Die Kapiteleinteilung des neurologischen Buchteiles folgt einerseits praktischen Gesichtspunkten und andererseits der anatomischen Systematik. Gewisse Wiederholungen sind nicht vermeidbar und entstehen durch die Betrachtung bestimmter Gegebenheiten aus einem jeweils anderen Blickwinkel. Mit Rücksicht auf den Umstand, daß das vorliegende Buch auch als Nachschlagewerk für Nichtärzte, welche im Versicherungswesen tätig sind, konzipiert ist, wird versucht, medizinische und psychologische Fachausdrücke möglichst verständlich zu erklären, geläufige Abkürzungen durch Wiederholung dem Leser einzuprägen, neurotraumatologische Veränderungen in einfacher Form zu beschreiben und deren Konsequenzen eindrücklich darzustellen.

I. Anamnese

Eine genaue Anamnese ist in der Neurologie von größter Bedeutung. MUMENTHALER (1970) ist zuzustimmen, wenn er meint, daß die sorgfältig aufgenommene Anamnese bei einer großen Zahl neurologischer Leiden aufschlußreicher ist als die ärztliche Untersuchung. In mehr als 50% der Fälle läßt sich auf Grund der Angaben des Betroffenen allein schon die Diagnose stellen.

Die *Eigenanamnese* der Patienten ist deshalb so bedeutungsvoll, weil sie den Unfall, dessen Umstände, die Verletzungsfolgen und den weiteren Verlauf sowie auch frühere Erkrankungen, die Lebens- und die Familiensituation des Untersuchten aus dessen eigener Sicht schildert. Es handelt sich demnach um eine patientenbezogene „Wahrheit", welche selbst für den Fall, daß sie nicht den Tatsachen entsprechen und unrichtig sein sollte, aufschlußreich bleibt. Die Art und Weise, wie der Unfallhergang, die subjektiven Beschwerden sowie die verletzungsbedingten Beeinträchtigungen dargestellt und geschildert werden, ist für den Patienten kennzeichnend. Weder der Arzt noch der pflichtbewußte Gutachter kann auf diese wertvollen Hinweise verzichten. Jedoch dürfen die Angaben des Betroffenen nicht blindlings als objektiv zutreffend übernommen werden. Die Eigenanamnese des Patienten ist den Angaben der Augenzeugen, Familienangehörigen, Arbeitskollegen und Freunde (Außen- bzw. Fremdanamnese) sowie insbesondere der gesamten medizinischen Dokumentation und den im Rahmen der Begutachtung erhobenen objektiven Untersuchungsbefunden gegenüberzustellen. In der Begutachtungssituation ist man gezwungen, die anamnestischen Angaben des Verletzten auf deren Richtigkeit zu überprüfen und angesichts ausgeprägter Begehrensvorstellungen die Möglichkeit des Vorliegens von Aggravation und Simulation zu erwägen.

Dem Umstand, daß das neurologische Gutachten besonders oft psychische Bereiche betrifft, muß auch die Anamneseerhebung Rechnung tragen. In der *Begutachtungssituation* unterscheidet sie sich deutlich von der üblichen Patientenbefragung der kurativen Medizin, die ein optimales Patienten-Arzt-Verhältnis auf Vertrauensbasis anstrebt. Der zu Begutachtende ist für den ärztlichen Sachverständigen eine neutrale Person, über die er zu befinden und zu urteilen hat, und eben kein Patient, den er zu versorgen, zu behandeln, zu betreuen und zu beraten hat, auch wenn die Bezeichnung Patient wiederholt in Gutachten verwendet wird. Richtig sollte man vom Begutachteten oder Verletzten, Untersuchten oder Versehrten bzw. Versicherten (abgekürzt als „Vers."), im Gerichtsverfahren allenfalls vom Kläger sprechen. Mancherorts hat sich auch die Bezeichnung Proband eingebürgert. Der Gutachter darf im Untersuchten keineswegs falsche Hoffnungen wecken. Nie darf der Eindruck entstehen, der Gutachter stehe ganz auf Seite des Untersuchten, wie dies in der kurativen Medizin selbstverständlich ist. Das Verhalten des Gutachters soll korrekt, sachlich, allgemein freundlich und höflich, interessiert, jedoch auch zurückhaltend und eher wortkarg sein. SCHEID (1983) meint zu Recht, daß die Aussichten, mißverstanden zu werden, umso geringer seien, je weniger der Arzt beim Erheben der Anamnese spreche. Dies gilt besonders für den ärztlichen Gutachter. Die zwischenmenschlichen Beziehungen beruhen in der Gutachtensituation vor allem darauf, daß der Explorierte Gelegenheit und Zeit hat, sich auszusprechen und seinen Unfall sowie dessen Folgen genau aus seiner Sicht zu schildern. Deshalb ist die ausschließliche Anamneseerhebung mittels Fragebogens abzulehnen.

Besonders beim Nervenarzt, der ja in Österreich noch das Doppelfach Neurologie und Psychiatrie vertritt, verhalten sich viele Patienten ängstlich und nervös. Dazu kommt noch in der Begutachtungssituation die Befangenheit des Untersuchten, der weiß, daß auf Grund nun erhobener Befunde später finanzielle Entscheidungen gefällt werden. Zur Entspannung bewährt es sich, nach einigen begrüßenden und einführenden Worten den Betroffenen gleich bezüglich des gegenständlichen Ereignisses und seiner einschlägigen Beschwerden zu befragen, ihn einfach reden zu lassen und ihm aufmerksam zuzuhören. Meist werden die Darstellungen in medizinischer Hinsicht unvollständig sein, so daß der Gutachter *zusätzliche Fragen* stellen muß. Diese dürfen keineswegs suggestiv sein. So fragt man nicht direkt nach einem Zungenbiß im epileptischen Anfall, sondern besser nach einer Verletzung, ohne diese näher zu präzisieren. Auch darf die Frage des Gutachters keine Ausdrücke enthalten, deren exakte Bedeutung dem Explorierten nicht bekannt ist. Es ist falsch, die Frage zu stellen, ob der Begutachtete gelegentlich des erlittenen Unfalles bewußtlos gewesen sei, denn dem Laien sind die Kriterien einer Bewußtlosigkeit nicht geläufig, und außerdem kann ja von seiten des Verletzten nur eine Aussage über eine allfällige Erinnerungslücke (Amnesie) und nicht über eine Bewußtlosigkeit selbst gemacht werden. Zweckdienlich ist die Befragung, ob sich der Betroffene an alle Ereignisse vor, bei und nach dem stattgehabten Trauma erinnern könne oder ob diesbezüglich ein gewisser Zeitraum aus seiner Erinnerung fehle. Manchmal hat der Verletzte von Zeugen gehört, wann er aus der Bewußtlosigkeit erwacht ist, z. B. während des Transportes im Rettungswagen. Hier gibt er aber nur die Angabe eines anderen (eines Sanitäters oder Arztes, eines sonstigen Augenzeugen, Angehörigen usw.) wieder.

Unklarheiten in der Erzählung des Probanden müssen sofort hinterfragt werden. Die zeitlichen Verhältnisse, die sich hinter Ausdrücken wie „danach" und „plötzlich" verbergen, können fast stets durch zusätzliche Exploration geklärt werden. Anders verhält es sich mit Ereignissen während anhaltender stärkerer Bewußtseinstrübung. Über solche Vorfälle und Umstände kann der Verletzte selbstverständlich aus eigenem Ansehen keine Angaben machen, er wirkt deshalb bei der Befragung meist verlegen oder ratlos. Auch der Ausdruck „Schwindel" ist unklar, weil mehrdeutig. Patienten verstehen unter Schwindel vieles, sogar kurzdauernde epileptische Manifestationen wie Absencen und psychomotorische Anfälle. Häufig hört man die Bezeichnung „Drehschwindel“, ohne daß tatsächlich ein gerichteter Schwindel im Sinne einer echten Vertigo gemeint ist. Hier muß der Gutachter hinterfragen, ob der Schwindel wie auf einem Ringelspiel oder wie auf einem schwankenden Schiff war. Drehen bedeutet im Volksmund ganz allgemein Schwindel, ohne nähere Unterscheidung der Schwindelart. Selbst Präkollapszustände mit Schwarzwerden vor den Augen und Gleichgewichts- sowie Gangstörungen, aber auch Angstzustände wie Klaustrophobie und insbesondere Agoraphobie werden nicht selten als Schwindel bezeichnet. Ausdrücke wie „gelähmt“ und „tot“ können sich sowohl auf eine Motilitäts- als auch auf eine Sensibilitätsstörung beziehen. Hingegen weisen die Bezeichnungen „bamstig“, „taub“ und „pelzig“ typischerweise auf Gefühlsstörungen hin. Mitunter sind die Darstellungen subjektiver Beschwerden besonders bizarr, z. B. „Kopfschmerzen, als ob ein Hammer oder ein Specht von innen gegen das Stirnbein klopft“, „Kopfdruck, als würde ein Fußball im Gehirn aufgepumpt“. Ergänzende Befragungen führen dann meistens doch zu einem ausreichenden Bild, das vom Gutachter in die Gesamtkonstellation eingeordnet werden kann. Nicht selten vermengen die Betroffenen in ihrer Schilderung Erlebtes mit Gehörtem. So berichten sie, wie zuvor angedeutet, über Ereignisse, die während eines Komas aufgetreten sind oder sein sollen, als hätten sie diese Phänomene bewußt erlebt. Auch hier muß der Gutachter ordnend eingreifen und hinterfragen, woher diese Berichte stammen. Besonders wichtig ist die Anamneseerhebung bei epileptischen Manifestationen, um diese von psychogenen und anderen Anfällen zu unterscheiden. Jedoch sollte sich der Gutachter bewußt sein, daß bei manchen Patienten mehrere Anfallarten nebeneinander vorkommen, z. B. unabhängig voneinander epileptische Anfälle und hysterische anfallartige Zustände.

Bei Schädeltraumen erweist sich nicht nur die Bestimmung der *Komadauer* als wichtig, auch die retrograde und anterograde Amnesie müssen in ihrer zeitlichen Ausdehnung exploriert werden. Leider wird besonders der Ausdruck „retrograde Amnesie“ häufig falsch verwendet. Die Attribute „retrograd“ und „anterograd“ beziehen sich in der Traumatologie auf den Unfallzeitpunkt bzw. das primäre Koma. Die retrograde Amnesie stellt somit eine Erinnerungslücke dar, welche vom Unfallzeitpunkt in die Vergangenheit zurückreicht. Sie ist durch das Unvermögen des Verletzten gekennzeichnet, sich an bewußt vor dem Unfall erlebte Ereignisse zu erinnern. Ihre Dauer ist typischerweise wesentlich kürzer als die der anterograden und der posttraumatischen Amnesie. Unter anterograder Amnesie versteht man die Erinnerungslücke nach dem Erwachen aus dem primären Koma. Sie betrifft einen Zeitraum getrübten Bewußtseins, besonders bei schweren Gehirnverletzungen oft mit Desorientiertheit und Verwirrtheit kombiniert. Die anterograde Amnesie endet mit Einsetzen geistiger Ordnung und Bewußtseinsklarheit. Die zuvor genannte *posttraumatische Amnesie* (vor allem in der angelsächsischen Literatur kurz PTA genannt) umfaßt die Erlebnislücke der primären Bewußtlosigkeit, auch als einfache, kongrade oder direkte Amnesie bezeichnet, und die anterograde Amnesie (SCHERZER 1974). Sie stellt bei stumpfen Schädelverletzungen ein noch besseres Maß der zerebralen Schädigung als die Komadauer dar. Bei der Gehirnerschütterung dauert die posttraumatische Amnesie Minuten bis Stunden, jedenfalls unter Einschluß der Nachtruhe nicht länger als einen Tag. Nach stumpfen Schädeltraumen mit gedeckten kontusionellen Gehirnverletzungen erstreckt sich die posttraumatische Amnesie typischerweise bis zum Abklingen des diffusen Hirnödems, d. h. über Tage bis Wochen. Posttraumatische Amnesie, unfallbedingte Bewußtseinstrübung (Somnolenz) und Orientierungsstörungen enden etwa zur gleichen Zeit, wie auch die traumatisch bedingte Allgemeinveränderung im Elektroenzephalogramm meist mit Eintritt der geistigen Ordnung rückgebildet ist (JUNG 1956, SCHNEIDER und HUBACH 1962).

Retrograde und anterograde Amnesie können allmählich eine gewisse Aufhellung und Verkürzung erfahren, jedoch bleibt ihr Verhältnis zueinander mit Überwiegen der zeitlichen Dauer der anterograden Amnesie erhalten. Ist die retrograde Amnesie länger als die anterograde oder besteht überhaupt nur eine retrograde Amnesie, muß in erster Linie an eine psychogene Störung gedacht werden. Die retrograde Amnesie fehlt nach leichten Schädeltraumen öfters, nach schweren Gehirnverletzungen nur ausnahmsweise. SUCHENWIRTH (1987) empfiehlt gegenüber Verletzten, denen die Schilderung der Unfallvorgeschichte nicht gelingt, als kleinen Kunstgriff die Frage nach dem Verschulden des Unfalles. Bei Vorliegen einer retrograden Amnesie wird der Untersuchte keine Antwort wissen oder die Meinung anderer wiedergeben. Bei vorgetäuschter oder zumindest nur vorgestellter Bewußtseinsstörung wird der Gutachter eine ausführliche Schilderung der Schuldhaftigkeit des Unfallgegners erhalten.

Ein häufiger Fehler besteht darin, daß die angegebene amnestische Lücke einer Bewußtlosigkeit gleichgesetzt wird. Wie aus dem bereits Gesagten hervorgeht, ist das Koma stets kürzer als die globale Erinnerungslücke. Selbst bei erhaltenem Bewußtsein kann mitunter eine Amnesie im Zusammenhang mit dem erlittenen Unfall exploriert werden. Ein derartiger Zustand wird als *isolierte anterograde Amnesie* nach Schädeltrauma (MIFKA und SCHERZER 1963, SCHERZER 1965) oder als *primär geordneter Dämmerzustand* (STRAUBE 1963) bzw. als besonnener Dämmerzustand bezeichnet, denn die Verletzten benehmen sich zumindest auf den ersten Blick unauffällig und setzen weitgehend geordnete Handlungen, ohne daß sie sich jedoch später daran erinnern können. Diagnostisch sehen wir in der isolierten Amnesie nach Schädeltrauma eine forme fruste der Commotio cerebri. Aus gutachtlicher bzw. forensischer Sicht ist stets eine Abgrenzung gegenüber psychogenen Ausnahmezuständen, Simulation, vaskulär bedingten amnestischen Episoden usw. erforderlich.

Vegetative Störsymptome wie Erbrechen, Schwankschwindel und Vasolabilität, Gesichtsblässe, Schweißausbrüche, Puls- und Blutdruckschwankungen finden sich nach leichten Kopfverletzungen nur durch Stunden bis Tage.

Persistierende derartige Beschwerden erwecken daher den Verdacht auf eine vorbestehende vegetative Stigmatisierung bzw. auf einen psychogenen Überbau. Nur nach schweren traumatischen Gehirnschädigungen halten die genannten vegetativen Störungen über einen längeren Zeitraum an, z. B. beim apallischen Syndrom, können in diesem Falle aber von den Verletzten selbst nicht beobachtet und später aus eigenem Ansehen nicht mitgeteilt werden.

Psychische Veränderungen sind anamnestisch oft schwer zu erfassen. Bei Frontalhirnverletzungen lassen sie sich mitunter bloß durch Exploration und vor allem durch Beobachtung des Betroffenen diagnostizieren. Gleiches gilt bezüglich hysterischer und psychogener Störungen. Schon während der Anamneseerhebung hat sich der Gutachter die Frage zu stellen, ob die *erlittene Verletzung den angegebenen Beschwerden und Ausfällen adäquat* war. Verletzung und nachfolgendes klinisches Störbild stimmen bezüglich des Schweregrades im allgemeinen ziemlich überein, wobei zusätzlich auch die Lokalisation der zerebralen Läsion eine maßgebliche Rolle im Hinblick auf die zu erwartende Ausfallsymptomatik spielt. Schließlich ist noch der zeitliche Abstand der Untersuchung vom Unfalldatum zu berücksichtigen. Mit zunehmender Entfernung vom Unfalltage nehmen die Verletzungsfolgen bei komplikationslosem klinischem Verlauf ständig ab. Diese Remission folgt einer Exponentialkurve, ist anfangs am stärksten und später geringer, bis sie am Ende stagniert oder bei optimalem Verlauf zur Normalisierung führt.

Zwar muß der Gutachter alle Angaben des Untersuchten ernst nehmen und ihnen primär Augenmerk schenken, jedoch keineswegs blindlings. Immer wieder wird er mit falschen anamnestischen Angaben konfrontiert werden. Diese erfolgen von seiten des Betroffenen teils unbewußt und teils bewußt. Kritikschwäche im Rahmen eines posttraumatischen organischen Psychosyndroms kann genauso wie eine psychogene Fehlentwicklung zu *anamnestischen Verzerrungen* führen. Eine Dissimulationstendenz ist oft bei Kindern gegeben, die amnestische Zustände durch Konfabulationen ausfüllen. Bagatellisierungen in der Schilderung der eigenen Verletzungen und Beschwerden finden sich nicht selten bei Erwachsenen, die sich im Rahmen eines Unfalles am Tode oder an der schweren Verletzung einer anderen Person schuld fühlen. Einer Dissimulation von Beschwerden und Ausfällen begegnet man mitunter bei Personen, die sich um den Führerschein bewerben oder in eine Unfallversicherung eintreten wollen. Hat der Betroffene mehrere Unfälle erlitten, so werden manchmal ein und dieselben Verletzungsfolgen jeweils auf den gerade zu begutachtenden Unfall bezogen. Auch ein unfallfremdes, vorbestehendes zerebrales Anfalleiden wird bisweilen einem späteren Schädeltrauma angelastet. Oft sind Übertreibungen in der Angabe der Anfallhäufigkeit bei Personen mit Epilepsie zu beobachten. Am ehesten bringen hier schriftliche Aufzeichnungen in Form eines Anfallkalenders Klarheit. Unter Umständen fällt es den Betroffenen auch schwer, zwischen kleinen epileptischen Manifestationen und plötzlich auftretenden, nicht-epileptischen Beschwerden von kurzer Dauer zu unterscheiden.

Neurologische Ausfälle werden in der Anamneseerhebung umso glaubhafter, je weniger der Explorierte selbst auf deren Schilderung Wert legt. Nach schwersten Schädelhirnverletzungen mit hochgradigen neurologischen und psychischen Ausfällen meinen die Befragten wiederholt, daß es ihnen ohnedies schon recht gut gehe und daß sie im wesentlichen keine Beschwerden und keine Ausfälle hätten. Sie vermögen infolge gestörter Kritikfähigkeit das Ausmaß und die Tragweite ihrer Schädigung oft gar nicht zu realisieren. Berichtet der Betroffene aber über seine Ausfälle minutiös detailliert und legt eine überlange Liste von subjektiven Beschwerden vor, so lehrt die Erfahrung, daß besondere Skepsis von seiten des Gutachters angebracht ist. SUCHENWIRTH (1987) betont im Hinblick auf angegebene Gedächtnis- oder Konzentrationsstörungen, daß diese umso unglaubwürdiger werden, je genauer sie geschildert werden.

Des weiteren muß der Sachverständige das oft sehr stark ausgeprägte *Kausalitätsbedürfnis medizinischer Laien* in Betracht ziehen. So bringen Verletzte viele, erst Jahre nach einem Unfall auftretende Erkrankungen kritiklos mit dem seinerzeitigen Trauma in Zusammenhang. Ärztliche Atteste, welche leichtfertig ausgestellt wurden, und Ausdrücke wie „posttraumatischer Kopfschmerz“ oder „Hebetrauma“ sind geeignet, den Betroffenen in seiner Fehlhaltung zu bestärken. Besonders in diesen Fällen muß der Gutachter dem Untersuchten beweisen, daß er nicht leichtfertig ein abschlägiges Urteil fällt. Er muß ihm zeigen, daß er sich ausführlich und eingehend mit allen Details und mit allen vorgebrachten Behauptungen beschäftigt. Die gründliche Anamneseerhebung ist also vor allem bei Ablehnung eines behaupteten Kausalzusammenhanges von größter Wichtigkeit. Auch die Angaben bezüglich einer Medikation wegen Verletzungsfolgen sind nicht selten übertrieben. Durch Nachfragen wird es dem Gutachter meist gelingen, Klarheit über die tatsächlich eingenommene Menge von Arzneimitteln sowie über die Dauer dieser Therapie zu gewinnen. Wichtig ist selbstverständlich das Erkennen eines Medikamentenmißbrauches, vor allem eines Analgetikaabusus. Allein dieser kann schon Phänomene wie Abgeschlagenheit, Schläfrigkeit, Verlangsamung, abnorme Ermüdbarkeit, Schwindel und Kopfschmerzen erklären.

Nicht selten macht ein Verletzter in der Untersuchungssituation andere Angaben als früher im Rahmen der Heilbehandlung. Bei derartigen *widersprüchlichen Berichten* von seiten des Betroffenen kommt jenen Aussagen, die gleich nach dem erlittenen Unfall gemacht wurden, in der Regel die größere Glaubwürdigkeit zu. Neben Erinnerungsverfälschungen, die sich im Laufe der Zeit insbesondere durch Kontamination mit späteren Erzählungen entwickeln können, färben Begehrenswünsche allmählich immer mehr die anamnestischen Angaben und führen zu Übertreibungen. Beispielsweise wird die Leiter, von welcher der Untersuchte gestürzt ist, in der wiederholten Anamneseerhebung von Mal zu Mal höher. Gleichermaßen kann die Dauer der angegebenen Erinnerungslücke, die der medizinische Laie oft fälschlich der Bewußtlosigkeit gleichsetzt, bei wiederholten Befragungen kontinuierlich zunehmen. So sehr die Begutachteten oft den gegenständlichen Unfall in den Vordergrund rücken und die daraus resultierenden Beschwerden übertreiben, so sehr haben diese Personen auch die Tendenz, unfallfremde Beschwerden und Erkrankungen zu bagatellisieren oder überhaupt nicht zu erwähnen, ja auf direkte Befragung diese manchmal sogar zu bestreiten. Bei Vorliegen von Krankenstandsauszügen mit einschlägigen Diagnosen oder einer sonstigen medizinischen Dokumentation, welche über unfallfremde Affektionen Aufschluß gibt, sollte der Befragte in der Anamneseerhebung mit dem Umstand konfrontiert werden, daß der Gutachter Kenntnis von solchen unfallunabhängigen Veränderungen hat. Dies sollte mit Vorsicht und Fingerspitzengefühl, jedoch andererseits auch mit Bestimmtheit erfolgen. Die meisten der so zurechtgewiesenen Personen behaupten dann, die früheren und unfallfremden Beschwerden seien viel geringer oder anders gewesen, könnten gar nicht mit den aktuellen Unfallfolgen verglichen werden. Man sollte dem Begutachteten unbedingt die Möglichkeit zu einem derartigen Rückzug eröffnen, um seine Kooperation für den weiteren Untersuchungsgang nicht in Frage zu stellen.

Die Anamnese des ausführlichen neurologischen Unfallgutachtens hat aber nicht nur vom Unfallzeitpunkt bis zum Begutachtungstag zu reichen und dabei auch die Frage der Wiederaufnahme der beruflichen Tätigkeit zu behandeln, sie muß darüber hinaus *das gesamte Leben des Verletzten explorieren*: frühere und sonstige Unfälle, vorbestehende und zusätzliche Erkrankungen, wie angeborene Leiden einschließlich allfälliger Erbfaktoren (endogene Depressionen, neurologische Erbkrankheiten, Epilepsie), multiple Sklerose, degenerative Wirbelsäulenprozesse, Hirnarteriosklerose, Tumoren, zerebrale Abbauprozesse, ferner vorbestehende Persönlichkeitsstruktur (einschließlich individueller Eigenschaften und Eigenarten), kompletter Lebensweg vom elterlichen Familienverband bis zur aktuellen sozialen Situation des Betroffenen, aber auch finanzielle Gegebenheiten, diesbezügliche Verpflichtungen und Belastungen, Sorgepflicht für Familie und Kinder, Werdegang in schulischer sowie beruflicher Hinsicht usw. Selbst sportliche Tätigkeiten und Hobbys im Sinne von Freizeitbeschäftigungen, die dem Betroffenen Freude und Spaß machen, sind nicht außer acht zu lassen. Natürlich ist auch nach sonstigen Lebensgewohnheiten wie Nikotin- und Alkoholkonsum sowie nach allfälligen Potenzstörungen, sofern diese für die erlittene Verletzung relevant sind, zu fahnden. Dabei erweist es sich günstig, zuerst – weniger brüskierend – die Frage nach Nikotinkonsum und sodann die Frage nach Alkoholkonsum zu stellen. Wenn man sich schließlich noch wegen dieser vermeintlichen Indiskretionen beim Explorierten entschuldigt und ihm erklärt, daß es sich bloß um die medizinische Routineanamnese handelt, wird er Fragen nach Sexualstörungen, Geschlechtskrankheiten und Drogenkonsum meist ohne wesentliche Scham und ehrlich beantworten.

Zweckmäßigerweise ordnet man die gesamte Information, welche man in Form der Eigenanamnese vom Begutachteten erhalten hat, nach dem *Symptom-Zeit-Diagramm*, wie dies auch sonst in der Neurologie und ziemlich allgemein in der Medizin erforderlich ist (SCHENCK 1971). Der zeitliche Verlauf der Verletzungsfolgen, die Rückbildungstendenz der unfallbedingten Ausfallserscheinungen und die eventuelle Verschlimmerung der Verletzungsfolgen müssen in den Zeitraster eingefügt werden, wobei Beeinflussungen durch unfallfremde Erkrankungen ebenso wie solche durch einschneidende berufliche, private und soziale Ereignisse zu berücksichtigen sind. Die Ordnung der Anamnese kann entweder in allen Punkten exakt der Chronologie folgen (Familienanamnese, Kinderkrankheiten, spätere Krankheiten, allgemeine Gewohnheiten, subjektive Beschwerden aus der Zeit vor dem Unfall, Darstellung des gegenständlichen Unfallgeschehens, Schilderung der Verletzungen und Schmerzen, Bericht über die Behandlung, Angaben über noch bestehende Schmerzen und Behinderungen in Beruf und Sport), wie dies von JAROSCH, MÜLLER und PIEGLER (1987) vorgeschlagen wird, oder nach der Wichtigkeit der Einzelteile erfolgen und solchermaßen den Gutachtengegenstand (Unfallereignis, Verletzung, weiterer Verlauf mit Behandlung, subjektive Beschwerden und Behinderungen sowie allfällige berufliche Wiedereingliederung) an die Spitze rücken, wobei jedenfalls die anderen Informationen nicht verlorengehen dürfen.

Bei Erhebung der Anamnese hat insbesondere der neurologische Gutachter häufig *große Geduld* zu beweisen. Es ist eine spezielle Kunst, dem Probanden das Gefühl zu geben, daß er alles sagen kann, was ihm auf dem Herzen liegt, und gleichzeitig differentialdiagnostisch Wichtiges zu hinterfragen, ohne suggestiv auf den Explorierten einzuwirken und ohne ihm die Überzeugung zu rauben, daß er absolut gerecht und unvoreingenommen beurteilt wird. Logorrhoische und schlecht auf den Gesprächsstoff zu fixierende Personen finden oft in der Anamneseschilderung überhaupt kein Ende. SUCHENWIRTH (1987) empfiehlt, diesen Personen freizustellen, in den nächsten Tagen schriftlich noch weitere Angaben nachzureichen, die dann auch berücksichtigt würden. Ein solches Angebot wirkt sich in psychologischer Hinsicht auf die Untersuchungssituation günstig aus. Bereits während der Erhebung der Anamnese ist es eine wichtige Aufgabe des Gutachters, sich ein möglichst klares Bild über den Betroffenen und seine Situation zu machen, allfällige abnorme Tendenzen in der Schilderung der Verletzungsfolgen und der subjektiven Beschwerden zu erkennen sowie sich durch unsachliche Darstellungen nicht irreleiten zu lassen (SCHERZER 1984). Eine maßgebliche Hilfe stellt dabei die Beobachtung des Explorierten dar. Körperhaltung und Gestik, Gehaben und Mienenspiel, sprachliche Ausdrucksweise und Sprachduktus, Sprechgeschwindigkeit und Lautstärke, emotionelle Ansprechbarkeit, Kontaktfähigkeit usw. erlauben dem nervenärztlichen Gutachter, der von seinem Fache her stets ein guter Menschenkenner sein sollte, ein erstes Urteil über seinen Gesprächspartner. In diesem Lichte sind auch die Ausführungen des Befragten in inhaltlicher und formaler Hinsicht zu sehen und zu werten.

Die *Fremd-* oder *Außenanamnese* stellt eine Ergänzung der bisher besprochenen Eigenanamnese des Betroffenen dar. Sie ist keineswegs in jedem Fall erforderlich. Jedoch ist sie absolut notwendig, wenn man mit dem Probanden kein geordnetes Gespräch führen kann oder wenn Handlungsunfähigkeit des Verletzten vorliegt. Günstig ist auch die Erhebung der Außenanamnese bezüglich eines Zustandes von Bewußtlosigkeit oder traumatischer Psychose (unfallbedingter Verwirrtheitszustand), des weiteren bei Anfällen jedweder Art und bei Vorliegen psychischer Veränderungen, von denen aufs erste nicht klar ist, ob sie schon vor dem Unfall vorhanden waren oder erst danach aufgetreten sind. Zugleich kann man durch die Anamneseerhebung mit Bezugspersonen des Betroffenen den Wahrheitsgehalt der zuvor ermittelten Eigenanamnese überprüfen. Außenanamnestische Angaben erlangt man vor allem durch Befragung von engen Angehörigen (Eltern, Gatte, Lebensgefährte), Arbeitskollegen, Mitbewohnern und Nachbarn, Freunden, Lehrern und Mitschülern. Selbstverständlich stellt in einem ungeklärten Todesfall eine solche Fremdanamnese die erste Informationsquelle dar. Alkohol- und Arzneimittelmißbrauch werden sich unter Umständen durch die Fremdanamnese besser als durch die Eigenanamnese erheben lassen. Besucher des Verletzten können oft angeben, ab wann sie diesen im Krankenhaus mit offenen Augen antrafen (Beendigung des Komas), ab wann dieser sprachliche Äußerungen machte, ob das Gesprochene verwirrt und ungeordnet war, ab wann man wieder „vernünftig" (Ausdruck der geistigen Ordnung) mit dem Patienten reden konnte und ab wann er mobilisiert wurde. Eigentlich sollten all diese Details ohnedies aus einer gut geführten Krankengeschichte hervorgehen. Der Gutachter wird aber häufig feststellen müssen, daß viele dieser Informationen in Krankengeschichten, die im übrigen mit Laboratoriumsbefunden und Röntgenbefunden gepflastert sind, fehlen.

Bei der Schilderung von Anfällen durch Zeugen muß der Gutachter die Möglichkeit in Betracht ziehen, daß sich diese ebenso wie die Patienten selbst in einem Fachbuch informiert haben und sodann Gesehenes mit Gelesenem kontaminieren. Auch hier vermag die geschickte Exploration durch den Gutachter meist doch die wahren Umstände herauszuschälen. Mitunter ist der Vergleich zwischen Eigen- und Außenanamnese von Interesse. Zu Recht weist Suchenwirth (1987) darauf hin, daß es sich umso eher um organisch bedingte zerebrale Anfälle handelt, je harmloser die Schilderung durch den Patienten und je drastischer die Schilderung des Anfallgeschehens durch die Zeugen ausfällt. Umgekehrt wird ein organisches Anfalleiden umso unwahrscheinlicher, je dramatischer die Erzählung durch den Betroffenen und je banaler die Darstellung durch die Beobachter klingt. Natürlich muß auch bezüglich der Außenanamnese *Quellenkritik* geübt werden. Der Gutachter muß versuchen, die zwischenmenschlichen Beziehungen des Deponenten und des Verletzten zu erkennen. Außenanamnestische Berichte durch Verwandte und gute Bekannte zielen meist darauf ab, dem Versehrten zu helfen. Ausnahmsweise kann aber, z. B. bei Nachbarn, ein schlechtes Verhältnis gegeben sein, so daß die befragte Bezugsperson dem Betroffenen schaden möchte, eventuell unbewußt, ohne sich also selbst über diese Tendenz im klaren zu sein. Selbstverständlich kennt der Deponent nur einen Teil des Lebens und der Situation des Begutachteten. Selbst die Angaben des Ehepartners sind nicht immer zum Vorteil des Begutachteten, insbesondere dann nicht, wenn Eheschwierigkeiten bestehen. Dennoch kann die exakt erhobene Außenanamnese sehr viel zur Klärung der Persönlichkeitsstruktur des Untersuchten in der Zeit vor und nach einer Gehirnverletzung beitragen. So kann man hören, daß der Verletzte jetzt ein anderer Mensch sei, in seinem Wesen verändert sei, entweder in seiner Struktur verflacht (Entdifferenzierung der Persönlichkeit) oder in seinen vorbestehenden Wesensmerkmalen übertrieben (Zuspitzung bis Karikierung der Persönlichkeit). Mitunter erfährt man aber auch, daß der Untersuchte stets schon so und nicht anders war, daß er sich also durch den Unfall nicht verändert hat.

Keinesfalls darf aber die Anamnese – weder die Eigenanamnese noch die Fremdanamnese – allein und isoliert betrachtet werden. Erst die *abschließende Synthese* aller anamnestischer Angaben mit dem Unfallbericht, mit den zu verschiedenen Zeiten erhobenen ärztlichen Befunden und schließlich mit den Ergebnissen des im Rahmen der Begutachtung erhobenen neurologischen und psychischen Status sowie mit den Resultaten der eingeholten Hilfsbefunde vermag ein zutreffendes Bild über das Trauma, die Verletzungsfolgen, aber auch über psychopathologische Verarbeitungsschwierigkeiten, Eigenarten der vorbestehenden Persönlichkeitsstruktur, unfallfremde Erkrankungen, aktuelle Begehrensvorstellungen und psychogene Störungen zu liefern. Häufig wird der Wert der Anamnese zu gering und die Aussagekraft apparativer Untersuchungsmethoden, denen man fälschlicherweise absolute Objektivität zuschreibt, zu hoch eingeschätzt (Scherzer 1981).

Literatur

Jarosch, K., Müller, O. F., Piegler, J.: Das Schmerzengeld in medizinischer und juristischer Sicht. Manz, Wien 1987

Jung, R.: EEG-Veränderungen bei symptomatischen Psychosen. Zbl. ges. Neurol. Psychiat. 137: 130 (1956)

Mifka, P., Scherzer, E.: Klinische Aspekte zerebraler Integration. Wien. klin. Wschr. 75/48: 858–861 (1963)

Mumenthaler, M.: Neurologie für Ärzte und Studenten. Thieme, Stuttgart 1970

Scheid, W.: Lehrbuch der Neurologie. Thieme, Stuttgart–New York 1983

Schenck, E.: Neurologische Untersuchungsmethoden. Thieme, Stuttgart 1971

Scherzer, E.: Isolierte anterograde Amnesie nach Schädelhirntraumen. In: Spätfolgen nach Schädelhirntraumen. Berichte über den 8. Internationalen Kongreß für Neurologie. Wien, 5.–10. 9. 1965, 217–222 (1965)

Scherzer, E.: Gedächtnisstörungen bei Kopfverletzungen. Ärztl. Praxis 26/40: 2009–2012 (1974)

SCHERZER, E.: Die Anamnese in der Neurotraumatologie und in der nervenärztlichen Unfallbegutachtung. Forsch. u. Prax. d. Begutacht. 21: 52–57 (1981)

SCHERZER, E.: Gutachtliche Fallstricke in der Neurotraumatologie. Forsch. u. Prax. d. Begutacht. 26: 44–51 (1984)

SCHNEIDER, E., HUBACH, H.: Das EEG der traumatischen Psychosen. Dtsch. Z. Nervenhk. 183: 600–627 (1962)

STRAUBE, W.: Über „primäre geordnete Dämmerzustände" nach Schädelhirntraumen. Nervenarzt 34: 452 (1963)

SUCHENWIRTH, R. M. A.: Angaben des Untersuchten: Die Anamnese. In: SUCHENWIRTH, R. M. A., WOLF, G. (Hrsg.): Neurologische Begutachtung. Fischer, Stuttgart–New York 1987, 477–493

II. Aktenstudium

Medizinische Unterlagen stellen eine *wichtige Quelle der Information* für den Gutachter dar, der daher niemals auf sie verzichten sollte. Es ist Aufgabe des Gutachtenauftraggebers, für die Beschaffung aller erreichbaren medizinischen Unterlagen Sorge zu tragen. In diesem Sinne zu fordern ist die Vorlage der primären Krankengeschichte und aller Folgekrankengeschichten (in kompletter Form, mit Operationsberichten und Dekursen), der Ambulanzbefunde und Ordinationsaufzeichnungen, der Berichte über Physiotherapie, Logopädie, Ergotherapie, psychologisches Training und psychologische Behandlung, Vorlage aller erhobenen ärztlichen Befunde (einschließlich der Labor-, Röntgen-, Computer- und Kernspintomographie-, EEG-, EMG-Befunde usw.) und aller Vorgutachten, ferner womöglich des Krankenstandsauszuges der Krankenkasse, aus dem Vorerkrankungen zu entnehmen sind, und eventueller Bescheide der Sozialversicherungen (gesetzliche Unfallversicherung, Pensionsversicherung). Polizeiärztliche Atteste und Meldungen des Rettungsdienstes können weitere wertvolle medizinische Informationen bedeuten. Der Gutachter hat auf Beibringung einer lückenlosen medizinischen Dokumentation zu bestehen, damit spätere Beurteilungsfehler vermieden werden (SCHERZER 1984).

Unter Umständen ist es auch notwendig, Kenntnis über Gesundheitsschädigungen aus der Zeit vor dem gegenständlichen Unfall zu erhalten. Anamnestisch zu erhebende Vorunfälle können dauernde Gesundheitsschädigungen hinterlassen haben. Oder es leidet der Untersuchte an schicksalhaften Erkrankungen, die von den Unfallfolgen abgegrenzt werden müssen. Schließlich kann der klinische Verlauf nach dem Trauma maßgeblich durch unfallfremde Erkrankungen beeinflußt worden sein. Eventuell liegt gar kein echter Unfall vor, sondern es hat eine neurologische oder internistische Erkrankung zu einem „Sturz aus innerer Ursache" geführt, der bloß auf den ersten Blick als tatsächlicher Unfall erschienen ist. In all diesen Fällen müssen zusätzliche medizinische Unterlagen beigeschafft werden.

Der *Anfangsbericht* sowie der *Schlußbericht* der privaten Unfallversicherung stellen dem behandelnden Arzt ganz präzise Fragen, durch deren Beantwortung der spätere Gutachter über die Anfangsphase und auch über den gesamten Verlauf der Behandlung informiert wird. Es ist ersichtlich, ob erste Hilfe notwendig war oder ob der Arzt erst nach Tagen vom Verletzten aufgesucht wurde. Des weiteren sind unfallfremde und vorbestehende Leiden angeführt. Bereits im Anfangsbericht sollte der behandelnde Arzt eine prognostische Aussage über die Wiederherstellung des Verletzten machen und sich zur Möglichkeit einer bleibenden Invalidität äußern. Im Schlußbericht erhält man Aufklärung über die Dauer und den Schweregrad der Gesundheitsschädigung (Dauer der Bettruhe, des Zimmerhütens, der völligen und der teilweisen Unfähigkeit zur Berufsausübung). Im ärztlichen Endbefund sollen die noch anhaltenden objektiven Störungen und Ausfälle bzw. Veränderungen aufscheinen. Auch die subjektiven Beschwerden zum Zeitpunkt des Schlußberichtes sind von Interesse. Wenig gedient ist dem Gutachter mit rein diagnostischen Angaben wie Status post oder Zustand nach Peitschenschlagverletzung, Zustand nach Commotio cerebri oder gar Zustand nach Schädelhirntrauma. Damit werden lediglich Primärdiagnosen wiedergegeben, ohne daß der aktuelle medizinische Zustand zum Zeitpunkt des Schlußberichtes dargelegt wird. Der Ausdruck Schädelhirntrauma (abgekürzt als SHT) bedeutet leider für den neurologischen Gutachter soviel wie nichts, weil er in der Praxis ganz unterschiedlich und mehrdeutig angewandt wird. Es kann sich dabei um eine schwerste Traumatisierung des knöchernen Schädelskelettes und des Gehirnes oder aber auch, wie die Erfahrung zeigt, um eine ganz leichte Kopfverletzung im Sinne einer Contusio capitis handeln. Strenggenommen sollte man die Bezeichnung Schädelhirntrauma im ursprünglichen Sinne beibehalten, nämlich im Sinne einer Schädelverletzung unter Mitbeteiligung des Gehirns. Der bloße Ausdruck „*Status post ...*“ bzw. „*Zustand nach ...*“ läßt bezüglich der augenblicklichen Gegebenheiten alles offen. So kann „Zustand nach Contusio cerebri“ bedeuten, daß sich der Patient im apallischen Syndrom befindet, daß er schwere Lähmungserscheinungen und psychische Ausfälle in Form eines posttraumatischen organischen Psychosyndroms aufweist, daß er an einer posttraumatischen Epilepsie leidet oder daß er beschwerdefrei, arbeitsfähig und vollkommen wiederhergestellt ist. Wie nichtssagend diese Formulierung ist, zeigt der an sich wahre Ausspruch, daß wir uns alle im „Zustand nach Geburt“ und zugleich im „Zustand vor dem Tode“ befinden.

Obgleich sie keine eigentlichen medizinischen Unterlagen darstellen, geben Gendarmerie- und Polizeiunfallberichte, Zeugenaussagen sowie frühere Aussagen des Verunfallten selbst, Darstellungen über den Sachschaden bei Autounfällen, Gerichsprotokolle und Gerichtsurteile, Rentenanträge und Unfallschadenanzeigen bzw. Schadenmeldungen, allenfalls mit finanziellen Forderungen von seiten des Betroffenen, oft einen tiefen Einblick in die Sachlage und zugleich in das Wesen des zu Begutachtenden (STÖRRING 1958). Es wäre falsch, ginge der Gutachter hochmütig über derartige nichtärztliche Informationen hinweg. Angaben über *Alkoholeinwirkung* zum Zeitpunkt des Unfalles sind vornehmlich Polizei- bzw. Gendarmerieberichten mit Erhebung von Zeugenaussagen zu entnehmen. Die Krankengeschichten berichten heutzutage wenig über eine eventuelle Alkoholisierung. Vor allem vermißt der Gutachter seit einigen Jahren die in fraglichen Fällen früher durchgeführten Blutalkoholbestimmungen. Dieser Mangel ist bedauerlich, zumal gerade solche Informationen in manchen Fällen gutachtlich von großem Interesse wären. Angaben über Medikamenten- oder Rauschgiftwirkung zum Unfallzeitpunkt sind noch schwieriger zu erhalten. Aufschlußreich sind selbstverständlich Berichte und Beschreibungen über den Zustand und das Verhalten des Verletzten am Unfallorte. Diesbezügliche Zeugenaussagen stammen vorwiegend von Laien, manchmal vom Rettungspersonal. Die Einweisungsdiagnose eines bewußtlosen Patienten, bei dem keine eindeutige Unfallanamnese vorliegt, lautet häufig auf Sturz im epileptischen Anfall. Wiederholt erweist sie sich später als irrig und war vermutlich im Sinne einer diagnostischen Frage gestellt worden.

Es ist erforderlich, daß der Gutachter alle vorhandenen medizinischen und nichtmedizinischen Unterlagen genau studiert. Meist sind diese bereits zeitlich geordnet. Wenn das nicht der Fall sein sollte, so empfiehlt es sich, eine solche Ordnung selbst vorzunehmen. Dadurch wird der zeitliche Ablauf, angefangen vom Unfall bis allenfalls zur Rehabilitation, klar. Spezieller Wert ist auch auf Informationen über den Unfallmechanismus zu legen. Er kann für bestimmte Schädigungen kennzeichnend sein. Dem Schadenausmaß am Fahrzeug kann in gewissen Grenzen auch der Grad der Gewalteinwirkung entnommen werden, z. B. beim Schleudertrauma der Halswirbelsäule. Keinesfalls soll sich aber der ärztliche Gutachter in die Beantwortung von Spezialfragen versteigen, die nicht in seiner Kompetenz liegen, sondern von einem anderen Sachverständigen, nämlich von jenem für das Verkehrswesen, viel besser und vor allem fachkundig beantwortet werden können.

Die *primäre Krankengeschichte* eines Unfallpatienten ist für den Gutachter von allergrößter Wichtigkeit. Krankengeschichten sind medizinische Dokumente, jedoch haben sie nicht den Charakter einer juristischen Urkunde. Sie werden unter Umständen von jungen und noch unerfahrenen Ärzten verfaßt und aus Zeitmangel nur unvollständig bezüglich Fehlbeurteilungen korrigiert. So kann es sein, daß anfängliche Befunde im Entlassungsbericht, dem in der Regel größere Wertigkeit zukommt, da bereits ein gewisser Überblick gegeben ist, anders als ursprünglich interpretiert werden. Vor allem aber gibt uns die primäre Krankengeschichte Aufschluß über den Zustand des Patienten zum Zeitpunkt seiner Spitalseinlieferung. Unfallzeitpunkt und Aufnahmezeitpunkt sollten festgehalten werden. Allgemeinzustand, sichtbare Verletzungen, Bewegungsbehinderungen und Schmerzhaftigkeit gewisser Regionen (spontan, auf Druck oder bei Bewegungen), Bewußtseinslage, Reaktionsfähigkeit und psychischer Zustand des Patienten sind in die Krankengeschichte einzutragen. Anamnestische Angaben des Patienten berichten unter Umständen von einer Erinnerungslücke, die bezüglich der Dauer selbstverständlich nicht einer Bewußtlosigkeit gleichgesetzt werden darf. Informationsarm sind Krankengeschichten, die den Patienten bei der Aufnahme als bewußtlos und als nicht ansprechbar beschreiben, dann aber keine weiteren Eintragungen bezüglich der Bewußtseinslage und des Befindens des Patienten über den gesamten Zeitraum des Spitalsaufenthaltes aufweisen, sondern nur Labor- und Röntgenbefunde anführen sowie schließlich im Endbefund bzw. Entlassungsbericht lakonisch feststellen, daß der Patient beschwerdefrei nach Hause entlassen wird. Einer solchen Krankengeschichte ist keineswegs die Dauer der tatsächlichen Bewußtlosigkeit und/oder der posttraumatischen Verwirrtheit zu entnehmen. Gottlob gehören derartige unvollständige Krankengeschichten heute schon zu den Seltenheiten (SCHERZER 1981). Es war hierzulande vor allem das Verdienst von Lorenz BÖHLER, dem Begründer der Unfallchirurgie, auf die exakte Führung der Krankengeschichten geachtet zu haben.

Im allgemeinen kann der Gutachter natürlich davon ausgehen, daß in den Krankengeschichten nur Tatsächliches im Sinne des Beobachteten und des Befundeten aufscheint. Eine tendenziöse Verzerrung der Fakten ist nicht zu erwarten. Wohl aber sind Krankengeschichten primär auf kurative Belange ausgerichtet. Eine Schwierigkeit für den Gutachter liegt in der oberflächlichen Kürze der Beschreibungen mancher Krankengeschichte, die dazu noch handschriftlich und kaum leserlich verfertigt wurde. Mangel an Schreibkräften erklärt diesen Übelstand, wobei in diesen Fällen wiederholt auch lediglich medizinische Kurzberichte über den Patienten bei der Entlassung abgegeben werden. Besonders die Krankengeschichten über Schädelhirnverletzte sollten aber genau geführt werden, einen klaren Aufnahmebefund, wiederholte Dekurse, Ergebnisse eingeholter Hilfsbefunde und einen ausführlichen Entlassungsbericht mit dem erhobenen objektiven Befund enthalten. Aus diesem Grunde brauchen sie keineswegs in epischer Länge erstellt zu werden. Wichtiges kann man auch treffend mit wenigen Worten ausdrücken. Zugegebenermaßen ist dies eine Kunst, die erlernt sein will. Deshalb sollten Krankengeschichten von bereits erfahrenen Ärzten geschrieben oder doch, wenn der Krankengeschichtsverfasser ein junger und noch wenig routinierter Arzt war, kontrolliert und nötigenfalls korrigiert sowie zweckmäßig ergänzt werden.

Stets muß sich der Gutachter vor Augen halten, für welchen Zweck *ärztliche Befunde und Atteste* ausgestellt wurden. Beispielsweise zielen polizeiärztliche Atteste in erster Linie auf die strafrechtliche Beurteilung und stufen die erlittenen Verletzungen auf Grund der Dauer der Gesundheitsstörungen und Berufsunfähigkeit als leicht oder schwer ein. So gibt es bei dieser Graduierung keine mittelschwere Verletzung. Die polizeiärztlichen Beurteilungen müssen sich keineswegs mit den sonstigen gutachtlichen Einschätzungen decken, die ja nach ganz anderen Gesichtspunkten vorgenommen werden. Berichte und insbesondere Bestätigungen des Hausarztes sind oft parteiisch und daher skeptisch zu beurteilen. Der Hausarzt steht erfahrungsgemäß sowohl unter Zeitdruck, so daß sein Attest häufig leider keinen Befund, sondern nur Diagnosen und Behauptungen liefert, als auch unter dem psychischen Druck des Patienten-Arzt-Verhältnisses, so daß die gutachtlich notwendige Objektivität nur schwer gefunden wird. Leider werden immer wieder leichtfertig ausgestellte Gefälligkeitsbestätigungen vorgelegt, mit denen dem Verunfallten aber keineswegs geholfen ist. Leicht nimmt dieser dann, durch das Attest des behandelnden Arztes bestärkt, eine kämpferische bis sogar querulatorische Haltung ein, und es resultiert eine iatrogene Fehlentwicklung in Richtung Psychogenie. Ähnliches kann auch durch eine fachüberschreitende Bestätigung bewirkt werden, z. B. von einem Orthopäden, Internisten oder Chirurgen bei einem neurologisch-psychiatrischen Gutachtenfall. Jedoch sollte der zuständige Facharzt auf Grund seiner Ausbildung und Erfahrung über die gutachtliche Wertung genügend Bescheid wissen und es daher unterlassen, unrichtige Atteste und Gefälligkeitsbestätigungen auszustellen.

Keineswegs darf der Gutachter demnach alles als bare Münze nehmen, was er schwarz auf weiß in Form von medizinischen Unterlagen vor sich hat. Diese sogenannte *Quellenkritik* (Suchenwirth 1987) betrifft auch die zunächst wertungsfrei imponierenden Krankengeschichten und Befundberichte. Der Gutachter hat hier mehreres zu bedenken: In der medizinischen Dokumentation aufscheinende Diagnosen fußen, zumal sie ja dem kurativen Bereich entstammen, primär auf den Angaben des Betroffenen. Alle Maßnahmen von seiten des Krankenhauses oder des behandelnden Arztes sind auf das Wohl des Patienten ausgerichtet. Anfängliche Diagnosen bedeuten auf dem nervenärztlichen Sektor im allgemeinen Vermutungsdiagnosen und werden darüber hinaus in dem Bestreben erstellt, nur ja keine Schädigung zu übersehen. Geäußerte Beschwerden werden bei Vorliegen einer organischen Verletzung anfangs absolut auf diese bezogen. Daß es sich manchmal bloß um psychogene Symptome handelt, zeigt sich erst im Laufe der Zeit unter weiterer Beobachtung des Patienten.

Zweckgerichtete und subjektiv gefärbte Darstellungen des Unfallgeschehens, der erlittenen Verletzungen und der daraus resultierenden Beschwerden sowie Störungen sind selbstverständlich nicht verwertbar und können meist am Detailreichtum und an der Länge des verfaßten Elaborates erkannt werden. Sie sind aber bei behaupteten wesentlichen psychischen Behinderungen insofern doch gutachtlich interessant, als sie zeigen, daß der Verunfallte sehr wohl und durchaus in der Lage ist, eine derartige komplexe Aufstellung mit Beschreibung seiner Verletzungsfolgen und seines Leidenszustandes zu liefern, was an sich eine gute Leistung darstellt und gegen das Vorliegen höhergradiger kognitiver Beeinträchtigungen spricht. Hingegen sind sachliche schriftliche Berichte über verschiedene Störungen und insbesondere über Anfälle (sogenannter Anfallkalender) sowie Medikamentenwirkung wertvolle Informationen für den Gutachter, die ihm bei seiner Arbeit helfen.

Bereits beim Studium der medizinischen Unterlagen oder nach Einlangen der im Rahmen der Begutachtung durchgeführten Hilfsuntersuchungen kann es sich einmal als notwendig erweisen, daß der Gutachter zum Vergleich oder zur Prüfung von Vorbefunden frühere Röntgenaufnahmen, Computertomographie- oder Kernspintomographiebilder usw. anfordert. Diese Bitte ist zum Zwecke einer exakten gutachtlichen Beurteilung unbedingt zu erfüllen. Manchmal hängt tatsächlich die letzte Entscheidung von einem solchen Vorgehen ab. Der „unkomplizierte“ Gutachter, der in einem fraglichen Fall nicht auf einer solchen Unterlagenerweiterung besteht, mag zwar für den Auftraggeber bequem sein, aber sicherlich ist er kein verantwortungsbewußter Gutachter.

Ungeachtet der genannten Schwierigkeiten wird sich der versierte nervenärztliche Sachverständige auf Grund der Aktenlage schließlich ein recht gutes Bild über den zu Begutachtenden, den er aus Gründen der Unvoreingenommenheit am besten vor dem Aktenstudium untersucht hat, machen können.

Die Betrachtung des Falles aus verschiedenen Blickwinkeln ergänzt hervorragend die anamnestischen Angaben. Eine lückenlose medizinische Dokumentation hilft vor allem dem neurologischen Gutachter, der sich auf seinem Fachgebiet sehr häufig einem medizinischen Indizienverfahren gegenübersieht. Er wird dabei immer wieder auf zweifelhafte Beschreibungen und fragliche Diagnosen sowie widersprüchliche Zeugenaussagen stoßen, die sich aber meist, wenn er einen vollen Überblick über das gesamte Aktenmaterial gewonnen hat, auflösen. Oft wird sich in einem weiteren Gespräch mit dem Untersuchten vieles, was vorerst unklar war, klären lassen. Keineswegs darf der Gutachter auf der Basis des Aktenstudiums allein – und sei dieses noch so gründlich – eine gutachtliche Entscheidung treffen. Diese bleibt einer umfassenden abschließenden Synopse unter Einbeziehung der Persönlichkeit des Verunfallten vorbehalten. Die erwähnte Quellenkritik an einzelnen Befunden, Attesten oder Krankengeschichten bzw. Zeugenschilderungen hat selbstverständlich bereits während des Aktenstudiums einzusetzen, jedoch muß der Gutachter trachten, weiterhin unvoreingenommen zu bleiben. Nach der Aufarbeitung aller Unterlagen darf und soll der Gutachter selbstverständlich Vermutungen hegen, ohne sich aber festgelegt zu haben.

Lediglich bei einem *Aktengutachten*, d.h. im Falle einer gutachtlichen Stellungnahme auf Grund der Aktenlage ohne Möglichkeit einer persönlichen Untersuchung des Betroffenen (z.B. Nichtverfügbarkeit, Nichterreichbarkeit, Todesfall), muß der Gutachter mit der vorhandenen medizinischen und nichtmedizinischen Dokumentation das Auslangen finden und an Hand dieser eine Entscheidung fällen. Gerade für aktenmäßige Beurteilungen ist eine besonders große Erfahrung auf dem Gebiete der Begutachtung erforderlich. Auch das Aktengutachten muß selbstverständlich in sich geschlossen, klar, nachvollziehbar und somit schlüssig sein.

Natürlich muß der Sachverständige die aus den vorliegenden Unterlagen gewonnenen, relevanten Informationen im Gutachten festhalten. Dieser *schriftliche Niederschlag des Aktenstudiums* (Jochheim 1984) kann in dreierlei Form geschehen. Erstens kann man einen Aktenauszug anfertigen, in dem nur belangvolle Daten, ausgerichtet auf die gutachtliche Fragestellung und versehen mit der Stellenangabe (Aktenseite), aufgenommen werden. Ein bloßes Abschreiben von langen, nichtssagenden Passagen ist für den späteren Leser ermüdend und nutzlos. Zweitens kann man die vorliegende Dokumentation in die vom Untersuchten dargebotene Anamnese an den entsprechenden Passagen einbauen, entweder als Bestätigung oder als Widerspruch zu den gemachten Angaben. In der Vorgeschichte stehen dann Behauptung des Untersuchten, Zeugenbericht, medizinischer Befund oder sonstige Tatsachen einander unmittelbar gegenüber. Jedoch bleiben deren Wertung und weitere Schlußfolgerungen dem Abschnitt der gutachtlichen Beurteilung vorbehalten. Drittens kann man die wichtigen Daten der medizinischen und nichtmedizinischen Unterlagen ohne vorherige Darstellung als Argumentation direkt in die gutachtliche Beurteilung einfügen, wodurch diese aber recht lang und unübersichtlich zu werden droht. Welche der genannten Vorgangsweisen der Gutachter wählt, bleibt einerseits ihm überlassen und hängt andererseits von der Problematik des Falles ab. Übrigens empfiehlt es sich bei Gerichtsgutachten und eventuell auch bei Ärztekommissionen der privaten Unfallversicherung, die gegensätzlichen Standpunkte der zwei gegnerischen Parteien klar darzulegen und einander unmittelbar gegenüberzustellen, was sowohl im Aktenauszug als auch in der Gutachtenerörterung erfolgen kann. Damit wird der spätere Vorwurf, eine Partei sei nicht gehört worden, und der Gutachter sei deshalb von Haus aus parteiisch gewesen, entkräftet.

Literatur

JOCHHEIM, K.-A.: Der ärztliche Sachverständige und seine Aufgaben. In: RAUSCHELBACH, H.-H., JOCHHEIM, K.-A. (Hrsg.): Das neurologische Gutachten. Thieme, Stuttgart–New York 1984, 1–7

SCHERZER, E.: Die Anamnese in der Neurotraumatologie und in der nervenärztlichen Unfallbegutachtung. Forsch. u. Prax. d. Begutacht. 21: 52–57 (1981)

SCHERZER, E.: Gutachtliche Fallstricke in der Neurotraumatologie. Forsch. u. Prax. d. Begutacht. 26: 44–51 (1984)

STÖRRING, G. E.: Die Gutachtertätigkeit. In: REICHHARDT, M. (Hrsg.): Einführung in die Unfall- und Rentenbegutachtung. Fischer, Stuttgart–New York 1958, 11–125

SUCHENWIRTH, R. M. A.: Vorgeschichte des Gutachtens: Aktendurchsicht. In: SUCHENWIRTH, R. M. A., WOLF, G. (Hrsg.): Neurologische Begutachtung. Fischer, Stuttgart–New York 1987, 469–476

III. Objektiver Untersuchungsbefund

Der objektive Untersuchungsbefund steht den subjektiven Beschwerden gegenüber, ist jedoch nur zum Teil tatsächlich objektiv (Puls, Blutdruck, Durchblutung, Trophik, passive Beweglichkeit, Reflexstatus), denn zum anderen Teil hängt er von der Kooperation des Untersuchten ab (aktive Beweglichkeit, Kraft, Sensibilität, Koordination). Diese Unterscheidung ist wichtig, denn jene Befundteile, die eine Auftragsausführung, eventuelle Schmerzangabe oder Fragebeantwortung wie beispielsweise bei Prüfung von Sinnesqualitäten erfordern, können sehr wohl vom Probanden psychogen beeinflußt und verändert werden.

Es empfiehlt sich, bei der Befunderhebung einen *routinemäßigen Untersuchungsgang* anzuwenden. Ein solches Vorgehen bewährt sich besonders in schwierigen Fällen. Die Reihenfolge der Einzeluntersuchungen kann verschieden gewählt werden, sollte aber ein für allemal festgelegt und damit stets die gleiche sein. Uns hat sich eine Dreiteilung in den *allgemeinen Befund,* der sich hauptsächlich mit internistischen Teiluntersuchungen befaßt, in den *neurologischen Befund,* bei dem wir nach Körperregionen von kranial nach kaudal vorgehen, aber auch die besonders von der Mitarbeit des Untersuchten abhängigen Funktionssysteme der Koordination, des Standes und Ganges herausheben, und in den *psychiatrischen Befund* bewährt. Der neurologische Gutachter sollte, abgesehen von extrem seltenen Ausnahmen, immer eine komplette Untersuchung in den genannten drei Befundteilen vornehmen. Der Untersuchte wird damit auch das Gefühl haben, daß sich der Gutachter mit ihm gründlich beschäftigt. Vorgedruckte Formulare für den Untersuchungsbefund, sogenannte Statusblätter, sollte man für Gutachten nicht verwenden. Es könnte später leicht behauptet werden, gewisse Teile des Normalbefundes seien nicht geprüft worden, selbst wenn entsprechende Passagen unterstrichen oder abgehakt wurden.

Der in der Folge zu besprechende Routinebefund des neurologischen Gutachtens entspricht einem standardisierten Untersuchungsgang, der bei Vorliegen besonderer Ausfälle, Störungen oder Veränderungen durch weitere Prüfungen sinnvoll zu ergänzen ist. Zusätzlich zum neurologischen Status kann zur Veranschaulichung komplexer Gefühlsstörungen, insbesondere wenn diese über eine Körperregion hinausgehen, vorteilhaft ein Sensibilitätsschema verwendet werden. Ähnlich kann das Ergebnis einer speziellen Muskeluntersuchung bei Läsionen peripherer Nerven in einer Zusatztabelle festgehalten werden, aus der die segmentale bzw. radikuläre Innervation hervorgeht und in der auch die motorische Leistung nach einem Punktsystem eingestuft wird (Einteilung als Fußnote angeben, zumal es diesbezüglich unterschiedliche Einteilungsprinzipien gibt, z. B. nach Kraftgraden oder nach Paresegraden, jeweils von 0 bis 5 reichend).

A. Allgemeiner Status

Hier werden Geschlecht, Lebensalter, Körpergröße, Körpergewicht, physischer Allgemeinzustand, arterieller Blutdruck (rechts, links, beidseits, im Liegen, Sitzen oder Stehen), kardialer Zustand, allgemeine Durchblutung und Atmung beschrieben. Der Ernährungszustand geht aus dem Verhältnis von Körpergewicht zu Körpergröße hervor. Speziell ist auf Zeichen von Dyspnoe (spontan oder bei Belastung) und kardialer Dekompensation zu achten. Besondere Haut- und Schleimhautveränderungen, Anämie, Gelbsucht, Ödeme, Ausschläge, Varizen, Beingeschwüre, Dekubitalulzera, Hämatome, Blutunterlaufungen, Operationsnarben, Deformitäten, abnorme Behaarung, überschießende vasomotorische Reaktionen wie Erythema fugax und stark ausgeprägter Dermographismus (albus oder ruber), vermehrtes Schwitzen und häufiger oder seltener Lidschlag, sicht- und tastbare Tumoren, Hernien, Fisteln, Zeichen einer lokalen Durchblutungsstörung (akrale Blässe bzw. Zyanose) oder einer lokalen Entzündung (Rötung, Hitze, Schwellung, Druckdolenz) usw. sind gegebenenfalls zu nennen.

B. Neurologischer Status

Eine genaue Beschreibung der Vorgangsweise bei Erhebung des neurologischen Untersuchungsbefundes muß entsprechenden Lehrbüchern entnommen werden (Wartenberg 1952, Mumenthaler 1970 und zuletzt 1990, Schenck 1971 und zuletzt 1985, Bronisch 1979, Scheid 1983 usw.). Hier sollen nur gewisse, für die Begutachtung wichtige Besonderheiten erwähnt werden. Es empfiehlt sich eine Beschreibung entsprechend folgender Einteilung: Schädel, Hirnnerven, motorische Schablonen, obere Extremitäten, Stamm, untere Extremitäten, Koordination einschließlich des Standes und Ganges. Neuropsychologische Leistungsbeeinträchtigungen wie Aphasien, Apraxien, Agnosien und Körperschemastörungen, die man auch als Hirnwerkzeugstörungen bezeichnet, leiten bereits zum psychischen Befund über bzw. werden auch mancherorts diesem zugeordnet.

1. Schädel

Konfiguration, Größe und Beweglichkeit des Schädels sind zu beschreiben. Nach Druck- und Klopfempfindlichkeit, insbesondere nach einer umschriebenen Druckdolenz der Hirnnervenaustrittspunkte (supra- und infraorbitale sowie mentale Druckpunkte), und nach allfälligen Zeichen einer meningealen Symptomatik (Bulbusdruckdolenz, schmerzhafte Nackensteifigkeit, obgleich diese wie die Kopfbeweglichkeit eigentlich zur Wirbelsäulenbeschreibung gehörte) muß gefahndet werden. Narben, Knochenunregelmäßigkeiten und Knochendefekte des Schädels müssen lokalisatorisch bestimmt und gemessen werden. Ihr Aussehen ist zu beschreiben, eine eventuelle lokale Berührungsempfindlichkeit oder Druckdolenz, vor allem von Narben und

Knochenlückenrändern ist festzuhalten. Bezüglich der Weichteile im Bereiche eines Schädelknochendefektes ist von Interesse, ob diese eingesunken, im Kalottenniveau oder vorgewölbt sind, ob das Gewebe hier straff oder weich ist, ob es sich beim Husten oder Pressen anhebt bzw. vorwölbt oder nicht, ob und wo dabei Schmerzen auftreten, ob die Schädelknochenlücke in der behaarten oder unbehaarten Kopfhaut gelegen und sichtbar oder von Haaren überdeckt und daher unsichtbar ist, schließlich ob pulssynchrone Bewegungen der Weichteile und lageabhängige Gewebsverschiebungen zu beobachten sind. Für die kosmetische Beurteilung ist die Feststellung, ob ein plastisch oder mit Knochen gedeckter Schädeldefekt im Kalottenniveau liegt, besonders wichtig. Bei Narben interessiert ferner deren Beziehung zur Umgebung, z. B. geringe Verschieblichkeit oder Adhärenz auf der Unterlage, narbenbedingte Verziehung eines Augenlides.

Manchmal findet man hier die Beschreibung der Eigenreflexe des Gesichtes, die aber besser unter die Hirnnerven einzureihen sind, oder die Angabe über Druckdolenz der Okzipitalnerven, die richtig der Halswirbelsäule zuzuordnen ist. Unter Umständen sollte der Auskultationsbefund des Schädels (pulssynchrones Geräusch bei intrakraniellen arteriovenösen Aneurysmen) und der Palpationsbefund der Arteria temporalis (Pulslosigkeit bei Karotisverschluß oder thrombosierender Arteriitis temporalis) erhoben werden. Auch ein untersuchungsmäßig festgestellter Exophthalmus oder Enophthalmus kann hier oder im Abschnitt über die Hirnnerven beschrieben werden.

2. Hirnnerven

Die zwölf Hirnnervenpaare werden in bezug auf Motorik, Reflexe und Sensibilität sowie Sensorik nach Funktionssystemen untersucht, wobei die Prüfung gezielt und beidseits zu erfolgen hat. Als sensorische Funktionen sind das Riechen, Sehen, Schmecken und Hören allgemein bekannt, jedoch zählt hieher auch der Gleichgewichtssinn, dessen wir uns bloß im Falle seiner Störung bewußt werden (Scherzer 1968).

Der Geruchssinn wird durch die *Nervi olfactorii* – oder besser gesagt – die *Fila olfactoria* vermittelt. Die Prüfung erfolgt rechts und links getrennt am besten bei geschlossenen Augen mittels verschiedener Duftstoffe. Es ist nicht notwendig, daß diese erkannt werden. Es genügt deren Unterscheidung voneinander. Außer den üblichen Duftstoffen (Kaffee, Kakao, Vanille, Lavendel-, Nelken- und Terpentinöl, Schwefelwasserstoff, Kernseife, Teer, Gummi, Rosen- und Kölnischwasser) verwendet man Zimt, eine oral einzunehmende Substanz, die vom Uneingeweihten nicht für einen Duft-, sondern für einen Geschmacksstoff gehalten wird. Es empfiehlt sich auch, den süßlichen Geschmacksstoff Chloroform anzubieten, den der Laie für einen Riechstoff hält. Außerdem sollte man sogenannte Leerproben, unter denen man nicht-riechende Substanzen versteht und zusätzlich einen Trigeminusreizstoff wie Ammoniak, Salmiak, Essig, Menthol oder Senföl darbieten. Schließlich muß man sicherstellen, daß der Luftstrom durch die Nase nicht blockiert wird, wie dies z. B. bei Polypen der Fall sein kann. Die Verwendung eines Trigeminusreizstoffes dient der Erkennung örtlicher Veränderungen im Schleimhautbereich, die nicht nur die sensorischen, sondern auch die sensiblen Nervenfasern geschädigt oder zerstört haben. Durch die große Anzahl von Proben, deren Wirkung der Untersuchte nicht kennt, gelingt in der Regel eine ausreichend gesicherte Diagnose. Festgestellt werden ein- oder beidseitige Anosmien, allenfalls Hyposmien, welch letztere fließende Übergänge zum normalen Geruchssinn zeigen.

Den Gesichtssinn, der unter anderem von der Intaktheit der *Fasciculi optici* abhängt, untersucht man im Hinblick auf Sehkraft und Gesichtsfeldgröße. Eine Orientierung über den Visus erhält man durch Vorweisen entfernt gelegener Gegenstände und eines Lesetextes. Auf eine notwendige Visuskorrektur ist bei Brillenträgern zu achten. Im neurologischen Status wird das Gesichtsfeld grob durch die Konfrontations- oder Gesichtskonturperimetrie in seinen Außengrenzen bestimmt. Die Untersuchungen erfolgen getrennt für jedes Auge, wobei das andere jeweils abgedeckt wird. Bei der Konfrontationsperimetrie sitzt der Untersuchte dem Untersucher in einem Abstand von ungefähr einem Meter gegenüber, so daß ihre Gesichtsfelder einander im Regelfall weitgehend entsprechen. Die Gesichtskonturperimetrie erfolgt durch Fingerbewegungen entlang der Gesichtsoberfläche in Richtung auf das zu untersuchende Auge hin, sie läßt sich vor allem auch gut bei Bettlägrigen anwenden. Beidäugige Prüfungen des Gesichtsfeldes in Konfrontationsstellung dienen der Erkennung homonymer Gesichtsfeldausfälle und der hemianopischen Aufmerksamkeitsstörung. Die Tatsache des erhaltenen Sehens läßt sich am visuellen Fixationsreflex nachweisen. Selbst wenn nur mehr Gesichtsfeldreste vorhanden sind, kann dieser Reflex ausgelöst werden. Man prüft ihn mit einer gestreiften Drehtrommel (optokinetischer Nystagmus), am Krankenbett mit einem Meßband, das langsam vor den Augen des Patienten vorbeigezogen wird, mit einem vorgehaltenen Spiegel, der ruckartig bewegt wird (Spiegelraumbewegungen, Riecken 1943) oder mit der Elektronystagmographie, wobei der Proband während der Stuhldrehung die Augen öffnen muß (optokinetischer Nystagmus durch Umfeldbewegung). Auch die Augenhintergrunduntersuchung ist, wenn sie vom Neurologen und nicht vom Ophthalmologen durchgeführt wird, im nervenärztlichen Status eigens zu vermerken. An pathologischen Befunden sind grobe Visusbeeinträchtigungen, Amaurose, Hemianopsien, aber auch Quadrantenanopsien, eventuell Zentralskotome und hemianopische Aufmerksamkeitsstörungen, am Augenhintergrund Optikusatrophien, Stauungspapillen, Thrombosen und degenerative Veränderungen zu erheben.

Die Beschreibung der *Pupillen* nach Form (rund, entrundet, verzogen), Größe (mittelweit, übermittelweit, untermittelweit, stark erweitert, stark verengt) und Reaktion (auf Licht, bei Konvergenz bzw. Akkommodation, auf Schmerz und Medikamente) findet entweder hier oder im Anschluß an die

Beschreibung der Augenmuskelnerven statt. Die Pupillengröße (Verengung oder Miosis, Erweiterung oder Mydriasis) hängt übrigens nicht nur von der Helligkeit des Untersuchungsraumes, sondern unter anderem auch vom vegetativen Tonus ab: Mydriasis bei Sympathikusreizung, auch durch Schmerz, Miosis bei Parasympathikusreizung. Ferner wird die Weite der Pupille durch Medikamente und Drogen beeinflußt. Ein geringfügiger Seitenunterschied in der Pupillengröße stellt nicht unbedingt einen pathologischen Befund dar, sondern kann auch als belanglose physiologische Anisokorie (bis 1 mm) in den Bereich des Normalen fallen. Die Lichtreaktion der Pupillen, die normalerweise zu einer beidseitigen Verengung führt, muß man mitunter mehrmals prüfen, da ein anfängliches Schreckphänomen mit Sympathikotonie eine Lichtstarre vortäuschen kann. Bei Pupillotonie (ADIE-Pupille) kommt die Lichtreaktion erst nach einiger Zeit, nach Sekunden bis Minuten, in Gang. Am besten wird zur direkten Lichtprüfung einer Pupille das kontralaterale Auge abgedeckt. Außerdem muß der Proband zur Vermeidung einer gleichzeitigen Akkommodationsreaktion in die Ferne blicken. Die Prüfung der konsensuellen Lichtreaktion erfordert eine exakte Abschirmung des beobachteten, jedoch nicht unmittelbar untersuchten Auges vor Lichteinfall. Die Konvergenzreaktion der Pupillen besteht in einer parallel zur Akkommodation der Linsen (Naheinstellung) verlaufenden Pupillenverengung unter Aufrechterhaltung der Isokorie und ist am besten am Liegenden zu prüfen. Pharmakologische Testbefunde der Pupillen werden nur ausnahmsweise erhoben. Meist gelingt die Analyse von Pupillenstörungen ausreichend durch die neurologische Routineuntersuchung. An pathologischen Pupillarbefunden sind im Hinblick auf die Unfallbegutachtung die amaurotische Pupillenstarre, die Iridoplegie infolge Okulomotoriusparese, der Ausfall der pupillären Konvergenzreaktion infolge zentraler Läsion, die direkte oder primäre traumatische Iridoplegie, das HORNER-Syndrom und die Mydriase infolge Sympathikusreizung oder zentraler Lähmung von Bedeutung.

Die einseitige Augenmotorik wird als eine gemeinsame Leistung durch den *Nervus oculomotorius*, den *Nervus trochlearis* und den *Nervus abducens* bewerkstelligt. Außerdem wird die Augenmotorik beider Seiten von den übergeordneten subkortikalen Blickzentren zur konjugierten Blickmotorik koordiniert. Daher untersuchen wir primär beide Augen gleichzeitig. Bei fixiertem Kopf muß einem vorgewiesenen Gegenstand, am einfachsten dem Finger des Untersuchers, nachgeblickt werden, zuerst in der Horizontalebene nach rechts und links, dann in der Vertikalebene, wobei aus der temporalen Ausgangsstellung die geraden Augenmuskeln und aus der nasalen Ausgangsstellung die schrägen Augenmuskeln die Vertikalbewegung des Auges vollführen und die nicht gerade daran beteiligten Augenmuskeln eine Drehkomponente hinzufügen. Physiologischerweise erfolgen die Augenbewegungen konjugiert. Ist dies nicht der Fall, treten Doppelbilder auf, und es kommt zum Schielen (Strabismus). Eine Schielstellung kann nicht nur beim Blick in gewisse Richtungen, nämlich in die Funktionsrichtung eines paretischen Augenmuskels, zustande kommen (Lähmungsschielen oder Strabismus paralyticus), sie kann auch dauernd vorhanden sein, wie dies beim angeborenen Begleitschielen (Strabismus concomitans) der Fall ist. Die Störungen der Augenmotorik zeigen sich in typischer Form bei Lähmungen der genannten Hirnnerven und bei Läsionen der übergeordneten Zentren, also einerseits als Augenmuskellähmungen und andererseits als Blicklähmungen, einschließlich der Konvergenzlähmung. Von den Augenmuskellähmungen sind die sekundären Augenmuskelkontrakturen, die in mannigfacher Form auftreten können, zu unterscheiden. Zusätzlich kann eine rein mechanisch bedingte Behinderung der Augapfelbewegung bzw. -dislokation vorliegen. An weiteren pathologischen Veränderungen sind Blickdeviationen, verschiedene Formen von Nystagmus, vermehrte Einstellrucke im Sinne einer okulären Ataxie und Pendeldeviationen bei Ermüdung bzw. Schläfrigkeit zu nennen. Eine Oberlidptose ist bei stärkerer Ausprägung Symptom einer Okulomotoriusläsion, bei geringerer Ausprägung kann sie auch durch eine Sympathikusschädigung (z. B. im Rahmen eines Horner-Syndroms) bedingt sein. Oft werden Augenbewegungen im Sinne des Nystagmus an dieser Stelle beschrieben, obgleich die meisten Nystagmusformen vestibulär oder zentral verursacht sind. Okuläre Nystagmen sind selten und dann stets mit Sehstörungen vergesellschaftet. Eine Unterscheidung des pathologischen Nystagmus vom physiologischen Endstellungsnystagmus, der sich häufig, aber nicht immer bald erschöpft, ist sehr wichtig.

Der *Nervus trigeminus* besitzt eine sensible Portio maior und eine motorische Portio minor. Schenck (1985) empfiehlt als orientierende Prüfung im Seitenvergleich die Zahlenschrift und dann Schmerzreize an der Stirn, ferner nur bei bestimmten Hinweisen wie Frakturen im Kieferbereich, anamnestischen Angaben usw. auch die Prüfung der anderen sensiblen Trigeminusareale. Mit Rücksicht auf die doch oft mangelhaften Angaben der Untersuchten sind wir der Meinung, daß die Sensibilitätsprüfung in allen drei Ästen (Nervus ophthalmicus, Nervus maxillaris und Nervus mandibularis) erfolgen soll, wobei im Falle einer Läsion auch auf die Schleimhautsensibilität im Augen-, Nasen- und Mundbereich zu achten ist. Die Sensibilitätsprüfung hat sich bei Bedarf nicht nur feiner Berührungsreize, sondern im Hinblick auf eine dissoziierte Gefühlsstörung auch zusätzlicher Schmerz- und Temperaturreize zu bedienen. Des weiteren muß zum Nachweis einer Läsion im Kerngebiet die periorale mit der temporalen Sensibilität verglichen werden. Die motorische Trigeminusfunktion läßt sich an den Kaumuskeln durch vergleichsweise Palpation der Musculi masseteres et temporales sowie an den Mundöffnern durch Gegenhalten von unten und anschließend von der Seite prüfen. Bei Lähmung der Musculi pterygoidei führt die Mundöffnung zum Abweichen des Unterkiefers zur Läsionsseite. Nach entsprechenden Muskelatrophien ist zu fahnden. An Reflexen sind vor allem der empfindliche Hornhaut- oder Kornealreflex, am besten nachzuweisen durch Luftanblasen von der Seite, und der Masseterenreflex, der stets nur beidseits ausgelöst werden kann (einseitiger Masseterreflex nicht prüfbar), daher keinen Seitenvergleich erlaubt und sogar physiologischerweise fehlen kann, zu nennen. Der Konjunktivalreflex hat kaum Bedeutung, denn er ist wesentlich weniger empfindlich als der Kornealreflex. Weitere trigeminofaziale Reflexe sind der physiologischerweise nur schwach oder gar nicht auslösbare Reflex des Musculus orbicularis oculi (bei lateraler Auslösung einseitig, bei medialer Auslösung beidseitig, dann als Nasopalpebral- bzw. Glabellarreflex bezeichnet) und der einer motorischen Schablone entsprechende, pathologische Reflex des Musculus orbicularis oris (isoliert als Schnauzreflex oder bei Mitbeteiligung der Kau- und Zungen- sowie Zungengrundmuskulatur als Beißreflex und Saugreflex). Wichtig ist es ferner, den Masseteren- bzw. beidseitigen Temporalisreflex zu prüfen. Dies erfolgt bei halbgeöffnetem Mund (Unterkiefer hängen lassen) durch Beklopfen des auf dem Kinn liegenden Zeigefingers oder eines über Zunge und untere Zähne gelegten Spatels. Der genannte Muskeleigenreflex ist physiologischerweise oft sehr schwach oder manchmal überhaupt nicht auslösbar. An pathologischen Befunden begegnet man in der Traumatologie am häufigsten peripheren Sensibilitätsstörungen im Versorgungsbereich des Nervus infraorbitalis (nach Oberkieferbrüchen), des Nervus frontalis (nach basalen Stirnbeinbrüchen) und des Nervus mentalis bzw. des Nervus alveolaris inferior (nach Unterkieferbrüchen), seltener ausgedehnten peripheren Sensibilitätsstörungen sowie zentralen und allenfalls dissoziierten Sensibilitätsstörungen, ausnahmsweise peripheren Lähmungen der Kaumuskulatur und der Mundöffner, wiederholt jedoch zentralen Paresen dieser Muskeln mit Steigerung des Masseterenreflexes, typischerweise kombiniert mit einer suprabulbären Dysarthrie.

Der *Nervus intermediofacialis* wird zuerst in seinem motorischen Anteil (Nervus facialis) und, falls erforderlich, zusätzlich in seinem sensorischen Anteil (Nervus intermedius) untersucht. Man betrachtet die Mimik in Ruhe, beim Sprechen sowie beim Lachen, prüft das Stirnhochziehen bzw. Stirnrunzeln (Musculi frontales), den forcierten Lidschluß (Musculi orbiculares oculorum), das Nasenrümpfen bzw. Spiel der Nasenflügel (Musculi nasales und Musculi angulares), ferner das Mundspitzen und Pfeifen (Musculi orbiculares oris) sowie das Zähnezeigen (Musculi zygomatici, Musculi risorii und Musculi triangulares). Wichtig ist es, die mimische Muskulatur in Teilbereichen innervieren zu lassen. Gelingt dies nicht, sondern treten Massenbewegungen auf, so liegt eine Fehlinnervation nach peripherer Fazialisparese vor. Schließlich führt der Nervus facialis auch noch sekretomotorische Fasern für die Tränen-, Nasen- und Speicheldrüsen. Die Tränenproduktion läßt sich mit dem SCHIRMER-Test durch Einlegen eines Löschpapierstreifens in den unteren Tränensack beidseits, nachdem zuvor die Bindehaut anästhesiert wurde, prüfen. Seitenunterschiede mit verminderter Tränenproduktion können so objektiviert werden. Der Geschmackssinn wird in der Art geprüft, daß der Untersuchte am besten vor einem Waschbecken sitzt und die Zunge herausstreckt, auf welche sodann Geschmacksstoffe wie 10–20%ige Zuckerlösung, 2,5–10%ige Kochsalzlösung, 5–7,5%ige Zitronensäurelösung und 0,75–1%ige

Chininlösung mit einem Wattestäbchen aufgepinselt werden. Die bittere Geschmacksqualität darf erst zum Schluß gereicht werden. An Hand einer vorgehaltenen Tafel zeigt der Untersuchte, welche Geschmacksqualität (süß, salzig, sauer, bitter) er gerade wahrnimmt. Die Prüfung erfolgt rechts und links gesondert. Zwischen den einzelnen Proben hat der Untersuchte den Mund mit Wasser auszuspülen. Ein halbseitiger Geschmacksverlust in den vorderen zwei Zungendritteln ist bei der peripheren Fazialislähmung gegeben. Eine Geschmacksstörung im hinteren Drittel der Zunge findet sich bei Schädigungen des Nervus glossopharyngeus und des Nervus vagus. Einseitige Geschmacksausfälle werden von den Betroffenen oft gar nicht bemerkt. Nach Unfällen beobachtet man häufig periphere und auch wiederholt zentrale Gesichtsnervenparesen. Bei letzteren ist der Stirnast ausgespart. Es gibt auch selten mimische bzw. extrapyramidale Fazialisparesen, die sich nur bei emotioneller Innervation, vor allem beim Lachen, zeigen.

Den Gehörsinn und den Gleichgewichtssinn vermittelt das achte Hirnnervenpaar. Der *Nervus statoacusticus* besitzt demnach, wie sein Name schon besagt, einen Gleichgewichtsteil (*Nervus staticus sive vestibularis*) und einen Höranteil (*Nervus acusticus sive cochlearis*). Die Hörfunktion kann vergleichend durch Fingerreiben vor dem Ohr rechts und links oder durch Prüfung der Flüstersprache bei gleichzeitigem Verschluß des nicht-untersuchten Ohres (Fingerdruck auf den Tragus, eventuell mit zusätzlichem Reiben) grob beurteilt werden. Im RINNE-Versuch werden Luft- und Knochenleitung miteinander verglichen. Wenn die auf den Warzenfortsatz aufgesetzte und zuvor angeschlagene Stimmgabel nicht mehr gehört wird, hält man sie vor das Ohr des Untersuchten, der sie dann bei normalem Gehör noch etwa 30 Sekunden lang wahrnimmt. Die Luftleitung ist somit der Knochenleitung physiologischerweise überlegen. Im WEBER-Versuch wird die angeschlagene Stimmgabel auf die Scheitelmitte aufgesetzt und normalerweise im rechten und linken Ohr annähernd gleich stark gehört. Eine Lateralisation ist bei dieser Prüfung pathologisch. Festgestellt werden können im Rahmen der neurologischen Untersuchung Hörminderungen und Ertaubung, wobei eine Unterscheidung von Schalleitungs- und Nervenschwerhörigkeit möglich ist. Gleichgewichtsnerv und peripheres Gleichgewichtsorgan werden nur teilweise im neurologischen Untersuchungsgang der Hirnnerven geprüft, nämlich was den Nystagmus anlangt. Die vestibulospinalen Abweichreaktionen ordnet man üblicherweise den Koordinationsprüfungen zu. Die Untersuchung auf Nystagmus erfolgt beim Blick geradeaus, nach allen Hauptrichtungen, durch einseitiges Augenabdecken, durch schnelles und langsames Umlagern, durch Kopfschütteln und Einnahme verschiedener Kopfstellungen in bezug auf den Rumpf. Außerdem können eine Kalorisation (Kalt- und Warmspülung) sowie eine optokinetische Prüfung erfolgen. Einfach ist die Untersuchung mit der FRENZEL-Leuchtbrille im Dunkelzimmer, welche nach Spontan- und Provokationsnystagmus fahndet, insbesondere nach Lage- und Lagerungsnystagmus sowie nach Kopfschüttel- und Zervikalnystagmus. Pathologische Befunde begegnen uns in verschiedenen Formen bei peripheren und zentralen Läsionen des Gleichgewichtssystems.

Das neunte und zehnte Hirnnervenpaar bilden eine funktionelle Einheit, zumal der *Nervus glossopharyngeus* und der *Nervus vagus* einander innervatorisch wesentlich überlappen. Beachtet werden die Stellung des Gaumensegels und des Gaumenzäpfchens sowie der Raphe der Rachenhinterwand. Die Uvula steht aber auch beim Gesunden nicht immer median. Nach Tonsillektomie kann das Gaumensegel anhaltend etwas verzogen sein. Geprüft werden die Gaumensegel- und Racheninnervation durch Phonation („a") oder Auslösung des Würgereflexes, der ausnahmsweise auch beim Gesunden, etwas häufiger beim psychogen Stigmatisierten, fehlen kann. Die Reizung erfolgt am besten mit einem Spatel am Gaumen, an den Tonsillen oder an der Rachenhinterwand bzw. am Zungengrund, beidseits getrennt. Mitunter beobachtet man nach Hirnstammläsionen einen sogenannten Uvulanystagmus, worunter spontane Myorhythmien des Gaumensegels zu verstehen sind. Die Sprache ist im Hinblick auf Sprech- und Stimmstörungen zu beachten. Bei Paresen des Gaumensegels ist vornehmlich die Artikulation, bei Paresen der Kehlkopfmuskulatur ist hingegen die Phonation beeinträchtigt. Häufig sind Sprech- und Stimmstörungen miteinander kombiniert. Liegt eine nasale Sprache vor, sollte man eine Trinkprobe anstellen. Austritt von Flüssigkeit durch die Nase beweist eine Gaumensegelparese. Verkutzen ist Ausdruck eines gestörten Schluckaktes, meist bei mangelhaftem Kehldeckelschluß. Ferner kann unter Umständen auch der Geschmack im hinteren Zungendrittel geprüft werden, was aber von den meisten Untersuchten nur sehr schlecht toleriert wird. Tachykardie und Arrhythmie können Zeichen einer Vagusschädigung darstellen. Heiserkeit kennzeichnet die einseitige Rekurrenslähmung. Stridor und Atemnot bei Belastung weisen auf eine doppelseitige Rekurrensschädigung hin. Durch Vagusreizung im Halsbereich (parasympathische vegetative Fasern, die zu den Eingeweiden des Brust- und Bauchraumes, damit auch zum Herzen geführt werden) kann man eine Pulsverlangsamung erzielen. Der genannte vagokardiale Reflex wird jedoch wegen der Gefahr eines eventuellen Herzstillstandes kaum jemals geprüft. Untersuchungsmäßig lassen sich Gaumensegel- und Pharynxparesen, Bulbärparalyse und (supranukleäre) Pseudobulbärparalyse, Dysarthrien und Anarthrie, Dysphonie und Aphonie, allenfalls Myorhythmien des Gaumensegels und auch eine Geschmacksstörung im Bereiche des hinteren Zungendrittels bzw. des Zungengrundes auf der Läsionsseite feststellen.

Der *Nervus accessorius* versorgt den Musculus sternocleidomastoideus und den oberen Anteil des Musculus trapezius. Zu beachten sind die Stellung der Schulter und des Schulterblattes im Seitenvergleich: bei Schädigung des Nervs Tiefstand der Schulter und Schaukelstellung des Schulterblattes. Man prüft die Kraft der Kopfdrehung zur Gegenseite (Musculus sternocleidomastoideus) und die Kraft des Schulterhochhebens (Musculus trapezius), am besten gegen Widerstand und bei gleichzeitiger Palpation des untersuchten

Muskels. Ferner ist nach einer Verschmächtigung der genannten Muskeln zu fahnden. Untersuchungsmäßig lassen sich periphere Paresen bis zur kompletten Lähmung des gesamten Nervus accessorius oder isolierter Anteile (Äste zum Musculus sternocleidomastoideus und Äste zum oberen Anteil des Musculus trapezius) diagnostizieren. Zentrale Paresen sind kaum zu erfassen, da der motorische Akzessoriuskern bilateral innerviert wird.

Der *Nervus hypoglossus* wird durch Vorstrecken der Zunge und durch Zungenbewegungen nach allen anderen Richtungen untersucht. Die Kraft der Lateralbewegung der Zunge gegen die Wange wird im Seitenvergleich geprüft. Im Falle einer Parese weicht die Zunge zur Läsionsseite ab und wird mit verminderter Kraft zur Gegenseite geführt. Zu achten ist des weiteren auf Atrophien und Faszikulationen der Zunge. Sprech- und Schluckstörungen kommen ebenso vor und sind Ausdruck einer beidseitigen Hypoglossusparese. Allenfalls zeigen sich auch myotone Zungenreaktionen nach Beklopfen mit der Spatelkante. Untersuchungsmäßig können in der Traumatologie periphere und zentrale Hypoglossusparesen, mitunter auch beidseits, festgestellt werden.

Zu beurteilen sind als eine Gesamtleistung der kaudalen Hirnnerven das *Sprechen* und die *Stimme*. Sprechstörungen (Dysarthrien) erkennt man an verwaschener und undeutlicher Artikulation, weiters an Verlangsamung der Sprache und an einer nasalen Komponente. Besonders die Konsonanten „r" und „l" sind verformt. Eine Skandierung mit abgehackter und explosiver Silbenaussprache weist auf eine zerebelläre Schädigung, eine leise, monotone und modulationsarme Aussprache, eventuell mit Iterationen, weist auf eine extrapyramidale Affektion hin. Eine Dysarthrie, welche durch verschiedene Testwörter zu verdeutlichen ist, kann bis zum Sprechunvermögen führen (Anarthrie). Stimmstörungen (Dysphonien) sind an der Heiserkeit zu erkennen, von der insbesondere hohe Töne betroffen sind. Eine Dysphonie kann sich bis zur Aphonie steigern, ist dann unter Umständen mit Stridor und Atemnot bei Belastung vergesellschaftet. All diese Störungen führt man am besten abschließend bei den Hirnnerven an. Zentrale Sprachstörungen im Sinne von Aphasien sind hingegen einem zusätzlichen Abschnitt über die höheren und höchsten Hirnfunktionen (neuropsychologischer Status) zuzuordnen.

3. Pathologische motorische Schablonen

Sie werden auch als *Primitivphänomene* und *Frontalhirnzeichen* bezeichnet. Letztgenannter Ausdruck besteht jedoch nicht immer zu Recht, da der Läsionsort nicht nur im Stirnhirn, sondern auch im Temporallappen oder im Hirnstamm gelegen sein kann. Die Schädigung kann auch diffus das gesamte Hirn betreffen. Bei Hunger sind viele motorische Schablonen stärker ausgeprägt, nach der Nahrungsaufnahme geringer oder sogar erloschen. Prinzipiell unterscheidet man orale Schablonen und Handgreifreflexe.

Die oralen Schablonen (Atzreflexe) können verschieden ausgelöst werden: optisch durch Vorweisen eines entsprechenden Gegenstandes, was zur Mundöffnung, allenfalls auch zum Saugen, Beißen oder Lutschen führt; sowie taktil durch Berühren der Perioralregion mit einem Spatel, was gleichfalls zur Mundöffnung mit dem Versuch, den Gegenstand mit den Zähnen zu erfassen, führt.

Die Handgreifreflexe bedingen ein Ergreifen und/oder Festhalten eines Gegenstandes. Auch sie können optisch (Nachgreifen) oder taktil ausgelöst werden (Zwangsgreifen). Ein Handgreifreflex ist Ausdruck einer kontralateralen zerebralen Schädigung.

Schließlich zählt noch der Palmomentalreflex zu den Primitivphänomenen. Er tritt nach kräftigem Bestreichen entlang des Daumenballens auf, bewirkt eine Kontraktion der ipsilateralen Kinnmuskulatur und findet sich ausnahmsweise auch beim Gesunden, dann typischerweise beidseits.

4. Extremitäten

Sämtliche Gliedmaßen können, besonders wenn sie einen normalen neurologischen Befund aufweisen, in einem einzigen Abschnitt zusammengefaßt werden. Bei pathologischen Befunden empfiehlt sich indessen die gesonderte Beschreibung der oberen und unteren Extremitäten, zwischen welchen Abschnitten die Beschreibung des Stammes eingefügt wird.

Bei den oberen Gliedmaßen ist in neurologischen Gutachten oft die *Händigkeit* verzeichnet, welche gewisse Hinweise auf die Hemisphärendominanz gibt. Jedoch sind die diesbezüglichen Angaben der Untersuchten nach Armverletzungen oft ungenau. Rechtshändigkeit ist bekanntermaßen wesentlich häufiger anzutreffen als Linkshändigkeit. Der echte Linkshänder schreibt auch mit der linken Hand, führt Schere, Hammer, Zahn- und Schuhbürste, Nadel und Schere links. Es gibt verschiedene Übergangsformen, die zwischen der extremen Rechtshändigkeit und der extremen Linkshändigkeit einzureihen sind. Bei echter Ambidextrie werden beide Hände gleich geschickt verwendet, und es besteht keine Seitenbevorzugung. Selbst ausgeprägte Linkshändigkeit geht nicht unbedingt mit einer absoluten Dominanz der rechten Großhirnhemisphäre, welche auch die Sprache betrifft, einher. Es wurden zur genauen Bestimmung der Hemisphärendominanz bezüglich verschiedener Funktionen zahlreiche Prüfungsmethoden entwickelt. Im Rahmen neurochirurgischer Interventionen bedient man sich zur Feststellung der dominanten Großhirnhemisphäre des WADA-Testes, bei dem eine Sprachprüfung nach Amital-Injektion in die Halsschlagader erfolgt. In einfacher Weise kann man oft den Gebrauchsarm an der etwas größeren Breite des Daumennagels erkennen.

Auch an den Extremitäten beschreibt man systematisch und zweckmäßig als erstes das, was die bloße *Inspektion* und die einfache *Palpation* feststellen lassen: Muskelverschmächtigungen umschriebener Art bei Lähmung eines peripheren Nervs, diffuser Art bei Inaktivität, auch im Rahmen einer Hemiparese (Vergleich der Umfangmaße mit der Gegenseite unter Höhenangabe, gemessen bei symmetrischer Stellung der Extremitäten), Hautrisse, livide, kühle, glänzende, gerötete und überwärmte Haut, atrophische Hautveränderungen insbesondere an den Fingerkuppen, Hyperkeratosen und allenfalls Pigmentverschiebungen, verminderte oder vermehrte Behaarung, herabgesetzte oder gesteigerte spontane Schweißsekretion, feuchte oder trockene Haut, Ödeme, angeborene Muskelaplasien sowie durch Lähmungen im Kindesalter erworbene Hypoplasien der Muskulatur, meist auch mit einer Extremitätenverkürzung einhergehend, ferner Fehlhaltungen, Fehlstellungen und sekundäre Deformierungen wie Schulterhochstand, spastische Beugestellung der oberen und Streckstellung der unteren Extremität (WERNICKE-MANNsche Hemiplegiestellung), Dreschflegelarm, Schwur- oder Predigerhand, Krallenhand, Affenhand, Fallhand, Platthand, Knieüberstreckung, Fall- und Spitzfuß, Hackenfuß, Krallenzehen, spontane Muskelzuckungen als Faszikulationen, die nur in Verbindung mit Muskelatrophie sicher pathologisch sind, als Muskelwogen bzw. Myokymien über größere Areale und als Myoklonismen, des weiteren abnorme Bewegungen wie Tremores, Hypo- und Akinesen, athetotische, choreatische, ballistische und dystone Bewegungen, fokale epileptische motorische Erscheinungen, einschießende Spasmen bei zerebralen und medullären Läsionen sowie spinale Automatismen, besonders distal an den Beinen. Der Radialispuls sollte stets palpiert werden, im Falle einer entsprechenden Symptomatik bei hochgehobenem Arm und bei verschiedenen Kopfstellungen, um ein Kompressionssyndrom im Bereiche der oberen Thoraxapertur zu erfassen. Des weiteren empfiehlt sich die Prüfung des Pulses der Fußrückenarterie und der Femoralarterie. An den Akren kann die Durchblutung zusätzlich durch anämisierenden Druck untersucht werden (verzögerte Erholung bei mehr als drei Sekunden). Zusätzlich kann man eine Piloarrektion durch entsprechenden Hautreiz auslösen und damit einen physiologischen vegetativen Reflex prüfen. Bei Messungen gesunder Personen fällt auf, daß die Umfangmaße am Gebrauchsarm und auch am Vorzugsbein meist um einen bis zwei Zentimeter größer sind.

Es folgt die Untersuchung der *Beweglichkeit* der Gliedmaßen in allen Gelenken, und zwar sowohl was die aktive als auch was die passive Motilität anlangt. Ein Unterschied zwischen diesen beiden Formen in dem Sinne, daß die aktive Beweglichkeit gegenüber der passiven eingeschränkt ist, weist auf einen motorischen Ausfall hin, d. h. auf eine neurogen bedingte Parese oder auf einen Sehnenabriß usw. Typisch für eine neurogene Lähmung ist die fehlende aktive Motilität bei voll erhaltener passiver Motilität. Eine Behinderung der passiven Beweglichkeit hat stets auch eine solche der aktiven Beweglichkeit zur Folge, ist mechanisch verursacht und läßt in erster Linie an eine Gelenkskontraktur denken. Eine solche kann allein schon durch länger dauernde Immobilität entstehen. Manchmal hat sich die neurogene Lähmung zurückgebildet, und trotzdem kann das Gelenk infolge einer persistierenden Kontraktur nicht bewegt werden. In diesem Falle klärt sich die Lage, wenn ein ausreichendes Muskelvolumen sowie sicht- und tastbare Muskelkontraktionen bei Willkürinnervation nachweisbar sind. Eine hochgradige Spastizität kann ebenfalls zu einer Kapselschrumpfung führen. Die aufgehobene passive Motilität ist schließlich auch für eine Ankylose kennzeichnend. Das normale Bewegungsausmaß wird als uneingeschränkt beschrieben und ist in symmetrischen Gelenken seitengleich. Bewegungseinschränkungen müssen befundlich genau dargelegt werden. Die früheren Bezeichnungen wie halbbehindert, endlagenbehindert usw. sind durch die Neutral-Null-Methode der Unfallchirurgie und Orthopädie wesentlich verfeinert worden. Dabei wird als Null-Position die gerade Körperstellung mit hängenden Armen angenommen. Die Bewegungen werden in der Sagittal-, Frontal- und Transversalebene sowie schließlich in der Rotationsebene gemessen. Zuerst werden die vom Körper wegführenden Maximalbewegungen und dann erst die zum Körper hinführenden Maximalbewegungen bestimmt. Dabei wird jeweils der Null-Punkt durchlaufen. Näheres ist dem chirurgischen Buchteil zu entnehmen. Beim unvollkommenen Faustschluß mißt man die Entfernungen von den Fingerkuppen zum jeweiligen Hohlhandberührungspunkt und gibt sie in Zentimetern an. Ebenso empfiehlt es sich, bei eingeschränktem Fingerspreizen die Entfernungen der benachbarten Fingerkuppen zueinander zu messen und die Vergleichswerte an der gesunden Hand zu bestimmen.

Der *Spannungszustand* der Extremitätenmuskulatur wird üblicherweise am Liegenden geprüft, weil so die notwendige Entspannung am leichtesten eintritt. Die passiven Bewegungen müssen rasch und für den Untersuchten unerwartet erfolgen, d. h. nicht rhythmisch, sondern unregelmäßig. Am besten prüft man den Tonus durch Beugung und Streckung in den großen Gelenken, eventuell zusätzlich distal durch ähnliches passives Schleudern der Hand oder des Fußes, durch ruckartiges Hochheben des Beines in der Kniekehle des Liegenden und durch passives Drehen des Probanden am Orte. Bei letztgenanntem Test schwingt der weniger tonisierte Arm entsprechend der Zentrifugalkraft mehr zur Seite als der stärker tonisierte. Der Spannungszustand der Muskulatur muß zwischen links und rechts und auch in verschiedenen Körperabschnitten, z. B. an den Armen und Beinen, verglichen werden. Der normale Muskeltonus zeigt sich als ein sehr geringer Widerstand. Die Prüfung auf Spastizität, wie sie bei Pyramidenbahnläsionen im Rahmen von Gehirn- und Rückenmarkverletzungen eintritt, hat als schnelle passive Gelenksbewegung zu erfolgen. Spastizität zeigt sich anfangs als starker Widerstand, der später plötzlich nachläßt („Taschenmesserphänomen"). Bei akinetisch-hypertonen Syndromen extrapyramidaler Erkrankungen, vor allem beim PARKINSON-Syndrom, findet sich eine andersartige Tonussteigerung, nämlich der Rigor, der sich als gleichbleibender Widerstand während der gesamten passiven Bewegung darstellt, eventuell mit ruckweisem, kurzzeitigem Nachlassen („Zahnradphänomen"). Spastizität und Rigidität kann man bei schweren zerebralen Schädigungen gleichzeitig und gemeinsam als sogenannte Rigo-Spastizität finden. Einer Herabsetzung des Muskeltonus begegnet man bei ipsilateralen zerebellären Schädigungen, bei den hyperkinetisch-hypotonen Syndromen extrapyramidaler Erkrankungen, bei Lähmungen peripherer Nerven und auch bei myogenen Paresen. Wichtig ist die Unterscheidung organisch bedingter Tonusveränderungen gegenüber psychogenen Artefakten auf Basis einer willkürlichen Muskelanspannung und gegenüber einer schmerzbedingten, reflektorischen Abwehrspannung. Ein erheblicher Wechsel im Ausmaß des Muskelspannungszustandes innerhalb ein- und derselben Untersuchung weist ähnlich wie ein derartiger Wechsel bei der Prüfung der aktiven Beweglichkeit auf ein psychogenes Zustandsbild hin.

Die Prüfung der groben bzw. rohen *Muskelkraft* vollzieht sich im Seitenvergleich in allen möglichen Bewegungsrichtungen der einzelnen Gelenke. Als normal ist eine Kraftleistung dann zu bezeichnen, wenn sie dem Muskelbau und dem Alter des Untersuchten entspricht. Primär wird auf diese Weise die Leistungsfähigkeit von bestimmten Muskelfunktionsgruppen erfaßt. Abweichungen im Sinne einer Kraftverminderung sind am besten bei symmetrischer Prüfung festzustellen, wobei jedoch physiologische Seitendifferenzen zu berücksichtigen sind. Eine Muskelschwäche kann proximal – typisch für Myopathie – oder distal – typisch für zentrale Prädilektionsparesen und für Polyneuropathien – stärker ausgeprägt sein. Der Verteilungstyp des motorischen Defizits kann selbstverständlich auch dem Innervationsgebiet einer Nervenwurzel oder eines peripheren Nervs entsprechen. In diesem Falle sind die aus der Anatomie bekannten entsprechenden Muskeln systematisch und nacheinander im Hinblick auf ihre Kraftentfaltung zu prüfen. Muskelverschmächtigungen, Fehlhaltungen und Fehlstellungen der Extremität oder des betroffenen Extremitätenteiles sind in die Beurteilung einzubeziehen.

Das bei der neurologischen Untersuchung festgestellte motorische Defizit kann verschiedenes Ausmaß haben. Früher bezeichnete man ziemlich allgemein einen kompletten motorischen Ausfall als Plegie, Paralyse oder Lähmung, eine partielle Störung im Sinne einer umschriebenen Muskelschwäche als Parese oder Teillähmung. Im Laufe der Zeit und insbesondere auch durch Publikationen verschiedener medizinischer Schulen wurden die genannten Ausdrücke nicht mehr so scharf definiert. Sehr häufig gebraucht man heute die Bezeichnung Parese als übergeordneten Begriff, den man zur Klarstellung je nach Bedarf mit den Attributen „komplett“ und „partiell“ versieht. In ähnlicher Weise wird das Wort Lähmung wiederholt als übergeordneter Begriff verwendet und durch die Attribute „vollkommen“ und „teilweise“ ergänzt. Gerade der medizinische Gutachter sollte versuchen, sich stets klar auszudrücken, und nicht kurz von einer Lähmung sprechen, wenn im konkreten Fall bloß eine geringfügige Teillähmung vorliegt. Durch eine oberflächliche Wortwahl kann er nämlich leicht Verwirrung stiften. Das Ausmaß eines umschriebenen motorischen Defizits im Sinne einer geringen, mittelgradigen oder starken Teillähmung bis zu einer vollkommenen Lähmung wurde durch die Einführung von definierten Lähmungsgraden bzw. durch die Einführung von definierten Kraftgraden verfeinert. Die zwei genannten standardisierten

Graduierungen in bezug auf Physiologie (Kraftentwicklung) oder Pathologie (motorisches Defizit) sind einander diametral entgegengesetzt, was unter Umständen, nämlich wenn keine klare Angabe über das verwendete Einteilungsprinzip vorliegt, zu falschen Auslegungen führen kann. Die Einteilung gemäß den Empfehlungen des British Medical Research Council (MUMENTHALER 1970 und auch SCHENCK 1985) wird häufiger angewandt und sieht folgende Kraftgrade vor:

0 = keine Aktivität
1 = sichtbare Kontraktion ohne motorischen Effekt
2 = Bewegungen unter Ausschaltung der Schwerkraft möglich
3 = Bewegungen gegen die Schwerkraft möglich
4 = Bewegungen gegen Widerstand durchführbar
5 = normale Kraftentfaltung

Die Skala bezüglich der Lähmungsgrade, wie sie z. B. noch 1971 von SCHENCK vorgeschlagen wurde, lautet hingegen:

0 = keine Lähmung, d. h. normale Muskelkraft
1 = eben erkennbare, leichte Parese
2 = Bewegung gegen mäßigen Widerstand möglich
3 = Bewegung gegen Schwerkraft möglich
4 = Muskelkontraktion eben noch erkennbar,
Bewegung gegen die Schwerkraft nicht möglich
5 = totale Lähmung

In beiden Einteilungssystemen können auch Zwischenstufen festgelegt werden, z. B. 2/3 usw. Diese Methoden einer semiquantitativen Bestimmung der Muskelkraft bewähren sich besonders bei Verlaufskontrollen. Früher meinte man, daß die Verwendung eines Dynamometers exakte Resultate liefern könnte. In der Praxis hat sich dies jedoch nicht bewahrheitet; das Gerät bringt keine größeren Vorteile als das eben genannte, ursprünglich britische Einteilungssystem. Überhaupt muß der neurologische Gutachter in der Untersuchungssituation allen Prüfungen, welche die Kooperation des Untersuchten erfordern, sehr skeptisch gegenüberstehen. Viele Personen strengen sich in Gegenwart des Gutachters nicht genügend an, sondern sind primär bemüht, ihren Leidenszustand möglichst eindrucksvoll darzustellen. Dies kann von negativen Zielvorstellungen bis zur Aggravation und sogar zur Simulation reichen. Meist jedoch lassen sich derartige psychogene Phänomene durch Ablenkung und durch bestimmtes Zureden doch durchbrechen. Eine konstante hysterische Pseudolähmung, deren Bewegungsstörung keine organische Ursache hat, wird auch in der Gutachterpraxis nur relativ selten beobachtet, denn die wenigsten halten eine solche psychogene Lähmung während verschiedener Prüfungen und bei zusätzlicher Beobachtung außerhalb der eigentlichen Begutachtungssituation, z. B. während des Aus- und Ankleidens oder während sonstiger Tätigkeiten, kontinuierlich durch. Öfter kommt es vor, daß die Untersuchten eine tatsächliche Teillähmung übertreiben und diese psychogen über größere Areale ausweiten oder eventuell zu einer kompletten Lähmung verstärken. Ferner muß die Möglichkeit einer sogenannten Schmerzparese erwähnt werden, bei welcher keine Lähmungserscheinungen im neurologischen Sinne vorliegen, Bewegungen jedoch infolge der dabei auftretenden Schmerzen verständlichermaßen vermieden werden. Auch diese schmerzbedingte Immobilität kann psychogen überlagert werden. Wunschvorstellungen treten, wie vorhin erwähnt, vor allem in der Untersuchungssituation deutlich hervor, so daß der Neurologe letzten Endes mit seinen Kraftgraden nur das messen kann, was der Untersuchte leisten will. Daß dies nicht immer dem entspricht, was der Proband tatsächlich leisten kann, ist eine bekannte Tatsache und wird seit vielen Jahren in Gutachtenbüchern betont. Mitunter kann der Gutachter infolge mangelhafter Anstrengungsbereitschaft des Untersuchten dessen mögliches Kraftausmaß nicht systematisch beurteilen. Deshalb hat der Sachverständige aber noch nicht versagt und wird in diesem Falle der Beobachtung des Probanden außerhalb der Untersuchungs- und Begutachtungssituation, wenn sich dieser unbeobachtet fühlt, allergrößte Beachtung schenken müssen.

Die *Reflexprüfung* stellt einen wichtigen Teil der neurologischen Untersuchung dar, weil damit ein weitestgehend objektiver Befund erhoben werden kann. Man unterscheidet Eigen- und Fremdreflexe. Die Eigenreflexe oder – besser ausgedrückt – die Muskeleigenreflexe haben den Auslösungs- und Wirkungsort in ein- und demselben Muskel; sie stellen monosynaptische, phasische Muskeldehnungs- und -verkürzungsreflexe dar. Fremdreflexe haben den Auslösungsort meist in der Haut oder Schleimhaut und den Wirkungsort in einem Muskel, zeigen eine deutliche Habituation und sind pluri- oder polysynaptische Reflexe. Sämtliche Reflexe sind vom sensiblen und motorischen System sowie auch von übergeordneten Zentren abhängig. Die Muskeleigenreflexe, die nach ihrem mechanischen Auslösungsort auch als Sehnen- und Periostreflexe bezeichnet werden, gestatten eine Funktionsprüfung des Reflexbogens: sensible Afferenz, zentrale Steuerung bzw. Modifikation und motorische Efferenz. Es handelt sich im neurophysiologischen Sinne um Muskeldehnungs- und -verkürzungsreflexe, die am besten nach dem beteiligten Muskel, der sowohl Entstehungsort als auch Wirkort ist, benannt werden sollten. Sicher werden sich aber die alteingebürgerten Ausdrücke nach dem Ort des Beklopfens mit dem Reflexhammer wie Patellarsehnenreflex, Achillessehnenreflex, Radius- oder Radiusperiostreflex nicht ausmerzen lassen. Normale (physiologische) Muskeleigenreflexe sind, wie die systematische, bilaterale Reflexperkussion zeigt, symmetrisch und meist mittellebhaft, bei manchen Personen aber auch schwach oder sehr lebhaft auslösbar. Letzteres beobachtet man infolge Anhebens des allgemeinen Reflexniveaus bei Jugendlichen und vegetativ Stigmatisierten. Bei ihnen kann auch die reflexogene Zone, also der Bereich der Reflexauslösbarkeit, ausgeweitet sein, ohne daß eine pathologische Störung vorliegt.

An den Armen werden im Seitenvergleich routinemäßig der Bizeps- und Brachioradialisreflex (C 5 – C 6) sowie der Trizepsreflex (C 6 – Th 1), an den Beinen der Adduktorenreflex (L 2 – L 4) und der Quadriceps-femoris-Reflex (L 2 – L 4), der oft auch beim Gesunden nicht auslösbare Tibialis-posterior-Reflex (L 5) und der Triceps-surae-Reflex (S 1 – S 2) geprüft. Besonders der Bizepsreflex muß exakt ausgelöst werden, nämlich durch Beklopfen des eigenen Daumens des Untersuchers, der die Bizepssehne in der Ellenbeuge tastet und sodann auch die reflektorische Muskelkontraktion wahrnimmt. Es gibt noch eine größere Anzahl von Eigenreflexen, die allenfalls dieses in der Regel jedoch ausreichende Reflexbild ergänzen, so den Pektoralisreflex (C 5 – C 8), den Daumenreflex und den Handgelenksreflex (C 6 – C 8), die Fingerflexorenreflexe (TRÖMNER-Reflex und HOFFMANN-Knipsreflex, C 7 – Th 1), den Peronäusmuskel- oder Fußextensorenreflex (L 5 – S 1), den Semimembranosus- und Semitendinosusreflex (S 1), den Biceps-femoris-Reflex (S 1 – S 2) und den Zehenplantarflexorenreflex (ROSSOLIMO-Reflex, L 5 – S 2). Dementsprechend sind der TRÖMNER-Reflex und der HOFFMANNsche Knipsreflex sowie der ROSSOLIMO-Reflex ebenfalls Muskeleigenreflexe, nämlich Dehnungs- und Verkürzungsreflexe der langen Finger- und Zehenbeuger. Sie kommen symmetrisch in meist schwacher Form auch beim Gesunden vor, haben nur dann eine pathologische Bedeutung, wenn sie einseitig vorhanden sind, und werden in diesem Falle den Pyramidenbahnzeichen zur Seite gestellt. Eine allgemeine Verlangsamung im Reflexablauf findet sich in sehr deutlicher Ausprägung bei stärkerer Hypothyreose.

Ist ein Muskeleigenreflex trotz genügend starkem Beklopfen mit dem Reflexhammer nicht auslösbar, so kann eine Verspannung des Untersuchten vorliegen. Zur Reflexbahnung bedient man sich der maximalen Anspannung einer Muskelgruppe, welche an den untersuchten Reflexen selbst nicht beteiligt ist, z. B. Zusammenbeißen der Zähne, Faustschluß beidseits oder Hebung der gestreckten Beine. Gleiches gelingt mit dem JENDRASSIKschen Handgriff, bei dem der Untersuchte an den eigenen verhakten Fingern gegenseitig ziehen muß. Man läßt dies am besten bei geschlossenen Augen durchführen und erreicht eine vermehrte Gammafaserninnervation mit Senkung der Reizschwelle in den Muskelspindeln. Schließlich kann man den Probanden noch auffordern, dosiert gegen den Widerstand des Untersuchers die spätere Reflexbewegung zu intendieren; ein dann überraschend mit dem Reflexhammer geführter Schlag löst meist doch den gewünschten Muskeldehnungsreflex aus. Fehlen tatsächlich einzelne Reflexe, so kann es sich um eine Läsion des peripheren Neurons (Vorderhornzellen, Nervenwurzel oder peripherer Nerv), aber auch um Gelenksveränderungen handeln. Liegt ein Reflexverlust beidseits vor, so hat man an eine Polyneuropathie oder Polyradikulopathie, an eine Vorderhornaffektion oder Hinterstrangerkrankung des Rückenmarkes (Tabes dorsalis), an eine ausgeprägte Myopathie, an ein ADIE-Syndrom (mit Pupillotonie) bzw. an eine exzeptionelle kongenitale, oft familiäre Anomalie zu denken.

Eine Steigerung der Muskeleigenreflexe, oft auch mit Erweiterung der reflexogenen Zone vergesellschaftet, weist auf eine Enthemmung des Zwischenneuronenlagers durch Wegfall der hemmenden Impulse des Großhirns (Pyramidenbahn bzw. begleitendes tektoretikuläres System) hin. Einer derartigen Hyperreflexie liegen zerebrale oder spinale Läsionen zugrunde, die bei bilateraler Schädigung auch eine symmetrische Reflexsteigerung bedingen können, z. B. Paraparese der Beine bei spinalem Querschnittsyndrom oder Tetraparese bei diffuser zerebraler Schädigung. Lediglich initial gehen Pyramidenbahnaffektionen mit einem Reflexverlust einher. Diese Phase des neurogenen Schocks oder der Diaschisis wird bald überwunden, die Muskeleigenreflexe werden wieder auslösbar, zuerst schwach, dann mittelgradig und schließlich gesteigert. Im Falle einer Hemiparese erreichen sie daher vorübergehend wieder das normale Reflexniveau der Gegenseite und bieten eine Zeitlang das Bild einer symmetrischen Reflexauslösbarkeit und einer symmetrischen Reflexantwort (Durchgangsstadium), bis letzten Endes åber doch eine eklatante Hyperreflexie auf der Seite der Hemiparese manifest wird. Hochgradige Spastizität läßt keine weitere Muskelverkürzung zu, so daß eine Areflexie imponiert. Meist betrifft die Hyperreflexie nicht nur einen, sondern mehrere Reflexe einer Funktionseinheit, so bei Mono-, Hemi- oder Para- bzw. Tetraparese. Ist ein einzelner Reflex lebhafter auslösbar, so sollte man unter Umständen nach einer peripheren Parese eines antagonistischen Muskels fahnden (z. B. leichte Steigerung des Patellarsehnenreflexes beim Syndrom der ersten sakralen Nervenwurzel durch geringe Parese der Kniebeugermuskeln). Ein bei der Reflexprüfung oder auch manuell ausgelöster Klonus ist auf Reflexsteigerung zurückzuführen und dann eindeutig pathologisch, wenn er anhält. Der erschöpfbare Klonus (sogenannter „Subklonus“) ist nur bei Einseitigkeit als pathologisch zu werten. Bei sehr lebhaften Muskeleigenreflexen kann es schwierig sein, eine bestehende Seitendifferenz im Reflexstatus nachzuweisen. Am besten wendet man zu diesem Behufe die Schwellenperkussion an. Dabei werden zunehmend leichtere Schläge zur Reflexauslösung geführt, bis schließlich die Reflexantwort auf einer Seite erlischt und auf der Gegenseite noch vorhanden ist; man kann aber auch umgekehrt verfahren, mit unterschwelligen Schlägen beginnen und diese zunehmend steigern.

Als wichtiger physiologischer Fremdreflex muß der Plantarhaut- oder Fußsohlenhautreflex (L 5 – S 2) genannt werden. Er führt zu einer tonischen bis klonischen Plantarflexion und wiederholt zu einer Adduktion der Zehen. Mitunter kann er sich zum gleichfalls physiologischen „Fluchtreflex“ steigern, bei dem das ganze Bein vehement an den Leib gezogen wird. Eine fehlende Reaktion („stumme Sohle“) ist nur bei Einseitigkeit pathologisch und stellt dann eine Vorstufe des BABINSKI-Phänomens dar. Bei Beidseitigkeit ist sie nicht sicher krankhaft, da der Fußsohlenhautreflex auch beim Gesunden fehlen kann. Eine starke Beschwielung oder eine ausgeprägte Sensibilitätsstörung vermag eine „stumme Sohle“ vorzutäuschen. Weitere, jedoch pathologische Fremdreflexe sind der BABINSKI-Reflex sowie seine verwandten Reflexe.

An *Pyramidenbahnzeichen* prüft man im Bereiche der oberen Extremität den Verlust des MAYERschen Fingergrundgelenksreflexes (C 8 – Th 1, physiologischerweise Daumenadduktion bei passivem maximalem Beugen des Mittelfingers im Grundgelenk) und das WARTENBERG-Zeichen (Adduktion, Opposition und Grundgelenksbeugung des Daumens bei maximalem Zug an den gebeugten Langfingern); im Bereiche der unteren Extremität den BABINSKI-, CHADDOCK-, OPPENHEIM- und GORDON-Reflex. Letztere werden als Reflexe der „BABINSKI-Gruppe" zusammengefaßt, wobei der CHADDOCK-Reflex durch Bestreichen des lateralen Fußrückens, der OPPENHEIM-Reflex durch Druck entlang der Schienbeinkante und der GORDON-Reflex durch Kneten der Wade auslösbar sind. Der OPPENHEIM- und der GORDON-Reflex finden sich eventuell bilateral auch beim Gesunden. Das BABINSKI-Phänomen, ursprünglich auch Großzehenzeichen genannt, wird durch Bestreichen des lateralen Fußsohlenrandes ausgelöst und besteht aus Extension (Dorsalflexion) der Großzehe, Plantarflexion der übrigen Zehen und Spreizung aller Zehen in tonischer Form. Es ist in den ersten Kindesjahren physiologisch, im Jugendlichen- und Erwachsenenalter jedoch stets pathologisch. Der BABINSKI-Reflex muß als Bestandteil einer Beugesynergie aufgefaßt werden. Es handelt sich bei dieser um einen Massenreflex mit dreifacher Beugung, nämlich im Sprung-, Knie- und Hüftgelenk. Daher kann sich der BABINSKI-Reflex bei besonders starker Ausprägung zu einem solchen Beugesynergismus des Beines steigern und bei anhaltendem Reiz eine Beugekontraktur der betroffenen Extremität bewirken. Der pathologische Beugesynergismus (Beugereflex) des Beines darf aber keineswegs mit dem zuvorgenannten physiologischen „Fluchtreflex" verwechselt werden. Der CHADDOCK-Reflex, der durch Bestreichen des lateralen Fußrückens ausgelöst wird, entspricht einem BABINSKI-Phänomen mit erweiterter Reflexzone. In rudimentärer Form begegnet man dem BABINSKI-Reflex als Spreiz- oder Fächerphänomen der Zehen. Bei Hohlfüßen und bei Lähmung der Großzehenbeuger, z. B. infolge Parese des Nervus tibialis, findet sich ein belangloses Pseudo-BABINSKI-Phänomen. Der MENDEL-BECHTEREW-Reflex, der auch zu den Pyramidenbahnzeichen gezählt wird und durch einen Schlag auf den Fußrücken vor dem lateralen Knöchel ausgelöst wird, ist stets pathologisch und stellt eine Verstärkung des ROSSOLIMO-Reflexes dar. Das STRÜMPELL-Zeichen bei Hochheben des gestreckten Beines gegen Widerstand entspricht einer pathologischen Mitbewegung und führt zu den genannten Symptomen des BABINSKI-Phänomens. Übrigens kann auch das WARTENBERG-Zeichen am Arm als eine pathologische Mitbewegung infolge zentraler Schädigung aufgefaßt werden. Das Großzehenzeichen kann sich auch ohne gezielte ärztliche Auslösung als „Spontan-BABINSKI" zeigen, in welchem Falle es durch beliebige innere oder äußere Reize evoziert wird.

Die Prüfung der *Sensibilität* hängt in ganz besonderem Maße von der Kooperation des Untersuchten ab, so daß pathologische Befunde nur dann angenommen werden dürfen, wenn sie in das klinische Gesamtbild passen. Zur Oberflächensensibilität, auch Exterozeption genannt, zählen Berührungsempfindung (einschließlich der 2-Punkt-Diskrimination und des Erkennens der Zahlenschrift), Schmerz- und Temperaturempfindung. Zur Tiefensensibilität oder Propriozeption, welche über die Hinterstränge des Rükkenmarks verläuft, zählen die Bewegungs- und Vibrationsempfindung. Die Sensibilität soll nach SCHENCK (1971) im Extremitätenbereich seitenvergleichend am Handrücken und am Fußrücken mit Zahlenschrift und Schmerzreizen, am Unterschenkel und Fuß gleichfalls seitenvergleichend auch mit Vibrationsreizen geprüft werden. Liegen klinische Hinweise wie Paresen, Muskelatrophien und entsprechende anamnestische Angaben vor, so schließt sich zweckmäßigerweise eine eingehende Untersuchung der Sensibilität im Bereiche der gesamten Extremität an. Verwendet werden dann Berührungs- und Schmerzreize. Ist die Berührungsempfindung erhalten und die Schmerzempfindung gestört, müssen zusätzlich Temperaturreize appliziert werden, um allenfalls eine dissoziierte Sensibilitätsstörung des Tractus spinothalamicus nachzuweisen. MUMENTHALER (1970) empfiehlt eine orientierende Sensibilitätsuntersuchung im Extremitätenbereich durch leichte Fingerberührung im Seitenvergleich, gefolgt von der Prüfung der speziellen epikritischen Berührungsempfindung bei Betasten einer Münze, die erkannt werden soll. Die Einteilung in eine protopathische und in eine epikritische Sensibilität (HEAD 1920) fußt auf der unterschiedlichen Regeneration von Nervenfasern nach Wiedervereinigung durchtrennter Hautnerven, wobei sich zuerst eine grobe Schutzsensibilität und erst später eine feine Tastsensibilität einstellt. Die Hyperpathie ist zusätzlich durch eine Ausbreitung über das Reizareal hinaus und durch ein Andauern über die Reizzeit hinaus charakterisiert.

Die Berührungsempfindung kann auch mit einem Wattebausch oder einem feinen Pinsel getestet werden. Es ergeben sich als pathologische Befunde in quantitativer Hinsicht die taktile Hypästhesie, Anästhesie und eventuell Hyperästhesie. Auch qualitative Störungen sind als Dysästhesien bekannt; bei ihnen kommt es zu falschen Empfindungen, z. B. Kälteempfindung auf Berührungsreiz. Obgleich der gesetzte Reiz nicht nozizeptiv ist, resultiert eine unangenehme Empfindung. Eine Verkennung des Reizortes findet sich bei der All(o)ästhesie: ein taktiler Reiz wird nicht an der Applikationsstelle, sondern in einer anderen Region verspürt. Die räumliche Auflösung zweier gleichzeitig applizierter Berührungsreize (2-Punkt-Diskrimination) prüft man mit dem stumpfen WEBERschen Tastzirkel. Der Mindestabstand für die räumlich getrennte Empfindung dieser Berührungen heißt „simultane Raumschwelle" und beträgt je nach Körperregion wenige Millimeter bis einige Zentimeter. An den Fingerspitzen gelten Werte über 1 cm, an den Handflächen und Fußsohlen über 2 cm sowie an den Hand- und Fußrücken über 3 cm als sicher und eindeutig pathologisch. Am einfachsten bedient man sich jedoch der Zahlenschrift (Graphästhesie), welche normalerweise auch an den Fingerbeeren gut und sogar an den Zehenbeeren ausreichend erkannt wird. Je nach Höhe der simultanen Raumschwelle sind die applizierten Zahlen verschieden groß zu dimensionieren.

Die Schmerzempfindung prüft man durch Stichreize mit einer Nadel oder besser durch Kneifen einer Hautfalte und am besten mit einem Nadelrad, da man damit die Grenze einer Sensibilitätsstörung scharf erfaßt. An pathologischen Befunden ergeben sich eine Hypalgesie und Analgesie, aber auch eine Verzögerung der Schmerzempfindung (Berührungsempfindung durch Stichreiz sofort, Schmerzempfindung des Stichreizes erst nach einigen Sekunden wahrgenommen) und eventuell eine Hyperalgesie. Die viszerale Analgesie, die sich vor allem bei Tabes dorsalis findet, hat für die Traumatologie kaum Bedeutung. Schmerzreize eignen sich besser als Berührungsreize zur Erkennung einer monoradikulären Läsion, weil die Schmerzdermatome einander nicht oder kaum überlappen. Durch simultane Doppelreizung (Berührung oder schwache Nadelstiche) prüft man das „Auslöschphänomen". Eine solche Extinktion ist dann zu diagnostizieren, wenn wiederholte derartige Reize auf einer Seite nicht wahrgenommen werden, obgleich die unilateral geprüften Reize intakt sind. Das Extinktionsphänomen findet sich bei Schädigung des kontralateralen Scheitellappens. Es zeigt sich in leichter Form auch bei ausgeprägter All(o)ästhesie. Treten Schmerzempfindungen nach nicht-nozizeptiven Reizen auf, so bezeichnet man dieses Phänomen als Allodynie. Ihm liegt eine herabgesetzte Reizschwelle von Schmerzfasern zugrunde, z. B. beim HOFFMANN-TINELschen Klopfzeichen.

Die Temperaturempfindung wird mittels Reagenzgläsern, welche mit warmem und kaltem Wasser gefüllt sind, oder mittels eines elektrischen Gerätes geprüft. Besonders fein ist die Temperaturempfindlichkeit im Bereich der Extremitäten an den Fingern, vor allem dorsal an den Mittelphalangen. Die Prüfung soll sowohl für kalt als auch für warm vorgenommen werden. Als pathologische Befunde gibt es Thermanästhesien und unterschiedliche Thermhypästhesien, selten Thermhyperästhesien.

Die Lage- und Bewegungsempfindung untersucht man unter Ausschaltung des Sehens durch langsame passive Bewegungen der Finger und der Zehen in der Sagittalebene, vornehmlich am Zeigefinger und an der Großzehe. Im Fuß- und Handgelenksbereich sind die Lage- und Bewegungsempfindungen länger erhalten als in den distalen Gelenken. Auch kann der Untersuchte aufgefordert werden, eine passiv eingenommene Extremitätenstellung auf der Gegenseite zu imitieren, was normalerweise gut gelingt. Die Vibrationsempfindung prüft man mit einer Stimmgabel von 64 oder 128 Hertz, die auf Knochenkanten oder Knochenvorsprünge aufgesetzt wird. Zur differentialdiagnostischen Abgrenzung von Parästhesien, unter denen wir spontane Mißempfindungen wie Kribbeln und Ameisenlaufen verstehen, sollten auch zwischendurch Leerversuche stattfinden. Stimmgabeln mit einer Skala erlauben die Bestimmung der Schwingungsamplitude, wobei man im Selbstversuch eine gewisse „Eichung" vornehmen kann. Störungen im Sinne einer Pallhypästhesie und Pallanästhesie sprechen bei distaler Verteilung für eine Schädigung der peripheren Nerven, bei Ausdehnung über die gesamte Extremität und darüber hinaus für eine Rückenmarkschädigung. Die Stereognosie untersucht man mit dem Münzentest usw. („sehende Hand"). Astereognosie stellt eine kortikale Sensibilitätsstörung dar, bei welcher Gegenstände taktil nicht erkannt werden, obgleich Oberflächen- und Tiefensensibilität weitgehend erhalten sind.

Unter Umständen zeigt sich eine Sensibilitätsstörung erst bei wiederholten Prüfungen an derselben Hautstelle. Die applizierten Reize werden immer schlechter wahrgenommen, bis sogar eine scheinbare Anästhesie vorliegt. Dieses Phänomen bezeichnet man als „Schwellenlabilität", ist binnen relativ kurzer Zeit reversibel und kommt bei zentralen Läsionen vor. Nach Läsionen peripherer Nerven fahndet man am besten mit Berührungs- und Temperaturreizen; Läsionen im Wurzel- bzw. Segmentbereich erkennt man am besten durch Anwendung von Schmerzreizen. Handschuh-, socken- oder strumpfförmige Sensibilitätsstörungen sind bei unscharfer proximaler Begrenzung und meist symmetrischer Verteilung für Polyneuropathien kennzeichnend, wobei oft auch eine Störung der Vibrationsempfindung vorliegt. Eine Sonderform der Sensibilitätsstörungen an den unteren Extremitäten betrifft den Reithosenbereich, d. h. die Innenseite der Oberschenkel bis in Kniehöhe und knapp darunter, wozu sich im Stammbereich Sensibilitätsstörungen im Genital-, Damm- und Perianal- bzw. Glutäalbereich gesellen. Diese Ausfälle sind durch Konus- und/oder Kaudaläsionen verursacht.

An bestimmten Stellen sind große periphere Nerven tastbar und können im Hinblick auf *Druckdolenz* untersucht werden, so im Bereiche der oberen Extremität der Nervus radialis lateral und distal am Oberarm, der Nervus ulnaris in seiner medialen Ellbogenrinne und der Nervus medianus unter dem Ligamentum carpi transversum bzw. an der Handwurzel, im Bereiche der unteren Extremität der Nervus ischiadicus an den VALLEIX-Punkten entlang der Rückfläche des Beines, der Nervus peronaeus hinter dem Fibulaköpfchen und der Nervus tibialis an der Wade, seine beiden Endäste, die Nervi plantares medialis et lateralis, unter dem Ligamentum laciniatum des Innenknöchels. Von diesen Stellen aus lassen sich bei gesteigerter nervaler Erregbarkeit Ameisenlaufen und Kribbeln in den peripheren Versorgungsarealen dieser Nerven auslösen. Des weiteren kann der Nervus ulnaris manchmal pathologischerweise aus seinem Sulkus im Ellbogenbereich luxiert werden. An *Nervendehnungsschmerzen* sind das Ischiadikusdehnungszeichen (LASÈGUE-Phänomen) und das Femoralisdehnungszeichen (umgekehrtes LASÈGUE-Phänomen) zu nennen. Das für meningeale Reizzustände (Meningismus) als typisch beschriebene KERNIG-Zeichen, welches bilateral simultan durch passives Hochheben des im Kniegelenk gestreckten Beines geprüft wird, entspricht im Prinzip dem unilateral geprüften LASÈGUE-Zeichen. Bei positivem Ausfall treten in beiden Fällen Schmerzen entlang dem Nervenverlauf auf. Es kommt dann schmerzbedingt zu einer reflektorischen Beugung im Kniegelenk. Zur Quantifizierung wird der Winkel zwischen gestrecktem Bein und Bettfläche angegeben, ab welchem der Schmerz verspürt wird. Um den pathologischen Befund zu sichern, führt man eine zusätzliche, rasche Dorsalflexion des Fußes

(BRAGARDscher Handgriff) aus. Eine dadurch bewirkte Schmerzverstärkung beweist, daß es sich um einen Nervendehnungsschmerz handelt. Bei Meningismus nimmt der Betroffene zur Entspannung der Nervenwurzeln und zur Verminderung des Zuges an den Rückenmarkshäuten die sogenannte Jagdhundstellung ein: Beugung der Knie- und Hüftgelenke, Opisthotonus, Beugung der Arme und Retroflexion des Kopfes. Nach traumatischen Nervenläsionen und nach Nervennähten findet sich als klinisch auslösbares *Nervenreizphänomen* ein positives HOFFMANN-TINEL-Klopfzeichen im peripheren Nervenverlauf auf Grund der besonderen mechanischen Empfindlichkeit der aussprossenden, noch markarmen, sensiblen Nervenfasern.

5. Stamm

Er umfaßt den Rumpf und den Hals. Als erstes wird die *Wirbelsäule* hinsichtlich Form, Haltung und Beweglichkeit beschrieben: vermehrte Lordose oder Kyphose, ferner Skoliose, Streckstellung eines Wirbelsäulenabschnittes, Gibbusbildung, lumbosakrale Stufe bei Spondylolisthese, Einschränkungen für das Vor-, Rück- oder Seitneigen sowie für die Rotation. Gemessen werden der Fingerkuppen-Boden-Abstand beim Vorneigen, der Abstand des Hinterkopfes von der Wand (Flèche beim Anlehnen an eine Wand), der große SCHOBER-Index bei maximalem Vorbeugen (normal 30/32 cm von C 7 abwärts) und der kleine SCHOBER-Index gleichfalls bei maximalem Vorbeugen (normal 10/15 cm von L 5 aufwärts). Die gesamte Wirbelsäule wird bezüglich Klopf-, Druck- und Stauchungsdolenz geprüft. Außerdem untersucht man bei entsprechenden Hinweisen, ob der Nervus occipitalis maior im subokzipitalen Bereich druck- und der Musculus trapezius an seinem oberen Rand zwickempfindlich sind. Zu beachten sind des weiteren Thorax- und Abdominalform, Atemexkursionen thorakal und abdominell, allfällige Bauchwandparesen mit entsprechenden Vorwölbungen und die Stellung der Glutäalfalte. Eine Tonusminderung der Gesäßmuskulatur kann bei Lähmung des Musculus glutaeus maximus, eine Verspannung der paravertebralen Muskulatur bei Wirbelsäulenaffektionen, insbesondere im Rahmen eines Zervikal- oder Lumbalsyndroms, palpatorisch festgestellt werden. Lokale Druckdolenzen, z. B. in der Supraklavikulargrube bzw. über dem ERBschen Punkt des Armplexus, ferner Muskelverschmächtigungen, aber auch angeborene Muskelaplasien sind zu beschreiben.

Die grobe *Kraft* im Stammbereich betrifft die Wirbelsäulen- und Bauchmuskulatur. Sie reicht bei gesunden Personen bezüglich der Abdominalmuskulatur einschließlich der Hüftbeuger für das Aufrichten aus der Rückenlage in die Sitzposition ohne Einsatz der Arme aus. Die Kraft der Rückenmuskulatur prüft man beim Aufrichten aus vornübergebeugter Haltung zum geraden Stand, wobei der Untersucher gegen diese Bewegung Widerstand leistet, eventuell auch indem der Proband in Bauchlage ein Hohlkreuz machen muß. Die Innervation der Abdominalmuskulatur führt normalerweise zum Einziehen des Bauches ohne Verschiebung des Nabels. Tritt letztere ein, so weist dies auf eine Lähmung bestimmter Abdominalmuskeln hin. Ein haltungsbedingter seitendifferenter Schulterstand ist vom pathologischen Schultertiefstand mit Schaukelstellung der Skapula bei Akzessoriuslähmung zu unterscheiden. Nach einer Scapula alata ist zu fahnden. Diese findet sich bei einer Lähmung des Musculus serratus anterior, des Musculus trapezius in seinem unteren Anteil oder der Musculi rhomboidei. Sie ist bei der Serratuslähmung am eindrucksvollsten, insbesondere wenn der betroffene Arm vorgehoben und allenfalls gegen die Wand gedrückt wird. Die Rhomboidmuskellähmung läßt eine Scapula alata nur bei herabhängendem Arm erkennen, wobei der Angulus inferior absteht. Die Trapeziuslähmung zeigt eine leichte Scapula alata bei herabhängendem Arm, eine deutliche bei seitwärts gehobenem Arm, wobei insbesondere der Margo medialis betroffen ist, und ein Verschwinden der Schulterblattfehlstellung bei Vorheben des Armes.

Was die *Reflexe* im Stammbereich anlangt, haben jene des Schultergürtels keine praktische Bedeutung. Wichtig sind die Bauchdeckenreflexe, an denen man muskuläre Eigen- und kutane Fremdreflexe unterscheidet. Die Bauchmuskelreflexe sind Eigenreflexe der Bauchmuskulatur und werden durch Beklopfen der Muskelansatzstellen oder der auf die Bauchdecke gelegten Hand ausgelöst. Die meist routinemäßig geprüften Bauchhautreflexe sind hingegen Fremdreflexe, werden mit einem Holzstäbchen oder mit dem Nadelrad von lateral zur Mittellinie hin ausgelöst und können durch Hochheben des Kopfes gebahnt werden. Sie fehlen oft physiologischerweise bei schlaffen oder adipösen Bauchdecken. Sicher verwertbar ist, sofern lokale Veränderungen der Bauchdecken fehlen, nur die einseitige Abschwächung bzw. Auslöschung der Bauchhautreflexe. Die oberen Bauchhautreflexe verlaufen über die Segmente Th 7 und Th 8, die mittleren Bauchhautreflexe über die Segmente Th 9 und Th 10 sowie die unteren Bauchhautreflexe über die Segmente Th 11 und Th 12. Ferner schließt sich kranial der epigastrische Reflex (Th 5 und Th 6) an. Der Kremasterreflex (L 1 und L 2) ist gleichfalls ein Fremdreflex, kann seitendifferent und allenfalls vom ganzen Bein auslösbar sein. Als pathologisch verwertbar ist nur der einseitige Verlust des Kremasterreflexes. Der Glutäalreflex (S 1) kann bei einem einseitigen Wurzelsyndrom fehlen. Schließlich sind noch zwei wichtige Fremdreflexe zu nennen: der Analreflex (S 3 und S 4), der perianal mit einem Holzstäbchen ausgelöst wird und zur Kontraktion des Musculus sphincter ani externus führt; sowie der Bulbokavernosusreflex (S 3 und S 4), der durch einen Kneifreiz am Dorsum penis oder an der Glans penis ausgelöst wird.

Die *Sensibilität* im Stammbereich prüft man, wie zuvor schon beschrieben. Man hat zu berücksichtigen, daß die einseitige Störung, insbesondere die Hemihypästhesie oder Hemianästhesie, eine paramediane Begrenzung zeigt. Eine genau median-sagittale Halbierung weist in erster Linie auf eine psychogene Störung hin, kann fraglich allenfalls bei einer Thalamusschädigung vorkommen. Des weiteren spart eine Hemihypästhesie typischerweise die Genital- und Perinealregion aus. Findet man, daß die Sensibilitätsgrenze auch diese Region halbiert, so ist dies ebenfalls ein wichtiger Hinweis auf Psychogenie. Eine sogenannte Reithosenanästhesie umfaßt den Perianal-, Damm- und Genitalbereich, ferner die Oberschenkelinnenregion an beiden Beinen und ist auf eine Konus- und/oder Kaudaläsion zurückzuführen. Beim kompletten Querschnittsyndrom des Rückenmarkes besteht ein symmetrischer Sensibilitätsverlust für alle Qualitäten bis hinauf in die Läsionshöhe, wo sich im Übergangsbereich zur normalen Sensibilität eine bandförmige bzw. reifenförmige Hyperästhesie oder Dysästhesie findet. Beim BROWN-SÉQUARD-Syndrom sind ipsilateral die Tiefensensibilität und kontralateral die Schmerz- und Temperaturempfindung ausgefallen sowie die Berührungsempfindung leicht gestört. Die Lage- und Bewegungsempfindungen lassen sich am Rumpf durch Bewegen einer Falte der Bauchhaut in verschiedene Richtungen gut prüfen. Band- oder streifenförmige Gefühlsstörungen, welche bis knapp an die Dornfortsätze heranreichen, zeigen, daß der Ramus dorsalis des entsprechenden Spinalnervs mitbetroffen, die Schädigung also unmittelbar neben der Wirbelsäule lokalisiert ist. Sämtliche Querschnittlähmungen des mittleren und unteren Halsmarkes sowie des obersten Thorakalbereiches haben aus anatomischen Gründen eine identische obere Begrenzung im Stammbereich, zumal hier das vierte zervikale und das zweite thorakale Dermatom unmittelbar aneinanderstoßen (sogenannter zervikothorakaler Segment- oder Dermatomsprung). Die nähere Höhenbestimmung der Querschnittläsion hat demnach für den genannten Zwischenbereich mittels weiterer Kriterien, z. B. Sensibilitätsausfälle an den oberen Extremitäten, zu erfolgen. Durch den sogenannten lumbosakralen Segment- oder Dermatomsprung (zweites Lumbaldermatom und drittes Sakraldermatom stoßen unmittelbar aneinander) grenzt sich die bereits erwähnte Reithosenanästhesie vom übrigen Beinbereich ab.

Die physiologische *Piloarrektion* wird durch Kneifen im Schulter- und Nackenbereich, aber auch durch Kältereize am Brustkorb ausgelöst. Es kommt zur weit ausgebreiteten „Gänsehaut" als Folge des zentralen Pilomotorenreflexes. Jedoch kann durch periphere Reize auch ein lokaler Pilomotorenreflex hervorgerufen werden. Der zentrale Pilomotorenreflex erlischt bei Plexusläsionen, der lokale erst bei kompletter Degeneration der postganglionären Nervenfasern.

6. Koordination

Es gibt zahlreiche Koordinationsprüfungen, so daß man einerseits eine Auswahl an Routineuntersuchungen, die in jedem Fall durchgeführt werden, treffen und andererseits im Bedarfsfalle gezielt zusätzlich weitere Prüfungen anstellen muß. Die normale Koordination, welche sowohl auf einer zeitlich und räumlich geordneten Kontraktion bestimmter Muskeln zur Durchführung einer motorischen Handlung als auch auf einer adäquaten Muskeltätigkeit der Stamm- und Beinmuskulatur zur Erhaltung des Gleichgewichts beruht, stellt eine höchst komplexe Gesamtleistung dar, an der man das zweckmäßige Zusammenspiel von Muskeln, die Zielsicherheit und die Ökonomie im durchzuführenden Bewegungsakt unterscheiden kann. Als diesbezügliche Störungen beschreiben wir Ataxie, Asynergie und Dysmetrie. Ataktische Symptome werden bei Halteversuchen oder bei Bewegungen manifest, so daß man eine statische und eine dynamische Ataxie differenzieren kann. Die Koordination läßt sich statisch im Sitzen, Stehen und durch eingenommene Haltungen, dynamisch durch Zielbewegungen, rasche Wechselbewegungen (Diadochokinese) und die Feinmotorik, durch Sprechen (Artikulation und Akzentuation), Gehen, Treten am Ort, Hüpfen, Aufsetzen aus dem Liegen, Imitation des Radfahrens und durch die Rückprallkompensation prüfen. Darüber hinaus können sich bei all diesen Prüfungen auch verschiedene andere Störungen zeigen, wie zentrale oder periphere Paresen, extrapyramidale Bewegungsanomalien, Tremores, welche auf keine Koordinationsstörung zurückzuführen sind, Schmerzhemmungen, artikuläre und sonstige Behinderungen. So erkennt man beim Armhalteversuch auch leichtere zentrale Paresen an einer Stellungsänderung der betroffenen Extremität, wobei sich zuerst eine Pronation, dann eine Ellbogenbeugung und erst zuletzt ein Armabsinken manifestieren. Dies läßt eine Unterscheidung gegenüber psychogenen Störungen zu, bei denen der Arm meist sogleich und in der Regel ruckartig absinkt. In der Folge werden jedoch nur die durch Koordinationsstörungen bedingten abnormen Befunde angeführt.

Halteversuche werden an den oberen und unteren Extremitäten bei geschlossenen Augen durchgeführt und dienen dem Nachweis von gliedataktischen Störungen sowie konstantem Richtungsabweichen. Der Armhalteversuch in Supinationsstellung der gestreckt vorgehaltenen Arme kann eine statische Ataxie mit Bewegungsunruhe, Tremor, Richtungsabweichen, Abspreizung des Kleinfingers sowie konstante Höhendifferenz der Arme ergeben. Der Beinhalteversuch wird in Bauchlage bei 45grädiger Beugung in den Kniegelenken und in Rückenlage entweder bei jeweils 90grädiger Beugung in den Hüft- und Kniegelenken oder bei 45grädiger Beugung in den Hüftgelenken und bei gleichzeitiger vollkommener Streckung in den Kniegelenken durchgeführt. Damit kann eine statische Ataxie an den unteren Extremitäten nachgewiesen werden. Fingertremor verdeutlicht sich beim Fingerspreizen.

Meist folgt als nächste Untersuchung die Prüfung der *Diadochokinese* (reziproke Innervation von Agonisten und Antagonisten) durch abwechselnde, rasche Pro- und Supination der Hände bzw. Unterarme. Asynergische Störungen des Bewegungsablaufes erkennt man in erster Linie am Verlust der Rhythmik und erst in zweiter Linie an einer Verlangsamung. Sie können von der Dysdiadochokinese bis zur Adiadochokinese reichen. Wichtig ist die Erkennung von Seitenunterschieden, wobei jedoch auch die Händigkeit berücksichtigt werden muß. Ergänzend kann die Diadochokinese in fast allen Muskelbereichen an Hand von alternierenden Bewegungen untersucht werden, so durch schnelle Rechts- und Linksbewegungen der Zunge, durch Beugung und Streckung der Ellbogengelenke, Öffnen und Schließen der Faust, durch Spreizen und Schließen der Finger, durch rhythmisches Stampfen der Fersen und Fußballen gegen den Boden sowie durch schnelles Beugen und Strecken in den Sprung- bzw. Zehengelenken.

Wichtige *Synergieprüfungen* betreffen die Feinmotorik, vor allem an den Händen, untersucht durch abwechselndes, schnelles Berühren der Langfinger mit dem Daumen, durch Auf- und Zuknöpfen eines Kleidungsstückes, Rollen eines Bleistiftes zwischen den Fingern, Aufziehen einer Uhr, Aufheben einer Nadel oder eines Streichholzes im Seitenvergleich. An weiteren Synergietesten sind zu nennen: Aufsetzen aus dem Liegen ohne Verwendung der Arme (bei zerebellären Störungen das Bein der Läsionsseite oder beide Beine hochgeworfen), Beurteilung der Kompensation eines Rückschlages (auf der Seite einer zerebellären Schädigung ausgeprägter bis ungebremster Rückprall, sogenanntes Reboundphänomen), Imitationstest des Radfahrens (in Rückenlage zu prüfen) und Einbeinhüpfen. Störungen der Feinmotorik sowie der Diadochokinese sind an sich unspezifische Symptome, kommen bei Pyramidenbahn-, Kleinhirn-, Stammganglien- und Rückenmarkläsionen vor. Feinmotorische Störungen können nicht nur durch leichte Paresen und Ataxien, sondern auch durch Apraxien und sogar durch Sensibilitätsstörungen bedingt sein. Sie führen bei starker Ausprägung zur sogenannten „nutzlosen Hand".

Zielbewegungen läßt man bei geschlossenen Augen und auf kürzestem Wege, also durch die Luft, durchführen, um die dynamischen Störungen der Gliedataxie nachzuweisen. Routinemäßig wendet man den Finger-Nase-Versuch an der oberen und den Knie-Ferse- oder Knie-Hacken-Versuch an der unteren Extremität an. Modifikationen sind der Finger-Finger-Versuch, bei dem sich beide Zeigefinger der ausgestreckten Arme vor der Brust des Untersuchten treffen sollen, das Ziffernschreiben in der Luft, wozu sich insbesondere runde Ziffern eignen, und die Berührungsversuche, bei denen der Proband – diesmal bei offenen Augen – mit dem Zeigefinger oder mit der Großzehe den vorgehaltenen Zeigefinger des Untersuchers treffen muß.

Die Extremitätenataxie ist im Bewegungsablauf ausfahrend sowie sakkadiert und nimmt mit Annäherung an das Bewegungsziel an Intensität zu. Leichtere Formen dieser dynamischen Ataxie zeigen sich nur knapp vor dem Bewegungsziel (Endstück- oder Endstreckenataxie). Die Bewegungsunruhe kann die Form eines Tremors aufweisen, der typischerweise unregelmäßig ist, auch bei Abstoppen der Bewegung vor dem Ziel anhält und, zumal er in Ruhe schwindet, also nur willkürmotorisch vorhanden ist, als Intentionstremor bezeichnet wird. Eng verwandt mit der Ataxie ist die Dysmetrie. Bei ihr wird durch ausfahrende Bewegungen im Endstück das Bewegungsziel verfehlt, oder es kann eine Bewegung nicht in eine bestimmte ruhige Haltung übergeführt werden, wie dies beim Intentionstremor oder dem stärker ausgeprägten Intentionswackeln und Intentionsschlagen der Fall ist. Als weitere Prüfungen auf Dysmetrie dienen Teste wie das Linienziehen (auf einem Blatt Papier muß ein senkrechter Strich durch waagrechte Linien, die an ihm enden, ergänzt werden; bei Dysmetrie wird die Ziellinie verfehlt), eine Schriftprobe (Dysrhythmie, Megalographie und oft auch zusätzlich Ataxie des Schriftbildes), der Greiftest (dysmetrische Störung beim Ergreifen eines Glases mit maximaler Öffnung der Hand und maximaler Fingerspreizung; signe de préhension), der Imitationstest in bezug auf symmetrische Extremitätenhaltungen (bei geschlossenen Augen durchzuführen, Fehler in erster Linie bei zerebellären, jedoch auch bei Hinterstrangläsionen), der Blickeinstelltest (Blickeinstellung aus der Lateralposition auf einen in der Mitte vorgehaltenen kleinen Gegenstand, bei zerebellären Störungen mehrere grobe Einstellrucke, häufig überschießend) und die Sprachbeurteilung (skandierende Sprache bei zerebellärer Läsion als eine Sonderform der Dysarthrie, meist im Anschluß an die Hirnnerven beschrieben).

Eine Sonderform der Dysmetrie stellt die Deviation dar, die sich statisch schon als Kopfschiefhaltung, als Abweichen der Arme beim Vorhalteversuch und als Abweichen von der Lotschnur nach Barré zeigen kann, deutlicher jedoch bei den dynamischen Prüfungen des Tretens am Ort und des Gehens sowie beim Bárány-Zeigeversuch zutagetritt. Der letztgenannte Zeigeversuch erfolgt mit gestrecktem Arm, wobei der Zeigefinger des Probanden einen in Schulterhöhe vorgehaltenen Finger des Untersuchers mittels einer senkrechten Bewegung von oben treffen soll. Der Test wird bei offenen Augen eingeübt und dann bei geschlossenen Augen fortgeführt. Mindestens 20 Bewegungen sind erforderlich, um eine Abweichtendenz mit ausreichender Sicherheit feststellen zu können. Außerdem empfiehlt es sich, wenn der Untersucher mit den Fingern seiner zweiten Hand auch bei Vorbeizeigen des Probanden eine Berührung erfolgen läßt, so daß dieser eigene Fehler nicht merkt und daher keine gezielte Korrektur vornimmt.

7. Stand und Gang

Obgleich auch deren Untersuchung Koordinationsprüfungen beinhalten, werden die Funktionen des Stehens und Gehens in der Regel, was den neurologischen Status anlangt, eigens zusammengefaßt, vermutlich deshalb, weil sie außerhalb des Bettes stattfinden. Im Stand und Gang zeigen sich nicht nur Koordinationsstörungen, sondern auch die zuvor aufgeführten, anderen neurologischen Beeinträchtigungen. Eine Sturz- oder Falltendenz kann daher verschiedene Ursachen haben. In der Untersuchungssituation muß ein tatsächlicher Sturz, der ja auch eine Verletzungsgefahr in sich birgt, selbstverständlich verhindert werden.

Die *Stehprobe* kann zunehmend erschwert werden, als erstes durch Verkleinerung der Standfläche, indem die Füße parallel zusammengestellt werden, des weiteren durch zusätzlichen Lidschluß (Romberg-Stehversuch oder Fuß-Lidschluß-Versuch), schließlich noch durch den Einbeinstand. Dieser läßt unter Umständen ein Trendelenburg-Zeichen (Absinken des Beckens zur Gegenseite bei Lähmung bzw. starker Parese der Hüftabduktoren) oder ein Duchenne-Zeichen (Neigung des Oberkörpers zur Läsionsseite als Kompensation des Beckenabsinkens bei leichter Parese der Hüftabduktoren) erkennen. Beim ROMBERG-Stehversuch zählen nur ein Abweichen von der Lotschnur nach BARRÉ und eine gerichtete Falltendenz im Sinne einer konstanten Deviation sowie ein gröberes ungerichtetes Schwanken, sofern dieses nicht psychogener Natur ist, als sicher pathologisch. Man spricht dann von einer Standataxie, die sich bis zur Abasie (Unvermögen zu stehen) steigern kann. Diese statische Ataxie ist unter Umständen auch schon im Sitzen erkennbar, sowohl bei offenen als auch bei geschlossenen Augen, wird dann als Rumpfataxie bezeichnet und ist ein typisches Kleinhirnsymptom. Die Abnahme der Standataxie durch Augenöffnen ist ein Beweis dafür, daß eine optische Kompensation zumindest teilweise möglich ist, was insbesondere bei Hinterstrangläsionen und nur in geringem Maße bei zerebellären Läsionen der Fall ist. Der Standunsicherheit versuchen die Betroffenen durch Vergrößerung der Standfläche (breitbasiges Stehen) entgegenzuwirken. Eine dynamische Prüfung auf Ataxie und Dysmetrie (im Sinne des Richtungsabweichens) erfolgt durch den UNTERBERGER-Tretversuch. Er wird am besten in der prolongierten Form, durch mindestens eine Minute, und bei geschlossenen Augen, vorgestreckten Armen sowie genügender Beinhebung unter Ausschaltung von Orientierungsmöglichkeiten durchgeführt. Eine diffuse, stark ausgeprägte Ataxie kann bis zur ungerichteten Falltendenz reichen. Bezüglich des Richtungsabweichens beim Tretversuch ist nur eine konstante Drehung, die oft erst nach einiger Zeit einsetzt, als pathologisch zu werten, wenn sie in ihrem Ausmaß über 1° pro Schritt liegt. Standortverlagerungen sind nicht als Störungen anzusehen.

Die *Gangprüfung* wird zuerst als Normalgang durchgeführt und dann systematisch erschwert: Zehen- oder Fußspitzengang, Hacken- oder Fersengang, schließlich Linien-, Strich- oder Seiltänzergang, bei dem unmittelbar Fuß vor Fuß gesetzt wird. Weitere Erschwerungen der Gangprüfung stellen der Winkel- oder Hasenhakengang, bei dem plötzlich die Richtung gewechselt werden muß, das abrupte Stehenbleiben und das Einbeinhüpfen dar. Letzteres erfolgt am besten aus dem beidseitigen Hüpfen am Orte heraus, wobei mehrmals nach einigen Sprüngen das Bein gewechselt wird. Neben Lähmungserscheinungen und Spastizität sowie auch verschiedenen extrapyramidalen Störungen können sich bei der Gangprüfung eine dynamische Ataxie und ein Richtungsabweichen zeigen. Eine gangataktische Störung beruht auf Rumpfataxie (mediales Kleinhirnsyndrom), auf Beinataxie (laterales Kleinhirnsyndrom) oder auf spinaler Ataxie (Hinterstrangsyndrom des Rückenmarkes). Die Gangataxie kann sich bis zur Abasie (Gehunvermögen) steigern. Bei der Beurteilung des Ganges ist auf Schrittgröße, Schrittbreite (breitbeiniger „Seemannsgang"), Elastizität, Fußhebung, Mitbewegung der Arme, Haltung und allfällige Zirkumduktion im Hüftgelenk, eventuelles Aufstampfen, Schleudern oder Schleifen der Füße, ferner auf Hahnentritt bzw. Fallfuß (Steppergang), auf ein TRENDELENBURG-Zeichen oder ein DUCHENNE-Hinken zu achten. Zehen- oder Fußspitzengang und Hacken- oder Fersengang lassen eventuell eine distale Parese, peripher oder auch zentral als Prädilektionsparese, erkennen. Eine besondere Erschwerung des Normalganges ist der *Blindgang*, bei dem man den Untersuchten selbstverständlich vor einem Sturz bewahren muß. Er wurde zum Sterngangversuch nach BABINSKI und WEIL ausgebaut, bei dem abwechselnd einige Schritte vorwärts und sodann rückwärts gemacht werden, so daß eine Deviation auch auf relativ kleinem Raum gut zu erkennen ist. Wenn die Ausschaltung der optischen Kontrolle die Gangstörung wesentlich verstärkt, stellt dies einen Hinweis auf eine spinale Ataxie dar, zumal eine zerebelläre Ataxie durch Augenschluß nur gering zunimmt.

Da Koordinationsprüfungen im besonderen Maße von der Mitarbeit des Untersuchten abhängen, ist es nicht verwunderlich, daß sich hier sehr häufig *psychogene Fehlhandlungen* zeigen. Diese können von mangelnder Anstrengungsbereitschaft bis zu plumpen Simulationen reichen. Sie zeigen sich eindrucksvoll beim ROMBERG-Stehversuch, beim UNTERBERGER-Tretversuch, beim Finger-Nase-Versuch, beim Blindgang usw. SUCHENWIRTH (1987) bezeichnete deshalb die Koordinationsprüfungen als ein „Exerzierfeld von demonstrativen Verhaltensweisen". Es ist Aufgabe des Gutachters, solche psychogene Symptome sowie psychogene Überlagerungen von tatsächlich organisch bedingten Koordinationsstörungen zu unterscheiden. Dies gelingt durch bestimmtes Auftreten des Gutachters, durch Wiederholung der Proben, aber auch durch Ablenkung des Untersuchten und durch Anwendung von sogenannten Simulationstesten. So kann man bei behaupteter kompletter Gefühllosigkeit oder erheblicher Gefühlsstörung eine Münze abtasten lassen und den Untersuchten auffordern, diese zu beschreiben. Dabei kommt es gar nicht darauf an, was der Proband erzählt, sondern lediglich auf den Umstand, daß er die Münze nicht fallen läßt. Bei bestehender Anästhesie oder ausgeprägter Hypästhesie verliert der Proband die Münze bei den Bewegungen binnen kurzer Zeit. Man kann psychogenes Schwanken, das oft sehr grotesk wirkt, jedoch nicht zum tatsächlichen Sturz, sondern höchstens zu einem sanften Niedergleiten führt, dadurch ausschalten oder doch erheblich mindern, daß man den Probanden während des ROMBERG-Stehversuches Ziffern auf die Stirn oder auf den Rücken schreibt und ihn auffordert, diese zu erkennen. Wiederum kommt es nicht auf die richtige Antwort, sondern auf die Ablenkung mit komplettem oder weitestgehendem Sistieren der psychogenen Symptomatik an. Das Ziffernschreiben sollte nicht kontinuierlich erfolgen, sondern unterbrochen werden, wobei diese Berührungspausen durch intensive Befragung im Hinblick auf die geschriebenen Ziffern auszufüllen sind. Der Grund für dieses Vorgehen liegt darin, daß bei Ataxien unter Umständen eine Besserung der Unsicherheit eintritt, wenn eine zusätzliche Berührung stattfindet und solchermassen eine gewisse Kompensation durch sensible Reize stattfinden oder eintreten kann. Typisch für psychogene Störungen ist die Übertreibung: Maßloses Abweichen beim UNTERBERGER-Tretversuch oder überschießendes Vorbeizeigen beim Finger-Nase-Versuch, also stets zur Gegenseite, konstante Falltendenz in Richtung auf den Untersucher und plötzliches Fallenlassen oder Absinken einer Extremität beim Halteversuch, wobei insbesondere am Arm auffällt, daß die zu erwartende Pronation und Beugung im Ellbogengelenk nicht stattfinden.

C. Psychischer Status

Ein psychischer Befund sollte in jedem neurologischen Gutachten aufscheinen. Er ergänzt zweckmäßig den erhobenen neurologischen Untersuchungsbefund und erleichtert eine realistische Interpretation. Selbst bei traumatischen Schädigungen, die nicht das Gehirn betroffen haben, z. B. bei Läsionen des peripheren Nervensystems, vervollständigt eine Darstellung des psychischen Zustandes des Untersuchten das klinische Gesamtbild. Schwierigkeiten bei der Verarbeitung der Unfallfolgen, Tendenzen zu Übertreibungen, abnorme Zielvorstellungen, aber auch das Bemühen um eine weitgehende Kompensation des persistierenden Defektsyndroms lassen bei gleichzeitiger Berücksichtigung persönlicher Wesensmerkmale und psychischer Anlagen die aktuelle Lebenssituation besser begreifen und auch die weitere Entwicklung des Versehrten in sozialer Hinsicht ahnen. Solche Erkenntnisse können den Gutachter bewegen, weitere Behandlungs- und Rehabilitationsmaßnahmen, Umschulungen usw. zu empfehlen. Die Erhebung des psychischen Status ist eine ärztliche Gesamtleistung, welche man entweder durch systematische Einzelfragen oder durch ein geschickt geführtes diagnostisches Gespräch erzielt. Bei entsprechender Routine ist letztgenannte Methode vorzuziehen. Gewisse Details können ergänzend und abschließend hinterfragt werden. Jedenfalls muß der nervenärztliche Gutachter am Ende seiner Untersuchung und Exploration des Probanden auch über dessen psychischen Zustand Bescheid wissen.

Nach Schädelhirntraumen können psychoorganische Veränderungen verschiedenen Schweregrades und selbst normale psychische Befunde erhoben werden. Nach traumatischen Läsionen, die sich auf das Rückenmark, das periphere Nervensystem oder die Hirnnerven beschränken, sind Unfallfolgen in Form eines posttraumatischen organischen Psychosyndroms im Kausalzusammenhang mit dem erlittenen Unfall nicht möglich. Organisch bedingte psychische Unfallfolgen sind zwingend an eine substantielle Hirnschädigung gebunden. Hingegen kann es im Gefolge von Unfällen jedweder Art zu abnormen psychischen Entwicklungen bei gestörter Verarbeitung des Unfalls und dessen Folgen mit reaktiver Depressivität, Hypochondrie, psychogenen Symptomen, Simulation und querulatorischem Verhalten kommen. Unter Umständen ist eine eindeutige Diagnose des psychischen Störbildes im Rahmen einer einmaligen ambulanten Begutachtung nicht möglich, auch nicht unter Zuhilfenahme einer klinisch-psychologischen Untersuchung und sonstiger apparativer Zusatzbefunde. In diesem Falle ist eine stationäre Beobachtung des zu Begutachtenden an einer einschlägigen Fachabteilung erforderlich, welche selbstverständlich über reichliche Erfahrung in der Beurteilung solcher Zustände verfügen muß. Leider wird von dieser Möglichkeit viel zu wenig Gebrauch gemacht. In der Folge werden jene psychischen Modalitäten besprochen, welche in der neurologischen Unfallbegutachtung von besonderem Interesse sind:

Üblicherweise beschreibt der psychische Status als erstes das Phänomen des Bewußtseins, einerseits zu Recht, weil es alle weiteren diagnostischen Überlegungen bestimmt, andererseits zu Unrecht, weil die *Bewußtseinslage* nicht an sich erkannt wird, sondern bloß indirekt auf Grund mehrerer anderer klinischer Zeichen, insbesondere auf Grund des Verhaltens des Betroffenen beurteilt werden kann. Die Bewußtseinslage kann klar oder getrübt sein. Bezüglich der Bewußtseinsstörungen unterscheidet man die Somnolenz als eine pathologische Schläfrigkeit, aus welcher der Untersuchte aber jederzeit vorübergehend erweckt werden kann, den Sopor, aus dem die klare Bewußtseinslage überhaupt nicht erreicht werden kann, so daß auch ein sprachlicher Kontakt mit dem Betroffenen nicht möglich ist, und das Koma, das der Bewußtlosigkeit mit absoluter Unerweckbarkeit entspricht. An Hand von verschiedenen sogenannten Komaskalen, welche diesen Namen eigentlich nicht verdienen, da sie nicht nur das Koma, sondern auch alle leichteren Bewußtseinstrübungen graduell erfassen, hat man verschiedenen Orts eine genauere Bestimmung der Bewußtseinslage versucht. Jedoch stößt dies durch erforderliche ärztliche Maßnahmen wie Intubation, Sedierung, Barbiturat-Bypass und allenfalls durch bestimmte Verletzungsfolgen auf Schwierigkeiten und Grenzen der Anwendbarkeit. Das Bewußtsein kann unter Umständen auch in seiner Weite pathologisch verändert sein, am ehesten im Sinne der Einengung (Verdämmerung) und nur ausnahmsweise im Sinne der Erweiterung. In der Begutachtungssituation selbst spielen aber Bewußtseinstrübungen eine untergeordnete Rolle; nur selten ist ein Coma vigile (apallisches Syndrom) zu beurteilen.

Die *Orientierung* wird bezüglich der Zeit, des Ortes, der Person und allenfalls bezüglich der Situation beschrieben. Bei Verwirrtheit können alle genannten Qualitäten gestört sein. Oft ist aber die Orientierung zur eigenen Person noch erhalten, wenn auch mitunter im Sinne einer zeitlichen Verschiebung beeinträchtigt, vorzugsweise, aber nicht ausschließlich, in die Vergangenheit. Die zeitliche Orientiertheit ist die schwierigste und damit die höchste Orientierungsleistung. Hier kann auch der Gesunde leicht überfordert werden, wenn man ihn nach dem genauen Datum fragt. Als ausreichende Antworten genügen die richtige Angabe des Monats und des Jahres, des Wochentages, der Jahreszeit und vor allem der ungefähren Tageszeit als Beweis dafür, daß der Untersuchte über ein geordnetes Zeitgitter verfügt. Wiederholt begegnet man Schwierigkeiten bei der Einordnung verschiedener Ereignisse, so daß der Untersuchte nicht mehr zu unterscheiden vermag, was früher und was später war. Die intrapsychische Ordnung kann im allgemeinen oder in spezieller Hinsicht, z. B. was die Zeit oder Personen anlangt, gestört sein. Daraus resultieren Tendenzen zu generellen Feststellungen ohne Aussagewert in bezug auf gestellte Fragen, allenfalls in Form von Floskeln oder „leeren" Antworten, welche bloß die Fragen in Antwortform widerspiegeln und inhaltlich nichts Neues hinzufügen. Auch kann es zu inadäquaten Äußerungen und Handlungen, welche also nicht der gegebenen Situation entsprechen, kommen.

Das *Gedächtnis* wird am einfachsten als Kurzzeitleistung geprüft. Die Merkfähigkeit ist oft schon gut während der Exploration des Untersuchten zu beurteilen. Zusätzlich läßt man im Bedarfsfalle den Probanden vier- bis sechsstellige Zahlen oder zuerst vier, dann fünf, sechs und allenfalls sieben einzelne Ziffern nachsprechen. Zur Erschwerung kann man den Untersuchten auffordern, eine vorgesprochene Ziffernfolge rückwärts aufzusagen. Die Vorwärtswiederholung gelingt beim Gesunden meist für sechs bis sieben und die Rückwärtswiederholung meist für vier bis fünf Ziffern. Ebenso kann man eine mehrstellige Zahl oder eine Reihe von etwa fünf einfachen Wörtern nachsprechen und nach fünf Minuten wiederholen lassen, wobei der Gesunde mindestens vier Wörter behält. Ebenso kann man dem Probanden acht kleine Gegenstände oder acht vorgezeichnete schematische Figuren zeigen und diese dann vom Untersuchten bei geschlossenen Augen aufzählen lassen. Kopfrechnen, bei dem Zwischenresultate behalten werden müssen, oder das Nacherzählen einer einfachen Geschichte bedeuten weitere Möglichkeiten der Prüfung der Merkfähigkeit bzw. des Kurzzeit- oder Frischgedächtnisses. Ausfälle in dieser Hinsicht, abnorme Ermüdbarkeit und Störung der sensomotorischen Umstellbarkeit stellen die Achsen- bzw. Leitsymptome traumatischer Hirnschädigungen dar. Beeinträchtigungen des mittelfristigen Behaltens von Erinnerungsinhalten und des Langzeitgedächtnisses hat man bei der Anamneseerhebung und Exploration abzugrenzen. Sie haben beim posttraumatischen organischen Psychosyndrom weniger Bedeutung als die soeben genannten Kurzgedächtnisstörungen. Das mittel- und längerfristige Merken prüft man an Ereignissen des Vortages, Mahlzeiten, kürzlichen Tagesereignissen, Ankunftszeiten des benutzten Zuges, am Namen des Untersuchers usw. Das Langzeit- und Altgedächtnis prüft man an monate- und jahrelang zurückliegenden Geschehnissen.

Des weiteren ist die *Auffassungsfähigkeit* zu beurteilen. Die Auffassung kann allgemein erschwert und verlangsamt sein oder nur gewisse Bereiche betreffen. Der Untersucher hat sich darüber klar zu werden, ob der Proband Sinnzusammenhänge zu erkennen vermag. Dementsprechend fallen die Antworten und Reaktionen prompt oder verzögert, adäquat oder inadäquat aus. Das *Denken* ist beim Gesunden geordnet und kohärent sowie von normaler Schnelligkeit. Nach Gehirnverletzungen kann es ungeordnet, inkohärent und verlangsamt bis versandend sein. Auch ist es unter Umständen zerfahren, wodurch der Betroffene besonders leicht ablenkbar wird und oft nicht mehr zum Ausgangsthema zurückfindet. Solche Personen sind außerdem häufig sehr suggestibel. Sprunghaftigkeit und Abschweifungen des Gedankenganges stellen überwiegend eine vorbestehende Persönlichkeitseigenschaft dar, wogegen abnormes Haften an bestimmten Vorstellungen und Gedankeninhalten (Perseverationen, Denkstereotypien) wiederholt nach Gehirnverletzungen zu beobachten ist. Der Schnelligkeit des Gedankenablaufes kann das Allgemeintempo in motorischer Hinsicht gegenübergestellt werden. Meist, jedoch nicht immer, ist hier ein Gleichklang gegeben.

Des weiteren kann die *Umstellfähigkeit* erschwert sein. Zu deren Beurteilung schwenkt der Untersucher absichtlich von einem Thema auf ein anderes und beobachtet die Reaktion seines Gesprächspartners. Bei Umstellstörungen bleibt der Untersuchte sozusagen am ursprünglichen Thema kleben und haften, so daß es typischerweise zu Perseverationen kommt.

Die *Kritikfähigkeit* erschließt man aus dem Gesamtverhalten und aus der Einstellung des Untersuchten. Kritikstörungen zeigen sich häufig bei ausgeprägten organischen Psychosyndromen, indem die Betroffenen sich des Schweregrades und der Auswirkungen ihrer Verletzungsfolgen nicht bewußt sind oder die eigenen verbliebenen Fähigkeiten wesentlich überschätzen, aber auch ihre körperlichen und insbesondere psychischen Mängel bagatellisieren.

Der *Intelligenzgrad* läßt sich im allgemeinen durch Anamneseerhebung, Exploration und Untersuchung ausreichend erfassen. Zusätzlich kann die Intelligenz orientierend durch Unterschiedsfragen, Sprichworterklärung, eingekleidete Rechnungen, Bildbeschreibungen und Nacherzählung von Kurzgeschichten, deren Inhalt und Aussage abschließend gedeutet werden müssen, beurteilt werden.

Die *Konzentrationsfähigkeit* prüft man durch Subtraktion kleiner Zahlen, z. B. 3 oder 7, von der Zahl 100, durch Rückwärtsaufsagen von Wortreihen, z. B. Wochentags- oder Monatsnamen oder auch durch Ausstreichen des gleichen Buchstabens in einem längeren Schrifttext (Bourdon-Test). Selbstverständlich zeigt sich die Konzentrationsfähigkeit schon in der Exploration. Sie ist individuell verschieden stark ausgeprägt, nimmt mit zunehmender Ermüdung ab und kann die Ursache einer psychischen Störung sein, welche subjektiv als Vergeßlichkeit empfunden wird. Derartige Störungen sind nach traumatischen Hirnschädigungen häufig anzutreffen. Sie können zu vermehrter Stör- und Irritierbarkeit und zu abnormen Leistungsschwankungen führen.

Besonders zu beachten ist die *Ausdauer* der geistigen Tätigkeit. Eine rasche zerebrale Ermüdbarkeit ist nach unseren Untersuchungen (Wurzer und Scherzer 1991) das Leitsymptom des posttraumatischen organischen Psychosyndroms. Die vermehrte zerebrale Ermüdbarkeit führt zu einer allgemeinen Verlangsamung, welche im Laufe der länger dauernden Untersuchung typischerweise zunimmt. Es tritt damit ein stetiger Leistungsabfall ein. Zeigen sich Leistungsschwankungen, muß der Gutachter versuchen, den Untersuchten jeweils durch Zuspruch zu motivieren und dadurch den augenblicklichen Leistungsabfall rückgängig zu machen, was bei psychogenen Störungen dieser Art häufig, bei organisch bedingten Störungen jedoch nicht oder nur in geringem Maße gelingt.

Die *Persönlichkeitsstruktur* des Untersuchten kann nach substantieller Hirnschädigung verändert sein, einerseits im Sinne eines Abbaues mit Nivellierung bzw. Entdifferenzierung und andererseits im Sinne einer Zuspitzung und Vergröberung, die eventuell bis zur Karikierung führt. In sozialer Hinsicht zeigen Personen nach Unfällen oft inadäquate Reaktionen, sowohl eine Regression mit ausgesprochenem Bedürfnis nach Obhut und Schutz als auch eine Abkehr von der sozialen Umwelt mit Isolationstendenz und Entwicklung depressiver Züge. Ferner können Anpassungsschwierigkeiten, Überforderungssyndrome und Angstreaktionen beobachtet werden.

Das *Verhalten* eines Menschen hängt wesentlich von seiner Erziehung, Schulbildung und beruflichen Tätigkeit, aber auch von sonstigen Lebens- und Partnerschaftserfahrungen ab. Diesen Umstand hat der Gutachter bei der Beurteilung des Verhaltens eines Probanden zu berücksichtigen. Das Verhalten des Untersuchten soll nicht nur dessen Persönlichkeit, sondern auch der augenblicklichen Situation entsprechen. Es kann von Distanzlosigkeit und Kritiklosigkeit geprägt sein, andererseits – trotz ausgeprägtem organischem Psychosyndrom – noch tief verwurzelte Umgangsformen und Redewendungen sowie Höflichkeitsfloskeln aus früheren Zeiten enthalten, welche unter Umständen am falschen Platze und oft in übertriebenem Maße angewandt werden. Unter Belastung kommt es allenfalls zur psychischen Dekompensation mit komplettem Versagen bis zur Katastrophenreaktion, bei welcher der Betroffene zu keiner produktiven Leistung mehr fähig ist. Verhaltensstörungen müssen somit sehr individuell betrachtet werden und sind nur bei stärkerer Ausprägung als abnorm anzusehen, wobei noch dahingestellt bleibt, ob es sich um vorbestehende und damit unfallfremde oder um unfallbedingte psychische Veränderungen handelt. Zu Verhaltensstörungen zählen unter anderem psychogene Mechanismen und Reaktionen, aber auch vermehrte Irritierbarkeit und Aggressivität.

Die *Stimmungslage* erkennt man durch Beobachtung des Probanden während der gesamten Untersuchungs- und Explorationszeit. Normalerweise ist eine ausgeglichene und indifferente Stimmungslage gegeben. Krankhafte Veränderungen können in Richtung Depressivität oder Euphorie bzw. manischer Steigerung gegeben sein. Derartige Verstimmtheiten kommen bei endogenen Psychosen und auch nach traumatischen Hirnschädigungen sowie als reaktive Veränderungen nach Unfällen jedweder Art vor, halten dann aber nur kurze Zeit an. Depressivität wird unter Umständen durch schwere Verletzungsfolgen und auch durch zusätzliche äußere Faktoren wie Sachschaden, finanzielle Einbuße, Verletzung weiterer Personen usw. über längere Zeit hin aufrechterhalten.

Bei der Beurteilung der *Affizierbarkeit* des Untersuchten darf nicht vergessen werden, daß dieser in der Begutachtungssituation oft vermeidet, Gefühle zu zeigen. Dieses Bestreben kann sich bis zu einer scheinbaren Affektlosigkeit steigern. Ein solches Fehlen jeglicher affektiver Resonanz ist nach Suchenwirth (1987) auf vorgegebene, feste Wunsch- und Zielvorstellungen sowie auf vorsätzliche Täuschung verdächtig. Jedoch findet sich eine affektive Verflachung, Nivellierung, Verödung und Abstumpfung auch im Rahmen schwerer posttraumatischer organischer Psychosyndrome. Häufiger begegnet man einer gesteigerten Affizierbarkeit, der ein organisch bedingtes Nachlassen der physiologischen Affektbeherrschung zugrunde liegt. Eine derartige Plussymptomatik wird als Affektlabilität und in maximaler Ausprägung als Affektinkontinenz bezeichnet. Letztere führt zu unbeherrschbaren Gefühlsausbrüchen, zu affektivem Zwangsweinen und Zwangslachen. Differentialdiagnostisch sind von diesen Zwangsaffekten oder Affektzwängen ähnliche Zwangsphänomene ohne affektiven Gehalt zu unterscheiden, nämlich das pathologische Weinen und Lachen, welche als motorische Schablonen bzw. pathologische Instinktbewegungen vor allem bei Läsionen des Hirnstammes und der Stammganglien auftreten. Im Rahmen eines organischen Psychosyndroms können Plus- und Minussymptome des Affektverhaltens unter Umständen nebeneinander vorliegen (Störung der Affektsteuerung), so daß der affektiv und emotionell verflachte Proband plötzlich einen Affektausbruch im Sinne der Affektinkontinenz zeigt, welcher Ausbruch sich eventuell bis zu einer sogenannten Katastrophenreaktion mit Zittern und Weinen steigern kann. Als weiteres pathologisches Phänomen beobachtet man mitunter ein abnormes Affektüberdauern bzw. Affektanhalten. Affektbetonungen bei der Schilderung der Unfallgeschehens und insbesondere der Verletzungsfolgen, der subjektiven Beschwerden und der dem gegenständlichen Unfall angelasteten erschwerten Lebenssituation sind häufig anzutreffen und stellen nicht unbedingt ein krankhaftes Symptom dar, das Ausdruck eines organischen Psychosyndroms ist. Der Explorierte möchte durch eine solche Affektbetonung oft nur die Aufmerksamkeit des Untersuchers auf bestimmte Umstände lenken und signalisiert auf diese Weise seine persönlichen Zielvorstellungen. Da die Affektkontrolle bereits bei gesunden Personen in verschiedenem Maße ausgeprägt ist, muß im Falle einer vermuteten Affektstörung der diesbezügliche prätraumatische Zustand eingehend exploriert werden, z. B. ob der Untersuchte nicht schon früher rührselig war und emotionelle Reaktionen nur schlecht hintanhalten konnte.

Eigenantrieb und *Spontaneität* können wie die Affekte in der Begutachtungssituation förmlich „eingefroren“ sein. Der Untersucher muß versuchen, diese Situation zu durchbrechen. Dies gelingt jedoch nicht immer. Fehlendes Ansprechen auf Fremdantrieb findet sich einerseits bei psychogenem Fehlverhalten (in der stärksten Form als psychogener Stupor) und andererseits nach schwersten traumatischen Hirnschädigungen mit hochgradigem organischem Psychosyndrom. Die organisch bedingte Antriebshemmung ist diffus und erfaßt alle Bereiche, wogegen die psychogene Antriebshemmung meist gerichtet ist und nur bestimmte Bereiche betrifft. Auch muß eine gewisse Scheu des Untersuchten vor dem Gutachter in Betracht gezogen werden. Eine Antriebssteigerung kommt nach traumatischen Hirnschädigungen seltener als die erwähnte Gehemmtheit vor. Sie kann sich als Rededrang oder Logorrhö manifestieren und das Lokalsymptom einer Stirnhirnschädigung im Sinne einer gleichfalls diffusen Enthemmung (frontobasales oder frontoorbitales Syndrom) darstellen. Hemmung oder „Bremsung" des Eigenantriebes mit konsekutiver mangelhafter Affektsteuerung findet man ebenso im Rahmen eines hirnlokalen Psychosyndroms (frontokonvexes Syndrom). Eine Abgrenzung von persönlichkeitsbedingten vorbestehenden Eigenheiten muß getroffen werden.

Zu beschreiben sind auch *psychogene Störungen*, welche in verschiedener Form auftreten können. Am häufigsten findet man passageres Lidflattern bzw. vorübergehenden Lidtremor. Des weiteren kommen psychogene Atemstörungen, allgemeines Zittern und funktioneller Fingertremor, ticartige Bewegungen, Fahrigkeit und allgemeine Bewegungsunruhe, Pseudoparesen, psychogene Gang-, Gleichgewichts- und sonstige Koordinationsstörungen vor. Selten sind psychogene Blindheit und psychogene Taubheit. All diese nicht-organisch begründeten Funktionsstörungen werden in der Untersuchungssituation eindrucksvoll und affektbetont demonstriert, wie auch das Gehaben dieser Probanden typischerweise theatralisch und vorwurfsvoll gefärbt ist. Sowohl bei Nichtbeachtung dieser Phänomene als auch bei besonderer Zuwendung, die der Gutachter den psychogenen Mechanismen und Verhaltensstörungen zollt, verstärken sich diese meist deutlich. Der Untersucher tut daher gut daran, psychogene Störungen „gebührend" zu beachten, sie also weder dem Probanden gegenüber zu ignorieren, noch im besonderen Maße auf sie einzugehen. Auf diese Art und Weise wird es ihm häufig gelingen, augenblickliche psychogene Symptome und Verhaltensstörungen zu überspielen. Wenn psychogene Phänomene nicht spontan sistieren, muß der Gutachter trachten, sie durch Ablenkung zum Schwinden zu bringen.

Abschließend sind im psychischen Status Auffälligkeiten in der *äußeren Erscheinung* des Probanden anzuführen, insbesondere dann, wenn sie nicht seinem sozialen Stand, Bildungsgrad und beruflichen Niveau entsprechen. Selbstverständlich dürfen auch Hinweise auf eventuelle Alkoholisierung und eine Darstellung der sprachlichen Kommunikationsfähigkeit nicht fehlen. Bei Vorliegen einer Aphasie ist diese samt Begleiterscheinungen in einem gesonderten Statusabschnitt, der den höheren und höchsten Hirnfunktionen gewidmet ist, zu beschreiben.

D. Neuropsychologischer Status

Er stellt einen Zusatzbefund dar, welcher nur dann erhoben wird, wenn die Anamnese, Exploration oder Untersuchung des Probanden Hinweise auf das Vorliegen von Störungen der höheren und höchsten Hirnleistungen, die auch als neuropsychologische bzw. hirnpathologische Syndrome oder Hirnwerkzeugstörungen bezeichnet werden, ergeben haben. Hieher zählen Störungen der Kommunikation (d. h. vor allem der Sprache), des Handelns und des Erkennens. Es geht dabei vordergründig um Aphasien, Apraxien und Agnosien. Teilstörungen im Bereiche der Sprache und des Handelns werden oft auch als Dysphasien und Dyspraxien bezeichnet, wogegen der Ausdruck Dysgnosie nicht verwendet wird. Das Bestreben, aus neuropsychologischen Symptomen und Syndromen auf eine genaue Lokalisation der zugrundeliegenden Läsionen zu schließen, war nicht erfolgreich. Dies trifft im besonderen Maße für gedeckte traumatische Hirnschädigungen zu, denn bei ihnen hat typischerweise eine zerebrale Allgemeinschädigung stärkeren Grades stattgefunden. Erst wenn deren Zeichen weitgehend abgeklungen sind, lassen sich neuropsychologische Ausfälle eventuell grob-lokalisatorisch in bezug auf umschriebene Hirnläsionen verwerten. Der neuropsychologische Status muß unter Umständen in mehreren Sitzungen erhoben werden, da die Probanden im Laufe der lang dauernden Untersuchungen zunehmend Ermüdungserscheinungen sowie einen konsekutiven Leistungsabfall zeigen. Das in der Folge referierte Schema basiert auf den von MUMENTHALER (1970) sowie SCHENCK (1971) empfohlenen Untersuchungsgängen, welche nach eigenen Erfahrungen gering modifiziert wurden.

1. Sprachliche Ausdrucksfähigkeit

Der Großteil der expressiv-verbalen sprachlichen Funktionen läßt sich bereits bei der Anamneseerhebung und Exploration beurteilen. So können in der Spontansprache Wortfindungsstörungen, Verlangsamung des Redeflusses, Verarmung des Wortschatzes bis Reduktion auf Stichwörter, Telegrammstil mit Agrammatismus (Beschränkung auf aussagekräftige Haupt-, Zeit- und Eigenschaftswörter bei Wegfall der grammatikalischen Funktionswörter), verschiedene Paraphasien, Neologismen, Paragrammatismus (falsche Kombination und Verschränkung längerer und oft komplizierter Satzgebilde), Wortsalat bzw. Jargonsprache, gesteigerte Perseverationstendenz, Anwendung von formstarren Automatismen, eine nicht-flüssige oder flüssige Sprachproduktion, welch letztere bis zur aphasischen Logorrhö gehen kann, und eine Prosodiestörung mit Deviationen in der Intonation und im Akzent beobachtet werden. In Extremfällen ist die Spontansprache vollkommen verlorengegangen. Bei den erwähnten Paraphasien werden mehrere Unterformen unterschieden. Literale Paraphasien betreffen einzelne Laute, die entstellt, vertauscht, ausgelassen oder hinzugefügt werden, in ähnlicher Form auch Silben, wobei das Zielwort jedoch in der Regel erkennbar bleibt. Sie kennzeichnen die motorische Aphasie. Verbale Paraphasien bestehen hingegen in Umstellungen und Verwechslungen von Wörtern oder Wortteilen und kommen bei der sensorischen Aphasie vor. Diesen phonematischen Paraphasien sind die komplexen semantischen Paraphasien gegenüberzustellen, bei denen Wörter verwendet werden, welche vom gesuchten Zielort inhaltlich stark abweichen, allenfalls diesem lautlich ähneln.

Die Technik bei der Prüfung der *Spontansprache* zielt darauf hin, das Gespräch von seiten des Probanden in Gang zu halten, deshalb muß der

Untersucher aktivierend wirken und den spontanen Redefluß des Untersuchten durch emotionellen Ausdruck sowie sprachliche Einwürfe fördern. Man kann dem Probanden weiters eine sprachliche Aufgabe stellen oder ihn, besonders wenn es sich um leichte aphasische Störungen handelt, in ein intensives Zwiegespräch verwickeln. Stets ist es wichtig, das Interesse des Probanden zu wecken, was durch geeignete Themenwahl (Beruf, Hobbys, Sport, Familie usw.) am besten zu erreichen ist. Die Gesamtbeurteilung der Spontansprache muß deren Aussage- bzw. Informationsgehalt erfassen. Fehlende Sprachproduktion kann verschiedene Ursachen haben (z. B. schwere motorische Aphasie, Totalaphasie, psychogene Stummheit, Psychose, Anarthrie) und muß daher weiter analysiert werden.

Als nächstes prüft man zweckmäßigerweise das *Reihensprechen*, d. h. die Reproduktion automatisierter Wortfolgen. Man kann die Zahlenreihe und die Namen der Wochentage sowie der Monate hiefür verwenden, diese Reihen vorwärts und bei gleichzeitiger Prüfung der Konzentrationsfähigkeit allenfalls auch rückwärts sprechen lassen. Schließlich ersucht man unter Umständen den Probanden noch, automatisierte Satzfolgen in Form von Gedichten oder Gebeten aufzusagen bzw. in musikalischer Verpackung als Lied zu singen. Automatisierte sprachliche Folgen bleiben auch bei Aphasien überraschend lang erhalten.

Das *Nachsprechen* erfolgt im Hinblick auf Laute, Wörter und Sätze, es steigert sich im Schweregrad, ohne primär auf die Artikulation abzuzielen, wie dies bei Prüfung mit sogenannten Zungenbrechern der Fall ist. Dabei lassen sich phonematische Paraphasien, Störungen der Wortbildung und des Satzbaues einschließlich syntaktischer Fehler ermitteln. Bei dieser Prüfung manifestiert sich die sogenannte Leitungs- oder Inselaphasie, auch zentrale Aphasie oder Nachsprechaphasie genannt, durch zahlreiche Fehler besonders deutlich, wogegen die transkortikale Aphasie im Nachsprechtest recht gut abschneidet.

Das *Benennen* bezieht sich auf Objekte, aber auch auf Farben und Handlungen. Man kann tatsächliche Gegenstände oder genausogut deren Abbildungen vorweisen. Wortfindungsstörungen, wie sie für die amnestische Aphasie kennzeichnend sind, treten hier eindeutig zutage. Bietet man das gesuchte Wort unter einer Reihe verschiedener Wörter an, so kann der Proband mit amnestischer Aphasie den richtigen Ausdruck schlagartig erkennen („Einschnapp"-Phänomen). Die Prüfung sollte nicht nur auf alltägliche Ausdrücke, sondern auch auf zusammengesetzte Hauptwörter und auf seltenere, dem Untersuchten jedoch bekannte Nomina abzielen. Schwierigkeiten in der Farbbenennung sind auch bei der reinen Alexie, welche also nicht mit Aphasie verbunden ist, bekannt. In der Beschreibung von Bildern sind komplexe Situationen bezüglich ihrer Handlung zu benennen. Diese Prüfung ist besonders empfindlich und läßt auch geringe Restaphasien aufdecken. Patienten mit amnestischer Aphasie flüchten sich typischerweise in Gesten, Mimik und Umschreibungen. Der sensorische Aphasiker macht im Benennungstest zahlreiche Fehler, ohne diese zu merken. Selbstverständlich ist das Objektbenennen auch bei Personen mit visueller Agnosie beeinträchtigt.

2. Sprachverständnis

Hier werden die rezeptiv-akustischen sprachlichen Funktionen im Hinblick auf Wörter und Sätze untersucht. Der *Wortverständnistest* bezieht sich auf Haupt-, Zeit- und Eigenschaftswörter an Hand von Bildern, unter denen das vorgegebene Wort herausgesucht werden muß. In diesem Auswahlverfahren werden Gegenstände angeboten, deren Bezeichnungen inhalts- oder lautähnlich sind. Der Proband muß genannte Objekte zeigen. Gleichermaßen ist der *Satzverständnistest* an Hand mehrerer Bilder aufgebaut. Die Prüfung bedient sich zuerst einfacher Frage- und Aussagesätze, dann komplizierter Konstruktionen mit Haupt- und Nebensätzen. Sprachlichen Aufforderungen des Untersuchers (Armheben, Überreichen von Gebrauchsgegenständen usw.) muß von seiten des Probanden entsprochen werden. Der Schweregrad der Handlungen kann dabei systematisch gesteigert werden. Feinere Prüfungen des Sprachverständnisses erfordern ein Erkennen von falschen Satzteilen. Die größten Anforderungen werden an den Untersuchten gestellt, wenn dieser nach Anhören einer kleinen Geschichte darüber gestellte Fragen beantworten muß. Sprachverständnisstörungen sind laut Leischner (1979 und 1984) für die sensorische Aphasie kennzeichnend, können aber auch durch Auffassungsstörungen im Rahmen des posttraumatischen organischen Psychosyndroms, durch apraktische Störungen und durch akustische Agnosie (dann auch Schlüsselbund und Uhrticken nicht am Klang erkannt) vorgetäuscht werden. In jüngster Zeit werden hingegen nicht Sprachverständnisstörungen, sondern Paragrammatismen als typisches Merkmal der sensorischen Aphasie angesehen (Greitemann 1988). Bei semantischer Aphasie ist das Sprachverständnis auf höchster Ebene beeinträchtigt. Sprichwörter können nicht richtig gedeutet werden. Die relevante Untersuchung vollzieht man an einer kleinen Geschichte oder noch besser an Anekdoten und Sprichwörtern. Bei Beeinträchtigung des Sprachverständnisses sollte stets auch eine Hörprüfung erfolgen.

3. Gesten- und Symbolverständnis

Zur Prüfung des Gesten- und Symbolverständnisses verwendet man Anweisungen und Aufforderungen durch Zeichengebung. Die diesbezüglichen Symbole sind nicht-verbaler Natur, beinhalten Gesten und Symbole im engeren Sinne. Zu prüfen ist das Verständnis für Ja- und Nein-Gesten (Kopfnicken und Kopfschütteln, auffordernde und abwehrende Handbewegungen), für Aufforderungen zum Platznehmen, Aufstehen, Sichumdrehen usw. Solche Gesten kann man sodann vom Untersuchten imitieren und erklären lassen. Diesbezüglichen Störungen begegnet man vor allem bei Aphasien und schweren organischen Psychosyndromen.

4. Schreiben

Dieses wird im Hinblick auf Spontanschreiben, Diktatschreiben und Abschreiben geprüft. Außerdem kann, vor allem wenn eine Beeinträchtigung des Schreibens durch Lähmung der rechten oberen Extremität vorliegt, das Zusammensetzen von Wörtern aus Einzelbuchstaben untersucht werden. Dieser Test läßt eine gute Unterscheidung der Sprech- von Sprachstörungen zu, da letztere ja meist auch mit Schreibstörungen verbunden sind. Das Schreiben des eigenen Namens ist in Form der Unterschrift weitgehend automatisiert, kann daher isoliert bei sonstiger Schreibunfähigkeit erhalten bleiben. Das *Spontanschreiben* bezieht sich vor allem auf das Schreiben der Namen vorgezeigter Gegenstände, am besten an Hand von Abbildungen. Es beinhaltet sodann die Aufgabe, aus mehreren vorgegebenen Wörtern einen Satz zu schreiben. Die Schwierigkeit des Spontanschreibens kann bis zur Verfassung eines Aufsatzes über ein bestimmtes Thema gesteigert werden. Auch das *Diktatschreiben* beginnt zuerst mit einfachen Aufgaben, d. h. mit dem Niederschreiben einzelner Wörter. Dann werden kurze, schließlich auch lange und komplizierte Sätze diktiert, wobei selbstverständlich auf den Bildungsgrad und den Beruf des Betroffenen Rücksicht genommen werden muß. Im Diktat können Aufforderungen und Befehle enthalten sein, welchen der Untersuchte nachzukommen hat. Die Imitationsfähigkeit in graphischer Hinsicht wird durch das *Abschreiben* geprüft. Man kann den Untersuchten Großbuchstaben in Kleinbuchstaben transponieren lassen, auch umgekehrt, ferner nicht-verbale Symbole abzeichnen und erklären lassen. Das Kopieren eines schriftlichen Textes ist doch oft länger erhalten als die Fähigkeit zum Spontan- und Diktatschreiben. An Störungen beobachtet man Paragraphien, bei denen man wiederum eine literale und eine verbale Form unterscheidet sowie eine Agraphie, welche die schwerste expressiv-graphische sprachliche Funktionsbehinderung darstellt. Aber auch eine Apraxie der Hand kann zum Schreibunvermögen führen.

5. Lesen

Nachdem Visusstörungen und ausgedehnte Gesichtsfelddefekte ausgeschlossen worden sind, bezieht sich die Untersuchung des Lesens wie die Schreibprüfung auf Buchstaben, Wörter, Sätze und schließlich auf Texte, steigert sich somit in der Schwierigkeit. Das Lesen kann stumm oder vorzugsweise laut erfolgen. Der Proband muß vorgelegte Buchstaben benennen, Wörter buchstabieren, dann auf Tafeln aus einer Mehrzahl von Gegenständen jenen zeigen, dessen Name ihm schriftlich vorgelegt wurde. Das Lesen hat sich auch auf Zahlen und allenfalls auf nicht-verbale Symbole (Verkehrszeichen usw.) zu erstrecken. Bezüglich der Zahlen kann man den Untersuchten auffordern, diese durch eine entsprechende Anzahl von Strichen wiederzugeben. Das Leseverständnis wird durch kurze Sätze mit Aufforderungscharakter geprüft. Längere Texte berichten eine kleine Geschichte, deren Inhalt nacherzählt, kommentiert oder hinterfragt werden kann. Auch Entscheidungsfragen lassen sich schriftlich stellen. Im Falle einer höhergradigen Sprachstörung legt man dem Untersuchten mehrere schriftliche Antworten vor, aus welchen er die richtige auszuwählen hat. An rezeptiv-graphischen sprachlichen Funktionsstörungen finden sich literale und verbale Paralexien und als schwerste Form die Alexie, welche Wortblindheit bedeutet. Bei der Alexie lassen sich eine aphasische Alexie und eine optisch-agnostische Alexie unterscheiden. Bei jener sind sowohl das Buchstabieren als auch das Lesen gestört, bei dieser ist nur das Lesen von Wörtern und eines Textes unmöglich, wogegen das Buchstabieren erhalten ist.

6. Rechnen

Die Vertrautheit mit Ziffern und Zahlen wurde schon durch frühere Teste untersucht. Durchzuführen sind im Rahmen der Überprüfung des Rechnens einfache Additionen und Subtraktionen, dann Multiplikationen und Divisionen, sowohl durch Kopfrechnen als auch schriftlich. Der Schweregrad der Aufgaben hat sich nach Bildungsgrad und Beruf des Untersuchten zu richten. Eine Akalkulie ist häufig ein Begleitsymptom einer stärker ausgeprägten Aphasie. Eine Rechenstörung kann jedoch auch durch eine optisch-räumliche Agnosie bedingt sein. Rechenschwäche ist wiederholt Ausdruck mangelnder Übung und darf in diesem Falle nicht als pathologisch angesehen werden.

7. Handeln (Praxie)

Man läßt einfache, aber geläufige Handlungen über mündliche Aufforderung ausführen, und zwar ohne und mit Objekt, z. B. Schloß auf- und zusperren, Haar kämmen, Schuhe bürsten, Bälle werfen, umrühren, winken, Zunge zeigen, hämmern, sägen, rauchen, trinken, Zähne putzen usw. Unter Umständen können diese Tätigkeiten mit dem entsprechenden Gegenstand, jedoch nicht ohne diesen vollbracht werden. Manchmal muß der Untersucher die Handlung vorführen und sie dann nachmachen lassen. Bei Apraxie kann die geforderte Bewegung trotz Fehlens einer Lähmung nicht durchgeführt werden. Leichtere Störungen zeigen sich nur bei komplexen Handlungen, z. B. Zündholz und Zigarette anzünden, Gegenstände aufeinander türmen oder aneinander reihen, Schuhe zubinden, Nagel einschlagen und Bild an die Wand hängen, Konservendose öffnen, Telephon bedienen usw. Hieher gehören auch auf Befehl auszuführende Ausdrucksbewegungen wie die des Grüßens, Salutierens und Drohens. Eine Apraxie kann verschiedene Regionen betreffen, so das Gesicht (bukkofaziale Apraxie, Augen-, Zungen- und Mundapraxie, artikulatorische Apraxie), den Arm (feinmotorische Apraxie, Schreib-, Klavierspiel- und Ankleideapraxie) sowie das Bein (Gangapraxie, Fußballapraxie). Es lassen sich eine ideokinetische Apraxie für einfache Handlungen (im englischen Schrifttum als ideomotorische Apraxie bezeichnet) und eine ideatorische Apraxie für zusammengesetzte Handlungen unterscheiden, welche oft auch mit einer Merkfähigkeitsstörung verbunden ist.

Schließlich gibt es noch eine konstruktive Apraxie, nach der man dadurch fahndet, daß man einfache geometrische Figuren wie Dreieck, Kreis und Rechteck zeichnen oder nach einer Vorlage kopieren läßt. Die Schwierigkeit der Aufgabe läßt sich steigern, indem man einfache räumliche Gegenstände abbilden läßt, z. B. einen Baum, ein Auto, ein Haus, ein Fahrrad. Weiters werden Zeichnungen vorgelegt, in denen Details fehlen, welche der Proband einfügen muß, etwa ein Haus ohne Tür und Schornstein, eine menschliche Gestalt ohne Ohren, Nase, Augen oder Mund.

8. Erkennen (Gnosie)

Störungen des Erkennens bei intakten oder weitgehend intakten Sinnesleistungen werden als Agnosien bezeichnet. Sie können alle sensorischen Impulse und Regionen betreffen. Hier werden die wichtigsten diesbezüglichen Prüfungen besprochen. Nach der visuellen Objektagnosie fahndet man durch Vorzeigen von Gegenständen und Personen sowie Bildern, welche erkannt und beschrieben werden müssen. Der visuell agnostische Proband kann zwar den vorgesetzten Gegenstand nicht optisch, jedoch einwandfrei taktil erkennen. Eine Sonderform stellt die Prosopagnosie dar, bei der bekannte Gesichter nicht an physiognomischen Details erkannt werden. Diese Störung kann auch die Erkennung von Tieren und Landschaften betreffen. Als eine weitere Unterform wird die Farbagnosie beschrieben, welche äußerst selten ist und durch das Farbensortieren von Wolle festgestellt werden kann. Nach der akustischen Agnosie sucht man durch Prüfung des Wortverständnisses und des Erkennens von speziellen Klängen, deren Ursprung vom Probanden genannt werden muß (Glocke, Uhr, Schlüsselbund usw.). Bei der taktilen Agnosie kann ein Gegenstand durch bloßes Betasten bei geschlossenen Augen nicht identifiziert werden. Eine diesbezügliche Störung ist trotz erhaltener Oberflächen- und Tiefensensibilität bei der Astereognosie gegeben, welche somit als taktile Agnosie aufgefaßt wird, obgleich hier auch sicherlich der räumliche Faktor eine maßgebliche Rolle spielt.

Weitere wichtige Störungen betreffen den Raumsinn und das Körperschema. Zu ihrer Diagnose läßt man den Probanden eine Skizze des Zimmers mit den Einrichtungsgegenständen, der Tür und den Fenstern, den Weg von der Arbeitsstätte nach Hause, eine einfache Karte der Heimatstadt zeichnen, die Uhrzeit an einer Modelluhr mit zwei verstellbaren Zeigern ablesen, am Körper rechts und links unterscheiden, Körperteile und insbesondere die berührten Finger nennen. Personen mit derartigen Störungen haben oft auch Schwierigkeiten bei Rechnungen, da sie den Stellenwert der Zahlen nicht richtig erkennen. Entsprechend den fehlerhaften Leistungen in den soeben aufgeführten Untersuchungen spricht man von optisch-räumlicher Agnosie, Uhrzeitagnosie, Rechts-links-Unterscheidungsstörung, Autotopagnosie bzw. Somatotopagnosie und Fingeragnosie. Geruchs-, Geschmacks- und Simultanagnosien sind Rarissima und im Einzelfall meist fraglich. Bei der Simultanagnosie können zwar Details erkannt, jedoch nicht zu einem Gesamtbild integriert werden. Personen mit solchen Störungen ist die ganzheitliche Erfassung komplexer visueller Darstellungen nicht möglich. Höchstwahrscheinlich handelt es sich aber um keine eigentliche Agnosie, sondern um verschiedentliche andere Störungen, die bis zu Demenz reichen können.

9. Defekterkennen

Das Defekterkennen bezieht sich hier auf umschriebene neurologische Symptome des Betroffenen. Deren Nichterkennung wird als Anosognosie bezeichnet. Eine fehlende psychologische Reaktion auf plötzlich aufgetretene Blindheit stellt das ANTON-Syndrom dar, das meist aber nur Stunden oder wenige Tage anhält. Eine Anosognosie gibt es insbesondere für homonyme Hemianopsie und seltener für Hemiplegie. Entweder wird der neurologische Ausfall überhaupt nicht erkannt oder bagatellisiert. Bei gleichzeitiger schwerer Allgemeinschädigung des Gehirns begegnet man sogar mitunter wahnhaften Vorstellungen, z. B. der Vorstellung, daß die plegischen Extremitäten einer anderen Person gehören oder körperfremde Gegenstände darstellen. Man prüft nach diesen Störungen, indem man die Aufmerksamkeit des Untersuchten auf das neurologische Defizit lenkt und beispielsweise den gelähmten Arm in das (erhaltene, nicht-hemianopische) Gesichtsfeld des Betroffenen führt, damit dieser versucht, die Extremität zu erkennen und als eigene zu identifizieren.

10. Symmetrische Wahrnehmung

Normalerweise werden beidseits Reize in symmetrischen Arealen getrennt wahrgenommen. Eine halbseitige Vernachlässigung bezeichnet man als Neglektsyndrom. Sie kann verschiedene Bereiche betreffen. Nach der sensiblen Halbseitenvernachlässigung muß man mit bilateral symmetrisch und simultan gesetzten Berührungs- oder Schmerzreizen fahnden. Bei Vorliegen eines sensiblen Neglektsyndroms gibt der Betroffene nur eine taktile Wahrnehmung an, negiert z. B. die Stichreize auf der Gegenseite. Bei simultaner Doppelreizung wird also die Wahrnehmung auf einer Seite ausgelöscht (Extinktionsphänomen). Manchmal findet sich zwar kein Auslöschphänomen, jedoch werden die Reize auf einer Seite grob falsch lokalisiert. Neben Doppelreizen sollte man immer wieder Einzelreize zur besseren Verläßlichkeit der Untersuchung einstreuen. Eine halbseitige Vernachlässigung im Gesichtsfeld wird gleichfalls durch bilateral symmetrisch und simultan gesetzte Reize nachgewiesen, und zwar jeweils im seitlichen Gesichtsfeld. Am besten sitzt der Untersucher dem Probanden gegenüber und führt abwechselnd die genannten Reize beidseits sowie auch Einzelreize mittels Fingerbewegungen durch, wobei der Prüfling sagen muß, wo gerade eine Bewegung stattfindet. Wird bei der Simultanreizung immer nur eine Seite genannt, so liegt eine hemianopische Aufmerksamkeitsschwäche vor. Die Untersuchung kann auf alle vier Gesichtsfeldquadranten rechts und links ausgedehnt werden, jedoch ist eine quadrantenanopische Aufmerksamkeitsschwäche nur äußerst selten anzutreffen. Hingegen sollte man bei allen halbseitigen Vernachlässigungen prüfen, ob das festgestellte Neglektsyndrom nicht zusätzlich auch den gesamten Außenraum betrifft. Dies sollte mit akustischen, visuellen und taktilen bzw. Schmerzreizen erfolgen. Bei schweren zerebralen Hemisphärenschäden scheinen die Betroffenen alle Reize, die von der Seite des Ausfallsyndroms kommen, zu ignorieren. Man spricht diesbezüglich von einem polysensorischen Neglektsyndrom. Die halbseitige motorische Vernachlässigung wird dadurch nachgewiesen, daß man dem Betroffenen, der eine Halbseite nach Art einer Hemiparese kaum einsetzt, aktiviert und mehrfach auffordert, mit diesen Gliedmaßen Bewegungen auszuführen. Da kein motorisches Defizit vorliegt, sind diese Personen auch dazu in der Lage.

E. Normalbefund

In der Folge wird das Schema eines normalen medizinischen Status wiedergegeben, welches sich uns bei der Erstattung neurologischer und neurologisch-psychiatrischer Gutachten über Verletzungsfolgen nach Unfällen und traumatischen Schädigungen besonders bewährt hat. Abweichungen von diesem Normbefund können leicht an den entsprechenden Stellen festgehalten werden. Gleichermaßen verfährt man mit Einschiebungen und Zusätzen.

Objektiver Befund

I. Allgemeiner Status

Vers. ist männlichen/weiblichen Geschlechtes.
Alter: 40 Jahre
Körpergröße 170 cm
Körpergewicht: 63 kg
Vers. befindet sich in gutem Allgemeinzustand.
Blutdruck im Liegen: RR 120/80 mm Hg, am linken/rechten Arm bzw. an beiden Armen gemessen.
Der Radialispuls ist regelmäßig und beidseits gut gefüllt, bewegt sich in Ruhe um 72 Schläge pro Minute.
Die Haut und die sichtbaren Schleimhäute sind gut durchblutet.
Klinisch lassen sich keine Zeichen einer kardialen Dekompensation feststellen.
Die Atmung ist regelmäßig, von normaler Frequenz und ausreichender Tiefe. Es sind keine Zeichen einer Ruhedyspnoe festzustellen.

II. Neurologischer Status

Schädel:
Der Schädel ist normal konfiguriert, weder klopf- noch druckschmerzhaft.
Sämtliche Nervenaustrittspunkte supra- und infraorbital sowie mental

sind indolent. Eine Nackensteifigkeit im Sinne von Meningismus besteht nicht.

Hirnnerven:

Eine Geruchsstörung wird subjektiv (anamnestisch) negiert. Duftproben werden beidseits wahrgenommen und voneinander unterschieden. Trigeminusreizstoff wird beidseits prompt wahrgenommen. Der Fernvisus und auch der Nahvisus werden unkorrigiert rechts und links als normal angegeben. Bei Prüfung mit dem Finger findet sich beidseits kein Gesichtsfeldausfall. [Die Papillen des Augenhintergrundes sind beidseits unauffällig.] Die Pupillen sind mittelweit, gleich weit, rund und zentrisch gelegen. Beide Pupillen reagieren prompt und ausgiebig auf Licht, sowohl direkt als auch konsensuell und bei Konvergenz. Die Augenbeweglichkeit ist beidseits nach allen Richtungen hin uneingeschränkt und erfolgt koordiniert. Auch die Konvergenz beider Augäpfel ist normal erzielbar. Ein pathologischer Nystagmus ist nicht vorhanden. Die Sensibilität wird im Gesichtsbereich bei Prüfung mit Berührungs- und Schmerzreizen als seitengleich normal angegeben. Der Kornealreflex ist beidseits prompt auslösbar. Die Kaumuskulatur wird beidseits normal innerviert. Der Masseterenreflex ist normal auslösbar. Die mimische Muskulatur wird seitengleich normal innerviert, kann auch in allen Teilbereichen isoliert innerviert werden. Eine Geschmacksstörung wird subjektiv (anamnestisch) negiert. [Geschmacksproben werden im Bereiche der vorderen zwei Zungendrittel beidseits wahrgenommen, voneinander unterschieden und erkannt.] Fingerreiben wird vor beiden Ohren seitengleich wahrgenommen. Das Gaumensegel steht seitengleich normal hoch, das Gaumenzäpfchen in der Mittellinie. Bei Phonation wird das Gaumensegel beidseits normal gehoben und das Gaumenzäpfchen nicht seitlich verzogen. Der Würgreflex, geprüft an der Rachenhinterwand/Tonsillengegend/Gaumenbogenregion, ist beidseits normal auslösbar. Dieser Berührungsreiz wird beidseits prompt wahrgenommen. Der Schluckakt wird subjektiv (anamnestisch) als unbehindert angegeben. Der Kopfwendermuskel wird beidseits normal innerviert, ebenso der obere Anteil des Trapezmuskels. Die Zunge zeigt keine Verschmächtigung und keine Faszikulationen, wird gerade vorgestreckt und ist nach allen Richtungen hin uneingeschränkt beweglich. Es liegt keine Sprech- und keine Stimmstörung vor, Artikulation und Phonation sind normal.

Pathologische motorische Schablonen:

Orale Schablonen sind nicht auslösbar, weder optisch noch taktil (keine Atzreflexe). Die Greifreflexe der Hand sind beidseits nicht auslösbar, weder optisch (kein Nachgreifen) noch taktil (kein Zwangsgreifen). Der Palmomentalreflex ist beidseits nicht auslösbar.

Obere Gliedmaßen:

Vers. gibt Rechtshändigkeit an, schreibt (ausreichend) flüssig mit der rechten Hand. Die Trophik ist an beiden Armen altersentsprechend normal. Es zeigen sich weder ein Ruhetremor noch sonstige abnorme Bewegungen. Die aktive und die passive Beweglichkeit aller Armgelenke sind beidseits uneingeschränkt. Der Spannungszustand ist an beiden oberen Extremitäten seitengleich normal. Die grobe Muskelkraft ist an beiden Armen seitengleich normal. Die Muskeleigenreflexe, d. h. Bizeps-, Brachioradialis- und Trizepsreflex, sind seitengleich mittellebhaft auslösbar. Es finden sich beidseits keine Pyramidenbahnzeichen und keine pathologischen Reflexe, d. h. Mayer-Reflex beidseits auslösbar sowie Wartenberg-Zeichen beidseits nicht auslösbar; Trömner- und Hoffmann-Reflex beidseits nicht auslösbar. Die Sensibilität wird an den Armen bei Prüfung mit Berührungs- und Schmerzreizen als seitengleich normal angegeben. [Münzenerkennen erfolgt beidseits sicher.] Die Nervenstämme sind an beiden Armen nicht druckempfindlich.

Stamm:

Die Wirbelsäule ist normal konfiguriert und in allen Abschnitten uneingeschränkt beweglich. Sie ist nicht klopf-, druck- oder stauchungsempfindlich. Es besteht beidseits keine subokzipitale Druckdolenz und auch keine Zwickempfindlichkeit des oberen Trapeziusrandes. Die zentrale Piloarrektion ist beidseits normal auslösbar. Die Hals- und Wirbelsäulen-, Thorakal- und Abdominalmuskeln werden normal innerviert. Die Bauchhautreflexe sind in allen Etagen seitengleich normal auslösbar. Die Sensibilität wird im Stammbereich bei Prüfung mit Berührungs- und Schmerzreizen als seitengleich normal angegeben. [Der Kremasterreflex ist beidseits auslösbar.]

Untere Gliedmaßen:

Die Trophik ist an beiden Beinen altersentsprechend normal. Es zeigen sich weder ein Ruhetremor noch sonstige abnorme Bewegungen. Die aktive und die passive Beweglichkeit aller Beingelenke ist beidseits uneingeschränkt. Der Spannungszustand ist an beiden unteren Extremitäten seitengleich normal. Die grobe Muskelkraft ist an beiden Beinen seitengleich normal. Die Muskeleigenreflexe, d. h. Adduktoren-, Quadricepsfemoris- und Triceps-surae-Reflex sind seitengleich mittellebhaft auslösbar; ebenso ist der Tibialis-posterior-Reflex beidseits normal auslösbar. Der Fußsohlenhautreflex führt beidseits zur Plantarflexion der Zehen. Es finden sich beidseits keine Pyramidenbahnzeichen und keine pathologischen Reflexe, d. h. Babinski-, Chaddock-, Oppenheim- und Gordon-Reflex beidseits nicht auslösbar; Rossolimo-Reflex sowie Strümpell-Zeichen gleichfalls beidseits nicht auslösbar. Die Sensibilität wird an den Beinen bei Prüfung mit Berührungs- und Schmerzreizen als seitengleich normal angegeben. Die Nervenstämme sind an beiden Beinen weder druck- noch dehnungsempfindlich.

Koordination:

Der Vorhalteversuch (Positionsversuch) der Arme verläuft beidseits normal, die eingenommene Supinationsstellung wird beidseits unverändert beibehalten. Es findet sich kein Haltetremor. Die Diadochokinese mit schneller Pro- und Supination der Hände zeigt einen seitengleich normalen Bewegungsablauf. Die Feinmotorik der Hände ist beidseits ungestört. Der Finger-Nase-Versuch wird seitengleich ungestört, d. h. beidseits zielsicher, durchgeführt. Es findet sich beidseits kein Intentionstremor. An den Armen läßt sich beidseits kein pathologisches Rückschlagphänomen (Rebound) feststellen. Der Knie-Hacken-Versuch erfolgt seitengleich normal. Der Halteversuch (Positionsversuch) der Beine in Rückenlage bei gestreckten Kniegelenken verläuft beidseits normal, die eingenommene Stellung wird unverändert beibehalten. Der Imitationsversuch des Radfahrens in Rückenlage zeigt beidseits einen normalen Bewegungsablauf.

Stand und Gang:

Der Rombergsche Stehversuch (Fuß-Lidschluß-Versuch) ist ungestört. Der Einbeinstand gelingt beidseits ohne wesentliche Unsicherheit. Der prolongierte Unterbergersche Tretversuch verläuft ohne verwertbare Drehung. Normalgang, Zehen- und Fersengang werden beidseits ungestört durchgeführt, ebenso der Liniengang bei offenen Augen sowie der Blindgang. Das Einbeinhüpfen erfolgt seitengleich normal.

III. Psychischer Status

Vers. befindet sich in klarer Bewußtseinslage; eine Bewußtseinstrübung ist nicht feststellbar.
Vers. ist persönlich, zeitlich und örtlich voll orientiert.
Die Auffassungsfähigkeit und die Umstellfähigkeit sind weder erschwert noch verlangsamt.
Das Denken ist geordnet, zielgerichtet, kohärent und normal schnell.
Das motorische Allgemeintempo ist von normaler Schnelligkeit.
Bei der klinischen Untersuchung findet sich kein Hinweis auf eine Merkfähigkeitsstörung.
Die Exploration ergibt auch keinen verwertbaren Anhaltspunkt für sonstige Gedächtnisstörungen.
Die Konzentrationsfähigkeit ist bei der Untersuchung und während der Exploration normal.
Es sind keine Zeichen abnormer Ermüdbarkeit erkennbar.
Das situative Verhalten ist adäquat und persönlichkeitsentsprechend.
Eigenantrieb und Spontaneität sind in normalem Maße vorhanden.
Die Stimmungslage ist ausgeglichen. Es besteht normale Affizierbarkeit.
Die Affekte sind gut gesteuert.

Die Kritikfähigkeit und das Urteilsvermögen sind ungestört.
Die sprachliche Kommunikationsfähigkeit (im Hinblick auf Sprachverständnis, Spontansprache und Konversationssprache) ist voll erhalten.

Wenn ergänzende neuropsychologische Untersuchungen durch den Gutachter im Hinblick auf Aphasie, Apraxie, Agnosie usw. notwendig sind, werden diese Befunde, welche ja in der Routineuntersuchung nicht inkludiert sind, in einem eigenen Anhang nach dem psychischen Status aufgeführt. Voraussetzung für spätere Verwertbarkeit und Vergleichbarkeit des Gesamtstatus sind einerseits Eindeutigkeit, Prägnanz und zugleich Vollständigkeit der erhobenen Befunde sowie andererseits absolute Beschränkung auf die tatsächlich durchgeführten Detailuntersuchungen. Bezüglich letztgenannter Forderung können Irrtümer bei Verwendung von vorgedruckten Statusblättern unterlaufen. An diesen ist Geprüftes bei normalem Untersuchungsergebnis exakt abzuhaken und bei pathologischem Untersuchungsergebnis ergänzend zu beschreiben. Zur Vermeidung späterer Vorwürfe wegen ungenauer Dokumentation sollte man jedoch besser einen eigenen Befundtext diktieren. Eine vorgreifende Stellungnahme zur Analyse und Erörterung von Detailbefunden ist im medizinischen Status ebenso falsch am Platze wie die Verquickung des objektiven Untersuchungsbefundes mit Angaben des Probanden bezüglich Unfallanamnese oder Beschwerdenschilderung.

Literatur

Bronisch, F. W.: Die Reflexe und ihre Untersuchung in Klinik und Praxis. Thieme, Stuttgart 1979

Greitemann, G.: Sprache. In: Cramon, D. von, Zihl, J. (Hrsg.): Neuropsychologische Rehabilitation: Grundlagen – Diagnostik – Behandlungsverfahren. Springer, Berlin–Heidelberg–New York 1988, 274–288

Head, H.: Studies in neurology. Oxford Medical Publications, London 1920

Leischner, A.: Aphasien und Sprachentwicklungsstörungen. Thieme, Stuttgart 1979

Leischner, A.: Aphasien und andere hirnpathologische Syndrome. In: Rauschelbach, H.-H., Jochheim, K.-A. (Hrsg.): Das neurologische Gutachten. Thieme, Stuttgart–New York 1984, 178–187

Mumenthaler, M.: Neurologie für Ärzte und Studenten. Thieme, Stuttgart–New York 1970, zuletzt 1990

Riecken, H.: Die Spiegelraumbewegung. Eine neue Untersuchungsmethode auf der Grundlage eines „psychooptischen" Reflexes. Graefes Arch. Ophthal. 145: 432 (1943)

Scheid, W.: Lehrbuch der Neurologie. Thieme, Stuttgart–New York 1983

Schenck, E.: Neurologische Untersuchungsmethoden. Thieme, Stuttgart–New York 1971, zuletzt 1985

SCHERZER, E.: Die Störungen des Gleichgewichtsystems nach Unfällen. Wien. Med. Akademie, Wien 1968

SUCHENWIRTH, R. M. A.: Der neurologische Befund. In: SUCHENWIRTH, R. M. A., WOLF, G. (Hrsg.): Neurologische Begutachtung. Fischer, Stuttgart–New York 1987, 495–513

WARTENBERG, R.: Die Untersuchung der Reflexe. Thieme, Stuttgart 1952

WURZER, W., SCHERZER, E.: Die Leitsymptome des organischen Psychosyndroms nach Schädelhirntraumen. In: SCHERZER, E. (Hrsg.): Neuropsychologie und Neurorehabilitation. Schlußbericht der Jahrestagung der Österr. Ges. f. Neuro-Rehabilitation, PVAng, Wien 1991, 95–102

IV. Hilfsbefunde

Wir verfügen heutzutage in der Neurotraumatologie über eine große Anzahl wertvoller technischer Untersuchungsmethoden, denen in diagnostischer Hinsicht zum Teil eine ausschlaggebende Bedeutung zukommt. Dadurch könnte irrtümlich der Eindruck erweckt werden, daß die Diagnose allein von diesen apparativen Verfahren abhängt. Das ist aber keineswegs der Fall. Obgleich die technischen Methoden, die vor allem in der letzten Zeit entwickelt wurden, höchst beeindruckend sind, muß die ärztliche Überlegung in Diagnose und Therapie weiterhin dominierend und entscheidend bleiben (SCHERZER 1989). Dies gilt auch für die Begutachtung. Selbst die technisch perfektesten Hilfsbefunde sind nach wie vor *Nebenbefunde im Dienste der Klinik*.

Sämtliche Hilfsuntersuchungen sollen auf Grund von Anamnese und erhobenem ärztlichen Befund *gezielt eingesetzt* werden. Solchermaßen kann ein Hilfsbefund die gestellte Vermutungsdiagnose bestätigen oder eine differentialdiagnostische Entscheidungshilfe darstellen. Letzteres gilt insbesondere auch für die Indikationsstellung therapeutischer Maßnahmen und chirurgischer Eingriffe. Im Hinblick auf die Prognose gestatten apparative Untersuchungen schließlich noch präzisere Aussagen als der klinische Befund allein. Hilfsbefunde und Zusatzuntersuchungen bedeuten demnach bei richtiger Anwendung eine hervorragende Hilfe für den klinischen Neurotraumatologen und auch für den nervenärztlichen Gutachter. Unkritisch angewandt, können sie jedoch verwirren und sogar ein sonst klares klinisches Bild verzerren. Die richtige und kritische Interpretation eines Hilfsbefundes erfordert entsprechende Erfahrung. Nie und nimmer kann aber ein solcher Nebenbefund die ärztliche diagnostische Tätigkeit ersetzen. Dessen sollten wir uns stets bewußt sein. Technische Untersuchungsmethoden werden sowohl im akuten als auch im chronischen Stadium von Verletzungen des Nervensystems angewandt und können aus der Diagnostik der Neurotraumatologie nicht mehr weggedacht werden.

Im *Akutstadium* dominiert nach wie vor die Radiologie. Als wichtigste Untersuchungsmethode gestatten Röntgenleeraufnahmen ein primäres Screening. Auch können bei gezielter Anwendung der Radiologie schon spezielle Fragen wie Vorliegen einer Impressionsfraktur usw. beantwortet werden. Die früher weit verbreitete Echoenzephalographie wird kaum mehr eingesetzt und hat sehr an Bedeutung verloren. In der Hand des Geübten vermochte sie über raumfordernde Prozesse des Schädelinneren und über Erweiterungen oder Verlagerungen des Hirnventrikelsystems Auskunft zu geben. Die zerebrale Angiographie hat vor Einführung der modernen bildgebenden Verfahren eine überragende Rolle im Nachweis raumfordernder Blutungen des Schädelinneren gespielt. Heutzutage ist diese Methode großteils von der kranialen Computertomographie verdrängt worden. Diese hat sich als eine revolutionierende Methode der nicht-invasiven Untersuchungen des Schädelinneren bewährt. Eine moderne Akutdiagnostik des Schädelhirntraumas ist ohne Computertomographie kaum mehr vorstellbar. Die kontinuierliche Hirndruckmessung an der Intensivstation hat einen wesentlichen Fortschritt im gezielten Monitoring des bewußtlosen Schädelhirnverletzten gebracht. Elektroenzephalographische (EEG-) Untersuchungen sind, da zeitraubend und im Akutstadium oft schwierig durchführbar, bestimmten Fragestellungen vorbehalten, z. B. im Hinblick auf epileptische Manifestationen nach Schädelhirnverletzungen, Intoxikationen, Hirntod. Zunehmende Bedeutung dürften die neurophysiologischen Untersuchungen evozierter Potentiale und die Kernspintomographie (NMR oder MRI) für Schädelhirntraumen erlangen, letztgenannte Methode jedoch mehr in der subakuten und chronischen als in der akuten Verletzungsphase. Was Rückenmarkverletzungen anlangt, erlaubt die Myelographie eine Beurteilung der Kontrastmittelpassage und damit eine Aussage über eine eventuell vorliegende Kompression des Rückenmarkes. Auch hier werden jedoch schon Computertomographie und Kernspintomographie mit Erfolg eingesetzt. Für Verletzungen peripherer Nerven erweisen sich insbesondere die Elektromyographie (EMG) und die Beurteilung der Nervenleitgeschwindigkeit bzw. Elektroneurographie (NLG bzw. ENG) als sehr aussagekräftig.

Im *Spätstadium* zielt die neurotraumatologische Diagnostik vor allem auf die Erkennung von Dauerschädigungen ab. Den Kliniker interessieren nicht nur Art, Ausmaß und Lokalisation der anatomischen Läsionen, sondern insbesondere auch Funktionsstörungen, welche durch neurophysiologische dynamische Untersuchungen erfaßt werden können, z. B. allgemeine und lokale Hirnfunktionsstörungen durch Elektroenzephalographie (EEG), Nystagmus durch Elektronystagmo- bzw. Elektrookulographie (ENG bzw. EOG), Liquorzirkulationsstörungen durch Zisterno-Szintigraphie, Läsionen peripherer Nerven durch Elektromyographie (EMG) und Elektroneurographie (ENG) bzw. Bestimmung der Nervenleitgeschwindigkeit (NLG), Harnblasenfunktionsstörungen durch intravesikale Druckmessungen, eventuell bei gleichzeitiger Elektromyographie des Beckenbodens usw. Die bildgebenden Verfahren wie Radiologie, axiale Computertomographie und Kernspintomographie geben ergänzend über strukturelle Veränderungen, die neurophysiologischen Methoden sowie die genannten dynamischen Untersuchungen über grundlegende Funktionen des Nervensystems Auskunft. Des weiteren werden chemische Verfahren wie Schweiß-, Histamin- und Pupillarteste angewandt. In zunehmendem Maße finden computerunterstützte Verfahren zur schnellen Erfassung und Beurteilung psychologischer Testbefunde Eingang in den diagnostischen Bereich.

Im vorliegenden Kapitel sollen die heute üblichen Untersuchungsmethoden zur Erhebung der entsprechenden Hilfsbefunde allgemein und übersichtsmäßig dargestellt werden. Die technischen Grundlagen können dabei nur gestreift werden. Wichtig ist es für den Gutachter, über die medizinische

Wertigkeit und Aussagekraft solcher Methoden und Verfahren Bescheid zu wissen. Diese können in der Folge gleichfalls nur allgemein dargestellt werden; speziell werden sie in den einschlägigen Kapiteln bei Besprechung der zugrundeliegenden neurotraumatologischen Schädigungen abgehandelt.

A. Radiologie

Wie schon erwähnt, handelt es sich bei der Radiologie nach wie vor um die wichtigste Screening-Methode der Traumatologie. Die Röntgendiagnostik ist ein altbewährtes Verfahren, welches im Laufe der Jahrzehnte verfeinert wurde und durch Entwicklung verschiedener moderner Techniken an Aussagekraft wesentlich gewonnen hat. In physikalischer Hinsicht basiert die radiologische Diagnostik auf der unterschiedlichen Absorptionseigenschaft des durchstrahlten Gewebes, das sich dadurch als mehr oder minder schattengebend darstellt. Dem Prinzipe nach kann man radiologische Nativuntersuchungen, Kontrastmitteluntersuchungen und die axiale Computertomographie unterscheiden, welch letztere jedoch im Abschnitt über die modernen bildgebenden Verfahren besprochen wird.

1. Nativaufnahmen

Die aus den sogenannten Nativuntersuchungen resultierenden Röntgenaufnahmen werden auch als *Leeraufnahmen* bezeichnet. Im Rahmen der Erstuntersuchung werden derartige *Übersichtsaufnahmen* bei Schädel- und Wirbelsäulenverletzten im sagittalen sowie transversalen Strahlendurchgang angefertigt. Diagnostische Aussagen sind direkt bezüglich Frakturen, Dislokationen und Fremdkörpern möglich. Daneben gelten als indirekte radiologische Zeichen eines Schädelbruches intrakranielle Luftansammlungen und Nebenhöhlenverschattungen durch Blut. Eine Verschiebung der verkalkten Zirbeldrüse kann auf eine einseitige supratentorielle Raumbeengung hinweisen. Besondere Bruchlokalisationen machen auf die Möglichkeit einer nahenden Komplikation aufmerksam, z. B. Meningitisgefahr bei frakturbedingter Kommunikation zwischen den Nasennebenhöhlen und dem Schädelinneren, Gefahr eines Epiduralhämatoms bei einem Schädelbruch, der die Knochenrinne der mittleren Hirnhautarterie quert oder in das Foramen in spina zieht, Gefahr einer Rückenmarkschädigung bei instabiler Wirbelfraktur, insbesondere Densfraktur, Gefahr epileptischer Manifestationen bei Vorliegen eines intrakraniellen Fremdkörpers bzw. einer tiefreichenden Impressionsfraktur, Meningitisgefahr bei Osteomyelitis des Schädelknochens oder eines Wirbels. Im Extremitätenbereich kann eine überschießende Kallusbildung mit einer Druckläsion eines peripheren Nervs einhergehen. Aber auch eine abnorme Gelenkstellung vermag einen peripheren Nerv chronisch zu schädigen, z. B. Spätlähmung des Nervus ulnaris nach in Valgusstellung geheilter Ellbogengelenksfraktur.

Ausgeblendete und dynamische *Spezialaufnahmen* sind zur Beantwortung bestimmter Fragen erforderlich und werden dementsprechend nur gezielt eingesetzt. So können ansonsten nur schwer explorierbare Regionen durch besondere Röntgeneinstellungen besser und genauer beurteilt werden, z. B. Schläfenbeinaufnahmen in verschiedenen Strahlenrichtungen bei Seitenvergleich, Tangentialaufnahmen zur Bestimmung der Tiefe einer Schädeldachimpression, gedrehte Wirbelsäulenaufnahmen zur Darstellung der Zwischenwirbellöcher oder der kleinen Wirbelgelenke, transorale Aufnahme zur Darstellung des Dens epistrophei. Funktionsabhängige Veränderungen können durch Vergleichsaufnahmen vor und nach einer bestimmten Manipulation nachgewiesen werden, so etwa Beurteilung einer Luxationstendenz oder einer Wirbelblockade an der Halswirbelsäule durch Bewegungsaufnahmen mit Anteflexion und Retroflexion des Kopfes. Die Röntgendurchleuchtung des Brustkorbes erlaubt eine Aussage über die Funktion des Zwerchfelles und damit über das Vorliegen einer Phrenikuslähmung, welche bei einseitiger Ausbildung sonst nur schwer zu diagnostizieren ist. Die einfache Tomographie mit gekoppelter Bewegung von zwei Teilen des Systems Röhre-Objekt-Film ist weiterhin als ein wertvolles Verfahren zur Darstellung tieferer Objektschichten anzusehen und noch nicht vollkommen von der axialen Computertomographie verdrängt worden.

2. Kontrastmitteluntersuchungen

Man unterscheidet *positive Kontrastmittel*, welche als röntgendichte Substanzen durch eine entsprechende Schattengebung charakterisiert sind, z. B. Barium- und Jodverbindungen, und *negative Kontrastmittel*, die als weitgehend strahlendurchgängige Substanzen eine geringere Schattengebung als die umgebenden Strukturen aufweisen, z. B. Luft. Durch das Einbringen von Kontrastmittel können präformierte Hohlräume bezüglich ihrer Lage, Größe und möglicher Veränderungen beurteilt werden. In der Neurotraumatologie interessieren diesbezüglich vor allen Dingen die Hirngefäße sowie die Liquorräume des Schädels und des Wirbelkanals. Chemische Röntgenkontrastmittel verursachen unter Umständen leider Unverträglichkeitsreaktionen und Allergien, so daß vor Durchführung der geplanten Untersuchungen eine einschlägige anamnestische Befragung erforderlich ist.

Zerebrale Angiographie

Bei dieser Untersuchungsmethode werden Jodverbindungen als positive wäßrige Kontrastmittel verwendet, welche anterograd durch direkte Gefäßpunktion oder einen flexiblen Gefäßkatheter und retrograd durch Überdruck in die zu untersuchende Arterie eingebracht werden. Die direkte Gefäßpunktion erfolgt perkutan oder ausnahmsweise nach operativer Freilegung des Gefäßes. Früher wurde die zerebrale Angiographie fast ausschließlich auf die direkte Art von der Arteria carotis communis bzw. von der Arteria carotis interna aus durchgeführt. Heutzutage bevorzugt man die Katheterangiographie. Der flexible Gefäßkatheter nach SELDINGER wird üblicherweise von der Arteria femoralis aus bis in die Aorta (*Aortenbogenangiographie*) oder bis in die Arteriae carotides und Arteriae vertebrales (*selektive zerebrale Angiographie*) vorgeschoben. Das sodann injizierte Kontrastmittel wird mit dem Blutstrom in die zu explorierende Arterie vertragen. Die *Überdruckangiographie* erfolgt hingegen retrograd von der Arteria brachialis aus und preßt das Kontrastmittel von dort bis in die Halskarotis und bis in die Vertebralarterie.

Am zerebralen Angiogramm unterscheidet man eine arterielle, kapilläre und venöse Phase, wobei Gefäße bis zu einem Durchmesser von 0,5 mm erkannt werden können. Eine Verfeinerung der Methode bedeutet die *Serienangiographie*, bei der die Aufnahmen knapp hintereinander geschossen werden, so daß die Dynamik der Gefäßfüllung verfolgt werden kann. Die größte Bedeutung in der Neurotraumatologie kommt der Karotisangiographie zu. Diagnostisch können raumfordernde intrakranielle Hämatome, Abszesse, Sinusthrombosen, Fisteln zwischen der Arteria carotis interna und dem Sinus cavernosus, Aneurysmen usw. nachgewiesen werden. Typische pathologische Befunde sind die Massenverschiebung des Gehirns mit Verlagerung der Arteria cerebri anterior zur Gegenseite bei einseitiger supratentorieller Raumforderung und die Abdrängung der kortikalen Hirngefäße von der Schädelinnenfläche bei extrazerebralen Hämatomen, d. h. bei Subdural- und Epiduralhämatomen. Die Vertebralisangiographie wird seltener durchgeführt, da sie schlechter als die Karotisangiographie vertragen wird und infolge passagerer Mangeldurchblutung der lebenswichtigen Zentren des Hirnstammes eine höhere Komplikationsrate aufweist. Sie dient der Exploration der hinteren Schädelgrube bzw. des Stromgebietes der Arteria basilaris. Zur Bestimmung der standardisierten „*Hirnkreislaufzeit*" (4,2 ± 0,5 Sekunden zwischen Kontrastmittelinjektion und Füllung der parietalen Venen) verwendet man die dynamische zerebrale Angiographie. Mit fortschreitender Verlangsamung der Hirndurchblutung verlängert sich die Hirnkreislaufzeit und trübt sich die Überlebensprognose zusehends. Eine Verlängerung der standardisierten Hirnkeislaufzeit auf mehr als acht Sekunden ist nach KRETSCHMER (1978) als „letal-kritisch" einzustufen. Die *terminale Angiographie* zur Hirntodbestimmung erfolgt an allen zum Gehirn führenden Arterien in Form einer selektiven Gefäßdarstellung oder Aortenbogenfüllung. Zweck dieser *Panarteriographie* ist der Nachweis des kompletten intrakraniellen Zirkulationsstillstandes. Eine wertvolle Weiterentwicklung der radiologischen Hirngefäßabbildung stellt die *digitale Subtraktionsangiographie (DSA)* dar. Sie bedient sich eines Rechnersystems zur Weiterverarbeitung von Leer- und Kontrastmittelaufnahmen, so daß die Gefäßfüllung betont und damit besser erkennbar wird. Bei intraarterieller Kontrastmittelapplikation kann mit dieser Methode eine hervorragende Bildqualität erreicht werden; die intravenöse Kontrastmittelapplikation gibt nicht so überzeugende Resultate, dürfte jedoch in Zukunft noch ausbaufähig sein.

Myelographie

Verwendet werden bei dieser Untersuchungsmethode meist wasserlösliche und spezifisch schwerere Kontrastmittel. Das durch Punktion und Injektion in den Spinalkanal eingebrachte Kontrastmittel sinkt entsprechend der Schwerkraft ab und spart Flußbehinderungen, z. B. Knochenfragmente, Bandscheibenhernien, freie Diskussequester, aus. Die *Kontrastmittelpassage* läßt sich bei entsprechender Schrägstellung (Kippung) des Untersuchten auf dem Röntgenschirm beobachten. Diese statische Myelographie steigert sich unter Umständen in ihrer Aussagekraft, besonders wenn nach einem mobilen Bandscheibenvorfall gesucht wird, durch Einnahme speziell schmerzauslösender Stellungen (dynamische Myelographie). Bei Wirbelfrakturen mit traumatischer Querschnittlähmung kann öfters ein *kompletter* oder *partieller Kontrastmittelstopp* festgestellt werden. Dieser Befund trägt wesentlich zur Entscheidung über die Operationsindikation bei. Auch Kontrollkippungen vor dem Röntgenschirm sind bei Verwendung eines nicht resorbierbaren und nicht abpunktierten Kontrastmittels möglich. Im Falle von Nervenwurzelausrissen finden sich typische *pathologische Kontrastmitteldepots* in sogenannten „leeren" Wurzeltaschen.

Intrakranielle Luftfüllung

Diese Methode kann heutzutage bereits als weitestgehend überholt angesehen werden und hat nur noch eine gewisse neurochirurgische Bedeutung. Dabei wird Luft durch Lumbalpunktion (lumbale Pneumenzephalographie), durch Subokzipitalpunktion (zisternale Pneumenzephalographie) oder durch Seitenventrikelpunktion von einem Schädelbohrloch aus (Ventrikulographie) in das Schädelinnere eingebracht. Diese Lufteinblasung geschieht entweder unter Liquoraustausch (40 bis 60 ccm) oder unter Überdruck (fraktionierte Füllung mit etwa 15 ccm). *Pneumenzephalographien* bergen die Gefahr einer Hirnstammeinklemmung in sich. Nur die *Ventrikulographie* macht hier eine Ausnahme. Daher wird neurochirurgischerseits diese Methode bevorzugt. Sie erfolgt meist von einem okzipitalen Bohrloch aus. Mittels Umlagerung des Schädels wird die Luft in die zu explorierenden Regionen des intrakraniellen Liquorsystems gebracht. Gezielte Serien von Röntgenaufnahmen erlauben schließlich, Form, Größe und Lage des Ventrikelsystems und der extrazerebralen Liquorräume zu beurteilen. An Hand derartiger intrakranieller Luftfüllungen können Hirnatrophien diffuser und lokaler Art, Hirnnarben, Gewebsverziehungen, Raumforderungen wie Hirnabszesse, aber auch Verklebungen und Zysten, z. B. im Rahmen einer Arachnitis optico-chiasmatica, diagnostiziert werden.

B. Moderne bildgebende Verfahren

Darunter sind in erster Linie die schon weitgehend zur Routine gewordene axiale Computertomographie und die noch nicht so allgemein verbreitete Kernspintomographie zu verstehen. Beiden Verfahren ist gemeinsam, daß sie nicht-invasive Untersuchungsmethoden darstellen und eine sehr hohe Aussagekraft bezüglich morphologischer Veränderungen haben. Des weiteren zählen Ultraschall- und Radioisotopen-Untersuchungen hieher.

1. Axiale Computertomographie (CT)

In den letzten zehn Jahren hat diese Methode einen Siegeszug über die ganze Welt absolviert, beginnend mit der Schädel- und Gehirntomographie bis zur Ganzkörpertomographie. Es handelt sich um ein computergestütztes bildgebendes Verfahren, das sich des Prinzips der Tomographie bedient. Über eine große Anzahl von Detektoren wird die Gewebsdichte mit Hilfe eines elektronischen Rechners gemessen und schließlich in ein Bild umgewandelt. Angeblich vermittelt die axiale Computertomographie hundertmal mehr Informationen als das Routineröntgen. Schwierigkeiten ergeben sich bei basis- und kalottennahen Veränderungen durch Knochenartefakte und ferner manchmal dadurch, daß der Patient während der Untersuchung, wenn auch bloß kurze Zeit, stillhalten muß. Bei unruhigen und verwirrten Patienten kann eine Sedierung oder unter Umständen sogar eine Kurznarkose notwendig werden, um diese Ruhigstellung zu erreichen. Die Untersuchung erfolgt risikolos als Nativmethode oder bei intravenöser Applikation als Kontrastmittelmethode (sogenannte Kontrastverstärkung).

Kraniale Computertomographie (CCT)

Nach dem Schädelröntgen ist sie die wichtigste Untersuchungsmethode beim frischen Schädelhirntrauma. Sie bietet den Vorteil der *Früherkennung von Blutungen*. Dementsprechend ist ihre erste Aufgabe in der Akutphase eines Schädelhirntraumas die Unterscheidung zwischen Gehirnkontusion und operationsbedürftigem Hämatom. An Hand von Gewebsdichtedifferenzen sind neben Kontusionsherden und raumfordernden Blutansammlungen auch Marklagerzerreißungen, Kontusionsblutungen, Subarachnoidealblutungen, intrakranielle Fremdkörper, Schädeldach- und -basisbrüche sowie Impressionsfrakturen, Ödemzonen, Hirnabszesse und Hygrome sowie Lufteinlagerungen zu erkennen. Des weiteren lassen sich zerebrale Massenverschiebungen sowie lokale Hirnverschiebungen und -verziehungen, Ventrikelerweiterungen (Hydrocephalus internus) und Rindenatrophie (Hydrocephalus externus), Hirn- und Hirn-Dura-Narben, Hirnzysten, Schädelfrakturen, Trepanationslücken, Blutungen sowie Entzündungen im Bereiche des Nasen-Nebenhöhlen-Systems usw. diagnostizieren. Bezüglich der Hämatome unterscheidet man hyperdense und hypodense sowie isodense Formen, welch letztere nur an indirekten Zeichen (Verlagerung benachbarter Strukturen) zu erkennen sind.

Spinale Computertomographie (SpCT)

Im akuten Stadium sind durch diese Methode neben Brüchen und Dislokationen von Wirbeln auch Rückenmarkzerreißungen, epi- und subdurale Blutungen sowie spinale Kontusionsherde, intramedulläre Blutungen und Ödemzonen zu erkennen. Ferner lassen sich Bandscheibenvorwölbungen (Protrusionen) und Bandscheibenvorfälle (Prolapse oder Hernien), Diskussequester und Wirbelkanalstenosen diagnostizieren. Im Spätstadium kann man schließlich außer der Rückenmarkläsion noch arachnitische Veränderungen und Zeichen einer Kallusbildung sowie einer sekundären degenerativen Spondylopathie abgrenzen. Bei zusätzlicher intrathekaler Kontrastmittelgabe steigt die diagnostische Aussagekraft deutlich (sogenannte spinale Myelo-Computertomographie, z. B. bei Verdacht auf Wurzelausriß).

2. Kernspintomographie (NMR, MRT bzw. MRI)

Synonyma sind *nukleare Magnetresonanz-Tomographie* und *Kernspinresonanz-Tomographie*, deren geläufige Abkürzungen bereits in der Überschrift aufscheinen. Es handelt sich gleichfalls um ein computergestütztes bildgebendes Verfahren nach dem Prinzip der Tomographie, welches jedoch als physikalische Grundlage die Kernspinresonanz (nukleomagnetische Resonanz) benützt. Gemessen wird die Energie elektromagnetischer Wellen, welche bei künstlich angeregtem Kernspin austritt. Über einen elektronischen Rechner wird aus den so erhaltenen Signalen ein Schichtbild erstellt. Heutzutage sieht man in der Kernspintomographie eine sinnvolle Ergänzung der axialen Computertomographie. Ein wesentlicher Vorteil der Methode liegt darin, daß *primär auch sagittale Bilder gewonnen* werden können, was sich z. B. bei Untersuchungen im Wirbelsäulenbereich hervorragend bewährt. Für bestimmte Fragestellungen ist die Kernspintomographie der axialen Computertomographie überlegen, so bei der Darstellung sehr kleiner Blutungen und bei der Erkennung basisnaher Blutungen des Schädelinneren, da keine Knochenartefakte entstehen. Hingegen ist das Verfahren bei Trägern von Herzschrittmachern, mechanischen Herzklappen und magnetisierbaren intrakraniellen Klipps nicht anwendbar. Die bildliche Auflösung der Kernspintomographie ist sowohl am Gehirn als auch am Rückenmark größer als die der axialen Computertomographie. Der Einsatz der Kernspintomographie ist in den ersten drei Tagen nach einem Schädeltrauma dadurch eingeschränkt, daß sich frisches Blut schlechter als in der axialen Computertomographie darstellt. Ab dem vierten Tag nach dem Unfall schwindet jedoch dieser Nachteil, da nun Hämoglobinabbauprodukte vorliegen, deren Signalgebung in der Kernspintomographie sehr gut ist. Gewarnt werden muß jedoch vor Überbefundungen, da sich kernspintomographisch mit zunehmendem Lebensalter auch beim klinisch Gesunden wiederholt geringfügige Veränderungen darstellen lassen, welche entweder bedeutungslos sind oder dem präklinischen Stadium eines degenerativen Prozesses entsprechen (Läsionen in der weißen Substanz ohne neurologische Symptome). Alle zuvor bei der axialen Computertomographie aufgezählten Veränderungen können auch mittels der Kernspintomographie nachgewiesen werden, wobei gleichfalls die Möglichkeit einer zusätzlichen Kontrastmittelapplikation, speziell im Wirbelsäulenbereich, besteht.

3. Ultraschalldiagnostik

Der Ultraschall liegt, wie schon sein Name sagt, jenseits des Hörbereiches und wird in diagnostischen Untersuchungen der Neurologie am Schädel und an den großen Gefäßen angewandt. Die Ultraschalldiagnostik bedient sich bei der Erzeugung der Wellen zweier Methoden: des Impulsechoverfahrens und des Dauerschallverfahrens (DOPPLER-Methode).

Schädel-Sonographie (Echo-Enzephalographie)

Wie bereits eingangs erwähnt, hat diese Methode seit Einführung der kranialen Computertomographie wesentlich an Bedeutung verloren und wird heutzutage kaum mehr angewandt. Im Schallkopf fungiert ein piezoelektrischer Kristall einmal als Sender und knapp danach als Empfänger. Der emittierte Ultraschallimpuls wird an der Grenzfläche zwischen verschieden dichten Medien teilweise reflektiert. Die rückkehrenden Schallwellen werden elektrisch umgewandelt und auf einer Bildröhre dargestellt. Die Zeitdifferenz zwischen emittiertem Ultraschallimpuls und eintreffendem Echo ist proportional der Entfernung der Reflexionsschicht vom Sender bzw. Empfänger. Zwei Schallköpfe werden temporal angelegt, einer rechts und der andere links. Von ihnen aus wird die Lage der Mittellinienstrukturen bestimmt. Neben dieser *Reflexionsschallung* gibt es auch die Möglichkeit der *Durchschallung* des Schädels von temporal nach temporal, so daß die geometrische Mitte bestimmt und mit der tatsächlichen Lage der Mittellinienstrukturen verglichen werden kann. Die Echoenzephalographie wird als eindimensionale A-Bild-Methode angewandt. Sie kann bei entsprechender Übung des Untersuchers auch ein Hämatomecho nachweisen und außerdem die Weite des dritten Ventrikels bestimmen lassen. Die vorwiegende Aussagekraft liegt aber im Nachweis der einseitigen supratentoriellen Raumforderung, die sich durch Verschiebung der Mittellinienstrukturen gegenüber der geometrischen Mitte darstellt. Geringe Dislokationen – bis 10 mm – sind noch mit einem einseitigen Hemisphärenödem oder einem einseitig betonten generalisierten Hirnödem vereinbar, stärkere Dislokationen sind auf einen expansiven Prozeß (operationsbedürftiges Epidural- oder Subduralhämatom) verdächtig. Wird noch ein kennzeichnendes Hämatomecho gefunden, so ist diese Vermutungsdiagnose gesichert.

Direktionale Ultraschall-Sonographie (Doppler-Sonographie)

Bei dieser Methode wird vom piezoelektrischen Kristall ein Dauerschall erzeugt. Wenn dieser auf sich bewegende Grenzflächen trifft, wird er zum Teil und mit einer geänderten Frequenz (Doppler-Effekt) reflektiert. Solchermaßen ist eine unblutige, transkutane *Messung der Blutströmungsgeschwindigkeit* möglich. Es können jedoch nur größere Gefäße untersucht werden. Immerhin ist es in der letzten Zeit durch Verfeinerung des Verfahrens gelungen, auch Gefäße des Schädelinneren darzustellen (transkranielle Doppler-Sonographie zur Beurteilung der Arteria cerebri media). In der Traumatologie von Interesse ist die Doppler-Methode zum Nachweis von posttraumatischen Thrombosen in den Arteriae carotis et vertebralis, nunmehr auch in der Arteria cerebri media.

4. Radioisotopen-Untersuchungen

Diese Untersuchungen erlauben einen Einblick in physiologische Abläufe und Vorgänge am Gehirn, in die Liquorzirkulation und in die Hirndurchblutung. Verwendung finden radioaktive Isotope, welche in den Körper eingebracht werden. Da von ihnen eine ionisierende Strahlung ausgeht, können sie auf ihrem weiteren Weg im Körper verfolgt werden (sogenannte Tracer-Funktion).

Hirn-Szintigraphie

Nach intravenöser Applikation schwer diffusibler, radioaktiver Isotope in Bolusform werden diese durch das Blutgefäßsystem des Gehirns transportiert. Die dynamische Methode der *Serien-* oder *Sequenz-Szintigraphie* läßt dabei eine arterielle, kapilläre und venöse Phase unterscheiden. In der kapillären oder Gewebephase kommt es zu einer diffusen homogenen Organanfärbung. Die radioaktiven Isotope treten bei gestörter Funktion der Blut-Hirn-Schranke vermehrt in pathologisch verändertes Hirngewebe über und reichern sich dort an. Die Messung der ionisierenden Strahlung erfolgt mit feststehenden oder bewegten Zählern, die Registrierung photomechanisch oder mechanisch. Verwendet werden vornehmlich der Gamma-Strahler Technetium und der Positronen-Strahler Gallium. Mit der Methode der *statischen Hirn-Szintigraphie*, bei welcher Vergleichsaufnahmen initial sowie ein und zwei Stunden nach der intravenösen Gabe des Isotops geschossen werden, können Hirnabszesse, Hirnblutungen und ischämische Hirnläsionen diagnostiziert werden.

Zisterno-Szintigraphie

Als radioaktives Isotop wird nicht denaturiertes, Jod-markiertes Humanserumalbumin verwendet. Es wird nach subokzipitaler Punktion in den Liquorraum injiziert und in den folgenden zwei Tagen bezüglich seiner Lage und Ausbreitung mehrfach kontrolliert. So kann eine Aussage über die Zirkulation und Resorption des Liquor cerebrospinalis getroffen werden. Die Methode wird in zweifacher Hinsicht angewandt: zum Nachweis eines aresorptiven kommunizierenden Hydrozephalus und zum Nachweis einer Liquorfistel. Beim *aresorptiven kommunizierenden Hydrozephalus* liegt eine subarachnoideale Liquorblockade mit Druckumkehr infolge Verklebungen der Hirnhäute vor. Dadurch kann der Tracer (radioaktives Isotop) nicht über die Hemisphären aufsteigen, sondern tritt vermehrt in das Ventrikelsystem ein, wo er auch sehr lange Zeit liegen bleibt. Der geschilderte Befund ist für den aresorptiven kommunizierenden Hydrozephalus typisch und ergibt die Indikation zur Shunt-Operation. Bei einer *aktiven Liquorfistel* tritt zerebrospinale Flüssigkeit und damit das eingebrachte radioaktive Isotop aus dem Schädelinneren aus und reichert sich in einem an der Fistelstelle eingelegten Tampon an. So läßt sich eine bestehende Liquorfistel, insbesondere bei rhinogener Liquorrhö, gut nachweisen, was früher in ähnlicher Art über die Fluoreszin-Methode bei direkter Inspektion des Nasen-Rachen-Raumes erfolgte.

Hirndurchblutungsmessung

Die inerten Gase Krypton und Xenon werden in isotoner Kochsalzlösung als markierte Substanzen in die Arteria carotis interna injiziert. Wegen der großen Affinität zu Lipiden wird fast das gesamte Gas im Hirngewebe aufgenommen, vom nachfolgenden, gasfreien Blut gemäß dem herrschenden Diffusionsgefälle allmählich ausgewaschen und durch die Lunge abgeatmet. Über zahlreiche Detektoren wird der Durchfluß der radioaktiven Substanzen im Schädelbereich bestimmt und verfolgt. Sodann wird daraus die *regionale Hirndurchblutung* mathematisch errechnet und ausgedruckt. Bislang konnte diese Methode in der Neurotraumatologie noch keine größere Verbreitung finden, obgleich sich eine Verminderung der Hirndurchblutung bei Apallikern in diffuser Art und bei sonstigen, nicht so schwer Hirnverletzten in lokaler Form – entsprechend der primär kontusionierten Hirnregion – feststellen läßt.

C. Neurophysiologische Methoden

Diese Untersuchungsmethoden fußen auf der physiologischen bioelektrischen Tätigkeit des Nerven- oder Muskelgewebes. Es handelt sich, wenn man von der klassischen Reizstromdiagnostik absieht, um apparativ aufwendige Verfahren, bei denen eine sehr hohe Verstärkung zur Potentialdarstellung erforderlich ist.

1. Elektroenzephalographie (EEG)

Diese apparative Methode ist unter allen neurophysiologischen Untersuchungen am meisten verbreitet. Sie beruht auf der Ableitung von Potentialschwankungen des Gehirnes über Elektroden, die auf der intakten Kopfhaut plaziert sind. Diesen Potentialschwankungen liegen Makropotentiale der

Hirnoberfläche zugrunde, welche hauptsächlich aus den Dendriten stammen. Mehr oder minder ausgedehnte Neuronenverbände zeigen synchrone Spannungsschwankungen, welche bipolar, uni- oder monopolar, gegen eine gemischte Referenz oder in der sogenannten Quellenmontage registriert werden. Hauptindikation für diese Untersuchung stellt in der Unfallneurologie das Schädeltrauma dar. Daneben werden Ableitungen, aber auch bei Schleuderverletzungen der Halswirbelsäule, bei Verletzungen zerebraler Gefäße und bei traumatisch bedingten hypoxischen Hirnschädigungen vorgenommen. Zerebrale Läsionen manifestieren sich als *Amplitudenverminderung* und als *Verlangsamung der bioelektrischen Hirntätigkeit*. Hirnödem, Kontusionsherde und intrakranielle Hämatome führen zu Allgemeinveränderungen und/oder Herdbefunden. Deren Rückbildung zeigt, wenn keine intrakranielle Spätkomplikation eintritt, einen typischen Verlauf (COURJON und SCHERZER 1972, SCHERZER 1980), nämlich eine weitgehende Rückbildung der pathologischen Allgemeinveränderungen mit Abklingen des Hirnödems und eine vergleichsweise zögernde Remission der Herdbefunde innerhalb eines oder zweier Jahre, wobei mitunter herdförmige posttraumatische EEG-Veränderungen auch zeitlebens persistieren können. Das Frühstadium einer Hirnverletzung ist durch eine gute, das Spätstadium durch eine geringe Übereinstimmung zwischen klinischem und EEG-Befund gekennzeichnet. Subjektive Beschwerden können elektroenzephalographisch nicht objektiviert werden. Liegt eine gesteigerte zerebrale Anfallbereitschaft vor, so zeigt sie sich wiederholt in *elektroenzephalographischen Reizphänomen* wie steilen Potentialen, Spitzen oder rhythmischer Aktivität. Bezüglich derartiger irritativer Veränderungen besteht ein statistisch signifikanter Zusammenhang mit der klinischen Manifestation epileptischer Anfälle. Diese Korrelation ist jedoch nicht absolut und zwingend.

Das Routine-EEG besteht aus einer Ruheableitung sowie aus einer Provokationsableitung (Hyperventilation und meist auch Lichtreizung). Daneben gibt es noch andere Aktivierungsmethoden (Schlafentzug, spontaner oder medikamentös induzierter Schlaf, sonstige Pharmaka, akustische Reizung, kombinierte Phono-Photostimulation). Durch solche Provokationen kann die Aussagekraft der EEG-Untersuchung gesteigert werden. Das *isoelektrische* oder *Nullinien-EEG* ist gemäß international festgelegten Bedingungen über einen längeren Zeitraum zu registrieren und hat entscheidende Bedeutung in der Hirntoddiagnostik (PENIN und KÄUFER 1969, SCHERZER 1973). *EEG-Langzeitableitungen* (portable Bandspeicherung) und *EEG-Telemetrie* (drahtlose Übertragung abgeleiteter Signale über kurze Distanzen) sind wertvolle Weiterentwicklungen. Gleiches gilt für das in den letzten Jahren in die Klinik eingeführte *EEG-Mapping*, bei dem gewisse Parameter automatisch erfaßt und über entsprechenden Regionen miteinander verglichen werden können. Die letztgenannte Methode dient der Beantwortung ganz bestimmter Fragen und geht über das Routine-EEG bei weitem hinaus. Die Implantation von *intrazerebralen Multielektroden* wird präoperativ zur Anfallregistrierung in der Epilepsiechirurgie eingesetzt. Intraoperativ wendet man die *Elektrokortikographie* (ECG oder ECoG) zur exakten Lokalisation der pathologischen, d. h. irritativen Potentiale an. In gutachtlicher Hinsicht sei bezüglich elektroenzephalographischer Ableitungen vor einer Überbefundung gewarnt. Dies gilt vor allem für die einzelne EEG-Kurve. Die Aussagekraft der Elektroenzephalographie steigt erst wesentlich durch Verlaufsuntersuchungen, welche die Unterscheidung zwischen einerseits traumatisch bedingten und andererseits unfallfremden, vorbestehenden bzw. konstitutionellen Störungen der bioelektrischen Hirntätigkeit ermöglichen können (SCHERZER 1972).

2. Evozierte zerebrale Potentiale

Untersucht werden in dieser Hinsicht optische, akustische und somatosensible Reize. Solche laufen vom peripheren Entstehungsort über entsprechende Leitungsbahnen zum Gehirn und zur Großhirnoberfläche. Sie verursachen dort komplexe Potentiale, die im Elektroenzephalogramm enthalten, jedoch infolge ihrer Kleinheit in der Routineableitung nicht erkennbar sind. Diese kortikalen Potentiale müssen durch ein elektronisches Mittelungsverfahren (Averaging) aus dem EEG herausgefiltert und verstärkt werden. In der Beurteilung der evozierten zerebralen Potentiale haben sich die *Latenzzeiten bestimmter Potentialanteile* als am aussagekräftigsten und am zuverlässigsten erwiesen. Auch der *Seitenvergleich* kann oft zur Beurteilung herangezogen werden. Des weiteren läßt sich der Weg der evozierten Potentiale von der Peripherie bis zur Hirnrinde neurophysiologischerseits verfolgen.

Visuell evozierte zerebrale Potentiale (VECP oder VEP)

Die entsprechenden optischen Impulse werden üblicherweise durch Reizmusterumkehr (über ein Schachbrettmuster) ausgelöst. In erster Linie beurteilt man die Latenzzeit von P 100, die etwa 100 Millisekunden ausmacht. Jedoch sollten auch Amplituden- und Formveränderungen im Seitenvergleich berücksichtigt werden. Solchermaßen sind Hinweise auf zerebrale Läsionen zu gewinnen. In der Traumatologie haben die visuell evozierten zerebralen Potentiale bisher noch keine wesentliche Bedeutung erlangt.

Somatosensible evozierte Potentiale (SSEP)

Sensible Reize werden elektrisch im Bereiche der Haut oder eines oberflächlich gelegenen Nervs gesetzt. Der Impuls läuft von der Peripherie über den zugehörigen Nerv, das Rückenmark und den Hirnstamm bis zur Hirnrinde. Sein Verlauf läßt sich elektrophysiologisch verfolgen. Auf diese Art und Weise kann die Höhendiagnostik einer Querschnittläsion vorgenommen werden: bei Reizung oberhalb der Läsion normale und bei Reizung unterhalb der Läsion pathologische oder fehlende kortikale Reizantworten.

Akustische evozierte zerebrale Potentiale (AECP)

Prinzipiell werden frühe, mittlere und späte Reizantworten unterschieden, von denen jedoch in der Neurologie hauptsächlich nur die frühen Reizantworten von Interesse sind; dies deshalb, weil sie eine Entstehung im Hirnstamm annehmen lassen. Sie können mit sehr kurzer Latenz über dem Warzenfortsatz abgeleitet werden. Diese akustischen evozierten Hirnstammpotentiale (AEHP, englisch BAER für brainstem acoustic evoked response) sind auch in der Narkose und im Koma abzuleiten, sind also von der Bewußtseinslage unabhängig, erlöschen jedoch mit Eintritt des dissoziierten Hirntodes.

3. Elektronystagmographie (ENG oder EOG)

Die Elektronystagmographie wird auch als *Elektrookulographie* bezeichnet. Mit dem letztgenannten Ausdruck und seiner Abkürzung EOG vermeidet man Zweideutigkeiten, kann man doch unter der sonst verwendeten Abkürzung ENG sowohl die Elektronystagmographie als auch die Elektroneurographie (Bestimmung der Nervenleitgeschwindigkeit) verstehen. Elektronystagmographisch werden periorbitale Potentialverschiebungen aufgezeichnet. Diese sind Folge von Richtungsänderungen des korneoretinalen Ruhepotentials auf Grund von Augenbewegungen. Die Registrierung wird bei offenen und insbesondere bei geschlossenen Augen durchgeführt, so daß auch ein sogenannter latenter Nystagmus, der bei Augenöffnen bzw. Lichteinfall schwindet, nachzuweisen ist. Die Untersuchung fahndet zu Beginn nach *okulomotorischen Spontanphänomenen* und *Provokationsnystagmen*, kann während Kopfdrehungen, nach Kopfschütteln und in bestimmten Kopf- sowie Körperstellungen, eventuell auch während Umlagerungen erfolgen. Routinemäßig hat sich ferner die Prüfung der experimentellen (physiologischen) Nystagmen bewährt. Diese werden durch *Betrachtung eines optokinetischen Reizmusters* sowie durch *Rotation auf dem elektronisch gesteuerten Drehstuhl* (während des Andrehens mit schwellennaher Beschleunigung und nach abruptem Stopp aus konstanter Drehgeschwindigkeit sowie eventuell während Pendelreizung) ausgelöst. Weitere Möglichkeiten der Untersuchung sind die Registrierung der *Blickfolgebewegungen* bei Betrachtung einer Sinusschwingung (Pendelbewegung vom Probanden zu verfolgen) und die Aufzeichnung des durch einseitige *labyrinthäre Kalorisation* hervorgerufenen Nystagmus.

Die diagnostischen Aussagen betreffen in der Neurotraumatologie den peripheren und zentralen vestibulären Spontannystagmus, Kipp- und Pendeldeviationen, pathologische Augenrucke, Störungen der Blickfolgebewegungen, den zervikalen Nystagmus, den Blickrichtungsnystagmus, die Blickdysmetrie bzw. Blickataxie, den blickparetischen und bei entsprechender Untersuchungsanordnung (getrennte Ableitung von jedem Auge) dissoziierte Nystagmusformen, z. B. den muskuloparetischen Nystagmus. Darüber hinaus gibt die Quantifizierung des experimentellen Nystagmus im Längsschnitt häufig Aufschluß über Rückbildung, Ausgleich oder Kompensation von Störungen des physiologischen Nystagmus. Beeinträchtigungen des optokinetischen Nystagmus finden sich lediglich bei zerebralen Läsionen, wogegen Störungen der sogenannten vestibulären Übergangsfunktion (perrotatorischer sowie postrotatorischer Nystagmus) und Veränderungen des kalorischen Nystagmus sowohl auf eine periphere, d. h. labyrinthäre oder nervale, als auch auf eine zentrale, d. h. supranukleäre Läsion zurückgehen können. Wichtig ist der Seiten- oder Richtungsvergleich, der häufig ein vestibuläres Richtungsüberwiegen, früher auch als „zentrale" Tonusdifferenz bezeichnet, ergibt. Elektronystagmographische Untersuchungen sind hauptsächlich der Spätphase nach Schädelhirntraumen bei anhaltender Schwindelsymptomatik vorbehalten. Pathologische Befunde sind insbesondere nach Gehirnkontusionen und sekundären Hirnstammschädigungen sowie nach Vestibularis- und Labyrinthläsionen zu beobachten. Detaillierte Beschreibungen dieser Befunde sind in dem Buche „Gleichgewichtsstörungen nach Unfällen" (SCHERZER 1968) nachzulesen.

4. Transkranielle Magnetstimulation

Diese auch als zerebrale oder kortikale Magnetstimulation bezeichnete Untersuchungsmethode stellt ein relativ neues Verfahren dar und erlaubt mittels transkranieller Reizung die Beurteilung des Funktionszustandes der entsprechenden motorischen Nervenleitungsbahnen. Der kortikal ausgelöste Impuls läuft dabei zentrifugal über den Tractus corticospinalis zum Rückenmark und von diesem über periphere Nerven zu den Erfolgsmuskeln. Die Magnetstimulation der Hirnrinde ruft somit bei Intaktheit der nervalen Leitungsbahnen *unwillkürliche Muskelkontraktionen an der kontralateralen Körperhälfte* hervor. Deren Verteilung entspricht der funktionellen Organisation des stimulierten motorischen Repräsentationsfeldes. Das Verfahren kann auch bei Komatösen und Bewußtseinsgetrübten angewandt werden, stellt somit eine objektive Untersuchungsmethode dar und dürfte in der Diagnostik psychogener Lähmungen zunehmend an Bedeutung gewinnen. In ähnlicher Weise wurde in letzter Zeit eine perkutane lumbale Magnetstimulation bei gleichzeitiger Potentialableitung von beiden Hälften des Musculus sphincter ani entwickelt.

5. Elektrobiologische Muskeluntersuchungen

Diese Methoden dienen, was die Traumatologie anlangt, der neurologischen Diagnostik von Verletzungen des peripheren Nervensystems. Beobachtet werden Muskelkontraktionen bei elektrischer Reizung oder die elektrischen Veränderungen auf dem Niveau der quergestreiften Muskelfasern während Willkürinnervation. Des weiteren kann die Leitgeschwindigkeit eines Impulses in einem bestimmten Nervenabschnitt bestimmt werden. Die klassische Elektrodiagnostik ist heutzutage weitgehend von der Elektromyographie und der Elektroneurographie verdrängt worden. Eine genauere Übersicht als die vorliegende findet sich bei SCHERZER (1984). Einzelheiten können vor allem bei HOPF und STRUPPLER (1974), LUDIN (1980) sowie bei MUMENTHALER und SCHLIACK (1987) nachgelesen werden.

Klassische Reizstromdiagnostik

Man sollte diese Diagnostik nicht als absolut überholt ansehen, denn immerhin gestattet sie auch jenem, der keine Ausbildung in Elektromyographie und Elektroneurographie erfahren hat, eine Orientierung über den Funktionszustand der Muskulatur. Solche prinzipiellen Aussagen können dem neurologischen Gutachter bei gewissen Fragestellungen sehr erwünscht sein. Die klassische Reizstromdiagnostik erfolgt in erster Linie am motorischen System. Sie verwendet den *galvanischen Strom* in Form eines rechteckförmigen Gleichstromstoßes, den *faradischen Strom* in Form von Wechselstrom bzw. zerhacktem Gleichstrom und eventuell den *neofaradischen Strom* in Form dreieckförmiger Reizstromschwankungen. Der Strom wird über eine kleinflächige (differente) und eine großflächige (indifferente) Elektrode geleitet. Die Stromapplikation soll keine starken Schmerzen hervorrufen. Unlustgefühle, Mißempfindungen und leichte Schmerzen lassen sich jedoch nicht vermeiden. Bei Stromfluß kommt es unter der Kathode (negative Elektrode oder Minuspol) zur Depolarisation der erregbaren Fasern und dementsprechend als Reizerfolg zur sichtbaren Muskelkontraktion. Man unterscheidet eine direkte und eine indirekte Reizung. Direkt wird der Muskel über dem sogenannten motorischen Punkt, welcher dem Nerveneintrittspunkt in den Muskel entspricht, gereizt. Indirekt wird die Reizung über einem Nervenkabel gesetzt, wonach als physiologische Reizantwort in der Peripherie eine Muskelkontraktion erfolgt. Pathologischerweise kann diese motorische Antwort des Muskels beeinträchtigt oder erloschen sein (partieller bzw. totaler Leitungsblock). Eine periphere Nervenläsion führt zu elektrischen Veränderungen, die man als *Entartungsreaktion (EAR)* bezeichnet. Im Falle der kompletten EAR sind die indirekte und direkte faradische Erregbarkeit sowie die indirekte galvanische Erregbarkeit erloschen, und bei direkter galvanischer Reizung treten träge bis wurmartige Muskelzuckungen auf. Im Falle der partiellen EAR ist die faradische Erregbarkeit teilweise erhalten, die galvanische Reizung führt zu gemischten Muskelzuckungen, und die PFLÜGERsche Zuckungsformel zeigt eine Umkehr oder Angleichung. Die *Reizzeit-Spannungskurve (i/t-Kurve)* findet, da sehr zeitraubend, kaum mehr Anwendung. Bei diesem Verfahren wird über die Rheobase die Chronaxie, d. h. die Nutzzeit bei doppelter Rheobase unter Schwellenbedingungen bestimmt. Die Läsion eines peripheren Nervs bewirkt bereits nach wenigen Tagen eine Erhöhung der Chronaxie.

Elektromyographie (EMG)

Es handelt sich um eine explorative Methode, so daß man mitunter auch von der *Detektionselektromyographie* spricht. Dabei wird die bioelektrische Tätigkeit quergestreifter Muskelfasern mit konzentrischen Nadelelektroden untersucht. Erforderlich ist die Kooperation des Untersuchten, der sich anfangs völlig entspannen und dann den untersuchten Muskel zunehmend willkürlich innervieren muß. Nach Nervendurchtrennung bzw. Unterbrechung der peripheren Nervenversorgung treten in der Muskulatur bald spontane Denervationspotentiale auf. Es handelt sich dabei um Fibrillationen, positive Wellen und Faszikulationen sowie Gigantopotentiale, welch letztere vor allem bei Vorderhornläsionen des Rückenmarkes beobachtet werden. Mit Wiederkehr der Funktionsfähigkeit, jedoch oft schon Wochen vor Einsetzen von Willkürbewegungen, manifestieren sich Reinnervations- oder Sprossungspotentiale. Sie gestatten, eine günstige Prognose innerhalb eines gewissen Rahmens zu stellen. Die Elektromyographie erweist sich als eine wertvolle Hilfe bei fraglichen Operationsindikationen, zumal sie die Möglichkeit zur Unterscheidung zwischen einer totalen und einer partiellen Denervation bietet. An Hand des sogenannten Interferenzmusters, dem die Gesamtheit der Willkürinnervation entspricht und das geschlossen oder gelichtet bzw. rarifiziert sein kann, läßt sich die erhaltene oder wiedergekehrte Aktivität des untersuchten Muskels bestimmen. Ferner werden Einzelaktionspotentiale bezüglich ihrer Form, Dauer und Amplitude beurteilt. Schließlich kann die Elektromyographie die Diagnose einer ischämischen Muskelkontraktur, z. B. eines Tibialis-anterior-Syndroms, durch Fehlen jedweder elektrobiologischen Aktivität im untersuchten Bereiche objektivieren, wobei sich diese Aktionslosigkeit auch auf die Einstichaktivität (Verletzungspotentiale) erstreckt.

Elektroneurographie (ENG oder NLG)

Die letztgenannte Abkürzung steht für den Ausdruck *Nervenleitgeschwindigkeit*, welche im Rahmen der Elektroneurographie bestimmt wird. Sie ist günstiger als die erstgenannte Abkürzung, bei der Verwechslungen mit der Elektronystagmographie denkbar sind. Der Vorteil der hier zu besprechenden elektroneurographischen Methode liegt in dem Umstand, daß sie von der Kooperation des Untersuchten unabhängig ist. Motorische oder sensible Nervenfasern werden an einem bestimmten Ort elektrisch gereizt und die dadurch verursachten Aktionspotentiale werden an einem anderen Ort registriert. Solchermaßen läßt sich die Latenzzeit zwischen Reizartefakt und Reizantwort messen. Am motorischen Nerv besteht die Reizantwort in einer Muskelkontraktion. Da die diesbezügliche Latenzzeit besonders durch den Impulseintritt in den Muskel komplex ist, muß die Nervenleitgeschwindigkeit an den motorischen Nervenfasern über den Umweg einer zweifachen Messung ermittelt werden, nämlich durch eine proximale und distale Reizung des Nervs. Die Differenz der so bestimmten zwei Latenzzeiten läßt den Reizübertritt vom Nerv in den Muskel und die Muskelreaktion selbst eliminieren. Die motorische Nervenleitgeschwindigkeit erfaßt jedoch nur die schnellsten Fasern, so daß man von der *maximalen motorischen Nervenleitgeschwindigkeit* spricht (Reizelektrodenabstand dividiert durch Differenz der Latenzzeiten).

In bezug auf die *sensible Nervenleitgeschwindigkeit* unterscheidet man zwei Methoden: die *orthodrome Messung*, bei der man mit einer oberflächlichen Ringelektrode distal reizt und das entsprechende Summenpotential proximal mit Nadelelektroden registriert, und die *antidrome Messung*, bei der die Reizung proximal erfolgt und die Reizantwort distal mittels Ringelektrode abgeleitet wird. Außerdem wird ein elektronischer Mittelwertbildner (Averager) verwendet. Die Konduktionsgeschwindigkeit schnell leitender Nervenfasern beträgt physiologischerweise zwischen 40 und 65 m/s. Im Rahmen von Nervenschädigungen beobachtet man mehr oder minder ausgeprägte Verzögerungen der Nervenleitgeschwindigkeit. Bei komplettem Funktionsverlust des Nervs zeigt sich eine Leitungsunterbrechung. An Hand der distalen Latenz, d. h. der terminalen Überleitungszeit, und an Hand der Amplitude des Muskelsummenpotentials läßt sich der Funktionszustand im untersuchten Nerven-Muskel-Bereich beurteilen. Zu erwähnen ist noch die in der letzten Zeit entwickelte perkutane lumbale Magnetstimulation mit gleichzeitiger Potentialableitung vom Musculus sphincter ani (beide Hälften dieses Muskels getrennt untersucht), welche die Beckenbodenmyographie sinnvoll ergänzen kann.

D. Sonstige neurologische Hilfsuntersuchungen

Hieher zählen Untersuchungsmethoden, welche fachliche Übergangsbereiche betreffen und daher auch von anderen (nicht-neurologischen) Disziplinen durchgeführt werden. Im einzelnen handelt es sich um manometrische Registrierungen, Labyrinthuntersuchungen und chemische Testverfahren.

1. Manometrische Untersuchungen

Als diesbezügliche Methoden sind Druckmessungen anzuführen, welche im Schädelbereich (Schädelinnendruck) und im Harnblasenbereich (Harnblaseninnendruck) vorgenommen werden. Diese Untersuchungen bringen dynamische Resultate, erlauben Rückschlüsse auf die Organfunktion und indirekt auch auf den Organzustand.

Kontinuierliche Hirndruckmessung

Dieses Verfahren mißt den *intrakraniellen Druck (ICP)* von einem Schädelbohrloch aus. Mithin handelt es sich um eine invasive Methode, bei der meist epidural über einen lokalen Minidruckwandler oder intraventrikulär über einen eingelegten Silikonschlauch und einen externen Druckwandler der Hirndruck bzw. Schädelinnendruck längere Zeit hindurch registriert wird. Die Indikation zur kontinuierlichen Hirndruckmessung ist in der Traumatologie bei schweren Schädelhirnverletzungen zum besseren Monitoring gegeben. Pathologische Drucksteigerungen im Sinne einer *intrakraniellen Hypertension* können sofort erkannt und therapeutisch korrigiert werden. Der Hirndruck beträgt physiologischerweise zwischen 5 und 15 mm Hg. Wird der Wert von 50 mm Hg anhaltend überschritten, besteht die Gefahr der Hirnstammeinklemmung. Werden Werte über 100 mm Hg erreicht, so ist die Prognose infaust. Es manifestiert sich der kritische Druckanstieg meist in Form von Plateau- oder A-Wellen. Neben der Hirndrucksteigerung lassen sich mit dieser Untersuchung auch Liquorunterdrucksyndrome abgrenzen. Die Methode der kontinuierlichen Hirndruckmessung kann schließlich noch in der *Hirntoddiagnose* verwendet werden. (SCHERZER 1985 und 1990). Aus dem mittleren arteriellen Blutdruck und dem Hirndruck läßt sich der sogenannte *zerebrale Perfusionsdruck (CPP)* errechnen, der eine objektive Aussage über das Vorliegen einer globalen zerebralen Ischämie ermöglicht. Er sollte nicht längere Zeit unter 60 bis 80 mm Hg fallen, da ansonsten die Gefahr einer zerebralen Dauerschädigung besteht.

Zystomanometrie

Diese Untersuchung wird üblicherweise vom Urologen durchgeführt und gestattet eine Differenzierung der verschiedenen Formen neurologisch bedingter Miktionsstörungen, vor allem wenn gleichzeitig eine Beckenboden-Elektromyographie erfolgt. Füllt man die Harnblase allmählich mit Flüssigkeit auf, so stellt sich bei 200 ccm ein minimaler Harndrang und bei 400 ccm ein maximaler Harndrang mit baldiger unwillkürlicher Entleerung durch Auslösung eines Muskeldehnungsreflexes ein. Bis zu einer Füllungsmenge von 400 ccm bewegt sich der normale *Harnblaseninnendruck* zwischen 8 und 15 cm Wassersäule, steigt mit Einsetzen des Muskeldehnungsreflexes sodann steil auf 100 cm Wassersäule und mehr. Die reflektorische Harnblasenentleerung vollzieht sich normalerweise vollkommen, d. h. ohne Restharn. Auch während des Urinierens kann der *Miktionsdruck* gemessen werden. In der Neurotraumatologie ist die Bestimmung der verschiedenen Formen von Miktionsstörungen insbesondere bei Rückenmarkschädigungen von Interesse, wobei neben den genannten reinen Schädigungsmustern auch wiederholt Mischbilder zu beobachten sind.

2. Labyrinthuntersuchungen

Hier sind Verfahren anzuführen, welche vor allem in die Domäne des HNO-Facharztes fallen, unter den neurophysiologischen Untersuchungsmethoden noch nicht genannt wurden, aber gleichfalls die Funktionen des Nervensystems prüfen und bei entsprechender Indikation wesentliche Ergänzungen zum klinischen Bild liefern können. Es handelt sich um die Leuchtbrillenuntersuchung im Dunkelzimmer sowie um die Labyrinthkalorisation. Diese Prüfungen sind leichter durchzuführen als die apparativ aufwendige Methode der Elektronystagmographie bzw. Elektrookulographie (ENG bzw. EOG) und ergänzen diese sinnvoll.

Leuchtbrillenuntersuchung

Sie erfolgt im Dunkelzimmer unter der FRENZELschen Leuchtbrille, welche Gläser mit 20 Dioptrien verwendet und dadurch ein scharfes Sehen und eine optische Fixation verhindert. Der Untersucher kann hingegen alle Augenbewegungen des Probanden hinter der Leuchtbrille gut erkennen. Die Prüfung erfolgt in Nullage (aufrecht sitzende Position) mit Blick geradeaus, vor und nach Kopfschütteln, nach Kopfdrehung in die verschiedenen Richtungen, nach Umlagerung in die Seitenposition rechts und links bzw. in Kopfhängelage rechts und links. Zwar werden durch die Leuchtbrillenuntersuchung im Dunkelzimmer primär die peripheren Gleichgewichtsorgane geprüft, jedoch können dadurch auch zentrale Phänomene aktiviert werden. So fahndet man unter der FRENZELschen Leuchtbrille nach verschiedenen *Provokationsnystagmen*, insbesondere nach latentem Spontannystagmus, Kopfschüttelnystagmus, zervikalem Nystagmus, Lagerungs- und Lagenystagmus. Der häufigste pathologische Befund nach Schädeltraumen ist der Lagerungsnystagmus, der auch als paroxysmaler Positionsnystagmus bezeichnet wird und mit einem kurzdauernden Schwindel (Moment- oder Sekundenschwindel) einhergeht.

Labyrinthkalorisation

Diese Untersuchung wird üblicherweise vom Otologen durchgeführt, weil man sich zuvor von der Intaktheit des Trommelfells überzeugen muß. Zum Unterschied von der elektronystagmographischen Drehstuhluntersuchung mit Darstellung der sogenannten vestibulären Übergangsfunktion (experimenteller Nystagmus nach Abstoppen aus Drehung mit konstanter Winkelgeschwindigkeit) werden bei der thermischen Labyrinthuntersuchung nicht beide Gleichgewichtsorgane zugleich, sondern nur *jeweils ein Labyrinth geprüft*. Die Untersuchung erfolgt durch Spülung des äußeren Gehörganges mit kaltem sowie warmem Wasser. Dessen Temperatur liegt üblicherweise sieben Grad Celsius über bzw. unter der normalen Körpertemperatur, beträgt somit 44 bzw. 30 Grad Celsius. Der solchermaßen kalorisch (thermisch) ausgelöste, experimentelle Nystagmus wird bezüglich seiner Dauer und Intensität beobachtet, allenfalls auch, wie zuvor erwähnt, elektronystagmographisch registriert. Der Wärmereiz stimuliert, der Kältereiz dämpft die vestibuläre Eigenaktivität der untersuchten Seite. Reiznystagmus bei Warmspülung schlägt zum geprüften Ohr, Lähmungs- oder Ausfallnystagmus bei Kaltspülung schlägt zur Gegenseite. Die Untersuchung verbietet sich bei perforiertem Trommelfell, in welchem Falle eventuell eine labyrinthäre Elektrostimulation oder eine thermische Luftreizung (letztere ohne Möglichkeit eines Seitenvergleiches) vorgenommen werden kann. Die Labyrinthkalorisation ist insbesondere bei Schädigungen des vestibulären Systems auf traumatischer Basis von Interesse, läßt Unterfunktionen und Ausfall, selten eine Überfunktion im vestibulären Bereich erkennen. Von klinischem Interesse ist auch die Prüfung der Augenreaktionen auf thermische Labyrinthreizung, üblicherweise als Kaltwasserspülung bei der progredienten Hirnstammeinklemmung. Es kommt dann auf Grund der fortschreitenden zentralen Schädigung zum Zerfall des experimentellen physiologischen Nystagmus in folgender Form: Dissoziation der Augenbewegungen bei noch erhaltenem Nystagmus, Ausfall der schnellen Nystagmusrucke, so daß nur mehr Deviationen auslösbar sind, schließlich Erlöschen jedweder vestibulookulären Reaktion mit voller Ausbildung des Bulbärhirnsyndroms bzw. mit Eintritt des klinischen Hirntodsyndroms.

3. Chemische Testverfahren

Hieher zu zählen sind die verschiedenen Schweißteste, vor allem der Ninhydrintest, ferner der Histamintest zur Prüfung der Vasomotorenfunktion, die pharmakologischen Testverfahren zur Prüfung der Pupillenfunktion und letztlich die diagnostische Untersuchung der Zerebrospinalflüssigkeit nach Liquorpunktion.

Ninhydrintest

Er stellt den bekanntesten Schweißtest dar und hat wegen seiner Genauigkeit die anderen Schweißteste, z. B. den umständlicheren Jod-Stärke-Test, verdrängt. Moberg beschrieb 1958 den Ninhydrintest zum *Nachweis der spontanen Schweißsekretion*. Dieses Verfahren läßt sich insbesondere im Hand- und Fußbereich anwenden. Nach Reinigung der zu untersuchenden Region und allenfalls nach Förderung der Schweißsekretion durch heißen Tee werden Abdrücke der Fingerbeeren, der gesamten Handfläche, der Zehenbeeren oder der Fußsohle auf einem reinen Stück Papier abgenommen und mit Ninhydrin versetzt. Schweißhältige Abdruckareale färben sich bei Erwärmen über 100 Grad Celsius rot bis violett. Mit Kupfersulfatlösung kann eine dauernde Fixierung vorgenommen werden. Dieses chemische Verfahren weist verschiedene Aminosäuren im menschlichen Schweiß nach. Bei kompletter Gefühllosigkeit infolge Läsion eines peripheren Nervs ab dem Ramus communicans griseus des Grenzstranges sistiert die spontane Schweißsekretion. Im Rahmen der Nervenregeneration kehrt sie mitunter bereits wenige Wochen vor dem erneuten Auftreten der ersten Sensibilitätswahrnehmungen wieder und erlaubt so die Erstellung einer günstigen Prognose (Scherzer 1971). Der Test hat sich in der Handchirurgie bestens bewährt. In gutachtlicher Hinsicht erlaubt er die objektive Überprüfung der Angabe einer kompletten Gefühllosigkeit bei Schädigung eines peripheren Nervs.

Histamintest

Er wurde 1954 von Bonney beschrieben und kann zur *Differentialdiagnose Wurzelausriß/Plexusläsion* beitragen. Bei intrakutaner Injektion von 0,1 ccm Histamin entsteht unter normalen Bedingungen bald ein zwei bis drei cm breiter, roter Hof um die Einstichstelle. Fehlt er sechs Wochen nach der Nervenschädigung und danach (wenn eine eventuelle Neurapraxie also schon abgeklungen ist) noch immer, so besteht eine Nervendegeneration peripher der Spinalganglien. Beobachtet man eine Histaminreaktion in einem anästhetischen Bereich, so ist der dem Histamintest zugrundeliegende physiologische Axonreflex erhalten, und es liegt ein Hinterwurzelausriß vor.

Pharmakologische Pupillenuntersuchung

Die Pupillenreaktionen prüft man im Rahmen der Statuserhebung mit Licht und bei Konvergenz der Augäpfel. Die pharmakologische Pupillenuntersuchung wird *nur ausnahmsweise ophthalmologischerseits angewandt*, bietet aber zusätzliche Hinweise und erlaubt eine Unterscheidung in mehrfacher Hinsicht. Bei amaurotischer Pupillenstarre durch Optikusläsion rufen Atropin und Physostigmin normale Reaktionen hervor. Die mydriatische Pupille bei Okulomotoriuslähmung zeigt auf Miotika eine Kontraktion. Die ARGYLL-ROBERTSON-Pupille erweitert sich nur schwach auf stärkere Mydriatika (z. B. Atropin), verengt sich jedoch verstärkt auf Physostigmin. Die meist einseitige ADIE-Pupille wird durch Atropin und sonstige Mydriatika erweitert, durch Metacholin verengt. Sie ist aber schon klinisch an der verzögerten Lichtreaktion mit anfänglicher Verengung und anschließender tonischer Erweiterung bei weitgehend normaler Konvergenzreaktion zu erkennen. Im Falle eines HORNER-Syndroms erlaubt die pharmakologische Pupillenprüfung eine Unterscheidung, ob die Läsion das zentrale Neuron (zwischen Dienzephalon und Centrum ciliospinale des obersten Brustmarkes), das präganglionäre Neuron (zwischen Vorderwurzel Th 1 bzw. C 8 und Ganglion cervicale craniale) oder das postganglionäre Neuron (zwischen Ganglion cervicale craniale und Auge) betrifft. Auf Kokain-Hydrochlorid 4% kehrt sich beim zentralen HORNER-Syndrom die Anisokorie durch erhebliche Erweiterung der HORNER-Pupille um, wogegen sich beim peripheren HORNER-Syndrom die Anisokorie durch eine leichte Pupillenerweiterung auf der gesunden Seite verstärkt. Auf 1%iges Adrenalin zeigt bloß das präganglionäre HORNER-Syndrom eine Reaktion, nämlich eine Umkehr der Anisokorie durch hochgradige Erweiterung der HORNER-Pupille. Bei der klinischen Untersuchung ist stets zu berücksichtigen, daß die Einnahme von Pilokarpin, Eserin, Morphin, Doryl und Prostigmin zu einer Pupillenverengung, die Einnahme von Atropin, Muskarin, Kokain, Skopolamin und Weckaminen hingegen zu einer Pupillenerweiterung führt.

Liquoruntersuchung

In der Traumatologie hat sie, abgesehen vom Nachweis einer Meningitis oder eines Stauungsliquors, keine Bedeutung. Bei frischen Schädelhirntraumen ist eine Liquorpunktion sogar kontraindiziert, da sie die Gefahr einer akuten Hirnstammeinklemmung in sich birgt. Auch ist die Aussagekraft von Liquoruntersuchungen bei rezenten Schädelverletzungen gering, finden sich doch nach stärkerer Gewalteinwirkung auf den Schädel meist *Blutbeimengungen* zum Liquor als Zeichen kortikaler oder subarachnoidealer Hämorrhagien. Andererseits kann selbst bei normalem Liquor cerebrospinalis eine schwere Gehirnkontusion oder ein abgekapseltes Hämatom des Schädelinnenraumes vorliegen. Bei kompletter Passagebehinderung des Spinalkanals entwickelt sich ein *Stauungsliquor* mit hohem Eiweißgehalt. Dann ist auch der QUECKENSTEDTsche Test pathologisch, d. h. eine Druckerhöhung im Schädelinneren durch Husten, Pressen oder Abklemmen der Jugularvenen führt zu keiner Druckerhöhung unterhalb der Passagebehinderung. Bei chronischer Arachnopathie finden sich in der Zerebrospinalflüssigkeit *Eiweißerhöhung* und *Pleozytose*. Wenn Liquor im Rahmen diagnostischer Eingriffe gewonnen wird, sollte er selbstverständlich mikroskopisch und laboratoriumsmäßig untersucht werden. Gutachtlich ist die Lumbal- oder Subokzipitalpunktion zwecks Examination des Liquor cerebrospinalis nicht gerechtfertigt. Es besteht hiefür, da es sich um ein invasives Verfahren handelt, kein Duldungszwang. Zur Bestimmung, ob aus Nase oder Ohr ausgetretenes Blut auch Zerebrospinalflüssigkeit enthält, bedient man sich am besten der Löschpapiermethode. Ein aufgebrachter Flüssigkeitstropfen zeigt bei *Liquorbeimengung zum Blut* eine hellere Randzone. Bei Verdacht auf *rhinogene Liquorrhö* untersucht man das Nasensekret auf Zucker. Ein *Zuckergehalt* von 45 bis 80 mg% (KRETSCHMER 1978) gilt als Nachweis ausgetretener Zerebrospinalflüssigkeit.

E. Neuropsychologische Untersuchung

Sie ergänzt im Hinblick auf spezielle Fragestellungen den ärztlichen psychischen Befund. Hauptaufgaben sind hiebei Nachweis, Qualifizierung und Quantifizierung psychischer Störungen und Auffälligkeiten. Die Untersuchung gehört in die Hand des geübten und erfahrenen klinischen Neuropsychologen, also des diesbezüglich ausgebildeten Fachpsychologen. In der Diagnostik bedient man sich apparativer Verfahren (Reaktionszeitmeßgerät, Wiener Determinationsgerät, Flimmerverschmelzungsfrequenzanalysator usw.), verschiedener nicht-apparativer Verfahren (z. B. Fragebogen, projektive Verfahren, Aufmerksamkeitsbelastungstest) und der Exploration. Hinsichtlich Schädelhirntraumen hat sich im besonderen Maße die sogenannte *Meidlinger Testbatterie* (WURZER und SCHERZER 1986, WURZER und SCHERZER, in Druck) bewährt. Sie umfaßt eine klinisch-neuropsychologische Untersuchung, sowohl im kognitiven bzw. Leistungsbereich als auch im Persönlichkeitsbereich. Finden sich psychische Ausfälle in den untersuchten Teilbereichen, so müssen sie zuerst einzeln quantifiziert, dann zusammengefaßt und schließlich bezüglich des Gesamtausmaßes des posttraumatischen organischen Psychosyndroms innerhalb einer sechsstufigen Skala bewertet werden. Dabei läßt sich der Leistungsbereich mit den Teilgebieten Gedächtnis, Denken, Sensomotorik und Konzentration bzw. Belastbarkeit testmäßig besser als der Persönlichkeitsbereich mit den Teilgebieten Antrieb, Emotionalität und allgemeine Persönlichkeitszüge beurteilen. Störungen im Persönlichkeitsbereich bedürfen zur Absicherung einer zusätzlichen Exploration und des Vergleiches mit dem Verhalten vor der zerebralen Schädigung sowie unter Umständen einer längeren Beobachtung des Betroffenen.

In zunehmendem Maße bedienen sich auch die neuropsychologische Untersuchung und Diagnostik computerunterstützter Verfahren. Angesichts der Häufigkeit einer unfallbedingten Verlangsamung und einer motorischen Beeinträchtigung von Schädelhirnverletzten stößt die automatisierte Vorgabe von Testverfahren durch den Computer bei diesen Patienten aber wiederholt auf Schwierigkeiten. Die Testvorgabe erfolgt deshalb mündlich durch den Neuropsychologen mit entsprechenden Erklärungen, damit sichergestellt ist, daß der Untersuchte die Instruktionen auch tatsächlich verstanden hat. Allenfalls können zusätzliche Aufgaben über Bildschirm und diverse Peripheriegeräte vorgegeben werden. Der Personalcomputer dient dabei als Kommandozentrale, steuert die Vorgaben und verarbeitet die gewonnen Meßdaten, z. B. aus der Meidlinger Testbatterie mit Anwenderprogrammen für die Überprüfung der Aufmerksamkeit, des Reaktionsverhaltens, der sensomotorischen Koordination, der Konzentration, der Belastbarkeit sowie des Persönlichkeitsbereiches.

Die Gesamtbeurteilung der Testergebnisse fußt auf den erhobenen Resultaten in den Einzelbereichen und muß diese, wie zuvor angedeutet, zusammenfassen und als globales psychisches Störsyndrom in qualitativer und quantitativer Hinsicht darstellen (WURZER 1992). Zur Erleichterung der Arbeit wurde für die Meidlinger Testbatterie ein eigenes Computerprogramm entwickelt, das auf Grund der eingegebenen Testrohwerte bei gleichzeitigem Vergleich mit Normwerten, welche Alter, Geschlecht und Schulbildung berücksichtigen, Vorschläge zur Ergebnisinterpretation liefert. Computermäßig werden bei diesem Verfahren sowohl die vom Probanden erbrachten Einzeltestergebnisse als auch die vom Untersucher quantifizierte Anstrengungsbereitschaft des Probanden sowie allfällige psychogene Leistungshemmungen bei der Bewältigung der einzelnen Testverfahren gewichtet. Die Auswertung und insbesondere die Interpretation psychologischer Testverfahren müssen demnach vom klinischen Neuropsychologen kritisch und unter Bedachtnahme auf das Gesamtverhalten des Untersuchten vorgenommen werden. Auch hier können Computerprogramme die Arbeit bei der Auswertung von Tests insofern erleichtern, als ein automatisierter Vergleich mit der Normpopulation und eine graphische Darstellung der Testergebnisse (Ausdruck von individuellen Leistungs- und Persönlichkeitsprofilen über entsprechende Drucker oder Plottergeräte) zur Vereinfachung und Beschleunigung der Interpretation möglich sind. Nach wie vor ist es aber sodann Aufgabe des Neuropsychologen, eine Gesamtgewichtung entsprechend den testmäßig, explorativ und beobachtungsmäßig erhobenen Auffälligkeiten vorzunehmen. Eine Aussage über die Ätiologie eines neuropsychologischerseits festgestellten organischen Psychosyndroms kann jedoch nur unter Kenntnis der Anamnese und des Ausmaßes der zerebralen Schädigung gemacht werden. Sie fällt damit primär in den Bereich der ärztlichen Beurteilung.

Die häufigsten Beeinträchtigungen im Rahmen eines posttraumatischen organischen Psychosyndroms sechs Monate nach dem Unfall (WURZER und SCHERZER 1991) betreffen die Belastbarkeit bzw. Ermüdbarkeit (86%), das Frischgedächtnis (63%), die sensomotorische Umstellbarkeit (62%) und weniger häufig die Konzentration (31%). Organisch bedingte Störungen im Persönlichkeitsbereich sind nach Hirnverletzungen zwar prozentuell seltener, können sich aber manchmal besonders störend im sozialen Umfeld auswirken. Von großer Wichtigkeit ist die Erkennung nicht-organisch bedingter psychischer Störungen und Auffälligkeiten, welche gutachtlich vom posttraumatischen organischen Psychosyndrom abgegrenzt werden müssen (WURZER und SCHERZER 1986, SCHERZER und WURZER, in Druck).

Literatur

BONNEY, G.: Value of axon responses in determining the site of lesion in traction injuries of the brachial plexus. Brain 77: 588–609 (1954)

COURJON, J., SCHERZER, E.:Traumatic disorders. In: RÉMOND, A. (Ed.): Handbook of electroencephalography and clinical neurophysiology. Vol. 14 B. Elsevier, Amsterdam, 1–104 (1972)

HOPF, H. CH., STRUPPLER, A.: Elektromyographie. Lehrbuch und Atlas. Thieme, Stuttgart 1974

KRETSCHMER, H.: Neurotraumatologie. Thieme, Stuttgart 1978

LUDIN, H.-P.: Electromyography in practice. Thieme, Stuttgart 1980

MOBERG, E.: Objective methods for determining the functional value of sensibility in the hand. J. Bone Jt. Surg. 40 B: 454–476 (1958)

MUMENTHALER, M., SCHLIACK, H.: Läsionen peripherer Nerven. Thieme, Stuttgart–New York 1987

PENIN, H., KÄUFER, C.: Der Hirntod. Thieme, Stuttgart 1969

SCHERZER, E.: Die Störungen des Gleichgewichtssystems nach Unfällen. Wien. Med. Akademie, Wien 1968

SCHERZER, E.: Über den Wert des Ninhydrintestes bei peripheren Nervenläsionen. In: KUGLER, J., LECHNER, H., FONTANARI, D. (Hrsg.): Generalisierte und lokalisierte Neuromyopathien. Thieme, Stuttgart 1971, 131–136

SCHERZER, E.: Late effects of head injury. In: RÉMOND, A. (Ed.): Handbook of electroencephalography and clinical neurophysiology. Vol. 14 B. Elsevier, Amsterdam 1972, 47–82

SCHERZER, E.: Konklusionen bezüglich des eingetretenen Hirntodes. In: KRÖSL, W., SCHERZER, E. (Hrsg.): Die Bestimmung des Todeszeitpunktes. Maudrich, Wien 1973, 363–366

SCHERZER, E.: Gutachtliche Beurteilung von Kopfschmerzen nach Unfällen. In: SPATZ, R. (Hrsg.): Kopfschmerz/Headache. München 1975, 400–411

SCHERZER, E.: Die Bedeutung der Elektroenzephalographie für die Diagnostik der Schädelhirntraumen. In: WIECK, H. H. (Hrsg.): Neurotraumatologie. Thieme, Stuttgart–New York 1980, 127–133

SCHERZER, E.: Elektrobiologische Untersuchungen von Nervenverletzungen an der Hand. Schlußbericht des 4. Alpenländisch-adriatischen Symposiums (8.–10. 11. 1984, Budrio/Bologna), AUVA, Wien 1984, 48–55

SCHERZER, E.: Neurologische Diagnostik der verletzten Hand. Schlußbericht des 4. Alpenländisch-adriatischen Symposiums (8.–10. 11. 1984, Budrio/ Bologna), AUVA, Wien 1984, 40–48

SCHERZER, E.: Problematik in der Hirntoddiagnostik. Acta chir. Austriaca 17 (Sonderheft 1): 38–40 (1985)

SCHERZER, E.: Technische Methoden der Diagnostik in der Neurotraumatologie. In Physik und Technik in der Traumatologie, Intensivmedizin und Rehabilitation. Wissenschaftliche Berichte der 14. Jahrestagung der Österreichischen Gesellschaft für Biomedizinische Technik, 14.–17. 6. 1989. AUVA, Wien 1989, 175–185

SCHERZER, E.: Hirndruck und Hirntod. Wien. med. Wschr. 23/24: 562–564 (1990)

SCHERZER, E., WURZER, W. (in Druck): Die Unterscheidung unfallkausaler Störungen von unfallfremden Störungen. Schlußbericht der 6. Deutsch-Österreichisch-Schweizerischen Unfalltagung, 21.–25. 5. 1991, Austria Center Vienna, AUVA, Wien

WURZER, W.: Das posttraumatische organische Psychosyndrom. WUV-Universitätsverlag, Wien 1992

WURZER, W., SCHERZER, E.: Psychologische Untersuchungsmethoden zur Erfassung und Abgrenzung des posttraumatischen organischen Psychosyndroms. In: SCHERZER, E., KLINGLER, D., SCHNEIDER, K.(Hrsg.): Neurorehabilitation in Österreich. PVArb, Wien 1986, 203–214

WURZER, W., SCHERZER, E.: Die Problematik psychogener Störungen bei der Begutachtung des organischen Psychosyndroms. Schlußbericht des 27. Kongresses des Berufsverbandes Österreichischer Psychologen, AUVA, Wien 1988, 64–68

WURZER, W., SCHERZER, E.: Die Leitsymptome des organischen Psychosyndroms nach Schädelhirntraumen. In: SCHERZER, E. (Hrsg.): Neuropsychologie und Neurorehabilitation. PVAng, Wien 1991, 95–102

WURZER, W., SCHERZER, E. (in Druck): Die Bedeutung unfallbedingter hirnorganischer psychischer Störungen in Rehabilitation und Begutachtung. Schlußbericht der 6. Deutsch-Österreichisch-Schweizerischen Unfalltagung, 21.–25. 5. 1991, Austria Center Vienna, AUVA, Wien

V. Schädeltraumen

Der Ausdruck Schädeltraumen stellt den Oberbegriff für alle Kopf- und Schädelverletzungen inklusive der Schädelbrüche dar, aber ohne Aussage über eine gleichzeitige zerebrale Läsion. Es ist modern geworden, ganz allgemein von Schädelhirntraumen (SHT) zu sprechen. Definitionsgemäß ist in diesen Fällen eine traumatische Reaktion des Gehirns impliziert. Die banale Contusio capitis (Schädel- oder Kopfprellung) kann demnach nicht als Schädelhirntrauma bezeichnet werden. Der Sprachgebrauch ist diesbezüglich leider mancherorts unscharf und dadurch ungenau geworden. Strenggenommen sollte man den Ausdruck Schädelhirntrauma lediglich für Verletzungen verwenden, bei denen sowohl ein Bruch der knöchernen Schädelkapsel als auch eine substantielle traumatische Gehirnläsion vorliegt (Kombinationsverletzung). Sehr häufig und in zunehmendem Maße verursachen Verkehrsunfälle verschiedenartige Schädelverletzungen. Diese spielen daher auch in der privaten Unfallbegutachtung eine wesentliche Rolle. Bei Polytraumen ist eine Mitbeteiligung des Kopfes gleichfalls sehr häufig.

Die auf den Schädel kurz einwirkende, mechanische Gewalt bedingt bei Überschreitung einer bestimmten *Schwellintensität* bzw. eines Schwellenbereiches einen Gewebeschaden, der alle anatomischen Strukturen des Schädels betreffen kann. Diesen versucht die Gesetzgebung durch Präventivmaßnahmen (Sicherheitsgurt, Luftsacksystem usw.) zu verhindern oder doch gering zu halten. In dieser Hinsicht soll auch das Alkoholverbot für Fahrzeuglenker im öffentlichen Verkehr wirken. Alkoholeinwirkung ist ein wichtiger ätiologischer Faktor bei der Entstehung von Schädelverletzungen. Schädeltraumatiker sind meist jüngere und gesunde Personen, die an keinen Vorkrankheiten leiden. Liegen solch günstige Gegebenheiten vor, so beobachtet man in der Regel eine sehr gute Remissionsfähigkeit der zerebralen Traumafolgen (Scherzer 1987). Bei älteren Schädelverletzten zeigt sich hingegen nicht selten ein Bild der Polypathie, d. h. eine Kombination von Verletzungsfolgen und unfallfremden Krankheitszeichen, die einander ungünstig beeinflussen können.

Die Pathomechanik, welche eingehend von Sellier und Unterharnscheidt (1963) untersucht wurde, unterscheidet verschiedene Schädeltraumen mit Gehirnbeteiligung, je nachdem, ob die Gewalt den Schädel direkt oder indirekt trifft, ob sie auf den frei beweglichen oder auf den fixierten Schädel einwirkt, ob sie breitflächig mit großer Masse oder kleinflächig, d. h. an umschriebener Stelle, mit kleiner Masse ansetzt. Die *direkte Gewalteinwirkung* auf den Schädel verursacht Primärschäden an diesem, jedoch unter Umständen auch solche am Übergang zum Stamm, also an der Halswirbelsäule und im Gebiet zwischen unterer Medulla oblongata und oberem Halsmark. Die *indirekte Gewalteinwirkung* auf den Schädel vollzieht sich vom Rumpf aus und wird über den Hals zum Kopf fortgeleitet. Solchermaßen kann ein schwerstes Schleudertrauma der Halswirbelsäule über den Peitschenschlagmechanismus mit übersteigerten Retro- und Anteflexionsexkursionen des Schädels zu indirekten Verletzungen des Schädelinneren führen. Ähnliches gilt für den schweren Sturz auf das Gesäß mit Ringbrüchen um das Foramen occipitale magnum und konsekutiven Hirnprellungsherden. Bezüglich Einzelheiten in der Mechanik von Schädeltraumen wird auf die rezenten zusammenfassenden Ausführungen von UNTERHARNSCHEIDT (1984) verwiesen.

Gewalteinwirkung auf den frei beweglichen Schädel geht mit einem *Akzelerations- bzw. Dezelerationstrauma* (Beschleunigungs- bzw. Verzögerungstrauma) einher. Bei diesem kommt es zu einer Relativbewegung des knöchernen Schädels, so daß entweder das Gehirn oder die Schädelkapsel sozusagen zurückbleibt. In der Praxis handelt es sich überwiegend um *kombinierte Translations- und Rotationstraumen*, wobei einmal diese und das andere Mal jene Komponente mehr im Vordergrund steht. Bei der reinen linearen Translation verläuft die Stoßachse durch den Mittelpunkt des Schädels, bei der reinen angularen Rotation verläuft die Stoßachse tangential zum Schädel. Eine Gewalteinwirkung auf den fixierten Schädel, der also einer festen Unterlage aufliegt oder eingeklemmt ist, bedingt ein *Kompressions-* bzw. *Impressionstrauma* (Quetschungstrauma). Auch die Stoßrichtung von oben auf den Scheitel in Richtung Schädelbasis und damit in Richtung Wirbelsäule bedeutet eine Gewalteinwirkung auf den fixierten Schädel, da die Federwirkung der Wirbelsäule sehr gering ist. Die breitflächig einwirkende Gewalt ist stumpf und hat eine *geschlossene* oder *gedeckte Hirnverletzung* zur Folge. Die kleinflächig einwirkende Gewalt setzt scharf am Schädel an und verursacht typischerweise eine *offene* oder *perforierende Hirnverletzung*, nämlich eine Hirnwunde, bei der infolge Kommunikation mit der Außenwelt (eventuell Pneumenzephalie) und infolge Einbringung infektiöser Fremdkörper (Haut, Haare, Schmutz usw.) eine Infektionsgefahr besteht. Das Kriterium, ob eine Schädelverletzung als offen oder geschlossen bzw. gedeckt zu bezeichnen ist, liegt im Zustande der Dura mater. Ist diese rupturiert, dann handelt es sich um ein offenes Schädelhirntrauma; ist die harte Hirnhaut hingegen intakt, so liegt ein geschlossenes oder gedecktes Schädelhirntrauma vor. Es besteht auch die Möglichkeit, daß eine stumpfe Schädelverletzung über eine Schädelbasisfraktur die Dura mater zerreißt, wodurch gleichfalls infektiöse Keime aus dem Nasennebenhöhlensystem in das Schädelinnere eindringen können. Das offene Schädelhirntrauma im Kalottenbereich geht hingegen mit einer imprimierenden oder penetrierenden Verletzung (Pfählung, Schuß, Stich) einher.

Beim Translationstrauma teilt sich die einwirkende Gewalt dem ganzen Schädel mit. Es läßt nach SELLIER und UNTERHARNSCHEIDT (1963) die lineare Beschleunigung an der Stoßstelle (Pol) ein Druckmaximum, an der Gegenstoßstelle (Antipol) ein Druckminimum entstehen. Zwischen Stoßstelle und Gegenstoßstelle liegt als Knotenpunkt des traumatisch verursachten Druckgradienten der sogenannte Äquatorialpunkt, der keinerlei Druckänderung erfährt. Zerebrale Schäden entstehen besonders im Bereiche der Druckminderung (Kavitationseffekt), also an den Gegenstoßstellen. Das Rotationstrauma setzt hingegen Scher- und Zugkräfte zwischen verschiedenen intrakraniellen Strukturen und führt so zur substantiellen Hirnschädigung. Das eine Mal sind die zerebralen Läsionen entlang der Mittellinie radiär-symmetrisch, das andere Mal zylinder-symmetrisch angeordnet. Beim Impressionstrauma wirkt eine kleinflächige Gewalt auf den fixierten Schädel ein, führt zu einer lokalen Eindellung mit Überdruck, der aber durch das Zurückschnellen des Knochens bereits im nächsten Augenblick einem Unterdruck Platz macht. Der Gewebeschaden am Gehirn verläuft in diesem Fall zweiphasig, als primärer Druckeffekt und als sekundärer, stärker schädigender Kavitationseffekt.

A. Schädelfrakturen

Schädelbrüche haben in der Begutachtung insofern eine Bedeutung, als sie zeigen, daß die Gewalteinwirkung beträchtlich gewesen sein muß. Jedoch beweisen sie keineswegs eine stattgehabte zerebrale Läsion, weil sich die Gewalt am Knochen erschöpft haben kann. Der Rückschluß von einer Schädelfraktur auf eine traumatische Hirnschädigung ist daher nicht gestattet, es sei denn, es liegt ein *Impressionsbruch* mit erheblicher Knocheneindellung (mehr als 1 cm) oder ein *Lochbruch* im Rahmen einer penetrierenden Schädelverletzung vor. Ein Beschleunigungstrauma bewirkt über Verformung des gesamten Schädels einen *indirekten Bruch* im Sinne einer *Berstungsfraktur*. Hingegen führt ein Impressionstrauma zu einem *direkten Bruch*, d. h. zu einer *lokalen Biegungsfraktur*. Röntgenologisch lassen sich nicht alle Frakturen, sondern nur jene nachweisen, welche größer sind oder orthoröntgenograd getroffen worden sind. Unter Umständen muß man durch Spezialaufnahmen und Schichtbilder sowie durch die kraniale Computertomographie nach Frakturen fahnden. Der Lokalisation nach unterscheidet man Schädeldachbrüche und Schädelgrundbrüche, der Form nach Fissuren oder lineare Frakturen, „Nahtsprengungen", die in reiner Form nur beim Kinde vor dem Nahtschluß möglich sind und danach Brüche durch den Schädelnahtbereich mit Abbruch der Verzahnungen darstellen, Impressions-, Expressions-, Loch-, Stück- sowie ausgedehnte Zertrümmerungsfrakturen. Die knöcherne Spontanheilung von Schädelfrakturen ist ganz unterschiedlich und nicht vorhersehbar; sie kann beim Kinde ein halbes Jahr und beim Erwachsenen ein Jahr dauern, aber auch vollkommen ausbleiben, wofür Duraschädigungen, Dura-Periost-Verwachsungen und die fehlende mechanische Reizung zur Kallusbildung als Erklärungen herangezogen werden. Bei Kindern kennt man „wachsende" Frakturen. Mit Größenzunahme des Schädels nimmt auch der Frakturspalt an Weite zu, so daß eine Knochenlücke entsteht. Hiefür wird gleichfalls eine bindegewebige Durchwachsung des Frakturspaltes verantwortlich gemacht.

Als *Nachbarschaftssymptome* von Schädelbasisfrakturen sind Hirnnervenausfälle zu nennen: Anosmie bei frontobasalen Frakturen (durch Abriß der Fila olfactoria oder auch durch Kontusion des Bulbus olfactorius), Optikusläsionen mit Amaurose oder Gesichtsfelddefekten bei Brüchen im Canalis opticus oder der Sellaregion, Augenmuskelparesen bei Orbitabrüchen, mediobasalen Frakturen und Brüchen der Pyramidenspitze, Trigeminusschädigungen bei Brüchen der mittleren Schädelgrube, periphere Fazialisparesen und Läsionen des Nervus statoacusticus bei laterobasalen Frakturen und Verletzungen der kaudalen Hirnnerven bei Berstungsbrüchen durch das Jugularforamen und um das große Hinterhauptsloch. Posttraumatische Hörstörungen müssen nicht unbedingt auf eine frakturbedingte Schädigung des achten Hirnnerven zurückgehen; sie können auch durch eine Luxation der Gehörknöchelchenkette, durch Hämatotympanon (Blutung in die Paukenhöhle) oder durch Trommelfellriß bedingt sein, verursachen dann eine Schalleitungsschwerhörigkeit. Der Felsenbeinquerbruch ist sehr häufig mit einem Innenohrausfall vergesellschaftet und zeigt klinisch typischerweise eine gleichseitige Ertaubung und labyrinthäre Ausschaltung.

Auch *Folgeschäden* sind nach Schädelfrakturen in verschiedener Form möglich. Bei Frakturen der Schädelbeinschuppe bis in die Parietalregion und bei Frakturen in der mittleren Schädelgrube besteht die Gefahr der Mitverletzung der Arteria meningea media und damit der Entwicklung eines epiduralen Hämatoms. Brüche im Vertexbereich und in der Okzipitotemporalregion lassen an die Möglichkeit einer Verletzung des Sinus sagittalis superior oder des Sinus sigmoideus denken. Als Komplikationen sind venöse Abflußstörungen sowie Sinus- und Hirnvenenthrombosen möglich. Überschreitet die Verschiebung einer Impressionsfraktur die Knochendicke, so entwickelt sich auf Grund einer Ruptur der harten Hirnhaut leicht eine stärkere Hirn-Dura-Narbe, welche wiederum zu einer posttraumatischen Spätepilepsie führen kann. Jedoch bewirkt nicht jeder Eindellungsbruch eine Durazerreißung. Eine solche tritt nur bei etwa jedem zweiten Eindellungsbruch auf. Dabei kann sogar das Gehirn unbeschädigt bleiben. Frontobasale Frakturen sollten stets als verdächtig auf eine offene Fraktur angesehen werden. Häufig läßt sich die Kommunikation zwischen pneumatischem System und Schädelinnerem röntgenologisch nicht direkt, sondern nur über die Existenz einer Liquorfistel (vorzugsweise szintigraphische Darstellung) nachweisen. Aber auch bei fehlendem Liquorfluß kann es über einen Schädelgrundbruch zu einer Pneumatozele und zu einer Meningitis kommen. Letztere ist nach frontobasalen Brüchen als rhinogene Meningitis besonders häufig. Eine otogene Meningitis tritt vor allem nach Querfrakturen der Pyramide auf. Als Spätkomplikation ist das traumatische Cholesteatom des Mittelohres zu nennen. Mediobasale Schädelfrakturen finden sich bloß bei schweren Schädeltraumen. Sie sind radiologisch oft schwierig nachzuweisen, gehen oft mit Gesichtsfelddefekten, Diabetes insipidus und anderen Hypophysenfunktionsstörungen einher. Vermutlich infolge des Schutzes durch das weite Liquorkissen der basalen Zisternen sind mediobasale Kontusionsherde des Gehirns selten anzutreffen. Begleitverletzungen der Arteria carotis interna und des Sinus cavernosus sind möglich. Es kann sich in diesem Falle auch eine arteriovenöse Fistel, früher als arteriovenöses Aneurysma bezeichnet, entwickeln, wobei meist bald ein pulsierender Exophthalmus entsteht.

Aus gutachtlicher Sicht ist zu erwähnen, daß Schädelfrakturen durch Periost- und Hirnhautverletzungen Schmerzen bedingen, welche sich auf Druck oder bei körperlicher Belastung verstärken, innerhalb einiger Tage bis weniger Wochen abklingen und vorwiegend leichtgradig sind (SCHERZER 1976 und 1977).

B. Schädelprellung und Kopfschwartenverletzungen

Die Schädel- oder Kopfprellung (Contusio capitis) stellt aus neurologischer Sicht eine Ausschlußdiagnose dar. Ihr liegt eine breitflächige Gewalteinwirkung in leichter Form zugrunde. Der Untersuchungsbefund ergibt lediglich eine umschriebene Druckschmerzhaftigkeit. Lokale Gewebsquetschungen und äußerlich nicht sichtbare Blutsuffusionen sind anzunehmen. Die Contusio capitis weist definitionsgemäß *keinerlei zerebrale Symptome* auf. Neurologische Ausfälle sind nicht gegeben. Das Trauma führt zu keinem Bewußtseinsverlust. Bei der Schädelprellung fehlt deshalb eine nachfolgende Bewußtlosigkeit, weil die auf den Schädel einwirkende kinetische Energie nicht intensiv genug war, um den Schwellenwert oder den Schwellenbereich zu überschreiten, der für die Erzeugung eines Kommotionssyndroms notwendig ist. Mangels einer zerebralen Schädigung kommt es auch zu keinen psychischen Störungen. Vorübergehende vegetative Störungen wie Übelkeit, Schwankschwindel, Fahrigkeit, Müdigkeit sowie Schlafstörungen, besonders bei vegetativ labilen Personen, wurden von manchen Autoren als Hinweise auf eine subklinische Hirnfunktionsstörung gewertet (sogenannte Subcommotio cerebri). Jedoch können derartige Störungen sehr wohl auch nach Verletzungen anderer Körperregionen beobachtet werden und müssen daher keineswegs Ausdruck zerebraler Störungen sein. Da bei der Contusio capitis keine Hirnbeteiligung gegeben ist, zeigt auch das Elektroenzephalogramm erwartungsgemäß keine pathologischen Veränderungen, sondern einen normalen Befund.

Schmerzen und subjektive Beschwerden nach einer Kopfprellung klingen innerhalb von Stunden bis einem Tag ab und sind überwiegend als leichtgradig einzustufen (SCHERZER 1976 und 1977). Ein Krankenstand ist kaum erforderlich. Eine Schädelprellung ist nicht geeignet, einen Dauerschaden zu verursachen. Da keine zerebrale Läsion gesetzt wurde, kann auch keine posttraumatische Epilepsie im Sinne einer Narbenepilepsie entstehen. Hingegen kann ein Schädeltrauma, das sich unter dem Bilde einer einfachen Schädelprellung darstellt, z. B. bei Sturz auf das Hinterhaupt, den Abriß der Riechfasern bei deren Durchtritt durch die Lamina cribrosa bewirken und damit einen permanenten Verlust des Geruchssinnes in Form einer bilateralen Anosmie bewirken.

Ausnahmsweise werden auch Verletzungen beobachtet, welche primär nur als Schädelprellung einzustufen sind, dann jedoch – nach entsprechender Latenz – eine intrakranielle Raumbeengung mit Hirndrucksymptomatik auf Grund eines intrakraniellen Hämatoms entwickeln. Es handelt sich dabei vorwiegend um chronische Subduralhämatome. In diesen Fällen hat das Trauma eine Gefäßläsion verursacht, meistens den Abriß einer Brückenvene zwischen Gehirnoberfläche und harter Hirnhaut, so daß sich anfangs unbemerkt und symptomlos eine Sickerblutung etablieren konnte. Äußerst selten tritt ein epidurales Hämatom nach einer Schädelprellung auf. Die Gefäßschädigung hat dann eine meningeale Arterie betroffen. Störungen der Blutgerinnung oder eine Antikoagulantienbehandlung können eine solche Entwicklung begünstigen. Derartige Überlegungen haben in die Beurteilung der Unfallkausalität aller intrakraniellen Hämatome nach bloßen Schädelkontusionen einzugehen.

Wunden der Kopfschwarte werden durch Schnitt (Vulnus scissum, sectum, incisum sive incisivum), Riß (Vulnus laceratum), Quetschung (Vulnus contusum), Hieb (Vulnus caesum), Schuß (Vulnus sclopetare sive sclopetarium), Biß (Vulnus morsum) oder Stich (Vulnus punctum) bewirkt. Am häufigsten begegnet man einer kombinierten Verletzung in Form der Rißquetschwunde (Vulnus lacero-contusum). Narben nach Kopfschwartenwunden werden, wenn sie nicht mit neurologischen Ausfällen vergesellschaftet sind, zumeist vom unfallchirurgischen Sachverständigen begutachtet. Gleiches gilt bezüglich *subgalealer Hämatome*, die sich im lockeren Bindegewebe der Kopfschwarte oft weit ausbreiten und in der elektroenzephalographischen Untersuchung infolge geänderter physikalischer Ableitebedingungen zu falschen Herdbefunden (Pseudo-Foci) führen können. Sie verursachen Schmerzen durch einige bis mehrere Tage, wobei es sich überwiegend um leichte Schmerzen handelt (Scherzer 1976 und 1977). Ein Krankenstand wegen der lokalen Verletzung kann in der Dauer weniger Tage gerechtfertigt sein.

C. Gedeckte bzw. geschlossene Gehirnverletzungen

Zahlreiche Klassifikationsschemata wurden für gedeckte Schädelverletzungen angegeben, aber keines konnte allen Anforderungen und Erwartungen, die man daran gestellt hatte, gerecht werden, so daß die Mehrzahl der Autoren der klassischen Einteilung nach der traumatologischen „Trias" in Commotio cerebri (Gehirnerschütterung), Contusio cerebri (Gehirnquetschung oder Gehirnprellung) und Compressio cerebri (Hirndruck) treu geblieben ist. Vor allem wird dieses Einteilungsprinzip, entsprechend den Empfehlungen von Bay (1951) und Brun (1963), auch heute noch in der Begutachtung allgemein verwendet. Eingedenk der Tatsache, daß zwischen den drei genannten pathologischen Zuständen fließende Übergänge bestehen, werden als Kriterium der Unterscheidung zwischen Commotio cerebri und Contusio cerebri die organische Verletzung des Hirngewebes mit eindeutigen strukturellen Veränderungen und als Kriterium zwischen Contusio cerebri und Compressio cerebri die kritische Hirndrucksteigerung mit Verlagerung von Hirnanteilen gesehen. Letztere führt einerseits zur Massenverschiebung über die Mittellinie und andererseits zu Einklemmungserscheinungen im Bereiche des Tentoriumschlitzes sowie des großen Hinterhauptsloches.

Anfangs kann die Entscheidung, ob bloß eine Commotio cerebri oder bereits eine Contusio cerebri vorliegt, schwierig sein. Fehlbeurteilungen kommen daher in den Erstbefunden immer wieder vor. Die Initialphase des stumpfen Schädeltraumas mit Hirnbeteiligung ist durch das *Syndrom der vegetativen Betriebsstörung* gekennzeichnet (KRETSCHMER 1978). Dies entspricht klinisch dem sogenannten *Kommotionssyndrom*, das aber keineswegs automatisch der Diagnose Commotio cerebri gleichgesetzt werden darf, zumal es bei allen stumpfen Schädelverletzungen mit zerebralem Befall (funktionell oder substantiell) auftritt. Der Patient ist bewußtlos, sein Muskeltonus ist herabgesetzt, auch die Reflexe sind nur schwach auslösbar. Die Haut ist schlecht durchblutet, oft feucht, der Puls ist schwach und schnell, die Atmung ist beschleunigt und manchmal unregelmäßig, der Blutdruck ist oft abgesunken, Reaktionen auf äußere Reize fehlen. Wenn der Patient dann erwacht, ist er noch bewußtseinsgetrübt, oft unruhig, kaum konzentrierbar, fragt immer dasselbe, klagt über Brechreiz und Übelkeit sowie Kopfschmerzen. Häufig kommt es auch zum Erbrechen. Bei stärkerer Schädigung bestehen Desorientiertheit und Verwirrtheit sowie längerdauernde Bewußtseinstrübung. Entscheidend sind vor allem in der Frühphase die Ergebnisse der bildgebenden Verfahren, insbesondere der Computertomographie und die Beobachtung der weiteren klinischen Entwicklung mittels dicht gesetzter neurologischer Kontrolluntersuchungen.

Was den Begriff Kommotionssyndrom anlangt, ist zu sagen, daß er leider, wie die Erfahrung zeigt, wiederholt mit der diagnostischen Bezeichnung Commotio cerebri (Gehirnerschütterung) verwechselt wird. Diese Verwechslung erklärt sich leicht durch die sprachliche Ähnlichkeit. Aus diesem Grunde bin ich in der Begutachtung dazu übergegangen, den Ausdruck Kommotionssydrom zu vermeiden und nicht anzuwenden, um insbesondere bei medizinischen Laien, welche gleichfalls mit Gutachten befaßt sind, keinen Irrtum aufkommen zu lassen.

1. Gehirnerschütterung (Commotio cerebri)

Unter dem diagnostischen Begriff der Gehirnerschütterung versteht man eine traumatisch bedingte, akute, rein funktionelle Betriebsstörung des Gehirns, die sich bald wieder vollständig zurückbildet. Diese relativ häufige Verletzung ist also eine *vollkommen reversible zerebrale Funktionsstörung ohne faßbares morphologisches Substrat*. Daher sind ihre Symptome, vor allem vegetative Störungen, flüchtiger Natur, und es erfolgt bald eine Restitutio ad integrum. Die Gehirnerschütterung wird durch ein direktes Trauma auf den frei beweglichen Schädel verursacht. Die Gewalt wirkt dabei meist breitflächig und kurz ein. Es handelt sich um ein Translationstrauma mit linearer Beschleunigung bzw. Verzögerung. Die Schwellenintensität des Akzelerations- oder Dezelerationswertes bewegt sich bei sagittaler Stoßrichtung auf den menschlichen Schädel und bei einer Stoßzeit von zwei bis vier Millisekunden, was den Eintritt des kommotionsbedingten primären Komas anlangt, zwischen 50 und 120 G (G = NEWTONsche Gravitationskonstante). Selbstverständlich bestimmen Größe und individuelle Deformierbarkeit des Schädels sowie die Konstitution des Betroffenen die Schwellintensität der erforderlichen Gewalt (UNTERHARNSCHEIDT 1984). So ist für das Auftreten der Bewußtlosigkeit bei bitemporaler Stoßrichtung infolge des geringeren Schädeldurchmessers eine etwa doppelt so große Gewalt erforderlich wie bei sagittaler Stoßführung.

Was die *Lokalisation* der zerebralen Funktionsstörung bei der Commotio cerebri anlangt, konnten weder obduktionsmäßig mit freiem Auge noch histologisch unter dem Lichtmikroskop substantielle Schädigungen am Gehirn nachgewiesen werden. Aus diesem Grunde prägte SPATZ (1936, 1951) den Begriff der „spurlosen Vorgänge“, wobei er meinte, daß dieser spurlose Hirnschaden das Gehirn in toto betreffe. Inwieweit bei der Commotio cerebri Veränderungen in Substrukturen des Gehirns entstehen, wie sich vielleicht aus manchen Befunden der Positronen-Emissions-Tomographie (PET) schließen läßt, bleibt vorerst noch offen. Der Streit um die Lokalisation der zerebralen Funktionsstörung bei der Gehirnerschütterung hält noch immer an. Nach DE MORSIER (1947) ist der Bereich des Mittel- und Zwischenhirnes gegenüber einem stumpfen Schädeltrauma auf Grund seiner zentralen Lage in der knöchernen Schädelkapsel besonders vulnerabel. Entsprechend der Hypothese dieses Autors würden alle Druckwellen im Hirnstamm konvergieren und dort den akuten Ausfall des retikulären aktivierenden Systems mit schlagartigem Bewußtseinsverlust bewirken. SELLIER und UNTERHARNSCHEIDT (1963) führten recht überzeugende physikalische und tierexperimentelle Untersuchungen durch, aus denen sie schlossen, daß der Bewußtseinsverlust im Rahmen einer Commotio cerebri auf einer akuten Funktionsstörung der Großhirnrinde beruht. Es war ihnen möglich, eine erhebliche Druckerhöhung an der Stoßstelle (Pol) und einen starken Unterdruck an der Gegenstoßstelle (Antipol) nachzuweisen, ohne daß sie hingegen im Bereiche des Hirnstammes irgendwelche Druckänderungen registrieren konnten (Knotenpunkt des traumatisch verursachten Druckgradienten oder zentrobasal gelegener Äquatorialpunkt). Sie postulierten daher als Grundlage der Bewußtlosigkeit bei Gehirnerschütterung ein Lähmungsphänomen in weiten Bereichen der Großhirnrinde durch traumatisch ausgelöste, passagere Nervenzellalterationen. Als eine weitere Hypothese wurde früher die Thixotropie mit einer Entmischung im Gelsystem des Zellinneren angeführt, ohne daß hiefür ein Beweis hätte erbracht werden können. Man vermutete reversible Änderungen der Membranpotentiale an den Ganglienzellen infolge einer thixotropen Störung, wodurch die Sauerstoffaufnahmefähigkeit herabgesetzt sein sollte und sich in der Folge eine Hypoxie des Nervengewebes ergeben sollte. Von dieser Hypothese ist man inzwischen abgekommen.

Im Falle einer Gehirnerschütterung ist klinisch und radiologisch nach Begleitverletzungen zu fahnden, denn in der Regel ist die Commotio cerebri mit anderen Verletzungen vergesellschaftet. Eine isolierte Gehirnerschütterung, einschließlich eventueller Kopfschwartenverletzungen, wie Rißquetsch- und Schnittwunden sowie Blutbeulen und subkutane Hämatome, ist auf Grund eigener Untersuchungen nur bei etwa jedem sechzehnten Commotio-Patienten festzustellen (SCHERZER und GUTH 1977, SCHERZER 1983). In den übrigen Fällen liegen *Mehrfachverletzungen* vor, wobei die Störsymptomatik der Gehirnerschütterung meist in den Hintergrund tritt. Gutachtlich sind für den Neurologen vor allem Kombinationen von Commotio cerebri mit sonstigen Kopfverletzungen von Interesse. Bei der Gehirnerschütterung fanden wir statistisch in 8% einen Schädeldachbruch, in 3,5% einen Schädelbasisbruch, in 4,2% einen Nasenbeinbruch und in 3,5% sonstige Gesichtsschädelbrüche. Eine zusätzliche Halswirbelsäulenverletzung wird erfahrungsgemäß bei einer Gehirnerschütterung nicht selten übersehen. Meist handelt es sich um eine Knick- oder Mischverletzung der Halswirbelsäule und nur ausnahmsweise um eine Prellung dieses Wirbelsäulenabschnittes. In den Unfallkrankenhäusern Österreichs wurde auf Grund eigener statistischer Erhebungen die Diagnose einer Gehirnerschütterung im langjährigen Schnitt bei etwa 1% aller stationären und ambulanten Unfallpatienten gestellt. Damit war die Commotio cerebri die vierthäufigste Diagnose.

Die Symptomatologie der Gehirnerschütterung ist durch eine *ausgeprägte Flüchtigkeit der zerebralen Funktionsstörung* charakterisiert. Als obligates Leitsymptom der Commotio cerebri gilt die mit dem Trauma sofort einsetzende Bewußtseinsstörung. Von manchen Autoren werden schon leichtere Bewußtseinstrübungen nach direkter Traumatisierung des Schädels als Zeichen einer Gehirnerschütterung angesehen. Aus theoretischen Gründen wäre es möglich, dieser Meinung beizupflichten. Aus praktischen Gründen verwehren wir uns jedoch dagegen und wollen eine Gehirnerschütterung erst dann diagnostizieren, wenn ein primärer Bewußtseinsverlust gegeben ist. Nach allgemeiner Übereinkunft fordern wir in Österreich für die Commotio cerebri als *unabdingbares Kardinalsymptom* die *unmittelbar und schlagartig mit der Gewalteinwirkung einsetzende Bewußtlosigkeit (primäres Koma)*. Damit wollen wir eine Abgrenzung gegenüber geringgradigen Bewußtseinsstörungen im unfallchirurgischen Schock sowie auch im Rahmen eines psychogenen Ausnahmezustandes treffen. Leichtere Bewußtseinstrübungen sind kein eindeutiger und unbedingter Ausdruck einer primären unfallbedingten Hirnfunktionsstörung. Tritt der Bewußtseinsverlust sekundär ein, also mit einer Latenz, dann handelt es sich nicht mehr um eine Commotio cerebri. Eine solche sekundäre Bewußtseinsstörung ist auf andere Ursachen zurückzuführen, beispielsweise auf einen Kreislaufkollaps oder auf eine intrakranielle Frühkomplikation (raumforderndes Hämatom, zerebrale Fettembolie usw.). Differentialdiagnostisch ist auch noch eine psychogene Ohnmacht in Erwägung zu ziehen.

Der Bewußtseinsverlust der Gehirnerschütterung ist von kurzer Dauer, erstreckt sich über Sekunden bis Minuten. Hält er länger als eine Viertelstunde an, so muß man den Verdacht auf eine Gehirnschädigung substantieller Art hegen (SCHERZER 1983). Es ist dann, insbesondere wenn die weitere Rückbildung der Bewußtseinstrübung nur zögernd stattfindet, eine substantielle Gehirnverletzung in Form einer Contusio cerebri zu vermuten. Früher legte man die Grenze der Komadauer zwischen Gehirnerschütterung und Hirnquetschung bei mehreren Stunden und schließlich bei einer Stunde fest. Neuere computertomographische Befunde des Gehirns lassen jedoch erkennen, daß diese zeitliche Grenze zu hoch angesetzt war, so daß wir sie auf 15 Minuten herabgesetzt haben. Zweifelsohne kann eine Gehirnquetschung auch mit einer Bewußtlosigkeit von weniger als einer Viertelstunde einhergehen, ja sogar einen Bewußtseinsverlust überhaupt vermissen lassen. Aus diesem Grunde darf die genannte zeitliche Grenze von 15 Minuten lediglich als oberes zeitliches Limit für die Annahme einer Commotio cerebri gelten. Meist besteht nach dem Erwachen aus der Bewußtlosigkeit noch eine Zeitlang eine leichtere Bewußtseinstrübung mit Somnolenz und Benommenheit, des weiteren mit Verlangsamung und mangelhafter zeitlicher Orientiertheit, wobei die Betroffenen sprachlich perseverieren und gewöhnlich immer wieder die Frage stellen, was denn vorgefallen sei und wo sie sich befänden. Antworten, die man ihnen gibt, vergessen sie sogleich wieder. Es sind also Störungen der Aufmerksamkeit und der Merkfähigkeit festzustellen. Die Patienten haben ferner sprachliche Schwierigkeiten, was ihre Ausdrucksfähigkeit und ihr Sprachverständnis anlangt. Sie sind oft unruhig und ängstlich, manchmal erregt und agitiert. Meist bezeichnet man dieses Stadium als *„Aufwachphase“* (MIFKA und SCHERZER 1965), so vergleichbar einem hypnagogen Stadium mit Einengung des Bewußtseins. In der Regel wird innerhalb einer Stunde volle Bewußtseinsklarheit erreicht, oft schon früher. Kurzfristig lassen sich noch eine Verlangsamung und eine vermehrte zerebrale Ermüdbarkeit der Patienten feststellen. Während dieser Zeit kann man pathologische EEG-Veränderungen, vor allem in Form von Allgemeinveränderungen und Frequenzverlangsamungen, finden.

Da die Gehirnerschütterung nach der zuvor gegebenen Definition obligat mit einer primären Bewußtlosigkeit einhergeht, resultiert zwangsläufig eine *traumatisch bedingte Amnesie*, d. h. eine Erinnerungs- oder Gedächtnislücke im Zusammenhang mit dem erlittenen Unfall. Sie ist anfangs meist größer und schrumpft allmählich bis auf einen nicht aufhellbaren „Kern“. In Relation zum Zeitpunkt des Traumas kann man eine retrograde und eine posttraumatische Amnesie, in Relation zur Komaphase eine retrograde und eine anterograde Amnesie unterscheiden. Eine bleibende Erinnerungslücke für die Zeit unmittelbar vor dem Trauma läßt sich in etwa einem Drittel der Fälle von Commotio cerebri explorieren. Es handelt sich dabei um die *retrograde Amnesie*, die in der Regel bloß einige Sekunden ausmacht. Ihr liegt ein Verlust der jüngsten Engramme vor dem Trauma zugrunde, vermutlich verursacht durch die jähe Unterbrechung des Speichervorganges von Gedächtnisinhalten, da die dauernde Fixierung von Engrammen einige Zeit in Anspruch zu nehmen scheint. Die Zeitspanne des primären Komas, welche eigentlich einer „Erlebnislücke" (SCHERZER 1974) entspricht, zumal der Betreffende während dieses Zustandes nichts bewußt erlebt, imponiert gleichfalls als Gedächtnislücke. Diesbezüglich spricht man von einer *einfachen, direkten* oder *kongraden Amnesie*. Während dieser Zeit sind überhaupt keine Gedächtnisinhalte aufgenommen worden. Nach dem Erwachen aus der Bewußtlosigkeit sind Aufnahme und dauerhafte Speicherung von Erlebnisinhalten noch einige Zeit hindurch gestört, bis dann eine vollständige geistige Ordnung wiedererreicht ist. Auch diese in der Aufwachphase erworbenen Engramme verfallen solchermaßen der Amnesie, welche man als *anterograde Amnesie* bezeichnet. Sie dauert bei der Commotio cerebri im allgemeinen nur Minuten, ausnahmsweise Stunden, keineswegs aber länger als einen Tag, einschließlich des Nachtschlafes.

Die *globale Amnesie* nach einer Gehirnerschütterung besteht somit aus einer retrograden Amnesie vor dem Trauma, einer einfachen, direkten oder kongraden Amnesie während der Bewußtlosigkeit und einer anterograden Amnesie während der Aufwachphase. Die Erinnerungslücke ab dem Unfallzeitpunkt wurde ursprünglich im angelsächsischen Schrifttum und wird heute ziemlich allgemein im internationalen Schrifttum *„posttraumatische Amnesie" (PTA)* genannt. Sie besteht laut den zuvor gegebenen Definitionen aus der kongraden Amnesie („Erlebnislücke" der Komaphase) und aus der anterograden Amnesie. Die posttraumatische Amnesie ist stets wesentlich länger als die retrograde Amnesie, dies in den meisten Fällen allein schon auf Grund der primären Bewußtlosigkeit. Abweichungen hievon sind gutachtlich von Interesse: So spricht eine retrograde Amnesie, welche länger als die gesamte posttraumatische Amnesie ist, für eine psychogene Überlagerung. Selbstverständlich beziehen sich diese Feststellungen nicht auf die Frühphase der Verletzung, sondern erst auf den späteren Zeitpunkt der Begutachtung, nachdem die Schrumpfung der Gedächtnislücke sowohl bezüglich der retrograden als auch bezüglich der posttraumatischen bzw. anterograden Amnesie abgeschlossen ist. Diese Verkürzung der traumatisch bedingten globalen Aphasie vollzieht sich im subakuten Stadium ziemlich schnell. Zwei Drittel der Fälle zeigt dabei eine komplette Rückbildung der retrograden Amnesie. Voll erhalten bleibt hingegen stets die direkte, einfache oder kongrade Amnesie, welche der zuvor genannten „Erlebnislücke" während des primären kommotionsbedingten Komas entspricht. Diese kongrade Amnesie stellt den nicht mehr aufhellbaren Kern der unfallbedingten Erinnerungslücke dar. Auch die anterograde Amnesie kann, wie erwähnt, von ihrem Ende her schrumpfen. In der Regel geschieht dies aber nicht zur Gänze, sondern bloß teilweise. So bleibt meist der Anfangsteil der anterograden Amnesie, der sich dem Koma direkt anschließt, bestehen. Des weiteren kann sich die Gedächtnisaufhellung auf isolierte und eng umschriebene Zeiträume beschränken, so daß förmlich ausgestanzte Erinnerungsinseln innerhalb der anterograden Amnesie entstehen. Meist betreffen sie Ereignisse, die den Patienten in psychischer Hinsicht besonders angesprochen haben. Darüber hinaus muß auch bedacht werden, daß die Bewußtseinslage während der Aufwachphase bisweilen gewisse Undulationen zeigt. Kurzfristig wechseln Zustände stärkerer und leichterer Benommenheit, ehe schließlich anhaltende Bewußtseinsklarheit erreicht wird. So ist es verständlich, daß Erinnerungsinhalte aus jenen Perioden behalten werden, in denen nur eine leichtere Benommenheit vorlag.

Der neurologische Befund bei der Commotio cerebri ist durch eine Minderfunktion des Zentralnervensystems gekennzeichnet, ansonsten jedoch unauffällig. Im Rahmen eines zerebralen Schockzustandes, der auch als *vegetative Betriebsstörung des Gehirns* (KRETSCHMER 1978) aufgefaßt wird, finden sich initial allgemeine Hypotonie der Skelettmuskulatur, Herabsetzung der Sehnen- und Periostreflexe, allenfalls langsame horizontale Pendeldeviationen der Augäpfel während der Bewußtlosigkeit als Phänomene der Eigenrhythmik der subkortikalen Blickzentren, später symmetrischer Endstellungsnystagmus und vorübergehende Konvergenzschwäche der Augäpfel mit der Angabe von Doppelbildern in verschiedenen Blickrichtungen. Hingegen sind *definitive neurologische Herdausfälle mit der Diagnose einer Commotio cerebri unvereinbar*. An weiteren, praktisch obligaten und meist recht deutlichen vegetativen Symptomen nach Gehirnerschütterung findet man Übelkeit, Brechreiz, Erbrechen, Schwankschwindel, Schweißausbrüche, abnormes Schlafbedürfnis, Blutdruckschwankungen (anfängliche Hypertonie, später Hypotonie), Gesichtsblässe, Schwankungen in der Pulsfrequenz, insbesondere Pulsbeschleunigung, Pupillenerweiterung beidseits, mitunter Hippus pupillae, stark ausgeprägten Dermographismus und manchmal subnormale Körpertemperaturen. Die erstgenannten Symptome wie Übelkeit, Brechreiz und Erbrechen sind weitgehend an die Aufwachphase gebunden. Die sonstigen vegetativen Störungen können länger anhalten, sind aber gleichfalls voll reversibel. In den ersten Tagen nach der Gehirnerschütterung läßt sich die allgemeine vegetative Störung durch einen pathologischen Ausfall des SCHELLONG-Tests nachweisen. Dadurch werden orthostatische Beschwerden und Kollapsneigung erklärt. Ein diffuser, meist druckartiger Kopfschmerz wird in den ersten Stunden bis Tagen nach der erlittenen Commotio cerebri angegeben und entspricht gleichfalls einer vegetativen vasomotorischen Störung im Zusammenhang mit der soeben beschriebenen hypotonen Entgleisung sowie Kreislauflabilität. Ferner wird über Schwankschwindel mit Schwarzwerden vor den Augen beim Aufstehen und bei schnellen Kopf- sowie Körperbewegungen geklagt. Diese subjektiven Beschwerden halten wenige Tage bis wenige Wochen an (SCHERZER 1976 und 1977), sind jedoch bald nicht mehr ununterbrochen, sondern nur mehr zeitweise vorhanden, wobei sie allmählich an Intensität abnehmen. Nach Wochen und Monaten bis höchstens einem Jahr ist auch die frühere Belastbarkeit völlig wiedererlangt.

Was *moderne Hilfsuntersuchungen* anlangt, so ergibt die kraniale Computertomographie bei der Gehirnerschütterung selbstverständlich keine Zeichen einer traumatischen Hirnschädigung, und meist läßt auch die Elektroenzephalographie solche vermissen. Lediglich initial, am deutlichsten während der unfallbedingten Bewußtseinsstörung, kann man Allgemeinveränderungen oder leichte Herdbefunde im EEG finden, die sich jedoch binnen kürzester Zeit zurückbilden. Diese ausgeprägte Flüchtigkeit der bioelektrischen Störungen erklärt, warum man in der Praxis bei Commotio cerebri fast stets ein normales Elektroenzephalogramm ableitet. Um so wichtiger ist es, die Ätiologie allfälliger pathologischer EEG-Veränderungen zu ergründen, wenn das klinische Bild bloß einer Gehirnerschütterung entspricht. Es kann sich um vorbestehende konstitutionelle oder erworbene Störungen, um Pseudoherdbefunde bei einem Kopfschwartenhämatom infolge geänderter physikalischer Ableitungsbedingungen sowie um EEG-Veränderungen auf Grund unfallfremder Erkrankungen (z. B. Arteriosclerosis cerebri und Tumor cerebri) oder auf Grund einer sich entwickelnden posttraumatischen intrakraniellen Komplikation (vor allem Subdural- und Epiduralhämatom) handeln.

Zumeist werden Patienten nach Gehirnerschütterung stationär im Krankenhaus *zur Beobachtung aufgenommen*, da in den ersten Tagen die Gefahr der Entwicklung eines raumfordernden intrakraniellen Hämatoms gegeben ist. Bettruhe ist einzuhalten, solange stärkere Beschwerden bestehen, meist einen bis drei Tage. Gefährlich sind übertriebene therapeutische Maßnahmen, da sie eine psychogene Fehlentwicklung fördern. Dies gilt insbesondere auch für die früher häufig verordnete dreiwöchige Bettruhe. Eine derartige Behandlung ist obsolet und sogar schädlich, da sie eine Kreislaufschwäche induziert. Der stationäre Spitalsaufenthalt dauert unter der üblichen Therapie mit der allfälligen Gabe von analgetischen Mitteln und Mutterkornalkaloiden bzw. Kreislaufmitteln wenige Tage bis eine Woche, während welcher Zeit die Mobilisierung des Patienten erfolgt. Der unfallbedingte Krankenstand kann nach zwei bis drei Wochen abgeschlossen werden. Anfangs sind Alkohol und Nikotin sowie körperliche Anstrengungen zu meiden. Gutachtlich ist noch zu betonen, daß ein *Dauerschaden nach Commotio cerebri nicht möglich* ist, zumal ja kein organischer Schaden am Gehirn gesetzt worden ist, und daß solchermaßen auch eine posttraumatische Epilepsie in Form eines autochthonen Anfalleidens nach Gehirnerschütterung definitionsmäßig nicht denkbar ist. Wohl kann aber bei entsprechender Disposition direkt mit der Gewalteinwirkung ein sogenannter Immediat- oder Sofortanfall als isolierter großer Krampfanfall nach Art eines Reflexgeschehens auftreten, ohne daß dadurch der weitere klinische Verlauf beeinträchtigt würde.

Isolierte Amnesie bzw. posttraumatischer Dämmerzustand

Es handelt sich dabei um eine forme fruste der Commotio cerebri. Retrograde und anterograde Amnesie schließen direkt aneinander. Eine (primäre) Bewußtlosigkeit fehlt. Jedoch besteht eine *eigenartige, leichtgradige*

Bewußtseinstrübung, die minuten- bis stundenlang anhält (Mifka und Scherzer 1962). Während dieser Zeit wirken die Betroffenen gereizt oder stur, sind oft wortkarg, manchmal auch aggressiv, handeln meist richtig, jedoch routinemäßig, wirken unter Umständen betrunken und haben für diese Zeitspanne eine scharf ausgestanzte „isolierte Amnesie" (Scherzer 1965). Da ihre Handlungen im großen und ganzen sinnvoll sind, sprach Straube (1963) von einem „primär geordneten Dämmerzustand". Solche Fälle können bei Fahrerflucht nach dem Unfall forensisch Bedeutung erlangen. Meist endet der posttraumatische Dämmerzustand mit einem terminalen bzw. lytischen Schlaf. Der Umstand, daß derartige posttraumatische Dämmerzustände bei Boxern und Alkoholikern häufiger beobachtet werden, ließ annehmen, daß pathogenetisch eine vorbestehende Hirnschädigung von Bedeutung sein könnte. Jedoch begegnet man auch ansonsten derartigen Zustandsbildern. Beim Sport fallen sie, da ja ständig Zuschauer vorhanden sind, verständlicherweise viel eher auf.

Sogenanntes chronisches postkommotionelles Syndrom

Mitunter zeigen manche Patienten nach Commotio cerebri ein persistierendes, hartnäckiges Beschwerdebild mit verschiedenen körperlichen und psychischen Störungen wie Herzklopfen, Konzentrations- und Gedächtnisstörungen, Antriebsminderung, Stimmungsschwankungen, Neigung zu Depressivität, Reizbarkeit und Lärmintoleranz sowie Ermüdbarkeit, Alkohol- und Nikotinunverträglichkeit, Affektsteigerung usw. Angesichts der ausgeprägten Flüchtigkeit der Symptomatik nach Commotio cerebri mit baldiger Restitutio ad integrum läßt sich das Anhalten eines solchen postkommotionellen Syndroms über einen längeren Zeitraum nicht erklären. Es widerspricht dem allgemeinen günstigen klinischen Verlauf nach Commotio cerebri. Daher muß man nach anderen Gründen eines solchen Beschwerdebildes fahnden. *Differentialdiagnostisch* sind eine symptomarme Gehirnkontusion mit Schädigungsherden in sogenannten klinisch stummen Hirnregionen („Stummheit" betrifft hier nur den neurologischen Befund), spondylogene Beschwerden, aber auch psychogene Störbilder abzugrenzen, welch letztere zumeist eine Progredienz in ihrer Entwicklung aufweisen, mit mannigfaltigen, teilweise bizarren und theatralischen Symptommanifestationen einhergehen und auf analgetische Medikation oder Physiotherapie überhaupt nicht ansprechen. Im Falle der Kombination einer Gehirnerschütterung mit einer Prellung, Zerrung oder Knickverletzung der Halswirbelsäule können Kopfschmerzen und vegetative Symptome lange Zeit hindurch anhalten. Nicht selten werden spondylogene Beschwerden auf Grund eines unfallbedingten Zervikalsyndroms als postkommotionelles Syndrom mißdeutet. Der typische zeitliche Ablauf mit anfänglicher Latenz bzw. Progredienz der Beschwerden, die Mobilitätseinschränkung der Halswirbelsäule mit Streckstellung, Klopf- und Druckschmerzhaftigkeit sowie Muskelverspannung und der Nachweis pseudoradikulärer sowie allfälliger radikulärer Symptome erlauben es, derartige Beschwerdebilder als spondylogene Störungen zu diagnostizieren und von der flüchtigen Symptomatik der Commotio cerebri zu unterscheiden.

2. Gehirnkontusion (Gehirnprellung, Gehirnquetschung, Contusio cerebri)

Unter diesen Bezeichnungen versteht man eine traumatisch bedingte Parenchymschädigung des Gehirns. Zum Unterschied von der zuvor beschriebenen Commotio cerebri weist die durch eine stärkere Gewalteinwirkung bewirkte Contusio cerebri stets eine substantielle Gehirnläsion auf. Diese organische Schädigung des Hirngewebes basiert auf *primär traumatischen zerebralen Läsionen*. Letztere entstehen im Augenblick der Gewalteinwirkung als sogenannte Rindenprellungsherde an den Windungskuppen der Großhirnhemispären (Kuppenquetschung nach ZÜLCH), als zentrale traumatische Großhirnschäden subependymär in der Ventrikelwand und in ventrikelnahen Bereichen des Corpus callosum sowie ausnahmsweise bei stärkster Gewalteinwirkung als traumatische Hirnstammschäden, die in den meisten Fällen kaum einen Tag lang überlebt werden. Rindenprellungsherde finden sich in erster Linie am Antipol infolge des beim *Translationstrauma* dort einsetzenden Kavitationsphänomens mit Bildung von Gasbläschen (lokaler Sog durch Druckabfall). Insofern sollte man besser von kortikalen „Kavitationsherden" sprechen (UNTERHARNSCHEIDT 1984). Auch die Bezeichnung Gegenstoß (Contre-coup) entspricht nicht den pathophysiologischen Vorgängen, da am Antipol der Gewalteinwirkung kein Stoß und keine Prellung, sondern der lokale Unterdruck den umschriebenen Gewebeschaden mit Freiwerden von Gasbläschen hervorruft. Die Entwicklung geht von Nekrosen und kleinen Blutungen über Resorption und proliferative Organisation zu liquorhaltigen zystischen Hirndefekten mit nur geringen Vernarbungen an der Hirnoberfläche. Im Endzustand bezeichnet man die glatten, eingezogenen Defekte, welche von bräunlich gefärbter Hirnhaut überzogen sind, als *Plaques jaunes*. Translationstraumen verursachen vorerst Schädigungsherde am Antipol und bei stärkerer Gewalteinwirkung auch am Stoßpol. Lediglich bei frontaler Stoßrichtung begegnet man vorzugsweise Kontusionsherden im Stoßbereich, d. h. an der Stirnhirnbasis. Die zentralen traumatischen Großhirnläsionen beruhen auf der *Deformation des Schädels*, die einen zentralen Kavitationseffekt bewirkt. Es kommt zu Gefäßeinrissen und damit zu Blutungen vom Schmetterlingstyp entlang den Ventrikelaußenseiten (SELLIER und UNTERHARNSCHEIDT 1963). Des weiteren können so Balkenblutungen und Balkenzerreißungen entstehen. Primär traumatische Hirnstammläsionen werden nur bei kleiner Ausdehnung überlebt. Hat die Gewalt mit großer Stärke eingewirkt, dann finden sich zusätzliche Rindenprellungsherde. Das *Impressionstrauma* bewirkt einen Rindenprellungsherd an der Stoßstelle, gleichfalls über den Mechanismus der Kavitation, wenn der eingedellte Knochen nach der Gewalteinwirkung gleich wieder in seine Ausgangsposition zurückschnellt. Die lokale Druckschädigung ist vergleichsweise gering. Im allgemeinen erschöpft sich sozusagen die mechanische Energie an der Stoßstelle (Coup-Verletzung). Nur bei starker Gewalteinwirkung wird auch Hirngewebe am Antipol lädiert (Contre-coup-Verletzung). Betrifft die Nekrosezone nicht nur Hirnwindungen (Kuppenquetschung), sondern auch die benachbarten Windungstäler, spricht man ganz allgemein von einer Hirnparenchymkontusion. Auch bei ihr sind die weichen Hirnhäute unverletzt. Besteht gleichzeitig eine wesentliche Läsion der Leptomeningen, so bezeichnet man diese Verletzungsart als Hirnlazeration, welche bis zur Zertrümmerung ganzer Hirnlappen führen kann. Lazerationen heilen mit Hirn-Dura-Narben aus und bergen daher die Gefahr einer posttraumatischen Epilepsie in besonderem Maße in sich.

Nach primär traumatischen Hirnschädigungen stellt sich bald ein Hirnödem ein, welches lokal oder generalisiert sein kann. Durch eine derartige Volumsvermehrung des Hirnparenchyms werden die Ventrikel eingeengt, spaltförmig und schließlich aufgehoben. Auch die Liquorräume um das Gehirn werden aufgebraucht, und es werden Hirnteile in die großen Öffnungen der Schädelbasis eingepreßt (Mittelhirn-, Bulbärhirneinklemmung). Das Hirnödem kann schließlich einen Markschwund nach sich ziehen und eine sogenannte *Ödemnekrose* mit konsekutivem Hydrocephalus internus et externus („ex vacuo“) verursachen. Prädilektionsstellen für Quetschungsherde des Gehirns sind die Windungskuppen der Großhirnhemisphären, die Basalflächen des Stirn- und Schläfenlappens sowie auch der Stirn- und Schläfenpol, des weiteren in einem gewisse Maße noch das Kleinhirn. *Sekundär traumatische Hirnschäden* können schon sehr früh entstehen und basieren auf reaktiven, kreislaufabhängigen Störungen bei Hypoxie, Blutdruckabfall, Hirnödem, Ischämie usw. In einem Circulus vitiosus verstärken sich die vaskulären Störungen, bis lokale Nekrosen entstehen. Traumatische Hirnstammschäden sind meist sekundär traumatisch und finden sich im Mittelhirn. Ihnen gehen eine Zisternenverquellung und sodann eine Inkarzeration im Bereiche des Tentoriumsschlitzes voran. Sie sind beim apallischen Syndrom typischerweise sehr stark ausgeprägt und bedingen eine Funktionsunterbrechung zwischen zerebralem Kortex und Hirnstamm. Morphologisches Substrat der Sekundärschäden des Hirnstammes sind die typischen Duret-Bernerschen Blutungsherde in der oralen Umgebung des vierten Ventrikels. Jedoch finden sich sekundäre Hirnläsionen nach Schädeltraumen selbstverständlich auch in anderen Hirnarealen. Die Bedeutung der sekundär traumatischen Hirnschäden ist vor allem für die klinische Defektsymptomatik höher einzuschätzen als die der primär traumatischen Veränderungen.

Klinisch und gutachtlich wird eine traumatische Hirnschädigung vorwiegend aus den Erscheinungen der akuten Verletzungsphase diagnostiziert. Dabei werden sowohl klinische Phänomene als auch die Ergebnisse von Hilfsuntersuchungen berücksichtigt. Beim gedeckten Schädelhirntrauma infolge stumpfer Gewalteinwirkung findet sich typischerweise initial fast stets ein *Kommotionssyndrom*, das aber keineswegs einer Commotio cerebri (Gehirnerschütterung) gleichgesetzt werden darf. Dieses vorerst diagnostisch noch mehrdeutige Erschütterungssyndrom zeigt bloß eine zerebrale Beteiligung des Schädeltraumas an und weist folgende Trias auf: mit der Gewalteinwirkung sofort und schlagartig einsetzender Bewußtseinsverlust, konsekutive vegetative Störungen und zu einem späteren Zeitpunkt Angabe einer Erinnerungslücke. Die Dauer der Bewußtlosigkeit bietet für die Beurteilung des Schweregrades der erlittenen traumatischen Hirnschädigung gewisse Anhaltspunkte, ist jedoch aus den vorhandenen Krankengeschichten oft nur schwer zu ersehen. Manche Schädeltraumatiker wachen zwar bald aus der Bewußtlosigkeit auf, zeigen aber sodann lang anhaltende Bewußtseinstrübungen, meist mit Desorientiertheit, Verwirrtheit und Unruhe vergesellschaftet. Es handelt sich dabei um (post)traumatische Psychosen, die Ausdruck des traumatischen Hirnödems sind, deshalb auch Ödempsychosen, Durchgangssyndrome und vor allem Funktionspsychosen (Wieck 1956) genannt werden. Diese klinischen Bilder beweisen das Vorliegen einer substantiellen Hirnschädigung, sind dem exogenen Reaktionstypus von Bonhoeffer (1908, 1912 und 1917) zuzuordnen und können entsprechend der vorbestehenden Persönlichkeitsstruktur und der speziellen Lokalisation der Hirnschädigung verschiedene Ausgestaltungen und Färbungen bieten (amnestisch, delirant, halluzinatorisch, apathisch, schizoid, amentiell, ängstlich, depressiv usw.) oder auch symptomarm sein, so daß sie erst nach längerer Exploration erfaßt werden können. Bei Kindern beobachtet man häufig mutistische und stuporöse, bei Jugendlichen konfabulatorische Formen (Scherzer 1969). Mit Abklingen des diffusen traumatischen Hirnödems schwinden Bewußtseinstrübung, Desorientiertheit bzw. Verwirrtheit und Unruhe sowie Allgemeinveränderungen im Elektroenzephalogramm (Jung 1953, Schneider und Hubach 1962); es tritt wieder geistige Ordnung ein. Der Schweregrad einer stumpfen traumatischen Hirnschädigung läßt sich noch besser als an der Komadauer an der Länge der Zeitspanne zwischen Unfall und Wiedereinsetzen von Bewußtseinsklarheit sowie psychischer Ordnung ermessen. Als klinischer Gradmesser bewährt sich in dieser Hinsicht daher die Dauer der posttraumatischen Amnesie (PTA). Die zuvor genannten vegetativen Störungen drücken sich bei leichten Gehirnkontusionen ähnlich wie bei Commotio cerebri in Übelkeit und Erbrechen, diffusen Kopfschmerzen, Schwankschwindelsensationen, Schweißausbrüchen, Pulssteigerung, niedrigem Blutdruck und Schlafstörungen aus. Sie sind in der Initialphase typisch, nehmen dann aber im Laufe der Zeit ab und schwinden bald nach Abklingen der Hirnödemphase. Die vegetativen Funktionsstörungen einschließlich vermehrter Irritierbarkeit sowie Alkoholintoleranz entsprechen dem sogenannten posttraumatischen Allgemeinsyndrom. Dieses kann unter Umständen psychogen über Jahre fortgeführt werden, ohne daß es in der Tat noch auf organischer Basis vorhanden wäre. Auch bei schwereren Gehirnkontusionen, die durch längerdauernde Bewußtseinsstörungen gekennzeichnet sind, klingen die vegetativen Störungen allmählich mit der Mobilisierung der Betroffenen ab.

Was die *unfallbedingte Erinnerungslücke* anlangt, so ist sie bei gedeckten Hirnkontusionen meist wesentlich länger als bei banalen Gehirnerschütterungen. Dies betrifft weitgehend alle Formen der Amnesie. Die gespeicherten Informationen aus der Zeit knapp vor dem Unfall gehen üblicherweise verloren. Solchermaßen beläuft sich die retrograde Amnesie oft auf Stunden und Tage, selten auf Wochen. Nach WELTER und MÜLLER (1987) stellt eine retrograde Amnesie von mehr als einer Viertelstunde bereits einen Hinweis auf eine substantielle Hirnschädigung dar. Die einfache, direkte oder kongrade Amnesie entspricht dem initialen Koma und daher einer echten „Erlebnislücke". Wenn das Koma 15 Minuten überschreitet, so weist dies auf eine substantielle Hirnschädigung im Sinne einer Gehirnkontusion hin (SCHERZER 1983). Eine primäre Bewußtlosigkeit fehlt bei gedeckten bzw. geschlossenen Gehirnkontusionen praktisch nie, wenn diese durch ein stumpfes Beschleunigungstrauma verursacht wurden. Es sind nur äußerst seltene Beobachtungen bekannt geworden, bei denen ein stumpfes Beschleunigungstrauma ausnahmsweise ohne primären Bewußtseinsverlust eine kontusionelle Hirnschädigung gesetzt hat, dann typischerweise nur leichten Grades. So beschrieb KATZENSTEIN (1956) als autoptischen Zufallsbefund eine kleine traumatische Zyste an der Basis des Stirnlappens nach einer banal anmutenden Kopfverletzung ohne Kommotionssyndrom. Irgendwelche zerebrale Ausfälle waren dadurch nicht bedingt worden. Hingegen sind traumatisch verursachte Hämatome nach vermeintlichen Bagatellunfällen, die anfangs bloß als Contusio capitis imponierten, durchaus möglich und immer wieder zu beobachten. Schließlich läßt auch die anterograde Amnesie, bzw. besser noch, die posttraumatische Amnesie, wenn sie die 24-Stunden-Grenze überschreitet, eine organische Hirnverletzung vermuten. Bei all diesen Beurteilungen sollte aber nicht vergessen werden, daß ein vorangegangener Alkoholkonsum die Amnesie wesentlich verlängert.

Im *neurologischen Status* finden sich bei Gehirnkontusionen meist Halbseitensyndrome (Hemiparese, Hemihypästhesie, homonyme Hemianopsie), aber bei schweren Schädigungen auch Tetrasyndrome und wiederholt zerebelläre Störungen. Gleichzeitig vorhandene Hirnnervenausfälle sind hingegen in der Regel Begleitsymptome von Schädelbasisfrakturen. Neurologische Reizsymptome des Gehirns können schon in der Akutphase auftreten, und zwar als epileptische Frühanfälle, welche entweder großen epileptischen Anfällen oder fokal motorischen Anfällen entsprechen, aus denen sich über eine sekundäre Generalisierung wiederholt große epileptische Anfälle entwickeln. Streng davon zu trennen sind Mittelhirnkrämpfe, welche Beuge- und Strecksynergismen der Extremitäten auf nicht-epileptischer Basis darstellen. Wichtiger als neurologische Symptome sind nach geschlossenen Gehirnkontusionen die sich im *psychiatrischen Status* manifestierenden psychopathologischen Störungen in Form von Bewußtseinstrübungen und in Form der bereits zuvor genannten (post)traumatischen Psychosen, die mit Eintritt der geistigen Ordnung typischerweise in ein chronisches, jedoch prinzipiell rückbildungsfähiges posttraumatisches organisches Psychosyndrom übergehen.

Besonders wertvoll für den neurologischen Gutachter sind *Hilfsbefunde* aus der Frühphase der Schädelverletzung, wenn diese Aufschluß über die Hirnfunktionen oder über die anatomischen Veränderungen am Hirn bringen. Die kraniale Computertomographie gestattet uns heutzutage eine schnelle Erkennung traumatisch bedingter Veränderungen des Gehirns und des Schädelskelettes. Es können damit Kontusionsherde als Hypodensitäten, Blutungen als Hyperdensitäten, weiters Hirnödem, Verlagerung von Hirnteilen, Frakturen, Lufteinschlüsse, Hygrome und Gefäßausfälle nachgewiesen werden. Dadurch gelingt meist die Unterscheidung, ob ein primär traumatischer Hirnschaden oder nur eine funktionelle Betriebsstörung des Gehirns in Form einer Commotio cerebri vorliegt. Es kann computertomographisch auch der sogenannte „stumme" Rindenprellungsherd erfaßt und so die Differentialdiagnose zwischen Commotio und Contusio cerebri wesentlich besser als in früheren Zeiten entschieden werden. Etwa ab dem vierten posttraumatischen Tag ist die Kernspintomographie in ihrer Aussagekraft der Computertomographie überlegen. Die nativen Röntgenaufnahmen des Schädels einschließlich des Schädelgrundes stellen initial nur Übersichtsaufnahmen dar und erfassen keineswegs alle traumatischen Veränderungen. Dennoch können sie Hinweise auf Lokalisation und Stärke der stattgehabten Gewalteinwirkung geben bzw. indirekte Zeichen von Schädelknochenbrüchen aufdecken (Pneumenzephalon, Flüssigkeitsspiegel in den Nebenhöhlen). Selbstverständlich sind die Schädelröntgenaufnahmen bei jedem Schädeltrauma durch eine radiologische Untersuchung der Halswirbelsäule zu ergänzen. Das Elektroenzephalogramm (EEG) zeigt in der Anfangsphase kontusioneller Hirnschädigungen eine Allgemeinveränderung mit Verlangsamung und Abflachung der bioelektrischen Hirntätigkeit als Ausdruck des diffusen traumatischen Hirnödems. Dadurch werden in der ersten Zeit Herdbefunde unter Umständen maskiert. Sie treten erst später deutlicher hervor, wenn sich die Allgemeinveränderungen zurückbilden. Der weitere Verlauf ist durch eine Einengung der EEG-Herdtätigkeit gekennzeichnet, die bei komplikationslosem Verlauf meist innerhalb der ersten zwei Jahre nach dem Trauma schwindet. Die genannten EEG-Veränderungen und insbesondere der durch deutliche Remissionstendenz gekennzeichnete EEG-Längsschnitt (Scherzer 1969, 1971, 1972 und 1980) berechtigen gleichfalls zur Annahme einer substantiellen Gehirnverletzung. Schließlich sind noch die akustisch evozierten Potentiale (BAEP) als wertvolle Untersuchungsergebnisse in der Komadiagnostik zu erwähnen. Sie erlauben Aussagen über allfällige Hirnstammläsionen. Hingegen sind die somatosensibel und die visuell evozierten Potentiale (SSEP und VEP) für die Beurteilung geschlossener Gehirnverletzungen von untergeordneter Bedeutung.

Die Gehirnkontusion als organische Läsion des Gehirnparenchyms geht mit einem *Untergang von Nervengewebe* einher. Dieses wird abgebaut, und es setzt sodann eine Organisation des Gewebeschadens ein, die von Hirnzellen und allenfalls bei gleichzeitiger Schädigung der Hirnhäute von Bindegewebszellen ausgeht. Substanzdefekte im Sinne von lokalen Atrophien, Plaques jaunes, Zystenbildung, Gliavermehrung und Narben, insbesondere Hirn-Dura-Narben, die ihrerseits zu epileptischen Spätanfällen Anlaß geben können, sind die Folge. Da der eingetretene Nervenzell- und Markfaserschwund durch Regeneration nicht gutgemacht werden kann, resultieren bei entsprechend großem Verlust an Hirngewebe typischerweise neurologische und psychische Ausfälle, welche im klinischen Untersuchungsbefund faßbar sind. Es handelt sich dabei meist um eine Minussymptomatik, wie Lähmungserscheinungen und Gefühlsminderungen. Durch Ausfall übergeordneter Hirnzentren, welche auf niedrigere zerebrale und spinale Funktionssysteme dämpfend wirken, können jedoch auch Enthemmungssymptome manifest werden, z. B. extrapyramidale Symptomatik, medulläre Automatismen der Motorik und der Harnblasenfunktion, psychische Enthemmung usw. Die neurologischen Störungen zeigen verschiedenste Formen, je nach zugrundeliegender Lokalisation der zerebralen Läsionen. Was psychische Veränderungen im Gefolge von gedeckten Hirnschädeltraumen anlangt, so sind sie im Spätstadium, bedingt durch das anfängliche generalisierte Hirnödem, überwiegend in Form eines diffusen organischen Psychosyndroms anzutreffen (WURZER 1992). Lokalen psychoorganischen Syndromen begegnet man in der Frühphase häufiger, als Dauerfolgen hingegen seltener.

Durch *Plastizität und Abundanz des Nervengewebes* ist im Laufe der Zeit oft eine weitgehende Kompensation der anfänglich schweren zerebralen Ausfälle und Störbilder möglich. In dieser Richtung versucht die Neurorehabilitation das bestmögliche Funktionsniveau des Betroffenen durch langes, zielgerichtetes und konsequentes Training zu erreichen. Sie trachtet, das irreparable Defektsyndrom im Sinne des unfallkausalen Dauerschadens so gering wie nur möglich zu halten, den Versehrten so gut wie möglich zu resozialisieren und in sein früheres Leben zu reintegrieren (SCHERZER 1987 und 1990). Oft benötigt die Rehabilitationsmedizin zur Erreichung dieser Ziele viele Monate und eventuell sogar einige Jahre. Gedeckte Gehirnkontusionen weisen im Defektstadium häufiger psychische Allgemein- als neurologische Lokalsymptome auf. Dies erklärt sich aus dem Umstande, daß das anfängliche generalisierte traumatische Hirnödem, wie soeben dargelegt, über die Rindenprellungsherde und größeren Kontusionsareale sowie Markzerreißungen hinaus eine diffuse Hirnschädigung gesetzt hat, die bis zu ausgedehnten Nekrosen reichen kann. Unfallbedingte Schmerzen sind bei geschlossenen Gehirnkontusionen in der Regel durch einige Tage bis wenige Monate vorhanden (SCHERZER 1976 und 1977). Oft fehlen aber bei schwersten Fällen tatsächliche körperliche Schmerzen sogar vollkommen. Es scheinen im Hinblick auf Schmerzen vor allen Dingen Verletzungen an den Hirnhäuten, Liquorzirkulationsstörungen und zusätzliche Gefäßläsionen das klinische Beschwerdebild des einzelnen Patienten zu bestimmen.

3. Hirndrucksteigerung (Compressio cerebri)

Der Hirndrucksteigerung nach Schädeltraumen liegt entweder ein Hirnödem oder ein raumfordernder Prozeß des Schädelinneren zugrunde. Bei einem solchen handelt es sich vorwiegend um expansive Hämatome, selten um Meningitis, Behinderung des venösen Blutabflusses bzw. des Liquorabflusses, ausnahmsweise um eine infolge Ventilmechanismus progrediente Pneumenzephalie oder um einen wachsenden Hirnabszeß, der in der Regel von einer perifokalen Ödemzone umgeben ist oder überhaupt zu einem generalisierten Hirnödem geführt hat. Am häufigsten ist die Compressio cerebri nach Traumen durch ein ausgedehntes oder diffuses Hirnödem bedingt. Auf Grund anatomischer Gegebenheiten wirkt sich dieses im Supratentorialraum, der ja die größte Hirnmasse beherbergt, am stärksten aus. In der Folge wird daher die Pathogenese der Hirndrucksteigerung mit ihren Auswirkungen und Sekundärveränderungen an Hand des Hirnödems besprochen.

Ein *Hirnödem* kann lokal bzw. perifokal um primär oder sekundär traumatische Hirnparenchymschäden (Rindenprellungsherde, größere Kontusionen, Blutungen, Hirnwunden, Hirnphlegmonen und Hirnabszesse) oder diffus in weiten Hirnbereichen und auch generalisiert auftreten. Das generalisierte traumatische Hirnödem, welches für die Compressio cerebri von entscheidener Bedeutung ist, entsteht entweder primär und direkt auf Grund der allgemeinen Gewalteinwirkung oder sekundär durch Ausbreitung eines anfänglich umschriebenen (perifokalen) Hirnödems. Das durch ein Schädelhirntrauma hervorgerufene Hirnödem (Scherzer 1985) entwickelt sich in typischer Weise als vasogenes Ödem auf Grund einer Funktionsstörung der Blut-Hirn-Schranke, die physiologischerweise eine nur geringe und selektive Permeabilität besitzt. Infolge Läsion der Endothelzellen und ihrer Maculae occludentes bei gleichzeitiger Pinozytose (Vesikelbildung in den Endothelzellen mit Durchwandern von Plasmakomponenten) strömt reichlich Blutflüssigkeit zwischen die Gewebszellen. Es entsteht so ein extrazelluläres Hirnödem, das dem Blutplasma entspricht und die Spalten der weißen Substanz erfüllt. Wegen des Reichtums an Natrium- und Chlor-Ionen spricht man auch von einem Elektrolytödem. Da das Hirnödem mit einer Flüssigkeitszunahme des Gehirns einhergeht, kommt es gleichzeitig zu einer Volums- und Gewichtszunahme des Gehirns, so daß die Hirnwindungen abgeplattet und verbreitert, die Hirnfurchen verstrichen sind. Bereits in diesem Stadium, in dem noch keine wesentliche Hirnkompression stattfindet, kann das Hirnödem als indirekte Traumafolge erhebliche Hirnparenchymveränderungen bewirken, aus denen eine Ödemnekrose resultiert.

Die *Hirnschwellung* als Volumsvermehrung des Gehirns verdrängt anfangs Liquor aus dem intrakraniellen Reserveraum, der 70 bis 150 ccm mißt und dem Liquorraum gleichgesetzt werden kann. Schließlich sind alle intra-

und extrazerebralen Reserveräume erschöpft, und das Ventrikelsystem des Gehirns ist praktisch aufgehoben. Während dieser Entwicklung steigt der intrakranielle Druck (ICP) allmählich und kontinuierlich an. Diese Hirndrucksteigerung läßt sich insbesondere bei epiduraler Registrierung über einen längeren Zeitraum gut verfolgen. Zumal die knöcherne Schädelkapsel starr ist und keine Änderung im Sinne einer Volumszunahme erlaubt, führt die Hirndrucksteigerung letzten Endes zur Compressio cerebri bzw. kann ihr gleichgesetzt werden. Damit setzt aber ein bald deletärer Circulus vitiosus ein, da die Hirndrucksteigerung die Hirndurchblutung über eine Gefäßkompression ständig vermindert. Zuerst werden die schwachwandigen Venen komprimiert. Durch die muskuläre Komponente der Autoregulation der Hirndurchblutung ist in dieser Phase noch eine ausreichende arterielle Versorgung des Gehirns über eine Erweiterung der Hirngefäße gegeben. Nach Versagen dieses Kompensationsvorganges entwickelt sich jedoch eine schwere Ischämie. Die Sauerstoffversorgung nimmt ab, wogegen die Kohlendioxydkonzentration zunimmt. Dadurch wird die metabolische Komponente der zerebralen Autoregulation angesprochen, und es kommt zu einer zusätzlichen Gefäßerweiterung.

Im Rahmen der fortschreitenden ungünstigen Entwicklung zeigt die Hirndruckmessung nach dem kontinuierlichen Anstieg plötzlich sogenannte Plateau- oder Druckwellen, bis alle autonomen Druckschwankungen infolge Vasomotorenlähmung sistieren. Damit ist die zerebrale Autoregulation, welche die Hirndurchblutung bloß in einem gewissen Bereich sichern kann, zusammengebrochen. Die Durchblutung des Schädelinneren erfolgt ab jetzt nur mehr druckpassiv entsprechend dem hämodynamisch wirksamen Blutgefälle innerhalb der Schädelkapsel (Perfusionsdruck = Arteriendruck minus Schädelinnendruck). Mit zunehmender Hypoxie und Erreichen der Anoxie des Gewebes geht das ursprünglich vasogene Hirnödem allmählich in ein zytotoxisches Hirnödem über, das sich vorwiegend intrazellulär (fast ausschließlich in den Astrogliazellen der grauen Hirnsubstanz) findet und unaufhaltsam fortschreitet. Nur kurze Zeit hindurch vermag ein reflektorischer Anstieg des Systemblutdruckes das intrakranielle Blutgefälle aufrechtzuerhalten, so daß eine zerebrale Durchblutung noch gegeben ist. Mit weiterer Hirndruckerhöhung reicht aber auch diese Blutdrucksteigerung zur Kompensation nicht mehr aus, der zerebrale Perfusionsdruck nimmt kontinuierlich ab, bis der Zirkulationsstillstand erreicht ist. Dann tritt binnen kurzer Zeit der Hirntod ein. Die ödembedingte Hirnkompression beruht also einerseits auf der Tatsache, daß sich das Gehirn in der starren und bis auf wenige Durchtrittspforten geschlossenen Schädelkapsel befindet und andererseits auf einer fortschreitenden intrakraniellen Raumbeengung, welche nach Aufbrauch der extrazerebralen Reserveräume zur Hirndrucksteigerung geführt hat. Neben dem Trauma selbst bedingen sehr oft Atembehinderungen und Sauerstoffmangel die Entstehung massiver Hirnödeme. Die Neigung zum Hirnödem ist übrigens am kindlichen Gehirn groß und am senilen Gehirn gering.

Aber nicht nur ein Hirnödem, sondern auch andere raumfordernde intrakranielle Prozesse führen, wie eingangs erwähnt, zur Compressio cerebri, z. B. Hämatome, Blockade des Liquorabflusses, venöse Abflußbehinderung, Meningitis und Hirnabszeß sowie progrediente Pneumenzephalie, welcher ein Ventilmechanismus mit Eintritt von Luft in das Schädelinnere ohne die Möglichkeit des Austrittes von Luft aus dem Schädelinneren zugrunde liegt. Ziel aller therapeutischen Maßnahmen ist in diesen Fällen die möglichst schnelle Druckentlastung. Anfangs sind bei der Entwicklung der Hirndrucksteigerung im klinischen Bereich Kopfschmerzen, diffuse Schwindelsensationen und Erbrechen gegeben. Dann kommt es zu einer fortschreitenden Bewußtseinstrübung. Dieser Verlauf ist vor allem dann zu beobachten, wenn sich ein raumforderndes intrakranielles Hämatom nach einem scheinbar leichten Schädelhirntrauma entwickelt. Zum Unterschied davon geht im Gefolge schwerer Schädelhirntraumen das primäre Koma in die sekundäre, hirndruckbedingte Bewußtlosigkeit direkt über; es fehlt dann eine Bewußtseinsaufhellung, und so können die soeben genannten subjektiven Symptome nicht erhoben werden.

Das generalisierte Hirnödem kann sich nach ausgedehnter Hirnquetschung mit einer Latenz von drei bis zehn und allenfalls 14 Tagen entwickeln. Bei massiver Ausbildung verläuft es unter dem klinischen Bilde einer unfallbedingten Frühkomplikation. Man spricht in diesen Fällen vom *posttraumatischen Sekundär-* oder *Spätödem*. Nach Abklingen der anfänglichen Bewußtlosigkeit besteht Sopor oder Somnolenz, letztere oft mit Verwirrtheit gepaart, und dann verschlechtert sich die Bewußtseinslage häufig bis zu einer neuerlichen Bewußtlosigkeit. Es liegt also ein relatives luzides Intervall vor (MIFKA und SCHERZER 1962). Mit der progredienten Vertiefung der Bewußtseinstrübung kommt es manchmal zu epileptischen Manifestationen, fokalen bzw. sekundär generalisierten Frühanfällen, und meist nehmen auch die zerebralen neurologischen Ausfälle zu, welche später bei günstigem Verlauf mit Rückbildung des Hirnödems eine mehr oder weniger gute Remission erfahren. Unter Umständen sind solche Symptome überhaupt nur während des Sekundärödems nachweisbar (SCHERZER 1970). Elektroenzephalographisch zeigt sich gleichfalls eine Zunahme der pathologischen Veränderungen, sowohl was die Allgemeinveränderungen als auch was die Herdbefunde anlangt. In der Echoenzephalographie findet sich bei einseitiger Betonung des Hirnödems eine geringe Dislokation der Mittellinienzacke. Überschreitet diese 5 mm, sollte an die Entwicklung eines raumfordernden Hämatoms gedacht werden. Beträgt die Massenverschiebung mehr als 10 mm, so ist der diesbezügliche Verdacht sehr groß; indiziert ist dann eine angiographische oder vorzugsweise computertomographische Abklärung, da sich durch letztgenannte Untersuchung nicht nur Blutansammlungen, sondern auch Ödemzonen nachweisen lassen. Bei stärkerer Ausprägung bedeutet das Sekundär- oder Spätödem einen lebensbedrohlichen Zustand und kann unter malignem Verlauf zum Hirntod führen.

Mit der Hirndrucksteigerung, die in den verschiedenen Abschnitten des Schädelinnenraumes (supratentoriell, infratentoriell, rechter und linker Supratentorialraum) unterschiedlich sein kann, kommt es zu *Massenverschiebungen von Gehirnanteilen*. Solche vollziehen sich stets in Richtung des geringsten Widerstandes, bei einseitigen Prozessen anfangs über die Mittellinie zur Gegenseite und sodann durch den Tentoriumschlitz und schließlich durch das große Hinterhauptsloch. Außerdem entstehen am Augenhintergrund Stauungspapillen. Der Schweregrad der allgemeinen Hirndrucksteigerung ist am Ausmaß der Bewußtseinsstörung des Betroffenen zu ermessen. An entsprechend ausgerüsteten Intensivpflegestationen wird der intrakranielle Druck (ICP) zweckmäßigerweise kontinuierlich – meist epidural – registriert. Dadurch werden Überwachung und Therapie des Schädelhirnverletzten wesentlich erleichtert. Im Falle einer *unilateralen supratentoriellen Raumforderung* entsteht nach druckbedingter Schrägstellung der Falx cerebri ein Druckkonus des Corpus callosum und des Gyrus cinguli durch Dislokation zur Gegenseite (kallöse und zinguläre Herniation). In ähnlicher Weise können auch basale Hirnanteile wie die Corpora mamillaria und der Hypophysenstiel bei lateraler Raumbeengung über die Mittellinie zur Gegenseite verschoben werden. An typischen lokalen Verlagerungen sind in weiterer Folge zu nennen: ipsilateraler Druckkonus durch Verlagerung mediobasaler Temporallappenanteile in die basalen Zisternen des Tentoriumspaltes, insbesondere Dislokation des Uncus gyri hippocampi (unkale bzw. tentorielle Herniation), gleichzeitiges Anpressen des oberen Hirnstammes, also des Zwischen- und Mittelhirns, an den kontralateralen Tentoriumrand, vor allem Anpressen des gegenseitigen Hirnschenkels mit der Pyramidenbahn gegen den Tentoriumrand (Schnürfurche), Dehnung und Kompression des ipsilateralen Nervus oculomotorius über die Klivuskante, Abklemmung der hinteren Hirnarterie mit hämorrhagischer Infarzierung und Reizung vegetativer Zentren im Rahmen des akuten Mittelhirnsyndroms und schließlich Einpressen beider Kleinhirntonsillen in das Foramen occipitale magnum (zerebelläre bzw. foraminelle Herniation).

Im Falle einer *bilateralen supratentoriellen Raumforderung*, wie sie sich typischerweise im Rahmen eines diffusen traumatisch bedingten Hirnödems entwickelt, kommt es gleich anfangs zu einem bitemporalen Druckkonus mit hufeisenförmiger Hernienbildung um den Hirnstamm. Die obgenannten Veränderungen sind dann weitgehend symmetrisch ausgebildet. Jedoch werden eine Zeitlang auch einseitig betonte tentorielle Einklemmungen beobachtet. Sie bewirken eine sogenannte Lateralisation des akuten Mittelhirnsyndroms. Durch Fortleitung der supratentoriellen Hirndrucksteigerung auf den Infratentorialraum, also auf die hintere Schädelgrube, entsteht der foraminelle Druckkonus. Die Kleinhirntonsillen werden durch das Foramen occipitale magnum in den Spinalkanal gedrückt. Man spricht aber nicht nur von einer Kleinhirneinklemmung, sondern, weil das verlängerte Mark in besonderem betroffen ist, auch von einer bulbären Einklemmung. Weiters werden das obere Halsmark, die Arteria cerebelli inferior posterior und der Nervus accessorius beidseits geschädigt. Das klinische Bild ist das des Bulbärhirnsyndroms. Die Herniationsrichtung und die Hirnstammverlagerung gehen in den beschriebenen Fällen von kranial nach kaudal. Selten nimmt eine Drucksteigerung vom Infratentorialraum ihren Ausgang, z. B. durch ein dort lokalisiertes expansives Hämatom. In einem solchen Fall kann auch eine Verlagerung von Kleinhirnanteilen durch den Tentoriumspalt in den Supratentorialraum stattfinden. Die Herniationsrichtung geht dann im tentoriellen Niveau von kaudal nach kranial. Schließlich ist noch die augenfällige Auswirkung einer Hirndrucksteigerung bei Vorliegen einer Schädelknochenlücke zu nennen. Es entwickelt sich nämlich in diesem Falle sehr rasch ein *Hirnprolaps*. Die Massenverschiebung von Gehirnanteilen wölbt diese über das Niveau der Schädelkalotte. Jedwede Hirndrucksteigerung läßt sich längere Zeit hindurch an der Größe des Hirnprolapses erkennen. Dieser tritt daher auch beim Husten oder Niesen noch deutlicher hervor. Wenn das prolabierte Hirngewebe schließlich nicht nur nach außen vorgequollen, sondern auch über den Rand der Knochenlücke peripheriewärts getreten ist, kommt es zur Inkarzeration mit Ausbildung einer Schnürfurche, welche bald einer Nekrotisierung unterliegt. Es besteht dann auch die Gefahr der Infektion des ausgetretenen Hirngewebes oder der Exulzeration.

Akute Hirnstammsyndrome

Was die akuten Hirnstammsyndrome anlangt, muß man zwischen primären und sekundären Hirnstammschädigungen unterscheiden. Bei den primären Läsionen handelt es sich um Hirnstammkontusionen und -blutungen, bei den sekundären Läsionen handelt es sich um die Folgen der zuvor beschriebenen Hirnstammeinklemmungen.

Primäre Hirnstammverletzungen entstehen im Rahmen schwerster Schädelhirntraumen und führen meist innerhalb des ersten posttraumatischen Tages zum Tode, werden also nur ausnahmsweise überlebt. Pathomechanisch ist bei diesen Verletzungen der Hirnstamm, welcher in der Incisura tentorii fixiert ist, starken Scherkräften ausgesetzt, so daß sowohl nervale Gewebeteile als auch kleinere Blutgefäße abreißen können. Es resultieren malazische Kontusionsherde und umschriebene Hämorrhagien des Hirnstammes, hauptsächlich im Haubenbereich. Isolierte derartige Läsionen kommen so gut wie nie vor. Stets sind sie mit sonstigen zerebralen und zerebellären Quetschungsherden vergesellschaftet. Im Falle einer Schädigung des Mittelhirns zeigen sich Störungen der Okulomotorik und der Pupillomotorik, im Falle einer Schädigung des verlängerten Markes kommt es zu Störungen der Atmung und des Kreislaufs. Prognostisch äußerst ungünstig sind Unbeweglichkeit der Augen, lichtstarre Pupillen, Maschinenatmung, allgemeine Muskelatonie, Atem- und Kreislaufdepression sowie Hypothermie. Wird eine primäre Hirnstammkontusion überlebt, so beobachtet man wiederholt einen traumatischen Mutismus (von CRAMON und VOGEL 1981), der sich nur langsam zurückbildet und in eine Dysarthrophonie übergeht. Weitere, meist persistierende neurologische Symptome sind die genannten Störungen der Okulomotorik und Pupillomotorik, Ataxien, zerebellärer Tremor und verschiedene Paresen.

Häufiger begegnet man jedoch einer *sekundären Hirnstammschädigung* als Folge von Hirndrucksteigerung bei Hemisphärenödem und intrakraniellen Hämatomen. Die pathologisch-anatomischen Grundlagen dieser akuten sekundären Hirnstammsyndrome wurden im vorigen Abschnitt beschrieben. Demnach wird das akute traumatische Mittelhirnsyndrom durch eine axiale Hirnstammverschiebung mit Einklemmung insbesondere von Teilen des Mittelhirns in den Tentoriumschlitz bedingt, wogegen das akute traumatische Bulbärhirnsyndrom durch eine Kleinhirneinklemmung im Bereiche des Foramen occipitale magnum mit Kompression vor allem des Bulbärhirns bewirkt wird. In der Folge sollen die klinischen Korrelate und die klinische Entwicklung geschildert werden. Die diesbezüglichen Syndrome, nämlich das akute traumatische Mittelhirnsyndrom (mit und ohne Lateralisation) sowie das akute traumatische Bulbärhirnsyndrom und das sich aus der Hirnstammschädigung ergebende apallische Syndrom, wurden eingehend von GERSTENBRAND (1967) dargelegt. Ein typischer Verlauf in der Entwicklung ist festzustellen, wobei ein Stillstand und auch eine Rückbildung auf jedem Niveau möglich sind. Das akute Mittelhirnsyndrom geht als mesodienzephales Lähmungssyndrom bei fortschreitendem Hirndruck in das akute Bulbärhirnsyndrom über, und dieses führt bei anhaltender foramineller Einklemmung als bulbopontines Lähmungssyndrom mit Atemstillstand, Pulsfrequenzabnahme und Hypothermie zum Hirntod.

GERSTENBRAND (1967) unterscheidet vier Phasen des *akuten (medialen) traumatischen Mittelhirnsyndroms*. In Phase 1 bestehen leichte Benommenheit, verlangsamte Reaktionen, schwimmende Augenbewegungen, spontane Massen- und Wälzbewegungen. In Phase 2 ist die Somnolenz deutlicher, die Reaktionen auf äußere Reize sind vermindert, die Pupillen verengt mit verzögerter Lichtreaktion, die Bulbusbewegungen sind nicht mehr konjugiert. Während noch Massenbewegungen der Arme auftreten, befinden sich die Beine bereits in Streckstellung. Abwehrbewegungen auf Schmerzreize werden zunehmend ungerichtet, die Eigenreflexe sind gesteigert, Pyramidenbahnzeichen sind beidseits gering positiv. Die Atmung ist beschleunigt, Temperatur und Puls sind erhöht. In Phase 3 ist der Betroffene bewußtlos, zeigt enge Pupillen mit träger Lichtreaktion, die Bulbusbewegungen haben sistiert, die Augen befinden sich in Divergenzstellung, die Arme in Beuge-, die Beine in Streckstellung. Auf Schmerzreize verstärkt sich die Beuge-Streckstellung der Extremitäten (Dekortikationshaltung). Die Eigenreflexe sind stark gesteigert, die Pyramidenbahnzeichen beidseits deutlich positiv. Die Atmung ist beschleunigt, wird zunehmend rhythmisiert. Temperatur, Blutdruck und Pulsfrequenz steigen weiter an. In Phase 4 (Vollbild) ist der Patient weiterhin bewußtlos. Seine Pupillen sind mittelweit bis weit, die Lichtreaktion der

Pupillen ist stark vermindert. Weiterhin finden sich keine Bulbusbewegungen, die Augen stehen in ausgeprägter Divergenzstellung, der Rumpf ist oft im Opisthotonus, alle Extremitäten sind in Streckstellung mit Adduktion und Innenrotation der Arme bei gleichzeitiger Flexion der Hände und Finger (Dezerebrationshaltung). Es treten spontan Strecksynergien auf, durch Schmerzreize verstärken sich diese. Es bestehen Hyperreflexie und Spastizität. Pyramidenbahnzeichen sind beidseits deutlich positiv. Die Atmung ist maschinenartig beschleunigt. Temperatur, Blutdruck und Pulsfrequenz steigen weiter an. Die Schweißsekretion ist stark vermehrt.

Neben dem soeben beschriebenen akuten medialen Mittelhirnsyndrom gibt es auch ein akutes laterales Mittelhirnsyndrom. Dieses entsteht bei unilateralen raumbeengenden Prozessen des Supratentorialbereiches. Am *akuten traumatischen Mittelhirnsyndrom mit Lateralisation* werden klinisch üblicherweise nur zwei Phasen unterschieden (Gerstenbrand 1967). In Phase 1 reicht die Bewußtseinstrübung bis zur Somnolenz, wobei Reaktionen auf äußere Reize vermindert sind. Die Augäpfel sind leicht divergent und deviieren. Ipsilateral zur Läsion ist die Pupille erweitert. Einseitig sind die Extremitäten in Beuge-Streckstellung, die Eigenreflexe gesteigert, der Muskeltonus erhöht, die Pyramidenbahnzeichen positiv. Auf Schmerzreize erfolgen gerichtete Abwehrbewegungen der gegenseitigen Extremitäten. Dies bedeutet, daß unilateral Symptome der dritten Phase des medialen Mittelhirnsyndroms vorliegen, wogegen auf der anderen Seite keine oder nur beginnende Mittelhirnsymptome gegeben sind. Die Atmung ist beschleunigt und wird langsam rhythmisiert. Die Pulsfrequenz steigt an. In Phase 2 reicht die Bewußtseinstrübung von der Somnolenz bis zum Koma. Die Bulbi sind divergent und nun zur Gegenseite gerichtet. Weiterhin ist auf der Läsionsseite die Pupille mydriatisch und zeigt eine sehr träge Lichtreaktion. Die Extremitäten sind entsprechend der jetzt beidseitigen Mittelhirnsymptomatik auf der Seite der stärkeren Schädigung in Streckstellung, auf der anderen Seite in Beuge-Streckstellung, zeigen erhöhten Muskeltonus, gesteigerte Eigenreflexe sowie positive Pyramidenbahnzeichen. Die Atmung ist beschleunigt und rhythmisch. Temperatur, Blutdruck und Pulsfrequenz steigen an.

Die als Reizphänomene anzusehenden *Mittelhirnkrämpfe* treten auf äußere Reize oder auch spontan, dann durch innere Reize ausgelöst, auf. Sie gehen anfangs an den Armen mit Beuge- und an den Beinen mit Streckkrämpfen, später bei Ausbildung des Vollbildes eines Mittelhirnsyndroms mit Streckkrämpfen an allen Extremitäten, also mit generalisierten Extensionsspasmen, einher. Mittelhirnkrämpfe entsprechen mithin entweder Dekortikations- oder Dezerebrationsanfällen. Die klinische Symptomatik kann sich in asymmetrischer Form, d. h. einseitig betont, oder überhaupt nur unilateral manifestieren, was lokalisatorische Rückschlüsse erlaubt. Bei Progredienz der Einklemmungserscheinungen können immer häufiger werdende mesenzephale Anfälle in den Zustand einer anhaltenden Dekortikation (Entrindungsstarre) oder häufiger gleich in den Zustand einer anhaltenden Dezerebration

(Enthirnungsstarre) übergehen. Die beschriebenen Mittelhirnkrämpfe dürfen keineswegs mit einem epileptischen Geschehen verwechselt werden. Sie stellen drohende Zeichen einer progredienten, lebensbedrohlichen Hirnstammeinklemmung dar und erfordern den raschen Einsatz weiterer diagnostischer sowie therapeutischer Maßnahmen.

Im Rahmen des akuten traumatischen Mittelhirnsyndroms führt die Kompression des ipsilateralen Hirnschenkels zur Lähmung der kontralateralen Gliedmaßen, die Kompression des kontralateralen Hirnschenkels hingegen zur Lähmung der ipsilateralen Gliedmaßen. Sämtliche Augenmuskelnerven können geschädigt werden, so daß schließlich eine totale Ophthalmoplegie entsteht. Durch Läsion der oberen Zweihügel kann sich eine vertikale konjugierte Blickparese, typischerweise nach oben (PARINAUD-Syndrom), ergeben. Durchblutungsstörungen des Sulcus calcarinus im Okzipitallappen führen zu flüchtiger Halbseitenblindheit. Solche Symptome beobachtet man in ihrer Entwicklung vorwiegend bei hämatombedingten Hirndrucksteigerungen. Das akute Mittelhirnsyndrom kann sich bei günstigem Verlauf zurückbilden oder bei ungünstigerem Verlauf in das *prolongierte Mittelhirnsyndrom* bzw. in das *apallische Syndrom* übergehen (GERSTENBRAND und RUMPL 1986). Die schlechteste Entwicklung ist bei anhaltender Progredienz durch Übergang in das Bulbärhirnsyndrom gegeben.

Am *akuten traumatischen Bulbärhirnsyndrom* unterscheidet GERSTENBRAND (1967) zwei Phasen. In Phase 1 besteht noch eine angedeutete Lichtreaktion der erweiterten Pupillen. Die Streckstellung, besonders an den Armen, ist vermindert. Strecksynergien sind nur mehr angedeutet auslösbar. Die Eigenreflexe sind abgeschwächt. Es entwickelt sich eine Schnappatmung. Temperatur, Pulsfrequenz, Blutdruck und Schweißsekretion steigen weiterhin an. In Phase 2 (Vollbild) sind die Pupillen maximal weit und reaktionslos. Die Körperhaltung ist atonisch, die Motorik ist vollkommen ausgefallen. Die Eigenreflexe fehlen. Der Muskeltonus ist schlaff. Die Atmung sistiert. Pulsfrequenz und Blutdruck fallen ab. Die Temperaturregelung versagt. Die Prognose des Vollbildes des akuten traumatischen Bulbärhirnsyndroms ist, sofern nicht innerhalb von Minuten eine Dekompression erfolgt, infaust. Entwickelt sich das Bulbärhirnsyndrom primär, d. h. ohne vorangehendes Mittelhirnsyndrom, z. B. bei einem raumfordernden Hämatom der hinteren Schädelgrube, so können initial folgende typische Symptome beobachtet werden: Durch meningeale Reizung kommt es zur Nackensteifigkeit und zu Nacken- sowie Hinterkopfschmerzen. Durch Hinterstrangkompression werden rieselnde Parästhesien im Rücken und an den Gliedmaßen ausgelöst. Durch Vagusreizung entstehen abdominelle Beschwerden und insbesondere Erbrechen. Vegetative Störungen in Form von Tachykardie, Blutdruckschwankungen und Atemstörungen treten auf. Mit Eintritt des Atemstillstandes stellt sich gleichzeitig Bewußtlosigkeit ein. Es kommt des weiteren sehr bald zur Poikilothermie. Der hier skizzierte klinische Verlauf ist in den meisten Fällen foudroyant.

Apallisches Syndrom

Darunter ist eine „Rindenlosigkeit" (Kretschmer 1940) zu verstehen, welche auf der funktionellen Unterbrechung der Verbindungen zwischen Hirnstamm und Großhirnrinde basiert. Bei offenen Augen kann der Betroffene mit seiner Umgebung keinen Kontakt aufnehmen (*Coma vigile*). Vegetative Reaktionen, Abwehrbewegungen und ein obgleich noch gestörter Schlafwach-Rhythmus (persistent vegetative state) sind ebenso zu beobachten wie orale Automatismen, Haltungsanomalien, Sphinkterstörungen, Spastizität, Pyramidenbahnzeichen und extrapyramidale Symptome (Vita reducta). Oft kommt es infolge gestörter Nahrungsverwertung zur Abmagerung (démence progressive avec cachexie). Das apallische Syndrom kann einen irreversiblen Defektzustand oder bloß ein Durchgangssyndrom darstellen. Es wird in etwa 60 bis 70% der Fälle überwunden, wobei dann die Prognose quoad vitam sehr günstig, quoad sanationem weniger gut ist, da zumeist erhebliche neurologische Ausfälle persistieren. Bloß in Einzelfällen kann eine weitgehende Wiederherstellung beobachtet werden (Gerstenbrand 1967). Das apallische Syndrom wird wegen seines protrahierten Verlaufes auch als *Coma prolongé* bezeichnet. Pathologisch-anatomisch findet man vor allem sekundär traumatische Stauungsblutungen und anämische Nekrosen in der rostralen Hirnstammhaube. Des weiteren zeigen sich entsprechend dem besonderen Schweregrad der Verletzung typische Begleitschäden in Form ausgedehnter Markläsionen der Hemisphären. Gutachtlich ist das apallische Syndrom als ein komatöser Zustand zu werten (Coma prolongé bzw. Coma vigile). Es ist erst dann als überwunden anzusehen, wenn mit dem Patienten Kontakt aufgenommen werden kann, also der verläßliche Nachweis einer Kommunikationsfähigkeit gegeben ist. Ein behaupteter Blickkontakt ist nur äußerst fraglich als Beweis einer bewußten Handlung zu werten, da von den Angehörigen meist und vom Pflegepersonal oft spontane Blickbewegungen irrtümlich als ein verstehendes An- und Nachschauen gedeutet werden. Sinnvolle Bewegungen über Aufträge sind, wenn reproduzierbar und in mehrfacher Form nachweisbar, hingegen eindeutige Zeichen einer wiederkehrenden Bewußtseinstätigkeit. Sobald sprachliche Äußerungen möglich sind, besteht überhaupt kein Zweifel mehr am bewußten Denken, auch wenn noch Verwirrtheit und Desorientiertheit bestehen.

Hirntod

Der Hirntod ist, wie zuvor dargelegt, das Endstadium der fortschreitenden Compressio cerebri (Penin und Käufer 1969, Scherzer 1973, Pendl 1986). Die exzessive Hirndrucksteigerung innerhalb der starren Schädelkapsel bewirkt schließlich eine allgemeine Gefäßkompression und damit einen intrakraniellen Zirkulationsstillstand, als dessen Folge eine totale Ischämie des gesamten Gehirns (Großhirn, Kleinhirn und Hirnstamm) eintritt. Da die Durchblutung des übrigen Organismus noch erhalten ist, spricht man auch von einem *dissoziierten Tod* oder *Partialtod* und betont damit den Umstand, daß das Gehirn isoliert betroffen ist. Weitere Ausdrücke sind *Coma dépassé* und *Status deanimatus*. Der Hirntod ist durch den irreversiblen und kompletten Ausfall sämtlicher integrativer Groß- und Stammhirnfunktionen gekennzeichnet. Er bedeutet solchermaßen gleichzeitig den Individualtod des Betroffenen, ist als ein Kunstprodukt der modernen Reanimationsmedizin anzusehen und entsteht lediglich unter den Bedingungen der Intensivbehandlung, welche noch längere Zeit hindurch Herzaktivität und Kreislauf sowie Atmung künstlich aufrechtzuerhalten vermag. Obduktionsbefunde ergeben Zeichen eines massiven Hirndrucks und einer intravitalen Autolyse des gesamten Gehirns. Es liegt ein ischämischer Totalinfarkt aller Strukturen des Schädelinnenraumes vor. Darüber hinaus sind nekrotische Hirnanteile in den Spinalkanal verlagert, und man findet wiederholt eine hämorrhagische Malazie der oberen Halsmarksegmente.

Die *klassische Hirntoddiagnose*, welche den Todeszeitpunkt zum Zwecke der Organexstirpation für eine entsprechende Organtransplantation bestimmen soll, erfolgt in drei Schritten: Nachweis des klinischen Hirntodsyndroms (absolute zerebrale Funktionslosigkeit und zerebrale Areflexie), Nachweis des Fehlens der bioelektrischen Hirntätigkeit (isoelektrisches Elektroenzephalogramm, erloschene evozierte Potentiale) und Nachweis des kompletten intrakraniellen Zirkulationsstillstandes (Nichtfüllung des Hirnarteriensystems mit Abbruch der Kontrastmittelsäule an der Schädelbasis bei Panarteriographie). Fällt die zerebrale Durchblutung durch mehr als acht bis zehn Minuten vollkommen aus, so kommt es bekanntlich unweigerlich zum ischämischen Totalinfarkt des Gehirns mit Nekrose und nachfolgender Autolyse. Die erste Ebene der Hirntodbestimmung ist durch das *klinische Hirntodsyndrom* definiert. Als dessen Zeichen findet man einen irreversiblen Atemstillstand, weite und lichtstarre Pupillen, eine komplette zerebrale Areflexie und das absolute Erloschensein jedweder zentral-nervösen Aktivität (keine Spontanmotorik, keine Reaktionen auf äußere Reize, fehlender Muskeltonus, aufgehobene Kreislauf- und Temperaturregulation). Da unter Umständen die Eigenaktivität des Rückenmarks noch eine Zeitlang anhalten kann, so daß gewisse Reflexe am Stamm und an den Gliedmaßen weiter auslösbar sind, ist für die Diagnose des Hirntodes lediglich eine zerebrale Areflexie zu fordern; eine Reflextätigkeit auf spinalem Niveau widerspricht dem klinischen Hirntodsyndrom nicht, z. B. Auslösbarkeit von Bauchhautreflexen oder einzelner Muskeldehnungsreflexe, auch wenn diese nach vorübergehendem Fehlen wieder-aufgetreten sind, was durch anfängliche Schockwirkung (Diaschisis) des Rükkenmarks bei Eintritt des Hirntodes erklärt werden kann. Die zweite Ebene der Bestimmung des Hirntodes betrifft die bioelektrische Hirntätigkeit. Unter maximaler Verstärkung und Ausschaltung von Artefakten sowie auch unter zusätzlicher Anwendung verschiedenartiger Reize zeigt das Elektroenzephalogramm bei eingetretenem Hirntod keinerlei Aktivität mehr: *Nullinien-EEG*, isoelektrisches Kurvenbild, elektrische Stille. In ähnlicher Art und

Weise können Untersuchungen im Hinblick auf evozierte Potentiale vorgenommen werden. Solche lassen sich nach eingetretenem Hirntod, da ja die gesamte bioelektrische Hirntätigkeit erloschen ist, gleichfalls nicht mehr nachweisen. Das Elektroenzephalogramm wird üblicherweise 20 bis 30 Minuten lang abgeleitet und während der Schwebezeit, die je nach Übereinkunft mit sechs bis 48 Stunden festgelegt ist, ein- oder mehrmals wiederholt. Hierzulande empfiehlt man eine Gesamtregistrierzeit des Nullinien-EEGs in der Dauer einer Stunde und eine Schwebezeit von sechs Stunden. Dies bedeutet entweder zwei Ableitungen durch jeweils eine halbe Stunde oder drei Ableitungen durch jeweils 20 Minuten.

Angesichts der Tatsache, daß über ganz vereinzelte Fälle berichtet wurde, in denen ein derartiges Zustandsbild überlebt worden war, wandte man auf der dritten Ebene der Hirntodbestimmung die sogenannte *terminale Angiographie* zum letzten und absolut sicheren Nachweis des bereits eingetretenen Hirntodes an. Es handelt sich dabei um die zerebrale Angiographie an allen großen, zum Gehirn führenden Arterien bei ausreichend hohem arteriellem Blutdruck, im Falle des Erwachsenen mindestens 80 mm Hg systolisch. Die Kontrastmittelinjektion hat ohne Überdruck zu erfolgen. Die zerebrale Panarteriographie zeigt im Falle des Hirntodes einen Kontrastmittelstopp an der Schädelbasis und in typischer Weise eine vorauseilende Kontrastmittelfüllung der Arteria carotis externa. Diese terminale Angiographie erfolgt selektiv an den Karotiden und Vertebralarterien oder simultan vom Aortenbogen aus mittels der SELDINGER-Technik. Aus Furcht, durch diese Kontrastmitteluntersuchung bei einem Patienten, der noch nicht vollkommen hirntot ist, eine zusätzliche Schädigung zu setzen und damit sein Schicksal verfrüht zu besiegeln, hat man in den letzten Jahren vielerorts auf den angiographischen Nachweis des Hirntodes verzichtet. Persönlich halte ich diese Befürchtung für unberechtigt, wenn die terminale Angiographie nur mehr als Schlußstein in der Kette der Hirntoddiagnostik erfolgt. Sie soll auch angesichts einer infausten Prognose bloß verhindern, daß die Organentnahme zwecks Transplantation verfrüht erfolgt. Besonders schwierig gestaltet sich die Hirntoddiagnostik bei Kindern und bei Verdacht auf Intoxikationen, vor allem mit Barbituraten. Auch hier kann die terminale Angiographie in Zweifelsfällen eine Klärung bringen oder die Zeit, welche sonst für chemische Untersuchungen erforderlich ist, maßgeblich verkürzen.

Als weitere Verfahren in der Bestimmung des Hirntodes, deren Ergebnisse für die Diagnose aber meist nicht als beweisend, sondern nur als unterstützend angesehen werden, sind zu nennen: Messung der regionalen Hirndurchblutung mit radioaktiven Isotopen (Xenon usw.), DOPPLER-sonographische Untersuchung der zum Gehirn führenden Arterien sowie transkranielle Sonographie der mittleren Hirnarterie, Bestimmung der arteriovenösen Sauerstoffdifferenz des Gehirns, Spiegeluntersuchung des Augenhintergrundes, welche in der Arteria centralis retinae keine Pulswelle mehr erkennen läßt, galvanische Vestibularisuntersuchung (SCHERZER 1973) und kontinuierliche epidurale Hirndruckmessung (SCHERZER 1985 und 1990) mit Nachweis einer unaufhaltsamen Hirndrucksteigerung, welche den Arteriendruck schließlich überschreitet und damit den zerebralen Perfusionsdruck (Differenz zwischen mittlerem Systemblutdruck und intrakraniellem Druck) aufhebt.

Mit Feststellung des eingetretenen Hirntodes durch das aufgezeigte dreistufige Diagnosenschema kann die untersuchte Person sofort als tot erklärt werden (PENIN und KÄUFER 1969, KRÖSL und SCHERZER 1983), und es können alle medizinischen Maßnahmen ohne Verzug abgebrochen werden. Meist werden diese aber bis zur Entnahme noch lebensfrischer Organe zwecks Transplantation fortgeführt. In Österreich ist es rechtlich nicht erforderlich, das Einverständnis zur Organentnahme von den Angehörigen einzuholen. Liegt kein diesbezügliches Verbot von seiten des betroffenen Erwachsenen vor, so kann von der Annahme ausgegangen werden, daß der Organentnahme zwecks Erhaltung eines anderen Lebens („höherer Wert") zugestimmt wurde. In diesem Punkt unterscheidet sich die österreichische Rechtssprechung wesentlich von den juristischen Auffassungen in den meisten anderen Ländern. Die Annahme, daß der überwiegende Teil der Bevölkerung einer Organentnahme zustimmt, hat unzählige Organtransplantationen in Österreich reibungslos und ohne Schwierigkeiten ermöglicht und solchermaßen geholfen, vielen Menschen das Leben in sonst aussichtslosen Situationen zu erhalten.

D. Offene Schädelhirnverletzungen

Sie entstehen, wenn die Gewalt eines scharfen oder kantigen Gegenstandes auf den Schädel einwirkt oder wenn ein Schädelgrundbruch eine Verbindung zwischen Schädelinnenraum und Außenwelt herstellt. Das Kriterium des offenen Schädelhirntraumas liegt in der *Durazerreißung*, die meist einen Abfluß von Zerebrospinalflüssigkeit (Liquorrhö) nach sich zieht. Im Falle einer Impressionsfraktur oder Schädelbasisfraktur ist die Dura mater oft, im Falle einer Schädelhirnwunde stets rupturiert und es resultiert die soeben erwähnte Kommunikation mit den sich daraus ergebenden und in der Folge noch zu besprechenden Gefahren. Wenn kein stumpfes, breitflächiges, sondern ein *penetrierendes, kleinflächiges Schädeltrauma* vorliegt, fehlt typischerweise auch das Kommotionssyndrom mit seiner primären Bewußtlosigkeit. Anfangs ist aber wiederholt nicht zu entscheiden, ob bei einer *Impressionsfraktur* eine offene oder eine geschlossene Verletzung vorliegt. Dies stellt sich unter Umständen erst während der operativen Versorgung heraus. Letztere verschließt die Verbindung zwischen Außenwelt und Schädelinnenraum, macht aus der offenen eine gedeckte Schädelverletzung und beseitigt dadurch die Infektionsgefahr für die intrakraniellen Strukturen. Der Verschluß der Duraruptur erfolgt durch Naht oder plastische Deckung und soll innerhalb von Tagen liquordicht werden. Der Arzt muß sich stets bewußt sein, daß der Durariß einer *Schädelfraktur im Bereiche des pneumatischen Systems* kaum jemals spontan einen ausreichend dichten Verschluß bildet. Es bleibt dann die

Gefahr einer späteren entzündlichen Komplikation des Schädelinneren häufig zeitlebens bestehen. Die Operationsindikation sollte daher in diesen Fällen nicht zu eng und nicht zu zögernd gestellt werden.

Bei den offenen Schädelhirnverletzungen unterscheidet man Eindellungsbrüche, insbesondere im Kalottenbereich, Schädelgrundbrüche, vor allem im Rahmen frontobasaler, laterobasaler und mediobasaler Verletzungen, ferner Schuß-, Stich- und Pfählungsverletzungen. Penetrierende Traumen gehen oft nur mit einer unscheinbaren Kopfwunde einher. Sie sind leicht zu übersehen. Am häufigsten findet man Pfählungsverletzungen bei Kindern; spitze Gegenstände können auch durch präformierte Knochenlücken wie Fontanellen in das Schädelinnere eingebracht werden. Des weiteren lassen sich das Orbitaldach sowie die oft recht dünne Temporalschuppe leicht durchstoßen. Typischerweise besteht in diesen Fällen, wie erwähnt, keine primäre Bewußtlosigkeit. Impressionsfrakturen, ob sie nun offen oder geschlossen sind, erschöpfen ihre Energie weitgehend an der Stoßstelle und bedingen primär, wie schon berichtet, einen Gewebeschaden an der Stelle der Gewalteinwirkung. Dieser entsteht durch den Kavitationseffekt des nach der traumatischen Eindellung zurückschnellenden Schädelknochens, welcher eine direkte Fraktur, d. h. einen Biegungsbruch, erleidet (Unterharnscheidt 1984). Der primär traumatische Hirnschaden manifestiert sich als Rindenkontusionsherd oder als ausgedehntere Quetschung des unter dem Eindellungsbruch lokalisierten Hirnparenchyms. So ist es nicht verwunderlich, daß eine neurologische Herdsymptomatik resultiert, welche auf Grund funktionsneurologischer Überlegungen weitgehend vorhergesehen werden kann. Offene Hirnverletzungen verursachen ferner nicht selten Gefäßläsionen, wobei sowohl Arterien als auch Venen und venöse Blutleiter eröffnet werden können. Wiederholt entstehen so subdurale, epidurale und auch intrazerebrale Blutungen bzw. Hämatome. Hämatomkombinationen kommen ebenso nicht selten vor, z. B. gleichzeitiges Vorliegen eines sub- und epiduralen Hämatoms bei schwerer Impressionsfraktur mit Zerreißung der harten Hirnhaut.

Am häufigsten begegnet man offenen Schädelhirnverletzungen in frontobasaler Lokalisation. Deshalb sind *alle frontobasalen Verletzungen*, auch wenn sie primär belanglos erscheinen, *von Haus aus als offene Schädelhirntraumen zu betrachten*. Bei ihnen liegt unter Umständen keine Haut-, sondern nur eine Schleimhautverletzung vor, so daß die offene Verbindung zwischen dem stets keimhältigen pneumatischen System und dem Schädelinneren besteht. Wie in allen Fällen einer offenen Schädelhirnverletzung droht auch hier die Gefahr der Keimeinbringung nach intrakraniell. Entweder wird keimhältiges Material in Form von Hautfetzen, Haaren und sonstigen Fremdkörpern in die Liquorräume und in das Gehirn eingebracht oder es wandern Keime von außen entlang der traumatisch entstandenen Kommunikation in das Schädelinnere. Wie Liquor ausfließen kann (Liquorfistel), so kann auch Luft nach intrakraniell gelangen und einen Pneumenzephalus bewirken. Durch einen Ventilmechanismus gelangt manchmal ohne begleitende Liquorrhö Luft in zunehmendem Maße in das Schädelinnere, so daß sich ein Spannungspneumenzephalus mit Hirndrucksymptomatik entwickelt. Im Falle der *Keimeinwanderung* entsteht unmittelbar eine Meningitis, die lokalisiert bleiben kann (Verlötungsmeningitis durch Abkapselung um den Wundbereich) oder sich als basale, Konvexitäts- oder generalisierte Meningitis manifestieren kann. Durch Fortschreiten der Infektion in das Gehirn entsteht die phlegmonöse Markenzephalitis und durch deren Einschmelzung der zerebrale Frühabszeß, der sich erst allmählich, d. h. im Laufe von drei bis sechs Wochen, bindegewebig abkapselt. Bei Einbruch in das Ventrikelsystem kommt es zur Ependymitis granularis und durch Eiteransammlung zum Pyozephalus. Entzündliche Verklebungen können einen Hydrocephalus internus occlusus nach sich ziehen. Dieser führt wie das infektiöse Ödem des Hirnmarkes zu einer Hirndrucksteigerung und bei Bestehen einer Schädelknochenlücke zu einem Hirnprolaps. Der entzündliche Prozeß bleibt manchmal im Bereiche der Hirnhäute lokalisiert und verursacht dort ein epidurales oder subdurales Empyem. In das Gehirn eingebrachte Fremdkörper, zu denen auch Knochensplitter zu rechnen sind, unterhalten oft einen schwelenden entzündlichen Prozeß, der zum Spätabszeß des Gehirnes mit dem klinischen Bild einer Tumorsymptomatik führen kann. Im Rahmen eines entzündlichen Prozesses treten wiederholt reizepileptische Manifestationen auf. Derartige Frühanfälle sind fokal oder generalisiert und zeigen eine Neigung zur Häufung, die bis zum Status epilepticus gehen kann. Ähnliches gilt für epileptische Spätanfälle beim chronischen Hirnabszeß.

Die Hirnwunde des offenen Schädeltraumas heilt mit einer starken Bindegewebsbildung, der *Hirn-Dura-Narbe* ab. Sekundär wird dadurch wiederholt das Gehirn einschließlich des Ventrikelsystems verzogen. Wie die entzündlichen Veränderungen prädestiniert auch die Hirn-Dura-Narbe im besonderen Maße zum Auftreten von epileptischen Anfällen. Solche narbenbedingte epileptische Manifestationen treten als Spätanfälle in Erscheinung und können ein autochthones Anfalleiden begründen (posttraumatische Spätepilepsie). Auch diese Anfälle sind primär fokal, können aber sehr wohl eine sekundäre Generalisierung erfahren, die manchmal so schnell einsetzt, daß der lokalisierte Beginn gar nicht erfaßt wird und die Anfälle als primär generalisiert imponieren.

Die *operative Versorgung* der offenen Schädelhirnverletzung verlangt oft eine ausgedehnte Entsplitterung des Verletzungsbereiches, wobei ein größerer Schädelknochendefekt entsteht. Wichtig ist im Rahmen der primären unfallchirurgischen Versorgung die Wiederherstellung einer flüssigkeitsdichten harten Hirnhaut. Hingegen ist die Primärplastik der Schädelknochenlücke kontraindiziert. Für die endgültige Deckung des Schädelknochendefektes müssen aseptische Operationsverhältnisse vorliegen. Aus diesem Grunde sollte man jeden Schädelknochendefekt erst nach etwa einem halben Jahr decken. Lag eine Infektion vor, dann muß der Verschluß der Knochenlücke noch später erfolgen, frühestens ein Jahr nach Abheilung des entzündlichen Prozesses. Aus kosmetischen Gründen sind Schädelknochendefekte im Stirnbereich stets zu decken, in den sonstigen Schädelregionen können Knochendefekte bis zu 3 cm Durchmesser ungedeckt bleiben, da dann die Gefahr einer Hirnverletzung im mechanisch ungeschützten Knochenlückenbereich gering ist. Der Verschluß der Kalottendefekte erfolgt mit autoplastischen und homoplastischen Transplantaten (eigener Knochendeckel, sonstiger Eigenknochen, Knochenspäne und Knorpelgewebe) sowie vorzugsweise mit Kunstharzen, die eine Modellierung entsprechend den individuellen Gegebenheiten erlauben (Palacos).

Nicht alle Versehrten können sich zu einer späteren Schädeldachplastik entschließen. Versicherungsmäßig macht man in der Regel keinen Duldungszwang für die Durchführung einer derartigen Operation geltend. Die Beeinträchtigung durch einen Schädelknochendefekt ist vorwiegend kosmetischer Natur. Gutachtlich müssen Entstellungen nicht nur auf den Beruf, sondern auch auf Geschlecht und Alter der betroffenen Person bezogen werden. Eine Gefährdung durch Sturz oder Schlag auf den Kopf ist bloß bei größeren Defekten gegeben. Mechanische Schädigungen im Knochenlückenbereich könnte man weitgehend durch Tragen eines Schutzhelmes verhindern. Kleine, durchgehende Schädelknochendefekte werden in der privaten Unfallversicherung meistens mit 0–10%, mittelgroße Defekte mit 10–20% und ausgedehnte Schädelknochendefekte mit 20–30%, ausnahmsweise mit 35–40% Invalidität eingeschätzt, wenn zugleich eine stark entstellende Einziehung der Weichteile im Defektbereich vorliegt. Ein sichtbarer *Hirnprolaps* bedeutet eine zusätzliche Entstellung und Gefährdung. Er erhöht die genannten Prozentsätze um durchschnittlich 10%, bei sehr großer Ausdehnung bis 20%. Der Beruf des Versehrten muß allenfalls beachtet werden. Die gutachtliche Beurteilung von Schädelknochendefekten wird sowohl von nervenärztlicher als auch von unfallchirurgischer Seite vorgenommen. Überschneidungen müssen dabei vermieden werden.

E. Verletzungsbedingte Blutungen des Schädelinnenraumes

Die große Gefahr der traumatischen intrakaniellen Blutungen besteht in einer *tumorartigen Raumforderung*, die ihrerseits zu einer progredienten Hirndrucksteigerung führt. Dies gilt für die überwiegende Mehrzahl der extrazerebralen Hämatome und für viele intrazerebrale Hämatome, jedoch nur für vereinzelte traumatische Subarachnoidealblutungen. Neben Lokalsymptomen durch das Hämatom selbst kommt es früher oder später zur Compressio cerebri infolge gesteigerten Hirndruckes. Damit setzen alle jene sekundären Veränderungen ein, welche zuvor beim Hirnödem beschrieben wurden, nämlich die axiale Hirnstammverschiebung mit den Zeichen der tentoriellen und bei weiterer ungünstiger Entwicklung der foraminellen Einklemmung, also des akuten Mittelhirnsyndroms und des darauffolgenden akuten Bulbärhirnsyndroms. Die Prognose hängt bezüglich des Überlebens als auch bezüglich des Folge- und Dauerzustandes maßgeblich von der Geschwindigkeit der Hämatomentwicklung ab. Deshalb sind genaue Beobachtungen, vor allem im Hinblick auf den Bewußtseinszustand, und die differentialdiagnostische Abklärung mittels der modernen Medizintechnik, insbesondere der kranialen Computertomographie, ausschlaggebend. Letztgenannte ist in den ersten drei Tagen nach dem Unfall der Kernspintomographie bei der Darstellung von Blutungen überlegen. Verletzungsbedingte Blutansammlungen des Schädelinneren stellen, wenn sie raumfordernd sind, stets Komplikationen des erlittenen Schädeltraumas dar. Sie bedürfen einer operativen Entleerung, die möglichst schnell zu erfolgen hat, um schwere Sekundärschäden zu vermeiden. Nur selten finden sich *nicht-expansive Blutungen*, einerseits als schmale Blutansammlungen um das Gehirn und andererseits als geringfügige intrazerebrale Hämatome. Da sie nicht raumbeengend wirken, müssen sie nicht von Haus aus chirurgisch angegangen werden. Lediglich in diesen Fällen kann man unter engmaschigen neurologischen und computertomographischen Kontrollen die weitere Entwicklung abwarten und bei Besserung des klinischen Bildes eine vollkommene Resorption der in Rede stehenden Blutansammlung erhoffen. Man hüte sich jedoch davor, eine überschießende und ungünstige Organisation eines solchen Hämatoms mit starker Verschwielung zu übersehen, da diese zu bleibenden Ausfällen führen kann (Scherzer und Zechner 1976).

Der anatomischen Lokalisation nach unterscheiden wir epidurale, subdurale, intrazerebrale und intrazerebelläre Blutungen sowie Subarachnoidealblutungen. Unter Umständen treten derartige Hämatome bilateral und sogar symmetrisch oder miteinander kombiniert auf. Was die Kombination intrakranieller Hämatome anlangt, so sei aus eigener Erfahrung betont, daß in diesen Fällen fast stets zugleich eine erhebliche Prellschädigung des Gehirnes vorliegt und daß die klinische Symptomatik daher nicht nur auf die kombinierten intrakraniellen Hämatome, sondern auch auf die kontusionelle Hirnschädigung einschließlich des meist generalisierten Hirnödems zurückzuführen ist. Die Prognose ist daher trotz rechtzeitiger Diagnose und Operation oft ungünstig. Auf Grund von topographischen Gegebenheiten müssen zwei Hämatomlokalisationen wegen ihrer Besonderheiten herausgegriffen werden, nämlich die frontale und die infratentorielle Lokalisation:

a) *Raumfordernde Blutungen des Frontalbereiches* rufen oft längere Zeit keine typischen Symptome hervor. Solche treten erst auf, wenn die Blutung ziemlich groß geworden ist, weil anfangs die lokale Gewebsverschiebung leicht über die Mittellinie nach der Gegenseite erfolgen kann. Erst ab einer bestimmten Hämatomgröße entwickelt sich eine neurologische Halbseitensymptomatik. Hingegen können sich frühzeitig epileptische Anfälle manifestieren. Im Karotisangiogramm ist die genannte frontale Massenverschiebung gut zu erkennen, des weiteren wird die Siphonteilungsstelle gespreizt, und im seitlichen Bild erkennt man, daß die Arteria pericallosa in ihrem vorderen Anteil nach unten verdrängt ist.

b) *Raumfordernde Blutungen in der hinteren Schädelgrube* sind selten und werden leicht übersehen. Als Hinweis auf eine solche Blutung kann ein Schädelbruch in der Hinterhauptsregion dienen. Das klinische Erscheinungsbild von Epi-, Subdural- und Intrazerebralhämatomen verwischt sich in der hinteren Schädelgrube ziemlich. Oft findet man ein freies Intervall, manchmal fehlt dieses aber. Wichtige lokalisatorische Zeichen sind Nystagmus, Läsionen der kaudalen Hirnnerven und eine Hypotonie der Muskulatur. Pupillendifferenzen treten oft erst spät auf. Hingegen entwickelt sich die Hirndrucksymptomatik mehr oder minder schnell und kann bald zum Atem- sowie Herzstillstand führen. Am besten hat sich die axiale Computertomographie für die Diagnostik akuter raumfordernder Blutungen des Infratentorialraumes bewährt. In der Vertebralisangiographie sieht man, daß die Arteria cerebelli superior hochgedrängt ist, wogegen im Karotisangiogramm die Arteria pericallosa „gespannt" verläuft. Eine Lumbalpunktion ist wegen akuter Einklemmungsgefahr kontraindiziert. Bei entsprechender Symptomatik muß die Schädeltrepanation möglichst schnell erfolgen. Üblicherweise wird sie osteoklastisch durchgeführt.

1. Traumatische Subarachnoidealblutung

Typische Symptome einer Blutung in den Subarachnoidealraum sind Meningismus, Kopf- und Nackenschmerzen, Übelkeit, Brechreiz und Erbrechen, mäßiger Temperaturanstieg und Bewußtseinstrübung, welche jedoch maßgeblich von der primären Hirnschädigung abhängt. Leichte traumatische Hirnhautblutungen sind weitgehend asymptomatisch, zeigen oft gar keine meningealen Reizphänomene. Verletzungsbedingte Subarachnoidealblutungen finden sich bei Rindenprellungsherden, Schädelgrundbrüchen und leptomeningealen Kontusionen. Kleine Arterien und Venen sind zerrissen und speisen die Blutung, welche über der Konvexität dünn und filmartig, über der Basis in den Zisternen hingegen manchmal sogar raumfordernd nach Art eines Hämatoms sein kann. Abgesehen von diesen Ausnahmefällen, bei denen unter Umständen auch der Hirnstamm komprimiert wird, ist die Prognose günstig. Die *meningeale Reizsymptomatik* klingt dann nach ein bis zwei Wochen ab, der Liquor cerebrospinalis ist etwa doppelt so lang blutig tingiert bzw. xanthochrom. Eine *Lumbalpunktion* ist jedoch *nicht erforderlich* und, wie schon mehrmals erwähnt, beim frischen Schädelhirntrauma sogar gefährlich, da bei Vorliegen gesteigerten Hirndruckes eine akute Einklemmung des Hirnstammes ausgelöst werden kann. Daher ist eine Lumbalpunktion nur bei dringendem Verdacht auf eine entzündliche Komplikation indiziert, die mit hohem Fieber, ausgeprägter Bewußtseinstrübung und eventuell mit epileptischen Anfällen vergesellschaftet ist. Falls wirklich einmal Zerebrospinalflüssigkeit gewonnen und untersucht wird, findet man in Abhängigkeit vom Zeitpunkt der Traumatisierung stärker oder geringer ausgeprägte Blutbeimengungen, so daß der *Liquor blutig bis xanthochrom* gefärbt ist und eine mehr oder minder ausgeprägte Erhöhung des Gesamteiweißgehaltes zeigt

(RUPPRECHT und SCHERZER 1959). Liegt die Hirnhautblutung länger als sechs Stunden zurück, so fallen die Peroxydaseproben (z. B. Benzidinprobe) im überstehenden Liquorzentrifugat positiv aus, weil die Erythrozytenmembranen in dem für sie unphysiologischen Milieu der Zerebrospinalflüssigkeit schwer geschädigt wurden und so Hämoglobin austreten konnte, das sich dann in der gesamten Liquorprobe, also auch im überstehenden Anteil des Zentrifugats, findet (FISCHER, RUPPRECHT und SCHERZER 1958). Darüber hinaus kommt es bald zu einer *meningealen Reaktion*, welche als *Fremdkörpermeningitis* bezeichnet wird. Sie zeigt sich in einer mäßigen Pleozytose der Leukozyten, wobei vor allem Granulozyten und Phagozyten mit Einschlüssen von Erythrozyten mikroskopisch zu sehen sind. Diese Veränderungen werden manchmal als traumatisch bedingte Meningitis verkannt. Letztere ist jedoch als bakterielle Entzündung des Liquorraumes bereits primär eine purulente Affektion mit einer sehr hohen Pleozytose. Außerdem unterscheidet sich der klinische Verlauf wesentlich von dem einer traumatischen Subarachnoidealblutung, insbesondere durch anhaltendes hohes Fieber.

Da traumatisch bedingte Subarachnoidealblutungen fast stets mit einer Gehirnkontusion kombiniert sind, steht die kontusionelle Symptomatik meist im Vordergrund. Die Kopfschmerzen der Hirnhautblutung selbst dauern in der Regel einige Tage bis wenige Wochen (SCHERZER 1976 und 1977). Im Rahmen einer massiven traumatischen Subarachnoidealblutung können sie aber sehr stark ausgeprägt sein und sind dann meist mit Licht- und Lärmüberempfindlichkeit vergesellschaftet. Was den Meningismus anlangt, so muß er differentialdiagnostisch von einem Zervikalsyndrom abgegrenzt werden. Der Meningismus verursacht bei Anteflexion des Kopfes Schmerzen, ebenso sind das KERNIG- und das LASÈGUE-Zeichen bald positiv; auch der Bulbusdruck verursacht in diesem Falle Schmerzen. Das traumatisch bedingte Zervikalsyndrom zeigt hingegen anfangs meist eine schmerzbedingte Bewegungseinschränkung nach allen Richtungen hin und läßt die anderen soeben genannten Zeichen vermissen. Der Umstand, daß eine meningeale Symptomatik auch bei stärkeren Subarachnoidealblutungen oft nicht nachweisbar ist, hängt in erster Linie mit der schwer beeinträchtigten Bewußtseinslage des Verletzten zusammen. Solange diese komatös oder soporös ist, besteht eine Erhöhung der Schmerzschwelle, so daß erst mit allmählichem Aufklaren der Bewußtseinslage und Erreichen eines somnolenten Zustandes der Meningismus klinisch erkennbar wird.

Die Therapie der traumatischen Subarachnoidealblutung ist in der überwiegenden Mehrzahl der Fälle konservativ. Lediglich die zuvor genannten, schweren, traumatisch bedingten Hirnhautblutungen im Bereiche der basalen Zisternen mit hämatomartiger Entwicklung und zunehmender Druckwirkung auf den Hirnstamm bedürfen einer chirurgischen Intervention mit Druckentlastung und Blutausspülung. Das chirurgische bzw. operative Vorgehen sollte hier unter dem Aspekt der Entlastungstrepanation osteoklastisch erfolgen. Nach der Blutungsquelle ist zu fahnden, zumal die Möglichkeit der Blutung aus einem basalen Aneurysma besteht. Stärker ausgeprägte traumatische Subarachnoidealblutungen erfüllen weitgehend die extrazerebralen Liquorräume über den Großhirnhemisphären, wonach diese oft durch bindegewebige Organisation verlötet werden. Dadurch wird die physiologische Liquorzirkulation beeinträchtigt, und es kommt zu einer subarachnoidealen Blokkade sowie zur Entwicklung eines *aresorptiven bzw. hyporesorptiven kommunizierenden Hydrozephalus*, der eine echte posttraumatische Komplikation bedeutet. Er wird im Abschnitt über Liquorzirkulationsstörungen behandelt.

2. Epidurales (extradurales) Hämatom

Bei epiduralen Hämatomen – die Bezeichnung extradurale Hämatome findet sich vorwiegend im angelsächsischen Schrifttum – handelt es sich um Blutansammlungen zwischen der Schädelkapsel (Tabula interna) und der harten Hirnhaut (Dura mater). Durch Scherkräfte kann die Dura vom Knochen gelöst werden, und es können hier verlaufende Gefäße zerreißen. Ist ein venöses Gefäß verletzt, so ist die Blutung langsam und weniger raumfordernd als bei einer arteriellen Verletzung. Foudroyante Verläufe sind bei Ruptur des Hauptstammes der Arteria meningea media zu beobachten. Die klinische Entwicklung kann perakut, akut, subakut oder chronisch sein. Die diesbezüglichen zeitlichen Grenzen werden etwas unterschiedlich angegeben. Nach hiesiger Einteilung liegen sie bei einer Stunde, einem Tag und drei bis sieben Tagen. Perakute Epiduralhämatome sind mit einer äußerst hohen Mortalität behaftet, weil sie meist schon an der Unfallstelle oder während des Transportes ins Krankenhaus eine erhebliche Hirnstammeinklemmung verursachen. Solche Patienten treffen überwiegend mit Schnappatmung, d. h. in extremis, im primär behandelnden Krankenhaus ein. In Frage kommt dann nur eine sofortige Schädeltrepanation mit Druckentlastung unter Verzicht auf alle Hilfsuntersuchungen. Auch sonst hängt selbstverständlich die Prognose von der Geschwindigkeit der Hämatomexpansion und dem Zeitpunkt des chirurgischen Eingreifens ab. *Je schneller die Hämatomausräumung erfolgt, desto geringer ist die Druckschädigung des Gehirns.* Männer sind etwa zehnmal so häufig Hämatomträger wie Frauen. Betroffen sind besonders Personen im jüngeren Erwachsenenalter. Als Blutungsquellen kommen die mittlere Hirnhautarterie und ihre begleitenden Venen, der Sinus sagittalis superior, der Sinus transversus, der Sinus sphenoparietalis, allenfalls Diploe- und Emissarienvenen und ausnahmsweise PACCHIONIsche Granulationen sowie als Rarissimum die Arteria lacrimalis in Betracht. Der Lokalisation nach überwiegen bei weitem temporale über parietale, frontale und okzipitale Epiduralhämatome. Infratentorielle epidurale Hämatome, welche also in der hinteren Schädelgrube lokalisiert sind, werden äußerst selten angetroffen und oft auch nicht erkannt. Das klassische Epiduralhämatom liegt temporal und ist durch eine Zerreißung der Arteria meningea media im Stammbereich bedingt. Typisch sind Frakturen in der Nachbarschaft der Epiduralhämatome, besonders wieder temporal. Brüche, welche die Knochenrinne der Arteria meningea media kreuzen und Brüche in der mittleren Schädelgrube, die in das Foramen spinosum einstrahlen, sind auf die Entwicklung eines basalen temporalen Epiduralhämatoms äußerst verdächtig. Eine ipsilaterale Schädelfraktur ist zwar eine sehr häufige Begleitverletzung, aber keine unbedingte Voraussetzung für die Entwicklung einer epiduralen Blutung. Besonders bei Kindern kann infolge der starken Deformierbarkeit der Schädelkapsel eine Fraktur fehlen.

Die *klinische Symptomatik* tritt in der Regel mit einer Latenz von drei bis zwölf Stunden auf. Zwar wird das Gefäß im Augenblick der Gewalteinwirkung zerrissen, jedoch braucht es einige Zeit, bis die epidurale Blutung so groß geworden ist, daß sie klinisch Erscheinungen macht. Typische Zeichen in dieser Hinsicht sind: Kopfschmerzen als subjektives Leitsymptom, zunehmende Bewußtseinstrübung als objektives Leitsymptom, ipsilaterale Okulomotoriusparese nach anfänglicher parasympathischer Reizmiose, Weiterentwicklung zur inneren Okulomotoriuslähmung mit weiter und lichtstarrer Pupille, kontralaterales motorisches Hemisyndrom, meist brachiofazial beginnend, sodann progredientes akutes Mittelhirnsyndrom und Enthirnungsstarre. Die beschriebenen Veränderungen sind für das häufige temporale Epiduralhämatom kennzeichnend. Die Symptome durch lokalen Druck des Hämatoms auf das Gehirn und durch Massenverschiebung mit kallöser Herniation sind in der Regel weniger stark ausgeprägt als die Symptome durch die axiale Verschiebung des Hirnstammes und die tentorielle Einklemmung. Im Falle eines supratentoriellen bilateral-symmetrischen Epiduralhämatoms, das aber nur äußerst selten beobachtet wird, tritt keine Massenverschiebung ein, da sich der Hämatomdruck von beiden Seiten die Waage hält. Ähnlich kann auch ein kontralateral stark ausgeprägtes Hirnödem die hämatombedingte Verlagerung der vorderen Hirnarterie längere Zeit hintanhalten. Infratentorielle Epiduralhämatome sind klinisch durch Kleinhirn- und Hirnstammsymptomatik sowie durch sehr frühe Bewußtlosigkeit gekennzeichnet. Sie bedingen aszendierende und deszendierende Verschiebungen, d. h. in oraler Richtung eine tentorielle Herniation und außerdem in kaudaler Richtung eine foraminelle Herniation. Chronische Epiduralhämatome sind äußerst selten, zeigen eine mehr verwaschene Symptomatik, ähneln in ihrem klinischen Verlauf einem Hirntumor und werden oft erst durch die bildgebenden Verfahren diagnostiziert.

Der *klassische 3-Phasen-Verlauf* des Epiduralhämatoms beruht auf dessen Kombination mit einem kurzen Kommotionssyndrom und umfaßt demnach eine initiale kommotionsbedingte Bewußtlosigkeit, ein nachfolgendes freies bzw. luzides Intervall und eine abermalige, jetzt aber progrediente Bewußtseinstrübung. Diese entwickelt sich parallel zur Hirndrucksteigerung und führt schließlich relativ bald zur Bewußtlosigkeit. Es gibt aber auch epidurale Hämatome ohne primären Bewußtseinsverlust, also ohne eine begleitende Commotio cerebri. Je kürzer das freie Intervall, in welchem keine Beschwerden und keine Symptome gegeben sind, und je kürzer das luzide Intervall, in welchem Bewußtseinsklarheit besteht, Beschwerden und Symptome jedoch bereits vorhanden sein können, desto ungünstiger wird die Prognose. Besonders schlecht ist sie selbstverständlich bei Fehlen eines luziden Intervalls. In diesem Falle liegt entweder die Kombination eines perakuten Epiduralhämatoms mit einer Gehirnerschütterung oder die Kombination eines weniger akuten Epiduralhämatoms mit einer Gehirnkontusion vor. In all diesen gravierenden Fällen ist der klassische 3-Phasen-Verlauf des Epiduralhämatoms nicht mehr gegeben. MIFKA und SCHERZER (1962) wiesen insbesondere auf die klinische Bedeutung des relativ luziden und auch des fehlenden luziden Intervalls in der Entwicklung von Epiduralhämatomen hin. Sie erklärten die in jüngerer Zeit zunehmende Häufigkeit atypischer Verläufe beim Epiduralhämatom durch die Zunahme schwerer und schwerster Schädelhirntraumen, bei denen neben dem Epiduralhämatom auch eine erhebliche kontusionelle Hirnschädigung eingetreten ist. Beim relativ luziden Intervall wird keine volle Bewußtseinsklarheit während der Latenzzeit bis zur Manifestation des Epiduralhämatoms erreicht. Das fehlende luzide Intervall entspricht einem durchgehenden Koma, das mit dem Schädelhirntrauma einsetzt und anhält. Es erklärt sich durch einen fließenden Übergang des kommotionsbedingten Komas in das hirndruckbedingte Koma (SCHERZER 1970). Diese Verlaufsform bereitet differentialdiagnostische Schwierigkeiten und erfordert den Einsatz zusätzlicher apparativer Untersuchungen, früher der Echoenzephalographie und der zerebralen Angiographie, heute vorwiegend der kranialen Computertomographie.

Sofern es die Zeit erlaubt, können diagnostisch verschiedene *Hilfsuntersuchungen* eingesetzt werden. Das Epiduralhämatom des Supratentorialraumes zeigt in der Echoenzephalographie bald eine beträchtliche Verschiebung der Mittellinienzacke zur Gegenseite, oft mehr als einen Zentimeter und eventuell die Hämatommembran bzw. die abgehobene harte Hirnhaut als Grenze zwischen Hämatom und Hirngewebe. Die Dislokation der Mittellinienstrukturen setzt beim temporal gelegenen, klassischen Epiduralhämatom am raschesten ein. In der zerebralen Angiographie läßt sich ein gefäßfreier Raum zwischen Schädelknochen und abgedrängter Hirnoberfläche feststellen, bei temporaler Lokalisation im antero-posterioren (sagittalen), bei frontaler und okzipitaler Lokalisation im jeweils entsprechend schrägen Strahlengang. Das temporal lokalisierte Hämatom zeigt den Karotissiphon im transversalen Strahlendurchgang gestreckt und die Arterien der Mediagruppe hochgedrängt. Der gefäßfreie Raum erlaubt meist bloß die Aussage einer extrazerebralen Raumforderung. Die sichere Unterscheidung zwischen epi- und subduraler Raumbeengung gelingt nur dann, wenn venöse Blutleiter oder die Arteria meningea media von der Tabula interna des Schädelknochens abgedrängt sind. Als differentialdiagnostischer Hinweis kann jedoch gelten, daß Epiduralhämatome überwiegend temporal und Subduralhämatome überwiegend parietal lokalisiert sind. Kontrastmittelextravasate, also Austritt von Kontrastmittel aus dem rupturierten Gefäß mit Eintritt in das Epiduralhämatom, sind nur dann möglich, wenn die Blutung noch nicht zum Stillstand gekommen ist, d. h. in den ersten Stunden nach dem Trauma. Sie sind jedoch selten nachzuweisen. Das supratentorielle Epiduralhämatom bedingt, besonders früh bei temporaler Lokalisation, eine Massenverschiebung mit Verlagerung der Arteria cerebri anterior über die Mittellinie zur Gegenseite. Die eleganteste Methode der Darstellung des Epiduralhämatoms ist heutzutage sicherlich die *kraniale Computertomographie*, da sie das Hämatom bezüglich seiner Lage, Ausdehnung und Form exakt bestimmen läßt und dem Operateur die bestmögliche Auskunft vor dem Eingriff vermittelt. Entsprechend der Entwicklung findet man hyperdense, isodense und hypodense Blutungen. Computertomographisch werden vor allem bei Frakturen wiederholt epidurale Begleitblutungen diagnostiziert, welche jedoch nicht sicher von subduralen Begleitblutungen zu trennen sind und wie diese nicht raumfordernd wirken, daher auch keiner operativen Intervention bedürfen. Diese geringfügigen und klinisch irrelevanten Blutungen kannte man früher lediglich aus Obduktionsbefunden. Elektroenzephalographische Untersuchungen sind beim Epiduralhämatom nicht indiziert, da man keine pathognomonischen Veränderungen erwarten kann, sondern bloß eine Allgemeinveränderung infolge der diffusen traumatischen Hirnschädigung mit Hirnödem, ferner Herdbefunde mit langsamen Wellen, insbesondere Deltawellen oder mit Abflachung (fokale Depression) als Zeichen einer lokalen Schädigung des Gehirnes findet (Courjon und Scherzer 1972). Präoperative EEG-Ableitungen vergeuden bloß Zeit.

Die Schädeltrepanation mit Druckentlastung und Ausräumung des epiduralen Hämatoms stellt, wenn rechtzeitig durchgeführt, einen lebensrettenden operativen Eingriff dar. Aber nicht nur die Überlebenschance, sondern auch das Ausmaß des klinischen Endzustandes hängen ganz wesentlich vom Operationszeitpunkt ab. Ausschlaggebend ist die durch Hämatomentleerung bewirkte Druckentlastung, nach der sich die Hirnstammverschiebung und die beginnende Einklemmung zurückbilden können. Die Compressio cerebri bzw. Hirndrucksteigerung soll möglichst bald aufgehoben werden. Deshalb darf man sich nicht in der präoperativen Diagnostik verzetteln. Bei dringlicher Indikation sind operative Druckentlastung und Hämatomausräumung im nächstgelegenen Krankenhaus, allenfalls ohne Erhebung von Hilfsbefunden, durchzuführen. Auch heutzutage kann bei perakutem oder akutem Verlauf eine Probetrepanation noch indiziert sein. Bei manifester tentorieller Einklemmung wurde manchmal die temporale Herniation durch Anheben des intraspinalen Druckes (Einbringen von 100 bis 200 ccm körperwarmer Kochsalzlösung mittels Lumbalpunktion) behoben. Eine eventuelle Spaltung des Tentoriums wurde bei Hirnstammeinklemmung gleichfalls empfohlen, stellt jedoch einen schwierigen neurochirurgischen Eingriff dar, der die Gefahr der Läsion des Sinus transversus sowie der Durchtrennung des vierten und sechsten Hirnnervs in sich birgt. Selbstverständlich ist eine exakte Stillung der Blutungsquelle durch den Chirurgen erforderlich. Durahochnähte (Einzelnähte der Dura mit Fixation an der Galea) verhindern einen Totraum nach Hämatomentleerung und senken damit die Gefahr einer Nachblutung. In der Regel wird der Knochendeckel am Ende der Operation nicht wiedereingesetzt (osteoklastische Kraniotomie), sondern erst nach einer temporären Druckentlastung von einigen Wochen reimplantiert. Der *Endzustand* nach operiertem Epiduralhämatom kann in einer vollkommenen Ausheilung, d. h. kompletten Rückbildung der ursprünglichen zerebralen Symptomatik, aber auch in einem mehr oder minder stark ausgeprägten Defektsyndrom bestehen. Dabei sind oft die psychoorganischen Störungen gravierender als die neurologischen (motorischen) Ausfälle. An letzteren bestehen meist eine zum Hämatom kontralaterale Hemiparese und eine ipsilaterale, auf Okulomotoriusschädigung zurückzuführende Pupillenstörung. Durch eine epidurale Blutung aus dem Sinus sagittalis superior kann der Gyrus praecentalis beidseits geschädigt worden sein, so daß ein Mantelkantensyndrom mit Hyperreflexie, Pyramidenbahnzeichen und Paresen an den unteren Extremitäten besteht. Bei schwerer zerebraler Schädigung sieht man auch Tri- und Quadruparesen. Während der akuten Phase können in diesen Fällen bilaterale, meist alternierende, fokalmotorische epileptische Frühanfälle auftreten. Auch epileptische Spätanfälle finden sich nicht selten nach epiduralen Hämatomen, einerseits als fokale und andererseits als generalisierte Anfälle.

3. Subdurale Blutungen und Hämatome

Subdurale Blutungen ohne Raumforderung konnten früher in der Klinik nicht diagnostiziert werden. Seitdem wir über die axiale Computertomographie verfügen, können wir derartige *subdurale Begleitblutungen*, häufig unter einer Schädelfraktur, auch am Lebenden nachweisen. Sie resorbieren sich von selbst und sind streng von den *raumfordernden Subduralhämatomen* zu unterscheiden. Bei diesen handelt es sich um Blutansammlungen unter der harten Hirnhaut, zwischen der Dura und Arachnoidea oder zwischen den beiden Durablättern, in welchem Falle man auch von Intraduralhämatomen spricht. Die Raumforderung der Subduralhämatome ist bis auf äußerst seltene Ausnahmen progredient, so daß eine neurochirurgische Intervention notwendig ist. Blutungsquellen sind abgerissenen Brückenvenen, die sich zwischen Hirnoberfläche und den venösen Sinus spannen, vor allem im Bereiche des Sinus sagittalis superior, seltener des Sinus cavernosus, des weiteren zerrissene Arterien und Venen in Rindenprellungsherden, rupturierte, größere venöse Hirnleiter selbst, insbesondere der Sinus sagittalis superior, und intrazerebrale Hämatome sowie Hirnwunden, deren Blut in den Subduralraum durchbricht. Die Blutungsquelle läßt sich aber nicht immer eruieren, insbesondere nicht bei chronischen Subduralhämatomen. Anfänglich koaguliert das Blut in der Hämatomhöhle, sodann verflüssigt es sich nach etwa acht bis zehn Tagen durch Fibrinolyse. Im Falle einer gleichzeitigen Zerreißung der Arachnoidea kommt es zu einer zusätzlichen Subarachnoidealblutung. Der Lokalisation nach unterscheidet man supratentorielle (zerebrale oder hemisphärische) und infratentorielle (zerebelläre) Subduralhämatome. Am seltensten sind unter den extrazerebralen Hämatomen des Schädelinneren Subduralhämatome der hinteren Schädelgrube anzutreffen. Sie können sich bis in den Spinalkanal ausbreiten und sehr unterschiedliche klinische Bilder hervorrufen. Die supratentoriellen Subduralhämatome sind zumeist über der Großhirnkonvexität lokalisiert, nur ausnahmsweise an der Schädelbasis oder im Interhemisphärenspalt gelegen. Breitet sich die Blutung über die gesamte Hemisphäre aus, so ergibt sich eine flächenförmige, aber schmale und dünne Blutansammlung, das sogenannte *Pfannkuchenhämatom*. Beidseitige Subduralhämatome finden sich in 10 bis 15% der Fälle. Schädelfrakturen sind auf der Hämatomseite nur wenig häufiger als auf der Gegenseite anzutreffen. Sie sind daher keineswegs als ein verläßlicher Lateralisationshinweis anzusehen. Auch können sie fehlen, vor allem bei den chronischen Subduralhämatomen.

Die *klinische Symptomatik* ist durch Kopfschmerzen, zunehmende Bewußtseinstrübung oder anhaltende Bewußtlosigkeit, Verwirrtheitszustände, ipsilaterale Pupillenerweiterung, kontralaterale Hemisymptomatik, epileptische Reizanfälle, fokal oder generalisiert, und schließlich durch Hirndrucksymptomatik mit Einklemmungserscheinungen des Hirnstammes gekennzeichnet. Kontralaterale Pupillensymptomatik und ipsilaterales motorisches Hemisyndrom entstehen durch Verschiebung und Torquierung des Hirnstammes mit Kompression auf der Gegenseite. Kombiniert treten solche bezüglich der Lateralisation atypischen Ausfallserscheinungen nur äußerst selten auf, am ehesten bei Kindern und Jugendlichen (Scherzer 1967). Bei chronischem Verlauf stehen neben den genannten Kopfschmerzen zunehmende psychische Veränderungen, besonders Gedächtnisstörungen im Vordergrund, zu denen sich allmählich Schwindelsensationen und Gleichgewichtsstörungen gesellen. Zusätzlich entwickeln sich Stauungspapillen mit Retinalblutungen, dadurch auch Sehstörungen. Was die zuvor erwähnten epileptischen Reizanfälle anlangt, so treten diese bei akuten Subduralhämatomen ziemlich häufig, bei chronischen hingegen nur äußerst selten auf. Nach der Entwicklungsgeschwindigkeit unterscheidet man eher willkürlich akute, subakute und chronische Subduralhämatome. Die zeitlichen Grenzen gibt Kretschmer (1978) mit drei Tagen und drei Wochen an. Je akuter die Entwicklung, desto mehr stehen Bewußtseinsstörungen und Einklemmungserscheinungen im Vordergrund des klinischen Bildes. Je langsamer der Verlauf ist, desto eher findet sich ein freies bzw. luzides Intervall und desto mehr charakterisieren subjektive Beschwerden und psychoorganische Veränderungen das klinische Bild.

Akute Subduralhämatome zeigen kein oder höchstens ein relativ luzides Intervall. Jedoch kann sich mit der Hämatomentwicklung auch ein primäres Koma noch vertiefen. Das subjektive Leitsymptom besteht sehr häufig in Kopfschmerzen, das objektive Leitsymptom zum einen in der zunehmenden Bewußtseinstrübung und zum anderen in Pupillenstörungen, die schon zuvor beim Epiduralhämatom beschrieben wurden. In der Regel liegen zusätzlich multiple Rindenkontusionsherde vor und es besteht ein erhebliches diffuses Hirnödem. Die Prädilektionslokalisation ist die fronto-temporo-basale Region, in der Kontusionsherde ja überhaupt am häufigsten gefunden werden. Als Blutungsquelle stellt sich intraoperativ oft ein ausgedehntes, kontusionell geschädigtes Hirnareal dar, aus dem es „parenchymatös" blutet. Meist liegt kein wohlumschriebenes Hämatom vor; es fehlt eine tatsächliche Kapsel, so daß man richtig von einer subduralen Blutung sprechen sollte (Scherzer 1970). Die Letalität liegt trotz Operation zwischen 50 und 90% der Fälle, die Prognose ist vornehmlich durch die zusätzliche Gehirnkontusion getrübt. Epileptische Frühanfälle treten vor allem als fokale Reizphänomene, wiederholt auch mit sekundärer Generalisierung auf. Nicht selten beobachtet man nach akuten Subduralhämatomen gravierende Defektsyndrome.

Subakute Subduralhämatome zeigen häufig ein relativ luzides Intervall mit anschließender Verwirrtheit und Vertiefung der Bewußtseinstrübung, bis schließlich unbehandelt ein sekundäres Koma erreicht wird. Auch bei ihnen sind zusätzliche, leichtere Kontusionsherde des Gehirnes zu finden. Die Letalität ist im Vergleich zu den akuten subduralen Blutungen deutlich geringer, beträgt etwa 25%.

Chronische Subduralhämatome kommen auch nach scheinbaren Bagatelltraumen vor, besonders wenn die Gewalteinwirkung auf den Schädel in der Sagittalrichtung erfolgt ist. Die Hirnatrophie älterer Menschen begünstigt die Zerreißung von Brückenvenen bei tangentialer Gewalteinwirkung. Entsprechend dem protrahierten Verlauf klingt das primäre Koma, sofern ein solches vorlag, meist bald ab; es folgt als längere Periode ein freies bzw. luzides Intervall, worauf als erstes hartnäckige subjektive Beschwerden einsetzen, vor allem Kopfschmerzen. Auf Grund des oft leichten Traumas, das eventuell anamnestisch gar nicht angegeben wird, können chronische Subduralhämatome als Zerebralinsulte verkannt werden (Reisner und Scherzer 1958). Pathologisch-anatomisch entsteht durch Blutung aus den Brückenvenen ein dünner Blutfilm, der nur insuffizient organisiert wird. Dabei entwickeln sich kavernomartige Gefäßneubildungen, die später rupturieren und zu Nachblutungsschüben führen. Auf dem Wege der Osmose tritt Zerebrospinalflüssigkeit aus dem Subarachnoidealraum in das Hämatom über, wodurch es gleichfalls zu einer Größenzunahme des Hämatoms kommt. Über- und Unterdruck des Schädelinneren können solchermaßen abwechseln. Ausnahmsweise findet eine Art Spontanheilung statt, indem das Hämatom vollkommen organisiert wird. In diesem Falle kann das seinerzeitige Hämatom durch weitere regressive Prozesse verkalken oder sogar verknöchern. Zerebrale Ausfalls- oder Reizsymptome wie Paresen, epileptische Manifestationen usw. können die Folge sein. Mitunter wird aber trotz der lokalen Raumbeengung über Kompensationsvorgänge schließlich Beschwerdefreiheit erreicht. Jedoch sollte man keineswegs auf einen solchen Verlauf hoffen, sondern auch diese Patienten einer neurochirurgischen Intervention zuführen, zumal die Gefahr einer neuerlichen Dekompensation groß ist.

Die *apparative Diagnostik* bedient sich heutzutage kaum mehr der früher weit verbreiteten Echoenzephalographie, sondern vorzugsweise der axialen Computertomographie und eventuell der zerebralen Angiographie. Echoenzephalographisch war die Verlagerung der Mittellinienzacke beim einseitigen supratentoriellen Subduralhämatom meist gut zu erkennen. Das Hämatomecho ließ sich jedoch schlechter als beim Epiduralhämatom nachweisen. Die kraniale Computertomographie erlaubt die direkte Darstellung des Subduralhämatoms, gibt demnach Aufschluß über Lage, Größe und Inhalt des Hämatoms, wobei man auch hier wieder hyperdense, isodense und hypodense Hämatome unterscheiden kann. Diagnostische Schwierigkeiten können sich vor allem bei den isodensen Hämatomen ergeben. In diesem Falle empfiehlt sich eine Kontrastverstärkung. Die zerebrale Angiographie läßt das Subduralhämatom hingegen nur indirekt in Form eines gefäßfreien Raums zwischen Gehirnoberfläche und Schädelknochen erkennen. Eine sichere Differenzierung zwischen Sub- und Epiduralhämatom gelingt angiographisch nicht, es sei denn, daß ausnahmsweise die bereits erwähnten, spezifischen Zeichen eines speziell lokalisierten Epiduralhämatoms vorliegen. Gewisse Rückschlüsse kann man nicht nur aus dem Computertomogramm, sondern auch aus dem Angiogramm auf das Alter eines Subduralhämatoms ziehen. Bei konvexkonkaver Form ist das Subduralhämatom weniger als ein Monat, bei konvexplaner Form ein bis zwei Monate und bei bikonvexer Form mehr als zwei Monate alt. Diese Feststellungen dürfen nur als Faustregel angesehen werden, da wiederholte Ausnahmen vorkommen. Im angiographischen Bild des supratentoriellen Subduralhämatoms zeigt sich früher oder später bei gleichzeitiger Spreizung und Abflachung der Siphonteilungsstelle eine Dislokation der vorderen Hirnarterie über die Mittellinie nach der Gegenseite. Bleibt diese Massenverschiebung aus, so besteht der dringende Verdacht auf ein beidseitiges raumforderndes Hämatom. Das interhemisphärische Subduralhämatom ist an einer Auseinanderdrängung der beiden Arteriae pericallosae zu erkennen. Im seitlichen Röntgenbild sind die Gefäße der Mediagruppe bei den Konvexitätshämatomen nach unten und bei den temporalen bis basalen Hämatomen nach oben verlagert.

Die Behandlung des raumbeengenden Subduralhämatoms besteht in einer *möglichst frühen chirurgischen Druckentlastung und Hämatomausräumung*. Diese erfolgt zweckmäßigerweise, da häufig auch eine Gehirnkontusion mit Hirnödem vorliegt und die Gefahr einer Nachblutung nicht außer acht zu lassen ist, in osteoklastischer Trepanation. Nur beim chronischen Subduralhämatom kann die Hämatomausspülung von zwei Bohrlöchern aus vollzogen werden. Wenn sich postoperativ das Gehirn nicht „entfaltet", d. h. nicht an den Schädelknochen anlegt, und wenn die Massenverschiebung zur Gegenseite keine Rückbildung erfährt oder wenn sich das Subduralhämatom infolge eines Rezidivs wieder auffüllt, muß eine ausgedehnte Kraniotomie mit allfälliger Hämatomentleerung und mit Entfernung der Hämatomkapsel vorgenommen werden.

Differentialdiagnostisch wurde zu den traumatisch bedingten chronischen Subduralhämatomen immer wieder die *Pachymeningeosis haemorrhagica interna* in Erwägung gezogen. Heutzutage ist aber diese Unterscheidung weitgehend aufgegeben worden. Nur ausnahmsweise dürfte tatsächlich eine derartige nicht-traumatische Pachymeningeose als eigenständige Erkrankung der harten Hirnhaut bei Alkoholismus oder konsumierenden Erkrankungen vorliegen. Eine Unterscheidung könnte höchstens histologisch möglich sein. Dies bedeutet, daß gutachtlich die Unfallkausalität bis auf wenige Ausnahmen zu bejahen ist. Außerdem müssen traumatisch bedingte Subduralhämatome selbstverständlich von solchen auf Grund von Bluterkrankungen oder vaskulären Mißbildungen des Schädelinneren, insbesondere aus Aneurysmen und arteriovenösen Hämangiomen bzw. Fisteln abgegrenzt werden (SCHERZER 1967).

4. Intrazerebrale Hämatome und Hirnblutungen

Nicht-raumfordernde Blutungen des kontusionierten Hirngewebes werden als *Kontusionsblutungen* bezeichnet. Sie sind oft multipel und können im Laufe der Zeit konfluieren, wirken dann unter Umständen lokal raumfordernd. Heutzutage vermögen wir diese Veränderungen mittels der axialen Computertomographie sehr gut und auch sehr früh zu erkennen. Pathologisch-anatomisch finden sich in diesen Fällen Läsionen an kleinen Blutgefäßen des Gehirns. Die Prädilektionslokalisationen entsprechen denen der Hirnkontusionsherde. Kleine Blutungen des Hirnstammes (DURET-BERNERsche Hämorrhagien) stellen vornehmlich sekundär traumatische Läsionen in Form von Stauungsblutungen dar. Sie können gemäß JELLINGER (1992) aber auch primär traumatisch oder terminal auftreten.

Zerreißungen größerer Hirngefäße bedingen hingegen von Haus aus lokal raumfordernde Blutungen, die bald eine gewisse Größe erreichen und dadurch, insbesondere wenn sie arteriell gespeist werden, eine Hirndrucksteigerung bewirken. Sie setzen damit eine Entwicklung in Gang, wie sie schon zuvor am Beispiel des diffusen Hirnödems des Supratentorialraums beschrieben wurde. Derartige, im Hirnparenchym gelegene, raumfordernde Blutansammlungen haben mehr oder minder Kugelform und werden zu Recht als *intrazerebrale Hämatome* bezeichnet. Das Blut in der Hämatomhöhle gerinnt bald und bildet Koagula. Um das Hämatom selbst entsteht ein perifokales Hirnödem, das sich aber auch zu einem generalisierten Hirnödem entwickeln kann. Es lassen sich primäre intrazerebrale Hämatome als Folge einer lokalisierten Hirnschädigung mit Zerreißung von Gefäßen und sekundäre intrazerebrale Hämatome im Rahmen von Rindenkontusionen und Lazerationen des Gehirns unterscheiden. Diese sind meist oberflächlich im Frontal- oder Temporalbereich, jene im Marklager des Frontal- und Temporallappens mehr basal lokalisiert, wo die Scherkräfte des Schädeltraumas am stärksten gewirkt haben. Ungefähr 90% der Intrazerebralhämatome finden sich im Stirn- oder Schläfenlappen. Alle anderen Lokalisationen kommen seltener vor. So sind traumatisch bedingte Intrazerebralhämatome im Stammganglienbereich nur ausnahmsweise zu beobachten. Gerade bei ihnen besteht aber im besonderen Maße die Gefahr des Ventrikeleinbruchs, welcher einen lebensbedrohenden Zustand bedeutet. Ein massiver Bluteinbruch wird erfahrungsgemäß nur selten überlebt. Auch Einbrüche einer subkortikalen Hämorrhagie in den Subduralraum sind fallweise zu beobachten; sie sind weniger gefährlich. Als eine seltene Lokalisation ist noch das Kleinhirn zu nennen. Sprachlich unterscheidet man zwar die intrazerebralen und die intrazerebellären Hämatome, für beide Formen kann jedoch, wie UNTERHARNSCHEIDT (1984) vorschlägt, der Ausdruck „Hirnblutung" oder „Hirnhämatom" gelten. Von Interesse ist der Umstand, daß traumatisch bedingte intrazerebrale Hämatome nicht isoliert vorkommen, sondern stets mit sonstigen primär traumatischen Hirnläsionen vergesellschaftet sind. Die meisten derartigen Hämatome liegen nicht auf der Seite der Gewalteinwirkung, sondern auf der Gegenseite, welche Tatsache mit den Überlegungen von UNTERHARNSCHEIDT (1984) sehr wohl übereinstimmt. In zeitlicher Hinsicht unterscheidet man zwischen akuten und subakuten Hämatomen des Hirnparenchyms. Die Grenze wird bei zwölf Stunden nach dem Trauma gesetzt. Die akuten Hämatome verlaufen fast stets letal, jedoch ist auch die Letalität der subakuten Hämatome trotz Operation ziemlich hoch. Nicht selten begegnet man der Kombination einer intrazerebralen mit einem epi- und/oder subduralen Hämatom.

Im *klinischen Verlauf* ist häufig primär Bewußtlosigkeit gegeben, die sich partiell aufhellen kann (relativ luzides Intervall) oder persistieren kann. Wenn überhaupt keine primäre Bewußtlosigkeit gegeben war, zeigt sich eine Latenz in der klinischen Beschwerdesymptomatik, meist jedoch nur durch kurze Zeit, höchstens durch zwei Tage. Danach ist die Wahrscheinlichkeit einer spontanen Hirnblutung größer als die einer traumatischen. Als subjektives Leitsymptom ist bei Hirnhämatomen gleichfalls ein hartnäckiger Kopfschmerz anzusehen. Die zeitliche Entwicklung hängt von der Größe und von der Anzahl der rupturierten Hirngefäße ab, vor allem aber auch davon, ob mehr Arterien oder mehr Venen betroffen sind. Objektive Leitsymptome sind halbseitige Ausfälle wie Hemiparesen, homonyme Hemianopsien und Aphasien sowie bald auch Pupillenstörungen in der schon zuvor beschriebenen Art und Weise. Mit der Größenzunahme des intrazerebralen Hämatoms entwickeln sich progredient eine Hirnstammsymptomatik und eine Bewußtseinstrübung. Solange noch nicht Bewußtlosigkeit erreicht ist, zeigen die Patienten oft eine ausgeprägte motorische Unruhe. In der Frühphase können auch zerebrale Reizerscheinungen, fokal-motorische oder sekundär generalisierte epileptische Krampfanfälle, auftreten. Meist resultieren erhebliche Defektzustände und ungefähr in 20% epileptische Spätanfälle. Die Unterscheidung von den epiduralen und subduralen Hämatomen kann sehr schwierig sein. Die Differentialdiagnose erfolgt am besten durch die axiale Computertomographie, weniger verläßlich durch die zerebrale Angiographie, bei der das Hämatom vorwiegend an Verdrängungszeichen und weniger gut an einem gefäßfreien

Areal zu erkennen ist. Das Echoenzephalogramm ergibt eine typische Verschiebung der Mittellinienzacke zur Gegenseite, welche Dislokation bei frontaler Lokalisation jedoch erst relativ spät einsetzt. Das Elektroenzephalogramm zeigt einen Herd langsamer Wellen, eventuell eine lokale Amplitudendepression, und meist begleitend eine Allgemeinveränderung (Courjon und Scherzer 1972).

Das allgemein raumbeengende intrazerebrale Hämatom erfordert eine rasche operative Entleerung. Die Indikation für diesen Eingriff ist dann gegeben, wenn eine Massenverschiebung nachgewiesen ist oder eine allgemeine Hirndrucksymptomatik vorliegt. Die Schädeltrepanation erfolgt wegen der Gefahr einer postoperativen Hirndrucksteigerung zweckmäßigerweise osteoklastisch und besteht im Absaugen der Blutkoagula. Nach Blutungen, welche in der Tiefe des Gehirns gelegen sind, wird mit der Cushing-Punktionsnadel gefahndet. Kleine intrazerebrale Hämatome mit nur lokalen Veränderungen und ohne Massenverschiebung rechtfertigen ein konservatives Vorgehen – bei engmaschigen neurologischen und computertomographischen Kontrollen, da sich auch aus ihnen unter Umständen noch ein raumforderndes Hämatom entwickeln kann. Die Letalitätsrate der operationsbedürftigen intrazerebralen Hämatome nach Schädeltraumen liegt zwischen 50 und 80%, bedingt durch zusätzliche schwere kontusionelle Hirnschädigungen.

An dieser Stelle sei auch auf die *posttraumatische Spätapoplexie nach Bollinger* (1891) eingegangen. Nach wie vor ist ihre Existenz höchst umstritten. Unterharnscheidt (1984) bezweifelt sie auf Grund seiner eigenen Untersuchungen sowie auf Grund eines intensiven Literaturstudiums. Jedenfalls läßt sich die Unfallkausalität einer lange Zeit nach einem Schädeltrauma aufgetretenen intrazerebralen Massenblutung nicht beweisen. In der Regel handelt es sich in diesen Fällen um Folgen einer Hirngefäßerkrankung, typischerweise bei Hypertonie oder um Folgen einer pathologischen Blutungsneigung. Auch vaskuläre Fehlbildungen, insbesondere Mikroaneurysmen, sowie Hirntumoren können Ausgangspunkt einer spontanen Hirnblutung sein. Ein ursächlicher Zusammenhang zwischen Trauma und sogenannter Spätapoplexie ist nur dann zu diskutieren, wenn das Trauma erheblich war, eine substantielle Hirnschädigung oder Gefäßwandläsion bedingt hat, nach der Schädelverletzung Brückensymptome bestanden, das Intervall zwischen Unfall und Apoplexie einige Tage bis maximal acht Wochen betrug, die betroffene Person zum Zeitpunkt des Insultes relativ jung, d. h. unter 40 Jahren, war und Risikofaktoren für Gefäßkomplikationen nicht in nennenswertem Maße vorlagen (Zülch 1985). Nur ganz selten werden Brückensymptome vermißt. Die Forderung des morphologischen Blutungsnachweises wird bei Überlebenden meist durch die axiale Computertomographie erfüllt. Jeder Einzelfall muß nach den hier aufgezählten Kriterien genauestens geprüft werden. Die Anerkennung der Unfallkausalität einer verspätet nach einer Schädelverletzung aufgetretenen Massenblutung des Gehirns kann gutachtlich nur dann erfolgen, wenn überwiegende Argumente für die traumatische

Entstehung und kaum welche für ein schicksalhaftes Geschehen sprechen. Aus eigener Erfahrung mit einschlägigen Fällen meine ich, daß die soeben genannte zeitliche Grenze von acht Wochen, die sich in der Gutachtenliteratur mehrfach findet, ohnedies sehr hoch angesetzt ist. Die meisten traumatisch bedingten Intrazerebralhämatome manifestieren sich innerhalb von Stunden, Tagen oder ausnahmsweise wenigen (zwei bis drei) Wochen. Eine längere Latenz habe ich persönlich bei traumatisch bedingten Fällen von Hirnblutungen nicht beobachtet. Die posttraumatische Spätapoplexie muß sich jedenfalls noch vor Abschluß der Vernarbung, also innerhalb eines Monats ereignen, um den gutachtlichen Kriterien eines Kausalzusammenhanges mit einer substantiellen Gehirnverletzung zu entsprechen. Was unblutige Zerebralinsulte im Gefolge von Unfällen anlangt, wird auf die entsprechenden Buchpassagen über Thrombosen, Embolien, zerebrale Mangeldurchblutungen, Aneurysmen und arteriovenöse Fisteln verwiesen.

F. Intrakranielle Gefäßverletzungen

Abgesehen von den sub- und epiduralen sowie intrazerebralen Hämatomen, die gesondert besprochen werden, müssen verschiedene Schädigungsfolgen an Hirn- und Meningealgefäßen genannt werden, welche im Rahmen von meist schwereren Schädeltraumen vorkommen. Auswirkungen solcher Gefäßwandschädigungen treten unter Umständen mit Latenz in Erscheinung, so daß eine exakte differentialdiagnostische Abgrenzung gegenüber operationsbedürftigen raumfordernden Hämatomen des Schädelinneren erforderlich ist.

Zerebrale Arteriospasmen: Ihre Existenz wurde eine Zeitlang in Frage gestellt, bis sie schließlich eindeutig intraoperativ verifiziert wurden. Verursacht sind sie durch massive traumatische Subarachnoidealblutungen oder durch Kontusion der Arterienwand. Klinisch manifestieren sie sich Stunden nach einem Trauma in Form zerebraler Herdsymptome, die von der Lokalisation des betroffenen Gefäßes abhängen. Ihr sicherer Nachweis läßt sich nur arteriographisch erbringen. Die Therapie besteht in der Gabe von Vasodilatantien, besonders von Kalziumantagonisten.

Hirnarterienläsionen: Sie können durch intraarteriellen Überdruck beim Kavitationsphänomen am Gegenpol der Gewalteinwirkung, durch Zug in Längsrichtung oder durch eine direkte lokale Verletzung (Schuß, Knochensplitter, Einklemmung im Frakturbereich) entstehen. Die intravasale Druckerhöhung führt zu Längsrissen und zur Berstung des Gefäßes. Solche Vorgänge liegen der Entwicklung von Rindenkontusionsblutungen zugrunde. Die Gefäßzerrung in der Längsrichtung bedingt hingegen Querrisse, welche sich an den basalen Hirngefäßen am deutlichsten zeigen. Karotisverletzungen im Bereiche des Canalis caroticus gehen in der Regel auf eine dort lokalisierte Schädelbasisfraktur zurück. Wenn letztere das Rachendach durchsetzt, kann es zu einer letalen Blutung aus Mund und Nase kommen. Tritt keine solche Blutung auf, so entsteht unter Umständen sekundär eine hohe Karotisthrombose, deren klinische Symptomatik analog jener des posttraumatischen Verschlusses der Halskarotis ist. Läsionen der mittleren Hirnarterie sind selten und erklären sich durch Anschlag des Gefäßes an die scharfe Kante der Crista sphenoidalis (KIRSCHBICHLER und SCHERZER 1978). Neurologische Folgen einer Mediathrombose begegnen uns in Form eines motorisch-sensiblen Hemisyndroms, allenfalls mit Aphasie. Die vordere Hirnarterie ist nur ausnahmsweise betroffen, sie kann beispielsweise durch eine von der Arteria carotis fortschreitende Thrombose verschlossen werden. Es kommt zum unilateralen Mantelkantensyndrom mit Monoparese des kontralateralen Beines. Die hintere Hirnarterie kann vor allem bei einer Hirnstammeinklemmung lädiert werden. Ihr Ausfall führt zur homonymen Hemianopsie nach der Gegenseite. Ein bilateraler Verschluß bedingt Blindheit, welche die Betroffenen selbst eventuell gar nicht realisieren. Intrakranielle Läsionen und thrombotische Okklusionen der Arteria basilaris und der Arteriae vertebrales treten mitunter nach schwersten Schleuderverletzungen auf. Primär handelt es sich vornehmlich um Gefäßwandrisse. Tödliche Subarachnoidealblutungen sind nach solchen Schädigungen bekannt. Penetrierende Traumen können Arterien in jeder Lokalisation verletzen. Von besonderer Bedeutung sind sie im Bereich der Arteria carotis interna. Hirnarterienthrombosen auf Grund von Gefäßwandläsionen können sich klinisch auch mit einer Latenz von Stunden bis Tagen manifestieren. Chirurgische Eingriffe kommen nur an großen Arterien innerhalb der 6-Stunden-Grenze in Frage und erfordern ein geschultes gefäßchirurgisches Operationsteam. Gutachtlich von Interesse ist der Umstand, daß Hirnarterienthrombosen nach leichten Kopfverletzungen nur im Falle einer vorbestehenden erheblichen Gefäßerkrankung vorkommen.

Hirnvenen- und Sinusverletzungen: Zerreißungen von Hirnvenen finden sich im Rahmen von kontusionellen Hirnschädigungen, des weiteren an der Hirnoberfläche als Grundlage von Rindenblutungen und Subduralhämatomen, wenn die sogenannten Brückenvenen zwischen Hirnrinde und Hirnhäuten betroffen sind. Was Läsionen der venösen Hirnblutleiter anlangt, ist besonders die Eröffnung des Sinus sagittalis superior bei Impressionstraumen, Schuß- und Stichverletzungen zu erwähnen. Es besteht dann nicht nur die Gefahr einer tödlichen Blutung, sondern auch die Gefahr einer Luftembolie. Der genannte Blutleiter kann durch ein Imprimat oder einen Knochensplitter verlegt werden, nach dessen Entfernung eine massive Blutung zu gewärtigen ist. Die Ruptur des Sinus sagittalis superior soll mit Muskelgewebe übernäht werden. Eine Ligatur wird nur im vorderen Drittel gut toleriert. Bei Unterbindung dahinter kommt es zu einem ausgeprägten Hirnödem und zur hämorrhagischen Infarzierung. Blutungen durch Zerreißung des Sinus sigmoideus und des Sinus petrosus superior erfordern eine Tamponade des äußeren Gehörganges. Klinisch manifestieren sich Sinusthrombosen, welche bei Frauen häufiger als bei Männern vorkommen, mit einer Latenz von Stunden bis Tagen. Meist beginnen sie mit Kopfschmerzen und psychischen Störungen. Später stellen sich neurologische Ausfälle, Hirndruckzeichen und Stauungspapillen ein. Der Nachweis erfolgt mittels zerebraler Angiographie. Die Therapie ist vorwiegend symptomatisch, da bei Thrombolyse die Gefahr der hämorrhagischen Infarzierung droht. Die Thrombose des Sinus cavernosus bewirkt Stauungspapillen und eine starke orbitale Venenfüllung mit Protrusio bulbi, oft auch Augenmuskelparesen. Eine Thrombose des Sinus sigmoideus und des Sinus transversus wird meist von einer solchen der Jugularvene begleitet und führt meist gleichfalls zu Stauungspapillen. Die Prognose der Sinusthrombosen ist stets dubiös. Wiederholt sind zusätzliche starke entzündliche Veränderungen gegeben, so daß eine intensive antibiotische Therapie indiziert ist. Bei Überlebenden finden sich oft schwere persistierende zerebrale Ausfälle.

Arteriovenöse Fisteln: Im Schädelinneren kann auf Grund einer Basisfraktur oder einer penetrierenden Verletzung die Wand der Arteria carotis interna im Sinus cavernosus lädiert werden. Nach einem verschieden langen zeitlichen Intervall reißt die Arterienwand gänzlich durch und es entsteht eine arteriovenöse Fistel. Im Sinus cavernosus herrscht dann ein arterieller Druck, der das Blut in den zuführenden Blutleitern, in der Vena ophthalmica und in der Vena angularis rückstaut. Durch den hämodynamischen Kurzschluß können eine zerebrale Mangeldurchblutung und ein sogenanntes Fistelherz entstehen. Leitsymptom ist die Protrusio bulbi, welche klassischerweise pulsierend ist (Exophthalmus pulsans). Die Betroffenen klagen beim *fistelbedingten Kavernosus-Syndrom* über Augen- und Stirnkopfschmerzen, einseitige Sehverschlechterung, Doppelbilder und ein persistentes pulssynchrones Geräusch, welches sich durch Karotiskompression am Halse unterdrücken läßt. Objektiv bestehen Paresen des Nervus abducens, des Nervus oculomotorius sowie Reizerscheinungen im ersten und zweiten Trigeminusast. Bei gut ausgebildeten Sinus intercavernosi kann die Protrusio bulbi bilateral auftreten. Die Diagnose stellt man mit der Karotisangiographie, die stets beidseits zu erfolgen hat. Therapeutisch werden vorerst Karotiskompressionen mehrmals täglich durch Wochen zur Fistelthrombose versucht. An Operationen sind Karotisligaturen, Embolisation mit Muskelgewebe, Ballonokklusion und direkter Fistelverschluß im Sinus cavernosus zu nennen.

Intrakranielle Aneurysmen: Sie beruhen auf unfallbedingten partiellen Wandschädigungen von Hirn- und Hirnhautarterien, einerseits durch Einklemmung im Bereiche einer Schädelfraktur (UNTERHARNSCHEIDT 1984) und andererseits durch Abriß einer Arterie am Orte der duralen Anhaftung (DRAKE 1961). Es entwickelt sich durch Einriß der Intima ein posttraumatisches Aneurysma dissecans, eventuell auch ein Aneurysma spurium. In weiterer Folge kann diese Gefäßausweitung rupturieren. Das Karotisaneurysma innerhalb des Sinus cavernosus ist in seinem klinischen Erscheinungsbild ähnlich der Fistel zwischen der Arteria carotis interna und dem Sinus cavernosus, jedoch fehlt das Pulsieren oder es ist nur andeutungsweise vorhanden. Sonstige intrakranielle Aneurysmen traumatischer Genese sind eine große Seltenheit, am ehesten noch an der Arteria cerebri media durch Anprall dieses

Gefäßes gegen die scharfe Crista sphenoidalis. Im Bereiche einer Schädeldachfraktur kann sich ein Aneurysma der Arteria meningea media entwikkeln, mit größerer Latenz rupturieren und so zu einem verspäteten Epiduralhämatom führen. Der Nachweis der genannten Aneurysmen geschieht gleichfalls angiographisch, wobei das gesamte intrakranielle Gefäßsystem exploriert werden sollte. Die Therapie besteht in der Gefäßligatur und in der Aneurysmaklippung. Für die gutachtliche Anerkennung eines traumatisch entstandenen Aneurysmas ist ein entsprechend schweres Schädelhirntrauma zu fordern. Die meisten Hirnarterienaneurysmen sind jedoch angeboren, finden sich an der Schädelbasis und an Aufzweigungsstellen. Ihnen liegt eine anlagebedingte lokale Schwäche der Gefäßwand zugrunde, z. B. präkommunikales Aneurysma der Arteria cerebri anterior. Im Laufe des Lebens kommt es allmählich zu einer sackförmigen Ausbuchtung der Arterienwand. Wenn das Aneurysma eine bestimmte Größe erreicht hat, seine Wand maximal verdünnt ist und der Aneurysmensack zur Ruptur „reif" geworden ist, so kann es schon durch eine geringfügige, noch im Bereich des Physiologischen gelegene Blutdruckerhöhung, etwa beim Husten oder Betätigen der Bauchpresse, oft aber auch ohne jeden erkennbaren äußeren Anlaß, sogar im Schlaf, platzen und zu einer Subarachnoidealblutung führen.

Eine traumatische Entstehung eines Hirnarterienaneurysmas ist zwar in seltenen Fällen möglich, jedoch ist bei der Anerkennung gutachtlich größte Zurückhaltung geboten, denn zur Entwicklung eines Hirnarterienaneurysmas auf Grund einer Gewalteinwirkung muß eine erhebliche umschriebene Gewalteinwirkung auf die Arterienwand stattgefunden haben, wie Einklemmung bei einem Impressionsbruch des Schädeldaches oder Anspießung durch Knochensplitter, eventuell Gefäßwandkontusion durch Schlag auf die Gefäßwand (z. B. Anprall der Arteria cerebri media an die scharfe Crista sphenoidalis). Die traumatisch bedingten Aneurysmen zeigen nicht die Prädilektionslokalisationen der kongenitalen Aneurysmen und auch nicht deren kennzeichnende, sackförmige sowie gestielte Ausbuchtung der Gefäßwand. Posttraumatische Aneurysmen sind in der Regel spindelförmig gestaltet und liegen im Verletzungsbereich, der durch Frakturen und/oder örtliche Gehirnläsionen bzw. Blutungen gekennzeichnet ist. Zu diskutieren ist schließlich auch die Möglichkeit der Ruptur eines vorbestehenden Aneurysmas durch ein stumpfes Schädeltrauma. In der einschlägigen Literatur wurde diese Frage wiederholt erörtert, vor allem aber die Seltenheit solcher Zusammenhänge betont und auf verschiedene Irrtumsmöglichkeiten hingewiesen (Klages 1970). Zur Annahme einer traumatisch bedingten Ruptur eines kongenitalen Aneurysmas ist eine eindeutige, schwere Gewalteinwirkung auf den Schädel zu fordern.

Die Unfallkausalität in der Entstehung oder auch in der Ruptur eines Aneurysmas ist, wie bereits erwähnt, nur dann anzuerkennen, wenn sich außer dem Aneurysma bzw. seiner Ruptur noch andere – eindeutige – Zeichen des stattgehabten, adäquat starken Traumas nachweisen lassen, sei es in Form von

Arterienwandveränderungen, insbesondere Narben, oder sei es in Form von Veränderungen am Gehirn und den Hirnhäuten. In allen anderen Fällen läßt sich ein Zusammenhang nicht beweisen (Peters 1969). Eine Gewalteinwirkung, welche ein kongenitales Aneurysma, das ja meist im Bereiche des basalen Hirnarterienkranzes gelegen ist, rupturieren läßt, führt notwendigerweise gleichzeitig zu akuten und starken Hirnsymptomen (Reichhardt 1958). Die Symptomatik einer Subarachnoidealblutung muß in diesem Fall gleich oder knapp nach der Gewalteinwirkung bzw. Aneurysmaruptur einsetzen. Die Häufigkeit von Hirnhautblutungen bei Aneurysmaträgern nach Traumen ist mit etwa 2,8% zu veranschlagen (Gänshirt 1972). Der Wahrscheinlichkeitsgrad der traumatisch bedingten Ruptur eines Hirnarterienaneurysmas ist also äußerst gering. Lob und Jaeger (1973) weisen darauf hin, daß bei einem bestehenden Aneurysma nicht jede äußerliche Belastung als wesentlich mitwirkende Teilursache zur Ruptur angesehen werden kann. Wenn der pathologisch-anatomische Befund dafür spricht, daß auch aus geringen äußeren Anlässen mit einer Perforation bzw. einer Ruptur des Aneurysmas gerechnet werden mußte, dann hat der anlagebedingte Faktor und nicht der traumatische Faktor überwogen. Ebenso meint Reichhardt (1958): „Reißt eine Arterienwandung bei Anlässen ein, welche das gesunde Gefäß spielend erträgt, so kann dem äußeren Anlaß nicht die Bedeutung der wesentlichen Teilursache zuerkannt werden". Dieser Autor postuliert zu Recht allgemein, daß bei Erkrankungen, welche in der weitaus größeren Mehrzahl der Fälle ohne Mithilfe eines einmaligen Traumas entstehen, an die Beweisführung besonders strenge Anforderungen zu stellen sind und daß nur positive Wahrscheinlichkeiten als Beweismittel für die Annahme einer traumatisch wesentlich mitverursachten Schädigung gelten sollen. Dies bedeutet im Hinblick auf eine Aneurysmablutung: „Die äußere Gewalteinwirkung muß so stark gewesen sein, daß sie die Gefäßwand am Ort der späteren Blutung hat schädigen können".

G. Traumatisch bedingte Liquorzirkulationsstörungen

Als solche sind der Liquorüber- und -unterdruck, der aresorptive bzw. hyporesorptive kommunizierende Hydrozephalus und die intrakranialen Hygrome (auch als Hydrome bezeichnet) zu nennen. Traumatisch bedingte Liquorzirkulationsstörungen sind insbesondere nach schweren Schädelhirntraumen wiederholt anzutreffen.

1. Liquorhypertension (Liquorüberdruck)

Er stellt zweifelsohne die gefährlichste unter den genannten Störungen und Veränderungen des Schädelinnenraumes dar. Dieses Zustandsbild, das bis zum Hirntod führen kann, wurde schon zuvor bei der *Compressio cerebri* geschildert. Es erfordert eine schnelle differentialdiagnostische Abklärung (zwischen raumforderndem Hämatom und Hirnödem) sowie ein schnelles therapeutisches Eingreifen. Auf die früheren diesbezüglichen Ausführungen des vorliegenden Buches im Abschnitt über die Hirndrucksteigerung und das Hirnödem wird verwiesen.

2. Liquorhypotension (Liquorunterdruck)

Eine Verminderung des physiologischen Liquordruckes, der bei lumbaler Registrierung am Liegenden zwischen 75 und 180 mm Wassersäule, am Sitzenden zwischen 150 und 250 mm Wassersäule und bei epiduraler Registrierung zwischen 5 und 15 mm Hg ausmacht, wird nach Schädeltraumen relativ selten angetroffen. Sie findet sich nach übermäßiger Entwässerung, bei anhaltender, starker Liquorrhö, bei ungenügender Liquorproduktion und manchmal phasenhaft bei chronischen Subduralhämatomen. Die Symptomatik ähnelt jener des Liquorüberdrucksyndroms. Dementsprechend bestehen orthostaseabhängige Kopfschmerzen, Übelkeit, Erbrechen, Schwankschwindel, leichtere Bewußtseinsstörungen, geringe Temperatursteigerungen und eine Kollaps- sowie eventuell eine zerebrale Krampfneigung (KRETSCHMER 1978). Diese Beschwerden dauern einige Tage, selten Wochen bis wenige Monate und kommen in leichter Form zusammen mit Meningismus auch nach Lumbalpunktion vor. Eine differentialdiagnostische Abklärung mit zielgerichteter, anschließender Therapie ist notwendig. Je nach Ursache des verminderten Liquordruckes besteht die Behandlung im Verschluß einer Liquorfistel, in der Anregung der Liquorproduktion (Papaverin, Ephedrin usw.) sowie unter Umständen im Auffüllen der Liquorräume über Lumbal- oder Subokzipitalpunktion nach Operation eines chronischen Subduralhämatoms, wobei die Punktionsstelle vorteilhaft durch ein epidural gesetztes Depot von 10 ccm Eigenblut verschlossen werden kann.

3. Hydrocephalus communicans malresorptivus

Er wird auch als *Normal-* oder *Niederdruckhydrozephalus* bezeichnet, weil Liquordruckmessungen weitgehend normale Werte ergeben. Fallweise konnten jedoch Liquordruckspitzen nachgewiesen werden. Pathogenetisch nimmt man eine Fremdkörpermeningitis nach Hirnhautblutung als Ursache der Liquorzirkulationsstörung an. Aus dieser aseptischen Meningitis entwikkelt sich allmählich eine Leptomeningitis fibroplastica mit Behinderung des Liquorabflusses an den Engstellen (MAGENDIEsches und LUSCHKAsches Foramen) und im Bereiche des Sinus sagittalis superior, ferner mit weitgehender Verlötung des Subarachnoidealraumes. Selbstverständlich kann auch eine breitflächige bakterielle Meningitis auf dieselbe Art und Weise zu einem Hydrocephalus communicans malresorptivus führen. Durch einen Dehnungseffekt im Ventrikelepithel gelangt schließlich Liquor nach subependymal und wird wahrscheinlich von dort kompensatorisch resorbiert. Dementsprechend zeigen sich in der kranialen Computertomographie oder in der Kernspintomographie charakteristische paraventrikuläre Resorptionszonen. Die mittels Liquorszintigraphie nachgewiesene subarachnoideale Liquorblockade erstreckt sich in klassischen Fällen über beide Großhirnhemisphären, manchmal jedoch nur über eine. Die Umkehr der Flußrichtung mit Regurgitation des Liquors in die Ventrikelräume, wo der Tracer tagelang verbleibt, ist zwar ein klassischer Befund, aber in leichteren Fällen nicht gegeben. Mitunter ist nur die Liquorresorption im Bereiche des Sinus sagittalis superior verzögert. Gemäß dem Grad der Resorptionsstörung unterscheidet man als schwere Form den *Hydrocephalus communicans aresorptivus* und als leichtere Form den *Hydrocephalus communicans hyporesorptivus*.

Das klinische Symptomenbild ist bei voller Ausprägung durch eine *typische Trias* gekennzeichnet: progredientes organisches Psychosyndrom, Gangataxie und Incontinentia alvi et urinae (Messert und Baker 1966). Nach schweren Schädelhirntraumen muß man mit etwa 10% Liquorzirkulations- und Liquorresorptionsstörungen rechnen. Recht typisch ist der progrediente Verlauf mit anhaltender Verwirrtheit. Mitunter sieht man auch Besserungen auf Grund zerebraler kompensatorischer Mechanismen. Die Behandlung der Wahl stellt die operative Liquorableitung dar. Sie erfolgt meist mittels eines atrioventrikulären (besser nach der Abflußrichtung: ventrikuloatriären) Shuntsystems, das Liquor aus den Ventrikeln des Gehirns über die Jugularvene in das rechte Herzatrium ableitet. Auch ein Abfluß in den Bauchfellraum kann über einen ventrikuloperitonealen Shunt operativ konstruiert werden. Tritt postoperativ keine Änderung der neurologischen, psychischen und elektroenzephalographischen Befunde (insbesondere Allgemeinveränderungen) ein, so muß an ein defektes Shuntsystem, an eine Knickbildung des Ventrikelkatheters oder eine Thrombenbildung im Bereich des Vorhofkatheterendes gedacht werden (Kirschbichler und Scherzer 1980). Postoperative Besserungen können schlagartig oder allmählich eintreten. Sie sind besonders deutlich, wenn präoperativ eine ausgeprägte Progredienz bestand. Bei anhaltenden fieberhaften Zuständen, die bis zu einer schweren Sepsis reichen können, besteht der Verdacht auf eine chronische Infektion im Bereiche des Shuntsystems, das in diesem Falle entfernt werden muß.

4. Intrakranielle Hygrome (Hydrome)

Sie stellen Liquoransammlungen zwischen harter Hirnhaut und Arachnoidea dar, kommen nach Schädelhirntraumen, auffallend häufig im Anschluß an eine Dexamethasontherapie (Kränkel und Bröcheler 1992) sowie auch nach entzündlichen Affektionen des Schädelinneren vor und sind im Kindesalter häufiger als im Erwachsenenalter anzutreffen. Diese Ergüsse, die nicht nur als Hygrome, sondern manchmal auch als Hydrome bezeichnet werden, entstehen wahrscheinlich durch einen Ventilmechanismus im Bereiche der zerrissenen Hirnhaut, so daß Liquor in den Subduralraum eindringen, jedoch nicht von dort abfließen kann (Unterharnscheidt 1984). Solche *subduralen Hygrome* sind vorwiegend frontal lokalisiert, ein- und auch beidseitig, eventuell symmetrisch ausgebildet. Nach Schädeltraumen zeigen sie nicht selten geringe Blutbeimengungen. Bei progredienter Größenzunahme entwickelt sich zunehmend eine Lokal- und schließlich eine Hirndrucksymptomatik, wie dies sonst für subdurale Hämatome kennzeichnend ist. Der diagnostische Nachweis subduraler Hygrome erfolgt vorwiegend durch die bildgebenden Verfahren der Computer- und Kernspintomographie, eventuell durch die Echoenzephalographie und zerebrale Angiographie, bei Säuglingen auch durch die Transillumination des Schädels. Die Therapie dieser raumfordernden Hygrome entspricht jener der Subduralhämatome, ist also operativ. Die meisten intrakraniellen Hygrome bleiben jedoch klein, klinisch stumm und werden oft nur zufällig in der kranialen Computertomographie entdeckt. In diesen günstig gelagerten Fällen kann man zuwarten, sollte jedoch den klinischen Verlauf durch neurologische oder computertomographische Kontrollen überprüfen und die Spontanremission des Hygroms verfolgen. Außer den intrakraniellen (subduralen) Hygromen gibt es bei Kindern *subgaleale Hygrome*, die dadurch entstehen, daß nach Schädelbruch und Zerreißung der Hirnhäute Zerebrospinalflüssigkeit in die Kopfschwarte abfließt (KRETSCHMER 1978). Therapeutisch genügt dann oft ein Kompressionsverband des Schädels. Unter Umständen sind zur Senkung des Liquordruckes mehrfache Lumbalpunktionen durchzuführen. Insgesamt ist die Prognose in der überwiegenden Mehrzahl der Hygrome günstig, da zumeist eine spontane Resorption erfolgt und eine operative Entlastung nur selten erforderlich ist.

H. Entzündliche Komplikationen des Schädelinneren

Sie entstehen dadurch, daß Keime direkt eingebracht werden, z. B. bei Schuß- und Stichverletzungen sowie bei offenen Impressionsbrüchen des Schädels, oder dadurch, daß Keime über eine traumatisch entstandene Kommunikation zwischen Außenwelt und Schädelinnerem einwandern und intrakranielle Strukturen befallen. Diese letztgenannte Gefahr ist besonders bei Vorliegen frontobasaler Frakturen mit Einbeziehung des stets keimhältigen Nasennebenhöhlensystems gegeben. Bei direkter Infektion handelt es sich meist um Frühkomplikationen, bei sekundärer Einwanderung von Keimen nach intrakraniell kann es sich sowohl um Früh- als auch um Spätkomplikationen handeln. Keime können auch längere Zeit hindurch symptomlos in abgekapselter Form im Bereiche der Hirnhäute oder des Gehirns selbst verbleiben, sich erst zu einem späteren Zeitpunkt, z. B. bei Resistenzminderung durch eine Zufallserkrankung (Erkältung, Darmaffektion usw.), durch zerebrale Symptome manifestieren und solchermaßen sogar noch nach Jahren zu Spätkomplikationen des seinerzeitigen Schädeltraumas führen. Wiederholt zeigen sich entzündliche Komplikationen nach erschwerter oder ungenügender Primärversorgung der Schädelhirnverletzung. Die antibiotische Therapie kann auch in hoher Dosierung die sorgfältige chirurgische Wundtoilette nicht ersetzen. Entzündliche Frühkomplikationen treten in den ersten Tagen, entzündliche Spätkomplikationen hingegen Wochen bis viele Jahre nach dem Trauma auf. Außer diesen *bakteriellen, purulenten Infektionen* müssen abakterielle bzw. aseptische entzündliche Veränderungen im Sinne einer sogenannten *Reizmeningitis* erwähnt werden. Abbauprodukte des Blutes, aber auch des Hirngewebes, bedingen in solchen Fällen eine meningeale Reaktion der Hirnhäute und des Ependyms. Man spricht in diesem Zusammenhang auch von einer „Fremdkörpermeningitis"; besonders deutlich sind diese Veränderungen nach massiven Subarachnoidealblutungen, aber auch nach schwereren Gehirnkontusionen. Die Liquorveränderungen sind, was die Pleozytose anlangt, bei einer meningealen Reaktion geringer als bei einer bakteriellen Infektion (Fischer, Rupprecht und Scherzer 1958). Auch das klinische Bild ist, abgesehen von den anfänglichen meningealen Zeichen bei traumatischer Subarachnoidealblutung, geringer ausgeprägt als bei der purulenten Meningitis. An entzündlichen Veränderungen des Schädelinneren nach Unfällen sind im einzelnen zu nennen:

1. Posttraumatische Meningitis

Sie ist die häufigste entzündliche Komplikation nach Schädelhirnverletzungen, kann als direkte Meningitis im Bereich der Schädelhirnwunde, so auch bei frontobasalen und laterobasalen Frakturen mit Duraruptur oder als indirekte Meningitis bei Pyozephalus (Eiteransammlung im Ventrikelsystem) nach penetrierenden Gehirnverletzungen mit Eröffnung der Gehirnkammern auftreten. Der Lokalisation nach unterscheidet man Konvexitäts- und Basalmeningitiden. Die ursprünglich lokalisierte posttraumatische Meningitis wird häufig zu einer generalisierten Entzündung der Hirnhäute. Es kommt auch zu entzündlichen Veränderungen des benachbarten Hirngewebes, d. h. zu einer *Randenzephalitis*, und zu entzündlichen Veränderungen der Ventrikelauskleidung, also zu einer *Ependymitis*. Die lokalisierte Meningitis kann durch entzündliche Adhäsionen örtlich begrenzt bleiben (Verlötungsmeningitis), unter Umständen keine Symptome hervorrufen und erst zu einem späteren Zeitpunkt eine Ausbreitung erfahren. Wenn die harte Hirnhaut im Bereiche einer Schädelfraktur intakt geblieben ist, entsteht in der Regel keine Meningitis. Ausnahmsweise kann aber doch eine Keimpenetration stattfinden, so daß mit einer gewissen zeitlichen Latenz eine sogenannte Durchwanderungsmeningitis auftritt. In zeitlicher Hinsicht unterscheiden wir eine posttraumatische Früh- und Spätmeningitis. Letztere geht nicht selten auf eine primär nicht erkannte, frontobasale Fraktur mit persistierender Kommunikation zwischen Außenwelt und Schädelinnerem, die sich klinisch wiederholt, aber nicht unbedingt in Form einer Liquorrhö kundtut, zurück und tritt dann oft im Rahmen eines grippalen Infektes oder Schnupfens auf.

Das *klinische Bild* ist durch Meningismus (Lasègue- und Kernig-Zeichen), positives Bulbusdruckphänomen, heftige Kopfschmerzen, septische Temperaturen, Bewußtseinstrübung, oft mit Desorientiertheit, ferner durch psychomotorische Unruhe, kahnförmige Einziehung des Abdomens, Opisthotonus mit Beugestellung der Beine in den Hüft- und Kniegelenken, Licht- und Lärmüberempfindlichkeit sowie progrediente Abmagerung gekennzeichnet. Häufig, jedoch nicht obligat, kommt es zu epileptischen Anfällen, partiell oder generalisiert, zu zerebralen und Hirnnervenausfällen. Die Blutsenkungsgeschwindigkeit ist beschleunigt, das Blutbild zeigt eine Leukozytose, die Zerebrospinalflüssigkeit entsprechend der purulenten Meningitis eine hochgradige Pleozytose, über 10.000/3 Zellen, wodurch die Diagnose gesichert ist. Zerebrale Symptome bei Meningitis sind Ausdruck von Rand- und Begleitenzephalitis, toxischer Hirnaffektion und Liquorzirkulationsstörungen. Der Übergang zur *Meningoenzephalitis* ist fließend. Schwelende entzündliche Veränderungen können zu rezidivierenden Spätmeningitiden Anlaß geben, die unter Umständen mit gleichartiger klinischer Symptomatik einhergehen, z. B. epileptische Gelegenheitsanfälle, ohne daß zwischen den meningitischen Schüben Anfälle auftreten (SCHERZER und DEISENHAMMER 1968).

Die *Behandlung* erfolgt durch operative Sanierung mit Verschluß der Kommunikation zwischen Außenwelt und Schädelinnerem bei liquordichter Abdeckung und durch gezielte Antibiotikatherapie in hoher Dosierung, allenfalls auch intrathekal, sowie durch Liquorabpunktion mit Luftaustausch. Dennoch ist die Prognose ernst. Die Letalität der posttraumatischen Frühmeningitis betrug in einer eigenen Untersuchung (SCHERZER und ROLLETT 1984) 2,6% aller Verstorbenen mit Schädelhirntraumen, wobei sich die Meningitis im Durchschnitt 7,5 Tage nach dem Unfall manifestierte und elf Tage anhielt, so daß im Mittel eine Überlebensdauer nach dem Unfall von 18,5 Tagen gegeben war. Der Tod war überwiegend auf die Kombination der entzündlichen Veränderungen mit der Gehirnverletzung zurückzuführen. Epileptische Frühanfälle waren bei den Verstorbenen in 21%, bei den Überlebenden in 11% aufgetreten (SIMON, ZIFKO und SCHERZER 1990). Unter entsprechender Therapie dauerte die Meningitis bei den Überlebenden durchschnittlich nur 8,6 Tage und hinterließ in der eigenen Untersuchung, verglichen mit einem Kollektiv etwa gleich schwerer Schädelhirntraumen ohne Meningitis, keine zusätzlichen, auf die Hirnhautentzündung zurückzuführenden Schäden. Hingegen trat eine posttraumatische Spätepilepsie statistisch signifikant häufiger nach posttraumatischer Meningitis auf, nämlich in etwa einem Viertel der Fälle. Es fiel in der genannten eigenen Studie (SIMON, ZIFKO und SCHERZER 1990) eine relativ lange Somnolenz nach kurzem Koma auf, im Durchschnitt 3,3 Wochen bzw. 1,5 Tage. Dieser Umstand der lang anhaltenden Bewußtseinstrübung läßt sich als Folge von Randenzephalitis, Liquorzirkulationsstörungen und toxischen Schädigungen des Gehirns erklären. Aus dem einschlägigen Fachschrifttum früherer Jahre sind mehrfach schwere neurologischpsychische Defektsyndrome nach überlebter posttraumatischer Meningitis bekannt. Hier dürfte tatsächlich die moderne Therapie die Prognose verbessert haben. Jedoch kommt es auch heutzutage nach schweren Fällen posttraumatischer Meningitis nicht selten zu subarachnoidealen Blockaden der Liquorzirkulation mit Ausbildung eines aresorptiven kommunizierenden Hydrozephalus oder bei Verschluß der basalen Ventrikelausgänge zum Hydrocephalus internus occlusus. Die posttraumatische Meningitis bedingt eine subarachnoideale Liquorblockade, aber nicht nur durch Arachnopathie über den Großhirnhemisphären (Arachnitis fibroplastica et adhaesiva), sondern auch durch ähnliche Verklebungen und Verlötungen zwischen Pia und Arachnoidea an der Schädelbasis, oft mit zusätzlicher Zystenbildung. Am eindrucksvollsten ist diesbezüglich die *Arachnitis optico-chiasmatica* mit progredienter Narbenschrumpfung und Strangulierung des Chiasma opticum und der Fasciculi optici, so daß sich zunehmende Gesichtsfeldausfälle entwickeln. Eine entzündungshemmende Therapie ist in diesen Fällen meist ohne Erfolg. Der Versuch einer operativen Beseitigung der schrumpfenden Narbenzüge ist indiziert. Unter Umständen verursachen auch massive Blutungen im Bereiche der Hirnhäute über die sogenannte Fremdkörpermeningitis eine derartige posttraumatische Arachnopathie an der Schädelbasis.

2. Posttraumatische Ependymitis

Sie stellt eine entzündliche Veränderung der Auskleidung der Gehirnventrikel dar, tritt in purulenter Form primär bei direkter Keiminfektion des Ventrikelsystems (Schuß- sowie Stichverletzungen) und sekundär durch Ausbreitung einer basalen Meningitis oder durch Fortleitung von einem nahegelegenen Hirnabszeß auf. Auch der Eintritt von Luft in das Ventrikelsystem (posttraumatischer Pneumenzephalus) kann über Keimeinbringung nicht nur zur Meningitis, sondern auch zur Ependymitis führen. Bei foudroyantem Verlauf entsteht der *posttraumatische Pyozephalus*. Diese Eiteransammlung innerhalb des Ventrikelsystems hat meist eine infauste Prognose. Der entzündliche Prozeß am Ependym zerstört dieses stellenweise und ruft andererseits eine Zellproliferation hervor, so daß das pathologisch-anatomische Bild der *Ependymitis granularis* resultiert. Eine primäre Ependymitis kann sich als indirekte Basalmeningitis fortsetzen. Es kommt im Rahmen der Ependymitis nicht selten zu einer entzündlichen Aquäduktstenose und/oder zur Einengung der sonstigen Ventrikelausgänge bzw. sogar zu einem kompletten Aquäduktverschluß und/oder zu einem Verschluß der Foramina MONROI, MAGENDII et LUSCHKAE. Die Folge ist ein *Hydrocephalus internus occlusus* der entsprechenden Ventrikel. Eine fistulierende Operation zur Ableitung des gestauten Liquors ist erforderlich.

3. Posttraumatische Enzephalitis

Sie entsteht durch direkte Keimeinbringung im Rahmen einer penetrierenden Schädelhirnverletzung, als Randenzephalitis bei der posttraumatischen Meningitis, aber ausnahmsweise auch ohne diese, wenn im Bereich rupturierter Hirnhäute Hirngewebe freiliegt bzw. prolabiert ist, z. B. in die keimhältigen Nasennebenhöhlen, so daß die entzündlichen Veränderungen per continuitatem auf das Hirngewebe übergreifen können, schließlich noch von Hirnabszessen aus, wenn die Demarkierung insuffizient ist oder die allgemeine Resistenz nachläßt. In letzterem Fall handelt es sich um eine Spätkomplikation, ansonsten bedeutet die posttraumatische Enzephalitis jedoch meist eine Frühkomplikation. Kontusioniertes Hirngewebe ist gegenüber Entzündungen sehr anfällig. Gleiches gilt für ischämisch-nekrotische Hirnareale im Rahmen schwerer Gefäßverletzungen. Der entzündliche Prozeß breitet sich im Marklager besonders rasch aus (*phlegmonöse Markenzephalitis* oder *Markphlegmone*) und geht mit unregelmäßigen eitrigen Einschmelzungen einher. Pathologisch-anatomisch unterscheidet man neben der erwähnten Rand- oder Meningoenzephalitis die purulente Enzephalitis und die metastatische Fokalenzephalitis. Die posttraumatische Enzephalitis wird von einem *infektiösen Hirnödem* begleitet, welches bei Schädelknochendefekten typischerweise zum lokalen *Hirnprolaps (Fungus cerebri)* führt. Dieser zeigt anfangs Kugel-, später Pilzform, kann gleichfalls mehrfache enzephalitische Herde aufweisen. Durch deren Einschmelzung entstehen zahlreiche Mikroabszesse, die wieder zu größeren Abszessen konfluieren können. Ein derartiger Prozeß ist unter Umständen auch in sonstigen Gehirnarealen zu beobachten.

Das *klinische Bild* zeigt Fieber und Kopfschmerzen, Bewußtseinstrübungen, ausgeprägte psychische Veränderungen, insbesondere Verwirrtheit, neurologische Herdausfälle, Hirndrucksymptomatik und, zumal stets auch eine Begleitmeningitis vorhanden ist, oft meningeale Zeichen. Blut und Liquor weisen entzündliche Veränderungen auf. Die Prognose ist stets ernst, oft infaust. Wiederholt kommen epileptische Reizanfälle in fokaler und/oder generalisierter Form, eventuell auch mit statusartiger Häufung vor. Behandlungsmäßig verwendet man Antibiotika in hoher Dosierung; ferner ist ein allgemeines exaktes Monitoring im Rahmen der modernen Intensivmedizin erforderlich. Ein in Zerfall begriffener Prolapsus cerebri ist chirurgisch abzutragen.

4. Posttraumatische Hirnabszesse

Sie können in verschiedenen zeitlichen Abständen zum Unfall auftreten, so daß man auch bei ihnen Früh- und Spätabszesse unterscheidet. Der *Frühabszeß* entwickelt sich typischerweise aus der Markenzephalitis, wenn diese einschmilzt. Er ist von nekrotisch-phlegmonösem Hirngewebe umgeben und daher unscharf begrenzt. Auch er kann in das Ventrikelsystem einbrechen und zu einer meist tödlichen Ventrikelinfektion führen. Im allgemeinen bildet sich im Laufe von drei bis sechs Wochen eine Abszeßmembran, so daß der Eiterherd nun gut von der Umgebung demarkiert ist. Der *Spätabszeß* kann somit aus dem Frühabszeß hervorgehen oder sich um einen intrazerebralen Fremdkörper bzw. eingebrachte Knochenstücke bilden. Schließlich kann auch kontusioniertes Hirngewebe von einer lokalen Meningitis aus infiziert werden, zerfallen und abszedieren. Derartige Hirnabszesse liegen vor allem frontobasal und temporal oder im Bereiche einer lokalen (primären) Hirnwunde. Aber auch auf Grund anatomischer Gegebenheiten sind die frontobasalen und temporalen Hirnregionen Prädilektionsorte für die Entwicklung von Hirnabszessen. Entsprechend den häufigsten Eintrittspforten der Infektion mit Fortleitung aus den Nebenhöhlen oder aus dem Mittelohr entstehen vorzugsweise rhinogene (frontale) und otogene (temporale sowie zerebelläre) Hirnabszesse. Penetrierende Schädelhirnverletzungen führen wiederholt zu *Perlschnurabszessen*. Durch die an sich geringe mesenchymale Reaktion innerhalb des Gehirnparenchyms entstehen von einem isolierten Hirnabszeß aus nicht selten *Tochter-* oder *Wandabszesse* (KRETSCHMER 1978).

Die *klinische Symptomatik* des Frühabszesses ist durch hohes Fieber, zerebrale Herdausfälle und epileptische Anfälle, fokal oder generalisiert, auch mit statusartiger Häufung, sowie durch Bewußtseinstrübung gekennzeichnet. Der Spätabszeß hingegen kann eventuell symptomlos ertragen werden. Ansonsten bewirkt er in erster Linie Hirndruckzeichen sowie lokale neurologische Ausfälle, ebenso wiederholt als Initialsymptom einen epileptischen Anfall. Mitunter beherrschen allgemeine Krankheitszeichen wie Müdigkeit, Abgeschlagenheit, Appetitlosigkeit und Gewichtsabnahme das klinische Bild. Unter Umständen führen interkurrente Erkrankungen mit allgemeiner Resistenzminderung zur Manifestation der zerebralen Symptomatik, die anfangs von jener eines Hirntumors kaum zu unterscheiden ist (SCHERZER 1964). In der zerebralen Angiographie kann sich manchmal die Abszeßmembran anfärben, häufig aber zeigt sich nur eine lokale Raumbeengung, so daß eine nähere Differentialdiagnose nicht gelingt. Elektroenzephalographisch findet sich über dem Hirnabszeß meist ein Herdbefund, eventuell mit besonders langsamen Wellen (Subdelta). Die herdförmigen Veränderungen können jedoch vielgestaltig sein und reichen bis zur lokalen Abflachung. Manchmal geht der Spätabszeß sogar mit einem normalen Elektroenzephalogramm einher. Die tatsächliche Diagnose gelingt mit der Computertomographie oder der Kernspintomographie, wobei auch Wand- und Tochterabszesse bzw. Perlschnurabszesse erkennbar sind. Die große Gefahr jedes Hirnabszesses besteht im Ventrikeleinbruch. Die solchermaßen bedingte massive Infektion mit Ventrikelempyem und diffuser eitriger Meningitis verläuft meist tödlich. Neben einer hochdosierten antibiotischen Medikation ist daher die baldige operative Behandlung entscheidend. Der Frühabszeß wird punktiert und gespült. Im so gewonnenen Abszeßeiter werden die Erreger bestimmt und auf ihre Empfindlichkeit geprüft, damit die antibiotische Behandlung gezielt erfolgen kann. Nach Ausbildung einer genügend derben Abszeßkapsel, am besten nach sechs Wochen, wird der Frühabszeß endgültig entfernt. Bei Spätabszessen liegt meist schon eine entsprechend dicke Abszeßkapsel vor, so daß prinzipiell eine primäre Exstirpation in toto möglich ist.

5. Subdurales Empyem

Die Eiteransammlung des Subduralraumes kann primär durch direkte Verletzung des Subduralraumes oder sekundär durch Infektion eines Subduralhämatoms bzw. Fortleitung aus entzündeten Nebenhöhlen entstehen. Subdurale Empyeme finden sich am häufigsten parietal und temporal, können sich aber auch über eine gesamte Hemisphäre ausbreiten. Ihre klinische Symptomatik ist durch gesteigerten Hirndruck und meningeale Zeichen sowie Bewußtseinsstörungen charakterisiert. Neurologische Herdausfälle und fokale sowie generalisierte epileptische Manifestationen kommen gleichfalls vor. Sie sind bereits Zeichen des Übergreifens auf das Gehirn. Wenn die Karotisangiographie und eventuell auch die Computertomographie keine genaue Artdiagnose zulassen, empfiehlt sich die *Szintigraphie*, welche eine typische Aktivitätssteigerung erkennen läßt. Die Behandlung erfolgt operativ mittels Trepanation. Findet sich eine derbe Kapsel, so kann dieser subdurale Abszeß in toto entfernt werden. Ansonsten erfolgt die Empyementleerung mit anschließender Antibiotikainstallation. Oft ist eine offene postoperative Behandlung erforderlich.

6. Epiduralabszesse

Sie sind äußerst selten und entstehen meist von einer Osteomyelitis des Schädeldaches oder von einer infizierten Schädeldachplastik aus. In der Regel handelt es sich um nicht-raumfordernde, dünne, entzündlich-eitrige Granulationen, welche der harten Hirnhaut aufliegen. Es besteht die *Gefahr einer Durchwanderungsmeningitis*, die ausnahmsweise per continuitatem bis auf das Gehirnparenchym übergreifen und zu einem Hirnabszeß führen kann. Der epidurale Abszeß selbst verursacht, da kaum jemals in größerem Maße raumfordernd, in der Regel auch keine neurologische Symptomatik. Die Therapie ist operativ. Der über dem Epiduralabszeß liegende Schädelknochen oder das plastische Material sind ebenso wie die Eiterauflagerungen der Dura mater zu entfernen. Eine kombinierte (lokale und allgemeine) Antibiotikamedikation hat gezielt auf Grund von Erregernachweis und Resistenzbestimmung zu erfolgen. Die spätere Deckung der Schädelknochenlücke darf keinesfalls vor einem Jahr angesetzt werden, da ansonsten mit einer Rezidivinfektion zu rechnen ist.

7. Osteomyelitis des Schädeldaches

Diese entwickelt sich nach offenen Schädelfrakturen oder geht von infizierten Hautwunden aus. Der Röntgenbefund zeigt osteolytische Herde des Schädelknochens, insbesondere auch im Bereiche eines reimplantierten Knochendeckels. Die entzündlichen Veränderungen führen wiederholt zu einem *epiduralen Abszeß*. Die Therapie besteht in der radikalen Entfernung aller entzündlichen Veränderungen, sowohl am Knochen als auch im Hautbereich. Hautdefekte werden plastisch gedeckt. Die Schädelknochenlücke darf gleichfalls nicht vor einem Jahr verschlossen werden.

I. Nichtkranielle Verletzungen

Sie können unter Umständen *sekundäre intrakranielle Folgen* nach sich ziehen, welche von passageren zerebralen Störungen bis zu schweren und persistierenden zerebralen Ausfällen reichen. Ursächlich handelt es sich um

Auswirkungen allgemeiner Durchblutungsstörungen (traumatischer Schock, kardiale bzw. kardiovaskuläre Insuffizienz), respiratorisch bedingter Hypoxien (Atembehinderung durch Verlegung der oberen Luftwege, Lungenverletzungen, Hämatothorax, Pneumothorax, Pleuraergüsse, Pneumonien usw.), hämatogener Verschleppung gewebsfremden Materials (Fett-, Luft- und Thromboembolien, Bakteriämien, Toxinämien) sowie um Auswirkungen lokaler Durchblutungsstörungen im Halsbereich (Karotis- und Vertebralisthrombosen bzw. Basilarisinsuffizienz). Die im Rahmen einer allgemeinen Sepsis entstehenden, metastatischen Herdenzephalitiden und Hirnabszesse wurden bereits im vorangehenden Abschnitt behandelt, so daß der Leser auf diesen verwiesen werden darf. Die übrigen genannten Affektionen werden, sofern sie gutachtlich von Interesse sind, in der Folge systematisch beschrieben.

1. Traumatischer Schock

Der traumatische oder chirurgische Schock ist besonders nach schweren, manchmal aber auch nach leichteren Verletzungen, mit oder ohne Blutverlust, zu beobachten und kann, wenn nicht rechtzeitig und konsequent behandelt, eine ernste posttraumatische Komplikation darstellen. Kennzeichnend ist in all diesen Fällen der ausgeprägte *Blutdruckabfall* mit den Zeichen der *peripheren Minderdurchblutung*. Der zerebrale Blutkreislauf wird zwar längere Zeit hindurch auf Grund verschiedener Kompensationsmechanismen aufrechterhalten, jedoch kann auch er letzten Endes versagen. Durch zusätzliche Atembehinderungen und Elektrolytveränderungen sowie durch Säure-Basen-Verschiebungen verstärkt sich das Schocksyndrom maßgeblich. Mit allmählichem Versagen der zerebralen Zirkulation entwickeln sich zentrale Störungen, welche vor allem die Bewußtseinslage und die mentalen Leistungen betreffen (SCHERZER 1972). Die Verletzten sind psychisch verlangsamt, antriebsvermindert und wiederholt auch desorientiert. Ihr Bewußtsein trübt sich zunehmend ein. Das Elektroenzephalogramm zeigt anfangs einen normalen Befund, später eine geringe bis mäßige Allgemeinveränderung (SCHERZER 1972). Neurologische Herdausfälle treten nur ausnahmsweise und nur in schwersten Schockzuständen auf. Sie müssen den Verdacht auf eine vorbestehende lokale Gefäßstenose erwecken. Die Differentialdiagnose gegenüber einer kontusionellen Hirnschädigung oder gegenüber einem in Entwicklung begriffenen, raumfordernden Hämatom des Schädelinneren kann dann schwierig sein und verlangt engmaschige neurologische Kontrollen. Eine wesentliche Hilfe für diese Abklärung hat die kraniale Computertomographie gebracht. Typisch für schockbedingte zerebrale Störungen ist ihre Abhängigkeit von der augenblicklichen Blutdrucklage, mit der sie, was ihre Ausprägung betrifft, weitgehend parallel gehen. Mit Rückbildung des Schocks schwindet daher die zerebrale Symptomatik meist vollkommen. Lediglich durch protrahierte Schockzustände können persistierende zerebrale Schäden auf ischämischer Basis gesetzt werden, die sich am ehesten als ein organisches Psychosyndrom, seltener als eine zerebrale Herdsymptomatik manifestieren.

2. Kardiale bzw. kardiovaskuläre Insuffizienz

Sie findet sich nach Herzkontusionen oder sonstigen Herzschädigungen und geht mit einer mangelhaften peripheren Durchblutung einher, so daß die zerebralen Auswirkungen ähnlich denen im traumatischen Schock sind. Gleichfalls fällt der Blutdruck, und damit tritt ein *zerebrovaskuläres Mangelsyndrom* auf. Bei Personen mit chronischer Herzschwäche kann sich diese nach einem Unfall mit maßgeblichen Verletzungen verstärken und auf diese Weise zu einer manifesten kardialen Dekompensation führen. Wenn solche Personen älter sind und auch an einer zerebralen Arteriosklerose leiden, entwickelt sich im Rahmen des allgemeinen Blutdruckabfalls unter Umständen eine kritische lokale Mangeldurchblutung des Gehirns und damit das klinische Bild eines Zerebralinsultes, typischerweise in Form eines defizitären Halbseitensyndroms. Die Prognose ist in diesen Fällen ernst. Im Elektroenzephalogramm läßt sich eine lokal betonte Allgemeinveränderung oder ein umschriebener Herdbefund nachweisen (Scherzer 1972). Nicht selten treten zusätzlich epileptische Anfälle auf, welche in der Regel fokaler Natur sind und als echte Reiz- oder Gelegenheitsanfälle auf das akute Stadium der Verletzung beschränkt bleiben, jedoch die Prognose weiterhin verschlechtern, insbesondere für Personen jenseits des 55. Lebensjahres. Gleichzeitige pulmonale Beeinträchtigungen wirken sich häufig zusätzlich ungünstig aus. Differentialdiagnostische Erwägungen sind wie bei den zerebralen Ausfällen im traumatischen Schock anzustellen.

3. Zerebrale Hypoxie und Anoxie

Oft tritt ein akuter Sauerstoffmangel initial nach Unfällen durch Atembehinderungen ein, besonders durch Zurücksinken der Zunge und durch Aspiration während der Bewußtlosigkeit. Schon die Erste Hilfe muß für Freihalten der Atemwege sorgen. Auch nur kurzdauernde anoxische oder hypoxische Zustände können sich auf das Gehirn, dessen Sauerstoffbedarf bekanntlich besonders groß ist, deletär auswirken. In der Anfangsphase nach Lungen- oder Thoraxverletzungen werden zerebrale Symptome auf Grund der notwendigen, tiefen Sedierung oft übersehen. Laboruntersuchungen zur Erkennung eines Sauerstoffmangelsyndroms sind daher besonders wichtig. Pathophysiologisch sinkt zuerst die Sauerstoffsättigung des Blutes ab (Hypoxämie), wonach sich ein genereller Sauerstoffmangel in den Geweben (Hypoxidose) einstellt. Neben der durch die pulmonale Ventilationsstörung bedingten hypoxischen Hypoxie beobachtet man in der Praxis wiederholt zusätzliche Hypoxieformen, einerseits die zirkulatorische Hypoxie durch Kreislaufstörungen, z. B. bei Contusio cordis im Rahmen eines Thoraxtraumas und andererseits die anämische Hypoxie durch Blutverlust. Bei vermindertem Sauerstoffangebot nimmt das Gehirn vermehrt Glukose auf, welche anaerob metabolisiert wird. Dadurch kommt es zu einer lokalen Azidose, die ihrerseits eine vermehrte Durchblutung bewirkt. Bald dekompensiert jedoch der zerebrale Stoffwechsel. Die Zellmembranen werden geschädigt und es strömen vermehrt Natrium-Ionen sowie Wasser in die Zellen ein. Diese intrazelluläre Flüssigkeitsansammlung betrifft besonders die graue Substanz des Gehirns. Das so entstandene diffuse *hypoxische Hirnödem* ist seiner Art nach *zytotoxischer Natur* und hat eine ungünstigere Prognose als das vasogene Hirnödem auf traumatischer Basis. Parallel zum Stoffwechselversagen bricht die Autoregulation der Hirndurchblutung mit der anfänglichen Vasodilatation zusammen und es treten Gefäßspasmen auf, welche erhebliche ischämische Strukturläsionen des Hirngewebes zur Folge haben können. Das Fortschreiten des Hirnödems bedeutet durch die sich entwickelnde intrakranielle Raumforderung mit Hirndruckanstieg eine vitale Bedrohung. Klinisch kommt es zu einer rapiden Verschlechterung der Bewußtseinslage, so daß bald ein komatöser Zustand erreicht wird. Durch die entstandene Hirnschwellung mit gesteigertem Hirndruck treten des weiteren Einklemmungserscheinungen des Hirnstammes auf, wie sie zuvor ausführlich beschrieben wurden. Neben dadurch bedingten Mittelhirnkrämpfen zeigt sich bei hypoxischer Hirnschädigung wiederholt eine Neigung zu epileptischen Anfällen (Barolin, Scherzer und Schnaberth 1975). Als Sonderform dieser akuten Reizphänomene ist auch das Syndrom nach Lance und Adams (1963) mit generalisierten asynchronen, arrhythmischen Myoklonismen, zerebellären Symptomen und Hypokinese fallweise zu beobachten. Die Prognose des akuten Sauerstoffmangelsyndroms ist im höheren Lebensalter, da das ältere Gehirn eine besondere Hypoxieempfindlichkeit aufweist oder bei gleichzeitiger kardialer Schädigung, so im Rahmen eines Herz-Atemstillstandes sehr schlecht. Nur im Falle sofortiger Reanimation besteht Aussicht auf Überleben.

Protrahierte hypoxische Zustände führen je nach Schweregrad zu anhaltenden Bewußtseinstrübungen bis zum Koma und außerdem zu zerebralen neurologischen Ausfällen (Simon, Scherzer und Funk 1992). Diese zeigen sich meist in diffuser Form, z. B. als Tetraspastik, Tetraparese und Pseudobulbärparalyse, als bilaterale Ataxien und multiple Störungen der Okulomotorik. Auch im Rahmen der Intensivbehandlung werden mitunter hypoxische Phasen beobachtet; sie müssen gleichfalls unverzüglich behoben werden, um keinen bleibenden Schaden entstehen zu lassen. Ursächlich sind meist komplizierte Thoraxverletzungen mit Serienrippenfrakturen und Zwerchfellrupturen, ferner Lungenverletzungen mit Hämato- oder Pneumothorax, Pleuraergüssen, Atelektasen, Pneumonien und Lungenembolien anzuschuldigen. Die Rückbildung der zerebralen Ausfälle vollzieht sich über Monate bis zu einem Jahr. Eine Restitutio ad integrum ist nach schweren hypoxischen Hirnschädigungen nur ausnahmsweise zu erwarten. Die psychische Remission verläuft nicht selten über ein posthypoxisches Delir, wiederholt auch über ein apallisches Durchgangssyndrom zu einem organischen Psychosyndrom, dessen Leitsymptom – bei ansonsten erhaltener Noxenunspezifität des Gehirns –

typischerweise die schwere Gedächtnisstörung darstellt (Wurzer 1992). Dies erklärt sich durch den Umstand, daß es sich bei der Mnestik um eine Gesamtleistung des Großhirnkortex handelt. Erfahrungsgemäß sind hypoxische psychische Veränderungen schlechter rückbildungsfähig als kontusionell bedingte, was die Rehabilitation derartiger Patienten wesentlich erschwert. Defektsyndrome nach hypoxischen zerebralen Schädigungen sind dementsprechend oft besonders gravierend. Elektroenzephalographisch findet man in frühen Stadien schwere Allgemeinveränderungen mit einer bifrontal betonten, meist höheren Deltaaktivität, später außerdem oft eine deutliche generalisierte Alphaverlangsamung, welche für eine spezielle Hypoxieempfindlichkeit der okzipitalen Hirnregionen spricht, wie sie auch bei der experimentellen Hypoxie nachgewiesen werden kann (Oksanen 1984).

Hat der Unfall zu einem schweren Schädelhirntrauma mit Gehirnläsion geführt, so superponiert sich die Symptomatik einer zusätzlichen hypoxischen Schädigung jener der traumatischen (kontusionellen) Hirnverletzung, so daß letzten Endes eine eindeutige Trennung nicht mehr möglich ist. Sind die zerebralen Ausfälle fokal, so spricht dies eher für die Gehirnkontusion oder -blutung; sind sie diffus, so spricht dies eher, aber keineswegs absolut, für eine Hypoxie. Auch Myoklonismen sollen stets an eine hypoxische Schädigung denken lassen (Barolin, Scherzer und Schnaberth 1975). Daß schwere Thoraxverletzungen das klinische Bild eines Schädelhirntraumas wesentlich verschlechtern, geht aus folgenden Beobachtungen hervor (Scherzer, Simon und Funk 1992): Dauer des primären Komas, der traumatischen Psychose und der posttraumatischen Amnesie signifikant verlängert, posttraumatisches organisches Psychosyndrom stärker ausgeprägt, Remissionsfähigkeit der zerebralen Ausfälle, vor allem der psychischen Veränderungen, vermindert, Defektsyndrom schwerer als bei alleiniger, gleichartiger Gehirnverletzung. Diese offensichtliche Verschlechterung in neurologischer Hinsicht erklärt sich durch die besondere Hypoxieempfindlichkeit der traumatisch geschädigten Hirnzellen. Das primär vasogene Hirnödem der Gehirnverletzung wird durch Hypoxie wesentlich verstärkt (Gobiet 1979 und 1980); es entwickelt sich sehr rasch in Richtung des zytotoxischen Hirnödems. In schweren Fällen zeigt sich auch ein Circulus vitiosus in der Form, daß die pulmonale Oxygenationsstörung durch eine zentral bedingte Atemstörung kompliziert wird.

Eine Sonderform der zerebralen Anoxie stellt das *Ersticken* dar, so beim Ertrinken, bei der Verschüttung oder beim Gärgasunfall. Im Falle einer schlagartigen und kompletten Unterbindung der Sauerstoffzufuhr setzt binnen Sekunden Bewußtlosigkeit ein. Anfangs gelangen bei suffizientem Blutkreislauf noch Nähr- und Pufferstoffe ins Gehirn, und vorübergehend ist noch eine anaerobe Glykolyse möglich (Hoff, Prosenz und Tschabitscher 1966). Bald erliegt aber der Energiestoffwechsel total, und es sistieren Atmung sowie Kreislauf infolge Lähmung der medullären Zentren. Durch den schnellen Eintritt des kompletten zerebralen Funktionsausfalls kommt es insbesondere bei tödlichem Ausgang fast nie zu epileptischen Anfällen (Scheid 1983). Bei langsamerem Ersticken wie im Falle der Gärgasvergiftung manifestieren sich hingegen typischerweise Erstickungskrämpfe im Sinne von epileptischen Reizanfällen, meist atypische große Krampfanfälle sowie generalisierte myoklonische Zuckungen (Barolin, Scherzer und Schnaberth 1975). Die Überlebenschance nach Herz- und Atemstillstand hängt vor allem von der Dauer der kompletten zerebralen Ischämie ab und ist meist gering (Hoffmann und Scherzer 1973). Wird der Erstickende durch rechtzeitige Reanimation gerettet, so können je nach der eingetretenen zerebralen Schädigung verschieden schwere neurologische und psychische Ausfälle beobachtet werden. Ihre Rückbildung ist meist nur zögernd und unvollkommen. Wiederholt persistieren gravierende Defektsyndrome einschließlich der Möglichkeit epileptischer Spätanfälle.

4. Zerebrale Fettembolie

Sie stellt eine Frühkomplikation nach verschiedenen Verletzungen dar, am häufigsten nach Brüchen der unteren Extremitäten. Auch bestehen enge Beziehungen zwischen der Fettembolie und dem traumatischen Schock bzw. den Störungen von Stoffwechselregulationen. Die zerebrale Form der Fettembolie tritt als eine der Manifestationen der diffusen oder generalisierten „Fetteinschwemmung" auf, welche den gesamten großen Körperkreislauf betrifft. Die zerebrale Fettembolie zeigt sich nach einem freien Intervall von Stunden bis wenigen Tagen auf klinischer Ebene als *psychische Verschlechterung* des Betroffenen. Dieser wird ängstlich, unruhig oder apathisch, in der Sprache und Motorik langsamer, somnolent, verwirrt, überwiegend delirant, und schließlich komatös. Da der zerebralen Fettembolie eine pulmonale Fettembolie vorausgeht, beobachtet man zusätzlich Atemstörungen und Zyanose. Neurologische Ausfälle fehlen meistens; wenn jedoch vorhanden, sind sie in verschiedener Form möglich, sind üblicherweise aber nur gering ausgeprägt und treten jedenfalls gegenüber den psychischen Veränderungen weit in den Hintergrund. Die Differentialdiagnose muß bei zerebraler Fettembolie gegenüber einer raumfordernden Blutung des Schädelinneren erfolgen. Im klinischen Bereich hat sich in dieser Hinsicht die *Trias nach Felten* (1958) bewährt, bei welcher die Kombination einer fehlenden Hirndrucksteigerung, einer fehlenden pathologischen Pupillensymptomatik und einer fehlenden lokalisatorischen Bestimmbarkeit der zerebralen Ausfälle für das Vorliegen einer zerebralen Fettembolie und gegen ein intrakranielles Hämatom spricht. Heutzutage klärt man ein fragliches diesbezügliches Zustandsbild am einfachsten durch die kraniale Computertomographie. Elektroenzephalographisch zeigt sich schon kurz vor dem Auftreten der geschilderten klinischen Symptome eine Allgemeinveränderung, welche mit Zunahme der psychischen Veränderungen noch intensiviert wird, ohne daß eine strenge Abhängigkeit des pathologischen EEG-Befundes von der Bewußtseinslage bestünde (Müller und Klingler 1965). Letzteres geht auf den Umstand zurück, daß es sich bei der zerebralen Fettembolie um eine multifaktorielle zerebrale Schädigung handelt: Fetttröpfchenverschluß der Hirnkapillaren, Hirnödem, Stoffwechselstörungen, Hypoxie auf Grund pulmonaler Fettanschoppung (im Röntgen „Schneegestöberlunge" als charakteristischer Befund) sowie Bewußtseinsstörung. Die pathologische elektrische Hirntätigkeit zeigt typischerweise eine deutliche Betonung der Allgemeinveränderung über beiden Frontalregionen (SCHERZER 1967), selten einen Herdbefund. Die EEG-Störungen bilden sich, wenn die Fettembolie überlebt wird, meist binnen kurzer Zeit, d. h. binnen Tagen bis wenigen Wochen vollkommen zurück. Nur selten persistieren pathologische EEG-Veränderungen. Die psychischen und neurologischen Ausfälle bzw. Störungen zeigen gleichfalls eine sehr gute Remissionstendenz (SCHERZER 1967). In der akuten Phase finden sich als weitere Zeichen der allgemeinen Fettembolie hypotone Blutdruckwerte, Tachykardie, Fieber, disseminierte Herde am Augenhintergrund, Hautpetechien, insbesondere im Einflußbereich der oberen Hohlvene und Fetttröpfchen im Harn. Computertomographisch läßt sich ein sekundäres diffuses Hirnödem nachweisen, das zusätzlich unter dem Bilde der Purpura cerebri verlaufen kann.

5. Zerebrale Luftembolie

Sie kommt durch Lufteintritt in die großen Halsvenen (Stichverletzungen), in die venösen Blutleiter des Schädels (offene Frakturen) oder in das Herz bzw. in die großen Lungenvenen (schwere Thoraxverletzungen, -operationen) zustande und stellt ein *akutes, dramatisches Geschehen* dar. Die klinische Symptomatik ist im übrigen ähnlich jener der zerebralen Fettembolie. Gleiches gilt für die elektroenzephalographischen Veränderungen, ausgenommen den Umstand, daß herdförmige Störungen bei der zerebralen Luftembolie häufiger anzutreffen sind. Gelangt eine große Luftmenge ins Blut, so wird der Betroffene sofort bewußtlos. In diesem Falle ist auch die Prognose quoad vitam schlecht. Bei mittelschweren Fällen besteht eine gute Überlebenschance, jedoch ist die Remission oft nur partiell. Klinisch finden sich dann im chronischen Stadium wiederholt neurologische Fokalausfälle und elektroenzephalographisch häufig herdförmige Veränderungen. Im Falle einer geringen Luftembolie sind die zerebralen Funktionen bloß vorübergehend und in leichter Form beeinträchtigt; dann normalisiert sich das Elektroenzephalogramm meist binnen relativ kurzer Zeit.

6. Thermische Schädigungen

Diese können durch Hitze oder Kälte bewirkt werden. Unter den Hitzeschädigungen kommt den Verbrennungen und Verbrühungen, die auch in den Allgemeinen Bedingungen für die private Unfallversicherung (AUVB) namentlich genannt werden, die größte Bedeutung zu. Wesentlich seltener sind Sonnen- und Wärmestich, Hitzeerschöpfung bei Überwärmung, Hitzekollaps und Hitzschlag infolge Wärmestauung anzutreffen. Sie können unter besonderen Umständen für die Haftpflichtversicherung wichtig werden. Schädigungen des Zentralnervensystems durch Kälteexposition sind nur ausnahmsweise zu beobachten.

Ausgedehnte *Hautverbrennungen* mit tiefgreifender Gewebsschädigung setzen denaturiertes Eiweiß frei, welches auf dem Blutwege auch ins Gehirn gelangt und hier eine ausgeprägte schädigende Wirkung im Sinne eines *toxischen Hirnödems* entfaltet. Solchermaßen entstehen Verwirrtheit, Desorientiertheit, delirante Bilder und Bewußtseinstrübungen nach einem luziden Intervall, das meist Stunden mißt. Der Frühtod tritt bei der sogenannten Verbrennungskrankheit in der Regel am ersten oder zweiten Tag unter den Zeichen des Schocks und Kreislaufversagens ein. Zwischen der Ausdehnung der Hautverbrennungszone und dem Schweregrad der elektroenzephalographischen Störungen ist eine enge positive Beziehung festzustellen. Am häufigsten finden sich Allgemeinveränderungen neben wiederholten herdförmigen Störungen, deren Rückbildung sich über Wochen und Monate erstreckt (PETERSÉN, SÖRBYE, GELIN, JOHANSON und AVELLAN 1964). Ähnlich den Hautverbrennungen können auch Verbrühungen gewebsschädigend wirken und bei größerer Ausdehnung zu den genannten Veränderungen führen.

Beim *Sonnen-* oder *Wärmestich* ist primär nur der Kopf betroffen. Auch technische Hitze kann einen solchen Hitzeunfall bewirken (SCHÖNBERGER, MEHRTENS und VALENTIN 1984). Das Gehirn und die Hirnhäute sind in besonderem Maße wärmeempfindlich. Langwellige Strahlen heizen den Schädel bis in eine Tiefe von 2,5 cm auf und lassen die lokale Temperatur des Gehirns in den Randbereichen bis zu 40° C ansteigen. Reaktiv kann sich ein diffuses Hirnödem mit Hirndrucksteigerung entwickeln.

Der *Wärmestau* stellt hingegen ein generelles Phänomen dar und beruht auf einem Ungleichgewicht zwischen Wärmeproduktion und Wärmeabgabe, wobei in der Praxis Strahlungshitze, hohe Luftfeuchtigkeit, unzweckmäßige Bekleidung, intensive Muskeltätigkeit und fehlende Kopfbedeckung als Schutz vor Hitzeeinwirkung eine Rolle spielen. An subjektiven Beschwerden treten Kopfschmerzen, diffuser Schwindel, Übelkeit und Schwäche auf. Infolge Überwärmung kommt es zur *Hitzeerschöpfung* mit Kreislaufstörungen und zunehmender Herzbelastung. Die anfangs gerötete Haut wird blaß, kalt und schweißig. Diesen Zustand bezeichnet man auch als *Hitzekollaps*. Wasser- und Salzverluste durch starkes Schwitzen bedingen eine Bluteindickung. Mit weiterer Erhöhung der Kerntemperatur, welche rektal zu bestimmen ist, steigt die Pulsfrequenz, und es wird der gefährliche *Hitzschlag (Insolation)* erreicht. Es entwickelt sich ein Hirnödem mit progredienter Bewußtseinstrübung und Verwirrtheit, oft mit großen epileptischen Krampfanfällen, bis das Koma und bald danach der Exitus letalis erreicht wird. Durch rechtzeitige allgemeine Abkühlung und sonstige therapeutische Maßnahmen kann der Hitzschlag beherrscht werden. Jedoch verlaufen viele Fälle tödlich. Bei Überleben kann ein Hirnschaden verschiedener Ausprägung persistieren.

Eine *Erfrierung* kommt praktisch nur dann zustande, wenn der Betroffene sich der Kälteexposition nicht entziehen kann, z. B. bei länger dauernder

Bewußtlosigkeit, bei sonstiger Immobilität nach einem Unfall oder bei erzwungenem Verbleiben im eiskalten Wasser. Mit Absinken der Kerntemperatur unter 35° C wird die *Unter-* bzw. *Auskühlung* manifest. Es fallen Blutdruck und Pulsfrequenz, und es verflacht die Atmung. Pupillarreflexe und die Eigenreflexe der Muskulatur nehmen ab. Laut MUMENTHALER (1990) können sich ein Meningismus und Pyramidenbahnzeichen bei gleichzeitiger Erhöhung des Spannungszustandes der Muskulatur entwickeln. Fällt die Körpertemperatur unter 31° C, setzt die Lähmungsphase ein; fällt sie unter 28° C, tritt der *Erfrierungstod* als Herz- und Kreislaufversagen ein (SCHÖNBERGER, MEHRTENS und VALENTIN 1984). Alkoholisierung verstärkt die Auskühlung durch periphere Gefäßdilatation. Bei rechtzeitiger allgemeiner Erwärmung und gezielter Therapie kann die allgemeine Hypothermie überlebt werden, wobei bald eine Normalisierung des neurologischen Untersuchungsbefundes statthat.

7. Elektrotrauma

Sowohl der technische elektrische Strom als auch der Blitzschlag einschließlich des Lichtbogens eines Hochspannungsstroms können Störungen und Schädigungen der Gesundheit hervorrufen. Die dabei wirksame elektrische Energie hängt von der Stärke, dem Widerstand und der Dauer des Stromdurchflusses ab. Von Wichtigkeit in lokalisatorischer Hinsicht sind die Ein- und Austrittsstellen des Stroms, an denen sich typischerweise Strommarken in Form von Hautverbrennungen finden, da diese den Stromdurchfluß und damit die Möglichkeit von Organschädigungen abschätzen lassen. Strommarken mit späterer Narbenbildung und eventuell mit sekundären Pigmentverschiebungen fehlen bei feuchter Haut und ausgedehnten Kontaktstellen. Vor allem Niederspannungsunfälle gehen nicht selten ohne Strommarken einher. Der elektrische Strom bewirkt zuerst einen Reiz auf das nervale und muskuläre Gewebe mit entsprechender Entladung (Muskelkontraktion, epileptischer Anfall), sodann bei längerer Dauer und stärkerer Intensität ein rückbildungsfähiges Lähmungssyndrom und schließlich eine lokale Energiewirkung (Freisetzung von JOULEscher Wärme) mit Verbrennung in Form von primären Koagulationsnekrosen. Bei geringer Stromintensität kann beispielsweise der elektrisch induzierte Muskelkrampf der greifenden Hand noch willkürlich überwunden werden („Loslaßstrom"). Bei stärkerer Stromintensität ist dies nicht mehr möglich. Durch die akute Muskelanspannung können Muskel- und Sehnenrisse, aber auch Knochenbrüche zustande kommen. Auf Grund ausgedehnter Muskelnekrosen entstehen Verbrennungsprodukte wie Myoglobin, Hämoglobin und denaturiertes Eiweiß. Deren Resorption löst einen oft schweren Schockzustand aus, der zu einer Azidose führt. Dadurch werden die parenchymatösen Organe, ganz besonders die Nieren geschädigt. Die wichtigsten Sekundärschädigungen des Elektrounfalls rühren jedoch von Stürzen aus größerer Höhe (bei Arbeiten auf Leitern usw.) sowie vom Herzstillstand oder vom Kammerflimmern her. Direkte Folgen der akuten Herzfunktionsstörung sind Koma und allgemeine sowie zerebrale Hypoxie.

Bezüglich letzterer wird auf die vorangehenden Ausführungen verwiesen. Bei Gleichstromeinwirkung ist die Flimmerschwelle des Herzens für absteigende Ströme ungefähr zweimal so hoch wie für aufsteigende Ströme (Hauf 1992). Schließlich kommt es bei Querströmen (von einem Arm zum anderen Arm) nur ausnahmsweise zu Herzkammerflimmern. Der Tod des Elektrounfalles ist primär ein zerebraler Wärmetod oder allgemeiner Verbrennungstod, sekundär ein kardialer bzw. anoxischer Tod, eventuell ein renaler Tod (in der zweiten Hälfte der ersten posttraumatischen Woche). Wechselstromunfälle sind insgesamt gefährlicher als Gleichstromunfälle.

Was die Wirkungen des elektrischen Stroms auf nervale Strukturen anlangt, so können das Gehirn, das Rückenmark oder periphere Nerven betroffen sein. Der Stromdurchfluß durch das Gehirn löst einen Elektroschock, d. h. einen großen epileptischen Krampfanfall mit tonisch-klonischen Konvulsionen aus. Beim Wechselstromunfall entsprechender Intensität hält dieser während der gesamten Kontaktdauer an. Ein solcher protrahierter generalisierter Krampfanfall bewirkt am Gehirn gewebliche Veränderungen, welche denen beim Status epilepticus gleichen (Scheid 1983). Durch elektrische Hitzewirkung entstehen primäre Koagulationsnekrosen des Hirnparenchyms, um welche sich ein perifokales Ödem bildet, das schließlich auch eine Generalisierung erfahren kann. Hauf (1992) erachtet eine direkte strombedingte zerebrale Schädigung für nicht sicher belegt, sondern macht hiefür Gefäßspasmen, Durchblutungsstörungen, Thromben, Hypoxie und Hirnödem verantwortlich. Als klinische Folgen finden sich zentrale Paresen, Ataxien, Sensibilitätsstörungen, extrapyramidale Störungen und psychoorganische Veränderungen, welche prinzipiell rückbildungsfähig sind, jedoch auch in schwere Defektsyndrome münden können. Aus der Hitzeschädigung der Hirnhäute resultiert eine abakterielle Meningitis. Durch Narbenbildung auf Grund substantieller zerebraler Läsionen kann sich unter Umständen eine Spätepilepsie entwikkeln. Das Rückenmark wird beim Elektrounfall am häufigsten bei Querdurchströmung geschädigt: Halsmarkläsion bei Stromfluß von Arm zu Arm, Lumbalmarkläsion bei Stromfluß von Bein zu Bein. Es resultieren Querschnittsyndrome des Rückenmarkes verschiedenen Grades, einerseits als Segmentläsionen und andererseits als Bahnenläsionen, so daß atrophisch-spastische Syndrome resultieren. Läsionen peripherer Nerven einschließlich Hirnnerven sind selten und stellen sich unter dem klinischen Bilde von Immediatlähmungen dar, welche meist eine gute Rückbildungstendenz zeigen. Elektroenzephalographisch finden sich nach gravierenden Stromunfällen Allgemeinveränderungen und Herdbefunde mit langsamer Rückbildung.

In der *Blitzschlagverletzung* kann man eine Sonderform des Elektrotraumas erblicken. Nach Art einer Kondensatorentladung wird in einem Blitzkanal zwischen Wolke und Erde, der einen Durchmesser von mehr als einen Meter aufweist, innerhalb von Mikrosekunden eine enorme Energie freigesetzt, so daß etwa ein Drittel der Fälle tödlich verläuft (Hauf 1992). Die Schäden werden durch Druck und Wärme bewirkt. Primäre neurologische

Ausfälle des Überlebenden bilden sich meistens innerhalb von Stunden und Tagen zurück. Sekundäre neurologische Ausfälle durch zerebrale Hypoxie, Hirnödem usw. sind hingegen wesentlich gravierender. Da sich der Blitz vorwiegend entlang der Oberfläche des Körpers ausbreitet, wie sich klinisch an den sogenannten Blitzfiguren (Hautzeichnung durch Gefäßlähmung) erkennen läßt, nimmt es nicht wunder, daß das Schicksal von Blitzschlagpatienten auch wesentlich vom Ausmaß der erlittenen Verbrennungen abhängt. Anamnestisch sollte in der Begutachtung aller Elektrotraumen nicht nur nach Strommarken, sondern auch nach Verbrennungen an Kleidungsstücken, Schuhen usw. gefahndet werden. Schließlich ist noch auf das mit dem Elektrounfall oder Blitzschlag verbundene, oft ausgeprägte Schreckerlebnis hinzuweisen, als dessen Folge verschiedentliche, vorübergehende subjektive Beschwerden wie Kopfschmerzen, Schwindelsensationen, vegetative Störungen usw. beobachtet werden. Lediglich bei primärem Bewußtseinsverlust ohne neurologische Ausfälle ist eine echte, traumatisch bedingte vegetative Dysregulation auf begrenzte Zeit anzunehmen, welche einschätzungsmäßig der Commotio cerebri gleichgehalten werden kann. Ein Dauerschaden vegetativer Art ist jedoch nicht sichergestellt und kann daher gutachtlich nicht zugebilligt werden, wenn im übrigen ein normaler objektiver Befund erhoben wird.

8. Akute exogene Intoxikationen

Solche gelten, wenn sie nicht vorsätzlich erfolgen, gleichfalls als Unfälle. Bezüglich Einzelheiten der verschiedenen klinischen Erscheinungsformen und Ausfälle muß auf einschlägige Lehrbücher der Toxikologie verwiesen werden. Die Aufnahme der Giftstoffe kann peroral oder durch Einatmen erfolgen. Wichtig ist der chemische Nachweis der toxischen Substanz im Harn und/oder Blut. Auf typische Veränderungen des Blutbildes und der Leberfunktionsproben ist je nach Vergiftungsart zu achten. Chronische Intoxikationen müssen abgegrenzt werden und sind gutachtlich nicht einem Unfall gleichzusetzen. Am akuten exogenen Vergiftungssyndrom unterscheidet Scheid (1983) folgende drei Symptombereiche: *Vegetative Allgemeinsymptome* beherrschen besonders bei leichten Intoxikationen des klinische Bild. Kopfschmerzen, Übelkeit und diffuser Schwindel sind ebenso kennzeichnend wie Abgeschlagenheit, Müdigkeit und Inappetenz. Schwerere Vergiftungen führen zu Störungen von Zirkulation, Atmung und Temperatursteuerung, typischerweise verbunden mit Bewußtseinstrübungen. *Neurologische Symptome* können prinzipiell alle nervalen Strukturen betreffen, im Vordergrund stehen jedoch zerebelläre und extrapyramidale Syndrome sowie epileptische Reizanfälle, vorwiegend in Form generalisierter Manifestationen. Letztere können bei gehäuftem Auftreten die Prognose deutlich trüben. *Psychische Symptome* gehen bei leichten Intoxikationen mit Veränderungen der Stimmungslage einher. Die Patienten sind entweder enthemmt und euphorisch oder depressiv und mißgelaunt. Mit Zunahme der Vergiftungserscheinungen machen sich stärkere Affektstörungen bemerkbar, einerseits Affektlabilität und andererseits affektive Verflachung. Es trübt sich das Bewußtsein allmählich ein, und es fallen zunehmend Gedächtnisstörungen auf. Die Betroffenen werden desorientiert und verwirrt, oft psychomotorisch unruhig und bei zunehmender Bewußtseinsstörung apathisch, bis schließlich das Koma erreicht wird, in welchem auch der Exitus eintreten kann. Wird das akute Vergiftungssyndrom durch entsprechende Behandlung beherrscht und überlebt, zeigt sich meist eine gute Remissionstendenz der neurologischen und psychoorganischen Ausfälle, welch letztere nicht selten eine hypochondrisch-neurasthenische Färbung aufweisen. Nach schweren Intoxikationen kann jedoch ein Dauerschaden persistieren. Dieser sollte nicht vor Ende des ersten Jahres, besser am Ende des zweiten Jahres nach dem Unfallereignis gutachtlich festgesetzt werden.

Spezieller Erwähnung bedarf die *Vergiftung mit Kohlenmonoxyd (CO)*. Sie kommt heute fast nur mehr durch Einatmen von Auspuffgasen vor, zumal das früher verwendete, hoch toxische Leuchtgas heute entgiftet oder durch das nicht schädliche Erdgas ersetzt worden ist. Bei einer CO-Vergiftung muß stets an die Möglichkeit eines Selbstmordversuches gedacht werden. Das geruch- und reizlose Gas hat eine dreihundert mal größere Affinität zu Hämoglobin als Sauerstoff, verdrängt diesen also schnell und führt zu einer zerebralen Hypoxie bis Anoxie. Ob darüber hinaus eine direkte Toxizität besteht, ist fraglich. Bei akuter CO-Vergiftung treten Kopfschmerzen, ungerichtetes Schwindelgefühl, Ohrensausen und eine zunehmende Bewußtseinstrübung auf. Mit Erreichen des Komas beobachtet man oft Myoklonismen und eventuell epileptische Krampfanfälle. Der Tod erfolgt durch Atemlähmung. Typisch ist die hellrote Hautfarbe der Betroffenen. Pathologisch-anatomisch zeigen sich ein akutes Hirnödem und oft auch eine Purpura cerebri. Es lassen sich meist symmetrische Nekrosen in den Stammganglien, in der Hirnrinde und im Marklager feststellen. Nach anfänglicher Remission kommt es manchmal zu einer Verschlechterung gegen Ende der zweiten posttraumatischen Woche, allenfalls sogar mit tödlichem Ausgang. Eine befriedigende Erklärung für diesen biphasischen Verlauf steht noch aus. Als Defektsyndrome beobachtet man organische Psychosyndrome, bei denen Gedächtnisstörungen im Vordergrund stehen, des weiteren extrapyramidale Störungen nach Art eines Parkinsonismus.

9. Dysbarismus

Darunter versteht man alle Unfälle, welche durch den schnellen Übergang von einem zu einem anderen Druckniveau entstehen. Von vornehmlichem Interesse ist der *Tiefendysbarismus*, auch als *Dekompressions-*, *Taucher-* oder *Caissonkrankheit* bezeichnet. In diesem Fall findet der schnelle Übergang von erhöhtem zu normalem Umgebungsdruck statt. Es werden im Blut gelöste Gase, insbesondere Stickstoff, abrupt frei, bilden intravasale Gasbläschen und führen zu embolischen Gefäßverschlüssen, in weiterer Folge zu Durchblutungsstörungen, Ischämie und Gewebsnekrosen. Aber auch im Gewebe kann eine autochthone Stickstoffentbindung stattfinden (Seusing und Alnor 1968). Dabei entsteht Stickstoff in Bläschenform in den Geweben und kann dort sogar eine lokale Druckwirkung mit Strukturzerreißungen bewirken. Vor allem in den Fettdepots des Körpers sammelt sich reichlich Stickstoff an. Die klinische Symptomatik des Tiefendysbarismus stellt sich innerhalb 15 Minuten bis 24 Stunden ein, hauptsächlich jedoch nach einigen wenigen Stunden. Anfangs bestehen Bewußtseinstrübungen und diffuser Schwindel. Es treten Schmerzen in den großen Gelenken (sogenannte bends), Parästhesien in der Haut (sogenannte „Taucherflöhe"), Atemnot, Husten und Brustschmerzen auf. Die Betroffenen sind zyanotisch, haben eine kalte, schweißige Haut und einen kleinen Puls. Auch Muskelschmerzen sind kennzeichnend. Wiederholt ist das zentrale Nervensystem betroffen, besonders das untere Rückenmark. Man beobachtet Lumbalmarkschädigungen verschiedenen Grades und erklärt diese durch eine Stauung der spinalen Venen, die durch den retroperitonealen Raum ziehen, wo durch den freigewordenen Stickstoff die Venen komprimiert werden. Zerebrale Symptome sind, abgesehen von den bereits genannten Bewußtseinsstörungen und einem diffusen Schwindel, seltener. Jedoch kommen Erbrechen und epileptische Reizanfälle sowie mannigfache zerebrale Herdausfälle vor (zentrale Paresen, Sprachstörung, nicht selten passagere Blindheit). Auch sonstige Organe können befallen sein, z. B. die Netzhaut, das Labyrinth, die Nieren usw. Die Behandlung besteht in der möglichst frühen Rekompression bzw. hyperbaren Sauerstofftherapie. Nach undulierendem Verlauf läßt sich meist eine vollkommene Remission erreichen. Jedoch können auch spinale und ausnahmsweise zerebrale Defektsyndrome persistieren. Der Vollständigkeit halber sei noch der *Höhendysbarismus* erwähnt. Er kann durch Flugzeugunfälle mit plötzlichem Druckabfall bewirkt werden. Zum Unterschied von der Caissonkrankheit finden sich in diesem Falle nicht spinale, sondern zerebrale Erscheinungen häufiger.

10. Verletzungen der Halswirbelsäule

Traumen der Halswirbelsäule, angefangen von den Peitschenschlagverletzungen über die Prellungen bis zu den Verrenkungsbrüchen dieses Wirbelsäulenabschnittes, können unter Umständen zerebrale Auswirkungen haben, die auf Durchblutungsstörungen im Bereiche der Vertebralarterien zurückzuführen sind (Mifka und Scherzer 1962). Es finden sich dann neben den üblichen Symptomen einer Verletzung der Halswirbelsäule mit lokalem Vertebralsyndrom, pseudoradikulären und eventuell radikulären Symptomen, welche in dem gemeinsamen unfallchirurgisch-neurologischen Kapitel über die einfache Distorsion der Halswirbelsäule beschrieben werden, verschieden stark ausgeprägte zerebrale Störbilder.

Eine passagere Kompression der Vertebralarterie soll zum sogenannten *Subokzipitalsyndrom* (Kuhlendahl 1964) mit Kopfschmerzen in der Hinterhaupts- und Schläfenregion, mit Übelkeit und Brechreiz führen. Das Zustandsbild kann sich bis zur zervikalen Migräne (Bärtschi-Rochaix 1949 und

1957) steigern. Es ist aber kaum vorstellbar, daß eine kurze Unterbrechung der Vertebralisdurchblutung, auch wenn sie beidseitig erfolgt, längere Zeit hindurch Auswirkungen hat. Allenfalls könnte ein durch Quetschung bedingtes Gefäßwandödem vorübergehend eine hämodynamisch wirksame Lumenminderung bewirken. Als Ursache des Subokzipitalissyndroms wird teilweise auch eine sympathische Irritation über den Nervus bzw. Plexus vertebralis mit Neigung zu arteriellem Spasmus angenommen. Die Symptomatologie entspricht dann dem *Syndrom des hinteren Halssympathikus* nach BARRÉ (1926) und LIÉOU (1928), das Schwindel, Sehstörungen, Ohrensausen, vasomotorische Störungen im Gesichtsbereich sowie pharyngeale und laryngeale Störungen umfassen kann. Bei Vorliegen kongenitaler Anomalien (Hypoplasie oder Atresie einer Vertebralarterie, insuffizienter basaler Hirnarterienkranz) und vor allem bei Vorbestehen arteriosklerotischer Veränderungen an den Hirngefäßen bedingt eine stärkere traumatische Kompression einer Vertebralarterie über den Mechanismus der Gefäßwandschädigung (Endothelläsion, Intimazerreißung mit anschließender lokaler Thrombose) eine *akute Vertebralis-Basilaris-Insuffizienz*, welche sich sofort oder nach meist kurzer Latenz zeigt. Objektive klinische Symptome manifestieren sich in Sehstörungen, Schwindel und Ohrgeräuschen, Augenmuskelparesen, Ataxie, Nystagmus, Gliedmaßenparesen, Sensibilitätsstörungen, Ausfällen der unteren Hirnnerven und in einer mehr oder minder deutlichen Bewußtseinsstörung. Diese vaskuläre Symptomatik von seiten des Gehirns tritt typischerweise gleich im Anschluß an das Trauma der Halswirbelsäule auf, ist dementsprechend durch ein akutes Stadium, das an einen zerebralen Insult erinnert, gekennzeichnet und bedarf wegen der Schwere des Zustandes einer stationären Krankenhausbehandlung. In weiterer Folge ist bei ausreichender kollateraler Blutversorgung eine partielle oder komplette Remission möglich. Bei längerer Dauer der zerebralen Durchblutungsstörung kann sich ein zerebrales Defektsyndrom als Verletzungsfolge ergeben. Es resultieren dann neurologische Ausfälle in der soeben genannten Form und eventuell ein organisches Psychosyndrom mit abnormer Ermüdbarkeit, Merkfähigkeitsstörungen, Antriebsminderung, Beeinträchtigung der Konzentrationsfähigkeit usw. Insbesondere Depressivität wurde oft auf Mangeldurchblutungen im Bereiche der Arteria basilaris mit Auswirkungen auf das limbische System zurückgeführt. Dies kann aber nur für länger anhaltende Durchblutungsstörungen gelten, die zwar bei schwereren Schleudertraumen, aber keineswegs bei der einfachen Distorsion der Halswirbelsäule (ERDMANN Grad I) vorkommen. Auch ist die Annahme eines organischen Psychosyndroms durch chronische Fehlimpulse aus den kleinen Wirbelgelenken nach Schleudertraumen weder wissenschaftlich belegt, noch auf Grund theoretischer Überlegungen nachvollziehbar. Psychoorganische Störbilder als permanente Defektsyndrome sind jedenfalls nach Verletzungen der Halswirbelsäule extrem selten und gutachtlich lediglich dann anzuerkennen, wenn eine entsprechend schwere zerebrale Mangeldurchblutung einige Zeit hindurch eindeutig gegeben war.

Eine längere Latenz in der Entwicklung eines Vertebralis-Basilaris-Syndroms nach Halswirbelsäulentrauma ist nur ausnahmsweise zu beobachten. Ein solcher Verlauf mit einem freien Intervall von Stunden bis zu Tagen weist auf eine sekundäre Vertebralisthrombose nach Gefäßwandschädigung oder auf eine spätere Knochendislokation bzw. instabile Luxation nach Wirbelfraktur mit Arterienkompression hin. Das klinische Bild ist gleich dem zuvor beschriebenen. Da zerebrale Veränderungen für ein erlittenes Trauma nicht pathognomonisch sind und auch Folge atraumatischer Veränderungen und schicksalhafter Erkrankungen sein können, ist in jedem Falle eine *differentialdiagnostische Abklärung* der klinischen und anamnestischen Daten erforderlich. Selbst ohne Zusammenhang mit einem früheren Trauma konnten HUTCHINSON und YATES (1956) sowie später auch CHRAST und KORPICKA (1962) arteriographisch eine Kompression der Vertebralarterien durch spondylotische Osteophyten bei stärkeren Kopfdrehungen nachweisen. Schwindel, Benommenheit, Übelkeit, Verschwommensehen usw. sind typische subjektive Beschwerden derartiger vorübergehender Minderdurchblutungen auf Basis degenerativer Wirbelsäulenveränderungen im mittleren und insbesondere im höheren Lebensalter. Nach früheren solchen Symptomen innerhalb eines degenerativen Zervikalsyndroms ist daher zu fahnden. Eine zerebrale Mitbeteiligung beim Schleudertrauma der Halswirbelsäule (sogenanntes zervikozephales Syndrom, kraniozervikales Übergangssyndrom oder enzephale Form des Zervikalsyndroms) mit dauernden Ausfällen ist wesentlich seltener als das zervikobrachiale Syndrom (Zervikalsyndrom mit unterer zervikaler Wurzelsymptomatik) anzutreffen. Differentialdiagnostisch abzugrenzen sind psychogene Beschwerdebilder, die wiederholt fälschlich als unfallkausale Zustände diagnostiziert werden, ohne daß tatsächlich ein organisch begründetes Psychosyndrom vorläge. Die gutachtliche Anerkennung einer zerebralen Schädigung im Rahmen eines Schleudertraumas der Halswirbelsäule erfordert jedenfalls den Nachweis der Einwirkung einer besonders starken Gewalt, die typischerweise sofort oder binnen kurzer Zeit einsetzende, akute zerebrale Symptomatik mit entsprechend schweren Ausfällen und den weitgehenden Ausschluß vorbestehender Veränderungen an den Hirn- und Halsgefäßen.

11. Gefäßverletzungen im Halsbereich

Es handelt sich hiebei um posttraumatische Karotis- und Vertebralisverschlüsse, aber auch um arteriovenöse Fisteln sowie um traumatisch bedingte Aneurysmen. Überwiegend treten Verschlüsse der Arteria carotis und der Arteria vertebralis bekanntlich auf Basis arteriosklerotischer Gefäßwandveränderungen auf, jedoch kommen derartige Thrombosen gelegentlich auch nach Unfällen vor, so im Bereiche der Arteria carotis nach penetrierenden oder stumpfen Halstraumen (COLAS, GOLLET, CORNET und SATRE 1962) einschließlich Zerrverletzungen und im Bereiche der Arteria vertebralis insbesondere begleitend bei Verletzungen der Halswirbelsäule (CARPENTER 1961). Die klinische Symptomatologie manifestiert sich üblicherweise mit einer

Latenz von Stunden bis wenigen Tagen. Auf Grund der Verletzungsart ist die traumatisch bedingte Karotisthrombose oft mit Störungen des Schluckens und der Stimmgebung, die traumatisch bedingte Vertebralisthrombose mit Bewegungsbeeinträchtigungen der Halswirbelsäule und pseudoradikulären bzw. radikulären Beschwerden vergesellschaftet. Mit Rücksicht auf das freie zeitliche Intervall zwischen Unfall und Manifestation zerebraler Ausfälle muß, ehe die Diagnose eines solchen Gefäßverschlusses gestellt wird, stets ein raumforderndes intrakranielles Hämatom ausgeschlossen werden, was heutzutage am einfachsten mit der kranialen Computertomographie gelingt. Früher wurden zu diesem Zwecke die Echoenzephalographie und die zerebrale Angiographie eingesetzt. Pathologisch-anatomisch liegen den posttraumatischen Verschlüssen der großen Halsarterien lokale Gefäßwandläsionen zugrunde, welche im Augenblick der Gewalteinwirkung entstehen, und zwar bei Zerrungen und Überdehnungen durch ein Retroflexionstrauma der Halswirbelsäule in Form von Gefäßwandödem, subendothelialen Hämorrhagien und Intima- bzw. Mediarissen, bei direkten stumpfen Traumen, z. B. durch einen Schlag gegen den Hals, in Form von Gefäßwandödem und Gefäßwandquetschungen. An der Arteria carotis interna bewirkt ein starker Längszug einen Querriß durch das Gefäß, welcher stromauf- und -abwärts von zusätzlichen queren Intimarissen begleitet wird (Unterharnscheidt 1984). An den Läsionsstellen bilden sich lokale Thromben. Sie sind vorzugsweise einige Zentimeter oberhalb der Gabelung der Arteria carotis communis gelegen. Ausnahmsweise finden sich Karotisthrombosen ohne Gefäßwandschädigung, in welchem Falle eventuell eine allgemeine Thromboseneigung und/oder eine wesentliche Zirkulationsverlangsamung pathogenetisch anzuschuldigen sind.

Prädestinierend für eine *posttraumatische Karotisthrombose* ist eine direkte, stumpfe Gewalteinwirkung gegen den Hals bei laterodorsal gewandtem Kopf, da die Halsschlagader in dieser Stellung lediglich von Haut und Faszie bedeckt wird und unmittelbar vor den Querfortsätzen der Halswirbelsäule liegt. Palpatorisch fehlt nach eingetretenem Karotisverschluß meist der Puls der Arteria temporalis auf der betroffenen Seite. Die klinischen Ausfälle manifestieren sich in der Regel akut (apoplektiformer Verlauf), selten subakut und nur ausnahmsweise chronisch-progredient (pseudotumoraler Verlauf). Im ersten Falle zeigt sich häufig eine hemisphärische Herdsymptomatik mit gleichzeitiger Bewußtseinstrübung, im letzten Falle ein psychisches Störbild mit epileptischen Anfällen. Entsprechend dem Funktionsgrad des Kollateralkreislaufes haben die Ausfälle ein unterschiedliches Ausmaß. Die größte Gefahr der posttraumatischen Karotisokklusion liegt in der Entwicklung eines schweren postthrombotischen Hirnödems. Dementsprechend beträgt die Letalität bei 40 bis 50% (Kretschmer 1978). Wird die Karotisthrombose überlebt, so beobachtet man typischerweise ein erhebliches neurologisches Defektsyndrom, bei dem die Halbseitensymptomatik im Vordergrund steht.

Verschlüsse der Arteria vertebralis bleiben bei voll funktionierendem Kollateralkreislauf klinisch stumm. Solche Fälle werden oft gar nicht primär diagnostiziert. Ansonsten, d. h. bei insuffizientem Kollateralkreislauf, manifestiert sich ein Vertebralis-Basilaris-Syndrom in der zuvor geschilderten Art. Es liegt eventuell zusätzlich ein Syndrom der Arteria spinalis anterior vor, welches Gefäß üblicherweise zwar aus beiden Vertebralarterien, manchmal aber vorwiegend oder lediglich aus einer Vertebralarterie gespeist wird. Besonders wenn die Vertebralisthrombose auf die Arteria basilaris übergreift, entsteht ein lebensbedrohlicher Zustand mit ausgeprägter Bewußtseinstrübung. Überlebende zeigen meist schwere, persistierende Ausfälle. Die klinische Symptomatologie umfaßt mannigfaltige Hirnstamm- und Okzipitallappenausfälle, meist verbunden mit einem organischen Psychosyndrom.

Arteriovenöse Fisteln können *im Halsbereich* bei gleichzeitiger Verletzung einer Arterie und einer Begleitvene entstehen, so zwischen Karotis und Jugularvene oder zwischen Vertebralarterie und Vertebralvene. Man begegnet solchen Fisteln vor allem nach Stich- und Schußverletzungen des Halses. Die neurologische Symptomatik tritt entweder sofort oder nach einem freien Intervall in Erscheinung. Typisch sind des weiteren pulssynchrone Fistelgeräusche und ein palpierbares pulssynchrones Schwirren über der Fistel. Durch den arteriovenösen Kurzschluß können sich kritische hämodynamische Veränderungen ergeben, nämlich eine zerebrale Minderdurchblutung und eine kardiale Überlastung. Dementsprechend manifestieren sich schließlich zerebrale Ausfälle und Zeichen einer kardialen Dekompensation (sogenanntes Fistelherz) als sekundäre Verletzungsfolgen. Liegt eine arteriovenöse Fistel zwischen Karotis und Jugularvene vor, so wird das Arterienblut direkt in den Sinus cavernosus gepumpt und es kommt zu Stauungshämorrhagien am Augenhintergrund sowie zum Hervortreten des Augapfels, wobei dieser Exophthalmus in etwa einem Drittel der Fälle sichtbar pulsiert. Diese Symptomatik kann im Falle ausgeprägter interkavernöser Anastomosen auch das kontralaterale Auge betreffen. In weiterer Folge entwickeln sich hemisphärische Herdausfälle. Arteriovenöse Fisteln zwischen den Vertebralgefäßen sind selten anzutreffen. Sie führen letztlich zu den klinischen Zeichen eines Vertebralis-Basilaris-Syndroms.

Traumatisch bedingte *Aneurysmen der Zervikalregion* sind gleichfalls seltene Unfallfolgen. Sie entstehen sowohl durch penetrierende, scharfe als auch durch nicht-penetrierende, stumpfe Gewalteinwirkung. Primär liegen ihnen lokale Gefäßwandschädigungen zugrunde, welche die Widerstandskraft der betroffenen Arterie gegenüber dem physiologischen Gefäßinnendruck kritisch gesenkt haben. So entwickelt sich unter Umständen auf der Grundlage eines arteriellen Gefäßwandrisses ein Aneurysma dissecans (KRAULAND 1955) oder auch ein Aneurysma spurium (UNTERHARNSCHEIDT 1984), welch letzteres klinisch als pulsierendes Hämatom imponiert. Spätere Rupturen dieser traumatisch entstandenen Aneurysmen sind möglich. Auch können sich hier gebildete Thromben loslösen und über den Blutkreislauf in die Peripherie vertragen werden. Mit embolischen Schüben ist daher besonders in der ersten Zeit nach dem Trauma zu rechnen. Untersuchungsmäßig hört man pulssynchrone Geräusche und tastet man bei entsprechender Größe des Aneurysmas dieses selbst als einen umschriebenen, meist deutlich pulsierenden Tumor.

Die *sichere Diagnose* aller hier genannten Gefäßverletzungen und deren Folgen wird *nach wie vor angiographisch gestellt*. Jedoch können auch sonographische Untersuchungen wegweisend sein. Elektroenzephalographisch hängen die zu erhebenden Befunde maßgeblich von der zerbralen Durchblutung ab (SCHERZER 1972). Bei vollkommen suffizientem Kollateralkreislauf finden sich daher von Haus aus normale Kurvenbilder. Die Karotisthrombose zeigt anfangs, insbesondere wenn sich ein postthrombotisches Hirnödem etabliert hat, eine Allgemeinveränderung, aber meist schon mit herdförmiger Betonung. Der Hemisphärenherd kann nicht nur langsame Wellen, sondern auch eine halbseitige Amplitudendepression aufweisen. In späteren Stadien bildet sich der ipsilaterale EEG-Herdbefund immer deutlicher heraus und engt sich mitunter auf die Temporalregion ein. Aber auch eine Alphaverminderung kann als bleibender EEG-Herdbefund beobachtet werden. Des weiteren kommen manchmal lokale Irritationsphänomene in Form von steilen und spitzen Wellen vor. Der Vertebralisverschluß bzw. das Vertebralis-Basilaris-Syndrom bieten in der akuten Phase unterschiedliche elektroenzephalographische Bilder, welche von Allgemeinveränderungen und bifrontalen Gruppen langsamer Wellen aus dem Deltaband bis zu Herdbefunden im Bereich der hinteren Schädelhälfte reichen. In späteren Stadien weist das Kurvenbild häufig eine Niedervoltage (NIEDERMEYER 1962, HUBACH und STRUCK 1965) oder eine intermittierende Tätigkeit langsamer Wellen über der hinteren Schädelhälfte (CHRISTIAN 1968) auf. Unter Umständen erscheinen langsame Potentiale über den posterioren Hirnregionen nur nach maximaler Seitdrehung des Kopfes (WERESCHTSCHAGIN 1964). Im chronischen Stadium zeigen sich pathologische Befunde nach Vertebralis- und Basilarisausfällen häufiger im Elektronystagmogramm als im Elektroenzephalogramm, wobei es sich einerseits um vestibuläre Funktionsstörungen und andererseits um Beeinträchtigungen des optokinetischen Nystagmus handelt (PFALTZ und RICHTER 1958, DECHER und SONNTAG 1966, SCHERZER 1968). Die Ophthalmodynamometrie und die Thermographie ergeben mit entsprechenden Ausfällen weitere Hinweise auf das Vorliegen eines Karotisverschlusses. Die Therapie besteht innerhalb der ersten sechs Stunden in der Thrombektomie bzw. Thrombarteriektomie, vorausgesetzt, daß sich noch keine massiven neurologischen Ausfälle und keine schweren Bewußtseinsstörungen eingestellt haben. Später ist nur mehr eine antiödematöse, antikoagulatorische und allenfalls vasodilatatorische Behandlung möglich. Die Therapie der arteriövenösen Fisteln und der Aneurysmen des Zervikalbereiches sollte möglichst früh erfolgen, um allfälligen späteren Komplikationen zuvorzukommen. Sie strebt eine Besserung der hämodynamischen Verhältnisse durch Operation oder Gefäßligatur an.

J. Verletzungsbedingte zerebrale Symptome

Sie stellen Folgen einer traumatischen Hirnschädigung dar und finden sich sowohl in der Früh- als auch in der Spätphase einer Gehirnverletzung. Auf Grund der zerebralen Verletzungen innewohnenden *charakteristischen Remissionstendenz* sind solche Unfallfolgen bei komplikationslosem Verlauf am Anfang stärker ausgeprägt als später. Diese typische Rückbildung kann bei leichteren traumatischen Hirnschädigungen bis zur Normalisierung (Restitutio ad integrum) führen. Entwickelt sich hingegen eine intrakranielle Komplikation, z. B. chronisches Subduralhämatom, posttraumatische Epilepsie oder Hirnabszeß, aresorptiver kommunizierender Hydrozephalus usw., so treten (erneut) zerebrale Symptome auf, oder es verstärken sich bestehende zerebrale Defizite. Beschrieben werden in der Folge zerebrale Ausfälle durch primär oder sekundär traumatische Hirnschäden, Hirndruck und Hirneinklemmung, Liquorzirkulationsstörungen, Hirngefäßverletzungen, sekundäre Hirnschädigung bei nicht-kraniellen Verletzungen und bei posttraumatischen intrakraniellen Spätkomplikationen, ausgenommen epileptische Manifestationen, welche im nächsten Hauptkapitel behandelt werden. Neben diesen zerebralen Ausfallsyndromen auf Basis organischer zerebraler Läsionen werden auch die vorübergehenden vegetativen Allgemeinsymptome erörtert, welche im klinischen Alltag nach Schädeltraumen ohne zerebrale Substanzschädigung sogar eine größere Rolle als nach organischen Gehirnverletzungen spielen. *Der Gutachter muß sich stets vor Augen halten, daß es keine, für eine traumatische Hirnschädigung kennzeichnende und pathognomonische zerebrale Symptomatik gibt.* Differentialdiagnostische Überlegungen in Richtung unfallfremder Affektionen sind stets dann angezeigt, wenn der typische klinische Verlauf mit einer über längere Zeit anhaltenden Remissionstendenz nicht vorliegt und keine posttraumatische intrakranielle Spätkomplikation abgegrenzt werden kann. Prinzipiell muß man bezüglich traumatisch bedingter zerebraler Ausfalls- und Störsyndrome zwischen neurologischen und psychoorganischen Symptomenkomplexen unterscheiden. Für den Gutachter sind *im Hinblick auf die Unfallkausalität die Entstehung bzw. Entwicklung* und *im Hinblick auf die Einschätzung der Schweregrad sowie die Art der Ausfälle von Wichtigkeit.* Dies gilt sowohl für die neurologischen als auch für die psychischen Symptome. Die zuvor genannten vegetativen Störungen werden, wenngleich sie zum Teil auch in den psychischen Bereich hineinspielen, als neurologische Beschwerden klassifiziert.

Obgleich in ihrer Pathogenese noch ungeklärt bzw. umstritten (Elektrolyt- und pH-Verschiebungen, wiederholte Mikrotraumatisierungen durch passive Bewegungsübungen während der Komaphase usw.), sind hier ferner die als Komplikation schwerer zerebraler Schädigungen auftretenden *periartikulären Ossifikationen* anzuführen. Es handelt sich um zum Teil ausgedehnte Kalkeinlagerungen in das Bindegewebe um große Gelenke, wobei im Laufe der Zeit eine Knochenneubildung eintritt. Diese bewirkt schließlich eine zunehmende mechanische Bewegungsbehinderung bis unter Umständen sogar das betroffene Gelenk ankylosiert. Operative Maßnahmen sind erst dann angezeigt, wenn die Zeichen der Entzündung (Schmerzen, Schwellung, Rötung, Erhöhung der alkalischen Phosphatase, „heiße Zone" im Szintigramm, Unschärfe des neugebildeten Knochens im Röntgenbild) abgeklungen sind. Erfolgt der Eingriff verfrüht, kommt es bald zu einem Rezidiv. Die medikamentöse Therapie der periartikulären Ossifikationen ist nur bedingt wirksam und wird noch diskutiert. Auch die Physiotherapie darf nur dosiert und vorsichtig durchgeführt werden, um eine Progredienz zu vermeiden.

1. Neurologische zerebrale Symptome

Diese sind mannigfachster Art, da ein Trauma jedwede Hirnregion treffen kann. Häufig findet sich nach geschlossenen Schädelhirnverletzungen mit diffuser substantieller Hirnschädigung ein Mischbild verschiedener zerebraler Ausfallserscheinungen mit Betroffensein beider Körperhälften, z. B. suprabulbäre Dysarthrie, spastische Tetraparese und bilaterale zerebellare Ataxie, typischerweise noch kombiniert mit psychoorganischen Störungen. Zerebrale Herdausfälle umschriebener Art zeigen sich am deutlichsten nach penetrierenden Schädelhirnverletzungen, intrakraniellen Hämatomen und traumatischen Gefäßverletzungen bzw. -verschlüssen. Bezüglich der nukleären Hirnnervenlähmungen, die klinisch als periphere Läsionen imponieren, wird auf das diesbezügliche Kapitel des vorliegenden Buches verwiesen.

a) Vegetative Allgemeinsymptome

Vegetative Funktionsstörungen finden sich häufiger im Gefolge von geschlossenen als von penetrierenden Schädelverletzungen. Sie scheinen nicht unbedingt mit dem Schweregrad der Verletzung zu korrespondieren, sind nach einfachen Gehirnerschütterungen oft deutlicher ausgeprägt als nach Gehirnkontusionen. Jedoch bestehen andererseits im akuten Stadium gravierender Gehirnverletzungen stets zentrale vegetative Regulationsstörungen, welche bei Kindern besonders stürmisch verlaufen können. Diese führen unter Umständen bis zu schweren vegetativen Entgleisungen, so bei Hirnstammsyndromen und bei apallischen Syndromen. Hieher zählen Blutdruck- und Pulsänderungen wie Hyper- und Hypotonien, hyperkinetisches Herzsyndrom usw. Diesbezügliche Therapien mit Kreislaufmitteln, Betablockern und Infusionen werden bei Frischverletzten an Intensivpflegeabteilungen immer wieder erforderlich. Allein schon die langdauernde Bettruhe ohne körperliche Aktivitäten bedingt im Laufe der Zeit eine Kreislaufschwäche. Auch diese durch Bettlägrigkeit bedingten vegetativen Störungen bedürfen einer medikamentösen Behandlung. Es zeigen sich mit der späteren Mobilisierung oft ausgeprägte vegetative Dysregulationen. Gezieltes, früh einsetzendes Kreislauf- und Muskeltraining im Bett sowie zunehmende Belastung auf dem Stehbrett müssen systematisch als Kreislauftraining durchgeführt werden.

Aber auch nach leichten Schädelverletzungen ohne substantielle Hirnschädigung kommen, wie eingangs erwähnt, wiederholt vegetative Allgemeinsymptome zur Beobachtung. Sie sind ein Bestandteil des *Kommotionssyndroms beim stumpfen Schädelhirntrauma* und werden in diesem Sinne oft als das Lokalsyndrom einer passageren Hirnstammfunktionsstörung bei Commotio cerebri angesehen. Typisch sind diffuse, meist druckartige Kopfschmerzen, Übelkeit und Erbrechen, Wetterfühligkeit, Schwankschwindel (auch als diffuser Hirnschwindel oder ohnmachtsähnlicher Schwindel bezeichnet), hypotone Kreislaufdysregulation, Hitze- und Lärmüberempfindlichkeit, Schlafstörungen, Alkohol- und Nikotinunverträglichkeit, verminderte Durchblutung der Akren, feinschlägiger Fingertremor, gesteigerter Dermographismus, lebhafte oder schwache Muskeleigenreflexe, des weiteren Unruhe, Antriebsmangel und Müdigkeit, vermehrte Irritierbarkeit, Sexualstörungen usw. Diese Symptomatik, welche auch *posttraumatisches Allgemeinsyndrom* oder *postkommotionelles Syndrom* genannt wird, kann unter Umständen bloß bei Belastung manifest werden. Es findet sich besonders häufig bei vorbestehender vegetativer Labilität, konstitutioneller Hypotonie, aber auch bei Personen mit psychogener bzw. neurotischer Persönlichkeitsstruktur. Objektive Zeichen einer vegetativen Störung können durch EKG-Ableitung sowie durch Messung der Kreislaufwerte erhoben werden, z. B. Stehprobe nach Schellong, Arbeits- und Belastungsversuch, am besten Fahrradergometrie. Eine Korrelation zum Schweregrad des subjektiven Beschwerdebildes konnte jedoch nicht festgestellt werden (Myrtek 1978).

Traumatisch bedingte vegetative Symptome schwinden selbst im Falle einer erheblichen organischen Hirnschädigung nach der Mobilisierung innerhalb von Wochen oder Monaten, halten insgesamt nicht länger als ein halbes Jahr lang an. Bei vorwiegend bettlägerigen und immobilen Personen können sie jedoch ausnahmsweise über diese zeitliche Grenze hinaus dauern. Eine gutachtliche Anerkennung derartiger vegetativer Dysregulationszustände ist in der Regel nur für die erste Zeit nach dem Trauma gerechtfertigt. Eine persistierende derartige Symptomatik muß unfallfremden Faktoren zugeschrieben werden. Vegetative Störbilder kommen als Dauerschäden nach Gehirnverletzungen laut Faust (1972) und Suchenwirth (1982) nicht in Frage. Dies gilt gleichermaßen für *posttraumatische Synkopen*. Solche können auf Grund einer unfallbedingten Kreislaufschwäche einige Zeit hindurch nach schweren Traumen, insbesondere wenn eine längere Bettlägrigkeit notwendig war, auftreten. Der sie charakterisierende Bewußtseinsverlust setzt in der Regel langsam, manchmal aber auch ziemlich schnell ein (fallweise Verletzungen), ist von kurzer Dauer und wird schnell überwunden, so daß die klare Bewußtseinslage binnen kurzer Zeit wiedererlangt wird. Manchmal ist nur eine Bewußtseinstrübung leichteren Grades gegeben, in welchem Falle man von einem Präkollaps oder von einer Präsynkope spricht. Ohrensausen, Hitzegefühl, diffuses Schwindelgefühl, Verschwommensehen, undeutliches Hören, Gefühl einer allgemeinen Leichtigkeit oder Benommenheit im Kopfe können einer synkopalen Ohnmacht vorangehen. Gesichtsblässe, Kälte der Haut, und vor allem der Akren, Schweißausbruch und Muskelhypotonie sind als objektive Symptome derartiger Anfälle zu nennen. Unter Umständen beobachtet man auch einige wenige Muskelzuckungen und ausnahmsweise einen unwillkürlichen Harnverlust auf Grund einer kortikalen Reizung durch passagere Minderdurchblutung. KERSCHHMAN (1949) prägte hiefür die Bezeichnung Enzephalosynkope. GASTAUT und GASTAUT (1957) sprachen in diesem Falle von einer konvulsiven Synkope.

Aus solchen Begleitphänomenen resultiert nicht selten die Fehldiagnose eines großen epileptischen Krampfanfalles. Das Elektroenzephalogramm (EEG) bei Patienten mit posttraumatischen Synkopen ist entweder normal oder zeigt die Zeichen einer Gehirnverletzung, jedenfalls keine irritativen Graphoelemente. An Provokationsmethoden wurden der Bulbusdruckversuch, die Massage des Sinus caroticus, die Kompression der Halsschlagader und der VALSALVA-Versuch empfohlen. Wenn durch diese Maßnahmen tatsächlich ein Anfall ausgelöst wird, so zeigt er sich elektroenzephalographisch in Form einer diffusen synchronen Tätigkeit langsamer Wellen und läßt eine autorhythmische EEG-Reizaktivität vermissen (Fehlen epileptogener Anfallmuster). Eine vorübergehende Abflachung der bioelektrischen Hirntätigkeit ist Ausdruck einer insuffizienten Hirndurchblutung. Mit Sistieren der klinischen Symptome normalisiert sich auch das EEG rasch und kehrt in seinen früheren Zustand zurück. Manifestieren sich synkopale Anfälle noch nach Monaten, wenn sich die Kreislaufsituation bereits weitgehend stabilisiert hat, so sind sie nicht mehr auf den erlittenen Unfall zu beziehen. Als zeitliche Grenze für traumatisch bedingte Synkopen kann ein halbes Jahr, bei gravierenden Hirnverletzungen ein Jahr nach dem Trauma gelten. WELTER und MÜLLER (1987) weisen darauf hin, daß Synkopen in der Labilitätsphase nach gedeckten Schädelhirntraumen nicht selten vorkommen, aber als Dauerfolgen kaum jemals zu diskutieren sind. Nach diesen Autoren wäre eine Unfallkausalität für eine anhaltende synkopale Neigung nur dann gegeben, wenn vom Beginn der traumatischen Schädigung an kontinuierlich Jahre hindurch derartige Anfälle auftreten und wenn eine andere Ätiologie nicht verantwortlich gemacht werden kann. Differentialdiagnostisch kommen eine vorbestehende konstitutionelle Vasolabilität sowie eine internistischerseits bedingte Kreislaufschwäche in Frage.

Einer besonderen Erwähnung bedarf der *sogenannte posttraumatische Kopfschmerz* (SCHERZER 1975). Tatsächlich sind Kopfschmerzen nach Schädeltraumen einige Zeit hindurch innerhalb des vegetativen posttraumatischen Störsyndroms möglich. Es handelt sich dabei um eine vasomotorische Zephalgie, welche Tage und Wochen, eventuell bis Monate lang anhält. Es scheint eine besondere Prädisposition für das Auftreten solcher Kopfschmerzen zu bestehen, denn viele Patienten mit schwersten Schädelhirnverletzungen haben nie Kopfschmerzen verspürt. Auch ist zu berücksichtigen, daß vasomotorische Kopfschmerzen habituell und im Rahmen psychogener Reaktionsweisen vorkommen. Leider wird der Ausdruck „posttraumatisch“ in bezug auf Kopfschmerzen sehr unkritisch verwendet und sagt in der Regel bloß, daß Kopfschmerzen nach einem Trauma, üblicherweise einem Schädeltrauma, aufgetreten sind. Strenggenommen dürfte man von einer posttraumatischen Zephalgie nur dann sprechen, wenn ein kausaler Zusammenhang zwischen Trauma bzw. Traumafolgen und dem angegebenen Kopfschmerz besteht. Die Ätiologie von Kopfschmerzen nach Schädelverletzungen ist jedoch weiterhin umstritten. Einerseits werden organische Veränderungen, andererseits psychologische Faktoren und schließlich eine kombinierte physisch-psychische Schmerzverursachung angenommen. Das Gehirn selbst ist weitgehend schmerzunempfindlich. Als Schädelstrukturen mit sensibler Innervation sind lediglich extrakranielles Gewebe, die harte Hirnhaut sowie extra- und intrakranielle Gefäße bekannt. So können Hämatome in Nachbarschaft der Dura mater, Hirnödem, Hirndrucksteigerung, Dislokation von Gehirnteilen, Liquorproduktions- und Liquorzirkulationsstörungen, entzündliche Veränderungen an den Hirnhäuten, zerebrale Durchblutungsstörungen und Hirnblutungen, Vasospasmus und Vasoparalyse von Hirngefäßen, aber auch schrumpfende Hirn-Dura-Narben, Schädigung sensibler Hirnnerven, Narben im Bereich der Kopfschwarte und traumatische Veränderungen der Halswirbelsäule unfallkausale Kopfschmerzen verursachen.

Vorbestehende Hypotonie und vegetative Labilität sowie überhaupt Neigung zu vasomotorischen Kopfschmerzen begünstigen das Auftreten des posttraumatischen Kopfschmerzes, an welchem Wolff (1963) drei Entstehungsarten unterscheidet: infolge anhaltender Muskelkontraktion (muskulärer Spannungskopfschmerz), infolge umschriebener Kopfschwartenverletzung (Narbenkopfschmerz) und infolge arterieller Vasodilatation (Gefäßkopfschmerz). Der klinische Verlauf zeigt, wie bereits erwähnt, daß die im akuten Stadium eines Schädeltraumas vorhandenen Kopfschmerzen meist nach Tagen bis Wochen und Monaten abklingen. Es ist also auch bezüglich des unfallbedingten Kopfschmerzes die sonst bei traumatischen Hirnschädigungen übliche, gute Remissionstendenz der Ausfälle und Beschwerden erkennbar. Persistierende oder sich verstärkende bzw. mit Latenz auftretende Kopfschmerzen, ohne daß sich eine intrakranielle Komplikation etabliert hat, sind daher nicht mehr als unfallkausal zu erachten. Differentialdiagnostisch abzugrenzen sind Hirnnervenneuralgien und die spondylogene Zephalgie, insbesondere nach Schleudertraumen der Halswirbelsäule, die unter Umständen längere Zeit anhalten. Als unfallfremde Ursachen kommen psychogene, vasomotorische, habituelle und spondylogene Kopfschmerzen in Frage. Eine vorbestehende Migräne kann durch ein Schädeltrauma vorübergehend unspezifisch aktiviert werden, eventuell sogar erstmals nach einem Unfall manifest werden. Die traumatische Verursachung einer Migräne im gutachtlichen Sinne ist aber nur dann als wahrscheinlich anzunehmen, wenn das Trauma zu einer eindeutig nachweisbaren Gefäßschädigung im Halsbereich oder im Schädelinneren geführt hat.

Die Verletzten selbst können die Qualität der Kopfschmerzen oft schlecht beschreiben. Am häufigsten werden dumpfe und drückende Kopfschmerzen angegeben, die diffus den ganzen Schädel einnehmen, oft belastungsabhängig sind und stunden- bis tagelang anhalten. In typischer Weise schildern die Betroffenen, daß ihre Kopfschmerzen durch schnelle Kopfbewegungen, Bükken und Aufrichten aus gebückter Stellung, schnelles Aufstehen aus dem Liegen, Pressen, Heben von schweren Lasten, Alkoholgenuß, Lärmeinwirkung, Sonnenbestrahlung und Hitze ausgelöst werden. Mit zunehmendem Kopfschmerz stellen sich unter Umständen Übelkeit und Brechreiz ein. Auch kann der posttraumatische Kopfschmerz migräneartigen Charakter annehmen und zum Erbrechen führen. In Ruhe lassen die Kopfschmerzen meist bald nach oder schwinden ganz. Diese Beschreibungen lassen den posttraumatischen Kopfschmerz als vorwiegend vasomotorisch klassifizieren. Die *Dauer echter posttraumatischer Kopfschmerzen in ungeraffter Form* kann auf Grund eigener Erfahrung an einem sehr großen Patientengut folgendermaßen angegeben werden (SCHERZER 1976 und 1977):

Contusio capitis Stunden bis einen Tag,
Wunden und Hämatome der Kopfschwarte einige bis mehrere Tage,
Commotio cerebri wenige Tage bis wenige Wochen,
Gehirnkontusion einige Tage bis wenige Monate,
Schädelbrüche einige Tage bis wenige Wochen,
traumatische Subarachnoidealblutung einige Tage bis wenige Monate,
Läsionen sensibler Hirnnerven wenige Tage bis wenige Wochen,
einfache Zerrungen der Halswirbelsäule einige Wochen bis sechs Monate.

SOYKA (1987) betont, daß nach einem gedeckten Schädelhirntrauma die Kopfschmerzmanifestation und die Dauer der weiteren posttraumatischen Kopfschmerzdisposition weder mit der Schwere des Schädelhirntraumas, mit der Dauer der initialen Bewußtlosigkeit und anterograden Amnesie noch mit der Ausprägung pathologischer EEG-Veränderungen, mit dem Vorliegen einer Schädelfraktur oder mit dem Befund eines blutigen Liquors korrelieren. Des weiteren weist er darauf hin, daß Patienten mit einer Commotio cerebri nahezu regelhaft über wochen- bis monatelang anhaltende Kopfschmerzanfälligkeit klagen, wogegen Patienten mit einem schweren gedeckten Schädelhirntrauma auch bei gezieltem Befragen keinerlei Kopfschmerz äußern. Er zieht daraus den Schluß, daß sich persistierende Kopfschmerzen nach einem gedeckten Schädelhirntrauma nur teilweise auf die eigentlichen hirntraumatischen Veränderungen zurückführen lassen und daß sich als weitere pathogenetische Teilfaktoren persönlichkeitsabhängige psychologische Faktoren dazugesellen. MIFKA (1970) hob die Bedeutung iatrogener postkommotioneller Beschwerden besonders hervor. Sicherlich überwiegen psychogene Kopfschmerzformen nach stumpfen Schädelverletzungen bei weitem (SCHERZER 1975). Anders verhält es sich bei offenen bzw. penetrierenden Schädelhirnverletzungen (SOYKA 1987). Neben dem lokalen zerebralen Gewebsschaden bilden sich schrumpfende Hirn-Dura-Narben, lokale entzündliche Veränderungen mit sekundären Verklebungen der Arachnoidea usw. Diese pathologisch-anatomischen Veränderungen stellen die Grundlage hartnäckiger und persistierender, lokaler Kopfschmerzen dar, wie dies WALKER und ERCULEI (1969) bei einer großen Anzahl von Patienten noch 15 Jahre nach dem Schädelhirntrauma feststellen konnten.

b) Zerebral-motorische Syndrome

Die folgenden Ausführungen beschränken sich auf defizitäre Syndrome infolge traumatischer Hirnschädigung. Irritative Phänomene im Sinne epileptischer Anfälle werden in einem späteren Kapitel behandelt. Zerebral-motorische Ausfälle sind durch Läsionen des pyramidalen oder extrapyramidalen Systems bedingt. Im Rahmen schwerer traumatischer Hirnschädigungen begegnet man anfangs nicht selten einer Kombination der beiden klinischen Symptomenkreise. Zeichen einer Pyramidenbahnläsion sind nach Gehirnverletzungen und unfallbedingten intrakraniellen Komplikationen jedoch insgesamt wesentlich häufiger als Zeichen einer extrapyramidalen Schädigung.

Durch Ausfall der zentral-motorischen Neurone, welche der Pyramidenbahn (Tractus corticospinalis) entsprechen, resultiert eine zentrale Parese oder Plegie der kontralateralen Körperseite. Die Lähmung auf Grund einer *Pyramidenbahnschädigung* ist anfangs schlaff, wobei die Wiener Schule der Neurologie den Ausdruck „pseudoschlaff" zur Unterscheidung von den schlaffen Paresen bei Läsionen des peripheren motorischen Neurons vorzieht. Diese zentralen Lähmungserscheinungen betreffen die Willkürmotorik und insbesondere die feinen Bewegungen. Bei pseudoschlaffem Tonus der Muskulatur sind gleichzeitig die Muskeleigenreflexe herabgesetzt bis erloschen. Nach Tagen bis wenigen Wochen entwickelt sich eine Erhöhung des Muskelspannungszustandes. Es entsteht eine spastische Lähmung, bedingt durch den Ausfall inhibitorischer kortikaler Impulse auf das Rückenmark. Die resultierende zentrale Parese ist schließlich durch Kraftverminderung und Beeinträchtigung der Feinmotorik, spastische Erhöhung des Muskelspannungszustandes, Steigerung der Muskeleigenreflexe, eventuell bis zur Klonusauslösbarkeit, Auftreten pathologischer Reflexe (an der Hand nach MAYER, HOFFMANN, TRÖMNER, am Bein nach BABINSKI, CHADDOCK, OPPENHEIM, GORDON, ROSSOLIMO, MENDEL-BECHTEREW) und allenfalls pathologischer Mitbewegungen (an der Hand nach WARTENBERG, am Bein nach STRÜMPELL), durch Abschwächung bis Verlust der Fremdreflexe (Bauchhaut-, Kremaster-, Plantarhautreflex usw.), durch Lokalisation kontralateral zum Läsionsherd und durch Fehlen einer neurogenen Muskelatrophie gekennzeichnet. Der Ausprägungsgrad der zentralen Parese hängt von der Anzahl der ausgefallenen motorischen Neurone und mithin vom Ausmaß der Gewebsläsion ab, welche sich durch die Computertomographie oder Kernspintomographie gut darstellen läßt. Entsprechend den anatomischen Gegebenheiten führen Herde im Marklager und in der Capsula interna zu zentral-motorischen Ausfällen der gesamten gegenüberliegenden Halbseite, einschließlich der mimischen Muskulatur, von welcher bloß der Stirnanteil auf Grund seiner bilateralen Innervation weitgehend ausgespart bleibt. Im Falle einer Teillähmung sind die Finger und die Hand sowie die Gesichtsmuskulatur am stärksten betroffen, da sie physiologischerweise Sitz der am feinsten dosierten Willkürbewegungen sind.

Mit Eintritt in das spastische Lähmungsstadium ergibt sich kontralateral zum Läsionsherd ein typisches klinisches Bild, welches als WERNICKE-MANNscher Prädilektionstypus bezeichnet wird: Mundwinkel tiefer stehend, ungenügend gehoben, Kopf zur gesunden Seite gedreht und zur paretischen Seite geneigt, Schulter retrahiert und tieferstehend, Oberarm adduziert und innenrotiert, Unterarm gebeugt und proniert, Hand volarflektiert und meist ulnarduziert, Finger zur Faust gebeugt und adduziert (main creuse), mit eingeschlagenem Daumen und eventuell mit abgespreiztem Kleinfinger, Rumpf nach der betroffenen Seite flektiert und verkürzt sowie nach hinten rotiert, betroffene Beckenseite retrahiert und höherstehend, Oberschenkel im Hüftgelenk adduziert, innenrotiert und leicht flektiert, Kniegelenk gestreckt bis hyperextendiert, Fuß plantarflektiert und supiniert (spastischer Spitzfuß), Zehen gebeugt und adduziert, eventuell Großzehe extendiert. Im Schultergelenk kann sich auch eine Stellung entwickeln, welche der eben beschriebenen teilweise entgegengesetzt ist. Im Hüftgelenk ändert sich meist die angegebene Stellung mit Bewegungsintention, indem das Bein ein Flexionsmuster einnimmt. Als Spielbein ist die betroffene untere Extremität „zu lang" und muß beim Gehen zirkumduzierend nach vorne gebracht werden. Die Ferse wird nicht belastet. Druck wird nur auf den Zehenballen ausgeübt, wodurch eine positive Stützreaktion mit Tonuserhöhung bis zum Klonus ausgelöst werden kann. Der Arm schwingt nicht oder kaum mit. Oft entwickelt sich eine Subluxation des Schultergelenkes. Durch die anhaltende Spastizität kommt es allmählich zur Verkürzung der Antischwerkraftmuskeln und schließlich zu schmerzhaften Gelenkskontrakturen mit Fixierung der WERNICKE-MANNschen Stellung.

Kortikale Schädigungen in umschriebenen Bereichen bedingen Lähmungserscheinungen, welche nur eine kontralaterale Extremität betreffen. So verursacht eine Läsion im unteren Anteil des Gyrus praecentralis eine Monoplegie bzw. Monoparese des Armes, wobei häufig auch zusätzlich ein zentraler Fazialisausfall vorliegt (brachiofaziale Parese). Eine Läsion des oberen Anteils des Gyrus praecentralis und des Lobus paracentralis bedingt hingegen eine Monoplegie bzw. Monoparese des kontralateralen Beines (unilaterales motorisches Mantelkantensyndrom). Bei beidseitiger Schädigung in letztgenannter Lokalisation, wie dies im Rahmen von schweren Scheitelverletzungen durch Steinfall oder Sturz auf den Kopf vorkommen kann, resultiert eine Paraparese bzw. Paraplegie beider Beine (bilaterales motorisches Mantelkantensyndrom), welches Zustandsbild von Schädigungen des Rückenmarks und der Cauda equina abgegrenzt werden muß. Schwere Gehirnkontusionen sowie auch zusätzliche hypoxische Hirnschädigungen kommen als Ursache für beidseitige motorische Halbseitensyndrome in Frage, welche je nach Schweregrad als Tetraparese oder Tetraplegie (Diplegie) bezeichnet werden. Häufig sind sie mit suprabulbären Hirnnervenausfällen kombiniert.

Was *extrapyramidale Syndrome* anlangt, so sind diese nach Schädelhirntraumen seltener als die soeben dargestellten zentralen motorischen Syndrome bei Pyramidenbahnläsion anzutreffen. Die extrapyramidale Motorik ist durch unwillkürliche und grobe Bewegungen gekennzeichnet, welche neben den gezielten, feinmotorischen Bewegungen der pyramidalen Motorik ablaufen und daher auch als Hintergrunds- oder automatische Mitbewegungen bezeichnet werden. Zwar sind fast alle extrapyramidalen Syndrome als Folgen einer traumatischen Hirnschädigung in Einzelbeobachtungen beschrieben worden, sogar Ballismus, jedoch haben nur wenige eine praktische Bedeutung. Mitunter finden sich postkontusionelle choreatische und athetotische Syndrome nach schweren Gehirnverletzungen im Kindesalter, PARKINSON-Syndrome im Erwachsenenalter, ausnahmsweise dystone Syndrome und Torticollis spasticus sive dystonicus. Bei Thalamusschädigungen kann eine eigenartige Handstellung resultieren, welche als „Thalamushand" beschrieben wird. Das Handgelenk und die Fingergrundgelenke sind gebeugt, die übrigen Fingergelenke sind hingegen gestreckt und mit der Zeit überstreckt bis eventuell subluxiert („Bajonettfinger").

Das PARKINSON-Syndrom ist ein hypokinetisch-hypertones bzw. hypokinetisch-rigides Syndrom bei Schädigung der Substantia nigra. Die Läsion kann im Rahmen einer schweren Gehirnkontusion, wenn der Hirnstamm mitbetroffen ist oder als mittelbare (passagere) Verletzungsfolge bei einer gewissen Medikamentenüberempfindlichkeit auftreten. Auch Schuß- und Stichverletzungen der Stammganglien können gelegentlich einmal extrapyramidale Veränderungen bewirken. In der Anfangsphase diffuser traumatischer Hirnläsionen findet man nicht selten extrapyramidale Symptome, vor allem Akinese und Rigidität, neben zentralen pyramidalen Paresen, Spastizität und allenfalls auch zerebellären Störungen. Im Laufe von Wochen und Monaten bilden sich diese extrapyramidalen Symptome großteils zurück. Jedoch können auch im Spätstadium schwerer traumatischer Hirnschädigungen derartige Mischbilder manchmal noch beobachtet werden. Ein *isoliertes posttraumatisches PARKINSON-Syndrom* ist hingegen eine große Ausnahme. Es geht auf ein einmaliges schweres Schädelhirntrauma mit Hirnparenchymschädigung, vor allem im Hirnstammbereich, zurück, manifestiert sich bereits in der akuten oder subakuten Phase, ist initial mit sonstigen neurologischen und psychischen Zeichen der Gehirnverletzung vergesellschaftet und unterscheidet sich vom idiopathischen Morbus PARKINSON bzw. von der Paralysis agitans dadurch, daß keine Progredienz gegeben ist und eine Tremorsymptomatik kaum vorkommt. Dem Prinzip nach kann auch eine schwere zerebrale Durchblutungsstörung mit zerebraler Substanzläsion im Hirnstammbereich einen Parkinsonismus bewirken. Gleiches gilt für schwere Hypoxien, wie sie bereits am Unfallorte und in der akuten Verletzungsphase vorkommen. Traumatisch bedingte PAR-

KINSON-Formen befallen bei einseitiger Schädigung nur eine Körperhälfte, bei beidseitigen oder diffusen Schädigungen hingegen beide Körperseiten. Eine weitere Möglichkeit eines posttraumatischen PARKINSON-Syndroms stellt das medikamentöse Parkinsonoid dar. Medikamente, welche eine derartige extrapyramidale Symptomatik, bei der vor allem Akinese und Rigor im Vordergrund stehen, hervorrufen, sind in erster Linie Phenothiazine, seltener trizyklische Thymoleptika und Rauwolfia-Präparate. Ferner kann die Behandlung mit Psychopharmaka, welche bei Schädelhirntraumen immer wieder erforderlich ist, zum Auftreten dystoner Symptome führen, die insbesondere den Mund- und Zungenbereich betreffen. Ein mittelbarer kausaler Zusammenhang ist in diesen Fällen gegeben.

Unter Umständen wird ein vorbestehender Morbus PARKINSON durch eine schwere Gehirnläsion verschlimmert. Ist ein enger zeitlicher Zusammenhang evident und erwiesen, muß gutachtlich eine einmalige, zeitlich begrenzte Verschlimmerung des an sich unfallfremden, idiopathischen Nervenleidens angenommen werden. Die nachfolgende Progredienz ist jedoch nicht mehr als unfallkausal anzuerkennen. Was die sogenannte „Auslösung" eines PARKINSON-Syndroms durch ein leichtes bis mittelschweres Schädeltrauma anlangt, so entspricht sie nicht der Realität, sondern stellt nach WELTER und MÜLLER (1987) bloß die zufällige Erstmanifestation eines unfallfremden und schicksalhaften neurologischen Leidens dar.

Wesentlich schwieriger gestaltet sich die Frage nach dem ursächlichen Zusammenhang zwischen Schädeltrauma und *Torticollis spasticus, spasmodicus sive dystonicus*. Die Ätiologie dieses Zustandsbildes ist uneinheitlich. Neben konstitutionellen bzw. hereditären Faktoren kommen verschiedene zerebrale Schädigungen in Frage, so auch eine schwere traumatische Hirnschädigung in den entsprechenden basalen Hirnanteilen. Differentialdiagnostisch abzugrenzen sind vor allem der psychogene Schiefhals, Prozesse der Halswirbelsäule und Augenmuskelparesen, bei denen zur Kompensation der Diplopie eine abnorme Kopfhaltung eingenommen wird. Im Falle einer traumatischen Verursachung entwickelt sich dieses hyperkinetische Syndrom des spastischen Tortikollis bald nach der akuten Hirnverletzungsphase.

Myoklonische Syndrome seien noch am Rande erwähnt. Sie kommen in generalisierter, asymmetrischer und asynchroner Form beim akuten Hirnschaden auf Grund hypoxischer oder metabolischer Schädigungen vor. Es kann sich in weiterer Folge ein LANCE-ADAMS-Syndrom mit Übergang in Manifestationen des epileptischen Formenkreises entwickeln. Ausnahmsweise beobachtet man im Spätstadium schwerer Gehirnverletzungen, meist bei zusätzlicher hypoxischer Schädigung, vom Hirnstamm ausgehende Myoklonien und Myorhythmien im Schlund- und Gaumensegelbereich (Nystagmus veli palatini oder Uvula-Nystagmus). Das Auftreten *abnormer Reflexe* und *motorischer Schablonen* wie des Schnauz-, Saug- und Beißreflexes, des Palmomental- und Greifreflexes etc. ist Ausdruck einer zerebralen Schädigung, insbesondere im Frontal- oder Temporalbereich, allenfalls auch im Hirnstammbereich.

c) Zerebelläre Syndrome

Infolge ihrer relativ guten Remissionsfähigkeit sind sie nach traumatischen Hirnschädigungen im Initialstadium wesentlich häufiger als im Spätstadium festzustellen. Unter Umständen können sie ein diagnostisches Leitsymptom darstellen, so bei den infratentoriellen raumfordernden Hämatomen. Als weitere Läsionen sind Kleinhirnkontusionen und intrazerebelläre Blutungen zu nennen. Schließlich kommen auch Läsionsherde im Verlauf des Tractus fronto-ponto-cerebellaris als Ursache für zerebelläre Symptome in Frage. Die anatomische Schädigung muß daher keineswegs im Bereiche der hinteren Schädelgrube, sondern kann auch weitab davon gelegen sein, z. B. in der Frontalregion. In diesem Falle ist sie infolge der Bahnkreuzung, die in der Brücke erfolgt, kontralateral zur Störsymptomatik lokalisiert, wogegen das Kleinhirn eine weitgehend ipsilaterale Repräsentation aufweist. In den letzten Jahren beobachtet man gravierende zerebelläre Ataxien nach Gehirnverletzungen deutlich häufiger als früher. Dies ist wohl darauf zurückzuführen, daß die Überlebenschance für schwere und schwerste Schädelhirntraumen durch die moderne Reanimations- und Intensivmedizin maßgeblich verbessert worden ist. Traumatische Kleinhirnläsionen werden bei Obduktionen wiederholt gefunden, ohne daß klinisch zerebelläre Störungen nachweisbar waren. Dies erklärt sich dadurch, daß isolierte Kleinhirnschädigungen nur ausnahmsweise vorkommen und die Symptomatik der sonstigen zerebralen Läsionen, d. h. der zusätzlichen Großhirn- und Hirnstammherde, im akuten Verletzungsstadium oft weit im Vordergrund des klinischen Bildes steht.

Läsionen des Archizerebellums, das auch als Urkleinhirn oder Vestibulozerebellum bezeichnet wird und anatomisch dem Lobus flocculo-nodularis entspricht, bedingen einen Ausfall der physiologischen Funktionen dieses Kleinhirnanteils, nämlich der Dämpfung auf den Vestibularapparat zur Aufrechterhaltung des Gleichgewichts und der Regulierung des Muskeltonus. Es kommt bei einseitiger Läsion zu einem zentral-vestibulären Spontannystagmus, der einen Enthemmungsnystagmus darstellt und mit der Remission in ein Richtungsüberwiegen des experimentellen vestibulären Nystagmus übergeht (SCHERZER 1968). Des weiteren beobachtet man mitunter einen zentralen Lagenystagmus, der nur mit geringem Schwindelgefühl einhergeht, lang anhält und zum Unterschied vom peripheren (paroxysmalen) Lagenystagmus in der Seitenlage zum oben liegenden Ohr schlägt. Elektronystagmographisch läßt sich wiederholt eine vestibuläre Übererregbarkeit feststellen. Bei den Koordinationsprüfungen zeigt sich eine Deviation bzw. Drehung, welche der Schlagrichtung des Enthemmungsnystagmus entgegengesetzt ist. Die Störung der Muskeltonusregulation bewirkt eine Rumpfataxie, die bis zu Abasie (Gehunvermögen) und Astasie (Stehunvermögen) reichen kann.

Läsionen des Paläozerebellums, welches auch als Spinozerebellum oder Altkleinhirn bezeichnet wird und physiologischerweise eine modifizierende Wirkung auf die Alpha- und Gamma-Motoneurone vor allem für jene Muskeln hat, welche der Schwerkraft entgegenwirken, verursachen eine Extremitätenataxie, die stärker als die Rumpfataxie ausgeprägt ist, weiters eine Hypotonie der Muskulatur auf der Läsionsseite mit Haltungsanomalien wie Kopfschiefhaltung und auch mit Gangabweichung. Es ist dann die synergistische Funktion der Gegenspielermuskeln beim Gehen und selbst beim Stehen beeinträchtigt. Die vestibulospinalen Reaktionen zeigen eine Deviations- bzw. Drehtendenz zur Herdseite. Bei Läsionen des Wurmes findet man ausgeprägte Gleichgewichtsstörungen, d. h. stützmotorische Beeinträchtigungen des Stehens und Gehens mit Fallneigung nach vorn oder hinten. Besonders Unterwurmläsionen bedingen eine vestibuläre Übererregbarkeit.

Läsionen des Neozerebellums, das auch als Pontozerebellum oder Neukleinhirn bezeichnet wird und das physiologischerweise einen Nebenschluß zu den motorischen Bahnen mit einer Feindosierung der Willkürmotorik darstellt, manifestieren sich in einer Störung bei der Durchführung aller Bewegungen, am deutlichsten der über den Tractus corticospinalis verlaufenden Impulse. Klinische Zeichen einer solchen Schädigung sind zerebelläre Ataxie mit Abweichung zur Herdseite, Dysmetrie, Hypermetrie bzw. Hypometrie mit Bradyteleokinese, vorzeitige Verlangsamung einer intendierten Bewegung, zerebelläre Asynergie, Dysdiadochokinese oder Adiadochokinese, Hypotonie der ipsilateralen Skelettmuskulatur, welche vermutlich eine gewisse Asthenie bewirkt und auch fehlerhaftes Gewichtschätzen auf der Herdseite erklärt, des weiteren Intentionstremor und ein ungebremstes Rückschlagphänomen. Ataxie und Dysmetrie betreffen als okuläre Störungen die Blickbewegungen, also die konjugierte Augenmotorik. In diesem Falle besteht eine Vergröberung der Fixationsrucke der Augen. Passager kann nach einer neozerebellären Schädigung ein Blickrichtungsnystagmus auftreten. Bilaterale Läsionen verändern die Sprache im Sinne einer zerebellären Dysarthrie mit skandierender Sprechweise und verursachen ferner eine Gangataxie („marche d'ivresse").

d) Zerebral-sensible Symptome

Die Sensibilitätsprüfung stößt bei Patienten, welche eine schwere Gehirnverletzung erlitten haben, oft auf große Schwierigkeiten. Schuld daran trägt anfangs die Bewußtseinsstörung, später das psychoorganische Syndrom, das eine ausreichende Kooperation bei der Untersuchung verhindert. Leichte Sensibilitätsstörungen entgehen daher wiederholt der diagnostischen Erfassung, stärkere Störungen können hingegen sehr wohl nachgewiesen werden. Gefühlsstörungen auf Grund traumatischer Hirnläsionen kommen kaum isoliert vor, sondern sind in der Regel mit sonstigen zerebralen Symptomen, insbesondere mit motorischen Ausfällen, vergesellschaftet.

Läsionen der Großhirnrinde im Bereiche des Gyrus postcentralis bedingen subjektiv Parästhesien (Ameisenlaufen und Kribbeln) sowie allenfalls ein Taubheitsgefühl distal in den Extremitäten. Betroffen sind, wie die detaillierte Sensibilitätsprüfung zeigt, alle oder nur bestimmte Gefühlsmodalitäten. Je nach Lokalisation des Herdes in der hinteren Zentralwindung ist nur der Arm oder nur das Bein betroffen. Durch Verletzungen im Scheitelbereich kann so ein unilaterales oder auch ein bilaterales sensibles Mantelkantensyndrom entstehen. Meist liegt jedoch zusätzlich eine motorische Störung in Form einer Beinparese vor. Ein Läsionsherd im hinteren Anteil des Parietallappens führt zu einer kontralateralen Störung der Tiefensensibilität, zur Stereoanästhesie bzw. Stereoagnosie, wogegen die Berührungsempfindungen voll erhalten sind. Ausgedehnte Zerstörungen im Bereiche des Centrum semiovale und Herde im Bereiche des hinteren Schenkels der Capsula interna, auch wenn sie klein sind, verursachen eine kontralaterale Hemianästhesie. Diesbezügliche Teilschädigungen bedingen eine Hemihypästhesie, entweder für alle Qualitäten oder in Form einer dissoziierten Sensibilitätsstörung. Im Thalamus lokalisierte Herde können neben Gefühlsstörungen thalamische Schmerzen nach sich ziehen, wie dies beim posterolateralen Thalamussyndrom vaskulärer Genese auf der Herdgegenseite bekannt ist. Der thalamische Schmerz ist ein schwer zu definierender Dauerschmerz verschiedener Qualität, der zum Teil eine quälende Intensität erreichen kann. Berührungen, aber auch sonstige Reize und Affekte können derartige Schmerzparoxysmen auslösen. Eine Läsion knapp unterhalb des Thalamus opticus bedingt eine kontralaterale Hemianästhesie oder Hemihypästhesie für alle Qualitäten. Tiefer gelegene Herde, vor allem im Hirnstammbereich, führen je nach Lokalisation und Ausdehnung zu Sensibilitätsstörungen im Körper- und Gesichtsbereich, teils ipsi- und teils kontralateral, wobei auch unterschiedliche Empfindungsqualitäten betroffen sind. Bei Schädigung der von der Medulla oblongata in das obere Halsmark absteigenden Trigeminuswurzel treten Sensibilitätsstörungen mit zwiebelschalenartiger Verteilung um den Mund auf (SÖLDERsche Grenzlinien). Gutachtlich von besonderem Interesse ist der Umstand, daß Gefühlsstörungen an der Hand deren Geschicklichkeit und Gebrauchsfähigkeit maßgeblich beeinträchtigen können. Solchermaßen kann sich eine Hemiparese funktionell wesentlich stärker auswirken als dem Schweregrad der motorischen Beeinträchtigung entspricht.

e) Dienzephale und besondere zentral-vegetative Symptome

Derartige Verletzungszeichen finden sich, über das zuvor besprochene posttraumatische Allgemeinsyndrom hinausgehend, hauptsächlich in der Frühphase schwerer traumatischer Hirnschädigungen. Infolge einer sehr guten Rückbildungstendenz begegnet man ihnen nur ausnahmsweise in der Spätphase. Die zugrundeliegenden Schädigungen können primärer oder sekundärer Natur sein. Dabei handelt es sich um Blutungen und Kontusionen, wobei vor allem nahegelegene Schädelbasisfrakturen Hinweise auf die lokale Gewalteinwirkung darstellen, des weiteren um axiale Hirnstammverschiebungen mit Einklemmung bei supratentorieller Raumforderung, aber auch um seitliche Massenverschiebungen der Mittellinienstrukturen durch ein intrakranielles Hämatom oder um lokale enzephalitische bzw. meningitische Veränderungen. Außerdem kann es zu Verletzungen im Bereiche der Hypophyse, vor allem des Hypophysenstiels kommen, so zu Blutungen und Nekrosen, eventuell zum Abriß der Hypophyse.

Läsionen im Zwischenhirn und Hypothalamus zeigen als Nachbarschaftssymptome meist Gesichtsfeldausfälle durch Schädigung des Chiasma opticum und/oder des Tractus opticus. Ferner entwickelt sich häufig durch Verlegung des dritten Ventrikels ein Hydrocephalus occlusus. Symptome einer dienzephal-hypothalamischen Schädigung sind Diabetes insipidus, Störungen des Schlaf-wach-Rhythmus, pathologische Freßsucht (Polyphagie), Sexualstörungen (Amenorrhö, Impotenz, vorübergehend sexuelle Enthemmung, allenfalls Entwicklung einer Dystrophia adiposogenitalis), Störungen des Zuckerhaushaltes (Glykämie, Glukosurie), der Temperaturregulation (Hyperthermie, Hypothermie, Poikilothermie), der Vasomotorenregulation, der Schweißsekretion und der Magen-Darmtätigkeit (Ulzerationen sowie Blutungen) und eventuell Entwicklung eines CUSHING-Syndroms. Durch eine schwere Schädigung der Hirnanhangsdrüse kann sich ausnahmsweise eine Hypophyseninsuffizienz bzw. Kachexie entwickeln.

Was den Diabetes insipidus anlangt, so kann eine dadurch bedingte Polyurie von fünf Litern und mehr bei gleichzeitiger Erniedrigung des spezifischen Gewichtes des Urins unter 1005 wiederholt nach schweren Schädelhirntraumen beobachtet werden. Ohne entsprechende Wasserzufuhr steigt die Osmolalität der Körperflüssigkeiten an und es stellen sich Exsikkose mit Kreislaufstörungen, ferner Fieber und psychotische Symptome ein. Meist jedoch bildet sich die zugrundeliegende Störung der Adiuretinproduktion bzw. -ausschüttung mit der konsekutiven Unfähigkeit der Nieren, den Harn zu konzentrieren, binnen kurzer Zeit zurück, selten ist eine Substitutionstherapie (intranasale Applikation von Desmopressin) vorübergehend erforderlich und nur ganz vereinzelt handelt es sich um eine irreversible Störung. Als Voraussetzung für die gutachtliche Anerkennung muß eine organische Gehirnverletzung mit dienzephal-hypothalamischer Läsion zweifelsfrei erwiesen sein. Ein Blutzuckeranstieg, sogenannter „Schockzucker", findet sich wiederholt nach Unfällen aller Art, nach schweren Schädelhirntraumen etwas häufiger. Auch diese Störung bildet sich ziemlich schnell zurück. Das Persistieren dieses Zustandes als Verletzungsfolge in Form eines zentralen Diabetes mellitus ist gutachtlich umstritten und könnte nur bei sicherem Nachweis einer dienzephalen Schädigung anerkannt werden. In den meisten Fällen war bereits vor dem Schädeltrauma eine diabetische Stoffwechsellage gegeben, so daß die Unfallkausalität des Diabetes mellitus zu negieren ist. Hinsichtlich Sexualstörungen zeigen Frauen nach Gehirnverletzungen fast stets eine traumatisch bedingte Amenorrhö. Auch diese bildet sich meist spontan oder nach medikamentöser Einleitung des Zyklus zurück. Bei Kindern kann man ausnahmsweise die Entwicklung einer adiposogenitalen Dystrophie mit Fettansatz an den Hüften, Oberschenkeln und am Stamm sowie mit Hypogonadismus beobachten.

Äußerst selten kommt ein posttraumatisches Cushing-Syndrom mit Fettansammlung im Gesicht und am Stamm (Vollmondgesicht, Stiernacken, Striae), Sexualstörungen und geringem Hirsutismus vor. Die Entwicklung des Syndroms dauert Monate, seine Rückbildung einige Jahre.

Bezüglich der Störungen des Schlaf- und Wachrhythmus ist zu sagen, daß solche nach traumatischen Hirnschädigungen mit apallischem Syndrom eine Zeitlang zu beobachten sind, sich dann jedoch gleichfalls zurückbilden. Unter Umständen kann eine symptomatische Narkolepsie nach schwerem Schädelhirntrauma mit Läsion der mesodienzephalen Region auftreten. Von der narkoleptischen Tetralogie (Vigilanzstörungen, Kataplexie, Schlafstörungen und Halluzinationen) kommen meistens nur wenige Symptome vor. Sogenannte Schlafanfälle sind Ausdruck einer schnell einsetzenden Vigilanzminderung und dauern in der Regel zehn bis 15 Minuten. Kataplektische Anfälle treten entweder spontan oder bei Gemütserregung auf und stellen in letzterem Falle einen affektiven Tonusverlust dar (sogenannter Lach- oder Schreckschlag). Schlafstörungen manifestieren sich gleichfalls paroxysmal durch Sekunden bis Minuten als sogenannte Wachanfälle, mit denen die hypnagogen Halluzinationen eng verbunden sind. „Schlaflähmungen" sind flüchtige Blokkaden der Willkürmotorik beim Einschlafen oder Aufwachen. In differentialdiagnostischer Hinsicht hat eine genaue Abklärung gegenüber früheren derartigen Störungen zu erfolgen. Eine gutachtliche Anerkennung als Verletzungsfolge setzt den sicheren Nachweis eines schweren Schädelhirntraumas mit mesodienzephaler Schädigung voraus. Inwieweit das posttraumatische Syndrom nach Klüver-Bucy (1939) durch eine Schädigung im dienzephalen Bereich mitverursacht sein kann, ist unbekannt. Jedenfalls finden sich solche Phasen mit Hypersexualität, allgemeiner Enthemmung, pathologischer Freßsucht und oralen Automatismen primär bei bilateralen Temporallappenherden und stellen typischerweise bloß ein Durchgangssyndrom nach schweren Gehirnverletzungen dar.

Läsionen im Hirnstammbereich, vornehmlich in der Brücke, führen zu einer Maschinenatmung mit ganz besonderer Regelmäßigkeit, so daß auch von einer Metronomatmung gesprochen wird. Dieser Atemtyp entwickelt sich bei der zunehmenden Hirnstammeinklemmung und stellt ein Signum mali ominis dar. Bei Schädigung der Atemzentren in der Formatio reticularis der Medulla oblongata tritt zuerst die Cheyne-Stokes-Atmung, später die ataktische oder Biotsche Atmung auf, die terminal in eine Schnappatmung übergeht. Läsionen im Bereiche der Brücke und des verlängerten Markes beeinträchtigen des weiteren die ipsilateralen autonom-vegetativen Reflexe der Schweißsekretion und der Vasomotorentätigkeit. So kommt es zu einer halbseitigen Hypohidrose und Vasodilatation. Außerdem entsteht ein zentrales Horner-Syndrom, das geringer als bei Schädigung der prä- und postganglionären sympathischen Fasern ausgeprägt ist. Schädigungen des Vasomotorenzentrums führen zu Herzrhythmusstörungen, Herzfrequenzstörungen und Blutdruckänderungen.

f) Suprabulbäre Hirnnervensymptome

In der folgenden Darstellung lassen sich gewisse Überschneidungen mit den Ausführungen über die Hirnnervenläsionen, welchen ein eigener Abschnitt dieses Buches gewidmet ist, nicht vermeiden. Die Beschreibung der klinischen Einzelsymptome folgt zwar einerseits den anatomischen Verhältnissen, berücksichtigt aber andererseits deren Zugehörigkeit innerhalb übergeordneter zerebraler Funktionssysteme.

Zentrale Geruchsstörungen finden sich nach Schädeltraumen, bei denen häufig eine Fraktur im Bereiche der vorderen Schädelgrube festzustellen ist, infolge Läsion des Bulbus olfactorius oder des Tractus olfactorius. Als typisches Ausfallsymptom findet man eine einseitige Anosmie, d. h. den Verlust des Riechvermögens in der ipsilateralen Nasenhälfte. Aber auch beidseitige Ausfälle mit komplettem Verlust des Geruchssinnes kommen neben Teilschädigungen vor. Remissionen sind eher möglich als bei der traumatischen Läsion der Fila olfactoria, die ja bei ihrem Durchtritt durch die Schädelbasis meist hochgradig geschädigt oder sogar abgerissen werden. Da die Riechbahnen nach dem Tractus olfactorius stark divergieren, verschiedene Wege im Gehirn einnehmen und erst wieder im Zwischenhirn konvergieren, sind weiter zentral lokalisierte Anosmien äußerst selten und nur durch Schädigungen in der Wand des dritten Ventrikels erklärbar. Oberhalb der Corpora mamillaria des Zwischenhirns gelegene Herde können gleichzeitig den Geruchs- und Geschmackssinn auslöschen, somit ein echtes Anosmie-Ageusie-Syndrom (FABER und JUNG 1947) verursachen, welches ansonsten – durch periphere Läsionen – auf Grund der zahlreichen und weit auseinander liegenden Wege der Geruchs- und Geschmacksempfindungen undenkbar ist. Schädigungen der primären olfaktorischen Hirnrinde, welche die mediobasalen Temporallappenbereiche, vor allem den Uncus gyri hippocampi umfaßt, und Schädigungen im Corpus amygdalae können Parosmien (Verkennen von Geruchswahrnehmungen) und Geruchshalluzinationen mit unangenehmen und ekelerregenden Empfindungen (Kakosmien) hervorrufen. Derartige Sensationen kommen schließlich auch als epileptische Manifestationen vor, so als Teilerscheinungen der Unzinatus- bzw. Temporallappenanfälle.

Was *zentrale Sehstörungen bzw. Gesichtsfeldausfälle* durch Schädigungen jenseits des (eine vorgeschobene Hirnbahn darstellenden) Fasciculus opticus anlangt, läßt nur eine exakte perimetrische Untersuchung, welche bei Frischverletzten leider nicht möglich ist, eine Aussage über die Lokalisation des zugrundeliegenden Läsionsherdes zu. Schädigungen des Chiasma opticum, wie sie bei Brüchen der Schädelbasis, bei Schußverletzungen, bei Druck durch Ausweitung des dritten Ventrikels infolge Hydrocephalus internus occlusus und bei fortschreitender Arachnitis optico-chiasmatica beobachtet werden können, manifestieren sich klinisch in drei Formen, deren anatomische Grundlage die im Chiasma opticum stattfindende Semidecussatio fasciculorum opticorum darstellt. Typischerweise resultieren heteronyme Hemianopsien, die definitionsgemäß sowohl eine Gesichtsfeldhälfte nach rechts als auch eine solche nach links betreffen. Ist die Mitte des Chiasmas lädiert, so zeigt sich eine bitemporale Hemianopsie. Ist eine beidseitige laterale Chiasmaschädigung vorhanden, wie ausnahmsweise bei Meningitis und Arachnitis, so entsteht eine binasale Hemianopsie. Eine ausgedehntere einseitige Chiasmaläsion verursacht eine ipsilaterale Amaurose mit amaurotischer Pupillenstarre sowie eine temporale Hemianopsie am kontralateralen Auge. Als Vorstadium einer Hemianopsie kann man vor allem bei progredienten Prozessen eine Quadrantenanopsie beobachten. Sie kommt aber auch bei leichteren Läsionen oder nach partieller Remission einer Hemianopsie vor. Die Schädigung des gesamten Chiasmabereiches bedingt eine beidseitige Amaurose. Chiasmaläsionen sind nicht nur mit Faszikelläsionen, sondern wiederholt auch mit Traktusläsionen kombiniert. Mitunter verursachen Schädelverletzungen eine Kontusion des Tractus opticus. Diese manifestiert sich klinisch als homonyme Hemianopsie nach der Gegenseite, bei der auch das zentrale Sehen betroffen ist. Gleichzeitig besteht ein Ausfall des hemianopischen Lichtreflexes, der jedoch nur sehr schwer prüfbar ist und deshalb keine klinische Bedeutung erlangt hat. Ein gleichartiges Bild ruft die Zerstörung des Corpus geniculatum laterale, welches als primäres Sehzentrum fungiert, hervor. Traumatische Traktusschädigungen erweisen sich als kaum rückbildungsfähig. Läsionen der GRATIOLETschen Radiatio optica kommen gleichfalls im Rahmen von Gehirnkontusionen und auch von intrakraniellen Blutungen vor. Ausgedehnte Schädigungen bedingen eine kontralaterale homonyme Hemianopsie mit Aussparung des zentralen Sehens. Da die Sehstrahlung breit aufgefächert verläuft und insbesondere im Schläfenlappen das Temporalhorn weit umgreift (MEYERsche Schleife), werden oft nur Teilausfälle beobachtet, bei temporalen Herden eine obere homonyme Quadrantenanopsie nach der Gegenseite und bei parietalen Herden eine untere homonyme Quadrantenanopsie nach der Gegenseite. Hirnrindenkontusionen, vor allem bei Hinterhauptsimpressionsfrakturen, und Durchblutungsstörungen im Basilaris- oder Posteriorbereich verursachen eine kontralaterale homonyme Hemianopsie mit Aussparung des zentralen Sehens. Die Ursache dieser sogenannten Makulaaussparung ist nicht genau geklärt. Betroffen ist bei einem solchen hemianopischen Ausfall das kortikale Sehzentrum des kontralateralen Hinterhauptlappens mit der Area striata (Area 17 nach BRODMANN), wobei im Sulcus calcarinus das foveale Sehen lokalisiert ist. Bilaterale Posteriorischämien durch Gefäßabklemmung oder kritische Basilarismangeldurchblutungen führen zu einer kompletten Rindenblindheit. Eine flüchtige Störung dieser Art mit Rückbildung innerhalb von Stunden oder wenigen Tagen kann auch durch eine leichte kontusionelle Schädigung des okzipitalen Kortex verursacht sein. Wird eine Hemianopsie durch ein Hirnödem bedingt, so zeigt sie gleichfalls meist eine gute Remission, welche sich jedoch in der Regel über einen längeren Zeitraum erstreckt. Teilläsionen der Area striata drücken sich eventuell in einer oberen oder unteren kontralateralen homonymen Quadrantenanopsie aus. Bilaterale

Schädigungen der Areae calcarinae im oberen oder unteren Anteil führen jeweils zu einer bilateralen unteren oder oberen Hemianopsie. Solche Störungen sind in der Traumatologie jedoch größte Seltenheiten. Die Begutachtung der Gesichtsfeldausfälle gehört in das Fachgebiet des Ophthalmologen.

Zerebral bedingte Pupillarstörungen können die Pupillenweite und das reflektorische Verhalten der Pupillen betreffen. *Pathologische Veränderungen der Pupillenweite* begegnen uns als Mydriasis (Erweiterung) oder Miosis (Verengung), einseitig oder beidseitig. Der häufig verwendete Terminus Anisokorie besagt noch nicht, welche Art einer pathologischen Veränderung der Pupillenweite vorliegt, des weiteren auch nicht, auf welcher Seite diese besteht. Eine diesbezügliche Ergänzung oder Erklärung ist stets anzustreben. Geringe Differenzen der Pupillengröße bis 1 mm, sind bedeutungslos und entsprechen einer physiologischen Normvariante. Liegt eine stärkere Anisokorie vor, ohne daß die pathologische Seite bekannt ist, dann empfiehlt sich zur Differenzierung die Beobachtung des Pupillenbefundes nach einem Aufenthalt im Dunkeln. Hat sich die Anisokorie verstärkt, so spricht dies für eine einseitige Miosis; hat sie sich verringert, so spricht dies für eine einseitige Mydriasis. Dieses Phänomen beruht auf der voll erhaltenen Funktionsfähigkeit der nicht betroffenen Pupille. Durch Sympathikusausfall mit Lähmung des Musculus dilatator pupillae und Überwiegen des parasympathischen Musculus sphincter pupillae entsteht das HORNER-Syndrom mit Miose, Ptose des Oberlides und Enophthalmus. Die Ptose, welche im Sitzen am deutlichsten ist, beruht auf Lähmung des Musculus tarsalis, der Enophthalmus auf Lähmung des Musculus orbitalis. Alle genannten Muskeln sind glatte Muskeln und werden sympathisch innerviert. Der Augeninnendruck ist erniedrigt, die Amplitude der Akkommodation ist vermindert. Bei langem Bestehen entwikkelt sich ev. die HERRENSCHWANDTsche Heterochromie (blau auf der Läsionsseite, braun auf der gesunden Seite), da eine Pigmentierung nur durch Intaktheit der sympathischen Innervation gewährleistet ist. Die Schädigungsherde liegen beim zentralen HORNER-Syndrom im Hypothalamus, Hirnstamm oder Halsmark. Die klinische Symptomatik ist geringer ausgeprägt als beim peripheren HORNER-Syndrom (ab dem Centrum ciliospinale des oberen Brustmarkes), das zusätzlich zu der obgenannten Symptomentrias noch Anhidrose und Vasodilatation der betroffenen Seite aufweist. Durch Erweiterung der Gefäße ist die Gesichtshaut gerötet und erwärmt, auch die Konjunktiva ist injiziert. Die beidseitige Miose bei schwerer Hirnstammschädigung kann als ein bilaterales HORNER-Syndrom aufgefaßt werden. Eine zentrale Pupillenerweiterung dürfte anfänglich allenfalls durch Sympathikusreizung bedingt sein. Wesentlich deutlicher sind jedoch die Auswirkungen einer Sympathikusreizung bei Prozessen im Halsanteil des Grenzstranges, welche sozusagen ein „umgekehrtes“ HORNER-Syndrom bewirken. Die Erweiterung einer Pupille bei beginnender Hirndrucksteigerung wurde teilweise auf Sympathikusreizung bezogen, dürfte aber überwiegend durch Schädigung der parasympathischen Fasern des Nervus oculomotorius im Rahmen eines sogenannten Klivuskantensyndroms verursacht sein und auf eine Parese des Musculus sphincter pupillae zurückgehen.

Durch zentrale Läsionen bedingte *Störungen der Pupillomotorik* sind in erster Linie an der Iridoparese bzw. Iridoplegie zu erkennen. Differentialdiagnostisch müssen medikamentöse Effekte und auch eine periphere Schädigung wie bei der primären oder direkten traumatischen Iridoplegie ausgeschlossen werden. Die amaurotische Pupillenstarre mit erloschener direkter Lichtreaktion der Pupille, mit erhaltener konsensueller Lichtreaktion des blinden und mit erloschener konsensueller Lichtreaktion des sehenden Auges beruht auf einer Läsion im Fasciculus opticus oder einseitig im Chiasma opticum und muß, da diese Strukturen einer vorgeschobenen Hirnbahn entsprechen, strenggenommen als zentrales, d. h. zerebrales Syndrom angesehen werden. Die hemianopische Pupillenstarre mit fehlender Lichtreaktion bei Belichtung der ausgefallenen Netzhauthälften ist klinisch schwer nachweisbar; sie findet sich bei Läsionen des Tractus opticus oder des Corpus geniculatum laterale. Bei der üblichen Lichtreaktionsprüfung zeigt sich ein normaler Befund wie bei den homonymen Hemianopsien auf Grund von Herden in der Radiatio optica oder im visuellen Kortex. Dies gilt auch für bilaterale Herde in den letztgenannten Lokalisationen, da die Bahnen für die Lichtreaktion der Pupille schon zuvor zum Hirnstamm abgestiegen sind. Die reflektorische Pupillenstarre nach Argyll-Robertson ist weitgehend pathognomonisch für die Neurolues und wird nur sehr selten bei sonstigen zerebralen Erkrankungen, ausnahmsweise auch nach schweren Gehirnverletzungen mit Hirnstammschädigung, beobachtet. Typisch ist der Verlust der Lichtreaktion der Pupille bei Erhaltenbleiben der Konvergenzreaktion, wobei letztere sogar oft gesteigert ist. Die Lokalisation der Schädigung ist nicht genau bekannt, dürfte am ehesten um den Aquaeductus Sylvii zu suchen sein. Miose und Entrundung der Pupille sind weitere, vor allem für Neurolues typische Veränderungen. Die absolute Pupillenstarre, bei der sowohl die Lichtreaktion als auch die Konvergenzreaktion der Pupille ausgefallen ist, kann zentral oder peripher bedingt sein. In Frage kommen ausgedehntere Herde des Hirnstammes zwischen dem Nucleus praetectalis und dem Nucleus accessorius autonomicus (Westphal-Edinger) sowie vor allem eine Schädigung des Nervus oculomotorius selbst, z. B. bei Hirnstammeinklemmung.

Zerebrale Schädigungen können *supranukleäre Augenbewegungsstörungen* und *okuläre Spontanphänomene* verschiedener Art hervorrufen. Es handelt sich dabei um eine Vielfalt von okulomotorischen Spontanphänomenen, Reflexen und Abweichungen bei Willkürinnervation, vorwiegend um Blickdeviationen und Blicklähmungen bzw. Blickparesen und auch um den blickparetischen Nystagmus. Es liegen somit keine isolierten Augenmuskellähmungen vor, wie dies bei nukleären oder faszikulären (peripheren) Lähmungen der Fall ist, sondern es sind die komplexen Funktionsbewegungen im Sinne von Blickversionen und/oder Blickvergenzen gestört. Der Ausfall des Nucleus accessorius autonomicus (Westphal-Edinger) bewirkt das Unvermögen der

Konvergenz im Rahmen der Naheinstellung des Auges und damit Doppelbilder. Es besteht eine Konvergenzlähmung des Musculus rectus medialis, welcher ansonsten, außerhalb der Konvergenz, voll funktionstüchtig bleibt. Oft ist die Konvergenzlähmung beidseitig, entweder durch Schädigung beider Nuclei accessorii autonomici oder durch Schädigung des in der Mitte befindlichen und übergeordneten parasympathischen PERLIA-Kerns. Konvergenzparesen kommen nach Schädelhirntraumen wiederholt vor. Man muß genau nach ihnen fahnden, am besten mittels einer Leseprobe. Von der Konvergenzlähmung wird die visuelle Fusionsstörung unterschieden. Hier werden die beiden Retinabilder bei Weit- und Naheinstellung nicht absolut kongruent eingestellt, und es resultiert eine leichte Verschwommenheit der Sehobjekte, ohne daß tatsächlich Doppelbilder auftreten. In der Regel handelt es sich dabei um eine vorübergehende Sehstörung, die übrigens auch manchmal nach Commotio cerebri beobachtet wird. Selten findet man sogar die Bezeichnung „Fusionsparese", welche aber keineswegs mit einer Augenmuskelparese verwechselt werden darf. Die Fusion selbst ist ein mentaler Prozeß, für den es kein topographisch umschriebenes Fusionszentrum gibt. In der Fusion wird eine Gesamtleistung einerseits des visuellen Kortex und andererseits des Hirnstamms gesehen. Möglicherweise beruht die Fusionsschwäche während der posttraumatischen Labilitätsphase auf vegetativen Störungen. Funktionsbeeinträchtigungen der sympathisch und parasympathisch innervierten Binnenmuskulatur des Auges, welche für die Nah- und Ferneinstellung der Linse mit Bildschärferegelung und die Konvergenzreaktion der Pupillen mit Tiefenschärfeeinstellung verantwortlich ist, lassen unter Umständen keine scharfen, sondern nur unscharfe Retinabilder entstehen, welche ihrerseits schlecht im Sinne der Fusion zur Deckung gebracht werden können. Jedoch sind die tatsächlichen physiologischen Gegebenheiten bislang noch nicht vollkommen geklärt. Ein Herd im Fasciculus longitudinalis medialis sive posterior, welcher beidseits knapp neben der Mittellinie die Augenmuskelkerne zwischen Mittelhirn und Brücke verbindet, führt zu einer Störung der willkürlichen Blickbewegung in Form der internukleären Ophthalomoplegie. Der Ausdruck „internukleär" bezieht sich auf die Lokalisation der Schädigung zwischen dem in der Mittelhirnhaube gelegenen Kern des Nucleus oculomotorius und dem in der Brückenhaube gelegenen Kern des Nervus abducens. Bei der Ophthalmoplegia internuclearis anterior liegt eine ipsilaterale supranukleäre Bewegungsstörung des Musculus rectus medialis im Rahmen der willkürlichen Blickbewegungen vor. Die Innervation dieses Muskels ist hingegen bei Konvergenz und labyrinthärer Reizung normal. Die Schädigung kann von einer Verlangsamung im Bewegungsablauf über eine Parese bis zur vollkommenen Lähmung reichen. Meist findet sich zusätzlich ein Blickrichtungsnystagmus, der infolge der subkortikalen Augenmuskelbewegungsstörung in der Horizontalebene am betroffenen Auge abgeschwächt bis aufgehoben ist, so daß ein dissoziierter, am temporal blickenden Auge betonter oder überhaupt nur ein monokulärer Nystagmus an diesem Auge entsteht. In der Vertikalebene ist der

Blickrichtungsnystagmus hingegen assoziiert. Weiter rostral gelegene Herde gehen ohne Nystagmus einher, beeinträchtigen somit nur die Konvergenz. Ausnahmsweise wurde eine Ophthalmoplegia internuclearis posterior beobachtet, welche durch eine supranukleäre Lähmung oder Parese für Willkürbewegungen des Musculus rectus lateralis gekennzeichnet ist, die aber durch labyrinthäre Reizung reflektorisch überwunden werden kann. Liegt ein Herd sehr weit kaudal, so bewirkt er zusätzlich eine nukleäre Lähmung des Musculus rectus externus. Häufig reichen die Schädigungsherde über die Mittellinie und verursachen deshalb eine beidseitige internukleäre Ophthalmoplegie. Auf Grund der im Frühstadium einer traumatischen Hirnschädigung meist bestehenden Bewußtseinsstörung wird von einem Patienten mit internukleärer Ophthalmoplegie nur selten Doppeltsehen angegeben. Die Remissionsfähigkeit des geschilderten Zustandsbildes ist gut. Eine ähnliche Störung stellt das One-and-a-half-Syndrom (WALL und WRAY 1983) dar. Bei diesem ist das hintere Längsbündel in seinem unteren Anteil einschließlich der benachbarten paramedianen retikulären Formation der Brückenhaube geschädigt, so daß neben einer internukleären Ophthalmoplegie beim Blick zur Gegenseite eine konjugierte horizontale Blicklähmung zur ipsilateralen Seite resultiert.

Auch sonstige, im Hirnstamm oder darüber gelegene Läsionen führen, wenn sie die dort lokalisierten Zentren für Blickbewegungen oder deren vom Kortex absteigende Verbindungen betreffen, zu typischen Ausfällen (SCHERZER 1968). Ein Herd im paramedianen Anteil der retikulären Formation der Brückenhaube bedingt durch Schädigung des Paraabduzenskernes bzw. des pontinen Blickzentrums eine Blicklähmung in die Herdrichtung; die ipsilateralen Blickbewegungen sind ausgefallen. Durch Überwiegen der Herdgegenseite entsteht eine horizontale Blickdeviation mit Abwendung vom Herd, also mit Blickwendung zur Herdgegenseite hin. Blicklähmung und Blickdeviation sind einander stets entgegengerichtet. Bei leichterer Ausprägung findet man eine Blickparese mit blickparetischem Nystagmus. Insgesamt ist die Besserungstendenz einer pontinen Blicklähmung nur gering. Eine Schädigung der Formatio reticularis im Bereiche der Mittelhirnhaube bzw. in Höhe der Vierhügelplatte hat eine Störung der willkürlichen vertikalen Blickbewegungen zur Folge. Ist das Prätektum betroffen, so resultiert eine Blickstörung nach oben. Ist der Nucleus interstitialis betroffen, so resultiert eine Blickstörung nach unten. Auf traumatischer Basis kommt am häufigsten eine Blicklähmung nach oben in Form eines PARINAUDschen Syndroms mit Konvergenzschwäche der Augen bei erhaltenem reflektorischem BELL-Phänomen vor, zu dem sich wiederholt eine Störung der Lichtreaktion der Pupillen gesellt. Der hüpfende Nystagmus, der vornehmlich nach unten schlägt, entspricht einem Reizphänomen bei Läsion in Höhe der kaudalen Vierhügelregion. Als weitere anfallartige Reizphänomene kommen konjugierte Blickkrämpfe, sogenannte okulogyrische Krisen, vornehmlich nach oben, vor. Herde, welche das frontale Blickzentrum (Area 8 nach BRODMANN) in der zweiten Stirnhirnwindung knapp vor dem Gyrus praecentralis oder die von dort absteigende okulogyrische Bahn, welche auch als Tractus corticomesencephalicus bezeichnet wird und durch die innere Kapsel zieht, schädigen, bewirken im akuten Stadium eine Blick- und fast immer auch eine Kopfdeviation.

Bezüglich Blickdeviationen werden gemäß der Regel nach Prévost und Landouzy eine Ausfalls- oder Lähmungsdeviation und eine Reizdeviation unterschieden. Diese sind einander entgegengesetzt. Klinisch trifft man häufiger Lähmungsdeviationen mit Wendung zur Läsionsseite („Patient betrachtet den Herd" bzw. „Patient schaut sich die Bescherung an"), vergesellschaftet mit einer Blickstörung zur Gegenseite. Anfangs sind die Augen in der seitlichen Endstellung förmlich „festgenagelt". Besonders kortikal bedingte Ausfallsdeviationen zeigen eine gute Remissionstendenz. Bald geht dann die Blicklähmung in eine Blickparese über, welche weiter abnimmt und eine Zeitlang mit blickparetischem Nystagmus vergesellschaftet ist. Eine Normalisierung kann innerhalb von Tagen bis Wochen eintreten. Im Falle einer irritativen Läsion, z. B. bei Kortexblutungen, ist die Reizdeviation zur Herdgegenseite gerichtet und kann sich auch mit nystagmoiden Augen- und Kopfzuckungen entsprechend einem epileptischen Geschehen manifestieren. Am Ende eines solchen epileptischen Frühanfalles kehrt sich meist die Richtung der Deviation um, und die Reizdeviation geht in eine Lähmungsdeviation über. Derartige Adversivanfälle stellen unter Umständen den Beginn einer motorischen Jackson-Attacke oder eines generalisierten epileptischen Krampfanfalles dar bzw. halten als Epilepsia partialis continua längere Zeit an. Ursächlich kommen eine Impressionsfraktur mit Hirnrindenkontusion, eine Kortexblutung und vor allem ein intrakranielles Hämatom in Frage. Mithin läßt sich oft bei Läsion des frontalen Blickzentrums während des akuten Stadiums außer der konjugierten Deviation ein zur Gegenseite gerichteter Nystagmus, den Bartels (1931) als Rindenfixationsnystagmus bezeichnet hat, nachweisen. Bei Schädigungen des frontalen Blickfeldes oder der von dort ausgehenden kortikofugalen Fasern bleibt der Fixationsreflex erhalten, und der optokinetische Nystagmus ist auslösbar. Hingegen fallen diese reflektorischen Einstellbewegungen der Augen bei Läsionen des okzipitalen Blickfeldes (vor allem Areae 18 und 19 nach Brodmann) aus. Der optokinetische Nystagmus zur Herdgegenseite ist in diesem Falle nicht auslösbar. Dementsprechend sind Einstell- und Folgebewegungen nicht mehr durchführbar. Lähmungsdeviationen im Großhirn- und Hirnstammbereich sind einander in der Richtung entgegengesetzt, wie die Regel nach Prévost und Landouzy besagt. Dies erklärt sich durch den Verlauf der kortikopontinen Bahn, welche in Mittelhirnhöhe die Seite kreuzt. Liegt die Läsion oberhalb der Kreuzung, so kommt es beim Ausfallsyndrom zu einer Blickdeviation nach ipsilateral, kombiniert mit einer Blicklähmung nach kontralateral. Das entsprechende, meist kortikale Reizsyndrom zeigt ein umgekehrtes Bild. Liegt die Läsion unterhalb der Kreuzung, so kommt es zu einer Blickdeviation nach kontralateral und zu einer Blicklähmung nach ipsilateral, also zu einer Symptomatik wie bei einer kortikalen Irritation. Beidseitige Stirnhirnherde größerer Ausdehnung haben eine allseitige Blickstörung zur Folge, welche die schematischen Augenbewegungen betrifft. Die Augäpfel sind dann wie eingemauert, und man spricht von einer „Zykloplegie". Bilaterale Läsionen des parietookzipitalen Marklagers bedingen das BALINT-Syndrom, eine visuelle Aufmerksamkeitsstörung, die auch als „Seelenlähmung des Schauens" bezeichnet wird und bei welcher der Betroffene sich visuell jeweils nur auf einen Punkt konzentrieren kann, dadurch optisch-räumliche Beziehungen nicht zu erkennen vermag.

Mit Rückbildung einer Blickparese tritt wiederholt ein blickparetischer Nystagmus auf. Er findet sich beim Seitblick in dem Versuch, das paretische Zurückgleiten des Blickes zur Mittelstellung zu verhindern. Die Augenrucke des blickparetischen Nystagmus sind relativ wenig frequent und unregelmäßig. Eng mit dem blickparetischen Nystagmus verwandt ist eine andere supravestibuläre Nystagmusform, der Blickrichtungsnystagmus. Laut KORNHUBER (1966) bestehen fließende Übergänge zwischen dem blickparetischen und dem Blickrichtungsnystagmus. Beide Nystagmusformen treten nur bei Blickbewegungen auf. Zum Unterschied vom blickparetischen Nystagmus ist der Blickrichtungsnystagmus regelmäßiger und auch frequenter, häufig schlägt er nicht nur in eine, sondern in mehrere, eventuell in alle Richtungen (radiärer oder sogenannter Windrosennystagmus). Letztgenannte Form findet sich vorwiegend bei Allgemeinschädigungen, z. B. bei Intoxikationen, zerebraler Fettembolie, nach Narkose, hypoxischer Schädigung usw., wogegen bei Schädeltraumen der asymmetrische oder einseitige Blickrichtungsnystagmus vorherrscht. Zum Unterschied vom blickparetischen Nystagmus ist der Blickrichtungsnystagmus nicht an eine Blickparese gebunden.

Die HERTWIG-MAGENDIEsche Schielstellung oder Diagonal- bzw. Schrägdeviation der Augen bedeutet eine abnorme Bulbusstellung mit Tieferstehen des herdseitigen und Höherstehen des kontralateralen Auges bei Läsionen im Brückenarm, Mittelhirn und Kleinhirn. Diese Störung kann auch vorübergehend auftreten und verursacht Doppelbilder. Der Sägezahn- oder Schaukelnystagmus, bei dem sich spontane Bulbusbewegungen insofern vertikal dissoziiert manifestieren, als ein Auge nach oben und das andere nach unten schlägt, dürfte ein verwandtes Reizphänomen des rostralen Hirnstammes sein. Langsames horizontales Bulbuspendeln, -schwimmen oder -wandern ist ebenfalls ein Hirnstammphänomen, das sich bei verminderter Wachheit zeigt und aus wenig frequenten, horizontalen, sinusförmigen, assoziierten Augenbewegungen mit einer Durchschnittsfrequenz von 0,33/s besteht. Es handelt sich dabei um die Eigenfrequenz des okulomotorischen Systems, welches bei Wegfall aller afferenten Impulse seine Spontanrhythmik manifestiert. Im akuten Stadium schwerer Gehirnverletzungen findet man Pendeldeviationen dieser Art fast stets. Das Sistieren der Pendeldeviationen ohne Aufhellung der Bewußtseinslage stellt ein prognostisch sehr ungünstiges Zeichen dar und bedeutet den Übergang in das ophthalmoplegische Syndrom (MIFKA 1968). Diagnostisch von Interesse sind unilaterale Pendeldeviationen, deren Halbseitigkeit durch eine zusätzliche Blicklähmung zu erklären ist (MIFKA 1968). Zeigt das bis dahin konjugierte Bulbuswandern eine Dissoziation, so muß dies als Ausdruck einer zunehmenden Hirnstammläsion gewertet werden (SCHERZER 1968). Zu erwähnen ist noch das Puppenkopfphänomen, auch als okulozephaler Reflex bezeichnet. KESTENBAUM (1948) beschrieb ein ähnliches Symptom als kompensatorische Blickbewegungen. Das Puppenkopfphänomen ist pathologisch und läßt sich auch beim Bewußtseinsgetrübten, ja sogar beim Bewußtlosen prüfen. Die Augen bleiben während passiver Kopfbewegungen in einer Richtung fixiert. Dieses Phänomen wird durch aszendierende vestibuläre und zervikale Reize, welche über das hintere Längsbündel zu den subkortikalen Blickzentren in der Formatio reticularis des Hirnstammes geleitet werden und die Bulbusstellung sichern, ausgelöst und weist auf eine Hirnstammläsion hin. Bei progredienter Schädigung schwindet es schließlich. Beeinträchtigungen der reflektorischen Augenbewegungen in eine bestimmte Richtung lassen eine Blicklähmung oder Blickparese annehmen. Auch Augenmuskellähmungen können so festgestellt werden.

Wenn die kortikofugalen Fasern, welche sich in der Höhe des Mittelhirns von der Pyramidenbahn absondern und den Tractus corticonuclearis sive corticobulbaris bilden, geschädigt werden, kommt es zu einer *zentralen Lähmung von motorischen Hirnnerven*. Damit fällt die Willkürmotorik für die Kerne der Nervi trigeminus, facialis, glossopharyngeus, vagus, accessorius et hypoglossus aus. Da besagte Bahnen teils gekreuzt und teils ungekreuzt verlaufen, verursacht eine einseitige supranukleäre Läsion oft nur geringe Ausfälle, wogegen eine derartige bilaterale Schädigung schwere Lähmungserscheinungen zur Folge hat. Angesichts der Tatsache, daß es sich um zentrale Lähmungen handelt, tritt keine degenerative Muskelatrophie ein. Die einseitige Unterbrechung der supranukleären Trigeminusbahn führt zu keiner maßgeblichen Parese der Kaumuskulatur, wohl aber die beidseitige diesbezügliche Schädigung. Es entwickeln sich Spastizität sowie eine Steigerung des Masseterenreflexes im Rahmen von supranukleären Hirnstammschädigungen. Die zentrale Fazialislähmung zeigt eine weitgehende Aussparung des Stirnastes, dessen Kerngebiet eine beidseitige Innervation erhält, wogegen die übrigen Fazialiskernbereiche fast nur von gekreuzten kortikofugalen Fasern erreicht werden. Dadurch ist der Lidschluß bei der zentralen Fazialislähmung vollständig, und es entsteht kein Lagophthalmus (Hasenauge). Auch der Mundwinkel ist kaum jemals komplett gelähmt. Der einseitige Funktionsausfall der Nervi glossopharyngeus et vagus durch eine umschriebene Läsion im Bereiche der kortikobulbären Bahn macht keine nennenswerten klinischen Symptome. Lediglich beidseitige Herde oder ein größerer, in der Raphe gelegener Herd (Mittellinienherd) verursachen eine klinisch relevante, unter Umständen gravierende Störung mit Gaumensegellähmung, Dysarthrie bis Anarthrie, Dysphonie bis Aphonie, Dysphagie und Atemstörungen. Ist nur der Tractus corticonuclearis betroffen, so sind Sensibilität und Geschmacksempfindungen erhalten. Eine zentrale Parese des Nervus accessorius geht nicht auf eine Schädigung des Tractus corticobulbaris zurück, da eine sehr gute beidseitige

Versorgung besteht, sondern ist Ausdruck einer Schädigung des Tractus corticospinalis und daher stets von einer zentralen Hemiparese begleitet. Schließlich kann ein Herd, der die kortikobulbären Fasern zum Nervus hypoglossus unterbricht, eine zentrale Zungenparese der Gegenseite bewirken. Diese ist jedoch nur geringgradig und zeigt sich in Form eines leichten Abweichens der Zunge zur paretischen Seite beim Vorstrecken und schwindet in der Regel recht schnell. Eine beidseitige zentrale Hypoglossuslähmung stellt hingegen ein schweres Zustandsbild mit ausgeprägter Sprech- und Schluckstörung dar. Zum Unterschied von einer peripheren Läsion fehlen Atrophien und Faszikulationen. Meist handelt es sich um die Folge einer schweren traumatischen Hirnschädigung, das dem klinischen Syndrom einer supranukleären Bulbärparalyse (Pseudobulbärparalyse) entspricht, bei welcher typischerweise beidseitige zentrale Paresen der unteren Hirnnerven vorliegen. Auch in diesen Fällen beobachtet man keine Atrophien, meist jedoch zusätzliche Zeichen einer spastischen Tetraparese infolge gleichzeitiger Läsion der kortikospinalen Bahnen. Mitunter besteht eine Kombination mit nukleären (bulbären) Hirnnervenparesen.

Eine *zentrale Geschmacksstörung* bzw. *komplette Ageusie* kann nur durch beidseitige Schädigung des Nucleus tractus solitarii in der Medulla oblongata oder der aszendierenden zentralen Geschmacksbahnen des Hirnstammes entstehen. Ein absolutes Rarissimum ist der traumatisch bedingte simultane Verlust des Geruchs- und Geschmackssinnes durch ein Schädeltrauma. Die diesbezügliche Läsion ist, wie bereits erwähnt, in der Wand des dritten Ventrikels in Höhe des Zwischenhirnes oberhalb der Corpora mamillaria anzunehmen. Die gutachtliche Anerkennung der Kombination einer Ageusie und Anosmie fußt daher auf dem Nachweis einer eindeutigen Hirnstammsymptomatik, zumindest in der akuten Verletzungsphase. Typischerweise ist das Anosmie-Ageusie-Syndrom mit Sensibilitätsstörungen im Trigeminusbereich vergesellschaftet (FABER und JUNG 1947). Reizerscheinungen im Hinblick auf Geschmacksempfindungen dürften bei Läsionen im limbischen System, vor allem in mediobasalen Bereichen des Temporallappens entstehen. Es handelt sich dabei um Illusionen bzw. Halluzinationen, welche meist als unangenehm empfunden werden. Sie können Teile eines epileptischen Anfallgeschehens sein, vor allem Schläfenlappenanfälle einleiten. Eine gustatorische Aura entsteht nach SCHEID (1983) durch Störungen in der Tiefe der Fissura lateralis SYLVII und der angrenzenden Gebiete, wobei wiederum vorwiegend unangenehme, ekelerregende Wahrnehmungen resultieren.

Was *zentrale akustische Störungen* anlangt, so ist zu berücksichtigen, daß die Hörbahnen zahlreiche gekreuzte und ungekreuzte Verbindungen aufweisen. Aufsteigende Fasern gelangen daher beidseits zu den primären Hörzentren. Einseitige Läsionen können solchermaßen keineswegs Taubheit zur Folge haben. Schädigungen des kochleären Kerngebietes, der zentralen Hörbahnen und des kortikalen Projektionsareals, insbesondere der HESCHLschen Querwindung, führen lediglich zu einer geringen Hypakusis. Stärkere Hörstörungen finden sich bei ausgedehnten Hirnstamm- oder Großhirnherden. Taubheit resultiert lediglich bei kompletter bilateraler Ausschaltung der Hörfelder. Hirndrucksteigerung kann zu Tinnitus führen. Dieser schwindet üblicherweise beim VALSALVAschen Preßdruckversuch oder bei Kompression der Jugularvenen. Temporallappenläsionen können akustische Agnosie und Worttaubheit (sensorische Aphasie nach WERNICKE) bedingen, wenn die dominante Hemisphäre betroffen ist. Bei Reizung der kortikalen Hörfelder treten akustische Halluzinationen auf. Im Rahmen eines epileptischen Geschehens stellen akustische Phänomene eventuell den Beginn eines Temporallappenanfalles bzw. die „Aura" eines großen Krampfanfalles dar.

Das *zentral-vestibuläre Störsyndrom* besteht aus Schwindel, insbesondere Drehschwindel (Vertigo), Gleichgewichtsstörungen mit Deviationstendenz zur Seite der geringeren Tonisierung, Nystagmus und vegetativen Symptomen wie Übelkeit, Erbrechen, Blutdruckabfall und Tachykardie. Diese Symptomatik ist ähnlich jener bei peripher-vestibulären Läsionen, nur daß bei zentralen Störungen die vegetativen und subjektiven Beschwerden in den Hintergrund treten. Der zentrale Nystagmus weist meist eine geringere Amplitude und größere Frequenz als jener bei peripheren Läsionen auf. Zentral-vestibuläre Syndrome zeigen oft eine Dysharmonie, d. h. Nystagmus und Deviations- bzw. Drehtendenz sind einander nicht entgegengesetzt. Außerdem sind vestibuläre Übererregbarkeit, Nystagmusdysrhythmie, Richtungsanomalien bei der experimentellen Vestibularisprüfung und Beeinträchtigungen der vestibulären Habituation typische Zeichen einer zentral-vestibulären Störung (SCHERZER 1968).

Läsionen in der Medulla oblongata betreffen das vestibuläre Kerngebiet. Sie kommen nach Unfällen praktisch nie isoliert vor und weisen eine große Streubreite der klinischen Befunde auf, welche sich durch verschiedene Lokalisation und unterschiedliche Ausdehnung der Schädigungsareale erklärt. Kleine, unilaterale Herde im Vestibulariskerngebiet bedingen im rostralen Teil einen vertikalen, im medialen Teil einen horizontalen, zur Läsionsseite gerichteten, im lateralen Teil einen horizontalen, zur Gegenseite gerichteten und im kaudalen Teil einen rotatorischen Nystagmus, der auch als Torsionsnystagmus bezeichnet wird. Ausgedehnte, einseitige Vestibulariskernläsionen hingegen haben ein uniformes klinisches Bild zur Folge, das jenem des peripheren Vestibularisausfalles entspricht: horizontaler Spontannystagmus zur Gegenseite, anfangs oft mit rotatorischer Komponente. Dieser hält länger an als bei labyrinthärem oder nervalem Ausfall. Auch weist der Spontannystagmus oft eine kleine Amplitude auf („petite écriture"). Die Betroffenen klagen anfangs über Dauerschwindel im Sinne von Vertigo (Drehschwindel), später über Schwindelanfälle bei Belastung und über Pseudovertigo (Schwankschwindel), ferner über Gleichgewichtsstörungen mit Zug zur Herdseite. Bei den vestibulospinalen Prüfungen zeigt sich eine Deviation zur Herdseite. An weiteren Störungen sind bei elektronystagmographischer Untersuchung vestibuläres Richtungsüberwiegen, verstibuläre Übererregbarkeit und Dysrhythmie sowie allenfalls eine zusätzliche Störung der schnellen Nystagmusphasen nachweisbar. Manchmal findet sich ein zentraler Lagenystagmus mit nur geringem Schwindelgefühl.

Läsionen in der Brückenhaube bedingen neben lang anhaltenden, horizontalen Blickstörungen zur Herdseite (Blicklähmung, Blickparese und blickparetischer Nystagmus) auch zentral-vestibuläre Symptome durch Schädigung der retikulären Formation. So beobachtet man einen horizontalen Spontannystagmus zur Gegenseite, der von einem peripheren vestibulären Nystagmus nur schwer zu unterscheiden ist. Die vestibulospinalen Reaktionen zeigen eine Drehtendenz in Richtung auf den Herd. Elektronystagmographisch finden sich bei den Drehprüfungen eine Störung des horizontalen vestibulären Nystagmus, vestibuläres Richtungsüberwiegen und auch vestibuläre Übererregbarkeit. Im Spätstadium sieht man mitunter zusätzlich einen richtungswechselnden Lagenystagmus, ferner ausnahmsweise bei geschlossenen Augen und im wachen Zustand Kippdeviationen und Kippnystagmen als Enthemmungsphänome der physiologischen Ruckfunktion. Bilaterale pontine Herde können einen kompletten Ausfall der labyrinthären Erregbarkeit bei kalorischer und rotatorischer Untersuchung bewirken. Ein Rarissimum stellt der Nystagmus alternans dar, in welchem Kornhuber (1966) eine Extremform der periodischen Entartung der vestibulären Regelung sieht. Es handelt sich um einen periodisch seitenwechselnden horizontalen Rucknystagmus, der eine bis drei Minuten in jeweils eine Richtung schlägt. Eine Schädigung im Bereiche der Brückenhaube wird angenommen.

Läsionen der Mittelhirnhaube sind durch Störungen der vertikalen Blickbewegung gekennzeichnet (Blicklähmung, Blickparese, blickparetischer Nystagmus). Bei Reizung findet sich ein vertikaler Spontannystagmus, jedoch beobachtet man mitunter auch einen horizontalen Spontannystagmus, der zur Läsions- oder eventuell zur Gegenseite schlägt, je nachdem, ob die von den Vestibulariskernen zu den subkortikalen Blickzentren aufsteigenden Fasern vor und nach der Kreuzung geschädigt sind. Unter Umständen begegnet man einem spontanen Diagonalnystagmus als Kombination eines Horizontal- mit einem Vertikalnystagmus. Neben Nystagmen kommen in der akuten Verletzungsphase vereinzelt rhythmische Augendeviationen mit Kippcharakter vor. Der Nystagmus retractorius mit spontanen synergistischen Kontraktionen aller Augenmuskeln und der Nystagmus convergens mit spontanen synergistischen Kontraktionen bloß der Musculi recti mediales sind äußerst seltene Phänomene und auf eine beidseitige mesenzephale Schädigung zurückzuführen. Selbst ein Nystagmus divergens mit spontanen synergistischen Kontraktionen bloß der Musculi recti laterales wurde beschrieben.

Läsionen im Bereiche des Zwischenhirns sollen laut Montandon und Monnier (1964) einen zentral-vestibulären Nystagmus hervorrufen. Bei Schädigungen der Stammganglien und des Großhirns ist hingegen ein vestibulärer Nystagmus nicht sichergestellt. Jedoch sind bei derartigen Läsionen sehr wohl vestibulospinale Abweichreaktionen und auch experimentelles vestibuläres

Richtungsüberwiegen nachzuweisen. Die Abweich- bzw. Drehtendenz richtet sich zur Gegenseite des Herdes, das experimentelle vestibuläre Richtungsüberwiegen geht bei Läsionen im Stammganglienbereich zur Herdseite, bei Großhirnläsionen sowohl zur Herd- als auch Herdgegenseite (Scherzer 1968). Die Reizung des kortikalen vestibulären Projektionsfeldes im unteren Teil des Gyrus postcentralis (Area 2 nach Brodmann) ruft Schwindelsensationen hervor, wie dies auch als vertiginöser Beginn eines epileptischen Anfalles, als sogenannte „Schwindelaura", zu beobachten ist.

g) Neuropsychologische Syndrome

Als diesbezügliche Ausfälle und Störungen sind jene der höheren und höchsten Hirnleistungen, die man früher auch als „Werkzeugstörungen" bezeichnete, zu nennen. Nicht hieher gezählt werden Bewußtseinstrübungen, (post)traumatische Psychosen, das posttraumatische organische Psychosyndrom und das psychoorganische Defektsyndrom. Die primäre diagnostische Einordnung der neuropsychologischen Syndrome hat durch den Neurologen zu erfolgen. Die weitere Abklärung und genaue Differenzierung ist heutzutage Aufgabengebiet des klinisch tätigen Logopäden und/oder Neuropsychologen geworden. Voraussetzung für all die in der Folge zu besprechenden neuropsychologischen Syndrome ist eine substantielle Hirnschädigung bestimmter Areale. Dabei spielt die Lateralisation der verschiedenen Hirnleistungen in bezug auf die kortikale Repräsentation eine große Rolle. Bei der üblichen linksseitigen Hemisphärendominanz ergeben sich folgende Störbilder: durch linksseitige Läsionen Aphasie, Apraxie, Alexie, Akalkulie und kontralateraler Halbseitenneglekt; durch rechtsseitige Läsionen konstruktive Apraxie, Ankleideapraxie, räumliche Orientierungsstörung, Prosopagnosie und gleichfalls kontralateraler Halbseitenneglekt.

Aphasien: Unter diesen versteht man zentrale Sprachstörungen auf Grund einer substantiellen Hirnläsion, nachdem die Sprache voll oder teilweise erworben wurde. Eine Aphasie stellt meist eine schwere Kommunikationsbeeinträchtigung dar und bedeutet für den Betroffenen, daß er mit der Sprache aktiv und/oder passiv nicht mehr richtig umgehen kann. Sie wird mittels des Aphasie- oder Sprachstatus untersuchungsmäßig bezüglich ihrer Eigenheiten (Syndromzuordnung) diagnostiziert. Die aphasische Störung kann verschiedene Sprachebenen betreffen, so Phonologie, Syntax und Semantik. Eine differentialdiagnostische Abgrenzung hat gegenüber Anarthrie und Dysarthrie, Stottern, Sprachentwicklungsstörungen, organischen Psychosyndromen, Apraxien, psychotischen Zuständen usw. zu erfolgen. Die diesbezügliche Untersuchung wird orientierend vom Neurologen und detailliert vom Logopäden oder logopädisch geschulten klinischen Neuropsychologen durchgeführt. An verschiedenen Orten wurden unterschiedliche Untersuchungsmethoden entwickelt, welche der einschlägigen Speziallitertur zu entnehmen sind, so der Aachener Aphasietest, kurz als AAT bezeichnet (Huber, Poeck, Weniger und Willmes 1983), das Verfahren nach Luria (1966) usw. Uns selbst hat sich für die Untersuchung traumatisch bedingter Aphasien das auf LEISCHNER (1969) zurückgehende Untersuchungs- und Einteilungsschema bestens bewährt. LEISCHNER (1969) begründete sein Einteilungsschema der aphasischen Syndrome mit den jeweils gestörten Sprachmodalitäten (oral, graphisch, abstrahierend; expressiv, rezeptiv, mnestisch). Dementsprechend erfolgt schließlich eine Differenzierung in totale oder globale, gemischte, motorische, sensorische, amnestische, zentrale und semantische Aphasien sowie in Mischformen, z. B. motorisch-amnestische oder sensorisch-amnestische Aphasien. Unter Umständen resultiert als leichtestes Defektsyndrom ein Zustandsbild, das nicht näher eingeordnet werden kann und das von LEISCHNER (1969) als „Reste einer Aphasie" bezeichnet wurde. Häufig kombiniert mit Aphasien sind Agraphie, Alexie, Akalkulie, Störungen des Körperschemas (Autotopagnosie, Fingeragnosie, Rechts-links-Unterscheidungsstörungen), Apraxien und Agnosien. Je schwerer die Aphasie, desto häufiger finden sich diese zusätzlichen „parietalen Symptome" (SCHERZER und SIMON 1991). Aphasien treten fast durchwegs bei Schädigungen der linken Großhirnhemisphäre auf. Dies erklärt sich durch den Umstand, daß nur extreme Linkshänder die Sprachdominanz in der rechten Großhirnhemisphäre haben; bei der überwiegenden Mehrzahl der Linkshänder ist somit die Sprachfunktion wie beim Rechtshänder links zerebral lokalisiert. Zur Bestimmung des Schweregrades einer aphasischen Sprachstörung wurden gleichfalls verschiedene Verfahren entwickelt (Quantifizierung im Sprachindex oder Aphasieindex). Wir selbst benützen den von MIFKA eingeführten Informationswert, der von JONASCH (1972) publiziert und von SCHERZER und RECHNIC (1981) als Kommunikationsindex bezeichnet wurde. Dabei wird die Sprache innerhalb einer sehr weit gefaßten Kommunikationsfähigkeit gesehen. Als Normwert gilt 100. Werte unter 75 bedingen eine „kommunikative Erwerbsunfähigkeit", Werte unter 50 entsprechen einer „kommunikativen Hilflosigkeit", wobei diese Aussagen allgemeiner Natur sind und nicht als berufsbezogen angesehen werden können. Leichtere aphasische Syndrome werden oft Dysphasien genannt.

Aphasien haben typischerweise ihren Schädigungsort im Versorgungsbereich der mittleren Hirnarterie der sprachdominanten Großhirnhemisphäre. Die *Totalaphasie*, auch als globale oder komplette Aphasie bezeichnet, stellt die schwerste Aphasieform dar, bei welcher alle zuvor genannten Modalitäten der Sprache betroffen sind. Der zugrundeliegende Herd umfaßt sowohl das motorische Sprachzentrum nach BROCA als auch das sensorische Sprachzentrum nach WERNICKE. Es können nur wenige Laute oder Sprachreste produziert werden. Das Sprachverständnis ist verloren oder höchstgradig beeinträchtigt. Unter Umständen gelingt das Reihensprechen in eingeschränktem Maße. Nachsprechen, Lesen und Schreiben sind nicht möglich. Sprachliche Automatismen werden zum Teil als Leitsymptom für die Diagnose der Totalaphasie angesehen. Die Kommunikationsfähigkeit ist bei der Totalaphasie verlorengegangen. Eine Sonderform der Totalaphasie ist die *Isolationsaphasie* oder transkortikale sensomotorische Aphasie. Auch bei ihr handelt es sich um eine nicht-flüssige Sprachproduktion. Im Vordergrund steht die Störung des Sprachverständnisses. Die zugrundeliegende Läsion ist ausgedehnt und unterbricht die Verbindungen der Sprachregion zu weiten Teilen des übrigen Gehirns, vor allem zu den sensorischen Assoziationszentren, erstreckt sich von frontal über parietal bis nach okzipital. Eine Rückbildungsform der Totalaphasie stellt die *gemischte Aphasie* dar. Sie erlaubt auf Basis einer wiedererlangten partiellen Spontansprache eine notdürftige Verständigung. Besonders erschwerend wirken sich dabei die anhaltenden Störungen des Sprachverständnisses aus. Es fallen nunmehr auch Wortfindungsstörungen auf. Schreiben und Lesen sind nach wie vor gestört. Bei der *motorischen Aphasie*, auch als rezeptive oder BROCA-Aphasie bezeichnet, ist nur die oral-expressive Modalität beeinträchtigt. Gestört ist mithin die sprachliche Ausdrucksfähigkeit, wogegen das Sprachverständnis erhalten ist. Liegt die anatomische Läsion im Bereiche des motorischen Sprachzentrums, d. h. in der Area 44 und 45 nach BRODMANN, also im hinteren Anteil der unteren Frontalwindung, so handelt es sich um eine kortikale motorische Aphasie. Hat die anatomische Läsion die Verbindung des BROCA-Feldes mit der primär-motorischen Rinde des Gyrus praecentralis unterbrochen, so resultiert eine subkortikale motorische Aphasie. In schweren Fällen besteht anfangs Stummheit, sodann entwickeln sich sprachliche Automatismen und Stereotypien. Es treten phonematische bzw. literale Paraphasien auf. Die Spontansprache zeigt große grammatikalische Mängel, die als Agrammatismus bezeichnet werden und zum Telegrammstil mit einer Wortartenauswahl nach den sogenannten „großen" Wörtern, d. h. nach Haupt- und Tätigkeitswörtern, führt. Man beobachtet eine sprachliche Reduktion durch Vernachlässigung und Ausfall der „kleinen" Wörter (Minussymptomatik durch Wegfall von Funktionswörtern) und durch Gebrauch unflektierter sowie nicht abgewandelter Wörter. Schreiben und Lesen sind deutlich gestört. Ist das Nachsprechen gut möglich, so liegt eine transkortikale motorische Aphasie vor, bei welcher die Schädigung vor und über der BROCA-Region zu suchen ist.

Die *sensorische Aphasie,* auch als expressive oder WERNICKE-Aphasie bezeichnet, ist durch eine Beeinträchtigung der oral-rezeptiven Modalität gekennzeichnet, also durch eine Sprachverständnisstörung mit Auswirkung auf die Spontansprache in Form des Paragrammatismus. Unter vermehrter Sprachanstrengung stellt sich im Laufe der Zeit eine gewisse Kommunikationsfähigkeit ein. Die zugrundeliegende Läsion betrifft die sensorische Sprachregion in den Areae 41 und 42, d. h. das WERNICKE-Feld im hinteren Anteil der oberen Temporalwindung, lateral der HESCHLschen Querwindung bzw. die Faserverbindungen zwischen den beiden Rindenfeldern. Beeinträchtigt ist in erster Linie das Wort- und Satzverständnis; demnach liegt eine Worttaubheit oder Wortagnosie vor. Daneben ist auch die Sprachkontrolle gestört. Im Sinne einer pathologischen Plussymptomatik werden bei flüssigem Sprachduktus kleinere, grammatikalisch richtige Satzteile geformt und miteinander in einen nur losen und unverständlichen Zusammenhang gebracht. Es treten verbale bzw. semantische Paraphasien auf. Man bemerkt Perseverationen und Neologismen bei fehlender Selbstkorrektur. Oft zeigt sich eine ausgesprochene Logorrhö (Redefluß) mit Kritiklosigkeit. Auch Schreiben und Lesen sind mit Verständnis nicht möglich; verständnisloses Nachsprechen gelingt hingegen. Ist die Sprache durch eine Überhäufung mit Paraphasien sowie Neologismen und durch den Paragrammatismus komplett unverständlich geworden, bezeichnet man dies als Jargon oder *Jargon-Aphasie*. Die Wortartenauswahl betrifft die „kleinen“ Wörter (Beiwörter, Funktionswörter) bei gleichzeitiger Vernachlässigung der „großen“ Wörter (Minussymptomatik durch Wegfall von Haupt- und Tätigkeitswörtern). Die Kommunikationsfähigkeit bei der sensorischen Aphasie ist daher gering bis erloschen. Liegt die anatomische Läsion in den Faserverbindungen zwischen HESCHL-Windung und WERNICKE-Sprachzentrum, so spricht man von einer subkortikalen sensorischen Aphasie. Ist die Schädigung in der WERNICKE-Region allein lokalisiert, so nennt man die resultierende Sprachstörung kortikale sensorische Aphasie. Bei der transkortikalen sensorischen Aphasie findet sich der Läsionsherd im Gyrus angularis, dabei ist das Nachsprechen überwiegend ungestört. Die *Leitungsaphasie*, auch als zentrale Aphasie oder Inselaphasie bezeichnet, stellt weitgehend eine Sonderform der WERNICKE-Aphasie dar. Bei ihr handelt es sich vordergründig um eine Nachsprechaphasie, wogegen die sonstigen Zeichen der sensorischen Aphasie in den Hintergrund treten. Das Wortverständnis ist nur mäßig gestört, der Sprachantrieb ist normalisiert, und die Selbstkorrektur ist wieder vorhanden. Vermutet wurde eine Unterbrechung des Fasciculus longitudinalis superior, der das WERNICKE- und BROCA-Feld miteinander verbindet und dabei in der Gegend der Insel verläuft. Pathologisch-anatomisch wurden jedoch auch Läsionen in jenem Markbereich gefunden, der die Faserverbindungen der WERNICKE-Region zum Gyrus supramarginalis enthält.

Die *amnestische Aphasie*, welche auch nominale oder anomische Aphasie genannt wird, betrifft die oral-mnestische Sprachmodalität und ist durch eine Störung der Wortfindung (verbale Amnesie oder Anomie) gekennzeichnet. Die Läsionsherde liegen im Gyrus angularis oder im hinteren Teil der zweiten Schläfenwindung bzw. unterbrechen die Assoziationsfasern zwischen dem WERNICKE-Feld und dem Hippokampus. Auch findet sich das amnestisch-aphasische Syndrom nach diffusen parietotemporalen Schädigungen sowie im Rahmen einer generalisierten Hirnschädigung. Häufig stellt die amnestische Aphasie ein Rückbildungsstadium einer schwereren Aphasieform dar. Gleiches gilt bezüglich der *semantischen Aphasie*. Diese beruht auf einer Störung der Modalität des abstrakten Denkens, sowohl im expressiven als auch im rezeptiven Bereich. Damit sind die Feinheiten der Sprache und der Sprachwitz verlorengegangen. Dies zeigt sich bei sprachlichen Vergleichen, Sprichwörtern, Witzen usw. Die Sprache der Betroffenen genügt für den einfachen, alltäglichen Bereich der Verständigung, ist jedoch zweifellos auf ein niedrigeres Niveau abgesunken und hat solchermaßen nicht nur an Charme und

Eleganz, sondern auch an höherer intellektueller Leistungsfähigkeit verloren. Die von LEISCHNER (1969) als *„Reste einer Aphasie"* bezeichneten aphasischen Teilstörungen stellen residuale Symptome einer zentralen Sprachstörung dar, welche sich in keine der zuvor genannten aphasischen Syndrome einordnen läßt. Unter Belastung können derartige Resterscheinungen deutlicher hervortreten. Sie unterscheiden sich von der semantischen Aphasie dadurch, daß der Umgang mit abstrakten Begriffen durchaus möglich ist.

Zwischen den dargestellten reinen Aphasiesyndromen gibt es zahlreiche Misch- und Zwischenformen. Insbesondere Störungen der oral-expressiven Modalität und auch Störungen der oral-rezeptiven Modalität sind anfangs fast durchwegs mit Beeinträchtigungen der oral-mnestischen Modalität gepaart. Es überwiegen somit bei den Aphasien der BROCA-Gruppe die motorisch-amnestischen Syndrome und bei den Aphasien der WERNICKE-Gruppe die sensorisch-amnestischen Syndrome. Die Remissionsfähigkeit ist bei traumatisch bedingten Aphasien deutlich besser als bei Aphasien auf Basis eines Zerebralinsultes (SCHERZER, SIMON und RECHNIC 1990). Auch ist sie bei den nicht-flüssigen Aphasien der BROCA-Gruppe besser als bei den flüssigen Aphasien der WERNICKE-Gruppe. Von großer Bedeutung für die posttraumatischen Aphasien ist der Umstand, daß diese infolge einer stattgehabten diffusen traumatischen Hirnschädigung überwiegend mit einem mehr oder minder stark ausgeprägten posttraumatischen organischen Psychosyndrom vergesellschaftet sind (SIMON, SCHERZER und WURZER 1989, SCHERZER, SIMON und RECHNIC 1990).

Störungen des Schreibens und des Lesens werden teils direkt zu den Aphasien gerechnet, teils aber, zumal sie auch in isolierter Form auftreten können, als eigene Störsyndrome betrachtet. ***Agraphien*** betreffen die Schriftsprache, also das Schreiben, und stellen damit eine Störung der graphisch-expressiven Modalität dar. Kommen diese Schreibstörungen ausnahmsweise isoliert vor, so sind sie entweder Ausdruck einer konstruktiven Apraxie des Schreibens bei einer Läsion im Gyrus supramarginalis des Parietallappens oder Ausdruck einer gliedkinetischen Apraxie bei einer Läsion in der Area 45 der prämotorischen Region unmittelbar vor dem Gyrus praecentralis. Die konstruktiv-apraktische Störung zeigt sich besonders bei der Verwendung von Großbuchstaben. ***Alexien*** sind Lesestörungen, fußen auf einer Beeinträchtigung der graphisch-rezeptiven Modalität und sind gleichfalls vorwiegend im Rahmen von Aphasien anzutreffen. Sie finden sich nur selten isoliert. Die zugrundeliegende Läsion ist meist im Gyrus angularis des Scheitellappens lokalisiert. Die Störung entspricht dann einer optischen Agnosie.

Wiederholt beobachtet man bei Aphasikern auch weitere zerebrale Assoziationsstörungen, in Kombination miteinander oder mit anderen Ausfällen. Diesbezügliche Prüfungen wurden bereits im Kapitel über den neuropsychologischen Status des objektiven Untersuchungsbefundes genannt. Da diese neuropsychologischen Beeinträchtigungen unter Umständen übersehen oder doch wenig beachtet werden, seien sie hier nochmals beschrieben. ***Apraxien*** bzw. ***Dyspraxien*** stellen zentrale Bewegungsstörungen bei voll erhaltener Beweglichkeit und Kraft der Zielmuskulatur dar; es liegt also keine Lähmung vor. Eine Läsion im Kortex des unteren Parietallappens hat eine ideatorische *Apraxie* zur Folge, die in einer Störung des Handlungsentwurfes begründet ist. Sie ist nur selten nach traumatischen Hirnschädigungen zu beobachten. Häufiger kommt die *ideokinetische oder ideomotorische Apraxie* vor, bei welcher der programmatische Handlungsablauf gestört ist. In diesem Fall sind die Verbindungsfasern der genannten Region zur prämotorischen Region unterbrochen. Die ideokinetische Apraxie betrifft nicht den ganzen Körper, sondern nur einen Körperabschnitt, bei Schädigung der dominanten Hemisphäre beidseits. Eine *gliedkinetische Apraxie* findet sich bei einem Herd in der prämotorischen Region und manifestiert sich in einer Bewegungsstörung, welche an Ataxie erinnert. Sind die Kommissurenfasern zwischen den beiden prämotorischen Regionen unterbrochen, so resultiert eine linksseitige Dyspraxie. Wenn gleichzeitig eine rechtsseitige Hemiparese vorliegt, spricht man auch von einer „sympathischen Apraxie" im Bereiche des linken Armes. Die apraktischen Störungen können, wie soeben erwähnt, nur gewisse Körperbereiche betreffen, so Gesichtsapraxie, Mundapraxie, bukkofaziale Apraxie, Zungenapraxie, artikulatorische Apraxie (im Rahmen der motorischen oder BROCA-Aphasie) usw. ***Agnosien*** beruhen auf Störungen des Erkennens in den verschiedenen Sinnesbereichen. Die *akustische Agnosie* wird als Rinden- oder Seelentaubheit bezeichnet. Sie wurde, was die Sprache anlangt, bereits als Worttaubheit bzw. als sensorische oder WERNICKE-Aphasie beschrieben. Bei der akustischen Agnosie ist das auditive Assoziationsgebiet der Areae 42 und 22 im Temporalbereich betroffen. Ein kleinerer, mehr oral gelegener Herd auf der nicht-dominanten Seite beeinträchtigt musikalische Eindrücke und führt dadurch zur Amusie. Eine *taktile Agnosie* entsteht durch Läsion des somatosensiblen Assoziationsgebietes (Areae 5 und 7), welche Störung jedoch im Alltag oft unentdeckt bleibt, da sie nur unter Ausschaltung visueller Eindrücke, also bei geschlossenen Augen, manifest wird. Die *olfaktorische Agnosie* wird durch eine Läsion im Assoziationsgebiet der Areae 34 und 28 im mediobasalen Anteil des Temporallappens bedingt. Über eine gustatorische Agnosie ist nichts Sicheres bekannt. Die *optische Agnosie* wird durch eine Schädigung im visuellen Assoziationsgebiet (Areae 18 und 19) hervorgerufen. Daß dadurch eine Alexie entstehen kann, wurde bereits erwähnt. Eine Alexie gibt es auch durch Schädigung von Kommissurenfasern bei einer Läsion im Splenium des Balkens (das selbst Geschriebene kann nicht gelesen werden). Weitere Formen der optischen Agnosie sind die *Objektagnosie, Farbenagnosie, räumliche Agnosie* und *Prosopagnosie*, welche bei Schädigungen der nicht-dominanten Hemisphäre beobachtet werden. Läsionen im unteren Parietallappen, die vor allem den Bereich der Gyri supramarginalis et angularis betreffen, führen zu ***weiteren mannigfachen Ausfällen***: Orientierungsstörungen im dreidimensionalen Raum, Asomatognosie und Autotopagnosie, insbesondere Fingeragnosie, Rechts-links-Orientierungsstörungen, konstruktive

Apraxie, Akalkulie, Ankleideapraxie und halbseitige Nichtbeachtung des Körpers (Neglektsyndrome), wobei auch krankhafte Veränderungen nicht wahrgenommen oder realisiert werden (Anosognosie nach ANTON, Unaufmerksamkeitshemianopsie). Derartige Störungen des Körperschemas finden sich wiederholt bei Bewußtseinstrübungen oder ausgeprägten organischen Psychosyndromen.

2. Psychoorganische Symptome

Diese nach Schädeltraumen zu beobachtenden psychischen Symptome sind durch eine substantielle zerebrale Läsion verursacht und stellen daher körperlich begründbare psychische Störungen auf dem Boden einer Hirnparenchymschädigung dar. Sie entsprechen mithin dem exogenen Reaktionstypus nach BONHOEFFER (1908, 1912 und 1917) und unterscheiden sich grundsätzlich von den psychogenen Symptomen, denen keine organische Hirnschädigung zugrundeliegt (SCHERZER 1989). Es ist jedoch darauf hinzuweisen, daß sich nicht selten im Laufe der Zeit eine psychogene Überlagerung der organisch bedingten psychischen Veränderungen, also ein psychogener Überbau des posttraumatischen organischen Psychosyndroms, entwickelt. Die hier zu behandelnden psychoorganischen Störungen nach traumatischer Hirnschädigung stellen auf Grund ihrer Entstehung eine Sonderform der körperlich begründbaren Psychosen dar, welche auch als organische, exogene oder symptomatische Psychosen bezeichnet werden. BONHOEFFER (1908) betonte die Noxenunspezifität des psychoorganischen Störsyndroms, welches durch die zerebrale Schädigung hervorgerufen wird. Mit anderen Worten ausgedrückt, bedeutet dies, daß das klinische Erscheinungsbild selbst keine Aussage über die Art der zugrundeliegenden zerebralen Läsion zuläßt. Vielmehr bestimmen andere Faktoren Ausprägung und Art des psychischen Störsyndroms. Bezüglich der (post)traumatischen Psychose sind beispielsweise drei Hauptfaktoren zu nennen: Allgemeinschädigung, Lokalschädigung sowie prätraumatische Persönlichkeitsstruktur (SCHERZER 1969). Dies gilt in gleichem Maße für das sich aus der traumatischen Psychose entwickelnde posttraumatische organische Psychosyndrom. Das klinische Erscheinungsbild nach einem stumpfen, geschlossenen, schweren Schädeltrauma mit Hirnbeteiligung durchläuft verschiedene Stadien, welche von der initialen Bewußtlosigkeit über Zwischenformen bis zur Normalisierung oder bis zum irreparablen Defektsyndrom führen. Dabei zeigt sich eine mehr oder minder ausgeprägte Remission, welche im zeitlichen Ablauf weitgehend einer Exponentialkurve folgt. Die Rückbildungstendenz ist demgemäß anfangs stark und deutlich, später zögernd und schwach, bis sie vollkommen sistiert. Die einzelnen Phasen in diesem Verlaufskontinuum sind willkürlich begrenzt und bedürfen daher einer Definition. Heutzutage berücksichtigt man im allgemeinen drei Einteilungsprinzipien bezüglich psychoorganischer Störungen innerhalb des exogenen Reaktionstypus, die man als organisches Psychosyndrom oder psychoorganisches Syndrom (BLEULER 1916) bezeichnet:

- In bezug auf den zeitlichen Abstand zur Zerebralschädigung wird ein *akutes* und ein *chronisches organisches Psychosyndrom* unterschieden. Die akute Form wird auch als Funktionspsychose bezeichnet, nach einer substantiellen traumatischen Hirnschädigung als (post)traumatische Psychose. Die chronische Form, bei der eine Bewußtseinstrübung bzw. Verwirrtheit nicht mehr vorhanden ist, wird nach WIECK (1956) Durchgangssyndrom genannt, hinsichtlich Unfallfolgen als posttraumatisches organisches Psychosyndrom bezeichnet. Die Grenze zwischen akutem und chronischem organischem Psychosyndrom wird also dann gezogen, wenn die Desorientiertheit schwindet und Bewußtseinsklarheit bzw. geistige Ordnung – allenfalls auch bloß auf sehr niedriger Stufe – wiederkehrt.
- In bezug auf die Ausdehnung der zerebralen Schädigung unterscheidet man ein diffuses und ein lokales (herdförmiges) Störbild. Was die klinischen Erscheinungsformen anlangt, so spricht man von einem *diffusen organischen Psychosyndrom* und von einem *hirnlokalen organischen Psychosyndrom*. Immer wieder wurde darauf hingewiesen, so früher von BLEULER (1975) und zuletzt von HUBER (1984), daß sich lokale Psychosyndrome von ihrem klinischen Erscheinungsbild her nicht sicher von den hirndiffusen Psychosyndromen unterscheiden lassen und daß darüber hinaus eine rein psychopathologische Differenzierung frontaler, temporaler, dienzephaler und endokriner Psychosyndrome kaum möglich sei. Auf Grund unserer persönlichen Erfahrung lassen sich hirnlokale Psychosyndrome am deutlichsten dann abgrenzen, wenn es sich um wohl umschriebene Hirnschädigungen, z. B. bei penetrierenden Schädelhirnverletzungen ohne Allgemeinschädigung des Gehirns, gehandelt hat.
- In bezug auf die Rückbildungsfähigkeit werden ein *reversibles* und ein *irreversibles klinisches Störsyndrom* unterschieden. Das akute posttraumatische organische Psychosyndrom ist dem Prinzipe nach stets rückbildungsfähig. Das chronische posttraumatische organische Psychosyndrom ist anfangs reversibel und nach abgeschlossener Remission nicht mehr besserungsfähig. Die Remission der psychoorganischen Störungen kann bei leichteren Fällen bis zur Normalisierung reichen, bei schwereren Fällen mündet sie in einen Defektzustand, der einem irreparablen Schaden (Residuum) entspricht. Auf Grund unserer Erfahrung vertreten wir die Meinung, daß das posttraumatische organische Psychosyndrom, welches man einige Monate nach einer Gehirnkontusion feststellt, im Einzelfall keine sichere Aussage über den weiteren Verlauf zuläßt. Es kann sozusagen noch schrumpfen oder in seiner augenblicklichen Form unverändert bestehenbleiben. Erst mit weiterer zeitlicher Entwicklung, mithin rückblickend, kann die Reversibilität bzw. Irreversibilität beurteilt werden. Häufig ist die Rückbildung der psychoorganischen Störungen nicht vollkommen, sondern nur partiell und endet mit

einem *psychoorganischen Defektsyndrom*. SCHEID (1983) glaubt, daß im letztgenannten Fall ein irreversibles Syndrom von einem reversiblen Syndrom überlagert war. Auch diese Feststellung ist lediglich durch eine Längsschnittuntersuchung mit entsprechenden Kontrollen und nicht durch eine einmalige Querschnittuntersuchung möglich.

Wenn man den angeführten Einteilungsprinzipien folgt, können theoretisch verschiedene Formen psychoorganischer Störungen unterschieden werden. In der Praxis stößt dies auf Schwierigkeiten, denn wir begegnen häufig Misch-, Zwischen- und Übergangsformen, z. B. einem diffusen organischen

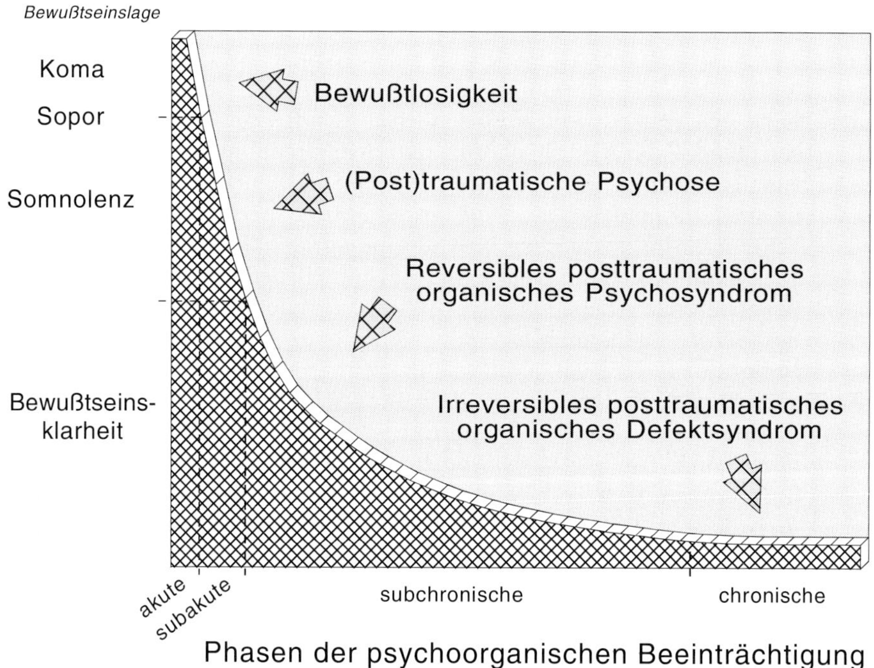

Phasen der psychoorganischen Beeinträchtigung nach stumpfem Schädelhirntrauma

Psychosyndrom mit Lokalbetonung und teilweiser Reversibilität, allenfalls überlagert von psychoreaktiven Mechanismen (WURZER und SCHERZER 1988). Eine genaue Analyse ist daher in jedem Einzelfall erforderlich. Von besonderer Wichtigkeit und am verläßlichsten ist die Beurteilung der psychoorganischen Störungen nach einer traumatischen Hirnschädigung entsprechend dem zeitlichen Ablauf. Das nebenstehende Diagramm soll dies verdeutlichen. Es zeigt die Ausprägung des psychischen Störsyndroms nach einer stumpfen, geschlossenen Gehirnkontusion mit der kennzeichnenden Remissionskurve und schließlich mit Eintritt eines irreparablen Residualschadens. In der zeitlichen Entwicklung wurden dabei im Hinblick auf die jeweils unterschiedliche klinische Symptomatik vier Phasen differenziert, nämlich eine akute, subakute, subchronische und eine chronische Phase. Diese decken sich nicht mit den üblicherweise verwendeten Ausdrücken „akutes" und „chronisches" Psychosyndrom. WURZER (1992) nahm eine Unterteilung in drei zeitliche Abschnitte vor (akute Phase, postakute Phase und Defektphase), wobei er sich jedoch nur auf das posttraumatische organische Psychosyndrom bezog und die davorliegende Phase des Komas und des Sopors nicht in sein Schema einschloß. Die hier getroffene Einteilung berücksichtigt nicht nur das organische Psychosyndrom, sondern die Gesamtheit der psychischen Symptomatik nach einer erlittenen traumatischen Hirnschädigung mit Entwicklung eines diffusen Hirnödems. Die Graphik zeigt die genannte vierteilige Gliederung, wobei sich die einzelnen Verlaufsphasen bezüglich ihrer Symptomatik folgendermaßen darstellen lassen:

a) Akute Phase

In ihr herrscht eine massive Bewußtseinstrübung vor, anfangs als Koma und schließlich beim Übergang zur subakuten Phase als Sopor. Es handelt sich dabei um die Auswirkungen des Kommotionssyndroms (nicht zu verwechseln mit Commotio cerebri), welches mit dem Augenblick der stumpfen und breitflächigen Gewalteinwirkung auf den Schädel einsetzt. Bei schwereren Gehirnverletzungen entwickelt sich bald ein diffuses traumatisches Hirnödem. Während der *Bewußtlosigkeit*, welche wir dem *Koma* gleichsetzen, ist kein psychischer Kontakt mit dem Verletzten möglich. Er zeigt keine bewußten Handlungen und ist nicht erweckbar. Am Ende der akuten Phase findet sich der *Sopor*, eine hochgradige Bewußtseinstrübung, aus der der Betroffene erschwert, nur vorübergehend und nur unvollständig erweckbar ist. Einfachste, unartikulierte Äußerungen sind erzielbar. Ein sprachlicher Kontakt läßt sich jedoch nicht herstellen. Auf Schmerzreize erfolgen meist ungezielte Abwehrbewegungen. An die akute Phase besteht keine Erinnerung. Die resultierende Gedächtnislücke wird als einfache, kongrade oder direkte Amnesie bezeichnet. Jedoch sollte man besser von einer „Erlebnislücke" (SCHERZER 1974) sprechen, da ja der Zustand vom Betroffenen überhaupt nicht bewußt erlebt wurde.

b) Subakute Phase

Weiterhin besteht eine Bewußtseinstrübung, welche somit auch das Leitsymptom dieser Phase darstellt. Es handelt sich dabei um eine im Laufe der Zeit weiter abnehmende, pathologische *Somnolenz*, also eine leichtere Bewußtseinsbeeinträchtigung, begleitet von Verlangsamung, Gedächtnis- und Orientierungsmängeln, Antriebsminderung und Affekt- sowie Denkstörungen. Das Zustandsbild entspricht dem einer Verwirrtheit, welche nach Bleuler (1975) als mangelhafter Zusammenhang zwischen den einzelnen Gedankenketten sowie zwischen dem Denken und der äußeren Situation definiert wird, nach Berner, Kryspin-Exner und Naske (1972) zusätzlich durch Fehlorientierungen gekennzeichnet ist. Dieses Störbild wird als *(primäre) (post)traumatische Psychose* bezeichnet und entspricht allgemein einer *Funktionspsychose* bzw. einem *akuten organischen Psychosyndrom auf traumatischer Basis* (Scherzer 1969). Die Phase der traumatischen Psychose verfällt infolge der anhaltenden hochgradigen Merkfähigkeitsstörung der Amnesie, welche als sogenannte anterograde Amnesie den Zeitraum vom Erwachen aus der Bewußtlosigkeit bzw. vom Ende des primären Komas bis zum Wiedereintritt geistiger Ordnung und damit bis zum Wiedererlangen klaren Bewußtseins umfaßt. Einzelne Erinnerungsinseln können auch innerhalb der traumatischen Psychose erhalten bleiben, und zwar dann, wenn die betreffenden Ereignisse besonders stark beeindruckend bzw. besonders affektiv besetzt waren. Die traumatischen Psychosen nehmen innerhalb des exogenen Reaktionstypus nach Bonhoeffer (1908, 1912, 1917) insofern eine Sonderstellung ein, als die schädigende mechanische Gewalt nur kurz auf das Gehirn eingewirkt hat und während des psychotischen Zustandes nur mehr die zerebralen Verletzungsfolgen mit gestörter Gehirnfunktion vorhanden sind.

Unabdingbare Voraussetzung für die Entstehung einer primären traumatischen Psychose ist das klinische Bild des Kommotionssyndroms, welches durch den mit dem Unfall oder mit der Gewalteinwirkung auf den Schädel schlagartig einsetzenden Bewußtseinsverlust definiert ist. Das in der Folge auftretende psychoorganische Störbild entwickelt sich direkt aus der initialen Bewußtlosigkeit. Kaberlah (1904) sprach daher von einer „*Commotionspsychose*“ und wollte damit ausdrücken, daß das Kommotionssyndrom sozusagen das Tor darstellt, welches durchschritten werden muß, ehe sich überhaupt eine primäre traumatische Psychose manifestieren kann. Auf Grund dieser Feststellung ist es auch nicht verwunderlich, daß die Bewußtseinsstörung das Achsensymptom der traumatischen Psychose darstellt. Letztere schiebt sich förmlich zwischen Bewußtlosigkeit und Bewußtseinsklarheit ein und bestimmt in dem vorliegenden Einteilungsschema solchermaßen die subakute Phase. Handelt es sich bloß um eine Commotio cerebri, bei der definitionsgemäß keine substantielle Schädigung des Gehirns vorliegt, so dauert das akute Stadium der Bewußtlosigkeit nur kurze Zeit an und es folgt ein hypnagoges Aufwachstadium (Mifka und Scherzer 1961). Während dieser Zwischenphase vor

Wiedereintritt des psychischen Normalzustandes sind die Verletzten somnolent, verlangsamt, apathisch oder dranghaft unruhig, stellen perseveratorisch dieselben Fragen, sind mangelhaft orientiert und zeigen ausgeprägte mnestische Störungen. Das klinische Bild könnte sozusagen als eine Mini-Psychose traumatischer Prägung aufgefaßt werden. Da dieses Stadium jedoch sehr schnell durchlaufen wird, ärztlicherseits oft gar nicht beobachtet werden kann und da, entsprechend dem rein funktionellen Charakter der einer Commotio cerebri zugrundeliegenden zerebralen Betriebsstörung, bald eine vollkommene Wiederherstellung erreicht ist, bleibt der Ausdruck traumatische Psychose den schwereren, substantiellen Gehirnverletzungen vorbehalten. Bei letzteren besteht eine tage- bis wochenlange Desorientiertheit neben anhaltender leichterer Bewußtseinsstörung, eben das Bild der klassischen (primären) traumatischen Psychose.

Pathologisch-anatomisch basiert die traumatische Psychose auf einem meist diffusen Hirnödem, das eine allgemeine zerebrale Funktionsstörung bewirkt. Im Hinblick auf dieses vasogene Hirnödem, das im Falle eines stumpfen Schädelhirntraumas mit geschlossener Gehirnkontusion auftritt, prägte FAUST (1960) den Ausdruck „*Ödempsychose*". Elektroenzephalographisch findet sich dementsprechend eine Allgemeinveränderung, die erst mit Abklingen des Hirnödems und der begleitenden psychotischen Symptomatik schwindet. In diesem Sinne unterstrich JUNG (1956) die Parallelität zwischen traumatisch bedingter Allgemeinveränderung des Hirnstrombildes und verminderter Wachheit (Bewußtseinstrübung) sowie Desorientiertheit während der Rückbildung, so daß diesbezüglich etwa zum selben Zeitpunkt eine Normalisierung festzustellen ist. Kennzeichnend für eine traumatische Psychose ist – wie auch sonst für symptomatische Psychosen – vor allem eine wechselnd schwere Allgemeinveränderung im Elektroenzephalogramm (SCHNEIDER und HUBACH 1962), auch als undulierende Allgemeinveränderung (SCHERZER 1969), als Delta-Parenrhythmie (PENIN 1971) oder im französischen Schrifttum als „tracé périodique" beschrieben. Was die Nomenklatur der primären, traumatisch bedingten Verwirrtheitszustände anlangt, so finden sich neben den bereits genannten Ausdrücken noch die Bezeichnungen Kontusions- und Konkussionspsychose (TRÖMNER 1910). Der Terminus *Kontusionspsychose* weist darauf hin, daß die zugrundeliegende traumatische Hirnschädigung eine Gehirnquetschung ist, daß also eine substantielle Hirngewebsschädigung vorliegt. Der Ausdruck *Konkussionspsychose* besagt, daß sich die traumatische Psychose bloß im Gefolge eines Konkussionssyndroms einstellt, welches als Erschütterungssyndrom dem Kommotionssyndrom nach breitflächiger, stumpfer Gewalteinwirkung auf den Schädel gleichzusetzen ist. Die heute ziemlich allgemein verwendete Bezeichnung (post)traumatische Psychose geht auf SCHRÖDER (1915) zurück.

Als *Kardinalsymptome der traumatischen Psychosen* werden in der einschlägigen Literatur allgemein leichte Bewußtseinstrübung und Störung der Merkfähigkeit genannt. Aus eigener Erfahrung möchten wir die vermehrte

Ermüdbarkeit sowie die Verlangsamung aller psychischen Abläufe hinzufügen. Auf dem Boden dieser psychischen Störungen ist die übrige psychotische Symptomatik sodann individuell-fakultativ ausgeprägt. Nach SCHERZER (1969) und nach MIFKA (1972) hängt die spezielle „Färbung" der traumatischen Psychose von der prämorbiden Persönlichkeit ab, so von konstitutionellen Anlagefaktoren, aber auch von eventuellen zerebralen Vorschädigungen (chronischer Alkoholismus, Arteriosklerose der Hirngefäße usw.). Selbst das Alter des Betroffenen hat Einfluß auf das Erscheinungsbild der traumatischen Psychose: bei Kindern häufig Mutismus, Stupor, katatone Symptomatik, Hyper- und Akinesen, bei Jugendlichen wiederholt Konfabulationen, bei Erwachsenen alle exogenen Reaktionsformen, bei älteren Personen vorwiegend delirante Bilder. Nach CONRAD (1960) steht die Merkstörung bei der traumatischen Psychose im Vordergrund; das Erlebnisfeld sei protopathisch verändert, Sinneseindrücke würden nicht epikritisch erlebt und nicht in das Spurenfeld des Gedächtnisses eingegliedert, mithin nicht behalten. Versucht der Betroffene Erinnerungsinhalte zu reproduzieren, so unterlaufen ihm infolge Senkung des Bewußtseins auf eine desintegrierte Stufe wiederholt Fehler, welche sich als Konfabulationen darstellen. So erklärt es sich auch, daß die häufigste Erscheinungsform der traumatischen Psychose das *amnestische Syndrom* ist. Erinnerungsinhalte werden gleich wieder vergessen, die Verletzten sind desorientiert oder nur sehr mangelhaft orientiert, vor allem in zeitlicher Hinsicht. Auf Grund der Merkfähigkeitsstörung besteht eine deutliche Suggestibilität, man beobachtet Perseverationen und die zuvor genannten Konfabulationen. Die Stimmungslage ist indifferent. Die Betroffenen ermüden vorzeitig und sind oft auch allgemein verlangsamt. Die Kritikfähigkeit ist maßgeblich herabgesetzt, was als Grundlage für die Produktion psychotischer Symptome gelten kann. Nach FAUST (1960) handelt es sich bei den Konfabulationen der traumatischen Psychose um keine Auffüllung von Gedächtnislükken, also um keine Füllkonfabulationen wie bei der KORSAKOW-Psychose, sondern um „Konfabulationen infolge Flüchtigkeit der Besinnung". Eine Besonderheit der traumatischen Psychosen ist in dem Umstande zu sehen, daß die zeitliche Verschiebung der Desorientiertheit nicht unbedingt in die Vergangenheit, sondern manchmal auch in die Zukunft erfolgt (MIFKA und SCHERZER 1962).

In bezug auf die Erscheinungsformen der traumatischen Psychosen findet sich außer dem erwähnten, häufig zu beobachtenden amnestischen Syndrom, das im klinischen Jargon wiederholt unpräzise (da nicht alkoholischer Genese) als „posttraumatisches KORSAKOW-Syndrom" bezeichnet wird, insbesondere in Abhängigkeit von der vorbestehenden Persönlichkeitsstruktur eine Fülle unterschiedlicher klinischer Bilder: euphorische, manisch-expansive, depressive, hypochondrische, delirante, amentielle, katatone, halluzinatorische, stuporöse, apathische, schizoide, paranoide, ängstliche und hysteriforme Syndrome. Kennzeichnend ist somit in phänomenologischer Hinsicht die Vielgestaltigkeit der Ausformung. Mitunter steht die Enthemmung im Vordergrund, die sich bloß als Logorrhö oder auch als Aggressivität zeigen kann. Die Verwirrtheit dieser Patienten ist typischerweise trivialer Natur. Eine Suizidtendenz ist während einer traumatischen Psychose kaum jemals zu beobachten, was wahrscheinlich in der verminderten Handlungsfähigkeit dieser Patienten begründet ist (Scherzer 1969). Zwei Sonderformen der traumatischen Psychose verdienen noch Erwähnung, das symptomarme und das hypersomnische Syndrom. Bei der symptomarmen Form der traumatischen Psychose sind die Patienten äußerst wortkarg, sprechen oft spontan überhaupt nichts, sondern nur auf Befragung, versanden auch im Gespräch und starren ausdruckslos sowie anscheinend desinteressiert vor sich hin. Faust (1960) sprach sogar von einer *„symptomlosen" traumatischen Psychose* und wollte damit zum Ausdruck bringen, daß eine produktive Verwirrtheit im klinischen Erscheinungsbild nicht gegeben ist. Tatsächlich könnte man auf den ersten Blick meinen, daß überhaupt keine faßbaren Symptome vorliegen, jedoch zeigt die nähere Analyse sehr wohl eine Desorientiertheit und Bewußtseinstrübung. Vordergründig finden sich psychische Leere, Antriebsarmut und Ratlosigkeit. Patienten, bei denen eine *hypersomnische Form der traumatischen Psychose* zu beobachten ist, sind zwar erweckbar, nach dem Erwachen ansprechbar und kontaktfähig, jedoch schlafen sie ohne äußere Reize sogleich weiter. Eine Lokalschädigung im Bereiche der Schlaf- und Wachzentren dürfte vorliegen. Dies führt uns zum Phänomen der besonderen Ausgestaltung der traumatischen Psychose durch spezielle Lokalschädigungen. So entstehen Enthemmungszustände und Moria bei ausgeprägten, beidseitigen Stirnhirnläsionen, aphasische Störungen bei Läsionen der zerebralen Sprachzentren, apraktische und agnostische Störungen bei Läsionen der entsprechenden zerebralen Assoziationsgebiete. Faust (1960) glaubte, daß vor allem kurzdauernde traumatische Psychosen wiederholt auf frühepileptische Ausnahmezustände zurückgingen. Auf Grund unserer eigenen Beobachtungen können wir dies nicht bestätigen und meinen, daß solche Fälle im klinischen Alltag äußerst selten sind, dies auch angesichts der Erfahrungstatsache, daß Temporallappenanfälle nicht gleich nach einer traumatischen Hirnschädigung auftreten, sondern sich erst nach einer längeren Inkubationszeit manifestieren.

Die Prognose der primären traumatischen Psychose ist quoad vitam prinzipiell gut, sofern sich nicht eine posttraumatische Komplikation einstellt. Dies erklärt sich durch den regressiven Charakter des Störbildes, das von einem schwereren Leidenszustand (Koma und Sopor) in einen leichteren Leidenszustand (posttraumatisches organisches Psychosyndrom ohne Verwirrtheit, psychoorganisches Durchgangssyndrom) überleitet. Die Prognose quoad sanationem ist hingegen nur mit Vorbehalt zu erstellen. Zwar herrscht auch hier die schon mehrfach genannte Remissionstendenz vor, so daß wieder Bewußtseinsklarheit erreicht und die traumatische Psychose überwunden wird, jedoch bleibt wiederholt ein psychoorganischer Defektzustand zurück. Nur bei leichten traumatischen Hirnschädigungen kommt es zur vollkommenen Normalisierung, also auch zum vollkommenen Abklingen des posttraumatischen organischen Psychosyndroms. Eine primäre traumatische Psychose dauert, wie erwähnt, Tage bis Wochen, eventuell Monate, je nach Schwere der traumatischen Hirnläsion und des generalisierten Hirnödems. Bei zusätzlicher hypoxischer Zerebralschädigung verlängert sich erfahrungsgemäß die Dauer der traumatischen Psychose deutlich, eigenen Untersuchungen zufolge etwa auf das Doppelte (SCHERZER, SIMON und FUNK 1992). Als Rarissimum kann das psychotische Zustandsbild bestehenbleiben bzw. in ein hochgradiges posttraumatisches organisches Psychosyndrom mit Orientierungsmängeln und unzulänglicher geistiger Ordnung einmünden. Hier wäre die Bezeichnung *„persistierende traumatische Psychose“* gerechtfertigt. Die traumatische Psychose geht ansonsten fast ausnahmslos fließend in das posttraumatische organische Psychosyndrom der subchronischen Phase über.

c) Subchronische Phase

Auch sie ist durch eine anhaltende Rückbildung der psychoorganischen Störungen gekennzeichnet. Es besteht keine Bewußtseinstrübung mehr. Mit Rücksicht auf die prinzipielle Reversibilität der psychischen Ausfälle sprach WIECK (1956) von einem *Durchgangssyndrom*. Den Begriff *psychoorganisches Syndrom* prägte BLEULER (1916) für einen chronischen exogenen Reaktionstypus auf Basis einer diffusen Hirnschädigung. Weitere diesbezügliche Ausdrücke sind *hirnorganisches Psychosyndrom* (HARRER 1989) und *chronisches organisches Psychosyndrom* bzw. *chronisches organisches Hirnsyndrom*. Prinzipiell wird zwischen dem (hirn)diffusen organischen Psychosyndrom und dem (hirn)lokalen organischen Psychosyndrom unterschieden. Unter Berücksichtigung pathologisch-anatomischer Befunde nach substantiellen traumatischen Hirnschädigungen müssen wiederholte Kombinationen eines diffusen und eines lokalen Psychosyndroms angenommen werden. Im Vordergrund stehen nach stumpfen, geschlossenen Schädelverletzungen mit generalisiertem Hirnödem, was die klinische Praxis anlangt, diffuse psychoorganische Störungen. Bei den seltenen umschriebenen Hirnverletzungen der Friedenszeit, wie sie nach penetrierenden Traumen ohne generalisiertes Hirnödem vorkommen, überwiegen hingegen lokale bzw. fokale psychoorganische Ausfälle. Als letzte gemeinsame Strecke aller organischen Psychosyndrome wird angesichts deren Noxenunspezifität eine Vigilanzminderung diskutiert (KANOWSKI und COPER 1982, KANOWSKI und LADURNER 1988). Diese könnte ihrerseits Ausdruck metabolischer oder vaskulärer Störungen sein. Jedenfalls lassen sich Änderungen der Vigilanz relativ genau bei der Überprüfung von Nootropika im Elektroenzephalogramm nachweisen.

Das *diffuse organische Psychosyndrom* ist demnach vor allem Folge einer zerebralen Allgemeinschädigung, besonders eines generalisierten Hirnödems und zeigt sich in verschiedenen Ausfällen, welche einerseits den psychischen Leistungsbereich (gleichzusetzen der Noopsyche oder dem kognitiven Bereich mit vorwiegend kortikal repräsentierten Funktionen) und andererseits den

Bereich der Persönlichkeit (gleichzusetzen der Thymopsyche mit vorwiegend im Hypothalamus und im limbischen System repräsentierten Funktionen) betreffen. Es finden sich Gedächtnisstörungen, Verlangsamung, verminderte Belastbarkeit, Antriebsstörungen, Affektstörungen usw. Als zentrales Symptom des diffusen organischen Psychosyndroms nach Gehirnverletzungen konnten wir die vorzeitig erhöhte zerebrale Ermüdbarkeit feststellen. Dieses Leitsymptom war anfangs in allen Fällen und sechs Monate nach dem Unfall bei 86% der Verletzten nachweisbar, gefolgt von Störungen im Bereiche des Frischzeitgedächtnisses und der Sensomotorik in 63% bzw. 62% (WURZER und SCHERZER 1991). Bei Kindern steht oft eine hyperkinetische Verhaltensstörung im Vordergrund (BLEULER 1975). Weitere Symptome des infantilen psychoorganischen Syndroms sind Lernschwierigkeiten, emotionale Labilität, verminderte Belastbarkeit und verzögerte psychische Entwicklung. Die Rückbildung des diffusen organischen Psychosyndroms nach traumatischer Hirnschädigung erstreckt sich in allen Altersklassen über Monate bis wenige Jahre. Die überwiegende Mehrzahl der Fälle erreicht den Endzustand nach zwei Jahren. Dieser bedeutet in günstig gelagerten Fällen eine Normalisierung des psychischen Zustandes oder entspricht in allen anderen Fällen der Rückbildung auf ein schließlich irreparables psychoorganisches Defektsyndrom. Damit ist die bis dahin gegebene Remissionsfähigkeit erschöpft und das organische Psychosyndrom während der subchronischen Phase bis auf einen irreversiblen Anteil geschrumpft. Nur bei Kindern und Jugendlichen hält die Rückbildung der psychoorganischen Störungen unter Umständen länger an, nämlich drei oder sogar vier Jahre, dies auf Grund der besonders guten Kompensationsmöglichkeiten im frühen Lebensalter.

Das *hirnlokale organische Psychosyndrom* ist Folge einer umschriebenen Hirnläsion. Zum Unterschied vom diffusen organischen Psychosyndrom ist der psychische Leistungsbereich kaum oder überhaupt nicht beeinträchtigt (BERNER 1981, WURZER 1992), wogegen Persönlichkeitsveränderungen sehr deutlich hervortreten. So finden sich Störungen der Affizierbarkeit, der Befindlichkeit und des Antriebes. Auch die Triebe Hunger, Durst und Sexualität können wie das Bewegungsbedürfnis betroffen sein. BLEULER (1975) meinte, daß die chronischen Psychosyndrome bei lokalisierten Hirnschädigungen einander ähneln und daß man daher angesichts des gemeinsamen symptomatologischen Rahmens aller hirnlokalen Psychosyndrome einfacher nur von einem einzigen hirnlokalen Psychosyndrom sprechen sollte. Ort und Art der umschriebenen Hirnschädigung spielen nach dieser Auffassung bei der Ausgestaltung des hirnlokalen Psychosyndroms keine Rolle. Auch FELDMANN (1984) sieht den Versuch einer Differenzierung nach der Lokalisation des zugrundeliegenden Hirnprozesses oder Hirnschadens auf Grund der Unspezifität des lokalen organischen Psychosyndroms für nur begrenzt sinnvoll an. Die differentialdiagnostische Unterscheidung zwischen hirnlokalem Psychosyndrom und Psychopathien sowie auch zwischen hirnlokalem Psychosyndrom und gewissen Formen von Neurose hält BLEULER (1975) für kaum möglich. Ähnlich sieht BERNER (1981) Gemeinsamkeiten zwischen lokalem Hirnsyndrom und endomorph-zyklothymen Zuständen, welche eine Trennung in ätiologischer Hinsicht kaum erlauben. Auch HUBER (1984) weist auf die Schwierigkeiten in der Differenzierung von hirnlokalen Psychosyndromen gegenüber verschiedenen anderen psychischen Störbildern hin. Dennoch ist angesichts von Beobachtungen nach neurochirurgischen Eingriffen nicht daran zu zweifeln, daß umschriebene Hirnläsionen psychoorganische Störungen zur Folge haben können. Neben dem seit langem wohlbekannten Stirnhirnsyndrom gibt es noch eine Reihe weiterer, teils jedoch als Entitäten in Frage gestellter, hirnlokaler Syndrome. Im einzelnen können genannt werden:

Stirnhirnsyndrom oder *frontales organisches Psychosyndrom*: An ihm unterscheidet man ein frontokonvexes und ein frontobasales Syndrom. Einseitige Verletzungen können meist weitgehend kompensiert werden. Psychische Störungen treten hauptsächlich nur bei bilateralen Schädigungen im Frontalbereich auf. Sie manifestieren sich als Antriebs- und Affektstörungen, beeinträchtigen jedoch nicht die Intelligenz des Betroffenen. Das *frontale Konvexitätssyndrom* oder *frontokonvexe Syndrom* zeigt eine Minussymptomatik mit Gleichgültigkeit, Interessensverarmung, Minderung des Eigenantriebs, welche bis zur Apathie führen kann, des weiteren mit Bremsung der Denkabläufe und Verarmung der Kombinationsfähigkeit. Es erweckt damit den Eindruck von Depressivität. In besonders schweren Fällen findet man Aspontaneität, welche Akinese (Unfähigkeit, willkürliche Bewegungen auszuführen) und Abulie (Unfähigkeit, Entschlüsse zu fassen) bewirken kann (LURIA 1966). Man beobachtet schließlich noch eine affektive Entdifferenzierung, manchmal einen Mutismus und Negativismus, öfters eine Vernachlässigung des Äußeren im körperlichen Bereich (SCHEID 1983). Das *frontobasale Syndrom* oder *frontoorbitale Syndrom* bietet hingegen eine Plussymptomatik im Sinne einer allgemeinen psychischen Enthemmung, welche auch die Steuerung von Trieben und Affekten betrifft. Der Antrieb ist pathologisch gesteigert, zugleich ist aber die Kritik gegenüber dem eigenen Zustand und den eigenen Handlungen deutlich beeinträchtigt. Die Ausdauer bei einer konstanten Tätigkeit ist vermindert. Oft findet man eine Moria (Witzelsucht), in manchen Fällen ein aggressives Fehlersuchen. Das Verhalten ist sorglos, aber auch takt- und schamlos. Die Stimmungslage ist leicht angehoben bis euphorisch. Das klinische Bild erinnert in einem gewissen Maße an eine (Sub)Manie. Die Störung in der Steuerbarkeit von Trieben und Affekten erklärt Aggressivität und sexuelle Entgleisungen bei diesen Verletzten, so daß die Bezeichnung „hirnorganische Pseudopsychopathie“ gerechtfertigt ist. Nicht selten findet man bei den Stirnhirnsyndromen zusätzlich Zeichen einer motorischen Aphasie. Da isolierte lokale Hirnschädigungen nach stumpfen Hirnverletzungen kaum vorkommen, ist es auch nicht verwunderlich, daß „reine“ bzw. „ausgestanzte“ frontobasale und frontokonvexe Psychosyndrome kaum oder nur sehr selten zu beobachten sind (BERNER 1981, POECK 1989). Wie Untersuchungen am eigenen großen traumatologischen Krankengut gezeigt haben, sind die psychischen Veränderungen nach Hirnverletzungen mit elektroenzephalographischen Herden in der Frontalregion überwiegend auf die Allgemeinschädigung des Gehirns im Rahmen des anfänglichen generalisierten Hirnödems zurückzuführen (SCHERZER und HOFER 1976). Die psychoorganische Symptomatik von seiten der umschriebenen Frontalhirnschädigung geht wahrscheinlich weitgehend in dem übrigen psychoorganischen Störbild unter. Von besonderer Wichtigkeit ist die genaue Exploration bezüglich des prätraumatischen Zustandes. Bereits vor dem Unfall vorhandene Verhaltensstörungen werden unter Umständen nach einem Schädelhirntrauma irrtümlich auf dieses bezogen.

Temporallappensyndrom oder *Schläfenhirnsyndrom* bzw. *temporales organisches Psychosyndrom*: Als Symptome werden Affektlabilität, paranoide Einstellung und Aggressivität, aber auch depressive Verstimmungen sowie Merkfähigkeitsstörungen beschrieben. Eventuell findet man bei den Temporallappensyndromen zusätzlich Zeichen einer sensorischen Aphasie. Beidseitige Schädigungen, bei denen meist auch das limbische System einbezogen ist, können zum Syndrom nach KLÜVER-BUCY (1939) führen. Dieses ist gemäß GERSTENBRAND, POEWE, AICHNER und SALTUARI (1983) durch eine Neigung zu oralen Mechanismen mit wahllosem Einverleiben alles Eßbaren, Verlust der mnestischen Funktionen und Fehlen emotionaler Regungen, aber auch durch Aggressivität sowie Hypersexualität und eine optische Agnosie gekennzeichnet. Ebenso wird das KORSAKOW-Syndrom auf Schädigungen im Schläfenlappenbereich zurückgeführt. Seine Hauptstörung betrifft das Gedächtnis, wobei die Betroffenen versuchen, Gedächtnislücken durch Füllkonfabulationen zu schließen. Die Stimmungslage dieser Patienten ist meist euphorisch, ihr Antrieb ist gesteigert, die örtliche und zeitliche Orientierung ist mangelhaft, die autopsychische Orientierung jedoch erhalten.

Parietookzipitalsyndrom: Es ist als Entität sehr umstritten. Im Vordergrund stehen neuropsychologische Störungen, welche GERSTMANN (1924 und 1940) in dem nach ihm benannten Syndrom zusammengefaßt hat. Dieser nur äußerst selten und dann kaum je vollständig zu beobachtende Symptomenkomplex wird auch nach dem Hauptschädigungsort als Angularissyndrom bezeichnet. Es ist durch vier Kardinalsymptome charakterisiert. Das sogenannte GERSTMANN-Quartett besteht aus Fingeragnosie, Rechts-links-Orientierungsstörung, konstruktiv-apraktischer Agraphie und Akalkulie. Betroffen ist die dominante Großhirnhemisphäre.

Zwischenhirnsyndrom oder *dienzephales organisches Psychosyndrom*: Es zeigen sich Verstimmungen und Triebstörungen, z. B. Heißhunger, abnormer Durst, dranghafte Sexualität, poriomane Attacken, Störungen des Schlaf-Wachrhythmus. Auch wurde eine Pupertas praecox nach kindlichem Schädelhirntrauma beschrieben. Des weiteren ist hier die Möglichkeit der Entwicklung einer Dystrophia adiposogenitalis zu erwähnen. Einen derartigen Fall haben wir selbst vor einigen Jahren nach einem schweren Schädeltrauma bei einem Volksschüler beobachtet.

Stammhirnsyndrom oder *hirnlokales Psychosyndrom bei Stammhirnläsion*: Die Existenz eines solchen speziellen Psychosyndroms ist äußerst fraglich (Wurzer 1992), weil gleichartige Symptome bei Schädigungen in verschiedenen Hirnregionen entstehen können. Darüber hinaus ist darauf hinzuweisen, daß schwere Schädelhirnverletzungen überwiegend mehrfache Läsionsherde setzen und eine isolierte Stammhirnschädigung auf traumatischer Basis daher kaum je in Frage kommt. Als Symptome des Stammhirnsyndroms wurden Antriebsschwäche, Apathie, psychomotorische Einengung und Depressivität, mißmutige, aber auch euphorische Verstimmung sowie Trieb- und Stimmungsentladungen beschrieben. Differentialdiagnostisch ist das endokrine Psychosyndrom (Bleuler 1954) abzugrenzen. Es zeigt gleichfalls Trieb- und Stimmungsstörungen, so daß sich das Bild einer persönlichen Wesensänderung ergibt.

d) Chronische Phase

Sie betrifft jene Fälle, bei denen keine vollkommene Rückbildung der psychoorganischen Störungen eingetreten ist, bei denen also ein irreparabler Residualschaden zurückbleibt. Dieser wird als *irreversibles organisches Psychosyndrom*, als *organisches zerebrales Defektsyndrom* oder als *psychoorganisches Defektsyndrom* (Scheid 1983) bezeichnet. Definitionsgemäß könnte der irreversible Anteil eines organischen Psychosyndroms als Demenz bezeichnet werden (Berner 1976). Jedoch ist der Ausdruck *posttraumatische* oder *kortikale Demenz* dem irreparablen Intelligenzabbau mit Persönlichkeitsnivellierung nach schwersten Gehirnverletzungen vorbehalten (Wurzer 1992). Posttraumatische Demenzen kommen nach Mifka (1966) in 1%, nach Hofer (1973) in 3% und nach Wurzer (1992) in weniger als 1% schwerer Schädelhirntraumen vor. An dieser Stelle sei aber darauf hingewiesen, daß in der Weltliteratur, sogar in neurologischen und psychiatrischen Handbüchern der Begriff der Demenzen oft anders gefaßt wird, so daß einerseits von reversiblen und transitorischen sowie andererseits von irreversiblen und permanenten Demenzen gesprochen wird. Zum Teil wird daher in jüngster Zeit der Ausdruck Demenz dem Begriff des diffusen organischen Psychosyndroms nach Bleuler (1916) gleichgesetzt. Die Diagnose eines psychoorganischen Defektsyndroms kann selbstverständlich lediglich aus dem Verlauf, am besten an Hand von Längsschnittuntersuchungen gestellt werden. Mit Ende der subchronischen Phase und mit Übergang in die chronische Phase hat sich die bis dahin anhaltende Remissionstendenz bezüglich des posttraumatischen organischen Psychosyndroms erschöpft. Im allgemeinen kann damit gerechnet werden, daß dieser Endzustand zwei Jahre nach der Gehirnverletzung eingetreten ist. Auf die Möglichkeit einer weiteren, jedoch nur geringen Rückbildung bis Ende des dritten oder ausnahmsweise des vierten posttraumatischen Jahres, insbesondere bei Kindern und jugendlichen Personen, wurde zuvor schon hingewiesen.

Da das irreversible organische Psychosyndrom direkt aus dem reversiblen organischen Psychosyndrom hervorgeht, trägt es auch weitgehend dessen Merkmale. Mit anderen Worten ausgedrückt, bedeutet dies, daß das psychoorganische Defektsyndrom der chronischen Phase Einzelsymptome aufweist, welche auch in dem vorangegangenen, (partiell) reversiblen organischen Psychosyndrom der subchronischen Phase vorhanden waren. Die Besserung im Zustande des Betroffenen in Richtung auf den irreparablen Dauerschaden vollzieht sich durch teilweise oder komplette Rückbildung der anfangs gegebenen Einzelsymptome. Dadurch wird das psychoorganische Defektsyndrom im Vergleich zum vorangegangenen reversiblen organischen Psychosyndrom in der Regel weniger bunt an Einzelsymptomen. In leichteren Fällen zeigt sich somit eine relative Monotonie in der Ausgestaltung des psychoorganischen Defektsyndroms. Nur schwere Fälle bieten nach wie vor eine Vielfalt an Einzelsymptomen. Zumal die Remissionstendenz der psychoorganischen Störungen auf jedem Niveau enden kann, gibt es, allgemein betrachtet, im Defektstadium ein Kontinuum verschieden schwerer Defektsyndrome, welches von minimalen bis zu maximalen Störbildern reicht. In qualitativer Hinsicht handelt es sich dabei einerseits um kognitive Störungen, d. h. um Beeinträchtigungen im Leistungsbereich und andererseits um organisch bedingte Störungen im Persönlichkeitsbereich. In Analogie zu den Symptomen des Durchgangssyndroms, aus dem letzten Endes der irreversible psychoorganische Residualschaden hervorgeht, finden wir bei letzterem im Bereiche der psychischen Leistungsfähigkeit: Störungen der mnestischen Funktionen, vor allem des Frischzeitgedächtnisses, des Denkens, des Reaktionsverhaltens, der Konzentrationsfähigkeit und der zerebralen Belastbarkeit; im Bereiche der Persönlichkeit: Störungen des Antriebs, der Emotionalität und unspezifische Persönlichkeitsveränderungen mit Nivellierung oder Zuspitzung prämorbider Persönlichkeitsmerkmale und sonstige Wesensänderungen. Die Minussymptomatik bezeichnete von BAEYER (1947) als „hypotypische Variante" und die Plussymptomatik als „hypertypische Variante" der organischen Persönlichkeitsveränderung. Außerdem unterschied er eine „heterotypische Variante" mit völliger Verwandlung und Umprägung der Primärpersönlichkeit, wobei es meines Erachtens dahingestellt bleibt, ob dies überhaupt möglich ist, zumal jedes psychische Phänomen, auch wenn es erst später manifest wird, in präformierter Form schon früher vorhanden gewesen sein muß. SCHNEIDER (1959) unterschied im Hinblick auf Wesensänderungen drei Vorzugstypen, nämlich den euphorisch-umständlichen, den apathisch-antriebsarmen und den reizbar-explosiv-enthemmten Typ. Berücksichtigt man hingegen das posttraumatische organische Psychosyndrom in seiner Gesamtheit, also sowohl den Leistungs- als auch den Persönlichkeitsbereich, so stehen nach eigenen Untersuchungen (WURZER und SCHERZER 1991) folgende drei Achsen- oder Leitsymptome im Vordergrund: vorzeitig erhöhte zerebrale Ermüdbarkeit als Zeichen der Belastbarkeitsminderung, Frischgedächtnisstörung und Beeinträchtigung der sensomotorischen Umstellbarkeit. Den

Schweregrad des hirnorganischen Psychosyndroms (HOPS) hat Harrer (1989) einerseits mit der geistigen Leistungsfähigkeit und andererseits mit der subjektiven Befindlichkeit verglichen und herausgefunden, daß sich mit zunehmendem Schweregrad der psychoorganischen Veränderungen sowohl die kognitiven Störungen als auch meist die Persönlichkeitsveränderungen verschlechtern, wogegen die subjektive Befindlichkeit bei leichteren organischen Psychosyndromen im allgemeinen stärker beeinträchtigt ist als bei schweren diesbezüglichen Syndromen. Die Erklärung hiefür sehe ich in der bei gravierenden psychoorganischen Ausfällen deutlich hervortretenden Kritikbeeinträchtigung. Harrer (1989) warnte zu Recht davor, einzig und allein auf Grund einer Zunahme subjektiver Beschwerden eine tatsächliche Verschlechterung anzunehmen.

Das psychoorganische Defektsyndrom ist per definitionem stationär, d. h. es erfährt keine Änderung mehr. Eine weitere Rückbildung ist nicht möglich, aber auch eine Progredienz ist, sofern sich keine intrakranielle posttraumatische Spätkomplikation einstellt (Spätmeningitis, zerebraler Spätabszeß, posttraumatische Epilepsie, chronisches Subduralhämatom, Liquorzirkulationsstörung), nicht zu erwarten. Dies gilt uneingeschränkt für den Erwachsenen, bei dem das zu beobachtende residuale psychoorganische Störbild quantitativ und qualitativ unverändert persistiert. Anders verhält es sich nach schweren Schädelhirnverletzungen im Kindesalter. In diesem Falle sind zwei Umstände zu berücksichtigen: einerseits, daß die Verletzung ein noch nicht ausgereiftes Gehirn getroffen hat; und andererseits, daß sich das Kind noch in der psychischen Entwicklung befindet. Das infantile und auch das juvenile organische Psychosyndrom sind nach Bleuler (1975) in besonderem Maße durch Überaktivität, Unruhe und Fahrigkeit (erethisches Verhalten) charakterisiert. Zwar erfahren die Einzelsymptome des posttraumatischen organischen Psychosyndroms auch im Kindesalter eine Rückbildung, jedoch kommt es unweigerlich durch die fortschreitende Entwicklung in Richtung der Pubertät und später in Richtung des Erwachsenenalters zu mannigfachen Interaktionen von psychoorganischen Einzelsymptomen mit psychischen Lern- und Anpassungsvorgängen. Dadurch kann die Entwicklung des Kindes verzögert und in abnorme Bahnen gelenkt werden. Außerdem spielen Umweltfaktoren zusätzlich eine nicht zu unterschätzende Rolle. Sekundäre Auswirkungen auf den schulischen, häuslichen und familiären Bereich, später auf die Lehrstelle und das beginnende Berufsleben können demgemäß Spätfolgen der seinerzeitigen traumatischen Gehirnschädigung sein und sind als solche auch gutachtlich zu berücksichtigen. Kontrolluntersuchungen sollten zweckmäßigerweise bis zum 21. Lebensjahr erfolgen, zu welchem Zeitpunkt die endgültige gutachtliche Bewertung vorzunehmen wäre. Leider ist dies, wie die Erfahrung lehrt, aus vielen Gründen, welche außerhalb ärztlicher Überlegungen stehen, meist nicht möglich. Es empfiehlt sich aber, daß der Gutachter die hier dargelegte Problematik in seinen Ausführungen behandelt und den entscheidenden administrativen oder juristischen Stellen bekanntgibt.

Der klinische Verlauf wurde in dem präsentierten Schema vereinfachend als der einer „glatten" Rückbildung geschildert. In Wirklichkeit zeigen sich jedoch immer wieder leichte Schwankungen im positiven und negativen Sinne. Derartige Undulationen ändern letztlich aber nichts an dem regressiven bzw. remittierenden Verlauf der psychoorganischen Beeinträchtigungen bis zur Erreichung des stationären irreversiblen Defektzustandes im Sinne des irreparablen Dauerschadens oder ausnahmsweise des prätraumatischen Ausgangszustandes (Restitutio ad integrum, in der Regel Normalisierung). Anders ist das Abweichen von dem beschriebenen Remissionsverlauf in Form einer kontinuierlichen Verschlechterung des Zustandes zu beurteilen. So kann sich einige Zeit nach einem stumpfen Schädelhirntrauma, nachdem geistige Ordnung und Bewußtseinsklarheit wiedereingetreten sind, ein progredientes organisches Psychosyndrom mit Entwicklung einer psychotischen Symptomatik einstellen. Wir haben es dann nicht mit einer primären, sondern mit einer *sekundären (post)traumatischen Psychose* zu tun. Der klinische Verlauf ist dem zuvor geschilderten bei der komplikationslosen Gehirnkontusion umgekehrt, ansonsten jedoch, was die Phasen anlangt, mit diesem identisch; bloß die Entwicklungsgeschwindigkeit ist üblicherweise, entsprechend der zugrundeliegenden intrakraniellen Komplikation, schneller. Die Bewußtseinstrübung bleibt nach wie vor das Achsensymptom des Störbildes. Ätiologisch kann es sich im Falle einer derartigen sekundären traumatischen Psychose um eine zerebrale Fettembolie, eine zerebrale Hypoxie oder Ischämie auf Basis nicht-kranieller Verletzungsfolgen, ein raumforderndes Hämatom des Schädelinneren, eine posttraumatische Meningitis, einen posttraumatischen Hirnabszeß usw. handeln (SCHERZER 1969). Außerdem kommen differentialdiagnostisch und pathogenetisch unfallfremde Vorerkrankungen wie Arteriosklerose der Hirngefäße, Herzschwäche und chronischer Alkoholismus in Frage. Wichtig ist in diesen Fällen die schnelle diagnostische Klärung, welche ein zweckentsprechendes, oft lebensrettendes ärztliches Eingreifen ermöglicht. Gutachtlich muß zu einem späteren Zeitpunkt die Unfallkausalität geprüft werden, ob nämlich eine Verschlimmerung von Unfallfolgen oder eine unfallfremde Erkrankung für das Zustandekommen der Verschlechterung im Zustand des Betroffenen ausschlaggebend war (vor allem senile Psychose sowie arteriosklerotischer Verwirrtheitszustand).

Das hier vorgelegte Schema des zeitlichen Ablaufes psychoorganischer Beeinträchtigungen nach stumpfen Schädelhirnverletzungen versucht der klinischen Entwicklung Rechnung zu tragen, welche vier Phasen unterscheiden läßt. Zweifellos steht am Anfang die akute und am Ende die chronische Phase. Dazwischen eingeschoben sind eine subakute und eine subchronische Phase. Die Bezeichnungen „akut" und „chronisch" werden erfahrungsgemäß von den einzelnen Disziplinen unterschiedlich angewandt. Der Anästhesist und der Unfallchirurg sehen bloß die Periode des Komas als akut an. Der Neurologe und Psychiater bezeichnete ursprünglich das posttraumatische organische Psychosyndrom als akut, wenn es mit Desorientiertheit und Bewußtseinstrübung gepaart ist, und als chronisch, wenn geistige Ordnung und Bewußtseinsklarheit wiedergekehrt sind, aber die Remissionstendenz noch anhält. Teils beschränken Nervenärzte neuerdings das posttraumatische organische Psychosyndrom nur mehr auf die Zeit nach Abklingen der Verwirrtheit und sprechen dann von einer akuten Form, solange eine Rückbildung erfolgt (nach früherer Bezeichnung chronisches organisches Psychosyndrom), und von einer chronischen Form, wenn ein irreparabler Defekt eingetreten ist. Auch der Internist und der Allgemeinpraktiker erachten üblicherweise das posttraumatische organische Psychosyndrom, solange es reversibel ist, als akut, jedoch als chronisch, wenn es irreversibel geworden ist. Die Grenze zwischen „akut" und „chronisch" wird also gemäß dem Arbeitsbereich und Blickwinkel der einzelnen Fachgebiete sehr unterschiedlich definiert. Diese Differenzen in der Auffassung schwinden in dem Augenblick, da der Gesamtverlauf der psychoorganischen Beeinträchtigungen nach einer geschlossenen Gehirnverletzung in zeitlicher Hinsicht betrachtet wird. Zugegebenermaßen sind die Übergänge zwischen den einzelnen Phasen fließend, dies umsomehr, je größer der Abstand vom Unfall ist. So lassen sich das Ende der massiven Bewußtseinstrübung und der Beginn der traumatischen Psychose relativ genau festlegen; der Zeitpunkt des Abklingens der psychotischen Symptomatik und des Eintritts geistiger Ordnung ist schon schwieriger zu fixieren; und der Übergang des posttraumatischen organischen Psychosyndroms, also des Durchgangssyndroms, in den stationären Defektzustand, ist zeitlich am schwierigsten zu bestimmen. Dennoch wird der versierte Arzt und Gutachter an Hand des skizzierten Schemas eine annähernde zeitliche Einordnung der einzelnen Verlaufsphasen treffen können. Exakt geführte Krankengeschichten mit Eintragungen über die Bewußtseinslage, den psychischen Zustand und das Verhalten des Verletzten sowie zusätzliche Angaben des Betroffenen über die Dauer der posttraumatischen Amnesie lassen den anfänglichen Verlauf der Remissionskurve der psychoorganischen Störungen festlegen sowie unter Berücksichtigung größerer statistischer Untersuchungen eine Wahrscheinlichkeitsdiagnose in bezug auf das psychoorganische Defektsyndrom erstellen. Russell (1932 und 1969), Symonds und Russell (1943) sowie Teasdale und Brooks (1985) fanden statistisch signifikante Zusammenhänge zwischen der Dauer der posttraumatischen Amnesie (vom Unfallzeitpunkt bis zum Einsetzen einer geordneten Erinnerung) und dem Ausmaß des persistierenden psychoorganischen Defektsyndroms.

In einer eigenen Untersuchung (Scherzer und Wurzer 1991, Wurzer 1992) konnte ein eindeutiger, statistisch hochsignifikanter Zusammenhang zwischen der Dauer der posttraumatischen Amnesie (PTA) und dem Schweregrad des posttraumatischen organischen Psychosyndroms zwei Jahre nach dem Unfall festgestellt werden (p kleiner als 0,001). Obgleich die PTA auf Grund unserer Erfahrungen als der beste Indikator für den Schweregrad eines stumpfen Schädelhirntraumas anzusehen ist, erlaubte eine PTA von zwei bis vier Wochen im Einzelfall keine verwertbare Aussage. Eine prognostische

Abklärung ergab sich bei dieser Patientengruppe lediglich, wenn zusätzlich exakte fachpsychologische Kontrolluntersuchungen zur Bestimmung des Verlaufs erfolgten. Auch zwischen der Dauer des primären Komas und dem Ausmaß des posttraumatischen organischen Psychosyndroms zwei Jahre nach dem Unfall konnten wir einen eindeutigen, statistisch hochsignifikanten Zusammenhang nachweisen (p kleiner als 0,001). Dennoch ist die Aussagekraft für den Einzelfall nicht absolut und daher nicht befriedigend. Nach wie vor muß sich die Prognose auf zusätzliche fachspezifische neuropsychologische Untersuchungen stützen. Bei Betrachtung des Verlaufs psychoorganischer Beeinträchtigungen nach geschlossenen, stumpfen Schädelverletzungen ist festzustellen, daß eine eindeutige Remission ab der Komaphase bis zu Beginn des irreversiblen psychoorganischen Defektsyndroms gegeben ist. Mithin könnte der Begriff des Durchgangssyndroms, der von WIECK (1956) geprägt wurde, sowohl für die subakute als auch für die subchronische Phase, d. h. sowohl für die traumatische Psychose als auch für das reversible posttraumatische organische Psychosyndrom gelten. Ursprünglich wurde unter dem Terminus „Durchgangssyndrom" jedoch nur das reversible posttraumatische organische Psychosyndrom verstanden.

Was neuropsychologische Untersuchungen anlangt, so werden sie vorwiegend während der subchronischen und der chronischen Phase des klinischen Verlaufes eingesetzt. Sie qualifizieren und quantifizieren damit das reversible oder das irreversible posttraumatische organische Psychosyndrom, also noch das Durchgangssyndrom oder bereits das Defektsyndrom. Jedoch ist zum Zeitpunkt der Untersuchung meist nicht klar, ob allenfalls eine Besserung möglich sein wird oder ob schon der Endzustand eingetreten ist. Diese letzte Aussage gelingt erst durch eine spätere Kontrolluntersuchung, wenn diese nämlich keine Änderung im Vergleich zur früheren Untersuchung, d. h. einen unveränderten Befund, ergibt. Des weiteren ist darauf hinzuweisen, daß der von uns empfohlene neuropsychologische Untersuchungsgang mittels der sogenannten Meidlinger Testbatterie (WURZER und SCHERZER 1986 sowie 1991, WURZER 1992) alle psychischen Bereiche erfaßt, welche für die Bestimmung traumatisch verursachter psychoorganischer Störungen relevant sind. Dies bedeutet, daß sowohl nach den Symptomen eines diffusen organischen Psychosyndroms als auch nach den Symptomen eines hirnlokalen organischen Psychosyndroms systematisch gefahndet wird. Das Resultat der neuropsychologischen Testung einschließlich Exploration berücksichtigt somit die Gesamtheit aller traumatisch bedingten psychoorganischen Symptome nach der erlittenen Gehirnverletzung. Diese bezeichnen wir global und ohne Unterschied, ob eine Reversibilität noch gegeben ist oder nicht, zumal dies im Augenblick der Untersuchung meist nicht bekannt ist, einfach und kurzweg als *posttraumatisches organisches Psychosyndrom*. Es handelt sich dabei um einen *Sammel- und Oberbegriff für verschiedene und unterschiedliche psychoorganische Ausfälle sowie Störungen nach substantieller traumatischer Hirnschädigung*. Befundmäßig wird eine qualitative und quantitative Beschreibung der jeweiligen psychoorganischen Symptome gegeben. Wenn ausreichende Hinweise auf ein hirnlokales organisches Psychosyndrom bestehen, wird eigens darauf hingewiesen. Der Schweregrad des vorliegenden posttraumatischen organischen Psychosyndroms wird innerhalb einer sechsstufigen Skala festgelegt. Diese basiert auf einer ursprünglichen Dreiteilung in leichte, mittelschwere und schwere Syndrome. Zur genaueren Quantifizierung wurden diese drei Schweregrade sodann jeweils noch in zwei Stufen unterteilt. Die jetzt schon seit vielen Jahren verwendete Skalierung lautet demnach: sehr gering, geringgradig, mäßiggradig, mittelgradig, höhergradig und höchstgradig. Falls eine rezente, in gebührendem Zeitabstand zur Voruntersuchung durchgeführte, neuropsychologische Untersuchung dasselbe Ergebnis wie jene letzte Voruntersuchung erbringt, sollte im schriftlichen Befund zum Ausdruck kommen, daß bereits der Übergang vom reversiblen posttraumatischen organischen Psychosyndrom in das irreversible psychoorganische Defektsyndrom stattgefunden hat.

K. Hilfsbefunde

Hilfs- und Nebenbefunde wurden bereits mehrfach bei der Darstellung der verschiedenen Verletzungsfolgen besprochen und außerdem allgemein nach der Beschreibung des objektiven nervenärztlichen Befundes in einem eigenen Kapitel bezüglich ihrer prinzipiellen Anwendung in der Traumatologie abgehandelt. An dieser Stelle seien die Hilfsuntersuchungen vor allem im Hinblick auf ihre *Aussagekraft für die gutachtliche Beurteilung in der Spätphase nach Schädelhirntraumen* erörtert. Von besonderem Interesse sind dabei die Korrelationen zwischen den Befundergebnissen und dem klinischen Bild.

1. Radiologische Nativaufnahmen

Was radiologische Nativaufnahmen anlangt, so liegen üblicherweise solche bereits aus der Initialphase vor. Von diesen sind Rückschlüsse auf das Ausmaß und den Ort der Gewalteinwirkung auf den Schädel möglich, des weiteren können sich Hinweise ergeben, ob durch das Trauma eine pathologische Kommunikation zwischen Schädelinnenraum und Außenwelt gesetzt wurde und ob eine lokale Hirnverletzung im Rahmen einer Schädelimpression gesetzt wurde. In der Begutachtungssituation werden diese Veränderungen an Hand von neuen Röntgenaufnahmen kontrolliert. Es wird geprüft, ob ein Knochenimprimat ausreichend gehoben oder zur Gänze entfernt wurde, ob sich noch Fremdkörper und Luft im Schädelinneren finden. Vor allem eine persistierende Pneumenzephalie beweist das Vorliegen einer aktiven Fistel, aus der sich meist auch Liquor cerebrospinalis entleert, so daß weiterhin die akute Gefahr einer entzündlichen intrakraniellen Komplikation gegeben ist. Im Falle einer Schädelknocheneindellung muß festgestellt werden, ob diese über den sogenannten extrazerebralen Reserveraum hinausgeht, der maximal 10 mm mißt und solchermaßen das Hirngewebe lädiert hat. Ein ungehobenes derartiges Imprimat schädigt weiterhin das darunter liegende Hirnparenchym und führt zu ausgedehnten Hirn-Dura-Narben. Die Entscheidung über die Notwendigkeit einer sekundären Knochenhebung oder Entfernung des eingedellten Knochenstücks wird im allgemeinen durch den Neurochirurgen gefällt. Schließlich zeigen Röntgenaufnahmen in der Spätphase noch die Gegebenheiten im Bereiche einer Schädeldachplastik oder einer Schädelknochenlücke bzw. eines Trepanationsdefektes an. Entzündliche Veränderungen im Knochendeckel oder in der Umgebung einer Kunststoffplastik können anhaltende lokale Schädelbeschwerden erklären und bedürfen einer Sanierung, da die Gefahr eines Übergreifens der Entzündung auf das Schädelinnere besteht. Spontanossifikationen im Bereiche eines Trepanationsdefektes stellen den Versuch einer Selbstheilung dar, sind vornehmlich bei Kindern und Jugendlichen stärker ausgeprägt, müssen aber trotzdem genau verfolgt werden, da es von ihrem Ausmaß abhängt, ob man auf eine Schädeldachplastik verzichten kann oder nicht. Bei jedem Schädeltrauma sollte auch eine röntgenologische Untersuchung der Halswirbelsäule erfolgen, um eine zusätzliche Verletzung dieses Wirbelsäulenabschnittes nicht zu übersehen und um auch unfallfremde, vor allem degenerative Veränderungen im Rahmen einer Spondylopathie zu erfassen.

2. Kraniale Computertomographie (CCT) und Kernspintomographie (NMR, MRT oder MRI)

Diese modernen bildgebenden Verfahren erweisen sich in der Frühphase nach Schädelverletzungen mit primärem Bewußtseinsverlust als wertvoll für die Unterscheidung zwischen einer bloß funktionellen Betriebsstörung des Gehirns (Commotio cerebri) und einer substantiellen zerebralen Läsion (Contusio cerebri), welche Differenzierung gutachtliches Interesse erlangen kann. Sie dienen in der Spätphase nach Schädelhirntraumen vor allem dem Nachweis eines maßgeblichen morphologischen Dauerschadens auf Grund der erlittenen Hirnverletzung. Auch erlauben sie eine Klärung der genauen Lokalisation von intrakraniellen und intrazerebralen Fremdkörpern, von Absplitterungen der Lamina interna der Schädelkalotte, welche die Ursache für epileptische Spätanfälle darstellen können, und von Brüchen der Schädelbasis mit Ausbildung kleiner Hirngewebsprolapse in das Nasen-Nebenhöhlen-System, von welchem dann entzündliche Veränderungen auf das Schädelinnere übergreifen können. Wurde ein Shunt-System eingebaut, so läßt sich dessen Lage computertomographisch gut kontrollieren, wobei es vor allem auf die Lokalisation der Katheterspitze ankommt. Am wichtigsten scheint uns gutachtlich der Nachweis eines posttraumatischen Hirngewebsabbaues (Hydrozephalus des Ventrikelsystems und Kortexatrophie). Dieser zeigt die Schwere einer Gehirnverletzung an, ohne jedoch verläßliche statistische Zusammenhänge zwischen dem Ausmaß der Hirnatrophie und dem Schweregrad des posttraumatischen organischen Psychosyndroms erkennen zu lassen. Es liegen zahlreiche, zum Teil ausgedehnte Untersuchungen in dieser Hinsicht vor, die keine positiven Korrelationen zwischen den genannten morphologischen und psychischen Veränderungen nachweisen konnten (z. B. FELDMANN 1984). Auch POECK (1992) betont die Tatsache, daß sich von einer Hirnatrophie nicht zwingend auf ein organisches Psychosyndrom und umgekehrt von solchen psychischen Veränderungen nicht auf eine Hirnatrophie schließen läßt. Zwar hat HUBER (1972) die innere Hirnatrophie (Hydrocephalus internus) eher den leichten Formen und die kortikale Atrophie (Hydrocephalus externus) den schweren Formen psychoorganischer Syndrome bzw. dementieller Prozesse zugeordnet, jedoch muß vor einer allzu vereinfachenden Betrachtungsweise gewarnt werden. Zu Recht wies JELLINGER (1975) darauf hin, daß die Verhältnisse sehr komplex sind und „der engen Verflechtung allgemeiner und spezieller Funktionsstörungen im Aufbau der organischen Psychosyndrome auch im morphologischen Bereich das häufige Miteinander genereller Läsionen und elektiven Systembefalls" entspreche. Von diagnostischem Interesse ist hingegen auch in der Spätphase von Schädelhirntraumen der Befund einer chronischen Störung der Liquordynamik. Es handelt sich dabei um einen zunehmenden Hydrocephalus communicans aresorptivus sive hyporesorptivus. Die zugrundeliegende Liquorzirkulationsstörung wird von einer progredienten klinischen Symptomatik begleitet, vor allem von einer typischen Trias, welche aus frontal anmutender Gangstörung, psychischen Störungen und Inkontinenz besteht. Paraventrikuläre, umschriebene Hypodensitäten in der CCT- und analoge Veränderungen in der NMR-Untersuchung sind für eine fortschreitende hydrozephale Entwicklung auf dem Boden einer subarachnoidealen Liquorblockade kennzeichnend. Im allgemeinen kommt der NMR-Abklärung in der Spätphase von Schädelhirntraumen eine größere Aussagekraft zu als der CCT. Hirn-Dura-Narben können als Ursache einer posttraumatischen Spätepilepsie erfaßt werden und können unter Umständen die Diskussion über eine neurochirurgische Intervention eröffnen. Von solchen Befunden ausgehende, sekundäre diagnostische Maßnahmen wie *Liquor-Szintigraphie*, *zerebrale Angiographie* usw. sind behandlungsmäßig ausgerichtet und gehen daher über rein gutachtliche Beurteilungsmethoden bei weitem hinaus. Da es sich auch um invasive Untersuchungsverfahren handelt, besteht für sie im Rahmen der Begutachtung nach unserer Meinung kein Duldungszwang. Es ist Aufgabe eines aufklärenden Gespräches mit dem Betroffenen und seinen Verwandten, aus einem solchen Begutachtungs- einen Behandlungsfall zu machen.

3. Elektroenzephalographie (EEG)

Die Untersuchung der bioelektrischen Hirntätigkeit hat ihren unbestrittenen Platz in der Unfallbegutachtung gefunden, stellt sie doch einen nach verschiedenen Traumen häufig eingeholten Hilfsbefund dar. Wichtig wäre hier der Vergleich mit Frühableitungen (DOW, ULETT und RAAF 1944, SCHERZER 1963, COURJON 1967). Im Längsschnitt steigt nämlich die Aussagekraft bei

Elektroenzephalographie in der Unfallbegutachtung maßgeblich. Im Falle einer traumatischen Hirnschädigung kommt es initial unmittelbar nach der Gewalteinwirkung auf den Schädel zu einer kurzdauernden, generalisierten Depression der bioelektrischen Hirntätigkeit, wie aus Tierexperimenten bekannt ist. Es schließen sich über einen längeren Zeitraum eine Amplitudenminderung und vor allem eine verschieden stark ausgeprägte Verlangsamung der Hirnrhythmen an (Gibbs und Gibbs 1952). Diese EEG-Veränderungen bilden sich allmählich zurück, die Frequenz der elektrischen Hirnpotentiale nimmt zu, bis fast stets wieder die individuelle Ausgangsfrequenz des Grundrhythmus erreicht wird. Gleichzeitig erhöhen sich die Amplituden der Hirnwellen. Somit ist im Längsschnitt eine *charakteristische Remissionstendenz traumatisch bedingter EEG-Veränderungen* festzustellen (Dawson, Webster und Gurdjian 1951, Jung 1953, Meyer-Mickeleit 1953, Whelan, Webster und Gurdjian 1955, Fünfgeld, Rabache, Rabache und Gastaut 1957, Steinmann 1959, Hess 1963, Scherzer 1965, Courjon und Scherzer 1972, Scherzer 1980). Diese Rückbildungstendenz ist für Allgemeinveränderungen stärker als für EEG-Herdbefunde ausgeprägt. Erstere bilden sich mit dem generalisierten traumatischen Hirnödem innerhalb von Tagen bis Wochen, letztere meist innerhalb von Monaten bis einem Jahr zurück. Mitunter kann ein EEG-Fokus auch zeitlebens persistieren.

Schneider und Hubach (1962) konnten nachweisen, daß während traumatischer Psychosen, entsprechend dem vorliegenden generalisierten Hirnödem, eine Allgemeinveränderung im EEG neben einem Herdbefund besteht. Kennzeichnend ist deren Rückbildung über eine sogenannte wechselnd schwere Allgemeinveränderung, auch als undulierende Allgemeinveränderung (Scherzer 1969 und 1980) oder als Delta-Parenrhythmie (Penin 1971) bezeichnet. Verbunden ist mit einem solchen klinischen Verlauf eine gute Prognose quoad vitam. Besonders bei Kindern findet man in den ersten Wochen nach einem stumpfen Schädelhirntrauma Zeichen gesteigerter zerebraler Erregbarkeit, vornehmlich bilaterale SW-Komplexe, d. h. Gruppen aus Spitzenpotentialen und langsamen Wellen. Sie weisen auf eine günstige Prognose und sind als rein elektroenzephalographische Irritationsphänomene zu werten, da sie mit keinen epileptischen Manifestationen im klinischen Bereich vergesellschaftet sind und innerhalb einiger Monate oder eines halben Jahres verschwinden (Courjon und Scherzer 1972).

Da die Remission der traumatisch bedingten EEG-Veränderungen einer Exponentialkurve folgt, ist deren Dynamik in der Spätphase der traumatischen Hirnschädigung bei komplikationslosem Verlauf gering. Damit ist auch die Aussagekraft eines einzelnen EEG-Befundes in der Spätphase wesentlich reduziert, und man beobachtet wiederholt eine ausgeprägte Diskrepanz zwischen klinischem und elektroenzephalographischem Befund (Mifka und Scherzer 1962). Solchermaßen gibt es im Spätstadium des Schädelhirntraumas keine ausreichende Korrelation zwischen traumatisch bedingten EEG-Veränderungen, subjektivem Beschwerdebild, neurologischen Ausfällen und posttraumatischem organischem Psychosyndrom. Daher kann das EEG nicht zur Bestimmung des Beeinträchtigungsgrades bzw. des unfallkausalen Dauerschadens herangezogen werden (SCHERZER 1969 und 1971). Es geht auch nicht an, daß einzig und allein auf Grund eines pathologischen EEG-Befundes länger anhaltende und stärkere Schmerzperioden eingeschätzt werden oder daß eine zusätzliche Invalidität zugesprochen wird. Der Gutachter muß sich hier vor zwei Fehlschlüssen insbesondere in der Spätphase nach Schädelhirntraumen hüten: einerseits Gleichsetzung eines normalen EEGs mit subjektiver Beschwerdefreiheit und fehlender organischer Hirnschädigung; und andererseits Gleichsetzung eines pathologischen EEGs mit einem persistierenden subjektiven Beschwerdensyndrom, das solchermaßen „objektiviert" oder „verifiziert" würde, und mit einer erlittenen organischen Hirnschädigung. Es ist im Hinblick auf die letzte Fragestellung differentialdiagnostisch die Möglichkeit abzugrenzen, daß der Betroffene vorbestehend Träger eines abnormen EEGs war bzw. die jetzt festgestellten EEG-Veränderungen gar nicht auf das erlittene Schädelhirntrauma, sondern auf eine sonstige zerebrale Erkrankung zurückgehen (SCHERZER 1969). Immerhin bestehen bei 10 bis 15% der gesunden Durchschnittsbevölkerung leichte bis mäßige abnorme EEG-Veränderungen, welche sich als konstitutionelle, vor allem temporobasal beidseits lokalisierte Dysrhythmien, aber auch als leichte Allgemeinveränderungen und leichte EEG-Herdbefunde, besonders temporal und allenfalls über einem hinteren Quadranten darstellen. So manche persistierende EEG-Veränderung dieser Art wird nach einer geschlossenen Gehirnverletzung in Unkenntnis des prätraumatischen Vorbefundes als unfallkausal angesehen, ohne es tatsächlich zu sein.

Ein traumatisch bedingter EEG-Herdbefund nimmt maximal eine gesamte Hemisphäre ein. Sein Schwerpunkt kann prinzipiell unter jeder Elektrode liegen. Es überwiegen jedoch zahlenmäßig die temporal lokalisierten EEG-Herde. Im Rahmen der Remission engen sich ausgedehnte Herde einerseits in Richtung der Temporalregion und andererseits in Richtung der Parietookzipitalregion ein. Häufig resultieren daraus im Spätstadium fokale Dysrhythmien mit überwiegenden Theta-Frequenzen temporal sowie schwerer erkennbare Alphaverminderungen okzipital und/oder parietal, wobei diese Alphaherde vorwiegend in unipolaren Ableitungen mit großem Elektrodenabstand zu erkennen sind, daher meist in Routine-Ableitungen mit bloß bipolaren Montagen nicht zur Darstellung kommen (JUNG 1953). Was den Schweregrad traumatisch bedingter EEG-Herdbefunde anlangt, so reicht er von fokalen Abflachungen über Deltaherde bis zu fokalen Dysrhythmien, Theta- und Alphaherden, welch letztere sich als fokale Verlangsamung, Aktivierung oder Verminderung des physiologischen Alpharhythmus manifestieren können. Die Benennung des Herdbefundes erfolgt nach jener Aktivität, welche in dessen Zentrum vorherrscht. Dabei sind Änderungen innerhalb gewisser Grenzen während einer Ableitung möglich, einerseits spontan, z. B. bei intermittierender Herdtätigkeit, und andererseits durch Aktivierungsmaßnahmen wie vor allem Hyperventilation, Lichtreizung und Schlaf. In einer eigenen Untersuchung (Scherzer 1971) waren die EEG-Herdbefunde nach geschlossenen Hirnkontusionen in fast der Hälfte der Fälle (49%) bis zum Ende des ersten posttraumatischen Halbjahres zurückgebildet. Am Ende des ersten Jahres nach dem Unfall waren es schon 61%, des zweiten posttraumatischen Jahres 72%, des dritten posttraumatischen Jahres knapp 78% und des vierten posttraumatischen Jahres 80%. Diese Zahlen können nicht als absolute Werte gelten, da vor allem der Schweregrad der erlittenen Gehirnverletzungen für Ausprägung und Persistenz fokaler EEG-Veränderungen maßgeblich ist. Dennoch drücken sie eine unverkennbare Normalisierungstendenz aus. Da diese lediglich durch Verlaufs- und Längsschnittuntersuchungen erfaßt werden kann, ist im Spät- und Defektstadium mit einer großen Anzahl normaler EEG-Befunde auch nach schweren Schädelhirnverletzungen zu rechnen, dies ungeachtet der Tatsache, daß im klinischen Bereich ausgeprägte neurologische und/oder psychische Ausfälle vorhanden sind. Gemäß Williams (1941) sowie Walter, Hill und Williams (1948) zeigt ein zwischenzeitlich normalisiertes Kurvenbild an, daß die reparativen Vorgänge überwiegend abgeschlossen sind und daß eine Konsolidierung der bioelektrischen Hirntätigkeit eingetreten ist. Eine weitere wesentliche Besserung im klinischen Bereich ist nach Ansicht dieser Autoren nicht mehr zu erwarten, insbesondere keine Spontanremission, jedoch sind Verbesserungen durch systematische Rehabilitation durchaus noch erreichbar (Scherzer 1969 und 1971).

Der EEG-Verlauf korreliert in der akuten und subakuten Verletzungsphase gut mit Bewußtseinstrübungen und zerebralen Ausfällen in neurologischer und/oder psychischer Hinsicht. Bei komplikationslosem klinischem Verlauf hält die zuvor beschriebene Remission weitgehend an. Mit Entwicklung posttraumatischer intrakranieller Komplikationen – chronisches Subduralhämatom, Meningitis, Hirnabszeß, Liquorzirkulationsstörungen mit Ausbildung eines Hydrocephalus communicans aresorptivus und auch posttraumatische Epilepsie – stellt sich in kennzeichnender Art und Weise eine sekundäre Verschlechterung ein (Scherzer 1972 und 1980). Dies bedeutet, daß ein bereits normalisiertes EEG wieder pathologisch wird, eine abgeklungene Allgemeinveränderung oder ein rückgebildeter Herdbefund wieder in Erscheinung tritt, noch vorhandene, geringe EEG-Herde eine Zunahme ihres Schweregrades erfahren, vor allem durch Entwicklung eines Deltaherdes oder einer fokalen Abflachung. Daneben können sich irritative EEG-Veränderungen in herdförmiger Verteilung manifestieren. Werden nur engmaschige EEG-Ableitungen vorgenommen, so gelingt es manchmal, die beschriebenen EEG-Veränderungen im Sinne einer Verschlimmerung noch vor der klinischen Manifestation der nahenden posttraumatischen Spätkomplikation nachzuweisen. Besonders ungünstig ist die Entwicklung einer sekundären bilateralen Synchronie (Tükel und Jasper 1952), worunter die Ausbreitung einer irritativen EEG-Veränderung auf die Gegenseite des ursprünglichen Reizherdes zu verstehen ist. Die Gefahr des Auftretens epileptischer Spätanfälle ist dann beträchtlich. Wie bereits erwähnt, erlaubt das Elektroenzephalogramm auch im Längsschnitt nur statistische Aussagen. In der überwiegenden Mehrzahl der Fälle geht die klinische Komplikation mit einer EEG-Verschlimmerung einher. Jedoch kann selten auch eine Verschlechterung im EEG ohne Eintritt einer klinischen Spätkomplikation beobachtet werden (SCHERZER 1972), und ausnahmsweise kommt auch eine klinische Komplikation ohne eindeutige EEG-Progredienz vor (BICKFORD und KLASS 1966, SCHERZER 1972). Der Umstand, daß trotz Anhaltens neurologischer und/oder psychischer Ausfälle und eventuell sogar trotz Entwicklung einer posttraumatischen Spätepilepsie, sofern sie keine große Anfallhäufigkeit aufweist, das EEG normal ist und normal bleibt, erklärt sich durch den Umstand, daß im Routine-EEG die bioelektrische Hirntätigkeit vom intakten Schädel, also nur von der Gehirnoberfläche abgeleitet wird. Die basalen Regionen der Stirn- und Schläfenlappen, welche bei geschlossenen Schädelhirntraumen im besonderen Maße geschädigt werden, können somit elektroenzephalographisch nicht direkt erfaßt werden. Auch ist die Spannungsproduktion im Frontalbereich relativ gering, und es fehlt dort ein physiologischer Rhythmus, so daß kleinere Schädigungsherde keine sicher abgrenzbaren EEG-Veränderungen nach sich ziehen (JUNG 1953). Des weiteren können sich insbesondere in den basalen Anteilen der Schläfenlappen epileptogene Herde entwickeln, welche im Skalp-EEG erst dann nachweisbar sind, wenn sie sich über den Ort der primären Schädigung hinaus ausbreiten (RADERMECKER 1964). Hier bewähren sich Aktivations- und Provokationsmethoden wie Hyperventilation und Schlafaktivation, um eine Ausweitung oder Projektion der genannten epileptogenen Herde in oberflächliche Hirnbereiche zu erzielen. Das Problem der Entwicklung einer posttraumatischen Spätepilepsie einschließlich elektroenzephalographischer Korrelate wird in einem eigenen größeren Kapitel des vorliegenden Werkes besprochen.

Der häufigste Fehler in der gutachtlichen Beurteilung des EEGs nach Schädelhirnverletzungen besteht in der offensichtlichen Überbewertung geringer abnormer EEG-Veränderungen. Der Gutachter sollte sich stets vor Augen halten, daß leichte Anomalien der bioelektrischen Hirntätigkeit von Haus aus bei Vasolabilen, Hypotonikern, Neurotikern und Psychopathen häufiger als in der Durchschnittsbevölkerung vorkommen (JUNG 1953). Wie die Erfahrung lehrt, werden derartige Veränderungen nicht selten fälschlich als unfallkausal angesehen. Abermals ist darauf hinzuweisen, daß der EEG-Befund einen Neben- und Hilfsbefund darstellt, der zwar die neurologisch-psychiatrische Untersuchung wertvoll ergänzen kann, jedoch erst entsprechend seiner Wertigkeit in das klinische Gesamtbild eingeordnet werden muß. Falsch interpretiert, kann es leicht zu irrigen versicherungsrechtlichen Entscheidungen kommen. *Nie und nimmer ist das EEG ein Verfahren zur Objektivierung oder Verifizierung subjektiver Beschwerden wie Kopfschmerzen, Schwindel usw. und auch nicht zum Nachweis eines posttraumatischen organischen Psychosyndroms* (SCHERZER 1969, 1971 und 1972). Da die EEG-Kurve oft nicht vom nervenärztlichen Gutachter selbst, sondern von einem EEG-Spezialisten befundet wird und das EEG, wie aufgezeigt, bloß statistische Aussagen gestattet, ist hier eine weitere Fehlerquelle gegeben. Wiederholt begegnet man der nichtssagenden „Rückversicherung" des EEG-Befundes, daß eine „organische Hirnschädigung durch das Trauma nicht sicher ausgeschlossen" werden könne. Diese Feststellung kann zwar an sich richtig sein, ist aber dazu angetan, den EEG-unkundigen nervenärztlichen Gutachter unter Umständen zu verunsichern. Der EEG-Spezialist kann in seinem Befund lediglich ätiologische Möglichkeiten aufzählen und deren Wahrscheinlichkeitsgrad unter Berücksichtigung der klinischen Daten abstecken. Die letzte Einordnung des EEG-Befundes kann aber nur vom nervenärztlichen Gutachter in Kenntnis aller Details des erlittenen Schädeltraumas, des klinischen Verlaufes, des objektiven Befundes sowie sonstiger relevanter Gegebenheiten erfolgen.

Wertvolle Dienste leistet das möglichst früh abgeleitete EEG zur Differentialdiagnose zwischen Commotio cerebri und Contusio cerebri. Liegt eine einfache Gehirnerschütterung vor, so ist beim Erwachsenen mit Abklingen der initialen Bewußtseinstrübung eine sehr schnelle Normalisierung des Kurvenbildes zu erwarten. Pathologische EEG-Veränderungen können allenfalls während der ersten Stunden nach einer Gehirnerschütterung beobachtet werden, und zwar in erster Linie in Form von Allgemeinveränderungen, selten in Form von Herdbefunden. Auf Grund ihrer besonders großen Flüchtigkeit werden sie in der Praxis beim Erwachsenen kaum je beobachtet. Anders verhält es sich bei Kindern. Diese zeigen auch nach einer rein funktionellen Betriebsstörung des Gehirns, wie sie die Commotio cerebri darstellt, unter Umständen tage- und wochenlang anhaltende EEG-Veränderungen, welche jedoch schließlich gleichfalls eine gute Remissionstendenz aufweisen. Dieses Phänomen erklärt sich durch die relative Unreife des kindlichen Gehirns und dessen gesteigerte Reagibilität, die sich ja auch sonst allgemein bezüglich zerebraler Ödembereitschaft und Vasoreaktionen zeigt.

4. Leuchtbrillenuntersuchung und Elektronystagmographie (ENG oder EOG)

Weitere wichtige Hilfsuntersuchungen betreffen Schwindelsensationen und Gleichgewichtsstörungen, die nach den Kopfschmerzen als zweithäufigste Beschwerdensymptomatik im Gefolge von Schädelhirntraumen angegeben werden. Schwindel und Gleichgewichtsstörungen sind ätiologisch und pathogenetisch vielfältige Symptome, welche bei Schädigungen in den verschiedenen Anteilen des optisch-vestibulär-somatosensiblen Koordinationssystems, aber auch bei dessen Überforderung oder sogar auf psychogener Basis auftreten. Schwindel ist stets ein zentrales Phänomen und entspricht einer bewußt empfundenen Störung des physiologischerweise ständig unbewußt vorhandenen, normalen Gleichgewichtsgefühls (Scherzer 1968). Nach Jung (1953) bedeutet Schwindel „Verlust oder Unsicherheit der räumlichen Orientierung" und tritt immer dann auf, wenn optische, vestibuläre und somatosensible Impulse im Widerspruch zueinander stehen und in der Schaltzentrale des im Hirnstamm gelegenen Orientierungssystems nicht harmonisch verarbeitet werden können. Vestibuläre, zervikale und zentrale sowie optokinetische Schwindelformen können durch die Leuchtbrillenuntersuchung und durch die Elektronystagmographie sowie durch die kalorische Labyrinthprüfung festgestellt und differenziert werden. Letztere bleibt in der Regel dem HNO-Facharzt vorbehalten. Gleichgewichtsstörungen treten lediglich während Körperbewegungen auf und stellen einen bewußt empfundenen Koordinationsverlust dar. Schwindel und Gleichgewichtsstörungen stehen miteinander in enger Beziehung. Sie kommen bei peripheren Vestibularisläsionen stets kombiniert vor. Isoliert treten Gleichgewichtsstörungen lediglich bei zentralen Prozessen auf.

Unter der *Leuchtbrille nach Frenzel* (1925) läßt sich in einfacher Art und Weise nach Spontan- und Provokationsnystagmus fahnden. Da die visuelle Fixation, die für den vestibulären Nystagmus eine starke Dämpfung bedeutet, durch die hohe Dioptrienzahl der Leuchtbrille aufgehoben wird, kann ein ansonsten unterdrückter vestibulärer Spontannystagmus besonders bei Untersuchung im Dunkelzimmer manifest werden. Auch durch Lockerungsmaßnahmen läßt sich unter Umständen ein Spontannystagmus auslösen, z. B. der *Kopfschüttelnystagmus* (Vogel 1932). Er entsteht durch die weitestgehend unspezifische Provokation des Kopfschüttelns, das aktiv oder passiv durchgeführt werden kann, indem ein latenter Spontannystagmus aktiviert und dadurch klinisch nachweisbar wird. Der Kopfschüttelnystagmus kann einem wieder manifest gewordenen peripheren oder zentralen vestibulären Spontannystagmus entsprechen und ist in diesem Falle mit geringem, in jenem Falle mit stärkerem subjektivem Schwindelgefühl vergesellschaftet. Die unter der Frenzelschen Leuchtbrille im Dunkelzimmer zu beobachtenden Provokationsnystagmen zeigen verschiedene Formen, unter denen zwei Extremtypen zu beschreiben sind: der Lagerungsnystagmus und der Lage- oder Positionsnystagmus.

Der *Lagerungsnystagmus* (Stenger 1955) wird durch einen gerichteten Bewegungsreiz ausgelöst, hält nur einige Sekunden bis maximal 30 Sekunden an und hat eine gute Prognose, schwindet üblicherweise nach ein bis zwei, manchmal nach drei Jahren. Von Dix und Hallpike (1952) wird der Lagerungsnystagmus deshalb auch als *benigner paroxysmaler Positionsnystagmus* bezeichnet. Nach Vogel (1932) ist dieser Nystagmus zumeist peripher verursacht, so daß man allgemein vom „peripheren Lagenystagmus" spricht. Die Prüfung beginnt in sitzender Position, aus der der Proband schnell in die Liegeposition verbracht wird, entweder zur Seite, wobei Kopf und Rumpf en bloc bewegt werden, so daß lediglich vestibuläre Reize wirken, oder es erfolgt eine Umlagerung sagittal nach hinten, wobei gleichzeitig der Kopf über den

Bettrand hinaus zur Seite und nach hinten gedreht wird (Kopfhängelage nach rechts bzw. links), bei welchem Manöver zusätzliche zervikale Reize wirken, somatosensible aus den Wirbelgelenken der oberen Halsregion und allenfalls Drosselung der kontralateralen Vertebralarterie mit konsekutiver Minderdurchblutung. Im Falle eines Lagerungsnystagmus tritt dieser gleich nach der Umlagerung auf, schlägt meist zum untenliegenden Ohr und weist auch eine deutliche rotatorische Komponente auf. Nach einigen Sekunden bis maximal einer halben Minute ebbt dieser Nystagmus ab. Er wird von einem starken Drehschwindel begleitet, der auch nur kurze Zeit anhält und daher als Moment- oder Sekundenschwindel bezeichnet wird. Nach Wiederaufrichten und Verbringen in die Nullage stellt sich typischerweise ein gegenläufiger Nystagmus ein, der etwas weniger intensiv und dadurch von kürzerer Dauer ist. Zentral verursachter Lagerungsnystagmus ist sehr selten und dann zu diagnostizieren, wenn er nur von einem geringen Schwindelgefühl begleitet wird und zum obenliegenden Ohr schlägt. Die Untersuchung auf Lagerungsnystagmus hat nach beiden Seiten zu erfolgen, so daß einmal das rechte und einmal das linke Ohr unten liegt. Meist läßt sich nur einseitig ein Lagerungsnystagmus auslösen. Führt man die Prüfung nach Lagerungsnystagmus in seitlicher Kopfhängelage durch, d. h. Rückenlage des Probanden mit Überhängen des Kopfes über den Bettrand bei gleichzeitiger Seitdrehung des Kopfes, so kann eine Interferenz mit einem Zervikalnystagmus eintreten. Auch ist der Lagerungsnystagmus launisch, d. h. nicht immer auslösbar.

Der *Lage- oder Positionsnystagmus* hängt zum Unterschied vom Lagerungsnystagmus einzig und allein von der eingenommenen Lage und nicht vom Bewegungsreiz ab. Der Lagenystagmus tritt daher auch bei langsamer Umlagerung auf, ist konstant auslösbar und weitgehend unerschöpflich. Er ist zentral bedingt und wechselt meist seine Richtung mit Einnahme verschiedener Kopflagen. Dadurch kann sich vor allem nach Intoxikationen (Barbituratvergiftung, Narkose, Alkoholrausch) das Bild des symmetrischen, regelmäßig richtungswechselnden Lagenystagmus ergeben. Das begleitende Schwindelgefühl ist gering oder fehlt sogar. Unidirektioneller Lagenystagmus kommt sehr selten vor und muß vom latenten vestibulären Spontannystagmus unterschieden werden.

Nach *zervikalem Nystagmus* fahndet man unter der FRENZELschen Leuchtbrille, indem der Kopf des Probanden maximal zur Seite und leicht nach hinten gewandt wird. Tritt sogleich ein Nystagmus auf, so ist dieser auf somatosensible Störimpulse aus den kleinen Wirbelgelenken der oberen Halsregion zurückzuführen. Zeigt sich der Nystagmus jedoch erst mit Latenz von etwa zehn Sekunden, so ist eine vaskuläre Entstehung anzunehmen, und zwar durch Abklemmung bzw. Drosselung der kontralateralen Vertebralarterie mit mehr oder minder stark ausgeprägter konsekutiver Mangeldurchblutung, welche von den anatomischen Gegebenheiten (insuffiziente Kollateralversorgung über die Gegenseite bzw. den Circulus arteriosus WILLISII) und von vorbestehenden Gefäßveränderungen (Arteriosklerose mit Gefäßstenose) abhängt. Auch die Untersuchung auf zervikalen Nystagmus hat nach beiden Seiten durch etwa eine Minute zu erfolgen.

Die *Elektronystagmographie (ENG)*, in der letzten Zeit oft *Elektrookulographie (EOG)* genannt, bietet in der apparativen Schwindelanalyse mehrere Vorteile: Formanalyse des registrierten Nystagmus, Nachweis eines latenten (nur bei geschlossenen Augen vorhandenen) Nystagmus und quantitativer Seiten- bzw. Richtungsvergleich des experimentellen (physiologischen) Nystagmus. Der vestibuläre Schwindel ist durch Läsionen des Labyrinths, des Ganglion vestibulare, des Nervus vestibularis, des Hirnstammes, vor allem des Vestibulariskerngebietes, des Archizerebellums und des Großhirns mit der primären kortikalen Vestibularisprojektion zwischen Gyrus centralis posterior und unterem Scheitellappen bedingt. Von diesen Strukturen sind alle jene vom Labyrinth bis aufsteigend zu den kaudalen Anteilen der retikulären Formation des Hirnstammes tonisiert. Auf Grund des dort herrschenden vestibulären Dauertonus (LORENTE DE NO 1927, SPIEGEL und SATO 1927) bewirken asymmetrische Schädigungen einen *vestibulären Spontannystagmus.* Es kommt bei solchen Läsionen im Bereiche des permanent tonisierten Anteiles des optisch-vestibulären Koordinationsapparates primär zum einseitigen Tonusüberwiegen der Körper- und der Augenmuskulatur. Der vestibuläre Rucknystagmus entsteht aus der vestibulären Blickdeviation durch eine zentral ausgelöste Rückholbewegung der Augen, die sogenannte Sakkade oder den schnellen Nystagmusruck. Dabei handelt es sich um eine Korrekturbewegung, die von den paramedianen Anteilen der retikulären Formation ausgeht und der Aufrechterhaltung des Sehfeldes dient. Die Deviation, welcher an den Augen die langsame Nystagmusphase entspricht, geht stets nach der Seite des hypotonen Vestibulariskerngebietes, wobei es egal ist, ob auf dieser Seite eine tatsächliche Tonusherabsetzung (Ausfallnystagmus) oder auf der Gegenseite eine Tonuserhöhung (Reiznystagmus) vorliegt. Ein vestibulärer Spontannystagmus dieser Art läßt sich bei geschlossenen Augen elektronystagmographisch besonders deutlich registrieren. Des weiteren kann der Fixationseinfluß auf den vestibulären Nystagmus durch Augenöffnen geprüft werden. Die Unterscheidung, ob es sich um einen peripheren oder zentralen vestibulären Nystagmus handelt, gelingt unter Umständen aus der Form des Nystagmus (MONTANDON 1962). Kleine Amplitude und große Frequenz (als petite écriture oder écriture centrale bezeichnet) sowie Unregelmäßigkeit des Nystagmus (sogenannte Nystagmusdysrhythmie, d. h. irreguläre, gröbere Augenrucke in gruppenweiser Anordnung, durch vestibulären Reiz ausgelöst) sind für zentralen Nystagmus kennzeichnend.

Die elektronystagmographische Drehstuhluntersuchung ergibt bei Läsionen im tonisierten Anteil des optisch-vestibulären Koordinationssystems ein *vestibuläres Richtungsüberwiegen*, auch als „zentrale Tonusdifferenz" bezeichnet, welches mit der Richtung des vestibulären Spontannystagmus übereinstimmt. Der Nachweis erfolgt durch Prüfung der sogenannten vestibulären Übergangsfunktion mittels standardisierter Rechts- und Linksrotation (perrotatorisch im schwellennahen Bereich mit einer Beschleunigung von 0,8°/s² bis zu einer Endgeschwindigkeit von 90°/s, welche als konstante Drehgeschwindigkeit bis zum völligen Abklingen des Beschleunigungsreizes, d. h. durch drei Minuten, beibehalten wird; sodann abrupte Abbremsung des Drehstuhles mit Auslösung eines postrotatorischen Nystagmus der als Post I der ursprünglichen Drehrichtung entgegengesetzt und als späterer, weniger intensiver Post II wieder in die ursprüngliche Drehrichtung schlägt). Physiologischerweise ergeben die Rechts- und Linksdrehung ein weitgehend symmetrisches Bild der experimentellen physiologischen Nystagmusreaktionen. Vestibuläres Richtungsüberwiegen entspricht einer Asymmetrie der Nystagmusantworten und ist dann als pathologisch zu diagnostizieren, wenn die Gesamtamplitude nach der einen Richtung um mindestens 30% größer als jene nach der anderen Richtung ist (JUNG 1953). Gleiches kann für die maximale Winkelgeschwindigkeit der langsamen Nystagmusphase gelten. Gemessen an der Nystagmusintensität (Schlagzahl, Amplitude, Dauer), ist ein Grenzwert zum pathologischen vestibulären Richtungsüberwiegen von mindestens 33% zu fordern (SCHERZER 1968).

Eine *vestibuläre Übererregbarkeit* läßt sich elektronystagmographisch in zwei Formen nachweisen: einerseits als Nystagmus alternans, der insbesondere nach Prüfung der vestibulären Übergangsfunktion über lange Zeit periodenförmig anhält und eigentlich einem persistierenden, richtungswechselnden postrotatorischen Nystagmus entspricht; und andererseits als „überstarke" Nystagmusreaktion nach einem wohldefinierten Drehreiz. Eine nähere Beschreibung darüber findet sich bei SCHERZER (1968), ebenso über die bezüglich ihrer Grenze schwer zu bestimmende *vestibuläre Untererregbarkeit*, wogegen die *vestibuläre Unerregbarkeit* zweifelsfrei diagnostiziert werden kann, am besten durch die thermische Spülung mit Wirkung auf das periphere Gleichgewichtsorgan. Auch diese kalorische Vestibularisprüfung kann unter elektronystagmographischer Registrierung erfolgen, sie eignet sich ganz besonders zur Feststellung peripherer Läsionen. Zum Unterschied von der Drehstuhluntersuchung prüft die Kalorisation jeweils nur ein Labyrinth. Die elektronystagmographische Ableitung des thermischen experimentellen Nystagmus erlaubt eine wesentlich bessere Formanalyse und eine bessere Beurteilung von Frequenz, Amplitude und Dauer der Nystagmusreaktion als die bloße Betrachtung unter der Leuchtbrille. Die Untersuchung wird als Kalt- und Warmspülung des äußeren Gehörganges vorgenommen und zwar im Seitenvergleich. Sie erfordert außerdem eine vorangehende Prüfung auf Intaktheit des Trommelfells beidseits.

Routinemäßig werden auch optokinetische Prüfungen in die vier Hauptrichtungen durchgeführt, d. h. nach rechts und links sowie nach oben und unten. Einen Spontannystagmus auf optokinetischer Ebene gibt es nicht, da die relevanten Leitungsbahnen supravestibulär gelegen sind und keine Tonisierung aufweisen. Pathologische Veränderungen drücken sich demnach in einer *Minderung der experimentellen physiologischen optokinetischen Nystag-*

musreaktion aus: kleinere Amplitude, geringere und unregelmäßige Frequenz des optokinetischen Nystagmus. Dies kann bis zum kompletten Zerfall und schließlich zum Ausfall des optokinetischen Nystagmus führen. In der Horizontalebene zählen Seitenunterschiede von mehr als 20% bereits als pathologisch, am besten gemessen an der Winkelgeschwindigkeit der langsamen Nystagmusphasen rechts und links (ZUMPFE 1960). In der Vertikalebene ist der optokinetische Nystagmus meist physiologischerweise geringer ausgebildet, vor allem nach unten. Der Vergleich eines solchen experimentellen Nystagmus nach oben und unten ist daher nicht möglich. Pathologische Störungen können eventuell durch Prüfung mit zunehmender Reizgeschwindigkeit erkannt werden (KORNHUBER 1966). Störungen des optokinetischen Nystagmus verursachen oft keine oder nur geringfügige subjektive Beschwerden, z. B. Schwindelsensationen bei schnell vorbeifahrenden Autos.

Des weiteren können im Rahmen von Spezialableitungen ein monokulärer Nystagmus, ein Nystagmus convergens bzw. divergens, ein diagonaler sowie ein dissoziierter Nystagmus nachgewiesen werden. Schließlich sind noch Sonderformen wie Kippnystagmus oder Kippdeviationen zu erwähnen, welche vor allem auf eine Hirnstammschädigung hinweisen. Eine häufige unfallfremde Störung stellt der kongenitale Fixationsnystagmus dar, welcher einem Pendelnystagmus mit weitgehend fehlender Differenzierung in eine schnelle und langsame Nystagmusphase entspricht und welcher bei offenen Augen während des Sehaktes auftritt, mit Augenschluß entweder verschwindet oder abnimmt und seine Form ändert. Abzugrenzen ist auch der okuläre Nystagmus bei Sehbehinderung oder Blindheit. Er zeigt vor allem grobe Augenrucke in verschiedene Richtungen. Blickrichtungsnystagmus sowie blickparetischer Nystagmus treten beim Blick zur Seite oder nach oben und unten auf. Die Unterscheidung zwischen diesen zwei Nystagmusformen fällt man am besten durch die klinische Untersuchung mit Nachweis oder Ausschluß einer Blickparese. *Langsame horizontale Pendeldeviationen* mit einer mittleren Frequenz von 0,33/s stellen die Eigenryhthmik der subkortikalen Blickzentren, d. h. die Spontanaktivität der Schaltzentrale des optisch-vestibulären Koordinationssystems dar und treten demgemäß bei Ermüdung und Schläfrigkeit auf. Sie sind, statistisch gesehen, nach substantiellen Gehirnverletzungen häufiger als nach Gehirnerschütterungen zu beobachten (SCHERZER 1968). Es handelt sich aber bloß um einen statistischen Trend, der daher nicht primär als Möglichkeit einer differentialdiagnostischen Unterscheidung angesehen werden darf. Durch Spezialableitungen kann man auch Lage- und Lagerungsnystagmus elektronystagmographisch registrieren. Untersuchungen mit Pendelreizung ergeben infolge Reizüberlagerungen schwer analysierbare Verhältnisse, provozieren jedoch wiederholt die zuvor beschriebene Nystagmusdysrhythmie (GREINER, CONRAUX und PICART 1961). Durch Fixierung des Kopfes, unter dem der Körper sinusförmig einer Rotationspendelung unterzogen wird, kann damit auch der zervikale Nystagmus in dynamischer Form analysiert werden.

Die Elektronystagmo- oder -okulographie erlaubt vor allem, den Grad der bereits eingetretenen Ausgleichs- und Kompensationsmechanismen oder Erholungsvorgänge nach Schädigungen des optisch-vestibulär-somatosensiblen Koordinations- und Orientierungssystems zu erkennen. Dennoch ist es nicht möglich, aus dem erhobenen ENG- bzw. EOG-Befund Perioden von subjektiven Beschwerden und Unbilden oder das Ausmaß der Beeinträchtigung sowie schließlich den unfallkausalen Dauerschaden im Sinne des irreparablen Defektsyndroms einzuschätzen.

5. Die klinisch-psychologische Untersuchung

Die klinisch-psychologische Untersuchung durch den Fachpsychologen stellt nach substantiellen Hirnverletzungen eine sinnvolle sowie zweckmäßige Ergänzung des ärztlich erhobenen psychischen Befundes dar, und zwar nicht nur in diagnostischer, sondern auch in gutachtlicher Hinsicht. Hauptaufgabe des versierten klinischen Neuropsychologen ist in diesen Fällen die Qualifikation und Quantifikation des zuvor beschriebenen posttraumatischen organischen Psychosyndroms einschließlich der Abgrenzung unfallfremder psychischer Störungen, insbesondere psychogener Symptome und Beschwerden. Wir selbst verwenden hiefür die ursprünglich von Hofer (1973) zusammengestellten diagnostischen Verfahren, welche wir als „Meidlinger Testbatterie" (Wurzer und Scherzer 1986, Wurzer 1989, Wurzer und Scherzer 1990, 1991 und 1992) bezeichnet haben. Diese Testbatterie besteht aus einer Reihe von bewährten psychologischen Testverfahren, welche in einer bestimmten Reihenfolge vorgegeben werden und, sofern es der Einzelfall erfordert, durch weitere spezielle Tests zu ergänzen sind. Die Einhaltung einer bestimmten Reihenfolge in der Vorgabe der psychologischen Einzeltests ist deshalb in der Neurotraumatologie besonders wichtig, weil das bei Hirnverletzten in 86% der Fälle vorkommende Leitsymptom des posttraumatischen organischen Psychosyndroms, nämlich die verminderte zerebrale Belastbarkeit in Form einer pathologischen, vorzeitig erhöhten zerebralen Ermüdbarkeit, auf die Einzeltests der Meidlinger Testbatterie unterschiedliche Auswirkungen zeigt. Beispielsweise werden Gedächtnisaufgaben durch eine pathologische zerebrale Ermüdbarkeit stärker beeinträchtigt als Leistungen im Bereiche der sensomotorischen Umstellung am Wiener Determinationsgerät (Wurzer und Scherzer 1986). Solche Umstände sind bei der Festlegung der Reihenfolge der verschiedenen psychologischen Testverfahren unbedingt zu berücksichtigen. Vor allem aber muß die einmal gewählte Reihenfolge fixiert und zum Behufe der Vergleichbarkeit stets beibehalten werden. Sie lautet im einzelnen für die Meidlinger Testbatterie folgendermaßen:

Flimmerfrequenzanalysator II (erster Teil)
Reaktionszeitmeßgerät
Exploration
Wechsler Memory Scale
[HAWIE oder IST oder LPS]

Aufmerksamkeits-Belastungs-Test d 2
[Zahlen-Verbindungs-Test bzw. ZVT]
Rorschach-Test
Wiener Determinationsgerät
Flimmerfrequenzanalysator II (zweiter Teil)
[MMPI oder FPI]

Die in eckigen Klammern angeführten Einzeltests stellen Ergänzungen der Testbatterie dar, welche auf Grund eines speziellen Störbildes angewandt werden. Sie zeigen, daß man mit einem Routineverfahren nicht das Auslangen findet, sondern daß auch die psychologische Diagnostik im Hinblick auf das posttraumatische organische Psychosyndrom bzw. jedes ätiologisch anders bedingte organische Psychosyndrom patientenorientiert und individuell auf die Besonderheiten des Probanden zugeschnitten sein muß.

Die Meidlinger Testbatterie beginnt mit der Flimmerverschmelzungsfrequenz-Untersuchung und endet auch mit dieser, sofern nicht im Einzelfall noch die Durchführung eines MMPI (Minnesota Multiphasic Personality Inventory, Saarbrücken) oder eines FPI (Freiburger Persönlichkeits-Inventar) notwendig ist. Der Grund für die zweifache Durchführung der Flimmerverschmelzungsfrequenz-Untersuchung liegt in der Vergleichsmöglichkeit des Zustandes des Probanden zu Beginn und am Ende der klinisch-psychologischen Untersuchung. So kann eine eventuelle Ermüdung im Sinne einer zerebralen Belastungsschwäche eindeutig nachgewiesen werden. Nach dem ersten Durchgang am Flimmerfrequenzanalysator II wird am Reaktionszeitmeßgerät die Reaktionszeit des Probanden bestimmt. Der nächste Vorgang betrifft die Exploration in Form eines ausführlichen und umfassenden, persönlichen Gespräches zwischen Proband und Untersucher. Dies ist deshalb von besonderer Wichtigkeit, weil die Interpretation der Teiltests maßgeblich von den Informationen abhängt, welche der klinische Fachpsychologe durch eigene Befragung vom Probanden erhält. Es handelt sich dem Prinzipe nach um dieselben anamnestischen Angaben, welche auch ärztlicherseits erhoben wurden und einen wichtigen Teil der Krankengeschichte ausmachen. Soziales Milieu, Entwicklung und Lebenslauf, berufliche und familiäre Situation, Art und Schweregrad des Unfalles, Schulbildung, persönliche Neigungen und Interessen, Dauer der unfallbedingten Amnesie (Gedächtnislücke), Partnerbeziehung, spezielle belastende Situationen einschließlich finanzieller Schwierigkeiten, Schuldhaftigkeit hinsichtlich des gegenständlichen Unfalles, geänderte Lebenssituation durch den Unfall usw. sollten im Gespräch erörtert werden. Der Proband muß aufgefordert werden, seine eigene gegenwärtige Situation zu beurteilen, ob und was sich geändert hat, ob er sich wieder für arbeitsfähig hält usw. Während des gesamten Gespräches müssen Verhalten, Stimmung, Körperhaltung und Anstrengungsbereitschaft des Probanden beobachtet werden. So können auch bereits Hinweise auf psychogene Mechanismen gewonnen werden. Im Untersuchungsgang folgt der Gedächtnistest, und zwar die Wechsler Memory Scale (Wechsler 1945, Bearbeitung nach Böcher

1963). Hiefür entwickelte BRIX (1982) verbesserte Normen. Geprüft werden in den Subtests IV, V und VII die Reproduktion von Kurzgeschichten, das unmittelbare Merken, welches dem Speichervorgang entspricht, und die Speicherung selbst. Es schließen sich einige Kopfrechnungen an, damit die Abstellfunktion im Sinne des kurzfristigen Merkens von Zwischenergebnissen geprüft werden kann. Falls notwendig, schiebt sich danach ein Intelligenztest ein, entweder die Kurzform des Hamburg-Wechsler-Intelligenztests für Erwachsene (HAWIE nach WECHSLER 1964, Kurzform nach DAHL 1972) oder der Intelligenz-Struktur-Test (IST nach AMTHAUER 1955 und 1973) oder das Leistungsprüfsystem (LPS nach HORN 1962). Der Intelligenztest soll insbesondere über Beeinträchtigungen aus der Zeit vor dem erlittenen Unfall Aufschluß geben, zumal ja, abgesehen von schwersten Schädelhirnverletzungen, die Intelligenz bei traumatischen Hirnschädigungen nicht primär beeinträchtigt ist.

Es folgt der Aufmerksamkeits-Belastungs-Test d 2 (BRICKENKAMP 1975). Nach diesem kann, soweit erforderlich, der Zahlen-Verbindungs-Test (ZVT nach OSWALD und ROTH 1978) folgen. Zur Erfassung von Auffälligkeiten im Bereich des Denkens verwenden wir den Rorschach-Test (RORSCHACH 1962, BOHM 1957, 1967 und 1972). Unter Umständen ergibt dieser Test Organizitätshinweise. Der nächste Untersuchungsschritt erfolgt am Wiener Determinationsgerät. Geprüft wird die sensomotorische Umstellfähigkeit des Probanden. Durch diese Untersuchung wird häufig eine ausgeprägte körperlicher Ermüdung bewirkt, weswegen wir diesen Untersuchungsgang ziemlich ans Ende der Meidlinger Testbatterie gesetzt haben. Abschließend wird der zweite Durchgang der Flimmerverschmelzungsfrequenz-Untersuchung vorgenommen, welche durch Vergleich mit dem ersten Durchgang dieser Untersuchung eine eventuelle pathologische Ermüdung bzw. verminderte zerebrale Belastbarkeit testmäßig nachweisen läßt. Falls notwendig, folgen weitere Verfahren der Persönlichkeitsdiagnostik, nämlich der MMPI (HATHAWAY und MCKINLEY, Bearbeitung von SPREEN 1963), der FPI und der FPI-R (FAHRENBERG, SELG und HAMPEL 1978 und 1989). An dieser Stelle können auch Verfahren zur Feststellung einer Berufseignung bzw. zur Berufsfindung stattfinden. Die Absolvierung der gesamten klinisch-psychologischen Untersuchung an Hand der Meidlinger Testbatterie ist zweifellos belastend und einem Probanden mit ausgeprägtem organischem Psychosyndrom nur fraktioniert zumutbar. Sie erfolgt in einem solchen Fall unter Gewährung von Erholungspausen und kann sich dabei über etliche Stunden, ausnahmsweise sogar über mehrere Tage erstrecken.

Die erzielten Einzeltestergebnisse, die sowohl den Leistungsbereich als auch den Persönlichkeitsbereich betreffen, werden nach formalisierten Interpretationsregeln gewichtet und, dem pathologischen Ausmaß entsprechend, in folgende sechs Schweregrade eingeteilt: sehr gering, geringgradig, mäßiggradig, mittelgradig, höhergradig und höchstgradig. Alle so gewonnenen Teilresultate werden nun zu einer Gesamtbeurteilung des organischen Psychosyndroms zusammengefaßt. Wieder bedienen wir uns der zuvor genannten sechsstufigen Skala bezüglich des Schweregrades der festgestellten psychoorganischen Störungen. Den Teilstörungen werden nachstehende Punkte einer sogenannten „Verdopplungsreihe", d. h. einer geometrischen Reihe mit dem Faktor 2 zugeordnet:

0,5	Punkte für eine sehr geringe Beeinträchtigung
1	Punkt für eine geringgradige Beeinträchtigung
2	Punkte für eine mäßiggradige Beeinträchtigung
4	Punkte für eine mittelgradige Beeinträchtigung
8	Punkte für eine höhergradige Beeinträchtigung
16	Punkte für eine höchstgradige Beeinträchtigung

Diese Skalierung entspricht der tatsächlichen Behinderung durch ein organisches Psychosyndrom in steigendem Grade viel besser als etwa eine Skalierung in Form einer arithmetischen Reihe. Die Punktwerte aus den vier Leistungsbereichen und den drei Persönlichkeitsbereichen werden sodann zu einem Gesamtpunktwert nach Art von Minus- bzw. Schlechtpunkten addiert. Eine fehlende Störung wird demnach mit der Punktzahl 0 bemessen. An Hand des so errechneten Gesamtpunktewertes vollzieht sich die *Gesamtquantifizierung des organischen Psychosyndroms* folgendermaßen:

0,5 bis	1,5 Gesamtpunkte	sehr gering
2,0 bis	3,5 Gesamtpunkte	geringgradig
4,0 bis	7,5 Gesamtpunkte	mäßiggradig
8,0 bis	13,5 Gesamtpunkte	mittelgradig
14,0 bis	24,5 Gesamtpunkte	höhergradig
25,0 und	mehr Gesamtpunkte	höchstgradig

Auch hier liegt eine geometrische Reihe vor, so daß ausgeprägte Teilstörungen, selbst wenn sie isoliert sind, in adäquatem Maße in die Gesamtbeurteilung des organischen Psychosyndroms eingehen. Mit anderen Worten ausgedrückt, bedeutet dies, daß leichte Teilstörungen, auch wenn sie mehrfach vorkommen, weniger stark wirken als erhebliche Teilstörungen, selbst wenn diese isoliert vorkommen. Das hier aufgezeigte System hat sich uns seit über zwei Jahrzehnten in der Beurteilung des posttraumatischen organischen Psychosyndroms sehr bewährt. Es erlaubt auch eine realistische Umsetzung in die durch psychoorganische Störungen bedingte Behinderung des Untersuchten hinsichtlich des fiktiven allgemeinen Arbeitsmarktes (Minderung der Erwerbsfähigkeit, MdE), jedoch nicht hinsichtlich einer speziellen Berufssituation.

Mit der Qualifizierung und Quantifizierung eines organischen Psychosyndroms im Rahmen der klinisch-psychologischen Fachuntersuchung ist noch nichts über die *Ätiologie des* beschriebenen *organischen Psychosyndroms* gesagt. Dessen Einordnung und Beurteilung als posttraumatisch im Hinblick auf einen in Rede stehenden, bestimmten Unfall hat unter Kenntnis sämtlicher medizinischer Details der nervenärztliche Gutachter vorzunehmen. Allenfalls kann hier auch eine teilweise Zuordnung zu einer traumatischen sowie zu einer sonstigen organischen Hirnschädigung im Sinne einer Schätzung erfolgen. In diesem Falle erweist sich unter Umständen die Bestimmung der Dauer der posttraumatischen Amnesie als ein wertvolles Hilfsmittel, zumal die Länge dieser unfallbedingten Erinnerungslücke ein gewisses Maß für den Schweregrad der stumpfen Gehirnverletzung darstellt. Der klinische Neuropsychologe hat jedoch nicht nur sämtliche psychoorganische Beeinträchtigungen, sondern auch *alle sonstigen psychischen Auffälligkeiten und Störungen* des Probanden durch seine Untersuchung zu erfassen. Es ist sogar eine wesentliche Aufgabe des im medizinischen Bereich tätigen Fachpsychologen, im Rahmen einer klinisch-psychologischen Untersuchung derartige nicht-organisch bedingte Ausfälle von organisch bedingten Ausfällen abzugrenzen und zu unterscheiden. Dies gelingt nur durch eine entsprechende Interpretation und Deutung aller erhobenen Einzelbefunde im Lichte der Persönlichkeitsentwicklung und persönlichen Situation des Betroffenen. Voraussetzung für das Gelingen einer solchen Abgrenzung psychogener, psychoreaktiver, neurotischer, psychopathischer und simulativer Störungen ist eine langjährige Erfahrung des klinischen Fachpsychologen auf dem diagnostischen Sektor. In erster Linie wird er auf die eingehende Exploration des Probanden zurückgreifen müssen, ohne welche eine Persönlichkeitsdiagnostik keineswegs möglich ist (Demuth 1991). Zu fordern ist die Anwendung einer Testbatterie mit standardisierten psychologischen Meßmethoden, da Widersprüche in den Ergebnissen einzelner Subtests einen wichtigen Hinweis auf psychogene Störungen ergeben können. Der Verdacht auf eine psychogene Fehlentwicklung ist vor allem dann gegeben, wenn sich im Laufe der Zeit bei klinisch unkompliziertem Verlauf die subjektiven Beschwerden des Betroffenen verstärken und vermehren, also eine maßgebliche Ausweitung erfahren. Die Gründe hiefür liegen in der Regel in unfallfremden Faktoren und in Besonderheiten der vorbestehenden Persönlichkeitsstruktur des Probanden. Wurzer (1992) hat drei Wege für die Abgrenzung der organisch bedingten von psychisch bedingten (psychogenen) Störungen beschrieben:

a) Beobachtung des Leistungsverlaufes. – Eine anfänglich niedrige Leistung des Untersuchten sollte durch intensive Ermunterung im Sinne des „hartnäckigen Nachfragens“ verbessert werden. Besteht eine ausreichende Anstrengungsbereitschaft, so ist auf diese Art und Weise auch bei psychogenen Störungen in der Regel eine Leistungssteigerung zu erreichen. Im Leistungsverlauf können sich Widersprüche zwischen den Ergebnissen verschiedener Testverfahren ergeben. Diese Widersprüche müssen analysiert und interpretiert werden. Auch aus solchen Widersprüchen können sich wesentliche Hinweise auf psychogene Störungen ergeben.

b) Verhaltensbeobachtung. – Häufig kann psychogenes Fehlverhalten allein schon bei eingehender und sorgfältiger Beobachtung den Verdacht auf nicht-organisch bedingte Störungen erwecken. Die Beobachtung umfaßt nicht nur den Zeitraum der eigentlichen Untersuchung, sondern auch Perioden außerhalb dieser, während welcher sich der Proband unbeobachtet wähnt. Für die Klärung schwieriger Fälle kommt nur eine stationäre Beobachtung durch längere Zeit an einer nervenärztlichen Abteilung mit entsprechend großer praktischer Erfahrung auf psychodiagnostischem Gebiete in Frage. Meistens kann ein psychogenes Fehlverhalten von den betroffenen Personen nur auf beschränkte Zeit konsequent durchgehalten werden, so daß es bald zu Auffälligkeiten und Widersprüchlichkeiten kommt, die mit dem Vorliegen einer organisch bedingten Störung nicht vereinbar sind und nur durch eine psychogene Symptomatik hinreichend erklärt werden können.

c) Gegenüberstellung von Test- und Alltagsleistungen. – Dem Prinzip nach handelt es sich hier abermals um das Aufzeigen von auffälligen und primär nicht erklärbaren Widersprüchen, die zwischen den Leistungen bei der klinisch-psychologischen Testuntersuchung und den Leistungen im Alltagsleben vorliegen. So ist eine behauptete höchstgradige Gedächtnisstörung mit ausreichendem Funktionieren als Verkäufer, Angestellter usw. nicht vereinbar. In einem solchen Falle muß diese gravierende Leistungsminderung auf dem Gedächtnissektor während der psychologischen Untersuchung als psychogen angesehen werden. Umgekehrt ist es möglich, daß vom Probanden im psychologischen Testbefund normale Leistungen erbracht werden und dennoch maßgebliche Minderleistungen in konkreten Konstellationen außerhalb der Testsituation auftreten. Eine derartige Situationsgebundenheit von psychischen Störungen ist ebenso ein wesentlicher Hinweis auf Psychogenie. Dies will heißen, daß ein normaler klinisch-psychologischer Untersuchungsbefund keineswegs eine psychogene (nicht-organisch bedingte psychische) Störung für den Alltag widerlegt bzw. ausschließt (Wurzer und Scherzer 1988, Wurzer 1992).

Die abschließende Beurteilung des klinisch-psychologischen Untersuchungsbefundes hat im Hinblick auf traumatisch bedingte Hirnschädigungen einschließlich hypoxischer und ischämischer Zerebralschädigungen einerseits über psychoorganisch bedingte Störungen und Ausfälle qualitativ sowie quantitativ und andererseits, wie soeben dargelegt, über eventuell zusätzlich vorhandene, sonstige (psychogene) Störungen zu befinden. Weitere Fragen können spezielle Probleme berühren und sind an Hand ergänzender psychologischer Verfahren zu beantworten, z. B. was das vorbestehende Intelligenzniveau anlangt. Schließlich sind eventuell vorhandene psychologische Vorbefunde zu berücksichtigen und im Lichte der rezenten Untersuchung zu erörtern und zu analysieren. So sollten Widersprüche und Unterschiede der zu verschiedenen Zeitpunkten erhobenen psychologischen Testbefunde dargelegt und aufgeklärt werden. Wenn innerhalb eines gebührend großen Zeitraumes keine maßgebliche Änderung festzustellen ist, sich also Art und Schweregrad der posttraumatischen psychoorganischen Störungen nach der traumatischen Hirnschädigung nicht weiter zurückgebildet haben, sondern unverändert geblieben sind, so muß bei komplikationslosem klinischem Verlauf angenommen werden, daß nun schon der Übergang des reversiblen posttraumatischen organischen Psychosyndroms der subchronischen Verletzungsphase in das irreversible und irreparable psychoorganische Defektsyndrom der chronischen Verletzungsphase im Sinne des unfallkausalen Dauerschadens stattgefunden hat. Im klinisch-psychologischen Befund sollte diesbezüglich dann vermerkt werden, daß mit einer weiteren Besserung der psychischen Unfallfolgen nicht mehr zu rechnen ist.

Was die *Häufigkeit psychoorganischer Ausfälle* im Rahmen des posttraumatischen organischen Psychosyndroms anlangt, so zeigen unsere Untersuchungen eindeutig (WURZER und SCHERZER 1991), daß die pathologische zerebrale Ermüdbarkeit, gleichbedeutend mit verminderter zerebraler Belastbarkeit, als Leitsymptom anzusehen ist. Es fand sich dieses Einzelsymptom im Durchschnitt sieben Monate nach dem erlittenen Unfall in noch 86% aller Probanden mit einem posttraumatischen organischen Psychosyndrom (WURZER 1992). Es folgten in der Häufigkeit Störungen im Bereiche des Frischzeitgedächtnisses (63%) und der sensomotorischen Umstellbarkeit (62%). Auch im weiteren Verlauf erwies sich die soeben aufgezeigte Symptomentrias des posttraumatischen organischen Psychosyndroms nach stumpfen Schädelhirnverletzungen als dominierend, obgleich entsprechend der anhaltenden Remissionstendenz, mit allmählich abnehmenden Prozentsätzen.

L. Klinischer Verlauf, Therapie und Rehabilitation

Nach leichten Schädelhirntraumen mit *primärem Koma* zeigt sich bald eine deutliche Besserung, indem die Bewußtlosigkeit abklingt und einer leichteren Bewußtseinstrübung Platz macht. Bei der Commotio cerebri liegt überhaupt nur eine sehr flüchtige zerebrale Symptomatik vor, so daß die Erinnerungsfähigkeit oft schon an der Unfallstelle oder während des Transportes ins Krankenhaus wiedererlangt wird. Etwas protrahiert, jedoch prinzipiell ähnlich, ist der klinische Verlauf bei leichten Gehirnkontusionen. Bei diesen hält die Somnolenz nach Überwindung der Bewußtlosigkeit meist noch Tage hindurch an und ist mit mangelhafter Orientiertheit bis Verwirrtheit im Sinne einer traumatischen Psychose kombiniert. Nach schweren Schädelhirntraumen ist hingegen ein stark protrahierter Verlauf festzustellen, das primäre Koma dauert lange, und es besteht Lebensgefahr infolge sekundär-traumatischer Hirnschädigungen (massives Hirnödem, vaskuläre Störungen mit verminderter Hirndurchblutung, umschriebene Hirnblutungen usw.). Von allem Anfang an muß die Aufrechterhaltung der vitalen Funktionen gesichert werden. Besonderes Augenmerk ist auf die Atmung zu legen. Diese kann durch Verlegung der Atemwege mechanisch behindert sein. Bereits an der Unfallstelle muß man somit für deren Freihaltung Sorge tragen, den Bewußtlosen zweckmäßig lagern, intubieren und allenfalls beatmen. Der Transport von der Unfallstelle ins Krankenhaus muß schonend, jedoch in gebotener Eile erfolgen. Dort wird sogleich die Schockbekämpfung mit intravenöser Infusionsbehandlung neben ersten diagnostischen Maßnahmen durchgeführt. Die Reanimations- und Intensivmedizin hat durch ihr exaktes Monitoring mit rechtzeitigem und zweckgerichtetem Therapieeinsatz die Sterblichkeit schwerer Schädelhirnverletzungen von 50% auf 35% gesenkt (MILLER 1991). Im Mittelpunkt aller Maßnahmen steht weiterhin die Hirnödembekämpfung. Obgleich diesbezügliche Behandlungsmethoden wie die Dexamethasontherapie und der Barbiturat-Bypass umstritten sind, können die soeben genannten positiven Resultate nicht bezweifelt werden. Sicherlich spielt dabei die kontinuierliche Hirndruckmessung (ICP-Dauerregistrierung) eine große Rolle, da ein gefährlicher Hirndruckanstieg frühzeitig erkannt und therapeutisch meist erfolgreich bekämpft werden kann. Druckentlastung des Schädelinneren und Ödembekämpfung, insbesondere mit diuretischen Substanzen, stellen die wichtigsten therapeutischen Maßnahmen der initialen Verletzungsphase dar. Die Beatmung des Verletzten wird im Rahmen der Akutbehandlung entsprechend den jeweiligen Erfordernissen voll kontrolliert gesteuert. Blutgas- und Elektrolytverschiebungen sowie vegetative Entgleisungen werden schnell kompensiert und ausgeglichen. Solchermaßen wird eine bestmögliche Situation für die Genesung des schwer Schädelhirnverletzten geschaffen. Hiezu gehört selbstverständlich ebenso die primäre unfallchirurgische Versorgung mit Hebung eines Schädelknochenimprimates, Entsplitterung einer schweren Schädeltrümmerfraktur, Ausräumung eines akuten Hämatoms und Entfernung intrakranieller Fremdkörper. Aber auch die Sanierung sonstiger lebensbedrohender Körperverletzungen ist im Sinne einer Globalbehandlung erforderlich.

An der Intensivstation findet nicht nur eine lebenserhaltende Behandlung, sondern auch eine begleitende, durchgehende Beobachtung des Verunfallten statt. Verlaufskontrollen einschließlich neurologischer Konsiliaruntersuchungen überprüfen den Zustand des Verletzten. Zusätzlich kommen moderne technische Methoden bis hin zu den bildgebenden Verfahren, vor allem die kraniale Computertomographie, zur Anwendung. Dadurch können intrakranielle Hämatome, noch ehe sie zu einem sekundären Koma geführt haben, erkannt und ausgeräumt werden. Das soeben genannte *sekundäre Koma* entwickelt sich, nachdem das initiale oder primäre Koma abgeklungen ist, aus einem Zustand der Bewußtseinsklarheit oder aus einem Zustande der Somnolenz. Im ersten Falle sprechen wir von einem *luziden Intervall*, im zweiten Fall von einem *relativ luziden Intervall* (MIFKA und SCHERZER 1962). Ein solcher Verlauf bedeutet einen dringenden Hinweis auf das Vorliegen einer posttraumatischen Komplikation des Schädelinneren, wie raumforderndes intrakranielles Hämatom, diffuses Hirnödem mit Hirnschwellung (sogenanntes Sekundärödem), zerebrale Fettembolie, epileptisches Anfallgeschehen, zerebrale Hypoxie, Herz-Kreislauf-Versagen und zerebrale Thromboembolie. Das plötzliche Auftreten einer sekundären Bewußtlosigkeit ist für einen epileptischen Anfall oder eine zerebrale Embolie, die langsame Entwicklung eines sekundären Komas ist hingegen vor allem für raumfordernde Prozesse kennzeichnend. In der Praxis bewähren sich wiederholte Kontrollen in systematischer Form, welche die Reaktionsfähigkeit des Verletzten auf äußere Reize verschiedener Art, den Pupillenbefund, die Herz- und Kreislaufparameter, den Hirndruck und die Atmung überprüfen. Weit verbreitet hat sich zur diesbezüglichen Dokumentation die *Glasgow Coma Scale* (TEASDALE und JENNETT 1974), die eigentlich keine tatsächliche Komaskala, sondern eine Reaktivitätsskala (POECK 1992) darstellt. Sie erlaubt eine einfache und schnelle Prüfung auch durch das nicht-ärztliche medizinische Personal einer Intensivabteilung. Im Falle der künstlichen Beatmung und Sedierung ist dieses Beurteilungssystem jedoch nicht mehr anwendbar. Wie beim luziden und relativ luziden Intervall müssen auch bei anhaltender Bewußtlosigkeit diagnostische Verfahren eingesetzt werden, am besten die kraniale Computertomographie, um ein mögliches operierbares raumforderndes Hämatom des Schädelinneren aufzudecken.

Bei allen gravierenden Schädelhirntraumen soll frühzeitig mit Maßnahmen der *Neurorehabilitation* begonnen werden. So sind selbst nach schwersten Schädelhirnverletzungen wiederholt noch befriedigende Resultate erzielbar, sofern die Wiederherstellungsbehandlung konsequent und über lange Zeit fortgeführt wird und sofern des weiteren der Betroffene aktiv und kooperativ an allen Trainingsprogrammen teilnimmt. Unter diesen Voraussetzungen ist die Rehabilitation von Schädelhirnverletzten als besonders aussichtsreich anzusehen (SCHERZER 1987). Dies erklärt sich nicht zuletzt durch den Umstand, daß die Verletzten meist jung sind und durch den Unfall plötzlich aus voller Gesundheit herausgerissen wurden, daß sie auch meist keine Vorschäden und Vorerkrankungen haben. Weiters sind die Chancen einer erfolgreichen Neurorehabilitation für Schädelhirnverletzte wesentlich besser als beispielsweise für Insultpatienten, da letztere meist im vorgerückten Lebensalter stehen und in der Regel schon seit Jahren Träger einer allgemeinen Gefäßerkrankung sind.

Aus neuropathologischer Sicht können die primär traumatischen zerebralen Ausfälle durch Entwicklung von Hirnödem, lokalen zerebralen Durchblutungsstörungen, Hirndrucksteigerung mit Einklemmungserscheinungen usw. eine Verschlimmerung erfahren. Es entstehen auf diese Art und Weise *sekundär traumatische Läsionen*, welche die moderne Intensivmedizin durch verschiedentliche, zuvor schon genannte therapeutische Maßnahmen zu verhindern trachtet. In den meisten Fällen werden während der Anfangsphase jene pathologisch-anatomischen Veränderungen gesetzt, die schließlich den unfallkausalen Dauerschaden in neurologischer und psychischer Hinsicht bestimmen. Demnach läßt sich auch der Schweregrad der eingetretenen traumatischen Hirnschädigung aus dem anfänglichen klinischen Verlauf beurteilen. Als recht verläßlicher Gradmesser haben sich diesbezüglich für stumpfe, geschlossene Schädelhirnverletzungen die *Dauer des initialen Komas und die Dauer der posttraumatischen Amnesie* (Komaphase plus traumatische Psychose bzw. direkte Amnesie plus anterograde Amnesie) erwiesen. Sie stehen in einem hochsignifikanten Zusammenhang mit dem Schweregrad des entsprechenden posttraumatischen Defektsyndroms. Dies konnte zweifelsfrei am posttraumatischen organischen Psychosyndrom zwei Jahre nach dem Unfall, als schon weitestgehend der irreparable Dauerschaden erreicht war, nachgewiesen werden (WURZER und SCHERZER 1986). Auf Grund der den traumatischen Hirnschädigungen innewohnenden, lange Zeit hindurch anhaltenden *Remissionstendenz* ergibt sich in der postakuten Phase eine allmähliche Besserung im Zustand des Hirnverletzten. Die dabei stattfindende Rückbildung zerebraler Ausfälle folgt einer Exponentialkurve, ist anfangs schnell, später langsam und zögernd. Entweder wird bei leichteren Fällen durch die Remission eine Restitutio ad integrum erreicht, so daß eine Normalisierung eintritt oder es wird bei schwereren Fällen bloß eine mehr oder minder ausgeprägte Teilbesserung erreicht, so daß sich mit Erschöpfung und Beendigung der Rückbildung ein persistierender Dauerschaden in Form des bereits genannten, irreparablen zerebralen Defektsyndroms ergibt. Besserungsfähigkeit in klinischer Hinsicht ist über Wochen und Monate bis zu zwei Jahren und ausnahmsweise bei Kindern sowie Jugendlichen bis zu drei oder vier Jahren gegeben. Diese Remissionstendenz zerebraler Ausfälle läßt sich für zentrale Paresen, Sensibilitätsstörungen, Aphasien und psychoorganische Störungen (SCHERZER 1987 und 1990), aber auch für traumatisch bedingte Störungen der bioelektrischen Hirntätigkeit an Hand von systematischen Verlaufsuntersuchungen (SCHERZER 1972 und 1980) nachweisen. Angesichts dieser Exponentialkurve der Spontanremission läßt sich erklären, daß die Erfolge der Neurorehabilitation umso größer sind, je früher diese einsetzt. Das erforderliche rehabilitative Training beruht auf einem professionell geleiteten und überwachten, regelmäßigen und langdauernden sowie multimodalen Lernprozeß, der selbstverständlich die aktive Mitarbeit des Rehabilitanden erfordert. Rehabilitative Maßnahmen müssen so lange fortgesetzt werden, als sich eine Besserung ergibt. Erst mit Erschöpfung des Rehabilitationspotentials kann die Wiederherstellungsbehandlung beendet werden. Unter Umständen sind spätere Zyklen eines Auffrischungstrainings angezeigt. Die Aufrechterhaltung des im Rahmen der Neurorehabilitation Erlernten und Gewonnenen obliegt primär dem Versehrten selbst. Allenfalls muß er aber bei Vorliegen eines ausgeprägten psychoorganischen Defektsyndroms hiezu immer wieder aufgefordert, motiviert und stimuliert werden.

Zerebrale Ausfallsyndrome können in ihrer Rückbildung auf jedem Niveau stagnieren und damit in den irreparablen Defekt einmünden. Solchermaßen gibt es nach Gehirnverletzungen Dauerschäden unterschiedlichen Schweregrades, angefangen von sehr geringen Schäden bis zu schwersten Behinderungszuständen wie persistierenden apallischen Syndromen. Die bisher geschilderte Remissionstendenz charakterisiert den unkomplizierten bzw. komplikationslosen klinischen Verlauf der traumatischen Hirnschädigung. Mitunter kommt es jedoch zu einer *Verschlimmerung* im Zustand des Schädelhirnverletzten. Bestehende Ausfälle nehmen dann an Intensität zu, bereits zurückgebildete Ausfälle treten erneut in Erscheinung oder es manifestieren sich andere (frische) zerebrale Störungen. Solchen intrakraniellen Komplikationen liegen sich langsam entwickelnde, raumfordernde Blutansammlungen, entzündliche Veränderungen oder Liquorzirkulationsstörungen des Schädelinneren zugrunde. Diese pathologischen Veränderungen wie chronisches Subduralhämatom, Spätmeningitis, Hirnabszeß und subarachnoideale Blokkade der Liquordynamik mit Entwicklung eines aresorptiven kommunizierenden Hydrozephalus wurden schon in den früheren Buchabschnitten besprochen. Eine weitere unfallkausale Komplikation, die posttraumatische Spätepilepsie, wird im nächsten Hauptkapitel behandelt. Derartige posttraumatische intrakranielle Komplikationen sind vor allem Spätfolgen des ursprünglichen Schädelhirntraumas, stoppen die bis dahin gegebene Remissionstendenz und kehren den Gang der Dinge um, so daß eine Progredienz von zerebralen Ausfällen und Störungen das klinische Bild beherrscht. Wenn die Spätkomplikation therapeutisch beherrscht ist, kann die frühere Rückbildungstendenz von neuem einsetzen.

Viele Spezialisten behaupten, daß die Neurorehabilitation nach Schädelhirnverletzungen bereits am Unfallort beginnt. Diese Meinung klingt zwar aufs erste übertrieben, jedoch will man damit nur darauf hinweisen, daß einzig und allein eine vom Anfang an konsequent durchgeführte, optimale Versorgung des Hirnverletzten zusätzliche Schädigungen verhindern kann. Bereits an der primären Behandlungseinheit, in der Regel an einer unfallchirurgischen Abteilung, hat diese sogenannte *Frührehabilitation* einzusetzen. Strenggenommen handelt es sich dabei um rehabilitationsvorbereitende Maßnahmen: richtige Lagerung zur Reflexhemmung und Tonusregulierung zwecks Bekämpfung einer sich entwickelnden Spastizität sowie zur Vermeidung von Gelenksfehlstellungen, wiederholte Umlagerungen (alle zwei bis drei Stunden) zur Vorbeugung gegenüber Dekubitalgeschwüren und Pneumonie, passive Bewegungsübungen zur Erhaltung des vollen Motilitätsumfanges der Gelenke und zur Verhinderung von Kontrakturen, systematische Anwendung verschiedener Reize zur psychischen Aktivierung des noch bewußtseinsgetrübten Verletzten usw. Wenn man Rehabilitation als aktives Training des Versehrten definiert, entsprechen all diese Maßnahmen nicht dem strengen Begriff der Rehabilitation. Dennoch wird sich der Ausdruck Frührehabilitation nicht ausmerzen lassen, denn er hat sich schon ziemlich allgemein eingebürgert. Auch sollten wir nicht vergessen, daß es fließende Übergänge zwischen der Rehabilitation und der Behandlung, unter welcher wir die vom Patienten passiv erduldete Therapie verstehen, gibt. In der Akutphase überwiegt eindeutig die Behandlung, in der Spätphase die Rehabilitation. Jedoch darf dies keineswegs im Sinne des Entweder-Oder aufgefaßt werden. Häufig wird einige Zeit hindurch ein Nebeneinander von therapeutischen und rehabilitativen Maßnahmen angezeigt sein. Irrig ist auch die Meinung, daß Rehabilitation vom Aufenthalt in einem diesbezüglichen Zentrum abhängt. Die sogenannte Wiederherstellungstherapie (ein Ausdruck, der dem Begriff der Rehabilitation gleichgesetzt wird, ihm aber definitionsgemäß nicht voll entspricht) kann und soll schon früher, nämlich im primär behandelnden Krankenhaus, begonnen werden, allenfalls dort auch für leichtere Fälle ambulant fortgeführt werden. Üblicherweise setzt aber die intensive und *spezifische Neurorehabilitation* mit der Überstellung des Schädelhirnverletzten in ein neurotraumatologisches Rehabilitationszentrum ein. Dort werden nach nochmaliger exakter Durchuntersuchung und Fallanalyse das erste Rehabilitationsziel und das anzuwendende individuelle Rehabilitationsprogramm für den Betroffenen festgelegt. Zu diesem Zeitpunkt ist oft auch noch eine Medikation erforderlich, einerseits Stimulantien bei Antriebsminderung und andererseits Sedativa bei psychomotorischer Unruhe, ferner Kreislaufmittel, vegetativ stabilisierende Medikamente, Antiparkinsonmittel und Zerebralmetabolika.

Folgeschäden wie Harnwegsinfekte, Trachealstenosen, Dekubitalgeschwüre, Fisteln, heterotope Ossifikationen usw. müssen erkannt, behandelt und beseitigt werden. Unter Umständen ist eine Shunt-Operation bei aresorptivem kommunizierendem Hydrozephalus erforderlich. Schließlich treten eventuell noch posttraumatische epileptische Manifestationen auf, welche eine zweckentsprechende medikamentöse Therapie erfordern. Halten Verwirrtheit und Desorientiertheit des Verletzten an, so müssen diesem immer wieder Orientierungshilfen geboten werden. Des weiteren ist das Fehlverhalten solcher Patienten zu korrigieren, bis wieder eine ausreichende Selbstkontrolle erlangt worden ist. Im Rahmen des Selbsthilfetrainings werden einfachste Verrichtungen wie An- und Ausziehen, Körperpflege, Waschen und Nahrungsaufnahme neu erlernt. Dies gilt auch für die Sphinkterfunktionen der Stuhl- und Harnkontrolle. Das *Rehabilitationsprogramm* ist nach den Bedürfnissen des Einzelfalles ausgerichtet, also individuell angepaßt. Die Physiotherapie erfolgt in erster Linie als Heilgymnastik in Einzelbehandlungen. Bereits im primären Krankenhaus sollte mit therapeutischen Lagerungen begonnen werden. Ihr Zweck ist es, pathologische Haltungsmuster und Gelenkskontrakturen zu verhindern. Mit der Mobilisation des Versehrten, der oft längere Zeit hindurch bettlägerig war, setzt ein systematisches Kreislauftraining ein. Hiezu hat sich wesentlich die Behandlung auf dem Stehbrett oder Kipptisch bewährt. Das Hauptproblem in der Neurophysiotherapie gravierender zerebraler Schädigungen stellt die Spastizität dar. Es finden verschiedene Behandlungsmethoden Anwendung. Nach dem Prinzip der propriozeptiven neuromuskulären Fazilitation (PNF) werden motorische Leistungen durch intensive Stimulation der Propriozeptoren wie Muskelspindeln und Gelenksrezeptoren in Form von Zug, Druck und Widerstand angebahnt, gefördert oder verbessert. Nach dem BOBATH-Konzept werden abnorme Bewegungsmuster gehemmt und physiologische Bewegungsmuster gebahnt, dabei kommen tonussenkende oder tonusfördernde Maßnahmen zur Erzielung eines normalen Muskelspannungszustandes zum Einsatz. Eine Kompensation der Lähmung durch alleinige oder vorzugsweise Verwendung der gesunden Seite ist hintanzuhalten. Die Therapie nach Vojta versucht, zur Bahnung korrekter Bewegungsmuster Reflexbewegungen heranzuziehen. Schließlich sind noch die Stemmführungen von Brunkow zu erwähnen, deren Ziel es ist, physiologische Bewegungsmuster zu bahnen und zu automatisieren. Damit wird eine Aufrichtung und Stabilisierung des Körpers bezweckt. Ataxien bedürfen eines systematischen Bewegungstrainings in Form von Gleichgewichtsübungen usw. Gangschulung sowie Erlernung verschiedener Hilfen für die täglichen Verrichtungen einschließlich des Transfers zwischen Bett, Sessel, Rollstuhl, Toilette und Badewanne sind äußerst wichtig, damit der Versehrte allmählich seine Unabhängigkeit wiedererlangt. Ferner werden Eistherapie zur Bekämpfung von Spastizität, Stehübungen im Barren, Schwimmtherapie, eventuell Unterwasserbehandlungen mit Ausnützung des Auftriebs im Wasser, bukkofaziale Stimulationen, Fahrradübungen, Geschicklichkeitsübungen, Gruppenturnen und rein sportliche Übungen angeboten. Sprach-, Sprech- und Stimmtherapien sind bei entsprechenden Kommunikationsstörungen angezeigt. Zur gezielten Behandlung ist die Erhebung eines exakten logopädischen Befundes und eines Sprach- oder Sprechbefundes (Aphasietest oder Dysarthrietest) erforderlich. Besonders bei der Aphasie baut man systematisch auf die noch am besten erhaltene bzw. intakte Sprachleistung auf und orientiert sich bei der Auswahl des Lernstoffes am Interesse des Rehabilitanden. In der Ergotherapie wird ein systematisches Training zur Behebung von Funktionseinschränkungen sowie Bewegungsstörungen über manuelle Tätigkeiten angestrebt. Zuerst kommt der Versehrte in die Ergotherapie B (Beschäftigungstherapie), wo er unabhängig vom früher ausgeübten Beruf feinmotorische Übungen, aber auch Gedächtnis- und Konzentrationsübungen in verschiedenster Form durchführt. Hier können des weiteren bei Lehrlingen, Schülern und Büroangestellten praxisbezogene Verrichtungen im Hinblick auf eine spätere berufliche bzw. schulische Tätigkeit erfolgen. Desgleichen bietet eine Übungsküche Möglichkeiten zum Training von Alltagsaktivitäten, besonders für Hausfrauen und Mütter. Rehabilitanden aus manuellen Berufen können sodann, wenn sie sich in ihren Leistungen deutlich gebessert haben, in die Ergotherapie A (Arbeitstherapie) überwechseln. Dort werden Metall-, Holz- und Papierarbeiten, aber auch Tätigkeiten am Reißbrett und im Elektronikbereich angeboten. Ein Teil der Arbeiten läßt sich in kleineren Arbeitsgruppen verrichten.

Die neuropsychologische Behandlung Schädelhirnverletzter hat heutzutage eine große Bedeutung erlangt. Sie fußt auf einer diagnostischen Abklärung, in welcher die psychoorganischen Störungen des Rehabilitanden bezüglich Qualität und Quantität ermittelt werden. Eine optimale Behandlung kann nur auf dem Ergebnis einer solchen klinisch-psychologischen Fachuntersuchung basieren. Im einzelnen werden Gedächtnistraining, Reaktionstraining,

Konzentrationstraining, Einsatz von Spielen im Neurotraining, computergestütztes Training, Verhaltenstherapie und auch Entspannungstraining durchgeführt. Das Gedächtnistraining bedient sich wiederholt verschiedener Techniken, wie Verknüpfen von Gedächtnisinhalten, Merken von Einkaufslisten, Kopfrechnen, audiovisuelle Hilfsmittel, mannigfaltige Gedächtnishilfen, aber auch apparative Verfahren, z. B. das Training am Leistungsprüfgerät. Neuerdings wurden zusätzlich computergestützte Therapieprogramme für das Gedächtnistraining entwickelt. Das Reaktionstraining führen wir routinemäßig am Wiener Determinationsgerät durch (HOFER 1973). Eine Untersuchung von KALLINGER (1975) ließ erkennen, daß das Reaktionstraining einen generellen therapeutischen Effekt aufweist und im weitesten Sinne zu einer allgemeinen zerebralen Funktionsanregung führt (HOFER und SCHERZER 1978, KRÖSL-KALLINGER und SCHERZER 1977). Das Konzentrationstraining bedient sich des PAULI-Test-Gerätes, des Leistungs-Prüf-Gerätes und des Cognitrone (Wiener Konzentrationsgerät). Für letzteres wurden von WURZER mehrere Programme eines Auffassungstrainings entwickelt (WURZER und SCHERZER 1981 und 1982). Im Neurotraining eingesetzte Spiele sind größtenteils aus dem Alltag bekannt und überall erhältlich. Ihre Spieldauer soll unter einer Stunde liegen, sie sollen keine komplexen Spielregeln aufweisen und kein höheres Allgemeinwissen voraussetzen (WURZER 1992). Ergänzend werden Musiktherapie, die einen günstigen Einfluß auf die Motorik und die Psyche ausübt, und Maltherapie, welche vor allem kreative Fähigkeiten fördert und auch einen Einblick in psychische Bereiche des Rehabilitanden gewährt, neben dem bisher beschriebenen rehabilitativen Standardprogramm angeboten.

Epileptische Frühanfälle gehen nur sehr selten in Spätanfälle über. Aber auch die *posttraumatische Spätepilepsie*, welche im Krankengut des Rehabilitationszentrums Wien/Meidling etwa 10% ausmacht, stellt eine sehr benigne Epilepsieform dar, welche nur mit wenigen fokalen und/oder generalisierten Krampfanfällen, ausnahmsweise mit sonstigen Anfallformen, am ehesten vom Schläfenlappentyp, einhergeht. Durch entsprechende antiepileptische Dauermedikation und Elimination sonstiger Noxen (Alkoholgenuß, Schlafdefizit) kann meist Anfallfreiheit erreicht werden. Ein langsames, ausschleichendes Absetzen der antiepileptischen Therapie ist zu einem späteren Zeitpunkt bei einem hohen Prozentsatz der Fälle erfolgreich. Die traumatisch bedingten epileptischen Manifestationen werden in einem eigenen Kapitel dieses Buches besprochen.

Nicht verschwiegen sei der Umstand, daß in den letzten Jahren in zunehmendem Maße schwerste Schädelhirntraumen in neurotraumatologische Rehabilitationszentren eingewiesen werden und dort besonders lang behandelt bzw. trainiert werden müssen, wobei aber in diesen Fällen auf Grund gravierender Funktionsstörungen nur Teilerfolge erzielbar sind. Eine berufliche Wiedereingliederung ist hier unmöglich. Es darf schon als Erfolg gebucht werden, wenn derartige Schwerstfälle wieder in den Familienverband zurückkehren und nicht in ein Heim zur dauernden Betreuung überstellt werden müssen. Realistische Rehabilitationsziele können oft nur die teilweise Mobilisation (im Lehnstuhl und Rollstuhl), eine gewisse Selbständigkeit in einfachen Verrichtungen des täglichen Lebens und eine psychische Anpassung an die eingeschränkten Möglichkeiten der neuen Lebenssituation sein.

M. Gutachtliche Wertung

Bei der Beurteilung eines Schädeltraumas muß sich der Gutachter über Art und Schweregrad der Verletzung klar werden. Auskunft darüber geben ihm der Unfallhergang und die Initialsymptomatik. Was den *Unfallhergang* anlangt, muß geprüft werden, ob ein Unfall entsprechend den Versicherungsbedingungen vorliegt. Als Unfall ist allgemein und prinzipiell ein Ereignis anzusehen, das plötzlich und örtlich durch mechanische, chemische, aktinische oder thermische Einwirkung einen Körperschaden verursacht. Dabei muß der Betroffene die Gesundheitsschädigung unfreiwillig erleiden. Wichtig ist ferner die Erkennung eines „Unfalles aus innerer Ursache", meist eines Sturzes infolge einer vorbestehenden Erkrankung oder einer sonstigen Funktionsstörung (SCHERZER 1985). So kann ein Herzinfarkt, eine spontane Subarachnoidealblutung oder ein akuter Zerebralinsult schicksalhaft während des Autofahrens auftreten und zu einem Unfall mit weiteren Folgen wie Knochenbrüchen, aber auch Gehirnkontusion führen. Ähnlich bewirkt unter Umständen ein Sturz im epileptischen Anfall, im Alkoholrausch, im akuten Schwindelanfall oder in der Synkope eine Schädelverletzung mit zerebraler Läsion. Laut den Allgemeinen Bedingungen für die private Unfallversicherung (AUVB) liegen derartige sekundäre Unfälle außerhalb der sachlichen Begrenzung des Versicherungsschutzes. Zum Unterschied davon können jedoch in einem solchen Fall bei Beurteilung für die gesetzliche (soziale) Unfallversicherung die örtlichen Gegebenheiten darüber entscheiden, ob dieser „Sturz aus innerer Ursache" einem Unfall gleichgesetzt wird, z. B. Sturz von einem Gerüst, einer Leiter usw. Diese haftungsbegründende Kausalität ist juristischerseits zu entscheiden. Der Arzt kann hier lediglich Umstände und Gegebenheiten aufzeigen, welche dem medizinischen Laien allenfalls entgehen, und vorbestehende Erkrankungen abgrenzen. Voll zuständig ist hingegen der ärztliche Gutachter für die Beurteilung der haftungsausfüllenden Kausalität, worunter der *ursächliche Zusammenhang zwischen schädigendem Vorgang und Gesundheitsschaden* zu verstehen ist. In diesem Zusammenhang ist vor allem zu klären, ob das Unfallereignis seiner Art und seinem Schweregrad nach geeignet war, ein entsprechendes Trauma und einen dadurch bedingten Schaden zu bewirken. Dies bedeutet, daß der neurologische Gutachter im Hinblick auf Schädeltraumen zu entscheiden hat, ob eine organische (substantielle) Hirnschädigung oder ob lediglich eine funktionelle Betriebsstörung des Gehirns im Sinne einer Commotio cerebri (Gehirnerschütterung) oder überhaupt nur ein Schädeltrauma ohne zerebrale Beteiligung im Sinne einer Contusio capitis (Schädel- oder Kopfprellung) gesetzt wurde. Einzig und allein substantielle Hirnparenchymläsionen wie Contusio cerebri (Gehirnquetschung, Gehirnprellung, Gehirnkontusion), hypoxische, sekundärevaskuläre, entzündliche und druckbedingte Nervenzellschädigungen sind dem Prinzipe nach geeignet, zu zerebralen Dauerfolgen zu führen. Jedoch ist nicht jede organische Hirnläsion unbedingt und zwingend einem Funktionsausfall des Zentralorgans gleichzusetzen, vor allem nicht bezüglich des Dauerzustandes. Leichte zerebrale Schädigungen können voll kompensiert werden, ebenso zerebrale Läsionen in sogenannten „stummen" Hirnarealen. Es ist Aufgabe des Gutachters, die Unfallkausalität der klinisch nachgewiesenen zerebralen Symptome überzeugend darzulegen. Keineswegs dürfen zerebrale Ausfälle ungeprüft und kritiklos nur deshalb als unfallkausal anerkannt werden, weil sie im Gefolge eines Traumas manifest geworden sind. Ein bloßer zeitlicher Konnex reicht für die gutachtliche Anerkennung als Verletzungsfolge nicht aus. Der Nachweis des engen inneren Zusammenhanges zwischen Trauma bzw. Unfall und zerebraler Ausfallsymptomatik ist eindeutig, schlüssig und nachvollziehbar zu führen. Dies darf aber nicht in dem Sinne ausgelegt werden, daß zerebrale Symptome, welche mit Latenz nach einem Unfall manifest geworden sind, von Haus aus als unfallfremd und unfallunabhängig abgetan werden. Eine solche Entscheidung wäre verfehlt, denn jeder Einzelfall erfordert eine genaue Prüfung und Analyse im Hinblick auf die Kausalitätsfrage. So können gravierende Verletzungsfolgen wie ein chronisches Subduralhämatom oder eine posttraumatische Karotisthrombose unter Umständen sogar nach durchaus leicht anmutenden Verletzungen auftreten, die primär als Bagatelltraumen angesehen wurden.

Der *Nachweis der substantiellen zerebralen Schädigung* gelingt an Hand der in der Krankengeschichte dokumentierten zerebralen Ausfalls- und Reizsymptome, wie zentrale Paresen, homonyme Hemianopsie, zentraler Nystagmus usw., ferner an Hand psychischer Störungen, wie Bewußtseinstrübung, psychomotorische Unruhe, Desorientiertheit, Verwirrtheit usw. Bekanntlich besteht zwischen der Dauer des primären Komas und dem Schweregrad des psychoorganischen Defektzustandes ein statistisch hochsignifikanter Zusammenhang (WURZER und SCHERZER 1986, SCHERZER und WURZER 1991). Schwierigkeiten ergeben sich aber dadurch, daß in vielen Krankengeschichten das Ende der Komaphase, gekennzeichnet durch spontanes Augenöffnen und gezielte Reaktionen auf äußere Reize sowie eventuell durch sprachliche Äußerungen, nicht dokumentiert ist, des weiteren auch dadurch, daß die in den letzten Jahren bei schweren Schädelhirntraumen zunehmend häufiger angewandte Therapie mit Barbiturat-Bypass das klinische Bild maskiert. Deshalb ist die *Dauer der posttraumatischen Amnesie (PTA)*, die mit dem Ausmaß des psychoorganischen Defektsyndroms gleichfalls in einem statistisch hochsignifikanten Zusammenhang steht, als Gradmesser des stumpfen Schädelhirntraumas oft besser verwertbar als die Dauer der primären Bewußtlosigkeit. Innerhalb gewisser Grenzen lassen sich somit auf Grund der Exploration Aussagen über das Ausmaß und die Dauer des diffusen, traumatisch bedingten Hirnödems, das ja als Grundlage der diffusen, traumatisch bedingten psychischen Veränderungen nach schweren Gehirnverletzungen anzusehen ist, machen. Jedoch können Verzeichnungen und Verzerrungen dadurch eintreten, daß eine Kontamination der Erinnerungsinhalte des Verletzten mit Erzählungen, die ihm zu Ohren gekommen sind, stattgefunden hat, des weiteren auch dadurch, daß sich eine psychogene Ausweitung entwickelt hat. Letztere betrifft aber kaum je isoliert die PTA, sondern ebenso die ansonsten wesentlich kürzere retrograde Amnesie (RA), also die Erinnerungslücke, welche Ereignisse unmittelbar oder kurze Zeit vor dem erlittenen Unfall betrifft. Wenn die RA, die üblicherweise nur einen Bruchteil der PTA ausmacht, wesentlich verlängert oder sogar größer als die PTA geworden ist, besteht der Verdacht auf eine psychogene Ausgestaltung, und es können die Angaben des Betroffenen nicht mehr zur Beurteilung des Schweregrades eines erlittenen stumpfen Schädelhirntraumas verwertet werden. Besonders in einem solchen Fall erweisen sich *Krankengeschichtsdekurse* wertvoll, aus denen hervorgeht, wann die (post)traumatische Psychose und Verwirrtheit abgeklungen ist bzw. wann geistige Ordnung wiedererlangt worden ist. Allenfalls kann auch eine Fremdanamnese diesbezügliche Anhaltspunkte liefern. Eintragungen über registrierte Hirndruckwerte, Mittelhirnkrämpfe, pathologische computertomographische Befunde des Schädelinneren und Allgemeinveränderungen sowie Herdbefunde in elektroenzephalographischen Ableitungen geben weiters Auskunft über das Ausmaß und den Schweregrad der erlittenen traumatischen Hirnschädigung. Vor allem in der Anfangsphase besteht eine ziemlich enge Korrelation zwischen den pathologischen Befunden in den genannten Hilfsuntersuchungen und dem Schweregrad des klinischen Zustandsbildes. Schließlich berichten noch Operationsbefunde über Eingriffe am Schädel und die dabei vorgefundenen lokalen Verletzungen.

Zu beachten ist selbstverständlich auch eine allfällige *Alkoholisierung* zum Zeitpunkt des gegenständlichen Unfalles. Eine solche kann nämlich das primäre Koma deutlich verlängern (LAUBICHLER 1983). Dadurch scheint das Trauma wesentlich schwerer, als es wirklich ist. Kennzeichnend für die Alkoholisierung ist die rasche Aufhellung der Bewußtseinslage mit Abklingen des Rauschzustandes. Leicht kann so eine Commotio cerebri irrtümlich als Contusio cerebri angesehen werden. Wie bereits früher dargelegt, dauert die primäre Bewußtlosigkeit bei einer Commotio cerebri nur Minuten. Hält sie länger als eine Viertelstunde an, so ist bereits der Verdacht auf eine Gehirnkontusion gegeben. Die PTA bei der Commotio cerebri beläuft sich auf Minuten bis allenfalls Stunden. Durch Alkoholisierung können diese zeitlichen Grenzen aber wesentlich verlängert werden. Deshalb ist es sehr wichtig, daß in der primären Krankengeschichte Zeichen von Alkoholisierung dokumentiert werden, was aber leider oft nicht der Fall ist. Auch bei Fehlen eines primären Bewußtseinsverlustes muß sich der nervenärztliche Sachverständige über allfällige sonstige psychische Veränderungen in der Initialphase Klarheit verschaffen. So kann unter Umständen eine „isolierte anterograde Amnesie“

(SCHERZER 1965), von STRAUBE (1963) auch als „primär geordneter Dämmerzustand" bezeichnet, vorliegen. Sie ist wegen ihrer eindeutigen zerebralen Symptomatik als forme fruste der Gehirnerschütterung anzusehen und gutachtlich dieser gleichzusetzen. Schwierigkeiten können sich dann in forensischer Hinsicht ergeben, wenn während dieser Zeit ein Delikt gesetzt wurde. Eine differentialdiagnostische Abklärung hat gegenüber psychogenen Zuständen, vaskulär bedingten amnestischen Episoden und Simulation zu erfolgen.

Der *gesamte klinische Verlauf bis zum Zeitpunkt der Begutachtung* muß klar nachvollzogen, erörtert und beurteilt werden, einerseits im Hinblick auf unmittelbare Verletzungsfolgen und andererseits im Hinblick auf psychoreaktive bzw. psychogene Fehlentwicklungen. Letztere rechtzeitig zu erkennen, ist vor allem für die Rehabilitation von größter Wichtigkeit. Sie können nämlich größere Probleme als die tatsächlichen Verletzungsfolgen in der Wiedereingliederung des Versehrten verursachen. Auch gutachtlich müssen sie streng von den organisch bedingten Störungen unterschieden werden, da ihnen ein ganz anderer Stellenwert zukommt, sie beispielsweise in der privaten Unfallversicherung vollkommen ausgeschieden und in der Haftpflichtversicherung nur dann als unfallkausal anerkannt werden, wenn sie nachweislich und unmißverständlich auf den erlittenen Unfall zurückzuführen sind und Krankheitswert besitzen. Eine solche Unfallkausalität ist erfahrungsgemäß für psychogene Symptome nur ausnahmsweise gegeben, z. B. bei schwerer, nicht korrigierbarer Gesichtsentstellung usw.

Als *unmittelbare Verletzungsfolgen* zählen die primär traumatischen Läsionen sowie auch die sekundärtraumatischen Schädigungen (sogenannte Folgeschäden). Wenn sich letztere bereits innerhalb der akuten Verletzungsphase entwickeln, sind sie oft klinisch schwer von den erstgenannten zu trennen. Jedoch können sie auch zu einem späteren Zeitpunkt in Erscheinung treten, so als subakute und chronische Hämatome des Schädelinneren, als aresorptiver kommunizierender Hydrozephalus auf Basis einer anhaltenden Liquorzirkulationsstörung, als entzündliche Affektionen des Schädelinneren wie posttraumatische Meningitis und posttraumatischer Hirnabszeß sowie als zerebrales Anfalleiden, insbesondere posttraumatische Spätepilepsie, welche sich ausnahmsweise sogar noch Jahrzehnte nach dem Trauma manifestieren kann (sogenannte ultratardive Form der posttraumatischen Spätepilepsie). Der Gutachter hat also nicht nur die üblichen initialen Verletzungsfolgen, welche auf Grund der in der akuten Phase gesetzten Hirnschäden entstehen, sondern auch die weiteren Folgen im Sinne von verschiedentlichen Komplikationen, die sich aus den anfänglichen Schädigungen im Laufe der Zeit ergeben haben, voll zu berücksichtigen, wenn er den Schweregrad einer Schädelhirnverletzung global beurteilt. Mitunter sind die Auswirkungen solcher Folgezustände sogar gravierender als die anfänglichen Verletzungsfolgen. Vor allem raumfordernde Hämatome des Schädelinneren, welche nicht schnell genug entleert wurden und dadurch längere Zeit eine Hirndrucksteigerung verursachten, können den Leidenszustand des Verletzten auf Dauer maßgeblich verschlimmern. Da der Gutachter keineswegs früher gestellte Diagnosen blindlings und kritiklos übernehmen darf, muß er stets eine Fallanalyse durchführen. Im Rahmen der Bestimmung des soeben erwähnten Schweregrades der erlittenen Schädelverletzung an Hand der aufgezeigten Kriterien hat er auswärtige Diagnosen stets auf deren Richtigkeit hin zu prüfen und gegebenenfalls auch zu korrigieren, dies auf Grund von Belegen, Beweisen und schlüssigen Erklärungen. Schließlich ist es Aufgabe des Gutachters, den derzeitigen Zustand des Versehrten im Hinblick auf Verletzungsfolgen detailliert zu beschreiben. Er hat hier *objektiv nachweisbare Ausfälle und Störungen auf neurologischem und psychischem Gebiete sowie gleichfalls objektiv nachweisbare Sekundärveränderungen* wie Kontrakturen, Trepanationsdefekte des Schädels usw. aufzuzählen. Diese müssen sich als nachvollziehbare Auswirkungen der Initialschädigung und der Folgeschädigungen (Komplikationen) einschließlich nicht vermeidbarer Behandlungsfolgen ergeben. Wenn sich irgendwelche Störungen nicht von den unmittelbaren (primären und sekundären) Verletzungsfolgen ableiten lassen, können sie nicht als unfallkausale Gesundheitsschädigungen anerkannt werden. Zusätzlich sind jedoch *mittelbare Verletzungsfolgen* abzugrenzen. Hiefür ist die Kausalitätskette jeweils genau zu überprüfen. Als mittelbare Schädigungsfolgen gelten Gesundheitsstörungen, die auf ein äußeres Ereignis zurückgehen, das durch den unfallkausalen Leidenszustand bedingt ist. So beobachtet man unter Umständen Stürze bei Hemiparese oder Ataxie, welche weitere gesundheitliche Schädigungen setzen, z. B. Knochenbrüche, eventuell sogar eine Gehirnverletzung. Aber auch durch einen Anfall im Rahmen einer posttraumatischen Spätepilepsie kann eine zusätzliche intrakranielle Läsion in Form einer kontusionellen Hirnschädigung oder eines raumfordernden Hämatoms verursacht werden. Gleiches gilt für medizinische Maßnahmen im Rahmen der Unfallheilbehandlung; auch solche können trotz Vorsicht und regelrechter Durchführung zusätzliche Schädigungen bewirken. All diese mittelbaren Verletzungsfolgen sind gutachtlich anzuerkennen. Lediglich eine grob fahrlässige Handlungsweise würde die Kausalitätskette im Hinblick auf mittelbare Schädigungsfolgen unterbrechen.

Der Gutachter sollte sich des weiteren zu den vorgebrachten *subjektiven Beschwerden* des Verletzten äußern. Er sollte befinden, ob diese dem Schweregrad der erlittenen Verletzung und dem klinischen Verlauf entsprechen oder nicht. So werden vor allem in der Begutachtungssituation Verletzungsfolgen oft als stärker und gravierender herausgestellt, als sie in Wirklichkeit sind. Verdeutlichungstendenzen sind sehr häufig gegeben und entsprechen dem menschlichen Bedürfnis, den Gutachter auf die Verletzungsfolgen besonders aufmerksam zu machen. Unter Umständen sprengt aber der Untersuchte den Rahmen des Tolerablen und läßt bei seinen Darstellungen deutliche simulative Tendenzen erkennen. Die reine Simulation, also die bewußte Vortäuschung eines Leidenszustandes und Körperschadens, der gar nicht vorhanden ist, zum Zwecke des eigenen Vorteils, vornehmlich in finanzieller Hinsicht, ist an sich selten. Viel häufiger werden hingegen objektiv nachweisbare Störsyndrome geringen Grades maßgeblich, bewußt und willentlich übertrieben oder überzeichnet, in welchem Falle man von Aggravation im Sinne einer Teilsimulation spricht. Mitunter begegnet man aber auch einer psychogenen Bagatellisierungs- und Dissimulationstendenz. Tatsächlich vorhandene Beschwerden werden dann als unwesentlich und belanglos dargestellt oder auch verschwiegen. Der Grund hiefür liegt häufig in Schuldgefühlen des Versehrten, z. B. wenn er den gegenständlichen Unfall verursacht hat und am Tode einer anderen Person Schuld trägt, oder besonders bei Kindern im Bedürfnis, nur ja nicht behindert oder krank zu scheinen, sondern als gesund zu gelten.

Nach Feststellung des aktuellen Befundes des Versehrten im Hinblick auf Verletzungsfolgen hat der Gutachter vorsichtig zur *Prognose* Stellung zu nehmen und zu beurteilen, ob es sich um einen irreparablen Defekt handelt oder ob noch eine Besserung im Zustande des Versehrten zu erwarten ist. Bekanntermaßen hält die hauptsächliche Remission zerebraler Verletzungsfolgen ein Jahr an, im zweiten posttraumatischen Jahr ist die Rückbildung wesentlich geringer. Häufig ist innerhalb zweier Jahre nach dem Unfall der unfallkausale Dauerschaden im Sinne des irreparablen Defektsyndroms erreicht, unter Umständen erstreckt sich, vornehmlich bei jüngeren Versehrten, eine geringere Remission danach noch über ein bis zwei Jahre. Diese Ausführungen dürfen aber nicht in dem Sinne verstanden werden, daß jede Hirnverletzung zumindest zwei Jahre hindurch Beschwerden verursacht. Leichte zerebrale Läsionen können schon wesentlich früher voll kompensiert oder sogar abgeheilt sein, so daß wieder Beschwerdefreiheit besteht. Die Gegebenheiten sind daher von Fall zu Fall unterschiedlich. Selbstverständlich ist nach substantiellen Hirntraumatisierungen stets die Möglichkeit von zerebralen Spätfolgen zu bedenken. In der privaten Unfallversicherung wird zwar im allgemeinen auf einen möglichst baldigen Abschluß des Entschädigungsverfahrens gedrängt, jedoch darf sich der Gutachter nicht zu einer übereilten und verfrühten abschließenden Äußerung verleiten lassen, denn damit kann es leicht zu einem gutachtlichen Irrtum kommen, entweder zuungunsten der Versicherung, wenn die Remission doch noch anhält und eine weitere Besserung im Zustande des Versehrten eintritt, oder zuungunsten des Untersuchten, wenn sich eine unfallkausale Spätkomplikation entwickelt. Da sich unfallkausale Spätfolgen in der überwiegenden Mehrzahl innerhalb der ersten zwei Jahre nach dem Unfall manifestieren, sollte auch aus dieser Sicht ein früherer Gutachtenabschluß prinzipiell vermieden werden.

Es empfiehlt sich, in einem Gutachten, welches noch nicht als End- oder Abschlußgutachten gelten kann und daher als bloß vorläufiges Gutachten auszuweisen ist, vorausblickend den *minimalen unfallkausalen Dauerschaden* einzuschätzen. Diesem ist der denkbar günstigste klinische Verlauf zugrunde zu legen, der mithin zum denkbar besten Resultat führt. Man setzt also voraus, daß eine weitere Besserung im Zustandes des Betroffenen durch eine anhaltende Remission erreicht wird und daß keine unfallkausale Spätkomplikation eintritt. Dieser Mindestdauerschaden hängt einerseits vom Schweregrad des augenblicklich nachweisbaren Ausfalls- und Störsyndroms auf neurologisch-psychiatrischem Sektor und andererseits vom Zeitabstand seit der traumatischen Hirnschädigung bzw. zerebralen Sekundärschädigung (z. B. durch chronisches intrakranielles Hämatom, das evakuiert werden mußte) sowie von der bisherigen Remissionstendenz der Verletzungsfolgen ab. Zweck und Sinn der Einschätzung des minimalen unfallkausalen Dauerschadens liegen in der Möglichkeit, der Versicherung einen Richtwert für eine Akontozahlung zur Verfügung zu stellen. Selbstverständlich muß der Gutachter bei seiner Einschätzung vorsichtig zu Werke gehen, um den späteren irreversiblen Dauerschaden weder zu hoch, noch zu niedrig zu bewerten. Anhaltspunkte für seine Beurteilung kann er aus dem klinischen Verlauf der sogenannten Remissionskurve gewinnen. Nochmals sei betont, daß der Gutachter in diesem Falle nicht das wahrscheinliche Ausmaß des unfallkausalen irreparablen Dauerschadens, sondern das Ausmaß des unter keinen Umständen rückbildungsfähigen „Kerns“ der Verletzungsfolgen einschätzt.

Überhaupt muß der Gutachter bei der Erstellung einer Prognose stets äußerst vorsichtig sein, kann er sich doch lediglich auf statistische Aussagen stützen, denen der zu beurteilende Einzelfall keineswegs folgen muß. Stets empfiehlt es sich, bei Vorliegen einer substantiellen Hirnschädigung auf die *Möglichkeit zukünftiger unfallkausaler Spätfolgen* hinzuweisen, so auf die Möglichkeit einer posttraumatischen Spätepilepsie, einer entzündlichen Affektion des Schädelinneren, eines chronischen Subduralhämatoms usw. Unter Berücksichtigung des zeitlichen Abstandes vom erlittenen Unfall, besonderer Gegebenheiten (z. B. bloß anfängliche oder länger dauernde Liquorrhö, Schädelbrüche) und des Schweregrades der erlittenen Hirnschädigung kann die Gefährdung hinsichtlich einer Spätkomplikation im Bereiche des Schädelinneren annäherungsweise beurteilt werden. Ein prozentueller Dauerschaden läßt sich jedoch für eine bloß prinzipiell mögliche, aber (noch) nicht eingetretene Spätkomplikation keineswegs angeben, weil es nicht angeht, etwas Nichtvorhandenes einzuschätzen und weil Eintritt sowie Ausmaß einer solchen allfälligen Spätfolge für den speziellen Fall viel zu unsicher sind. Hingegen kann und muß der Gutachter sehr wohl, wenn dies von der Versicherung gefragt wird, zur *vorübergehenden Invalidität* Stellung nehmen. Diese wird in der Regel als *Beeinträchtigung der Berufsfähigkeit* abgestuft mit 100%, 50% und 25% für entsprechende Zeiträume eingeschätzt. Der Versicherung dienen diese ärztlichen Angaben als Grundlage für die *Berechnung des sogenannten Taggeldes*. Bei ungünstiger Beeinflussung der Verletzungsfolgen durch zerebrale Vorerkrankung oder Vorschädigung muß zusätzlich angegeben werden, wie sich der klinische Verlauf der zu beurteilenden Schädelverletzung bei einem Gesunden, also ohne zerebrale Vorerkrankung oder Vorschädigung, gestaltet hätte, insbesondere wie lange im letzteren Falle eine ärztliche Heilbehandlung erforderlich gewesen wäre und worin die rein unfallbedingte vorübergehende Beeinträchtigung der Berufsfähigkeit bestand.

Wenn mit keiner weiteren Remission der Verletzungsfolgen gerechnet werden kann, in der Regel zwei bis drei Jahre nach dem Unfall, muß der *unfallkausale Dauerschaden*, d. h. das irreparable Defektsyndrom auf neurologischem und psychiatrischem Sektor festgelegt werden. Er fußt, wie aus dem soeben Gesagten hervorgeht, auf den zum Zeitpunkt der Endbegutachtung objektiv nachweisbaren Verletzungsfolgen ohne Berücksichtigung früherer Ausfälle oder möglicher zukünftiger Komplikationen. Dieser unfallkausale Dauerschaden wird in der privaten Unfallversicherung als *unfallbedingte bleibende Invalidität* und in der Haftpflichtversicherung meist als die Gesamtheit der *unfallkausalen Dauerfolgen* bezeichnet. In der gesetzlichen (sozialen) Unfallversicherung wird dieses irreparable, also nicht mehr besserungsfähige und daher persistierende, unfallkausale Defektsyndrom bezüglich seiner einschränkenden Auswirkungen auf den fiktiven allgemeinen Arbeitsmarkt bezogen und als Minderung der Erwerbsfähigkeit (MdE) in Prozenten vom Ganzen eingeschätzt. Die gesetzliche Unfallversicherung bezieht sich dabei primär nicht auf einen speziellen Beruf. Zum Unterschied davon werden in der Haftpflichtversicherung die beruflichen Belange des Betroffenen besonders berücksichtigt; aber auch Auswirkungen der Unfallfolgen im Hinblick auf die Privatsphäre werden beachtet. Was die private Unfallversicherung anlangt, erfolgt die Einschätzung taxativ nach einer in den Versicherungsbedingungen angeführten Liste von Ausfällen (sogenannte Gliedertaxe). Nur wenn dies nicht möglich ist, z. B. bei psychischen Ausfällen, wird frei, d. h. direkt vom Ganzen (100%), eingeschätzt. So kann unter Umständen ein bestimmter Beruf infolge einer sonst nur gering einzustufenden Behinderung dennoch nicht mehr ausgeübt werden, und es resultiert daher im Rahmen der freien berufsbezogenen Einschätzung der privaten Unfallversicherung Vollinvalidität. Lediglich beim undifferenzierten Arbeiter liegen Gegebenheiten vor, welche weitgehend der Situation auf dem fiktiven allgemeinen Arbeitsmarkt der sozialen Unfallversicherung entsprechen. Andererseits sind aber Überlegungen, nach denen beispielsweise ein Schriftsteller mit kompletter Halbseitenlähmung links in seiner beruflichen Tätigkeit überhaupt nicht behindert wäre und solchermaßen bei ihm keine Invalidität vorläge, falsch. In diesem Fall muß nämlich die Einschätzung für die private Unfallversicherung nach der Gliedertaxe vorgenommen werden. Bei dem genannten Schriftsteller kommt wie bei jedem anderen Versehrten die Gebrauchsunfähigkeit der betroffenen Extremitäten zum Tragen. Sie entspricht dem funktionellen Verlust eines Armes und eines Beines. Dadurch ergibt sich in einem solchen Falle auch in der privaten Unfallversicherung Vollinvalidität (100%). Was die Haftpflichtversicherung anlangt, so sind neben den Auswirkungen auf den Beruf des Versehrten noch die Beeinträchtigungen auf den privaten Sektor einschließlich Sport usw. zu berücksichtigen, so daß auch hier im referierten Beispiel unfallbedingte Vollinvalidität zuzubilligen ist. Bei dieser Gelegenheit sei daran erinnert, daß die Gliedertaxe der privaten Unfallversicherung für den Verlust oder die Funktionslosigkeit einer Gliedmaße, ungeachtet der Körperseite, üblicherweise 70% Invalidität vorsieht. In manchen Versicherungsverträgen scheinen hiefür aber 75 und 80% Invalidität auf, worüber der Gutachter jeweils zu informieren ist.

Zerebral-motorische Ausfälle im Sinne von Extremitätenparesen werden, wie eben dargestellt, in Analogie zu Gliedmaßenamputationen und Lähmungen peripherer Nerven beurteilt. Dies ergibt bei taxativer Einschätzung je betroffenen Arm oder betroffenes Bein für eine leichte Parese bis 1/3, für eine mittelgradige Parese 1/3 bis 2/3 und für eine schwere Parese 2/3 bis 1/1 Extremitätenwertminderung. In gleicher Weise kann bei Ataxien und extrapyramidalen Bewegungsstörungen der Extremitäten verfahren werden. Erfolgt die Einschätzung für die Haftpflichtversicherung, so ist nicht taxativ vorzugehen, sondern die Einbuße ist vom Ganzen (100%) aus zu sehen. Je Gliedmaße macht dann im allgemeinen eine leichte Parese bis zu 25%, eine mittelgradige Parese zwischen 25 und 50% und eine schwere Parese zwischen 50 und 70% Einbuße aus. Bei leichtem zentral-motorischem Hemisyndrom ergibt sich in der Regel eine Invalidität bis 35%, bei mittelgradigem Hemisyndrom von 35 bis 65% und bei schwerem Hemisyndrom von 65 bis 100% Invalidität. Auf besondere Berufe, die beispielsweise eine exakte Feinmotorik, große Mobilität, motorische Geschicklichkeit usw. erfordern, ist gutachtlich Rücksicht zu nehmen. Es können sich dann auch bei leichten Paresen, Ataxien, extrapyramidalen und feinmotorischen Störungen wesentlich höhere Einschätzungen und sogar Berufsunfähigkeit ergeben. Vergleiche auch Seite 173.

Was *zerebelläre Koordinations- und Gleichgewichtsstörungen* anlangt, so wird die dadurch bedingte Beeinträchtigung, wenn es sich nicht um isolierte Extremitätenataxien handelt, hauptsächlich am Schweregrad der resultierenden Gangstörung ermessen. Leichte Behinderungen werden mit einer Invalidität bis 35%, mittelgradige mit einer Invalidität von 35 bis 65% und schwere mit einer Invalidität von 65 bis 100% eingeschätzt. Dies entspricht vorwiegend den Störungen der Beinfunktion. Unter besonderer Berücksichtigung des Berufes können auch hier höhere Prozentsätze gerechtfertigt sein, z. B. bei einem Schauspieler, Briefträger usw. Vor allem bei Akrobaten, Gerüstern, Dachdeckern und Tänzern können schon leichtgradige Störungen dieser Art Berufsunfähigkeit bedingen.

Apraxien sind entsprechend der Geschicklichkeits- bzw. Gebrauchsfähigkeitseinbuße an der betroffenen Extremität einzuschätzen und liegen bezüglich der zuzubilligenden Prozentsätze im Bereiche jener vergleichbarer Paresen. Aber auch sie können unter Umständen wesentlich gravierendere Auswirkungen in beruflicher Hinsicht haben, z. B. apraktische Agraphie bei Sekretärin oder Büroangestellter.

Zerebrale Sensibilitätsstörungen kommen isoliert kaum jemals vor. Sie haben hauptsächlich an der Hand Bedeutung. Ihnen kommt einschätzungsmäßig ein Satz bis 20% und bei taxativer Beurteilung bis 3/10 Armwertminderung zu, wobei die höchsten Einstufungen lediglich für taktile Anästhesie oder schwerste Gefühlsbeeinträchtigungen stehen. Noch höhere Prozentsätze und unter Umständen Berufsunfähigkeit ergeben sich unter Berücksichtigung gewisser Berufe wie Uhrmacher, Pianist usw.

Zerebrale Sehstörungen werden, wie auch sonstige Sehbeeinträchtigungen einschließlich Diplopien, vom augenärztlichen Gutachter beurteilt. Die homonyme Hemianopsie macht nach rechts 40 bis 50% und nach links 40% Einbuße aus. Die homonyme Quadrantenanopsie im oberen Feld wird mit 20% und im unteren Feld mit 20 bis 30%, die bitemporale Hemianopsie wird mit 20% und die binasale Hemianopsie mit 10% Einbuße eingeschätzt. Eine zentrale bilaterale Amaurose bedingt Vollinvalidität (100%).

Zentrale Verstibularisstörungen sind in Analogie zu den zerebellären Koordinations- und Gleichgewichtsstörungen einzuschätzen. Diesbezügliche Beeinträchtigungen lassen sich ebenfalls am besten am Ausmaß der Gangstörung beurteilen. Bei leichten Störungen stehen bis 35%, bei mittelgradigen Störungen 35 bis 65% und bei schweren Störungen 65 bis 100% Invalidität zu. Eventuell sind berufliche Aspekte zu berücksichtigen. *Zentrale* Hörstörungen fallen zur Gänze in den Bereich der HNO-ärztlichen Begutachtung und brauchen daher hier nicht näher erörtert zu werden.

Zentrale Dysarthrien, Dysphagien und Dysphonien werden sowohl vom HNO-ärztlichen Gutachter als auch vom neurologischen Gutachter beurteilt. Von maßgeblicher Bedeutung sind beidseitige Ausfälle, die bis zum Funktionsverlust reichen können. Unter Umständen liegen kombinierte zentral-periphere Störungen vor. Vergleichsweise kann sich der Gutachter an den Beurteilungsrichtlinien der peripheren Hirnnervenläsionen, wie sie im diesbezüglichen Kapitel des Buches dargelegt werden, orientieren. Insbesondere dient die Beeinträchtigung der Sprache als Maßstab der Behinderung. Leichte Ausfälle werden mit 10 bis 20%, mittelgradige mit 20 bis 40% und schwere mit 40 bis 50% Invalidität eingestuft. Wenn in der direkten Beurteilung mit Rücksicht auf den Beruf des Versehrten andere Einschätzungen als die angegebenen Rahmensätze getroffen werden, müssen die Gründe hiefür erörtert, dargelegt und nachvollziehbar erklärt werden.

Aphasien sind nach Art und Schweregrad einzuschätzen. Leichte Aphasien machen im allgemeinen 10 bis 35%, mittelgradige 35 bis 65% und schwere Aphasien 65 bis 100% aus. Liegt Vollinvalidität auf Grund einer zentralen Sprachstörung vor, so ist zusätzlich die Frage der Hilflosigkeit zu prüfen. Bei den Aphasien bestimmt die Beeinträchtigung der verbalen Kommunikationsfähigkeit die Behinderung. Das Gutachten ist im Hinblick auf die prätraumatischen Sprachleistungen abzustimmen, zumal die sprachlichen Fähigkeiten individuell sehr unterschiedlich ausgeprägt sind. Auch darf nicht vergessen werden, daß für viele Personen der Dialekt die eigentliche Muttersprache ist. Die gutachtliche Beurteilung einer Aphasie hat den jetzigen Zustand mit der prämorbiden Sprache des Alltags und des speziellen Berufes des Betroffenen zu vergleichen. Die klinische Untersuchung bedient sich verschiedener Aphasietests, die in der Regel von einem Logopäden oder aphasiologisch geschulten Psychologen, ausnahmsweise von einem diesbezüglich spezialisierten Neurologen erhoben werden. Zu bestimmen sind Art und Ausmaß der zentralen Sprachstörung. Der von uns verwendete Kommunikationsindex (Informationswert) erlaubt zusätzlich eine grobe Beurteilung der Beeinträchtigung des lAphasikers im Alltag. Liegt er unter 50 Punkte, so ist eine ausreichende Kommunikation selbst im Alltag nicht möglich; es liegt ein Zustand „sprachlicher Hilflosigkeit" vor. Beträgt der Kommunikationsindex zwischen 50 und 75 Punkte, so reicht die Verständigungsmöglichkeit mehr oder minder für den Alltag aus, jedoch nicht für eine durchschnittliche berufliche Tätigkeit. Ein Informationsindex über 75 Punkte bedeutet, daß der Aphasiker nur mehr in geringem Maße beeinträchtigt ist und erfahrungsgemäß in viele Berufen wieder eingegliedert werden kann, ausgenommen in jene, welche eine besondere sprachliche Leistungsfähigkeit und Wendigkeit erfordern. Als solche Berufe gelten Lehrer, Schauspieler, Geistlicher, Vertreter usw. Totalaphasie bewirkt stets Berufs- und auch Erwerbsunfähigkeit. Bei gemischter Aphasie ist in manuellen Berufen unter Umständen ein Arbeitsrest gegeben, z. B. als Landwirt oder Hilfsarbeiter. Jedoch ist ein besonderes Entgegenkommen von seiten des Arbeitsgebers für die Anstellung von Versehrten mit derartigen Störungen erforderlich. Bei motorisch-amnestischen und bei rein motorischen Aphasien können unter Umständen frühere Berufe, sofern sie nicht mit Kundenverkehr und intensiven schriftlichen Tätigkeiten verbunden sind, wieder ausgeübt werden, da sich der Betroffene über den sogenannten Telegrammstil zumindest teilweise verständigen kann. Sensorisch-amnestische und rein sensorische Aphasien stellen eine hochgradige Beeinträchtigung dar, welcher jener bei Totalaphasie nahe- oder sogar gleichkommt. Die Betroffenen sind nicht in der Lage, ihre Gesprächspartner zu verstehen und sich ausreichend verständlich zu machen. Darüber hinaus sind sie ihrem Zustande gegenüber kritiklos, erkennen also die eigenen Fehler in der Sprachproduktion nicht. Solchermaßen resultieren Berufs- und Erwerbsunfähigkeit. Aphasiker mit Sprachverständnisstörungen sollten stets einer Audiometrie unterzogen werden, um Kommunikationsschwierigkeiten auf Grund eines Hörschadens auszuschließen. Die Leitungs-, Insel- oder zentrale Aphasie stellt ebenso erhebliche Beeinträchtigungen in sprachlicher Hinsicht dar. Nur selten können frühere berufliche Tätigkeiten, und zwar dann, wenn diese einfacher und vorwiegend manueller Art waren, wiederaufgenommen werden. Besondere Beachtung verdienen die semantischen Aphasien, denn sie können, zumal sie im alltäglichen Umgang kaum auffallen, leicht übersehen werden. Die Betroffenen vermögen mit abstrakten Begriffen nicht umzugehen. Daher scheiden für sie laut LEISCHNER (1984) alle „geistigen" Berufe aus. Was die sogenannten Reste einer Aphasie anlangt, unter welcher aphasische Residualsymptome zu verstehen sind, die keinem Aphasiesyndrom zugeordnet werden können, so ist eine Verwendung in den meisten Berufen möglich; nur solche mit besonderen sprachlichen Anforderungen kommen nicht in Frage.

Was den psychischen Bereich betrifft, muß das *posttraumatische organische Psychosyndrom* bzw. das *psychoorganische Defektsyndrom* im Hinblick auf Art und Ausmaß eingeschätzt werden. Als erstes nimmt der Neurologe eine orientierende Beurteilung auf Grund der klinischen Untersuchung und Exploration vor. Es empfiehlt sich jedoch, insbesondere im Rahmen der Abschlußbegutachtung, eine zusätzliche klinisch-psychologische Untersuchung mit Qualifizierung und Quantifizierung der psychoorganischen Störungen und eine Abgrenzung sonstiger psychischer Veränderungen durchführen zu lassen. Die Einordnung des psychologischen Testbefundes in das klinische Gesamtbild erfordert, um Fehlbeurteilungen zu vermeiden, am besten die persönliche Rücksprache des Fachpsychologen mit dem neurologisch-psychiatrischen Gutachter. Dieser bleibt aber stets Hauptgutachter, denn die endgültige Beurteilung des hirntraumatischen Schadens und seiner Auswirkungen auf Berufs- und Erwerbsfähigkeit des Betroffenen obliegt einzig und allein dem ärztlichen Gutachter (PAMPUS 1984). Schwierigkeiten in der Beurteilung des psychologischen Untersuchungsbefundes können sich dann ergeben, wenn der Psychologe eine ungenügende oder gar keine klinisch-gutachtliche Erfahrung besitzt, wenn der ärztliche Gutachter selbst psychologische Methoden anwendet, welche er nur ungenügend beherrscht, oder wenn eine falsche Interpretation, meist Überbewertung, des fachpsychologischen Testbefundes durch den ärztlichen Hauptgutachter erfolgt (QUATEMBER 1984). Die berufliche Beeinträchtigung durch ein posttraumatisches organisches Psychosyndrom hängt einerseits von dessen Schweregrad und andererseits von dessen Struktur ab. Orientierend kann zur Beurteilung vorerst die bereits früher dargestellte, sechsstufige Quantifizierungsskala für das organische Psychosyndrom (WURZER 1992) herangezogen werden. Sie reicht vom sehr geringen bis zum höchstgradigen Psychosyndrom und läßt folgende Aussagen zu:

Das *sehr geringe organische Psychosyndrom* geht nur mit einer geringfügigen Beeinträchtigung in beruflicher Hinsicht einher. Zwar werden die psychoorganischen Störungen von den Betroffenen in der Regel, vor allem bei Ermüdung, selbst wahrgenommen, jedoch können sie weitgehend kompensiert werden. Dies gilt für die meisten Berufstätigkeiten.

Das *geringgradige organische Psychosyndrom* bedeutet im allgemeinen auch eine geringgradige Beeinträchtigung in der Berufssphäre. Bei anspruchsvolleren Tätigkeiten ist eine Kompensation nicht in vollem Umfang möglich. Ausschlaggebend ist auch die Struktur der psychoorganischen Störungen. So ergibt sich bei einem Teil der Berufe eine doch deutliche Behinderung. Für manche Berufe mit sehr hohen Anforderungen an die psychische Leistungsfähigkeit resultiert sogar eine maßgebliche Beeinträchtigung.

Das *mäßiggradige organische Psychosyndrom* wirkt sich bei allen beruflichen Tätigkeiten störend aus, zumal eine vollkommene Kompensation der psychoorganischen Ausfälle nicht mehr möglich ist. Auch durch vermehrte Anstrengung werden die Betroffenen den an sie gestellten beruflichen Anforderungen nicht mehr gerecht. Hochqualifizierte Berufe scheiden somit für Versehrte mit einem mäßiggradigen organischen Psychosyndrom gänzlich aus. Gewisse Berufe können durch Einlegen von Arbeitspausen oder durch Kürzung der Arbeitszeit noch ausgeübt werden. Bloß einfache berufliche Tätigkeiten sind in der vollen Arbeitswochenstundenanzahl zu bewältigen. Wiederholt wird man Umschulungen auf einfachere Tätigkeiten erwägen müssen.

Das *mittelgradige organische Psychosyndrom* erlaubt nur selten eine berufliche Tätigkeit. Es handelt sich dabei um Fälle, bei denen einfache und gewohnte Arbeiten durch „Entgegenkommen" einer günstigen Struktur des Psychosyndroms eingeschränkt bewältigt werden. Auf Grund der erheblichen Beeinträchtigung der Lernfähigkeit ist damit zu rechnen, daß etwaige Um- und Einschulungsversuche scheitern. Eventuell ist die Unterbringung des Versehrten in einer geschützten Werkstätte anzustreben.

Das *höhergradige organische Psychosyndrom* geht mit einer so großen Behinderung einher, daß nur einfachste und gewohnte Tätigkeiten unter Aufsicht und durch begrenzte Zeit möglich sind. Oft können auch die Anforderungen in einer geschützten Werkstatt nicht mehr bewältigt werden. Die Betroffenen sind dann bloß zu unkomplizierten Tätigkeiten in einer Beschäftigungstherapie geeignet.

Das *höchstgradige organische Psychosyndrom* bedingt vollkommene Arbeits- und Erwerbsunfähigkeit. In diesen Fällen scheitert stets auch der Versuch zur Eingliederung in eine Beschäftigungstherapie. Versehrte mit einem höchstgradigen organischen Psychosyndrom sind nicht mehr in der Lage, ausreichend für sich selbst zu sorgen. Sie sind auf Obsorge und Hilfestellung durch andere Personen angewiesen.

Was nun die prozentuelle Einschätzung der beruflichen Behinderung durch ein posttraumatisches organisches Psychosyndrom bzw. ein psychoorganisches Defektsyndrom anlangt, so ist sie für einfache und unkomplizierte Berufe weitgehend der Einschätzung auf dem fiktiven allgemeinen Arbeitsmarkt der gesetzlichen (sozialen) Unfallversicherung gleichzusetzen. Die dort angewandten *Rahmensätze der Minderung der Erwerbsfähigkeit (MdE)* betragen *für das organische Psychosyndrom*

sehr geringen Grades	5 bis 15% MdE,
geringen Grades	15 bis 30% MdE,
mäßigen Grades	30 bis 50% MdE,
mittleren Grades	50 bis 80% MdE,
höheren Grades	80 bis 100% MdE.
höchsten Grades	100% MdE.

Schwieriger ist die *Beurteilung der Behinderung in Berufen*, welche spezielle Anforderungen stellen, sehr belastend sind, ein gutes Gedächtnis, rasche Auffassung, besondere Genauigkeit, Schnelligkeit in der Ausführung, hohe Konzentration, prompte Entscheidungen, Beständigkeit, Ausdauer usw. erfordern. Hier spielt also die Art der psychischen Ausfälle und Störungen oder – anders betrachtet – die Struktur des verbliebenen psychischen Leistungsrestes eine maßgebliche Rolle. Art und Eigenheit spezifischer Beeinträchtigungen können manchmal darüber entscheiden, ob ein bestimmter

Beruf weiter ausgeübt werden kann oder nicht. So wirken sich Gedächtnis- und Konzentrationsstörungen bei einem Lehrer wesentlich gravierender aus als bei einem Bauarbeiter, der in einer Arbeitsgruppe tätig ist. Ungenauigkeit und Konzentrationsstörungen sind mit dem Beruf eines Kassiers nicht vereinbar. Stärkere Verlangsamung und eine ausgeprägte Perseverationstendenz stören erheblich bei beruflichen Tätigkeiten, die auf einen regen Parteienverkehr ausgerichtet sind. Allgemein ist festzustellen, daß sich psychoorganische Störungen bei qualifizierten und verantwortungsvollen Berufen stärker als bei wenig qualifizierten und einfachen Berufen als hinderlich erweisen. Aus dem soeben Gesagten geht eindeutig hervor, daß die individuelle Behinderung des Versehrten im speziellen Beruf sowohl erheblicher als auch geringer als auf dem allgemeinen Arbeitsmarkt sein kann. Die Abgrenzung von berufsbezogenen Auswirkungen spezieller psychoorganischer Ausfälle und Störungen, wie sie an Hand testpsychologischer Verfahren festgestellt werden, zählt zu den Aufgaben des gutachtlich erfahrenen klinischen Fachpsychologen. Neben der Quantifikation kommt hier die Qualifikation des posttraumatischen organischen Psychosyndroms besonders zum Tragen.

Im Haftpflichtverfahren wird unter Umständen nach *Umschulbarkeit* und *Anlernbarkeit* auf eine andere berufliche Tätigkeit gefragt. Die diesbezügliche gutachtliche Beurteilung muß vor allem den psychischen Zustand des Betroffenen berücksichtigen, einerseits im Hinblick auf Verletzungsfolgen und andererseits im Hinblick auf vorbestehende Fähigkeiten und Veränderungen, des weiteren im Hinblick auf eine sprachliche Behinderung im Sinne einer Aphasie oder einer schweren Dysarthrie und selbstverständlich auch im Hinblick auf den körperlichen Zustand des Versehrten mit allfälligen Beeinträchtigungen wie Paresen, Ataxien usw. Verbliebene Fähigkeiten sind aufzuzeigen, eventuell mögliche Berufsgruppen zu nennen. Keineswegs ist es jedoch Aufgabe des ärztlichen Gutachters, im Einzelfall konkrete Berufe anzugeben, da ihm hiefür die nötigen Fachkenntnisse fehlen. Diesbezüglich ist ein Sachverständiger auf dem Gebiete der Berufskunde zu befragen.

Ein häufiger Fehler wird von Gutachtern durch *Überbewertung von Hilfsbefunden* begangen. Letztere ergänzen zwar in sinnvoller Art und Weise den erhobenen klinischen Befund, lassen aber Aussagen lediglich über die Diagnose (Radiologie, kraniale Computertomographie, Kernspintomographie, Elektroenzephalographie usw.) und über funktionelle Verhältnisse (Leuchtbrillenuntersuchung im Dunkelzimmer, Elektronystagmographie, Elektroenzephalographie usw.) zu. Es ist falsch, subjektive Beschwerden durch Hilfsbefunde „verifizieren“ oder „objektivieren“ zu wollen. Keineswegs lassen sich Kopfschmerzen, Schwindelsensationen oder andere Beschwerden aus Hilfsbefunden, etwa dem Elektroenzephalogramm (EEG) oder den modernen bildgebenden Verfahren wie Computertomographie usw., ablesen. Somit erlaubt auch ein pathologischer EEG-Befund nicht die Annahme unfallkausaler Kopfschmerzen oder sonstiger Unbilden, wie er auch nicht zur höheren Invaliditätseinschätzung eines Störbildes oder Schadens berechtigt (SCHERZER

1984). Selbst der Nachweis einer Nystagmusbereitschaft in einer rein funktionell ausgerichteten Untersuchungsmethode wie der Elektronystagmographie (ENG) bzw. Elektrookulographie (EOG), bestehend aus vestibulärem Richtungsüberwiegen sowie latentem vestibulärem Spontannystagmus, erklärt noch nicht die Angabe ununterbrochenen Schwindels, sondern besagt bloß, daß die Möglichkeit zu Schwindelsensationen bei dem Untersuchten besteht. Diese brauchen sich aber nur bei Überbeanspruchung kundzutun, wogegen ansonsten weitgehende Beschwerdefreiheit herrscht. Die Klage über das Andauern des Schwindelgefühls wird durch den erwähnten pathologischen ENG- bzw. EOG-Befund nicht untermauert, obgleich kurze Schwindelanfälle bei Belastung glaubhaft sind. Ferner darf eine zarte zerebrale Narbe im kranialen Computertomogramm nicht als Ausgangspunkt anhaltender subjektiver Beschwerden erachtet werden. Gleiches gilt für eine traumatisch bedingte Hirnatrophie im Sinne eines stationären und nicht weiter progredienten Hydrozephalus. Auch konnten keine verläßlichen positiven Korrelationen zwischen dem Ausmaß des Hirngewebsabbaues und dem Schweregrad des posttraumatischen organischen Psychosyndroms bzw. des psychoorganischen Defektsyndroms festgestellt werden (FELDMANN 1984, POECK 1992). Hingegen kann ein psychologischer Untersuchungsbefund wesentliche Aufschlüsse geben, indem er vorliegende psychogene Störungen und derartige Mechanismen im Sinne von Leistungshemmungen, Versagensreaktionen sowie sonstige funktionelle Störungen nachweist. Andererseits widerspricht aber ein normaler psychologischer Befund keineswegs der klinischen Diagnose eines psychogenen Störbildes. Besonders organbezogene psychogene Symptome und vor allem situationsgebundene psychogene Reaktionsweisen können mit einem normalen psychologischen Befund einhergehen (WURZER 1992).

Absolut falsch ist es, wenn der ärztliche Gutachter seine *Einschätzung bloß nach der gestellten Diagnose* und nicht nach den objektivierbaren, für den Alltag und den Beruf relevanten Funktionsausfällen vornimmt. Wir müssen uns stets vor Augen halten, daß die Diagnose nur eine Schädigungsart ausdrückt und nichts über den aktuellen Zustand aussagt. Eine vor einem Jahr erfolgte Gehirnkontusion kann zwischenzeitlich folgenlos und beschwerdefrei ausgeheilt sein, mehr oder minder ausgeprägte zerebrale Ausfälle bewirken oder in einen schwersten, irreparablen Defektzustand, z. B. in ein apallisches Syndrom, eingemündet sein. Es ist also unbedingt notwendig, die derzeit bestehenden Ausfälle zu qualifizieren und zu quantifizieren, um verwertbare gutachtliche Aussagen machen zu können.

Manchmal wären bestimmte eingreifende Zusatzuntersuchungen von klinischem Interesse. Jedoch besteht im Rahmen der ärztlichen Begutachtung keine *Duldungspflicht* bzw. kein *Duldungszwang* für invasive Untersuchungen, welche mit einem gewissen Risiko verbunden sind. Dies gilt für Kontrastmitteluntersuchungen wie die zerebrale Angiographie, Pneumenzephalographie und Myelographie, nicht jedoch für ungefährliche und nicht belastende Untersuchungen wie die übliche Computertomographie, Kernspintomographie, Elektroenzephalographie, Elektromyographie usw. Die Duldungspflicht ist primär eine Rechtsfrage und orientiert sich an der Zwischenfallrate sowie an der Belastung des zu Untersuchenden durch den beabsichtigten Eingriff. Wenn der Gutachter eine Äußerung über die *Zumutbarkeit* einer Maßnahme macht, so überschreitet er seine medizinische Kompetenz. Daher sollte er bei der Behandlung dieser Frage bloß beschreibend und erklärend vorgehen, jedenfalls stets sehr vorsichtig sein und als Konklusion nur auf bekannte Entscheidungen bei gegebener Sachlage verweisen, so z. B. die Formulierung wählen: „Wird üblicherweise von juristischer Seite als (nicht) zumutbar oder duldungspflichtig erachtet". Häufig besteht nach Gehirnverletzungen eine Alkoholunverträglichkeit, so daß schon kleine Alkoholmengen eine stark berauschende Wirkung haben. Sowohl aus der Sicht des Arztes als auch aus der Sicht des Gutachters kann durchaus die Einhaltung einer Alkoholabstinenz gefordert werden. Auch die sonst ärztlicherseits ausgesprochenen Anweisungen bezüglich Lebensführung (Regelmäßigkeit des Tagesablaufes, Vermeiden eines Schlafdefizits, jedweden Medikamentenmißbrauchs usw.) sind vom Versehrten unbedingt zu befolgen. Die hiezu notwendige Disziplin im Verhalten des Betroffenen kann absolut vorausgesetzt werden.

Wenn auf Grund der neurologisch-psychiatrischen Untersuchung einschließlich der Hilfsbefunde, insbesondere der klinisch-psychologischen Untersuchung, eine Aussage über die Leistungs- und Arbeitsfähigkeit nicht möglich ist, hat eine *stationäre Begutachtung* mit Verhaltensbeobachtung und Durchführung eines Arbeits- und Belastungstests zu erfolgen. Auch wenn Zweifel an einer Umstellbarkeit bzw. Anlernbarkeit im Hinblick auf einen anderen als den bisher ausgeübten Beruf bestehen, bewährt sich eine solche stationäre Durchuntersuchung des Versehrten. Erforderlich ist jedoch, daß die nervenärztliche Begutachtungsstelle des Krankenhauses eine entsprechend große Erfahrung mit derartigen Fällen hat. Probearbeiten zur Beurteilung der manuellen Fähigkeiten, mobile Aktivitäten zur Beurteilung der Geh-, Steh- und Bückbelastbarkeit, Arbeiten im Hinblick auf Ausdauer, Dauerbelastbarkeit und Konzentration, Einfach- und Mehrfachanforderungen an die Aufmerksamkeit, spezielle Tätigkeiten, welche Eigeninitiative und Eigenentscheidungen, Flexibilität und Anpassung sowie mnestische Leistungen erfordern, ergeben schließlich ein abgerundetes Bild von den Fähigkeiten des Untersuchten und lassen generelle medizinische Aussagen über seine berufliche Verwendbarkeit zu. In ähnlicher Art und Weise können Neigungs- und Eignungstests zur Berufsfindung angewandt werden. Wenn besondere Fragen der Arbeits- und Verwendungsfähigkeit psychologischerseits zu beurteilen sind, empfiehlt es sich, nicht nur die gestörten oder verlorengegangenen Funktionen aufzulisten, sondern darüber hinaus den verbliebenen „Leistungsrest" zu beschreiben (Quatember 1984).

Unter Umständen ist die Frage der *Hilflosigkeit* nach einer schweren traumatischen Schädigung des Nervensystems zu beantworten. Der Ausdruck Hilflosigkeit selbst ist nicht günstig gewählt, weil er keine graduellen Abstufungen zuläßt. Es wäre besser von *Hilfsbedürftigkeit* zu sprechen und auch zu definieren, auf welche Bereiche diese zutrifft. Vor allem sind es die gewöhnlichen und regelmäßig wiederkehrenden Verrichtungen im Alltag wie An- und Auskleiden, Körperpflege, Nahrungs- und Flüssigkeitsaufnahme, Rasieren, Verrichtung der Notdurft, Mobilität usw., die hier gemeint sind. Hilflosigkeit ist im Sinne des Gesetzes dadurch definiert, daß der Versehrte ohne die unmittelbare Hilfe, Pflege und Wartung durch eine weitere Person dem sicheren Verderb preisgegeben wäre. Auch Einkäufe, der sachgemäße sowie verständnisvolle Umgang mit Geld und Verrichtungen, wie die Zubereitung einfacher Nahrung, Feuermachen im Ofen usw., müssen vom Betroffenen bewältigt werden können, wenn Selbständigkeit angenommen und Hilflosigkeit negiert wird. Ferner wird wiederholt nach der Notwendigkeit einer Haushaltshilfe gefragt. Diese allein bedeutet an sich noch keine Hilflosigkeit oder Pflegebedürftigkeit. Die körperliche Fähigkeit, die zuvor genannten verschiedenen Verrichtungen des täglichen Lebens selbst durchzuführen, schließt aber andererseits eine Hilflosigkeit noch nicht aus. Eine solche kann allein schon durch das Vorliegen schwerster psychoorganischer Störungen bedingt sein, welche mit einer hochgradigen Antriebsminderung einhergehen, so daß der Betroffene inaktiv ist, förmlich versandet und die für seine Existenz erforderlichen Verrichtungen nicht durchführen kann.

Was die *Begutachtung von Kindern* anlangt, so kann sich die Unterscheidung der Folgen einer Gehirnkontusion von einem zerebralen Vorschaden ziemlich schwierig gestalten. In diesem Zusammenhang weist KLEINPETER (1971) darauf hin, daß etwa 10% hirnverletzter Kinder einen zerebralen Vorschaden aufweisen. Dies erklärt sich durch den Umstand, daß zerebral geschädigte Kinder häufiger als gesunde Gleichaltrige einen Schädelunfall erleiden. Des weiteren bedeutet ein solcher Vorschaden eine verminderte Kompensationsfähigkeit für spätere Hirnverletzungsfolgen. Gegebenenfalls hat sich der nervenärztliche Gutachter mit der Abgrenzung einer zerebralen Vorschädigung und mit dem Problem der durch diese bedingten Beeinflussung der aktuellen Hirnläsion auseinanderzusetzen. Die Einschätzung des unfallkausalen Dauerschadens bei Kindern und Jugendlichen erfolgt fiktiv, als würden diese bereits in den Arbeitsprozeß eingegliedert sein. Eine solche Beurteilung kann natürlich nicht in Richtung auf einen spezifischen Beruf, sondern nur innerhalb des allgemeinen Arbeitsmarktes erfolgen, sozusagen nur als Minderung der Erwerbsfähigkeit. Im Haftpflichtverfahren sollte die neurologisch-psychiatrische Endbegutachtung nach einem Schädelhirntrauma bei Kindern und Jugendlichen erst am Ende des Reifungsprozesses anberaumt werden, also mit Erreichen des Erwachsenenalters. Auch wenn dies in der privaten Unfallversicherung nicht durchführbar ist, so empfiehlt es sich doch, daß der Gutachter auf die Möglichkeit einer eventuellen Entwicklungsstörung nach der erlittenen Hirnverletzung hinweist. Schwierig kann die Frage bezüglich unfallbedingter Hilflosigkeit bei Kindern zu beantworten sein, wenn diese noch weitgehend der Pflege und Obhut der Eltern bedürfen.

Hier kann lediglich der Vergleich mit gleichaltrigen gesunden Kindern weiterhelfen, indem der unfallkausale Entwicklungsrückstand ermittelt und berücksichtigt wird (Pampus 1984).

Von besonderem Interesse ist unter Umständen die Frage der *Potenzierung wiederholter Schädeltraumen.* Ausschlaggebend sind das zeitliche Intervall zwischen den Verletzungen und der Umstand, daß es sich jeweils um eine organische Gehirnschädigung gehandelt hat. Maßgebliche Beeinflussungen sind bei kurzem zeitlichem Abstand (Wochen bis Monate) möglich. Beträgt das Intervall jedoch Jahre, so sind Wechselwirkungen nur mehr dann anzunehmen, wenn vom ersten Schädelhirntrauma massive zerebrale Ausfälle persistieren. Abgeheilte Gehirnverletzungen verstärken und verschlimmern ein späteres Schädeltrauma hingegen nicht (Faust 1972, Krauland 1980, Scheid 1983). Grundsätzlich anders sind sicherlich die gehäuften Schädeltraumen im Boxsport zu beurteilen (Sellier und Unterharnscheidt 1963, Unterharnscheidt und Sellier 1971, Unterharnscheidt 1984). Auch rasch aufeinander folgende, leichtere traumatische Schädigungen, die zu keiner Bewußtlosigkeit führen, summieren sich und bewirken letzten Endes eine Dauerschädigung des Gehirns. Derartige Subkommotionen führen förmlich zu einer „Verhämmerung" zerebraler Strukturen. Psychopathologisch kennzeichnend sind hiefür Dämmerzustände. Es entwickelt sich auf dem Wege der Summation von sekundär traumatischen Zirkulationsstörungen ein organischer Hirnschaden, der als *Encephalopathia pugilatoria (Boxer-Krankheit)* bezeichnet wird und dem sogar eine Progressionstendenz innewohnt. Diese Affektion kann auch mit Latenz auftreten, zeigt pyramidale, spastische, extrapyramidale und zerebelläre Symptome sowie einen psychischen Abbau. Pathologisch-anatomisch findet sich recht typisch eine diffuse Hirnatrophie. Solche ausschließlich bei Boxern zu beobachtenden Fälle dürfen keineswegs mit zeitlich weiter auseinander liegenden, leichteren Schädeltraumen verglichen werden. Wenn beispielsweise in einem Abstand von Wochen und Monaten zwei leichte Schädeltraumen ohne Bewußtseinsverlust (Kopfprellungen) gesetzt werden, dann kann der eben dargelegte Entstehungsmechanismus nicht mehr in Betracht gezogen werden.

Im Haftpflichtverfahren müssen nach Schädeltraumen vom Gutachter *unfallkausale Schmerzperioden* eingeschätzt werden. Sie dienen der Versicherung oder dem Gericht zur Bestimmung des sogenannten Schmerzengeldes, das von den deutschen Juristen zum Unterschied von ihren österreichischen Kollegen üblicherweise als Schmerzensgeld bezeichnet wird. An dieser Stelle sei nochmals daran erinnert, daß die Schmerzengeldhöhe nie vom Arzt bestimmt werden soll, sondern daß dieser nur Schmerzperioden nach Tagen, Wochen oder Monaten einzuschätzen hat, wobei die Festlegung des Entschädigungssatzes pro Zeiteinheit Sache der Versicherung oder des Gerichtes ist. Besonders nach schwereren Schädelhirntraumen zeigt sich, daß in die Schmerzengeldeinschätzung nicht nur tatsächliche Schmerzen, sondern jedweder *immaterielle Schaden* eingehen muß. Das Schmerzengeld steht somit für zugefügtes Leid und entgangene Lebensfreude; es soll eine Genugtuung für alles erlittene Ungemach mit Ausnahme der Erwerbseinbuße darstellen. Nach österreichischer Rechtssprechung setzt der Schmerzengeldanspruch sowohl eine erlittene Körperverletzung als auch die Realisierung des Schmerzgefühls bzw. des erlittenen Ungemachs durch den Betroffenen voraus. Dementsprechend wird juristischerseits kein Schmerzengeld zuerkannt, wenn der Verletzte nach längerer Bewußtlosigkeit, also noch im Koma, stirbt. Gleiches gilt für den Tod im persistierenden apallischen Syndrom (Coma vigile bzw. prolongé). In diesen Fällen wurde das Bewußtsein nicht wiedererlangt, und der Verletzte war daher auch nicht in der Lage, körperliche oder seelische Schmerzen im Sinne eines bewußt erlebten Leidenszustandes zu empfinden. Eine sichtbare motorische Reaktion auf Schmerzreize stellt noch keinen Beweis eines Schmerzleidenszustandes dar, denn derartige Phänomene sind auch reflektorisch auf Rückenmark- oder Hirnstammebene möglich, ohne daß eine bewußte Verarbeitung auf dem Niveau der Großhirnrinde erfolgt. So beobachtet man beispielsweise Abwehrschablonen auf periphere Schmerzreize am dekapitierten Frosch oder reflektorische Muskelzuckungen auf den Schmerzreiz der Laparotomie am Hirntoten. In beiden Fällen handelt es sich eindeutig um motorische Reaktionen auf spinalem Niveau, ohne daß eine bewußte Verarbeitung des Schmerzes auf kortikaler Ebene des Gehirns möglich ist. Gleichermaßen kann ein peripherer Schmerzreiz im Vollbilde des apallischen Syndroms, das mit Unterbrechung der funktionellen Verbindungen tieferer Zentren zur Großhirnrinde einhergeht, nur bis in Höhe des Hirnstamms gelangen, also nicht bewußt wahrgenommen bzw. realisiert werden und dadurch keinen Leidenszustand bewirken, der den juristischen Anspruch auf Schmerzengeld begründen würde. Wird hingegen die Bewußtlosigkeit oder das Vollbild des apallischen Syndroms überwunden und wird das erlittene Leid einschließlich der entgangenen Lebensfreude vom Verletzten bewußt erkannt, so sind sehr wohl Schmerzen zuzubilligen, insbesondere auch für den Zeitraum, in welchem der Betroffene eines Teils seines bewußten Lebens beraubt wurde. Es spielt dann gutachtlich keine Rolle mehr, daß der Patient während der Periode des Komas (völlige Bewußtlosigkeit) oder des Vollbildes des apallischen Syndroms (Coma vigile bzw. Coma prolongé) keine Schmerzen im Sinne eines kortikalen Leidenszustandes wahrzunehmen vermochte. Die gesamte Zeitspanne der Bewußtlosigkeit oder des apallischen Durchgangssyndroms sind im Falle des Überlebens dauernden starken Schmerzen gleichzusetzen. Dies ist gut verständlich, wenn der Verletzte seine geistigen Fähigkeiten voll oder doch in hohem Maße wiedererlangt hat und nunmehr den erlittenen „Lebensverlust" realisiert. Schwierig kann sich die gutachtliche Beurteilung dann gestalten, wenn eine ausreichende Kritikfähigkeit nicht wiederkehrt. Theoretisch käme dann eine teilweise Anerkennung der dauernden Schmerzen für die in Rede stehende Periode in Frage, z. B. im halben Ausmaß, im Drittelausmaß usw. Die Spruchpraxis der Gerichte geht hier jedoch in die Richtung der vollkommenen Anerkennung, obgleich die ursprüngliche Funktion des Schmerzengeldes, nämlich die Ermöglichung der Kompensation des erlittenen Ungemachs durch Lustgefühle, die sich der Betroffene durch das Schmerzengeld verschaffen kann, oft gar nicht mehr gegeben ist. Gemäß juristischer Ansicht hat das Schmerzengeld in einem solchen Falle die Aufgabe, die mehr oder minder starke Vernichtung der menschlichen Persönlichkeit zu kompensieren. Voraussetzung des Schmerzengeldzuspruches ist und bleibt jedoch auch bei derartigen schwersten Schädigungen die Überwindung des Zustandes, in welchem überhaupt keine Wahrnehmung des erlittenen Ungemachs auf kortikaler Ebene möglich ist.

Prinzipiell unterscheiden wir bei den hier zu besprechenden *„juristischen" Schmerzen*, welche eigentlich besser als Ungemach oder Unbill zu bezeichnen wären, einerseits körperliche und andererseits seelische Schmerzen. Beide Formen können sehr wohl nebeneinander bestehen. Die körperlichen Schmerzen sind, wie ihr Name schon sagt, primär an die physische Verletzung gebunden und gliedern sich in tatsächliche körperliche Schmerzen und in diesen gleichzusetzende Unbilden. In der Neurotraumatologie, so auch nach schwereren Schädelhirnverletzungen, stehen letztgenannte eindeutig im Vordergrund. Dies ist nicht verwunderlich, wenn man bedenkt, daß das Gehirn weitestgehend schmerzunempfindlich ist. Selbst ausgedehnte Hirnparenchymschädigungen führen zu keinen tatsächlichen Schmerzen. Eine Ausnahme stellen die Thalamussyndrome dar, welche aber nach Gehirnverletzungen wesentlich seltener als nach Zerebralinsulten vorkommen. Am Schädel sind als schmerzempfindliche Strukturen nur die äußeren Weichteile, das Periost, die harte Hirnhaut, insbesondere im Bereiche der Schädelbasis, und die extra- sowie intrakraniellen Gefäße zu nennen. Die einschlägige Fachliteratur zählt folgende organische Verletzungen im Zusammenhang mit Kopfschmerzen auf (z. B. Miller 1968): Hirnödem, Hirndrucksteigerung, Gliaproliferation, Schädigung von Neuronen oder nur von Myelinscheiden, Dislokation des Gehirns auf Grund raumfordernder Blutansammlungen des Schädelinneren, Liquorproduktions- und -zirkulationsstörungen (Über- oder Unterproduktion, Hygrome im Subdural- und Subarachnoidealraum bei Einrissen in der Arachnoidea oder bei Behinderung der Liquorresorption), Verklebungen des Subduralraumes, enzymatische bzw. metabolische Störungen, diffuse oder lokale zerebrale Mangeldurchblutungen (Zirkulationsverlangsamung, Blutstase bei Thrombenbildung, Permeabilitätsstörungen), Hirnblutungen, Gefäßkrämpfe oder Gefäßlähmung, einerseits im extra- und andererseits im intrakraniellen Bereich, schrumpfende Hirn-Dura-Narben mit Zugwirkung am Gehirn, chronische entzündliche Veränderungen des Schädelinneren, vornehmlich an den Hirnhäuten, Narben im Bereiche der Kopfschwarte, traumatische Veränderungen der Halswirbelsäule usw. An Hand neurochirurgischer Beobachtungen hat sich gezeigt, daß jedoch ein wesentlicher Teil dieser behaupteten Schmerzursachen als solche ausgeschieden werden muß. Dieser Einschränkung entspricht auch die allgemeine klinische Erfahrung, und es bleibt somit bei den zuvor getroffenen Feststellungen. Diesen zufolge ist, abgesehen von den meist akuten Reizzuständen im Bereiche der harten Hirnhaut, der großen Gefäße und der äußeren Weichteile, mit tatsächlichen körperlichen Schmerzen nach Schädelverletzungen nicht zu rechnen. Auch stellt der Umstand, daß ein charakteristischer pathologisch-anatomischer Befund bei Kopfschmerzpatienten nach Schädeltrauma fehlt, ein wichtiges Indiz für die Häufigkeit der psychogenen Genese hartnäckiger Schmerzzustände nach Kopfverletzungen dar. Leider werden in der Regel sämtliche Kopfschmerzen nach Unfällen unkritisch als posttraumatische Zephalgie bezeichnet.

Da aber dieser *sogenannte posttraumatische Kopfschmerz* (SCHERZER 1975) in der überwiegenden Mehrzahl der Fälle nicht körperlich im Sinne des Unfallgeschehens, sondern durch unfallfremde Erkrankungen (Migräne, habitueller und vasomotorischer Kopfschmerz, spondylogene Zephalgie bei degenerativem Prozeß der oberen Halswirbelsäule) oder durch eine psychische Fehlhaltung begründet ist, kann sich der Gutachter nicht einfach auf die Angaben des Verletzten stützen und Schmerzperioden in dem Ausmaß und in dem Schweregrad anerkennen, wie ihm dies geschildert wird. Dabei könnte er, vor allem bei Vorliegen einer psychogenen Symptomatik, leicht Übertreibungen zum Opfer fallen. Unbestritten sollte die Darstellung der subjektiven Beschwerden durch den Verletzten zwar als Basis für die Schmerzbeurteilung dienen. Davon ausgehend, hat aber ein Vergleich mit sämtlichen medizinischen Unterlagen und dem erhobenen objektiven Befund einschließlich von Hilfs- und Nebenbefunden zu erfolgen. Der erfahrene Gutachter wird des weiteren dem Verhalten des Betroffenen in der Untersuchungssituation großes Augenmerk schenken. Der Nachweis massiver psychogener Störungen und Mechanismen läßt an der Glaubwürdigkeit organisch verursachter Schmerzen zweifeln, vor allem dann, wenn diese allzu lang anhalten, persistieren und demnach chronifiziert werden. Um auch derartige Fälle bezüglich unfallkausaler Schmerzen gerecht beurteilen zu können, ist eine große praktische Erfahrung auf klinischem und gutachtlichem Gebiete erforderlich. Der neurologische Gutachter sollte auf Grund seiner kurativen Tätigkeit aus eigenem Ansehen wissen, mit welchen unfallbedingten Schmerzen und Unbilden im allgemeinen nach bestimmten Schädeltraumen zu rechnen ist. Die Zeitspanne, während welcher organisch verursachte und damit gutachtlich einzuschätzende, echte posttraumatische Kopfschmerzen auftreten, wurde bereits in einem früheren Buchabschnitt behandelt und sei hier in bezug auf die einzelnen Verletzungsarten nochmals angeführt (SCHERZER 1976 und 1977):

- Stunden bis einen Tag bei Contusio capitis,
- einige bis mehrere Tage bei Wunden und Hämatomen der Kopfschwarte,
- wenige Tage bis wenige Wochen bei Commotio cerebri und Läsionen sensibler Hirnnerven,
- einige Tage bis wenige Wochen bei Schädelbrüchen,

- einige Tage bis wenige Monate bei Gehirnkontusion und traumatischer Subarachnoidealblutung,
- einige Wochen bis sechs Monate bei einfachen Schleudertraumen der Halswirbelsäule (Zerrungen).

Es sei hier besonders betont, daß die soeben genannten Zeiten bloß den *zeitlichen Rahmen* darstellen, in welchem gemäß eigener, jahrzehntelanger Erfahrung körperlich begründete Kopfschmerzen üblicherweise auftreten. Diese sind aber keineswegs ununterbrochen vorhanden und müssen daher für gutachtliche Berechnungen auf kürzere Zeitabschnitte komprimiert werden. Außerdem hat der Gutachter allfällige sonstige Unbilden, welche zwar keine Schmerzen sind, jedoch solchen gleichgesetzt werden müssen, zu berücksichtigen. Dennoch bieten die obgenannten Rahmenangaben auf dem Gebiete des posttraumatischen Kopfschmerzes einen guten Anhaltspunkt für eine gerechte Schmerzeinschätzung, deren Boden ansonsten schwankend und unverläßlich wäre. Unter Einbeziehung aller verfügbaren Informationen und des selbst erhobenen objektiven Untersuchungsbefundes inklusive notwendiger Hilfs- und Nebenbefunde, welche aber in ihrer Aussagekraft keineswegs überschätzt werden dürfen und hauptsächlich nur der diagnostischen Abklärung sowie der Beurteilung des Schweregrades der erlittenen Verletzung dienen, wird es dem neurologischen Gutachter schließlich möglich sein, Übertreibungen in der Darstellung der subjektiven Beschwerden durch den Verletzten als solche zu erkennen und die angegebenen Schmerzen sowie Unbilden auf ihr tatsächliches Ausmaß zu reduzieren. Der Gutachter darf ganz allgemein subjektive Beschwerden und Beeinträchtigungen lediglich so weit als unfallkausal glaubhaft akzeptieren, als sie mit dem gesamten klinischen Bild unter Berücksichtigung einschlägiger ärztlicher Erfahrung übereinstimmen. So gelingt es, unfallfremde, gutachtlich nicht anzuerkennende, psychogene Symptome einschließlich aggravatorischer und simulativer Tendenzen von den anzuerkennenden, tatsächlich unfallkausalen Störungen zu differenzieren.

Immer wieder hört man den Einwand, daß tatsächliche körperliche Schmerzen praktisch keine Rolle mehr spielen, denn der im Krankenhaus aufgenommene Unfallpatient werde sogleich einer Analgetikabehandlung unterzogen, so daß seine unfallbedingten Schmerzen durch diese Medikation oder sonstige therapeutische Maßnahmen ohnedies beseitigt wären. Diesem Argument wird meist insofern begegnet, als neben tatsächlichen Schmerzen auch verschiedentliche Unlustgefühle, welche mit der Schmerzlinderung bzw. schmerzunterdrückenden Behandlung verbunden sind, berücksichtigt werden müßten. Dies leitet zu den Unbilden über, welche tatsächlichen körperlichen Schmerzen aus gutachtlicher Sicht gleichzuhalten sind (SCHÜTZ 1956, BLOEMERTZ 1964, SCHERZER 1976 und 1985, JAROSCH, MÜLLER und PIEGLER, zuletzt 1987). An solchen gleichfalls körperlich begründeten, *Schmerzen gleichzusetzenden Unbilden* können beispielsweise genannt werden: Bewußtlosigkeit und Bewußtseinstrübung, traumatische Psychose und Verwirrtheit, Erregungs-

und Enthemmungszustände, mangelhafte Orientierung, Übelkeit, Brechreiz, Erbrechen, Fieber, Schwindelsensationen, durch den Unfall erzwungene Bettruhe, epileptische Anfälle, Schwindelsensationen, Mißempfindungen verschiedener Art, Lähmungserscheinungen, Gefühlsstörungen, Sehstörungen (Doppelbilder, Hemianopsien, Blindheit), Sprach-, Sprech- und Stimmstörungen (Dys- und Aphasie, Dys- und Anarthrie, Dys- und Aphonie), Tremor, Ataxie, Gangstörungen, Koordinations- und Gleichgewichtsstörungen, Geruchs- und Geschmacksstörungen, zentrale Miktionsstörungen, organisches Psychosyndrom, therapeutische Maßnahmen wie chirurgische Eingriffe, Injektionen und Infusionen mit stundenlanger Ruhigstellung eines Armes, Versorgung mit einem Dauerkatheter, einer Trachealkanüle, Nasensonde, WITZEL-Fistel usw. Hingegen darf der bloße Aufenthalt in einem Krankenhaus nicht zwangsläufig und unbedingt als ein Zeitraum von Schmerzen gleichzusetzenden Unbilden eingeschätzt werden, wissen wir doch, daß der Umstand des stationären Aufenthaltes in einem Spital, ja selbst an einer Intensivpflegestation, nicht einzig und allein von medizinischen Indikationen, sondern auch von organisatorischen und sozialen Gegebenheiten abhängt. Bloß die tatsächlichen Beschwerden während dieser Periode können im Schmerzkatalog berücksichtigt werden. Wiewohl obige Aufzählung keinen Anspruch auf Vollständigkeit erhebt, zeigt sie doch bereits eindeutig, daß die hier angeführten Unbilden, die Schmerzen gleichzusetzen sind, den maßgeblichen Umstand eines reduzierten Wohlbefindens darstellen, welcher gutachtlich im Sinne des erlittenen Ungemachs berücksichtigt werden muß.

Die Begründung für die gutachtliche Anerkennung von *Komazuständen* als Schmerzen (primäres oder initiales Koma infolge der direkten Gewalteinwirkung auf den Schädel und damit auf das Gehirn, sekundäres Koma durch Hirndrucksteigerung, zerebrale Hypoxie, Fettembolie oder Thromboembolie, Bewußtlosigkeit bei operativen Eingriffen in Narkose, medikamentöses Koma durch Barbiturat-Bypass, Bewußtseinsverlust im epileptischen Anfall usw.) wurde schon zuvor gegeben. Nach dem Erwachen aus dem Koma erlauben Bewußtseinstrübungen mittleren und leichteren Grades zwar einen gewissen Kontakt des Verletzten mit seiner Umgebung, jedoch verfallen die Erlebnisinhalte aus dieser Zeit dem Vergessen, so daß eine Erinnerungs- bzw. Gedächtnislücke im Sinne der anterograden Amnesie resultiert. Letztere bedeutet eine Unterbrechung in dem sonst kontinuierlich erinnerlichen und überblickbaren Lebensablauf. Überwiegend sind derartige Somnolenzen mit Erregungs- und Verwirrtheitszuständen im Rahmen einer *körperlich begründbaren Psychose (traumatische Psychose)* vergesellschaftet. Mitunter ist wegen solch eines Zustandes nicht nur eine Sedierung mit Beruhigungsmitteln in hohen Dosen, sondern sogar eine Internierung an einer geschlossenen psychiatrischen Abteilung erforderlich, weil der Verletzte während der Verwirrtheit abnorme Handlungen setzt. Später erfährt der Betroffene, was er während der Desorientiertheit „angestellt" und „getrieben" hat. Dies stellt eine maßgebliche psychische Belastung dar, so daß die gutachtliche Beurteilung dieser

Bewußtseinsstörungen und der traumatischen Psychose in gleicher Art wie die der Komazustände zu erfolgen hat, d. h. durch Anerkennung dauernder starker Schmerzen für die gesamte Periode. Deren zeitliche Abgrenzung gelingt auf Grund gut geführter Krankengeschichten sowie auf Grund anamnestischer Erhebungen bezüglich des Wiedereintritts geistiger Ordnung und Erinnerungsfähigkeit. Zu verwerten sind selbstverständlich nur glaubhafte Angaben des Verletzten, wobei einerseits ein entsprechendes klinisches Bild und andererseits eine Allgemeinveränderung im Elektroenzephalogramm, wenn ein solches zu jener Zeit abgeleitet wurde, zu fordern sind. Demgemäß kann die gesamte Periode der organisch determinierten posttraumatischen Amnesie, welche die einfache, direkte oder kongrade und die anterograde Amnesie umfaßt und weitgehend der Hirnödemphase entspricht, dauernden starken Schmerzen gleichgehalten werden (Scherzer 1976 und 1985). Die Erfahrung lehrt, daß Schmerzen gleichzusetzende Unbilden den Patienten mehr oder minder in Abhängigkeit von ihrer Art und ihrem Schweregrad, aber auch in Abhängigkeit von der Persönlichkeitsstruktur des Verletzten beeinträchtigen und behindern. Besonders deprimierend wirken im allgemeinen Blasen- und Darmstörungen, die mit Inkontinenz verbunden sind. Der Gedanke, unrein geworden zu sein, ist sicherlich äußerst quälend. Kommunikationsbeeinträchtigungen wie Sprach- und Sprechstörungen beeinträchtigen psychisch meist stärker als Lähmungserscheinungen, Koordinationsstörungen, Ataxien und Gangstörungen. Bezüglich der Sehbehinderungen stören Doppelbilder, welche wiederholt auch Schwindelsensationen hervorrufen, in der Regel mehr als Gesichtsfeldeinschränkungen oder Visusminderungen. Sehr unangenehm sind des weiteren Schluckstörungen, vor allem dann, wenn sie ein Füttern erfordern und dadurch dem Verletzten seine Hilflosigkeit klar vor Augen führen. Selbstverständlich bedeuten alle diagnostischen Eingriffe wie Angiographie, Lumbalpunktion, Probetrepanation und Installation einer Hirndrucksonde neben allfälligen körperlichen Schmerzen wesentliche Unbilden, welche tatsächlichen Schmerzen gleichzuhalten sind, dies nicht zuletzt angesichts der Angst, welchen der Betroffene, der seine Situation zu realisieren vermag, dabei ausgesetzt ist.

Ausnahmsweise beobachtet man eine *Bagatellisierung* oder sogar eine komplette *Dissimulation* subjektiver Beschwerden und Unbilden, allenfalls auch objektiver Störungen und Ausfälle. Der Grund hiefür liegt, wie die Analyse dieser Fälle zeigt (Scherzer 1976), entweder in einer organisch bedingten Kritikstörung auf Basis einer zerebralen Schädigung, z. B. bei Stirnhirnverletzten, die außerdem oft Symptome der Enthemmung und Witzelsucht aufweisen, oder in dem Bestreben des Versehrten, unbedingt wieder als kerngesund zu gelten, z. B. bei Kindern und Jugendlichen, welche die Unfallfolgen keineswegs wahrhaben wollen und sich für solche sogar schämen. Außerdem gibt es Personen, die subjektive Beschwerden und objektive Ausfälle auf Grund einer Verletzung deshalb negieren, weil sie an dem gegenständlichen Unfall Schuld tragen und ihren körperlich verursachten, posttraumatischen Leidenszustand als eine „gerechte Bestrafung“ für ihre Tat empfinden (SCHERZER 1984 und 1985). Im letztgenannten Falle läßt sich nicht selten eine depressive Verstimmung bei den Betroffenen nachweisen. Es wäre falsch, wenn der Gutachter solche Dissimulations- und Bagatellisierungstendenzen, ob sie nun auf eine zerebrale Schädigung oder auf eine abnorme psychogene Verarbeitung zurückführen sind, übergeht. Der Stirnhirngeschädigte nimmt seine subjektiven Beschwerden und objektiven Ausfälle deshalb nicht voll oder eventuell gar nicht wahr, weil er förmlich unter einem Lobotomieeffekt steht. Er gerät dadurch aber wiederholt in schwierige Situationen, zumal er seine eigenen Fähigkeiten nicht richtig einzuschätzen vermag und infolge seiner Kritikstörung Fehlhandlungen begeht. Solchermaßen entsteht ihm ein Ungemach, welches gutachtlich anzuerkennen ist, da es sich direkt aus den Verletzungsfolgen herleitet. Was denjenigen anlangt, der eine psychogene Dissimulationstendenz zeigt, so hat bei ihm die Beurteilung gerechterweise gleich jener zu erfolgen, die sonst bei psychogenen Störungen und psychogenen Symptomverstärkungen praktiziert wird. Wenn man üblicherweise psychogene Phänomene gutachtlich nicht anzuerkennen pflegt, so müssen sie hier gleichfalls ausgeschieden werden. Eine Rückführung auf das tatsächliche Ausmaß des erlittenen Ungemachs soll vollzogen werden. Bei psychogener Dissimulationstendenz von Kindern, Jugendlichen und schuldtragenden Erwachsenen bedeutet dies konsequenterweise eine Anhebung der aus der Exploration abzuleitenden geringen Schmerzperioden auf ein gößeres Ausmaß, welches ohne den Effekt der abnormen psychogenen Pseudokompensation zu erwarten gewesen wäre. Es handelt sich in diesem Falle deshalb um keine echte Kompensation, weil sie sich nicht mehr auf dem Boden der Realität, sondern auf dem der Irrealität abspielt. Die Schmerzeinschätzung soll auch in diesen Fällen dem tatsächlichen, organisch bedingten Leidenszustand Rechnung tragen.

Besonders in der Schmerzbeurteilung nach Schädeltraumen, welche wie jede gutachtliche Einschätzung individuell vorgenommen werden muß, können, was in den vorstehenden Ausführungen schon zum Ausdruck gebracht wurde, bestimmte Extreme nicht anerkannt werden. So läßt sich eine sehr niedrige Toleranzschwelle, die im Volksmund als *„Empfindlichkeit“* oder *„Wehleidigkeit“* bezeichnet wird, bei bestem Willen nicht berücksichtigen. Man würde damit auch leicht einer überschießenden *Begehrlichkeit* Tür und Tor öffnen. Bekanntlich finden sich wiederholt psychogene Beschwerden bei Fremdverschulden, Arbeitsunfällen und sonstigen versicherten Unfällen, worauf schon vor langer Zeit MAYR (1952) und BÖHLER (1954) hingewiesen haben. Hingegen sollten Alter, Geschlecht, Konstitution und vor allem der Vorzustand des Verletzten, so hinsichtlich Erkrankungen und sonstiger Leidenszustände, nicht außer acht gelassen werden. Beispielsweise kann eine Arteriosklerose der Hirngefäße den üblichen Heilungsverlauf einer Gehirnverletzung ganz wesentlich in negativem Sinne beeinflussen. Die subjektiven Beschwerden und auch die objektiven Ausfallserscheinungen halten bei Zerebralsklerose länger an und sind stärker ausgeprägt als bei gleichartiger Traumatisierung eines nicht vorgeschädigten Gehirns. Die Erklärung hiefür liegt in dem Umstand, daß prätraumatische Schädigungen des Gehirns die Kompensation von zerebralen Verletzungsfolgen oft maßgeblich schwieriger gestalten. Es sind demnach *erschwerte Heilungsbedingungen* für das gegenständliche Schädeltrauma gegeben, so daß eine höhere unfallkausale Schmerzperiodik als in einem Vergleichsfall ohne zerebrale Vorschädigung resultiert. Der Eintritt von Beschwerdefreiheit verzögert sich deutlich. Werden nach weitgehendem oder gänzlichem Abklingen der verletzungsbedingten Beschwerden neuerlich Störungen manifest, welche keiner intrakraniellen Spätkomplikation zugeordnet werden können, also nicht durch ein chronisches Subduralhämatom usw. bedingt sind, so dürfen sie nicht mehr als unfallkausal beurteilt werden, sondern sind dem vorliegenden, prätraumatischen Zerebralleiden zuzuordnen. Halten die Beschwerden nach einer reversiblen Hirnschädigung wie einer Commotio cerebri weiter an, ohne daß die anfängliche Remission fortschreitet und zur Beschwerdefreiheit führt, so muß schließlich doch eine Terminisierung des unfallkausalen Leidenszustandes vorgenommen werden. Es ist nicht erklärbar, daß eine funktionelle Betriebsstörung des Gehirns, wie sie die banale Gehirnerschütterung darstellt, dauernde Beschwerden nach sich zieht, auch dann nicht, wenn erschwerte Heilungsbedingungen vorliegen. Solche zögern lediglich die Rückbildung der Beschwerden hinaus, verlängern die Remissionszeit auf das Doppelte oder Dreifache, allenfalls sogar auf das Vierfache, vermögen jedoch nicht dem Grunde nach eine Änderung in dem Sinne herbeizuführen, daß eine prinzipiell reversible Funktionsstörung zu einer irreversiblen wird. Zugegebenermaßen fällt es schwer, eine Zäsur zu machen und solchermaßen einen genauen Zeitpunkt anzugeben, vor dem unfallkausale und nach dem unfallfremde Beschwerden und Störungen anzunehmen sind. Es kann bloß eine Annäherung an die tatsächlichen Verhältnisse erreicht werden, denn in der Realität nehmen in derartigen Fällen die unfallbedingten Phänomene allmählich ab, während zugleich die unfallunabhängigen Phänomene zunehmen.

Wir haben es hier also mit einem *fließenden Übergang des ursprünglich traumatisch bedingten Leidenszustandes in ein schicksalhaftes Krankheitsbild* zu tun. Die Grenze zwischen diesen zwei Zuständen (überwiegend unfallkausales und überwiegend unfallakausales Beschwerdebild) ist gutachtlich an jenem Punkte zu ziehen, wo einander die remittierende Kurve der traumatischen Schädigung und die progrediente Kurve der Krankheitsentwicklung schneiden. Unter Berücksichtigung der erschwerten Heilungsbedingungen durch die prätraumatische zerebrale Erkrankung oder Läsion wird dieser Zeitpunkt im klinischen Verlauf etwa dort anzusiedeln sein, wo die verletzungsbedingte Symptomatik bei einem entsprechend schwer zerebral Vorgeschädigten, im referierten Fall bei einem Arteriosklerotiker, ihren Tiefststand erreicht. Üblicherweise tritt dieses Beschwerdenminimum, wie oben dargelegt, erst spät ein, nämlich dann, wenn ein nicht zerebral vorgeschädigter

Patient schon lange beschwerdefrei geworden ist. Den nach dem eruierten Zeitpunkt des Beschwerdentiefstandes noch auftretenden, leichten, abklingenden, unfallbedingten Beschwerden stehen etwa in gleichem Maße vor dem eben genannten Zeitpunkt vorhandene, sich entwickelnde, allmählich zunehmende, unfallfremde Beschwerden gegenüber. Dem Zustand des fließenden Überganges eines verletzungsabhängigen in ein krankheitseigenes Störsyndrom kann gutachtlich in zweierlei Form Rechnung getragen werden: Entweder wird ein Teil der Schmerzen der überwiegend unfallkausalen Phase abgezogen und ein meist annähernd gleich großer Schmerzanteil für die überwiegend unfallakausale Phase angerechnet; oder – einfacher und besser – es wird die Schmerzsymptomatik bis zum Beschwerdenminimum voll unter der Annahme anerkannt, daß zuvor anzusiedelnde unfallfremde Schmerzen und danach noch auftretende unfallabhängige Schmerzen einander sozusagen die Waage halten und aufwiegen. Jedenfalls geht es nicht an, Dauerschmerzen als unfallkausal zu akzeptieren, denn damit würde man ein unfallunabhängiges Leiden (Erkrankung) einschätzen und vergüten.

Dauernde starke Schmerzen gebühren für die initiale Bewußtlosigkeit, die darauffolgende Bewußtseinstrübung und Desorientiertheit bzw. traumatische Psychose. Nachdem der unfallkausale Verwirrtheitszustand abgeklungen und geistige Ordnung in ausreichendem Maße wiedererlangt worden ist, schließt sich meist eine Periode kontinuierlicher mittelgradiger Schmerzen und Unbilden an. Während dieser Zeitspanne ist dem Verletzten laut der Definition von HOLCZABEK (1976) eine Abstraktion von seinem Leidenszustand bereits zu etwa fünfzig Prozent, d. h. der Hälfte der Zeit, möglich. Er ist also dem Schmerz- und Leidenszustand nicht mehr ununterbrochen ausgeliefert. Mit weiterer Besserung wechseln mittelgradige und leichte Schmerzen einander ab, üblicherweise in diskontinuierlicher Form. Schließlich sind nur mehr leichte Schmerzen und diesen gleichzusetzende Unbilden vorhanden, zuerst noch häufig, dann nur mehr selten bis sporadisch. Die Phasen von Beschwerde- und Schmerzfreiheit werden immer länger und zahlreicher. Leichte Schmerzen und Unbilden erlauben bereits Beschäftigungen verschiedener Art, sofern diese nicht eine hohe Konzentration erfordern. Sie können demnach im Hinblick auf die meisten Tätigkeiten unterdrückt oder überwunden werden, stellen aber unbestritten eine Beeinträchtigung des Wohlbefindens dar. Der Gutachter muß nach Festsetzung der dauernden starken und mittelgradigen Schmerzen auch die diskontinuierlichen mittelgradigen und leichten Schmerzen einschätzen. Dies geschieht in Form einer *Raffung bzw. Komprimierung auf entsprechende kontinuierliche Schmerzperioden*. Die Einschätzung unfallkausaler Schmerzperioden hat üblicherweise bis zum Tage der Begutachtung zu erfolgen, jedoch sollte auch zur Frage künftiger Schmerzen und diesen gleichzusetzender Unbilden Stellung genommen werden. Dies kann insbesondere im Falle von Schädelhirnverletzten, bei denen auf Grund der erlittenen Hirnparenchymläsion prinzipiell die Gefahr einer unfallbedingten Spätkomplikation, z. B. einer posttraumatischen Spätepilepsie, besteht, nur mit großer Vorsicht geschehen. Sofern überhaupt *zukünftige Schmerzen* mit ausreichender Wahrscheinlichkeit vorhergesehen werden können, sollte dies unter Hinweis auf die Annahme eines regelrechten und komplikationslosen klinischen Verlaufs getan werden. Damit erspart sich der Gutachter den Vorwurf einer mangelhaften Information, wenn zu einem späteren Zeitpunkt doch noch eine unfallkausale Verschlimmerung im Zustande des Versehrten eintreten sollte.

Sicherlich stehen aus gutachtlicher Sicht unfallabhängige Schmerzen und diesen gleichzusetzende Unbilden bis zur Erreichung des Endzustandes zu, der entweder einer vollkommenen Rückbildung der Verletzungsfolgen und damit einer Normalisierung oder einem irreparablen Defektzustand entspricht. Gewisse leichte Restbeschwerden können eine Zeitlang noch gelegentlich in Erscheinung treten. Sie lassen sich schließlich nicht mehr vom unfallkausalen Dauerschaden differenzieren. Erfahrungsgemäß richtet beispielsweise ein Versehrter mit Halbseitenteillähmung oder mit Gleichgewichtsstörungen seine Lebensweise und sein Verhalten so ein, daß er schnelle Bewegungen unterläßt, sich mit gebotener Vorsicht fortbewegt und dadurch der auf Grund seiner Verletzungsfolgen gegebenen Sturzgefahr vorbeugt. Bei komplikationslosem Verlauf kommt es auch im Falle der Irreversibilität gewisser Verletzungsfolgen allmählich zur *Anpassung* und *Gewöhnung* an den nicht weiter rückbildungsfähigen und damit persistierenden Defektzustand, der gutachtlich als unfallkausaler Dauerschaden bezeichnet wird. Anpassung und Gewöhnung stellen einen vielschichtigen Kompensationsvorgang dar, der ziemlich bald einsetzt, sich über lange Zeit hin erstreckt und auch noch etwas über die Erreichung des Endzustandes hinaus anhält. Er läßt einen medizinischen Anteil mit Aktivierung kompensatorischer Funktionen und einen verhaltensmäßigen Anteil mit Vermeidung bestimmter Handlungen sowie mit Ausweichen auf andere Tätigkeiten unterscheiden. So ändert sich das Leben des Versehrten entsprechend seinen verletzungsbedingten Einschränkungen und seinen verbliebenen Fähigkeiten. Für Anpassung und Gewöhnung über den Zeitpunkt des Eintritts des Endzustandes hinaus können *abklingende Schmerzen leichten Grades* zugebilligt werden (SCHÜTZ 1956). Diese manifestieren sich nur mehr sporadisch und lassen sich erfahrungsgemäß an Hand der bis zum Übergang in den dauernden Defektzustand aufgetretenen, leichten Schmerzen vorausblickend abschätzen. Wie leicht einzusehen, machen sie bloß einen Bruchteil der zuvor erlittenen leichten Schmerzen und Unbilden aus, in der Regel etwa ein Zehntel dieser. In weiterer Folge ist es unmöglich, noch fallweise auftretende, unfallkausale Schmerzen vom genannten posttraumatischen Defektzustand zu trennen. Solche Beschwerden leichten Grades sind daher in diesem inkludiert, vorausgesetzt, daß der klinische Verlauf weiterhin unkompliziert ist. Nur bei Manifestation von unfallbedingten Spätkomplikationen sind andere Verhältnisse gegeben. Dann setzt nämlich erneut ein akutes Geschehen ein, das frisch – wie das primäre Trauma – bezüglich seiner Art, seines Ausmaßes und seiner Folgen zu begutachten ist.

Im Hinblick auf den Verlauf zeigen sich üblicherweise, d. h. bei komplikationsloser Entwicklung, eine *abnehmende Intensität* und eine *zunehmende Dauer der Schmerzen bzw. verschiedener Unbilden*. Zum Beispiel finden sich nach einem stumpfen Schädelhirntrauma anfangs starke Schmerzen durch eine relativ kurze Periode, sodann mittelgradige Schmerzen durch eine längere Phase und schließlich leichte Schmerzen durch den längsten Zeitabschnitt. Das Verhältnis der Dauer der starken, mittelgradigen und leichten Schmerzen kann sich dann etwa auf 1 : 2 bis 3 : 4 bis 10 belaufen. Keineswegs dürfen diese hier gemachten Angaben über zeitliche Relationen als strikte Behauptungen angesehen werden. Sie können nur als richtungsweisende Feststellungen gelten, unterliegen Modifikationen und Abweichungen auf Grund besonderer Verhältnisse und Gegebenheiten. In dieser Hinsicht ist vor allem die heutzutage oft langdauernde Intensivtherapie mit medikamentös induziertem Koma (Barbiturat-Bypass) oder Relaxierung und Sedierung zwecks künstlicher Beatmung zu erwähnen. Dadurch ergibt sich unter Umständen eine im Verhältnis zu den mittelgradigen Schmerzen lange Phase kontinuierlicher starker Schmerzen. Das Überwiegen der leichten Schmerzen und Unbilden ist aber dennoch praktisch in jedem Fall gegeben, wenn der Verlauf nach Erreichen des Endzustandes retrospektiv betrachtet wird. Da sich Schweregrad und Dauer der unfallkausalen Schmerzen und Unbilden in den meisten Fällen weder direkt aus den medizinischen Unterlagen noch aus der Exploration ermitteln lassen, auch nicht aus dem Analgetikakonsum (Verabreichung von schmerzlindernden Medikamenten an verschiedenen Abteilungen sehr unterschiedlich gehandhabt, ausgenommen die weitgehend restriktive Gabe von Alkaloiden) bedarf es der persönlichen Erfahrung des Gutachters, um zu einer wirklichkeitsnahen Schmerzeinschätzung zu gelangen. Zusätzlich muß der Gutachter über eine gewisse „Intuition“ verfügen, durch welche er Persönlichkeitsstruktur, individuelle Reaktionsweise und Verarbeitungsmöglichkeiten des Verletzten in seine Beurteilung einbezieht.

Zur besseren Überschaubarkeit und Nachvollziehbarkeit der Schmerzeinschätzung empfiehlt sich eine *etappenweise Schmerzbeurteilung*. Die gesamte, seit dem Unfall verflossene Zeit wird in anfangs kürzere und später längere Abschnitte zerlegt, innerhalb welcher die Schmerzen und diesen gleichzusetzende Unbilden unter entsprechender Begründung anzugeben sind (Schütz 1956). Zeitweise auftretende Schmerzen werden bereits hier auf kontinuierliche Perioden komprimiert. Dieses Vorgehen erweist sich vor allem dann als vorteilhaft, wenn eine Begutachtung zugleich auf zwei oder mehreren Fachgebieten erfolgt, auch dort jeweils Schmerzperioden eingeschätzt werden und abschließend eine zusammenfassende Schmerzbeurteilung notwendig ist. *Interferenzen von unfallkausalen Schmerzen und Unbilden verschiedener Fachbereiche*, hauptsächlich auf dem nervenärztlichen und unfallchirurgischen Sektor, können so besser erfaßt werden. Dabei sind in zeitlicher Hinsicht eine *Überdeckung, Überlappung (Überschneidung)* oder *Unabhängigkeit* – entsprechend einer kompletten, partiellen oder fehlenden Inklusion der

Schmerzperioden eines zweiten Fachgebietes – und in quantitativer Hinsicht unter besonderen Umständen eine *eventuelle Verstärkung von unfallbedingten Schmerzen* möglich, z. B. Steigerung mittelgradiger Schmerzen, die auf zwei verschiedenen Fachgebieten unabhängig voneinander auftreten, zu starken Schmerzen. Eine vollkommene Überdeckung oder weitestgehende Überlappung der Schmerzen auf verschiedenen Fachbereichen findet vor allen Dingen in der Anfangs- und Frühphase der Verletzung statt, betrifft daher in erster Linie starke Schmerzen und in geringerem Maße auch mittelgradige Schmerzen. Einer teilweisen Überlappung bzw. Überschneidung begegnet man nach der Frühphase; sie ist bei mittelgradigen Schmerzen meist noch deutlicher ausgeprägt als bei leichten Schmerzen. Eine vollkommene Unabhängigkeit der Schmerzen auf verschiedenen Fachgebieten ist vorwiegend in der Spätphase der Verletzung gegeben und erklärt sich durch das nur mehr sporadische Auftreten von Schmerzsensationen, wobei dann fast ausschließlich leichte Schmerzen betroffen sind. Die Bestimmung der *globalen* oder *zusammengefaßten Schmerzen* geschieht daher in der Regel nicht rein additiv, denn dadurch würde man zu einem falschen Ergebnis kommen, sondern unter Berücksichtigung der genannten Interferenzen zwischen den Schmerzen einschließlich gleichzusetzender Unbilden auf verschiedenen medizinischen Fachgebieten. Wenn der Gutachter in der geschilderten Art und Weise vorgegangen ist, hat er damit auch über die Unfallkausalität behaupteter subjektiver Beschwerden entschieden. Er hat zu diesem Zwecke schlüssig und nachvollziehbar zu beweisen oder zu widerlegen, daß sich die angegebenen Störungen tatsächlich in direkter oder indirekter Form (als unmittelbare Verletzungsfolgen einschließlich Komplikationen) vom initialen Trauma ableiten. Gelingt es, den aktuellen Leidenszustand zwanglos auf den gegenständlichen Unfall einschließlich seiner allfälligen komplikativen Spätfolgen zurückzuführen, dann kann ein ursächlicher Zusammenhang zwischen dem erlittenen Unfall und dem behaupteten Beschwerdebild als gegeben anerkannt werden. Es geht aber nicht an, die Gesamtheit der nach einem Trauma behaupteten oder aufgetretenen Beschwerden und Störungen ohne weitere Prüfung einfach diesem anzulasten, zumal der zeitliche Konnex allein zur Anerkennung der Unfallkausalität keineswegs ausreicht. Nur wenn der zu beurteilende subjektive Leidenszustand in der überprüften, sichergestellten und fundierten Erstdiagnose seine Entsprechung findet, darf er als posttraumatisch und damit als unfallkausal bezeichnet werden.

An dieser Stelle seien noch einige Worte über die gutachtliche Beurteilung der *Commotio cerebri* gestattet, zumal es sich bei ihr um eine rein funktionelle Betriebsstörung des Gehirns handelt, welche bezüglich Schmerzperioden sehr unterschiedlich eingeschätzt wird. Als überaus schädlich hat sich die auch während des zweiten Weltkrieges noch in weiten Bereichen geltende Meinung ausgewirkt, eine Gehirnerschütterung müsse mit einer dreiwöchigen, strengen Bettruhe behandelt werden. Diese Ansicht ist nicht nur überholt und obsolet, sondern auch falsch. Vor allem durch eine zu lange und unnötigerweise aufgezwungene Bettruhe werden eine sekundäre Kreislaufschwäche und leicht auch eine Verängstigung sowie Neurotisierung des Patienten bewirkt (BÖHLER 1963). MIFKA (1970) sowie SCHERZER (1975 und 1983) haben darauf hingewiesen, daß durch eine solch lange, ungerechtfertigte Bettruhe nur subjektive Beschwerden „gezüchtet“ und psychogen fixiert werden. Nach Gehirnerschütterung hat die Mobilisierung dann zu erfolgen, wenn die hauptsächlichen Beschwerden geschwunden sind. Eine *Therapie nach Commotio cerebri hat nur in begrenztem Umfange Berechtigung.* Einer psychogenen Fehlentwicklung wird vor allem durch positive Einstellung der Ärzte und des medizinischen Personals vorgebeugt und entgegengewirkt. Angesichts des initialen Bewußtseinsverlustes mit darauffolgender, erheblicher Beeinträchtigung des Allgemeinzustandes von kurzer Dauer scheinen starke Schmerzen durch einen Tag, ausnahmsweise durch zwei Tage, gerechtfertigt. Es schließen sich meist ein Tag bis drei Tage kontinuierlicher mittelgradiger Schmerzen und Unbilden an. In weiterer Folge sind nur mehr diskontinuierliche Beschwerden vorhanden, welche sich auf zwei bis vier Tage mittelgradiger und zehn bis 20 Tage leichter Schmerzen raffen lassen. Demnach ergeben sich für eine prätraumatisch gesunde Durchschnittsperson *maximal* nachfolgende Schmerzperioden auf Grund einer erlittenen Gehirnerschütterung: ein Tag, eventuell zwei Tage starker Schmerzen, drei bis sieben Tage mittelgradiger Schmerzen und zehn bis 20 Tage leichtgradiger Schmerzen. Es handelt sich hiebei bereits um komprimierte Schmerzperioden. Die diskontinuierlichen Beschwerden selbst verteilen sich selbstverständlich über einen längeren Zeitraum, der Wochen bis einige Monate mißt. Bei jüngeren und kräftigen Personen zielt die Schmerzeinschätzung auf die niedrigeren, bei älteren und schwächeren Personen hingegen auf die höheren Tageszahlen innerhalb der einzelnen genannten Intensitätsstufen ab. Ergänzend sei daran erinnert, daß die Anerkennung eines unfallkausalen Dauerschadens nach einfacher Gehirnerschütterung ganz falsch ist, zumal diese eine voll reversible Gesundheitsstörung darstellt und daher nicht geeignet ist, ein persistierendes Defektsyndrom zu bewirken. Schließlich hat der Gutachter noch zu bedenken, daß eine Commotio cerebri stets und unabdingbar mit einer primären Bewußtlosigkeit einhergeht. Eine solche führt zu einem allgemeinen Tonusverlust der Muskulatur und damit aus stehender Position zum Sturz oder aus sitzender Position zum Zusammensinken. Meist wird anamnestisch von den Betroffenen berichtet, daß sie auf dem Boden oder seltener auf dem Autositz liegend zu sich gekommen sind. Angaben über eine erhalten gebliebene, aufrechte Körperstellung oder -haltung sind mit der Diagnose des Vollbildes eine Gehirnerschütterung unvereinbar.

Zur möglichst gerechten, d. h. gleichen, gutachtlichen Beurteilung innerhalb der Schmerzeinschätzung empfehlen sich als wertvolle Hilfen die Bestimmung des Schweregrades einer Verletzung mit *Einordnung in Fallgruppen* (ganz leichte, leichte, mittelschwere, schwere, sehr schwere und ungewöhnlich schwere Fälle) und einschlägige *Entscheidungssammlungen* mit Heranziehung annähernd gleichartiger oder paralleler Fälle als Vergleichsbasis. Diesbezüglich wird auf das Buch von JAROSCH, MÜLLER und PIEGLER mit dem Titel „Das Schmerzengeld“ (vorerst letzte Auflage 1987, Nachtrag hiezu aus 1991) verwiesen. Sicherlich können mit solchen Entscheidungshilfen grobe Fehleinschätzungen vermieden werden. Wenn man der von HOLCZABEK (1976) gegebenen Definition der Schmerzgrade folgt, ist die *Zuerkennung sehr starker, äußerst starker, übergroßer, quälender, qualvoller, kaum erträglicher oder unerträglicher Schmerzen nicht nachvollziehbar*. Man kann sich nicht des Gefühles erwehren, daß viele Gutachter bloß eine Steigerung vornehmen wollen, um dem Betroffenen zu einem höheren Entschädigungsbetrag zu verhelfen (SCHERZER 1984), vor allem, wenn es sich um Gutachten handelt, welche bloß einseitig im Auftrage eines Rechtsanwaltsbüros erfolgen. Die Dreiteilung der Schmerzintensität in starke, mittelgradige und leichte Schmerzen – mit der vollständig unmöglichen, etwa zur Hälfte möglichen sowie der stets möglichen eigenen Abstraktion vom Schmerzleidenszustand (HOLCZABEK 1976) – wird ohnedies allen Begutachtungsfällen gerecht. Der Versuch, noch weitere Unterteilungen zu treffen, ist übertrieben und zum Scheitern verurteilt, weil eine solche (Pseudo-)Genauigkeit in der Praxis aus der retrospektiven Sicht des Gutachters nicht durchführbar ist. Außerdem ist auf Grund der definitorischen Abgrenzung, wie sie soeben genannt wurde, eine Steigerung starker Schmerzen zu sehr starken oder äußerst starken Schmerzen nicht möglich. Die Annahme sehr starker Schmerzen wegen Polytraumatisierung ist somit äußerst problematisch. Sehr wohl können jedoch in einem solchen Fall wesentlich länger kontinuierliche starke Schmerzen als in einem Fall ohne Polytraumatisierung angenommen werden. Allenfalls spielen bei erhaltenem Bewußtsein psychische Faktoren wie *Todesangst* und schwerstes *Vernichtungsgefühl* eine Rolle. Diese können in seltenen Einzelfällen im Sinne von psychischen Schmerzen auf begrenzte Zeit berücksichtigt werden. Als Beispiele gelten Einklemmung im brennenden Fahrzeug mit der Unmöglichkeit, sich selbst zu befreien, Absturz in eine Schlucht oder in ein Gewässer, ohne sich auf Grund der Verletzung und der sonstigen Gegebenheiten befreien zu können usw. Voraussetzung ist jedoch, daß diese Unfallgeschehnisse bewußt erlebt wurden und an sie eine eigene Erinnerung besteht (SCHERZER 1984 und 1985). Gemäß dem Gesagten ist es empfehlenswert, die obgenannte Dreiteilung der Schmerzperioden beizubehalten und jene Zeitspanne, während welcher Lebensgefahr vom Verletzten bewußt erlebt wurde und zu einer entsprechenden psychischen Reaktion führte, eigens anzuführen. Die Wertung solcher Phänomene im Sinne seelischer Schmerzen obliegt dann nicht mehr der gutachterärztlichen Kompetenz, sondern erfolgt durch das Gericht oder die Versicherung.

Nachdem der Hauptgutachter die globalen Schmerzperioden, geordnet nach Intensität (starke, mittelgradige und leichte Schmerzen) sowie nach zeitlicher Dauer (diskontinuierliche Schmerzen als komprimierte bzw. geraffte Schmerzen ausgedrückt), einschließlich vorhersehbarer zukünftiger

Restbeschwerden (abklingende Schmerzen bis zum vollen Eintritt von Anpassung und Gewöhnung), eingeschätzt hat, müssen noch sogenannte *seelische Schmerzen*, sofern vorhanden und erkennbar, genannt und dargelegt werden. Die hier gemeinten psychischen Beeinträchtigungen stellen ein sehr heikles gutachtliches Thema dar. Gemäß oberstrichterlicher Meinung in Österreich (PIEGLER 1975) sollen diese einfühlbaren seelischen Schmerzen gar nicht vom medizinischen Sachverständigen quantifiziert werden, da „zur Einschätzung der seelischen Schmerzen das menschliche Einfühlungsvermögen des Richters genügt", um abwägen zu können, inwieweit eine zugefügte Schädigung auf das Gemüt des Verletzten nachteilig eingewirkt hat. Dies bedeutet, daß seelische Schmerzen vom Gutachter in ihrer Art und Auswirkung nur zu beschreiben, jedoch nicht einzuschätzen sind. Hieher gehören die *nachempfindbare Trauer* über eingetretene Verletzungsfolgen, wie Entstellung, Verlust von Körperteilen, Gangstörung, Lähmungserscheinungen, Impotenz, Unfähigkeit zum Lenken eines Kraftfahrzeuges, Behinderung bei Sport und Freizeitgestaltung usw., ferner die *berechtigte Furcht* vor weiteren Auswirkungen und Komplikationen des erlittenen Unfalls, wie verminderte Heiratschancen, beeinträchtigtes Fortkommen in beruflicher Hinsicht, Notwendigkeit zukünftiger unfallkausaler Operationen usw. Von Wichtigkeit ist der Umstand, daß seelische Schmerzen vom Betroffenen auf einem speziellen Bereich und nicht in vager sowie unmotivierter Form behauptet werden. Solchermaßen bedingte seelische Schmerzen, welche sich als leichte depressive Verstimmungen, Zurückgezogenheit, Ängstlichkeit sowie psychische Unsicherheit darstellen und auf Grund dieser objektiven psychischen Veränderungen sowie konsekutiven Funktionseinbußen nach Lage des Falles glaubhaft sind, sollen stets sehr wohl vom nervenärztlichen Gutachter dargelegt, beschrieben und erörtert werden, wobei unter Umständen auch auf eine vorbestehende abnorme Persönlichkeitsstruktur des Untersuchten einzugehen ist. Die Einschätzung dieser seelischen Schmerzen vollzieht sodann der Richter im anhängigen Rechtsstreit oder die zuständige Versicherungsgesellschaft in Absprache mit dem Betroffenen bzw. seinem Rechtsvertreter. Damit wird der Gutachter in Österreich einer undankbaren und ohnedies kaum zu bewältigenden Aufgabe enthoben, nämlich jener, seelische Schmerzen in einen Geldbetrag „umzumünzen" (SCHERZER 1985). Ungeachtet ihrer einfacheren Strukturierung können auch Kinder und Kleinkinder seelische Schmerzen erleiden, so durch Unlust, nicht mit anderen Kindern spielen zu können, sich nicht voll ihrem Alter entsprechend entfalten und fortentwickeln zu können, dem Vergleich mit Gleichaltrigen nicht standhalten zu können usw.

Das Problem der seelischen Schmerzen leitet zu den *abnormen psychischen Reaktionen nach Unfällen* und zu der stärker ausgeprägten *psychogenen Beschwerdensymptomatik im Gefolge von Unfällen* über. Was die private Unfallversicherung anlangt, so werden entsprechend den dortigen Versicherungsverträgen (AUVB) psychogene Störungen und Neurosen nicht als Unfallfolgen anerkannt. Anders verhält es sich hinsichtlich der Haftpflichtversicherung. Der früher ganz allgemein eingenommene Standpunkt, psychogene Störungen seien niemals unfallkausal, kann heute angesichts der allgemeinen sozialen Entwicklung und angesichts gefällter Gerichtsurteile nicht mehr unumschränkt aufrechterhalten werden. Es ist zu berücksichtigen, daß die individuellen Reaktionsweisen von Verletzten auf ein Unfallereignis und dessen Folgen im psychischen Bereich sehr unterschiedlich sind. Sie reichen von der akuten normalen Erlebnisreaktion über die akute abnorme Erlebnisreaktion bis zu den erlebnisreaktiven Fehlentwicklungen. Die akute normale Erlebnisreaktion findet sich bei psychisch gesunden Personen, zeigt eine sehr schnelle psychische Verarbeitung des Unfallgeschehens und klingt mithin binnen kurzer Zeit ab. Die akute abnorme Erlebnisreaktion tritt hingegen bei psychisch labilen oder minderintelligenten Personen auf, ist stärker ausgeprägt als die erwähnte akute normale Erlebnisreaktion, steht dadurch zum auslösenden Unfallereignis in einem inadäquaten Verhältnis und hält solchermaßen in Form von Affektreaktionen, Explosivsyndromen und Primitivreaktionen tage- bis wochenlang an. Auch deren Rückbildung vollzieht sich prinzipiell spontan, kann jedoch durch ärztliche Maßnahmen beschleunigt werden. Was die erlebnisreaktiven Fehlentwicklungen nach Unfällen anlangt, so werden diese durch zusätzliche fördernde Faktoren wie Disposition oder anhaltende, ungünstige äußere Einflüsse in Gang gehalten und chronifiziert. Nach Witter (1981) sind dabei drei Formen einer *abnormen psychischen Entwicklung* zu unterscheiden, nämlich:

a) einfache psychische Fehlentwicklung,
b) neurotische Fehlentwicklung,
c) paranoide Fehlentwicklung.

Der einfachen psychischen Fehlentwicklung liegt die Aussicht auf finanziellen Gewinn, die Lösung einer chronischen Konfliktsituation, die Befreiung von der Arbeit usw. zugrunde. Es kann dabei meist eine deutliche Begehrenshaltung des Betroffenen festgestellt werden. Die neurotische Fehlentwicklung setzt hingegen eine (latente) Disposition voraus. Es kommt zu einer neurotischen Erlebnisentgleisung, bei welcher die auslösenden Faktoren immer mehr verblassen und die einsetzende Psychodynamik andere psychische Komplexe vordergründig werden läßt. Die paranoide Fehlentwicklung schließlich basiert auf einer psychopathischen Persönlichkeitsstruktur. Sie ist durch Aggressivität und Unkorrigierbarkeit im querulatorischen Kampf um vermeintliches Recht und gegen Benachteiligung gekennzeichnet.

Gerade nach Kopf- und Halswirbelsäulenverletzungen finden sich wiederholt *psychogene Störbilder*, unter denen man der Definition nach alle abnormen psychischen Symptome zu verstehen hat, die weder Zeichen einer organischen Hirnläsion noch eines psychotischen Krankheitsgeschehens bieten, sondern seelisch entstanden sind und seelisch festgehalten werden, wobei sie oft einen organischen Prozeß nachahmen (Scheid 1983). Im Rahmen psychogener Syndrome können unbewußte, halbbewußte und bewußte, willensabhängige und willensunabhängige Mechanismen bis hin zur Simulation eine Rolle spielen (Jarosch, Müller und Piegler 1987). Typisch für psychische Fehlentwicklungen nach Unfällen ist deren Progredienz und zunehmende phänomenologische Ausgestaltung, wogegen organisch bedingte psychische Veränderungen eine typische Rückbildung und Einengung auf meist eintönige Störbilder erfahren. Die Erkennung psychogener Symptome, welche – je nach ihrer Art und Darstellung – die Bezeichnungen funktionell, neurotisch, hysterisch, konversationsneurotisch, neurasthenisch, nervös, reaktiv, erlebnisreaktiv, psychoreaktiv, hypochondrisch, dissoziativ, aggravatorisch und simulativ tragen, gelingt auf Grund von Exploration, Verhaltensbeobachtung während der Untersuchung, besonders bei den Koordinationsprüfungen, Verhaltensbeobachtung außerhalb der Untersuchungs- und Begutachtungssituation, Längsschnittentwicklung und auf Grund von Informationen aus der Lebensgeschichte, vor allem hinsichtlich aktueller belastender Faktoren. Übertreibungen in der Schilderung der Beschwerdensymptomatik sowie ein starker Wechsel in der Ausprägung der psychogenen Symptome sind typische Phänomene, welche angesichts eines vollkommen unauffälligen Verhaltens außerhalb der Begutachtungssituation auf *Simulation* hinweisen. Unter dieser versteht man eine bewußte, willentliche und zweckgerichtete Vortäuschung krankhafter Veränderungen bei Fehlen jedweder organischer Grundlage. Bestehen hingegen tatsächlich körperliche Störungen, so bezeichnet man das bewußte, willentliche und zweckgerichtete Vortäuschen einer wesentlich stärkeren Behinderung bzw. Funktionsbeeinträchtigung als *Aggravation*, welche strenggenommen einer Teilsimulation gleichkommt. Besonders bei der Aggravation ist die Grenze zur nicht-simulativen psychogenen Symptomverstärkung schwer zu ziehen.

Die nach einem Unfall beobachtete psychische Fehlentwicklung ist überwiegend in der prätraumatischen Persönlichkeitsstruktur, häufig in einer latenten oder bereits einmal manifest gewordenen, neurotischen Disposition und in sozialen Gegebenheiten (z. B. Schwierigkeiten am Arbeitsplatz, finanzielle Belastungen, Ehe- und Partnerprobleme, Isolation als Ausländer) gelegen. Bei derartigen Konstellationen, die nicht selten eine Mehrzahl von Problemsituationen aufweisen, stellt der Unfall förmlich ein „willkommenes Ereignis" dar, an welchem sich die psychischen Konflikte kristallisieren. Leider kann es sehr schwer sein, über die vorbestehende psychische Struktur und über frühere sowie augenblicklich anhaltende psychische Belastungen des Betroffenen Näheres zu erfahren. Infolge der Einengung auf den Unfall und die tatsächlichen oder vermeintlichen Verletzungsfolgen versagt oft die Eigenanamnese, so daß man auf Krankenstandsauszüge, frühere Behandlungsberichte und Fremdanamnese zurückgreifen muß. Wenn sich auch daraus keine Klärung ergibt oder wenn solche weiteren Informationen nicht erhältlich sind, bleibt zur Diagnosenfindung nur mehr die stationäre Beobachtung der betroffenen Person an einer neurologisch-psychiatrischen Fachabteilung mit reichlicher, einschlägiger Erfahrung in gutachtlicher Hinsicht. Dort wird nämlich die allfällige psychogene Beschwerdensymptomatik nur selten konstant „durchgehalten". In den meisten Fällen schwindet sie allmählich, macht einem normalen Verhalten Platz und tritt erst dann wieder in Erscheinung, wenn sich der Proband beobachtet wähnt oder mit seinem speziellen Problem konfrontiert wird. Eine solche stationäre Durchuntersuchung mit Beobachtung hat für die Dauer von 10 bis 14 Tagen angesetzt zu werden, kann aber oft schon früher, weil das Resultat offenkundig geworden ist, abgebrochen werden. In diesem Zusammenhang wies JECH (1984) auf eine Empfehlung des Obersten Sanitätsrates hin, derzufolge „die Behandlung einer Psychoneurose erfolglos ist, wenn hiefür eine Pension gewährt wird". Es wurde von seiten des Obersten Sanitätsrates die Schlußfolgerung gezogen, daß „im Falle einer Neurose die Pensionierung nur dann vertretbar sei, wenn alle therapeutischen Möglichkeiten genützt wurden und das psychische Zustandsbild die Wertigkeit einer Psychose aufweist", ferner daß „diese Feststellung aber nur auf Grund einer stationären Beobachtung und Begutachtung gemacht werden könne, wofür nur einschlägige Fachabteilungen in Frage kämen". Aber darüberhinaus muß in der traumatologischen Begutachtung noch die Unfallkausalität des neurotischen Beschwerdebildes geprüft werden. Da psychogene Symptome in der Persönlichkeitsstruktur wurzeln, psychoanalytisch typischerweise bis in die Kindheit zurückzuverfolgen sind sowie laut SOLMS-RÜDELHEIM und GROSS (1976) auf inneren Fixierungen an unbewußte Konfliktsituationen in der Kindheit beruhen, ist strenggenommen eine Unfallkausalität psychogener bzw. neurotischer Symptome überhaupt zu negieren, ausgenommen bei Traumatisierung in der Kindheit selbst. Auch MIFKA und SCHERZER (1962) sind der Meinung, daß es eine echte Unfallneurose des Erwachsenen nicht gibt, sondern daß stets eine Anknüpfung an unbewältigte Kindheitserlebnisse gegeben sein muß und bei der sogenannten traumatischen bzw. Unfallneurose jedenfalls ein Mischbild psychischer Störungen vorliegt. Der inkulpierte Unfall bedeutet in den allermeisten Fällen nur einen weiteren, vergleichsweise belanglosen Baustein für die bereits in Gang befindliche, psychodynamische Fehlentwicklung. Alle psychischen Konflikte werden alsbald auf das Unfallereignis verschoben, wodurch die betroffene Person zugleich auch alle Schuld ausschließlich der körperlichen Verletzung zuschiebt und selbst vor den Augen der Welt als „schuldlos" an ihrem Leidenszustand, der sich jedoch schon viel früher angebahnt und entwickelt hat, erscheinen will. Die sonst bei Neurosen zu beobachtende Tendenz der Schuldverschiebung auf die Gesellschaft wird hier besonders deutlich.

Nur ein *überwältigendes Unfallereignis* oder *anhaltende schwerste Verletzungsfolgen*, wie massive, besonders ekelerregende Entstellungen mit seelischer Zerrüttung, welcher der Versehrte widerstandslos ausgeliefert ist, kann bei geringer Neurosebereitschaft oder ohne eine solche, nachdem alle psychischen Abwehrmechanismen versagt haben, ausnahmsweise eine echte unfallbedingte psychische Fehlentwicklung nach sich ziehen. Bloß in diesem Falle ist die Unfallkausalität des resultierenden psychogenen Zustandsbildes gutachtlich zu bejahen (SCHERZER 1985). Nach der in der Haftpflichtversicherung geltenden Adäquanztheorie wird äußerst selten eine solch schwere psychische Traumatisierung, die durch den Unfall und/oder seine Folgen bewirkt wird, als kausaler Faktor für die Entwicklung einer *„Unfallneurose"* bzw. *„(post)traumatischen Neurose"* anzuerkennen sein. Gleiches gilt übrigens für die gesetzliche (soziale) Unfallversicherung, in welcher die Theorie der wesentlichen Bedingung zur Beurteilung der Kausalität angewandt wird. Die genannten diagnostischen Bezeichnungen werden leider oft nicht in dem strengen Sinne vergeben, wie dies notwendig wäre, und haben deshalb für die Begutachtung daher insofern großen Unfug bedeutet (SCHERZER 1989), als viele Laien allein schon auf Grund des sprachlichen Ausdrucks geneigt sind, von Haus aus einen kausalen Konnex zwischen Unfall und Neurose anzunehmen. Psychogene oder neurotische Symptome, welche im Gefolge einer Traumatisierung angetroffen werden, sind nur in den seltensten Fällen durch das Unfallereignis oder durch Unfallfolgen im Sinne eines engen, inneren Zusammenhanges verursacht. Keineswegs darf der Gutachter solche Störungen bloß deshalb als unfallbedingt erachten, weil ihnen ein Unfall vorangegangen ist. Der Vergleich mit den psychischen Belastungen von Frontkämpfern, Internierten, Geiseln und Insassen von Konzentrationslagern, der immer wieder ins Treffen geführt wird, kann nicht gezogen werden und wäre falsch am Platze, da bei diesen Personen in kurzen Abständen oder sogar kontinuierlich höchst angstmachende psychische Traumatisierungen mit Demütigungen und Todesängsten stattfinden. Diese Personen sind der Willkür und Aggression unter ärgsten und unmenschlichen Bedingungen ausgeliefert. Sie stehen unter einer anhaltenden Lebensbedrohung, wobei ihnen die Situation zudem als aussichtslos erscheinen muß. Derartige psychische Belastungen hat ein Unfallpatient nie und nimmer zu ertragen. Er weiß, daß man ihm zu helfen trachtet, ist sich also der positiven Einstellung seiner Umgebung bewußt. Dies gilt selbst für Schwerstversehrte an Intensivpflegestationen. Darüber hinaus ist zu berücksichtigen, daß die meisten Versehrten die anfängliche Phase der Lebensgefahr gar nicht bewußt erleben, sondern sich während dieser Zeit im Koma befinden und damit unmöglich einer psychischen Traumatisierung unterliegen können. Aus all dem geht hervor, daß die *gutachtliche Anerkennung einer Unfallkausalität psychogener oder neurotischer Symptome nur in extremen Ausnahmefällen gerechtfertigt* ist, nämlich dann, wenn sich der psychogene Leidenszustand absolut konstant darstellt und einen hohen Schweregrad erreicht hat (sogenannter Krankheitswert einer manifesten Psychose), wenn die Analyse des psychischen Bedingungsfeldes als wesentlichen und entscheidenden Wirkfaktor ein schwer belastendes Unfallereignis und/oder nicht zu bewältigende, höchst gravierende Verletzungsfolgen bleibender Natur und keine maßgeblichen sonstigen Wirkfaktoren nachweisen läßt (SCHERZER 1989): echte, anzuerkennende posttraumatische Belastungsstörung.

In der privaten Unfallversicherung werden *Vorerkrankungen* und *Vorschäden* nach früheren Unfällen, welche die Folgen des gegenständlichen Unfalles ungünstig beeinflussen oder verstärken, folgendermaßen berücksichtigt. Die Versicherungsleistung wird entsprechend dem Anteil der Krankheit oder des Gebrechens an den globalen Verletzungsfolgen, welche auch die Verstärkung durch Vorerkrankung oder Vorschaden beinhalten, gekürzt. Angesichts der Tatsache, daß eine solche retrospektive Differenzierung schwierig sein kann und deshalb nur mit grober Wahrscheinlichkeit zu treffen ist, besagen die Versicherungsbedingungen der privaten Unfallversicherung (AUVB) einschränkend, der Vorschädigungsanteil bleibe unberücksichtigt, wenn er weniger als 25%, d. h. weniger als ein Viertel ausmacht. In der Haftpflichtversicherung besteht keine solche Einschränkung, so daß der ärztliche Gutachter alle meßbaren Beeinträchtigungen darzustellen hat, sowohl bezüglich der rezenten Verletzungsfolgen als auch bezüglich Vorerkrankungen und Vorschäden nach früheren Unfällen. Wenn das gegenständliche Trauma die Verschlimmerung eines vorbestehenden organischen Leidens bewirkt hat, so hat in ähnlicher Weise die private Unfallversicherung vertragsmäßig die Versicherungsleistung lediglich im Ausmaß der Steigerung des Invaliditätsgrades zu erbringen. Wird beispielsweise der dementielle Abbau bei Arteriosklerose der Hirngefäße durch eine Gehirnkontusion mit diffusem Hirnödem verstärkt oder wird eine vorbestehende Hemiparese nach Zerebralinsult durch eine spätere Gehirnverletzung in ihrem Ausmaß verschlimmert, wodurch schließlich ein klinisches Bild entsteht, als wäre der zerebrale Gefäßprozeß progredient verlaufen oder als wäre ein Rezidivinsult aufgetreten, so muß der Gutachter einerseits den vorbestehenden Leidenszustand und andererseits das globale Defektsyndrom nach dem Unfallereignis – als Summe der unfallkausalen und unfallakausalen Ausfälle – einschätzen. Es läßt sich sodann der unfallbedingte Anteil am Leidenszustand des Betroffenen durch Subtraktion der prätraumatischen (unfallfremden) Behinderung von der aktuellen Gesamtbeeinträchtigung ermitteln. Vertragsmäßig bleibt ein krankheitsbedingter Anteil an der bleibenden Invalidität nach einem Unfallereignis unberücksichtigt, wenn er weniger als 25%, d. h. weniger als ein Viertel, beträgt. Die Einschätzung des prätraumatischen Krankheitszustandes in Prozenten gibt zugleich auch darüber Aufschluß, ob zum Zeitpunkt des gegenständlichen Unfalles überhaupt *Versicherungsfähigkeit für die private Unfallversicherung* bestanden hat oder nicht. Diese Überlegungen spielen selbstverständlich in der Haftpflichtversicherung keine Rolle, da dort ein Versicherungsausschluß nicht besteht.

Unter Umständen sieht sich der Gutachter mit der Frage konfrontiert, ob *vorbestehende, unfallfremde Kopfschmerzen* durch ein Trauma verstärkt und aktiviert wurden. So geben manche Migräniker an, daß sich ihr Leiden seit dem Unfall verschlechtert habe, wogegen andere über eine Besserung oder sogar über Beschwerdefreiheit berichten. Da es sich bei den meisten Kopfschmerzen um vegetative Symptome handelt, ist mit Wahrscheinlichkeit anzunehmen, daß im Rahmen des vegetativen Allgemeinsyndroms eines erlittenen Hirntraumas die Bereitschaft zu vasomotorischen Kopfschmerzformen und auch zur Migräne gefördert wird. Gutachtlich kann man, sofern die diesbezüglichen Schilderungen sachlich und glaubhaft sind, eine unfallkausale Zunahme vorbestehender Kopfschmerzen während der posttraumatischen Labilitätsphase anerkennen. Letztere mißt nach Commotio cerebri Wochen, eventuell einige Monate, nach Contusio cerebri Monate bis ein Jahr, eventuell zwei Jahre. Aber nicht nur eine Gehirnverletzung, auch ein sonstiges schweres Körpertrauma kann solch eine Labilitätsphase mit vermehrter Kopfschmerzneigung nach sich ziehen. Andererseits sollte der Gutachter das zuvor erwähnte Faktum des wiederholten Sistierens von schweren Zephalgien und Migränen nach organischen Hirnschädigungen bei seinen Überlegungen nicht ganz außer acht lassen, zeigt es doch, daß eine posttraumatische Kopfschmerzdisposition keineswegs obligat ist, wie man auch allgemein die Erfahrung machen kann, daß schwere und schwerste Schädelhirntraumen in der Regel mit keinen oder nur mit geringen Kopfschmerzen behaftet sind.

Zusammenfassend wird in der Folge eine *Übersicht über empfohlene Einschätzungen von Hirnverletzungsfolgen* gegeben. Angenommen daß in der privaten Unfallversicherung (UV) eine taxative Einschätzung möglich ist, wie bei Funktionsstörungen im Gliedmaßenbereich (Extremitätenwertminderung = EWM, Armwertminderung = AWM, Beinwertminderung = BWM) und bei sensorischen Ausfällen, wird der Beruf des Betroffenen nicht berücksichtigt. Liegen bei einer Person mehrere, voneinander unabhängige taxative Einschätzungen vor, so sind diese einzeln anzuführen. Sie werden zur Bestimmung der Gesamtinvalidität vertragsgemäß von der Versicherung direkt addiert. Anders erfolgt die Bestimmung der Gesamtbeeinträchtigung für die Haftpflichtversicherung. Dort werden bei Bestehen mehrfacher zerebraler Ausfälle die Einzeleinschätzungen nicht einfach zusammengezählt, sondern es wird der globale unfallbedingte Schaden unter Berücksichtigung des Berufes und der Interferenzen zwischen den einzelnen Funktionsbehinderungen ermittelt. Außerdem sind auch in der privaten Unfallversicherung bei allen Einschätzungen, welche nicht nach der Gliedertaxe getroffen werden können, die Gegebenheiten des ausgeübten Berufes speziell zu berücksichtigen, bzw. ist gemäß den jüngsten Vertragsbestimmungen (nach 1988) für die Bestimmung des Invaliditätsgrades maßgeblich, inwieweit die körperliche und geistige Funktionsfähigkeit nach medizinischen Gesichtspunkten beeinträchtigt ist. Verwiesen wird in diesem Zusammenhang auf die Ausführungen über die Festsetzung der dauernden Invalidität in der privaten Unfallversicherung (AUVB) auf Seite 173. Gegebenenfalls müssen die Prozentsätze der folgenden Übersicht entsprechend dem zu beurteilenden Einzelfall modifiziert werden.

Klinischer Ausfall	*Unfallkausaler Dauerschaden (bleibende Invalidität)*
Zerebral-motorische Ausfälle (pyramidal, extrapyramidal, ataktisch, apraktisch)	
Pro Extremität	
leicht	bis 1/3 EWM
mittelgradig	1/3 – 2/3 EWM
schwer	2/3 – 1/1 EWM
Zentrale Koordinations- bzw. Gleichgewichtsstörungen	
leicht	0 – 35%
mittelgradig	35 – 65%
schwer	65 – 100%
Zerebrale Sensibilitätsstörungen	
im Gesichtsbereich	0 – 5%
im Handbereich	bis 3/10 EWM
Zentrale Anosmie bilateral	10%
Hemianopsie	
homonym nach rechts	40 – 50%
homonym nach links	40%
bitemporal	20%
binasal	10%
Quadrantenanopsie	
homonym nach oben	20%
homonym nach unten rechts	30%
homonym nach unten links	20%
Zentrale Amaurose bilateral	100% (plus Pflegebedürftigkeit)
Blickparesen und zentrale Diplopien	0 – 30%
Zentrale Fazialisparese (je nach Entstellung)	0 – 10%
Zentrale Ageusie bilateral	5 – 10% (nach Vertrag)
Zentrale Hörstörungen	in Analogie zu peripheren Ausfällen
Zentrale Vestibularisstörungen	
leicht	0 – 35%
mittelgradig	35 – 65%
schwer	65 – 100%

Klinischer Ausfall	*Unfallkausaler Dauerschaden (bleibende Invalidität)*
Zentrale Dysarthrien (inkl. Dysphagien) und Dysphonien	
leicht	0 – 20%
mittelgradig	20 – 40%
schwer	40 – 50%
Aphasien	
leicht	0 – 35%
mittelgradig	35 – 65%
schwer	65 – 100%
	(ev. plus Pflegebedürftigkeit)
Organisches Psychosyndrom	
sehr gering	0 – 15%
geringgradig	15 – 30%
mäßiggradig	30 – 50%
mittelgradig	50 – 80%
höhergradig	80 – 100%
höchstgradig	100%
	(plus Pflegebedürftigkeit)
Ungedeckter Schädelknochendefekt	
klein	0 – 10%
mittelgroß	10 – 20%
ausgedehnt	20 – 30%
bei zusätzlichem Hirnprolaps	plus 10 – 20%

Abschließend seien noch die wichtigsten *Fehler*, welche vor allem unerfahrenen Kollegen *in der Begutachtung von Schädeltraumen und zerebralen Verletzungsfolgen* unterlaufen können, genannt: Beurteilung des Schweregrades des Traumas anstatt der resultierenden Funktionsbeeinträchtigung und Leistungsminderung des Betroffenen, Einschätzung vorwiegend auf Grund geäußerter subjektiver Beschwerden, Überbewertung geringfügiger Abweichungen vom neurologischen Normalbefund (Hyperreflexie, Knipsphänomen usw. an sich funktionell bedeutungslos), Überbewertung von pathologischen Hilfsbefunden (z. B. Herdbefund im Elektroenzephalogramm, kleiner zerebraler Substanzdefekt oder Hirnatrophie in der Computer- bzw. Kernspintomographie), Verkennung unfallfremder zerebraler Ausfälle (Erkrankungsfolgen) und psychogener Störungen als Hirnverletzungsfolgen, Anerkennung der Unfallkausalität bei „Sturz aus innerer Ursache" (mangelhafte differentialdiagnostische Abklärung), Zubilligung von unfallkausalen Schmerzen auf

Grund übertriebener Angaben des Untersuchten, Einschätzung seelischer Schmerzen in Form von Schmerzperioden oder Geldbeträgen sowie Beurteilung nach den gutachtlich strikt abzulehnenden Sätzen: Post hoc propter hoc. In dubio pro reo. In dubio pro aegroto.

Literatur

AMTHAUER, R.: Intelligenz-Struktur-Test (IST). Hogrefe, Göttingen 1955

AMTHAUER, R.: Intelligenz-Struktur-Test 70 (IST 70). Hogrefe, Göttingen 1973

BAEYER, W. von: Zur Pathocharakterologie der organischen Persönlichkeitsveränderungen. Nervenarzt 18: 21–28 (1947)

BALINT, R.: Die Seelenlähmung des Schauens. Mschr. Psychiat. Neurol. 25: 51 (1909)

BAROLIN, S. G., SCHERZER, E., SCHNABERTH, G.: Die zerebrovaskulär bedingten Anfälle. Huber, Bern–Stuttgart–Wien 1975

BARTELS, M.: Vergleichendes über Augenbewegungen. In: BETHE (Hrsg.): Handbuch der normalen und pathologischen Physiologie, Bd. 12/2, Springer, Berlin 1931

BÄRTSCHI-ROCHAIX, W.: Migraine cervicale (das enzephale Syndrom nach Halswirbeltrauma), Huber, Bern 1949

BÄRTSCHI-ROCHAIX, W.: Le syndrome de migraine cervicale en pathologie cervicale. Med. Hyg. 15: 606–607 (1957)

BAY, E.: Commotio, Contusio, Compressio cerebri. Eine historische Betrachtung. Nervenarzt 22: 136 (1951)

BERNER, P.: Psychiatrische Begutachtungsprobleme des organischen Psychosyndroms. Forsch. u. Prax. d. Begutacht. 13: 48–51 (1976)

BERNER, P.: Grundsätzliche Erwägungen zur Klassifikation organischer Psychosyndrome. Ideggyogyaszati Szemle 34: 72–79 (1981)

BERNER, P., KRYSPIN-EXNER, C., NASKE, R.: Organische Verwirrtheitszustände. Ärztl. Praxis 24/53: 2777–2780 (1972)

BICKFORD, R. G., KLASS, D. W.: Acute and chronic EEG findings after head injury. In: CAVENESS, W. F., WALKER, A. E. (Ed.): Head injury, conference proceedings. Lippincott, Philadelphia–Toronto 1966, 63–88

BLEULER, E.: Lehrbuch der Psychiatrie. Springer, Berlin 1916

BLEULER, E.: Lehrbuch der Psychiatrie. Neubearbeitung von BLEULER, M., 13. Aufl., Springer, Berlin–Heidelberg–New York 1975

BLEULER, M.: Endokrinologische Psychiatrie. Thieme, Stuttgart 1954

BLOEMERTZ, C. B.: Die Schmerzensgeldbegutachtung. Walter de Gruyter, Berlin 1964

BÖCHER, W.: Erfahrungen mit dem Wechslerschen Gedächtnistest (Wechsler Memory Scale) bei einer deutschen Versuchsgruppe von 200 normalen Versuchspersonen. Diagnostika 9, Göttingen 1963, 56–68

BÖHLER, L.: Behandlung und Begutachtung der Gehirnerschütterung. Langenbecks Arch. klin. Chir. 279: 182–187 (1954)

BÖHLER, L.: Gehirnerschütterung: Entstehung, Erkennung, Behandlung und Begutachtung. In: BÖHLER, L., BÖHLER, J. (Hrsg.): Ergänzungsband zur 12. deutschen Auflage der „Technik der Knochenbruchbehandlung". Maudrich, Wien 1963

BOHM, E.: Lehrbuch der Rorschach-Diagnostik. Huber, Bern 1957

BOHM, E.: Psychodiagnostisches Vademecum. Huber, Bern 1967

BOHM, E.: Lehrbuch der Rorschach-Psychodiagnostik für Psychologen, Ärzte und Pädagogen. 5. Aufl., Huber, Bern 1972

BOLLINGER, O.: Über traumatische Spätapoplexie. Int. Beitr. z. wissenschaftl. Medizin 2: 457–464 (1891)

BONHOEFFER, K.: Zur Frage der Klassifikation der symptomatischen Psychosen. Berl. klin. Wschr. 45: 2257–2260 (1908)

BONHOEFFER, K.: Die symptomatische Psychose. Karger, Berlin 1912

BONHOEFFER, K.: Die exogenen Reaktionstypen. Arch. Psychiat. Nervenkr. 58: 58 (1917)

BRICKENKAMP, R.: Test d 2. Aufmerksamkeits-Belastungs-Test. 5. Aufl., Hogrefe, Göttingen 1975

BRIX, E.: Normtabellen für die Wechsler Memory Scale, Subtests IV, V und VII, erstellt an hospitalisierten Patienten ohne Schädelhirntrauma. Wien 1982 (unveröffentlicht)

BRUN, R.: Die Schädel- und Hirnverletzung. Huber, Bern–Stuttgart 1963

CARPENTER, ST.: Injury of the neck as cause of vertebral artery thrombosis. J. Neurosurg. 18: 849–853 (1961)

CHRAST, G., KORPICKA, J.: Die Beeinflussung der Strömungsverhältnisse in der Arteria vertebralis durch verschiedene Kopf- und Halshaltungen. Dtsch. Z. Nervenheilk. 183: 426–448 (1962)

CHRISTIAN, W.: Klinische Elektroenzephalographie. Lehrbuch und Atlas. Thieme, Stuttgart 1968

COLAS, J., GOLLET, M., CORNET, E., SATRE, R.: Contribution à l'étude des thromboses traumatiques de la carotide interne. Neurochir. 8: 134–157 (1962)

CONARD, K.: Die symptomatischen Psychosen. In: GRUHLE, H. W., JUNG, R., MAYER-GROSS, W., MÜLLER, M. (Hrsg.): Psychiatrie der Gegenwart. Bd. 2, Springer, Berlin–Göttingen–Heidelberg 1960, 552

COURJON, J.: Das EEG beim frischen Schädeltrauma. In: ZÜLCH, K. J., FISCHGOLD, H., SCHERZER, E. (Hrsg.): Elektroenzephalographie und Tumor, Elektroenzephalographie und Trauma in ihrer akuten Phase. Beitr. Neurochir., Barth, Leipzig 1967, 108–122

COURJON, J., SCHERZER, E.: Traumatic disorders. In: RÉMOND, A. (Ed.): Handbook of electroencephalography and clinical neurophysiology. Vol. 14 B, Elsevier, Amsterdam 1972, 1–104

CRAMON, D. von, VOGEL, M.: Der traumatische Mutismus. Nervenarzt 52: 664–668 (1981)

Dahl, G.: WIP. Reduzierter Wechsler-Intelligenztest. Anwendung, Auswertung, statistische Analysen, Normwerte. Hain, Meisenheim/Glan 1972

Dawson, R. E., Webster, J. E., Gurdjian, E. S.: Serial electroencephalography in acute head injuries. J. Neurosurg. 8: 613–630 (1951)

Decher, H., Sonntag, J.: Störung des optokinetischen Nystagmus durch zervikale Irritation. Z. Laryng. Rhinol. 45: 791–807 (1966)

Demuth, W.: Stellenwert psychodiagnostischer Verfahren in der Erkennung psychogener und psychoreaktiver Störungen. Aktuelle Neurologie 18 (Sonderheft 1): 1–36 (1991)

Diemath, H. E.: Zur Behandlung und Nachbehandlung Schädelhirnverletzter. Wien. klin. Wschr. (Suppl.) 93/131: 1–8 (1981)

Dix, M. R., Hallpike, C. S.: The pathology, symptomatology and diagnosis of certain common disorders of the vestibular system. Ann. Otol. 61: 897; Proc. Roy. Soc. Med. London 45: 341 (1952)

Dow, R. S., Ulett, G., Raaf, J.: Electroencephalographic studies immediately following head injury. Amer. J. Psychiat. 101: 174–183 (1944)

Drake, C. G.: Subdural haematoma from arterial rupture. J. Neurosurg. 18: 597 (1961)

Faber, W., Jung, R.: Über Geschmacksstörungen bei Hirnverletzten und das Syndrom Anosmie-Ageusie. Nervenarzt 18: 533–544 (1947)

Fahrenberg, J., Hampel, R., Selg, H.: Freiburger Persönlichkeitsinventar (FPI). Hogrefe, Göttingen 1978

Fahrenberg, J., Hampel, R., Selg, H.: Freiburger Persönlichkeitsinventar (FPI). 5. revid. Aufl., Hogrefe, Göttingen 1989

Faust, C.: Die psychischen Störungen nach Hirntraumen: Akute traumatische Psychosen und psychische Spätfolgen nach Hirnverletzungen. In: Gruhle, H. W., Jung, R., Mayer-Gross, W., Müller, M. (Hrsg.): Psychiatrie der Gegenwart. Bd. 2, Springer, Berlin–Göttingen–Heidelberg 1960, 552

Faust, C.: Die psychischen Störungen nach Hirntraumen: Traumatische Psychosen und Dauerschäden. In: Kisker, K. P., Meyer, J. E., Müller, M. (Hrsg.): Psychiatrie der Gegenwart. Bd. 2, Springer, Heidelberg–New York 1972, 147–218

Feldmann, H.: Psychiatrie und Psychotherapie. Ein kurzgefaßtes Lehrbuch für Studierende und Ärzte. Karger, Basel 1984

Felten, H.: Die zerebrale Fettembolie. Fortschr. Neurol. Psychiat. 26/9: 443 (1958)

Fischer, F., Rupprecht, A., Scherzer, E.: Der blutige Liquor und seine diagnostische Verwertbarkeit. Wien. med. Wschr. 70/34: 617–622 (1958)

Frenzel, H.: Nystagmusbeobachtung mit einer Leuchtbrille. Klin. Wschr. 4: 138 (1925)

Fünfgeld, E. W., Rabache, R., Rabache, C., Gastaut, H.: Vergleichende hirnelektrische und klinische Untersuchungen bei Schädeltraumen. Zbl. Neurochir. 17/6: 326–342 (1957)

GÄNSHIRT, H.: Der Hirnkreislauf: Physiologie, Pathologie, Klinik. Thieme, Stuttgart 1972

GASTAUT, H., GASTAUT, Y.: Etude électro-clinique des syncopes posttraumatiques. Rev. neurol. 96: 423–425 (1957)

GERSTENBRAND, F.: Das traumatische apallische Syndrom. Springer, Wien 1967

GERSTENBRAND, F., POEWE, W., AICHNER, F., SALTUARI, L.: Klüver-Bucy syndrome in man: experiences with posttraumatic cases. Neuroscience and Biobehavioral Rev. 7: 413–417 (1983)

GERSTENBRAND, F., RUMPL, E.: Frühe Rehabilitation an Intensivstationen. Schlußbericht der Ersten Jahrestagung der Österr. Ges. f. Neuro-Rehab., AUVA, Wien 1986, 65–70

GERSTMANN, J.: Fingeragnosie. Wien. klin. Wschr. 37: 1010–1012 (1924)

GERSTMANN, J.: Syndrome of finger agnosia, disorientation for right or left, agraphia and acalculia: local diagnostic value. Arch. Neurol. Psychiatr. (Chic.) 44: 389–408 (1940)

GIBBS, F. A., GIBBS, E. L.: Atlas of electroencephalography. Vol. 2, Addison-Wesley Press, Cambridge 1952

GOBIET, W.: Intensivtherapie nach Schädel-Hirntrauma. Springer, Berlin–Heidelberg–New York 1979

GOBIET, W.: Grundlagen der neurologischen Intensivmedizin. Springer, Berlin–Heidelberg–New York 1980

GREINER, G. F., CONRAUX, C., PICART, P.: La stimulation vestibulaire rotatoire de forme pendulaire et ses applications cliniques. Confin. neurol. 21: 438 (1961)

HARRER, G.: Das hirnorganische Psychosyndrom. Arcis, München 1899

HATHAWAY, S. R., MCKINLEY, J. C.: MMPI Saarbrücken, Minnesota Multiphasic Personality Inventory, Bearbeitung von SPREEN, O., Huber, Bern 1963

HAUF, R.: Physikalische Schäden. In: HOPF, H. CH., POECK, K., SCHLIACK, H. (Hrsg.): Neurologie in Praxis und Klinik. Bd. I, Thieme, Stuttgart–New York 1992, 7.100–7.110

HESS, R.: Das Elektroencephalogramm bei Schädeltraumen. Wien. klin. Wschr. 163, 75: 556–558 (1963)

HOFER, E.: Psychological examination of psycho-organic syndromes and application of psychological methods in therapy. In: MIFKA, P. (1976): Posttraumatic psychiatric disturbances. VINKEN, P. J., BRUYN, G. W. (Ed.): Handbook of clinical neurology , Vol. 24/II, North Holland Publishing Company, Amsterdam 1973, 544–557

HOFER, E., SCHERZER, E.: Reaction training for brain-injured persons and their working capability. Third European Regional Conference of Rehabilitation International, Vienna 1981

HOFF, H., PROSENZ, P., TSCHABITSCHER, H.: Der Schlaganfall. Wien. Med. Akademie, Wien 1966

HOFFMANN, H., SCHERZER, E.: Elektroenzephalographische und klinische Probleme nach passagerem, durch intrathorakale Herzmassage behobenem Herz- und Atemstillstand. Wien. Z. Nervenheilk. 31: 291–304 (1973)

HOLCZABEK, W.: Gerichtsmedizinische Grundlagen der Schmerzengeldbestimmung. Forsch. u. Prax. d. Begutacht. 12: 24–29 (1976)

HORN, W.: Leistungsprüfsystem. Hogrefe, Göttingen 1962

HUBACH, H., STRUCK, G.: Zur Korrelation von EEG und pathomorphologischen Befunden zerebraler Gefäßprozesse. Arch. Psychiat. Nervenkr. 206: 641–661 (1965)

HUBER, G.: Klinik und Psychopathologie der organischen Psychose. In: KISKER, K. P., MEYER, J.-E., MÜLLER, M., STRÖMGEN, E. (Hrsg.): Psychiatrie der Gegenwart. Springer, Berlin–Heidelberg–New York 1972, 71–146

HUBER, G.: Organisches Psychosyndrom. In: RAUSCHELBACH, H.-H., JOCHHEIM, K.-A. (Hrsg.): Das neurologische Gutachten. Thieme, New York 1984, 219–233

HUBER, W., POECK, K., WENIGER, D., WILLMES, K.: Der Aachener Aphasie-Test. Hogrefe, Göttingen 1983

HUTCHINSON, E. C., YATES, P. O.: The cervical portion of the vertebral artery. A clinical-psychological pathological study. Brain 79: 219–331 (1956)

JAROSCH, K., MÜLLER, O. F., PIEGLER, J.: Das Schmerzengeld in medizinischer und juristischer Sicht. Manz, Wien 1987

JECH, R. K.: Kommentar zur Frage der Fachüberschreitung bei Erstellung von Sachverständigengutachten. Forsch. u. Prax. d. Begutacht. 27: 33–34 (1984)

JELLINGER, K.: Morphologische Grundlagen des organischen Psychosyndroms. Wien. klin. Wschr. 87: 229–234 (1975)

JELLINGER, K.: Morphologie und Pathogenese geschlossener Hirnverletzungen. In: HOPF, H. CH., POECK, K., SCHLIACK, H. (Hrsg.): Neurologie in Praxis und Klinik. Bd. I, Thieme, Stuttgart–New York 1992, 7.31–7.38

JONASCH, G.: Eine Methode zur Quantifizierung der Sprachleistung bei Aphasien. Z. Nervenheilk. 30: 249–260 (1972)

JUNG, R.: Neurophysiologische Untersuchungsmethoden. In: BERGMANN, G. von, FREY, W., SCHWIEGK, H. (Hrsg.): Handbuch der inneren Medizin. Bd. V/1, Springer, Berlin–Göttingen–Heidelberg 1953, 1206–1420

JUNG, R.: Nystagmographie: Zur Physiologie und Pathologie des optisch-vestibulären Systems beim Menschen. In: BERGMANN, G. von, FREY, W., SCHWIEGK, H. (Hrsg.): Handbuch der inneren Medizin. Bd. V/1, Springer, Berlin–Göttingen–Heidelberg 1953, 1325–1379

JUNG, R.: EEG-Veränderungen bei symptomatischen Psychosen. Zbl. Ges. Neurol. Psychiat. 137: 130 (1956)

KABERLAH, F.: Über die akute Commotionspsychose, zugleich ein Beitrag zur Ätiologie des Korsakowschen Symptomenkomplexes. Arch. Psychiat. Nervenkr. 38: 402 (1904)

Kallinger, S.: Die Wirkungsweise eines Reaktionstrainings auf sensomotorische Leistungen von Hirnverletzten. Wien 1975, unveröffentlichte Dissertation

Kanowski, S., Coper, H.: Das hirnorganische Psychosyndrom als Ziel pharmakologischer Beeinflussung. In: Wente, D., Coper, H., Kanowski, S. (Hrsg.): Hirnorganische Psychosyndrome im Alter. Springer, Berlin–Heidelberg–New York 1982, 3–21

Kanowski, S., Ladurner, G.: Dementielle Erkrankungen im Alter: Pathogenetische Modelle und therapeutische Wirklichkeit. Thieme, Stuttgart–New York 1988

Katzenstein, E.: Das Schädelhirntrauma. Schwabe, Basel 1956

Kershman, J.: Syncope and seizures. J. Neurol. Psychiat. 12: 25–33 (1949)

Kestenbaum, A.: Clinical methods of neuro-ophthalmologic examination. Heinemann, London 1948

Kirschbichler, Th., Scherzer, E.: Zur Frage des kausalen Zusammenhanges zwischen Trauma und Verschluß bzw. Stenose der mittleren Hirnarterie. Österr. Monatshefte f. ärztl. Fortb. 19/3: 69–77 (1978)

Kirschbichler, Th., Scherzer, E.: Der AV-Shunt bei posttraumatischem kommunizierendem Hydrozephalus. Fortschritte der technischen Medizin in der neurologischen Diagnostik und Therapie, Tagungsbericht der Deutschen Gesellschaft für Neurologie und der Gesellschaft Österreichischer Nervenärzte und Psychiater, Eigenverlag, Wien 1980, 481–484

Klages, U.: Spontane oder traumatische tödliche Subarachnoidealblutung. Z. Rechtsmed. 67: 67–80 (1970)

Kleinpeter, U.: Störungen der psychosomatischen Entwicklung nach Schädelhirntraumen in Kindesalter. Fischer, Jena 1971

Klüver, H., Bucy, P.: Preliminary analysis of functions of the temporal lobes in monkeys. Arch. Neurol. Psychiat. (Chic.) 42: 979–1000 (1939)

Kornhuber, H.: Physiologie und Klinik des zentralvestibulären Systems (Blick- und Stützmotorik). In: Berendes, J., Link, R., Zöllner, F. (Hrsg.): Hals-Nasen-Ohren-Heilkunde. Bd. III/3, Thieme, Stuttgart 1966, 2150

Kränkel, W., Bröcheler, J. L.: Traumatische Hämatome. In: Hopf, H. Ch., Poeck, K., Schliack, H. (Hrsg.): Neurologie in Praxis und Klinik. Bd. I, Thieme, Stuttgart–New York 1992, 7.41–7.52.

Krauland, W.: Zur Analyse eines schweren Schädelhirntraumas. Beitr. Gerichtl. Med. 38: 75–83 (1980)

Kretschmer, E.: Das apallische Syndrom. Z. neurol. Psychiat. 169: 576–579 (1940)

Kretschmer, H.: Neurotraumatologie. Thieme, Stuttgart 1978

Krösl, W., Scherzer, E.: Die Bestimmung des Todeszeitpunktes. Maudrich, Wien 1973

Krösl-Kallinger, S., Scherzer, E.: Training sensomotorischer Leistungen zur zerebralen Funktionsanregung. Vortrag auf dem IX. Venezianischen Symposion, unveröffentlicht (1977)

KUHLENDAHL, H.: Die neurologischen Symptome bei der Überstreckungsverletzung der Halswirbelsäule und dem sogenannten Schleudertrauma. Münch. med. Wschr. 106: 1025–1030 (1964)

LANCE, J. W., ADAMS, R. D.: The syndrome of intention or action myoclonus as a sequel to hypoxic encephalopathy. Brain 86: 111 (1963)

LAUBICHLER, W.: Statistische Untersuchungen des Commotionssyndroms. Forsch. u. Prax. d. Begutacht. 24: 9–18 (1983)

LEISCHNER, A.: Aphasien und Sprachentwicklungsstörungen. Thieme, Stuttgart 1979

LEISCHNER, A.: Aphasien und andere hirnpathologische Syndrome. In: RAUSCHELBACH, H.-H., JOCHHEIM, K.-A. (Hrsg.): Das neurologische Gutachten. Thieme, Stuttgart–New York 1984, 178–187

LOB, A., JAEGER, F.: Verletzungen von Schädel und Gehirn. In: LOB, A. (Hrsg.): Handb. d. Unfallbegutachtung. Bd. 3, Enke, Stuttgart 1973, 1–110

LORENTE de NO, R.: Die Labyrinthreflexe auf die Augenmuskeln nach einseitiger Labyrinthexstirpation nebst einer kurzen Angabe über den Nervenmechanismus der vestibulären Augenbewegungen. Mschr. Ohrenheilk. 61: 857, 1066, 1152 und 1300 (1927)

LURIA, A.: Higher cortical function in man. Basic Books, New York 1966

MAYR, S.: Zur Begutachtung der Gehirnerschütterung. Wien. med. Wschr. 152: 126–128 (1952)

MESSERT, B., BAKER, N. H.: Syndrome of progressive spastic ataxia and apraxia associated with occult hydrocephalus. Neurology 1966: 440–452 (1966)

MEYER-MICKELEIT, R. W.: Das Elektroencephalogramm nach gedeckten Kopfverletzungen. Dtsch. med. Wschr. 1: 480–484 (1953)

MIFKA, P.: Die Augensymptomatik bei der frischen Schädelhirnverletzung. De Gruyter, Berlin 1968

MIFKA, P.: Iatrogene postkommotionelle Beschwerden: Ärztl. Praxis 94: 5211 (1970)

MIFKA, P.: Psychiatrische Gesichtspunkte bei Hirnverletzten im akuten Stadium. Hefte z. Unfallheilk. 111: 24–29 (1972)

MIFKA, P., SCHERZER, E.: Geistesstörung nach Unfällen ohne Gehirnverletzung. Wien. med. Wschr. 73/45: 784–786 (1961)

MIFKA, P., SCHERZER, E.: Das posttraumatische Psychosyndrom. Wien. med. Wschr. 112/32: 615–619 (1962)

MIFKA, P., SCHERZER, E.: Psychotische Zustandsbilder nach Unfällen. Wien. Z. Nervenhk. Grenzgeb. 19/1: 76 (1962)

MIFKA, P., SCHERZER, E.: Randbemerkungen zur Diagnostik frischer Schädel-Hirnverletzungen. Wien. med. Wschr. 112/10: 207–211 (1962)

MIFKA, P., SCHERZER, E.: Über die Wertigkeit des EEG im Spätstadium der Gehirnverletzung. Wien. klin. Wschr. 74/36: 573–576 (1962)

MIFKA, P., SCHERZER, E.: Zur Pathogenese zerebraler Symptomatik bei Verletzungen der Halswirbelsäule. Münch. med. Wschr. 104: 1686–1690 (1962)

MIFKA, P., SCHERZER, E.: Grenzen und Differentialdiagnose der Commotio cerebri. Wien. klin. Wschr. 77/13: 229–232 (1965)

MILLER, H.: Posttraumatic headache. In: VINKEN, P. J., BRUYN, G. W. (Ed.): Handbook of clinical neurology. Vol. 5, North-Holland Publishing Company, Amsterdam–New York 1968, 178

MILLER, J. D.: Concepts of Brain Injury. Neuropsych. 5/4: 235–261 (1991)

MONTANDON, A.: Valeur médico-légale de la vestibulométrie objective dans les traumatismes crâniens. Méd. et hyg. (Genève) 20: 565 (1962)

MONTANDON, P., MONNIER, M.: Correlations of the diencephalic nystagmogenic area with the bulbo-vestibular nystagmogenic area. Brain 87: 673 (1964)

MORSIER, G. de: Encéphalopathie traumatique grave. Revue d'Otol. etc 19: 54–57 (1947)

MÜLLER, H. R., KLINGLER, M.: The encephalogram in cerebral fat embolism. Electroenceph. clin. neurophysiol. 18: 278–286 (1965)

MUMENTHALER, M.: Neurologie für Ärzte und Studenten. Thieme, Stuttgart 1970

MUMENTHALER, M.: Neurologie. Ein Lehrbuch für Ärzte und Studenten. 7. Aufl., Thieme, Stuttgart–Heidelberg–New York 1982

MYRTEK, M.: Psychovegetative Labilität. Med. Welt 29: 1166–1169 und 1240–1243 (1978)

NIEDERMEYER, E.: EEG und Basilarisinsuffizienz. Psychiat. et Neurol. (Basel) 144: 212–244 (1962)

OKSANEN, P. J.: Quantitative electroencephalogram (QEEG) in altitude chamber-induced hypoxia studies. 32nd Int. Congr. of Aviation and Space Med., oral presentation (1984)

OSWALD, W. D., ROTH, E.: Der Zahlen-Verbindungs-Test ZVT. Hogrefe, Göttingen 1978

PAMPUS, I.: Traumatische Hirnschäden im Kindes- und Jugendalter. In: RAUSCHELBACH, H.-H., JOCHHEIM, K.-A. (Hrsg.): Das neurologische Gutachten. Thieme, Stuttgart–New York 1984, 148–160

PENDL, G.: Der Hirntod. Springer, Wien–New York 1986

PENIN, H.: Das EEG der symptomatischen Psychosen. Nervenarzt 42: 242–252 (1971)

PENIN, H., KÄUFER, C.: Der Hirntod. Thieme, Stuttgart 1969

PETERS, G.: Pathologische Anatomie der Verletzungen des Gehirns und seiner Häute. In: KESSEL, F. K., GUTTMANN, L., MAURER, G. (Hrsg.): Neurotraumatologie mit Einschluß der Grenzgebiete. Bd. I, Urban und Schwarzenberg, München–Berlin–Wien 1969, 31–91

PETERSÉN, I., SÖRBYE, R., GELIN, L. E., JOHANSON, B., AVELLAN, L.: EEG and burns. Electroenceph. clin. neurophysiol. 17: 209–211 (1964)

PETERSEN, I., SÖRBYE, R., JOHANSON, B., AVELLAN, E., GELIN, L. E.: An electroencephalographic and psychiatric study of burn cases. Acta chir. scand. 129: 359–366 (1965)

PFALTZ, CH., RICHTER, H. R.: Die cochleo-vestibuläre Symptomatologie des Cervicalsyndroms. Arch. Ohr-Nas-Kehlk. Heilk. 172: 519–534 (1958)

PIEGLER, J.: Richter und Schmerzengeldgutachten. Forsch. u. Prax. d. Begutacht. 12: 19–23 (1976)

POECK, K.: Störungen von Antrieb und Affektivität. In: POECK, K. (Hrsg.): Klinische Neuropsychologie. Thieme, Stuttgart–New York 1989, 323–229

POECK, K.: Die geschlossenen traumatischen Hirnschädigungen. In: HOPF, H., POECK, K., SCHLIACK, H. (Hrsg.): Neurologie in Praxis und Klinik. Band 1, Thieme, Stuttgart–New York 1992, 7.15–7.31

QUATEMBER, R.: Klinisch-psychologische Fehlerquellen in Zusammenschau mit dem ärztlichen Gutachten. Forsch. u. Prax. d. Begutacht. 26: 55–58 (1984)

RADERMECKER, J.: Das EEG bei gedeckten Hirnschäden und seine Beziehungen zu den subjektiven Beschwerden. Münch. med. Wschr. 106/30: 1315–1322 (1964)

REICHHARDT, M.: Einführung in die Unfall- und Rentenbegutachtung. Fischer, Stuttgart–New York 1958

REISNER, H., SCHERZER, E.: Subdurale Hämatome unter dem Bild zerebraler Insulte. Wien. klin. Wschr. 70/46: 918–921 (1958)

RORSCHACH, H.: Rorschach Test. Huber, Bern 1962

RUPPRECHT, A., SCHERZER, E.: Die Proteinveränderungen im hämorrhagischen Liquor. Wien. klin. Wschr. 71/3: 45–51 (1959)

RUSSELL, W. R.: Cerebral involvement in head injury. Brain 55, 549–603 (1932)

RUSSELL, W. R.: The traumatic amnesias. In: VINKEN, P. J., BRUYN, G. W. (Ed.): Handbook of clinical neurology. Vol. 3, North-Holland Publishing Company, Amsterdam 1969, 293–295

SCHEID, W.: Lehrbuch der Neurologie. 5. Aufl., Thieme, Stuttgart–New York 1983

SCHERZER, E.: Untersuchungen bei Frischverletzten am Krankenbett. Wien. med. Wschr. 113/39: 722–725 (1963)

SCHERZER, E.: Drei ungewöhnliche nervenärztliche Kausalitätsfragen. Wien. med. Wschr. 114/16: 270–273 (1964)

SCHERZER, E.: Isolierte anterograde Amnesie nach Schädelhirntraumen. In: Spätfolgen nach Schädelhirntraumen. Berichte über den 8. Internationalen Kongreß für Neurologie. Wien, 5.–10. 9. 1965, 217–222 (1965)

SCHERZER, E.: Wert der Elektroencephalographie beim Schädeltrauma. Wien. klin. Wschr. 77/31 und 32: 543–547 (1965)

SCHERZER, E.: Das normale Echoenzephalogramm und seine Bedeutung in der Traumatologie. Wien. klin. Wschr. 78: 301–304 (1966)

SCHERZER, E.: Atypische Subduralhämatome. Wien. Med. Wschr. 117/41: 917–922 (1967)

SCHERZER, E.: Chronische Subduralhämatome bei vaskulären Mißbildungen des Schädelinneren. Wien. Z. Nervenheilk. Grenzgeb. 25/1: 57–67 (1967)

SCHERZER, E.: EEG-Veränderungen bei zerebraler Fettembolie. Psychiat. et Neurol. (Basel) 153: 337–344 (1967)

SCHERZER, E.: Die Störungen des Gleichgewichtsystems nach Unfällen. Wien. med. Akad, Wien 1968

SCHERZER, E.: Akute traumatische Psychosen. In: LECHNER, H., KUGLER, J., FONTANARI, D. (Hrsg.): Akute Psychosen. Moser, Graz 1969, 115–124

SCHERZER, E.: Die Aussagekraft des EEG in der Begutachtung. Forsch. u. Prax. d. Begutacht. 2: 26–31 (1969)

SCHERZER, E.: Die intrakraniellen Frühkomplikationen des Schädeltraumas aus neurologischer Sicht. Österr. Ärztezeitg. 26/2: 115–120 (1970)

SCHERZER, E.: Das EEG in der Unfallsbegutachtung. Forsch. u. Prax. d. Begutacht. 8: 9–16 (1971)

SCHERZER, E.: Acute non-cranial injuries. In: RÉMOND, A. (Ed.): Handbook of electroencephalography and clinical neurophysiology. Vol. 14 B, Elsevier, Amsterdam 1972, 40–46

SCHERZER, E.: Late effects of head injury. In: RÉMOND, A. (Ed.): Handbook of electroencephalography and clinical neurophysiology. Vol. 14 B, Elsevier, Amsterdam 1972, 47–82

SCHERZER, E.: Medico-legal implications. In: RÉMOND, A. (Ed.): Handbook of electroencephalography and clinical neurophysiology. Vol. 14 B, Elsevier, Amsterdam 1972, 92–95

SCHERZER, E.: Galvanische Vestibularisreizung bei irreversibler zerebraler Schädigung. In: KRÖSL, W., SCHERZER, E. (Hrsg.): Die Bestimmung des Todeszeitpunktes. Maudrich, Wien 1973, 177–181

SCHERZER, E.: Konklusionen bezüglich des eingetretenen Hirntodes. In: KRÖSL, W., SCHERZER, E. (Hrsg.): Die Bestimmung des Todeszeitpunktes. Maudrich, Wien 1973, 363–366

SCHERZER, E.: Gedächtnisstörungen bei Kopfverletzungen. Ärztl. Praxis 26/40: 2009–2012 (1974)

SCHERZER, E.: Gutachtliche Beurteilung von Kopfschmerzen nach Unfällen. Münch. med. Wschr. 117/49: 1961–1964 (1975)

SCHERZER, E.: Über den sogenannten posttraumatischen Kopfschmerz. Fortschr. Neurol. Psychiatr. 43/5: 271–283 (1975)

SCHERZER, E.: Zentrales Nervensystem und Schmerzensgeld. Forsch. u. Prax. d. Begutacht. 12: 42–52 (1976)

SCHERZER, E.: Zur Differenzierung der Kopfschmerzen im Gefolge von Unfällen. Münch. med. Wschr. 119/414: 467–468 (1977)

SCHERZER, E.: Die Bedeutung der Elektroenzephalographie für die Diagnostik der Schädelhirntraumen. In: WIECK, H. H. (Hrsg.): Neurotraumatologie. Thieme, Stuttgart–New York 1980, 127–133

SCHERZER, E.: Grundlagen und Definition der Commotio cerebri. Forsch. u. Prax. d. Begutacht. 24: 19–34 (1983)

SCHERZER, E.: Gutachtliche Fallstricke in der Neurotraumatologie. Forsch. u. Prax. d. Begutacht. 26: 44–51 (1984)

SCHERZER, E.: Begutachtung der Folgen von Schädelhirntraumen in der privaten Unfall- und Haftpflichtversicherung. Forsch. u. Prax. d. Begutacht. 28: 47–59 (1985)

SCHERZER, E.: Das traumatisch bedingte Hirnödem, Jetdoctor-Journal 6/3: 13–18 und 72 (1985)

SCHERZER, E.: Problematik in der Hirntoddiagnostik. Acta chir. Austriaca 17 (Sonderheft 1): 38–40 (1985)

SCHERZER, E.: Rehabilitationsmöglichkeiten und Prognose nach schwerem Schädel-Hirn-Trauma. In: REISSIGL, H. (Hrsg.): Symposium Schloß Korb 1986, Intensivmedizinische Aspekte in der Neurologie. Bibliomed, Melsungen 1987, 27–35

SCHERZER, E.: Zur Frage der Unfallkausalität von Neurosen und psychogenen Störungen. Forsch. u. Prax. d. Begutacht. 35: 47–61 (1989)

SCHERZER, E.: Hirndruck und Hirntod. Wien. med. Wschr. 23/24: 562–564 (1990)

SCHERZER, E.: Methoden und Erfolge der Neurorehabilitation nach Schädelhirntrauma. In: HARRER, G., ZÄNGEL, A. (Hrsg.): Kongreßband Van-Swieten-Tagung 1990, Österr. Ärztekammer, 207–210 (1990)

SCHERZER, E., DEISENHAMMER, E.: Akzidentelle Konvulsionen bei rezidivierender posttraumatischer Meningitis. Wien. Z. Nervenheilk. Grenzgeb. 26: 56–68 (1968)

SCHERZER, E., GUTH, E.: Die Commotio cerebri. Akt. Neurol. 4: 23–31 (1977)

SCHERZER, E., HOFER, E.: Aussagekraft der Elektroenzephalographie bei organischen Psychosyndromen. Forsch. u. Prax. d. Begutacht. 13: 64–70 (1976)

SCHERZER, E., RECHNIC, J.: An index for quantifying aphasias. Proceedings Third European Regional Conference, Rehabilitation International, 6.–10. 4. 1981, Wien 1981, 188–190

SCHERZER, E., ROLLETT, E.: Letal verlaufende posttraumatische Frühmeningitis. In: GÄNSHIRT, H., BERLIT, P., HAACK, G. (Hrsg.): Akute entzündliche Erkrankungen des Zentralnervensystems und seiner Hüllen. Perimed, Erlangen 1984, 96–100

SCHERZER, E., SIMON, R.: So-called parietal symptoms associated with post-traumatic aphasia. Aphasiology 5, 4/5: 457–460 (1991)

SCHERZER, E., SIMON, R., FUNK, G.: Kombinationen von Thoraxtrauma und Schädelhirnverletzung: Neurologische und psychische Aspekte. Hefte z. Unfallheilk. 223: 322–328 (1992)

SCHERZER, E., SIMON, R., RECHNIC, J.: Clinical course of aphasia due to cerebral injury. In: PACHALSKA, M. (Ed.): Contemporary problems in the rehabilitation of persons with aphasia. Proceedings First Int. Aphasia Rehabilit. Congr., 3.–6. 5. 1984, Krakow 1990, 293–298

SCHERZER, E., SIMON, R., RECHNIC, J.: Neurological and psychic disturbances associated with aphasia in cerebral injuries. In: PACHALSKA, M. (Ed.): Contemporary problems in the rehabilitation of persons with aphasia. Proceedings First Int. Aphasia Rehabilit. Congr., 3.–6. 5. 1984, Krakow 1990, 298–304

SCHERZER, E., WURZER, W.: Die Rückbildung psychoorganischer Störungen nach Schädelhirntraumen. In: SCHERZER, E. (Hrsg.): Neuropsychologie und Neurorehabilitation. Schlußber. d. Jahrestagung d. Österr. Ges. f. Neuro-Rehabilitation, PVAng, Wien 1991, 103–112

SCHERZER, E., ZECHNER, W.: Nicht operiertes Subduralhämatom – gutachtliche Problematik nach scheinbarem Bagatelltrauma. Forsch. u. Prax. d. Begutacht. 13: 29–38 (1976)

SCHNEIDER, E., HUBACH, H.: Das EEG der traumatischen Psychosen. Dtsch. Z. Nervenheilk. 183: 600–627 (1962)

SCHÖNBERGER, A., MEHRTENS, G., VALENTIN, H.: Arbeitsunfall und Berufskrankheit. Schmidt, Berlin 1984

SCHRÖDER, P.: Geistesstörung nach Kopfverletzungen. Neue Dtsch. Chir. 18: 211 (1915)

SCHÜTZ, R.: Das ärztliche Gutachten im Privat-Versicherungswesen. Maudrich, Wien–Bonn 1956

SELLIER, K., UNTERHARNSCHEIDT, F.: Mechanik und Pathomorphologie der Hirnschäden nach stumpfer Gewalteinwirkung auf den Schädel. Springer, Berlin 1963

SEUSING, J., ALNOR, P. CH.: Drucklufterkrankungen. In: FISCHER, A. W., HERGET, R., MOLLOWITZ, G. (Hrsg.): Das ärztliche Gutachten im Versicherungswesen. Bd. I, Barth, München 1968, 387–400

SIMON, R., SCHERZER, E., FUNK, G.: Zerebrale Auswirkungen von schweren Thoraxverletzungen. Hefte z. Unfallheilk. 223: 317–322 (1992)

SIMON, R., SCHERZER, E., WURZER, W.: Beziehungen zwischen Aphasie und organischem Psychosyndrom nach Schädelhirntraumen. In: SCHERZER, E., KLINGLER, D., SCHNEIDER, K. (Hrsg.): Neurorehabilitation in Österreich. PVArb, Wien 1989, 243–256

SIMON, R., ZIFKO, U., SCHERZER, E.: Zur Frühmeningitis nach Schädelhirntraumen. Intensivbehandlung 15/2: 63–66 (1990)

SOLMS-RÜDELHEIM, W., GROSS, H.: Der seelische Schmerz und das Schmerzengeld. Forsch. u. Prax. d. Begutacht. 12: 53–58 (1976)

SOYKA, D.: Kopf- und Gesichtsschmerzen. In: SUCHENWIRTH, R. M. A., WOLF, G. (Hrsg.): Neurologische Begutachtung. Fischer, Stuttgart–New York 1987, 433–452

SPATZ, H.: Pathologische Anatomie der gedeckten Hirnverletzungen mit besonderer Berücksichtigung der Rindenkontusionen. Arch. Psychiatr. Nervenkr. 105: 80 (1936)

SPATZ, H.: Die Pathologie der Hirnverletzungen. Zbl. ges. Neurol. Psychiat. 113: 9 (1951)

Spiegel, E. A., Sato, G.: Über den Erregungszustand der medullären Zentren nach doppelseitiger Labyrinthausschaltung. Pflügers Arch. ges. Physiol. 215: 106 (1927)

Spreen, O.: MMPI Saarbrücken. Huber, Bern 1963

Steinmann, H. W.: EEG und Hirntrauma. Thieme, Stuttgart 1959

Stenger, H. H.: Über Lagerungsnystagmus unter besonderer Berücksichtigung des gegenläufigen transitorischen Provokationsnystagmus bei Lagewechsel in der Sagittalebene. Arch. Ohr-, Nas.- u. Kehlk.-Heilk. 168: 220 (1955)

Straube, W.: Über „primäre geordnete Dämmerzustände" nach Schädelhirntraumen. Nervenarzt 34: 452 (1963)

Suchenwirth, R. M. A.: Begutachtung der Spätschaden nach gedeckten Schädel-Hirn-Verletzungen. Unfallheilk. 85: 201–205 (1982)

Symonds, C. P., Russell, W. R.: Accidential head injuries. Lancet 1: 7–10 (1943)

Teasdale, G., Brooks, D. N.: Traumatic amnesia. In: Frederiks, J. A. M. (Ed.): Clinical neuropsychology. Handbook of clinical neurology. Vol. 1, Elsevier, Amsterdam 1985, 185–191

Teasdale, G., Jennett, B.: Assessment of coma and impaired consciousness: A practical scala. Lancet 2: 184 (1974)

Trömner, E.: Über traumatische (Concussions-)Psychosen. Z. ges. Neurol. Psychiat. 3: 548 (1910)

Tükel, K., Jasper, H.: The electroencephalogram in parasagittal lesions. Electroenceph. clin. neurophysiol. 4: 481–494 (1952)

Unterharnscheidt, F.: Traumatische Hirnschäden – Spezielle Nosologie. In: Rauschelbach, H.-H., Jochheim, K.-A. (Hrsg.): Das neurologische Gutachten. Thieme, Stuttgart–New York 1984, 118–147

Unterharnscheidt, F., Sellier, K.: Vom Boxen. Mechanik, Pathomorphologie und Klinik der traumatischen Schäden des ZNS bei Boxern. Fortschr. Neurol. Psychiat. 39: 109–151 (1971)

Vogel, K.: Über den Nachweis des latenten Spontannystagmus. Z. Laryn. Rhinol. 22: 202 (1932)

Walker, A. E., Erculei, G.: Head injured men. Charles C. Thomas, Springfield, Illinois 1969

Wall, M., Wray, H. S.: The one-and-a-half-syndrome, a unilateral disorder of the pontine tegmentum: a study of 20 cases and review of the literature. Neurology (Minneap.) 33: 971–980 (1983)

Walter, W. G., Hill, D., Williams, D.: Discussion on the electroencephalogram in organic cerebral disease. Proc. Soc. Med. London, 41: 237–250 (1948)

Wechsler, D.: A standardized memory scale for clinical use. J. Psychol. 19, 87–95 (1945)

Wechsler, D.: Die Messung der Intelligenz Erwachsener. 3. Aufl., Huber, Bern–Stuttgart 1964

WELTER, F. L., MÜLLER, E.: Schädel-Hirntraumen. In: SUCHENWIRTH, R. M. A., WOLF, G. (Hrsg.): Neurologische Begutachtung. Fischer, Stuttgart–New York 1987, 187–218

WERESCHTSCHAGIN, N. W.: Pathologie der Arteriae vertebrales und Störungen der Hirndurchblutung. Neurol. med. Psychol. (Lpz.) 16: 1–4 (1964)

WHELAN, J. L., WEBSTER, J. E. und GURDJIAN, E. S.: Serial electroencephalography in recent head injuries with attention to photic stimulation. Electroenceph. clin. Neurophysiol. 7: 495–496 (1955)

WIECK, H. H.: Zur Klinik der sogenannten symptomatischen Psychosen. Dtsch. med. Wschr. 81: 1345 (1956)

WILLIAMS, D.: The electroencephalogram in chronic posttraumatic states. J. Neurol. Psychiat. 4: 131–146 (1941)

WITTER, H.: Zur rechtlichen Beurteilung sogenannter Neurosen (Neurose und Versicherung). Versicherungsrecht 13 (A), 301–306 (1981)

WOLFF, H. G.: Headache and other head pain. Oxford, New York 1963

WURZER, W.: Das posttraumatische organische Psychosyndrom. WUV-Universitätsverlag, Wien 1992

WURZER, W., SCHERZER, E.: Auffassungstraining in der Rehabilitation Hirnverletzter. Psychologie in Österreich (Literas, Wien) 3: 15–19 (1981)

WURZER, W., SCHERZER, E.: Das Auffassungstraining als Beispiel einer psychologischen Behandlungsmethode. Schlußbericht des 3. alpenländisch-adriatischen Symposiums. AUVA, Wien 1982, 32–34

WURZER, W., SCHERZER, E.: Die Rehabilitation des posttraumatischen organischen Psychosyndroms. SCHERZER, E. (Hrsg.): Schlußbericht der ersten Jahrestagung der Österr. Ges. f. Neuro-Rehabilitation. AUVA, Wien 1986, 53–55

WURZER, W., SCHERZER, E.: Psychologische Untersuchungsmethoden zur Erfassung und Abgrenzung des posttraumatischen organischen Psychosyndroms. In: SCHERZER, E. (Hrsg.): Neurorehabilitation in Österreich. AUVA, Wien 1986, 203–214

WURZER, W., SCHERZER, E.: Die Problematik psychogener Störungen bei der Begutachtung des organischen Psychosyndroms. Schlußber. d. 27. Kongr. d. Berufsverbandes Österr. Psychologen, AUVA, Wien 1988, 64–68

WURZER, W., SCHERZER, E.: Die Leitsymptome des organischen Psychosyndroms nach Schädelhirntraumen. In: SCHERZER, E. (Hrsg.): Neuropsychologie und Neurorehabilitation. PVAng, Wien 1991, 95–102

ZÜLCH, K. J.: Die traumatische Spätapoplexie. Fortschr. Neurol. Psych. 53: 1 (1985)

ZUMPFE, G.: Der optokinetische Nystagmus bei Gesunden und die Wahrnehmung unbewegter Lichtreize während des optokinetischen Nystagmus. Pflügers Arch. ges. Physiol. 272: 78 (1960)

VI. Epileptische Anfälle nach Unfällen

Von traumatisch bedingten epileptischen Anfällen muß in erster Linie ein vorbestehendes zerebrales Anfalleiden abgegrenzt werden, was meist auf Grund der Anamnese und früherer Behandlungsberichte möglich ist. Immerhin dürfte ca. 1% der Bevölkerung im Laufe des Lebens zumindest einen epileptischen Anfall erlitten haben und 0,6% der Bevölkerung an einer chronischen Epilepsie mit Anfallwiederholung leiden (Lennox und Lennox 1960). Daher ist stets auch daran zu denken, daß sich einmal zufällig nach einem Unfall, der eventuell den Schädel betroffen hat, epileptische Anfälle einstellen können, z. B. bei einem Hirntumor, bei einem zerebralen Gefäßprozeß oder am häufigsten bei chronischem Alkoholmißbrauch, selbst wenn der Patient früher noch nie einen epileptischen Anfall erlitten hat. Derartige Anfälle stehen selbstverständlich in keinem kausalen Zusammenhang mit dem Trauma.

Was die tatsächlich unfallbedingten epileptischen Manifestationen anlangt, so können wir unter Berücksichtigung des zeitlichen Verhältnisses zwischen zerebralem Trauma und Auftreten der Anfälle prinzipiell *drei Manifestationsformen* unterscheiden: *reflexepileptische Immediatanfälle, reizepileptische Frühanfälle* und *narbenepileptische Spätanfälle*. Nur Spätanfälle mit spontaner Wiederholungstendenz stellen ein eigenständiges und damit chronisches Anfalleiden dar, das zu Recht als Epilepsie bezeichnet werden kann. Sofort- und Frühanfälle sind an eine besondere Bedingungskonstellation gebunden und damit als epileptische Gelegenheitsanfälle, jedoch nicht als Epilepsie im Sinne eines autochthonen Leidens zu werten. Auch sich mehrfach wiederholende Frühanfälle sind jeweils durch einen akuten zerebralen Reizzustand im Rahmen der rezenten traumatischen Hirnschädigung bedingt und imitieren solchermaßen bloß ein zerebrales Anfalleiden auf beschränkte Zeit, nämlich während der Akutphase der Gehirnverletzung. Sie erfüllen nicht die Kriterien der Definition einer Epilepsie, so daß die immer wieder anzutreffende Bezeichnung „traumatische Frühepilepsie" strenggenommen falsch ist. Abgesehen vom Immediatanfall, der auch durch ein nicht-organisches Hirntrauma vom Schweregrad einer Commotio cerebri ausgelöst werden kann, setzen alle anderen traumatisch verursachten epileptischen Anfälle absolut und unbedingt eine substantielle Hirnschädigung voraus. Dabei muß es sich sogar, wie unsere Erfahrung über Jahrzehnte an einer großen Anzahl von Verletzten in Übereinstimmung mit anderen bedeutenden traumatologischen Zentren gezeigt hat, um erhebliche Hirnläsionen (meist schwere Gehirnkontusionen, insbesondere zerebrale Lazerationen usw.) handeln.

A. Epileptische Immediatanfälle

Epileptische Immediat- oder Sofortanfälle im Rahmen einer Kopfverletzung sind einem reflexepileptischen Geschehen vergleichbar (SCHERZER 1985). Sie kommen in der Humanmedizin äußerst selten vor und stellen beim Erwachsenen typischerweise generalisierte epileptische Krampfanfälle, beim Kinde eventuell auch elementar-fokale Anfälle dar. Der Immediatanfall auf traumatischer Basis zeigt sich, wie der Name schon sagt, sofort, d. h. unmittelbar nach der Gewalteinwirkung, nicht erst Minuten später. Er ist stets ein *isolierter Anfall* und wiederholt sich daher nicht. Eine spezifische konstitutionelle Neigung zu dieser Art der Anfallmanifestation dürfte erforderlich sein. Sie wirkt sich jedoch ansonsten nicht aus und darf deshalb nicht als eine allgemeine Iktaffinität betrachtet werden.

B. Epileptische Frühanfälle

Epileptische Frühanfälle auf traumatischer Basis sind an die akute Verletzungsphase gebunden. Sie können schon Minuten nach der Gewalteinwirkung auftreten, setzen stets eine erhebliche Hirnläsion voraus, sind fokalisiert oder sekundär generalisiert und zeigen nicht selten eine statusartige Häufung bis zum Übergang in den Status epilepticus. Da es sich bei ihnen um *Gelegenheitsanfälle auf reizepileptischer Basis* handelt, müssen sie stets den Verdacht auf das Vorliegen eines intrakraniellen raumfordernden Hämatoms erwecken (COURJON und SCHERZER 1972). Sie finden sich daneben aber auch wiederholt bei schweren Gehirnkontusionen, insbesondere bei Lazerationen und bei offenen bzw. penetrierenden Schädelhirnverletzungen. In großen Untersuchungskollektiven ist mit 5 bis 9% Häufigkeit von epileptischen Frühanfällen nach substantiellen Hirntraumen zu rechnen. Differentialdiagnostisch müssen von diesen epileptischen Manifestationen die nicht-epileptischen tonischen Mittelhirnkrämpfe als Enthemmungssymptome bei Hirnstammeinklemmung abgegrenzt werden. Traumatische Frühanfälle sind Symptome der akuten Gehirnverletzung und sistieren daher, wenn die akute Reizsituation der Anfangsphase überwunden ist. Die Gefahr einer posttraumatischen Spätepilepsie erhöht sich gemäß eigenen Beobachtungen bei Gehirnverletzungen mit traumatischen Frühanfällen nur gering gegenüber jenen Gehirnverletzungen, die keine epileptischen Frühanfälle bieten (12,5% : 10% laut COURJON und SCHERZER 1972). Auch RADERMECKER (1964) stellte fest, daß traumatische Frühanfälle keinen nennenswerten Einfluß auf die Entwicklung einer posttraumatischen Spätepilepsie haben. Aus diesem Grunde lehnten DEISENHAMMER und SCHNOPFHAGEN (1967), ähnlich wie zuvor SCHERZER (1965), eine routinemäßige medikamentöse Anfallprophylaxe nach epileptischen Frühanfällen ab. Andere Autoren empfehlen diese oder halten sie zumindest für diskutierbar (WESSELY 1977). Kinder zeigen eine größere Neigung zu traumatischen Frühanfällen als Erwachsene, so daß bei ihnen manchmal auch schon leichtere Traumen solche Gelegenheitsanfälle bewirken können.

C. Posttraumatische Spätepilepsie

Posttraumatische Spätepilepsie oder *chronische traumatische Epilepsie* sind Bezeichnungen für ein eigenständiges zerebrales Anfalleiden mit spontan rezidivierenden epileptischen Spätanfällen nach einer längere bis lange Zeit zurückliegenden organischen Hirnschädigung. Diese Epilepsieform tritt in knapp 10% aller Schädeltraumen mit Substanzschädigung des Gehirns auf, findet sich vor allem nach offenen Gehirnverletzungen (20 bis 30% und noch darüber), häufig auch nach operierten juxtaduralen und intrazerebralen Hämatomen sowie nach operierten Hirnabszessen, seltener nach stumpfen, gedeckten bzw. geschlossenen Hirnkontusionen (3 bis 5%). Die hier genannten Prozentsätze (SCHERZER 1985 und 1990) beziehen sich auf große Untersuchungsgruppen von Erwachsenen in Friedenszeiten. Bei der chronischen unfallbedingten Spätepilepsie handelt es sich um eine *Narbenepilepsie* und damit um eine posttraumatische Spätkomplikation der seinerzeitigen Hirnverletzung. Als *sekundäres* und *autochthones zerebrales Anfalleiden* wird die posttraumatische Spätepilepsie in ihrer weiteren Entwicklung vom ursprünglichen Trauma unabhängig. Die substantielle, meist schwere Hirnläsion ist aber für die Entstehung der epileptischen Spätanfälle unbedingte und unabdingbare Voraussetzung. Ein leichtes Schädeltrauma ohne organische Hirnverletzung wie eine Commotio cerebri ist daher keineswegs geeignet, ein zerebrales Anfalleiden im Sinne einer Epilepsie zu verursachen (vergleiche z. B. JUNG 1953, KETZ 1966, COURJON und SCHERZER 1972, LOB und JAEGER 1973, PENIN 1984, SCHERZER 1985, SPATZ 1987, SCHERZER 1990).

Zu Recht wies CAVINESS (1969) darauf hin, daß die Wahrscheinlichkeit zur Entwicklung einer posttraumatischen Spätepilepsie vom Ausmaß der Hirngewebszerstörung sowie von Verzögerungen und Komplikationen im Heilungsprozeß abhängt. Mit Zerreißung der Dura mater nimmt die Häufigkeit der posttraumatischen Spätepilepsie deutlich zu (PAILLAS, COURSON, NAQUET und PAILLAS 1962, KILOH und OSSELTON 1966). Gleiches gilt für das Vorhandensein intrazerebraler Fremdkörper. Außerdem spielen Faktoren wie Alter, prätraumatischer Zustand, Konstitution und Heredität sowie Art und Lokalisation der Hirngewebsschädigung eine Rolle. So erweisen sich Verletzungen der Zentralregion und kortikale Verletzungen in hohem Maße als epileptogen. Auch scheint der Umstand einer neuronalen Deafferenzierung, d. h. der Isolation zerebraler Strukturen infolge gleichzeitigen Vorliegens einer kortikalen Läsion und einer Schädigung tiefliegender zerebraler Systeme, anfallfördernd zu wirken. Entscheidend ist vor allem auch die Tiefe der Hirnparenchymläsion. Ferner fand JENNETT (1969) bei Schädelhirntraumen der Friedenszeit, also Schußverletzungen ausgenommen, daß die Kombination einer Impressionsfraktur und einer posttraumatischen Amnesie über 24 Stunden besonders häufig zu epileptischen Spätanfällen geführt hatte.

In der Beurteilung epileptischer Manifestationen hat die Elektroenzephalographie (EEG) nach wie vor größte Bedeutung. *Neurophysiologisch* ist der Verdacht auf die Entwicklung einer posttraumatischen Spätepilepsie dann gegeben, wenn sich nach teilweiser oder kompletter Rückbildung der anfänglichen pathologischen EEG-Veränderungen, also sekundär, eine zunehmende Störung der bioelektrischen Hirntätigkeit entwickelt oder wenn die anfänglichen pathologischen EEG-Veränderungen nach dem Trauma überhaupt keine Remission erfahren und persistieren, wobei sich jedoch die Art der bioelektrischen Störungen ändern kann. Courjon (1969) stellte bei seinen Fällen posttraumatischer Spätepilepsie zwar fest, daß nach der Anfangsphase in 40% eine EEG-Normalisierung eingetreten war (ein normales Elektroenzephalogramm läßt daher die Möglichkeit eines späteren posttraumatischen epileptischen Anfalleidens nicht mit absoluter Sicherheit ausschließen), aber andererseits kann nach einer Gehirnverletzung ein EEG-Herdbefund wiederholt durch Jahre und allenfalls zeitlebens bestehen, ohne daß epileptische Spätanfälle manifest werden. Im allgemeinen gilt die Regel: Je stärker die EEG-Veränderungen ausgeprägt sind und je länger sie anhalten, desto größer ist die Wahrscheinlichkeit einer epileptischen Spätkomplikation (Meyer-Mickeleit 1953, Jung 1953).

Die *zeitliche Latenz* traumatisch bedingter Spätanfälle nach der ihnen zugrundeliegenden zerebralen Schädigung beläuft sich auf Monate bis Jahre. Die epileptische Erstmanifestation findet zu 75 bis 80% innerhalb zweier Jahre nach dem Unfall statt (Scherzer 1985). Beträgt das Intervall zwischen Gehirnverletzung und erstem posttraumatischem Spätanfall Jahrzehnte, so spricht man von einer ultratardiven Form der posttraumatischen Epilepsie, bei der Arteriosklerose und Alkoholmißbrauch oft anfallfördernde Mitfaktoren darstellen. Der Wahrscheinlichkeitsgrad für eine posttraumatische Epilepsie mit solch extrem langer Inkubationszeit liegt nach Pampus und Seidenfaden (1974) und auch nach unserer eigenen Erfahrung unter 1%.

Die posttraumatische Spätepilepsie ist eine *benigne Epilepsieform*. Anfälle treten meist nur in größeren Abständen auf und sind in der Regel medikamentös gut zu beherrschen. Auch ohne Medikation bleibt es manchmal bei wenigen Anfällen, und das anfangs typischerweise pathologische Elektroenzephalogramm normalisiert sich in diesen Fällen nicht selten, so daß die neurophysiologisch nachweisbare Iktaffinität vollkommen geschwunden ist. Wenn sich keine Rezidivneigung zeigt und daher der epileptische Anfall ein isoliertes Geschehen darstellt, also auch aus späterer Sicht lediglich ein singulärer Anfall vorliegt, so handelt es sich zwar, wenn die Unfallkausalität feststeht, um einen traumatisch bedingten epileptischen Spätanfall, aber noch nicht um eine Epilepsie, welche ja als autochthones Anfalleiden durch die spontane Wiederholungstendenz der Anfälle definiert wird. So hatten in einer eigenen Studie 41% der Patienten mit posttraumatischen Spätanfällen bei mehrjähriger Nachbeobachtungszeit nur eine oder zwei derartige Manifestationen (Scherzer und Wurzer 1983). Verlaufsuntersuchungen mit wiederholten EEG-Kontrollen ergeben zwar wertvolle statistische Daten für die Erstellung der weiteren Prognose, jedoch erlauben auch sie keine sichere Aussage im Einzelfall (Scherzer und Wessely 1978).

Was die *Anfalltypen* anlangt, überwiegen im Rahmen der posttraumatischen Spätepilepsie generalisierte Krampfanfälle (Grand mal) über elementar-fokale Anfälle (motorische Hirnrinden- oder Jackson-Anfälle, partielle Anfälle mit einfacher oder elementarer motorischer Symptomatik). Nicht selten kann jedoch bei genauer klinischer Beobachtung oder bei Anfallableitung im EEG ein fokaler Beginn der generalisierten Anfälle nachgewiesen werden. Dies ist nicht verwunderlich, zumal der posttraumatische epileptische Anfall stets von einer umschriebenen Narbe seinen Ausgang nimmt. Doch kann die sekundäre Generalisierung so schnell einsetzen, daß dem Laien oder oberflächlichen Beobachter der fokale Beginn entgeht. Unter Umständen berichten die Patienten selbst über eine kennzeichnende Aura vor dem Bewußtseinsverlust, der eine lokalisatorische Zuordnung des epileptogenen Reizursprungs zu einem bestimmten Hirnareal gestattet, z. B. sensible Phänomene oder optische Erscheinungen, welche übrigens später, wenn durch die entsprechende antiepileptische Dauermedikation die Ausbreitungstendenz unterbunden worden ist, als sogenannte „Mahnungen" isoliert auftreten können und sodann rein fokale epileptische Anfälle darstellen (in diesem Falle auch im Hinblick auf die frühere Generalisierung als fokale Abortivanfälle bezeichnet). Dem Prinzip nach ist im Laufe der Zeit die Entwicklung fast aller epileptischer Anfallformen auf Grund einer Hirntraumatisierung möglich. Ausnahmen bedeuten in dieser Hinsicht lediglich genetisch bedingte und altersspezifische Formen, wie beispielsweise Petit mal mit generalisierter rhythmischer 3/sec-Spike-wave-Aktivität und Petit mal des Propulsivtyps. Nach Unfällen im Erwachsenenalter scheiden die genannten Anfallformen als Manifestationen einer posttraumatischen Spätepilepsie aus. Lediglich von schwersten traumatischen Hirnschädigungen in der Kindheit, hauptsächlich im vorschulpflichtigen Alter, wird angenommen, daß sie ausnahmsweise bei Vorliegen einer entsprechenden Anlage auch solche, ansonsten stark hereditär bestimmte Epilepsieformen in Gang zu setzen vermögen. Kurzdauernde Temporallappenanfälle täuschen mitunter das Bild von Absencen vor (Absences fausses oder Pseudoabsencen). Komplex-fokale (psychomotorische, temporale) Anfälle, des weiteren als partielle Anfälle mit komplexer oder komplex-motorischer Symptomatik und oft deskriptiv als epileptische Dämmerattacken bezeichnet, entwickeln sich übrigens typischerweise mit längerer Latenz, also zu einem späteren Zeitpunkt nach der Gehirnverletzung. Wie bei jeder Epilepsie zeigt sich nämlich auch bei der chronischen posttraumatischen Spätepilepsie die Gefahr der sogenannten „Temporalisation" erst allmählich. Dabei setzen besonders generalisierte Krampfanfälle, die unter Umständen bei nächtlichem Auftreten übersehen werden können, im Laufe der Zeit

Sekundärschäden am Gehirn, welche ihrerseits die Grundlage für die Entwicklung einer Schläfenlappenepilepsie darstellen. In dieser erblickt RABE (1961) die „letzte gemeinsame Wegstrecke aller zerebralen Anfallformen". So erklärt sich der Umstand der meist längeren Inkubation komplex-fokaler Anfälle nach Gehirnverletzungen. Auch SCHEID (1983) betont, daß „psychomotorische Anfälle durchwegs erst in der Spätphase erscheinen und daß sich ein Krampffokus, der die rhinenzephalen Strukturen einbezieht, nur sehr langsam ausbildet". Psychomotorische Anfälle kommen häufiger nach gedeckten als nach offenen Hirntraumen vor, besonders nach frontalen oder temporalen Kontusionen. Ohne vorangehende generalisierte Krampfanfälle treten sie aber selbst nach schweren primären Temporallappenverletzungen nur äußerst selten auf. Die Neigung zum Status epilepticus ist bei der posttraumatischen Spätepilepsie erfahrungsgemäß gering. Solchermaßen muß im Falle epileptischer Serienanfälle oder eines epileptischen Status, sei er partiell oder generalisiert, stets der Verdacht auf einen akuten zerebralen Prozeß, z. B. auf einen Hirnabszeß, der in 80% der Fälle mit epileptischen Reizanfällen (POECK 1983) einhergeht, gehegt werden. Ansonsten besteht laut COURJON (1967) eine Statusneigung vor allem bei Patienten mit deutlicher posttraumatischer Gehirnatrophie in der Zentralregion.

Mit der Erstmanifestation posttraumatischer Spätanfälle, aber auch nicht selten schon davor, zeigt sich die obgenannte *häufige EEG-Verschlechterung* folgendermaßen: Wiederauftreten eines Herdbefundes oder einer Allgemeinveränderung, des weiteren Übergang eines Herdes langsamer Wellen in einen Herd mit irritativen Graphoelementen, ausnahmsweise Entwicklung einer sekundären bilateralen Synchronie (COURJON und SCHERZER 1972). Das zu erwartende klassische elektroenzephalographische Bild der posttraumatischen Spätepilepsie mit einem umschriebenen Herd steiler bzw. scharfer Wellen oder einem Herd eindeutiger Spitzenpotentiale bzw. Spike-wave-Komplexe am Orte der ursprünglichen Hirnschädigung ist eher selten. Insgesamt sind bioelektrische Zeichen gesteigerter zerebraler Anfallbereitschaft nach traumatischen Hirnschädigungen (6% nach JUNG 1953, maximal bis 29% nach WERNER 1968) gering ausgeprägt. Zwar kann durch Aktivierungsmethoden, wie Hyperventilation, Flimmerlichtreizung, kombinierte Phono-Photo-Stimulation, Schlafentzug, natürlichen und medikamentösen Schlaf, dieser Prozentsatz etwas erhöht und die Aussagekraft des Elektroenzephalogramms noch etwas gesteigert werden, jedoch bleibt aus statistischer Sicht die Häufigkeit irritativer Wellenformen in der Hirnstromkurve bei posttraumatischen Epilepsien weit hinter jener bei genuinen oder genetisch determinierten Epilepsien zurück. Mobile Langzeitregistrierungen (Minikassette für 24 Stunden) haben bei der posttraumatischen Epilepsie bisher kaum Bedeutung erlangt. Simultan-Doppelbild-Aufzeichnungen (EEG-Ableitung plus Videoregistrierung des Patienten) kommen nur ausnahmsweise bei vollkommen atypischen und schwer einzuordnenden Anfallmanifestationen zum Einsatz. Unter Umständen kann sich in der Hirnstromkurve ein eindeutiger epileptogener Fokus darstellen, ohne daß sich jemals epileptische Anfälle einstellen (WERNER 1964, BICKFORD und KLASS 1966, CHRISTIAN 1968). Auch uns sind derartige Fälle bei jahrelanger Beobachtung bekannt. Hier stellt sich allerdings dringlicher als sonst die Frage einer medikamentösen Anfallprophylaxe (COURJON und SCHERZER 1972).

Mitunter werden epileptische Anfälle durch äußere Faktoren provoziert. Diesbezüglich sind Schlafentzug, Alkoholexzesse und übermäßige Flüssigkeitsaufnahme zu nennen. Manchmal treten Anfälle einzig und allein unter einer derartigen zusätzlichen Anfallprovokation auf. Wir haben dies wiederholt an Patienten beobachtet, bei denen sich vorzugsweise zwölf bis 36 Stunden nach größerem Alkoholkonsum epileptische Anfälle, praktisch immer generalisierte Krämpfe, manifestierten, und dies als „alkoholinduzierte posttraumatische Epilepsie" bezeichnet (SCHERZER 1983). Bei dieser Form handelt es sich strenggenommen um *Gelegenheitsanfälle*, zumal sie nur unter der genannten Bedingungskonstellation auftreten, in der jedoch die vorangegangene traumatische Hirnschädigung mit Narbenbildung eine wesentliche und nicht außer acht zu lassende Rolle spielt. Trotzdem ist der weitere Verlauf genau zu beobachten, denn es kann in der zukünftigen Entwicklung auch ein spontaner epileptischer Anfall vorkommen oder es kann sich ein echtes und eigenständiges Anfalleiden auf Basis posttraumatischer Hirnveränderungen entwikkeln.

In der *Entwicklung* zeigt die posttraumatische Spätepilepsie ihre erwähnte Benignität darin, daß etwa drei Viertel der Patienten unter konsequenter antiepileptischer Dauermedikation anfallfrei werden. Ungefähr die Hälfte der Anfallpatienten erlebt nach Jahren eine Heilung in dem Sinne, daß Anfallfreiheit auch ohne notwendige Therapie erreicht wird. Mitunter beobachtet man sogar eine Spontanheilung, also Sistieren der Anfälle ohne jegliche Medikation. Diese Möglichkeit darf uns Ärzte jedoch nicht dem therapeutischen Nihilismus verfallen lassen. Andererseits ist es erforderlich, sich vor jeder antiepileptischen Einstellung eines Patienten die Vor- und Nachteile bzw. Gefahren dieser Behandlung vor Augen zu halten. Die *antiepileptische Therapie* ist als Dauermedikation leider nicht vollkommen gefahrlos. Unverträglichkeitsreaktionen bis schwere Intoxikationen mit Blutbildschädigung, Lymphknotenschwellungen, Haut- und Schleimhautveränderungen sowie fieberhaften Reaktionen kommen ab und zu vor. Diesbezüglich haben sich Plasmaspiegeluntersuchungen auf Antiepileptika als segensreich erwiesen, da so Überdosierungen rechtzeitig erkannt und korrigiert werden können. Auch kann leichter eine individuelle antikonvulsive Einstellung des Patienten erfolgen. Darüber hinaus bietet sich die Möglichkeit, die Behandlungstreue und die Kooperation des Anfallpatienten zu überwachen. Die medikationsbedingte Besserung des zerebralen Anfalleidens zeigt sich durch Häufigkeitsabnahme oder Sistieren der Anfälle, aber auch durch Änderung des Anfallcharakters, indem beispielsweise an Stelle von generalisierten nur mehr fokale Anfälle auftreten, so daß dann zu Recht von Abortivanfällen gesprochen werden kann. Angestrebt wird heutzutage die Monotherapie der Epilepsie, da sich bei Gabe mehrerer Antiepileptika mitunter schlecht überblickbare Interaktionen ergeben. Jedoch trifft man immer wieder auf Patienten, bei denen mit der Monotherapie nicht das Auslangen gefunden werden kann und bei denen deshalb eine antiepileptische Kombinationenstherapie erforderlich ist. Die *neurochirurgische Behandlung* der posttraumatischen Epilepsie ist wenigen, genau ausgewählten Einzelfällen vorbehalten, bei denen die medikamentöse Therapie versagt hat. Durch Fortschritte der primären Versorgung und der antiepileptischen Medikation ist dieses operative Vorgehen heutzutage weit in den Hintergrund getreten. Jedoch kommt es nach wie vor als einfacheres Verfahren bei oberflächlichen Hirn-Dura-Narben und als wesentlich komplizierterer Eingriff bei einer unaufhaltbar progredient verlaufenden Temporallappenepilepsie in Frage.

Sehr oft zeigen die Träger einer posttraumatischen Spätepilepsie auch andere *zerebrale Verletzungsfolgen*, nämlich Ausfälle auf dem neurologischen und psychischen Sektor wie Paresen, Sensibilitätsstörungen, Ataxien und ein psychoorganisches Defektsyndrom. In den meisten Fällen sind diese Patienten überwiegend durch die zerebralen Ausfälle und weniger durch das Anfalleiden selbst beeinträchtigt (SCHERZER und WURZER 1983). Mit Auftreten von epileptischen Spätanfällen können sich sowohl der neurologische Status als auch der psychische Befund verschlechtern. So sieht man mitunter nach elementarfokalen Anfällen längerer Dauer, aber auch nach generalisierten Krampfanfällen, daß sich eine vorbestehende Halbseitensymptomatik verstärkt hat. Wenn es sich um fokal-motorische Erscheinungen gehandelt hat, so betreffen die beschriebenen postiktalen Lähmungserscheinungen fast immer die Seite der epileptischen Manifestationen. Besonders häufig wird dies bei Kindern beobachtet. Die Besserung auf den Zustand, wie er vor dem Anfall gegeben war, vollzieht sich in der Regel innerhalb von Stunden und Tagen. Manchmal kommt es aber zu keiner Rückbildung. Auch ein bestehendes posttraumatisches Psychosyndrom kann sich durch einen generalisierten epileptischen Krampfanfall, vor allem wenn sich ein solcher nach Art einer Anfallserie wiederholt oder gar den Beginn eines Status epilepticus darstellt, maßgeblich verstärken. Die Remission postiktaler psychischer Veränderungen erfolgt meistens im Laufe von Tagen, kann aber auch Wochen in Anspruch nehmen oder ausnahmsweise nicht bis zu jenem psychischen Zustand reichen, der vor der Anfallmanifestation bestand. Die Erklärung für diese sekundären psychoorganischen Veränderungen liegt in einer hypoxischen Zellschädigung und in der Entwicklung eines erheblichen Hirnödems durch das epileptische Anfallgeschehen; die bereits vorhandenen zerebralen Verletzungszonen werden solchermaßen nochmals und zusätzlich geschädigt.

D. Differentialdiagnose der Anfälle

Bei der Beurteilung von Anfällen nach einem Schädeltrauma muß der nervenärztliche Gutachter systematisch vorgehen. Er beginnt wie üblich mit der Differentialdiagnose. Als erstes hat er den epileptischen Charakter der behaupteten Anfälle zu verifizieren. Unfallfremde Manifestationen auf nichtepileptischer Basis wie kardiale, vaskuläre, psychogene Anfälle usw. müssen abgegrenzt und ausgeschlossen werden. Dies sowie die positive Diagnose epileptischer Anfälle geschieht auf Grund von Eigen- und Fremdanamnese. In unklaren Fällen kommt noch eine Anfallbeobachtung im Rahmen einer stationären Durchuntersuchung an einer Fachabteilung in Frage.

Was die häufigen *Anfälle mit behauptetem Bewußtseinsverlust* anlangt, ergeben sich folgende differentialdiagnostische Kriterien: Für einen großen epileptischen Krampfanfall (Grand mal) sind plötzliches Hinstürzen mit dadurch bedingten Verletzungen, symmetrische, generalisierte, rhythmische (tonisch-klonische) Körperkrämpfe, Zungenbiß während der Kieferkrämpfe, Bewußtlosigkeit mit vorübergehendem Atemstillstand und konsekutive Gesichtszyanose, anschließende kurzdauernde Hyperpnoe, Harn- und Stuhlverlust sowie nachfolgende Verdämmerung bei Restitution innerhalb etwa einer halben Stunde kennzeichnend. Langsames Zubodensinken bei nicht schlagartig einsetzender Bewußtlosigkeit, anhaltende Gesichtsblässe und Regungslosigkeit sowie Wiederkehr des Bewußtseins und Restitution nach Sekunden bis Minuten sprechen hingegen für einen nicht-epileptischen Anfall vaskulärer Genese. Vorsichtiges Zubodengleiten ohne Verletzungen, Zukneifen der Augen, Lidflattern, Gesichtsröte, Stöhnen und Wimmern, Tremores der Hände, aber auch allgemeines Zittern, ausschlagende und arrhythmische Extremitätenbewegungen, Opisthotonus (arc-de-cercle) und Anhalten des Anfalles, solange Zuschauer anwesend sind, charakterisieren einen großen psychogenen Anfall, der auch als hysterische Ohnmacht bezeichnet wird.

Große epileptische Anfälle (Grand mal) treten im Gefolge von Schädeltraumen sowohl in der Akut- als auch in der Spätphase auf. Oft wirken sie als primär generalisierte Anfälle, obgleich sie stets von einer lokalen, epileptogenen Hirnnarbe ausgehen. Nur wenn man klinisch einen fokalen (meist motorischen) Beginn abgrenzen kann, spricht man von einem sekundär generalisierten Anfall. Elektroenzephalographisch läßt sich aber wiederholt ein umschriebener Anfallbeginn nachweisen, auch wenn die klinische Symptomatik generalisiert, d. h. bilateral-symmetrisch, einsetzt. Ferner kommen *sogenannte kleine Anfälle* im Rahmen der posttraumatischen Epilepsie wiederholt in nachstehenden Formen vor: elementar-fokale Anfälle (motorische Hirnrinden- oder JACKSON-Anfälle, partielle Anfälle mit einfacher oder elementarer motorischer Symptomatik) und komplex-fokale Anfälle (psychomotorische oder temporale Anfälle, partielle Anfälle mit komplexer oder komplexmotorischer Symptomatik bzw. epileptische Dämmerattacken). Die erstgenannten Anfälle vom elementar-fokalen Typ zeigen autorhythmische Zuckungen vor allem an der oberen Extremität und im Gesicht, können in typischer Weise im Bereiche einer Körperseite wandern (sogenannter JACKSON-Marsch) oder sich auf die ganze Halbseite ausbreiten. Die zweitgenannten Anfälle vom komplex-fokalen Typ bieten Kau-, Schmatz- und Schleckbewegungen, Nesteln, einfache Gesten und Wischbewegungen, welche an Verlegenheitshandlungen erinnern, eventuell Speichelfluß und vertiefte Atmung. Kurzdauernde derartige Zustände gehen oft nur mit verständnislosem Starren und Regungslosigkeit einher, so daß sie an Absencen erinnern und deshalb aus Pseudoabsencen (Absences fausses) bezeichnet werden. Im elementar-fokalen Anfall bleibt das Bewußtsein erhalten oder ist nur gering getrübt. Im komplex-fokalen Anfall besteht eine stärkere Bewußtseinstrübung, oft mit Zeichen von Angst und Erregung vergesellschaftet oder ein weitgehend unauffällig und geordnet wirkender Dämmerzustand, allenfalls aber auch unter dem Bilde der Umtriebigkeit bis Poriomanie (Fugue épileptique). Erfahrungsgemäß werden psychogene Anfälle wiederholt mit Schläfenlappenanfällen oder epileptischen Dämmerattacken verwechselt und müssen daher genau von diesen abgegrenzt werden. Der theatralische und zweckgerichtete Charakter des psychogenen Anfallgeschehens und der ängstliche sowie oft dranghafte Charakter des temporalen Anfalles sind als differentialdiagnostische Kriterien zu beachten. Außerdem zeigen Personen mit psychogenen Anfällen meist auch bei der Anamneseerhebung, bei der Untersuchung sowie in der psychologischen Testsituation deutliche psychogene Störungen.

Des weiteren sind die Angaben des Betroffenen bezüglich einer *iktalen Amnesie* (Erinnerungs- oder Gedächtnislücke für das Anfallgeschehen) von Interesse. An generalisierte epileptische Krampfanfälle haben die Betroffenen verständlicherweise keine Erinnerung, an Schläfenlappenanfälle kann eine Teilerinnerung erhalten bleiben, oder es liegt diesbezüglich gleichfalls eine komplette Amnesie vor. Elementar-fokale Anfälle hinterlassen hingegen, da bei ihnen in der Regel keine Bewußtseinstrübung vorliegt, auch keine Erinnerungslücke. Psychogene (hysterische) Anfälle und Ausnahmezustände werden meist partiell und seltener komplett oder auch gar nicht amnesiert. Typisch für epileptische Manifestationen ist, daß sie durch äußere Reize nicht oder nur ausnahmsweise durchbrechbar sind, wogegen entsprechend starke äußere Reize den psychogenen Ausnahmezustand kupieren. All diese Hinweise dürfen nur in ihrer Gesamtheit betrachtet werden, Einzelsymptome können sehr wohl atypisch sein, z. B. plötzliches Hinstürzen bei Blitzsynkopen (Drop attacks) im höheren Lebensalter. Schließlich ist zu bedenken, daß unter Umständen bei ein und demselben Patienten neben epileptischen Anfällen auch andere Anfälle auftreten, z. B. synkopale (kreislaufbedingte) oder psychogene Anfälle.

Liegt bloß ein *singulärer epileptischer Anfall* vor, so darf, wie zuvor erwähnt, die Diagnose einer Epilepsie noch nicht gestellt werden. Von einer solchen im Sinne eines autochthonen zerebralen Anfalleidens kann erst gesprochen werden, wenn sich die epileptischen Anfälle spontan wiederholen, also nach mindestens zwei – besser nach drei – Anfällen. Durch frühe Einstellung auf ein Antiepileptikum kann dieses Bild jedoch insofern verwischt werden, als die Anfallwiederholungstendenz künstlich unterbunden wird. Ehe man vor allem bei seltenen Manifestationen ein epileptisches Anfalleiden diagnostiziert, hat man sicherzustellen, daß die epileptischen Anfälle bei anhaltender Iktaffinität spontan auftreten. Es hat demnach eine Abgrenzung gegenüber *Gelegenheitsanfällen* zu erfolgen. Bei diesen handelt es sich um symptomatische epileptische Manifestationen auf Grund einer wohl definierten Bedingungskonstellation, außerhalb welcher keine Wiederholungstendenz gegeben ist (BAROLIN, SCHERZER und SCHNABERTH 1975). Eventuell ist in diesen Fällen die Anfallbereitschaft genetisch erhöht, wie dies bei etwa 4 bis 5% der Bevölkerung vorkommt, so daß unter besonderen Gelegenheiten vereinzelt Anfälle provoziert werden: Fieberkrämpfe, Entzugsanfälle, Streßanfälle, toxische Reizanfälle. Auch eine rezente traumatische Hirnaffektion, beispielsweise beim akuten Subduralhämatom, kann zu Gelegenheitsanfällen in Form von epileptischen Frühanfällen führen. Selbst in späteren Stadien bewirken Meningitis und Hirnabszeß durch eine akute zerebrale Reizung häufig epileptische Gelegenheitsanfälle. Ein eigenständiges Anfalleiden ist in diesen Fällen jedoch nicht gegeben. Schließlich können Alkoholexzesse, Schlafentzug und Zufuhr einer zu großen Flüssigkeitsmenge als dominierende Faktoren eine stark ausgeprägte, spezifische Bedingungskonstellation schaffen, so daß nur unter diesen besonderen Voraussetzungen bei Vorliegen einer unfallbedingten Krampfschwellenerniedrigung epileptische Anfälle auftreten (sogenannte „alkoholinduzierte posttraumatische Epilepsie", SCHERZER 1983).

E. Ätiologie und Kausalitätsbeurteilung

Sobald die Diagnose einer posttraumatischen Epilepsie mit spontaner Wiederholungstendenz der Anfälle feststeht, gilt der nächste Schritt des gutachtlichen Beweisvollzuges der ätiologischen Klärung des epileptischen Anfalleidens. In der Praxis wird ein kausaler Konnex zwischen Trauma und Epilepsie leider wiederholt ohne ausreichende Prüfung angenommen. SCHÖNBERGER, MEHRTENS und VALENTIN (1984) sehen die „Gründe, daß eine nichttraumatische Epilepsie häufig fälschlich als Unfallfolge anerkannt wird, im Wesen dieser Krankheit und ihrer Entstehung ohne erkennbare Ursache". Der Umstand, daß epileptische Anfälle nach einem Unfall aufgetreten sind, darf aber nicht schlechthin schon als Basis für deren Unfallkausalität gelten. Diese zeitliche Reihenfolge bedeutet für die posttraumatische Spätepilepsie zwar eine unabdingbare Voraussetzung, es muß jedoch sodann sorgfältig geprüft werden, ob die sonstigen Entsprechungen zur Diagnose einer unfallbedingten (posttraumatischen) Epilepsie vorliegen (SCHERZER 1981 und 1984). Die Aussagen „vor dem Unfall gesund, also posttraumatische Epilepsie" und „keine erbliche Belastung, also posttraumatische Epilepsie" sind Trugschlüsse, mithin falsch und basieren auf dem gutachtlich strikte abzulehnenden Post hoc, ergo propter hoc. Da epileptische Anfälle auch oft ohne Trauma vorkommen und die „höhere Wahrscheinlichkeit" nach SCHÖNBERGER, MEHRTENS und VALENTIN (1984) deshalb „in der Regel sogar dafür spricht, daß eine ausbrechende Epilepsie nicht traumatisch bedingt ist", muß die Unfallkausalität eines zerebralen Anfalleidens besonders genau geprüft werden. Die Beweislast fällt sozusagen dem Epilepsiekranken zu.

Bezüglich der ätiologischen Einordnung epileptischer Anfälle unterscheidet NIEDERMEYER (1974) fünf Hauptgruppen mit typischen Häufigkeitsgipfeln ihres Manifestationsalters: Residualepilepsien nach frühkindlichen Gehirnläsionen (0 bis 7 Jahre), genetisch determinierte Epilepsien (7 bis 20 Jahre), posttraumatische Epilepsien (20 bis 40 Jahre), tumorbedingte Epilepsien (40 bis 60 Jahre) und vaskulär begründete Epilepsien (60 bis 80 Jahre). Natürlich handelt es sich dabei um eine rein statistische Aufstellung, die im Einzelfall eine Zuordnung nur mit einer ersten groben Wahrscheinlichkeit zuläßt, jedoch in fraglichen Fällen immerhin orientierende Hinweise geben kann. Die Aussagekraft ist jedenfalls nur bedingt, zumal Ausnahmen von dem angeführten Schema immer wieder vorkommen. So können mitunter genetisch determinierte Epilepsien auch noch im höheren Alter ihre Erstmanifestation erfahren, und so können ausnahmsweise symptomatische epileptische Anfälle auf Grund eines Hirntumors bereits im Kleinkindesalter auftreten. Zwar findet sich tatsächlich die posttraumatische Spätepilepsie am häufigsten bei jüngeren Personen, deren Unfallquote ja auch im Vergleich mit anderen Altersgruppen am höchsten ist, doch ist bei der gutachtlichen Beurteilung des Einzelfalles unbedingt zu bedenken, daß sich unfallbedingte Epilepsien nach adäquaten traumatischen Hirnläsionen prinzipiell in jedem Lebensalter entwickeln können. Obiges Schema ist aber zweifellos differentialdiagnostisch von Interesse.

Gutachtlich basiert die Kausalitätsbeurteilung einer chronischen Epilepsie im Hinblick auf einen stattgehabten Unfall vor allen Dingen auf der exakten Analyse des Unfallgeschehens mit eingehender Sacherhellung und auf der gründlichen Darstellung des sich daran anschließenden klinischen Verlaufes. Hiezu sind alle erreichbaren medizinischen Unterlagen, wenn möglich, auch Unfallberichte der Polizei oder Gendarmerie usw. heranzuziehen. Der *Nachweis eines adäquaten Schädelhirntraumas* - im Hinblick auf Art und Schweregrad der zerebralen Schädigung – wird in der gesamten einschlägigen medizinischen Literatur ausnahmslos und einhellig als Grundlage jeder weiteren Diskussion über die Unfallkausalität eines zerebralen Anfalleidens gefordert. Zwingende und unabdingbare Voraussetzung für die Adäquanz einer Schädelverletzung als Ursache für eine Spätepilepsie stellt die *substantielle Hirnschädigung in Form einer makroskopisch verifizierbaren Gewebsläsion (eines traumatischen Hirnparenchymschadens)* dar. Im Hinblick auf die Begutachtungssituation wurde diese Tatsache in den letzten Jahren u. a. von folgenden Autoren betont: JUNG (1953), PAILLAS, COURSON, NAQUET und PAILLAS (1962), KETZ (1966), KILOH und OSSELTON (1966), WERNER (1968),

CAVINESS (1969), JENNETT (1969), COURJON und SCHERZER (1972), LOB und JAEGER (1973), RAUSCHELBACH (1977), WESSELY (1977), POECK (1983), SCHEID (1983), PENIN (1984), SCHÖNBERGER, MEHRTENS und VALENTIN (1984), SCHERZER (1985), HUFFMANN (1987), JAROSCH, MÜLLER und PIEGLER (1987), SPATZ (1987), WELTER und MÜLLER (1987) sowie SCHERZER (1990). Ganz besondere Bedeutung kommt bei der Beantwortung der Zusammenhangsfrage zwischen Trauma und folgendem hirnorganischen Anfalleiden der Überprüfung der ersten ärztlichen Befunde nach dem Unfall zu (RAUSCHELBACH 1977, SCHERZER 1981, HUFFMANN 1987). Ergibt die Analyse eine länger dauernde primäre Bewußtlosigkeit, neurologische und psychische Ausfälle bzw. Störungen, computertomographisch und kernspintomographisch nachgewiesene Läsionsherde des Schädelinneren, eine pathologische Allgemeinveränderung und/oder einen Herdbefund im Elektroenzephalogramm sowie eine röntgenologisch dargestellte Schädelknochenimpression mit einer Tiefe von mehr als 10 mm, so kann eine Hirnparenchymschädigung als gegeben angenommen werden. Gleiches gilt selbstverständlich für operativ verifizierte Kontusions- oder Blutungsherde des Gehirns, Zerreißungen der harten Hirnhaut, subdurale oder intrazerebrale Hämatome und entzündliche Komplikationen des Schädelinneren wie Meningitis, Enzephalitis und Hirnabszeß. Die spätere Annahme, daß durch das Trauma „mikropathologische Veränderungen auf dem Zellniveau" eingetreten wären, ist rein spekulativ, unbewiesen und nicht objektivierbar. Sie genügt keineswegs, um eine für die Entwicklung einer Epilepsie kausale Hirnsubstanzläsion gutachtlich anzuerkennen. Somit stellt das adäquate Trauma im Sinne einer eindeutig nachgewiesenen, makroorganischen Hirnverletzung nach wie vor die unabdingbare Voraussetzung für die Anerkennung der Unfallkausalität des zu beurteilenden epileptischen Anfallleidens dar.

Der Nachweis morphologischer Hirnveränderungen erlaubt aber noch nicht, das diagnostizierte zerebrale Anfalleiden unbedingt und blindlings einem angeschuldigten Unfall zuzuordnen. Der nervenärztliche Gutachter hat zu prüfen, ob das gegenständliche Trauma auf Grund seiner Art und seines Schweregrades geeignet war, die objektivierte Hirnläsion im speziellen zu verursachen, kann es sich bei dieser doch auch um Folgen eines anderen Unfalles, um den Residualschaden nach einer perinatalen oder frühkindlichen Gehirnschädigung, ferner um eine Malformation oder degenerative Erkrankung des Gehirns, um gefäßbedingte, postenzephalitische, toxisch verursachte oder tumoröse Hirnveränderungen usw. handeln. Ferner ist bei Auftreten von epileptischen Anfällen in der chronischen Phase eines Schädelhirntraumas auch stets daran zu denken, daß nicht Spätanfälle im Rahmen einer Narbenepilepsie, sondern epileptische Manifestationen auf Grund einer sonstigen posttraumatischen Spätkomplikation des Schädelinnern, z. B. eines Hirnabszesses, aufgetreten sind. In diesem Falle sind späte Reizanfälle im Sinne von Gelegenheitsanfällen und keine Spätanfälle im Sinne einer posttraumatischen Epilepsie zu diagnostizieren.

Als weitere Forderung für die Annahme einer posttraumatischen Spätepilepsie ist die entsprechende *zeitliche Zuordnung zum Trauma* zu erfüllen. Die unfallbedingte Narbenepilepsie manifestiert sich Monate bis Jahre, besonders häufig zwischen 6. und 18. Monat nach dem Unfall, was sich durch die längere Zeit in Anspruch nehmende Narbenbildung erklärt. Treten epileptische Anfälle bereits in den ersten Tagen und Wochen nach dem Trauma auf, so handelt es sich um keine posttraumatischen Spätanfälle, sondern typischerweise um traumatische Frühanfälle als Reizphänomene der rezenten Hirnschädigung. Ausnahmsweise können sie wie z. B. bei schwelenden entzündlichen Komplikationen direkt in Spätanfälle übergehen, ohne daß man eine exakte Grenze zwischen Früh- und Spätanfällen zu ziehen vermag. Nur wenn sich ein solcher Verlauf wahrscheinlich machen läßt, ist der nervenärztliche Gutachter berechtigt, eine Unfallkausalität des resultierenden chronischen zerebralen Anfalleidens anzuerkennen. In der Regel spricht der frühe Beginn einer Epilepsie nach einem Trauma gegen deren Unfallbedingtheit. Unbedingt muß bei solchen Gegebenheiten genau nach Anfallmanifestationen vor dem gegenständlichen Unfall gefahndet werden. Es ist, worauf SPATZ (1987) eigens hinwies, „durchaus einmal möglich, daß bereits ein erster epileptischer Anfall den Patienten zu Boden wirft (Grand mal) und es dabei zu einer Schädelverletzung, z. B. mit Schädelbasisfraktur oder Durazerreißung, kommt". Es ist falsch, in einem solchen Falle den Sturz als Unfall zu deuten und bei weiteren epileptischen Anfällen eine posttraumatische Epilepsie zu diagnostizieren. Da sich die überwiegende Mehrzahl der posttraumatischen Spätepilepsien innerhalb von zwei Jahren erstmanifestiert, muß die Frage der Unfallkausalität epileptischer Anfälle, die mit einer Latenz von drei oder mehr Jahren nach dem Unfall auftreten, besonders genau geprüft werden. JANZ (1982) verlangt für die gutachtliche Anerkennung in diesen Fällen eine möglichst sichere Entsprechung zwischen initialen und späteren (postparoxysmalen) Herdsymptomen. Es ist der Nachweis zu erbringen, daß sich aus der ursprünglichen Hirnsubstanzläsion ein epileptogener Fokus entwickelt hat. Insbesondere bei der ultratardiven Form der posttraumatischen Spätepilepsie muß nach sonstigen zerebralen Schädigungen (Arteriosklerose, Alkoholmißbrauch) gefahndet werden.

Auch der *klinische Verlauf* des chronischen zerebralen Anfalleidens einschließlich der Art der epileptischen Anfallmanifestationen kann die Diagnose einer posttraumatischen Spätepilepsie stützen oder in Frage stellen. Geringe Anfallfrequenz und gutes Ansprechen auf die antiepileptische Dauermedikation, meist mit Erreichen von Anfallfreiheit, sind Hinweise auf eine traumatische Bedingtheit (SCHERZER 1985 und 1990), aber nicht ausnahmslose Regel. Nach JAROSCH, MÜLLER und PIEGLER (1987) spricht der regressive Verlauf einer chronischen Epilepsie im Gefolge eines Schädelhirntraumas gleichfalls eher für eine Unfallentstehung. Im Rahmen der posttraumatischen Spätepilepsie treten neben den vor allem zu erwartenden großen Krampfanfällen und elementar-fokalen Anfällen auch komplex-fokale (temporale, psychomotorische) Anfälle in Erscheinung. Bei ihnen ist eine längere Latenz aus den vorhin dargelegten Gründen gegeben. Die primäre Manifestation von Schläfenlappenattacken ist stets verdächtig auf ein vorbestehendes Anfalleiden, eventuell mit früheren nächtlichen und daher unbemerkten oder nicht beachteten Anfällen. Echte Absencen mit generalisierten, rhythmischen 3/sec-Spike-wave-Paroxysmen und andere Anfälle vom Petit mal, einschließlich des Propulsivtyps, sind konstitutionell und hereditär bestimmt sowie altersspezifisch und kommen daher nach Unfällen des Erwachsenenalters nicht zur Beobachtung. Auf die Möglichkeit der Provokation solcher Epilepsieformen durch ein sehr schweres Schädelhirntrauma im Kindesalter wurde schon hingewiesen.

Da die Klassifizierung der geschilderten Anfälle als epileptische Manifestationen meist nur auf Grund der Beschreibung des Betroffenen selbst (Eigenanamnese) oder seiner Angehörigen und sonstiger Beobachter (Außen- bzw. Fremdanamnese) erfolgt, eine Anfallbeschreibung durch einen Arzt bloß selten vorliegt und der nervenärztliche Gutachter kaum jemals persönlich Gelegenheit hat, bei dem Versehrten einen Anfall wahrzunehmen, erlangen Hilfs- und Zusatzbefunde eine ganz besondere Bedeutung. Von diesen ist auch im Spätstadium das *Elektroenzephalogramm (EEG)* am wichtigsten und wertvollsten, da sich pathologische Störungen der bioelektrischen Hirntätigkeit und eine Anfallneigung nur in der Hirnstromkurve zeigen. Es muß aber an dieser Stelle darauf hingewiesen werden, daß dem EEG-Befund im Einzelfall nur bedingte diagnostische Aussagekraft zukommt. So ergeben sich zwar, wie zuvor erwähnt, statistisch signifikante Korrelationen zwischen allen symptomatischen Epilepsien, einschließlich der posttraumatischen Spätepilepsie, und abnormen EEG-Befunden, jedoch keine absolut gültigen Aussagen (Scherzer 1985). Nach geschlossenen Schädelhirntraumen kommen EEG-Herdbefunde bei posttraumatischer Spätepilepsie häufiger als bei Gehirnkontusionen ohne epileptische Spätanfälle vor. Im Längsschnitt sprechen das Wiederauftreten einer Allgemeinveränderung oder eines EEG-Herdbefundes, insbesondere mit irritativen Graphoelementen, und auch die Persistenz der ursprünglichen pathologischen EEG-Veränderungen, die dabei ihren Charakter ändern können, für eine nahende oder eine bereits eingetretene Spätkomplikation in Form einer posttraumatischen Epilepsie. Jedoch schließt ein normales EEG zu keinem Zeitpunkt der Spätphase die Möglichkeit einer unfallkausalen chronischen Epilepsie aus. Selbst die Ableitung eines normalen Kurvenbildes während eines Anfalles läßt nur die Aussage zu, daß es sich bei diesem speziellen, unter den Elektroden registrierten Anfall mit an Sicherheit grenzender Wahrscheinlichkeit um kein epileptisches Geschehen gehandelt hat, wogegen ansonsten unter Umständen auch epileptische Anfälle vorkommen können. Der neurologische Gutachter muß daher unter Berücksichtigung des klinischen Gesamtbildes urteilen. Statistisch gesehen, steigt die Häufigkeit pathologischer EEG-Veränderungen mit zunehmender Anfallfrequenz und mit der zeitlichen Nähe eines Anfalles zur EEG-Registrierung (Courjon und Scherzer 1972, Scherzer und Wessely 1978).

Irritative Graphoelemente sind, wie zuvor betont, im EEG bei der zumeist benignen und wenig krampfbereiten posttraumatischen Spätepilepsie oft nicht nachzuweisen. Zwar bestehen die erwähnten, statistisch positiven Korrelationen zwischen unfallbedingtem Anfalleiden und der Häufigkeit von steilen, scharfen und spitzen Wellen sowie von Spike-wave-Potentialen, welche durch den zusätzlichen Einsatz von verschiedenen Provokationsmethoden noch angehoben werden kann, jedoch erreichen sie nie eine für den Einzelfall aussagekräftige Höhe. Deshalb muß umgekehrt eine besonders stark ausgeprägte Steigerung der zerebralen Erregbarkeit den nervenärztlichen Gutachter nach unfallfremden Epilepsieformen suchen lassen. Auf die Frage der Verschlechterung eines vorbestehenden zerebralen Anfalleidens wird später noch eingegangen. Jedenfalls ist das theoretisch zu erwartende, klassische bioelektrische Bild der posttraumatischen Epilepsie (umschriebener Herd mit irritativer Tätigkeit) relativ selten anzutreffen. Aber selbst dieser höchst suspekte EEG-Befund ist für ein unfallkausales oder sonstiges symptomatisches Anfalleiden nicht absolut beweisend. Mitunter liegt nämlich ein solches elektrophysiologisches Muster lokal gesteigerter zerebraler Erregbarkeit vor, ohne daß der Betroffene jemals einen epileptischen Anfall erleidet. Es kann sogar ausnahmsweise eine neurophysiologische Anfallaktivität (repetitive Spitzen usw.) ohne begleitende klinische Anfallsymptomatik abgeleitet werden. Der in diesem Fall wiederholt verwendete Ausdruck „elektrische Epilepsie" ist abzulehnen, da die Diagnose einer Epilepsie definitionsgemäß auf dem Vorhandensein manifester epileptischer Anfälle basiert. Durch all diese kritischen Bemerkungen soll aber der generelle Wert der Elektroenzephalographie für die gutachtliche Beurteilung von Hirnverletzungsfolgen und besonders der posttraumatischen Epilepsie keineswegs in Frage gestellt werden.

Neben der Elektroenzephalographie können auch noch *andere Hilfsuntersuchungen* in der posttraumatischen Spätphase Hinweise auf den Schweregrad des erlittenen Schädelhirntraumas geben: Röntgenaufnahmen des Schädels mit Frakturen, insbesondere wenn weiterhin eine Impression nachzuweisen ist, Computertomographie des Schädels und des Gehirns, vor allem mit Darstellung von Traumafolgen in Form von Narben, Verziehungen, hypodensen Zonen usw., Kernspintomographie des Gehirns mit pathologischer Signalgebung in den seinerzeitigen Verletzungsbereichen, allenfalls SPECT-Untersuchungen mit lokalen Aktivitätszeichen und Sonographie der großen hirnspeisenden Arterien, wenn eine Gefäßwandverletzung mit Thrombose oder eine Embolie ins Gehirn stattgefunden hat. Derartige pathologische Befunde untermauern die Annahme der Unfallkausalität epileptischer Anfälle. Andererseits müssen abnorme Veränderungen im Spätstadium der Schädelhirnverletzung nicht unbedingt nachweisbar sein. Normale Befunde in den einzelnen Untersuchungsgängen schließen eine posttraumatische Epilepsie demnach nicht absolut aus, jedoch sinkt die Wahrscheinlichkeit einer posttraumatischen Spätepilepsie zusehends, wenn überwiegend oder überhaupt nur Normalbefunde erhoben werden, dies insbesondere im Falle einer ursprünglich nur geringen traumatischen Hirnschädigung. Da die Inzidenz der unfallbedingten Spätepilepsie mit dem Schweregrad der erlittenen Gehirnverletzung steigt, ist zu erwarten, daß sich bei Patienten mit epileptischen Spätanfällen auch noch im chronischen Stadium posttraumatische Parenchymläsionen darstellen lassen (Lob und Jaeger 1973, Rauschelbach 1977, Spatz 1987). Aus diesem Grunde kommt den morphologischen Untersuchungen wie Computertomographie und Kernspintomographie des Gehirns im Hinblick auf ätiologische Aussagen zweifellos eine wesentliche Bedeutung zu.

Unter Umständen wirken *mehrere epileptogene Noxen* zusammen, bis schließlich tatsächlich epileptische Anfälle manifest werden. Die zerebrale Anfallneigung erhöht sich dabei sukzessive durch Hinzukommen weiterer zerebraler Schädigungen, bis die Anfallschwelle so stark gesenkt wird, daß epileptische Anfälle auftreten. Bezogen auf die posttraumatische Epilepsie, wurde diesbezüglich schon früher der chronische Alkoholmißbrauch erwähnt. Ferner können eine genetische Iktaffinität oder verschiedenartige Hirnschädigungen (hypoxisch, kontusionell, vaskulär, postenzephalitisch usw.) vorliegen. Um in diesen Fällen überhaupt eine unfallkausale Komponente für das Auftreten von epileptischen Anfällen diskutieren zu können, ist als unabdingbare Voraussetzung nach wie vor zu fordern, daß die inkulpierte Schädelverletzung eine makroskopische Hirnläsion gesetzt hat. Diese Betrachtungsweise muß selbstverständlich auch in der Begutachtung eines epileptischen Anfalleidens multifaktorieller Genese beibehalten werden. Darüber hinaus hat der Sachverständige den Schweregrad der einzelnen epileptogenen Komponenten abzuwägen. Meist ergibt sich dadurch ein ausreichendes Bild vom Stellenwert des gegenständlichen Hirntraumas hinsichtlich der Entwicklung des vorliegenden zerebralen Anfalleidens. In bezug auf fortgesetzten Alkoholabusus ist zu prüfen, ob durch dessen Wegfall die Anfälle sistieren würden. Immer wieder beobachtet man Patienten, bei denen die posttraumatische Spätepilepsie in eine alkoholbedingte Epilepsie übergeht. Der beste Beweis für die Richtigkeit einer solchen Annahme ist die Anfallfreiheit dieser Personen, wenn sie sich aus irgend welchen Gründen in stationärer Krankenhausbehandlung befinden und dadurch nicht mehr Alkohol zu sich nehmen können. Wir selbst haben einige derartige Unfallpatienten beobachtet, bei denen die Anfallfreiheit, selbst ohne antiepileptische Medikation, während ihres gesamten stationären Spitalsaufenthaltes anhielt und die nach der Entlassung durch neuerlichen Alkoholkonsum abermals epileptische Anfälle provozierten. Unter solchen Voraussetzungen ist eine posttraumatische Epilepsie selbstverständlich nicht anzuerkennen. Andererseits dürfen die im Krankenhaus auftretenden epileptischen Entzugsanfälle eines chronischen Alkoholikers nicht mit traumatisch bedingten Spätanfällen verwechselt werden.

Überhaupt stellt die Kombination eines zerebralen Anfalleidens mit chronischem Alkoholmißbrauch ein besonderes Problem dar (Scherzer 1990). Es handelt sich dabei um eine in jeder Hinsicht äußerst ungünstige Konstellation, zumal Therapieanweisungen oft nicht befolgt werden. Die zusätzliche alkoholische Schädigung erhöht die bestehende, traumatisch bedingte Anfallneigung noch weiterhin und bedingt außerdem psychische Veränderungen, welche an sich schon die Arbeits- und Berufsfähigkeit des Betroffenen beeinträchtigen. Leider sind Epilepsie und Alkoholmißbrauch erfahrungsgemäß nicht selten miteinander vergesellschaftet. Besonders ungünstig ist die Kombination von Intelligenzmangel, Epilepsie und Alkoholabusus. Es ist Aufgabe des nervenärztlichen Gutachters, hier eine ätiologische Trennung vorzunehmen, d. h. im Fall einer posttraumatischen Spätepilepsie eine Differenzierung in die Hirnverletzungskomponente und in die Alkoholkomponente vorzunehmen.

F. Gutachtliche Wertung

Sobald als erster und wesentlichster Schritt der nervenärztlichen Begutachtung die Unfallkausalität der Epilepsie, welche bereits im vorangehenden Abschnitt ausführlich behandelt wurde, feststeht, müssen Frequenz, Art, Schweregrad und tageszeitliche Verteilung der Anfälle beurteilt werden. Dies kann am besten an Hand eines gut geführten Anfallkalenders erfolgen. Leider liegt ein solcher dem nervenärztlichen Gutachter nur selten vor. Dieser muß sich daher auf die *Eigen-* und *Außenanamnese* stützen. Erfahrungsgemäß empfiehlt sich auf jeden Fall der Vergleich der Angaben des Betroffenen mit jenen seiner Angehörigen, wobei gleichzeitig nach auslösenden und fördernden Faktoren wie Alkoholkonsum, Schlafdefizit usw. zu fahnden ist. Liegen mehrere Anfalltypen vor, so sind diese voneinander auch bezüglich ihrer Häufigkeit zu trennen. Von speziellem Interesse ist das Datum des letzten epileptischen Anfalles im Hinblick auf die EEG-Untersuchung, welche im Rahmen der Begutachtung vorgenommen wird. Des weiteren hat der nervenärztliche Gutachter eventuelle Nebenwirkungen der antiepileptischen Dauermedikation zu berücksichtigen. Diese kann durch Dämpfung an sich schon eine Beeinträchtigung im Sinne vermehrter Müdigkeit, Schläfrigkeit und Verlangsamung bedeuten. *Antiepileptika-Serumspiegeluntersuchungen* erweisen sich als wertvolle Ergänzungen, welche nicht zuletzt die Kooperation und Behandlungstreue des Patienten zu überprüfen gestatten. Mitunter wird eine so große Anfallfrequenz angegeben, daß diese nach Lage des Falles nicht glaubhaft ist. In einem solchen Falle empfiehlt sich die stationäre Durchuntersuchung des Betroffenen an einer entsprechenden Fachabteilung zur Wahrheitsfindung. Dabei können unter Umständen auch zweckmäßige Änderungen der antiepileptischen Einstellung vorgenommen werden. Manchmal entdeckt man eine sonstige Ursache des Anfalleidens, die eventuell sogar einen operativen Eingriff erfordert.

Bei Vorliegen einer entschädigungsbegründenden posttraumatischen Spätepilepsie hat der Gutachter deren Auswirkungen auf das *Arbeits-, Berufs- und Privatleben* des Betroffenen darzulegen und die auf diesen Gebieten gegebenen Behinderungen prozentmäßig einzuschätzen. Die Vorstellung, ein zerebrales Anfalleiden bedinge von Haus aus Arbeitsunfähigkeit, ist sicherlich falsch, sind doch laut großen statistischen Untersuchungen zwischen 60 und 90% aller Epilepsiekranken berufstätig (ZIELINSKI 1974, PENIN 1979). Auch das Argument, man würde selbst für einen Patienten, der nur einen oder zwei Anfälle pro Jahr habe, angesichts einer augenblicklich angespannten und ungünstigen Arbeitsmarktlage keinen Arbeitsplatz mehr finden, darf für den Gutachter nicht gelten. Dieser hat einzig und allein auf Grund medizinischer Gegebenheiten und Überlegungen zu entscheiden. Darüber hinausgehende arbeitsmarktwirtschaftliche Erwägungen sind nicht Angelegenheit des medizinischen Sachverständigen, sondern fallen in den Kompetenzbereich des Berufskundlers, Verwaltungsjuristen oder Richters. Jedenfalls ist es erforderlich, daß wir Ärzte allen unrichtigen und vor allem übertriebenen Meinungen sowie Vorstellungen hinsichtlich der Behinderung von Epilepsiekranken vehement entgegentreten, denn die uns heutzutage zur Verfügung stehenden, hoch wirksamen Medikamente gestatten uns, die epileptischen Anfälle dieser Patienten in der überwiegenden Mehrzahl der Fälle gut zu beherrschen, und ermöglichen vielen Anfalleidenden, ein recht befriedigendes und weitgehend normales Leben zu führen. Trotzdem dürfen wir das Risiko einer krankheitsbedingten beruflichen Ausgliederung des Epilepsiekranken nicht übersehen. Erfahrungsgemäß entscheiden meist die spezielle Arbeitsform und die Stellung des Anfallpatienten, die Beschaffenheit des Arbeitsplatzes und die Struktur des sozialen Umfeldes darüber, ob der Epilepsiekranke berufstätig bleibt oder nicht.

Was die Frage der *Arbeitsfähigkeit* anlangt, so beeinträchtigen seltene epileptische Anfälle diese kaum. Sind wiederkehrende zerebrale Anfälle trotz entsprechender Dauertherapie nicht zu verhindern, so hängt die dadurch bedingte Arbeitsunfähigkeit im wesentlichen von der Häufigkeit und Art sowie vom Schweregrad und tageszeitlichen Auftreten dieser epileptischen Manifestationen ab. Mehr noch als die Anfälle selbst, bestimmen, wie die Praxis zeigt, sonstige Faktoren die Arbeitsfähigkeit eines Anfallpatienten (SCHERZER und WURZER 1983), nämlich neurologische Ausfälle, psychische Veränderungen, Medikamentennebenwirkungen und Begleiterkrankungen. Arbeitsunfähigkeit im Sinne des Krankenstandes ist wegen großer epileptischer Krampfanfälle, länger dauernder elementar- oder komplex-fokaler Anfälle gegeben, nicht jedoch wegen anderer kurz dauernder, kleiner Anfälle (absencenartige Manifestationen). Ein anfallbedingter Krankenstand macht durchschnittlich einen Tag, eventuell zwei Tage aus. Immer wieder begegnet man auch Patienten, die sich nach einem epileptischen Anfall sehr schnell erholen, nur Stunden mit der Arbeit pausieren und spätestens am nächsten Tag ihre Arbeit wiederaufnehmen, also gar nicht in den Krankenstand gehen. Gleiches hört man von manchen Patienten mit lediglich nächtlichen epileptischen Anfällen, die ihr Anfalleiden unter Umständen aus Furcht, sie könnten ihren Arbeitsplatz verlieren, absolut verheimlichen möchten. Länger dauernde Krankenstände ergeben sich bei protrahierten epileptischen Dämmerzuständen oder auch dann, wenn postparoxysmal komplizierend Lähmungen bzw. psychische Veränderungen auftreten. Desgleichen bedingt ein Status epilepticus eine längere Arbeitsunfähigkeit. Die Häufigkeit von Krankenständen hängt also vornehmlich von der Frequenz, Art und Dauer der Anfälle ab (SCHERZER 1990). Durch optimale antiepileptische Einstellung mit konsequenter Dauermedikation, regelmäßige Lebensführung und Einhalten von gewissen Verhaltensmaßregeln, vor allem Alkoholabstinenz und Vermeiden eines Schlafdefizits, läßt sich die Zahl der epileptischen Anfallmanifestationen und damit der Krankenstände wesentlich reduzieren.

In der privaten Unfallversicherung muß der *unfallkausale Dauerschaden* im Sinne der *bleibenden oder dauernden Invalidität* hinsichtlich des Berufes oder nach medizinischen Gesichtspunkten prozentmäßig eingeschätzt werden. Bei Verträgen bis 1988 muß der Gutachter „beachten, inwieweit der Versicherte imstande ist, Erwerb durch eine Tätigkeit zu erzielen, die seinen Kräften und Fähigkeiten entspricht und ihm unter billiger Berücksichtigung seiner Ausbildung und seines bisherigen Berufes zugemutet werden kann". Zum Unterschied von der gesetzlichen bzw. sozialen zielt die private Unfallversicherung hier auf den speziellen Beruf des Betroffenen und nicht auf den fiktiven allgemeinen Arbeitsmarkt. Die Ausrichtungen dieser zwei Unfallversicherungsarten unterscheiden sich daher grundlegend. Um Aussagen über berufliche Behinderungen machen zu können, muß der ärztliche Gutachter über die Anforderungen, die an den Epilepsiekranken am Arbeitsplatze in körperlicher und geistiger Hinsicht gestellt werden, ausreichend Bescheid wissen. Keineswegs sollte sich jedoch der ärztliche Gutachter in berufskundliche Erwägungen versteigen. Diese fallen nicht in seine Kompetenz, und er ist gut beraten, bloß allgemeine Richtlinien anzugeben und etwaige Gefahren für den Anfallkranken, die sich in dessen speziellem beruflichem Tätigkeitsfeld ergeben, global darzulegen. Arbeitsmöglichkeiten und Arbeitseinschränkungen müssen dabei gegeneinander abgewogen werden. Ein pathologisches Elektroenzephalogramm ist für die Beantwortung der Frage der Invalidität eines Anfallkranken nicht primär entscheidend, jedoch vermag es als Hilfsbefund wertvolle prognostische Hinweise zu geben. Obgleich man Epilepsiekranke in fast allen Berufssparten findet, müssen zum Schutze des Patienten und auch zum Schutze der Gesellschaft bei zerebralen Anfalleiden die folgenden *drei Berufsarten ausgeschlossen* bleiben:

a) Berufliche Tätigkeiten, die mit Absturzgefahr verbunden sind, z. B. Dachdecker, Rauchfangkehrer, Feuerwehrmann, Gerüster, Maurer, Bergführer, Luftakrobat usw.
b) Berufliche Tätigkeiten, die im unmittelbaren Kontakt mit schweren bohrenden, fräsenden, sägenden, schneidenden oder stanzenden Maschinen sowie im Kontakt mit chemischen Stoffen, des weiteren an offenen Feuerstellen (z. B. am Hochofen), im Überdruckmilieu und in der Nähe von Gewässern erfolgen.

c) Berufliche Tätigkeiten, die mit dem Führen eines Kraftfahrzeuges verbunden sind (z. B. Taxilenker, Lastkraftwagen- oder Autobusfahrer, selbstverständlich auch Lokomotivführer und Pilot) oder eine sonstige verantwortliche Steuertätigkeit erfordern (z. B. Kranführer, Stellwerkaufseher, Schiffs- und Fluglotse).

Neben diesen auszuschließenden Berufsarten, die sich für Epilepsiekranke vollkommen verbieten, gibt es noch berufliche Tätigkeiten, die für Anfallkranke zwar nicht absolut ausgeschlossen, jedoch nicht empfehlenswert sind. Als solche *womöglich besser zu vermeidende berufliche Tätigkeiten* sind alle Arbeiten unter Streßbelastung (Akkord-, Schicht- und Nachtarbeiten, sehr unregelmäßige Arbeiten, intensiver Parteienverkehr, eventuell Computereingaben) und berufliche Aktivitäten zu nennen, die große Anforderungen an Reaktionsfähigkeit und Entscheidungskraft stellen. All die genannten Belastungen können nämlich erfahrungsgemäß Anfälle provozieren.

Liegt ein berufsspezifischer Ausschluß für das Verbleiben des Epilepsiekranken an seinem Arbeitsplatz nicht vor, so entscheiden wieder *Häufigkeit, Art* und *Schweregrad* sowie *tageszeitliche Verteilung der Anfälle* neben den sonstigen gesundheitlichen Störungen des Betroffenen über dessen Berufsfähigkeit. In der Praxis zeigt sich, daß Kranke mit mehr als einem großen epileptischen Krampfanfall pro Monat (dementsprechend mit mehr als zwölf großen Krampfanfällen pro Jahr) keiner regelmäßigen Arbeit mehr nachgehen, auch wenn maßgebliche sonstige Gesundheitsstörungen fehlen. Sekundäre psychische Veränderungen nehmen erfahrungsgemäß mit steigender Anfallfrequenz zu und beeinträchtigen die Arbeitsfähigkeit zusätzlich. Die Behinderung im Arbeitsleben ist durch elementar-fokale Anfälle, sofern sie nicht eine ausgesprochene Statusneigung zeigen, geringer. Man kann etwa vier derartige kleine Anfälle einem großen generalisierten Anfall gleichsetzen. Dies gilt auch für komplex-fokale Anfälle mit deutlicher Symptomatik, aber nicht für solche Manifestationen mit sehr kurzer und kaum merkbarer Symptomatik (absencenartige Anfälle, Pseudoabsencen). Hingegen stellen epileptische Staten jedweder Art und sehr lang dauernde komplex-fokale Anfälle mit sozial irritierender Symptomatik gravierende Störungen im Sinne einer wesentlichen beruflichen Behinderung dar.

Die folgende Aufstellung gibt in Anlehnung an RAUSCHELBACH (1984) *Anhaltspunkte für die prozentmäßige Einschätzung der Invalidität der posttraumatischen Spätepilepsie*, sofern alle jene Fälle ausgeschieden wurden, deren spezielle berufliche Tätigkeit mit einem zerebralen Anfalleiden, wie zuvor dargestellt, unvereinbar oder kaum zumutbar ist. Nachstehende Tabelle entspricht demgemäß auch weitgehend der Renteneinschätzung in der gesetzlichen bzw. sozialen Unfallversicherung, also der Minderung der Erwerbsfähigkeit auf dem fiktiven allgemeinen Arbeitsmarkt, sollte jedoch keineswegs blindlings übernommen, sondern allenfalls auch *aus dem Blickwinkel des individuellen Berufseinsatzes* des Betroffenen betrachtet werden. Unterschieden werden darin große epileptische Krampfanfälle, welche mit Bewußtseinsverlust einhergehen, und kleine Anfälle, unter denen sowohl elementar-fokale Anfälle als auch komplex-fokale Anfälle zu verstehen sind, ferner durchschnittliche Anfallintervalle und antiepileptische Dauermedikation, sofern deren Auswirkungen nicht schon als psychoorganische Störung eingeschätzt wurden.

- *Sehr seltene Anfälle* (bei großen Anfällen Intervall von einem Jahr und länger, bei kleinen Anfällen Intervall von Monaten) .... 20 bis 30%
- *Seltene Anfälle* (bei großen Anfällen Intervall von Monaten, bei kleinen Anfällen Intervall von Wochen) .... 30 bis 40%
- *Häufige Anfälle* (bei großen Anfällen Intervall von Wochen, bei kleinen Anfällen Intervall von mehreren Tagen) .... 50 bis 60%
- *Sehr häufige Anfälle* (bei großen Anfällen Intervall von Tagen, bei kleinen Anfällen Intervall von wenigen Tagen) .... 70 bis 100%
- *Anfallfreiheit durch zwei bis drei Jahre bei weiterhin notwendiger antikonvulsiver Medikation* .... 10 bis 20%
- *Anfallfreiheit durch zwei bis drei Jahre ohne weiterhin notwendige antikonvulsive Medikation* 0%

Selbstverständlich betreffen diese Prozentsätze einzig und allein die Anfallmanifestationen. Neurologische und psychische Begleitsymptome sind zusätzlich zu berücksichtigen. Als Faustregel kann gelten, daß *Berufsunfähigkeit bei häufigen Anfällen, hingegen Erwerbsunfähigkeit erst bei sehr häufigen Anfällen erreicht* wird. In obiger Liste scheint auch Anfallfreiheit durch zwei bis drei Jahre auf, wobei zwischen weiterhin notwendiger antikonvulsiver Medikation und nicht mehr durchgeführter antikonvulsiver Medikation unterschieden wird. Dies hat seinen Grund darin, daß die Entwicklung des zerebralen Anfalleidens einige Zeit hindurch beobachtet werden muß, ehe man bei Kontrollen eine Änderung bestätigen kann bzw. ehe sich eine erhoffte Remissionstendenz tatsächlich bewahrheitet hat. Ferner müssen medikamentöse Nebenwirkungen der antiepileptischen Dauermedikation wie vermehrte Müdigkeit und Schläfrigkeit sowie Verlangsamung gleichfalls Berücksichtigung finden. Im Falle der privaten Unfallversicherung werden die Schadensfälle durch Übereinkunft der Verhandlungspartner (Versehrter und Versicherung) üblicherweise – zumindest aus dem Blickwinkel des zerebralen Anfalleidens – zu früh abgeschlossen, so daß die Punkte 5 und 6 (Anfallfreiheit durch zwei bis drei Jahre bei weiterhin notwendiger antikonvulsiver Medikation oder ohne weiterhin notwendige antikonvulsive Medikation) kaum jemals gutachtlich beurteilt werden können.

Dem *Elektroenzephalogramm (EEG)* kommt bei der Festsetzung der bleibenden Invalidität oder des sogenannten Dauerschadens keine direkte Bedeutung zu. Das EEG vermag zwar innerhalb gewisser Grenzen diagnostische und prognostische Aufschlüsse zu geben, jedoch bedeutet ein pathologisches Kurvenbild allein, d. h. ohne klinisches Anfallgeschehen, noch keine Beeinträchtigung oder Behinderung und berechtigt deshalb keineswegs zur Anerkennung einer bleibenden Invalidität oder eines Dauerschadens, genauso wie sich im Rahmen der gesetzlichen Unfallversicherung, also auf dem allgemeinen Arbeitsmarkt, daraus keine Minderung der Erwerbsfähigkeit ableiten läßt (Courjon und Scherzer 1972, Scherzer 1984). Hier werden oft gravierende gutachtliche Fehler begangen, indem die Einschätzung nicht wie erforderlich im Hinblick auf eine allfällige Funktionsbehinderung des Untersuchten, sondern im Hinblick auf Abweichungen eines bloßen Hilfsbefundes erfolgt. Dies ist grundsätzlich falsch, trifft man doch immer wieder Patienten, die selbst bei einem persistierenden EEG-Herdbefund mit irritativen Graphoelementen anfallfrei sind und anfallfrei bleiben, auch ihren Arbeitsplatz behalten und unbehindert berufstätig sind. Selbstverständlich wird man in solchen Fällen auf die Möglichkeit späterer epileptischer Anfälle hinweisen, aber nur für ganz bestimmte Berufe mit Lebensgefahr bei einem Anfall (Pilot, Lokführer usw.) ein spezielles Berufsverbot aussprechen.

In der privaten Unfallversicherung darf der unfallkausale Dauerschaden im Sinne der bleibenden Invalidität nach einer substantiellen traumatischen Hirnschädigung nervenärztlicherseits keineswegs zu früh festgesetzt werden (Scherzer 1990). Man muß in diesen Fällen prinzipiell damit rechnen, daß sich eine posttraumatische Spätkomplikation entwickeln kann. Die Mehrzahl der unfallbedingten chronischen Epilepsien erfährt ihre Erstmanifestation, wie zuvor besprochen wurde, innerhalb zweier Jahre nach dem Trauma, wonach der Wahrscheinlichkeitsgrad des künftigen Auftretens von Spätanfällen bereits gering ist und mit weiterer zeitlicher Distanzierung vom Unfallzeitpunkt noch geringer wird. Die *Zweijahresfrist sollte* auf Grund dieser klinischen Erfahrungen *für die Endbegutachtung jedweder organischen Hirnverletzung unbedingt eingehalten werden*. Sind aber bereits epileptische Anfälle als Folge des Schädelhirntraumas aufgetreten, so ist zumindest der anfängliche Verlauf des zerebralen Anfalleidens unter entsprechender antiepileptischer Dauermedikation abzuwarten und zu beobachten. Wie schon dargelegt, zeigt sich wiederholt eine benigne Verlaufsform mit nur wenigen Anfallmanifestationen und einer guten Chance auf Sistieren der Anfälle unter Medikation oder sogar auf Heilung, d. h. Anfallfreiheit ohne Medikation. Jedoch sollte der nervenärztliche Gutachter betonen, daß prognostische Aussagen bezüglich eines zerebralen Anfalleidens lediglich mit einer statistischen Wahrscheinlichkeit möglich sind und daß sich der Einzelfall durchaus anders verhalten kann, daß beispielsweise spontane Änderungen der Anfallfrequenz möglich sind und nicht ausgeschlossen werden können. Manche Autoren (Gaidzik und Teige 1987, Krämer und Besser 1992) weisen darauf hin, daß entsprechend den gültigen Bedingungen der privaten Unfallversicherung für die Anerkennung der Unfallkausalität einer posttraumatischen Epilepsie sich das zerebrale Anfalleiden innerhalb des ersten posttraumatischen Jahres manifestiert haben müsse. Eine solche zeitliche Begrenzung der Inkubationszeit einer posttraumatischen Epilepsie ist medizinisch keineswegs zu begründen. In Österreich wird allein schon die Endbegutachtung nach schweren Schädelhirntraumen üblicherweise erst nach Ende des zweiten posttraumatischen Jahres, oft auch noch später, vorgenommen. Entscheidend sind letztlich die im konkreten Fall gültigen Versicherungsbedingungen. Der Gutachter sollte aber unbedingt, wie schon erwähnt, die prinzipielle Möglichkeit der späteren Entwicklung einer unfallkausalen Epilepsie in seiner Endbeurteilung aufzeigen.

Was die *Haftpflichtversicherung*, die ja insbesondere bei Verkehrsunfällen Bedeutung erlangt hat, betrifft, so ist zu sagen, daß sie in jeder Hinsicht für den aus dem Unfallfolgezustand resultierenden Schaden des Verletzten aufzukommen hat. Die diesbezügliche Abfindung wird fast durchwegs in Form der einmaligen Zahlung eines Geldbetrages und nur ausnahmsweise in Form einer regelmäßigen Rentenzahlung getätigt. Die gutachtliche Einschätzung betrifft den Invaliditätsgrad, insbesondere im Hinblick auf den ausgeübten Beruf, aber auch die Beeinträchtigung im Privatleben und die sogenannten Schmerzperioden. Die *Behinderungen des Versehrten sind im einzelnen genau zu beschreiben*, z. B. als Außendienstbeamter infolge epileptischer Anfälle nicht mehr geeignet, selbst ein Fahrzeug zu lenken; als Zimmermann wegen großer epileptischer Krampfanfälle nicht mehr verwendbar, da Arbeiten in exponierten Stellungen (auf dem Gerüst) nicht mehr zumutbar sind; auch als Privatperson nicht mehr befähigt, ein Fahrzeug im öffentlichen Verkehr zu führen, da dem Versehrten wegen epileptischer Anfälle der Führerschein abgenommen wurde (kann daher nicht mehr Urlaubsfahrten mit dem Wohnwagen unternehmen und ist auch sonst auf die Benützung öffentlicher Verkehrsmittel reduziert); Versehrter als ehemaliger Sportler infolge des zerebralen Anfalleidens für Sporttauchen und Klettern nicht mehr geeignet. Vor allem im Zivilgerichtsverfahren werden derartige und sonstige Aussagen über Behinderungen auf dem privaten Sektor vom nervenärztlichen Gutachter gefordert, weil sich daraus oft weitere Fragen wie jene des erschwerten Fortkommens in der Zukunft oder der verminderten Heiratschancen beantworten lassen. Die *prozentuelle Einschätzung der vorübergehenden, d. h. zeitlich begrenzten, Invalidität und der bleibenden, d. h. dauernden Invalidität infolge epileptischer Spätanfälle* orientiert sich, wie zuvor dargelegt, jedoch überwiegend und vornehmlich am Beruf des Betroffenen und kann, wenn eine berufsspezifische Unvereinbarkeit des zerebralen Anfalleidens nicht gegeben ist, weitgehend der vorherigen Liste folgen.

Wiederholt wird in der Haftpflichtversicherung bzw. im konsekutiven Zivilgerichtsprozeß die Frage nach der *beruflichen Eingliederung* oder *Wiedereingliederung* des Versehrten gestellt. Dies ist angesichts der großen Häufigkeit schwerster Schädelhirntraumen bei Patienten im jugendlichen und mittleren Alter nicht verwunderlich. Prinzipiell läßt sich sagen, daß die Berufseingliederung des Epilepsiekranken mit dessen exakter antiepileptischen Einstellung beginnt. Nach wie vor ist die Anfallprophylaxe das beste Mittel gegen die soziale und damit auch gegen die berufliche Diskriminierung dieser Personen. Da sich epileptische Anfälle aber trotz bester medizinischer Behandlung nicht vollkommen verhindern lassen, muß weiterhin eine intensive Aufklärungsarbeit in der Allgemeinheit geleistet werden. Die sachgemäße Information der Angehörigen, Vorgesetzten und Arbeitskollegen kann Verständnis und Toleranz dem Betroffenen gegenüber in besonderem Maße fördern. Falsch wäre es, das epileptische Leiden zu verheimlichen, denn dessen Kenntnis ist für die Berufswahl und Wiederverwendung des Anfallkranken von großer Wichtigkeit. Die Berufsberatung hat übrigens nicht nur auf epileptische, sondern auf Anfallmanifestationen jedweder Art Rücksicht zu nehmen. Am besten geeignet für Personen mit epileptischen Anfällen sind leichte bis mittelschwere körperliche Arbeiten, die vorzugsweise im Freien ausgeübt werden, des weiteren intellektuelle Tätigkeiten, welche interessant, jedoch nicht belastend im Sinne von Streß sind. Arbeiten, welche eine besondere Genauigkeit erfordern (Buchhaltung, Buchprüfung, Uhrmachergewerbe usw.), können sich für Anfallkranke, die auf Grund ihres Leidens eine ausgeprägte Neigung zur Pedanterie entwickelt haben, als günstig und höchst befriedigend erweisen. Auch ist Epilepsiekranken keineswegs ein höheres Studium verschlossen. Selbstverständlich ist hier darauf zu achten, daß das Studium nicht übermäßig belastet und daß es ohne allzu große Anstrengung bewältigt werden kann. Überforderungen aller Art sind jedenfalls zu vermeiden. Aus den zuvor genannten Gründen einer späteren berufsspezifischen Gefährdung ist vom Studium der Fächer Hochbau, Maschinenbau und Fahrzeugbau abzuraten. Sofern keine schweren neurologischen oder psychischen Ausfälle vorliegen, nehmen erfahrungsgemäß viele Personen mit posttraumatischer Spätepilepsie ihre frühere berufliche Tätigkeit wieder auf. Wenn hier Schwierigkeiten bestehen, kann meist ein Postenwechsel in Richtung einer leichten und ungefährlichen Arbeit im selben Betrieb erwirkt werden. Hier erweist sich die Hilfe eines Sozialarbeiters als äußerst wertvoll. So gelingt es oft, Arbeiter von Tätigkeiten in exponierten Lagen oder an schweren Maschinen mit frei bewegten Teilen abzuziehen und beruflich anderswo zu verwenden. Schwierigkeiten können sich in kleineren Betrieben ergeben, welche über keine entsprechenden Posten ohne Gefährdung des Anfallkranken verfügen. In diesem Falle ist ein Firmenwechsel anzustreben. Als kompetente Stellen der Postenvermittlung fungieren dann die Arbeitsämter.

Wenn die früher ausgeübte berufliche Tätigkeit überhaupt nicht mehr zumutbar und möglich ist, die Arbeitsfähigkeit für andere Tätigkeiten jedoch erhalten geblieben ist, sollte eine *Umschulung* erfolgen. Diese hat die persönlichen Interessen und Fähigkeiten sowie auch die bisherige berufliche Tätigkeit, des weiteren die für Anfallkranke geltenden medizinischen Einschränkungen und selbstverständlich auch die allgemeine Arbeitsmarktlage zu berücksichtigen. Zur Entscheidung, welcher Verweisungsberuf für einen Patienten mit zerebralen Anfällen günstig ist, reicht oft die rein ärztliche Beurteilung, die stets nur einen Teilaspekt darstellen kann, nicht aus. Hier kann der

Sachverständige für Berufskunde wertvolle Ratschläge erteilen. An dieser Stelle sei darauf hingewiesen, daß der nervenärztliche Gutachter, der für die private Unfallversicherung oder für die Haftpflichtversicherung tätig ist, jedenfalls Entscheidungen, die in der Pensionsversicherung getroffen wurden, nicht blindlings übernehmen darf, sondern diese aus dem Blickwinkel versicherungsrechtlich differenter Gegebenheiten der Privatversicherung betrachten und genauestens prüfen muß (SCHERZER 1990). Er wird dann wiederholt zu einem anderen Resultat kommen, weil in der Pensionsversicherung nicht nur die Verletzungsfolgen, sondern zusätzlich alle krankhaften Veränderungen berücksichtigt werden müssen. Bekanntermaßen wird ja auf dem Sektor der Pensionsversicherung die Gesamtheit der gesundheitlichen Beeinträchtigungen und Störungen des Untersuchten im Hinblick auf seinen Beruf eingeschätzt und beurteilt. Auch hat sich der nervenärztliche Gutachter vor Augen zu halten, daß Anfallkranke, wenn immer möglich, einer Arbeit zugeführt und nicht gleich pensioniert werden sollten. Selbst die vorübergehende Zuerkennung der Invalidität, wie sie in der Pensionsversicherung mit einer datumsmäßigen Begrenzung vorgesehen ist, wirkt sich oft deletär aus. Sie entscheidet durch Entwöhnung vom Arbeitsprozeß und durch gleichzeitige Einordnung in andere Lebensformen, welche psychologische Prozesse sich sogar äußerst schnell vollziehen, über das weitere Schicksal des Betroffenen. Kaum einer, der eine vorübergehende Invalidität zugesprochen erhalten hat, ergreift später wieder eine berufliche Tätigkeit. Leider wird die Zeit der vorübergehenden Pensionierung nur in den wenigsten Fällen für rehabilitative Maßnahmen und eine optimale antiepileptische Einstellung genützt.

Daß die berufliche Behinderung nicht nur von den epileptischen Anfällen selbst, sondern auch von *zusätzlichen neurologischen Ausfällen und psychischen Störungen* abhängt, wurde schon erwähnt. Dies bewies MIFKA (1967) an Fällen von posttraumatischer Spätepilepsie und an Fällen von Gehirnkontusion ohne epileptische Spätanfälle. In berufsmäßiger Hinsicht konnten 69,2% der untersuchten Erwachsenen mit unfallbedingten zerebralen Läsionen resozialisiert werden. Wenn zusätzliche epileptische Anfälle aufgetreten waren, sank diese Resozialisierungsrate auf bloß 59,2%. Der Unterschied zwischen Anfallpatienten und anfallfreien Patienten nach Schädelhirntraumen war in dieser Studie bezüglich der beruflichen Wiedereingliederung mithin überraschend gering. Dieses Untersuchungsergebnis zeigt deutlich, daß die posttraumatische Spätepilepsie, sofern eine entsprechende Medikation erfolgt und geeignete Maßnahmen im Sinne von Postenwechsel und Umschulung getroffen werden, für die Arbeitsunfähigkeit eine geringere Rolle spielt, als allgemein angenommen wird. Die Erklärung liegt in dem Umstand, daß die posttraumatische Spätepilepsie eine benigne Form eines zerebralen Anfalleidens darstellt und in der Regel mit seltenen Anfällen einhergeht. Durch das meist schwerere Schädelhirntrauma liegen aber oft bereits wesentliche Einschränkungen auf neurologisch-psychiatrischem Gebiete in Form von Paresen, Koordinationsstörungen, psychoorganischen Defektsyndromen usw. vor.

Diese bestimmen gemäß einer eigenen Untersuchung die hauptsächliche Beeinträchtigung (SCHERZER und WURZER 1983). Daher empfiehlt sich, zumal die Beurteilung der Anfallart und insbesondere der Anfallfrequenz weitgehend von den Angaben des Betroffenen und seiner Angehörigen abhängen, folgende gutachtliche Vorgangsweise: Zuerst die tatsächlich nachweisbaren Ausfälle auf dem nervenärztlichen Sektor erfassen und die dadurch gegebene Behinderung prozentmäßig einschätzen, dann in einem weiteren Schritt der zusätzlichen Beeinträchtigung durch die epileptischen Manifestationen Rechnung tragen sowie abschließend die Gesamteinbuße nervenärztlicherseits bestimmen. Der Vorteil dieses Verfahrens liegt darin, daß man von der leichter objektivierbaren Behinderung (da dauernd vorhanden) ausgeht, hiemit eine erste solide Basis gewinnt und dann die schwerer beurteilbare Beeinträchtigung durch Anfälle (da diese selbst kaum je vom Gutachter beobachtet) aufstockt. Dabei zeigt sich, daß in der Mehrzahl der Fälle mit posttraumatischer Spätepilepsie die Behinderung durch neurologisch-psychiatrische Verletzungsfolgen stärker als die durch das zerebrale Anfalleiden ist. Nur ausnahmsweise begegnet man einem Fall, bei welchem die Behinderung fast zur Gänze oder ausschließlich durch die aufgetretenen epileptischen Spätanfälle bedingt ist.

Was das *Führerscheinproblem* bei Epilepsiekranken anlangt, so geht die allgemeine Tendenz in den letzten Jahren dahin, die Führerscheinzusprache bei Anfallkranken großzügiger zu handhaben als früher. An sich ist diese Entwicklung bei psychisch intakten und verantwortungsbewußten Personen zu begrüßen, zumal epileptische Anfälle selbst nur äußerst selten Unfälle verursachen, jedenfalls wesentlich seltener als der von der Gesellschaft ziemlich allgemein verniedlichte und bagatellisierte Alkoholrausch. Unbedingt sollte aber eine strenge Unterscheidung zwischen Berufslenkern und Privatfahrern getroffen werden, denn keineswegs darf sich der Trend zur leichteren Führerscheingewährung auf Berufsfahrer mit Fahrgastbeförderung erstrecken. Nach wie vor sollten Patienten mit zerebralen Anfalleiden vom berufsmäßigen Lenken von Fahrzeugen, wie Autobus, Taxi, Straßenbahn, Lokomotive, Flugzeug, auch von Lkw und Kränen ausgeschlossen bleiben (SCHERZER 1990).

In prognostischer Hinsicht sollte der nervenärztliche Gutachter *bezüglich der posttraumatischen Epilepsie große Vorsicht walten lassen*. Hinweise ergeben sich aus dem bisherigen klinischen Verlauf sowie aus EEG-Untersuchungen, insbesondere im Längsschnitt. In der Regel empfiehlt sich eine spätere Kontrollbegutachtung, um einen längeren Zeitraum zu überblicken und um Tendenzen in der Krankheitsentwicklung wahrnehmen zu können. Daß spontane Änderungen der Anfallfrequenz für die Zukunft nicht auszuschließen sind, wurde schon früher erwähnt. Gewarnt wird daher vor apodiktischen Aussagen bezüglich einer posttraumatischen Spätepilepsie. Zu solchen Äußerungen sollte sich der nervenärztliche Gutachter überhaupt nie und schon gar nicht angesichts eines zerebralen Anfalleidens versteigen. Er tut im allgemeinen gut daran, sich bei seiner Beurteilung hauptsächlich auf den klinischen

Verlauf innerhalb des letzten Jahres zu stützen. Dies setzt aber voraus, daß eine adäquate antiepileptische Dauermedikation erfolgt ist und der Betroffene die Richtlinien für die Lebensführung eines Epilepsiekranken einhält. Für die medikamentöse Therapie besteht, wenn keine Unverträglichkeit vorliegt, dem Prinzip nach Duldungszwang. Eine unbegründete Therapieverweigerung kann gutachtlich ebensowenig wie die Nichtbeachtung des ärztlicherseits auferlegten Alkoholverbotes akzeptiert werden. Eine dementsprechende Kooperation des Betroffenen kann schon im Sinne seiner eigenen Genesung erwartet und gefordert werden.

In der Haftpflichtversicherung sind des weiteren *unfallkausale Schmerzperioden* einzuschätzen. Auch epileptische Manifestationen sind, obzwar sie keine eigentlichen Schmerzen darstellen, als Unbilden aufzufassen, welche aus gutachtlicher Sicht Schmerzen gleichgesetzt werden müssen. Die folgende Aufstellung unterscheidet große Anfälle, epileptische Staten, komplex-fokale, elementar-fokale und absencenartige Anfälle und ordnet ihnen entsprechende *Schmerzintensitäten* zu:

- *Große Anfälle* mit Bewußtseinsverlust und *epileptische Staten,* auch partiell .... starke Schmerzen
- *Komplex-fokale Anfälle* (Dämmerattacken, psychomotorische oder temporale Anfälle, partielle Anfälle mit komplexer motorischer Symptomatik) .... mittelgradige bis starke Schmerzen
- *Elementar-fokale Anfälle*
  (Hirnrinden- oder Jackson-Anfälle, partielle Anfälle mit elementarer motorischer Symptomatik) .... mittelgradige Schmerzen
- *Absencenartige Anfälle* .... leichte Schmerzen

Wie dieser Aufstellung zu entnehmen ist, entsprechen große epileptische Krampfanfälle und epileptische Staten, auch wenn letztere bloß partiell sind, gutachtlich starken Schmerzen. Diese Zuordnung beruht auf der Tatsache des Bewußtseinsverlustes oder der meist hochgradigen psychischen Irritation bei anhaltendem Anfallgeschehen. Elementar-fokale Anfälle werden als mittelgradige Schmerzen eingestuft. Diese Beurteilung trägt dem Umstand des erhaltenen Bewußtseins und der fehlenden nachfolgenden Erinnerungslücke Rechnung. Zwischen den genannten Anfalltypen liegen bezüglich ihres Schweregrades die komplex-fokalen (Dämmerattacken, psychomotorische oder temporale Anfälle, Schläfenlappenattacken). Je nach ihrer Ausgestaltung sind sie den mittelgradigen oder starken Schmerzen zuzuordnen. Starken Schmerzen sind sie bei ausgeprägter Angstfärbung und sozial besonders störender Symptomatik gleichzusetzen. Fehlen solche Phänomene, so entsprechen die komplex-fokalen Anfälle im Schweregrad weitgehend den elementar-fokalen Anfällen und damit mittelgradigen Schmerzen. Absencenartige Anfälle, welche im Rahmen der posttraumatischen Spätepilepsie als psychomotorische Anfälle von sehr kurzer Dauer zu beobachten sind (Absences fausses, Pseudoabsencen), fallen in die Kategorie der leichten Schmerzen, zumal sie unter Umständen der Umwelt kaum auffallen und den Betroffenen nur wenig behindern. Der nervenärztliche Gutachter hat aber nicht nur den Anfall selbst, sondern auch die *postparoxysmale Periode* bezüglich Dauer und Ausprägung zu berücksichtigen: anschließende Schlafphase, Verdämmerung, postiktale und postkonvulsive Lähmungserscheinungen bzw. psychische Veränderungen (Verstärkung eines psychoorganischen Defektsyndroms). Die einzuschätzenden Schmerzperioden werden in vollen Tagen angegeben. Daher müssen mehrfache, kürzer dauernde Beeinträchtigungen und Behinderungen addiert und auf volle Tage komprimiert bzw. gerafft werden.

Vor allem bei Haftpflichtfällen, die vor Gericht verhandelt werden, wird der neurologische Gutachter manchmal in Abständen von Jahren zur Einschätzung von Schmerzperioden auf Grund weiterer Anfälle aufgefordert. Es wird dann oft ein *Anfallkalender* vorgelegt, der als Basis für die Schmerzperiodeneinschätzung dienen soll. Wenn zusätzlich keine ärztlichen Berichte, EEG-Befunde und Arztbriefe von Krankenhausaufenthalten oder Ambulanzaufzeichnungen vorliegen, ist der Gutachter aufs erste vollkommen auf die Angaben und Aussagen des Begutachteten sowie eventuell seiner Angehörigen angewiesen. Leider entsprechen diese nicht immer voll den tatsächlichen Gegebenheiten. So kommen manchmal maßlose Übertreibungen der Anfallfrequenz vor. Des weiteren werden vaskuläre Schwindelattacken, aber auch Magenbeschwerden und Unpäßlichkeiten jedweder Art von den Patienten irrtümlich als epileptische Manifestationen aufgefaßt. Stimmen der EEG-Befund und die Häufigkeitsangabe der Anfälle sowie die angegebene antiepileptische Medikation nicht überein, muß am Wahrheitsgehalt der Angaben des Betroffenen letzten Endes doch gezweifelt werden, und es empfiehlt sich dann eine *stationäre Durchuntersuchung*. Bei solchen haben wir wiederholt keinen oder nur wenige epileptische Anfälle beobachten können, wogegen zuvor unter angeblich gleicher antiepileptischer Dauermedikation eine große Anfallhäufigkeit bestanden haben soll. Trotzdem bleibt die gutachtliche Beurteilung eines persistierenden zerebralen Anfalleidens nach Gehirnverletzung schwierig, und zwar hinsichtlich Schmerzperioden für tatsächlich aufgetretene epileptische Anfälle. Da Nachbegutachtungen in großen Abständen mit Berechnung der Schmerzperioden auf Grund eines vorgelegten Anfallkalenders stets problematisch sind und auch der klinische Verlauf schwer oder kaum vorauszusehen ist, wäre eine Abfindung mit endgültiger Bereinigung des Versicherungsfalles wohl am besten, dies auch aus psychologischen Gründen. So betrachtet, ist die manchmal zugebilligte *Schmerzrente* keine allgemein zu begrüßende Maßnahme. Unter der Annahme, daß Art und Frequenz der Anfälle keine Änderung erfahren, könnte man nach angemessener Zeit, wenn sich eine gleichbleibende Anfalltätigkeit erwiesen hat, die Anfälle auf Lebenszeit (entsprechend der Lebenserwartung) hochrechnen und diesbezügliche Schmerzperioden global in der genannten, einmaligen und endgültigen Abfertigung zusprechen. Durch wiederholte Nachbegutachtungen wird der Versehrte leicht neurotisiert. Meist erfährt er den Inhalt des nervenärztlichen Gutachtens und wartet förmlich auf weitere Anfälle. Dieser Umstand verursacht bei ihm psychische Spannung und Erwartungsangst. Tatsächliche subjektive Beschwerden und Unbilden werden psychogen verstärkt und fixiert, eventuell sogar in psychogenen Anfällen ausgedrückt. Es finden sich dann unter Umständen neben den unfallbedingten epileptischen Manifestationen auch unfallfremde psychogene Ausnahmezustände. Daher ist die Zuerkennung einer Schmerzrente ärztlicherseits weitgehend abzulehnen und womöglich, wie schon erwähnt, durch eine einmalige *Abschlagszahlung* zu ersetzen, als deren Basis bloß der aktuelle Zustand des Betroffenen gelten kann, sofern bereits eine Konsolidierung der (direkten und sekundären bzw. komplikativen) Verletzungsfolgen eingetreten ist. Eventuell muß hier eine durch schwere Unfallfolgen verminderte Lebenserwartung berücksichtigt werden. Sie kann unter entsprechender Begründung vom Gutachter direkt als Zeitspanne (in Jahren ausgedrückt) oder besser im Verhältnis zur sonst auf Grund des Alters des Betroffenen gegebenen Lebenserwartung (als Bruchzahl oder in Prozenten ausgedrückt) angegeben werden.

In der Haftpflichtversicherung muß mitunter die Frage der *Verschlimmerung einer Epilepsie aus der Zeit vor dem gegenständlichen Unfall*, insbesondere im Hinblick auf Schmerzperioden, aber auch im Hinblick auf allgemeine Behinderungen, behandelt werden. Sie stellt sich nicht in der privaten Unfallversicherung, da dort ein vorbestehendes epileptisches Anfalleiden wegen erhöhten Unfallrisikos einen Versicherungsausschluß darstellt. Prinzipiell ist die Zunahme einer bestehenden Gesundheitsstörung dann als eine Unfallfolge anzuerkennen, wenn erwiesen ist, daß diese Verschlechterung im Zustande des Betroffenen nicht spontan und zufällig eingetreten ist, sondern tatsächlich durch das Trauma bewirkt worden ist. Schönberger, Mehrtens und Valentin (1984) fordern zur Kausalitätsbejahung eine so starke Gewalteinwirkung, daß diese geeignet ist, das Krampfleiden in seinem Verlauf wesentlich zu beeinflussen. Selbstverständlich muß in einem solchen Falle der überzeugende Nachweis der Frequenzsteigerung bzw. Häufung der epileptischen Anfälle, eventuell auch des zunehmenden Schweregrades der Anfälle (z. B. Entwicklung generalisierter Anfälle aus zuvor nur fokalen Anfällen) nach dem erlittenen Schädelhirntrauma erbracht werden und eine konsequente Fortsetzung der antikonvulsiven Dauermedikation einschließlich notwendiger Dosissteigerungen erfolgen. Wie bei der Entstehung einer posttraumatischen Epilepsie muß eine substantielle Hirnschädigung als Grundlage einer solchen Verschlimmerung stattgefunden haben. Durch das Hirnödem der kontusionellen Hirnschädigung kommt es zu Änderungen der zerebralen Erregbarkeit und der zerebralen Anfallbereitschaft. An einem unbehandelten Epileptiker, der eine leichte Gehirnkontusion erlitten hatte, konnte ich eine anfängliche Dämpfungs- und eine anschließende Enthemmungsphase im Hinblick auf vorbestehende epileptische Absencen beobachten (Scherzer 1963). Nach etlichen Wochen wurde der ursprüngliche prätraumatische Zustand wiedererreicht. Man wird daher berechtigt sein, nach leichten zerebralen Substanzschädigungen eine *posttraumatische Labilitätsphase*, gekennzeichnet durch *Senkung der sogenannten „Krampf- bzw. Anfallschwelle"* oder, anders ausgedrückt, durch *Erhöhung der Anfallbereitschaft*, bis zur Dauer eines halben Jahres und nach mittelschweren Schädigungen bis zur Dauer eines Jahres oder höchstens zweier Jahre anzuerkennen. Nur durch eine schwerste Gehirnverletzung kann ausnahmsweise eine vorbestehende Epilepsie maßgeblich und allenfalls ohne zeitliche Begrenzung aktiviert werden. Das zerebrale Anfalleiden behält in diesen Fällen typischerweise den Charakter der prätraumatischen Epilepsie bei. Es können aber auch zusätzlich andere (zuvor nicht beobachtete) Anfalltypen auftreten. Jedenfalls fehlt dann der sonst für die posttraumatische Spätepilepsie kennzeichnende, benigne und regressive klinische Verlauf. Sicherlich sind diese Verschlimmerungen vorbestehender Epilepsien durch ein Schädelhirntrauma von der Begutachtungssitutation her sehr problematisch, worauf vor allem WELTER und MÜLLER (1987) hingewiesen haben. Es versteht sich wohl von selbst, daß *nur eine zweifelsfrei nachgewiesene Verschlimmerungskomponente als Verletzungsfolge anzuerkennen* ist. Der nervenärztliche Gutachter muß daher am besten Jahre nach dem Unfall, um die gesamte Entwicklung überblicken zu können, den aktuellen Zustand festlegen und im Rahmen seiner Beurteilung davon jenen Zustand subtrahieren, der unmittelbar vor der gegenständlichen traumatischen Hirnschädigung bestand. Die sich ergebende Differenz, vornehmlich in der Anfallhäufigkeit, aber auch im Anfalltyp usw., stellt die unfallkausale Verschlimmerung des vorbestehenden zerebralen Anfalleidens dar. In gleicher Weise wird übrigens auch bezüglich der Verschlimmerung vorbestehender neurologischer Ausfälle und psychischer Veränderungen durch eine spätere traumatische Hirnschädigung vorgegangen.

Am Ende dieses Kapitels über epileptische Anfälle nach Unfällen seien im Sinne einer Zusammenfassung als praktische Hilfen für die gutachtliche Beurteilung das RAUSCHELBACHsche Schema und ein eigenes Schema für die systematische Analyse im Hinblick auf eine posttraumatische Spätepilepsie dargelegt. Für Zweifelsfälle hat RAUSCHELBACH (1977) ein wertvolles *„Waage"-Schema* zur Beurteilung des ursächlichen Zusammenhangs von Gehirnverletzungen und Epilepsie ausgearbeitet. In einer Art Balkenwaage werden links Argumente für und rechts Argumente gegen die Annahme einer Unfallkausalität späterer epileptischer Anfälle aufgelistet. In diesem Schema spricht eine schwere und ausgedehnte Hirnverletzung für, eine leichte Hirnverletzung gegen, eine offene Hirnverletzung für, eine gedeckte Hirnverletzung gegen, eine Verletzung der Parietal-, Temporal- und Frontalregion für, eine Verletzung der Okzipitalregion gegen, die Erstmanifestation von Spätanfällen innerhalb von zwei Jahren nach gedeckter Hirnverletzung für, die Anfallerstmanifestation zu einem späteren Zeitpunkt gegen, eine Fokalisierung oder der fokale Beginn der Anfälle in Übereinstimmung mit dem Verletzungssitz für, die tageszeitliche Bindung der Anfälle gegen, das Auftreten eines epileptischen

Status (insbesondere bei Stirnhirnverletzung) für, das zusätzliche Auftreten eindeutiger Anfälle des Petit mal gegen, ein EEG-Herdbefund für, eine generalisierte „Krampfaktivität" im EEG (diffuse, irritative bioelektrische Tätigkeit) gegen, das Fehlen einer familiären Belastung mit Anfällen für, das Vorliegen einer familiären Belastung mit Anfällen gegen und Alkoholabusus gegen den zu beurteilenden ursächlichen Zusammenhang von Gehirnverletzung und Epilepsie. Die endgültige Entscheidung wird in diesem Waageschema nach dem Überwiegen von Pro- oder Kontraargumenten getroffen.

Ergänzend möchte ich auf Grund persönlicher Beobachtungen noch folgende Gegebenheiten anführen, welche für den Kausalzusammenhang zwischen einer makroorganischen Gehirnverletzung und einem nachfolgenden zerebralen epileptischen Anfalleiden sprechen: Vorliegen sonstiger zerebraler Verletzungsfolgen (zentrale Paresen und Sensibilitätsstörungen, zerebelläre Störungen, homonyme Hemianopsie usw.), pathologischer computertomographischer und/oder kernspintomographischer Befund des Gehirns mit Nachweis von meist größeren Narbenarealen, Benignität des zerebralen Anfalleidens im klinischen Verlauf und damit gutes Ansprechen auf die antiepileptische Therapie. Was das erwähnte eigene *Schema für die gutachtliche Analyse* und Beurteilung im Hinblick auf eine posttraumatische Spätepilepsie anlangt, so empfiehlt es auf Grund langjähriger Erfahrung mit einschlägigen Fällen nachstehendes *systematisches, in Etappen gegliedertes Vorgehen:*

- Ausschluß einer vorbestehenden Epilepsie bzw. vorangegangener epileptischer Anfälle und einer hereditären Belastung.
- Bestimmung der Anfallart, vornehmlich auf Grund der Anamnese, unter Zuhilfenahme des Elektroenzephalogramms, bei gleichzeitiger differentialdiagnostischer Abgrenzung von sonstigen (nicht-epileptischen) Anfällen.
- Verifizierung einer chronischen Epilepsie mit spontaner Anfallwiederholung, zugleich Ausschluß von Gelegenheitsanfällen (epileptische Immediat- und Frühanfälle auf traumatischer Basis nicht als chronische Epilepsie zu werten, jedoch bei der Einschätzung der unfallkausalen Schmerzperioden zu berücksichtigen).
- Ätiologische Beurteilung im Hinblick auf zerebrale Vorschädigungen, z. B. frühere Traumen, Gefäßläsionen, toxische Schädigungen (insbesondere Alkoholmißbrauch), degenerative und entzündliche Hirnerkrankungen, intrakranielle Malformationen usw.
- Nachweis eines adäquaten Traumas mit substantieller Hirnschädigung, typischerweise erheblichen Schweregrades: häufig Hirnwunden bei offenen Schädelhirnverletzungen, nicht selten subdurale und intrazerebrale Hämatome sowie entzündliche Komplikationen, seltener Gehirnkontusionen im Rahmen gedeckter Schädelverletzungen; länger dauernde Koma- und Hirnödemphase; Vorhandensein neurologischer Ausfälle und psychischer Störungen in der akuten Verletzungsphase; dementsprechende Veränderungen im Elektroenzephalogramm, kranialen

Computer- und Kernspintomogramm; Berücksichtigung von Lokalisation und Ausdehnung der morphologischen Läsionen.
- Beurteilung des klinischen Verlaufs: insbesondere Zeitpunkt der Erstmanifestation von Spätanfällen, weitere Entwicklung des Anfalleidens, EEG-Längsschnitt, Ansprechen auf antiepileptische Dauermedikation; gleichzeitig anamnestische Fahndung nach zusätzlichen zerebralen Erkrankungen (Alkoholmißbrauch, Gefäßprozeß usw.) und nach eventuellen sonstigen posttraumatischen Spätkomplikationen (Meningitis, Hirnabszeß).
- Aktueller objektiver Befund in der Begutachtungssituation mit Suche nach persistenten neurologischen und psychischen Verletzungsfolgen, entsprechenden elektroenzephalographischen Veränderungen, computertomographischen und kernspintomographischen Zeichen einer Gehirnläsion; allenfalls internistische Zusatzbegutachtung zur differentialdiagnostischen Abklärung (kardiale und zirkulatorische Anfälle).
- Beurteilung der Art, Schwere, Frequenz und tageszeitlicher Verteilung der epileptischen Anfälle, ferner Beurteilung der Behandlungstreue des Untersuchten, allenfalls Antikonvulsiva-Serumspiegeluntersuchung, im Zweifelsfall stationäre Beobachtung.
- Gutachtliche prozentmäßige Einschätzung der leichter objektivierbaren neurologischen Ausfälle und psychischen Störungen nach dem Unfall, sodann unter Einbeziehung der vorliegenden posttraumatischen Spätepilepsie globale prozentmäßige Einschätzung des unfallkausalen Dauerschadens auf dem neurologisch-psychiatrischen Sektor gemäß Versicherungsart (Beeinträchtigung nach medizinischen Gesichtspunkten im Beruf, im Privatleben).
- Beantwortung sonstiger, vom Gutachtenauftraggeber gestellter Fragen wie Schmerzeinschätzung, Krankenstandsdauer, vorübergehende Invalidität, berufliche Verwendbarkeit, zumutbare Umschulbarkeit, Verweisungsberufe usw., ferner vorsichtige Aussagen bezüglich der Prognose der posttraumatischen Spätepilepsie unter Zuhilfenahme des Elektroenzephalogramms.

Viele Gutachter empfinden ein Unbehagen, wenn sie über Anfälle urteilen sollen, die im Gefolge eines Schädeltraumas aufgetreten sind, dies vor allem deshalb, weil sie solche tatsächlich aus eigenem Ansehen nicht wahrgenommen haben. Es resultiert eine Unsicherheit, der sie dadurch begegnen, daß sie die vorliegenden Fakten „wohlwollend" zugunsten des Betroffenen werten. Zu Recht meint Poeck (1983) wörtlich: „Man sollte immer bedenken, daß sich fragliche Anfälle und fragliche EEG-Veränderungen nicht zur sicheren Diagnose einer Epilepsie addieren." Gleiches behaupte ich bezüglich fraglicher Anfälle und einer fraglichen Gehirnverletzung. Ebenso ist Spatz (1987) voll zuzustimmen, wenn er feststellt, daß „nach plötzlich auftretenden epileptischen Anfällen nicht mit allen Mitteln retrograd auf ein eventuell stumm abgelaufenes Schädelhirntrauma rückgeschlossen werden soll". In diesem Sinne seien abschließend noch die *häufigsten Fehler in der Begutachtung* der posttraumatischen Spätepilepsie angeführt: Verkennung eines (ersten) epileptischen Anfalles als Unfall und solchermaßen unrichtige Diagnose einer posttraumatischen Epilepsie; isolierte prozentmäßige Einschätzung eines abnormen Hilfsbefundes, insbesondere eines pathologischen EEG-Befundes; Verkennung psychogener Anfälle als posttraumatische Epilepsie, bloß weil eine morphologische Hirnläsion nachgewiesen wurde; Anerkennung einer posttraumatischen Epilepsie nach einer Kopfverletzung ohne adäquate substantielle Hirnschädigung (Contusio capitis, Commotio cerebri); Unterlassung einer Trennung psychogener Anfälle von epileptischen Manifestationen, wenn sowohl epileptische als auch psychogene Anfälle bei ein und demselben Patienten vorkommen; ärztliche Beurteilung der Berufsunfähigkeit nach der augenblicklichen Arbeitsmarktlage.

Vom neurologisch-psychiatrischen Sachverständigen wird – zur Vermeidung von Fehlern und zur Aufrechterhaltung der erforderlichen Unparteilichkeit – stets und mithin auch bezüglich der Beurteilung epileptischer Manifestationen nach Unfällen gefordert, daß er seine Behauptungen klar und nachvollziehbar begründet sowie am gegebenen Sachverhalt mit überwiegender Wahrscheinlichkeit beweist. Bloße Vermutungen, die nicht auf objektivierbaren Tatsachen basieren und demzufolge auch nicht logisch nachvollziehbar sind, genügen keinesfalls und sind daher gutachtlich inakzeptabel.

Literatur

Barolin, S. G., Scherzer, E., Schnaberth, G.: Die zerebrovaskulär bedingten Anfälle. Huber, Bern–Stuttgart–Wien 1975

Bickford, R. G., Klass, D. W.: Acute and chronic EEG findings after head injury. In: Caveness, W. F., Walker, A. E. (Eds.): Head injury, conference proceedings. Lippincott, Philadelphia–Toronto 1966, 63–88

Caviness, jr. V. S.: Epilepsy, a late effect of head injury. In: Walker, A. E., Caveness, W. F., Critchley, M. (Eds.): The late effects of head injury. Thomas, Springfield (Illinois) 1969, 193–200

Christian, W.: Klinische Elektroenzephalographie. Lehrbuch und Atlas. Thieme, Stuttgart 1968

Courjon, J.: Etiologie traumatique des états de mal. In: Gastaut, H. (éd.): Les états de mal épileptiques. Masson, Paris 1967, 207–210

Courjon, J.: Post-traumatic epilepsy in clinical practice. In: Walker, A. E., Caveness, W. F., Critchley, M. (Eds.): The late effects of head injury. Thomas, Springfield (Illinois) 1969, 215–227

Courjon, J., Scherzer, E.: Traumatic disorders. In: Rémond, A. (Ed.): Handbook of electroencephalography and clinical neurophysiology. Vol. 14 B, Elsevier, Amsterdam 1972, 1–104

Deisenhammer, E., Schnopfhagen, O.: Spezielle elektroenzephalographische Probleme im Rahmen der Rehabilitation von Schädelhirntraumatikern. Wien. med. Wschr. 117: 635 (1967)

Gaidzik, P. W., Teige, K.: Die versicherungsrechtliche Situation Anfallkranker in der privaten und gesetzlichen Unfallversicherung. Epilepsie-Brief 86: 52–62 (1987)

Gastaut, H., Gastaut, Y.: Etude électroclinique des syncopes posttraumatiques. Rev. neurol. 96: 423–425 (1957)

Huffmann, G.: Frühkindlich erworbene Störungen. In: Suchenwirth, R. M. A., Wolf, G. (Hrsg.): Neurologische Begutachtung. Fischer, Stuttgart–New York 1987, 87–95

Janz, D.: Zur Prognose und Prophylaxe der traumatischen Epilepsien. Nervenarzt 53: 238–245 (1982)

Jarosch, K., Müller, O. F., Piegler, J.: Das Schmerzengeld in medizinischer und juristischer Sicht. Manz, Wien 1987

Jennett, W. B.: Epilepsy after blunt (non-missile) head injuries. In: Walker, A. E., Caveness, W. F., Critchley, M. (Eds.): The late effects of head injury. Thomas, Springfield (Illinois) 1969, 201–214

Jung, R.: Neurophysiologische Untersuchungsmethoden. In: Bergmann, G. von, Frey, W., Schwiegk, H. (Hrsg.): Handbuch der inneren Medizin. Band I, Springer, Berlin–Göttingen–Heidelberg 1953, 1206–1420

Kershman, J.: Syncope and seizures. J. Neurol. Psychiat., 12: 25–33 (1949)

Ketz, E.: Reversibler traumatische Hirnschaden und epileptischer Anfall. Forschung, Praxis, Fortbildung 17: 451–454 (1966)

Kiloh, L. G., Osselton, J. W.: Clinical electroencephalography. Butterworth, London 1966

Krämer, G., Besser, R.: Sozialmedizinische Aspekte (der Epilepsien). In: Hopf, H., Poeck, K., Schliack, H. (Hrsg.): Neurologie in Praxis und Klinik. Thieme, Stuttgart–New York 1992, Band 1: 3.96–3.81

Lennox, W. G., Lennox, M. A.: Epilepsy and related disorders. Vol. I-II, Little & Brown, Boston 1960

Lob, A., Jaeger, F.: Verletzungen von Schädel und Gehirn. In: Lob, A. (Hrsg.): Handbuch der Unfallbegutachtung. Band III, Ferdinand Enke, Stuttgart 1973, 1–110

Meyer-Mickeleit, R. W.: Das Elektroencephalogramm nach gedeckten Kopfverletzungen. Dtsch. med. Wschr. 1: 480–484 (1953)

Mifka, P.: Epilepsie nach Arbeitsunfall. Ärztl. Praxis 19/96: 3632–3634 (1967)

Niedermeyer, E.: Compendium of the epilepsies. Charles C. Thomas, Springfield (Illinois) 1974

Paillas, J. E., Courson, B., Naquet, R., Paillas, N.: Epilepsie posttraumatique. Sem. Hôp. Paris 38: 1191–1199 (1962)

Pampus, I., Seidenfaden, I.: Die posttraumatische Epilepsie. Fortschr. Neurol. Psychiat. 43: 329–384 (1974)

PENIN, H.: Die Prognose der Erwerbs- und Berufsfähigkeit bei Anfallkranken. In: SCHOLZ, J. F. (Hrsg.): Rehabilitation und Prävention. Springer, Berlin 1979

PENIN, H.: Epilepsie und Berufsunfähigkeit. Akt. Neurol. 6: 257–265 (1979)

PENIN, H.: Hirnorganische Anfälle. In: RAUSCHELBACH, H.-H., JOCHHEIM, K.-A. (Hrsg.): Das neurologische Gutachten. Thieme, Stuttgart–New York 1984, 188–202

POECK, K.: Die geschlossenen traumatischen Hirnschädigungen. In: HOPF, H., POECK, K., SCHLIACK, H. (Hrsg.): Neurologie in Praxis und Klinik. Bd. 1, Thieme, Stuttgart–New York 1983, 3.16–3.34

RABE, F.: Zum Wechsel des Anfallscharakters kleiner epileptischer Anfälle während des Krankheitsverlaufs. Dtsch. Z. Nervenheilk. 1961: 182–201 (1961)

RADERMECKER, J.: Das EEG bei gedeckten Hirnschäden und seine Beziehungen zu den subjektiven Beschwerden. Münch. med. Wschr. 106: 1315–1322 (1964)

RAUSCHELBACH, H.-H.: Zur gutachtlichen Beurteilung der traumatischen Epilepsien. Med. Sachverst. 73: 86–88 (1977)

RAUSCHELBACH, H.-H.: Minderung der Erwerbsfähigkeit. In: RAUSCHELBACH, H.-H., JOCHHEIM, K.-A. (Hrsg.): Das neurologische Gutachten. Thieme, Stuttgart–New York 1984, 35–53

SCHEID, W.: Lehrbuch der Neurologie. Thieme, Stuttgart–New York 1983

SCHERZER, E.: Änderung der zerebralen Krampfbereitschaft nach Gehirnverletzung. Wien. Z. Nervenheilk. 20: 360–364 (1963)

SCHERZER, E.: Epileptische Manifestationen im akuten Stadium der Gehirnverletzung. Wien. Z. Nervenheilk. 22: 132–137 (1965)

SCHERZER, E.: Die Anamnese in der Neurotraumatologie und in der nervenärztlichen Unfallbegutachtung. Forsch. u. Prax. d. Begutacht. 21: 52–57 (1981)

SCHERZER, E.: Alcohol-induced posttraumatic epilepsy. Neurologia et Psychiatria 6: 94–98 (1983)

SCHERZER, E.: Gutachtliche Fallstricke in der Neurotraumatologie. Forsch. u. Prax. d. Begutacht. 26: 44–51 (1984)

SCHERZER, E.: Die symptomatischen Epilepsien. Der praktische Arzt 39: 988–1002 (1985)

SCHERZER, E.: Epilepsie und Begutachtung. In: LECHNER, H. (Hrsg.): Epilepsien und ihre Grenzgebiete. Werkverlag Banaschewski, München-Gräfelfing 1990, 98–113

SCHERZER, E., WESSELY, P.: EEG in posttraumatic epilepsy. European Neurology 17: 38–42 (1978)

SCHERZER, E., WURZER, W.: The influence of posttraumatic epilepsy on the reduction in working capacity after cerebral injury in neuro-psychiatric assessments. Neurologia et Psychiatria 6: 151–157 (1983)

Schönberger, A., Merthens, G., Valentin, H.: Arbeitsunfall und Berufskrankheit. Schmidt, Berlin 1984

Spatz, R.: Anfallsleiden. In: Suchenwirth, R. M. A., Wolf, G. (Hrsg.): Neurologische Begutachtung. Fischer, Stuttgart–New York 1987, 269–305

Welter, F. L., Müller, E.: Schädel-Hirntraumen. In: Suchenwirth, R. M. A., Wolf, G. (Hrsg.): Neurologische Begutachtung. Fischer, Stuttgart–New York 1987, 187–218

Werner, R.: Die Wertung von Krampfzeichen im EEG bei Hirntraumatikern ohne klinische Anfallssymptomatik. Dtsch. Z. Nervenheilk. 186: 5–11 (1964)

Werner, R.: Das EEG bei Schädel-Hirntraumen. In: Niebeling, H. G. (Hrsg.): Einführung in die Elektroenzephalographie. Barth, Leipzig 1968, 286–298

Wessely, P.: Epileptische Manifestationen nach Schädel-Hirntraumen. Wien. klin. Wschr. 89, Suppl. 64 (1977)

Zielinski, J. J.: Epidemiology and medical-social problems of epilepsy in Warsaw. Final report on research program 19-P-58325-F-01, Psychoneurological Institute, Warsaw 1974

VII. Hirnnervenläsionen

Die traumatischen Schädigungen der Hirnnerven werden gesondert von den Läsionen des peripheren Nervensystems besprochen, weil bei vielen Hirnnerven andere Verhältnisse als bei den spinalen Nerven gegeben sind. In traumatologischer Hinsicht von Interesse ist die *besondere Vulnerabilität von Hirnnerven innerhalb der geschlossenen Schädelkapsel*. Sie erklärt sich durch das Fehlen des Epi- und Perineuriums. Hirnnerven besitzen in ihrem intrakraniellen Verlauf bloß ein Endoneurium und sind daher wenig geschützt. Der erste Hirnnerv ist aufgesplittert und besteht aus den markarmen Neuriten der peripheren Rezeptorzellen, welche im Epithel der Riechregion liegen und die eigentlichen Nervenzellen darstellen. Sie unterscheiden sich damit von der überwiegenden Mehrzahl der Nerven, die sich aus distalen Axonen aufbauen. Der zweite Hirnnerv ist kein tatsächlicher Nerv, sondern eine vorgeschobene Hirnbahn, die demgemäß auch von Hirnhäuten umgeben wird. Der dritte, vierte und sechste Hirnnerv führt überwiegend efferente Fasern, welche jeweils eine im Vergleich mit anderen Nerven nur geringe Anzahl von Muskelfasern innervieren, so daß eine besonders schnelle und präzise Beweglichkeit des Erfolgsorganes Auge garantiert wird. Fünfter und siebenter Hirnnerv ähneln in ihrem Aufbau Spinalnerven, unterscheiden sich aber in funktioneller Hinsicht, indem der fünfte Hirnnerv überwiegend sensible und der siebente Hirnnerv überwiegend motorische Fasern führt. Bemerkenswert ist der fünfte Hirnnerv auch dadurch, daß an ihm Astganglien des Parasympathikus hängen, und der siebente Hirnnerv dadurch, daß er einen sensorischen Anteil besitzt. Der achte Hirnnerv ist ein rein sensorischer Doppelnerv mit zwei getrennten Funktionen. Der neunte Hirnnerv ist gemischt, also motorisch und sensibel, enthält aber zusätzlich sensorische Fasern. Der zehnte Hirnnerv ist überwiegend parasympathisch und innerviert solchermaßen den Atmungstrakt mit dem Kehlkopf, das Herz und praktisch den gesamten Verdauungstrakt mit allen Anhangdrüsen. Elfter und zwölfter Hirnnerv sind typische motorische Nerven. Die sympathischen Fasern, welche die Hirnnerven begleiten, stammen aus dem Ganglion cervicale supremum. Traumatisch bedingte Hirnnervenläsionen sind aus dem eingangs genannten Grunde bei Schädelverletzungen wiederholt anzutreffen. Sie werden häufig, jedoch nicht stets, von Schädelbasisfrakturen begleitet. Radiologisch lassen sich diese Knochenbrüche an der dünnen Schädelbasis oft nur schlecht darstellen. Im klinischen Bereich weisen lokale Blutungen aus Mund, Nase und Ohr, in das Nasennebenhöhlensystem (Blutspiegel in den Kiefer- und Keilbeinhöhlen) sowie in das subkutane Gewebe um das Auge und über dem Mastoid auf einen Schädelgrundbruch hin. Jedoch können Monokel- und Brillenhämatome im lockeren periorbitalen Bindegewebe auch schon durch eine örtliche Kontusion ohne Basisfraktur entstehen und beweisen daher nicht von Haus aus das Vorliegen eines Bruches. Traumatisch bedingte Hirnnervenläsionen sind wiederholt mit

Gehirnschädigungen kombiniert, wogegen isolierte Hirnnervenläsionen nach Unfällen eher selten sind.

Den primären Hirnnervenläsionen (*Immediat-* oder *Sofortlähmungen*) sind die sekundären Hirnnervenläsionen (*Spätlähmungen*) gegenüberzustellen. Die mit Latenz auftretenden Hirnnervenausfälle sind fast ausnahmslos druckbedingt. Wenn sie durch ein lokales Hämatom oder Ödem verursacht sind, z. B. am Nervus facialis, Nervus oculomotorius und Nervus abducens (Scherzer 1964), haben sie eine bessere Prognose als die primären Schädigungen. Jedoch können sie auch Symptome einer zunehmenden Hirndrucksteigerung sein, so im Rahmen einer Hirnstammeinklemmung, wobei als erstes der Nervus oculomotorius betroffen ist. Solche Schädigungen persistieren wiederholt. In der Entwicklung zum Hirntod werden sämtliche Hirnnerven beim Durchtritt durch die Schädelbasis abgequetscht. Dabei lassen sich Zeichen einer vorerst irritativen Schädigung elektromyographisch nachweisen; sie können den bereits eingetreten Hirntod noch etwas überdauern. Hirnnervenschädigungen finden sich ein- oder beidseits; entsprechend der Ausdehnung der Verletzung sind wiederholt auch mehrere benachbarte Hirnnerven gleichzeitig geschädigt, so bei frontobasalen Frakturen, bei Orbita- und Schläfenbeinbrüchen. Teils hat man multiple Hirnnervenläsionen als Syndrome zusammengefaßt, wie beispielsweise bei Schmidt und Malin (1986) beschrieben. In der Folge werden die Läsionen der Hirnnerven der anatomischen Reihe nach dargestellt, wobei nur der dritte, vierte und sechste Hirnnerv (Augenmotorik) sowie der neunte und zehnte Hirnnerv (Schluckakt) im Sinne von Funktionssystemen zusammengefaßt sind.

A. Klinische Syndrome

1. Hirnnerv

Der *Nervus olfactorius* (Riechnerv), der keinen geschlossenen Stamm bildet, sondern die Schädelbasis als zarte *Fila olfactoria* durchsetzt, wird am häufigsten im Rahmen gedeckter Schädelverletzungen geschädigt. Unter Umständen sind diese sogar leicht und haben nur den Stellenwert einer Commotio cerebri oder gar nur einer Contusio capitis. Häufig handelt es sich um Sagittaltraumen mit Sturz auf das Hinterhaupt oder auf die Stirn. Typischerweise reißen dann die Fila olfactoria bei ihrem Durchtritt durch die Lamina cribrosa ab und bedingen einen irreparablen Funktionsausfall. Die Schädigung kann auch den Bulbus olfactorius oder den Tractus olfactorius betreffen und ist dann prinzipiell rückbildungsfähig. Selbstverständlich sind frontobasale Traumen im besonderen Maße geeignet, Riechstörungen hervorzurufen. Die Fila olfactoria können auch leicht bei neurochirurgischen Operationen im Stirnhirnbereich und in der vorderen Schädelgrube abreißen oder durch Zug geschädigt werden. Gemäß der anatomischen Lage der Läsion in bezug auf den Bulbus olfactorius kann man präbulbäre, bulbäre und postbulbäre Riechstörungen unterscheiden.

Für die Diagnose einer *Anosmie* (Verlust der Geruchsempfindung) ist zu fordern, daß aromatische Duftstoffe nicht gerochen werden und kein Unterschied zwischen einer Leerprobe (nicht-riechenden Substanz) und einem intensiven Duftstoff besteht. Sehr wohl werden aber Trigeminusreizstoffe (z. B. Salmiak oder Senföl) wahrgenommen, da diese Reize nicht über den ersten, sondern über den fünften Hirnnerv geleitet werden. Ruft der Trigeminusreizstoff keine sofortige Abwehrreaktion hervor, so sind örtliche Veränderungen dafür verantwortlich (Schleimhautschwellung, Luftstromblockade, Schleimhautatrophie). Tritt die Abwehrreaktion auf einen Reizstoff erst nach tiefer Inspiration als Bronchialreizphänomen ein, so ist bei erhaltener Durchgängigkeit des Atemweges gleichfalls eine Nasenschleimhautveränderung anzunehmen. Im Falle einer Anosmie sollte demzufolge primär nach einer mechanischen Behinderung der Nasendurchlüftung (z. B. durch Polyposis nasi) gefahndet werden; eine Rhinoskopie ist angezeigt. Differentialdiagnostisch hat man auch ein psychogenes bzw. simulatives Verhalten des Untersuchten abzugrenzen. Dieses kann sich auf alle dargebotenen Proben ausdehnen, also Duft- und Reizstoffe umfassen. Nach BODECHTEL, KRAUTZUN und KAZMEIER (1951) ist „gerade die fehlende Wahrnehmung von Trigeminusreizstoffen bei sonst intakter Trigeminusfunktion sehr verdächtig für Täuschungsversuche". Mitunter beobachtet man sogar Tränenfluß als Reaktion auf den dargebotenen Trigeminusreizstoff, wogegen der Untersuchte eine Wahrnehmung weiterhin absolut negiert. Die Prüfung mit Duftstoffen erfolgt auf jeder Nasenseite isoliert, am besten bei geschlossenen Augen der befragten Person, damit unterschiedliche Duftstoffe nicht schon an den Behältern als verschieden erkannt werden. Der Mensch ist ein Mikrosmatiker, daher ist die richtige Benennung von Duftstoffen kein Kriterium einer Riechstörung. Die Wahrnehmung einer Geruchsprobe und die bloße Unterscheidung von einer andersartigen genügen in der klinischen Untersuchung für die Feststellung einer normalen Geruchsempfindung. Eine *Hyposmie* (Verminderung der Riechempfindung) wird meist dann diagnostiziert, wenn unterschiedliche Duftstoffe zwar wahrgenommen, aber nicht voneinander unterschieden werden können. Hier ist man vollkommen auf die Angaben des Untersuchten angewiesen, so daß sich abermals die Verwendung einer Leerprobe empfiehlt. Einer bloßen Hyposmie kommt gutachtlich eine nur untergeordnete Bedeutung zu.

Wird eine beidseitige Anosmie behauptet, so kann man als wertvolle Simulationsprüfung neben der Leerprobe den Duftstoff Zimt verwenden, der dem Untersuchten oral appliziert wird und von dem er irrtümlich annimmt, daß es sich um einen Geschmacksstoff handelt. Personen mit einer beidseitigen Anosmie, d. h. mit einem kompletten Verlust des Geruchssinnes, bezeichnen Zimt als fade und mehlig. Wird hingegen Zimt differenziert als solcher wahrgenommen, so ist der Geruchssinn erhalten. Ähnlich kann man auch

Kaffee oral applizieren. Des weiteren besteht die Möglichkeit, den süßlichen Geschmacksstoff Chloroform anzubieten, welchen der Laie für einen Duftstoff hält. An Hand dieser zahlreichen Proben einschließlich der Leerproben gelingt die klinische Abklärung einer behaupteten Anosmie mit größter Sicherheit, obgleich es sich de facto um eine Untersuchung auf Grund subjektiver Angaben handelt. Die psychogene bzw. simulierte Anosmie ist unserer Erfahrung nach fast stets beidseits und weitet sich oft zusätzlich auf Geschmacksreize aus, so daß ein *kombinierter Verlust des Geruchs- und Geschmackssinnes* behauptet wird, der jedoch in der Traumatologie eine absolute Seltenheit darstellt. Mancherorts hat man eine spezielle Olfaktometrie entwickelt bzw. durch bestimmte Versuchsanordnungen geprüft, ob der Betroffene einem Duftstoff zu folgen vermag, der in einem gewissen Teil des Raumes dargeboten wird, oder ob er ihm willentlich ausweicht (Simulation). Schließlich wurde noch der Versuch der Ableitung olfaktorisch evozierter Potentiale unternommen. Derartige Prüfungen können weitere Hinweise geben, sind aber auf Grund der oft schwierigen Versuchsanordnung in ihren Aussagen nicht absolut bindend.

Eine primäre Anosmie bildet sich nur in seltenen Fällen zurück, nämlich wenn sie auf Schleimhautschwellung im Riechareal, auf eine nur partielle Ruptur der Fila olfactoria oder auf eine leichtere Kontusion des Bulbus olfactorius bzw. des Tractus olfactorius zurückzuführen ist. Hält der Verlust des Geruchssinnes über sechs Monate an, so ist die Wahrscheinlichkeit einer *Remission* praktisch nicht mehr gegeben. Eine Hyposmie kann sich jedoch noch länger, innerhalb des ersten bis zweiten posttraumatischen Jahres, spontan zurückbilden. Sich sekundär entwickelnde Riechstörungen und Anosmien sind äußerst selten und können durch Narbenschrumpfungen im Bereich der vorderen Schädelgrube erklärt werden. Differentialdiagnostisch muß ein Tumor der vorderen Schädelgrube, vor allem im Bereiche der Olfaktoriusrinne, ausgeschlossen werden. Neben ein- und beidseitigen Hyp- und Anosmien begegnet man selten *Parosmien*. Bei letzteren handelt es sich um meist unangenehm empfundene Geruchswahrnehmungen, sogenannte Kakosmien. Neben dem Verkennen von Gerüchen gibt es als weiteres zentrales Symptom Geruchshalluzinationen, so bei Schädigung des Temporallappens, besonders im Rahmen epileptischer Manifestationen (als Aura bei Unkus- oder Unzinatusanfällen, aber auch isoliert). Der häufigen Angabe einer zusätzlich zur bilateralen Anosmie bestehenden Geschmacksstörung ist vorerst mit Skepsis zu begegnen. Der Laie verwechselt in der Regel die Sinnesmodalitäten des Riechens und des Schmeckens; er ist oft der Meinung, Besonderheiten von Speisen zu schmecken, obgleich er sie in Wirklichkeit bloß riecht. Der Wegfall der Geruchskomponente vom landläufigen und laienhaften „Schmecken“ bedeutet für den Anosmatiker, daß er die Speisen als fade und kaum appetitanregend empfindet. Jedoch tritt im Laufe der Zeit eine meist ausreichende Gewöhnung an diesen Zustand ein. Der simultane Verlust des Geruches und des Geschmackes durch ein Schädeltrauma stellt jedenfalls, wie bereits erwähnt, ein Rarissimum dar und setzt entweder zusätzlich eine schwere Hirnstammschädigung oder eine anatomische Minderausbildung der Geschmacksleitungen, die dann nur über den Nervus intermedius beidseits verlaufen, voraus. Im letztgenannten Falle müßte eine bilaterale periphere Fazialislähmung vorliegen und es sollte zusätzlich eine Geschmacksprüfung des Zungengrundes erfolgen.

Gutachtlich ist der Geruchssinn in seiner Gesamtheit zu beurteilen. Dies findet seine Berechtigung in der Beobachtung, daß einseitige Anosmien von den Betroffenen meist gar nicht bemerkt und erst im Rahmen einer gezielten ärztlichen Untersuchung entdeckt werden. In der privaten Unfallversicherung ist der Verlust des Geruchssinnes, dem untersuchungsmäßig eine beidseitige Anosmie entspricht, taxativ mit 10% bleibender Invalidität bewertet, dies mithin unabhängig vom erlernten oder ausgeübten Beruf. Die Haftpflichtversicherung erfordert eine Beurteilung sowohl im Hinblick auf die private Lebenssphäre als auch im Hinblick auf den Beruf des Betroffenen. Zu berücksichtigen sind hier alle jene Berufe, welche ein intaktes und eventuell besonders gut ausgeprägtes Geruchsvermögen erfordern, z. B. Koch, Prüfer von Wein, Tabak und Parfum, Chemiker, Laborant, Feuerwehrmann usw. Bei diesen kann der Verlust des Geruchssinnes unter Umständen sogar Berufsunfähigkeit bedingen, jedoch nicht Arbeitsunfähigkeit in Verweisungsberufen. *Die gutachtliche Einschätzung einer beidseitigen Anosmie beinhaltet*, wie bereits dargelegt, *auch den Wegfall der Geruchskomponente beim landläufigen „Schmecken", also die Minderung der feinen Qualitäten von Speisen und Getränken, die vom Laien irrigerweise dem Geschmackssinn zugeordnet werden.* Gerade hier werden wiederholt Fehler in der gutachtlichen Beurteilung gemacht und, einfach den laienhaften Angaben des Untersuchten folgend, zu hohe Einbußen zugebilligt.

2. Hirnnerv

Bekanntlich ist der häufig verwendete Ausdruck *Nervus opticus (Sehnerv)* eigentlich falsch, weil wir es hier nicht mit einem peripheren Nerven, sondern mit einer vorgeschobenen Hirnbahn zu tun haben, die dementsprechend auch von Hirnhäuten (Optikusscheide) umgeben ist. Richtig sollte man nicht vom Nervus opticus, sondern vom *Fasciculus opticus* sprechen. Selbst die in der anatomischen Systematik traditionell geläufige Bezeichnung Hirnnerv ist irrig bzw. dürfte strenggenommen nur auf den retinalen Anteil bezogen werden. Traumatische Optikusläsionen beobachtet man bei stumpfen Schädeltraumen, insbesondere wenn der Gesichtsbereich betroffen ist oder schwere frontobasale Frakturen, vor allem Brüche des Canalis opticus vorliegen, des weiteren bei Schußverletzungen, auch im Rahmen diesbezüglicher Suizidversuche. Wiederholt bestehen gleichzeitig und begleitend Lähmungen von Augenmuskelnerven. Pathologisch-anatomisch findet man Optikuskontusionen, -zerreißungen, -ausrisse und -blutungen. Außerdem kann eine Optikusläsion sekundär durch den Druck eines Optikusscheidenhämatoms im starren Canalis opticus entstehen. Bei rechtzeitigem Erkennen ist eine Optikusdekompression transkraniell oder transethmoidal innerhalb von Stunden nach Beginn der Visusverschlechterung zu versuchen.

Obgleich die genaue Untersuchung der Sehnervenfunktion dem Augenarzt vorbehalten ist, hat der Neurologe übersichtsmäßig die Sehfähigkeit (Visus) und das Gesichtsfeld eines jeden Auges zu prüfen. Bei Verdacht auf eine Sehstörung bedient man sich der *orientierenden Visusuntersuchung* an entfernten Gegenständen und an einem Lesetext oder an mehreren Bildern. Bei Verdacht auf einen Gesichtsfeldausfall erfolgt die orientierende klinische Untersuchung am einfachsten mittels der *Gesichtskonturperimetrie*. Bei dieser prüft man mit dem Finger, von außen den Gesichtskonturen folgend, grob das Gesichtsfeld des einen Auges unter gleichzeitiger Abdeckung des anderen Auges. Die *Konfrontationsperimetrie*, bei welcher Untersuchter und Arzt einander in einem Abstand von ungefähr einem Meter gegenübersitzen, ist schwieriger durchführbar als die Gesichtskonturperimetrie. Die Untersuchung eignet sich zur ein- und beidäugigen Prüfung. Anfangs fixiert der Proband bei abgedecktem Auge die Nasenwurzel des Untersuchers mit dem anderen Auge konstant, während aus allen Richtungen Bewegungsreize gesetzt werden. Allenfalls kann man einen roten Nadelkopf für die Gesichtsfeldprüfung verwenden, da die Isopteren für Rot bei geringen Gesichtsfeldschädigungen isoliert betroffen sind. Hält sich der Untersucher je einen Streichholzkopf vor Nase und Jochbein, so wird der Patient mit einem Zentralskotom nur das Objekt auf der Wange erkennen. Sodann können durch isolierte einseitige und simultane beidseitige Fingerbewegungen bei beidäugiger Fixation der Nasenwurzel des Arztes auch homonyme und allenfalls sonstige Gesichtsfeldausfälle und selbst eine Unaufmerksamkeitshemianopsie (hemianopische Aufmerksamkeitsschwäche) nachgewiesen werden. Das Fehlen des Drohreflexes, der im Lidschlag bzw. Augenschluß auf schnelle Fingerbewegungen besteht, gibt gleichfalls Auskunft über größere Gesichtsfeldausfälle.

Klinisch manifestiert sich eine Optikusläsion in einer einseitigen Sehschwäche bis Erblindung mit entsprechenden Beeinträchtigungen der Pupillenfunktionen, die von der sogenannten „amblyopen" Pupillenstörung bis zur amaurotischen Pupillenstarre reichen. Eine konzentrische Gesichtsfeldeinschränkung ist bei gleichzeitiger Visusbeeinträchtigung für diffuse Läsionen im Optikusbereich kennzeichnend, wobei differentialdiagnostisch aber auch unter anderem eine psychogene Verursachung in Frage kommt. Desgleichen weist ein Zentralskotom auf eine Optikusschädigung hin. Teilläsionen können unter Umständen zu partiellen Gesichtsfeldausfällen und -einengungen führen. Bei diesen sind die Pupillarreflexe erhalten. Nach einigen Wochen stellt sich eine Optikusatrophie ein. Traumatisch bedingte Sehstörungen können des weiteren durch Läsionen des Chiasmas, des Tractus opticus und der Sehrinde verursacht sein. Homonyme Hemianopsien oder Quadrantenanopsien sind meist durch okzipitale oder temporale Läsionen, äußerst selten durch Verletzungen des Tractus opticus bedingt. Bitemporale Gesichtsfeldausfälle kommen bei Schädigung des Chiasma opticum vor. Sie sind in der Traumatologie nicht selten mit Läsionen des Fasciculus opticus vergesellschaftet.

Eine unilaterale Optikusläsion kann mit dem seitenwechselnden Belichtungstest nachgewiesen werden. Die Pupillen des Probanden werden in einem dämmrigen Raum von unten her mit dem stark gebündelten Licht einer Taschenlampe durch jeweils fünf Sekunden beleuchtet. Normalerweise verengt sich die beleuchtete Pupille zuerst und erweitert sich sodann gering. Bei Optikusschädigung fehlt die initiale Pupillenkonstriktion und die Dilatation ist stärker ausgeprägt als auf der gesunden Seite. Die Optikusatrophie selbst zeigt sich ophthalmoskopisch als Papillenatrophie. Nach einer solchen ist bei allen älteren Optikusläsionen zu fahnden (Abblassung bzw. Weißfärbung, eventuell nur temporal nach retrobulbärer Neuritis). Außerdem kann man pathologischerweise am Augenhintergrund verschiedenartige Gefäßveränderungen (Kupferdraht- und Silberdrahtarterien, Kreuzungsphänomen nach Gunn mit Venenunterdrückung durch überkreuzende Arterie, Venenthrombosen, Retinablutungen bei Hypertonie und Hirndrucksteigerung, Glaskörperblutungen) und Stauungspapillen (unscharf begrenzte sowie prominente Papillen, erweiterte Venen, zentrale, streifenförmige Blutungen) sowie deren Residuen finden.

Von besonderem Interesse sind Störungen der *Pupillomotorik* (Mifka 1968). Diese wird physiologischerweise durch sympathische Reize im Sinne einer Dilatation (Mydriase) und durch parasympathische Reize im Sinne einer Konstriktion (Miose) gesteuert. Wie zuvor dargestellt, bedienen wir uns vorwiegend der Licht- und Konvergenzreaktionen zur klinischen Beurteilung der Pupillenfunktion. Bei Optikusläsion mit Blindheit findet sich eine amaurotische Pupillenstarre. In diesem Falle löst die Belichtung des erblindeten Auges weder eine direkte noch eine konsensuelle Pupillenreaktion aus, wogegen sich vom sehenden Auge her eine konsensuelle Lichtreaktion am erblindeten Auge nachweisen läßt. Eine partielle Optikusschädigung geht mit einer „amblyopen" Pupillenreaktion auf Licht einher. Die direkte und die konsensuelle Prüfung führt dann nur zu einer langsamen und ungenügenden Pupillenverengung. Differentialdiagnostisch abzugrenzen sind die direkte oder primäre traumatische Iridoplegie bei lokaler Augenverletzung (Pupille meist entrundet und erweitert, Pupillenstarre bei direkter und indirekter, d. h. konsensueller Lichtreizung sowie fehlende Konvergenzreaktion der Pupille, Sehen undeutlich) und die Iridoplegie infolge Okulomotoriuslähmung (an der mydriatischen Pupille weder direkte noch konsensuelle Lichtreaktion und auch keine Konvergenzreaktion auslösbar, jedoch Sehen erhalten, meist zusätzlich Bewegungsstörung des Augapfels). All die genannten Pupillensyndrome liegen unter Umständen nicht als Vollbilder, sondern nur als Partialbilder vor. Sie können auch miteinander kombiniert sein, z. B. bei schweren Verletzungen des faziokranialen Überganges.

Die gutachtliche Beurteilung einer Optikusläsion fällt dem augenärztlichen Sachverständigen zu. In der privaten Unfallversicherung wird die einseitige Erblindung je nach Vertrag mit 30%, 35% oder 40% und die beidseitige Erblindung stets mit 100% bleibender Invalidität taxativ eingeschätzt, also ohne Bezug auf den Beruf des Betroffenen. In der Haftpflichtversicherung müssen hingegen die Auswirkungen auf den ausgeübten Beruf beschrieben und beurteilt werden. Die einseitige Amaurose wird nach einiger Zeit im Alltag meist gut kompensiert. Sie stellt aber zweifellos bei manchen Tätigkeiten, die ein besonders gutes und insbesondere ein räumliches Sehvermögen erfordern, eine gravierende Störung dar. Andererseits bedeutet heutzutage sogar die Erblindung beider Augen noch nicht unbedingt vollkommene Arbeitsunfähigkeit. So kommen auch für den beidseits Blinden noch gewisse Verweisungsberufe in Frage, z.B. Masseur, Telefonist, Stenotypist usw., vorausgesetzt der Betroffene wurde umgeschult und sein Arbeitsplatz entsprechend adaptiert. Wenn eine ältere Person das Augenlicht verloren hat, gelingt die Wiederaufnahme der beruflichen Tätigkeit oder die Umschulung jedoch erfahrungsgemäß nur selten. Gutachtliche Schwierigkeiten können bei psychogener oder simulierter Blindheit auftreten. Neben dem Reflexbefund der Pupillen haben in diesem Falle die Prüfung der visuell evozierten Hirnpotentiale und die Prüfung des Fixationsreflexes eine entscheidende Aussagekraft. Den Fixationsreflex löst man dadurch aus, daß bewegliche Gegenstände, z. B. vertikale Streifen einer Drehtrommel, am Auge des Untersuchten vorbeigeführt werden. Sie lösen den optokinetischen Nystagmus mit einer langsamen Folgebewegung und einer schnellen gegenläufigen Korrekturbewegung aus. Reflektorische optokinetische Blickbewegungen kann man auch durch Kippung eines Spiegels prüfen, der dem Untersuchten ziemlich nahe vorgehalten wird (sogenannte Spiegelraumbewegungen, Riecken 1943). Zwingend wird der Fixationsreflex, wenn sich das gesamte Gesichtsfeld bewegt. Dies läßt sich am besten elektronystagmographisch durch Drehung des Probanden mit offenen Augen und bei konstanter Winkelgeschwindigkeit, nachdem also die vestibuläre Reizung der Andrehung vollkommen abgeklungen ist, nachweisen. Der Untersuchte kann sich, auch wenn er nur mehr über geringe Gesichtsfeldreste verfügt, dem starken optokinetischen Reiz der sich bewegenden Umgebung nicht entziehen.

3., 4. und 6. Hirnnerv

Traumatische Schädigungen des *Nervus oculomotorius*, des *Nervus trochlearis* und des *Nervus abducens*, die auf Grund ihrer Funktion als äußere (quergestreifte) Augenmuskelnerven bezeichnet werden, finden sich häufig bei Schädelbasisbrüchen, sowohl bei Brüchen der vorderen als auch der mittleren Schädelgrube und des Felsenbeines. Bei frontobasalen Verletzungen sowie bei Läsionen im Bereiche des Sinus cavernosus begegnet man wiederholt mehrfachen, einseitigen Augenmuskellähmungen. Meist handelt es sich um Primär- oder Immediatläsionen, seltener um Sekundär- oder Spätläsionen, welche, wenn sie durch kleine Hämatome im Verlauf des entsprechenden

Augenmuskelnervs bedingt sind, eine gute Prognose haben, jedoch bei länger dauernden Druckschädigungen infolge expansionsbedingter Verlagerungen von Hirnanteilen auch persistieren können. Die durch die Augenmuskelnerven bewerkstelligte unilaterale Augenmotilität wird physiologischerweise durch die Funktion der subkortikalen Blickzentren des Hirnstammes zu bilateralen Blickversionen, konjugierten Augenbewegungen, koordiniert. Hieher zählt auch die bilaterale Konvergenzbewegung der Augäpfel, die als Blickkonvergenz gleichzeitig zur Konvergenzreaktion der Pupillen im Sinne der Verengung führt. Die klinische Prüfung der Bulbusmotilität erfolgt, wie früher erwähnt, in der Horizontalebene aus der Mittelstellung heraus nach rechts und links (Funktion der Musculi recti internus et externus), sodann aus einer temporalen Stellung des Auges nach oben und unten (Funktion der Musculi recti superior et inferior) und aus einer nasalen Stellung des Auges nach oben und unten (Funktion der Musculi obliquus inferior et superior). Liegt keine Augenmuskelparese, sondern eine Blickparese vor, so untersucht man getrennt Willkür-, Kommando-, Folge- oder Führungsbewegungen und kompensatorische Augenbewegungen (Puppenkopfphänomen bei visueller Fixation und gleichzeitiger passiver Kopfbewegung) nach allen Richtungen hin. Der Ausfall eines Augenmuskelnervs bzw. eines Augenmuskels, der durch eine faszikuläre oder nukleäre Läsion bedingt ist, führt zum Lähmungsschielen (Strabismus paralyticus) mit Doppelbildern (Diplopie) durch die abnorme Stellung und die eingeschränkte Beweglichkeit des betroffenen Augapfels, so daß unbewußt eine kompensatorische Schiefhaltung des Kopfes (okulärer Tortikollis) zwecks Vermeidung des Doppeltsehens eingenommen wird. Beim paralytischen Schielen verstärkt sich, wenn der Blick in die Funktionsrichtung des gelähmten Muskels gewandt wird, die Divergenz der Sehachsen und Doppelbilder, da der Schielwinkel gleichzeitig zunimmt. Daher vermeidet der Blick diese zur Diplopie führende Richtung und geht in die entgegengesetzte Richtung, nämlich in jene der voll erhaltenen Funktion. Um dabei den Blick günstig gerade nach vorn zu bringen, muß der Kopf kompensatorisch in die Funktionsrichtung des gelähmten Augenmuskels gewandt werden. Damit paßt sich die Stellung des gesunden Auges weitgehend der Lähmungsstellung des affizierten Auges an und läßt keine Doppelbilder aufkommen. Kurz gesagt, der Blick geht in Richtung der erhaltenen und der okuläre Schiefhals in Richtung der gelähmten Funktion.

Ophthalmologischerseits werden die Bulbusbewegungen bezüglich ihres Ausmaßes häufig in Graden angegeben, und zwar von der Mittelstellung aus gemessen. Was die Doppelbilder anlangt, so ist das weiter peripher gelegene Bild das sogenannte „falsche“; es stammt vom gelähmten Auge und ist empfindungsmäßig meist lichtschwächer als das „echte“ Bild des gesunden Auges. Die Differenzierung der Diplopie in ein falsches und ein echtes Bild gelingt durch die einseitige Augenabdeckung in der Blickstellung mit maximaler Bilddistanz. Vorteilhaft wird die Doppelbilderanalyse mittels farbiger Gläser (rot und grün) und einer stabförmigen Lichtquelle vorgenommen. Im

Rahmen dieser Prüfung tritt das Doppelbild am stärksten beim Blick in die Richtung der gelähmten Muskelfunktion auf, ist dort auch am weitesten vom „gesunden" Bild entfernt und kann von diesem dadurch differenziert werden, daß es am weitesten außen steht und eventuell als lichtschwächer empfunden wird. Parallel nebeneinander stehende Doppelbilder finden sich bei Lähmung des Musculus rectus internus sive nasalis oder des Musculus rectus externus sive temporalis (ungekreuzte Doppelbilder). Schräg zueinander stehende Doppelbilder kommen bei Lähmungen aller anderen äußeren Augenmuskeln vor (gekreuzte Doppelbilder). Vertikal auseinanderweichende Doppelbilder können entweder bei temporaler oder bei nasaler Blickrichtung des betroffenen Auges am weitesten voneinander entfernt sein. Dies spricht im ersten Falle für die Lähmung eines geraden und im zweiten Falle für die Lähmung eines schrägen Augenmuskels, wobei die Funktionsrichtung des Musculus obliquus superior nach unten und die des Musculus obliquus inferior nach oben geht. Darüber hinaus muß differentialdiagnostisch auch eine physiologische Diplopie abgegrenzt werden. Sie tritt beim extremen Seitblick auf und schwindet bereits mit geringem Nachdrehen des Kopfes, weil dadurch der Blick wieder in den Bereich des Einfachsehens rückt.

Solang das klinische Bild nur durch den Augenmuskelausfall geprägt wird, ist die Situation noch leichter überblickbar. Bald aber setzen komplizierte Mechanismen als Kompensationsversuche zur Beseitigung des gestörten Augenmuskelgleichgewichtes ein (Überfunktion der gleichseitigen Antagonisten, der kontralateralen Synergisten, Unterfunktion der kontralateralen Antagonisten und relative Überfunktion der gleichseitigen Synergisten). Auch kann schließlich die persistierende Kontraktur eines Antagonisten trotz Reinnervation des gelähmten Augenmuskels weiterhin eine Lähmung vortäuschen. Ferner besteht die Möglichkeit, daß Strabismus und Diplopie rein mechanisch bedingt sind, z. B. durch Muskelzerreißung, durch Einklemmung des Musculus rectus inferior in einen Bruchspalt des Augenhöhlenbodens bei Blow-out-Fraktur, durch Exophthalmus und sonstige Bulbusdislokationen infolge raumbeengender Orbitablutungen bzw. Verlagerung des periorbitalen Fettgewebes bei Orbitawandfrakturen.

Differentialdiagnostisch muß vom paralytischen Schielen ein Strabismus concomitans abgegrenzt werden. Dieses konvergente oder divergente Begleitschielen stellt meist eine angeborene Störung dar, die häufig mit einer Sehschwäche (Amblyopie) des schielenden Auges kombiniert ist. Jedes Auge kann für sich frei bewegt werden. Der Schielwinkel zwischen beiden Augen bleibt aber im Gegensatz zum paralytischen Strabismus bei den verschiedenen Blickversionen unverändert. Das konkomitierende Schielen läßt sich im Abdecktest, bei dem abwechslend das eine und das andere Auge vom Sehakt ausgeschlossen werden, auf Grund von Einstellbewegungen des jeweils freigegebenen Auges nachweisen.

Neben konjugierten Blickstörungen in der Horizontal- oder Vertikalebene, welche durch Läsionen im Bereiche der subkortikalen Blickzentren oder der supranukleären bzw. kortikobulbären Bahnen verursacht sind und welche durch gleichsinniges Betroffensein beider Augen zu keinen Doppelbildern führen, müssen noch die obere und untere internukleäre Blicklähmung (Ophthalmoplegia internuclearis anterior et posterior) und die Schielstellung nach HERTWIG-MAGENDIE, auch als schräge Deviation bzw. skew deviation bezeichnet, erwähnt werden. Diesen Syndromen, bei denen Doppelbilder auftreten können, liegen Schädigungen im Bereiche der unmittelbaren Verbindungen der subkortikalen Blickzentren zugrunde. Schließlich gibt es noch die „Einmauerung" der Bulbi, d. h. eine Unbeweglichkeit der Augen infolge ausgedehnter bilateraler Hemisphärenschädigungen. Das meist nur im Frühstadium zu beobachtende Zustandsbild betrifft die schematischen Blickbewegungen und wird als Zykloplegie oder Pseudoophthalmoplegie bezeichnet (BIELSCHOWSKY 1936).

Im Falle einer kompletten *Okulomotoriuslähmung* ist die Lidspalte auf der betroffenen Seite maßgeblich verengt; es besteht eine erhebliche Oberlidptose, die beim Blick nach oben im Vergleich zur Gegenseite noch deutlicher wird, bei faszikulärer Läsion früh auftritt und bei nukleärer Läsion typischerweise erst nach Befall der übrigen Augenmuskeln manifest wird. Das betroffene Auge steht in Abduktionsstellung durch Zug des vom Nervus abducens innervierten Musculus rectus lateralis. Außerdem ist das Auge durch Wirkung des vom Nervus trochlearis innervierten Musculus obliquus superior etwas nach unten gesenkt. Diese äußere Okulomotoriuslähmung betrifft somit, abgesehen von den beiden genannten Muskeln, alle anderen äußeren Augenmuskeln (Ophthalmoplegia externa). Des weiteren innerviert der Nervus oculomotorius zwei innere Augenmuskeln, nämlich mit parasympathischen Fasern den Musculus sphincter pupillae und den Musculus ciliaris, der die Linse für das Nahsehen entspannt (stärkere Rundung und damit höhere Dioptrienleistung). Die Pupillenerweiterung als aktive Innervation erfolgt hingegen über Sympathikusfasern, die mit Ästen aus der Arteria carotis interna zur Orbita gelangen, durch den Musculus dilatator pupillae. Gleichfalls sympathisch innerviert ist der glatte Musculus tarsalis des Oberlides. Bei Ausfall der genannten parasympathischen Impulse überwiegt der sympathische Einfluß, so daß die innere Okulomotoriuslähmung durch eine mydriatische und lichtstarre Pupille gekennzeichnet ist, welche auch nicht auf Konvergenz reagiert (Ophthalmoplegia interna). Diese Iridoplegie infolge Okulomotoriusparese geht mit erhaltenem Sehen einher. Hingegen kann der Sehakt auf der betroffenen Seite durch eine stark ausgeprägte Oberlidptose infolge Ausfalles des quergestreiften Musculus levator palpebrae superioris mechanisch beeinträchtigt sein. Kompensatorisch wird der Stirnmuskel auf der Läsionsseite innerviert, erkennbar am Höherstand der Augenbraue und an ipsilateral betonten Stirnquerfalten. Wenn das Auge infolge ausgeprägter Oberlidptose vom Sehakt ausgeschaltet ist, kommt es, da keine Doppelbilder entstehen, zu keinem okulären Schiefhals. Tritt hingegen bei geringerer Oberlidptose eine störende Diplopie auf, so beobachtet man oft eine Zwangshaltung des Kopfes zur gesunden Seite. Der Musculus sphincter pupillae und der Musculus ciliaris sind mitunter bei Läsionen im Mittelhirn isoliert betroffen.

Im Falle einer *Trochlearislähmung* ist der Musculus obliquus superior funktionslos. Er wendet physiologischerweise das Auge nach außen und unten sowie rotiert es einwärts. In dieser Blickrichtung treten bei Trochlearisausfall durch Zurückbleiben des betroffenen Auges Doppelbilder auf. Kompensatorisch, um die störende Diplopie zu vermeiden, hält der Patient den Kopf in die Ausfallsrichtung. Der okuläre Tortikollis geht demnach, was die Rotation anlangt, mit Neigung des Kopfes zur gesunden Seite einher, wobei das nicht affizierte Auge in erster Linie innenrotiert wird. Typisch ist die anamnestische Angabe, daß das Doppeltsehen vor allem beim Stiegenabwärtsgehen stört.

Im Falle einer *Abduzenslähmung* ist der Musculus rectus lateralis sive temporalis ausgefallen, und der Betroffene klagt über horizontale Doppelbilder beim Blick zur Seite. Hier wird oft eine kompensatorische Kopfhaltung zur kranken Seite eingenommen, um Doppelbilder zu vermeiden. Bei Abduzenslähmungen kommt es besonders häufig zur sekundären Augenmuskelkontraktur, welche den Musculus rectus medialis sive nasalis betrifft. Unter Umständen bildet sich die Abduzenslähmung zurück, wogegen die störende Sekundärkontraktur des Antagonisten bestehenbleibt. Die Abduzensparese ist die häufigste Augenmuskelstörung, auch in der Traumatologie, vermutlich wegen des sehr langen intrakraniellen Verlaufes dieses Nervs, wodurch er Schädigungen in besonderem Maße ausgesetzt ist.

Die Rückbildung von Augenmuskelläsionen vollzieht sich im Falle einer Spätlähmung (SCHERZER 1964) innerhalb von Wochen und Monaten, im Falle einer Primärlähmung meist langsamer, nämlich innerhalb eines oder zweier Jahre nach dem Unfall. Dann noch bestehende Ausfälle sind als irreversibel zu betrachten. Die spontane Remission kann durch zielgerichtete Augenbewegungen in der sogenannten „Sehschule" gefördert werden. Nicht selten beobachtet man während der Rückbildung einer Augenmuskelparese das Auftreten eines *muskuloparetischen Nystagmus*. Dieser ist einem Paresezittern zu vergleichen, bei dem die Kraft des betroffenen Muskels nicht ausreicht, um die eingenommene Augenstellung beizubehalten, so daß der Augapfel bald in Richtung der Ausgangsstellung zurückweicht, bis kurz danach durch Erholung wieder eine stärkere Zugwirkung ausgeübt werden kann und der Augapfel erneut in die Funktionsrichtung geführt wird, dort jedoch wieder nur kurze Zeit fixiert werden kann. Diese Augenbewegungen erfolgen in wenig rascher Folge und erschöpfen sich darüber hinaus. Der muskuloparetische Nystagmus ist einseitig und betrifft nur den Bulbus mit der Augenmuskelparese. Auch zeigen diesen Augenbewegungen bei elektronystagmographischer Registrierung keine klassische Differenzierung in eine langsame und schnelle Nystagmusphase, sondern stellen einen Pseudonystagmus dar. Im Spätstadium einer peripheren Okulomotoriusparese kann es durch abnorme Teilung aussprossender Nervenfasern zu Fehlinnervationen in Form von intraokulomotorischen Mitbewegungen kommen, so daß sich z. B. beim Blick nach medial oder unten zugleich das Oberlid hebt.

Irreversible Augenmuskellähmungen können operativ korrigiert werden. Diesbezügliche chirurgische Eingriffe sind jedoch nur unter genauer Indikation vorzunehmen. Nicht selten müssen derartige Operationen wiederholt werden, um ein akzeptables funktionelles Augengleichgewicht herzustellen, wobei insbesondere auch Sekundärkontrakturen der Antagonisten zu berücksichtigen sind. Die Doppelbilder bei Augenmuskellähmungen werden in der Mehrzahl der Fälle allmählich unterdrückt. Dieser zentrale Anpassungsvorgang setzt manchmal früher, manchmal später ein und bringt eine subjektive Besserung. Die Indikation zur Abdeckung eines Auges – mit oder ohne Seitenwechsel – sowie zur Verordnung von Prismenkorrekturen obliegt dem Ophthalmologen. Die Oberlidptose bei der Okulomotoriuslähmung kann stark stören und, wie erwähnt, das betroffene Auge sogar vom Sehakt ausschließen. In diesem Falle wäre bei Begutachtung für die private Unfallversicherung eine bleibende Invalidität von 30% gerechtfertigt, jedoch sollte zuvor eine operative Korrektur mit Einbau einer Rückholfeder in das Oberlid erwogen werden. Die gutachtliche Beurteilung und Einschätzung von Augenmuskellähmungen einschließlich Sekundärkontrakturen erfolgt durch den augenärztlichen Sachverständigen. Dieser hat einerseits störende Diplopien und den Verlust des räumlichen Sehens durch Unterdrückung des sogenannten falschen Bildes sowie andererseits die kosmetische Entstellung zu berücksichtigen. Der unfallkausale Dauerschaden bewegt sich üblicherweise zwischen 5 und 30% bleibender Invalidität: bei Okulomotoriuslähmung 20%, bei Trochlearislähmung 15% und bei Abduzenslähmung 10%. Die Konvergenzlähmung ist zentral verursacht und wird mit 5% bleibender Invalidität eingestuft. Doppelbilder in extremer Lateralstellung der Augen sind nicht pathologisch, zumal sie auch bei Gesunden auftreten. Sekundärkontrakturen müssen, wenn sie eine zusätzliche Funktionsbehinderung bedingen, in die gutachtliche Beurteilung eingehen. Allenfalls sind besondere Bedingungen durch den Beruf des Betroffenen gegeben. Als Beispiel wird meist der Uhrmacher angeführt, obgleich gerade er überwiegend einäugig mit der Lupe arbeitet.

5. Hirnnerv

Der *Nervus trigeminus* wird traumatisch durch Schnittverletzungen im Gesichtsbereich, durch Gesichtsschädelbrüche sowie durch Schädelgrundbrüche geschädigt. Betroffen sind wiederholt periphere Trigeminusäste, nämlich der Nervus frontalis, der Nervus supraorbitalis, der Nervus supratrochlearis, der Nervus infraorbitalis, der Nervus zygomaticus (vor allem in seinem temporalen Anteil) und der Nervus mentalis bzw. der Nervus alveolaris inferior, aber auch mitunter das Ganglion semilunare und die Trigeminuswurzeln. Da der fünfte Hirnnerv überwiegend sensible Fasern aus der Portio maior führt (zur Versorgung des Gesichts, der Zähne und der Schleimhäute des Auges, des Mundes und der Nase sowie der Nebenhöhlen), erklärt sich die große Häufigkeit von Sensibilitätsstörungen nach Schädigung dieses Nervs. Solche können als paramedian begrenzte Hemihypästhesie bei Läsion des Zentralneurons, als zwiebelschalenartig um den Mund angeordnete Hypästhesie (entsprechend den SÖLDERschen Grenzlinien) bei Läsion im absteigenden Kerngebiet und als Hypästhesien vom neuralen Typ bei Schädigungen im Bereich des Nervenstammes oder bestimmter Nervenäste auftreten. Neben der Hypästhesie (taktil, thermisch) trifft man auch Fälle mit Analgesie in autonomen Versorgungszonen. Mitunter wird eine Hyperpathie angegeben. Ferner ist bei allen Trigeminusläsionen nach Sensibilitätsstörungen an den Schleimhäuten zu fahnden. Sie sind insbesondere bei Verletzungen von Alveolarnerven von Bedeutung, in welchem Falle auch die Klopfempfindung der Zähne zu prüfen ist. Bei stumpfem Schädeltrauma sollte eine Gefühlsstörung im Versorgungsbereich des Nervus frontalis oder des Nervus supraorbitalis an eine frontobasale Fraktur, im Versorgungsbereich des Nervus infraorbitalis an eine Kieferhöhlen- bzw. Oberkieferfraktur und im Versorgungsbereich des Nervus mentalis an einen Unterkieferbruch denken lassen. Eine Druckdolenz der trigeminalen Hirnnervenaustrittsstellen am Schädel ist nur im Seitenvergleich und bei stärkerer Ausprägung als pathologisch zu werten. Die typischen supra- und infraorbitalen sowie mentalen Austrittsstellen sind den drei Hauptästen des Nervus trigeminus zuzuordnen. Auf dem Boden einer trigeminalen Anästhesie der Hornhaut kann sich leicht eine torpide Keratitis neuroparalytica entwickeln. Ein Ausfall der Geschmacksempfindungen in den vorderen zwei Dritteln einer Zungenhälfte zusammen mit einer Gefühlsstörung weist auf eine Schädigung des Nervus lingualis, der durch die Chorda tympani mit dem Nervus intermediofacialis in Verbindung steht. Vegetative Störungen im Trigeminusbereich verursachen eine Anhidrose und Vasodilatation mit Rötung, vornehmlich eine Hyperämie der Augenbindehaut bei Vorliegen eines HORNER-Syndroms. Es kann auch die Hauttemperatur gemessen und an verschiedenen Stellen verglichen werden.

Die trigeminofazialen Reflexe sind sowohl bei Trigeminus- als auch bei Fazialisschädigungen wichtige objektive Untersuchungsbefunde. Am empfindlichsten ist der Kornealreflex, der von der Seite her mit einem Nadelkopf, mit einem gedrehten Wattefaden oder besonders gut durch Luftanblasen geprüft wird. Der taktile Kornealreflex sollte entsprechend der sensiblen Versorgung der Hornhaut aus dem ersten und zweiten Trigeminusast vom oberen und vom unteren Bereich her ausgelöst werden. Nach dem zuvor Gesagten ist es verständlich, daß nicht nur Trigeminus-, sondern auch Fazialisläsionen den Hornhautreflex herabsetzen bis aufheben können. Im letzteren Falle wird jedoch die Berührung bzw. der Lufthauch als seitengleich empfunden. Weitere trigeminofaziale Reflexe sind der Nasopalpebralreflex bzw. Glabellarreflex, der vom äußeren Augenwinkel auszulösende Reflex des Musculus orbicularis oculi und der durch Beklopfen des Mundwinkels oder durch Bestreichen der Lippen auszulösende Schnauzreflex, ferner der berührungsabhängige Saug- und Beißreflex. Beim gesunden Erwachsenen fehlen die meisten dieser Reflexe oder sie sind nur ganz schwach auslösbar. Besonders Schnauz-, Saug- und Beißreflex sind pathologische Reflexe bzw. Schablonen. Zerebrale Schädigungen, vor allem im Frontal- und Temporallappen, bewirken ihr Wiederauftreten im Sinne eines Enthemmungsphänomens, wobei sich die reflexogenen Zonen stark ausweiten können.

Die motorische Trigeminusfunktion der Portio minor prüft man durch Palpation der innervierten Masseter- und Temporalmuskeln sowie durch Beobachtung des Unterkiefers bei aktiver Mundöffnung (Funktion der Musculi pterygoidei). Bei einer motorischen Trigeminusschädigung weicht die Mandibula nach der Läsionsseite ab. Wenn dies bei geringer Parese nicht so deutlich der Fall sein sollte, läßt sich der Unterkiefer bei halb geöffnetem Mund leicht nach der Läsionsseite hin verschieben. Die sogenannte Monoplegia masticatoria führt innerhalb von Wochen zu einer einseitigen, oft eindrucksvollen Atrophie des Musculus masseter und des Musculus temporalis. Der Masseterenreflex bzw. beidseitige Temporalisreflex ist bei Tetraparesen infolge einer bihemisphärischen Schädigung gesteigert, bei bilateralen Kern- oder Nervenstammläsionen erloschen. Es ist jedoch zu beachten, daß der Masseterenreflex physiologischerweise meist nur schwach auslösbar ist und mitunter auch beim Gesunden fehlen kann. Seine Steigerung ist sehr häufig mit einer suprabulbären Dysarthrie vergesellschaftet.

Diagnostisch ergeben sich in der Regel keine Schwierigkeiten. Allenfalls können zusätzlich die somatosensiblen evozierten Potentiale vom Trigeminusbereich und auch ein Elektromyogramm aus dem Musculus masseter abgeleitet werden. Bei Teilschädigungen tritt meist eine spontane Regeneration ein, bei manchen Läsionen entstehen anhaltende und hartnäckige Neuralgien. Am schwierigsten ist ein solcher Reizzustand bzw. eine solche Trigeminusneuralgie dann zu beurteilen, wenn keine objektiven Zeichen einer Trigeminusschädigung vorliegen. Versucht werden Behandlungen mit Carbamazepin und Diphenylhydantoin, ferner Leitungsblockaden, aber auch Neurolysen, Nervenrekonstruktionen mittels autologer Transplantate, Koagulationen des Ganglion semilunare und intrakranielle neurochirurgische Eingriffe am Nervus trigeminus und seinen Wurzeln. Differentialdiagnostisch hat unbedingt der Versuch einer Klärung des klinischen Beschwerdebildes zu erfolgen, denn eine solche Neuralgie im Trigeminusbereich kann sehr wohl auch unfallfremd sein. Wichtig ist der Ausschluß einer vorbestehenden Trigeminusaffektion bzw. -irritation. Für einen ursächlichen Zusammenhang mit einem stattgehabten Trauma sprechen Zeichen einer lokalen Schädigung und insbesondere typische Sensibilitätsstörungen im Trigeminusbereich, wobei ausnahmsweise sogar der Befund einer Anaesthesia dolorosa gegeben sein kann. Die Endbegutachtung sollte erst nach Ausschöpfung aller therapeutischen Möglichkeiten erfolgen. In der privaten Unfallversicherung sind als Dauerschaden Sensibilitätsstörungen in den drei Hauptästen mit je 0 bis 5%, im gesamten Trigeminusbereich mit 0 bis 15%, die motorische Trigeminuslähmung (Masseter- und Temporalisatrophie) mit 10% und der komplette Trigeminusausfall (sensibel und motorisch) mit 20% bleibender Invalidität einzuschätzen. Einbußen werden, was sensible Störungen anlangt, nur für massive und glaubhafte Ausfälle zuerkannt. In diesen Prozentsätzen sind die üblichen Mißempfindungen und leichteren Schmerzen enthalten. In der Haftpflichtversicherung kann die Einschätzung von unfallkausalen Schmerzperioden Schwierigkeiten bereiten. Wenn tatsächlich ein Dauerschmerz besteht oder die neuralgischen Attacken sehr intensiv sind, reduzieren die Betroffenen das Kauen, die Mimik und auch sprachliche Äußerungen auf ein Minimum. Sie erleiden dadurch im Laufe der Zeit einen deutlichen Gewichtsverlust. In solch einem Fall sind, sofern keine anderen Erklärungen vorliegen, die behaupteten Beschwerden glaubhaft. Diese Versehrten sollte man auch beruflich nicht ungünstigem Wetter (Kälte, Wind) und keinem intensiven Parteienverkehr aussetzen.

7. Hirnnerv

Traumatische Schädigungen des *Nervus intermediofacialis* finden sich bei Schuß-, Stich- und Schnittverletzungen, besonders häufig bei Felsenbeinfrakturen, dann nicht selten mit einer Läsion des Nervus statoacusticus kombiniert. Querfrakturen des Felsenbeins gehen in etwa 50%, Längsfrakturen des Felsenbeins in etwa 10 bis 30% mit Fazialislähmungen einher (Kretschmer 1978). Es kommen aber auch wiederholt Paresen durch Läsionen des Zentralneurons vor, im allgemeinen vergesellschaftet mit einer gleichseitigen Hemiparese oder Armparese (sogenannte brachiofaziale Parese). Auf Grund des langen und komplizierten Nervenverlaufs, der vom Kleinhirnbrückenwinkel durch den inneren Gehörgang und den Canalis nervi facialis, d. h. das Felsenbein, bis zum Foramen stylomastoideum führt, lassen sich verschiedene Formen von Gesichtsnervenläsionen unterscheiden: in Relation zum Kerngebiet supranukleäre (zentrale), nukleäre und infranukleäre (periphere) Läsionen, in Relation zum Hirngewebe intrazerebrale und extrazerebrale Läsionen (wobei die intrazerebralen nicht nur zentrale und nukleäre, sondern ausnahmsweise auch periphere Läsionen darstellen können), in Relation zum Schädelinneren intrakranielle und extrakranielle Läsionen, in Relation zum Felsenbein supra-, intra- und infratemporale Läsionen; letztere können präaurikulär den gesamten Nervenstamm oder weiter in der Peripherie Einzeläste betreffen. Da der Nervus intermediofacialis nicht nur muskelmotorische und sensorische, sondern auch sensible und sekretomotorische Fasern für die Tränen-, Nasen- und Speicheldrüsen führt, sind mannigfache läsionsbedingte Störbilder möglich. Primär wird das klinische Bild jedoch zweifelsohne durch die motorischen Ausfälle geprägt. Sie gestatten auch die für den Kliniker wichtige Unterscheidung zwischen einer zentralen und peripheren Fazialislähmung. Bei ersterer, die meist im Rahmen eines motorischen Halbseitensyndroms auftritt, ist der Stirnanteil kaum betroffen, weil sein Kernbereich eine bilaterale zentrale Innervation besitzt. Demgemäß ist bei der zentralen Gesichtsnervenlähmung der Augenschluß zwar mitunter deutlich kraftvermindert, aber stets vollständig möglich. Suchenwirth (1987) weist übrigens darauf hin, daß es keine echte zentrale Lähmung des Nervus facialis gibt, sondern daß man bei einer derartigen Pyramidenbahnschädigung bloß von einer Gesichtslähmung in Analogie zu einer zentralen Halbseitenlähmung sprechen sollte. Der Begriff der zentralen Fazialislähmung ist jedoch im klinischen Sprachgebrauch fest verankert und scheint auch in renommierten neurologischen Lehrbüchern auf, so daß man ihn wohl beibehalten wird.

Bei der peripheren Gesichtsnervenlähmung vor der Astaufteilung, die gleich nach dem Austritt aus dem Foramen stylomastoideum stattfindet, sind alle drei Fazialisanteile (Stirn-, Augen- und Mundbereich) betroffen. Die motorische Funktionsprüfung des Gesichtsnervs muß stets alle genannten Anteile umfassen, sollte auch Lachen, Pfeifen und die Innervation des Platysmas (Kontraktion bei gleichzeitigem Kinnvorstrecken und Zähnezeigen oder noch besser Nachuntenziehen von Unterlippe und Mundwinkel, jedoch oft von Haus aus seitendifferent) beinhalten. Eine ganz leichte, periphere Fazialisparese ist am WARTENBERGschen Wimpernzeichen erkennbar. Auch bei kräftigem Augenschluß verschwinden dabei die Wimpern auf der Pareseseite nicht vollkommen zwischen den Augenlidern. Eine stärkere Ausprägung der peripheren Gesichtsnervenparese gibt der betroffenen Gesichtshälfte ein maskenartiges Aussehen. Die gelähmte Gesichtsseite ist schlaff und zeigt keine Mimik. Die Stirne kann nicht in Falten gelegt oder gerunzelt werden. Die Lidspalte ist weiter als auf der gesunden Seite und kann nicht mehr vollkommen geschlossen werden. Es besteht ein Lagophthalmus („Hasenauge"), dessen Ausmaß als Lidspaltenweite in Millimetern angegeben werden sollte. Beim Versuch des Lidschlusses tritt häufig ein verschieden stark ausgeprägtes BELL-Phänomen mit Aufwärtswendung des Augapfels ein, wodurch trotz mangelhaften Lidschlusses die Hornhaut geschützt werden kann. Widrigenfalls kommt es zu einer ausgeprägten Hornhautentzündung (Keratitis e lagophthalmo). Der Lidschlag auf der betroffenen Seite fehlt. Der Mundwinkel steht im Vergleich zur Gegenseite tiefer, die Nasolabialfurche ist verstrichen. Pfeifen ist nicht mehr möglich. Die gelähmte Wange fühlt sich schlaff an und wölbt sich beim Aufblasen der Backen abnorm stark vor. Ferner erkennt man nach Öffnen des Mundes ein ipsilaterales Tieferstehen des Zungengrundes infolge Lähmung des Musculus stylohyoideus und des hinteren Bauches des Musculus digastricus.

Die weitere Höhenbestimmung der peripheren Fazialisläsion erfolgt durch die Prüfung auf das Mitbetroffensein des Musculus stapedius, der begleitenden gustatorischen, lakrimatorischen und salivatorischen Fasern (Nachweis einer Schädigung des Nervus intermedius, der den nicht-motorischen Anteil des Nervus facialis umfaßt). Im letzten (unteren) Drittel des Verlaufes des Nervus facialis, also nach Abgang der Chorda tympani, ist der Nervenausfall rein motorisch, jedoch ist die Funktion des Musculus stapedius noch erhalten. Die Fazialisläsion im zweiten (mittleren) Drittel, d. h. zwischen Ganglion geniculi und Abgang der Chorda tympani, betrifft sämtliche motorische Anteile, demnach auch die Funktion des Musculus stapedius, dessen

Ausfall eine Hyperakusis durch Überwiegen des Musculus tensor tympani (hohe Töne besonders betroffen) bedingt, sowie zusätzlich die Geschmacksfasern für die vorderen zwei Drittel der jeweiligen Zungenhälfte und die salivatorischen Fasern (Speichelsekretion vermindert, allenfalls nachzuweisen durch Gewichtsbestimmung eines vor dem Ausführungsgang des Ductus parotidicus in Höhe des zweiten oberen Molarzahnes eingelegten Wattebausches im Seitenvergleich). Der Ausfall der Geschmacksempfindungen wird von den Betroffenen, da es sich um eine einseitige Beeinträchtigung handelt, oft gar nicht bemerkt. Jedenfalls sollte bei Vorliegen einer peripheren Fazialisläsion eine Geschmacksprüfung, wie sie beim neurologischen Status besprochen wurde, erfolgen. Eine Elektrogustometrie kann zusätzlich durchgeführt werden, gibt aber in der Regel kaum weitere Aufschlüsse. Bei einer Läsion im oberen (ersten) Drittel des Nervenverlaufes, nämlich bis in Höhe des Ganglion geniculi, kommen zu all den genannten Ausfällen noch jene der lakrimatorischen Fasern hinzu (Nachweis der verminderten Tränenproduktion durch den SCHIRMER-Test, Einlegen eines Löschpapierstreifens in den unteren Tränensack beidseits nach vorheriger Anästhesierung der Bindehaut). Bei älteren Läsionen proximal vom Ganglion geniculi begegnet man unter Umständen dem Phänomen der sogenannten „Krokodilstränen". Man erklärt dieses durch die Fehlleitung von Impulsen, welche ursprünglich für die Speicheldrüsen bestimmt sind und nunmehr fälschlich zu den Tränendrüsen gelangen. Bei stärkerer Salivation, also hauptsächlich beim Essen, setzt auf der Seite der peripheren Fazialisläsion eine vermehrte Lakrimation ein. Die umschriebene nukleäre Läsion des Nervus facialis bedingt eine einseitige komplette Lähmung der mimischen Muskulatur, jedoch ohne Ageusie (Geschmacksunvermögen) der vorderen zwei Drittel der betroffenen Zungenhälfte. Ein gleichzeitiger gustatorischer Ausfall kann nur durch eine größere zerebrale Läsion entstehen, welche auch den Tractus solitarius erfaßt hat. Isolierte Ausfälle der tränenproduzierenden Fasern bzw. der Fasern der Chorda tympani (speichelproduzierend und gustatorisch) werden nur ausnahmsweise auf traumatischer Basis beobachtet. Periphere Teilschädigungen des motorischen Fazialisanteils durch lokale Gesichtsverletzungen sind hingegen häufiger.

Der klinische Verlauf einer Gesichtsnervenlähmung hängt von deren Schweregrad ab. Primäre komplette Fazialislähmungen, vor allem bei einem Pyramidenquerbruch, haben eine schlechte Prognose. Sekundäre oder Spätlähmungen des Gesichtsnervs, welche auf Blutungen und Ödem im Nervenverlauf zurückzuführen sind und sich meist innerhalb von drei bis fünf Tagen nach dem Unfall manifestieren, haben hingegen eine gute Prognose und bilden sich meist spontan zurück. Bei ihnen kann eine Operation mehr schaden als nützen. Zentrale Fazialislähmungen nach Schädelhirntraumen zeigen überwiegend eine gute Remission bis auf eine leichte Mundwinkelschwäche, die letztlich von einer Gesichtsasymmetrie kaum zu unterscheiden ist. Prognostische Aussagen in bezug auf eine Gesichtsnervenlähmung wurden früher mittels der klassischen Reizstromdiagnostik getroffen. Heutzutage bevorzugt man in dieser Hinsicht meist die Elektromyographie und die Bestimmung der distalen motorischen Latenz. Dabei sind wertvolle Aussagen bereits 10 bis 14 Tage nach dem Trauma möglich. Auch die Größe der Summenpotentialamplitude läßt im Seitenvergleich weitere Aufschlüsse zu. Es empfehlen sich im Verlauf elektrophysiologische Kontrollen, zumal sich eine beginnende Reinnervation schon vier bis sechs Wochen vor den ersten klinischen Zeichen der Funktionswiederkehr feststellen läßt. Von Anfang an hat man auf Reizerscheinungen von seiten des Auges zu achten, die schwerwiegende Komplikationen nach sich ziehen können. Durch mangelnden Lidschlag bei offener Lidspalte (Lagophthalmus) wird die Hornhaut nicht mehr befeuchtet, trocknet aus und ist damit gegenüber Infektionen äußerst anfällig geworden. Dieser Entwicklung, die bis zur Entstehung eines Hornhautgeschwürs führen kann, baut man durch eine „feuchte Kammer" in Form eines Uhrglasverbandes oder durch Vernähen der Lidspalte (partielle oder totale Tarsorrhaphie, später rückgängig zu machen) vor.

Die Therapie der traumatisch bedingten Fazialislähmung muß also einerseits Sekundärschäden verhindern und andererseits trachten, die mimische Muskulatur während der Zeit der fehlenden Innervation funktionstüchtig zu erhalten, was zumindest theoretisch durch Elektrostimulation und leichte Massage möglich scheint. Obgleich der Wert der Elektrotherapie in der Praxis keineswegs bewiesen ist, wird sie aus den genannten Überlegungen und wohl vor allem auch aus psychologischen Gründen meist doch durchgeführt. Keineswegs darf sie aber zu lang erfolgen, denn dann birgt sie die Gefahr der Gesichtskontraktur in sich. Mit Auftreten der ersten Willkürbewegungen muß sie beendet werden. Weniger gefährlich sind mimische Übungen vor dem Spiegel, jedoch kann man auch in dieser Hinsicht übertreiben und eine Kontraktur fördern. Operative Eingriffe bei Fazialislähmung erfolgen als Nervenrekonstruktion mittels eines autologen Transplantates, als Aufpfropfung auf den Nervus accessorius oder eventuell auf den Nervus hypoglossus, des weiteren als fazio-faziale Anastomose und schließlich als rein kosmetische Korrekturen. Bei den operativen Fazialisanastomosen mit Aufpfropfung auf einen anderen Nerv muß man sich vor Augen halten, daß dessen Funktion dadurch geopfert wird und daß viele Patienten, insbesondere wenn sie älter und wenig motiviert sind, den richtigen Einsatz dieser wiedergewonnenen Fazialisinnervation nicht erlernen. Früher wurden reine Dekompressionsoperationen wiederholt durchgeführt. In dieser Form ist man von ihnen wegen ihrer nicht überzeugenden Resultate weitgehend abgekommen. Die Reinnervationslatenz des Nervus facialis hängt vom Orte der Schädigung ab; diese Aussprossungszeit erstreckt sich von fünf Monaten (Schädigung nach dem Austritt aus dem Foramen stylomastoideum) bis zu 15 Monaten (Schädigung im Kleinhirnbrückenwinkel). Deshalb sollte die Endbegutachtung, sofern nicht zuvor eine vollkommene Heilung eingetreten ist, unter Bedachtnahme auf den Läsionsort erst ein bis zwei Jahre nach dem erlittenen Trauma vorgenommen werden.

Im Falle einer persistierenden peripheren Fazialisparese beobachtet man häufig abnorme Mitbewegungen, die sich über das gesamte Innervationsgebiet des Nervs ausbreiten, da isolierte mimische Bewegungen in Teilbereichen der betroffenen Gesichtshälfte nicht mehr möglich sind, sondern nur mehr intrafaziale Mit- und Masseninnervationen stattfinden. Außerdem können spontane Muskelzuckungen als Reizphänomene und vor allem Kontrakturen auftreten, welche bei stärkerer Ausbildung sogar zu Seitenverwechslungen bezüglich der Fazialisparese Anlaß geben können. Manchmal bleibt nach weitgehender Rückbildung einer peripheren Fazialisparese trotz sehr guter Willkürinnervation doch ein deutlicher Seitenunterschied in der Gesichtsmimik bestehen, welcher sich vor allem beim Lachen nachweisen läßt. Der Gutachter muß also nicht nur auf die Willkürinnervation, sondern auch auf die affektive Innervation achten. Des weiteren hat er das Ausmaß des Lidschlusses, eventuelle Reizerscheinungen am Auge mit Lakrimation, Massenbewegungen im Gesichtsbereich, Kontrakturbildung, Speichelfluß aus dem gelähmten Mundwinkel, allenfalls auch Hyperakusis und bei bilateralen Lähmungen eine bestehende Ageusie zu berücksichtigen. Im Vordergrund der Beurteilung steht aber eindeutig die Entstellung. In der privaten Unfallversicherung wird je nach Entstellungsgrad die komplette einseitige Fazialislähmung vom peripheren Typ meist mit 10 bis 20% und die gleichartige beidseitige Lähmung mit 20 bis 30% bleibender Invalidität eingeschätzt. Die höheren Prozentsätze werden üblicherweise Frauen zugebilligt. Außerdem kann sich eine periphere Gesichtsnervenlähmung auf bestimmte Berufe besonders beeinträchtigend auswirken, wie weiter unten noch zu besprechen sein wird. Die komplette Ageusie im Bereiche der vorderen zwei Zungendrittel hat nur bei Vorliegen einer beidseitigen peripheren Fazialislähmung gutachtliche Bedeutung. Sie muß neben der Entstellung gesondert berücksichtigt werden und entspricht in ihren Auswirkungen einem vollständigen Verlust des Geschmackssinnes. Die verbleibenden Geschmackswahrnehmungen, welche vom Zungengrund aus vermittelt werden, haben nämlich nur geringes Interesse und können daher vernachlässigt werden. Die komplette beidseitige Ageusie wird in der privaten Unfallversicherung je nach den speziellen Vertragsbedingungen manchmal mit 5%, meist jedoch mit 10% bleibender Invalidität eingestuft. In der Haftpflichtversicherung genügt üblicherweise die Beschreibung der durch die Gesichtsnervenlähmung verursachten Funktionsstörungen mit ihren Auswirkungen auf die Privat- und Berufssphäre. Besondere Bedeutung erlangen Gesichtsnervenlähmungen dann, wenn sie mit der bisherigen beruflichen Tätigkeit nicht mehr vereinbar sind. Eine Berufsunfähigkeit kann aber nur in Ausnahmefällen zugesprochen werden, z. B. wenn es auf Grund eines insuffizienten Lidschlusses zu starken entzündlichen Augenveränderungen kommt, wenn die Entstellung durch gleichzeitigen Speichelfluß aus dem gelähmten Mundwinkel einen Parteienverkehr nicht mehr zuläßt oder wenn der spezielle Beruf des Betroffenen (Schauspieler) ein besonders ausdrucksvolles Minenspiel verlangt, obgleich auch hier bei Männern manchmal leichte und mäßige Fazialisparesen sich als nicht hinderlich erwiesen haben. Im Falle maßgeblicher Augenbeschwerden und komplizierend aufgetretener Augenveränderungen, wie sie zuvor genannt wurden, ist eine zusätzliche augenärztliche Begutachtung erforderlich. Es stellt sich dann auch die Frage nach der Zweckmäßigkeit einer Blepharoplastik bzw. einer partiellen Lidspaltenvernähung (Tarsorrhaphie).

8. Hirnnerv

Traumatische Schädigungen des *Nervus statoacusticus* treten in erster Linie bei Pyramidenbrüchen auf; unter Umständen ist nicht der Nerv selbst, sondern das Innenohr (Corti-Organ und Labyrinth) betroffen. Jedoch kann die zugrundeliegende Läsion auch beim Eintritt des Nervs ins Gehirn lokalisiert sein. In Abhängigkeit vom Orte und vom Ausmaß der Verletzung ist der achte Hirnnerv sowohl in seinem kochleären als auch in seinem vestibulären Anteil oder isoliert in einem der beiden Anteile geschädigt. Häufig findet sich die Kombination mit einer peripheren Fazialisläsion. Einen typischen Befund bei Pyramidenquerfraktur stellt die ipsilaterale Trias von Ertaubung, vestibulärem Ausfall und kompletter peripherer Gesichtsnervenlähmung dar, wozu sich noch oft ein Hämatotympanon und eine Trommelfellruptur mit Blutung aus dem äußeren Gehörgang gesellen. Die Prognose hinsichtlich Restitution ist in diesen Fällen schlecht, da überwiegend eine komplette Innenohrzerstörung mit Nervenzerreißung vorliegt. Die Hörfunktion wird orientierend vom Neurologen, exakt vom Hals-Nasen-Ohren-Arzt untersucht. So läßt sich nach Schädeltraumen öfter eine Hörminderung in Form einer C_5-Senke nachweisen, ein Befund, der sich auch beim Knalltrauma mit Haarzellenschädigung findet. Die Gleichgewichtsfunktion wird in den peripheren Bereichen vom Otologen, in den zentralen Bereichen vom Neurologen geprüft.

Was den *Nervus acusticus sive cochlearis* anlangt, so kann jeder Arzt eine grobe Prüfung vornehmen. Schwerhörigkeit oder Taubheit eines Ohres läßt sich durch Fingerreiben vor dem einen und dann vor dem anderen Ohr, durch Prüfung der Umgangs- und Flüstersprache bei Ausschaltung des kontralateralen Ohres und bei gleichzeitiger Verhinderung des Ablesens von den Lippen feststellen. Die grobe Hörprüfung mittels einer tickenden Armbanduhr führt leicht zu falschen Ergebnissen, wenn die Uhr nicht exakt, sondern etwas schräg vor den äußeren Gehörgang gehalten wird. Die Differenzierung in Schalleitungs- und Perzeptionsschwerhörigkeit erfolgt durch den Rinne- und durch den Weber-Versuch. Im Rinne-Versuch ist die Luftleitung bei Schalleitungsschwerhörigkeit verkürzt oder aufgehoben, bei Perzeptionsschwerhörigkeit hingegen normal (schwingende Stimmgabel etwa doppelt so lange vor dem Ohr als auf dem Mastoid zu hören). Im Weber-Versuch wird eine in der Schädelmitte aufgesetzte schwingende Stimmgabel im Falle einer Schalleitungsschwerhörigkeit in das kranke Ohr und im Falle einer Perzeptionsschwerhörigkeit in das gesunde Ohr lateralisiert. Vollständige Surditas entspricht stets einer Perzeptionstaubheit.

Was den *Nervus staticus sive vestibularis* betrifft, so müssen ein- und beidseitige, zentrale und periphere vestibuläre Störungen unterschieden werden (SCHERZER 1968). Die Differenzierung in labyrinthäre und retrolabyrinthäre Läsionen wird meist vom Otologen getroffen und bezweckt eine Unterscheidung von Schädigungen des peripheren Gleichgewichtsorgans und des Nervs. Die Symptomatologie der peripher-vestibulären Störungen findet sich nicht nur bei infranukleären und nukleären, sondern auch noch bei supranukleären Läsionen bis hinauf zum Mittelhirn. Die Unterscheidung muß dann an Zusatzkriterien gefällt werden. Einseitige vestibuläre Störungen bedingen vestibulospinale Abweichreaktionen (Geh- und Zeigedeviationen, gerichtete Falltendenz im Sinne von Gleichgewichtsstörungen), vestibulookuläre Störungen (Augendeviationen und insbesondere Rucknystagmus) sowie subjektiv Schwindelsensationen (anfangs gerichtet im Sinne einer Drehempfindung, später ungerichtet im Sinne einer Schwankempfindung). Periphere Vestibularisstörungen sind mit stärkerem Schwindel, zentrale Vestibularisstörungen sind hingegen mit geringerem oder mit gar keinem Schwindel vergesellschaftet. Vertikaler, diagonaler, dysharmonischer (nicht in Übereinstimmung mit den sonstigen vestibulären Zeichen oder mit der zu erwartenden Reaktion auf experimentelle Reizung) sowie dissoziierter Nystagmus (bezüglich der Richtung und des Ausmaßes an beiden Augen unterschiedlich) weisen auf eine zentrale vestibuläre Störung hin. Vestibulärer Nystagmus wird durch Lichteinfall gedämpft, daher ist ein geringer vestibulärer Nystagmus nur mehr bei geschlossenen Augen vorhanden; man spricht dann auch von einem latenten vestibulären Nystagmus. Eine einseitige periphere Vestibularisstörung ist durch Deviation zur Ausfallseite oder der mindererregten Seite gekennzeichnet: Abweichen von der Lotschnur nach BARRÉ beim ROMBERG-Versuch (Stehversuch bzw. Fuß-Lidschluß-Versuch), ebenso Armabweichen beim Vorhalteversuch, Vorbeizeigen im BARANY-Versuch, anhaltende Drehtendenz beim prolongierten UNTERBERGER-Tretversuch, wobei pro Schritt ein Grad Drehung in der ersten Minute noch als normal toleriert werden kann, Abweichen beim Strichgang und beim Sterngang nach BABINSKI und WEIL (mit je drei bis fünf Schritten nach vor und zurück), Blickabweichung als langsame Nystagmusphase und allenfalls als Lidschlußdeviation bei stärkerem Zukneifen der Augen.

Auch der vestibuläre Nystagmus beruht primär auf einer Deviation, welche durch zentrale Korrekturrucke unterbrochen wird. Dadurch entsteht beim einseitigen peripheren Vestibularisausfall ein horizontaler Rucknystagmus zur Gegenseite, der richtungsbestimmte vestibuläre Spontannystagmus, welcher anfänglich infolge seiner starken Intensität aus allen Stellungen in ein und dieselbe Richtung schlägt. Er ist mit einer Bildverschiebung und Drehempfindung nach der Gegenseite vergesellschaftet, wogegen bei geschlossenen Augen entsprechend der Deviation eine Zugempfindung zur Ausfallseite gegeben sein kann. Insbesondere in den ersten Tagen nach der Schädigung ist wiederholt eine leicht rotatorische Komponente des horizontalen Rucknystagmus zu beobachten. Darüber hinaus zeigen sich zu Beginn einer peripheren Vestibularisaffektion oft deutliche vegetative Störungen. So kommt es zu Übelkeit (Nausea), Brechreiz, Erbrechen, Schweißausbruch und Kreislaufstörungen bis Kollaps. Pathophysiologisch wird hiefür ein Überspringen der Impulse vom Vestibularis- auf das Vaguskerngebiet angenommen. Die Reizsymptomatik der einseitigen peripheren Vestibularisschädigung ist bezüglich Deviations- und Nystagmusrichtung den soeben geschilderten Phänomenen entgegengesetzt, also sämtliche Deviationen zur Gegenseite und Rucknystagmus zur Irritationsseite. Die beidseitige Vestibularisausschaltung läßt einen vestibulären Nystagmus und gerichtete Abweichreaktionen vermissen, zeigt subjektiv das Jumbling-Symptom („Hüpfen" der Sehbilder bei Kopfbewegungen, vornehmlich beim Gehen auf unebenem Boden) und objektiv eine stark ausgeprägte Falltendenz nach allen Seiten bei Durchführung des UNTERBERGER-Tretversuches auf einer weichen Matratze, selbst wenn die Augen offengehalten werden. Die kalorische (thermische) und die einfache rotatorische Vestibularisprüfung erfolgen meist durch den Otologen. Die kalorische Untersuchung wird üblicherweise einseitig durchgeführt, zuerst am einen und nach einer Pause am anderen Ohr. Die Kältereizung eines Labyrinths ruft eine klinische Symptomatik wie bei peripherem Vestibularisausfall hervor, insbesondere einen Rucknystagmus mit langsamer Komponente zur Spülseite und mit rascher Komponente zur Gegenseite. Die Warmspülung eines Labyrinths ergibt einen entgegengesetzten Befund. Bei Durchführung der Kalt- und Warmspülungen (meist 7° über und unter der normalen Körpertemperatur, d. h. 30° und 40° Celsius) beider äußerer Gehörgänge nacheinander, lassen sich als pathologische Befunde die einseitige Un-, Unter- und Übererregbarkeit vom peripheren Typ, das Richtungsüberwiegen des kalorischen Nystagmus vom zentralen Typ sowie die beidseitige vestibuläre Un- und eventuell Übererregbarkeit feststellen. Die Kaltspülung mit Eiswasser (5 bis 10 ccm) stellt einen extremen Reiz dar, der nicht nur thermisch, sondern auch unspezifisch aktivierend wirkt und solchermaßen einen über vegetative Reize ausgelösten Provokationsnystagmus bedingen kann, obgleich das geprüfte periphere Gleichgewichtsorgan überhaupt nicht erregbar ist. Zur Klärung der Situation muß eine Massenspülung mit warmem Wasser (300 ccm) angeschlossen werden, die dann zeigt, ob überhaupt eine Erregbarkeit vorliegt oder nicht.

Die rotatorische Vestibularisprüfung erfolgt auf dem Drehstuhl und reizt gleichzeitig beide Labyrinthe, läßt somit zentrale Mechanismen und Störungen erkennen, nämlich vor allem vestibuläres Richtungsüberwiegen des experimentellen Nystagmus (auch als „zentrale" Tonusdifferenz bezeichnet) sowie allgemeine Unter- und Unerregbarkeit. Eine verfeinerte Untersuchungstechnik stellt die Elektronystagmographie dar, die später noch zu besprechen sein wird und deren Hauptvorteile in der quantitativen Bestimmung und in der Formanalyse des experimentell ausgelösten Nystagmus sowie im Nachweis eines latenten (bei geschlossenen Augen vorhandenen Nystagmus) liegt. Diese Spezialuntersuchung, welche auch die Registrierung des optokinetischen Nystagmus, des zervikalen Nystagmus und sonstiger okulomotorischer Phänomene gestattet, fällt in die Domäne der Neurophysiologie.

Die FRENZEL-Leuchtbrille, welche im Dunkelzimmer angewandt wird und die Akkommodation durch starke Linsen und somit auch das scharfe Sehen sowie die nystagmusdämpfende visuelle Fixation ausschaltet, gestattet solchermaßen die bessere Erkennung von Spontannystagmus und Provokationsnystagmus (Kopfschüttelnystagmus, Lage- und Lagerungsnystagmus) sowie Zervikalnystagmus. Dadurch kann auch ein wenig intensiver vestibulärer Nystagmus nachgewiesen werden. Differentialdiagnostisch von Bedeutung ist unter Umständen ein klinisch auffallender Pendelnystagmus, der keine Differenzierung in eine schnelle und langsame Nystagmuskomponente zeigt; er stellt in der Regel einen kongenitalen Fixationsnystagmus dar, welcher mit Augenschluß verschwindet, schwächer wird oder eine Formveränderung zeigt und keine Schwindelsensation hervorruft.

Gutachtlich sind traumatische Schädigungen des Innenohrs und des peripheren Vestibularsystems, also auch des Nervus statoacusticus die Domäne des otologischen Sachverständigen, wogegen zentral-vestibuläre Ausfälle und Störungen vom neurologischen Sachverständigen beurteilt werden. In beiden Fällen sollte die Endbegutachtung nicht zu früh erfolgen, jedenfalls nicht vor Ende des ersten posttraumatischen Jahres, besser jedoch gegen Ende des zweiten posttraumatischen Jahres. Dies hat seine Berechtigung darin, daß sich vestibuläre Ausgleichs- und zentrale Kompensationsvorgänge vor allem bei kontusioneller Hirnschädigung über längere Zeit erstrecken und daß auch sekundäre Hörverschlechterungen durch eine progrediente Innenohrschädigung, die bis zur Verödung gehen kann, möglich sind. Aber selbst der benigne paroxysmale Lagerungsschwindel und Lagerungsnystagmus ohne zusätzliche Hirnschädigung schwindet nicht selten erst gegen Ende des zweiten Jahres nach dem Unfall, und dies ungeachtet einer antivertiginösen Medikation und eines systematischen Lagerungstrainings. Dennoch ist die Prognose labyrinthärer und peripher-vestibulärer Läsionen à la longue günstig. Entweder kommt es zur Erholung, d. h. zur Rückbildung der Läsion oder bei Bestehenbleiben der anatomischen Schädigung zu den genannten vestibulären Ausgleichs- und zentralen Kompensationsvorgängen. Falls tatsächlich ein unfallkausaler Dauerschaden resultiert, ist er auf Grund des soeben genannten, günstigen klinischen Verlaufes nach einseitigen peripheren Vestibularisläsionen meist gering. Das bedeutet aber nicht, daß der eingetretene Zustand mit vestibulärem Ausgleich bzw. zentraler Kompensation einer Normalisierung gleichkommt. Bei Überforderung des Gleichgewichtssystems tritt schließlich doch eine Dekompensation ein und es macht sich der vestibuläre Ausfall störend bemerkbar. So wird man einem solchen Versehrten keine Arbeiten in exponierter Lage (Gerüst, Leiter, Hausdach usw.) zumuten können. Für derartige Tätigkeiten ist bei Nachweis eines persistierenden Labyrinth- oder Vestibularisschadens Berufsunfähigkeit gegeben. Ein Arbeitsplatzwechsel mit Tätigkeiten zu ebener Erde oder eine Umschulung sind in diesem Falle notwendig. Wesentlich gravierender sind die Auswirkungen eines beidseitigen Labyrinth- oder eines beidseitigen peripheren Vestibularisausfalles. Die Möglichkeiten der Kompensation sind bei bilateralen Schädigungen dieser Art sehr stark eingeschränkt. In Frage kommen für die Betroffenen nur mehr sitzende Berufe, welche keine große Mobilität und keine schnellen Bewegungen erfordern. Objektivierbare Gleichgewichtsstörungen durch einseitigen peripheren Vestibularisausfall bedingen bei Personen mit vorwiegend sitzenden Berufen meist eine bleibende Invalidität von 5 bis 20%. Der genaue Prozentsatz wird durch das Ausmaß des vestibulären Ausgleichs bzw. der zentralen Kompensation bestimmt. Als besonders gravierend erweist sich, wie erwähnt, der beidseitige periphere Vestibularisausfall, so daß hier 50 bis 80% bleibender Invalidität gerechtfertigt sind. Der Beruf (Arbeiten in exponierter Lage, mit häufigem Bücken usw.) ist allenfalls zu beachten. Die einseitige Taubheit ist taxativ in der privaten Unfallversicherung je nach Vertrag mit 15 oder 20%, die beidseitige Taubheit stets mit 60% festgelegt.

Differentialdiagnostisch sind psychogene Zustandsbilder mit Schwindelsensationen und meist grotesken Pseudogleichgewichtsstörungen von den echten ein- und beidseitigen organisch bedingten Störungen des Gleichgewichtssinnes abzugrenzen. Dies gelingt einerseits auf Grund des meist bizarren klinischen Bildes und andererseits auf Grund der normalen Ergebnisse bei zusätzlichen apparativen Untersuchungen. Schwieriger ist die gutachtliche Beurteilung psychogener Überlagerungen, bei denen also ein „organischer Kern" vorliegt und tatsächliche – objektivierbare – Störungen und Beschwerden vom Untersuchten maßgeblich übertrieben werden. In einem solchen Falle muß sich der Gutachter weitgehend auf seine eigene einschlägige Erfahrung und natürlich auch auf die Fakten der gezielt eingesetzten Hilfsuntersuchungen stützen. Darüber hinaus hat er die Persönlichkeitsstruktur des Versehrten zu erfassen und in seine Überlegungen einzubeziehen. Dadurch läßt sich doch mit ausreichender Genauigkeit der psychogene Überbau abgrenzen und das tatsächliche Ausmaß der organisch bedingten Veränderungen aus der Fülle der behaupteten Beschwerden und demonstrierten Phänomene herausschälen. In der privaten Unfallversicherung werden, wie in den diesbezüglichen Versicherungsbedingungen festgelegt, psychogene Störungen überhaupt nicht als Unfallfolgen anerkannt. Ihre Entschädigung ist vertragsmäßig ausgeschlossen. In der Haftpflichtversicherung kann sich unter Umständen die Frage ergeben, ob einem stark ausgeprägten psychogenen Beschwerdebild mit Pseudoschwindel und Pseudogleichgewichtsstörungen Unfallkausalität zuzusprechen ist oder nicht. Diese gutachtliche Entscheidung fällt eindeutig in den Kompetenzbereich des nervenärztlichen Sachverständigen, der hier den psychischen Bereich zu analysieren hat (SCHERZER 1989). Eine Anerkennung derartiger Störungen als Unfallfolgen ist nur dann statthaft, wenn gutachtlich überzeugend und lückenlos dargestellt werden kann, daß sich der Betroffene bei bestem Willen der progredienten psychogenen Fehlentwicklung nicht entziehen konnte. Die Frage der gutachtlichen Wertung und Beurteilung psychogener Störungen wurde bereits in einem früheren Abschnitt des vorliegenden Buches besprochen.

9. und 10. Hirnnerv

Der *Nervus glossopharyngeus* und der *Nervus vagus* werden nur selten direkt traumatisiert. Dies kann bei Schuß- oder Stichverletzungen sowie auch bei Schädelbasisbrüchen, vor allem im Bereiche des Jugularforamens der Fall sein. Da die Funktionen der beiden Nerven einander zu einem wesentlichen Teil überlappen, sind auch ihre Ausfälle unter Umständen schwer voneinander zu trennen. Der neunte und zehnte Hirnnerv versorgen gemeinsam die Gaumensegel-, Schluck- und Stimmritzenmuskulatur. Die neurologischen Ausfälle zeigen sich verständlichermaßen besonders deutlich, wenn beide Nerven gleichzeitig gelähmt sind, was durch die enge Nachbarschaft begünstigt wird. Sehr kennzeichnend ist dann die Gaumensegellähmung mit nasaler Sprache und Austritt von Flüssigkeit aus dem Rachen in die Nase beim Schluckakt. Die Mundhöhle wird vornehmlich durch den Ausfall des Nervus glossopharyngeus nicht dicht geschlossen, so daß Flüssigkeit sogar in die Luftröhre gelangen kann. Das Gaumensegel ist bei einseitiger Lähmung durch Überwiegen der funktionstüchtigen Muskulatur nach der gesunden Seite hin verzogen. Dadurch steht auch das Gaumenzäpfchen nicht mehr in der Mitte, sondern ist gleichfalls zur gesunden Seite hin verlagert. Die Sprache ist nasal gefärbt, besonders deutlich im Sinne der Rhinolalia aperta bei doppelseitiger Glossopharyngeusläsion. Das auf der paretischen Seite tiefer stehende Gaumensegel wird bei Phonation oder beim Würgen noch weiter nach der gesunden Seite hin verzogen, ebenso die Rachenhinterwand (sogenanntes Kulissenphänomen). Stets ist der Würgreflex, der vom Gaumen, von den Tonsillen und von der Rachenhinterwand ausgelöst werden kann, beidseits zu prüfen. Dieser Reflex kann aber nicht nur bei Vorliegen einer Hirnnervenläsion, sondern auch beim Gesunden oder psychogen Stigmatisierten fehlen. Zugleich ist die Sensibilität dieser Regionen zu prüfen. Sie ist bei peripheren Läsionen herabgesetzt. Schluckstörungen können zwar nur röntgenologisch verifiziert werden, jedoch sind in dieser Hinsicht anamnestische Angaben recht gut verwertbar; so berichten die Betroffenen selbst über wiederholtes Verkutzen. Durch Lähmung des vom Nervus vagus innervierten Musculus constrictor pharyngis können feste Speisen nur schlecht geschluckt werden. Der Nervus glossopharyngeus vermittelt Geschmacksfasern zum hinteren Drittel der jeweiligen Zungenhälfte. Die Prüfung dieses Geschmacksareals mit bitteren Proben verlangt eine besonders gutmütige Kooperation, stellt also große Anforderungen an den Untersuchten und sollte daher weitgehend unterbleiben.

Beidseitige Gaumensegelinnervationsstörungen führen zur Dysarthrie, einer artikulatorischen Störung mit Verwaschenheit, Verlangsamung und Undeutlichkeit der Sprache, wobei die Bildung der Konsonanten „r" und „l" besonders stark beeinträchtigt ist. In schwersten Fällen liegt eine Anarthrie im

Sinne der Unfähigkeit zur Artikulation vor. Meist sind dann auch die benachbarten Hirnnerven IX und XII geschädigt. Differentialdiagnostisch unterscheidet man bei den Dysarthrien suprabulbäre, bulbäre oder nukleäre und zerebelläre sowie extrapyramidale Formen. Leichte dysarthrische Störungen werden durch bestimmte Testwörter verdeutlicht, z. B. Eulalia, Leberknödel, dritte reitende (berittene) Artilleriebrigade, Donaudampfschiffahrtsgesellschaft oder Elektrizitätswerksdirektor usw. Der Vagusausfall führt auch zur Lähmung des *Nervus recurrens*, die insbesondere anfangs durch Heiserkeit (Dysphonie) charakterisiert ist und vor allem die Bildung hoher Töne betrifft. Eine ergänzende laryngologische Untersuchung ist angezeigt. Bei körperlichen Anstrengungen tritt zusätzlich Atemnot auf. Eine Stimmlosigkeit (Aphonie) ist bei bilateraler Rekurrenslähmung gegeben. In einem solchen Falle besteht auf Grund der beidseitigen Postikuslähmung, durch welche die Stimmritze nicht aktiv geöffnet werden kann, Erstickungsgefahr, so daß eine Dauerkanüle getragen werden muß. Dysarthrie und Dysphonie sind häufig nebeneinander und gleichzeitig zu beobachten. Es liegt dann eine kombinierte Sprech- und Stimmstörung vor, welche je nach Form und Ausprägung durch Näseln, Bitonalität, Verlangsamung, Beschleunigung oder Überstürzung, Undeutlichkeit, Heiserkeit und Störungen von Rhythmus, Melodik, Betonung, Lautstärke und Klang der Stimme gekennzeichnet sind. Gravierende einseitige Gaumensegel-, Rachen- und Stimmbandparesen sind laut SCHENCK (1971) immer Ausdruck einer Schädigung des peripheren Neurons (also periphere oder nukleäre Läsion), wogegen beidseitige derartige Lähmungen sowohl peripher als auch zentral bedingt sein können.

Gutachtlich wird die einseitige Gaumensegellähmung in der privaten Unfallversicherung üblicherweise mit 10% und die beidseitige Gaumensegellähmung mit 20% bleibender Invalidität eingeschätzt. Darin enthalten sind die Funktionsstörungen sowohl des Sprechens (Dysarthrie) als auch des Schlukkens (Dysphagie). Die einseitige Rekurrenslähmung wird mit 10 bis 20% und die beidseitige Rekurrenslähmung mit 30 bis 50% bleibender Invalidität eingestuft. Diese Rahmensätze berücksichtigen das Ausmaß der Dysphonie und der begleitenden Atembehinderung bis zur Notwendigkeit des Tragens einer Dauerkanüle. Mit ausgeprägter Dysarthrie oder auch Dysphonie ist der Betroffene für gewisse Berufe, die Parteienverkehr, häufiges Sprechen und schauspielerische Darstellungen erfordern, ungeeignet. Die Glossopharyngeusneuralgie, die zwar seltener als die Trigeminusneuralgie ist, aber gleichfalls mit oft sehr heftigen Schmerzanfällen einhergeht, kann den Gutachter vor große Schwierigkeiten stellen. Er muß im Falle der Anerkennung als Verletzungsfolge die Unfallkausalität nachweisen, damit die Glaubwürdigkeit der vorgebrachten Behauptungen unter Beweis stellen und das Ausmaß der Beeinträchtigung, d. h. insbesondere die Häufigkeit der Schmerzattacken, beurteilen, wobei er sich nicht einzig und allein auf die gemachten Angaben stützen darf, sondern auch die Gesamtpersönlichkeit des Betroffenen in seine Überlegungen miteinbeziehen muß.

11. Hirnnerv

Der *Nervus accessorius* wird besonders durch Schnittverletzungen und Operationen an der seitlichen Halsregion lädiert, selten im Rahmen von Traumen der okzipitobasalen Region und als Rarissimum im Rahmen einer schweren Schleuderverletzung der Halswirbelsäule. Zu prüfen sind der Musculus sternocleidomastoideus, der den Kopf bei einseitiger Innervation zur Gegenseite dreht und bei bilateraler Innervation den Kopf von der Unterlage hebt, ferner der obere Anteil des Musculus trapezius, der die Schulter und das Schlüsselblatt hochhebt. Ausfälle zeigen sich in einer Kraftverminderung für die Kopfdrehung zur Gegenseite, für die Neigung zur Läsionsseite und für die Schulterhebung, ferner in einem Schultertiefstand und in einer Schaukelstellung des Schulterblattes, wobei auch die Armhebung beeinträchtigt ist. Bei weiter distal gelegener Schädigung des Nervus accessorius kann isoliert der obere Trapeziusanteil ausfallen und der Kopfwendermuskel normal innerviert sein. Schließlich entwickelt sich in den gelähmten Muskelbereichen eine meist deutliche Atrophie. Durch Belastung treten Schmerzen im Schulterbereich auf. Im Falle einer kompletten Lähmung ist eine baldige operative Revision mit entsprechender Nervenoperation indiziert. Für inveterierte Fälle bieten sich Ersatzoperationen an.

In gutachtlicher Hinsicht beträgt die bleibende Invalidität in der privaten Unfallversicherung bei kompletter Akzessoriuslähmung ein Drittel des Armwertes, wobei nicht zwischen rechts und links unterschieden wird und rein taxativ, also ohne Bezug auf den Beruf, vorgegangen wird. In der Haftpflichtversicherung stellt sich hingegen die Frage nach der beruflichen Beeinträchtigung. Diese ist vor allem dann gegeben, wenn von den Betroffenen schwere manuelle Tätigkeiten sowie Arbeiten über Kopf gefordert werden. Bilaterale Läsionen sind diesbezüglich besonders funktionsbehindernd. Auch müssen beidseitige Akzessoriuslähmungen in der privaten Unfallversicherung nicht nur taxativ als Armwertminderungen, sondern wegen der nicht zu vernachlässigenden Kopfinstabilität und der beeinträchtigten Kopfbeweglichkeit zusätzlich in Prozenten vom Ganzen eingeschätzt werden. Für diese Lähmung beider Musculi sternocleidomastoidei sind demnach berufliche Aspekte maßgeblich. In den meisten Berufen macht die beidseitige Lähmung des Kopfwendermuskels 15% bleibender Invalidität aus.

12. Hirnnerv

Der *Nervus hypoglossus* kann durch Stich- und Schußverletzungen oder auch durch Schnittverletzungen, dann allenfalls beidseits wie beim Sturz in eine billige Windschutzscheibe, verletzt werden. Die periphere Lähmung dieses rein motorischen Nervs erkennt man an der halbseitigen Zungenatrophie, am Abweichen der herausgestreckten Zunge zur gelähmten Seite durch Überwiegen des Musculus genioglossus der gesunden Seite und an der Kraftverminderung der Lateralbewegung der Zunge zur Gegenseite (Tastbefund des Zungendruckes gegen die Wange im Seitenvergleich). Die einseitige periphere Hypoglossuslähmung wird beim Sprechen und Kauen gut kompensiert. Eine beidseitige periphere Läsion bedingt hingegen schwerste Sprech- und Schluckstörungen. Die Zunge zeigt eine hochgradige Atrophie und weist schließlich nur mehr einen Bruchteil ihres normalen Volumens auf. Ein seitliches Abweichen der Zunge ist bei bilateralen Läsionen nicht festzustellen. Die Bewegungen sind nach allen Richtungen hin hochgradig eingeschränkt bis erloschen. Faszikulationen an der Zunge sind bei allen nukleären Lähmungen möglich (bulbäre Hypoglossusläsion). Die einseitige zentrale Hypoglossuslähmung tritt meistens im Rahmen einer Hemiparese auf. Das Zungenabweichen erfolgt wie bei peripherer Läsion nach der gelähmten Körperseite, wird aber bald kompensiert. Die beidseitige zentrale Störung der Hypoglossusfunktion bedingt ausgeprägte Sprech- und Schluckstörungen, jedoch keine Zungenatrophie.

Bei kompletter peripherer Lähmung des zwölften Hirnnervs empfiehlt sich eine baldige Nervenrevision, zumal die Prognose der frühen Nervenrekonstruktion ziemlich gut ist. In der privaten Unfallversicherung muß vertragsgemäß nach medizinischen Gesichtspunkten bzw. nach dem Beruf eingeschätzt werden. Letzteres gilt ebenso für die Haftpflichtversicherung, bei der aber auch die Auswirkungen auf die Privatsphäre beurteilt werden müssen. Vor allem ist die Beeinträchtigung des Sprechens zu berücksichtigen. Sie ist bei der einseitigen Hypoglossuslähmung gering und beläuft sich in der gutachtlichen Einschätzung auf weniger als 5% Einbuße. Bei der bilateralen Hypoglossuslähmung mit hochgradiger Zungenatrophie ist die Sprechfähigkeit ganz wesentlich gestört. Darüber hinaus ist auch der Schluckakt in seiner ersten Phase maßgeblich beeinträchtigt. In diesem Falle ist eine Dauerinvalidität im Ausmaße von 50% gerechtfertigt. Die einseitige Zungenlähmung wirkt sich nur bei manchen Berufen stärker aus, z. B. Sprecher, Schauspieler, Bläser in einem Orchester und kann dann sogar Berufsunfähigkeit bedingen.

B. Schmerzsyndrome

Besprochen werden hier Schmerzzustände im Gesichts- und Kopfbereich, welche nach Verletzungen von Hirnnerven auftreten. Dabei kann es sich wie nach Verletzungen peripherer Nerven um verschiedene Schmerzformen handeln, so um parästhetische Kribbelschmerzen, posttraumatische Dauerschmerzen und posttraumatische Neuralgien, hyperästhetische Schmerzen bzw. Hyperpathien, Neuromschmerzen, meningeale Schmerzen und Mischtypen. Differentialdiagnostisch hat eine Abgrenzung gegenüber Schmerzzuständen auf Grund von Begleitverletzungen anderer Strukturen wie Auge, Zähne, Kiefergelenk, Mittelohr, größere Gefäße usw. zu erfolgen. Auch Halswirbelsäulenverletzungen können zu ausstrahlenden Schmerzen im Kopfbereich führen (spondylogene Zephalgie).

Parästhetischer Kribbelschmerz

Ihm liegt eine bloß leichte Nervenschädigung in Form einer Irritation zugrunde. Klinisch drückt sich diese in Ameisenlaufen und Elektrisieren sowie unangenehmem Kribbeln aus. Solche Sensationen können spontan oder auch auf lokalen Druck gegen den betroffenen Nerv manifest werden. Wiederholt zeigen sich Kribbelparästhesien bei Rückbildung einer Anästhesie oder ausgeprägten Hypästhesie. Meist ist der parästhetische Kribbelschmerz auf ein umschriebenes Areal beschränkt, dessen sensible Versorgung durch eine direkte Nervenverletzung beeinträchtigt ist. Mit einer Rückbildung des parästhetischen Kribbelschmerzes durch Nervenregeneration ist zu rechnen.

Posttraumatischer Dauerschmerz

Er ist wahrscheinlich eine Sonderform des Neuromschmerzes und dürfte durch kleine, daher nicht mehr tastbare Neurome an distalen Nervenzweigen verursacht sein. Klinisch ist er durch einen stechenden, bohrenden oder auch schneidenden Schmerzcharakter ausgezeichnet. Auf lokalen Druck verstärkt sich der posttraumatische Dauerschmerz deutlich und strahlt diffus in die Umgebung aus. Meist bildet er sich im Laufe der Zeit, die durch vorsichtige und zurückhaltende analgetische Behandlung überbrückt werden kann, zurück. Bei Persistenz dieser Schmerzform sind ungünstige Narbenverhältnisse infolge stärkerer Verwachsungen mit der Umgebung anzunehmen, so daß ein operativer Eingriff indiziert ist.

Neuromschmerz

Seine anatomische Grundlage ist in einer totalen oder partiellen Nervendurchtrennung mit nachfolgender Ausbildung eines größeren und daher meist tastbaren Neuroms gegeben. Da die Ausbildung des Neuroms einige Zeit beansprucht, manifestiert sich diese Schmerzform typischerweise mit Latenz nach der primären Nervenverletzung. Ihr Schmerzcharakter ist blitzartig und in die Peripherie ausstrahlend, woran sich ein bohrendes oder schneidendes Ausklingen anschließen kann. Kennzeichnend ist die mechanische Auslösbarkeit des Neuromschmerzes. Bei langdauernder Persistenz ist ein chirurgischer Eingriff mit Wiederherstellung günstiger Narbenverhältnisse angezeigt.

Hyperästhetischer Schmerz

Diese Schmerzform wird häufig auch als Hyperpathie bezeichnet, besteht in einer schmerzhaften Mißempfindung und wird in kennzeichnender Weise durch bloß leichte Berührungen ausgelöst, wogegen stärkere Reize wie intensiver lokaler Druck keinen oder einen nur geringen Schmerz bedingen. Dem hyperästhetischen Schmerz begegnet man überwiegend in der Randzone eines anästhetischen Areals, also nach Nervendiszision. Meist tritt im Laufe der Zeit eine spontane Remission ein. Bei ausgeprägter Hyperpathie überschreitet der ausgelöste Schmerz den zugrundeliegenden Reiz nicht nur hinsichtlich der Intensität, sondern auch hinsichtlich des Ausbreitungsareals und der Dauer.

Meningealer Schmerz

Er kann durch alle Prozesse an den Hirnhäuten verursacht werden und führt, zumal die Hirnhäute sensibel von den Hirnnerven versorgt werden (Nervus trigeminus, Nervus glossopharyngeus und Nervus vagus), zu typischen Schmerzen im Augen-, Stirn- und Hinterhauptsbereich. Der meningeale Schmerz wird in der Regel als dumpf, quälend und anhaltend beschrieben. Er verstärkt sich durch zusätzliche Reize. So bestehen Licht- und Lärmempfindlichkeit. Diesem Schmerztyp begegnet man in der Neurotraumatologie bei der posttraumatischen Meningitis, bei subduralen und epiduralen Hämatomen, eventuell bei Hygromen und beim Liquorunterdrucksyndrom. Vor allem das chronische Subduralhämatom ist während seiner Entwicklung durch Kopfschmerzen gekennzeichnet, die oft sogar das diagnostische Leitsymptom darstellen und die einerseits durch die chronische meningeale Irritation und andererseits durch Liquordruckveränderungen bedingt sind. Die Hypoliquorrhö bzw. Aliquorrhö nach Schädelhirntrauma kann sich gleichfalls in einem meningealen Schmerz kundtun und wird durch eine verminderte Liquorbildung in den Plexus der Ventrikel, durch vermehrte Liquorresorption oder durch konstanten Liquorabfluß über Durarisse (vor allem nasale Liquorrhö und Liquorfistel im Bereiche von Trepanationsdefekten) bedingt. Das Liquorunterdrucksyndrom ist dem postpunktionellen Syndrom vergleichbar und besteht aus orthostaseabhängigen Kopfschmerzen, diffusen Schwindelsensationen, Ohrensausen, Übelkeit und Benommenheit sowie Nackenschmerzen, welche auch im Vordergrund stehen können, so daß man von einem pseudomeningitischen Syndrom spricht. Auch eine Liquorabflußbehinderung kann zu Kopfschmerzen führen, insbesondere dann, wenn sie intermittierend auftritt. Sie ist klinisch des weiteren durch Übelkeit und Erbrechen sowie Bewußtseinstrübung gekennzeichnet. Die meningeale Reizung führt bei starker Ausprägung zu Opisthotonus. Derartige Bilder beobachtet man in der Traumatologie bei rasch wachsenden Hämatomen der hinteren Schädelgrube, welche selbstverständlich eine sofortige neurochirurgische Entlastung erforderlich machen. Inwieweit bei manchen intrakraniellen Prozessen neben meningealen zusätzlich gefäßbedingte Schmerzen durch Irritation basaler Hirnarterien eine Rolle spielen, bleibt dahingestellt.

Der meningeale Schmerz darf mit dem Schmerz eines oberen Zervikalsyndroms nicht verwechselt werden. Die meningeale Reizung (Meningismus) führt zu einer Schmerzverstärkung bei Vorneigen des Schädels, da ein Zug an den Hirnhäuten entsteht, ebenso bei Prüfung des LASÈGUEschen Zeichens und des KERNIGschen Zeichens, wogegen seitliche Kopfdrehungen keine Schmerzen auslösen. Letzteres erlaubt die Differentialdiagnose gegenüber einem Zervikalsyndrom. Darüber hinaus ist das Bulbusdruckphänomen bei meningealer Irritation positiv, beim Zervikalsyndrom hingegen negativ. Die Behandlung des meningealen Schmerzes besteht in der kausalen Therapie der Grundstörung, d. h. in einer antibiotischen Medikation bei Meningitis, in der operativen Entleerung beim Sub- oder Epiduralhämatom, in der Behebung einer Abflußbehinderung, im Duraverschluß bei bestehender Liquorrhö bzw. Liquorfistel und im Druckausgleich beim Liquorunterdrucksyndrom (orale oder parenterale Zufuhr großer Flüssigkeitsmengen, Gabe von Ephedrin oder Papaverin, Auffüllung des Liquorraumes mit physiologischer Kochsalzlösung).

Posttraumatische Hirnnervenneuralgien

Bei ihnen handelt es sich um zonenförmige bzw. umschriebene Schmerzen, deren Ausbreitungsareal dem Versorgungsbereich eines sensiblen Hirnnervs entspricht. Typischerweise liegt nur eine geringfügige anatomische Läsion des betroffenen Nervs vor. Die klinische Symptomatik wird vom Nervenschmerz, der sich förmlich zu einem autochthonen Schmerzleiden entwickelt, bestimmt. Da Neuralgien im Gesichts- und Kopfbereich auch spontan und im Rahmen verschiedener Erkrankungen auftreten können, ist eine genaue Abgrenzung der seltenen posttraumatischen Hirnnervenneuralgien differentialdiagnostisch erforderlich. Pathologisch-anatomisch werden Weichteilverletzungen und kleinere Narben im Nervenverlauf angenommen. Lokale Sensibilitätsstörungen und Druckempfindlichkeit der relevanten Hirnnervenaustrittsstellen stützen genauso wie örtliche Narben und Frakturen die Annahme einer traumatischen Genese der Neuralgie. Kennzeichnend für das Schmerzleiden sind intensive, meist dumpfe Schmerzen, welche durch lokalen Druck (an sogenannten Trigger-Punkten), aber auch durch Kälte und Wind ausgelöst werden können. Bestimmte Tätigkeiten wirken oft gleichfalls schmerzprovozierend; hier sind Kauen, Schlucken, Gähnen, Niesen, Husten und Sprechen zu nennen. Typischerweise dauern die blitzartig auftretenden neuralgischen Schmerzen nur Sekunden und sind äußerst heftig. Nach längerer Zeit kann sich zwischen den Schmerzanfällen, welche dann auch länger anhalten, ein leichterer Dauerschmerz etablieren, der meist dumpfen Charakter aufweist. Spontanremissionen werden wiederholt beobachtet, jedoch gibt es danach auch Rezidive. Der neuralgische Schmerz wird pathophysiologisch durch das Überspringen sensibler Impulse im Bereiche geschädigter Myelinscheiden auf benachbarte Schmerzfasern erklärt. Was die Nomenklatur anlangt, gibt man in letzter Zeit zunehmend die Unterscheidung zwischen echten Neuralgien und Pseudoneuralgien bzw. symptomatischen Neuralgien auf. So meint Soyka (1987), daß es überhaupt müßig sei, von einer idiopathischen und einer symptomatischen Trigeminusneuralgie zu sprechen, da jede Trigeminusneuralgie letztlich auf eine organische Ursache zurückzuführen und damit symptomatischer Natur sei. So sollte man beispielsweise von einem Trigeminusschmerz und einer Trigeminusschädigung bei Schädelbasisfraktur sprechen und damit von Haus aus die Ätiologie klarlegen.

Die neuralgische Symptomatik betrifft an den Hirnnerven in erster Linie den Trigeminusbereich und beschränkt sich nach Unfällen wiederholt auf periphere Teilbereiche des Nervus trigeminus, wird oft als eigenständige Affektion aufgefaßt und als solche von der Trigeminusneuralgie im engeren Sinne unterschieden, welch letztere als Neuralgie der drei Hauptäste definiert wird. Je nach Befall der Aufzweigung spricht man auch von einer Neuralgie des Nervus frontalis, des Nervus supraorbitalis, des Nervus nasociliaris, des Nervus infraorbitalis, des Nervus auriculotemporalis, des Nervus alveolaris superior oder inferior, des Nervus auriculotemporalis, des Nervus mentalis und des Nervus lingualis. Die Unterscheidung erfolgt auf Grund der typischen Lokalisation und Schmerzauslösung sowie auf Grund neurologischer Ausfallserscheinungen wie Hypästhesien. Bei der Neuralgie des Nervus nasociliaris finden sich neben Schmerzen im Nasenbereich, am inneren Augenwinkel und im Bulbus oculi an Besonderheiten auch lokale Rötungen, Tränenfluß und Schwellung der Nasenschleimhaut. Die Neuralgie des Nervus auriculotemporalis, der aus dem dritten Trigeminusast stammt, weist nicht nur eine typische Schmerzlokalisation in der Präaurikulärregion und eine typische Auslösung durch Kauen, sondern auch eine Provokation durch Geschmacksreize mit lokaler Hautrötung im Versorgungsbereich sowie mit Geschmacksschwitzen während des Anfalles auf.

Die posttraumatische Neuralgie kann außer den genannten Teilbereichen des Nervus trigeminus auch dessen Hauptäste und alle anderen sensiblen Hirnnerven befallen. So kennen wir eine unfallbedingte Trigeminus- (Ophthalmikus-, Maxillaris- und Mandibularis-), Intermedius- und Glossopharyngeusneuralgie. Das neuralgische Betroffensein des Nervus intermedius mit Schmerzen in der Tiefe des Ohres, im Gaumendach, Oberkiefer und Mastoid, auch als Neuralgie des Ganglion geniculi bezeichnet, ist insbesondere in der Traumatologie ein Rarissimum. Etwas häufiger, jedoch noch immer sehr selten, trifft man eine Glossopharyngeusneuralgie nach Schädelbasisfraktur an. Bei ihr ist der neuralgische Schmerz von bestimmten dolorogenitschen Zonen der Schleimhaut des Pharynx, Gaumenbogens und Zungengrundes sowie der Uvula, Tonsille und Epiglottis auslösbar.

Die Behandlung der posttraumatischen Neuralgien im Hirnnervenbereich unterscheidet sich von jener unfallfremder Hirnnervenneuralgien dadurch, daß häufig schon in der Frühphase chirurgische Eingriffe indiziert sind. Man muß sich vor Augen halten, daß in den traumatisch bedingten Fällen wiederholt Frakturen in den benachbarten Knochen (Supraorbitalregion, Jochbein und Oberkiefer, Felsenbein usw.) vorliegen, von denen Verwachsungen mit den vorbeiziehenden peripheren Nerven ausgehen können. Eine frühzeitige chirurgische Sanierung kann hier die Entwicklung einer posttraumatischen Neuralgie unterbrechen oder verhindern. Ansonsten besteht die Therapie in anästhesierenden Infiltrationen und Ausschaltungen des betroffenen Nervs, in der Gabe von Antiepileptika, insbesondere Carbamazepin, über den ganzen Tag in kleinen Dosen verteilt, in der zusätzlichen Gabe von Antidepressiva und Neuroleptika sowie schließlich – bei langer Dauer der Affektion – in neurochirurgischen Interventionen am Ganglion semilunare, im Bereiche des Hirnstammes und der Nervenstämme bzw. Nervenwurzeln.

C. Gutachtliche Wertung

Bezüglich Hirnnervenläsionen können sich in der Begutachtung Überschneidungen verschiedener Fachgebiete ergeben. Manche Ausfälle und Störungen betreffen das Gebiet der *Neuro-Otorhinolaryngologie*, andere das Gebiet der *Neuro-Ophthalmologie*. Jedoch haben sich im Laufe der Zeit gewisse Usancen eingebürgert, so daß die Begutachtung der Läsionen der einzelnen Hirnnerven bestimmten ärztlichen Fachbereichen zugeordnet wird. Lediglich der Verlust des Geruchssinnes (nachgewiesene bilaterale Anosmie) wird traditionsgemäß sowohl durch den Neurologen als auch durch den Hals-Nasen-Ohren-ärztlichen Sachverständigen eingeschätzt. Wenn in ein und demselben Fall sowohl ein neurologisches als auch ein otorhinolaryngologisches Gutachten eingeholt wird, muß sichergestellt sein, daß die Einschätzung des Verlustes des Geruchssinnes nicht von beiden Seiten erfolgt und damit derselbe Schaden nicht in doppelter Höhe eingestuft wird. Schäden des zweiten Hirnnervs und der Augenmuskelnerven fallen in die Kompetenz des ophthalmologischen Gutachters. Läsionen des fünften Hirnnervs betreffen eindeutig das neurologische Fachgebiet. Ausfälle des siebenten Hirnnervs werden in der Praxis einschließlich des allfälligen Verlustes der Geschmackswahrnehmungen in den beiden vorderen Dritteln der betroffenen Zungenhälfte sowohl vom neurologischen als auch vom HNO-ärztlichen Sachverständigen beurteilt. Daher ist bezüglich des siebenten Hirnnervs wie beim ersten Hirnnerv sicherzustellen, daß keine zweifache Einschätzung aus den beiden genannten ärztlichen Fachbereichen stattfindet. Läsionen des achten Hirnnervs fallen weitgehend in die Domäne des HNO-ärztlichen Gutachters. Lediglich zentral-vestibuläre Störungen werden üblicherweise durch den Neurologen begutachtet. Ausfälle des neunten und zehnten Hirnnervs werden im Falle einer peripheren Läsion überwiegend vom HNO-ärztlichen Sachverständigen und im Falle einer zentralen Läsion überwiegend vom neurologischen Gutachter eingeschätzt. Für Läsionen des elften Hirnnervs ist der Neurologe zuständig. Bezüglich der Ausfälle des zwölften Hirnnervs gilt eine Kompetenz weitgehend wie beim neunten und zehnten Hirnnerv; periphere Läsionen werden meist vom HNO-Arzt und zentrale Läsionen vom Neurologen eingeschätzt.

Darüber hinaus ist zu berücksichtigen, daß die Begutachtung nicht auf den Ausfall eines bestimmten Hirnnervs abzielt, sondern nach *funktionellen Aspekten* erfolgt. Dementsprechend werden der Geruchssinn, das Sehvermögen, der Geschmackssinn, das Hörvermögen, der Gleichgewichtssinn, die Sprech- und Artikulationsfähigkeit und der Schluckakt in ihrer Gesamtheit betrachtet. *Beidseitige Hirnnervenläsionen*, welche einen kompletten Ausfall des betreffenden Funktionssystems nach sich ziehen, werden wesentlich höher eingeschätzt als einseitige Hirnnervenläsionen, welche durch die erhaltene Funktion des kontralateralen Hirnnervs zur Gänze oder weitgehend kompensiert werden können. So wird in der privaten Unfallversicherung taxativ der völlige Verlust der Sehkraft beider Augen (beidseitige Blindheit) mit 100% und der eines Auges (einseitige Blindheit) mit 30 bis 40% bleibender Invalidität, der völlige Verlust des Gehörs beider Ohren (beidseitige Taubheit) mit 60% und der eines Ohres (einseitige Taubheit) mit 15 bis 20% bleibender Invalidität eingeschätzt. Bezüglich des Geruchssinnes und Geschmacksinnes werden in den Versicherungsbedingungen der privaten Unfallversicherung überhaupt nur beidseitige Ausfälle genannt. So wird der völlige Verlust oder die völlige Funktionsunfähigkeit des Geruchssinnes (beidseitige Anosmie) taxativ mit 10% und des Geschmacksinnes mit 5 bis 10% bleibender Invalidität eingeschätzt. Tatsächlich bedeuten die einseitige Anosmie und Ageusie keine meßbaren Beeinträchtigungen, werden diese doch von den betroffenen Personen selbst oft überhaupt nicht bemerkt. Unter völliger Funktionsunfähigkeit des Geschmacksinnes ist der Ausfall der gustatorischen Empfindungen der Chorda tympani beidseits zu verstehen. Es verbleibt danach eine ganz geringfügige Geschmacksempfindung am Zungengrund, welche beidseits über den Nervus glossopharyngeus vermittelt wird. Diese Restgeschmacksempfindung betrifft vorwiegend die bittere Qualität und hat, zumal sie den Verlust der anderen Geschmacksqualitäten nicht wettzumachen vermag, für den Betroffenen kaum Bedeutung. Aus diesem Grunde wird die komplette Ageusie an den vorderen zwei Zungendritteln (beidseitige periphere Nervenläsion) gutachtlich dem absoluten Verlust des Geschmackssinns gleichgesetzt. Die private Unfallversicherung trägt also bereits in ihren Vertragsbedingungen den oben dargelegten physiologischen Gegebenheiten Rechnung. Extrem ist der Unterschied zwischen unilateralem und bilateralem Ausfall bezüglich der Labyrinthfunktion und der Zungeninnervation. Üblicherweise wird der einseitige periphere Vestibularisausfall je nach dem Kompensationsgrad mit 5 bis 20% und der beidseitige periphere Vestibularisausfall, welcher vestibulär nicht ausgeglichen, sondern nur in beschränktem Maße durch andere Sinnesreize kompensiert werden kann, mit 50 bis 80% bleibender Invalidität eingeschätzt. Die einseitige Lähmung des Nervus hypoglossus macht weniger als 5% und die beidseitige Lähmung des Nervus hypoglossus macht 50% bleibender Invalidität aus. In ähnlicher Weise, aber in geringerem Maße wirken sich Ein- und Beidseitigkeit der Ausfälle recht unterschiedlich beim Nervus accessorius im Hinblick auf den Musculus sternocleidomastoideus aus. Die einseitige Lähmung wird weitestgehend kompensiert, die beidseitige Lähmung führt hingegen zu einer deutlichen Instabilität und Bewegungsbeeinträchtigung des Kopfes, die zusätzlich zur Armwertminderung (AWM) durchschnittlich mit 15% bleibender Invalidität berücksichtigt werden muß.

In der privaten Unfallversicherung werden also bestimmte Ausfälle wie die des Geruchs- und Geschmackssinnes, des Sehens und des Hörens *taxativ*,

d. h. ohne Bezug auf den erlernten und ausgeübten Beruf, in ihrer Schadenhöhe genannt, wogegen gleichartige Ausfälle in der Haftpflichtversicherung insbesondere im Hinblick auf die *Berufsfähigkeit* des Betroffenen beurteilt werden müssen. Dadurch können sich große Diskrepanzen zwischen den Einschätzungen für unterschiedliche Versicherungsbereiche bei Vorliegen gleicher Ausfälle ergeben, was von Laien aufs erste oft nicht verstanden wird. Die Einschätzung der Ausfälle der sonstigen (nicht-sensorischen) Hirnnerven orientiert sich in der privaten Unfallversicherung vertragsgemäß an medizinischen Gesichtspunkten und dem Beruf des Betroffenen. Letzteres ist in der Haftpflichtversicherung von Haus aus der Fall, jedoch sollte bei dieser zusätzlich die Beeinträchtigung in der privaten Sphäre berücksichtigt werden.

In der nachstehenden Liste werden *Einschätzungen für komplette Ausfallsyndrome bei Hirnnervenlähmungen* angeführt. Partialsyndrome bzw. Teilschäden sind entsprechend niedriger einzustufen. Nur bei manchen Hirnnerven werden Rahmensätze mit Anwendungshinweisen genannt. Sofern es sich nicht um taxative Einschätzungen der privaten Unfallversicherung handelt, stellen die genannten Prozentsätze Durchschnittsangaben dar, welche für die meisten Berufe stimmen, für manche Berufe aber zu gering und für andere zu hoch gegriffen sind. Daher muß der Gutachter, wenn er von diesen Richtwerten abweicht, seine Entscheidung ausführlich, einleuchtend und nachvollziehbar begründen (vgl. auch Seite 173).

Kompletter Ausfall	*unfallkausaler Dauerschaden (bleibende Invalidität)*
Hyposmie uni- und bilateral	– – –
Anosmie unilateral	– – –
Anosmie bilateral	10%
Amaurose unilateral *(je nach Vertrag)*	30 – 40%
Amaurose bilateral	100% (plus Pflegebedürftigkeit)
Diplopien *(je nach Ausprägung und Entstellung)*	0 – 30%
Nervus trigeminus komplett, sensibel und motorisch	20%
Nervus trigeminus, sensibel in allen Ästen *(je nach Ausprägung)*	0 – 15%
Nervus trigeminus, sensibel pro Haupttast *(je nach Ausprägung)*	0 – 5%
Nervus trigeminus, motorisch	10%
Nervus facialis, peripher, unilateral *(je nach Entstellung)*	10 – 20%
Nervus facialis, peripher, bilateral *(je nach Entstellung)*	20 – 30%
Ageusie unilateral	– – –
Ageusie bilateral, vordere 2/3 der Zunge *(je nach Vertrag)*	5 – 10%
Surditas unilateral *(je nach Vertrag)*	15 – 20%
Surditas bilateral	60%
Nervus vestibularis unilateral *(je nach Kompensation)*	0 – 20%

Kompletter Ausfall	*unfallkausaler Dauerschaden (bleibende Invalidität)*
Nervus vestibularis bilateral *(je nach Kompensation)*	50 – 80%
Gaumensegellähmung unilateral	10%
Gaumensegellähmung bilateral	20%
Nervus recurrens unilateral *(je nach Stimmstörung)*	10 – 20%
Nervus recurrens bilateral *(je nach Atembehinderung)*	30 – 50%
Nervus accessorius unilateral	1/3 AWM
Nervus accessorius bilateral	2mal 1/3 AWM zusätzlich 15%
Nervus hypoglossus unilateral	unter 5%
Nervus hypoglossus bilateral	50%

Die beim *kompletten Verlust des Geruchssinnes*, d. h. bei der bilateralen Anosmie mitbedingte Beeinträchtigung feiner „Geschmacksqualitäten" (vermeintliche Geschmacksstörung des Laien) ist nicht gesondert einzuschätzen, sondern in der taxativen Einstufung der privaten Unfallversicherung mit 10% bleibender Invalidität inkludiert.

Die einseitige *Blindheit* wird in der privaten Unfallversicherung taxativ je nach gültigem Vertrag verschieden eingeschätzt, nach sehr alten Verträgen mit 25%, in den letzten Jahren meist mit 30%, teils aber auch mit 35% und 40% bleibender Invalidität. Dies hat der Gutachter bei seiner Einstufung zu beachten. Im Falle einer beidseitigen Blindheit muß sich der augenärztliche Sachverständige, wenn er in einem Haftpflichtverfahren tätig ist, nicht nur zum unfallkausalen Folge- und Dauerschaden sowie dessen beruflichen und privaten Auswirkungen, sondern auch zur dadurch bedingten Hilflosigkeit äußern. Die Beurteilung von Augenmuskelstörungen obliegt üblicherweise ebenso dem Ophthalmologen. Wie schon dargelegt, sind dabei die Störungen durch Doppelbilder, der Verlust des räumlichen Sehens bei Unterdrückung des sogenannten falschen Bildes und die Entstellung durch die abweichenden Sehachsen (paralytisches Schielen) zu berücksichtigen. Ferner dürfen auch die beruflichen Aspekte nicht übergangen werden.

Bezüglich der *Sensibilitätsstörungen* im Hirnnervenbereich ist zu sagen, daß in den obgenannten Einschätzungen die üblichen Mißempfindungen und leichten Schmerzen beinhaltet sind. Außerdem bessert sich auch bei einem kompletten Sensibilitätsausfall im Laufe der Zeit der Zustand insofern, als eine partielle Reinnervation aus der Umgebung einsetzt und darüber hinaus bald Gewöhnung sowie Anpassung an den Defekt eintreten. Von den Betroffenen werden solche Gefühlsstörungen, insbesondere wenn sie nur ein kleines Areal betreffen und nicht im Mundbereich lokalisiert sind, oft kaum mehr bemerkt. Selten können sich jedoch an sensiblen Hirnnerven *Neuralgien* entwickeln, welche stärker beeinträchtigend und störend als die bloßen Nervenausfälle sind, z. B. Neuralgie des Nervus trigeminus, äußerst selten des Nervus glossopharyngeus und ganz ausnahmsweise des Nervus intermedius. Die Unfallkausalität dieser Neuralgien muß zuerst gesichert oder doch zumindest wahrscheinlich gemacht werden. Zu diesem Zwecke müssen vorbestehende Neuralgien ausgeschlossen werden. Unbedingt zu fordern ist eine primäre Verletzung im betroffenen Hirnnervenbereich und in der unmittelbaren Umgebung, z. B. benachbarte Knochenfrakturen. Persistierende Ausfälle, d. h. Sensibilitätsstörungen an dem von der Neuralgie betroffenen Hirnnerv oder Hirnnervenanteil, stützen die Diagnose einer irritativen Nervenläsion, jedoch gibt es auch ausnahmsweise traumatisch bedingte isolierte Neuralgien. Nachdem sich die primäre defizitäre Läsion zurückgebildet hat, besteht der Dauerschmerz sozusagen als autochthones Leiden. Die Einschätzung hat in diesen Fällen individuell nach Häufigkeit, Intensität und Dauer der Schmerzattacken sowie nach deren Auswirkungen (Meiden von Sprechen, Kauen, Schlucken usw.) zu erfolgen und liegt bei stark ausgeprägten irritativen Zuständen (mit Gewichtsverlust, Zurückgezogenheit usw.) bedeutend höher als die Einschätzung für den bloßen neurologischen Ausfall.

Was die *periphere Gesichtsnervenlähmung* anlangt, so erfolgt deren Einschätzung vorwiegend auf Grund der Entstellung in Ruhe und bei mimischen Bewegungen (Asymmetrien, intrafaziale Mitbewegungen). Daher gelten höhere Prozentsätze für weibliche, niedrigere Prozentsätze für männliche Personen. Zusätzlich zu berücksichtigen sind abnorme, spontane Muskelkontraktionen, Entwicklung eines Ektropions, anhaltende störende Lakrimation und erhebliche Kontraktur der betroffenen Gesichtsmuskeln. Gutachtlich können auch kosmetisch sehr ungünstige Verziehungen im Sinne einer starken Entstellung besondere Bedeutung erlangen. Sie berechtigen zu höheren Einschätzungen. Auswirkungen auf den speziellen Beruf und die Privatsphäre sind darzulegen; ihnen ist gegebenenfalls Rechnung zu tragen.

Daß unter *Verlust des Geschmacksinnes* die komplette beidseitige Ageusie im Bereiche der zwei vorderen Zungendrittel zu verstehen ist, wie sie bei doppelseitiger peripherer Fazialislähmung auftritt, wurde schon früher besprochen. Auch hier sind in der prozentuellen Einschätzung der privaten Unfallversicherung die im vorliegenden Fall geltenden Vertragsbedingungen (AUVB) zu beachten. In der Haftpflichtversicherung müssen die besonderen beruflichen Gegebenheiten hinsichtlich der nicht-taxativen Dauerschadenbestimmung erläutert werden.

Taubheit wird vom HNO-Gutachter eingeschätzt, der bei vollständigem Verlust des Gehörs eines Ohres die Bedingungen des besonderen Vertrages der privaten Unfallversicherung zu berücksichtigen hat, da unterschiedlich einmal 15% und das andere Mal 20% bleibender Invalidität für einen solchen kompletten Ausfall genannt werden. *Periphere vestibuläre Ausfälle* sind nach dem Grade des vestibulären Ausgleichs und der zentralen Kompensation zu beurteilen. Daher lassen sich nur Rahmensätze von prozentuellen Einstufungen angeben. Für besondere Tätigkeiten wie Arbeiten in exponierten Lagen, auf Gerüsten, Leitern, am offenen Feuer, an Gewässern, mit häufigem Bücken usw. kann sich sogar Berufsunfähigkeit ergeben.

Lähmungen des neunten und zehnten Hirnnervs vom peripheren Typ werden an den Funktionsstörungen des Sprechens *(Dysarthrie)*, der Stimmgebung *(Dysphonie)*, des Schluckens *(Dysphagie)* und der Atmung *(Dyspnoe, Stridor)* beurteilt. Sie beschäftigen daher sowohl den neurologischen als auch den HNO-ärztlichen und gegebenenfalls den internistischen Sachverständigen. Auch hier müssen einseitige Hirnnervenausfälle geringer als beidseitige gewertet werden. Besonders deutlich zeigt sich dies im Falle einer beidseitigen Rekurrenslähmung, die eventuell wegen der konsekutiven Atembehinderung sogar das Tragen einer Dauerkanüle erfordert. Speziellen beruflichen Aspekten ist unter Umständen Rechnung zu tragen (vgl. auch Seite 173).

Bei der *peripheren Lähmung des elften Hirnnervs* bestehen einerseits Ausfälle, welche die obere Extremität betreffen, und andererseits nur geringe Störungen der Kopfbeweglichkeit, welche bei einseitigem Nervenausfall sehr gut kompensiert werden können. In der privaten Unfallversicherung müssen Ausfälle und Störungen des Armes nach der sogenannte Gliedertaxe eingestuft werden. Eine solche Einschätzung wird einer einseitigen Akzessoriuslähmung auch voll gerecht, da deren Auswirkung auf die Kopfhaltung und Kopfbeweglichkeit äußerst gering ist. Handelt es sich jedoch um eine beidseitige Lähmung des elften Hirnnervs, so kommt zur Funktionsbehinderung der Arme noch eine ausgeprägte Beeinträchtigung der Kopfbeweglichkeit und Kopfstabilisierung hinzu. Die Lähmung der Musculi sternocleidomastoidei kann nicht mehr ausreichend kompensiert werden und muß daher gutachtlich zusätzlich berücksichtigt werden. Sie ist auch in der privaten Unfallversicherung direkt und allgemein, d. h. nicht taxativ, sondern im Hinblick auf den speziellen Beruf des Betroffenen einzuschätzen.

Eine *periphere Lähmung des zwölften Hirnnervs* kann sich bei Berufen wie Bläser, Sprecher, Schauspieler usw. wesentlich stärker auswirken als bei sonstigen Berufen. Die beidseitige Hypoglossuslähmung ist stets maßgeblich behindernd und bewirkt für die genannten Tätigkeiten eindeutig Berufsunfähigkeit.

Im vorliegenden Kapitel wurden, abgesehen von wenigen Ausnahmen, lediglich periphere (nukleäre und faszikuläre) Hirnnervenläsionen besprochen. Suprabulbäre Schädigungen mit Auswirkung auf Hirnnerven wurden, da es sich um übergeordnete Schädigungen innerhalb des Zentralorgans handelt, bereits früher im Kapitel über Schädeltraumen dargestellt und erörtert. Die beiden Buchabschnitte komplettieren einander bezüglich der klinischen Symptomatik im Hirnnervenbereich. Ergänzend zu der vorangehenden Aufstellung über die prozentuelle Einschätzung des unfallkausalen Dauerschadens darf auf die Einzelbesprechungen bei den diversen Hirnnervenläsionen verwiesen werden. Zusammenfassend empfiehlt sich folgendes Vorgehen bei der gutachtlichen Beurteilung von traumatischen Hirnnervenläsionen:

- Darstellung der nachweisbaren Hirnnervenläsion (Einzelsymptome erwähnen) in bezug auf Art und Schweregrad sowie Läsionsort.
- Einordnung in ein lokalisatorisches Konzept an Hand weiterer Läsionen (z. B. Syndrom der Orbitaspitze, des Sinus cavernosus, des Felsenbeines, des Jugularforamens usw.) sowie Fahndung nach benachbarten Schädelbasisfrakturen und nach Zeichen einer eventuellen zusätzlichen traumatischen Hirnschädigung.
- Stellungnahme zur Prognose (Notwendigkeit weiterer therapeutischer Maßnahmen, vor allem operativer Eingriffe; allfällige Verschlimmerungsgefahr).
- In der privaten Unfallversicherung prozentuelle Einschätzung der (bleibenden) unfallbedingten Invalidität nach den AUVB, entweder gemäß der „Gliedertaxe" oder berufsbezogen (vgl. auch Seite 173).
- In der Haftpflichtversicherung Darstellung der unfallkausalen Behinderung in bezug auf das Berufs- und Privatleben sowie Einschätzung der Schmerzperioden.
- Endbegutachtung von traumatisch bedingten Hirnnervenläsionen je nach Lage des Falles nicht vor Ende des ersten, besser jedoch nicht vor Ende des zweiten Jahres nach dem Unfall.

Abschließend sei bezüglich der gutachtlichen Beurteilung von Hirnnervenläsionen nochmals darauf hingewiesen, daß der Sachverständige in seiner Einschätzung stets berücksichtigen muß, ob er die Einstufung taxativ – nach der feststehenden Gliedertaxe in der privaten Unfallversicherung – oder prozentuell vom Ganzen – unter Berücksichtigung des speziellen Berufes des Betroffenen bzw. allgemeiner medizinischer Gesichtspunkte oder unter Berücksichtigung des speziellen Berufes und zusätzlich der Privatsphäre – vorzunehmen hat. Es können sich nämlich dabei maßgebliche Unterschiede in der gutachtlichen Beurteilung ergeben. Auch sind wesentliche Diskrepanzen zur Einschätzung auf dem allgemeinen Arbeitsmarkt in der gesetzlichen (sozialen) Unfallversicherung möglich.

Literatur

Bielschowsky, A.: Symptomatologie der Störungen im Augenbewegungsapparat. In: Bumke-Foerster (Hrsg.): Handbuch der Neurologie. Bd. 4, Springer, Berlin 1936

Bodechtel, G., Krautzun, K., Kazmeier, F.: Grundriß der traumatischen peripheren Nervenschädigungen. Thieme, Stuttgart 1951

Kretschmer, H.: Neurotraumatologie. Thieme, Stuttgart 1978

Mifka, P.: Die Augensymptomatik bei der frischen Schädelhirnverletzung. De Gruyter, Berlin 1968

RIECKEN, H.: Die Spiegelraumbewegung. Eine neue Untersuchungsmethode auf der Grundlage eines „psychooptischen" Reflexes. Graefes Arch. Ophthal. 145: 432 (1943)

SCHENCK, E.: Neurologische Untersuchungsmethoden. Thieme, Stuttgart 1971, zuletzt 1985

SCHERZER, E.: Traumatische Spätlähmung des Nervus abducens. Chirurg 35/3: 127 (1964)

SCHERZER, E.: Die Störungen des Gleichgewichtssystems nach Unfällen. Wien. Med. Akademie, Wien 1968

SCHERZER, E.: Zur Frage der Unfallkausalität von Neurosen und psychogenen Störungen. Forsch. u. Prax. d. Begutacht. 35: 47–61 (1989)

SCHMIDT, D., MALIN, J.-P.: Erkrankungen der Hirnnerven. Thieme, Stuttgart–New York 1986

SOYKA, D.: Kopf- und Gesichtsschmerzen. In: SUCHENWIRTH, R. M. A., WOLF, G. (Hrsg.): Neurologische Begutachtung. Fischer, Stuttgart–New York 1987, 433–452

SUCHENWIRTH, R. M. A.: Der neurologische Befund. In: SUCHENWIRTH, R. M. A., WOLF, G. (Hrsg.): Neurologische Begutachtung. Fischer, Stuttgart–New York 1987, 495–513

VIII. Traumatische Rückenmarkschädigungen

Sie lassen sich als *partielle oder komplette Funktionsunterbrechungen im Bereiche der Medulla spinalis* infolge einer primären Verletzung oder einer sekundären unfallabhängigen Läsion definieren. Unter allen Rückenmarkschädigungen haben Traumen auf Grund ihrer großen Häufigkeit ein besonderes Interesse. Ungefähr 80% aller Querschnittlähmungen sind verletzungsbedingt, wobei angesichts der größeren Gefährdung der Männer im Arbeitsleben und im Straßenverkehr das Verhältnis von rückenmarkgeschädigten Männern zu Frauen etwa 3 zu 1 beträgt und der statistische Häufigkeitsgipfel bei den jüngeren Erwachsenen, d. h. in der Altersgruppe zwischen 20 und 30 Jahren liegt (SCHERZER 1983). Rückenmarkverletzungen entstehen meist durch Verkehrsunfälle, etwas seltener durch Stürze aus großer Höhe, Kopfsprung in seichtes Wasser usw.

A. Pathophysiologie und akute Phase

Die überwiegende Mehrzahl der traumatisch bedingten Rückenmarkläsionen tritt unmittelbar als Folge der Gewalteinwirkung ein. Die pathologisch-anatomischen Veränderungen bestehen aus Kontusions- und Ödemzonen, aus Blutungen und Gewebszerreißungen. Komplette Kontinuitätsdurchtrennungen des Rückenmarkes sind nur ausnahmsweise zu beobachten. Äußerst selten entwickelt sich eine unfallkausale Transversalschädigung des Rückenmarks nicht primär und damit plötzlich, sondern sekundär, d. h. mit einer zeitlichen Latenz zum Unfallgeschehen. Solche Verläufe erklären sich durch die Entwicklung intraspinaler raumfordernder Hämatome (epi- und subdural gelegen), durch vaskuläre Schädigungen (sich allmählich ausbildende Thrombose der Arteria spinalis anterior oder anderer, das Rückenmark versorgender Arterien, Abflußbehinderung infolge Venenthrombosen sowie Gefäßstrangulierung infolge Narbenschrumpfung bei chronischer Arachno- oder Myelopathie) und auf mechanischer Basis durch Sekundärverschiebung einer instabilen Fraktur oder Luxation der Wirbelsäule. Mitunter wird ein Querschnittsyndrom des Rückenmarkes durch ein Elektrotrauma verursacht, vor allem bei Querdurchströmung, so eine Halsmarkläsion bei Stromfluß von Arm zu Arm, eine Lumbalmarkläsion bei Durchströmung von Bein zu Bein. Es resultiert bei einem solchen Elektro- bzw. Blitzschlagunfall eine Querschnittlähmung, die als Keraunoparalyse bezeichnet wird. Die Rückenmarkschädigung kann komplett oder partiell sein, besteht aus Läsionen einerseits des stromdurchflossenen Segments und andererseits der auf- und absteigenden Bahnen. Klinisch beobachtet man demzufolge in späteren Stadien atrophisch-spastische medulläre Syndrome. Durch Hitzeschädigung der Rückenmarkhäute entsteht zusätzlich eine abakterielle Arachnitis adhaesiva, die unter Umständen nach schwerer Elektroschädigung zu einer progredienten Spätmyelopathie führen kann (Scheid 1983).

Häufig, aber nicht stets, ist die traumatische Rückenmarkläsion mit einem *Wirbelbruch* oder einer *Wirbelluxation* vergesellschaftet. Dabei muß selbst das primäre Röntgenbild nicht unbedingt eine Wirbelkanaleinengung zeigen. Dies erklärt sich durch den Umstand, daß die anatomischen Verschiebungen im Augenblick der Gewalteinwirkung durch das später angefertigte Röntgenbild nicht erfaßt werden können. Ausmaß und Auswirkungen der akuten Wirbeldislokation, welche sich unter Umständen unmittelbar nach dem Trauma selbst reponieren kann, sind einzig und allein an den neurologischen Ausfällen zu ermessen. Jedoch können Rückenmarkschäden auch durch bloße Kontusion, also ohne knöcherne und ligamentäre Verletzungen entstehen. Die Dura mater ist sogar bei röntgenologisch deutlich erkennbaren Verschiebungen mit Vertebrostenosen oft unverletzt. Im Falle einer Rückenmarkkompression kommt es schon sehr früh zu *kritischen spinalen Durchblutungsstörungen* arterieller und venöser Natur. Ischämie, Stauung und Ödem verstärken einander in ihren Auswirkungen und bedingen einen Circulus vitiosus. Jellinger (1970) hat sich besonders mit der Morphologie und Pathogenese der spinalen Mangeldurchblutung befaßt und dabei folgende Ursachen aufgezeigt, die auch bei den traumatischen Rückenmarkläsionen bzw. beim schwer geschädigten Unfallpatienten wirksam werden können: Herz-Kreislauf-Versagen und Blutdruckabfall, Behinderung der aortomedullären Zuflüsse mit oder ohne Störung des Allgemeinkreislaufs, Behinderung der extramedullären Drainage, Erhöhung des lokalen Gefäßwiderstands oder umschriebener Gefäßausfall in der spinalen Strombahn. Jellinger (1992) wies auch auf die Möglichkeit der Kombination mehrerer dieser Faktoren und auf die Möglichkeit einer Rückenmarkkompression bei Luxationsfraktur über ein Drittel Wirbelbreite, bei Diskusprolaps und bei Fremdkörperdruck wie Knochensplitter usw. hin. Pathologisch-anatomisch findet man neben Nekrosen kleinere und größere Blutungsherde, besonders in den zentralen Rückenmarkregionen (stiftförmige Hämatomyelie). Sekundär können sich Zysten bilden, welche durch Drucksteigerung eine Ausdehnung in der Längsachse sowohl nach oben als auch nach unten erfahren.

Neben der Unterscheidung einer kompletten und partiellen Querschnittlähmung des Rückenmarkes ist die Bestimmung der Schädigungshöhe von Wichtigkeit. Meist beschränkt sich die spinale Läsion nicht auf ein Rückenmarksegment, sondern erstreckt sich über mehrere Rückenmarksegmente. Dementsprechend findet man bei kompletten Querschnittlähmungen stets, bei partiellen Querschnittlähmungen zumeist einen hochgradigen umschriebenen Muskelschwund (segmentale Muskelatrophien). Der unterhalb des Läsionsbereiches gelegene und damit intakte Rückenmarkanteil ist funktionell vom Gehirn getrennt, entwickelt aber meist wieder eine Eigenaktivität, so daß in den entsprechenden Muskelbezirken bloß eine Inaktivitätsatrophie eintritt, die nicht das Ausmaß der segmentalen Atrophie erreicht. *Nach internationaler Terminologie wird die Höhe der Rückenmarkschädigung in bezug auf das letzte funktionsfähige Segment angegeben*, z. B. komplettes spinales Transversalsyndrom unterhalb C 7, was bedeutet, daß das siebente Zervikalsegment intakt und das achte Zervikalsegment gelähmt ist. Des weiteren unterscheiden wir bei den Querschnittsyndromen des Rückenmarkes spastische (vornehmlich Hals- und Brustmarkläsionen) sowie schlaffe Lähmungen (vorwiegend Lumbal- und Sakralmarkläsionen). Liegt die Rückenmarkläsion unterhalb des erste Thorakalsegmentes, so finden sich keine Lähmungserscheinungen an den oberen Extremitäten, jedoch eine Paraplegie oder Paraparese der Beine. Im Falle einer darüber gelegenen Schädigung besteht, da auch die oberen Extremitäten betroffen sind, eine Tetraplegie (Quadruplegie) oder Tetraparese (Quadruparese). Mit Anstieg der Läsionshöhe wird auch der Allgemeinzustand des Verletzten zunehmend beeinträchtigt. Der Paraplegiker zeigt eine Lähmung der Beine, der Blase, des Mastdarms und einen Ausfall der Sexualfunktion, der Tetraplegiker zusätzlich eine Lähmung der gesamten Bauch-, Rücken- und Interkostalmuskulatur sowie beider Arme.

Die akute Rückenmarkläsion stellt einen medizinischen Notfall dar. Die sachgemäße *Bergung* und die zweckmäßige *Akutversorgung* des Rückenmarkpatienten, der häufig auch eine Wirbelsäulenverletzung erlitten hat, müssen mit größter Vorsicht geschehen. Gewaltanwendung durch Herauszerren des Verletzten bei Einklemmung kann zusätzliche Schäden bewirken. Der Patient soll nach dem Gabelstaplerprinzip wie ein Baumstamm angehoben und getragen werden. Drei Helfer greifen unter den Körper, ein vierter Helfer unter den Kopf des Verunglückten. Die vermutliche Verletzungsstelle ist händisch abzustützen, der Kopf in Neutralstellung zu tragen. Am zweckmäßigsten erfolgt die Lagerung auf einer unnachgiebigen Unterlage (Brett oder ausgehobene Tür), die an den Unfallort gebracht wird. Im allgemeinen ist der Transport in Rückenlage, beim Bewußtlosen in Halbseitenlage durchzuführen. Die physiologischen Wirbelsäulenkrümmungen sollen durch Unterpolsterung mit Kleidungsstücken oder Decken sichergestellt werden. Bei einem im Wasser befindlichen Querschnittverletzten sind unbedingt die Atemwege freizuhalten. In diesem Falle muß die Bergung aus dem Wasser so lange aufgeschoben werden, bis genügend Helfer eingetroffen sind, um einen sachgemäßen Abtransport zu gewährleisten. Bei einer Halswirbelsäulenverletzung sollte ein ständiger, leichter Zug am Kopf, der sich in Neutralstellung oder in leichter Retroflexion befindet, ausgeübt werden. Die Fixierung des Kopfes während des Transportes kann mit Kleidungsstücken oder Sandsäcken erfolgen, am besten aber mit einer speziellen Vakuummatratze. Repositionsversuche haben vorerst zu unterbleiben. Durch Decken ist der Querschnittgelähmte, dessen Wärmeregulation gestört ist, vor Wärmeverlust zu schützen. Wärmflaschen sind kontraindiziert, da Hitzeschädigung infolge der infraläsionellen Gefühlsstörung nicht wahrgenommen wird. Durch die gestörte Wärmeregulation kann es darüber hinaus zu einem Wärmestau kommen. Das akute Querschnittsyndrom des Rückenmarkes zeigt eine Darmatonie, im Falle einer Halsmarkläsion außerdem eine Magenatonie. Dann besteht nach Aufsteigen von Mageninhalt die Gefahr einer Aspiration, die am besten durch Anlage einer nasogastralen Sonde verhindert wird.

Fast stets ist ein *spinaler Schock* vorhanden. Seine Kennzeichen sind Hypotonie und Tachykardie. Es handelt sich dabei um keinen Volumenmangelschock. Eine Behandlung mit großen Infusionsmengen ist daher gefährlich, denn das reichliche Flüssigkeitsangebot kann bei gestörter Nierenfunktion zum Lungenödem führen. Besteht jedoch tatsächlich ein Volumenmangelschock, z. B. beim Polytraumatisierten, darf wegen der gleichzeitig vorhandenen Atonie des Magens und Darms die Flüssigkeitsauffüllung nur durch intravenöse Infusion erfolgen, die wegen Thrombosegefahr bei Gefäßinsuffizienz der gelähmten Beine nicht an diesen, sondern nur an den Armen gesetzt werden soll. Nach Verabreichung einer intravenösen Infusion und bei einem Transport, der länger als eine Stunde dauert, kann es zur *Harnblasenüberfüllung* kommen. Eine Katheterisierung ist dann angezeigt. Der Transport des Querschnittgelähmten vom Unfallorte ins Krankenhaus wird am besten mit dem Hubschrauber in fachärztlicher Begleitung durchgeführt. *Ateminsuffizienz* kann bei Patienten mit Ausfall der Interkostalmuskulatur oder mit Zwerchfellparese während des Transportes infolge meteoristischen Zwerchfellhochstandes auftreten. Die komplette Querschnittlähmung des Rückenmarkes erkennt selbst der Laie bereits am Unfallort. Die meist gleichzeitig eingetretene Wirbelsäulenverletzung läßt sich bei vorsichtig unter die Wirbelsäule geschobener Hand am umschriebenen Druckschmerz, an der Prominenz eines Dornfortsatzes, an der Spaltbildung zwischen zwei Dornfortsätzen, an sonstigen Wirbelsäulendeformitäten, an einem lokalen Hämatom, an einer stärkeren umschriebenen Abwehrspannung der Muskulatur und an der ausgeprägten Schmerzreaktion bei geringsten Wirbelsäulenbewegungen feststellen. Beim Komatösen ist eine Querschnittlähmung schwerer erkennbar. Aber auch in diesem Falle weist eine ausschließliche Bauchatmung auf eine Halsmarkschädigung.

Am besten wird der Querschnittgelähmte mit zusätzlichem Wirbelbruch in einen Krankenhauskomplex eingeliefert, der über sämtliche notwendige Fachabteilungen einschließlich Intensivpflegestation und Rehabilitationszentrum für Querschnittgelähmte verfügt. Insbesondere bei traumatischen Querschnittschädigungen des Rückenmarkes ist es im Hinblick auf die *Prognose* von größter Wichtigkeit, zwischen einem kompletten und einem inkompletten bzw. partiellen Transversalsyndrom des Rückenmarkes zu unterscheiden. Findet sich eine vollständige Querschnittläsion, die ein bis zwei Tage nach dem Unfall unverändert persistiert, so muß in dieser Hinsicht eine infauste Prognose erstellt werden. Mit einer Rückbildungsfähigkeit der spinalen Ausfälle ist dann nicht mehr zu rechnen. Sind auch nur geringe Reste der medullären Funktionen nachweisbar, wie erhaltene Tiefensensibilität oder perianale (sakrale) Aussparung bei sonstiger Anästhesie und kompletter motorischer

Lähmung der Beine, so ist die Prognose zumindest teilweise günstig. Absolutes Klaffen des Musculus sphincter ani externus ist Zeichen einer vollständigen Querschnittlähmung, ein deutlicher Tonusverlust dieses Muskels ist Zeichen einer partiellen Querschnittläsion. Puls, Blutdruck und Atmung sind zu prüfen. Ein Katheterharnbefund, die üblichen Blutbefunde und weiteren Laborbefunde inklusive Elektrolytbestimmung sind zu erheben. Röntgenologisch ist die gesamte Wirbelsäule einschließlich der allenfalls schlecht darzustellenden Übergangsregionen (7. Halswirbel, atlantookzipitaler Bereich) zu explorieren. Röntgenaufnahmen des knöchernen Brustkorbes, der Lunge, des Beckens, der Harnblasenregion und der Nieren sowie ein Infusionsurogramm ergänzen das anzuwendende radiologische Repertoire. Die Lumbalpunktion zeigt nach Traumen typischerweise einen blutigen Liquor. Die anzuschließende Myelographie gibt Auskunft über die Existenz und Lokalisation einer allfälligen traumatischen Vertebrostenose (Einengung des Wirbelkanals durch Fraktur bzw. Luxation eines Wirbels oder durch zusätzliche Bandscheibenhernie).

B. Höhendiagnostik

Die Höhendiagnostik spinaler Transversalsyndrome kann sich nicht auf die Lokalisation einer begleitenden Wirbelfraktur stützen, denn während der Entwicklung kommt es durch ein relatives „Zurückbleiben" des Rückenmarks im Wachstum schließlich zu einer deutlichen Segmentverschiebung zwischen Rückenmark und Wirbelsäule, die im Zervikalbereich zwar gering ist, im thorakolumbalen Übergangsbereich aber bereits mehrere Segmente beträgt. Zur exakten Höhenlokalisation der oberen Begrenzung einer Querschnittschädigung des Rückenmarkes lassen sich von Anfang an motorische und sensible Ausfälle und später segmentale Muskelatrophien verwenden. Außerdem kann die Höhendiagnostik einer Rückenmarkläsion durch neurophysiologische Zusatzuntersuchungen erfolgen. Angewandt werden hier die Elektromyographie, der Nachweis somatosensibler evozierter Potentiale und neuerdings die transkranielle zerebrale (kortikale) Magnetstimulation. Die Besprechung dieser Methoden findet im Abschnitt über die Hilfsbefunde statt.

1. An Hand motorischer Ausfälle

Bei den motorischen Ausfällen lassen sich einerseits *Lähmungserscheinungen* und andererseits *Muskelreflexverluste* unterscheiden. Transversalsyndrome des Rückenmarkes sind durch typische neurologische Lähmungsbilder gekennzeichnet, welche im Abschnitt über vollständige Querschnittlähmungen genau beschrieben werden. Hier befassen wir uns vorerst nur mit den Muskelreflexausfällen im Läsionsniveau. Je nach Schädigungsgrad handelt es sich dabei um die *Abschwächung* oder den *Verlust verschiedener Muskelreflexe*, die gemäß nachfolgender Aufstellung eine höhenlokalisatorische Aussage erlaubt:

C 4 – C 6	Skapulohumeralreflex
C 5 – C 8	Pektoralisreflex
C 5 – C 6	Bizepsreflex und Brachioradialisreflex (Supinator- oder Radiusperiostreflex)
C 6 – C 8	Daumenreflex, Handgelenksreflex
C 6 – Th 1	Trizepsreflex
C 7 – Th 1	Fingerflexorenreflexe (Trömner und Hoffmann)
C 8 – Th 1	Fingergrundgelenksreflex (Mayer)
Th 5 – Th 6	epigastrischer Reflex
Th 7 – Th 12	Bauchhautreflexe
L 1 – L 2	Kremasterreflex
L 2 – L 4	Adduktorenreflex und Quadriceps-femoris-Reflex (Patellarsehnenreflex)
L 4 – S 1	Glutäalreflex
L 5	Tibialis-posterior-Reflex
L 5 – S 1	Peronäusmuskelreflex (Fußextensorenreflex)
L 5 – S 2	Zehenplantarflexorenreflex (Rossolimo)
S 1	Semimembranosus- und Semitendinosusreflex
S 1 – S 2	Biceps-femoris-Reflex und Triceps-surae-Reflex (Achillessehnenreflex)
S 3 – S 4	Bulbokavernosusreflex
S 3 – S 5	Analreflex

Unterhalb des Rückenmarkläsionsniveaus können die Muskeleigenreflexe nach Abklingen der anfänglichen Schockphase mehr oder minder gesteigert sein. Sie sind für die Höhenlokalisation der spinalen Schädigung nicht zu verwerten, da sie pathophysiologisch dem infraläsionellen Rückenmarkanteil zugeordnet werden müssen. Bekanntlich entwickelt der vom Gehirn isolierte Rückenmarkbereich im Laufe der Zeit eine oft erhebliche Übererregbarkeit, die sich nicht nur in der Steigerung der Muskeleigenreflexe, sondern auch in einer mitunter beträchtlichen Ausweitung der reflexogenen Auslösezonen, in Spastizität und in spinalen Automatismen manifestiert.

2. An Hand sensibler Störungen

Ihre obere Begrenzung läßt sich am besten mit Schmerzreizen (Nadelstiche einzeln oder mittels des Nadelrades) feststellen. Sie muß wegen einer möglichen Asymmetrie der Rückenmarkschädigung beidseits genau bestimmt werden. Die am Untersuchten festgestellten Sensibilitätsausfälle trägt man günstig in eines der üblichen Schemata ein. Zur spinalen Höhenbestimmung sei nachfolgende Aufstellung der *segmentalen sensiblen Innervation* empfohlen:

C 2	Hinterhaupt und obere Hälfte der Ohrmuschel
C 3	Nacken, untere Hälfte der Ohrmuschel und Halsbereich

C 4	Schlüsselbeinregion und oberer Schulterblattrand. Auf das 4. Zervikaldermatom folgt nach kaudal unmittelbar das 2. Thorakaldermatom (zervikothorakaler Dermatomsprung)
C 5	Schulter- und Oberarmaußenseite
C 6	Unterarmaußenseite einschließlich des Daumens und Zeigefingers
C 7	Zeige-, Mittel- und Ringfinger
C 8	Ring- und Kleinfinger sowie ulnarer Anteil der Hand
Th 1	Ulnarseite des Unterarmes
Th 2	Ulnarseite des Oberarmes, unter dem Schlüsselbein bzw. unter dem oberen Schulterblattrand
Th 3	in der Mitte zwischen Schlüsselbein und Brustwarze, nur mehr den Thorax betreffend
Th 4	unmittelbar über der Brustwarze
Th 5	unmittelbar unter der Brustwarze und die Brustwarze selbst betreffend
Th 6	in Höhe des Schwertfortsatzes und des kaudalen Schulterblattwinkels
Th 7	knapp unter dem Schwertfortsatz und knapp unter dem kaudalem Schulterblattwinkel
Th 8	in Höhe des oberen Rippenbogenrandes
Th 9	in Höhe des unteren Rippenbogenrandes
Th 10	in Nabelhöhe, von dort bereits leicht nach lateral ansteigend
Th 11	knapp unter dem Nabel, über den Darmbeinkamm nach hinten ziehend
Th 12	knapp über der Symphyse, schräg nach lateral ansteigend und dorsal unter dem Darmbeinkamm verlaufend
L 1	in der Leistengegend
L 2	unter dem Leistenband über den Oberschenkel verlaufend, auf das Genitale übergreifend. Auf das 2. Lumbaldermatom folgt im Reithosenbereich nach dorsal unmittelbar das 3. Sakraldermatom (lumbosakraler Dermatomsprung)
L 3	von der Oberschenkelaußenseite schräg über ventral bis zum medialen Teil des Tibiakopfes verlaufend
L 4	Außenseite des Oberschenkels, Vorderseite des Unterschenkels bis Innenknöchel und Fußgewölbe
L 5	Rückfläche und Außenseite des Oberschenkels, Außenseite des Unterschenkels und Rist, 1. und 2. Zehe
S 1	Rückfläche des Oberschenkels, Außenseite des Ober- und Unterschenkels einschließlich Ferse, lateraler Fußanteil und 3. bis 5. Zehe
S 2	Gesäß, Oberschenkelrückfläche, mediale Wadenregion, Penis bzw. weibliches Genitale

S 3	äußerer Reithosenbereich
S 4	mittlerer Reithosenbereich
S 5	innerer Reithosenbereich, d. h. perianal, und von dort bis zum Steißbein
Co	im Bereich der Steißbeinspitze

Bei kompletten Querschnittsyndromen des Rückenmarks ergibt die genaue Sensibilitätsprüfung – am deutlichsten, wenn man sie von kaudal nach kranial vornimmt – eine reifenförmige Übergangszone zwischen Anästhesie und Normästhesie. In dieser besteht meist Dysästhesie oder Hyperästhesie. Das betroffene Areal stellt bereits die obere Begrenzung des spinalen Schädigungsniveaus dar.

3. An Hand segmentaler Muskelatrophien

In Anlehnung an Meinecke (1974) lassen sich zur Bestimmung der Obergrenze der spinalen Schädigung *Kennmuskeln spinaler Segmente* angeben. Zu fordern ist bei deren Ausfall jeweils eine fehlende, bei deren Intaktheit jeweils eine deutliche Muskelinnervation. Nach etlichen Wochen bestätigt eine umschriebene und ausgeprägte Atrophie dieser Muskeln die erstellte Diagnose einer nukleären Läsion und Lähmung im entsprechenden Rückenmarksegment. Die folgende Aufstellung gestattet in der Praxis gleichfalls eine ausreichende Höhenbestimmung der vorliegenden Rückenmarkläsion:

C 4	Musculus diaphragmatis, Musculi supraspinatus et infraspinatus
C 5	Musculus biceps brachii, Musculus deltoideus
C 6	Musculus extensor carpi radialis longus
C 7	Musculus triceps brachii, Musculus flexor carpi ulnaris, Musculus flexor pollicis, Musculus extensor pollicis longus
C 8	Musculus opponens pollicis, Musculi interossei
Th 5	Musculus rectus abdominis, Musculus obliquus abdominis
Th 6	Musculus transversus abdominis
L 1	Musculus sartorius
L 3	Musculus quadriceps femoris
L 4	Musculus tibialis anterior
L 5	Musculus peronaeus longus, Musculus extensor digitorum longus
S 1	Musculus flexor digitorum longus

Auch die Ausdehnung des medullären Läsionsherdes in der Längsrichtung läßt sich an Hand der segmentalen Muskelatrophien erkennen. Meist liegen *plurisegmentale nukleäre Muskelverschmächtigungen* vor, welche auch asymmetrisch sein können, bedingt durch einen Seitenunterschied in der Ausbildung der medullären Schädigungszone und/oder in der Gefäßversorgung. Mitunter sind auf Grund segmentaler Muskelatrophien zwei Rückenmarkläsionsherde nachzuweisen, von denen der untere nicht unbedingt primär traumatisch verursacht sein muß, sondern ein vaskuläres Fernsymptom bei Schädigung der Arteria spinalis anterior darstellen kann.

C. Vollständige Querschnittlähmungen

Selbst im Falle einer sofort aufgetretenen, kompletten Querschnittlähmung findet sich nur äußerst selten eine vollständige anatomische Kontinuitätsunterbrechung des Rückenmarkes. Meist liegt eine Teilschädigung vor. MEINECKE (1984) nimmt überwiegend „physiologische Leitungsunterbrechungen" an, aus denen sich aber durch Ödem und Durchblutungsstörungen bald eine persistierende anatomische Läsion entwickeln kann. Lediglich bei der sogenannten *Commotio (medullae) spinalis* kommt es binnen Minuten bis weniger Stunden zur vollen Remission. Auf Grund dieser nur flüchtigen Symptomatik und kompletten Normalisierung der anfänglich motorisch kompletten Querschnittlähmung (Sensibilität eventuell nur in Form von Hypästhesie beeinträchtigt) kann keine substantielle Rückenmarkschädigung angenommen werden. In Analogie zur Commotio cerebri sind „spurenlose" Vorgänge auf dem Zellniveau ohne Strukturveränderungen zu postulieren.

Unter den kompletten Transversalsyndromen des Rückenmarkes unterscheidet man lokalisatorisch Läsionen des Hals-, Brust-, Lenden- und Sakralmarkes mit jeweils charakteristischen motorischen Ausfällen. Querschnittlähmungen im Halsmarkbereich sind durch Lähmungen an allen Gliedmaßen (Tetraplegie bzw. Quadruplegie) und Atemstörungen gekennzeichnet. Querschnittlähmungen im Brustmarkbereich bewirken eine Paraplegie der unteren Extremitäten, wogegen die oberen Gliedmaßen bei allen Schädigungen unterhalb Th 1 motorisch unbehindert sind. Je tiefer die Rückenmarkschädigung liegt, desto weniger sind die Atmung und die Funktion der Rückenstreckmuskulatur beeinträchtigt. Querschnittlähmungen im Lumbalmarkbereich sind durch mehr oder minder erhaltene motorische Funktionen an den unteren Extremitäten gekennzeichnet (Paraparese). Bloß bei einem kompletten Transversalsyndrom in Höhe des ersten Lumbalsegmentes (nach der internationalen Definition: unterhalb Th 12) besteht noch eine komplette Paraplegie der Beine. Querschnittlähmungen im Sakralmarkbereich zeigen nur mehr geringe motorische Ausfälle an den unteren Extremitäten, jedoch – wie auch die zuvor genannten Transversalsyndrome – eine Lähmung der Harnblase und des Mastdarms sowie eine Störung der Sexualfunktion (genitospinale Zentren von S 1 bis S 5).

Zusätzliche Rückenmarksymptome betreffen aber nicht nur die willkürliche Sphinkterenkontrolle (Harnblase, Mastdarm) und Sexualfunktionen, sondern auch Leistungen des vegetativen Nervensystems im Hinblick auf Vasomotorik, spontane Schweißsekretion und Piloarrektion.

1. Motorische Ausfälle

Nachstehende Ausführungen beschreiben bezüglich der verschiedenen Läsionshöhen die typischen neurologischen motorischen Ausfälle bzw. teils auch erhaltene motorische Funktionen:

Läsionen des oberen Halsmarkes (C 1 bis C 4) bedingen einen Ausfall des Nervus phrenicus und damit eine Zwerchfellähmung. Die Betroffenen sterben zumeist am Unfallort, wenn sie nicht sogleich ausreichend beatmet werden. Neben der Tetraplegie besteht auch eine Lähmung der tiefen Nacken- und Halsmuskeln. Die verbliebenen motorischen Funktionen beschränken sich auf die Hirnnerven.

Läsionen unterhalb C 4 zeigen eine reziproke Atmung, die eine reine Bauchatmung bei erhaltener Zwerchfellfunktion (Nervus phrenicus aus C 3 und C 4) darstellt. Die Musculi trapezii und die Musculi sternocleidomastoidei werden als auxiliäre Atemmuskulatur eingesetzt. Zusammen mit den teilweise funktionstüchtigen Musculi rhomboidei et levatores scapularum führen sie bei Ausfall der Antagonisten zu einem bilateralen Schulterhochstand. Gleichzeitig liegt eine geringe Außenrotation der Oberarme durch Wirkung der Musculi supraspinati et infraspinati vor. Ein HORNERsches Syndrom (enge Lidspalte durch partielle Oberlidptose, ferner Miose und Enophthalmus) ist bei Schädigungen zwischen C 5 und C 8 oft beidseits vorhanden.

Läsionen unterhalb C 5 weisen eine erhaltene Aktivität des Musculus biceps brachii auf, welche infolge fehlender Antagonistenwirkung zu einer Beugestellung im Ellbogengelenk führt. Durch die Deltoideus-Funktion liegt auch eine Abduktion im Schultergelenk vor.

Läsionen unterhalb C 6 zeigen eine erhaltene Funktion des Musculus extensor carpi radialis longus. Die Hand befindet sich in Streck- und radialer Abduktionsstellung. Eine teilweise Trizeps-Funktion kann gegeben sein. Die Atemhilfsmuskulatur und das Zwerchfell kompensieren die Lähmung der Interkostalmuskeln ausreichend.

Läsionen unterhalb C 7 erlauben eine Innervation des Musculus triceps brachii als Antagonist zum Musculus biceps brachii, so daß die zuvor genannte Beugestellung im Ellbogengelenk nicht mehr zu beobachten ist.

Läsionen unterhalb C 8 bedingen motorische Ausfälle für folgende Handfunktionen: Spreizung der Langfinger, aktive Fingerbeugung zur Krallenstellung, Abduktion des Daumens. Diese gehen auf Paresen der Musculi interossei und lumbricales sowie des Musculus flexor digitorum longus und des Musculus abductor pollicis zurück. Die übrigen Armmuskeln werden normal innerviert. Es liegt beidseits ein nukleäres HORNERsches Syndrom vor.

Läsionen des oberen Brustmarks (Th 1 bis Th 5) weisen eine Lähmung der Interkostalmuskulatur sowie eine Störung der Vasomotoren- und Schweißdrüsenfunktion auf. Es kommt beim Aufsetzen zum Blutdruckabfall. Die spontane Schweißsekretion an den Armen und im Nacken ist vermindert, im Gesicht kann eine vollständige Anhidrose bestehen.

Läsionen des mittleren und unteren Brustmarks (Th 6 bis Th 12) zeigen entsprechend der Läsionshöhe neben einem Ausfall der unteren Interkostalmuskeln eine mehr oder minder ausgeprägte Parese der Bauchmuskulatur. Durch die teilweise erhaltene Bauchpresse können Blase und Darm besser entleert werden. Sind die Segmente Th 6 bis Th 9 erhalten, so können die kranialen Anteile der geraden Bauchmuskeln innerviert werden, wodurch sich der Nabel nach oben verzieht. Bei Läsionen unterhalb Th 10 ist eine Innervation aller Anteile der geraden Bauchmuskeln gegeben, so daß keine Nabelverziehung mehr stattfindet. Jedoch wölbt sich die Bauchwand bei Anwendung der Bauchpresse infolge Ausfalls der schrägen, inneren und queren Bauchmuskeln vor. Die Sitzhaltung wird durch die Musculi latissimi dorsi et trapezii zum Teil stabilisiert.

Läsionen unterhalb L 1 zeigen eine Anspannung der Musculi sartorius et iliopsoas beidseits, ohne daß aber ein lokomotorischer Effekt am Hüft- oder Kniegelenk zu beobachten wäre.

Läsionen unterhalb L 2 erlauben durch Teilinnervation der genannten Muskeln sowie der Musculi adductor longus, pectineus et gracilis eine geringe Beugung und Adduktion sowie Außenrotation im Hüftgelenk. Auch spannt sich der gerade Kopf des Musculus quadriceps femoris an, ohne daß aber dadurch eine Kniestreckung möglich wäre.

Läsionen unterhalb L 3 zeigen die erwähnten Hüftgelenksbewegungen in kräftigerem Ausmaße. Das Kniegelenk kann durch alle Teile des Musculus quadriceps femoris gestreckt und durch den Musculus sartorius ausreichend gebeugt werden (obere Begrenzung des *Epikonussyndroms*).

Läsionen unterhalb L 4 gestatten durch die Musculi tensor fasciae latae et glutaeus medius eine geringe Hüftstreckung. Der Fuß kann durch den Musculus tibialis anterior dorsalflektiert werden. Der Musculus tibialis posterior bedingt eine Supination des Fußes und damit eine Equinovarus-Stellung, die durch Kontraktur fixiert werden kann.

Läsionen unterhalb L 5 weisen eine Funktion der Zehenstrecker und der Musculi peronaei sowie der Musculi semitendinosus et semimembranosus auf, die mehr oder minder stark angespannt werden. Durch Ausfall des Musculus triceps surae besteht ein Hackenfuß (*Pes calcaneus*)

Läsionen unterhalb S 1 bzw. S 2 haben als motorische Ausfälle nur noch eine Parese der Zehenbeuger und der Binnenmuskulatur des Fußes. Die Funktion der Musculi biceps femoris, soleus et gastrocnemius ist erhalten. Die Glutäalmuskulatur kann ihre Kraft voll entfalten, so daß die Hüftgelenke nicht mehr behindert sind.

Läsionen unterhalb S 3 bis S 5 (Conus medullae spinalis) weisen keine motorischen Ausfälle an den unteren Extremitäten mehr auf. Auch die langen Zehenbeuger und die kleinen Fußmuskeln sind funktionsfähig. Beim isolierten *Konussyndrom* liegen daher nur mehr Lähmungen der Sphinkterfunktionen, eine Störung der Sexualfunktion und eine Reithosen- bzw. kokzygeale Anästhesie vor.

Zum Unterschied von den seltenen Konussyndromen finden sich wesentlich häufiger traumatisch bedingte *Konus-Kauda-Syndrome*. Sie stellen Kombinationen einer unteren Sakralmarkschädigung mit einer Läsion der absteigenden Lumbal- und Sakralwurzeln (Cauda equina medullae spinalis) dar. Insbesondere tritt diese Kombinationsverletzung bei Brüchen und Luxationen des ersten Lendenwirbels auf. Klinisch finden sich schlaffe, radikuläre Paresen an den unteren Extremitäten mit Sensibilitätsausfällen im Reithosengebiet, des weiteren schlaffe Blasen- und Darmlähmung sowie Impotenz, wobei Erektion und Ejakulation betroffen sind. Vor allem die Nervenwurzelläsionen können bloß partiell sein und sich über einen längeren Zeitraum rückbilden.

2. Sensible Ausfälle

Bei kompletten Querschnittläsionen des Rückenmarkes sind alle Gefühlsqualitäten (Oberflächen-, Tiefen-, Schmerz- und Temperaturempfindungen) ausgefallen. Das Niveau des Sensibilitätsdefizits entspricht im klassischen Fall der Höhe des nukleären Kennmuskelausfalls, der mit der beschriebenen segmentalen Muskelatrophie einhergeht. Der *Übergangsbereich zur normalen Sensibilität* kann reifenförmig in Form einer dysästhetischen, hyperästhetischen bzw. hyperpathischen Zone gegeben sein. Dies erklärt sich durch Teilschädigungen an der Grenze zwischen lädiertem und normalem Rückenmarkgewebe. Bei der Sensibilitätsprüfung ist auch im Falle einer vermutlich kompletten Querschnittlähmung sorgfältig nach *allfälligen Inseln erhaltener Sensibilität* zu fahnden (z. B. perianale oder sakrale Aussparung bei einer sonst kompletten Anästhesie unterhalb des Läsionsniveaus). Aus anatomischen Gründen weisen alle Querschnittläsionen zwischen dem Niveau unterhalb C 4 und dem Niveau unterhalb Th 1 eine gleichartige obere Begrenzung im Stammbereich auf, die etwas unter Schlüsselbeinhöhe liegt. Dies erklärt sich durch den sogenannten zervikothorakalen Dermatom- bzw. Segmentsprung, welcher darin besteht, daß das vierte zervikale und das zweite thorakale Dermatom direkt aneinanderstoßen. Die dazwischen liegenden Dermatome sind förmlich in die oberen Extremitäten ausgezogen und können solchermaßen im Rahmen der Sensibilitätsprüfung zur näheren Höhenbestimmung der Querschnittlähmung verwendet werden. Ein ähnlicher Segment- bzw. Dermatomsprung findet sich lumbosakral zwischen zweitem Lumbal- und drittem Sakraldermatom. Er grenzt den Reithosenbereich vom übrigen Beinbereich ab.

Ferner sind stets auch die Lage- und Bewegungsempfindungen zu untersuchen. Man hüte sich jedoch vor Fehlinterpretationen durch mitgeteilte Bewegungsempfindungen infolge Dehnung von Sehnen und Muskeln, welche die Läsionshöhe überbrücken und daher zumindest teilweise über eine erhaltene sensible Innervation verfügen. Keineswegs muß die Grenze der Anästhesie mit dem Schädigungsniveau der motorischen Ausfälle übereinstimmen. Hier spielen die anatomischen Gegebenheiten der dachziegelartigen Überlappung der sensiblen Dermatome, die oft unregelmäßige und schräge Begrenzung der

Rückenmarkläsion und wiederholt zusätzliche radikuläre Sensibilitätsausfälle eine Rolle. So kann bei einem Bruch des neunten Brustwirbelkörpers das motorische Läsionsniveau in der Höhe von Th 11 liegen, der klinische Sensibilitätsausfall aber mit Th 9 begrenzt sein, wenn eine zusätzliche radikuläre Läsion die eigentliche medulläre Schädigung überlagert. Es würde zwar der medulläre Sensibilitätsausfall wie die motorische Lähmung dem elften Thorakalsegment entsprechen, jedoch lassen die Nervenwurzelschädigungen das klinisch nachzuweisende sensible Ausfallsniveau auf die Höhe der tatsächlichen Wirbelfraktur ansteigen. Unter Umständen zeigt sich im späteren Verlauf eine Remission der sensiblen radikulären Schädigung und damit ein Absinken der Sensibilitätsstörung auf ein tieferes Niveau, das der oberen Begrenzung der medullären Läsion entspricht (Scherzer und Rollett 1971).

3. Ausscheidungs-, Sexual- und vegetative Störungen

Miktionsstörungen bedeuten eine besondere Belastung und auch eine besondere Gefahr für den Querschnittgelähmten. Anfangs besteht eine sogenannte „*Schockblase*", die durch fehlende Detrusorfunktion und Atonie gekennzeichnet ist. Infolge Harnretention wird die Blasenwand ausgeweitet und überdehnt. Es entwickelt sich eine „*Überlaufblase*". Die Harnretention bei gleichzeitig geschlossenem Sphinkter muß durch eine entsprechende Harndrainage beseitigt werden (transurethraler Dauerkatheter mit der unweigerlichen Folge einer Blaseninfektion und mit daher notwendiger antibiotischer bzw. antibakterieller Therapie; suprapubische Harnblasenfistel mit der Möglichkeit einer exakten Flüssigkeitsbilanz; intermittierender Katheterismus unter sterilen Bedingungen und Verwendung von Einmalkathetern, alle sechs Stunden). Die querschnittbedingten Harnblasenlähmungen ändern sich nach Überwindung des spinalen Schocks, der durch die genannten Maßnahmen überbrückt werden muß, und lassen dann prinzipiell zwei lokalisatorische Typen unterscheiden, je nachdem, ob das obere motorische Neuron oder das untere motorische Neuron betroffen ist. Die Erfahrung lehrt jedoch, daß Kombinationen dieser zwei Blasenlähmungstypen häufig zu beobachten sind. Versorgung mit einem Urinal oder einer Windelhose und Einlagen ist meist erforderlich.

Reflex-, Rückenmark- oder automatische Blase sind Bezeichnungen für Blasenfunktionsstörungen vom Typ des oberen motorischen Neurons. Dabei ist das Blasenzentrum (S 2 bis S 4) nicht lädiert. Die Rückenmarkschädigung ist supranukleär lokalisiert. Es kommt zu automatischen Entleerungen durch Reflexmechanismen. Die Blasenlähmung ist spastisch und zeigt eine Tendenz zur Bildung einer Schrumpfblase. Auf äußere Reize reagiert die Reflexblase leicht mit Kontraktionen und ungewollter Miktion. Andererseits kann über diesen Mechanismus durch Beklopfen eine gezielte Entleerung erreicht werden.

Überlauf-, denervierte oder autonome Blase sind Bezeichnungen für Blasenfunktionsstörungen vom Typ des unteren motorischen Neurons. Entweder ist dabei das spinale Blasenzentrum selbst zerstört (nukleäre Läsion) oder die Nervenverbindung von diesem Zentrum zur Harnblase ist unterbrochen (infranukleäre Läsion). Eine Restfunktion vollzieht sich über das erhaltene intramurale vegetative Nervengeflecht der Harnblase. Es liegt eine schlaffe Blasenlähmung mit Tendenz zur Überdehnung vor. Besonders im Remissionsstadium kann einmal auch eine isolierte periphere Blasenlähmung beobachtet werden. Durch massive Harnblasenentzündungen und Überdehnung der Blasenwand kann der intramurale Plexus auf Dauer geschädigt werden, so daß auch die erwähnte Harnblasenrestfunktion erlischt.

Defäkationsstörungen stellen bei Querschnittschädigungen des Rückenmarkes gleichfalls ein typisches Symptom dar. Mastdarmlähmungen sind während des spinalen Schocks an der *Incontinentia alvi* zu erkennen. Der äußere Sphincter ani klafft oder zeigt einen verminderten Tonus. Bei hohem Sitz der Querschnittlähmung resultiert ein *paralytischer Ileus*, bei tieferem Sitz ein *paralytischer Subileus*. Mit Rückkehr der spinalen Eigenaktivität stellen sich automatische Stuhlentleerungen ein. Jedoch herrscht die Tendenz zur Obstipation deutlich vor, da die Steuerung durch die intramuralen Ganglien des Darmes insuffizient ist. Prinzipiell kann wie bei den Miktionsstörungen eine Mastdarmlähmung vom Typ der Läsion des oberen und des unteren motorischen Neurons unterschieden werden. Mischformen kommen gleichfalls wiederholt vor. Abführmittel, vorsichtig manipulierte Einläufe und digitale Ausräumung des Rektums sind anfangs erforderlich. Später kann der Darm meist diätetisch und durch milde Laxantien an sogenannten Stuhltagen zufriedenstellend beeinflußt werden. Die querschnittbedingte *Atonie des Magen-Darm-Traktes* birgt bei gleichzeitigem Meteorismus durch Zwerchfellhochstand die Gefahr einer hochgradigen Atemstörung in sich. Die Behandlung erfolgt mit Magensonde und Darmrohr sowie Prostigmin, eventuell durch maschinelle Beatmung.

Sexualstörungen können bei Rückenmarkschädigungen verschiedenartig sein. Sie hängen vor allem vom Ausmaß und von der Höhe der Läsion ab. Oft findet sich schon anfangs ein anhaltender *Priapismus*. Eine Impotenz des Mannes ist teilweise bei Zerstörung des Ejakulationszentrums (L 1) und besonders bei Zerstörung des sakralen Sexualzentrums (Erektionszentrum S 3) gegeben. Entwickelt sich nach der Phase des spinalen Schocks eine Übererregbarkeit des vom Zentrum isolierten Rückenmarksanteiles, so können bereits leichte Reize reflektorisch einen Priapismus auslösen. Es kann zu ausreichenden Erektionen und auch zu Ejakulationen kommen. Kohabitations- und Zeugungsfähigkeit bleiben somit unter Umständen erhalten, besonders bei Halsmarkgelähmten. Jedoch treten meist schnell irreversible Hoden- und Ejakulatveränderungen ein. Läsionen von L 1 abwärts gehen beim Mann typischerweise mit Impotentia coeundi et generandi einher. Bei Frauen verursacht die traumatische Rückenmarkschädigung oft eine passagere *Amenorrhö*, die sich üblicherweise innerhalb eines halben Jahres zurückbildet. Konzeptions- und Gebärfähigkeit der Frau bleiben trotz Querschnittlähmung erhalten. Tetraplegikerinnen laufen während der Geburtsperiode Gefahr, eine autonome Hyperreflexie zu entwickeln.

Vegetative Störungen betreffen beim Querschnittgelähmten Vasomotorik, spontane Schweißsekretion und Piloarrektion, welche von den Seitenhörnern des Rückenmarks aus gesteuert werden (spinales Zentrum des Sympathikus von Th 1 bis L 2, im einzelnen: Th 1 bis Th 4 für Kopf und Hals, Th 3 bis Th 6 für obere Extremität, Th 7 bis Th 9 für Rumpf, Th 10 bis L 2 für untere Extremität). Infraläsionell sind das thermoregulatorische Schwitzen, die untersuchungsmäßig nachweisbare Piloarrektion und die Vasokonstriktion ausgefallen. Als mögliche Folgen ergeben sich Wärmestau, Benommenheit im Kopfe, Präkollaps und eventuell Kollaps. Bei Läsionen oberhalb von Th 6 kann es zu einer *autonomen Hyperreflexie* durch Entkoppelung des Sympathikus von übergeordneten Zentren kommen. Es finden sich dann erhebliche Hypertonien und auch Tachykardien, fleckförmiges, profuses Schwitzen, Temperatursteigerungen, Kopfschmerzen und allgemeine Müdigkeit. Vor allem wenn sich epileptische Manifestationen einstellen, liegt ein lebensbedrohender Zustand vor, der eine Entleerung der Hohlorgane bzw. eine Beendigung der Geburt dringend erfordert. Vegetativ bedingte Kreislaufstörungen sind umso stärker ausgeprägt, je höher die Rückenmarkläsion sitzt. Sie können auch zu *vasomotorischen Kollapszuständen* mit *Synkopen* führen. Das diesbezüglich vorbeugende Kreislauftraining erfolgt konsequent auf dem Stehbrett. Infolge von Gefäßparalyse während des oft lang dauernden spinalen Schocks, der fehlenden Schmerzempfindung und der motorischen Lähmung bei gleichzeitig reduziertem Allgemeinzustand ist die Gefahr einer Druckschädigung groß. *Dekubitalgeschwüre* können sich leicht einstellen und müssen konsequent durch Lagewechsel, am besten im Drehbett, verhindert werden. Infolge der Immobilität treten leicht Bein- und Beckenvenenthrombosen auf. Die diesbezügliche Prophylaxe besteht aus Lagerungen, die den Blutabfluß begünstigen, vorsichtigem Durchbewegen der Extremitäten und Applikation von Heparin in niedriger Dosierung. Trotzdem sind Thromboembolien nicht absolut zu verhindern. Am häufigsten treten Pulmonalembolien um den 14. posttraumatischen Tag auf.

D. Unvollständige Querschnittlähmungen

Bei den inkompletten bzw. partiellen Transversalsyndromen des Rückenmarks kann es sich zwar ausnahmsweise um eine ziemlich diffuse Schädigung handeln, welche keine absolute Funktionsunterbrechung bewirkt, meist aber liegen umschriebene oder lokal betonte Läsionen des Rückenmarkquerschnittes vor. Infolge der laminären Anordnung der aszendierenden und deszendierenden Rückenmarkbahnen ergeben sich bei der Höhenbestimmung der Läsion unter Umständen Schwierigkeiten (z. B. klinisches Erscheinungsbild einer lumbalen Rückenmarkläsion bei lateraler Schädigung des Zervikalmarks). An partiellen spinalen Querschnittschädigungen sind das vordere und hintere sowie das zentrale Marksyndrom und das spinale Halbseitensyndrom zu nennen, allenfalls noch das Syndrom des Hinterhorns und das auf traumatischer Basis kaum jemals isoliert vorkommende Syndrom des Vorderhorns.

a) **Vorderes Marksyndrom**: Dieses findet sich wiederholt bei Wirbelkompressionsfrakturen durch Anteflexion oder auch bei Wirbelluxationen. Geschädigt sind der Pyramidenvorderstrang, der vordere spinozerebelläre Trakt, der spinothalamische Trakt und die Vorderhörner. Es resultieren in Schädigungshöhe segmentale Lähmungen, unter dem Läsionsniveau zentrale Lähmungen und dissoziierte Sensibilitätsstörungen. Nicht selten sind die vorderen Spinalarterien geschädigt, und es manifestiert sich klinisch ein Arteria-spinalis-anterior-Syndrom. Letzteres ist gekennzeichnet durch symmetrische dissoziierte Gefühlsstörungen und Pyramidenbahnzeichen infraläsionell sowie durch schlaffe Paresen mit Muskelatrophien in Läsionshöhe, wobei meist zwei bis vier Segmente im Vorderhornbereich erweicht sind; hingegen sind die sensiblen Hinterstrangsqualitäten (taktile Ästhesie und Tiefensensibilität) erhalten.
b) **Hinteres Marksyndrom**: Ein solches stellt eine sehr seltene Verletzung des Halsmarkes dar und entsteht durch eine überstarke Retroflexion mit Läsion der dorsalen Spinalarterien. Geschädigt sind die Hinterstränge, so daß es zur spinalen Ataxie, zum Verlust des Lagesinns und des Vibrationsempfindens sowie zu Störungen der Oberflächensensibilität kommt. Die sensiblen Beeinträchtigungen sind oft nur flüchtig und bei reinen Schädigungen des dorsalen Markes nicht permanent (Tackmann, Hossmann und Petrovici 1992).
c) **Zentrales Marksyndrom**: Dieser Verletzungstyp betrifft ebenso in erster Linie den Halsanteil des Rückenmarks. Biomechanisch handelt es sich um Retroflexionstraumen und manchmal auch um ein schwerstes Schleudertrauma der Halswirbelsäule. Durch einen *„Kneifzangen"-Mechanismus* (Schneider 1958, Kuhlendahl 1964) wird bei gleichzeitiger kritischer Verengung des Wirbelkanals das Rückenmark zwischen hinterer Wirbelkante und dem sich vorwölbenden Ligamentum flavum gequetscht. Eine vorbestehende degenerative Spondylosis dorsalis kommt diesem Entstehungsmechanismus wesentlich entgegen. Die resultierenden medullären Läsionen betreffen den Bereich um den Zentralkanal, d. h. das zentrale Grau und die Bahnen in der Commissura grisea. Wiederholt sind auch die Vorder- und Seitenhörner des Rückenmarks sowie die Pyramidenseitenstränge in den inneren Anteilen geschädigt. Dementsprechend findet man klinisch Muskelatrophien in den Segmenten der Schädigungshöhe und zentral-periphere Paresen an den oberen Gliedmaßen, wogegen die Beine im Sinne einer spastischen Paraparese kaum oder gar nicht betroffen sind.

Auch die Sphinkterfunktionen sind wenig beeinträchtigt. Typisch sind dissoziierte Sensibilitätsstörungen und Brennparästhesien an den oberen Extremitäten, besonders durch Schädigung der Hinterwurzelzonen.

d) **Spinales Halbseitensyndrom**: Dieses seltene hemispinale Ausfallsyndrom nach BROWN-SÉQUARD kommt in klassischer Form nur bei Stich- und allenfalls bei Schußverletzungen vor. Ansonsten findet man einseitige Betonungen bei lateraler Kontusion und Kompression. Durch Läsion der Vorderhornzellen entsteht eine segmentale, schlaffe Parese mit sekundärer Atrophie. Durch Schädigung der Hinterwurzelzone resultiert eine segmentale Anästhesie und Analgesie. Unter dem Läsionsniveau finden sich ipsilateral eine spastische Parese und eine Tiefensensibilitätsstörung infolge Ausfalls der Pyramiden- und Hinterstrangbahnen, kontralateral eine Störung der Schmerz- und Temperaturempfindungen infolge Schädigung des spinothalamischen Trakts.

e) **Syndrom des Hinterhorns**: Es ist durch eine dissoziierte Gefühlsstörung ipsilateral in den betroffenen Segmenten charakterisiert. Neben Analgesie und Thermanästhesie werden von den Patienten wiederholt Spontanschmerzen im analgetischen Areal angegeben.

f) **Syndrom des Vorderhorns**: Dieses kommt in reiner (isolierter) Form bei traumatischen Rückenmarkschädigungen praktisch nie vor. Es findet sich hingegen bei Poliomyelitis acuta anterior (HEINE-MEDIN) und führt zu peripheren Muskellähmungen mit nachfolgender neurogener Atrophie. Es handelt sich dabei um nukleäre Lähmungen durch den Ausfall der motorischen Vorderhornzellen.

E. Kombinationsverletzungen

Besprochen werden hier lediglich Kombinationsverletzungen des Rükkenmarkes mit anderen nervalen Strukturen. Auf Grund anatomischer Gegebenheiten sind gleichzeitige traumatische Schädigungen des Rückenmarks und spinaler Nervenwurzeln leicht erklärlich. Aber auch gleichzeitige traumatische Schädigungen des Rückenmarks und des Schädelinneren, insbesondere des Gehirns sind bei schweren Halswirbelsäulenverletzungen angesichts der Zunahme von Polytraumen heutzutage keine Seltenheit mehr. Nur der Vollständigkeit halber sei erwähnt, daß selbstverständlich im Rahmen von Mehrfachverletzungen wiederholt auch Querschnittlähmungen bei Thorakal- und Abdominaltraumen vorkommen.

1. Rückenmark und Spinalwurzeln

Derartige Kombinationsverletzungen sind sehr häufig. In kennzeichnender Weise treten oft schon anfangs Schmerzen im Läsionsniveau auf, welche nicht durch die Rückenmarkschädigung, sondern durch die spinale Wurzelschädigung bedingt sind. Die Abgrenzung einer Wurzelläsion von der segmentalen Rückenmarkschädigung ist oft schwierig und gelingt nur unvollkommen, zumal die klinischen Zeichen wie Sensibilitätsstörungen und Muskelatrophien im entsprechenden Myotom bzw. Segment identisch sind. Jedoch kann sich im zeitlichen Verlauf eine Unterscheidungsmöglichkeit ergeben. Wenn mit Erholung der radikulären Schädigung die obere Begrenzung der Ausfälle im klinischen Befund absinkt, spricht dies im Falle einer kombinierten Rückenmark-Spinalwurzel-Läsion für die Erholung der geschädigten Spinalwurzeln. Diesbezügliche Hinweise kann auch die Elektromyographie liefern. Irritationsphänomene bei zusätzlicher Schädigung von Spinalwurzeln zeigen sich als *Parästhesien* und, wie bereits erwähnt, als *radikuläre Schmerzen*. Objektive Zeichen einer Wurzelläsion sind segmental verteilte Sensibilitätsstörungen und Paresen, entsprechende Reflexabschwächungen bis Reflexverluste und sich konsekutiv entwickelnde neurogene Muskelatrophien. Radikuläre Irritationen und Ausfälle kommen bei Verletzungen in allen Wirbelsäulenabschnitten vor.

Im Zervikalbereich gelten als Prädilektionsstellen der traumatischen Schädigung die zweite zervikale Wurzel und die sechste bis achte zervikale Wurzel. Schmerzhafte Parästhesien im Hinterhauptsbereich, entsprechend dem Versorgungsgebiet der zweiten zervikalen Wurzel, sind Ausdruck einer Irritation des Nervus occipitalis maior. Diesbezügliche Schmerzen können anfallartig, meist ausgelöst durch Kopfbewegungen, auftreten, in welchem Falle oft von einer Okzipitalneuralgie gesprochen wird, oder permanent vorhanden sein. Klinisch ist eine umschriebene subokzipitale Druckdolenz nachweisbar. Bei stärkerer Quetschung des Nervus occipitalis maior findet man eine mehr oder minder stark ausgeprägte Hypästhesie im Versorgungsbereich des genannten Nervs. Von hier kann eine Schmerzausstrahlung helmartig bis in die Stirn- und Augenregion erfolgen. Die Irradiation der spondylogenen Schmerzen, die ein- oder beidseits lokalisiert sein können, dann aber meist eine einseitige Akzentuierung aufweisen, vollzieht sich über vermehrten Muskeltonus. Die spondylogene Cephalaea entspricht daher einem Spannungskopfschmerz. Fallweise treten Parästhesien um den Mund sowie an der Zunge auf. Man versucht, derartige Phänomene durch Fehlimpulse, die zur spinalen Wurzel des Nervus trigeminus gelangen, zu erklären. Typische Beschwerden bei Irritation der unteren zervikalen Wurzeln sind Parästhesien sowie Schmerzen an den Händen und Fingern, bei Reizung der sechsten Wurzel am Daumen, bei Reizung der siebenten Wurzel am Zeige-, Mittel- und Ringfinger sowie bei Reizung der achten zervikalen Wurzel am Kleinfinger. Entsprechende Schmerzbänder ziehen von der Schulter über den Ober- und Unterarm bis zu den genannten Fingern. Durch schmerzbedingte Ruhigstellung des Armes kann es eventuell zu sekundären Gelenksbeschwerden kommen. Kältegefühl, Blässe oder livide Verfärbung der Hände einschließlich Marmorierung, Weichteilschwellung und vermehrter Schweißsekretion sind weitere mögliche Symptome der Reizung der kaudalen zervikalen Wurzeln. Die Verteilung radikulärer Sensibilitätsstörungen folgt in ihrem Verlauf den

Dermatomen und wird am besten durch Prüfung mit Schmerzreizen (Hypalgesie bis Analgesie) abgegrenzt, da für diese die dachziegelartige Überlappung der Dermatome geringer als für Berührungsreize (Hypästhesie bis Anästhesie) ausgeprägt ist. Im Falle eines radikulären Syndroms ist auch die *analgetische Ausfallzone (Minimalfeld)* wesentlich schmäler als die *dysästhetische Irritationszone (Maximalfeld)*. Radikuläre Paresen betreffen gemäß dem Verteilungsmuster der Myotome typischerweise mehrere Muskeln in verschiedener Lage. Myatrophien und Muskeltonusverminderungen sind daher, sofern nicht mehrere benachbarte Nervenwurzeln ausgefallen sind, schwer erkennbar. Deutlich manifestieren sich Muskelverschmächtigung und motorisches Defizit beim monoradikulären Syndrom nur an bestimmten, klinisch gut untersuchbaren und maßgeblich aus der betroffenen Nervenwurzel innervierten Muskeln, die als Kennmuskeln des jeweiligen Wurzelsegmentes bezeichnet werden. Am häufigsten begegnet man einer Verschmächtigung der Kleinfingerballenmuskulatur und der Zwischenknochenmuskulatur durch Schädigung der achten zervikalen Wurzel sowie einer Verschmächtigung der Daumenballenmuskulatur durch Schädigung der siebenten zervikalen Wurzel.

Im Thorakalbereich manifestieren sich Kombinationsverletzungen des Rückenmarkes und spinaler Wurzeln typischerweise als schmerzhafte Parästhesien, welche gürtelförmig oder reifenförmig den Rumpf umfassen. Entsprechend dem anatomischen Verteilungsgebiet sind der Thorax oder das Abdomen betroffen. Manchmal ist die Mobilisation solcher Querschnittgelähmter durch die sehr schmerzhaften Wurzelreizerscheinungen erschwert. Therapeutisch versucht wurden eine Zeitlang die transkutane elektrische Nervenstimulation sowie die Implantation epiduraler Reizelektroden, wenn die Abgrenzung gegenüber den an und für sich seltenen, spinal bedingten Spontanschmerzen nicht sicher zu treffen war und solche nicht mit Sicherheit ausgeschlossen werden konnten.

Im Lumbal- und Sakralbereich findet sich eine zusätzliche Nervenwurzelschädigung in typischer Weise bei schweren Verletzungen des ersten Lendenwirbels, insbesondere bei Luxationen. Das klinische Bild ist das eines Konus-Kauda-Syndroms, also einer kombinierten Schädigung des unteren Sakralmarks und der absteigenden Lumbal- sowie Sakralwurzeln, wie es schon zuvor beschrieben wurde. Die Prognose der Nervenwurzelläsion ist hier wiederholt besser als die der Rückenmarkläsion. Dies bedeutet, daß sich die schlaffen Paresen an den unteren Extremitäten und die Sensibilitätsausfälle im Reithosengebiet allenfalls weitgehend oder sogar zur Gänze zurückbilden, wogegen Blasen-, Darm- und Potenzstörungen persistieren. Hartnäckige Schmerzen im Verteilungsbereich der lumbalen und sakralen Wurzeln sind ja von isolierten Kaudaläsionen, bei denen also keine Rückenmarkschädigung gegeben ist, wohl bekannt. Solche Kaudaschmerzen können auch den Charakter einer Kausalgie annehmen.

Differentialdiagnostisch abzugrenzen sind von den bisher beschriebenen radikulären und spinalen Syndromen die häufigen *pseudoradikulären Syn-*

drome durch Schädigungen im Bereiche der physiologischen Funktionseinheit Gelenk/Muskel. Sie gehen mit Schmerzen, muskulärem Hartspann, Tendomyosen, Myogelosen und diffusen Dysästhesien einher, wogegen das eigentliche lokale Vertebralsyndrom mit schmerzhafter Bewegungseinschränkung sowie reflektorischer Schon- und Fehlhaltung auf den Wirbelsäulenbereich beschränkt bleibt. Besonders häufig sind die Halswirbelsäule (HWS-Syndrom oder Zervikalsyndrom, stiff neck syndrome) und die Lendenwirbelsäule (Lumbalsyndrom) betroffen, jedoch gibt es auch ein entsprechendes Beschwerdebild von seiten der Brustwirbelsäule (Thorakalsyndrom bzw. Interkostalsyndrom).

Vor allem der Ausdruck *Zervikalsyndrom* wird oft im weitesten Sinne verwendet und umfaßt dann neben vertebralen und pseudoradikulären auch radikuläre Symptome. Es empfiehlt sich aus Gründen der diagnostischen Ordnung eine möglichst genaue Differenzierung der vorliegenden Einzelkomponenten. Lokalisatorisch unterscheidet man ein oberes Zervikalsyndrom (Syndrom des kraniozervikalen Überganges), ein mittleres Zervikalsyndrom (Brust-, Herz- und Oberbauchbeschwerden neben der zervikalen Schmerzsymptomatik) und ein unteres Zervikalsyndrom (brachiozervikales Syndrom). Schließlich gibt es noch, besonders anfangs, ein diffuses posttraumatisches Zervikalsyndrom, bei dem die gesamte Halswirbelsäule betroffen ist. Durch manuelle Untersuchung können Gelenk- und Muskelschmerzen getrennt erfaßt sowie Wirbelblockierungen zusätzlich nachgewiesen werden. Letztere sind ebenso wie Wirbelsegmentinstabilitäten auch röntgenologisch durch seitliche Funktionsaufnahmen in maximaler Anteflexions- und Retroflexionsstellung zu erkennen. Diese Untersuchungen sind aber nur mit großer Vorsicht bei Querschnittgeschädigten und nur in einem späteren Stadium durchzuführen. Es besteht nämlich die Gefahr einer Wirbelverschiebung durch Manipulationen, die ihrerseits zu einer akuten Rückenmarkschädigung führen können, z. B. bei Pseudarthrose nach Densfraktur.

2. Rückenmark und Gehirn

Solche Kombinationsverletzungen sind, wie erwähnt, im Rahmen gravierender Polytraumen keine Seltenheit. Bei schwersten Halswirbelsäulentraumen besteht in besonderem Maße die Möglichkeit, daß auch eine Gehirnläsion eintritt. Der querschnittverletzte Hirngeschädigte oder hirngeschädigte Querschnittverletzte stellt vor allem in der Neurorehabilitation ein besonderes Problem dar. Zu unterscheiden sind dabei *mechanisch bedingte Verletzungen des Schädelinneren* (zerebrale Kontusions- und Rindenblutungsherde, intrakranielle extrazerebrale Hämatome, vor allem Subduralhämatome bei Zerreißung von Brückenvenen, Zerrschädigung des Hirnstammes mit tödlichem Ausgang) und *Auswirkungen von extrakraniellen Arterienverletzungen* (Durchblutungsstörungen mit ischämischer Zerebralschädigung, vornehmlich bei Vertebralis- und selten bei Karotisläsionen). Im Vordergrund des klinischen Bildes stehen Zeichen der akuten Hirnschädigung: Bewußtseinstrübungen bis Koma, zentrale, vorerst pseudoschlaffe Paresen der Extremitäten, Hirnnervenausfälle, Pupillenstörungen, Nystagmus, Kreislauf- sowie Atemdepression usw.

Die in Rede stehenden kontusionellen Hirnschädigungen sind auf plötzliche, durch hochgradige Gewalteinwirkung bedingte Relativverschiebungen des Gehirns innerhalb der Schädelkapsel zurückzuführen. Solche Prellungsherde finden sich vor allem frontal, temporobasal, okzipital und zerebellär. Starke Kräfte können Zerrungen von Arterien mit Wandläsionen und allenfalls mit Ruptur, zu der sich multiple, querverlaufende Intimarisse über einen größeren Gefäßabschnitt gesellen, verursachen. Zerreißungen größerer Arterien verlaufen meist tödlich. Aber auch leichtere Kräfte, welche in der Sagittalebene wirken, führen unter Umständen zu Ein- und Abrissen von oberflächlichen Brückenvenen, als deren Folge sich kortikale und subdurale Blutungen entwickeln.

Traumatisch bedingte Durchblutungsstörungen der großen Halsarterien können passagere und eventuell bleibende zerebrale Symptome nach sich ziehen. Die bloß vorübergehende Abklemmung der Vertebralarterien verursacht im akuten Stadium ähnliche subjektive Beschwerden wie die Irritation des hinteren Halssympathikus, die in diesem Abschnitt noch besprochen wird. Bei vorbestehenden arteriosklerotischen Gefäßveränderungen kann sich jedoch als schwereres Zustandsbild eine Vertebralis-Basilaris-Insuffizienz mit objektiven neurologischen Ausfällen manifestieren. Mitunter führt eine Vertebralarterienläsion zur Thrombosierung und konsekutiv zum definitiven Hirnstamm- oder Posteriorinsult. Klinisch findet man Bewußtseins-, Atem- und Kreislaufstörungen, Pupillensymptome, Hirnnervenausfälle, Nystagmus, Seh-, Sprech- und Schluckstörungen, zentral bedingte Paresen an den Extremitäten und Sensibilitätsstörungen, ferner ataktische Zeichen. Ausnahmsweise beobachtet man nach schwerer Zerrung der Halskarotis eine Gefäßwandschädigung mit Thrombosierung und eventuell mit zerebraler Embolie, vornehmlich in die mittlere Hirnarterie. Es resultiert meist das klinische Bild eines schweren malazischen Hirninsultes mit motorisch-sensiblem Halbseitensyndrom und bei Betroffensein der dominanten Hemisphäre mit zusätzlichen aphasischen Störungen.

Selbstverständlich kann die differentialdiagnostische Abgrenzung der aufgezählten zerebralen Symptome vom spinal bedingten Transversalsyndrom durch Überlappung und Superponierung der neurologischen Ausfälle (Gehirn und Rückenmark) schwierig sein. Nach den genannten zerebralen Schäden werden vereinzelt fokale oder sekundär generalisierte epileptische Anfälle als Reizphänomene in der akuten Phase oder als Narbensymptome im Defektstadium beobachtet. Im Falle der genannten Arterienläsionen entwickelt sich unter Umständen bei partieller Gefäßwandschädigung ein lokales Aneurysma mit der Gefahr weiterer Komplikationen. Nur nach tatsächlicher substantieller Gehirnschädigung, sei diese kontusioneller oder ischämischer Natur, sind neben zentralen neurologischen Ausfällen auch psychische Veränderungen in Form eines organischen Psychosyndroms möglich.

Bei Verletzungen der Halswirbelsäule kann es durch *Schädigung des Nervus vertebralis* auch zu funktionellen zerebralen Störungen kommen. Typischerweise liegt eine Irritation dieses Nervs, der plexusartig die Vertebralarterie umgibt, vor. Dieses Zustandsbild wird nach BARRÉ (1926) und LIÉOU (1928) als *Syndrom des hinteren Halssympathikus* bezeichnet, umfaßt Kopfschmerzen, Schwindel, Übelkeit, Brechreiz, Ohrensausen, Hör- und Sehstörungen, allenfalls sonstige vaskuläre Auswirkungen auf das Schädelinnere sowie vasomotorische Störungen im Gesichtsbereich. Man spricht diesbezüglich auch von einem zervikozephalen Syndrom. Anfallartige Manifestationen dieser Art wurden insbesondere bei halbseitiger Schmerzbetonung als sogenannte *zervikale Migräne* (BÄRTSCHI-ROCHAIX 1949 und 1957) beschrieben und können mit einem Flimmerskotom einhergehen. Der nach Halswirbelsäulenverletzungen auftretende Schwindel kann verschiedene Formen aufweisen. Der vasomotorisch bedingte Schwindel tritt als diffuser und ungerichteter Hirnschwindel mit Schwarzwerden vor den Augen und ohnmachtsähnlicher Symptomatik auf. Häufig zu beobachten ist der kurzdauernde Lagerungsschwindel – deswegen auch paroxysmaler Positions-, Moment- oder Sekundenschwindel genannt – und seltener der anhaltende Lageschwindel. Man unterscheidet als weitere Formen des zervikalen Schwindels den häufigen Rezeptorenschwindel, der von den kleinen Wirbelgelenken ausgeht und durch Kopfbewegungen ausgelöst wird, sowie den Otolithenschwindel, der klinisch vorwiegend einem Lageschwindel entspricht. Mitunter läßt sich eine vestibulookuläre Störung in Form von Zervikal-, Lage- oder Lagerungsnystagmus klinisch bzw. unter der FRENZELschen Leuchtbrille nachweisen. Aussagekräftiger wären elektronystagmographische (ENG-) Untersuchungen auf dem elektronisch gesteuerten Drehstuhl, bei denen sich neben den genannten Nystagmusformen auch wiederholt ein vestibuläres Richtungsüberwiegen zeigen würde, jedoch sind diese Prüfungen für Patienten mit erheblichen Querschnittsyndromen des Rückenmarks zu belastend. Ohrgeräusche (Tinnitus) und Hörstörungen werden üblicherweise gleichfalls als Ausdruck einer vasomotorischen Störung im Vertebralis-Basilaris-Stromgebiet aufgefaßt. Neben dieser indirekten vaskulären Verursachung über Sympathikusreizung kommt noch eine Verursachung durch Arterienkompression, vor allem im Initialstadium in Frage.

F. Hilfsbefunde

Schwere Traumen der Wirbelsäule mit Querschnittsyndromen ergeben meist eindeutige pathologische Befunde in den entsprechenden Spezialuntersuchungen. Es müssen jedoch vorbestehende degenerative oder anlagebedingte Veränderungen der Wirbelsäule differentialdiagnostisch abgegrenzt werden. Solchermaßen ist der klassische Röntgenbefund nach wie vor der wichtigste Hilfsbefund nach allen Verletzungen der Wirbelsäule. In der Folge werden nur neurologisch und unfallchirurgisch interessierende Hilfsuntersuchungen besprochen. Hinsichtlich anderer Methoden wird auf die einschlägige Fachliteratur verwiesen. So gehören beispielsweise die Ausscheidungsurographie und auch die urodynamische Diagnostik zur Differenzierung einer vorliegenden Harnblasenfunktionsstörung in die Hand des Urologen.

Das **Nativröntgen** ergibt häufig, aber nicht immer einen pathologischen Befund, insbesondere in Form einer Fraktur. Solche Knochenbrüche betreffen den Wirbelkörper in stärkerem Ausmaß, meist mit keilförmiger Deformation, den Dornfortsatz, die Wirbelbögen und die Gelenkfortsätze, welche eventuell auch nur verhakt sein können. Es kommt dann leicht zur Wirbelluxation und Einengung des Wirbelkanals. Auch können Knochenteile abgesprengt und in den Wirbelkanal verlagert werden. Eine allfällige Densfraktur erkennt man am besten auf der transoralen Aufnahme. Eine Erniedrigung des Zwischenwirbelraumes weist, sofern sie nicht vorbestehend ist, auf einen möglichen Bandscheibenprolaps hin. Durch Frakturen und Luxationen werden oft Fehlstellungen im Verlauf der Wirbelsäule verursacht. Bei Verletzungen der Halswirbelsäule findet sich anfangs meist eine Streckstellung dieses Wirbelsäulenabschnitts als Ausdruck der reflektorischen Muskelverspannung im Rahmen des posttraumatischen Zervikalsyndroms, jedoch ist eine solche nicht unbedingt pathologisch, sondern kann auch haltungs- oder lagerungsbedingt sein. Bei schwerer Schleuderverletzung zeigt sich nicht selten ein Knochenabriß an der unteren vorderen Wirbelkörperkante. Man hüte sich jedoch vor Verwechslungen mit einem nicht-synostosierten Randleistenanulus, der bloß eine belanglose Anomalie ohne jeglichen Krankheitswert darstellt.

Von Interesse sind zusätzlich zu den Übersichtsaufnahmen, auch wenn diese keine pathologischen Veränderungen zeigen, gedrehte Aufnahmen zur Darstellung der Intervertebrallöcher und eventuell der kleinen Wirbelgelenke sowie Funktions- bzw. Bewegungsaufnahmen der Halswirbelsäule mit Anteflexion und Retroflexion des Kopfes zur Verifizierung einer abnormen Aufklappbarkeit eines Wirbelsegmentes oder einer sonstigen abnormen Beweglichkeit im Sinne einer Wirbelsäuleninstabilität, aber auch zur Darstellung einer Wirbelblockade (Fixierung eines Bewegungssegmentes). Der Nachweis eines kyphotischen Knicks, häufig in der Höhe der Bandscheibe zwischen fünftem und sechstem Halswirbelkörper, berechtigt unter Umständen zum Verdacht auf eine ligamentäre Läsion, jedoch kann sich ein derartiger Befund auch als eine vorbestehende unfallfremde Veränderung finden, sogar ohne jedwede Beschwerdensymptomatik. Spätere Röntgenaufnahmen können überschießenden Kallus nach Fraktur, eine posttraumatische Osteochondrose nach Bandscheibenläsion und Zeichen einer reaktiven Spondylose nachweisen, wenn tatsächlich eine Bandzerreißung stattgefunden hat.

Die **Computertomographie (CT)** dient im Wirbelsäulenbereich der morphologischen Klärung von traumatisch bedingten Veränderungen am Knochen, am Bandscheibengewebe, aber auch in der benachbarten Muskulatur und im Wirbelkanal (kleinere Blutungen, raumfordernde Hämatome, Knochenabsplitterungen). Selbstverständlich lassen sich ferner anlagebedingte und vorbestehende degenerative Veränderungen des untersuchten Wirbelsäulenabschnittes nachweisen. Im Schädelbereich können zusätzlich zerebrale Läsionen und intrakranielle Hämatome an Hand von Dichteveränderungen und Dislokationen dargestellt werden. Auch hier wird man unter Umständen vorbestehende unfallfremde Veränderungen differentialdiagnostisch abgrenzen müssen, z. B. Atrophien. Die computertomographischen Untersuchungen können nativ oder mit Kontrastmittelverstärkung (intravenöse Applikation) erfolgen, wodurch gewisse Beurteilungen erleichtert werden. Die Aussagekraft der spinalen Computertomographie ist in vieler Hinsicht jener der konventionellen Röntgenuntersuchung überlegen. Dies gilt insbesondere dann, wenn dislozierte und in den Wirbelkanal verlagerte Gewebeteile (Bandscheibenhernien oder -sequester, kleine Knochenabsprengungen), spinale Subdural- und Epiduralhämatome sowie Abszesse nachgewiesen werden sollen. Des weiteren lassen sich Rückenmarkkompressionen, die Weite des Wirbelkanals und Auswirkungen einer Wirbelsubluxation gut bestimmen. Zusätzlich kann Kontrastmittel intrathekal eingebracht werden, wodurch die Beurteilung von Wurzelläsionen erleichtert wird (spinale Myelo-Computertomographie).

Mit der **Kernspintomographie** (**NMR** oder **MRI**) lassen sich an der Wirbelsäule neben Knochen- und Bandscheibengewebe auch die benachbarten Weichteilstrukturen und das Rückenmark selbst beurteilen. Die differentialdiagnostische Abgrenzung der nachgewiesenen Veränderungen gelingt in der Regel. Im Schädelbereich läßt sich der gesamte Inhalt des Intrakranialraumes, also auch das Gehirn, kontrastreich abbilden. Ein Vorteil dieses Verfahrens liegt in der Möglichkeit der Längsschnittdarstellung der genannten Strukturen. Dadurch bewährt sich die Kernspintomographie der Wirbelsäule besonders beim Nachweis von Zysten- und Höhlenbildungen sowie bei der Differentialdiagnose spinaler Kompressionssnydrome. Außerdem kann die Kernspintomographie wie die zuvor erwähnte spinale Computertomographie unter Zuhilfenahme der Myelographie erfolgen, wodurch die diagnostische Aussagekraft erhöht wird.

Durch die **Myelographie** können Bandscheibenvorfälle und sonstige Kompressionen des Rückenmarks als Passagebehinderungen des eingebrachten Kontrastmittels nachgewiesen werden. Zugleich wird Zerebrospinalflüssigkeit für mikroskopische und laborchemische Untersuchungen gewonnen. Bei Wurzelausrissen findet sich der typische Befund der sogenannten „leeren“ Wurzeltaschen. Daß die spinale Computertomographie sowie die Kernspintomographie vorteilhaft in Kombination mit Einspritzung von Kontrastmittel in den Wirbelkanal erfolgen können, wurde bereits erwähnt. Vor allem in der Initialphase der Verletzung kann die Myelographie diagnostisch sehr hilfreich sein. Bei der Liquorentnahme empfiehlt es sich, stets auch den QUECKENSTEDT-Versuch zum allfälligen Nachweis einer vollkommenen Liquorblockade durchzuführen. Auf eine genaue **Liquoruntersuchung** sollte, nachdem Zerebrospinalflüssigkeit gewonnen wurde, nie verzichtet werden. Der Stauungs- oder Stoppliquor unterhalb der kompletten Passagebehinderung ist durch Eiweißanstieg und Xanthochromie bei nur geringer Zellzahl gekennzeichnet. Im Falle entzündlicher Veränderungen, so auch bei Arachnitis, steht die Pleozytose (oft erheblicher Anstieg der Zellzahl) im Vordergrund.

Bei der **Diskographie** handelt es sich um einen orthopädischen Eingriff mit Kontrastmitteleinspritzung in das Bandscheibengewebe selbst zum Nachweis einer dort lokalisierten Schädigung. Die Kontrolle der Nadellage erfolgt zweckmäßigerweise am Röntgenbildschirm, bevor noch das Kontrastmittel eingebracht wird. Die Methode wird heute kaum mehr verwendet, da sie durch die zuvor genannten nicht-invasiven Untersuchungen weitgehend verdrängt wurde. Die Diskographie ist bei Verdacht auf traumatische Bandscheibenläsionen indiziert und wird vorwiegend im Zervikalbereich angewandt. Führt die Injektion des Kontrastmittels zu einer segmentalen Schmerzausstrahlung, so zeigt dies einen Diskusprolaps mit radikulärer Irritation an.

Als weitere bildgebende Verfahren in der Diagnostik von Querschnittverletzungen sind die Angiographie und die Szintigraphie zu erwähnen. *Spinale Angiographien* erfolgen als Arterio- oder Phlebographien und geben Aufschluß über lokale Veränderungen im Bereiche der Wirbelsäule, sind aber seit Einführung der neueren bildgebenden Verfahren in den Hintergrund gerückt. Bei Bestehen zusätzlicher zerebraler Symptome kommt noch immer den zerebralen Angiographien eine wesentliche Bedeutung zu. Die Vertebralisuntersuchung mit Kontrastmittelinjektion sollte aber, da unter Umständen Komplikationen möglich sind, nur bei strenger Indikation angewandt werden. Die Untersuchung erfolgt heutzutage kaum mehr durch direkte Punktion der Vertebralarterie, sondern in Form der selektiven Angiographie mittels eines Katheters, der üblicherweise von der Femoralarterie aus eingebracht und bei Beobachtung am Röntgenbildschirm bis in den Aortenbogen bzw. bis in die Vertebralarterie vorgeschoben wird. Gefäßwandveränderungen, Arterienverengungen und -verschlüsse sowie Gefäßanomalien können nachgewiesen werden. Die Untersuchung gibt auch als Funktionsangiographie bei Kopfdrehung über hämodynamische Verhältnisse Aufschluß. Die Karotisangiographie hat bei Traumen der Halsregion eine gewisse Bedeutung und ist vornehmlich bei Verdacht auf eine posttraumatische Karotisthrombose indiziert. Die **Szintigraphie** wird mitunter zu diagnostischen Zwecken bei fraglichen Knochenverletzungen angewandt und gewinnt durch Verlaufskontrollen deutlich an diagnostischer Aussagekraft. Wichtig ist sie auch bei Vorliegen heterotoper periartikulärer Ossifikationen, die wegen erheblicher Rezidivgefahr nur dann einer Operation unterzogen werden sollen, wenn szintigraphisch ein Stillstand des entzündlichen Prozesses angenommen werden kann.

Die **Elektromyographie (EMG)** stellt eine wichtige neurophysiologische Untersuchungsmethode dar, welche die Lokalisation sowie die Beurteilung des Alters radikulärer Läsionen und in einem gewissen Grade auch die

Bestimmung des Schweregrades solcher Schädigungen an Hand von pathologischen Spontanaktivitäten, Deformierungen motorischer Einheiten und Dichteminderungen des physiologischen Interferenzmusters gestattet. Des weiteren ermöglichen derartige Verlaufsuntersuchungen, die klinische Entwicklung bzw. Remission von Nervenwurzelläsionen zu verfolgen. Die Elektromyographie vermag die Höhe der motorischen Ausfälle recht gut an der autochthonen paravertebralen Muskulatur zu bestimmen (Etagendiagnostik der Rückenstreckmuskulatur), jedoch vermag sie sich auch an den typischen peripheren Kennmuskeln der einzelnen Rückenmarksegmente zu orientieren. Elektromyographische Untersuchungen der Beckenbodenmuskulatur können in unklaren Fällen wesentliche diagnostische Hinweise liefern, vor allem dann, wenn die behaupteten Beschwerden bezüglich Harnblasenstörungen nicht dem klinischen Bild entsprechen. Des weitern kann die pathologische Eigenaktivität des infraläsionellen Rückenmarkanteils neurophysiologisch nachgewiesen werden. Hauptsächlich aber liegt der Wert der Elektromyographie beim Rückenmarkgelähmten im Nachweis nukleärer und radikulärer motorischer Ausfälle.

Auch Untersuchungen mit **somatosensiblen evozierten Potentialen (SSEP)** wurden seit kurzem in die Diagnostik von Querschnittsyndromen des Rückenmarks eingeführt. Abnorme Befunde sind nur nach schweren Verletzungen mit Schädigung nervaler Strukturen zu erwarten. Durch diese neurophysiologische Methode können die afferenten Leitungsbahnen des peripheren und zentralen Nervensystems bezüglich ihrer Funktion überprüft werden. Die Reizung erfolgt mittels Oberflächenelektroden in den sensiblen Versorgungsbereichen gewisser Nerven, vor allem des Nervus medianus und des Nervus tibialis, bzw. an diesen Nerven selbst. Abgeleitet wird von verschiedenen Punkten über den sensiblen Bahnsystemen (Plexusbereich, Rückenmark, Gehirn). Leitungsunterbrechungen können auch im Hinblick auf den Läsionsort nachgewiesen werden: bei Reizung oberhalb der Läsion normale und bei Reizung unterhalb der Läsion abnorme bzw. keine zerebralen Antworten. Eindeutig sind die Befunde bei Vorliegen kompletter Leitungsunterbrechungen. Die Untersuchungsmethode ist nicht belastend, auch beim Bewußtlosen durchführbar und risikolos. Ähnliche Prüfungen in bezug auf das motorische System sind mit der **transkraniellen kortikalen Magnetstimulation** möglich. Komplette Bahnunterbrechungen ergeben eindeutige Befunde, geringfügige Schädigungen sind schwerer zu beurteilen. Die Höhenbestimmung einer Läsion innerhalb des Rückenmarkes kann nur auf Basis der Segmentdiagnostik erfolgen.

Die **Zystomanometrie** gehört eigentlich in die Hand des Urologen. Dennoch soll sie hier kurz erwähnt werden, weil sie auch dem Neurologen Aufschluß über den Funktionszustand der Harnblase zu geben vermag. Die Technik der Untersuchung wurde bereits besprochen. Im Prinzip setzt man einen Muskeldehnungsreiz, der schließlich zur reflektorischen Harnblasenentleerung führt. Der intravesikale Druck kann registriert und in Form einer

Druckkurve dargestellt werden. So läßt sich zystomanometrisch auch der Miktionsvorgang beurteilen. Des weiteren wird bei der Harnblasenfüllung die Kapazität bestimmt. Nach dem Spannungszustand unterscheidet man eine spastische oder hypertone und eine schlaffe oder hypotone Harnblase, nach der Kapazität eine Schrumpfblase und eine Überdehnungsblase, nach der Lokalisation der Schädigung eine ungehemmte neurogene Blase bei Pyramidenbahnläsion und eine reflektorisch-neurogene oder automatische Blase bei suprasegmentaler Läsion, eine denervierte Blase bei Läsion des gesamten Blasenreflexbogens (spinales Blasenzentrum im Conus terminalis oder afferenter und efferenter Schenkel betroffen), sowie eine deafferenzierte oder sensorisch-paralytische Blase bei Läsion des sensiblen Schenkels des Blasenreflexbogens und deefferenzierte oder motorisch-paralytische Blase bei Läsion des motorischen Schenkels des Blasenreflexbogens. In der Hand des Spezialisten hat die Zystomanometrie in Kombination mit der Sensibilitätsprüfung der Harnblasenwand und der Beckenboden-Elektromyographie eine wesentliche Aussagekraft. Solchermaßen und insbesondere durch eine komplexe urodynamische Diagnostik gelingt es, die verschiedenen klassischen Formen neurologisch bedingter Miktionsstörungen zu differenzieren, wobei jedoch zu beachten ist, daß auch häufig Mischbilder vorkommen.

Die **Elektroenzephalographie (EEG)** und Untersuchungen des Gleichgewichtssystem sind bei Kombinationsverletzungen des Rückenmarks mit dem Gehirn wertvoll. Ein pathologischer Befund hinsichtlich der bioelektrischen Hirntätigkeit ist nach schweren Polytraumen oder nach schweren Verletzungen der Halswirbelsäule zu erwarten, die zusätzlich mit ischämischer bzw. kontusioneller Hirnschädigung oder mit intrakraniellen Hämatomen einhergehen. Man findet dann mehr oder minder ausgedehnte Herdbefunde mit langsamen, unregelmäßigen Wellen, anfangs auch Allgemeinveränderungen und ausnahmsweise Zeichen gesteigerter zerebraler Erregbarkeit. Hievon abzugrenzen sind unfallfremde, vorbestehende Veränderungen, insbesondere solche konstitutioneller Art. **Vestibuläre Untersuchungen** sind vor allem dann indiziert, wenn die zusätzliche Verletzung die hintere Schädelgrube (Hirnstamm und Kleinhirn) oder laterobasale Schädelstrukturen betrifft. Sie erfolgen als Leuchtbrillenuntersuchung im Dunkelzimmer unter der FRENZEL-Brille, als Elektrookulographie (EOG) bzw. Elektronystagmographie (ENG) auf dem elektronisch gesteuerten Drehstuhl und allenfalls als kalorische Spülungen des äußeren Gehörganges (thermische Labyrinthreizung). Bei Querschnittgeschädigten ist der Einsatz mancher dieser Methoden erschwert bis unmöglich. Nachgewiesen werden sollen eventuelle Störungen des vestibulookulären Systems im Sinne von Spontan- und Provokationsnystagmus, vermehrten Augenrucken und Störungen des experimentellen Nystagmus, z. B. in Form des vestibulären Richtungsüberwiegens.

Die **Psychologie** spielt beim Querschnittgelähmten an sich eine ganz wesentliche Rolle, die keineswegs unterschätzt werden darf. In psychischer Hinsicht zeigen Patienten mit Querschnittlähmungen anfangs meist eine

Phase der Verdrängung und Verleugnung sowie dann eine Phase der Depressivität, in deren Rahmen nicht selten auch Selbstmordgedanken auftreten. Mit der aktiven Neurorehabilitation schwinden die depressiven Symptome sowie die existentielle Angst in der Regel und machen sogar bei hohen Querschnittlähmungen mit schwersten Behinderungen einem starken Lebenswillen Platz. Es kommt auf Grund von behandlungsbedingten Erfolgserlebnissen, die der Betroffene kaum mehr zu erhoffen wagte, zu einer psychischen Stabilisierung. Eine derartige positive psychische Verarbeitung der Unfall- und Verletzungsfolgen kann bis zu irrealen Vorstellungen gehen. Dieser Verlauf zeigt sich nicht nur im Rahmen der psychologischen Untersuchung solcher Patienten, sondern auch im explorativen ärztlichen Gespräch sowie im Kontakt, den der Querschnittgelähmte mit Schicksalsgenossen und Angehörigen sowie Freunden hat. Während des stationären Aufenthaltes im Rehabilitationszentrum entwickelt sich eine gewisse Ghettosituation mit Entfremdung von der Familie und mit der Tendenz, sich von der Gesellschaft zurückzuziehen. Wesentlichen Auftrieb bedeutet die Wiedererlangung der Mobilität, der Selbständigkeit und der Arbeitsfähigkeit. So gelingt es vielen Querschnittgelähmten, sich sozial und beruflich wieder voll ins Leben einzugliedern. Dieser positiven Entwicklung, welche nicht selten eine Überkompensation im psychischen Bereich erkennen läßt, stehen Probleme in der Partnerbeziehung und Sexualität entgegen. Besonders nach der Entlassung aus der stationären Behandlung können sie durch die Wiedereingliederung das Familien- und Privatleben des Querschnittsgelähmten maßgeblich belasten und bei Nichtbewältigung zu einer psychogenen Fehlentwicklung einschließlich abermaliger Depressivität führen. Hier sind nervenärztlicherseits und psychologischerseits Maßnahmen der Psychohygiene, insbesondere durch Gesprächstherapie, allenfalls unterstützt durch eine symptomorientierte Medikation, indiziert. In diesem Sinne wirken auch Diskussionen mit Schicksalsgenossen in Selbsthilfegruppen und Versehrtenklubs. Wiederholt zieht es den Versehrten in das Rehabilitationszentrum, wo er die erste Zeit nach seinem Unfall verbrachte, zurück. Manchmal hat man den Eindruck, daß diese Behandlungsstätte zum Zufluchtsort und schließlich zum Mittelpunkt seines weiteren Lebens wird. Dies stellt eine bedauerliche psychogene Fehlentwicklung dar, der mit allen Mitteln entgegengewirkt werden muß. Besonders schwer wird der Verlust des Partners empfunden. Eine vom Querschnittgelähmten nicht gewünschte Scheidung oder Partnertrennung läßt leicht in ihm das Gefühl entstehen, daß er wegen seiner körperlichen Beeinträchtigung und Mängel nicht mehr akzeptiert und deshalb verlassen wird. Solchermaßen kann der Betroffene in eine ungewollte und ihn schwer belastende Isolation geraten.

Ferner können bei Vorliegen einer zusätzlichen substantiellen Hirnschädigung entsprechenden Schweregrades Zeichen eines organischen Psychosyndroms in Form vermehrter Ermüdbarkeit, Gedächtnisstörungen, erschwerter sensomotorischer Umstellbarkeit, Konzentrationsstörungen, zerebraler Verlangsamung, affektiver Störungen, Persönlichkeitsveränderungen usw. nachgewiesen werden. Strikte abzulehnen ist die Ansicht, daß ein organisches Psychosyndrom durch chronische irritative Fehlimpulse aus der Halswirbelsäule, also ohne zerebrale Läsion, entstehen könnte. Unabdingbare Grundlage und absolute Voraussetzung eines organischen Psychosyndroms ist die stattgehabte substantielle Hirnschädigung. Gutachtlich ist dann eine Anerkennung gerechtfertigt, wenn eine Leistungsbeeinträchtigung eindeutig vorliegt und demgemäß die Funktionsstörung klar erkennbar ist.

G. Verlauf und Prognose

Am Anfang der traumatischen Rückenmarkschädigung besteht ein *spinaler Schock (Diaschisis)* mit spinaler Funktionslosigkeit. Er kann Minuten, Stunden, Tage und sogar Wochen bis Monate anhalten. Bei einer rein funktionellen Rückenmarkerschütterung ohne faßbare pathologisch-anatomische Veränderungen, die als *Commotio medullae spinalis* bezeichnet wird, bildet er sich schnell zurück, und es tritt meist innerhalb von Stunden eine Restitutio ad integrum ein. Hinweise auf eine gute Prognose ergeben sich oft aus dem Umstand, daß bereits zu einem Zeitpunkt, da die Motorik noch vollkommen aufgehoben ist, kein totaler Ausfall der Sensibilität mehr besteht. Zeigt eine komplette Querschnittlähmung des Rückenmarkes innerhalb von 48 Stunden überhaupt keine Remissionstendenz, so ist die Prognose schlecht und es ist mit einer Rückbildung in weiterer Folge nicht zu rechnen.

Die *Contusio medullae spinalis* stellt eine Rückenmarkquetschung mit lang anhaltender oder persistierender Querschnittsymptomatik auf Grund einer substantiellen Läsion dar, welche wiederholt, aber nicht unbedingt mit einer Fraktur oder Luxation des benachbarten Wirbels vergesellschaftet ist. Die kontusionell bedingte Transversalschädigung des Halsmarkes kann partiell oder total sein. Die obere Begrenzung der substantiellen Rückenmarkläsion steigt unter Umständen durch Ausbildung eines spinalen Ödems in den ersten Tagen nach dem Unfall um einige Segmente an (Scherzer und Rollett 1971), sinkt dann meist, aber nicht stets, wieder auf die frühere Segmenthöhe ab. Lediglich im Falle einer Ödemnekrose ist die eingetretene sekundäre Verschlimmerung nicht reversibel. Anfängliche Schmerzen der rückenmarkgelähmten Patienten sind nicht medullär, sondern radikulär bedingt bzw. auf begleitende Wirbelfrakturen zurückzuführen. Als prognostisch ungünstiges Zeichen ist ein anhaltender Priapismus (Erektion durch Füllung der Corpora cavernosa) zu erwähnen. Ferner ist ein sich progredient entwickelndes Querschnittsyndrom so lange auf eine mechanisch bedingte *Compressio medullae spinalis* verdächtig, als nicht durch Myelographie das Gegenteil bewiesen ist.

Auf den spinalen Schock folgt die Phase der *spinalen Reflexautomatik*. Sie ist bei der zervikalen und thorakalen Querschnittschädigung durch eine gesteigerte Eigenaktivität des deafferenzierten und isolierten infraläsionellen Rückenmarkanteils gekennzeichnet. Diese Eigentätigkeit besteht in spastischen Klonismen, vor allem der Beine bei Einnahme gewisser Stellungen, des weiteren in spinalen Automatismen, welche komplexe, unwillkürliche, oft ausfahrende Bewegungen darstellen, bei denen der Betroffene eventuell sogar aus dem Stand zu Boden geschleudert wird.

Aus rehabilitativer Sicht unterscheidet man eine *Aufbauphase*, die bis zu einem halben Jahr anhält und in der die Kräftigung der erhaltenen Muskulatur trainiert wird sowie eine *Konsolidierungsphase*, die bis drei Jahre dauern kann und während welcher die soziale sowie berufliche Wiedereingliederung vornehmliches Ziel aller Bemühungen sind. Paraplegiker mit Läsionsniveau im mittleren Brustmark und darunter werden im Durchschnitt sechs Monate, Paraplegiker mit Läsionsniveau im oberen Brustmark neun Monate und Tetraplegiker mit Halsmarkschädigung zwölf Monate stationär im Krankenhaus und im spezialisierten Rehabilitationszentrum betreut. Die Prognose partieller Querschnittläsionen des Rückenmarkes ist wesentlich günstiger. Ihre Remissionstendenz hält ein halbes bis ein Jahr lang an. Begleitende radikuläre Schädigungen, welche ziemlich häufig vorliegen und auch inkomplette Kaudaverletzungen haben eine langsamere Rückbildung, so daß sich oft noch bis zwei Jahre nach dem Unfall eine klinische Besserung zeigt (Scherzer und Rollett 1971). Nur ausnahmsweise hält eine klinische Remissionstendenz länger an.

Gefahren drohen von Dekubitalgeschwüren mit sekundärer Sepsis, von lähmungsbedingten Atemstörungen mit konsekutiven bronchialen und pulmonalen Veränderungen, weiters von heterotopen periartikulären Ossifikationen mit Gelenksversteifung in ungünstiger Stellung und von chronischen Harnwegsinfekten, die über Pyelonephritis zur Urosepsis und Urämie führen können. Durch konsequente Pflege und Aufsicht lassen sich jedoch die meisten dieser *Komplikationen* verhindern. So werden viele Querschnittgelähmte wieder weitgehend selbständig, üben einen Beruf aus und betreiben Sport. Eine systematische Körperpflege ist aber bei diesen Versehrten zeitlebens erforderlich. Die *Sterblichkeit* der Querschnittverletzten konnte durch das exakte Management und durch die konsequente Neurorehabilitation wesentlich herabgesetzt werden. Die Lebenserwartung wurde demnach maßgeblich gesteigert. Dennoch war die Sterblichkeitsrate von Tetra- und Paraplegikern nach Rossier und Heitz 1968 noch dreimal höher als die der Durchschnittsbevölkerung. Die maximalen Überlebenszeiten wurden von Meinecke (1976) mit 40 bis 69 Jahren angegeben. Im Jahre 1979 war die Lebenserwartung des Paraplegikers in der Jugend um ein Drittel und im Alter um die Hälfte, die des Tetraplegikers in der Jugend um die Hälfte und im Alter um vier Fünftel gegenüber der Lebenserwartung der Durchschnittsbevölkerung vermindert (Young und Northup 1979, Devivo und Fine 1980). Über eine gewisse Besserung der Situation wird heutzutage berichtet, doch zeigen Tetraplegiker noch immer eine deutlich verkürzte Lebenserwartung. Nach Paeslack (1992) ist die Überlebenschance bei kompletter Paraplegie um etwa 5% und bei kompletter Tetraplegie um etwa 10% gemindert.

Aus *therapeutischer Sicht* hat die noch vor Jahren häufig durchgeführte, frühe Entlastungslaminektomie nicht die gewünschten Erfolge gebracht. Man sah im Gegenteil nach solchen Eingriffen immer wieder Verschlechterungen im neurologischen Status und eine Instabilität der Wirbelsäule. Der Versuch einer dorsalen Entlastung ist schon deshalb zum Scheitern verurteilt, weil die Kompression fast stets von ventral her erfolgt (durch Wirbelkörper und Bandscheibe). Liegt eine Wirbelsäulendeformität auf Grund einer knöchernen Verletzung vor, so wird meist primär die konservative Entlastung durch Reposition im Längszug versucht. Zeigt die Myelographie einen Kontrastmittelstopp, muß hingegen operativ vorgegangen werden. In den letzten Jahren bedient man sich dazu der anterolateralen Dekompression mit gleichzeitiger Wirbelverblockung. Klinisch oder röntgenologisch festgestellte Wirbelsäuleninstabilitäten sollen früh operativ angegangen werden, laut manchen Autoren innerhalb von Stunden, nach anderen innerhalb von zwei Wochen. Erwähnt seien hier zwei Wirbelbruchformen, denen eine besondere Bedeutung aus neurologischer Sicht zukommt: einerseits der „rettende" Wirbelbogenbruch, der das Rückenmark vor einer Kompression bewahrt, und andererseits die Densfraktur, welche oft primär keine neurologischen Ausfälle bedingt, jedoch die große Gefahr einer Sekundärverschiebung mit plötzlicher Rückenmarkkompression in sich birgt (akuter Erstickungstod) und daher unbedingt stabilisiert werden muß, entweder konservativ mittels des monatelang zu tragenden Kopf-Hals-Brust-Gipsverbandes oder operativ mittels Verplattung bzw. in der letzten Zeit mittels Druckverschraubung. Prinzipiell gilt es, eine drohende oder in Entwicklung begriffene Komplikation möglichst frühzeitig zu erkennen und so weit wie möglich normale anatomische Verhältnisse wiederherzustellen. So werden Verhakungen der Gelenksfortsätze, bei denen jener des oberen Wirbels sich über den des unteren Wirbels geschoben hat, im Zervikalbereich unter Flexion, Längszug und Seitwärtsbewegung des Kopfes gelöst. Subluxationen der Halswirbelsäule reponiert man durch entsprechenden Zug. Mit CRUTCHFIELD-Extension und später mit Gipsverband bzw. mit dem Halofixateur externe wird die wiedererreichte, normale anatomische Position beibehalten. Gleichzeitig erfolgt eine Druckentlastung des Rückenmarkes und der Nervenwurzeln.

Neurologischerseits ist eine *Myelographie* dann angezeigt (SCHERZER 1983), wenn die Rückenmarksymptomatik mit Latenz, d. h. nach einem freien Intervall, auftritt; wenn sich aus einem partiellen ein komplettes Querschnittsyndrom entwickelt, d. h. der Schweregrad der medullären Ausfallserscheinungen zunimmt; wenn das obere Läsionsniveau eines kompletten Querschnittsyndroms um drei oder mehr Segmente aufsteigt; wenn eine Kompression des Wirbelkanalinhaltes myelographisch, computertomographisch oder kernspintomographisch festgestellt wurde (Teilverrenkung, Knochenabsprengung, Bandscheibenvorfall); oder wenn primär eine offene Rückenmarkverletzung vorliegt. Die *neurologischen Indikationen für Wirbelsäulenoperationen* entsprechen weitgehend denen zur Myelographie, wie sie soeben genannt wurden. Hinzu kommen noch die Operationsanzeigen durch progrediente radikuläre Ausfälle sowie myelographisch nachgewiesene Passagebehinderungen im Wirbelkanal. Obgleich man, wie erwähnt, von der Frühlaminektomie bei kompletten Querschnittlähmungen, zumal sie erfolglos bleibt, abgekommen ist, scheint die Spätlaminektomie manchmal bei langsam zunehmender Querschnittsymptomatik zur Druckentlastung, am besten im Verein mit ventralen Fusionsoperationen, gerechtfertigt. In chronischen Fällen können osteochondrotische Querwülste, welche das Rückenmark komprimieren, von ventral her entfernt werden, wobei anschließend eine operative Stabilisierung notwendig ist. Die neurochirurgische Lösung von Verwachsungen einer traumatischen Arachnopathie, die zu Wurzelläsionen und zu einer posttraumatischen Spätmyelopathie geführt hat, gestaltet sich oft schwierig und birgt die Gefahr einer Rückenmarkverletzung in sich. Meist ist der Erfolg auf kurze Zeit beschränkt, und es kommt dann durch weitere Verwachsungen und regressive Veränderungen am nervalen Gewebe zu einer erneuten Progredienz der neurologischen Symptome. Besser sind die Operationsresultate bezüglich der radikulären Reiz- und Ausfallserscheinungen, insbesondere wenn postoperativ Depotkortikoide appliziert werden. Bei Nachweis einer wachsenden Nekrosezyste als anatomische Grundlage einer posttraumatischen Spätmyelomalazie sowie bei Verdacht auf eine traumatische Hämatomyelie sind Eröffnung und Drainage der Hohlräume indiziert.

Bezüglich der *Wirbelsäulenoperationen* unterscheiden wir die bereits besprochenen, druckentlastenden Operationen, welche aus neurologischen Indikationen erfolgen, und versteifende Operationen, welche aus chirurgisch-orthopädischen Indikationen erfolgen und die Stabilität der Wirbelsäule wiederherstellen. Unter den stabilisierenden Operationen sind die ventrale Wirbelfusion nach Cloward und Verspanungsoperationen (ventral und dorsal) unter Verwendung von Schraubplatten zu nennen. Ferner werden manchmal Drahtschlingen angebracht und bei ungünstigen Gegebenheiten zusätzlich Gelenksfortsätze reseziert. Densfrakturen werden, wie erwähnt, nicht nur im Kopf-Hals-Brust-Gips durch Monate (Minerva-Gipsverband) fixiert, sondern vorteilhaft von ventral mittels Druckschrauben versorgt. Bei Denspseudarthrosen werden außerdem sonstige Fusionsoperationen und, wenn eine Stabilisierung nicht gelingt, die perorale Densentfernung durchgeführt. Bei letzterer empfiehlt sich eine zusätzliche Wirbelsäulenversteifung, insbesondere auch im Bereiche der Wirbelgelenke (transartikuläre Fixation).

Viele Querschnittverletzte werden *beruflich wieder tätig*. Dazu ist sehr häufig eine Umschulung erforderlich. Die sodann ausgeübten Berufe reichen vom Arbeiter bis zum Akademiker und Künstler. Unter Umständen zeigen diese Personen ein ganz besonders Engagement für ihren Beruf, in dem sie ihre Lebenserfüllung sehen. Zweifellos gehören besondere Disziplin und eiserner Wille dazu, daß der Querschnittgelähmte seine Arbeitsleistung kontinuierlich weiterhin erbringt. Allenfalls sind Adaptationen am Arbeitsplatz erforderlich, wie auch selbstverständlich der Wohnbereich des Querschnittgelähmten behindertengerecht gestaltet werden muß (genügend weite Türöffnungen, spezielle Toilette und Waschgelegenheiten, funktionsgerechte Arbeitsflächen usw.). Die Versorgung mit einem geeigneten Kraftfahrzeug kann für den Weg zur und von der Arbeitsstätte sehr wichtig sein. An und für sich sind Versehrte mit einer Querschnittlähmung unterhalb C 6 in der Lage, ein entsprechend adaptiertes Kraftfahrzeug zu führen. Lenk- und Bremshilfen, Schaltautomatik und Handbedienung sind zusätzliche Anpassungen, die auch in serienmäßig produzierte Kraftfahrzeuge eingebaut werden können. Den meisten Betroffenen gibt die Versorgung mit einem Kraftfahrzeug einen enormen psychischen Auftrieb. Mobilität, Eigenständigkeit, aber auch Selbstwertgefühl werden dadurch wesentlich gefördert. Die Verordnung von Urinalen, Gummihosen bzw. Vorlagen und die Ausrüstung mit verschiedentlichen Hilfen wie Badelift, Antidekubitusmatratze, orthopädischen Behelfen usw. haben je nach Bedarf zu erfolgen.

Hartnäckige *Schmerzsyndrome* kommen nach Querschnittläsionen des Rückenmarks auch in chronischer Form vor. Die neurochirurgischerseits wiederholt dagegen implantierten epiduralen Reizelektroden haben leider nur beschränkte Erfolge gezeigt und sich deshalb nicht allgemein durchsetzen können. Das beste Mittel gegen die Schmerzsymptomatik der Querschnittlähmung stellt nach wie vor die konsequente Physiotherapie dar, kombiniert mit psychohygienischen Maßnahmen. Insgesamt ist der Analgetika- und Medikamentenmißbrauch bei Querschnittgelähmten kein vordergründiges Problem. Größer ist die *Gefahr von Übergewichtigkeit, Nikotin- und Alkoholmißbrauch*, welche ja auch unter der Durchschnittsbevölkerung wiederholt anzutreffen sind, bei Querschnittgelähmten aber doch etwas häufiger vorkommen. Die Gründe hiefür sind im Bewegungsmangel und in einer chronischen psychischen Belastung zu erblicken. Phantomgefühle sind bei Querschnittgelähmten häufig zu explorieren. Ausgeprägte Phantomschmerzen, die eine eingreifende Therapie erfordern (Schlafkur, allenfalls neurochirurgische Interventionen) kommen jedoch nur sehr selten zur Beobachtung. Wenn die erste Phase der Verzweiflung überwunden ist und der Querschnittgelähmte einem konsequenten und aufbauenden Rehabilitationstraining unterzogen worden ist, manifestiert sich in typischer Weise ein fester Überlebenswille.

Spätkomplikationen nach Rückenmark- und Wirbelsäulenverletzungen können differentialdiagnostische Schwierigkeiten bereiten. So kann ein abgekapselter Epiduralabszeß in den Subarachnoidealraum durchbrechen und ein akutes lebensbedrohliches Zustandsbild verursachen. Selbst ohne primäre Rückenmarkschädigung kann sich ausnahmsweise nach Jahren eine progrediente Rückenmarkschädigung auf Grund einer in Fehlstellung geheilten Wirbelsäulenfraktur entwickeln. Gleiches gilt bezüglich der Rückenmarkzysten, welche aus Stiftnekrosen des zentralen Marks entstehen können. Die so bedingte Form der posttraumatischen Spätmyelopathie (JELLINGER 1976), welche auch als posttraumatische Syringomyelie bezeichnet wird, zeigt pathologisch-anatomisch wachsende Höhlenbildungen, vornehmlich im Bereich der

Hals- und Lendenanschwellungen des Rückenmarkes. Es müssen nicht immer Brückensymptome vorhanden sein. Ausnahmsweise kann es auch nach einer vollkommen beschwerdefreien Latenz zum Auftreten einer posttraumatischen Spätmyelopathie mit zentraler Markschädigung kommen. Eine solche Rückenmarkläsion tritt Monate bis Jahre, im Mittel vier Jahre nach dem Trauma auf. Man bezeichnet sie auch als „sekundäre" Syringomyelie (BARNETT, FOSTER und HUDGSON 1973). Anzunehmen sind anfängliche arachnitische Verwachsungen, sodann venöse und/oder arterielle Durchblutungsstörungen mit fortschreitender Myelomalazie, aus der sich die genannten flüssigkeitserfüllten Zysten bilden. Nach Querschnittlähmungen findet sich eine sekundäre Synringomyelie immerhin in 5% der Fälle. Aus therapeutischer Sicht ist eine operative Entlastung der unter erhöhtem Druck stehenden und sich in Längsrichtung, besonders nach kranial ausbreitenden Zysten notwendig. Typisch ist für die akute Verletzungsphase ein primäres Spinaltrauma mit Hämatomyelie. Diese entsteht vorwiegend nach Stauchungstraumen und nur selten nach Schleuderverletzungen der Halswirbelsäule als eine stiftförmige Blutung innerhalb des Rückenmarkes, die sich meist über mehrere Segmente erstreckt. Der klinische Befund ist in diesen Fällen bei zervikaler Lokalisation durch eine Paraspastik der Beine und durch dissoziierte Empfindungsstörungen sowie durch Irritationsphänomene und Paresen an den oberen Extremitäten gekennzeichnet. Die Zerebrospinalflüssigkeit ist anfangs blutig und später xanthochrom, eventuell aber auch normal. Die Hämatomyelie zeigt insbesondere am Anfang eine progrediente Symptomatik und kann selbst bis in den Hirnstamm aufsteigen. Manchmal verursacht die Hämatomyelie kein mehr oder minder symmetrisches partielles Querschnittsyndrom, sondern ein BROWN-SÉQUARD-Syndrom (hemispinales Ausfallsyndrom).

Weiters ist die posttraumatische spinale Arachnopathie zu erwähnen, der Narbenschrumpfungen an der Innenseite der Dura zugrunde liegen. Auf Grund dieser Veränderungen wird auch von einer Arachnitis adhaesiva circumscripta, von einer Arachnitis cystica oder von einer Pachymeningeosis hypertrophicans gesprochen. Nach längerer Latenz beobachtet man eine Zunahme der medullären Ausfälle oder progrediente Wurzelsyndrome. Nicht selten sind Schmerzen damit verbunden. Die posttraumatische spinale Arachnopathie führt im Laufe der Zeit eventuell zu einer vaskulären Spätmyelopathie durch Strangulation spinaler Gefäße. Besonders gefährdet ist diesbezüglich die Arteria spinalis anterior. Das Syndrom der vorderen Spinalarterie kann also nicht nur in der akuten Phase, sondern auch noch nach Jahren auftreten. Es bedingt ein vorderes Marksyndrom hauptsächlich in Höhe von C 4 und hat in diesem Falle eine spastische Rückenmarklähmung, dissoziierte sensible Störungen sowie Blasen- und Mastdarmstörungen zur Folge. Die klinischen Erscheinungen der posttraumatischen Spätmyelopathie entsprechen einem vaskulär-nutritiven Querschnittsyndrom des Rückenmarkes, das anfangs typischerweise partiell ist, gemäß seiner Verursachung jedoch einen progredienten Verlauf zeigt, dabei aber auf jeder Entwicklungsstufe in einen stationären Zustand einmünden kann. Unter Umständen kann eine abgesprengte Knochenlamelle oder eine instabile Subluxation eine chronische Irritation und Schädigung des Rückenmarkes, vor allem ein vorderes Marksyndrom bewirken. Auch diese Veränderungen können mit längerer Latenz auftreten. Brückensymptome erleichtern die Diagnostik, sind aber nicht absolut in jedem Fall gegeben. Als seltene Komplikationen beobachtet man nach offenen Rückenmarkverletzungen und ausnahmsweise auch nach oberflächlichen Rückenverletzungen Epiduralabszesse, Rückenmarkabszesse und spinale Meningitiden. Die Infektion erfolgt in diesen Fällen direkt oder durch Fortleitung.

Häufig entwickeln sich nach Rückenmarkläsionen heterotope periartikuläre Ossifikationen, auch als Myositis ossificans bezeichnet. Ihre Genese ist bislang nicht vollkommen geklärt. Man nimmt wiederholte Mikrotraumatisierungen durch unsachgemäße Physiotherapie, aber auch Elektrolytstörungen und pH-Verschiebungen infolge anfänglicher Atemstörungen an. Operative Korrekturen dürfen nicht zu früh, sondern erst dann erfolgen, wenn der aktive entzündliche Prozeß zum Stillstand gekommen ist (Absinken der lange Zeit erhöhten alkalische Phosphatase, scharfe Abgrenzung der Ossifikationen im Röntgenbild sowie Fehlen weiterer Progredienz in der Knochenszintigraphie). Äußerst selten treten Spätschäden am Rückenmark als Folge von in Fehlstellung geheilten Wirbelfrakturen auf, wobei die Latenz Jahre betragen kann. Venenthrombosen an den Beinen bzw. im Becken kommen besonders im Anfangsstadium vor, bergen die Gefahr massiver Lungenembolien in sich, können aber auch noch später entstehen und werden insbesondere durch den Bewegungsmangel des Querschnittgelähmten gefördert.

H. Gutachtliche Wertung

Im Falle einer primären Rückenmarkverletzung durch Unfall werden kaum Schwierigkeiten bezüglich der *Kausalitätsbeurteilung* des resultierenden Querschnittsyndroms gegeben sein. Anders verhält es sich mit den sekundären Rückenmarkläsionen, insbesondere dann, wenn sie erst nach langer Latenz manifest werden. Hier ist eine *differentialdiagnostische Abgrenzung* gegenüber unfallfremden krankhaften Veränderungen auf vaskulärer, entzündlicher, degenerativer oder tumoröser Basis zu treffen. Was Spätkomplikationen nach Rückenmark- und Wirbelsäulenverletzungen wie Abszesse, Zystenbildungen, Arachnopathie, Myelopathie, aber auch Thrombosen, Dekubitus, Kontrakturen, aszendierende Harnwegsinfekte usw. anlangt, hat der Gutachter für deren Anerkennung als Unfallfolgen den Nachweis einer entsprechend schweren Verletzung der betroffenen Region zu erbringen, unfallfremde krankhafte Veränderungen auszuschließen und die *Entstehung der posttraumatischen Spätfolgen schlüssig und nachvollziehbar zu begründen*. Die Annahme der Unfallkausalität wird durch das Vorliegen eventueller *Brückensymptome* gestützt, jedoch andererseits durch deren Fehlen keineswegs absolut widerlegt. Computertomographische und kernspintomographische Untersuchungen erlauben heutzutage in der Regel eine weitgehende ätiologische Abklärung. Mitunter wäre aus differentialdiagnostischer Sicht der Einsatz invasiver Untersuchungen erwünscht. Wie allgemein bekannt, ist zwar ein Duldungszwang für eingreifende Untersuchungen im Rahmen der Begutachtung nicht gegeben, jedoch sind die meisten Betroffenen an ärztlicher Hilfe interessiert und unterziehen sich schon deshalb derartigen Untersuchungen während eines primär kurativ ausgerichteten Krankenhausaufenthaltes. Die so gewonnenen Befundergebnisse kommen dann auch der gutachtlichen Beurteilung zugute. Schließlich muß noch die Möglichkeit einer *psychogenen Querschnittlähmung* – vor allem bei atypischem klinischem Verlauf und bei Fehlen von Atrophien, charakteristischen Reflexstörungen usw. – erwogen werden. Die vermeintliche spinale Ausfallsymptomatik nimmt bei psychischen Fehlentwicklungen im Laufe der Zeit oft zu, und es finden sich in diesen Fällen keine überzeugenden Beweise einer spinalen Schädigung aus der Initialphase. Auch reine Simulationen kommen immer wieder einmal vor. Schwieriger zu diagnostizieren sind unter Umständen psychogene bzw. simulative Überlagerungen einer tatsächlich vorhandenen partiellen Querschnittsymptomatik, die dann übertrieben, wiederholt als komplette Rückenmarklähmung, demonstriert wird.

Wichtig ist in der Begutachtung von Rückenmarkschäden nicht nur die Beschreibung des jeweiligen *neurologischen Ausfallsyndroms*, sondern auch die Beschreibung der daraus *resultierenden Behinderung* des Betroffenen einschließlich der sich ergebenden beruflichen und sozialen Auswirkungen. Darüber hinaus ist dem Laien, der das Entschädigungsverfahren durchzuführen hat, oft weniger mit der Kenntnis der Beeinträchtigungen und gesundheitlichen Störungen des Betroffenen als mit der Darstellung des *verbleibenden Funktions- und Leistungszustandes* gedient. Daraus ergibt sich die Notwendigkeit der Erfassung, welche Eigenaktivitäten dem Querschnittgelähmten zumutbar sind, und andererseits, in welchem Ausmaße er auf fremde Hilfe angewiesen ist. Zu Beurteilung der Behinderung des Versehrten muß vor allem dessen Mobilitätsgrad genau definiert werden: ständig oder teilweise auf den Rollstuhl angewiesen (zu Hause und in geschlossenen Räumen Fortbewegung auch ohne Rollstuhl möglich), benötigt Armkrücken oder Handstöcke, Beinstützapparat, Mieder, Handschienen usw. Es sollte der Gutachter auch die Frage der Besserungsaussichten durch weitere rehabilitative Maßnahmen beantworten und erforderlichenfalls die Notwendigkeit einer Pflegeperson (Ausmaß der täglichen Pflegetätigkeit in Stunden) sowie der Beschaffung von Hilfsmitteln, der Durchführung von Adaptationen usw. bestätigen. Auf diese Art kann unmißverständlich zur *Pflegebedürftigkeit* bzw. *Hilflosigkeit* im Rahmen der Behinderung der Alltagsverrichtungen Stellung genommen werden. Die erforderlichen Hilfeleistungen durch eine zweite Person sind genau zu beschreiben. Über *verbliebene berufliche Möglichkeiten* befragt, sollte der Sachverständige ein Leistungskalkül erstellen und auf Behinderungen hinweisen, welche gewisse Tätigkeiten klar ausschließen (z. B. Unmöglichkeit von Arbeiten im Stehen bei Beingelähmten oder Unmöglichkeit der Verrichtung feiner manueller Tätigkeiten bei paretischen Erscheinungen an den oberen Extremitäten usw.). Die Aufzählung spezieller zumutbarer Berufe ist an sich Sache des Berufskundlers und nicht des Arztes, zumal dieser darüber nicht die entsprechenden Fachkenntnisse besitzt. Gleiches gilt für die Frage einer beruflichen Umschulung des Querschnittgelähmten. Detaillierte Angaben in dieser Hinsicht sind ebenso dem Sachverständigen für Berufskunde vorbehalten.

Ferner ist im abschließenden Gutachten stets auf die Möglichkeit von *Sekundärschäden* und *Spätkomplikationen* hinzuweisen, vor allem auf die Gefahr von Dekubitus, heterotopen periartikulären Ossifikationen, Harnwegsinfekten, die auch zu Nierenschäden führen können, pulmonalen Veränderungen, weiteren spinalen oder radikulären Läsionen usw. Falls solche Spätfolgen tatsächlich auftreten, muß ihre Unfallkausalität in einem neuerlichen Gutachten geprüft werden. Sie geht, wenn keine sonstige, unfallfremde Affektion vorliegt, aus dem klinischen Verlauf hervor. Hingegen sind Alkohol- und Nikotinmißbrauch sowie Übergewichtigkeit gutachtlich nicht als Auswirkungen der Querschnittschädigung und damit nicht als (indirekte) Unfallfolgen zu werten, da sie auch unter Nichtquerschnittgelähmten als sogenannte Zivilisationskrankheiten häufig vorkommen. Analgetika- und sonstiger Arzneimittelmißbrauch, vornehmlich im Hinblick auf Psychopharmaka und Schlafmittel, bedürfen einer genauen gutachtlichen Prüfung. Oft läßt sich eine ihnen zugrundeliegende psychopathologische Fehlentwicklung nachweisen. Es gilt, deren meist mehrfache Wurzeln zu erfassen und im einzelnen zu gewichten. Vorbestehende und schicksalhafte Faktoren spielen hier eine nicht zu unterschätzende Rolle. Gleiches gilt für den *Selbstmord* bei Rückenmarklähmung. So schreibt Meinecke (1984), daß ihm kein Fall bekannt sei, in dem ein derartiger ursächlicher Zusammenhang rechtens anerkannt worden wäre. Auf den ersten Blick überrascht es, daß Suizide bei Querschnittgelähmten nur ausnahmsweise vorkommen. Vermutlich erklärt sich dieser Umstand durch die intensive Neurorehabilitation, welche den Para- und Tetraplegikern zuteil wird und welche deren Überlebenswillen enorm stärkt. Daher bedarf auch der Suizid bei Querschnittlähmung stets einer genauen Analyse und ist keineswegs zwangsläufig als „mittelbare Unfallfolge" anzusehen. Meist geben nämlich, wie die einschlägige Gutachtenliteratur betont, andere Gründe den Anstoß zum Selbstmord. Sämtliche *Auswirkungen im seelischen Bereich*, wie vor allem Depressivität und Isolationstendenz infolge ungünstiger Änderung der Lebenssituation mit Verlust der Eigenständigkeit und erforderlicher Hilfeleistung durch andere Personen, ferner Trauer über den Verlust der körperlichen Integrität und über eingeschränkte Möglichkeiten im weiteren Leben, insbesondere Unmöglichkeit früherer beruflicher Aktivitäten, Schwierigkeiten in der Partnerbeziehung durch unfallkausale Sexualstörungen und Verlust der Fähigkeit zu sportlichen Tätigkeiten, welche der Betroffene früher gern und regelmäßig ausübte, sind vom Gutachter zwar genau zu erfassen und darzulegen, jedoch nicht einzuschätzen. Hier soll der Sachverständige lediglich dazu Stellung nehmen, ob diese Angaben des Versehrten glaubhaft sind, und die entsprechenden Einschränkungen aufzählen. Eine Nennung von Schmerzperioden im seelischen Bereich oder von Geldbeträgen, welche hiefür zuzubilligen seien, ist nicht Aufgabe des Sachverständigen, sondern hat von seiten des Gerichtes oder der Versicherungen vorgenommen zu werden, wie dies generell für seelische Schmerzen jedweder Art gilt.

Was den *unfallkausalen Dauerschaden* bzw. die *unfallbedingte bleibende Invalidität* anlangt, sollte im Hinblick auf die lang anhaltende Remissionstendenz der organisch bedingten Ausfälle (SCHERZER und ROLLETT 1971) und vor allem im Hinblick auf erzielbare Teilkompensationen im täglichen Leben die *abschließende Begutachtung* von Querschnittverletzten mit vollständigen Lähmungen nicht vor Ende des ersten Jahres und mit partiellen Lähmungen keineswegs vor Ende des zweiten Jahres nach dem Unfall vorgenommen werden. Liegen neben der medullären Schädigung auch erhebliche Läsionen spinaler Nervenwurzeln vor, so sollte mit Rücksicht auf die Möglichkeit einer länger anhaltenden Rückbildungstendenz des radikulären Syndroms die Endbegutachtung ebenfalls erst spät, nämlich zwei bis drei Jahre nach dem Unfall, erfolgen. Die Beurteilung der unfallkausalen Dauerfolgen bezieht sich in der *Haftpflichtversicherung* in erster Linie auf die konkreten Auswirkungen der vorliegenden Ausfälle auf einen bestimmten, ausgeübten Beruf. So kann beispielsweise ein Bergführer mit einem nur leichten Querschnittsyndrom des Rückenmarkes bereits berufsunfähig, ein Lehrer mit einer kompletten Querschnittlähmung hingegen noch sehr wohl berufstätig sein. Für den Fall, daß tatsächlich noch ein Beruf ausgeübt wird, ist die diesbezügliche Beeinträchtigung genau zu beschreiben (Schwierigkeiten in der Erreichung des Arbeitsplatzes, der Bewältigung von Sphinkterenstörungen usw.). Ferner sind die manifesten Behinderungen im Privatbereich genau darzulegen. Solchermaßen läßt sich ein globaler Behinderungsgrad angeben. Jedenfalls unterscheidet sich die Beurteilung im Rahmen der Haftpflichtversicherung prinzipiell von derjenigen auf dem fiktiven allgemeinen Arbeitsmarkt, d. h. im Rahmen der gesetzlichen bzw. sozialen Unfallversicherung, deren Einschätzung als unfallbedingte Minderung der Erwerbsfähigkeit (MdE) ohne Bezug auf den tatsächlichen ausgeübten Beruf erfolgt. In der *privaten Unfallversicherung* herrschen bezüglich der prozentmäßigen Einstufung der unfallbedingten Invalidität zwei unterschiedliche Meinungen vor. Einerseits begegnet man der Auslegung, daß sich die Einschätzung der Invalidität auch bei der Rückenmarkläsion an der Gebrauchsfähigkeitsminderung der Extremitäten laut der sogenannten Gliedertaxe zu orientieren hat, wozu noch die Beeinträchtigungen der Sphinkterfunktionen kommen. Andererseits findet man sogar in renommierten Gutachtenbüchern die Ansicht vertreten, daß die Invaliditätsbeurteilung im Hinblick auf den Beruf des Betroffenen erfolgen soll. Ein Unterschied ergibt sich zwischen den zwei Vorgangsweisen für Versehrte mit einfachen Berufen kaum. Jedoch besteht eine eklatante Diskrepanz für Versehrte mit sogenannten geistigen Berufen. Von ihnen kann unter Umständen der frühere Beruf weiterhin, wenn auch unter erschwerten Bedingungen, ausgeübt werden. Ich selbst bin der Überzeugung, daß man sich strikt an die AUVB der privaten Unfallversicherung halten muß. In diesen wird primär eine Einschätzung der unfallbedingten Invalidität taxativ gefordert. Bloß wenn dies nicht möglich ist, soll direkt vom Ganzen ausgegangen werden (vgl. auch Seite 173). Bei den Querschnittsyndromen sind mit Ausnahme der seltenen isolierten Konusläsionen stets die Gliedmaßen betroffen und in ihrer Gebrauchsfähigkeit gemindert. Setzt man diese Behinderungen in Extremitätenwertminderungen um und addiert sie, so gelangt man zu einer neurologischen Einschätzung, welche vor allem die Mobilität berücksichtigt. Wird dadurch Vollinvalidität (100% Einbuße) erreicht, so kommen weitere Einschätzungen auf dem unfallchirurgischen und urologischen Sektor nicht mehr zum Tragen. Anders verhält es sich im Falle von partiellen Querschnittschädigungen des Rückenmarkes. Diese bedingen, vor allem wenn Gehfähigkeit besteht, eventuell nur eine geringe neurologische Invalidität, so daß die prozentmäßigen Einschätzungen auf den anderen medizinischen Fachgebieten sehr wohl wirksam werden und sogar ausschlaggebend sein können. Das geschilderte Vorgehen, welches den Beruf des Versehrten außer acht läßt, ist meines Erachtens vorzuziehen, zumal es auch jenen Fällen gerecht wird, die auf Dauer ihre berufliche Tätigkeit doch nicht durchhalten.

Für *inkomplette* und *partielle Querschnittsyndrome* lassen sich keine allgemeinen Prozentsätze angeben, die jeweiligen Ausfälle müssen im Verhältnis zum kompletten Querschnittsyndrom der vorliegenden Lokalisation gesehen und entsprechend den objektiv nachweisbaren Ausfällen eingeschätzt werden. Besondere Beachtung verdienen Kinder mit Querschnittläsionen, denn sie können in der Wachstumsperiode Skoliosen und sonstige behindernde Wirbelsäulenverkrümmungen entwickeln, weswegen bei ihnen Röntgenkontrollen mit Vergleich zu früheren Aufnahmen angezeigt sind. Schließlich hat der Gutachter auch bei Vorliegen einer Kombination, bestehend aus unfallkausalem Querschnittsyndrom und unfallunabhängiger Erkrankung, allfällige Wechselwirkungen zwischen Unfallfolgen und unfallfremden Gesundheitsstörungen aufzuzeigen und zu diskutieren. In diesem Sinne hat er eine Trennung von Verletzungsfolgen und unfallfremden Beeinträchtigungen sowie nach den AUVB eine Gewichtung bzw. prozentuelle Einstufung des unfallunabhängigen Anteils vorzunehmen, wobei man sich klar sein muß, daß eine solche Differenzierung mitunter nur in groben Zügen möglich ist. Äußerst schwierig ist die Beurteilung der *Lebenserwartung* eines Querschnittgelähmten. Sie ist von Haus aus gegenüber gesunden Personen unterschiedlich reduziert, bei Paraplegikern in geringerem Maße als bei Tetraplegikern. Außerdem zeigt sich eine deutliche Abhängigkeit vom Alter des Betroffenen und von der Höhe sowie vom Schweregrad der Querschnittläsion. Gewisse Anhaltspunkte können aus dem bisherigen Verlauf im Hinblick auf rezidivierende und eventuell weiter zu erwartende Komplikationen (chronischer Harnwegsinfekt mit pyelonephritischen Schüben, chronische bronchopulmonale Affektionen usw.) gewonnen werden. Derartige prognostische Äußerungen sind aber nur mit Vorsicht und Vorbehalt zu machen.

Im Haftpflichtverfahren hat die *Einschätzung der unfallkausalen Schmerzen* bei Querschnittgelähmten nicht nur tatsächliche Schmerzen, sondern auch sonstige unfallkausale Unbilden, welche den Betroffenen bei einer Querschnittläsion des Rückenmarks meist mehr als alle Schmerzen beeinträchtigen, zu berücksichtigen. An derartigen Unbilden sind Kreislaufstörungen, Miktions- und Defäkationsstörungen, Auswirkungen der Lähmungserscheinungen und noch viele andere Störungen wie Spasmen, Klonismen, Bewegungsautomatismen usw. zu nennen. Tatsächliche physische Schmerzen manifestieren sich bei Rückenmarkläsionen im oberen Niveau der Sensibilitätsstörung, im Spinalwurzelbereich, bei Partialschädigungen vornehmlich in den Beinen als brennende Mißempfindungen und bei Konus-Kauda-Verletzungen mitunter als kausalgiforme Zustände. Entsprechende kontinuierliche und komprimierte Perioden an starken, mittelgradigen und leichten Schmerzen sind bis zur Erreichung des Endzustandes anzugeben. Bei der Beantwortung der Frage nach zukünftigen Schmerzen muß sich der Gutachter vor Augen halten, daß im Laufe der Zeit Gewöhnung und Anpassung nicht nur an den Defektzustand, sondern auch an die sonstigen Unbilden eintreten. Die Schmerzeinschätzung kann nur an Hand der vorliegenden medizinischen Unterlagen und bei einschlägiger klinischer Erfahrung des Gutachters erfolgen, wobei selbstverständlich auch alle interkurrent auftretenden unfallkausalen Komplikationen, welche für den Betroffenen einen mehr oder minder großen Rückschlag im Wiederherstellungs- oder Genesungsprozeß bedeuten, berücksichtigt werden müssen. Schmerzen und ihnen gleichzusetzende subjektive Beschwerden sowie Beeinträchtigungen sind im Längsschnitt und entsprechend der tatsächlichen Entwicklung der Verletzungsfolgen zu beurteilen. Dabei ist es auch im Falle eines Querschnittgelähmten falsch, den gesamten stationären Aufenthalt in einem Krankenhaus oder Rehabilitationszentrum automatisch einer Periode kontinuierlicher Schmerzen gleichzusetzen. Besonders deutlich wird dies bei lang dauernden stationären Aufenthalten, da nach entsprechender Zeit unfallkausale Schmerzen und Unbilden diskontinuierlich und später intermittierend auftreten, d. h. nicht mehr ununterbrochen anhalten. Dennoch werden bei Querschnittlähmungen des Rükkenmarkes die höchsten Schmerzengeldzusprüche inklusive seelischer Schmerzen erreicht, wie einschlägigen Fallsammlungen zu entnehmen ist (Jarosch, Müller und Piegler 1987). Überschneidungen und Überlappungen in der Schmerzeinschätzung können vorkommen, wenn neben einer neurologischen auch eine unfallchirurgische Begutachtung, vor allem wegen zusätzlicher operativer Eingriffe erfolgt ist. In einem solchen Falle ist es notwendig, daß eine Globalbeurteilung der unfallkausalen Schmerzen vorgenommen wird, und zwar vom neurologischen Gutachter, zumal ja die Querschnittlähmung des Rückenmarkes Ausdruck der Läsion einer neurologischen Struktur ist und die dadurch bedingten Beeinträchtigungen bei weitem im Vordergrund stehen. Gleiches gilt übrigens auch für die prozentuelle Gesamteinschätzung der vorliegenden Invalidität. Wie MEINECKE (1984) richtig schreibt, sollte diese Globaleinschätzung auf Grund aller erhobenen Befunde lediglich vom zuständigen Hauptgutachter vorgenommen werden, da ja der Mensch eine „funktionelle Einheit" darstellt und die Störungen in verschiedenen Fachbereichen schließlich auf einen Nenner gebracht werden müssen.

Nochmals sei betont, daß die *Einschätzung sogenannter seelischer Schmerzen nicht vom Gutachter vorzunehmen* ist. Dieser hat lediglich deren Entwicklung, z. B. im Sinne von Depressivität, aufzuzeigen und das Ausmaß sowie die Wurzeln dieser Störungen darzulegen, zumal hier vielfältige Bereiche involviert sein können. Diese psychische Beurteilung gehört selbstverständlich in die Hände des Nervenfacharztes, dies um so mehr, als ja in Österreich Neurologie und Psychiatrie nach wie vor ein Doppelfach darstellen. Am belastendsten sind für den Querschnittgelähmten erfahrungsgemäß die plötzlich eingetretene Hilflosigkeit, die soziale Abhängigkeit, der Verlust der Harn- und Stuhlkontrolle sowie die Sexualstörungen einschließlich Partnerproblemen. Es ist Ermessenssache des Gerichtes oder der zuständigen Versicherungsstellen, die ärztlicherseits beschriebenen seelischen Schmerzen finanziell entsprechend abzugelten. Der Gutachter selbst drückt also die seelischen Schmerzen weder in Tagessätzen noch in einer Geldsumme aus. Des weiteren kommt eine „Ummünzung" seelischer Schmerzen durch den Gutachter in einen höheren unfallbedingten Dauerschaden bzw. in eine Anhebung der bleibenden Invalidität nicht in Frage. Was einem Querschnittgelähmten als Genugtuung für ein völlig verändertes und höchst beeinträchtigtes Leben zusteht, läßt sich auch medizinisch bei bestem Willen nicht angeben.

Zusammenfassend sollten folgende Punkte in gutachtlicher Hinsicht bei der Beurteilung eines Rückenmarkgeschädigten nach Unfall berücksichtigt werden:

- Exakte diagnostische Abklärung einschließlich notwendiger Differentialdiagnose, Lokalisation der Rückenmarkschädigung sowie Abgrenzung eventueller zusätzlicher (radikulärer und zerebraler) Läsionen.
- Kausalitätsbeurteilung bei eingetretener Verschlimmerung im Zustande des Versehrten (Sekundärschäden, Spätkomplikationen) und bei Vorliegen zusätzlicher, unfallfremder Gesundheitsstörungen.
- Beschreibung des neurologischen Ausfallsyndroms bezüglich seiner Einzelsymptome sowie Beschreibung der verbliebenen Funktionen und der erhaltenen Leistungsfähigkeit einschließlich allgemeiner Aussagen über berufliche Möglichkeiten.
- Stellungnahme zu notwendigen Hilfen und zur Pflegebedürftigkeit, zu weiteren rehabilitativen Maßnahmen und zur Prognose, insbesondere im Hinblick auf Spätkomplikationen.

- In der privaten Unfallversicherung prozentuelle Einschätzung der (bleibenden) unfallbedingten Invalidität taxativ nach den AUVB, also im Hinblick auf die sogenannte Gliedertaxe.
- In der Haftpflichtversicherung Beurteilung der unfallkausalen Behinderung nicht nur im Hinblick auf den Berufs-, sondern auch im Hinblick auf den Privatbereich, ferner Einschätzung der unfallkausalen Schmerzperioden und Beschreibung zusätzlicher psychischer Unbilden im Sinne von seelischen Schmerzen, ohne diese einzuschätzen.
- Abschließende Begutachtung eines kompletten Querschnittsyndroms des Rückenmarkes nicht vor Ende des ersten posttraumatischen Jahres, eines partiellen Querschnittsyndroms nicht vor Ende des zweiten posttraumatischen Jahres und bei zusätzlicher erheblicher Läsion spinaler Wurzeln nicht vor Ende des zweiten – am besten nicht vor Ende des dritten Jahres – nach dem Unfall.

Literatur

BARNETT, H. J. M., FOSTER, J. B., HUDGSON, P.: Syringomyelia. In: WALTON, J. N. (Ed.): Major problems in neurology. Vol. I, Saunders, London 1973

BAROLIN, S. G., SCHERZER, E., SCHNABERTH, G.: Die zerebrovaskulär bedingten Anfälle. Huber, Bern–Stuttgart–Wien 1975

DEVIVO, M. J., und FINE, P. R.: The prevalence of spinal cord injuries. A re-estimation based on life tables. SCI Digest, Vol. 1, winter edition (1980)

JAROSCH, K., MÜLLER, O. F., PIEGLER, J.: Das Schmerzengeld in medizinischer und juristischer Sicht. Manz, Wien 1987

JELLINGER, K.: Morphologie und Pathogenese der spinalen Mangeldurchblutung in Abhängigkeit von der Wirbelsäule. In: TROSTDORF, E., STENDER, H. ST. (Hrsg.): Wirbelsäule und Nervensystem. Thieme, Stuttgart–New York 1970, 75

JELLINGER, K.: Neuropathology of cord injuries. In: VINKEN, P. J., BRUYN, G. W. (Eds.): Handbook of clinical neurology. Vol. XXV, Elsevier, Amsterdam 1976, 43–121

JELLINGER, K.: Pathomorphologie der Rückenmarkstraumen. In: HOPF, H. CH., POECK, K., SCHLIACK, H. (Hrsg.): Neurologie in Praxis und Klinik. Bd. 1, Thieme, Stuttgart–New York 1992, 3.91–3.95

MEINECKE, F.-W.: Die Verletzungen der Wirbelsäule mit Markschäden. In: ZENKER, R., DEUCHER, F., SCHINK, W. (Hrsg.): Chirurgie der Gegenwart, Band IV, Urban u. Schwarzenberg, München 1974

MEINECKE, F. W.: Behandlung und Rehabilitation Querschnittsverletzter. In: JUNGHANNS, H. (Hrsg.): Die Wirbelsäule in Forschung und Praxis, Band 67, Hippokrates, Stuttgart 1976

MEINECKE, F.-W.: Rückenmarksschäden. In: RAUSCHELBACH, H.-H., JOCHHEIM, K.-A. (Hrsg.): Das neurologische Gutachten. Thieme, Stuttgart–New York 1984, 236–254

PAESLACK, V.: Therapie und Rehabilitation bei Rückenmarkstraumen. In: HOPF, H. CH., POECK, K., SCHLIACK, H. (Hrsg.): Neurologie in Praxis und Klinik. Bd. 1, Thieme, Stuttgart–New York 1992, 7.75–7.99

ROSSIER, A. B., HEITZ, P. H.: Die Lebenserwartung der Paraplegiker. Jahrbuch der Dtsch. Vereinigung f. d. Rehab. Behinderter e. V. (1968)

SCHEID, W.: Lehrbuch der Neurologie. 5. Aufl., Thieme, Stuttgart–New York 1983

SCHERZER, E.: Querschnittslähmung: Entscheidend ist die Erstversorgung. Ärztl. Praxis 35/41: 1284–1292 (1983)

SCHERZER, E., ROLLETT, E.: Rückbildungsfähigkeit neurologischer Ausfälle nach Wirbelfrakturen und -luxationen. Hefte z. Unfallheilk. 108: 45–53 (1971)

TACKMANN, W., HOSSMANN, K. A., PETROVICI, J. N.: Lokalsymptome des Rückenmarks. In: HOPF, H. CH., POECK, K., SCHLIACK, H. (Hrsg.): Neurologie in Praxis und Klinik, Band 1, Thieme, Stuttgart–New York 1992, 1.1–1.16

YOUNG, J. S., NORTHUP, N. E.: Statistical information pertaining to some of the most common by asked questions about spinal cord injuries. SCI Digest, Vol. 1, summer edition (1979)

IX. Läsionen des peripheren Nervensystems

Besprochen werden in diesem Kapitel primäre Verletzungen sowie unfallbedingte Folgeschädigungen an spinalen Nervenwurzeln bzw. Spinalnerven, an Nervengeflechten und an den eigentlichen peripheren Nerven. Am häufigsten sind nervale Traumatisierungen im Bereiche der oberen Extremität (SCHERZER 1971, 1992). Dies nimmt nicht wunder, da ja der Arm als wichtigstes Arbeitsorgan Gefahren am meisten ausgesetzt ist. Selten begegnet man isolierten Verletzungen des peripheren Nervensystems. Oft liegen auf Grund anatomischer Gegebenheiten kombinierte Schädigungen von Nerven und Gefäßen oder Nerven und Sehnen oder Nerven, Gefäßen und Sehnen vor, insbesondere wenn es sich um Schnittverletzungen gehandelt hat. Aber auch stumpfe Weichteilverletzungen und Knochenbrüche sind mehrfach mit Nervenschädigungen vergesellschaftet. So liegt bei Armplexusläsionen nach MUMENTHALER und SCHLIACK (1982) in immerhin 23% der Fälle die Kombination einer Gefäß- und Nervenläsion vor. Die exakte Differenzierung neurogener Ausfälle von sonstigen traumatischen Schädigungen erfordert eine große, einschlägige Erfahrung des Untersuchers.

A. Anatomie und Pathophysiologie

Genaue anatomische Details sind medizinischen Standardwerken und neurologischen Lehrbüchern zu entnehmen. Darüber hinaus sind in etwa 10% der Fälle auch anatomische Variationen im Plexus- und Handbereich (hauptsächlich zwischen Nervus medianus und Nervus ulnaris) neben zusätzlichen distalen Nervenanastomosen zu berücksichtigen. Selbst der versierte Neurologe wird bei kompliziert gelagerten Fällen Schemata mit Darstellung der Wurzel-, Plexus- und Nervenverhältnisse sowie einen topographischen Atlas zu Rate ziehen müssen. Aus anatomischer Sicht haben wir bei den Verletzungen des peripheren Nervensystems folgende Lokalisationen zu unterscheiden:

- Spinalnerv mit vorderer und hinterer Spinalwurzel,
- Nervengeflecht, z. B. am Arm mit drei Primärsträngen (Truncus superior, medius, inferior) und drei Sekundärsträngen (Fasciculus medialis, dorsalis, lateralis),
- Eigentliche periphere Nerven (meist gemischt, selten rein sensibel oder rein motorisch).

Das Einflußgebiet eines einzelnen Spinalnervs wird als Segment bezeichnet. Bezüglich der Sensibilität spricht man vom *Dermatom*, bezüglich der Motorik spricht man vom *Myotom* und bezüglich der Viszerosensibilität vom *Enterotom*. Myotome und Dermatome desselben Segmentes umfassen oft weit auseinanderliegende Bereiche. Besonders deutlich zeigt sich dies an den zervikalen Segmenten, wo die Dermatome im Halsbereich liegen und die Myotome als Schultermuskulatur bis tief in den Thorakalbereich vorgeschoben sind. Monoradikulär innerviert sind vor allem die Interkostalmuskeln und die kleinen Zwischenwirbelmuskeln, wodurch elektromyographisch eine Segmenthöhenbestimmung möglich ist.

Durch die *Plexusbildung* werden die aus verschiedenen Wurzelsegmenten kommenden Fasern zunehmend „durchmischt", so daß die aus dem Nervengeflecht hervorgehenden, eigentlichen peripheren Nerven typischerweise Fasern aus mehreren Wurzeln führen. Aber selbst im peripheren Nerv findet noch eine weitere Verflechtung von Nervenfasern in Form eines sogenannten „inneren Plexus" statt. Daher werden die Endorgane (Muskel, Haut, Gelenk) schließlich überwiegend aus mehreren Segmenten bzw. Wurzelbereichen versorgt. Durch diese anatomischen Gegebenheiten findet auch die Tatsache eine Erklärung, daß sich eine distal lokalisierte Nervenläsion deutlicher in Form eines umschriebenen Bezirks mit entsprechendem Funktionsausfall demarkiert als eine proximal gelegene.

Die Empfindlichkeit peripherer Nerven gegenüber lokalen Schädigungen im Sinne von Druck und Zerrung ist unterschiedlich. Manche Nerven sind leichter lädierbar, welcher Umstand auf die exponierte Lage (oberflächlicher Verlauf, harte Unterlage) oder den besonderen inneren Aufbau (wenig epineurales Bindegewebe, dicke Faszikel) zurückgeführt werden kann. Im allgemeinen unterscheidet man drei **Schweregrade der Schädigung des peripheren Nervs** (SEDDON 1942 und 1943):

a) **Neurapraxie**, die eine bloße funktionelle Blockade ohne anatomische Kontinuitätsunterbrechung darstellt. Sie geht mit nur kurzdauernder Parese und fehlendem Sensibilitätsausfall bzw. bloß geringer Dysästhesie einher. Die Remission erfolgt innerhalb von Stunden, Tagen bis wenigen Wochen. Früher bezeichnete man eine derartige traumatisch verursachte Störung, bei der keine pathologisch-anatomischen Veränderungen nachzuweisen sind, als Commotio nervi.

b) **Axonotmesis**, bei der die Axone unterbrochen, die Nervenhüllen aber erhalten sind. Nach der WALLERschen Degeneration der distalen Nervenanteile (anterograder Axonzerfall, Markscheidenauflösung, Proliferation der SCHWANNschen Scheidenzellen zu den längsorientierten HANKE-BÜNGNERschen Bändern) vollzieht sich die Regeneration innerhalb der präformierten anatomischen Bahnen, so daß die Lähmungserscheinungen und sensiblen Ausfälle auch ohne Operation eine Rückbildung erfahren können.

c) **Neurotmesis**, bei der eine komplette Kontinuitätsunterbrechung des Nervs vorliegt, demgemäß sowohl die Axone als auch die Hüllstrukturen durchtrennt sind. Klinische Folgen sind anhaltende Lähmungen und Sensibilitätsausfälle einschließlich vegetativer Störungen, sofern keine Nervenrekonstruktion durchgeführt wird. Aber auch nach operativem Vorgehen persistieren vor allem beim Erwachsenen gewisse Funktionsausfälle, da eine perfekte anatomische Wiederherstellung niemals erreichbar ist.

Die Einteilung der Nervenschädigungen nach SEDDON (1942 und 1943) wurde insbesondere auf Grund chirurgischer Aspekte von SUNDERLAND (1978) auf fünf Läsionsgrade erweitert. Grad I entspricht dem Konduktionsblock bei Neurapraxie, Grad II stellt die isolierte Zerreißung der Nervenfasern dar und entspricht somit der Axonotmesis. Die Grade III bis V unterteilen die Neurotmesis: bei Grad III ist das Endoneurium, bei Grad IV auch das Perineurium und bei Grad V schließlich noch das Epineurium zerrissen, so daß im letzten Falle eine komplette Durchtrennung des Nervenkabels vorliegt. Bei einer Nervenschädigung von Grad III und IV sind spontane Defektheilungen möglich. Durch Fehlaussprossungen kommt es zu pathologischen Synkinesien, die von lokalisierten Fehlinnervationen bis zu stark störenden Masseninnervationen reichen können. Liegt eine Nervenschädigung vom Grad V vor, so ist eine Regeneration ohne Nervennaht praktisch unmöglich.

Selbstverständlich kann ein Trauma den Nerv innerhalb des Querschnitts oder im Längsverlauf in unterschiedlichem Maße schädigen. Man findet dann oft eine Kombination der erwähnten, verschieden schweren Läsionsformen, z. B. bei Druckschädigung nebeneinander Neurapraxie und Axonotmesis oder bei stumpfen Verletzungen nebeneinander alle drei SEDDONsche Schweregrade der Nervenschädigung. Hiezu gesellen sich unter Umständen noch narbenbedingte Sekundärläsionen. Prinzipiell kann eine Nervenschädigung als *Primär- oder Sofortlähmung* bzw. als *Sekundär- oder Spätlähmung* in Erscheinung treten. Die Anamnese hat zu erheben, ob die neurologischen Ausfälle unmittelbar nach der Traumatisierung oder erst später aufgetreten sind, sich allenfalls erst nach Jahren langsam progredient entwickelt haben, wie dies für Spätlähmungen infolge fibröser Einscheidung, Kallusdruck oder chronischer Überdehnung durch abnorme Gelenksstellung (z. B. Spätlähmung des Nervus ulnaris) kennzeichnend ist. Des weiteren muß die Exploration klären, ob die neurologischen Ausfälle über lange Zeit konstant geblieben sind, ob sie zunehmen oder eine Rückbildungstendenz aufweisen. Insbesondere von Interesse ist die klinische Entwicklung nach einem operativen Eingriff am Nerv. In einem solchen Fall sind entsprechende neurologische und elektrobiologische Kontrollen angezeigt.

Was die *Verursachung* anlangt, so entstehen primäre traumatische Nervenschädigungen durch Unfälle und Verletzungen aller Art wie Zerrung, Dehnung, Quetschung und Zerreißung. In Kriegszeiten sind Schußverletzungen häufig anzutreffen. In Friedenszeiten sieht man Stich- und Schnittverletzungen als direkte lokale Läsionen. Eine Schädigung peripherer Nerven im Rahmen eines Elektrotraumas ist sehr selten und besteht in einer Immediatlähmung, welche Stunden bis Tage anhält. Lediglich bei ausgedehnten Weichteilverbrennungen resultieren persistierende periphere Lähmungen, wobei meist eine Kombination mit den Folgen von Muskelnekrosen vorliegt. Auch kann eine lokale Kälteexposition periphere Nerven in ihrer Funktion beeinträchtigen. Besonders sensibel gegenüber Kälte sind Nervenfasern mit dicken Myelinscheiden. In der Regel ist eine baldige Rückbildung der peripheren

Paresen und Sensibilitätsstörungen zu erwarten. Sekundäre Nervenläsionen werden durch länger anhaltenden Druck sowie Narbenschrumpfung bewirkt. Iatrogene Nervenläsionen können Folge von intramuskulären Injektionen, aber auch Folge von intravenösen Infusionen oder Injektionen in der Ellenbeuge (Medianusschädigung), des weiteren von Stellatum- bzw. Grenzstrangblockaden, Leitungsanästhesie und unsachgemäßem Setzen eines Subklaviakatheters sein. Die Einspritzung in den Nerv schädigt diesen rein mechanisch durch Druckerhöhung im Nervengewebe, durch Bildung eines intraneuralen Hämatoms, allenfalls toxisch durch die Medikamentenwirkung und schließlich vaskulär durch einen Spasmus der Vasa nervorum. Sowohl bei der Osteosynthese als auch bei der späteren Metallentfernung können Nervenschäden gesetzt werden, entweder direkt durch die Manipulation oder indirekt durch Hämatombildung. Trotz sorgfältigem Vorgehen unter Schonung der benachbarten Nerven ist manchmal eine solche iatrogene Schädigung nicht zu vermeiden. Wenn sie bloß durch ein Hämatom bedingt ist, zeigt sie in der Regel eine gute Remissionstendenz. Schließlich sind noch Drucklähmungen als mittelbare Unfallfolgen zu erwähnen, die lagerungsbedingt bei Bewußtlosen und Bewußtseinsgestörten, deren Muskeltonus herabgesetzt ist, so mitunter auch während einer Narkose auftreten können. Nach Bagatelltraumen vorkommende Nervenläsionen sind im Hinblick auf ihre Ätiologie mit Skepsis zu betrachten. Für die Annahme einer Unfallkausalität ist stets der zweifelsfreie Nachweis einer adäquaten traumatischen Schädigung zu fordern.

B. Untersuchung

Diese gliedert sich in den neurologischen Befund und die Hilfsbefunde. Primär ist das klinische Bild, wie es sich auf Grund der neurologischen Untersuchung darstellt, maßgeblich und entscheidend, da es meist schon eine diagnostische Zuordnung erlaubt. Schwierigkeiten können sich durch Begleitverletzungen ergeben, auf welche mithin besonders zu achten ist.

1. Neurologischer Befund

Der neurologische Untersuchungsbefund muß das klinische Bild qualitativ und quantitativ beschreiben. Die Darstellungen gehen in der Folge, wenn nicht anders gesagt, von den kompletten Ausfallsyndromen (vollständigen Lähmungsmustern) aus. Trophische Veränderungen der Haut wie Atrophie, Verlust der Fältelung, Keratosen, Pigmentverschiebungen, Geschwürsbildungen, Nagelveränderungen, Haarausfall oder abnorme Behaarung (Hypertrichose) sind durch die *Inspektion* festzustellen. Oft sieht man Buckelung und Brüchigkeit der Nägel, welche MEESsche Querstreifen, aber auch Längsrillen und eventuell Verdickungen zeigen, Verschmächtigung der Finger mit Zuspitzung, Abflachung der Fingerbeeren und das kennzeichnende ALFÖLDI-Nagelbettzeichen, das in einem leichten Wulst zwischen Fingerbeere und vorwachsendem Nagel besteht. Muskelfaszikulationen sind bei Läsionen am peripheren Nervensystem prinzipiell möglich, jedoch sehr selten und müssen daher differentialdiagnostisch immer an sonstige Ursachen, auch an Systemerkrankungen, denken lassen. Periphere Durchblutungsstörungen erkennt man nicht nur an der Akrozyanose oder abnormen Blässe der Haut, sondern auch palpatorisch an der Temperaturdifferenz zur Gegenseite. Die absolute Trokkenheit der Haut bei Ausfall der spontanen Schweißsekretion sowie das vermehrte Schwitzen mit Glanzhaut bei chronischer Sympathikusreizung sind gleichfalls inspektorisch und palpatorisch gut festzustellen. Die Muskelatrophie, welche nach Denervation des Erfolgsorganes einsetzt und bis zur bindegewebig-fettigen Entartung fortschreitet, muß erkannt und durch Vergleichsmessung mit der Gegenseite quantitativ bestimmt werden. Neurogene Ödeme können eine Muskelatrophie vorübergehend überdecken und maskieren. Typisch ist beispielsweise für die Radialislähmung das sogenannte GUBLERsche Ödem des Handrückens. Nach abnormen Gelenksstellungen, die im Laufe der Zeit zu sekundären degenerativen Gelenksveränderungen führen, muß gefahndet werden. Für manche Nervenlähmungen sind bestimmte Gelenksstellungen kennzeichnend (Fallhand bei Radialislähmung, Krallenfinger bei Ulnarislähmung usw.). Der Nachweis einer Tonusminderung gelingt nur dann, wenn ausgedehnte Läsionen peripherer Nerven vorliegen.

Die klinische *Prüfung der aktiven Beweglichkeit* zeigt die Funktionsbehinderung durch die Parese, wogegen die Prüfung der passiven Beweglichkeit eventuelle Einschränkungen durch sekundäre Veränderungen (Kapselschrumpfung sowie Hautnarben-, Muskel- und Sehnenkontrakturen), allenfalls eine abnorme Gelenksbeweglichkeit erkennen läßt. Wichtig ist die Unterscheidung von echten (physiologischen) und Ersatz- oder Ausgleichbewegungen (SCHERZER 1984). Letztere stellen Kompensationsversuche zur Überwindung bestehender Paresen dar und lassen Trick- sowie Substitutionsbewegungen, ferner Bewegungen unter Ausnutzung der Schwerkraft und von Innervationsvarianten unterscheiden. Das *Ausmaß der motorischen Leistung* kann für den einzelnen Muskel oder für eine Muskelgruppe graduell bestimmt werden: überhaupt keine Innervation (0), Muskel- und Sehnenanspannung ohne lokomotorischen Effekt (1), Bewegung nur unter Aufhebung der Schwerkraft (2), kraftverminderte Bewegung gegen die Schwerkraft (3), gegen mäßigen Widerstand (4) sowie volle Kraftentfaltung (5). Diese Einteilung entspricht den ursprünglichen Empfehlungen des BRITISH MEDICAL RESEARCH COUNCIL und kann zur groben Orientierung dienen. Daneben gibt es auch auf gleicher oder ähnlicher Basis Einteilungen nach Paresegraden, deren Bezifferung in umgekehrter Reihe erfolgt (0 keine Lähmung, 5 komplette Lähmung). Die Verschiedenartigkeit der Einteilungsprinzipien stiftete, wenn sie nicht im Befund erklärt wurden, wiederholt Verwirrung. Heutzutage hat sich jedoch weitgehend die erstgenannte Methode durchgesetzt. Was die Wiederkehr der motorischen Funktion im Rahmen der Nervenregeneration anlangt, so vollzieht sie sich von proximal nach distal, z. B. rumpfnahe nur mehr Teillähmung und peripher noch komplette Lähmung, so daß das Ausmaß der motorischen

Leistung für die verschiedenen Gelenke und deren Funktionen getrennt angegeben werden muß.

Die *Prüfung der Sensibilität* erfordert wie stets viel Geduld von seiten des Untersuchers und volle Kooperation von seiten des Untersuchten. Die Grenzen der Sensibilitätsstörung bestimmt man am besten, indem man die entsprechenden Reize vom Zentrum des gefühlsgestörten Areals nach dessen Peripherie hin in verschiedenen Richtungen setzt. Anzuwenden sind Berührungs-, Temperatur- und Schmerzreize. Bei vollkommenem Funktionsausfall eines peripheren Nervs kommt es in dessen autonomer Zone zur Anästhesie und in der umgebenden Intermediärzone zur Hypästhesie, da hier eine Überlappung des Versorgungsbereiches mit den benachbarten Nerven stattfindet. Vor allem ist die Schmerzempfindung in der Intermediärzone voll erhalten. Das Areal der Analgesie ist daher kleiner als das der taktilen oder thermischen Anästhesie. Bei Nervenwurzelläsionen ist hingegen das Areal der gestörten Schmerzempfindung breiter als jenes der gestörten Berührungsempfindung, was auf der unterschiedlichen Überlappung der Dermatome für Schmerz- und Berührungsempfindungen beruht. Häufig verwendet wird die 2-Punkt-Diskrimination, da sie über die Tastfunktion recht gut Aufschluß gibt. Sie prüft die taktile Ästhesie, welche über Nervenfasern mit dicken Markscheiden verläuft. Man bedient sich des WEBERschen Meßzirkels mit stumpfen Enden und einer Millimeter-Anzeige. Im Bereiche der Fingerkuppen werden normalerweise zwei Berührungspunkte in einem Abstand von 3 bis 5 mm noch als getrennt empfunden. Bei Nervenschädigungen vergrößert sich dieser Abstand. Stets sollte man die Untersuchung zum Vergleich in symmetrischen Arealen vornehmen. Zur Prüfung der taktilen Gnosie verwendet man meistens verschiedene Münzen, welche bei geschlossenen Augen vom Untersuchten abgetastet und beschrieben werden müssen. Funktionell wichtig ist vor allem die Fähigkeit, einen geriffelten von einem glatten Münzenrand zu unterscheiden. Ähnlich der Einteilung der motorischen Kraft gibt es auch eine Gradskala der Sensibilität, welche zweckmäßigerweise Schmerz (S) und Berührung (B) in jeweils fünf Graden beschreibt. Null entspricht einem Sensibilitätsverlust, 5 entspricht einer normalen Empfindung. Im einzelnen ergibt sich dabei in Übereinstimmung mit HOPF (1984):

S 0/B 0	Analgesie und Anästhesie
S 1/B 1	Vage Empfindung bezüglich Schmerz und Berührung
S 2/B 2	Spitz-stumpf-Unterscheidung möglich, ausstrahlende Dysästhesien, Fehllokalisation
S 3/B 3	Spitz-stumpf-Unterscheidung möglich, ausstrahlende Dysästhesien, grobe Lokalisation möglich
S 4/B 4	Erkennen der Reize, jedoch noch leichte Dysästhesien, Lokalisation im Handbereich bis auf 20 mm
S 5/B 5	Normale Schmerz- und Berührungsempfindungen

Sensible und sudorisekretorische Nervenfasern verlaufen in der Peripherie gemeinsam. Bei einer kompletten Anästhesie und Analgesie infolge Läsion des peripheren Nervs ab dem Ramus communicans griseus des Grenzstranges fällt somit im betroffenen Areal auch die *spontane Schweißsekretion* aus. Dies kann man palpatorisch an der absoluten Trockenheit der Haut oder mittels sogenannter Schweißteste feststellen. Unter diesen hat sich insbesondere der Ninhydrintest nach Moberg (1958) als die Methode der Wahl etabliert. Vor dessen Durchführung werden die Hände gewaschen und getrocknet. Die spontane Schweißsekretion wird eventuell mittels heißen Tees gefördert. Dann werden auf einem absolut reinen Stück Papier die Abdrücke der Fingerendglieder abgenommen, wobei diese vom Untersucher gegen die Unterlage gepreßt und auch etwas nach beiden Seiten gedreht werden. Nach entsprechender Markierung der Fingerabdrücke mit einem Bleistift wird Ninhydrin über diese als Spray aufgetragen (1%ige Lösung in Azeton mit einem geringen Zusatz von Eisessig). Durch Erwärmen über 100 Grad Celsius kommt es zu einer Rot- bis Violettverfärbung der Abdruckareale, sofern sie Schweiß enthalten. Abgebildet werden die Ausführungsgänge von Schweißdrüsen. Zu bewerten sind Anzahl, Dichte und Verteilung der Schweißpunkte. Mit dieser Methode werden verschiedene Aminosäuren im menschlichen Schweiß nachgewiesen. Die Färbung kann mit einer Kupfersulfatlösung dauerhaft fixiert werden. Bei Nervenregeneration ist der Ninhydrintest mitunter bereits wenige Wochen vor Wiederkehr der ersten Sensibilitätswahrnehmungen positiv, so daß ihm eine gewisse prognostische Aussagekraft zukommt (Scherzer 1971). Auf Grund anatomischer Gegebenheiten gehen auch komplette Nervenwurzelausrisse nicht mit Anhidrose einher (Mumenthaler und Schliack 1982). Der Ninhydrintest läßt sich selbstverständlich nicht nur im Hand-, sondern auch im Fußbereich durchführen.

Man kann übrigens auch mittels *Piloarrektion* die periphere sympathische Innervation beurteilen. Die zu den glatten Musculi arrectores pilorum ziehenden sympathischen Nervenfasern verlaufen zusammen mit dem sudorisekretorischen und den sensiblen Fasern in unmittelbarer Nachbarschaft. Eine periphere anatomische Schädigung betrifft daher stets alle drei Nervenfaserarten in einem Bereich gemeinsam. Die Prüfung besteht darin, daß am Rücken oder Brustkorb Kälte- bzw. Kitzelreize gesetzt werden, die den Pilomotorenreflex auslösen und zu einer generalisierten, zentrogenen Piloarrektion führen. Lokale Ausfälle dieses Phänomens finden sich bei kompletter Unterbrechung der entsprechenden sympathischen Bahnen. Wenn von einem anästhetischen Areal keine Piloarrektion mehr auslösbar ist, so kennzeichnet dieser Befund eine komplette postganglionäre Leitungsunterbrechung (Plexusbereich oder peripherer Nerv). Auch eine gesteigerte lokale Piloarrektion ist bei partiellen Schädigungen möglich. Vom Pilomotorenreflex ist prinzipiell der *Dermographismus* zu unterscheiden, der physiologischerweise zu einer Weiß- oder Rotfärbung der Haut nach etwa einer bis zwei Minuten führt. Der Dermographismus kann pathologisch im Sinne einer übermäßigen Gefäßverengung

(Dermographismus albus) oder einer überschießenden Gefäßerweiterung (Dermographismus ruber) verändert sein. Bei Armplexusläsionen fehlt im Bereiche der erloschenen Sensibilität dieses *Reflexerythem*, das auf sogenannten Axonreflexen beruht.

An dieser Stelle seien einige kurze und prinzipielle Ausführungen zu den Verletzungen der drei eingangs genannten, anatomischen Abschnitte des peripheren Nervensystems erlaubt:

Spinale radikuläre Ausfälle sind im klinischen Erscheinungsbild durch Sensibilitätsstörungen, motorische Ausfälle, schlaffen Muskeltonus und Reflexstörungen gekennzeichnet. Anfangs werden sie bei traumatischer Entstehung meist von einem lokalen Vertebralsyndrom begleitet. Später entwickeln sich Muskelatrophien. Ferner finden sich radikuläre Schmerzen, die oft brennenden, elektrisierenden oder bohrenden Charakter aufweisen, und mitunter vegetative Reizerscheinungen wie SUDECKsche Dystrophie, wenn zusätzlich sympathische Fasern in stärkerem Maße betroffen sind. Auch kann eine *radikuläre Irritation* isoliert bestehen. Sie führt zu einer typischen Schonhaltung mit dem Ziel der Entspannung der affizierten Nervenwurzeln und der Tonusherabsetzung in der zugehörigen Muskulatur, z. B. Beugestellung und An-den-Leib-Ziehen des Beines. Die segmentale Verteilung radikulärer Sensibilitätsstörungen entspricht dem Verlauf der Dermatome und sollte am besten durch Prüfung mit Schmerzreizen (Hypalgesie bis Analgesie) abgegrenzt werden, da bei diesen die dachziegelartige Überlappung der Dermatome geringer als bei den Berührungsreizen ist. Im Falle eines radikulären Syndroms ist die analgetische Ausfallszone (Minimalfeld) demnach wesentlich schmäler als die dysästhetische Irritationszone (Maximalfeld). Radikuläre Paresen betreffen gemäß dem Verteilungsmuster der Myotome typischerweise mehrere Muskeln in verschiedener Lage. Myatrophien und Muskeltonusminderungen sind daher, sofern nicht mehrere benachbarte Nervenwurzeln ausgefallen sind, schwerer erkennbar als bei Läsionen peripherer Nerven. Deutlich manifestieren sich Muskelverschmächtigung und motorisches Defizit nur an bestimmten, klinisch gut untersuchbaren und maßgeblich aus der betroffenen Nervenwurzel innervierten Muskeln, die als Kennmuskeln des jeweiligen Wurzelsegmentes bezeichnet werden. Die radikuläre Störung drückt sich des weiteren in Abschwächung bis Verlust des segmentalen Muskeldehnungsreflexes aus. Auf Grund der genannten neurologischen Symptome gelingt die Bestimmung der geschädigten spinalen Nervenwurzeln. Weitere lokalisatorische Hinweise geben ein umschriebener Wirbelsäulenschmerz, also ein lokales Vertebralsyndrom, und eine manuell sowie radiologisch festzustellende Wirbelblockierung, ferner eine umschriebene paravertebrale Sensibilitätsstörung im Verteilungsgebiet des Ramus dorsalis des entsprechenden Spinalnervs.

Plexusläsionen sind, wenn sie den ganzen Plexusbereich oder doch große Anteile des Nervengeflechtes betreffen, an typischen klinischen Bildern relativ leicht zu erkennen. Schwierigkeiten können sich bei Läsion von nur sehr kleinen Teilen eines Nervenplexus ergeben, z. B. bei Stichverletzungen, in welchem Falle aber meist die Lage der Wunde auch die Lokalisation der neurogenen Verletzung bestimmen läßt. Am häufigsten sind traumatische Schädigungen des Armplexus, insbesondere durch direkte Schultertraumen wie schwere Motorradstürze. Lähmungserscheinungen von seiten des Beckenplexus begegnet man vor allem bei massiven Abdominalverletzungen. Anfangs kann eine Abgrenzung infolge des darniederliegenden Zustandes Schwierigkeiten bereiten. Unter Umständen sind auch Plexusläsionen schwer von Serienwurzelläsionen zu unterscheiden. Ferner kommen kombinierte Wurzel- und Plexusschädigungen vor.

Verletzungen peripherer Nerven im engeren Sinne sind bei voller Ausbildung an kennzeichnenden klinischen Syndromen zu diagnostizieren. Überwiegend liegen kombinierte motorisch-sensible Ausfälle vor, jedoch nicht immer. Auch können mehrere benachbarte Nerven traumatisiert sein, so daß sich komplexe Bilder ergeben. Die folgende Beschreibung der Ausfallsyndrome geschieht unter dem Blickwinkel der Traumatologie und bezieht sich auf isolierte Nervenläsionen sowie auf komplette Lähmungen, wie sie typischerweise nach Nervendurchtrennungen auftreten. Teilschädigungen verursachen selbstverständlich geringer ausgeprägte Defizite. Dargestellt werden jene klinischen Bilder, die auf traumatische Schädigungen an Prädilektionsstellen (kennzeichnende und häufigste Läsionsorte) zurückgehen. Daneben gibt es Verletzungen, welche ziemlich weit distal gelegen sind und daher nur einzelne periphere Nervenäste betreffen, das übrige Gebiet des Nervs verschonen, so daß nur ein Muskel oder ein Teil eines Muskels gelähmt ist bzw. nur ein kleines Hautareal eine sensible Störung aufweist. Besonders die letztgenannte Veränderung findet sich häufig in Narbenbereichen und wird meist bloß als „narbenbedingte Gefühlsstörung" im Sinne eines Begleitsymptoms der primär unfallchirurgischen Verletzung beschrieben.

2. Hilfsbefunde

Diese sollen im Prinzip lediglich die bereits klinisch gestellte Diagnose einer neurogenen Schädigung erhärten, jedoch können sie auch differentialdiagnostische und prognostische Hinweise geben sowie Nebenverletzungen besser abgrenzen lassen.

Elektrobiologische Untersuchungen bei Verletzungen des peripheren Nervensystems (SCHERZER 1984) stellen die wertvollste Ergänzung des klinischen Befundes dar, können aber keineswegs die klinische Untersuchung ersetzen. Die ursprüngliche klassische Elektrodiagnostik wurde im Laufe der Zeit zunehmend von der Elektromyographie und von der Bestimmung der Nervenleitgeschwindigkeit in den Hintergrund gedrängt.

a) Klassische Reizstromdiagnostik: Sie kann sowohl am motorischen als auch am sensiblen System durchgeführt werden. Ihr Hauptanwendungsgebiet ist jedoch das motorische System. Man appliziert *galvanischen* (Gleichstrom) und *faradischen Strom* (Wechselstrom bzw. zerhackter Gleichstrom). Auf galvanischen Strom reagiert primär der Nerv und löst eine blitzartige Muskelzuckung aus. Ist der Nerv nicht mehr erregbar, so setzt eine träge bis wurmartige Zuckung des denervierten Muskels ein (desynchronisierte Entladung der einzelnen Muskelfasern). Auf faradischen Reiz reagiert nur der intakte Nerv, nicht hingegen der Muskel. Unter einer Reizfrequenz von 10 Hz kommt es zu einem partiellen Tetanus, bei einer Reizfrequenz über 30 Hz zu einem totalen Tetanus. Die indirekte Reizung mit faradischem Strom prüft einen oberflächlich gelegenen Nerven. Eine normale Muskelantwort beweist die Intaktheit der Nerven-Muskel-Einheit; eine verminderte Muskelkontraktion zeigt eine Nerventeilschädigung an. Auch eine Reizschwellenerhöhung ist Ausdruck einer partiellen Schädigung des Nervs. Die direkte Reizung prüft den Muskel am Orte der niedrigsten Reizschwelle (motorischer Punkt, d. h. Nerveneintrittsstelle bzw. Endplattenregion). Sie verwendet galvanischen oder faradischen Strom. Als Rheobase bezeichnet man die eben sichtbare Muskelzuckung bei galvanischer Reizung (Schwellenwert angegeben in Milliampère). Durch Schließen und Öffnen des Stromkreises kann der Muskel kathodisch und anodisch geprüft werden (PFLÜGERsche Zuckungsformel: Kathodenschließungszuckung > Anodenschließungszuckung > Anodenöffnungszuckung > Kathodenöffnungszuckung). Eine periphere neurogene Lähmung geht mit einer Änderung der elektrischen Erregbarkeit einher, die als Entartungsreaktion (EAR) bezeichnet wird. Dabei unterscheidet man eine komplette und partielle EAR. Bestimmungen der *Reizzeit-Spannungskurve* (i/t-Kurve) bzw. der *Chronaxie*, d. h. Nutzzeit bei doppelter Rheobase, ergeben gewisse prognostische Hinweise, finden aber heutzutage nur mehr wenig Anwendung.

b) Elektromyographie (EMG): Sie wird auch als Detektions-EMG bezeichnet, stellt eine Nadeluntersuchung dar und registriert die bioelektrische Tätigkeit des quergestreiften Muskels. Beim Einstich der Nadelelektrode in den Muskel löst man eine kurzdauernde physiologische Entladungssalve aus. Diese Insertionsaktivität kann pathologisch gesteigert oder erloschen sein und zeigt den jeweiligen Erregbarkeitszustand der Muskelfasern an. Ferner läßt sich eine physiologische Spontanaktivität an den Endplatten feststellen, die als „Endplattenrauschen" bezeichnet wird. In Ruhe finden sich ansonsten keine Entladungen, mit zunehmender Willkürinnervation rekrutieren sich aber zu den anfänglich spärlichen Aktionspotentialen immer weitere motorische Einheiten bei gleichzeitig zunehmender Entladungsfrequenz, bis durch Verschmelzung der einzelnen motorischen Einheiten das sogenannte Interferenzmuster mit einer Amplitude von ca. drei bis vier Millivolt erreicht wird. Meist zeigen die Einzelaktionspotentiale eine bi- oder triphasische Form. Die Elektromyographie erlaubt, die Lokalisation, das Ausmaß und teils auch das Alter einer Nervenschädigung zu bestimmen. Sie wird prä- und postoperativ im Rahmen von Nervenrekonstruktionen verwendet. Bei Nervenwurzelschädigungen können Fibrillationspotentiale auch in der autochthonen paraspinalen Muskulatur nachgewiesen werden. Spontane Denervationspotentiale treten bereits zwei bis drei Wochen nach einer Nervenverletzung in der Ruhe auf. Dabei unterscheidet man einerseits Fibrillationspotentiale und andererseits positive Wellen. Bei vollkommener Leitungsunterbrechung sistiert jede Willküraktivität. Erreicht die Nervenregeneration den Muskel, so zeigen sich Reinnervationspotentiale, die auch als Sprossungspotentiale bezeichnet werden. Sie können schon einige Zeit vor Wiederkehr der sichtbaren Willkürbewegungen nachweisbar sein und lassen daher wichtige prognostische Aussagen zu. Mit Remission der neurogenen Schädigung nehmen diese Reinnervationspotentale allmählich weitgehend die Form normaler Aktionspotentiale an.

c) Elektroneurographie (ENG): Man spricht auch von der Stimulations-Detektions-Elektromyographie oder von der *Bestimmung der Nervenleitgeschwindigkeit (NLG)*. Das Prinzip besteht darin, daß motorische oder sensible Nervenfasern an einem Ort elektrisch gereizt und ihre so ausgelösten motorischen oder sensiblen Aktionspotentiale an einer anderen Stelle des Nervs registriert werden. Die Bestimmung der Nervenleitgeschwindigkeit ist zwar auch von der Temperatur und dem Alter, jedoch zum Unterschied von der Nadelelektromyographie nicht von der Kooperation des Untersuchten abhängig. Gemessen wird die zeitliche Differenz zwischen Reizartefakt und Reizantwort, die sogenannte Latenzzeit. Auch Dauer und Amplitude der Antwortpotentiale sind von Bedeutung. Die Untersuchung an den motorischen Nervenfasern wird proximal und distal durchgeführt. Die Differenz der Latenzzeiten ergibt die reine Leitungszeit für den motorischen Impuls zwischen den zwei Reizpunkten. Die *maximale motorische Nervenleitgeschwindigkeit* berechnet sich sodann nach der folgenden Formel: *Reizelektrodenabstand dividiert durch Differenz der Latenzzeiten*. An der oberen Extremität liegt die Nervenleitgeschwindigkeit normalerweise über 50 m/s (zwischen 50 und 65 m/s), an der unteren Extremität über 40 m/s (zwischen 40 und 60 m/s). Bloß im Ellbogengelenksbereich leitet der Nervus ulnaris physiologischerweise etwas langsamer, oft nur mit einer Geschwindigkeit bis zu 45 m/s. Die motorische Leitgeschwindigkeit für den Endabschnitt eines Nervs läßt sich durch dieses Verfahren nicht bestimmen. Jedoch kann man ein annäherndes Maß für die Leitung im periphersten Nervenabschnitt als residuale oder distale Latenz angeben (z. B. bei Stimulation des Nervus medianus am Handgelenk und Ableitung vom Daumenballen unter 5 ms). Die Leitgeschwindigkeit sensibler Nervenfasern untersucht man antidrom (entgegen der physiologischen sensiblen Impulsleitung) oder orthodrom (in Richtung der physiologischen sensiblen Impulsleitung). Die *sensible Nervenleitgeschwindigkeit* berechnet sich bei *antidromer Reizung* nach der Formel: *Elektrodenabstand dividiert durch Latenzzeit*. Bei orthodromer Reizung verwendet man zur Stimulation eine ringförmige Oberflächenelektrode an einem Finger und zwei Ableitpunkte. Die Formel der Leitgeschwindigkeit lautet im Falle der *orthodromen Reizung*: *Distanz der Ableitepunkte dividiert durch Differenz der Latenzzeiten*. Bei primärer Markscheidenschädigung ist die Nervenleitgeschwindigkeit stark, bei primärer axonaler Degeneration lediglich gering bis kaum verzögert.

Sonstige Hilfsuntersuchungen haben bezüglich neurogener Läsionen eine wesentlich geringere Aussagekraft. *Röntgenologisch* lassen sich Frakturen und Luxationen, abnorme Gelenksstellungen, sekundäre arthrotische und osteoporotische Veränderungen, überschießende Kallusbildung und heterotope Ossifikationen nachweisen, welche einen lokalen Bezug zu der klinisch nachgewiesenen Läsion des peripheren Nervensystems aufweisen können. Die *Computertomographie* und die *Kernspintomographie* ergänzen die genannten Röntgenuntersuchungen und erlauben eine wesentlich bessere Beurteilung gewisser Bereiche, insbesondere was die Weichteile anlangt. Die *Neurographie* stellt eine Kontrastmitteluntersuchung eines peripheren Nervs mittels Injektion dar. Diese Methode konnte sich klinisch jedoch nicht durchsetzen. Die *Myelographie* als Kontrastmitteluntersuchung des Wirbelkanals gestattet bei spinalen Wurzelausrissen die Darstellung der „leeren" Wurzeltaschen, bei Diskusvorfällen die Erkennung einer lokalen partiellen bis kompletten Passagebehinderung. Der *Ninhydrintest* nach Moberg (1958) dient zum Nachweis der spontanen Schweißsekretion, vor allem an den Finger- und Zehenbeeren. Sein klinischer Wert wird im Abschnitt über die Fingernerven besprochen. Der *Histamin-Test* erlaubt die differentialdiagnostische Abgrenzung eines Ausrisses hinterer Spinalwurzeln von Plexusläsionen und wird im Abschnitt über den Plexus brachialis beschrieben. Die *Lumbalpunktion* hat nur im Initialstadium traumatischer Wurzelschädigungen Bedeutung. Sie ergibt im Falle von Wurzelausrissen einen blutigen Liquor. Schließlich dürften in Zukunft Untersuchungen der *evozierten somatosensiblen Potentiale* und der Muskelerregbarkeit mittels *transkranieller Magnetstimulation* bei psychogenen Lähmungen zunehmende Bedeutung erlangen, wenn damit die Intaktheit der entsprechenden nervalen Leitungsbahnen nachgewiesen werden kann. Darüber hinaus sind solche Verfahren auch bei Komatösen und Bewußtseinsgetrübten anwendbar.

C. Klinische Syndrome

1. Zervikobrachialbereich

Die in der Folge zu besprechenden traumatischen Läsionen des peripheren Nervensystems betreffen den Hals, die Schulter und den Arm. Sie sind deshalb besonders gravierend, weil die Funktion der oberen Extremität beeinträchtigt ist, stellt doch der Arm das wichtigste Tast- und Greiforgan des Menschen dar. Die meisten Tätigkeiten werden mit den Händen verrichtet, wobei der Arm als Funktionskette fungiert. Durch die spezielle und fast dauernde Arbeitsleistung des Armes ist dieser mehr verletzungsgefährdet als das Bein, und so kommen verständlicherweise auch Nervenverletzungen im Bereich der oberen Extremität häufiger als in anderen Körperregionen vor.

Gewisse Aktivitäten sind in der Regel bloß einer Hand vorbehalten. Sie bestimmen die *manuelle Dominanz* oder *Händigkeit* des Betreffenden. Die überwiegende Mehrzahl der Menschen zählt zu den Rechtshändern, deren geschicktere und meist auch stärkere Hand die rechte ist. Der echte Rechtshänder macht alle manuellen Tätigkeiten rechts, der echte Linkshänder hingegen links, vor allem schreibt dieser links und führt Messer, Schere und Nadel links. Ferner gibt es alle Übergangsformen zwischen extremen Rechts- und Linkshändern. In der Begutachtungssituation behaupten viele Versehrte, ihre manuelle Dominanz sei auf der Seite der Verletzung gelegen, wodurch sich ein übergroßer Prozentsatz an Linkshändern ergäbe. Verwertbare Angaben zur Klärung des Sachverhaltes sind schwer zu erhalten. Infolge der Verletzungen selbst erbringen Untersuchungen in bezug auf die Händigkeit auch meist kein eindeutiges Ergebnis mehr. Auf Grund der sehr guten Umstellbarkeit manueller Tätigkeiten von einer Seite auf die andere haben Krösl und Zrubecky (1980) empfohlen, für Verletzungen der rechten und linken oberen Extremität keine unterschiedlichen prozentuellen Einschätzungen vorzunehmen. In der privaten Unfallversicherung werden übrigens der rechte und linke Arm schon lange als gleichwertig eingestuft. Eine Umschulung auf die nicht verletzte Seite gelingt nach einiger Zeit stets. Sie verläuft im Falle einer Gebrauchsunfähigkeit der rechten Hand beim Ambidexter und beim latenten Linkshänder, der nur erzwungenermaßen auf das Schreiben rechts trainiert wurde, schneller als beim reinen Rechtshänder. In neurologischen Publikationen wird auch noch in letzter Zeit bei der gutachtlichen Einschätzung ein Unterschied zwischen Gebrauchs- und Hilfs- bzw. Gegenarm entsprechend der Händigkeit gemacht. Diese Differenzierung scheint jedoch angesichts der dargestellten Umstände in der Praxis oft schwer vollziehbar, so daß die Berücksichtigung der manuellen Dominanz an und für sich in der Begutachtung von fraglicher Bedeutung ist (Scherzer 1971).

Spinale Wurzeln

Es handelt sich hier um Schädigungen der zervikalen und der ersten thorakalen Nervenwurzel, da auch letztgenannte noch die obere Extremität versorgt. Diese Nervenwurzelausfälle sind mitunter schwer von Plexusläsionen zu unterscheiden und kommen nicht selten auch kombiniert mit solchen nach Zerrverletzungen vor. Spinale radikuläre Syndrome entstehen auf traumatischer Basis durch Zerrung, Quetschung oder durch konstanten Druck, so bei Stürzen auf die Schulter (Motorradunfälle mit Wurzelab- und Wurzelausrissen), bei schweren Schleudertraumen der Halswirbelsäule, bei Frakturen und Luxationen der Halswirbelsäule, ferner bei Bandscheibenvorfällen. Die nachstehende Aufstellung faßt die den Hals und Arm betreffenden spinalen radikulären Syndrome mit den zugehörigen Dermatomen, Kennmuskeln und Reflexanomalien zusammen:

Segment C 2: Dermatom im oberen Ohranteil und im Hinterhauptsbereich (**Nervus occipitalis maior** als Ramus dorsalis).

Segment C 3: Dermatom im Nacken- und Halsbereich bis entlang des Unterkiefers und einschließlich des kaudalen Ohrbereiches; Kennmuskel Zwerchfell.

Segment C 4: Dermatom im obersten Thoraxbereich bis zur Schulter und zum Schlüsselbein; Kennmuskel Zwerchfell sowie in geringem Maße Schultermuskulatur.

Segment C 5: Dermatom im lateralen Schulter- und Oberarmbereich; Kennmuskeln M. deltoideus und M. biceps brachii; Bizeps- und Brachioradialisreflex abgeschwächt.

Segment C 6: Dermatom entlang der Radialseite des Armes bis Daumen und Zeigefinger; Kennmuskeln M. biceps brachii und M. brachioradialis; Bizeps- und Brachioradialisreflex abgeschwächt oder ausgefallen.

Segment C 7: Dermatom entlang der Dorsalseite des Armes bis 2., 3. und 4. Finger; Kennmuskeln M. triceps brachii, M. pronator teres und M. pectoralis maior, eventuell lange Fingerbeuger, oft Daumenballenmuskulatur; Trizepsreflex abgeschwächt oder erloschen.

Segment C 8: Dermatom entlang der Dorsalseite des Armes bis Ring- und Kleinfinger; Kennmuskeln kleine Handmuskulatur, insbesondere Kleinfingerballenmuskulatur; Trizepsreflex abgeschwächt; im akuten Stadium mitunter Reizmydriasis, später kein vollständiges HORNER-Syndrom, da genügend Fasern aus Th 1 und Th 2 zum Ganglion stellatum ziehen.

Segment Th 1: Dermatom entlang der Ulnarseite des (Ober- und) Unterarmes; Kennmuskeln kleine Handmuskeln, vor allem aus dem Ulnarisbereich, sowie Pektoralismuskulatur; HORNER-Syndrom (sympathische Oberlidptose, Miose und Enophthalmus, Vasoparalyse sowie Schweißsekretionsstörung).

An weiteren Reflexen, die bei multisegmentalen Läsionen abgeschwächt oder erloschen sind, können genannt werden: Skapulohumeralreflex (C 4 bis C 6), Daumenreflex (C 6 bis C 8), Handgelenksreflex (C 6 bis C 8), MAYERscher Fingergrundgelenksreflex (C 6 bis Th 1) und TRÖMNERscher Reflex (C 7 bis Th 1).

Das Zwerchfell bezieht meist seine Hauptinnervation aus C 4, mitunter jedoch aus C 3. Einseitige Zwerchfellparesen werden oft übersehen. Sie sind am besten röntgenologisch erkennbar. Charakteristisch ist die paradoxe Bewegung bei der Atmung, nämlich Emporsteigen während der Inspiration und Senkung des gelähmten Zwerchfelles während der Exspiration. Radikulär bedingte Zwerchfellparesen sind mit Atrophien der Nackenmuskulatur, Sensibilitätsstörungen im Segment C 3 bzw. C 4 und mit Innervationsstörungen im Bereich der Schulterblattmuskulatur vergesellschaftet.

Das *posttraumatische Zervikalsyndrom* kann neben lokalen Beschwerden mit radikulären Irritationen, die weit in die Peripherie ausstrahlen, einhergehen. Es umfaßt anfangs nicht selten die gesamte Halswirbelsäule (globales oder diffuses HWS-Syndrom), später oft nur Teile dieses Wirbelsäulenabschnitts. Am stärksten und häufigsten betroffen sind die Übergangsregionen zum Schädel oder zum Rumpf (kraniozervikales und brachiozervikales Syndrom). Lokalisatorisch lassen sich drei Unterformen abgrenzen:

Oberes Zervikalsyndrom (C 2) mit Hinterhauptsschmerz bzw. Par- und Dysästhesien im Versorgungsbereich des Nervus occipitalis maior und allenfalls mit zervikaler Migräne;

Mittleres Zervikalsyndrom (C 3 bis C 5) mit Nacken-Schulter-Schmerzen, eventuell Oberbauch- und Herzsensationen sowie Zwerchfellstörungen;

Unteres Zervikalsyndrom (C 6 bis C 8) mit Brachialgie und Parästhesien in den Fingern.

Unfallbedingte Zervikalsyndrome werden in der Praxis sowohl vom Nervenarzt als auch vom Unfallchirurgen oder Orthopäden beurteilt. Die Problematik dieses Beschwerdebildes nach Schleudertraumen der Halswirbelsäule wird unter den unfallchirurgisch-neurologischen Gemeinsamkeiten besprochen.

Tatsächliche Wurzelläsionen mit sensiblen und motorischen Ausfällen gehen über den an sich etwas unscharf gefaßten Begriff des Zervikal- oder HWS-Syndroms hinaus. Sie können aber nach erheblichen Unfällen auch neben einem schmerzhaften Zervikalsyndrom beobachtet werden. Nur sehr selten entsteht bei schwerer Traumatisierung ein akutes einseitiges Wurzelausfallsyndrom durch traumatischen Bandscheibenprolaps in der unteren Halswirbelsäule (C 6, C 7, ausnahmsweise C 8). Eher resultiert eine akute medulläre Läsion, typischerweise als Syndrom der Arteria spinalis anterior, wiederholt mit begleitender monoradikulärer Schmerzsymptomatik. Am häufigsten beobachtet man jedoch im Rahmen eines Zervikalsyndroms traumatisch ausgelöste, akute Wurzelirritationen bei vorbestehender Spondylose der Halswirbelsäule.

Plexus cervicalis

Halsplexusläsionen sind auf traumatischer Basis selten. Betroffen sind die ventralen Äste aus C 1 bis C 4. Am ehesten beobachtet man Schädigungen des zervikalen Nervengeflechts bei Schnittverletzungen im Bereiche des Punctum nervosum (dorsaler Rand des Musculus sternocleidomastoideus, Übergang des oberen zum mittleren Drittel). Die resultierenden Sensibilitätsstörungen nehmen von hier ihren Ausgang und erstrecken sich auf die umgebende Haut. Bei den verletzten Nerven handelt es sich um den Nervus occipitalis minor, den Nervus auricularis magnus, den Nervus transversus colli und die Nervi supraclaviculares.

Tiefe motorische Äste aus dem Plexus cervicalis versorgen den Musculus levator scapulae, den Musculus scalenus medius und den Musculus trapezius sowie die untere Zungenbeinmuskulatur, welche über die Ansa cervicalis innerviert wird. Nach traumatischen Schädigungen sieht man meist nur Partialausfälle. Dies erklärt sich durch den Umstand, daß schwere Halstraumen eine hohe Sterblichkeit aufweisen und solchermaßen ausgedehnte sowie gravierende Läsionen des Zervikalplexus oft nicht überlebt werden.

Plexus brachialis

Armplexusschädigungen sind häufig traumatisch bedingt, so durch ein direktes Schultertrauma (Motorradsturz, Schisturz), durch heftigen Zug am Arm oder durch lokalen Druck, z. B. im Rahmen einer Schulterluxation, ferner lokal durch Stich- oder Schnittverletzungen. Anfangs liegt oft eine totale oder subtotale Armplexuslähmung vor, die sich später zu einer Parese des oberen oder selten des unteren Armplexus zurückbilden kann. Nur ausnahmsweise zu beobachten ist eine isolierte Läsion des mittleren Armplexus (Schädigung von C 7). Gleichfalls selten sind in der Traumatologie die faszikulären Paresen des Armplexus, nämlich die des ulnaren, radialen oder dorsalen Faszikels (Sekundärstranges). Die Zirkulationsverhältnisse am Arm müssen genau untersucht werden, da bei Armplexusläsionen nach MUMENTHALER und SCHLIACK (1982) in immerhin 23% der Fälle eine kombinierte Gefäß- und Nervenläsion vorliegt.

Eine Unterscheidungsmöglichkeit zwischen Armplexusläsionen und Wurzelausrissen wurde von BONNEY (1954) angegeben. Es handelt sich um den *Histamintest*, der nach etwa sechs Wochen, wenn eine Neurapraxie bereits ausgeschlossen werden kann, indiziert ist. Die intrakutane Injektion von 0,1 ccm einer einpromilligen Histaminlösung führt normalerweise zur schnellen Ausbildung eines 2 bis 3 cm großen, roten Hofs. Dieses Phänomen beruht wie das normale Hauterythem nach Hautreizen auf einem physiologischen Axonreflex. Fehlt die Entwicklung eines derartigen Hofs, so liegt eine degenerative Nervenläsion peripher von den Spinalganglien vor. Tritt die Histaminreaktion in einem anästhetischen Dermatom auf, so weist dies auf einen Hinterwurzelausriß hin. Bei Kombination eines Nervenwurzelausrisses mit einer peripheren Nervenläsion dominiert die Symptomatik der letztgenannten Schädigung, das heißt, es entwickelt sich beim Histamintest kein Hof. Die physiologische Histaminreaktion verschwindet, nachdem die dünnen afferenten Nervenfasern zur Haut völlig degeneriert sind.

Läsion des gesamten Armnervengeflechts: Eine solche betrifft die fünfte bis achte zervikale sowie die erste thorakale Nervenwurzel (oberer, mittlerer und unterer Primärstrang der vorderen Spinalnervenäste). Der Arm hängt dreschflügelartig schlaff am Körper herab. Nach Wochen entsteht eine ausgeprägte Muskelatrophie des gesamten Armes. Oft entwickeln sich deutliche trophische Veränderungen der Haut und Nägel. Meist besteht ein HORNER-Syndrom auf der betroffenen Seite. Der Sensibilitätsausfall reicht von der Schulter bis zur Hand. Besonders wenn über Phantombeschwerden berichtet wird, sollte man differentialdiagnostisch an einen Serienwurzelausriß denken, für den auch eine Sensibilitätsstörung bis knapp paravertebral kennzeichnend ist. Es empfehlen sich dann zur Differentialdiagnose moderne bildgebende Untersuchungen oder die Myelographie des Zervikalbereiches, bei welcher sich im Falle von Wurzelausrissen „leere" Wurzeltaschen finden und welche in der Anfangsphase einen blutigen Liquor ergibt.

Läsion des oberen Armnervengeflechts (nach ERB und DUCHENNE): Sie betrifft Fasern aus der fünften und sechsten Halswurzel (oberer Primärstrang der vorderen Spinalnervenäste), damit den Nervus dorsalis scapulae, den Nervus suprascapularis, den Nervus axillaris, den Nervus thoracicus longus, den Nervus musculocutaneus und den Nervus radialis. Typisch sind bei Inspektion am Stehenden eine leichte Schulterblattfehlstellung mit Außenrotation des Angulus inferior und Abstehen des Margo medialis vom Thorax sowie eine Adduktions- und Innenrotationsstellung des Armes im Schultergelenk, wodurch bei Betrachtung von hinten die Handfläche voll sichtbar wird. Nach einigen Wochen erkennt man ferner eine Muskelverschmächtigung im Deltoideus- und Bizepsbereich. Die Bewegungs- und Kraftprüfung deckt eine Parese für die Elevation, Abduktion und Außenrotation im Schultergelenk, für die Beugung im Ellbogengelenk, für die Supination des Unterarmes und des weiteren für die Dorsalextension der Hand auf. Meist, aber nicht immer, besteht eine Gefühlsstörung von der Schulter entlang der Außenseite des Armes bis zum Daumen, wobei der Oberarm oft am wenigsten betroffen ist.

Läsion des unteren Armnervengeflechts (nach DÉJÉRINE und KLUMPKE): Sie betrifft die achte zervikale und erste thorakale Nervenwurzel (unterer Primärstrang der vorderen Spinalnervenäste), damit den Nervus cutaneus brachii medialis, den Nervus cutaneus antebrachii medialis, den Nervus medianus und den Nervus ulnaris. Kennzeichnend sind bald eine Krallenstellung, besonders des vierten und fünften Fingers mit Überstreckung im Grundgelenk, sowie nach wenigen Wochen eine Verschmächtigung der Unterarmbeugemuskulatur und der kleinen Handmuskeln. Meist besteht auch ein HORNER-Syndrom mit sympathischer Oberlidptose, Miose, Enophthalmus, fehlender Schweißsekretion der betroffenen Gesichtshälfte und Hyperämie der Augenbindehaut infolge Vasoparalyse, zurückzuführen auf eine direkte Halssympathikusschädigung. Die Bewegungs- und Kraftprüfung ergibt eine Parese der kleinen Handmuskeln und der langen Fingerbeuger, eventuell der Handbeuger. Sensibel besteht eine Hypästhesie im ulnaren Bereich der Hand, des Unterarmes und des Ellbogengelenks.

Läsion des mittleren Armnervengeflechts: Sie betrifft die siebente Halswurzel (mittlerer Primärstrang der vorderen Spinalnervenäste) und damit insbesondere das proximale Versorgungsgebiet des Nervus radialis sowie den Fingerflexorenbereich des Nervus medianus. Die Bewegungs- und Kraftprüfung ergibt eine Parese für die Ellbogenstreckung, die Unterarmpronation und die Fingerbeugung. Es entwickelt sich innerhalb von Wochen eine Daumenballenatrophie. Die Sensibilitätsstörung betrifft vornehmlich den Zeige- und Mittelfinger. Häufig liegt die Kombination einer oberen und mittleren Armplexusläsion vor, auch als „erweiterte" obere Armplexusläsion bezeichnet, wobei dann die fünfte, sechste und siebente Halswurzel geschädigt sind. Selten ist hingegen die Kombination einer unteren und mittleren Armplexuslähmung, in welchem Falle die siebente und achte zervikale sowie die erste thorakale Wurzel geschädigt sind und man von einer „erweiterten" unteren Armplexusläsion sprechen kann.

Läsionen der Armplexusfaszikel: Sie betreffen die drei, auch als Sekundärstränge bezeichneten Faszikel des Armnervengeflechts, von denen der dorsale die Streckmuskulatur und die beiden ventralen die Beugemuskulatur des Armes innervieren (lateraler Faszikel C 5 bis C 7, medialer Faszikel C 8 und Th 1). Wir unterscheiden dabei drei Schädigungsmuster, das des lateralen, das des medialen und das des dorsalen Faszikels. Das Syndrom des lateralen Faszikels kommt am häufigsten vor. Unter Umständen findet man auch eine Kombination von Läsionen des lateralen und dorsalen Faszikels. Das *Syndrom des lateralen Faszikels* betrifft den Nervus musculocutaneus und die laterale Medianuswurzel. Die Nervenfasern stammen aus den ventralen Ästen des oberen und mittleren Primärstranges, also vorwiegend aus C 5, C 6 und C 7. Das *Syndrom des medialen Faszikels* betrifft den Nervus ulnaris, den Nervus cutaneus brachii medialis, den Nervus cutaneus antebrachii medialis und die mediale Medianuswurzel, d. h. die ventralen Äste des unteren Primärstranges, und somit überwiegend Fasern aus C 8 und Th 1. Das *Syndrom des dorsalen Faszikels* betrifft den Nervus axillaris und den Nervus radialis, wobei die Nervenfasern vorwiegend aus C 7 und C 8, teilweise auch aus C 5 und C 6 sowie Th 1, mithin aus sämtlichen dorsalen Ästen der Primärstränge, stammen.

Eigentliche periphere Nerven

Die hier zu besprechenden Läsionen betreffen jene peripheren Nerven des Plexus cervicobrachialis, die entweder direkt aus diesem entspringen oder als lange Armnerven aus den drei Plexusfaszikeln hervorgehen. Außerdem muß noch auf Grund seiner Funktion der elfte Hirnnerv erwähnt werden, zumal er nicht nur auf den Kopf, sondern im besonderen Maße auf die Schulter wirkt.

Nervus accessorius (11. Hirnnerv): Als typischer motorischer Nerv innerviert er den Musculus sternocleidomastoideus und den oberen Anteil des Musculus trapezius. Der Ausfall des letztgenannten Muskels bedingt einen Schultertiefstand und eine Schaukelstellung des Schulterblattes. Armhebung und auch Schulterhebung sind kraftvermindert. Eine Muskelatrophie ist am oberen Trapeziusrand im Seitenvergleich bald gut erkennbar. Typischerweise treten bei Belastung Schulterschmerzen auf. Auswirkungen einer einseitigen Akzessoriuslähmung, die besonders häufig bei lokalen Verletzungen, selten bei posterioren Schädelbasisfrakturen und ganz ausnahmsweise bei schweren Schleudertraumen der Halswirbelsäule auftritt, sind hinsichtlich der Kopfbeweglichkeit nur in geringerem Maße gegeben. Sie werden im Kapitel über die Hirnnervenläsionen beschrieben.

Nervus occipitalis minor (C 2 und C 3): Er zieht vom Punctum nervosum nach oben hinten und versorgt den Großteil des Ohres sowie den dorsal anschließenden Kopfschwartenbereich.

Nervus auricularis magnus (C 3): Er zieht vom Punctum nervosum nach oben vorne und versorgt den unteren Ohranteil sowie die Region über dem Kieferwinkel.

Nervus transversus colli (C 3): Er zieht vom Punctum nervosum nach vorne und versorgt die ventrale Halsregion.

Nervi supraclaviculares (C 3 und C 4): Sie ziehen vom Punctum nervosum nach unten und versorgen die Haut über der Schulter, dem Schlüsselbein und den obersten Rippen.

Nervus phrenicus (C 3 bis C 5): Meist stammt seine Hauptportion aus C 4, manchmal jedoch aus C 3. Die Fasern aus C 3 und C 5 werden auch als „Nebenphrenikus" bezeichnet. Motorisch innerviert dieser Nerv die ipsilaterale Zwerchfellhälfte. Leichtere und einseitige Paresen werden oft übersehen. Sie sind am sichersten röntgenologisch nachzuweisen. Es zeigt sich bei der Atmung eine paradoxe Beweglichkeit, indem das Zwerchfell bei Inspiration ansteigt und sich bei Exspiration senkt. Eine linksseitige Zwerchfellähmung kann einen ROEMHELD-Komplex verursachen. Sensible Fasern des Nervus phrenicus kommen von Pleura, Mediastinum, Perikard und von der Serosa der Leber sowie der Bauchspeicheldrüse. Erkrankungen dieser Organe verursachen Schmerzausstrahlungen insbesondere in das Dermatom C 4 (HEADsche Zone). Das Ausmaß der pulmonalen Funktionsbehinderung durch eine Phrenikusparese muß vom Internisten bei zusätzlicher röntgenologischer Prüfung bestimmt werden.

Nervus dorsalis scapulae (C 3 bis C 5): Er innerviert den Musculus levator scapulae und die Musculi rhomboidei. Eine Nervenschädigung kommt bei Stich- oder Schußverletzungen vor und bedingt eine mangelhafte Fixierung des Schulterblattes. Der Levatorausfall wird durch eine erhaltene Trapeziusfunktion meist vollkommen kompensiert.

Nervus suprascapularis (C 4 bis C 6): Er versorgt den Musculus supraspinatus und den Musculus infraspinatus. Schädigungen kommen durch Stich- oder Schußverletzungen, durch stumpfes Schultertrauma und durch Zerrung im Rahmen von Turnunfällen, bei Frakturen des Schulterblatthalses, mitunter auch als Spätparese, vor. Es tritt eine Muskelatrophie ein, Außenrotation und Hebung (insbesondere bis 15 Grad) des Oberarmes sind beeinträchtigt.

Nervus subscapularis (C 5 bis C 8): Er innerviert den gleichnamigen Musculus subscapularis und den Musculus teres maior. Eine Nervenschädigung durch Trauma ist äußerst selten, bedingt eine Schwächung der Innenrotation des Oberarmes, fällt aber nicht ins Gewicht.

Nervus thoracicus longus (C 5 bis 7): Von ihm wird der Musculus serratus anterior sive lateralis versorgt. Eine Läsion ist neben Schuß- und Stichverletzungen durch Zerrung und Druck (zu straffer Verband, Gipskorsett, Abduktionsschiene, aber auch ungünstige Lagerung, z. B. während der Narkose) möglich. Eine solche Serratuslähmung erkennt man vor allem an der Scapula alata (Abstehen des medialen Schulterblattrandes vom Thorax) und an der neurogenen Muskelatrophie. Der Arm kann nach vorn nicht über die Horizontale gehoben werden.

Nervus thoracodorsalis (C 6 bis C 8): Er innerviert den Musculus latissimus dorsi. Isoliert wird der Nerv bloß durch lokale Verletzungen geschädigt. Die Ausfallserscheinungen sind gering, da Adduktion und Innenrotation im Schultergelenk durch andere kräftige Muskeln kompensiert werden können. Die Muskelverschmächtigung erkennt man am verstrichenen Relief der hinteren Axillarlinie.

Nervus subclavius (C 5 und C 6): Er gelangt zum gleichnamigen Muskel, dessen Ausfall jedoch klinisch keine Bedeutung hat.

Nervi pectorales (C 5 bis Th 1): Sie sind rein motorisch und versorgen als *Nervus pectoralis medialis* und *Nervus pectoralis lateralis* den Musculus pectoralis maior und den Musculus pectoralis minor. Eine isolierte Läsion kommt praktisch nur bei Stich-, Schnitt- oder Schußverletzungen vor. Besonders sind Adduktion und Innenrotation des Oberarmes beeinträchtigt. Es stellt sich eine Muskelatrophie ein, die am lateralen Rand gut zu erkennen ist. Diese Atrophie muß differentialdiagnostisch von einer kongenitalen Aplasie (total oder partiell) abgegrenzt werden.

Nervus axillaris (C 5 und C 6): Er innerviert den Musculus deltoideus und den Musculus teres minor. Seine Schädigung kommt am häufigsten im Rahmen einer vorderen-unteren Schulterluxation vor, selten durch Druck eines Gipsbettes. Die neurogene Atrophie des Deltamuskels ist gut erkennbar. Außerdem wirkt die Schulter durch Hervortreten des Akromions und des Humeruskopfes eckig. Elevation und Abduktion des Armes sind beeinträchtigt, allenfalls auch die Außenrotation im Schultergelenk. Eine isolierte Axillarisparese kann mitunter überraschend gut kompensiert werden. Das sensible Defizit betrifft die Schulter und den Oberarm proximal außen, wobei sich ein kleines autonomes Gebiet unter dem Akromion befindet. Die durch Schulterluxation bedingte Axillarislähmung geht praktisch immer mit einer solchen Gefühlsstörung einher, welche deshalb vor einem Repositionsversuch dokumentiert werden sollte. Sonst bedingte Axillarisläsionen führen aber nicht immer zu einer Sensibilitätsstörung, zumal der sensible und motorische Endast des Nervus axillaris eine Strecke lang unabhängig voneinander verlaufen und demnach der terminale *Nervus cutaneus brachii lateralis superior* auch verschont bleiben kann. Differentialdiagnostische Schwierigkeiten können sich gegenüber einer Ruptur der Rotatorenmanschette nach Schulterverletzung ergeben. Hier wird vor allem die elektromyographische Untersuchung weiterhelfen.

Nervus radialis (C 5 bis Th 1): Motorisch innerviert er den Musculus triceps brachii, den Musculus anconaeus, den Musculus brachioradialis, den Musculus supinator, die Hand-, Finger- und Daumenstrecker sowie den Musculus abductor pollicis longus, wobei die meisten der genannten Unterarmmuskeln aus dem motorischen Ramus profundus nervi radialis versorgt werden. Die sensible Innervation erfolgt über den Nervus cutaneus brachii posterior und den Nervus cutaneus antebrachii posterior zu den entsprechenden Hautarealen sowie durch den Ramus superficialis nervi radialis zum lateralen Anteil des Handrückens und zur Streckseite des ersten bis dritten Fingers (fünf Nervi digitales dorsales). Radialisläsionen sind, da der Nerv zum Teil exponiert liegt und leicht vulnerabel ist, im Rahmen der akuten Traumatologie häufig anzutreffen. Aber auch Radialisspätparesen können sich Wochen bis Monate nach dem Trauma durch Narbenschrumpfung oder Kallusdruck entwickeln. Im allgemeinen unterscheidet man nach der Läsionshöhe drei Lähmungstypen:

Die *untere Radialislähmung* ist bei Schädigungen im Bereiche des proximalen Unterarmdrittels, insbesondere nach Frakturen und Luxationen des Radiusköpfchens, zu beobachten. Die Fingerstreckung in den Grundgelenken und die Abduktion des Daumens sind ausgefallen, wogegen die Handgelenksstreckung noch möglich ist. Bald weist die Unterarmstreckmuskulatur eine Verschmächtigung auf. Die Sensibilitätsstörung der unteren Radialislähmung betrifft den radialen Abschnitt des Handrückens sowie die Streck- und Seitenflächen des Daumens, mitunter in eindeutiger Form nur das autonome Areal oberhalb der Interdigitalfalte zwischen Daumen und Zeigefinger. Gewisse Greifformen, bei denen die Sensibilität der Seitenfläche des Daumens genützt wird (Seiten- bzw. Schlüsselgriff) sind behindert. Schnitt- und Stichverletzungen sowie lokale Druckschädigungen (Gipsverband) des Unterarmes können isoliert den sensiblen *Ramus superficialis nervi radialis* betreffen, wobei öfters Dysästhesien radial am Daumenendglied auftreten (Cheiralgia paraesthetica). Eine Sonderform der Radialisschädigung im Unterarmbereich stellt die rein motorische Lähmung beim *Supinatortunnel-, Supinatorkanal- oder Supinatorlogensyndrom* dar, auch als dissoziierte Radialislähmung vom proximalen Unterarmtyp bezeichnet (Prill 1967). Bei diesem Syndrom ist der Ramus profundus nervi radialis durch direkte Verletzung oder chronischen Druck (Radiusköpfchenluxation) betroffen. Auch Spätparesen dieser Art sind nach Frakturen beschrieben worden. Kennzeichnend für diese Schädigung sind die erhaltene Sensibilität und ein leichtes Radialabweichen der Hand durch die erhaltene Funktionstüchtigkeit der radialen Handstreckermuskeln bei gleichzeitigem Ausfall des ulnaren Handstreckers.

Die *mittlere Radialislähmung* wird durch Verletzungen im distalen Oberarmdrittel bis zur Oberarmmitte (Fraktur oder lokale Kontusion, aber auch Druck infolge schlechter Lagerung) verursacht. Zur soeben beschriebenen kompletten Symptomatik der unteren Radialislähmung kommt ein Ausfall sämtlicher Handstrecker, der sich klinisch als *Fallhand* mit verminderter Kraft des Faustschlusses und allenfalls mit einem Handrückenödem (GUBLERsche Schwellung) darstellt. Ausgefallen ist auch der Musculus brachioradialis, dessen Verschmächtigung bald deutlich zu erkennen ist.

Die *obere Radialislähmung* entsteht durch Schuß-, Stich- oder Druckläsion (z. B. Krückenlähmung) im Axillarbereich. Zu der gerade geschilderten Symptomatik der mittleren Radialislähmung gesellen sich ein Ausfall des Musculus triceps brachii und eine Sensibilitätsstörung im Versorgungsbereich des Nervus cutaneus brachii posterior und des Nervus cutaneus antebrachii posterior.

Nervus musculocutaneus (C 5 bis C 7): Seine motorische Innervation betrifft den Musculus biceps brachii, den Musculus coracobrachialis und den Musculus brachialis, welch letzterer öfters auch Muskeläste aus dem Nervus radialis erhält. Sensibel versorgt er über den Nervus cutaneus antebrachii lateralis den entsprechenden Hautbezirk. Eine Lähmung des Nervus musculocutaneus tritt durch Stich-, Schnitt- und Schußverletzungen sowie bei Druckschädigung auf. Beeinträchtigt sind die Ellbogengelenksbeugung und die Supination des Unterarmes. Die Sensibilitätsstörung kann gering ausgeprägt sein und nur die autonome Zone über dem distalen Anteil des Musculus brachioradialis betreffen. Bald erkennt man eine deutliche Atrophie der Beugemuskulatur im Oberarmbereich. Differentialdiagnostisch muß eine Ruptur der langen Bizepssehne ausgeschlossen werden.

Nervus medianus (C 5 bis Th 1): Er versorgt den Musculus pronator teres, den Musculus pronator quadratus, die Beugemuskulatur des Unterarmes mit Ausnahme des Musculus flexor carpi ulnaris und des lateralen Anteils des Musculus flexor digitorum profundus, welche vom Nervus ulnaris innerviert werden; des weiteren versorgt er motorisch den Musculus opponens pollicis, den oberflächlichen Kopf des Musculus flexor pollicis brevis (tiefer Kopf vom Nervus ulnaris innerviert), den Musculus abductor pollicis brevis und die Musculi lumbricales I et II. Die sensible Innervation umfaßt beugeseitig den radialen Handwurzelbereich, den radialen Anteil der Handfläche und die radialen Finger einschließlich der Dorsalseite der Mittel- und Endglieder (Ramus palmaris nervi mediani und Nervi digitales palmares). Nach ulnar erstreckt sich der sensible Versorgungsbereich meist bis zur Hälfte des Ringfingers, jedoch unterliegt diese Grenze zum Ulnarisversorgungsbereich wiederholt anatomischen Variationen. Entsprechend der Läsionshöhe unterscheidet man drei Arten der Medianuslähmung:

Die *untere Medianuslähmung* ist Folge von Schädigungen im distalen Unterarm- und im Handgelenksbereich, z. B. nach Schnittverletzungen oder Verrenkungsbrüchen der Handwurzelknochen (Os lunatum, Os naviculare). Hieher zählt ferner das chronische Kompressionssyndrom des Nervus medianus unter dem Ligamentum carpi transversum, das sogenannte *Karpaltunnelsyndrom*, das auch nach Frakturen und Luxationen im Handgelenksbereich als Früh- oder Spätläsion des Nervus medianus in Erscheinung treten kann. Bei allmählicher Entwicklung bestehen anfangs nur Schmerzen und Parästhesien. Diese Schmerzen können bis weit nach proximal reichen und treten besonders in der Nacht auf (Brachialgia paraesthetica nocturna). Typisch ist die lokale Druckschmerzhaftigkeit im Bereiche des Ligamentum carpi transversum. Auch das „Händeausschütteln" nach der Streck- und Beugeseite kann als Test verwendet werden. Weniger kennzeichnend sind Schmerzen bei längerer Dorsal- oder Volarflexion im Handgelenk. Später entwickeln sich eine Thenarparese und -atrophie sowie eine Sensibilitätsstörung am Zeigefingerendglied, welches Gebiet die autonome sensible Zone des Nervus medianus darstellt. Trotz allmählicher Ausweitung des gefühlsgestörten Areals bleibt der Versorgungsbereich des proximal vom Ligamentum carpi transversum abgehenden sensiblen Ramus palmaris verschont. Das Karpaltunnelsyndrom zeigt typischerweise eine Verlangsamung der sensiblen und häufig auch der motorischen Nervenleitgeschwindigkeit des distalen Medianusstammes. Das Nadelelektromyogramm wird oft erst später pathologisch. Ein traumatisch bedingtes Karpaltunnelsyndrom darf nur bei prätraumatischer Beschwerdefreiheit, entsprechend schwerer Lokalschädigung durch den Unfall und womöglich nachweisbaren Brückensymptomen angenommen werden. Die sich entwickelnde Thenaratrophie betrifft den lateralen Muskelbereich (Abduktor-Opponens-Atrophie des Daumenballens) und geht mit einer motorischen Schwäche dieser Muskeln einher. Da die untere Medianusläsion eine Behinderung der Abduktion des Daumens bedingt, bleibt beim Ergreifen eines runden Gegenstandes ein Spalt zwischen Flaschenrundung und Interdigitalfalte I/II frei („Flaschenzeichen"). Die Daumenopposition ist zusätzlich durch ungenügende Pronation beeinträchtigt. Infolge Überwiegens der langen Strecker kommt der Daumen in die Ebene der übrigen Mittelhandknochen, und es entsteht die sogenannte „*Affenhand*". Trophische Störungen an Haut und Nägeln sind bei komplettem Medianusausfall häufig anzutreffen, da der Nervus medianus reichlich vegetative Fasern besitzt. Im Falle eines chronischen Karpaltunnelsyndroms ist die operative Spaltung des Ligamentum carpi transversum zur Behebung der Nervenkompression bei gleichzeitiger Neurolyse die Methode der Wahl.

Die *mittlere Medianuslähmung* findet sich bei Verletzungen in der Unterarmmitte (Frakturen, Quetschungen usw.). Neben der Symptomatik einer unteren Medianuslähmung zeigen sich ein Ausfall der Fingerbeuger und des Musculus pronator quadratus, so daß auch die Pronation des Unterarmes kraftvermindert ist, sowie ein hypästhetisches Areal volar über der Handwurzel entsprechend dem Versorgungsbereich des sensiblen Ramus palmaris. Das *Pronator-teres-Syndrom* mit Medianusschädigung im Bereiche der Ellenbeuge hat traumatologisch eine geringe Bedeutung, sondern kommt überwiegend im Rahmen von sogenannten Beschäftigungsneuropathien vor. Als eine Sonderform der mittleren Medianusläsion ist das *Syndrom des Nervus interosseus anterior (sive volaris)* zu nennen, das bloß motorische und keine sensiblen Ausfälle nach sich zieht. Es resultieren eine leichte Pronationsschwäche der Hand und eine deutlichere Beugeschwäche im Endglied der ersten drei Finger (vor allem Flexorparese des Zeige- und Daumenendgliedes beim Kratzen).

Die *obere Medianuslähmung* findet sich im Rahmen von Frakturen des Humerus oder des Processus supracondylaris humeri, der eine anatomische Variante darstellt und in dessen unmittelbarer Nähe der Nervus medianus verläuft, aber auch im Rahmen von Stich-, Schnitt- und Druckschädigungen. Es sind dann die meisten Hand- und Fingerbeuger ausgefallen; lediglich die Funktion der vom Nervus ulnaris versorgten Beuger ist erhalten. Der erste, zweite und dritte Finger können fast nicht, der vierte und fünfte Finger hingegen voll gebeugt werden. Dadurch ergibt sich das klinische Bild der *„Schwurhand"*. Des weiteren ist der Musculus pronator teres ausgefallen, so daß bei gebeugtem Ellbogengelenk aus der Mittelstellung heraus keine weitere Pronation vollführt werden kann. Vikariierend entwickelt sich mitunter bei ursprünglich kompletter Medianuslähmung eine Ersatzinnervation über Anastomosen aus dem Nervus musculocutaneus. Keine Rückbildung erfahren jedoch die Beugeparese des Zeigefingers und der Sensibilitätsverlust im autonomen Areal des Zeigefingerendgliedes.

Nervus ulnaris (C 8 und Th 1): Er innerviert den Musculus flexor carpi ulnaris, den medialen Anteil des Musculus flexor digitorum profundus und über seinen rein motorischen Ramus profundus die Kleinfingerballenmuskeln, die Musculi interossei, den Musculus adductor pollicis, den tiefen Kopf des Musculus flexor pollicis brevis und die Musculi lumbricales III et IV. Sensibel versorgt er über seinen Ramus dorsalis den ulnaren Bereich des Handrückens, streckseitig den Kleinfinger und die ulnare Hälfte des Ringfingers, jeweils bis zum Mittelgelenk (Nervi digitales dorsales), über seinen Ramus palmaris beugeseitig den ulnaren Handgelenksbereich und schließlich noch über seinen Ramus (volaris) superficialis beugeseitig den ulnaren Anteil der Hohlhand sowie den verbleibenden Bereich des Kleinfingers und der ulnaren Hälfte des Ringfingers (Nervi digitales palmares communes IV et V sowie drei Nervi digitales palmares proprii). Schließlich wird über den Ramus superficialis noch der Musculus palmaris brevis innerviert. Man kann nach dem Läsionsort zwei Typen der Ulnarisschädigung unterscheiden:

Die *untere Ulnarislähmung* entsteht durch Verletzungen im Bereiche des Handgelenkes, der GUYONschen Loge oder der Hohlhand. Es handelt sich dabei vor allem um Schnittverletzungen mit Glasscherben, aber auch um Druckschädigungen. Kennzeichnend ist der Ausfall der obgenannten kleinen Handmuskeln. Die sich dadurch entwickelnde Atrophie fällt am stärksten im ersten Zwischenknochenraum (Musculus interosseus I und Musculus adductor pollicis) auf und ist auch am Kleinfingerballen recht deutlich. Infolge Lähmung der Musculi lumbricales III et IV sowie der Musculi interossei überwiegt der Musculus extensor digitorum communis (innerviert vom Nervus radialis) und bewirkt eine Hyperextension im Grundgelenk. Desgleichen überwiegt der Musculus flexor digitorum sublimis (innerviert vom Nervus medianus), so daß es zur zusätzlichen Flexion in den Interphalangealgelenken der letzten drei Finger kommt. Dadurch entsteht die typische *„Krallenhand"* der Ulnarislähmung, wobei die abnorme Stellung vom Mittelfinger zum Kleinfinger hin stark zunimmt. Außerdem steht der Kleinfinger in Abduktionsstellung. Der Daumen wird im Grundgelenk hyperextendiert (JEANNEsches Zeichen). Spreizen und Schließen der Langfinger sind paretisch, am deutlichsten zwischen drittem, viertem und fünftem Finger. Die Nasenstüberbewegung ist infolge Streckerparese in den Interphalangealgelenken abgeschwächt (signe de la chiquenaude). Durch den Ausfall des Musculus adductor pollicis kann ein flacher Gegenstand nur bei gleichzeitiger kräftiger Beugung des Daumenendgliedes (Medianusfunktion) festgehalten werden, welches Phänomen als sogenanntes FROMENTsches Zeichen oder pathologischer Ulnaristest bezeichnet wird. Die Sensibilitätsstörung betrifft den ulnaren Abschnitt der Hohlhand, die ulnare Handkante, den Kleinfinger, dessen Endglied als autonome sensible Zone bei kompletter Lähmung anästhetisch ist, und die ulnare Hälfte des vierten Fingers, eventuell mit variabler Grenze zum sensiblen Medianusgebiet. Diese Gefühlsstörung ist für alle Ulnarisverletzungen im Handgelenksbereich kennzeichnend, fehlt jedoch bei weiter distal gelegenen Läsionen, die nur den rein motorischen Ramus profundus nervi ulnaris betreffen. Wenn die Schädigung in der Hohlhand lokalisiert ist, bleibt auch die Hypothenarmuskulatur funktionstüchtig. Trophische Störungen kommen insbesondere als Hyperkeratosen und Hyperpigmentierungen vor.

Die *obere Ulnarislähmung* weist einen Schädigungsort zwischen Axilla und Ellbogen bzw. knapp darunter auf. Zusätzlich zu den eben geschilderten Symptomen der unteren Ulnarislähmung bestehen ein Ausfall der ulnaren Hand- und Fingerbeuger mit konsekutiven Atrophien am Unterarm sowie eine Gefühlsstörung im ulnaren Abschnitt des Handrückens. Demgemäß sind die ulnare Abduktion und die Beugung der Hand sowie die Beugung des vierten und fünften Fingers beeinträchtigt. Die obere Ulnarislähmung prüft man motorisch am besten mittels Beugung des Kleinfingerendgliedes gegen Widerstand. Der Nervus ulnaris wird besonders oft durch seine oberflächliche Lage im Bereiche des Sulcus nervi ulnaris des Epicondylus medialis geschädigt. Er kann dort auch bei Ellbogengelenksbeugung leicht luxieren und dadurch zusätzlich lädiert werden. Bei bewußtseinsgetrübten Patienten entwickelt sich im Sulkusbereich wiederholt eine lagerungsbedingte Drucklähmung während der akuten bis subakuten Verletzungsphase. Eine Spätlähmung des Nervus ulnaris kann gleichfalls durch Druck (Kallus, Bindegewebsbride, fibröse Einscheidung), aber allein schon durch Fehlstellung des Ellbogengelenkes (arthrogene Spätlähmung bei vermehrter Valgusstellung) entstehen. Oft tritt sie erst viele Jahre nach der Ellbogenverletzung (Fraktur oder Luxation) auf und entwickelt sich schleichend. Sie stellt eine Indikation zur operativen Freilegung der Nervus ulnaris mit Volarverlagerung unter die ulnare Beugemuskulatur dar.

Nervus cutaneus brachii ulnaris (C 8 und Th 1): Er ist ein rein sensibler Nerv, kommt aus dem medialen Faszikel und versorgt die Haut von der Achselhöhle über die Oberarminnenseite bis zum ulnaren Epikondyl. Sein autonomes Areal beginnt in der Achselhöhle und umfaßt das obere Drittel der Oberarminnenseite.

Nervus cutaneus antebrachii ulnaris (C 8 und Th 1): Auch er ist rein sensibel und stammt aus dem medialen Faszikel. Von manchen Autoren wird er als ein hoch abgehender Ast des Nervus ulnaris aufgefaßt. Sein autonomes Sensibilitätsareal liegt streifenförmig entlang des mittleren Drittels der Elle.

Nervi intercostobrachiales (C 8 bis Th 3): Es handelt sich meist um zwei rein sensible Nerven, welche die Haut der Axilla und der anschließenden Innenseite des Oberarmes innervieren. Sie beziehen ihre Fasern einerseits aus dem medialen Faszikel und andererseits direkt aus dem zweiten und dritten Thorakalsegment.

Nervi digitales palmares communes et proprii: Sie stammen aus dem Nervus medianus und aus dem Nervus ulnaris, wobei sich die gemeinsamen Fingernerven in je zwei fingereigene Nerven teilen, welche zusammen mit den entsprechenden Fingerarterien entlang der Seitenflächen der Finger verlaufen. Die Innervation umfaßt nicht nur die Beugeseite der Finger, sondern auch die Streckseite der End- und Mittelphalangen. Es handelt sich um rein sensible Endnerven, welche die für den Tastsinn so wichtigen Fingerbeeren und die anschließenden Fingernagelareale versorgen. Die Grenze zwischen dem Medianus- und Ulnarisbereich teilt im allgemeinen den Ringfinger in Längsrichtung. Jedoch gibt es hier sehr viele anatomische Variationen, die bis zur alleinigen sensiblen Versorgung der Hand aus dem Nervus medianus oder aus dem Nervus ulnaris reichen. Das autonome Sensibilitätsgebiet für den Nervus medianus stellt das Zeigefingerendglied und für den Nervus ulnaris das Kleinfingerendglied dar. Besonders wichtig für den Tastsinn sind der Daumen und Zeigefinger, welche mit dem sogenannten „Fingerspitzengefühl" den Fein- oder Spitzgriff ermöglichen. Der Grob- oder Breitgriff sowie der Hakengriff sind hingegen von der Sensibilität weitgehend unabhängig. Kälte infolge verminderter Durchblutung sowie Trockenheit infolge fehlender spontaner Schweißsekretion können palpatorisch in den denervierten Hautarealen festgestellt werden, am besten im Bereiche der Fingerkuppen. Eine Anhidrose läßt sich mittels des Ninhydrintestes nach MOBERG (1958) nachweisen und hat deshalb eine große diagnostische Aussagekraft, weil Anhidrose und Anästhesie stets kombiniert miteinander vorkommen, was sich aus dem gemeinsamen Verlauf von sudorisekretorischen und somatosensiblen Fasern erklärt. Eine fehlende Schweißsekretion beweist somit die Richtigkeit der Angabe einer kompletten Gefühllosigkeit. Fingernerven sollten im Falle einer Durchtrennung womöglich durch Primärnaht versorgt werden. Die Remission der Sensibilität beansprucht pro Fingersegment ungefähr einen Monat. Eine Schutzsensibilität (Schmerz- und Temperaturempfindung) wird fast immer, eine funktionelle Sensibilität (Hypästhesie für alle Qualitäten der Oberflächensensibilität) wiederholt, eine Stereognosie („sehende Tasthand") beim Erwachsenen jedoch praktisch nie erreicht.

Kombinierte Ausfälle peripherer Nerven

Selbstverständlich können Nervenläsionen auch in Kombination vorkommen, besonders bei ausgedehnteren Verletzungen. So finden sich spinale radikuläre Ausfälle neben Plexusschädigungen. Des weiteren sind manchmal Plexusläsionen mit Verletzungen einzelner peripherer Nerven vergesellschaftet. Oft werden die **Nervi ulnaris et cutaneus antebrachii ulnaris** gemeinsam betroffen. Sehr ungünstig sind die gleichzeitige Schädigung aller drei großen Armnerven (Nervus medianus, Nervus ulnaris und Nervus radialis) sowie die kombinierte Schädigung des Nervus medianus und des Nervus ulnaris, bei welcher man nach der Läsionshöhe zwei Arten unterscheidet. In der Folge seien die wichtigsten Kombinationslähmungen an der oberen Extremität kurz bezüglich ihrer klinischen Gesamtbilder beschrieben:

Kombinierte Lähmung der drei langen Armnerven: Typischerweise sind der Nervus medianus, der Nervus ulnaris und der Nervus radialis in Schulterhöhe oder im Bereiche des Unterarmes betroffen. Nicht selten wird dieses Lähmungssyndrom als Läsion des unteren Armplexus verkannt, weil motorische Aktivitäten nur im oberen Armbereich möglich sind. Jedoch unterscheidet sich die Kombinationslähmung der drei langen Armnerven von einer Armplexusläsion vor allem durch das Fehlen eines HORNER-Syndroms und durch die ausgedehntere Gefühlsstörung im Handbereich. Die Läsionshöhe läßt sich am besten an den Ausfällen des Nervus radialis bestimmen. Mitbetroffensein des Musculus triceps brachii zeigt eine Schädigung in Schulterhöhe an (oberer Lähmungstyp).

Untere Medianus-Ulnaris-Lähmung: Sie kommt bei Unterarmverletzungen im mittleren und unteren Drittel einschließlich des Handgelenksbereiches (Schnittverletzungen) vor. Durch die verbliebene Radialisfunktion steht die Hand typischerweise in Dorsalflexion und Supination. Daumenballen-, Kleinfingerballen- und Binnenmuskulatur der Hand sind atrophisch. Der Handteller erscheint mitunter skelettiert (sogenannte „*Platthand*"). Der Daumen liegt in der Ebene der Langfinger, welche außerdem eine deutliche, nach ulnar zunehmende Krallenstellung aufweisen. Es besteht mithin eine Kombination von Affen- und Krallenhand. Trophische Störungen an der Haut und an den Nägeln sind in der Regel stark ausgeprägt. Die Sensibilität der Hand ist mit Ausnahme eines Streifens entlang der Daumenstreckseite (bis Mittelgelenk) hochgradig gestört, weite Bereiche können anästhetisch sein.

Obere Medianus-Ulnaris-Lähmung: Sie findet sich bei Achsel- und Oberarmverletzungen. Es sind dann zusätzlich zu den kleinen Handmuskeln sämtliche Hand- und Fingerbeuger gelähmt, was auch zu einer deutlichen Atrophie des Unterarmes führt. Im Laufe der Zeit kann jedoch vikariierend über Anastomosen aus dem Nervus musculocutaneus eine teilweise Reinnervation der Beugemuskulatur des Unterarmes einsetzen. Häufig sind des weiteren der Nervus cutaneus antebrachii ulnaris und der Nervus cutaneus brachii ulnaris betroffen, woraus eine streifenförmige Gefühlsstörung ulnar von der Läsionsstelle bis zur Hand resultiert.

2. Thorakalbereich

Die Differenzierung zwischen radikulären Ausfällen und Läsionen von Rumpfnerven kann schwierig sein, da im Thorakalbereich keine größere Plexusbildung gegeben ist und die primäre Metamerie auch von den Rumpfnerven weitgehend beibehalten wird. Eine Unterscheidungsmöglichkeit bietet das Verhalten des dorsalen Hautastes des Spinalnervs. Ist auch dieser betroffen, so handelt es sich um eine radikuläre Läsion. Ist das entsprechende Sensibilitätsgebiet ungestört, so ist die Schädigung distal von der Abzweigung des Hautastes lokalisiert, eine Rumpfnervenläsion ist dann anzunehmen. Auch die Elektromyographie kann zur differentialdiagnostischen Abklärung eingesetzt werden. Zeichen einer neurogenen Läsion der autochthonen paravertebralen Muskulatur im entsprechenden Segment sind Ausdruck einer Wurzelläsion.

Spinale Wurzeln

Spinalwurzelläsionen im Thorakalbereich haben als Symptome meist nur „gürtelförmige" Schmerzen und allenfalls auch geringfügige Störungen der Schmerzempfindlichkeit. Die Dermatome liegen dorsal verschieden weit unter dem zugehörigen Dornfortsatz, wobei sich diese Distanz von kranial nach kaudal vergrößert. Sehr deutlich zeigt sich ein Knick im Dermatomstreifen. Untersuchungsmäßig ist zu beachten, daß dieser dorsal gelegen ist, einen Sprung um etwa eine Dermatombreite ausmacht (sogenannte skapuläre Elevation, vorn höher als hinten) und der Grenze zwischen dem Versorgungsbereich des dorsalen und des ventralen Spinalnervenastes entspricht.

Traumatische Läsionen spinaler Wurzeln im Thorakalbereich kommen selten bei Schuß- und Schnittverletzungen, häufiger bei Brüchen und Luxationen der Brustwirbelsäule vor. Isolierte radikuläre Schädigungen durch Bandscheibenhernie sind im Brustbereich äußerst selten, da ein thorakaler Diskusvorfall meist als Massenprolaps mit gravierender Kompressionswirkung das Rückenmark und kaum bloß den Wurzelbereich betrifft. Solche Fälle müssen dringlich neurochirurgisch versorgt werden. Als Ausfallsyndrome thorakaler Spinalwurzeln können beschrieben werden:

Segment Th 1: Dermatom entlang der Ulnarseite des Ober- und Unterarmes; Kennmuskeln kleine Handmuskeln, vor allem aus dem Ulnarisbereich, sowie Pektoralismuskulatur und gleichnamiger Musculus intercostalis; HORNER-Syndrom (sympathische Oberlidptose, Miose und Enophthalmus, Vasoparalyse sowie Schweißsekretionsstörung).

Segment Th 2: Dermatom entlang der Ulnarseite des Oberarmes, unter dem Schlüsselbein bzw. unter dem oberen Schulterblattrand; Kennmuskel gleichnamiger Musculus intercostalis.

Segment Th 3: Dermatom in der Mitte zwischen Schlüsselbein und Brustwarze, nur mehr den Thorax betreffend; Kennmuskel gleichnamiger Musculus intercostalis.

Segment Th 4: Dermatom unmittelbar über der Brustwarze; Kennmuskel gleichnamiger Musculus intercostalis.

Segment Th 5: Dermatom unmittelbar unter der Brustwarze und die Brustwarze selbst betreffend; Kennmuskel gleichnamiger Musculus intercostalis.

Segment Th 6: Dermatom in Höhe des Schwertfortsatzes und des kaudalen Schulterblattwinkels; Kennmuskel gleichnamiger Musculus intercostalis.

Segment Th 7: Dermatom knapp unter dem Schwertfortsatz und knapp unter dem kaudalen Schulterblattwinkel; Kennmuskel gleichnamiger Musculus intercostalis.

Segment Th 8: Dermatom in Höhe des oberen Rippenbogenrandes; Kennmuskel gleichnamiger Musculus intercostalis.

Segment Th 9: Dermatom in Höhe des unteren Rippenbogenrandes; Kennmuskel gleichnamiger Musculus intercostalis.

Segment Th 10: Dermatom in Nabelhöhe, von dort bereits leicht nach lateral ansteigend; Kennmuskel gleichnamiger Musculus intercostalis.

Segment Th 11: Dermatom knapp unter dem Nabel, über den Darmbeinkamm nach hinten ziehend; Kennmuskel gleichnamiger Musculus intercostalis.

Segment Th 12: Dermatom knapp über der Symphyse, schräg nach lateral ansteigend und dorsal unter dem Darmbeinkamm verlaufend.

Bei Ausfall mehrerer benachbarter thorakaler Nervenwurzeln kommt es zu einer Bauchwandparese mit umschriebener Vorwölbung bei Innervation der Abdominalmuskulatur. Es sind dann auch die Bauchdeckenreflexe, bei denen wir Bauchhautreflexe (Fremdreflexe) und Bauchmuskelreflexe (Eigenreflexe) unterscheiden, mehr oder minder abgeschwächt bis erloschen. Folgende Fremdreflexe sind bei mehrsegmentalen Läsionen betroffen: epigastrischer Reflex (Th 5 und Th 6), obere Bauchhautreflexe (Th 7 und Th 8), mittlere Bauchhautreflexe (Th 9 und Th 10), untere Bauchhautreflexe (Th 11 und Th 12). Die Bauchmuskelreflexe, die auch als muskuläre Bauchdeckenreflexe bezeichnet werden, lassen eine ähnliche Etageneinteilung erkennen.

Rumpfnerven

So werden die ventralen Äste der Spinalnerven des thorakalen Bereiches bezeichnet, nämlich die Nervi intercostales I bis XI sowie der Nervus subcostalis, der zwar oft in Fortsetzung der knöchernen Metamerie, jedoch fälschlich Nervus intercostalis XII genannt wird. Der erste Interkostalnerv beteiligt sich mit einem starken Ast an der Bildung des Plexus brachialis, außerdem führt sein kräftiger Ramus communicans albus präganglionäre Fasern zum Ganglion stellatum, von wo aus die sympathische Innervation der Augenhöhle und des Auges erfolgt. Der zweite Interkostalnerv sowie teilweise auch der dritte Interkostalnerv geben hintere Hautäste ab, welche als Nervi intercostobrachiales in die Achselhöhle ziehen und diese, die proximale Oberarminnenseite und den oberen Bereich der seitlichen Brustkorbwand sensibel versorgen. Der Nervus subcostalis steigt bis zum Leistenband ab und erreicht mit sensiblen Endverzweigungen die Haut über dem Trochanter maior. Motorisch innervieren die Rumpfnerven die Interkostalmuskulatur, die vor allem der Verspannung der Zwischenrippenräume dienen und nur bei forcierter Innervation als Atemmuskeln fungieren, sowie die Bauchmuskulatur, welche in erster Linie der Stabilisierung des Rumpfes, des weiteren der Rumpfbeugung und der Bauchpresse dient. Der Nervus subcostalis beteiligt sich auch an der Bildung des Plexus lumbalis.

Rumpfnerven können direkt traumatisch geschädigt werden (Schuß- und Stichverletzungen, Rippenfrakturen) oder vor allem durch Druck sekundär lädiert werden (überschießender Kallus, mit Verschiebung geheilte Rippenfrakturen). Schädigungen von mehreren benachbarten Rumpfnerven führen zu motorischen Ausfällen in Form einer Bauchwandparese mit paradoxer Bewegung des betroffenen Bauchwandabschnittes. Die Bauchmuskelreflexe sind dabei fast nie, die Bauchhautreflexe jedoch häufig ausgefallen.

3. Lumbosakralbereich

In dieser Region spielen traumatische Schädigungen des Plexusgebietes nur eine geringe Rolle, was darauf zurückzuführen ist, daß sich sämtliche Nervengeflechte in geschützter Lage befinden. Es bedarf schwerster Traumen, um sie zu lädieren. Dann aber liegen auch lebensbedrohliche Verletzungen der Bauch- und Beckenorgane vor. Häufiger sind radikuläre Schädigungen sowie Verletzungen der peripheren Nerven, die aus den einzelnen Plexusteilen hervorgegangen sind.

Spinale Wurzeln

Die erste und zweite Lumbalwurzel verhalten sich bei Schädigungen weitgehend wie die zuvor beschriebenen thorakalen Wurzeln und können zu einer deutlichen Bauchwandparese führen. Erst ab der dritten lumbalen Wurzel sind andere Verhältnisse gegeben, da die Wurzeln L 3 bis S 2 die untere Extremität versorgen. Die vierte und fünfte Sakralwurzel sowie die erste kokzygeale Wurzel innervieren die Beckenbodenmuskeln sowie den Hautbereich um die Steißbeinspitze und den After. Schädigungen lumbaler Wurzeln begegnet man nicht selten nach Brüchen benachbarter Querfortsätze im Lumbalbereich. Im einzelnen ergeben sich nachstehende Ausfallsyndrome:

Segment L 1: Dermatom in der Leistengegend; Kennmuskel Musculus iliopsoas; Verlust des Kremasterreflexes (Fremdreflex).

Segment L 2: Dermatom unter dem Leistenband über den Oberschenkel verlaufend, auf das Genitale übergreifend. Auf das zweite Lumbaldermatom folgt im Reithosenbereich nach dorsal unmittelbar das dritte Sakraldermatom (lumbosakraler Dermatomsprung); Kennmuskeln Musculus iliopsoas, Musculus adductor femoris und Musculus quadriceps femoris; Verlust des Kremasterreflexes (Fremdreflex) sowie Abschwächung des Adduktorenreflexes.

Segment L 3: Dermatom von der Oberschenkelaußenseite schräg über ventral bis zum medialen Teil des Tibiakopfes verlaufend; Kennmuskel Musculus quadriceps femoris; Patellarsehnenreflex (Quadriceps-femoris-Reflex) meist erloschen.

Segment L 4: Dermatom entlang der Außenseite des Oberschenkels, Vorderseite des Unterschenkels bis Innenknöchel und Fußgewölbe; Kennmuskeln Musculus tibialis anterior und Musculus quadriceps femoris (besonders Musculus vastus medialis); Patellarsehnenreflex abgeschwächt.

Segment L 5: Dermatom entlang der Rückfläche und Außenseite des Oberschenkels, Außenseite des Unterschenkels bis Rist, erste sowie zweite Zehe; Kennmuskel Musculus extensor hallucis longus, oft auch Musculus extensor digitorum brevis; Tibialis-posterior-Reflex und Fußextensorenreflex (Peronäusmuskelreflex) ausgefallen.

Segment S 1: Dermatom entlang der Rückfläche des Oberschenkels, der Außenseite des Ober- und Unterschenkels, einschließlich der Ferse, bis zum lateralen Fußanteil und zur dritten bis fünften Zehe; Kennmuskel Musculus peronaeus brevis, oft auch der Musculus triceps surae und die Musculi glutaei; Triceps-surae-Reflex (Achillessehnenreflex) ausgefallen, ferner Semimembranosus- und Semitendinosusreflex sowie Biceps-femoris-Reflex abgeschwächt.

Segment S 2: Dermatom betreffend Gesäß, Oberschenkelrückfläche, mediale Wadenregion, Penis bzw. weibliches Genitale; Kennmuskeln Plantarmuskulatur; Triceps-surae-Reflex (Achillessehnenreflex) abgeschwächt, ebenso Biceps-femoris-Reflex abgeschwächt.

Segment S 3: Dermatom im äußeren Reithosenbereich; Kennmuskel Musculus bulbocavernosus; Bulbokavernosusreflex (Fremdreflex) abgeschwächt.

Segment S 4: Dermatom im mittleren Reithosenbereich; Kennmuskeln Beckenbodenmuskulatur; Bulbokavernosusreflex und Analreflex (Fremdreflexe) abgeschwächt.

Segment S 5: Dermatom im inneren Reithosenbereich, d. h. perianal, und von dort bis zum Steißbein; Kennmuskeln Beckenbodenmuskulatur; Analreflex (Fremdreflex) ausgefallen.

Kokzygealsegment: Dermatom im Bereich der Steißbeinspitze.

Wiederholt liegen kombinierte radikuläre Läsionen vor, insbesondere bei Bandscheibenhernien, z. B. Schädigung der vierten und fünften lumbalen Wurzel oder Schädigung der fünften lumbalen und ersten sakralen Wurzel. Im letztgenannten Fall sind nicht nur der Tibialis-posterior-Reflex, der Peronäusmuskelreflex (Fußextensorenreflex) und der Triceps-surae-Reflex, sondern auch der Glutäalreflex sowie der Semimembranosus- und der Semitendinosusreflex ausgefallen.

Beim Syndrom der **Cauda equina**, das sich in der Traumatologie nur selten isoliert findet (z. B. bei Frakturen der oberen Lendenwirbelsäule) und bei dem alle Nervenwurzeln unterhalb des Conus terminalis medullae spinalis betroffen sind, liegt ein typisches klinisches Bild mit Reithosenanästhesie, Lähmung der Waden- und Fußmuskulatur sowie mit Blasen-, Mastdarm- und Sexualstörungen vor. Triceps-surae-Reflex, Bulbokavernosusreflex und Analreflex sind ausgefallen, ebenso der Semimembranosus- und Semitendinosusreflex sowie der Biceps-femoris-Reflex. Meist jedoch ist bei schweren Traumatisierungen zusätzlich der Rückenmarkkonus lädiert. Es liegt dann ein kombiniertes *Konus-Kauda-Syndrom* vor. Aber auch der Konus kann bei einer Wirbelsäulenverletzung isoliert geschädigt werden. Die Unterscheidung dieser Verletzungsfolgen ist mitunter schwierig. Kaudaläsionen sind durch Schmerzen gekennzeichnet. Eine dissoziierte Sensibilitätsstörung spricht für eine Konusläsion. In der Rückbildung hat die Schädigung der Cauda equina eine bessere Prognose als die Läsion des Conus terminalis des Rückenmarks (Scherzer und Rollett 1971).

Plexus lumbalis

Schädigungen dieser Region betreffen die Bereiche von L 1 bis L 4 und teilweise Th 12. Das Nervengeflecht ist zu einem beträchtlichen Teil im Musculus iliopsoas eingebettet. Läsionen sind daher insbesondere durch Hämatome des genannten Muskels möglich.

Die Symptomatik von **Schädigungen des Plexus lumbalis** zeigt sich in Lähmungserscheinungen der Beuger, Rotatoren und Adduktoren des Oberschenkels sowie der Streckmuskulatur des Knies, des weiteren in Form von Gefühlsstörungen im Bereiche des Beckengürtels (Leistenregion und Gesäß) und des gesamten Oberschenkels. Auch Spätläsionen können durch Narbenschrumpfung im Gefolge von Psoashämatomen entstehen.

Plexus sacralis

Er stammt aus den Wurzelbereichen L 5 bis S 3. Anatomisch läßt sich der Plexus sacralis in den kranialen Plexus ischiadicus und in den kaudalen Plexus pudendus unterteilen.

Traumatische **Schädigungen des Plexus sacralis** beobachtet man insbesondere bei Beckenfrakturen. Die Schädigung des gesamten sakralen Nervengeflechtes bewirkt eine Lähmung der Gesäßmuskulatur, der ischiokruralen Muskeln sowie der Fuß- und Zehenstrecker, der Fuß- und Zehenbeuger sowie der kleinen Fußmuskulatur, der Beckenboden-, Damm- und Genitalmuskulatur. Sensible Störungen sind am Fuß und Unterschenkel, an der Oberschenkelhinterfläche, im Gesäß-, Damm- und Genitalgebiet vorhanden. Zahlreiche Eigen- und Fremdreflexe, welche in den folgenden zwei Absätzen genannt werden, sind ausgefallen.

Der **Plexus ischiadicus** bezieht seine Fasern einerseits aus dem Truncus lumbosacralis (L 4 sowie L 5) und andererseits aus den ventralen Ästen des ersten, zweiten und dritten Sakralnerven. Er liegt im kleinen Becken und versorgt den Beckengürtel sowie große Teile der unteren Extremität. Klinisch findet man als Schädigungsmuster Lähmungserscheinungen an den Hüftstrekkern, Kniebeugern sowie an der gesamten Unterschenkel- und Fußmuskulatur, des weiteren Sensibilitätsstörungen am Fuß, fast am gesamten Unterschenkel und an der Hinterfläche des Oberschenkels. Der Tibialis-posterior-Reflex, der Peronäusmuskelreflex (Fußextensorenreflex), der Semimembranosus- und Semitendinosusreflex, der Quadriceps-femoris-Reflex, der Biceps-femoris-Reflex (Patellarsehnenreflex) und der Triceps-surae-Reflex (Achillessehnenreflex) sind abgeschwächt bis erloschen.

Plexus pudendus, der seine Fasern aus S 2 bis S 4 bezieht und sich somit etwas mit dem zuvor genannten Plexus ischiadicus überschneidet, versorgt die Beckenboden-, Damm- und Genitalmuskulatur, des weiteren die Haut der Damm-, Gesäß- und Genitalregion. Neben sympathischen Fasern aus dem Grenzstrang gelangen auch parasympathische Fasern aus dem zweiten bis vierten Sakralsegment zum Plexus pudendus. Der Bulbokavernosus- und der Analreflex sind bei schweren Läsionen erloschen.

Der **Plexus coccygicus** stellt eine Fortsetzung der soeben beschriebenen Nervengeflechtbildung dar. Seine Fasern stammen aus S 3 bis S 5 und aus der kokzygealen Wurzel. Er versorgt vor allem die Haut im Steißbeinbereich bis zum Anus. Bei Irritation kann sich eine *Kokzygodynie* entwickeln.

Eigentliche periphere Nerven

In bezug auf die eigentlichen peripheren Nerven des Becken- und Beinbereiches spielen vorwiegend Verletzungen des Nervus femoralis und des Nervus ischiadicus sowie seiner Äste eine Rolle. Läsionen anderer peripherer Nerven sind in der Traumatologie vergleichsweise wenig bedeutungsvoll. In der Folge werden die kompletten Ausfallsyndrome der einzelnen Nerven systematisch abgehandelt:

Nervus iliohypogastricus (Th 12 und L 1): Sein Hauptanteil stammt aus der ersten lumbalen Wurzel. Er verläuft parallel mit dem Nervus ilioinguinalis in der lateralen Bauchwand, innerviert hier gelegene Muskeln, zieht zum inneren Leistenring und versorgt sensibel mit seinem lateralen Hautast die Beckenaußenseite sowie mit seinem vorderen Hautast die Region über der Leiste bis zur Symphyse. Isolierte Schädigungen dieses Nervs führen zu keinen sichtbaren Paresen.

Nervus ilioinguinalis (L 1): Er innerviert ebenso laterale Bauchwandmuskeln, verläuft dann im Leistenkanal und versorgt sensibel die Haut dieser Region, der Peniswurzel, der oberen Anteile des Skrotums bzw. der großen Schamlippen und der korrespondierenden Oberschenkelinnenregion. Isolierte Schädigungen sind motorisch ebenso bedeutungslos. Chronische Schmerzen können vor allem durch Narbenschrumpfung entstehen und erfordern eine Neurolyse.

Nervus genitofemoralis (L 1 und L 2): Vor dem Musculus psoas spaltet sich der Nerv in zwei Äste: den *Ramus genitalis*, der mit dem Samenstrang bzw.

dem Mutterband nach außen zieht und die Haut des unteren Hodensackes bzw. der großen Schamlippen sowie ein kleines Hautareal medial am Oberschenkel sensibel versorgt und den Musculus cremaster innerviert; ferner den *Ramus femoralis*, der unter dem Leistenband nach außen dringt und dort die mittlere Hautregion versorgt. Bei Läsionen kann es neben Sensibilitätsstörungen vornehmlich durch Schädigung des Ramus genitalis zur Spermatikusneuralgie und zum Verlust des Kremasterreflexes kommen.

Nervus cutaneus femoris lateralis (L 2 und L 3): Es handelt sich um einen rein sensiblen Nerv, der die Haut an der Außenseite des Oberschenkels versorgt und bei seinem Austritt aus dem Leistenband unterhalb und medial der Spina iliaca anterior superior stark abgeknickt wird, daher hier besonders vulnerabel ist. Letzteres erklärt das Auftreten der sogenannten *Meralgia paraesthetica* (BERNHARDT-ROTHsche Erkrankung) durch längere Hüftgelenksextension auf dem Krankenlager, wobei Parästhesien und Schmerzen bei Hüftbeugung schwinden und durch Prüfung des „umgekehrten LASÈGUE" verstärkt werden. Am Durchtritt des Nervs im Leistenbandbereich wird durch Druck typischerweise ein ausstrahlender Schmerz provoziert. Neben der erwähnten Nervenschädigung kann eine Läsion des Nervus cutaneus femoris lateralis auch durch direkte äußere Gewalteinwirkung sowie durch Knochenspanentnahme aus dem Beckenkamm erfolgen. Die Therapie besteht in der Entlastung des Nervs, in lokalen Infiltrationen und bei hartnäckigen Fällen in der operativen Neurolyse.

Nervus femoralis (L 1 bis L 4): Er innerviert den Musculus iliopsoas und die Kniegelenksstrecker. Sensibel versorgt er mit den Rami cutanei anteriores die Oberschenkelvorderseite und mit dem *Nervus saphenus*, von dem zuvor der Ramus infrapatellaris abgeht, die mediale Unterschenkelfläche und die Fußwurzelinnenseite. Die autonome sensible Zone erstreckt sich über die mediale Tibiafläche. Neben direkten Nervenläsionen bei Becken- und Unterbauchverletzungen sowie Oberschenkelstichen (typische Fleischhauerverletzung) kommen in der Traumatologie Zerrschädigungen bei plötzlicher Hüftgelenksüberstreckung vor. Da der Nerv in einer Rinne zwischen dem Musculus psoas und dem Musculus iliacus verläuft, kann er auch durch Psoashämatome geschädigt werden. Im allgemeinen unterscheidet man zwei Formen der Lähmung des Nervus femoralis:

Die *distale Femoralislähmung* weist den Schädigungsort unterhalb des Leistenbandes auf. Gelähmt sind der Musculus quadriceps femoris, der Musculus sartorius und der Musculus pectineus. Das Knie kann nicht gestreckt werden. Es entwickelt sich eine ausgeprägte Atrophie an der Vorderseite des Oberschenkels. Der Patellarsehnenreflex (Quadriceps-femoris-Reflex) ist abgeschwächt bis erloschen. Die Sensibilität an der Oberschenkelstreckseite und im Saphenusbereich ist gestört, streifenförmig entlang der medialen Tibiafläche erloschen (autonome Zone). Am Stehenden ist die Kniescheibe auf der Läsionsseite tiefer und leichter verschieblich als auf der Gegenseite. Stiegensteigen ist unmöglich, das betroffene Bein wird nachgezogen. Beim Treppenabwärtsgehen knickt das Knie infolge der Muskellähmung ein. Zwar gelingt das Gehen auf ebener Strecke, jedoch wird dabei das Bein durch Überstrekkung im Kniegelenk (Genu recurvatum) wie eine Stelze verwendet. Da der Nervus femoralis gleich unterhalb des Leistenbandes in seine verschiedenen Äste zerfällt, ist seine operative Versorgung schwierig. Nicht selten nimmt man daher zu orthopädischen Ersatzoperationen Zuflucht: Verlagerung des Musculus biceps femoris und des Musculus semitendinosus nach ventral auf die Kniescheibe.

Die *proximale Femoralislähmung* ist seltener anzutreffen. Der Schädigungsort ist intrapelvin gelegen. Der Musculus iliopsoas ist teilgelähmt (erhalten bleibt die direkte Innervation durch Rami musculares aus Plexusanteilen von L 2 und L 3). Die Hüftbeugung ist in ihrer Kraft abgeschwächt. Beim Gehen wird das Bein aus der Hüfte unter zusätzlicher Ausnutzung der Schwerkraft nach vorn geschwungen. Die zuvor dargelegten Symptome der distalen Femoralisläsion müssen nicht unbedingt zusätzlich vorhanden sein, da sie bei hohem Sitz der Läsion wiederholt fehlen. In diesen Fällen sind die unteren Femoralisversorgungsbereiche ausgespart, und es liegt dann keine komplette, sondern eine *isolierte obere Femoralislähmung* vor.

Nervus obturatorius (L 2 bis L 4): Er innerviert die Adduktorenmuskulatur des Oberschenkels einschließlich des Musculus gracilis und versorgt sensibel die Oberschenkelinnenseite. Traumatische Schädigungen finden sich insbesondere bei Beckenfrakturen. Durch die Adduktorenlähmung ist der Schenkelschluß beeinträchtigt. Die Abduktoren überwiegen, und es kommt dadurch während der Schwungphase des Gehens zu einer Zirkumduktion des Beines im Hüftgelenk. Die Sensibilitätsstörung ist am deutlichsten im unteren Anteil der Oberschenkelinnenfläche und über der medialen Kniegelenksregion. Der Adduktorenreflex ist erloschen. Durch akzessorische Innervation aus dem Nervus femoralis und dem aus dem Nervus tibialis kann eine Obturatoriuslähmung weitgehend kompensiert werden.

Nervus glutaeus superior (L 4 bis S 1): Er innerviert die Musculi glutaeus medius et minimus sowie den Musculus tensor fasciae latae. Traumatische Schädigungen kommen durch örtliche Verletzungen und durch intraglutäale Injektionen vor. Ausgefallen sind die Abduktion und die Innenrotation des Oberschenkels im Hüftgelenk. Der Gang ist watschelnd. Bei vollkommener Lähmung ist das TRENDELENBURGsche Zeichen infolge Lähmung des Musculus glutaeus medius positiv: Absinken des Beckens nach der gesunden Seite, wenn der Patient auf dem betroffenen Bein steht und das gesunde Bein hochhebt, also im Hüft- und Kniegelenk beugt; die Glutäalfalte steht dann auf der gesunden Seite tiefer. Bei leichter Nervenläsion gelingt eine Kompensation durch abnorme Verlagerung des Oberkörpers auf die Standbeinseite (DUCHENNE-Zeichen). Diese genannten Veränderungen sind deutlicher als die sich entwickelnde Muskelatrophie. Der Glutäalreflex (Fremdreflex) ist abgeschwächt.

Nervus glutaeus inferior (L 5 bis S 2): Er innerviert den Musculus glutaeus maximus. Schädigungen kommen vor allem als Schuß- und Stichverletzungen, selten nach intramuskulärer Injektion zur Beobachtung. Bei Lähmung dieses Nervs ist die Streckung der Hüfte hochgradig beeinträchtigt. Die Glutäalfalte steht auf der betroffenen Seite tiefer. Die seitliche Glutäalregion zeigt hinter dem Trochanter maior keine Grube mehr. Das Aufstehen aus dem Sitzen und das Treppensteigen sind nicht mehr möglich. Neben einer Gesäßverschmächtigung tastet man eine Tonusverminderung des Musculus glutaeus maximus. Der Glutäalreflex (Fremdreflex) ist abgeschwächt.

Nervus tibialis (L 4 bis S 3): Er geht in variabler Höhe vom Ischiadikusstamm ab und innerviert die Fußbeugermuskeln der Wade (Musculus gastrocnemius, Musculus soleus und Musculus plantaris), ferner den Musculus popliteus, den Musculus tibialis posterior und die langen Zehenbeuger des Unterschenkels. Im Bereiche des Tarsaltunnels, d. h. unter dem Innenknöchel und dem Ligamentum laciniatum (Retinaculum musculorum flexorum), teilt sich der Nervus tibialis in zwei Endäste, den Nervus plantaris medialis und den Nervus plantaris lateralis, welche dem Nervus medianus und dem Nervus ulnaris an der oberen Extremität entsprechen. Der *Nervus plantaris medialis* innerviert die Großzehenballenmuskulatur (abgesehen vom Musculus adductor hallucis und vom lateralen Kopf des Musculus flexor hallucis brevis) und die Musculi lumbricales I et II. Der *Nervus plantaris lateralis* innerviert die Kleinzehenballenmuskulatur, den Musculus quadratus plantae, den Musculus adductor hallucis, den lateralen Kopf des Musculus flexor hallucis brevis, die Musculi interossei und die Musculi lumbricales III et IV. Sensibel versorgt der Nervus tibialis über den Nervus cutaneus surae medialis, der sich mit einem analogen Ast aus dem Nervus peronaeus zum *Nervus suralis* vereint, durch die Rami calcanei laterales die seitliche Fersenhaut und durch den Nervus cutaneus dorsalis lateralis die Haut des äußeren Fußrandes sowie der Kleinzehe, durch die Rami calcanei mediales die Haut der Ferseninnenseite und des medialen Fußrandes; des weiteren über die Rami cutanei des Nervus plantaris medialis die Fußsohlenhaut, über die Nervi digitales plantares communes et proprii aus dem Nervus plantaris medialis die Haut der ersten bis zur vierten Zehe und über die Nervi digitales plantares proprii aus dem Ramus superficialis des Nervus plantaris lateralis die Haut der vierten und fünften Zehe. Das autonome sensible Gebiet des Nervus tibialis stellt die Fußsohle dar. Traumatische Läsionen finden sich bei Schußverletzungen, Brüchen und Luxationen im Kniegelenksbereich, seltener bei weiter distal gelegenen Tibiafrakturen sowie bei Brüchen und Luxationen der Sprunggelenksregion. Auch Verletzungen des Ischiadikusstammes können klinisch als isolierte Tibialislähmungen in Erscheinung treten. Der Ausfall des Nervus tibialis zeigt sich in einer Lähmung der Inversion (Kombinationsbewegung aus Beugung, Supination und Adduktion des Fußes). Am deutlichsten imponiert die Unfähigkeit, den Fuß und die Zehen zu beugen. Allenfalls können auch die Zehen nicht gespreizt werden, welch letztgenannte Funktion jedoch oft von Haus aus nicht entwikkelt ist. Zehen- bzw. Fußballenstand und -gang sind nicht möglich. Bald werden die Wade und die zuvor genannten kleinen Fußmuskeln atrophisch, so daß das Fußgewölbe einsinkt. Durch Überwiegen der Zehenextensoren bei Lähmung der Zehenbeuger entwickelt sich eine Krallenstellung der Zehen. Klinisch entsteht ein Hackenfuß (Pes calcaneus) durch Zugwirkung der vom Nervus peronaeus innervierten Muskulatur. Der Gang ist beeinträchtigt, weil der Fuß nicht mehr richtig abrollt. Die Sensibilitätsstörung bei Läsion des Nervus tibialis betrifft die Unterschenkelrückseite, Ferse, Fußsohle und streckseitig die Zehenendglieder sowie den lateralen Fußrand einschließlich der Kleinzehe. Hochgradige Sensibilitätsstörungen sind wiederholt mit ausgeprägten trophischen Veränderungen vergesellschaftet. Sie erklären sich durch den Umstand, daß der Nervus tibialis reichlich vegetative Fasern enthält. Trophische Geschwüre finden sich vorzugsweise im Versorgungsbereich des Nervus plantaris medialis. Des weiteren besteht ein Verlust des Tibialis-posterior-Reflexes und ebenso des Achillessehnenreflexes (des Triceps-surae-Reflexes).

Nach Verletzungen der Sprunggelenksregion begegnet man mitunter einem *Tarsaltunnelsyndrom* (SCHERZER 1977), welches schmerzhafte Mißempfindungen in der Fußsohle, besonders des Nachts, Paresen der kleinen Fußmuskeln, Krallenzehen und Sensibilitätsstörungen im Versorgungsbereich des Nervus plantaris medialis bzw. des Nervus plantaris lateralis bewirkt. Druck auf das Ligamentum laciniatum, passive Hyperextension der Zehen und Pronation des Fußes lösen lokale Schmerzen aus. Die Therapie besteht versuchsweise in analgetischen Infiltrationen sowie vor allem in einer Druckentlastung und Neurolyse, wobei wiederholt ein Pseudoneurom aufgedeckt wird.

Nervus peronaeus communis (L 4 bis S 2): Er geht gleichfalls in variabler Höhe vom Ischiadikusstamm ab und gibt in der Kniekehle neben Ästen zum äußeren Kniegelenksbereich den Nervus cutaneus surae lateralis ab, der die Unterschenkelaußenseite sensibel versorgt und sich auf Höhe der Achillessehne mit dem Nervus cutaneus surae medialis aus dem Nervus tibialis zum *Nervus suralis* vereinigt, welcher – wie schon zuvor dargestellt – mit den Rami calcanei laterales zur Haut der Fersenregion und mit dem Nervus cutaneus dorsalis lateralis zur Haut des Fußaußenrandes und der Kleinzehe zieht. Über dem Fibulaköpfchen liegt der Nervus peronaeus communis ganz oberflächlich und kann hier besonders leicht geschädigt werden. Knapp darunter teilt sich der Nerv in zwei gemischte Endäste:

Der *Nervus peronaeus superficialis* innerviert den Musculus peronaeus longus und den Musculus peronaeus brevis. Er endet in den Nervi cutanei dorsales medialis et intermedius, welche den medialen Fußrand, den anschließenden Fußrücken und die erste bis dritte Zehe sowie den mittleren Teil des Fußrückens und die dritte bis fünfte Zehe streckseitig sensibel versorgen, ausgenommen das Zwischenzehenareal I/II, das aus dem Nervus peronaeus profundus innerviert wird. Der Ausfall des Nervus peronaeus superficialis bewirkt eine Lähmung für die Plantarflexion im oberen Sprunggelenk und eine Lähmung für die Eversion oder das Auswärtskanten im unteren Sprunggelenk (Kombinationsbewegung aus Pronation, Abduktion und Dorsalextension des Fußes). Die Dorsalflexion des Fußes und der Zehen bleibt also erhalten. Das quere Fußgewölbe flacht ab, und es entwickelt sich durch Überwiegen der Supinatoren eine Varusstellung. Die Muskulatur an der Wadenaußenseite wird atrophisch. Die Sensibilitätsstörung betrifft ein dreieckiges Hautareal auf dem Fußrücken. Es besteht ein Verlust des Fußextensorenreflexes (Peronäusmuskelreflexes).

Der *Nervus peronaeus profundus* innerviert den Musculus tibialis anterior, die langen und meist auch die kurzen Zehenstrecker. Sein Endast versorgt sensibel die Haut zwischen der ersten und zweiten Zehe sowie ein kleines anschließendes Areal streckseitig. Die Lähmung des Nervus peronaeus profundus ist durch Ausfall der Streckung im oberen und unteren Sprunggelenk und Abschwächung der Inversion oder des Einwärtskantens (Kombinationsbewegung aus Supination, Plantarflexion und Adduktion) gekennzeichnet. Die Abduktion und Pronation sind hingegen durchführbar. Es besteht ein Fallfuß, der Hackengang ist nicht durchführbar und es entwickelt sich eine Muskelatrophie, die sich am stärksten am Musculus tibialis anterior zeigt, so daß die vordere Tibiakante deutlich hervorspringt. Die Sensibilitätsstörung betrifft insbesondere den Interdigitalbezirk I/II.

Das komplette Lähmungsbild des Nervus peronaeus communis ergibt sich aus den soeben dargelegten Symptomen. Als markantestes Phänomen des klinischen Ausfallsyndroms zeigt sich eine Fehlstellung des Fußes in Form des Spitzfußes (Pes equinovarus) durch Lähmung der Strecker- und Peronäusmuskulatur. Dementsprechend ist das Schuhwerk an der Außenseite und an der Spitze stark abgetreten. Infolge Herabhängens der Fußspitze muß das betroffene Bein beim Gehen stark gehoben werden. Der Fuß wird nach vorne geschleudert und fällt ungebremst zuerst mit den Zehen auf die Bodenfläche (Steppergang oder Hahnentritt). Der Hackengang ist nicht durchführbar. Das Sehnenspiel der Strecker an der Vorderseite des Sprunggelenkes und am Fußrücken fehlt. Es entwickelt sich eine deutliche Muskelatrophie an der Vorder- und Außenseite des Unterschenkels. Im unteren Sprunggelenk ist die Eversion aufgehoben, die Inversion abgeschwächt. Der Fußextensorenreflex (Peronäusmuskelreflex) ist erloschen. Peronäuslähmungen finden sich am häufigsten bei Schädigungen im Bereiche des Capitulum fibulae, also bei Fibulaköpfchenfrakturen, Luxationen des Kniegelenkes, Zerreißungen des Ligamentum collaterale fibulare des Kniegelenkes, aber auch bei Zerrverletzungen durch Ausrutschen mit reflektorischer schneller Abwehrbewegung, bei Distorsionen oder Brüchen der Sprunggelenksregion und selten bei Hämatomen im Oberschenkelbereich. Wiederholt äußerst sich eine Teilläsion des Ischiadikusstammes klinisch in einer isolierten Peronäusparese. Dies erklärt sich durch eine schlechtere arterielle Blutversorgung und durch die dorsale Lage der für den Nervus peronaeus bestimmten Nervenfasern, so daß diese

Schädigungen eher ausgesetzt und auch leichter vulnerabel sind. Ein gleichzeitiger Verlust oder eine Abschwächung des Triceps-surae-Reflexes (Patellarsehnenreflexes) weist auf eine Ischiadikusläsion hin, auch wenn sich eine zusätzliche Tibialisschwäche klinisch nicht nachweisen läßt. Unter Umständen kann die elektromyographische Untersuchung eine subklinische Schädigung des tibialen Nervenanteils aufdecken. Therapeutisch wendet man gegen den Fallfuß einen Peronäusschuh bzw. eine Peronäusschiene an. Bei schweren Verletzungen im Bereiche des Fibulaköpfchens empfiehlt sich eine baldige chirurgische Nervenrevision. Die Erfolgschancen einer Nervennaht sind bei Zerreißung des Nervs am Fibulaköpfchen aus anatomischen Gründen (unmittelbare Aufzweigung in kleinere Äste) ziemlich schlecht, ansonsten wesentlich besser. Eine persistierende Peronäuslähmung sollte arthrodetisch versorgt werden.

Nervus ischiadicus (L 4 bis S 3): Er ist der größte periphere Nerv und verläßt das Becken durch das Foramen infrapiriforme, innerviert dabei den Musculus quadratus femoris, den Musculus obturatorius internus und die Musculi gemelli superior et inferior. Im Gesäßbereich ist der Nervus ischiadicus vom Musculus glutaeus maximus bedeckt und teilt sich in variabler Höhe, spätestens jedoch in der Kniekehle in seine Endäste, nämlich in den Nervus tibialis und den Nervus peronaeus communis. Eine Tibialis- und eine Peronäusportion formiert sich aber schon oft im Becken und ist jedenfalls nach dem Durchtritt durch das Foramen infrapiriforme gut erkennbar. Rami musculares aus der Tibialisportion innervieren den Musculus semitendinosus, den Musculus semimembranosus und das Caput longum des Musculus biceps femoris sowie teilweise den Musculus adductor magnus. Rami musculares aus der Peronäusportion innervieren das Caput breve des Musculus biceps femoris. Auf Grund von anatomischen Gegebenheiten erklärt sich die Tatsache, daß selbst bei hohem Sitz einer Ischiadikusläsion klinisch bloß eine Peronäus- oder Tibialisläsion resultieren kann (proximale Ischiadikusteilung).

Traumatische Läsionen des Nervus ischiadicus können durch Schuß- oder Stichverletzungen, Becken- und Oberschenkelfrakturen, durch Hüftgelenksluxationen und Luxationsfrakturen, insbesondere mit Azetabulumabsprengung, durch Oberschenkelschaftfrakturen und suprakondyläre Brüche sowie durch Dehnungs- und Zerrverletzungen erfolgen. Mitunter führt ein Hämatom der ischiokruralen Muskeln zu einer sekundären Ischiadikusläsion. Druckschädigungen sind bei schlaffem Muskeltonus durch langes Liegen auf harten Gegenständen (Toilettenschüssel usw.) möglich. Die Spritzenlähmung des Nervus ischiadicus tritt laut Mumenthaler und Schliack (1982) meist sofort, in etwa zehn Prozent nach einem Intervall von Stunden oder wenigen Tagen ein. Bei etwa jedem sechsten Patienten kommt es zu einem akuten, starken Schmerz im Augenblick der Injektion. Das Maximum der Lähmung wird nach ein bis zwei Tagen erreicht. Die Spritzenlähmung ist fast stets auf eine falsch applizierte intramuskuläre Injektion zurückzuführen, wobei eine druckbedingte und chemische Nervenschädigung, aber auch die Thrombosierung der Vasa nervorum pathogenetisch anzuschuldigen sind. Bei später Entwicklung ist eine Kompression durch Granulations- und Narbengewebe anzunehmen. Differentialdiagnostisch muß ein Hämatom der Glutäalmuskulatur in Erwägung gezogen werden, das sich in der Tiefe als praller, elastischer Tumor palpieren läßt und gleichfalls sehr schmerzhaft ist. Da die neurologische Diagnostik wiederholt eine genaue Höhenlokalisation der Läsion des Nervus ischiadicus nicht erlaubt, empfiehlt sich bei traumatischen Schädigungen eine Inspektion des gesamten Nervenverlaufes im Gesäß- und Oberschenkelbereich. Wegen therapieresistenter trophischer Geschwüre der Fußsohle ist mitunter bei komplettem Ischiadikusausfall eine Amputation in Kniegelenkshöhe indiziert. Die Ischiadikuslähmung zeigt sich in zwei Formen:

Die *untere Ischiadikuslähmung* wird durch eine Läsion im Oberschenkelbereich verursacht und entspricht einer kombinierten Tibialis- und Peronäuslähmung. Häufig ist die Schädigung im Tibialis- und Peronäusbereich verschieden stark ausgeprägt. Überwiegend dominieren die Ausfälle von seiten der Peronäusportion. Das komplette Ausfallsyndrom der unteren Ischiadikusläsion zeigt eine Lähmung der gesamten Unterschenkel- und Fußmuskulatur. Die entsprechende Muskelatrophie springt deutlich ins Auge. Die Sensibilität des Unterschenkels und des Fußes ist mit Ausnahme des Versorgungsbereiches des Nervus saphenus (aus dem Nervus femoralis) hochgradig gestört. In weiten Bereichen besteht Anästhesie, insbesondere an der Fußsohle. Typischerweise sind stärkere trophische Hautveränderungen vorhanden, so Geschwüre am Fußballen und an der Ferse. Die Fußdurchblutung ist meist gleichzeitig deutlich vermindert. Wiederholt finden sich Hyperpathien. Das Gehen ist zwar behindert, jedoch durchaus möglich.

Die *obere Ischiadikuslähmung* zeigt zusätzlich zu der soeben beschriebenen Symptomatik der unteren Ischiadikusläsion eine Lähmung der ischiokruralen Muskulatur. Dadurch ist die Beugung im Kniegelenk wesentlich kraftvermindert, jedoch über den Musculus sartorius, der vom Nervus femoralis innerviert wird, und über den Musculus gracilis, der vom Nervus obturatorius innerviert wird, in geringem Grade noch möglich. Die Kniegelenksstreckung und die Hüftgelenksbeweglichkeit sind erhalten. Dadurch ist das Gehen, obwohl wesentlich erschwert, noch möglich. Die Kniegelenksbeugung gewinnt im Laufe der Zeit wieder an Kraft, da zusätzlich die Adduktoren als Ersatzmuskeln einspringen. Wiederholt entwickelt sich auch ein Genu recurvatum, das zusätzliche Beschwerden verursachen kann. Tibialis-posterior-Reflex, Fußextensorenreflex (Peronäusmuskelreflex), Semimembranosus- und Semitendinosus-Reflex, Biceps-femoris-Reflex und Triceps-surae-Reflex (Achillessehnenreflex) sind erloschen.

Nervus pudendus (S 1 bis S 4): Er innerviert Beckenbodenmuskeln und versorgt sensibel die Genitalregion, den Damm, die Harnblase und den Mastdarm. Seine Schädigung kann durch starke Gewalteinwirkung auf das Gesäß verursacht werden. Neben Sensibilitätsstörungen sind bei beidseitiger Nervenläsion Blasen-, Mastdarm- und Potenzstörungen möglich.

Nervus cutaneus femoris posterior (S 1 bis S 3): Er versorgt sensibel die Haut im Gesäß- und Dammbereich sowie die Hinterfläche des Oberschenkels, wobei als autonome Zone ein kleines Areal am oberen Rand der Kniekehle besteht.

Kombinierte Ausfälle peripherer Nerven

Gemeinsame Nervenschädigungen sind bei enger anatomischer Nachbarschaft von Nerven und bei ausgedehnten (breitflächigen) Gewalteinwirkungen zu erwarten. Zuvor wurde schon die kombinierte Läsion der **Nervi tibialis et peronaeus communis** im Oberschenkelbereich unter dem Titel der unteren Ischiadikuslähmung besprochen – dies unter der Annahme, daß sich der Ischiadikusstamm erst in der Kniekehle in seine beiden Endäste spaltet. Häufig findet die Nerventeilung aber wesentlich höher statt, eventuell schon in Beckenhöhe. Die Diagnose einer unteren Ischiadikusläsion ist daher ohne operative Inspektion stets nur eine Vermutungsdiagnose, hinter der sich häufig eine gleichzeitige Parese des Nervus tibialis und des Nervus peronaeus verbirgt. An weiteren kombinierten Ausfällen peripherer Nerven sind im Lumbosakralbereich zu erwähnen:

Nervi iliohypopgastricus et ilioinguinalis: Diese beiden Nerven stammen aus Th 12 und L 1. Sie ziehen knapp parallel untereinander in der seitlichen Bauchwand nach ventral. Bei isolierter Läsion des einen oder des anderen Nervs lassen sich untersuchungsmäßig keine motorischen Ausfälle feststellen. Nur bei Schädigung beider Nerven zeigt sich eine umschriebene Bauchwandparese durch entsprechenden Innervationsausfall des Musculus transversus abdominis und des Musculus obliquus internus abdominis oberhalb des Bekkenkammes bzw. oberhalb der seitlichen Leistenregion. Die Sensibilitätsstörung verläuft knapp darunter bis zur Symphyse.

Nervi glutaeus inferior et cutaneus femoris posterior: Diese Nerven stammen aus L 5 bis S 2 und aus S 1 bis S 3, können sogar in einem gemeinsamen Stamm verlaufen und sich erst dann voneinander trennen. Bei penetrierenden Verletzungen der Gesäßregion, aber auch bei tiefliegenden traumatischen Hämatomen, ist eine gleichzeitige Schädigung beider Nerven möglich. Das diesbezügliche Ausfallsyndrom zeigt eine hochgradige Behinderung der Hüftstreckung durch Lähmung des Musculus glutaeus maximus, der bald auch eine Atrophie aufweist, ein Tieferstehen der Glutäalfalte und eine Gefühlsstörung, welche die Gesäß- und Dammregion sowie die Oberschenkelhinterfläche mit einer kleinen autonomen Zone oberhalb der Kniekehle betrifft.

Nervi ischiadicus et cutaneus femoris posterior: Diese Nerven stammen aus L 4 bis S 3 und aus S 1 bis S 3. Sie liegen unter dem Musculus glutaeus maximus nebeneinander und können dadurch hier gemeinsam verletzt werden. Die klinische Symptomatik entspricht der zuvor geschilderten oberen Ischiadikuslähmung, zu deren Sensibilitätsstörung sich ein streifenförmiges Areal vom Gesäß und der Dammregion entlang der Hinterfläche des Oberschenkels bis zur Kniekehle gesellt.

4. Polyneuropathien

Überwiegend finden sich solche Schädigungen des peripheren Nervensystems als unfallfremde Erkrankungen, jedoch kann eine Polyneuropathie auch als *mittelbare Folge eines Unfalles* auftreten. Es handelt sich dann um Sekundärschäden, welche auf metabolische, toxische und zusätzliche mechanische Wirkungen zurückzuführen sind. Daher ist es nicht verwunderlich, daß unfallbedingte Polyneuropathien in erster Linie bei Patienten zu beobachten sind, welche schwere Verletzungen erlitten haben und deswegen längere Zeit hindurch an einer Intensivpflegestation behandelt werden müssen (bedrest syndrome of the critically ill). Häufig ist nicht nur ein einziger schädigender Faktor anzunehmen, sondern die diesbezügliche Analyse läßt mehrfache Noxen als Ursachen des Polyneuropathiesyndroms vermuten oder feststellen.

Als *kausalgenetische Faktoren* der Nervenschädigungen sind Hyperalimentation mit Kohlenhydraten (im Rahmen der hochkalorischen Ernährung), Medikamente aus der Gruppe der Antibiotika und Chemotherapeutika, Hypnotika, Psychopharmaka und Antikonvulsiva, Exotoxine bei entzündlichen Komplikationen, des weiteren Endotoxine des Magen-Darm-Traktes, der Leber und der Nieren im Rahmen längerdauernden Organversagens, Malabsorption mit konsekutivem Vitaminmangel und die zusätzliche vermehrte Vulnerabilität peripherer Nerven gegenüber lokalem Druck zu nennen. Häufig begegnet man ausgeprägten Polyneuropathiesyndromen an den unteren Extremitäten bei Patienten, welche längere Zeit in einem schwer daniederliegenden Zustand verbrachten, beatmet, infundiert, sondenernährt und medikamentös in hoher Dosierung behandelt werden mußten, so daß eine multifaktorielle Schädigung anzunehmen ist.

Die *anatomische Läsion* liegt bei der Polyneuropathie am peripheren Nerv, kann aber auch die motorische Vorderhornzelle und systemüberschreitend sogar zentrale nervale Strukturen betreffen. Dies führt unter Umständen bis zum klinischen Bild der Enzephalomyeloradikuloneuropathie, bei welcher das Nervensystem in allen seinen Abschnitten von der Schädigung affiziert ist. Am peripheren Nerv sind entweder die Axone oder die Markscheiden bzw. sowohl die Axone als auch die Markscheiden geschädigt. Diese Unterscheidung ist am besten histologisch zu treffen, wofür jedoch in der Begutachtung keineswegs Duldungszwang besteht. Die Ausfälle sind bei medikamentös-toxischen, entzündlichen und metabolisch-toxischen Schädigungen überwiegend symmetrisch, bei Druckläsionen hingegen lokal ausgebildet. Im Verlauf zeigt sich wiederholt eine Aszendenz, da zuerst die langen und später dann die kürzeren Bahnen betroffen werden. Als direkte Ursache für die Polyneuropathie bei Intensivpflegepatienten vermuten Waldhausen und Keser (1991) Zuckerablagerungen in den peripheren Nerven einschließlich der Hirnnerven.

Das *klinische Bild* ist durch motorische, sensible und irritative Symptome gekennzeichnet. Dementsprechend finden sich periphere, schlaffe Paresen, denen bald eine Muskelverschmächtigung folgt, Sensibilitätsstörungen, welche bald alle Qualitäten betreffen und Schmerzen sowie bei vorderwurzelnahen Schädigungen Muskelfaszikulationen. Die Muskeleigenreflexe sind anfangs abgeschwächt, später erloschen. Auch die Fremdreflexe schwinden. Die Nervenstämme sind wiederholt druckempfindlich. Häufig entwickelt sich als erstes ein Fallfuß bzw. Spitzfuß beidseits, wobei typischerweise die Zehenextension gleichfalls nicht mehr möglich ist. Die Muskelatrophie manifestiert sich initial vorzugsweise und am deutlichsten an der vom Nervus peronaeus versorgten Unterschenkelmuskulatur, hier am auffälligsten am Musculus tibialis anterior, so daß die vordere Schienbeinkante scharf hervortritt. Von den Muskeleigenreflexen ist der Achillessehnenreflex meist als erster betroffen. Jedoch zeigt sich die Polyneuropathie nicht ausschließlich an den unteren Extremitäten. Auch die Arme können von ihr ergriffen werden. In einem solchen Falle sind die ersten Symptome im Handbereich festzustellen. Parästhesien an den Akren sind ein typisches subjektives Phänomen, das allen anderen klinischen Zeichen vorangehen kann. Selbstverständlich vermag der schwer daniederliegende Unfallpatient mit Bewußtseinstrübung nicht darüber zu berichten. So ergibt sich die Diagnose erst mit der fortschreitenden Reflexabnahme und dem Auftreten von Muskelatrophien. Ein Beginn an den oberen Extremitäten ist jedoch im Rahmen des unfallbedingten Polyneuropathiesyndroms selten. Die Sensibilitätsstörungen betreffen wiederholt besonders die Vibrationsempfindung (Pallhypästhesie bis Pallanästhesie) und gehen nicht selten mit einer Verzögerung der Schmerzempfindung einher. Im letzteren Falle verursacht ein Stichreiz sofort eine Wahrnehmungs- und erst einige Sekunden später eine Schmerzempfindung. Da Polyneuropathien durch einen weitgehend diffusen Befall des peripheren Nervensystems gekennzeichnet sind, weisen die neurologischen Ausfälle meist eine wenig scharfe Begrenzung auf und greifen auf das Versorgungsgebiet mehrerer Nerven über. Mehrfache periphere Muskelparesen und socken-, strumpf- oder handschuhförmige Sensibilitätsstörungen mit fließender Begrenzung nach proximal sind die Folgen. Recht kennzeichnend sind neben Störungen der Vibrationsempfindung auch Beeinträchtigungen des Lagesinns. Im Verlauf manifestieren sich Polyneuropathien nach Unfällen mit Latenz, wobei ihnen die erwähnten Noxen, welche typischerweise in massiver Form wirksam sind, zeitlich vorangehen. Dieses Kriterium der Latenz erlaubt eine Abgrenzung gegenüber primären Verletzungen des peripheren Nervensystems, welche darüber hinaus meist auch neurologisch wesentlich schärfer in ihren Ausfällen abgegrenzt und kaum je symmetrisch verteilt sind.

Die Verteilung des Schädigungsmusters bei der (mittelbar) unfallbedingten Polyneuropathie, welche also stets einer sekundären Läsion des peripheren Nervensystems entspricht, ist zwar, wie zuvor dargelegt und leicht zu verstehen, in der Regel weitgehend symmetrisch, jedoch können durch zusätzlichen Druck auf oberflächlich oder über harte Knochen verlaufende Nerven auch asymmetrische Ausfälle verursacht sein. Solche Kompressionsläsionen betreffen in erster Linie den Nervus peronaeus und den Nervus ulnaris. Unter

Umständen fallen aber auch andere Nerven bei Verletzten, deren Muskeltonus stark herabgesetzt ist, druckbedingt aus. Im Rahmen einer subklinischen Polyneuropathie zeigt sich eine nervale Schädigung klinisch eventuell nur unter dem Bilde der Druckläsion. Der Nachweis der generalisierten Nervenstörung gelingt in einem solchen Falle durch ausgedehnte neurophysiologische Untersuchungen. Verständlichermaßen ist der toxisch bzw. metabolisch vorgeschädigte periphere Nerv gegenüber Druck besonders vulnerabel.

Neben der häufigen *sensibel-motorischen Mischform* der Polyneuropathie gibt es auch eine *rein sensible Form*. Bei ihr ist zu prüfen, ob eine sogenannte Schutzsensibilität mit erhaltenem Schmerz- und Temperaturempfinden vorliegt. Wenn dem nicht so ist, läuft der Betroffene Gefahr, sich zusätzlich zu schädigen, ohne dies selbst zu merken. Verbrennungen und Hautulzera sind dann häufige Folgen. Massive Sensibilitätsausfälle gehen typischerweise mit ausgeprägten trophischen Veränderungen an der Haut einher. Bei der rein sensiblen Polyneuropathie kann der Ninhydrintest nach Moberg wertvolle Aufschlüsse über die spontane Schweißsekretion und damit über die Sensibilität besonders im Bereiche der Finger- und Zehenbeeren geben. An den oberen Extremitäten bedeuten unter Umständen schon leichtere Gefühlsstörungen eine maßgebliche Behinderung in funktioneller Hinsicht, zumal sie bei der Polyneuropathie akrodistal lokalisiert sind; selbst ohne Lähmungserscheinungen sind somit Beeinträchtigungen der manuellen Geschicklichkeit möglich, wie sie im sogenannten Münzentest nachgewiesen werden können.

Zusätzlich bedient man sich in der Diagnostik vor allem der Elektroneurographie und auch der Elektromyographie. Krankhafte Veränderungen finden sich bei der Bestimmung der maximalen motorischen und auch der sensiblen Nervenleitgeschwindigkeit, bei der Bestimmung der Amplitude der Summenreizantwort, teilweise auch bei der Untersuchung der somatosensiblen evozierten Potentiale. Desgleichen läßt sich in einem gewissen Maße unterscheiden, ob die Läsion überwiegend die Markscheiden oder die Axone der peripheren Nerven betroffen hat. Jedoch muß man sich darüber im klaren sein, daß sich eine abnorme Nervenleitgeschwindigkeit nicht in allen Fällen von Polyneuropathie nachweisen läßt (Hopf 1984). In schweren Fällen sind ferner Denervationszeichen bzw. pathologische Spontanaktivitäten vorhanden.

Wenn das schädigende Agens nicht mehr einwirkt, kommt es im Laufe von Monaten zu einer langsamen Besserung des klinischen Bildes. Nach schweren Schädigungen ist die Restitution aber keineswegs immer vollkommen, sondern es persistiert dann oft ein neurologisches Defektsyndrom, das verschiedenen Schweregrad aufweisen kann. Im Rahmen der Rehabilitation werden Heilgymnastik, Krafttraining, Tastübungen und Steh- sowie Gehübungen durchgeführt. Der Endzustand ist gutachtlich nach einem, besser nach zwei Jahren zu beurteilen. Wichtig ist das Vermeiden einer weiteren Nervenschädigung, insbesondere mit zusätzlichen trophischen Veränderungen.

5. Schmerzzustände

Schmerzen sind nach Verletzungen des peripheren Nervensystems nur ausnahmsweise sofort vorhanden. Meist treten sie erst sekundär in Erscheinung und klingen im Laufe der Zeit ab. Gewisse Mißempfindungen können persistieren. Nur ausnahmsweise wird über anhaltende heftige Schmerzen berichtet. Die Schmerzanalyse hat zwischen betroffenen Strukturen und Ausbreitungsgebiet zu differenzieren. Der Rezeptorenschmerz liegt in der Haut bzw. in der Gewebsoberfläche und kann sich im zugehörigen Segment ausbreiten. Der übertragene Schmerz geht von inneren Organen aus und wird in entsprechende Dermatome projiziert (HEADsche Zonen). Charakteristisch für den Übertragungsschmerz sind sein brennender Charakter und das Fehlen von Sensibilitätsstörungen, abgesehen von Mißempfindungen nach Art einer Dysästhesie. Es entwickeln sich zwar schmerzhafte Verspannungen im entsprechenden Muskelareal, jedoch bleiben die motorische Kraft und die normalen Reflexverhältnisse erhalten (CYRIAX 1941, LEWITT 1973). Kommt es auch zu Beteiligung des vegetativen Nervensystems, so folgt die Ausbreitung nicht mehr den Dermatomen, sondern der speziellen Verteilung vegetativer Nerven und dehnt sich unter Umständen auf größere Areale aus, wobei wiederholt trophische Störungen in diesen Bereichen zu beobachten sind. In der Mehrzahl der Fälle werden die Schmerzen nicht durch die Nervenläsion selbst, sondern durch Begleitschädigungen benachbarter Gewebeteile und Strukturen verursacht. Sie müssen demnach vom Unfallchirurgen beurteilt werden. Liegt tatsächlich ein Schmerzsyndrom als Folge der Verletzung eines peripheren Nervs vor, so sollte eine klinische Unterscheidung nach dem Schmerztyp erfolgen:

Parästhetischer Kribbelschmerz: Er wird als Gefühl des Ameisenlaufens und Elektrisierens beschrieben, stellt eine relativ leichte Störung dar, entspricht einem Irritationsphänomen und kommt besonders häufig an den Fingern vor. Bei vorangehender Anästhesie oder höhergradiger Hypästhesie zeigt das Auftreten von Parästhesien die einsetzende Nervenregeneration an.

Posttraumatischer Dauerschmerz: Er ist von stechendem, bohrendem oder schneidendem Charakter, strahlt oft diffus aus und verstärkt sich auf lokalen Druck. Wahrscheinlich ist er durch kleine Neurome an den distalen Nervenästen bedingt. Unter medikamentöser Therapie erfährt dieser Schmerz meist eine allmähliche Rückbildung. Nicht selten liegt die Ursache des posttraumatischen Dauerschmerzes in narbigen Verwachsungen mit der Umgebung, ausnahmsweise im chronischen Druck eines traumatisch entstandenen Aneurysmas, in welchen Fällen operative Eingriffe den Schmerz beseitigen können.

Posttraumatische Neuralgie: Es handelt sich um eine intensive, vornehmlich dumpfe Schmerzempfindung, die mitunter sofort, meist aber mit Latenz auftritt und besonders durch Kälte sowie durch lokalen Druck ausgelöst wird. Diese Schmerzform findet sich auch in der Umgebung eines analgetischen

Bezirks. Typischerweise sind die neuralgischen Schmerzen distal an einer Extremität lokalisiert und bilden sich allmählich zurück. Wurzelneuralgien betreffen die dazugehörigen Dermatome, bedingen Muskelverspannungen und Bewegungsstörungen. Wurzelschmerzen können auch mit Zeichen einer direkten radikulären Läsion verbunden sein, nämlich mit Reflexabschwächungen, Sensibilitätsstörungen und Paresen. Kennzeichnend ist der in das Dermatom ausstrahlende und oft bis in die Peripherie reichende Schmerz. Auch er läßt eine spontane Remission erwarten.

Hyperästhetischer Schmerz: Er besteht in einer schmerzhaften Mißempfindung als Antwort auf einen einfachen Berührungsreiz und wird oft auch als *Hyperpathie* bezeichnet. Vorzugsweise findet sich diese Schmerzform, welche den Reiz bezüglich Areal, Zeit und Intensität überschreitet, im Randbereich um eine anästhetische Zone nach Nervendurchtrennung. Möglicherweise liegt eine sympathische Überaktivität vor. Eine spontane Rückbildung des Beschwerdebildes ist zu erwarten.

Neuromschmerz: Er entsteht durch Fehlregeneration von Nervenfasern, tritt daher mit Latenz nach einer Nervendurchtrennung auf, ist blitzartig und wird in die Peripherie lokalisiert. Auch der Neuromschmerz ist mechanisch provozierbar. Der anhaltende Neuromschmerz stellt eine Indikation zur Nervenoperation dar. Angestrebt wird dabei die exakte Nervennaht. Wenn diese nicht möglich ist und nur eine Neuromentfernung erfolgen kann, bildet sich zwar auch nach dieser operativen Nervendiszision ein Neurom aus, jedoch gelingt es bei entsprechender Operationstechnik in den meisten Fällen, so günstige anatomische Verhältnisse zu schaffen, daß eine Schmerzsymptomatik nicht mehr auftritt.

Amputationsstumpfschmerz: Er betrifft das unmittelbare Amputationsareal, wird durch Bewegungen und lokalen Druck ausgelöst, tritt aber auch spontan auf. Unter Umständen handelt es sich um einen Dauerschmerz. Bei stärkerer Ausprägung führt dieser Schmerz zum reflexartigen „Stumpfschlagen". An konservativen Behandlungen werden Neuroleptika, Sedativa sowie Stumpfabhärtung versucht. Liegen ungünstige anatomische Verhältnisse des Amputationsstumpfes vor, so ist eine operative Korrektur mit exakter Stumpftoilette und Resektion der vorhandenen Stumpfneurome, allenfalls mit schleifenartiger Nervennaht, sowie mit Schaffung eines größeren Weichteilpolsters indiziert.

Phantomschmerz: Er ist strikt vom physiologischen Phantomgefühl zu unterscheiden, tritt nicht nur nach Amputationen, sondern auch nach kompletten Plexuslähmungen bzw. Serienwurzelausrissen auf. Eine gewisse Persönlichkeitsstruktur scheint zum ausgeprägten Phantomschmerz zu disponieren. Dieser Schmerz manifestiert sich unmittelbar nach der Nervendurchtrennung oder nach einem zeitlichen Intervall, das sogar Jahre betragen kann. Er entsteht gemäß der heutzutage ziemlich allgemein angenommenen kybernetischen Theorie durch eine Störung der wechselseitigen Beeinflussung von Peripherie und Zentrum auf Grund des Ausfalles von afferenten Impulsen bei gleichzeitigem Hinzutreten von begünstigenden Faktoren (SCHERZER 1969). Der Phantomschmerz ist meist äußerst heftig, wird in der fehlenden oder deafferenzierten Extremität verspürt und verstärkt sich oft phasenhaft, wonach er durch einige Zeit wieder geringer wird. Der Schmerzcharakter ist brennend bis reißend. Die amputierte Extremität wird meist als deformiert empfunden. Wiederholt hat der Betroffene das Gefühl, als befände sich die amputierte Gliedmaße in einer abnormen Stellung. Der Phantomschmerz tritt spontan oder bei Palpation des Stumpfes auf. Analgetika nützen kaum, können aber bei chronischer Einnahme leicht zu Medikamentenabusus oder Sucht führen. Verschiedentliche Maßnahmen wie transkutane Nervenstimulation, Akupunktur, Dauermedikation mit antiepileptischen Präparaten (Hydantoin, Carbamazepin) und schmerzchirurgische Eingriffe wurden mit fraglichem Erfolg angewandt. Wichtig als Grundlage für jedwede weitere Therapie dürfte gleichfalls die Schaffung möglichst günstiger Amputationsstumpfverhältnisse sein. Allenfalls kann eine medikamentöse Schlafkur eine vorübergehende Besserung erzielen. Manchmal haben psychotherapeutische Maßnahmen einen längeren oder sogar dauernden, meist jedoch nur einen teilweisen Erfolg.

Glühbrennschmerz der Kausalgie: Es handelt sich dabei um einen chronischen vegetativen Reizzustand bei peripherer Nervenschädigung. Der Reichtum an vegetativen (sympathischen) Fasern scheint einen Nerv für die Entstehung einer Kausalgie zu disponieren. Dementsprechend findet sich die Kausalgie im Bereiche der oberen Extremität am häufigsten bei Schädigungen des Nervus medianus und etwas weniger häufig bei Schädigungen des Plexus brachialis bzw. im Rahmen von Wurzelausrissen der unteren Zervikalregion (C 7 bis Th 1), ferner im Bereiche der unteren Extremität am häufigsten bei Schädigungen des Nervus tibialis. Typisch ist auch der Umstand, daß bei der Kausalgie keine komplette, sondern stets eine partielle Nervenschädigung vorliegt. Vermutlich stellen pathologische Synapsen die morphologische Grundlage der Kausalgie dar, so daß Erregungen aus sympathischen Fasern ephaptisch auf Schmerzfasern überspringen können. Schon normale Berührungsreize verursachen Schmerzen im Sinne von Allodynie und Hyperpathie. Die Schmerzen des Kausalgiesyndroms treten innerhalb von Stunden bis Wochen auf, sind brennend, hauptsächlich distal lokalisiert, nehmen durch einige Wochen bis Monate an Intensität zu und klingen dann allmählich ab. Äußere Reize jedweder Art und psychische Belastungen verstärken die kausalgischen Schmerzen. Kälte und Feuchtigkeit lindern sie, so daß die Betroffenen häufig kalte Umschläge machen. Objektiv lassen sich bei der Kausalgie ausgeprägte Zeichen der SUDECKschen Dystrophie mit trophischen Hautveränderungen, Durchblutungsstörungen und Gelenksversteifungen feststellen. Kennzeichnend sind des weiteren das Überschreiten des Versorgungsbereiches des betroffenen Nervs und letztlich die Ausbreitung des vegetativen Reizzustandes auf eine gesamte Extremität. Die Prognose der Kausalgie ist im allgemeinen gut, zumal nach einiger Zeit eine spontane Remission einsetzt.

Besonders hartnäckig sind erfahrungsgemäß Kausalgien bei Wurzelausrissen. In Frage kommen dann operative Eingriffe am Sympathikus, bezüglich der oberen Extremität vor allem als thorakoskopische Grenzstrangresektion, am besten unterhalb des Ganglion stellatum zwischen zweitem und drittem Thorakalganglion, zumal ja alle sympathischen Fasern der oberen Extremität aus dem Bereich von Th 3 bis Th 7 stammen.

Kausalgiformer Schmerz: Zum Unterschied von der echten Kausalgie bleibt der kausalgieähnliche Schmerz auf das Areal des betroffenen Nervs beschränkt. Die Schmerzen treten nicht spontan auf, sondern werden nur durch taktile Reize ausgelöst. Der Schmerzcharakter ist unterschiedlich, jedoch nicht brennend. Durch die genannten Gegebenheiten unterscheidet sich der kausalgiforme Schmerz wesentlich von der echten Kausalgie. Auch seine Behandlung kann schwierig sein und bringt eventuell nur Teilerfolge.

D. Differentialdiagnose

Differentialdiagnostisch werden in dem vorliegenden Buch nur traumatische Affektionen berücksichtigt. Die Aufzählung und Unterscheidung von schicksalhaften Erkrankungen würde zu weit führen. Von neurogenen Läsionen an der oberen Extremität sind verschiedene Zustandsbilder abzugrenzen, welche durch Gelenksfehlstellung eine persistierende Parese vortäuschen können. Zu nennen sind hier neben Sehnenrupturen, die unfallchirurgisch differenziert werden müssen und die man am negativen Elektromyogramm sowie an der abnormen Muskellage erkennen kann, vor allem ischämische Muskelläsionen einschließlich von Kompartmentsyndromen infolge lokaler Drucksteigerung, die sogenannte myostatische Kontraktur der Antagonisten eines ausgefallenen Muskels, das SUDECK-Syndrom, Schmerzparesen und psychogene bzw. funktionelle Lähmungen.

Ischämische Kontrakturen: Sie sind auf eine hochgradige Minderdurchblutung oder einen arteriellen Zirkulationsstopp zurückzuführen. Die Muskulatur ist gegen Sauerstoffmangel und Ischämie besonders empfindlich und entwickelt eine bretthharte Schwellung, welche äußerst schmerzhaft ist. Sodann tritt unter akuten Entzündungszeichen ein Muskelzerfall ein. Die resultierende Fibrose bewirkt bei gleichzeitiger Schrumpfung eine irreversible Kontraktur. Bei Komatösen kann durch langen Druck auf den Unterarm oder die Hand eine periphere ischämische Muskelschädigung stattfinden. Es ergibt sich eine typische Handstellung: Adduktion des Daumens bis in die Hohlhand, Beugung der Langfinger in den Grundgelenken und Streckung der Langfinger in den Interphalangealgelenken. Die begleitende Läsion der Handnerven ist meist reversibel, nicht hingegen die Muskelkontraktur. Am längsten und wohl am besten bekannt ist die *Kontraktur des Unterarmes* nach VOLKMANN als Folge eines Zirkulationsstopps in der Arteria cubitalis oder in der Arteria brachialis, typischerweise bedingt durch eine Humerusfraktur.

Strenggenommen handelt es sich dabei um ein Kompartmentsyndrom auf Grund einer kritischen Erhöhung des Gewebedruckes innerhalb der geschlossenen Knochen-Faszien-Logen. Auch die hier verlaufenden Nerven werden mitgeschädigt, wobei pathophysiologisch insbesondere eine Druckläsion anzuschuldigen ist (MUMENTHALER und SCHLIACK 1982). Typischerweise fehlt der periphere Puls. Ein traumatisch bedingtes Kompartmentsyndrom kann auch durch Quetschung oder lokale Blutung in den präformierten Hohlraum entstehen. Bei frühzeitiger Erkennung ist die Druckentlastung durch operative Spaltung der Faszie oder des Ligaments die Therapie der Wahl. Darüber hinaus müssen normale Zirkulationsverhältnisse wiederhergestellt und eine bestehende Frakturen stabilisiert werden. Unbehandelt heilt die resultierende ischämische Muskelläsion mit einer schrumpfenden Fibrose aus. Elektromyographisch besteht dann komplette Stille; es fehlt sogar die Einstichaktivität. Die begleitenden Nerven sind, wie bereits erwähnt, meist hochgradig mitgeschädigt. Unter den Kompartmentsyndromen hat in der Klinik auf Grund seiner relativen Häufigkeit das traumatisch bedingte *Tibialis-anterior-Syndrom* die größte Bedeutung. Es beschäftigt sowohl den Neurologen als auch den Unfallchirurgen und wird daher im Kapitel über unfallchirurgisch-neurologischen Gemeinsamkeiten besprochen.

Myostatische Kontraktur: Ein Muskel, der keinen Widerpart findet, verkürzt sich und bildet allmählich eine Kontraktur aus. Diese betrifft daher den funktionstüchtigen Antagonisten des gelähmten Muskels, sofern keine korrigierende Schienung und entsprechende Physiotherapie erfolgen. Wenn sich die ursprüngliche Lähmung zurückgebildet hat, bleibt dennoch die myostatische Kontraktur bestehen, behindert die Funktion des früher gelähmten, inzwischen jedoch gesundeten Muskels und schränkt das Ausmaß der Gelenksbewegung ein. Dies wird unter Umständen als eine Restparese verkannt.

SUDECK-Dystrophie: Sie wird auch als *vegetative (sympathische) Reflexdystrophie* oder als *algodystrophisches Syndrom* bezeichnet. Man sieht heutzutage in ihr eine vasomotorische Reflexantwort auf äußere Noxen, also auch auf Traumen, wobei eine neurovegetative Labilität disponierend wirkt. Es stellt sich ein sympathischer Reizzustand mit sekundären vasomotorisch-trophischen Störungen ein. Man unterscheidet drei Phasen: die *entzündliche* oder *warme Phase*, die sich auf die gesamte Extremität ausbreitet und mit Spontan- sowie Bewegungsschmerzen einhergeht, bei der die Haut livide verfärbt ist und häufig eine ödematöse Schwellung aufweist; die *kalte Phase* mit abnehmenden Spontan- und zunehmenden Bewegungsschmerzen, wobei sich dystrophische Veränderungen mit blasser und trockener Glanzhaut sowie mit fleckigen Atrophien des Knochens entwickeln; und die *atrophische Phase* mit abklingenden Schmerzen, jedoch mit bleibenden Schäden in Form von Gelenkversteifungen und diffuser Knochenatrophie bzw. Osteoporose. Wichtig erscheint nach anfänglicher Ruhigstellung der systematische Aufbau von Heilgymnastik bei gleichzeitiger Gabe von Sympathikolytika, Neuroleptika und Betablockern. Eine Remission ist prinzipiell in jedem Stadium möglich.

Pseudoradikuläre Syndrome: Von den radikulären Ausfällen sind die pseudoradikulären Syndrome zu unterscheiden. Auch bei ihnen werden ausstrahlende Schmerzsensationen angegeben, denen eine Störung der Funktionseinheit Gelenk/Muskel zugrunde liegt. Klinisch findet man Tonuserhöhungen, Einschränkungen der Gelenksbeweglichkeit, sekundäre trophische Muskelstörungen, Dysästhesien mit atypischer Verteilung, insbesondere über den Gelenken, Druckdolenz der betroffenen Muskeln, Tendomyosen und Myogelosen. Wichtig ist die Feststellung, daß sich die pseudoradikuläre Schmerzausbreitung in der Regel auf jene Muskelbezirke beschränkt, die mit dem Gelenk funktionell verbunden sind. Jedoch kann sich der Schmerz über eine Funktionskette auch ziemlich weit in die Umgebung erstrecken. Dieser ausstrahlende Schmerz erweckt häufig den Eindruck, als wären mehrere Segmente betroffen. Bisweilen ist er auf beiden Seiten vorhanden (Lewitt 1973). Als typische pseudoradikuläre Syndrome sind das Zervikalsyndrom im weiteren Sinne, das über die Grenzen des lokalen Vertebralsyndroms hinausgeht und mit Schmerzen im Hinterhaupt sowie in den Schultern und Armen einhergeht, weiters das Syndrom des Sternoklavikulargelenkes mit Schmerzen im Musculus sternocleidomastoideus und in der Brust- sowie Schultermuskulatur der betroffenen Seite, das Akromioklavikularsyndrom mit Schmerzen in der Schulter- und Nackenregion bzw. das Schulter-Arm-Syndrom und das Schulter-Hand-Syndrom, das Epikondylitis-Syndrom mit Schmerzen im Unterarm, das Handgelenkssyndrom mit Schmerzen im Unterarm und in der Hand, das Lumbalsyndrom mit Schmerzen in der paravertebralen und glutäalen Muskulatur sowie in der dorsalen Oberschenkel- und Unterschenkelregion, das Symphysensyndrom mit Schmerzen im Unterbauch und in der Adduktorenmuskulatur, das Hüftgelenkssyndrom mit Schmerzen in der lateralen Oberschenkelregion, das Patellarsyndrom mit Schmerzen im Quadriceps-femoris-Bereich, das Sprunggelenkssyndrom mit Schmerzen in den Peronäusmuskeln und das Kiefergelenksyndrom mit Schmerzen in der Schläfen- und Unterkieferregion zu erwähnen. Häufig liegen Haltungsfehler diesen Störsyndromen zugrunde. Behandlung und gutachtliche Beurteilung der pseudoradikulären Syndrome würden prinzipiell in den Kompetenzbereich des Orthopäden oder Unfallchirurgen fallen, jedoch kann manchmal die Unterscheidung von einem echten Wurzelsyndrom oder von der Läsion eines peripheren Nervs schwierig sein, so daß auch der Neurologe über diese Zustandsbilder Bescheid wissen muß. Mitunter bestehen radikuläre und pseudoradikuläre Syndrome eine Zeitlang nebeneinander.

Schmerzparesen: Die Bewegungsstörung ist Folge eines anhaltenden schmerzhaften Zustandes. Besonders bekannt ist in dieser Hinsicht die Subluxation des Radiusköpfchens bei Kleinkindern als Zerrverletzung. Selbstverständlich sind in diesen Fällen der neurologische Untersuchungsbefund sowie die neurophysiologischen Befunde an der Muskulatur und den peripheren Nerven normal.

Psychogene Lähmungen: Sie werden auch als *Pseudolähmungen* oder *funktionelle bzw. hysterische Paresen* bezeichnet und stellen nicht-organisch bedingte Bewegungsstörungen auf neurotischer oder simulativer Basis dar. Sie sind definiert durch eine normale Funktion der Nerven-Muskel-Einheit bei fehlender aktiver Innervation. Oft manifestieren sich psychogene Paresen bloß in der Untersuchungs- oder Begutachtungssituation. Typischerweise fehlen Muskelatrophien. Die Muskeldehnungsreflexe sind erhalten, mitunter infolge allgemeiner Erregung sehr lebhaft, mitunter infolge starker Verspannung schwach und nur bei Ablenkung auslösbar. Die elektrische Muskelerregbarkeit ist normal, in der Elektromyographie finden sich keine Zeichen einer Denervation (keine Spontanaktivität). Hingegen kommt es durch Bewegungen benachbarter Muskeln oft gleichzeitig zur Innervation der angeblich gelähmten Muskeln. Ferner kann die transkranielle kortikale Magnetstimulation zum Nachweis des nicht-organischen Charakters einer Pseudolähmung eingesetzt werden. Sie ergibt in diesem Falle eine normale Funktionsfähigkeit der motorischen Bahn vom Kortex bis zu den als plegisch angegebenen Muskeln (Mayr, Zeiler, Auff, Zeitlhofer und Deecke 1989). Dieser Ausschluß einer organischen Läsion gilt für mittel- und hochgradige Paresen (Müllges, Ferbert und Buchner 1991). Eine leichte Parese auf Grund einer substantiellen Läsion kann aber trotz normalem Befund der transkraniellen Magnetstimulation vorliegen. Schon in der klinischen Prüfung entsprechen die demonstrierten Lähmungsbilder nicht den anatomischen und physiologischen Verhältnissen. Sie weisen große Schwankungen in der Verteilung und im Ausmaß auf. Durch Ablenkung können häufig Innervationen in den psychogen gelähmten Muskeln objektiviert werden. Laut Bodechtel, Krautzun und Kazmeier (1951) gibt es für jede psychogene Bewegungsstörung ein entsprechendes Entlarvungsmanöver. Erforderlich ist auch stets eine Beobachtung des Betroffenen außerhalb der eigentlichen Begutachtungssitutation, z. B. beim An- und Auskleiden, beim Verlassen des Ordinationsraumes usw. Die angegebenen Sensibilitätsstörungen zeigen Begrenzungen, welche nicht den anatomischen Gegebenheiten entsprechen, wiederholt mit Halbierung des Körpers einschließlich der Genitalregion, eventuell auch nach Art von Kleidungsstücken (ärmelartig, handschuhartig usw.). Bei Angabe von Gefühlsstörungen im Fingerbereich empfiehlt es sich, Münzen bei geschlossenen Augen abtasten zu lassen und nach deren Beschaffenheit zu fragen. Meist erhält man bizarre, übertriebene und falsche Antworten. Dabei kommt es aber nur darauf an, daß der Untersuchte die Münze trotz der von ihm angegebenen hochgradigen Gefühlsstörung oder Gefühllosigkeit nicht aus den Fingern verliert, was bloß bei recht guter Sensibilität gelingt. Infolge gesteigerter vegetativer Erregbarkeit, wie sie bei psychogenen Personen häufig zu finden ist, wird man auch leichte vasomotorische und trophische Veränderungen finden können, so Hautkälte, Zyanose und livide Verfärbung, vermehrte Schweißsekretion oder Trockenheit der Haut. Artifizielle Hautschädigungen können zusätzlich in Form von Kratzeffekten, Schwellungen, Blutunterlaufungen sowie Strangulationsfurchen vorhanden sein. Das Gehaben der Betroffenen ist theatralisch und demonstrativ, die Beschwerdenschilderung meist übertrieben, oft mit einem aggressiven Beiklang. Sonstige psychogene Phänomene wie Lidflattern, Fingertremor sowie funktionelle Koordinationsstörungen bei groteskem Verhalten werden wiederholt beobachtet (Scherzer 1989). Pseudoparesen der genannten Art zeigen typischerweise, da sie ja nicht dauernd beibehalten werden, keinen verminderten Kalkgehalt des Knochens, wie er im Falle einer organisch bedingten Lähmung nach zwei bis drei Jahren deutlich nachweisbar ist (laut Krokowski, Krokowski und Schliack 1963 um 40 bis 50% gegenüber der gesunden Seite reduziert). Manchmal bestehen organische und nichtorganische Paresen nebeneinander. Im Falle einer solchen Kombination spricht man von einer *psychogen überlagerten Teillähmung*. Wenn die ursprünglich gelähmte Muskulatur bereits reinnerviert ist, kann die Bewegungsstörung in Form einer *Gewohnheitslähmung* persistieren. Es handelt sich bei diesem Zustandsbild, das auch als *autoparalytisches Phänomen* bezeichnet wird, um eine psychogene Störung, welche die Rückbildung der organisch bedingten Lähmung förmlich ignoriert und den anfänglichen Lähmungszustand aus psychischen Gründen beibehält.

E. Therapie und Verlauf

Die Therapie der Verletzungen des peripheren Nervensystems gestaltet sich unter Umständen schwierig, weil anfangs das Ausmaß der Schädigung oft unklar ist und auch die spätere Entwicklung nicht vorhersehbar ist. So können periphere Nerven nach ausgedehnten Quetschungen mit Hämatombildung fibrös eingescheidet und zunehmend stranguliert werden, insbesondere beim Durchtritt durch Faszien, die dann operativ gespaltet werden müssen. Wichtig ist die bewußte Suche nach einer Nervenläsion bei der Wundversorgung zwecks **chirurgischer Therapie** einer eventuellen Nervenschädigung. Findet man dabei eine vollkommen glatte Nervendurchtrennung, bestehen keine schweren Begleitverletzungen, welche die Heilung der Nervenläsion beeinträchtigen, und ist eine spannungslose Adaptation der Nervenstümpfe möglich, so hat am besten eine *primäre Nervennaht* zu erfolgen. Eine solche wird insbesondere bei Nervendurchtrennungen distal des Handgelenkes durchgeführt. Ist eine spannungsfreie Nervennaht nicht erzielbar, so sollte eine Adaptationsnaht gelegt werden, damit eine stärkere Retraktion der Nervenenden in der nächsten Zeit vermieden wird. Es empfiehlt sich dann eine *frühe Sekundärnaht* in der vierten bis sechsten posttraumatischen Woche unter nunmehr wesentlich besseren Operationsbedingungen. Überschreitet die Dehiszenz der Nervendiszision oder der Nervenruptur bzw. die Länge des geschädigten Nervenareals die sogenannte „kritische interfragmentäre Distanz“, so ist eine Nerventransplantation indiziert. Als Spendernerven dienen der Nervus suralis, der Nervus cutaneus femoris lateralis, die Nervi cutanei antebrachii medialis et lateralis, der Nervus saphenus usw. Bei Verwendung von Operationslupe, Operationsmikroskop und atraumatischem Nahtmaterial sowie durch korrekte perineurale und interfaszikuläre Nähte konnten die Operationsergebnisse wesentlich verbessert werden. Millipore-Folien sowie Fibrinkleber haben sich hingegen nicht allgemein bewährt. Im Falle einer partiellen Nervendurchtrennung muß der erhaltene, gesunde Teil geschont und der durchtrennte, lädierte Teil operativ überbrückt werden.

Eine *Nervenrevision* ist bei einer stumpfen Verletzung dann indiziert, wenn sich nach etwa zwei bis drei Monaten noch keine Zeichen einer Restitution nachweisen lassen. Es besteht bei längerem Zuwarten die Gefahr der endoneuralen Fibrose, welche allmählich die Nervenfasern stranguliert. Sie zeigt sich intraoperativ als spindelige Auftreibung des Nervs an der Verletzungsstelle (Pseudoneurom), zurückzuführen auf einen chronischen Reizzustand mit konsekutiver Vermehrung des intraneuralen Bindegewebes. Die Behandlung besteht in der exakten *Neurolyse*, d. h. im Abtragen des epi- und perineuralen Narbengewebes. Liegt ein echtes Neurom trotz erhaltener Kontinuität des Nervenstranges vor, so muß doch eine Ruptur von Nervenfasern angenommen werden. Finden sich überhaupt keine gesunden Nervenanteile mehr, so ist eine Exzision mit nachfolgender Nerventransplantation erforderlich. Die intensive Druckschädigung eines peripheren Nervs führt zu einer meist stark ausgeprägten fibrotischen Reaktion über eine längere Strecke, so daß eine frühzeitige Neurolyse indiziert ist. Bei Spritzenlähmungen findet man in der Regel eine ausgeprägte durchgehende Fibrose, so daß neben der äußeren auch eine exakte innere Neurolyse oder oft eine Nerventransplantation indiziert ist. Im Falle eines geringeren Drucks auf einen peripheren Nerv, selbst wenn die Kompression wie beispielsweise beim Karpaltunnelsyndrom lang anhält, genügt üblicherweise die einfache Neurolyse. Wichtig ist, daß der operierte Nerv nach seiner chirurgischen Wiederherstellung beste Bedingungen für die Regeneration vorfindet. Unter diesem Blickwinkel empfiehlt sich bezüglich des Nervus ulnaris wiederholt zusätzlich zur Neurolyse die Volarverlagerung aus dem Sulkusbereich unter die ulnare Beugemuskulatur. Selbstverständlich muß der betroffene Nerv auch vom Druck durch dislozierte Knochenfragmente und überschießenden Kallus befreit werden. Bei ausbleibender spontaner Regeneration hat eine Sekundärrevision zu erfolgen. Diese sollte womöglich noch innerhalb des ersten halben Jahres nach dem Trauma durchgeführt werden, weil die Operationsergebnisse von *späten Sekundärnähten* ab dann ungünstiger werden und nach etwa einem Jahr kaum noch gute Behandlungsergebnisse zu erwarten sind. Es kommen schließlich nur mehr Ersatzoperationen in Form von Muskel- und Sehnenverpflanzungen sowie Gelenksversteifungen in Frage.

Chirurgische Interventionen erfolgen, wie soeben dargestellt, als *Neurolyse* (äußere Neurolyse am Epineurium, interfaszikuläre, innere oder Endoneurolyse am Perineurium), als *spannungsfreie Nervennaht* (direkte Stumpfapposition, End-zu-End-Naht) oder als *Nerventransplantation* (Überbrückung der Dehiszenz mittels eines autologen Nerveninterponats) bei Retraktion der

Nervenstümpfe oder bei Schädigung des Nervenkabels über eine längere Strecke. Nach *Nervenrekonstruktion* mit exakter Faszikeldurchtrennung zwecks „Anfrischung" und mit exakter Faszikelapposition zwecks Vermeidung von Fehlanschlüssen bzw. falschen „Leitschienen" wachsen die Nervenfasern aus dem proximalen Stumpf durchschnittlich mit einer Geschwindigkeit von 1 bis 2 mm pro Tag in Richtung Peripherie (initiale Latenz durch traumatischen Schock, zögernde Überwindung des Nahtbereiches bzw. der Transplantationsstrecke, schließlich schnelleres Vorwachsen im erhaltenen, primär nicht lädierten Nervenkabel). Sensible Fasern dringen übrigens schneller vor als motorische Fasern. MÜLLER-VAHL und SCHLIACK (1983) geben die Regenerationsgeschwindigkeit für motorische Fasern mit etwa einem Millimeter und für sensible Fasern mit etwa 2,5 Millimeter pro Tag an. Die Lage der ausgesprossenen sensiblen Axone kann durch Beklopfen entlang des Nervenverlaufs bestimmt werden. Solche Reize lösen Parästhesien aus, welche in den peripheren sensiblen Versorgungsbereich des Nervs projiziert werden (HOFFMANN-TINELsches Klopfzeichen). Man unterscheidet ein distales Klopfzeichen für die am schnellsten und damit am weitesten vorgedrungenen Nervenfasern sowie ein proximales Klopfzeichen für die am langsamsten und daher am wenigsten weit ausgewachsenen Nervenfasern. Die Axonaussprossung ist überschießend, d. h. es werden von einer durchtrennten Nervenfaser mehrere Kollateralen gebildet (Hyperneurotisation). Ihr Kaliber ist geringer als das der Nervenfasern oberhalb der Läsion. Mit Anschluß an das Erfolgsorgan und solchermaßen mit Funktionsaufnahme nimmt der Durchmesser der Axone zu und erreicht schließlich oft ziemlich normale Werte. Hingegen wird nur relativ wenig Myelin gebildet, so daß die Markscheiden dünn bleiben und deshalb dauernd eine Verlangsamung der Nervenleitgeschwindigkeit zeigen. Ausgesprossene Nervenfasern, die keinen Anschluß an ein Erfolgsorgan gewinnen, bilden sich allmählich zurück. Durch falsches Auswachsen von regenerierten Nervenfasern infolge nicht idealer operativer Apposition der einzelnen Faszikel des Nervs entstehen Fehlanschlüsse, die sich funktionell nachteilig auswirken können: *paradoxes Innervationsmuster* als partielle Mitinnervation oder als Masseninnervation, welche das Operationsresultat durch gleichzeitige Innervation von Agonisten und Antagonisten wesentlich beeinträchtigen kann. Bereits einige Wochen vor Wiederkehr der klinischen Motorik lassen sich im Elektromyogramm Reinnervationspotentiale feststellen. Desgleichen setzt die spontane Schweißsekretion einige Wochen vor Wiederkehr der primitiven Sensibilität ein, wie der Ninhydrintest zeigt. Da sich die Nervenregeneration von proximal nach distal vollzieht, kehrt auch die Nervenfunktion zuerst in den proximalen und später in den distalen Bereichen wieder, betrifft demnach zuerst die von den kürzeren und später die von den längeren Nervenästen versorgten Endorgane.

Die motorischen Lähmungen bilden sich am reinnervierten Muskel bei Zunahme des Muskelvolumens allmählich zurück. Je nach Schädigung wird wieder volle Kraftentfaltung oder nur eine kraftverminderte Muskelleistung erreicht. Beim Erwachsenen sind nach schweren Läsionen peripherer Nerven restierende Teillähmungen die Regel, da eine vollkommene Rückbildung insbesondere nach Nervennähten kaum jemals eintritt. Die Wiederkehr der erloschenen Sensibilität im Rahmen der Nervenregeneration vollzieht sich zuerst an den Schmerz- und dann an den Temperaturwahrnehmungen. Diese beiden Qualitäten werden gemeinsam als „Schutzsensibilität" bezeichnet, da sie das Erkennen einer Gefahr und dadurch eine entsprechende Abwehr ermöglichen. Zuletzt stellen sich Berührungswahrnehmungen ein, welche vorerst ziemlich diffus sind und keine genauere Lokalisation zulassen. Eventuell werden sensible Reize nicht am Ort, wo sie gesetzt werden, sondern woanders verspürt. Dies ist gleichfalls eine Folge falscher bzw. fehlgeleiteter Reinnervation. Die taktile Gnosie mit der höchsten sensiblen Funktionsleistung, nämlich der des „taktilen Auges" bzw. der „sehenden Hand", wird nach kompletten Nervendurchtrennungen trotz bester Operationstechnik nur selten wiedererlangt. Schließlich kehren, nachdem die Nervenregeneration sowohl die sensiblen als auch die motorischen Bereiche in genügendem Maße erfaßt hat, die zuvor erloschenen Eigen- und Fremdreflexe wieder.

Die Aussichten auf eine erfolgreiche Nervenregeneration sind erfahrungsgemäß bei distalen Läsionen günstiger als bei proximalen. Dies erklärt sich einerseits durch die bei distalen Läsionen kürzere Überbrückungsstrecke zwischen Schädigungsort und Erfolgsorganen sowie andererseits durch die geringere Fehlsteuerung der Regenerate mit falschen Anschlüssen und konsekutiver Masseninnervation. Bei proximalen Läsionen ergibt sich infolge der längeren Überbrückungsstrecke auch eine längere Regenerationszeit, so daß die Erfolgsorgane mittlerweile eventuell degeneriert sein können. Letztgenannte Gefahr zeigt sich besonders am denervierten Muskel, der infolge fortschreitender Atrophie nach zehn Wochen nur mehr die Hälfte seines ursprünglichen Volumens aufweist und auch in weiterer Folge degenerative Strukturveränderungen bis zur Fibrose erfährt. Aussprossende Nervenregenerate finden dann kein funktionsfähiges Erfolgsorgan mehr vor, und die Lähmung ist auf diese Weise irreversibel geworden. Deshalb sollten Nervenoperationen möglichst frühzeitig und vorzugsweise innerhalb des ersten Halbjahres nach dem Trauma erfolgen. Nach dem Operationszeitpunkt unterscheidet man, wie zuvor erwähnt, Primärnähte (gleich nach der Verletzung, besonders an Hand- und Fingernerven), frühe Sekundärnähte (nach vier bis sechs Wochen) und späte Sekundärnähte (nach Monaten). Unter Umständen ist auch eine Nervenverlagerung zwecks Vermeidung weiterer Schädigungen eines Nervs indiziert, z. B. Volarverlagerung des Nervus ulnaris.

Die **konservative Therapie** bei Nervenverletzungen ist nach Ausschluß einer Operationsindikation oder als Nachbehandlung eines operativen Eingriffes durchzuführen. Sie zielt darauf ab, daß die Wunde normal abheilt, die denervierte Muskulatur in einem funktionstüchtigen Zustand erhalten wird, eine gute Durchblutung gegeben ist und Sekundärschäden wie Kontrakturen, Gelenksversteifungen, trophische Geschwüre usw. vermieden werden. Nach schwereren Nervenschädigungen, die zumindest mit einer Axonunterbrechung einhergehen (Axonotmesis), tritt im distalen Bereich des Nervenverlaufes die WALLERsche Degeneration ein. Sie besteht in einem anterograden Axonzerfall und in einer Markscheidenauflösung, begleitet von Proliferation der SCHWANNschen Scheidenzellen, die sich zu den längsorientierten HANKE-BÜNGNERschen Bändern formieren. Diese dienen sozusagen als Leitschienen für die später aussprossenden Nervenfasern. Zentripetal von der Läsionsstelle entsteht in der Regel nur eine geringere retrograde Degeneration über wenige Segmente, die mithin keine maßgebliche Rolle spielt. Anzuwenden sind in der konservativen Therapie als strukturerhaltende Maßnahmen Bewegungsübungen, Schienungen, leichte Massagen und Elektrotherapie. Letztere verzögert zwar den Gewichtsverlust der denervierten Muskulatur, soll aber die Geschwindigkeit der Nervenregeneration verlangsamen und ist daher bezüglich ihrer Indikation umstritten. Wenn man sich ärztlicherseits zur Elektrotherapie entschließt, dann muß sie unter besten Bedingungen erfolgen, nämlich gleich nach der Schädigung bzw. Diagnose begonnen, täglich durchgeführt und bis zur beginnenden Reinnervation fortgesetzt werden. Danach ist sie sicherlich ohne Effekt. Man verwendet galvanischen Strom (Gleichstrom) bzw. Exponentialstrom (Dreieckstromimpulse), wobei jeder gelähmte Muskel unter möglichst isometrischen Bedingungen, nach MUMENTHALER und SCHLIACK (1982) etwa zehn- bis fünfzehnmal, zur Kontraktion gebracht werden soll. Bei der konservativen Behandlung von Nervenläsionen kommt der reflektorischen und später der willkürlichen Aktivierung der Nerv-Muskel-Einheit allergrößte Bedeutung zu. Aber auch hier kann man wie bei der Elektrotherapie leicht übertreiben und eine unerwünschte Verkrampfungsneigung bahnen, wenn bereits eine partielle Funktionswiederkehr stattgefunden hat (z. B. forcierte manuelle Übungen bei Paresen im Handbereich). Hingegen dienen ergänzende feinmotorische und taktile Übungen der Förderung von Sensibilitätsleistungen und damit der Feinmotorik. Die Remission nach schweren Nervenläsionen hält oft zwei Jahre und mitunter sogar noch länger an. Der Endzustand sollte gutachtlich keineswegs zu früh beurteilt werden. Was die neurologischen Ausfälle nach (mittelbaren) unfallkausalen Polyneuropathiesyndromen, wie sie im Rahmen der langdauernden Behandlung an einer Intensivpflegestation auftreten können, anlangt, so ist von Haus aus ein konservatives Vorgehen indiziert. Die diesbezügliche Rehabilitation besteht in Bewegungsübungen zur Besserung der Gelenksbeweglichkeit, Kraftübungen zur Stärkung der Muskulatur und Tastübungen zur Verbesserung der Sensibilität. Besonderes Augenmerk ist auf die Vermeidung einer weiteren Nervenschädigung, z. B. durch Druck oder reichlichen Alkoholgenuß, zu richten.

Gegen Nervenschmerzen setzt man eventuell kombiniert die transkutane Nervenstimulation (TENS-Geräte) sowie Neuro- und Thymoleptika ein, z. B. Haldol, Truxal, Melleril, Anafranil, manchmal auch Carbamazepin. Analgetika sollten weitestgehend vermieden werden. In der Schmerzchirurgie hat die

Implantation eines epiduralen Hinterstrangstimulators leider keine überzeugenden Resultate geliefert. Schließlich kommen noch neurochirurgische Eingriffe am Sympathikus, an den Hinterwurzeln, am Rückenmark und am Gehirn in Frage. Sie sind jedoch extremen Ausnahmefällen vorbehalten.

F. Gutachtliche Wertung

Die *Unfallkausalität* einer Läsion des peripheren Nervensystems ergibt sich in der Regel aus dem Verletzungsbereich, der Verletzungsart und der zeitlichen Koinzidenz zwischen Trauma und neurologischem Ausfall. Bei Latenz in der Entwicklung einer Nervenschädigung muß der Gutachter im Falle der Anerkennung dieses zeitliche Intervall erklären und dadurch die Unfallkausalität (mittelbare Verletzungsfolgen, insbesondere durch Druck und Strangulation) wahrscheinlich machen. Voraussetzung ist auch hier ein adäquates Trauma mit einem entsprechenden klinischen Verlauf. Schwierigkeiten können sich in der Beurteilung eines Polyneuropathiesyndroms ergeben. Für dessen Unfallkausalität sind das Fehlen von Nervenläsionen vor dem Unfall, der Nachweis einer entsprechend schweren toxischen Schädigung (Medikamente, Fieber, Magen-Darm-Resorptionsstörungen, Organversagen von Leber und Niere) und/oder einer Druckschädigung bei Muskelatonie und Immobilität (Daniederliegen in einem schweren klinischen Zustandsbild, das eine Behandlung an der Intensivpflegestation durch längere Zeit erfordert), eine Latenz im Auftreten der neurologischen Symptomatik und ein meist ausgedehntes, distales Verteilungsmuster der motorischen und sensiblen Ausfälle bei gleichzeitig pathologischen neurophysiologischen Untersuchungsbefunden zu fordern. Die differentialdiagnostische Abgrenzung des Polyneuropathiesyndroms nach unfallkausaler Intensivbehandlung muß vor allen Dingen einen vorbestehenden Diabetes mellitus, chronischen Alkohol- und Medikamentenmißbrauch berücksichtigen.

Objektive Begutachtungskriterien für Läsionen peripherer Nerven sind Paresen, Kontrakturen und Bewegungseinschränkungen sowie Muskelverschmächtigungen und sonstige trophische Veränderungen, Reflexherabsetzungen und Reflexverlust sowie pathologische neurophysiologische Befunde, insbesondere bezüglich Elektromyographie und Nervenleitgeschwindigkeit. Bei den Polyneuropathien nach Unfällen mit längerer Intensivpflegebehandlung betreffen die neurologischen Ausfälle typischerweise den Versorgungsbereich mehrerer peripherer Nerven, sind distal gelegen und überwiegend symmetrisch angeordnet. Im übrigen gelten die gleichen, eben aufgezählten, objektiven Kriterien.

Die *Beurteilung einer Sensibilitätsstörung* ist stets schwierig, da die Verletzten sich einerseits oft schlecht ausdrücken können und andererseits wiederholt übertriebene Angaben machen. Die Begrenzung der Sensibilitätsstörung hat mit den anatomischen Gegebenheiten übereinzustimmen, wobei jedoch auch eventuelle physiologische Variationen in Betracht zu ziehen sind.

Gravierend sind Sensibilitätsausfälle im Tastbereich der Hand. Eine Gefühlsstörung in einem Hautbezirk, der nicht primär dem Tasten dient, hat demnach gutachtlich keine maßgebliche Bedeutung. Liegt eine Nervenläsion distal des Ramus communicans griseus des Grenzstranges vor, so ist aus anatomischen Gründen ein kompletter Sensibilitätsverlust (Anästhesie und Analgesie) nur dann glaubhaft, wenn auch Anhidrose in dem betroffenen Areal besteht, allenfalls durch den Ninhydrintest nachzuweisen. Das Fehlen der spontanen Schweißsekretion bewirkt einen Verlust der Handfeuchtigkeit und bedeutet deshalb für viele manuelle Tätigkeiten eine Behinderung; die Griffigkeit der Hand ist nicht mehr gegeben. Die Wiederkehr der Sensibilität kündigt sich schon früher im Schweißtest an. Sensibilitätsstörungen im Gefolge einer Polyneuropathie sind, wie erwähnt, nicht scharf auf den Versorgungsbereich eines peripheren Nervs beschränkt, sondern sind in der Regel diffus und betreffen das sensible Innervationsareal mehrerer peripherer Nerven. Eine besonders genaue diagnostische Analyse ist vorzunehmen, wenn nur eine Sensibilitätsstörung angegeben wird und gleichzeitig keine motorischen Ausfälle vorhanden sind. Meist kann eine Klärung durch zusätzliche elektrophysiologische Untersuchungen oder eventuell durch den Ninhydrintest erfolgen.

Anomalien in der Nervenversorgung, welche z. B. zu größeren als zu den erwarteten Ausfällen geführt haben, sind gutachtlich voll anzuerkennen und erfordern dementsprechend eine höhere Einschätzung. Umgekehrt kann sich durch eine derartige anatomische Variante die Schädigung eines bestimmten Nervs wesentlich geringer auswirken. In diesem Fall muß der Gutachter diesem Umstand Rechnung tragen und eine geringere Einschätzung als im Regelfall (bei normalen Innervationsverhältnissen) vornehmen. Die gutachtliche Beurteilung hat also stets im Hinblick auf tatsächlich nachweisbare funktionelle Störungen und objektivierbare Beeinträchtigungen zu erfolgen. Auch kann manchmal eine Nervenlähmung teilweise durch nicht betroffene, ungelähmte Synergisten kompensiert werden, z. B. der Axillarisausfall. Begutachtet wird demnach nicht der Funktionsverlust des Nervs selbst, sondern die Auswirkung der Nervenläsion auf Bewegungen, Kraftentfaltung, Geschicklichkeit, Tastvermögen usw. Myostatische Kontrakturen der Antagonisten sowie ischämische Muskelkontrakturen, vor allem im Rahmen von Kompartmentsyndromen, sind als Funktionsbehinderungen gleichfalls bei der Bestimmung des Gesamtschadens zu berücksichtigen, haben aber selbstverständlich keine gutachtliche Bedeutung, wenn die durch sie gegebene Beeinträchtigung nicht über jene der vorliegenden Nervenparese hinausgeht. Gravierende trophische Hautveränderungen wie chronische Exulzerationen und ausgeprägte Durchblutungsstörungen, welche mit glaubhaften subjektiven Beschwerden erheblichen Grades einhergehen, weisen auf eine vermehrte Vulnerabilität hin und bedeuten eine ständige Gefährdung. Wie zuvor dargelegt, ist diesem Umstand bei der Einschätzung zusätzlich Rechnung zu tragen. Gleiches gilt für pathologische Mitbewegungen, welche ja die Feinmotorik wesentlich beeinträchtigen können.

In der Haftpflichtversicherung sind die *unfallkausalen Schmerzen* einzuschätzen. Diese Beurteilung fußt sowohl auf den subjektiven Angaben des Betroffenen als auch auf dem erhobenen objektiven Befund mit entsprechenden organischen Ausfällen. Die Persönlichkeitsstruktur des Verletzten ist bei der Prüfung der Frage der Glaubwürdigkeit unbedingt zu beachten. Angaben größter Beschwerden bei fehlenden oder nur geringen objektiven Ausfällen müssen mit Skepsis betrachtet werden. Das bedenkenlose Anerkennen übertriebener Darstellungen ist jedenfalls abzulehnen. Besonders junge und unerfahrene Gutachter begehen hier Fehler. Derartige Anerkennungen bedeuten eine Ungerechtigkeit gegenüber anderen Versehrten mit gleichartigen Verletzungen, die keine solchen Aggravationen in ihrer anamnestischen Schilderung und in ihrer Beschwerdendarstellung bieten. In Einzelfällen wird man, besonders im Rahmen von Gerichtsverfahren, bei Verdacht auf gravierende psychogene Störungen auch eine stationäre Durchuntersuchung an einer entsprechenden Fachabteilung empfehlen. Die Erfahrung lehrt, daß tatsächliche Schmerzen bei Läsionen peripherer Nerven in der Regel nicht im Vordergrund stehen, sondern daß meistens nur Mißempfindungen vorhanden sind. Im Laufe der Zeit bilden sich die subjektiven Beschwerden weitgehend zurück. Mitunter werden Schmerzen durch Nebenverletzungen und Durchblutungsstörungen verursacht. Die Einschätzung der unfallkausalen Schmerzperioden erfordert auch bezüglich der Verletzungen peripherer Nerven große Erfahrung und muß andere unfallbedingte Unbilden, welche keine eigentlichen Schmerzen bedeuten, gleichfalls berücksichtigen, z. B. Bewegungsbehinderungen, Gefühlsstörungen usw. Allmählich treten jedoch Anpassung und Gewöhnung an den persistierenden Defektzustand ein, womit die einzuschätzende Schmerzperiodik endet, da weiterhin gegebene, geringe subjektive Beschwerden nicht mehr vom unfallbedingten Dauerschaden zu trennen sind (Schütz 1956).

Ferner ist in der Haftpflichtversicherung und vor dem Zivilgericht die Frage nach der *beruflichen Beeinträchtigung* durch die Unfallfolgen zu beantworten. Tatsächlich kann durch Läsionen des peripheren Nervensystems sogar Berufsunfähigkeit bedingt sein, insbesondere wenn Handnerven betroffen sind (Pianist, Sekretärin, Näherin, Uhrmacher, Feinmechaniker usw.). Es wirken sich in diesen Fällen nicht nur Lähmungserscheinungen, sondern auch Sensibilitätsdefizite berufsbehindernd aus. Wenn die Arbeitsplatzverhältnisse für den ärztlichen Gutachter nicht klar sind, empfiehlt sich die Beiziehung eines Berufskundlers.

Der *unfallkausale Dauerschaden im Sinne der bleibenden Invalidität*, wie er in der privaten Unfallversicherung eingeschätzt werden muß, ist bei den hier zu besprechenden Verletzungen des peripheren Nervensystems ohne Bezug auf den Beruf des Verletzten in der sogenannten *Gliedertaxe* festgelegt. Der volle Extremitätenwert beträgt meist 70% (ausnahmsweise in manchen neueren Verträgen auch 75% und 80%) vom Ganzen. Bei schwereren Nervenläsionen sollte der Dauerschaden angesichts der Remissionszeit, welche sich über zwei bis drei Jahre erstreckt, keineswegs zu früh festgelegt werden. Die Gliedertaxe bezieht sich jeweils auf komplette Ausfälle. Bei Teilläsionen ist eine entsprechend geringere Einstufung vorzunehmen. Die Gliedertaxe ist eine *allgemeine Größe*, daher unabhängig vom speziellen Beruf, berücksichtigt global auch die Privatsphäre wie Sport usw. Sie macht in der privaten Unfallversicherung keinen Unterschied bezüglich der Händigkeit, wogegen in der Haftpflichtversicherung, wenn derartige Fälle vor Gericht verhandelt werden, häufig noch richterlicherseits eine solche Unterscheidung getroffen wird. Krösl und Zrubecky (1980) haben jedoch darauf hingewiesen, daß die erworbene größere Geschicklichkeit der einen Hand im Laufe der Zeit ausnahmslos auf die andere Hand übertragen wird, so daß gutachtlich eine Differenzierung in Gebrauchs- und Hilfshand wegfallen kann. Eventuell wäre eine gewisse Umstellungsphase zu berücksichtigen. Die Extremitätenwertminderung nach der Gliedertaxe soll entsprechend den ursprünglichen Empfehlungen nicht in Prozenten, sondern in Brüchen angegeben werden, z. B. 1/2, 1/3, 2/3, 1/4, 3/4, 1/5 usw. des Extremitätenwertes. Die Darstellung der Funktionsbehinderung in Bruchteilen des Extremitätenwertes hat den Vorteil, daß keine Verwechslung mit den Prozentwerten der Globalminderung wie bei psychischen Defekten oder der Minderung der Erwerbsfähigkeit (MdE), die stets vom Ganzen, d. h. von 100%, ausgehen, stattfinden kann.

Für die Einschätzung in der privaten Unfallversicherung gibt nachstehende Liste *Einstufungen der kompletten Ausfallsyndrome* peripherer Nerven im Extremitätenbereich an. Zur Orientierung werden neben den obgenannten Bruchzahlen noch die daraus resultierenden und bloß umgerechneten Prozentzahlen der Extremitätenwertminderung (Armwertminderung = AWM, Beinwertminderung = BWM) angegeben, die aber keineswegs den Prozentsätzen der gesetzlichen Unfallversicherung, welche sich auf den fiktiven allgemeinen Arbeitsmarkt bezieht, der sogenannten MdE, gleichgesetzt werden dürfen. Aus funktionellen Gründen scheint in dieser Liste auch die Akzessoriuslähmung auf, zumal sie den Arm im Bereiche des Schultergelenks betrifft. Sämtliche angegebenen Werte beziehen sich auf die gesamte Extremität, was auch deshalb berechtigt ist, weil diese eine untrennbare Funktionskette darstellt. Die Liste lehnt sich an ähnliche Aufstellungen bezüglich des Invaliditätsgrades in der privaten Unfallversicherung an und enthält *empfohlene Mittelwerte*. Weicht der Gutachter stärker von diesen Richtwerten ab, so muß er nachvollziehbar und schlüssig begründen, warum er im gegenständlichen Falle diese und nicht die übliche Mittelwerteinschätzung getroffen hat. So können bei Vorliegen von Innervationsvarianten stärkere oder geringere Ausfälle und dadurch höhere oder niedrigere Einschätzungen, bei Vorliegen einer weitgehenden Kompensation geringere Funktionsbehinderungen und dadurch geringere Einschätzungen berechtigt sein. Teilschädigungen werden entsprechend ihrem Schweregrad und ihrer funktionellen Auswirkung geringer als Totalschäden eingestuft. Kombinierte Läsionen des peripheren Nervensystems dürfen nicht rein additiv bezüglich ihrer Gesamteinbuße bestimmt werden, sondern erfordern eine exakte gutachtliche Analyse der durch sie bewirkten Funktionsstörungen, zumal sowohl Überschneidungen als auch Potenzierungen der Ausfälle und Behinderungen möglich sind. Besonders häufige Kombinationen von Schädigungen peripherer Nerven wurden ohnedies eigens besprochen und sind bezüglich ihrer Einschätzungen in der folgenden Liste angeführt. Was radikuläre Ausfälle anlangt, so lassen sich für diese kaum Schätzwerte nennen, da segmentale Ausfälle eine oder mehrere Wurzeln und diese häufig in unterschiedlichem Maße betreffen.

Kompletter Ausfall	*Extremitätenwertminderung als*	
	Bruch	*Prozentzahl*
Nervus accessorius	1/3	33,3% AWM
Gesamter Armplexus	1/1	100 % AWM
Oberer Armplexus	3/5	60 % AWM
Mittlerer Armplexus	3/20	15 % AWM
Unterer Armplexus	4/5	80 % AWM
Nervus dorsalis scapulae	ev. 1/20	ev. 5 % AWM
Nervus suprascapularis	1/10	10 % AWM
Nervus subscapularis	ev. 1/20	ev. 5 % AWM
Nervus thoracicus longus	1/3	33,3% AWM
Nervus thoracodorsalis	1/10	10 % AWM
Nervus subclavius	---	---
Nervi pectorales	1/10	10 % AWM
Nervus axillaris	2/5	40 % AWM
Oberer Nervus radialis	2/5	40 % AWM
Mittlerer Nervus radialis	1/3	33,3% AWM
Unterer Nervus radialis	3/10	30 % AWM
Ramus superficialis nervi radialis	ev. 1/20	ev. 5 % AWM
Nervus musculocutaneus	1/3	33,3% AWM
Oberer Nervus medianus	1/2	50 % AWM
Mittlerer Nervus medianus	2/5	40 % AWM
Nervus interosseus anterior, rein motorisch	1/5	20 % AWM
Unterer Nervus medianus	1/3	33,3% AWM
Rein sensibler Nervus medianus	3/10	30 % AWM
Oberer Nervus ulnaris	2/5	40 % AWM
Unterer Nervus ulnaris	1/3	33,3% AWM
Nervus cutaneus brachii medialis	---	---
Nervus cutaneus antebrachii medialis	---	---
Nervi intercostobrachiales	---	---
Nervi digitales palmares communes / proprii entsprechend dem sensiblen Medianus	3/10	30 % AWM

Fortsetzung Tabelle

Kompletter Ausfall	*Extremitätenwertminderung als*	
	Bruch	*Prozentzahl*
Nervi digitales palmares communes / proprii entsprechend dem sensiblen Ulnaris	1/10	10 % AWM
Nervi radialis et axillaris	4/5	80 % AWM
Nervi radialis et ulnaris	3/4	75 % AWM
Nervi radialis et medianus	4/5	80 % AWM
Nervi ulnaris et medianus	4/5	80 % AWM
Obere Nervi radialis, ulnaris et medianus	1/1	100 % AWM
Untere Nervi radialis, ulnaris et medianus	4/5	80 % AWM
Nervus cutaneus femoris lateralis	ev. 1/20	ev. 5 % BWM
Gesamter Plexus lumbosacralis	1/1	100 % BWM
Kompletter Nervus femoralis	3/5	60 % BMW
Proximaler Nervus femoralis (isoliert die Hüftbeugung betreffend)	1/3	33,3% BWM
Unterer Nervus femoralis	2/5	40 % BWM
Nervus obturatorius	1/10	10 % BWM
Nervus glutaeus superior	1/5	20 % BWM
Nervus glutaeus inferior	3/10	30 % BWM
Nervi glutaei superior et inferior	1/3	33,3% BWM
Oberer Nervus ischiadicus	2/3	66,6% BWM
Unterer Nervus ischiadicus	3/5	60 % BWM
Nervi tibialis et peronaeus communis	3/5	60 % BWM
Nervi ischiadicus, glutaei inferior et superior	1/1	100 % BWM
Oberer Nervus tibialis	1/3	33,3% BWM
Unterer Nervus tibialis (in Knöchelhöhe)	1/4	25 % BWM
Nervus suralis	---	---
Nervus peronaeus communis	1/3	33,3% BWM
Nervus peronaeus profundus	3/10	30 % BWM
Nervus peronaeus superficialis	1/5	20 % BWM
Nervus cutaneus femoris posterior	---	---
Nervus pudendus	urologische Begutachtung	

Unverständlicherweise gibt die einschlägige Gutachtenliteratur für die private Unfallversicherung wiederholt auffallend niedrige Einschätzungen in bezug auf Läsionen peripherer Nerven mit Auswirkung auf den Schulterbereich an. Nach eigener, langjähriger Erfahrung mit derartigen Fällen empfiehlt sich hier – wie vorgeschlagen – eine etwas höhere und damit der Realität besser entsprechende Einschätzung. Von vielen Autoren werden Einschätzungen mit 1/20 (5%) Extremitätenwertminderung als nicht mehr meßbar erachtet, so daß auch von ihnen kein unfallkausaler Dauerschaden zugebilligt wird, deshalb in obiger Liste mit „ev." bezeichnet. Manche Autoren sehen sogar in den zuvor mit 1/10 (10%) Extremitätenwertminderung zitierten Einschätzungen noch keine meßbare Behinderung, welcher Meinung ich auf Grund persönlicher Beobachtungen jedoch nicht zustimmen kann.

Was periphere neurologische Anfälle nach (mittelbar) unfallkausalen *Polyneuropathiesyndromen* anlangt, sollte die Einschätzung für die private Unfallversicherung taxativ als Minderung des Extremitätenwertes an allen betroffenen Regionen unabhängig vom Beruf erfolgen. Wiederholt begegnet man jedoch Globaleinschätzungen. Als Grund für dieses Vorgehen wird angeführt, daß die neurologischen Ausfälle und Störungen meist zwei oder auch mehrere Extremitäten betreffen, dadurch komplexe sowie vielfältige Funktionen beeinträchtigt sind und sich ein solcher Zustand leichter in Form einer globalen Einbuße darstellen läßt als in Form mehrfacher Extremitätenwertminderungen, deren Addition das Bild der Behinderung leicht verzerrt und nicht mehr der Realität gerecht wird. Derartige Überlegungen sind für die Haftpflichtversicherung am Platze, jedoch sollte sich der Gutachter bei Einschätzungen für die private Unfallversicherung strikte an deren Versicherungsbedingungen (AUVB) halten.

Schmerzen in üblicher bzw. durchschnittlicher Form einschließlich Mißempfindungen sind in den oben angeführten Richtwerten über den unfallkausalen Dauerschaden (bleibende Invalidität) voll inkludiert. Anders liegen die Verhältnisse, wenn ein besonders stark ausgeprägtes *chronisches Schmerzsyndrom* auf Basis der Schädigung eines peripheren Nervs vorliegt. Glaubhaft sind solche atypischen Schmerzen auf Grund eines entsprechenden objektiven Befundes mit vegetativen Störungen, Atrophien, Bewegungseinschränkungen und Kontrakturen, Gelenks- sowie Skelettveränderungen, z. B. als Kausalgie mit begleitendem SUDECK-Syndrom. In einem derartigen Fall ist eine höhere Einstufung als im Durchschnittsfall vorzunehmen. Ähnlich ist zu verfahren, wenn trophische Veränderungen wie Geschwüre und entzündliche Zeichen bestehen. Diese rechtfertigen höhere Einschätzungen als die empfohlenen Mittelwerte, bei Medianuslähmung mit derartigen trophischen Störungen sogar bis zu 4/5 (80%) Armwertminderung, beim algodystrophischen Syndrom eventuell bis 1/1 (100%) Armwertminderung. Jedoch empfiehlt sich, ehe solche unfallbedingte Dauerschäden angenommen werden, zur Kontrolle eine nochmalige Begutachtung, um sicherzugehen, daß das Zustandsbild auch irreparabel ist und keine Remission eingesetzt hat.

Begünstigend für Druckläsionen und sonstige Traumatisierungen von Nerven wirken sich *vorbestehende Schäden des peripheren Nervensystems* aus. In erster Linie handelt es sich hiebei um Personen mit chronischem Alkoholmißbrauch und Diabetes mellitus. In all diesen Fällen ist der vorgeschädigte Nerv empfindlicher und vulnerabler gegen jedwede zusätzliche Schädigung. Der Gutachter muß diesem Umstand Rechnung tragen und ein grobes Maß für die vorbestehende Schädigung angeben. Er muß mithin den prätraumatischen

Vorzustand und den posttraumatischen Folgezustand abschätzen. In der privaten Unfallversicherung wird aus diesem Vergleich der versicherungsrechtlich relevante Schaden bestimmt. Dabei muß aber streng unterschieden werden zwischen einer tatsächlichen Vorschädigung und einer *bloßen Anlage*, von der nicht sicher ist, ob sie auch zu einer Schädigung geführt hätte, z. B. enger Karpaltunnel mit lokalem Bruch und Dislokation, wonach eine distale Medianusläsion auftritt. Im letztgenannten Fall ist nicht vorhersehbar, ob überhaupt einmal ein schicksalhaftes, unfallfremdes Karpaltunnelsyndrom entstanden wäre, wogegen eine derartige Fraktur mit Dislokation auch bei einem normal weiten Karpaltunnel eine Medianusschädigung bewirken kann. Die Unfallkausalität ist somit in dem zitierten Beispiel voll anzuerkennen. Dem Prinzip nach hat die Kausalitätsbeurteilung darüber eine Aussage zu machen, ob die latente Anlage mit Wahrscheinlichkeit in absehbarer Zeit auch ohne Trauma klinisch manifest geworden wäre.

Zusammenfassend kann bezüglich der Begutachtung von Läsionen des peripheren Nervensystems gesagt werden, daß sich eine *systematische Vorgangsweise nach folgenden Punkten* empfiehlt:

Diagnostische Darstellung der objektiv nachweisbaren Zeichen einer traumatischen Schädigung des peripheren Nervensystems unter Berücksichtigung der Art und des Schweregrades sowie der Lokalisation der neurologischen Verletzung, dies am besten in Zusammenschau mit allfälligen chirurgischen Schädigungen.

Kausalitätsbeurteilung mit Abgrenzung von unfallfremden Gesundheitsstörungen, besonders im Hinblick auf degenerativ bedingte Nervenwurzelläsionen und vorbestehende Polyneuropathien, sowie Abgrenzung psychogener Störungen an Hand widersprüchlicher Befunde, einer Inkongruenz mit anatomischen Gegebenheiten und des Nachweises der erhaltenen Funktionsfähigkeit (klinisch durch Beobachtung sowie neurophysiologisch durch entsprechende Hilfsbefunde).

Darstellung des neurologischen Ausfallsyndroms im Hinblick auf Einzelsymptome und die resultierende Funktionsstörung.

Prognose bezüglich der weiteren Entwicklung (zu erwartende Besserungsmomente, eventuell notwendige therapeutische Maßnahmen einschließlich Operationsindikation, Gefahr einer unfallkausalen Spätkomplikation).

In der privaten Unfallversicherung Einschätzung der (bleibenden) unfallbedingten Invalidität nach den AUVB, d. h. auf Grund der Gliedertaxe im Sinne der Extremitätenwertminderung.

In der Haftpflichtversicherung Beurteilung der unfallkausalen Behinderung sowohl hinsichtlich der Berufs- als auch hinsichtlich der Privatsphäre, ferner Einschätzung der unfallkausalen Schmerzperioden einschließlich diesen gleichzusetzende Unbilden.

Endbegutachtung von Läsionen des peripheren Nervensystems nicht vor Ende des zweiten, womöglich erst gegen Ende des dritten Jahres nach dem Unfall.

Die getrennte Begutachtung einer Extremitätenverletzung mit *kombinierten unfallchirurgischen und neurologischen Folgen* birgt die Gefahr in sich, daß der Neurologe und der Unfallchirurg bzw. Orthopäde dieselben Funktionsbeeinträchtigungen einschätzen und daß dann nicht die notwendige Zusammenfassung in Form einer globalen Beurteilung vorgenommen wird, sondern daß der Gesamtschaden rein additiv bestimmt wird. Eine derartige Einschätzung entspricht nicht mehr der Realität, sondern ist überhöht. Die alleinige Begutachtung einer kombinierten Extremitätenverletzung durch den Neurologen oder den Unfallchirurgen bzw. Orthopäden führt aber andererseits nicht selten zu Überbewertungen, zumal der Gutachter Beeinträchtigungen und Behinderungen auf einem ihm fremden Fachgebiet leicht überschätzt, manchmal auch zu Unterbewertungen, wenn der Gutachter die fachfremden Veränderungen nicht richtig erfaßt. Die Erfahrung zeigt vor allen Dingen, daß der Nicht-Nervenarzt psychogene Überlagerungen oft nicht erkennt und als schwere neurologische Ausfälle fehlinterpretiert. Für gemeinsame Begutachtungen empfiehlt sich daher unbedingt der enge Kontakt zwischen den Gutachtern der betroffenen Fachgebiete mit ausführlicher Besprechung, so daß Überlappungen und Überschneidungen bei Festsetzung des Gesamtschadens Berücksichtigung finden.

Literatur

Bodechtel, G., Krautzun, K., Kazmeier, F.: Grundriß der traumatischen peripheren Nervenschädigungen. Thieme, Stuttgart 1951

Bonney, G.: Value of axon responses in determining the site of lesion in traction injuries of the brachial plexus. Brain 77: 588–609 (1954)

Cyriax, W.: Traumatische Wirbelsäulenschäden und ihre Folgen. Dtsch. med. Wschr. 3: 24–41 (1941)

Hopf, H. C.: Periphere Nervenschäden. In: Rauschelbach, H.-H., Jochheim, K.-A. (Hrsg.): Das neurologische Gutachten. Thieme, Stuttgart–New York 1984, 253–266

Hopf, H. C.: Polyneuropathien. In: Rauschelbach, H.-H., Jochheim, K.-A. (Hrsg.): Das neurologische Gutachten. Thieme, Stuttgart–New York 1984, 267–274

Krokowski, E., Krokowski, G., Schliack, H.: Über eine objektive Untersuchungsmethode zur Abgrenzung echter von simulierten Lähmungen. Nervenarzt 34: 459–461 (1963)

Krösl, W., Zrubecky, G.: Die Unfallrente. F. Enke, Stuttgart (1980)

Lewitt, H.: Manualtherapie. Jugend und Volk, Berlin–Leipzig 1973

Mayr, N., Zeiler, K., Auff, E., Zeitlhofer, J., Deecke, L.: Die kortikale Magnetstimulation als Nachweismethode des nicht-organischen Charakters angegebener Lähmungen. Aktuelle Neurologie 4/16: 125–128 (1989)

Moberg, E.: Objective methods for determining the functional value of sensibility in the hand. J. Bone Jt. Surg. 40 B: 454–476 (1958)

Müller-Vahl, H., Schliack, H.: Begutachtung von Schäden peripherer Nerven. In: Hopf, H. Ch., Poeck, K., Schliack, H. (Hrsg.): Neurologie in Praxis und Klinik. Band III, Thieme, Stuttgart–New York 1983, 2.175–2.177

Müllges, W., Ferbert, A., Buchner, H.: Transkranielle Magnetstimulation bei psychogenen Paresen. Nervenarzt 62: 349–353 (1991)

Mumenthaler, M., Schliack, H.: Läsionen peripherer Nerven. Thieme, Stuttgart–New York (1982)

Prill, A.: Supinatorlogensyndrom und dissoziierte Radialislähmung vom proximalen Unterarmtyp. Dtsch. med. Wschr. 92: 1308–1313 (1967)

Scherzer, E.: Über den Phantomschmerz. Hefte zur Unfallheilkunde 100: 127–133 (1969)

Scherzer, E.: Die Händigkeit aus der Sicht des Neurologen. Forsch. u. Prax. d. Begutacht. 7: 25–30 (1971)

Scherzer, E.: Über den Wert des Ninhydrintestes bei peripheren Nervenläsionen. In: Kugler, J., Lechner, H., Fontanari, D. (Hrsg.): Generalisierte und lokalisierte Neuromyopathien. Thieme, Stuttgart 1971, 131–136

Scherzer, E.: Zur Diagnose des Tarsaltunnelsyndroms. Hefte zur Unfallheilkunde 134: 135–138 (1977)

Scherzer, E.: Zur Frage der Unfallkausalität von Neurosen und psychogenen Störungen. Forsch. u. Prax. d. Begutacht. 35: 47–61 (1989)

Scherzer, E.: Die Wertung neurologischer Schäden an der oberen Extremität im Unfallgutachten. Forsch. u. Prax. d. Begutacht. 38: 13–35 (1992)

Scherzer, E., Rollett, E.: Rückbildungsfähigkeit neurologischer Ausfälle nach Wirbelfrakturen und -luxationen. H. z. Unfallhk. 108: 45–53 (1971)

Scherzer, E. B.: Elektrobiologische Untersuchungen von Nervenverletzungen an der Hand. Schlußbericht des 4. alpenländisch-adriatischen Symposiums (8. bis 10. 11. 1984, Budrio/Bologna), AUVA Wien, 48–55 (1984)

Scherzer, E. B.: Neurologische Diagnostik der verletzten Hand. Schlußbericht des 4. alpenländisch-adriatischen Symposiums (8. bis 10. 11. 1984, Budrio/Bologna), AUVA Wien, 40–48 (1984)

Schütz, R.: Das ärztliche Gutachten im Privat-Versicherungswesen. Maudrich, Wien–Bonn 1956

Seddon, H. J.: Classification of nerve injuries. Brit. med. J. II: 237–239 (1942)

Seddon, H. J.: Three types of nerve injury. Brain 66: 237–288 (1943)

Sunderland, S.: Nerves and nerve injuries. Livingstone, Edinburgh 1978

Waldhausen, E., Keser, G.: Lähmungen durch Kohlenhydrate unter der Intensivtherapie. Anaesthesist 40: 332–338 (1991)

Unfallchirurgisch-nervenärztliche Gemeinsamkeiten

Dieses Kapitel behandelt verschiedene Verletzungsfolgen, welche in der Gutachterpraxis sowohl von Unfallchirurgen bzw. Orthopäden als auch von Nervenärzten beurteilt und eingeschätzt werden. Aus diesem Grunde erfolgt eine gemeinsame Besprechung der einschlägigen Zustandsbilder. Sie bezweckt eine Abstimmung der Standpunkte und gleichzeitig die Darlegung gemeinsamer Beurteilungsrichtlinien. Sonst kann es nämlich passieren, daß ein und dieselben Verletzungsfolgen in zwei Fachbereichen gesondert eingeschätzt und schließlich vom unerfahrenen Laien (medizinisch nicht geschulten Verwaltungsbeamten oder Juristen) summativ gesehen und damit doppelt anerkannt werden. Ein derartiges, rein additives Vorgehen ist in solchen Fällen falsch, da eine Überdeckung oder doch zumindest eine weitestgehende Überlappung der unfallchirurgisch-orthopädischen und der neurologischen Einschätzungen vorliegt.

Unfallchirurgisch-nervenärztliche Gemeinsamkeiten betreffen besonders die Wirbelsäule. Demgemäß wollen wir in diesem Kapitel drei häufige diesbezügliche Affektionen besprechen, nämlich die einfache und unkomplizierte Zerrung der Halswirbelsäule, den unfallkausalen Bandscheibenvorfall und das traumatisch bedingte Wirbelgleiten, wobei zugleich auch Kausalitätsfragen beantwortet werden müssen. Ferner sind hier kombinierte Extremitätenverletzungen (Knochen-, Muskel-, Band-, Gefäß- und Nervenläsionen) zu erwähnen, bei denen sich eine zusammenfassende bzw. gemeinsame Einschätzung unter Absprache der Gutachter der betroffenen Fachgebiete empfiehlt. Die endgültige Beurteilung muß selbstverständlich einerseits der Gesamtheit der funktionellen Beeinträchtigungen Rechnung tragen und andererseits gutachtliche Überlappungen und Überdeckungen berücksichtigen.

Ein häufiger Fehler wird durch unnötige zusätzliche neurologische Einschätzungen bei *Amputationen* begangen. Die Begutachtung der Amputationen im Extremitätenbereich erfolgt allein von unfallchirurgischer Seite und inkludiert auch die Durchtrennung von Nerven, d. h. die lokalen Sensibilitätsstörungen des Amputationsstumpfes sowie das physiologischerweise vorhandene Phantomgefühl, einschließlich der üblichen Mißempfindungen. Die Beurteilung einer gravierenden *Phantomschmerzkrankheit* fällt hingegen in die Kompetenz des nervenärztlichen Gutachters. Ihre Anerkennung als Verletzungsfolge darf nicht nur auf den Angaben des Betroffenen, sondern muß auf nachweisbaren unfallkausalen körperlichen und psychischen Veränderungen basieren. Sie erfordert daher in der Regel eine stationäre Durchuntersuchung an einer neurologischen Fachabteilung mit einschlägiger Gutachtenerfahrung.

I. Zerrung bzw. einfaches Schleudertrauma der Halswirbelsäule

Die vordergründige Darstellung dieser Verletzung unter den unfallchirurgisch-neurologischen Gemeinsamkeiten ist deshalb berechtigt, weil heutzutage die Diagnose eines Schleudertraumas nahezu schon eine Modeerscheinung geworden ist, weil sie Ärzte verschiedener Fachrichtungen, aber auch Versicherungsangestellte, Rechtsanwälte sowie Gerichte beschäftigt und weil unter diesem Begriff auch sehr unterschiedliche Verletzungsformen eingeordnet werden. Es herrschen des weiteren viele unbewiesene und zugleich einander widersprechende Meinungen vor. Dafür sind mehrere Gründe anzuführen.

Erstens ist der Umstand zu berücksichtigen, daß die Definition des Schleudertraumas oder der Peitschenschlag- bzw. Peitschenhiebverletzung (whiplash injury) der Halswirbelsäule an verschiedenen Orten und zu verschiedenen Zeiten unterschiedlich weit gefaßt wurde. Die Bezeichnung „whiplash" stammt laut UNTERHARNSCHEIDT (1991) von Harold E. CROWE, der sie 1928 in einem Vortrag in San Francisco als Beschreibung des Bewegungsablaufes beim klassischen Schleudertrauma der Halswirbelsäule gebrauchte, aber in einem späteren Vortrag (1966) dies bedauerte, weil sich dieser Terminus im Laufe der Zeit für ein klinisches Syndrom eingebürgert hatte. Auch GAY und ABBOTT (1953) verstanden unter der Peitschenschlagverletzung lediglich das indirekte Halswirbeltrauma nach Heckkollision eines Personenkraftwagens. KUHLENDAHL (1964) wollte diesen Ausdruck gleichfalls noch Kraftfahrzeug-Auffahrunfällen mit entsprechender Retro- und Anteflexion des Schädels der Insassen vorbehalten. Nachdem aber WIESNER und MUMENTHALER (1974 und 1975) zeigen konnten, daß die Folgezustände nach primärer Anteversion und nach primärer Retroversion des Kopfes im Rahmen indirekter Halswirbelsäulenverletzungen keine wesentlichen Unterschiede zeigen, erschien die Ausweitung des Begriffes der Peitschenschlag- oder Peitschenhiebverletzung gerechtfertigt. Bald unterschieden daher SUTTER und MUMENTHALER (1977) in gutachtlicher Hinsicht nicht mehr zwischen Schleudertraumen der Halswirbelsäule durch Auffahrkollision und solchen durch Frontalkollision. Die Begriffsausweitung erstreckte sich schließlich auch auf seitliche und rotatorische Bewegungen, die im Rahmen eines Unfallgeschehens der Halswirbelsäule aufgezwungen werden. Ein zweiter Grund für die oft unterschiedlichen Meinungen liegt in der Tatsache, daß der Begriff des Schleudertraumas der Halswirbelsäule keine Verletzungsdiagnose darstellt, sondern nur einen Verletzungsmechanismus beschreibt. Die daraus resultierenden Verletzungen können entsprechend den unterschiedlichen Gewalteinwirkungen selbstverständlich zu verschieden schweren Zustandsbildern führen, nämlich zur einfachen Zerrung (Distorsion bzw. Verstauchung), zu Kapselrissen der kleinen Wirbelgelenke, Bandzerreißungen, Bandscheibenrupturen mit und ohne Diskusvorfall, zu Wirbelfrakturen und Wirbelteilverrenkungen (Subluxationen), des weiteren zu Gefäßverletzungen, Kehlkopftraumatisierungen, Nervenwurzelläsionen, Rückenmarkverletzungen bis hin zur Querschnittlähmung, aber auch zu vaskulären und schließlich zu substantiellen Hirnläsionen. Als dritten Grund für Meinungsverschiedenheiten in gutachtlicher Hinsicht muß man die im Gefolge von Schleudertraumen der Halswirbelsäule zu beobachtenden psychischen Phänomene anführen. Diese werden besonders häufig bei leichten Schleuderverletzungen der Halswirbelsäule, die zu überhaupt keinen neurologisch faßbaren Ausfällen geführt haben, angetroffen und spielen in der Begutachtung nach Verkehrsunfällen eine große Rolle. Der Gutachter muß hier zwischen nachvollziehbaren, unfallkausalen Schädigungen mit psychischen Verletzungsfolgen nach schweren und schwersten Schleudertraumen und unfallfremden psychogenen Störungen streng unterscheiden.

Definitionsgemäß versteht man unter der in diesem Kapitel zu besprechenden (einfachen) Zerrung der Halswirbelsäule (Distorsio columnae vertebralis cervicalis) die leichteste Form einer *indirekten Verletzung* der Halswirbelsäule. Als Schleudertrauma entspricht sie bei frei getragenem Kopf dem Schweregrad I nach ERDMANN (1973). Ursprünglich war, wie bereits erwähnt, die Bezeichnung HWS-Schleudertrauma dem *klassischen Auffahrunfall* vorbehalten, wenn sich der Betroffene im von hinten gestoßenen Kraftfahrzeug befand. Dabei kommt es zu einem zweiphasigen passiven Bewegungsablauf mit primärer Retroflexion und sekundärer Anteflexion des Kopfes. Schädigend wirkt sich vor allem die erste Phase im Sinne eines Überstreckungstraumas aus. Während der vehementen aufgezwungenen Kopfbewegung, gegen welche bei überraschender Gewalteinwirkung nur ein geringer muskulärer Widerstand geleistet wird, stauchen sich die hinteren Wirbelanteile (Bögen und Gelenksfortsätze) aufeinander, und es setzt eine horizontale Schubkraft im Bewegungssegment (Bandscheibe, Zwischenwirbelloch, kleine Wirbelgelenke, Bandapparat) ein. Die hauptsächliche Gewalteinwirkung betrifft nach den Gesetzen der Biomechanik dabei das zervikale Bewegungssegment in Höhe des oberen Rückenlehnenrandes. Unmittelbar nach der geschilderten, weitgehend monosegmentalen, scherenden Bewegung der Halswirbelsäule wird dem relativ schweren Kopf eine Kippung nach hinten aufgezwungen, deren Drehachse etwa durch den sechsten Halswirbelkörper verläuft. Zugleich erfolgt eine Überdehnung der ventralen Halsweichteile, insbesondere der ventralen Halsmuskulatur und eine Überstreckung der Halswirbelsäule in ihrer Längsrichtung. Das Hinterhaupt schlägt am Ende dieser Bewegung gegen die Kopfstütze, sofern diese vorhanden und richtig eingestelt ist. Dieser Anschlag setzt keine Verletzung, sondern verhindert eine solche, indem die Bewegungsexkursion des Kopfes eingeschränkt wird. Auf Grund der Neigung der Rückenlehne rutscht der Körper des Gestoßenen, nachdem er in den Sitz gepreßt wurde, nach oben, so daß das Hinterhaupt des Betroffenen eine zu tief eingestellte Kopfstütze förmlich „überrollen" kann. Die mechanische Beanspruchung ist daher eine dreifache, bestehend aus

Translation, Retroflexion und Elongation der Halswirbelsäule. In der zweiten Phase des passiven Bewegungsablaufes ist, bei gleichzeitiger Fixation des Rumpfes durch den Sicherheitsgurt, die einwirkende Gewalt im Sinne einer Vorwärtsbeugung des Kopfes und einer neuerlichen Überstreckung der Halswirbelsäule in ihrer Längsrichtung wesentlich geringer. Während dieser Sekundärbewegung sind auch andere biomechanische Verhältnisse auf Grund der Anatomie gegeben. Es werden nunmehr die kleinen Wirbelgelenke stärker beansprucht. Die in beiden Phasen der Schleuderbewegung auftretende Überstreckung in der Längsrichtung des betroffenen Wirbelsäulenabschnittes hat im Verein mit der über das normale Ausmaß hinausgehenden Retroflexion und Anteflexion des Kopfes zum Vergleich mit dem Schlag der stiellosen, aus geflochtenen Lederriemen bestehenden Peitsche, die vor allem in Indien gebraucht wird, geführt. Die Gesamtdauer der Schleuder- oder Peitschenschlagbewegung beläuft sich nach den Untersuchungen von DANNER (1987) auf etwa eine Drittelsekunde.

Wie eingangs geschildert, ist man schon lange von der Ansicht der soeben geschilderten, unidirektionellen Gewalteinwirkung dieser Verletzungsart im Sinne des klassischen Auffahrunfalles mit Peitschenschlagsyndrom abgegangen und definiert heutzutage das *Schleudertrauma der Halswirbelsäule* als eine *entsprechend starke, plötzliche Beschleunigung oder Abbremsung des Rumpfes nach jedweder Richtung* mit gegenläufiger Bewegung des frei balancierten Kopfes, an welche sich eine weitere, aufgezwungene Kopfbewegung in Richtung der ursprünglichen Rumpfbewegung (Stoß- oder Bremsrichtung der primären Gewalt) anschließt. Damit ist das Schleudertrauma der Halswirbelsäule nicht mehr allein auf Kraftfahrzeuginsassen beschränkt, sondern kann auch Benützer von einspurigen Fahrzeugen und sogar Fußgänger sowie stehende Personen betreffen. Den beschriebenen Phänomenen liegt das Massenträgheitsgesetz der (Bio)Mechanik zugrunde. Die zweiphasige, passive Schleuderbewegung des Kopfes läßt noch alle Möglichkeiten offen, kann zu verschieden schweren Verletzungen und bei unterschwelliger Gewalteinwirkung zu überhaupt keiner Verletzung und Gesundheitsschädigung führen (DANNER 1987). Sowohl die Akzeleration (Beschleunigung) als auch die Dezeleration (Verzögerung, Abbremsung) kann die erwähnten passiven Bewegungsfolgen verursachen und gegebenenfalls die Traumatisierung der Halswirbelsäule, welche zwischen dem massenschweren Rumpf und dem gleichfalls massenschweren Kopf eingeschaltet ist und dadurch sowie auf Grund ihrer besonderen Mobilität von Haus aus einen Locus minoris resistentiae darstellt, zur Folge haben. Entscheidend für die Schleuderverletzung ist der Umstand, daß die einwirkenden Trägheitskräfte den Kopf so stark gegenüber dem Rumpf dislozieren, daß die Halswirbelsäule eine über ihren Normalbereich hinausgehende Bewegung vollführen muß. Im Rahmen dieser passiven Beanspruchung sind sowohl die Weichteile (Muskulatur, Bänder, Blutgefäße, Nerven usw.) als auch das Achsenskelett (Wirbelknochen, Wirbelgelenke, Bandscheiben) erheblichen Zug- und Druckwirkungen ausgesetzt.

Am weitesten verbreitet für diese Verletzungsart ist im deutschen Sprachbereich der Terminus Schleudertrauma der Halswirbelsäule. Daneben spricht man hierzulande auch vom *Hyperextensions-Hyperflexions-Trauma,* von der *Peitschenschlag-, Peitschenhieb-* oder *Peitschenschnurverletzung (whiplash injury)* dieses Wirbelsäulenabschnittes sowie im französischen Schrifttum von der *Hasenschlagverletzung (coup du lapin)*. Selbstverständlich beschreibt man mit diesen Ausdrücken nur einen Unfallmechanismus und keineswegs den Schweregrad der deraus resultierenden Verletzung. Gewisse Hinweise auf die Intensität der Gewalteinwirkung ergibt der Zeitpunkt des Auftretens von posttraumatischen Beschwerden. Je später diese manifest werden, desto geringer war die Schädigung. Die Länge der Beschwerdenlatenz ist mithin ein wichtiges Indiz für den Schweregrad der Traumatisierung. Mehr als die eben erwähnten Ausdrücke, welche medizinisch vieldeutig sind, sagen hingegen die Bezeichnungen *Zerrung, Stauchung* oder *Verstauchung der Halswirbelsäule (Distorsio columnae vertebralis cervicalis)* aus, nämlich daß die betreffende indirekte Halswirbelsäulenverletzung leicht ist, weder röntgenologisch noch neurologisch abnorme Befunde aufweist, also keine Knochenbrüche, Bandzerreißungen, Diskusläsionen mit Bandscheibenhernien oder Nervengewebsläsionen bedingt hat. Damit wird über die Biomechanik des Traumas hinaus eine Einengung auf einen wohl definierten (im vorliegenden Fall leichten) Schweregrad getroffen. So hat in der letzten Zeit übrigens auch PEARCE (1989) das Peitschenschlagsyndrom auf Verletzungen ohne neurologische Ausfälle, ohne Bandscheibenrupturen usw. beschränkt und es damit der einfachen Zerrung der Halswirbelsäule gleichgesetzt. Bereits vor vielen Jahren nahm ERDMANN (1973) eine klinisch brauchbare *Klassifizierung der Schleuderverletzungen der Halswirbelsäule nach deren Schweregrad* auf Grund des erhobenen klinischen Befundes, der zeitlichen Entwicklung, des Röntgenbefundes und der nachgewiesenen pathologisch-anatomischen Veränderungen vor. Trotz gewisser Einwände gegen die Vermengung von unterschiedlichen (unfallchirurgisch-orthopädischen, neurologischen, röntgenologischen und verlaufsklinischen) Kriterien hat die folgende Dreiteilung ziemlich allgemeine Anerkennung erfahren:

Schweregrad I stellt bloß eine leichte Zerrung der Halswirbelsäule mit Schmerzen im Nacken und Hinterhaupt sowie mit einer geringen bis mäßigen Bewegungseinschränkung der Halswirbelsäule (geringe reflektorische Schonhaltung) dar. Die Latenz zwischen Unfall und Manifestation der genannten Beschwerden beläuft sich auf zumindest eine Stunde, oft jedoch auf etliche Stunden bzw. sogar auf einen oder in leichtesten Fällen auf zwei Tage. Der neurologische Untersuchungsbefund ist normal. Der röntgenologische Befund ist gleichfalls normal oder zeigt einen gestreckten Verlauf der Halswirbelsäule unter Aufhebung der physiologischen Halslordose. Ausnahmsweise entwickeln sich subjektiv, ebenso mit Latenz, distale Parästhesien in einer oder in beiden oberen Extremitäten.

Schweregrad II geht mit Kapselrissen der kleinen Wirbelgelenke, stärkeren Muskelzerrungen, ausgeprägten Schmerzen im Nacken- und Kopfbereich sowie einer beträchtlichen Nackensteife einher, so daß die Beweglichkeit dieses Wirbelsäulenabschnittes wesentlich eingeschränkt ist (ausgeprägte reflektorische Schonhaltung). Nicht selten entwickelt sich ein retropharyngeales Hämatom mit Schluckstörungen. Das zeitliche Intervall zwischen Unfall und Auftreten der Beschwerdensymptomatik ist kürzer als eine Stunde und kann manchmal auch fehlen. Röntgenologisch zeigt die Halswirbelsäule typischerweise, entsprechend der klinisch nachzuweisenden Nackensteife, einen gestreckten Verlauf. Manchmal findet sich ein kyphotischer Knick in der mittleren bis unteren Halswirbelsäule. Neurologischerseits ist in der Regel ein normaler Untersuchungsbefund zu erheben. Wiederholt klagen die Betroffenen über Parästhesien in den Händen und Unterarmen, ohne daß bei der Sensibilitätsprüfung eindeutige Ausfälle abgrenzbar wären.

Schweregrad III umfaßt gravierende Verletzungen mit Knochenbrüchen und Verrenkungen der Halswirbelsäule, Zerreißungen von Bandscheiben, des Längsbandes und des dorsalen Bandapparates. Das klinische Zustandsbild ist gravierend. Oft besteht eine schmerzhafte Zwangshaltung des Kopfes (Torticollis traumaticus). Eine Latenz zwischen Trauma und Auftreten der Beschwerdensymptomatik fehlt. Der Röntgenbefund ist abnorm und zeigt die genannten, erheblichen pathologisch-anatomischen Veränderungen. Neurologische Ausfälle sind wiederholt zu beobachten und betreffen Nervenwurzel- sowie Rückenmarkläsionen.

Die überwiegende Mehrzahl der Schleuderverletzungen der Halswirbelsäule fällt in die Gruppe des Schweregrades I nach Erdmann. Verletzungen des Schweregrades II sind schon deutlich seltener. Nur die wenigsten Fälle sind so schwer, daß sie den Kriterien des Schweregrades III entsprechen. Man hat schließlich einen Schweregrad IV mit sofortigem Exitus des Betroffenen hinzugefügt. Bei Geschwindigkeiten über 150 km/h wurde sogar ein Abriß des Kopfes vom Rumpf beschrieben. Erfahrungsgemäß machen gerade die leichten indirekten Verletzungen der Halswirbelsäule die größten gutachtlichen Schwierigkeiten, wogegen die schwereren Läsionen auf Grund der eindeutig nachweisbaren posttraumatischen Veränderungen relativ leicht zu beurteilen sind. Ferner müssen *Knick-* oder *Abknickverletzungen* der Halswirbelsäule erwähnt werden. Sie entstehen, wenn die aufgezwungene Schädelbewegung zu einer Kontaktverletzung des Kopfes führt, wenn sich beispielsweise der Betroffene im Wageninneren den Schädel anschlägt. Dabei wird die Funktionseinheit Kopf/Halswirbelsäule zwischen zwei Fixpunkten (Kontaktstelle des Schädels und Ansatz der Halswirbelsäule am Rumpf) belastet und die Halswirbelsäule selbst im Sinne einer starken Verbiegung und damit einer Knickung beansprucht. Auch ein Sturz kann unter besonderen Umständen (Aufprall des Kopfes auf eine Stiege) zu einer solchen Verletzung der Halswirbelsäule führen. Nicht selten verläuft ein Unfall insofern mehrphasig, als ein Schleudertrauma von einem Abknicktrauma der Halswirbelsäule gefolgt wird, beispielsweise wenn ein Fahrzeug zuerst von hinten gestoßen wird und dann an eine Mauer prallt. In einem solchen Fall liegt nach ERDMANN (1983) ein sogenannter *„Mischunfall"* oder eine *„Mischverletzung"* vor, d. h. die Kombination eines Schleudertraumas als Erstverletzung mit einem Abknicktrauma der Halswirbelsäule als Zweitverletzung. Auch Knick- und Mischverletzungen der Halswirbelsäule sind zu den Distorsionen zu zählen und verursachen ähnliche Beschwerden wie die reinen Schleudertraumen der Halswirbelsäule, die definitionsgemäß ohne traumatischen Schädelkontakt verlaufen. Nur kommt es bei der Knickverletzung mit Anteflexion des Schädels leichter zu Wirbelbrüchen. Wenn aber röntgenologisch ein normaler Befund vorliegt und keine neurologischen Ausfälle bestehen, kann die Beurteilung in gutachtlicher Hinsicht wie bei der einfachen Zerrung der Halswirbelsäule erfolgen. Eine Sonderform der Kontaktverletzung des Schädels mit Auswirkung auf die Halswirbelsäule stellt schließlich die *axiale Stauchung* oder *kraniokaudale Kompression* dar, wenn beispielsweise der Wageninsasse mit dem Scheitel gegen das Wagendach stößt. Finden sich keine Zeichen einer Knochen-, Band- oder Diskusschädigung, so ist diese Verletzung gutachtlich weitgehend einer leichten Distorsion der Halswirbelsäule gleichzusetzen. Bei starker Gewalteinwirkung auf den Scheitel in Richtung Wirbelsäule kann es aber nicht nur zu gravierenden Gewebsschädigungen der Halswirbelsäule, sondern auch zu Brüchen der Schädelbasis um das Hinterhauptsloch – oft mit neurologischer Symptomatik – kommen.

Pathologisch-anatomisch liegen der (einfachen) Distorsion der Halswirbelsäule des Schweregrades I nach ERDMANN und den ihr gleichzusetzenden Knickverletzungen geringfügige traumatische Läsionen in Bändern und Muskeln, jedoch ohne erkennbare Rupturen sowie eine irritationsbedingte Flüssigkeitsansammlung in den kleinen Wirbelgelenken zugrunde. Ferner stellen sich ödematöse Durchtränkung der Gewebe und kleinste Hämorrhagien aus Kapillarzerreißungen (Rhexisblutungen) ein. Diese Veränderungen brauchen bei leichten Schädigungen eine gewisse Zeit, bis sie durch allmähliche Progredienz von Ödem, Hämorrhagien und Gelenkshydrops ein schmerzbedingendes Ausmaß erreicht haben. Daraus erklärt sich die zeitliche Latenz im Auftreten der klinischen Manifestationen.

A. Klinische Symptomatik

Sie entspricht in erster Linie einem Halswirbelsäulenirritationssyndrom (BRUSSATIS 1969). Die Beschwerdesymptomatik kann sich jedoch vom Halswirbelsäulenbereich pseudoradikulär auf weitere Körperabschnitte ausdehnen. Schwindelsensationen und Ohrgeräusche, eventuelle Hörstörungen und Schiefstellung des Kopfes sind weitere mögliche Symptome. Unter Umständen berichten die Betroffenen über subjektive Gefühlsstörungen (Parästhesien), ohne daß sich aber bei der einfachen Zerrung der Halswirbelsäule tatsächliche Zeichen einer Nervenwurzelläsion fänden.

1. Lokales Vertebralsyndrom (HWS- oder Zervikalsyndrom, stiff neck syndrome)

Es tritt bei der einfachen Zerrung der Halswirbelsäule typischerweise nach einem beschwerdefreien Intervall als primäres und unabdingbares Kardinalsymptom des HWS-Schleudertraumas auf (Rohrer, Rollett und Scherzer 1970). Kennzeichnend ist die reflektorische Schonhaltung der Halswirbelsäule, meist in Streckstellung oder bei stark asymmetrischer Ausbildung der pathologisch-anatomischen Veränderungen in Schiefhaltung (Caput obstipum, Torticollis traumaticus). In letzterem Falle muß unfallchirurgisch nach einer eventuellen Verhakung von Wirbelgelenksfortsätzen gesucht werden. Die paravertebralen Nackenmuskeln, aber auch die ventralen Halsmuskeln, insbesondere die Musculi sternocleidomastoidei, sind druckschmerzhaft und zeigen einen Hartspann. Der Verletzte hält die Halswirbelsäule steif und vermeidet alle Kopfbewegungen, da sie ihm Schmerzen verursachen. Bei Prüfung der passiven Kopfbewegungen nehmen Schmerzen und Hartspann der Muskulatur zu. Die Bewegungseinschränkung der Halswirbelsäule kann in verschiedenem Maße ausgeprägt sein und auch die einzelnen Anteile der Halswirbelsäule unterschiedlich betreffen. Weiters ist die Halswirbelsäule in gewissen Bereichen oder zur Gänze klopf- und druckempfindlich sowie stauchungsschmerzhaft. Meist läßt sich ein Maximum dieser Beschwerden zur Höhenangabe der Hauptschädigung im Bereiche der Halswirbelsäule erheben. Der Nackenkompressionstest mit passiver Seitneigung des Kopfes löst einen typischen Schmerz aus. Das lokale Vertebralsyndrom nach Schleudertrauma beschränkt sich, wie schon seine Bezeichnung sagt, auf den betroffenen Wirbelsäulenbereich und dessen unmittelbare Umgebung. Man kann an ihm bei passiver Bewegungsprüfung einen Gelenkschmerz und bei Muskelpalpation einen echten Muskelschmerz unterscheiden. Nach Tilscher (1983) prüft man den Muskelschmerz zweckmäßigerweise durch isometrische Muskelanspannung. Der palpatorische Bewegungsbefund erlaubt dem Neuroorthopäden eine exaktere Höhenlokalisation sowie eine genauere Bestimmung des Behinderungsausmaßes durch das lokale Vertebralsyndrom.

Die Gesamtheit der nach Zerr-, Knick- oder Mischverletzungen und nach axialen Stauchungen, jedoch auch nach Prellungen der Halswirbelsäule auftretenden spondylogenen Beschwerdensymptomatik wird als *posttraumatisches Zervikalsyndrom (stiff neck syndrome)* bezeichnet, das somit dem lokalen Vertebralsyndrom des Zervikalbereiches gleichzusetzen ist und in einem schmerzhaften Halswirbelsäulenirritationssyndrom (Brussatis 1969) besteht. Trost (1983) faßt das posttraumatische Zervikalsyndrom hingegen weiter und sieht darin einen klinischen Gesamtkomplex, an dem vertebrale, pseudoradikuläre und Kompressionssymptome (letztere im Bereiche der austretenden Nervenwurzeln) beteiligt sind. Tatsächlich ist es manchmal schwierig, zwischen diesen einzelnen Komponenten zu unterscheiden. Es muß aber betont werden, daß das einfache und unkomplizierte Zervikalsyndrom, wie wir es nach leichten Schleudertraumen der Halswirbelsäule vorfinden, definitionsgemäß keine kompressionsbedingten radikulären Ausfälle zeigt. Lokalisatorisch können ein oberes, unteres und mittleres Zervikalsyndrom (MUMENTHALER und SCHLIACK 1973) sowie besonders bei vorbestehender degenerativer Wirbelsäulenschädigung ein diffuses Zervikalsyndrom unterschieden werden. Die Übergangsbereiche der Halswirbelsäule zum Kopf und Rumpf sind traumatisch leichter lädierbar, so daß nach Schleuderverletzungen der Halswirbelsäule das obere und untere Zervikalsyndrom häufiger als das mittlere Zervikalsyndrom zu beobachten sind. Die einzelnen höhenunterschiedlichen Formen des traumatisch bedingten HWS-Syndroms werden im folgenden Abschnitt besprochen.

2. Pseudoradikuläre Syndrome

Schädigungen im Bereiche der physiologischen Funktionseinheit Gelenk/Muskel (MUMENTHALER und SCHLIACK 1973, TROST 1983) führen, ob nun das Gelenk, die Sehne oder der Muskel betroffen sind, zu einer reflektorischen Ruhigstellung. Es resultiert eine typische Schonhaltung des betroffenen Körperabschnitts. Schmerzen werden am Ursprung und am Ansatz des entsprechenden Muskels verspürt. Bei Schleudertraumen der Halswirbelsäule können derartige Beschwerdebilder topographisch weit über das lokale Vertebralsyndrom hinausgehen. Die Schmerzen bedingen auch in peripheren Bereichen eine reflektorische Muskeltonuserhöhung in Form von Hartspann. Es entwickeln sich Tendomyosen und meist kettenförmig angeordnete Myogelosen, die der Geübte palpieren kann. Begleitend finden sich objektiv Gewebsschwellungen und livide Verfärbungen. Subjektiv berichten die Betroffenen über Spannungsgefühl und diffuse Dysästhesien, die aber nicht dem Versorgungsgebiet eines peripheren Nervs entsprechen. Solche Gefühlsstörungen folgen auch nicht der Verteilung eines Dermatoms, sondern zeigen eine uncharakteristische, oft flächenhafte Ausbreitung, verlaufen meist über schmerzhafte Muskeln und schmerzhafte Gelenke. Die Bezeichnung pseudoradikuläres Syndrom wird dem skizzierten klinischen Bild voll gerecht und betont den Unterschied gegenüber den differentialdiagnostisch abzugrenzenden, jedoch seltenen tatsächlichen Nervenwurzelschädigungen im Rahmen von indirekten HWS-Traumen. Drei höhendifferente Formen des Zervikalsyndroms lassen sich klinisch nicht nur bei schwereren Verletzungen der Halswirbelsäule auf Grund der Lokalisation ligamentärer Läsionen und radikulärer Ausfälle, sondern auch bei leichteren Verletzungen auf Grund der Lokalisation pseudoradikulärer Störungen, der Klopf-, Druck- und Stauchungsschmerzhaftigkeit der Wirbelsäule sowie der manualdiagnostisch festzustellenden Wirbelblockaden unterscheiden:

Das *obere Zervikalsyndrom*, mitunter als *Syndrom des kraniozervikalen Überganges* bezeichnet, ist durch Schmerzen im oberen Nackenbereich und in der Hinterhauptsregion sowie durch von dort ausstrahlende Kopfschmerzen, welche helmartig bis in die Stirn- und Augenregion reichen können, gekennzeichnet. Spondylogene Kopfschmerzen sind meist einseitig akzentuiert und gehen manchmal mit einem Flimmerskotom einher, in welchem Falle oft die Diagnose einer zervikalen Migräne gestellt wird. Auch über Parästhesien um den Mund sowie an der Zunge wird ab und zu berichtet. Man versucht, solche Phänomene durch Fehlimpulse, die zur spinalen Wurzel des Nervus trigeminus gelangen, zu erklären. Schwindelsensationen, Ohrensausen, Sehstörungen und allenfalls synkopale Zustände können auftreten. Sie werden zum Teil auf passagere Durchblutungsstörungen der Vertebralarterien zurückgeführt, wobei jedoch nicht verständlich ist, daß eine kurzdauernde, akute Gefäßabklemmung im Augenblick der Gewalteinwirkung sich auch später noch auswirken soll. Eher anzunehmen ist eine Schädigung oder Irritation des sympathischen Nervus vertebralis bzw. des Plexus vertebralis, der die Vertebralarterie umgibt. Die anfallartige Sympathikusreizung, besonders durch Kopfbewegungen ausgelöst, führt zum Bild der zervikalen Migräne. Anhaltende und objektivierbare Mangeldurchblutungen im Vertebraliskreislauf sind hauptsächlich bei Vorliegen zusätzlicher arteriosklerotischer Veränderungen in den genannten Arterien zu erwarten und gehen über die klinische Beschwerdesymptomatik des einfachen und unkomplizierten HWS-Schleudertraumas bei weitem hinaus. Durch Quetschung der zweiten zervikalen Wurzel kommt es zu Parästhesien im Versorgungsbereich des Nervus occipitalis maior. Dieser ist dann charakteristischerweise im Subokzipitalbereich druckschmerzhaft, welcher Zustand häufig als „Okzipitalneuralgie" bezeichnet wird, ohne daß strenggenommen tatsächlich eine Neuralgie vorliegt.

Beim *mittleren Zervikalsyndrom* finden sich neben lokalen Nackenbeschwerden auch Schmerzausstrahlungen zwischen die Schulterblätter und direkte Schulterschmerzen als kennzeichnende pseudoradikuläre Symptome. Seltener kommen bei zusätzlicher radikulärer und vegetativer Irritation atypische Herz- und Oberbauchsensationen, Dysfunktionen der Zwerchfellmotorik mit Atembeschwerden und Störungen nach Art eines ROEMHELD-Komplexes sowie paroxysmale Tachykardien vor.

Das *untere Zervikalsyndrom*, auch als *brachiozervikales Syndrom* bezeichnet, weist Parästhesien in Form von Kribbeln und Ameisenlaufen an den Händen auf, wobei diese Empfindungen mitunter als brennend oder elektrisierend beschrieben werden. Durch die Ruhigstellung des Armes kommt es eventuell zu sekundären Gelenksbeschwerden. MUMENTHALER und SCHLIACK (1973) meinen, daß durch paravertebrale Muskelspasmen sogar Subluxationen der kleinen Wirbelgelenke mit Beeinträchtigung der Intervertebrallöcher entstehen können, wodurch die genannten Parästhesien aufrechterhalten würden. Kältegefühl, Blässe oder livide Verfärbung der Hände einschließlich Marmorierung und Weichteilschwellung sind weitere mögliche Symptome des unteren Zervikalsyndroms. Auch vermehrte Schweißsekretion der Hände kann als Irritationsphänomen beobachtet werden.

Nicht selten sind zwei Formen des posttraumatischen Zervikalsyndroms gleichzeitig und nebeneinander vorhanden, wobei am häufigsten ein oberes und ein unteres HWS-Syndrom miteinander kombiniert sind. Manchmal ist die gesamte Halswirbelsäule – vor allem anfangs und bei stärker ausgeprägten, präexistenten degenerativen Veränderungen – in etwa gleichem Maße schmerzhaft, so daß keine höhendifferenten Einzelsyndrome zu unterscheiden sind, sondern eine Art *diffuses posttraumatisches Zervikalsyndrom* vorliegt. Darauf haben früher schon Rohrer, Rollett und Scherzer (1970) an Hand eigener einschlägiger Erfahrungen hingewiesen.

3. Schwindelsensationen

In der Akutphase berichten Patienten, die eine Schleuderverletzung der Halswirbelsäule erlitten haben, sehr häufig über Schwindel. Phänomenologisch überwiegt der Schwankschwindel (Pseudovertigo) über den Drehschwindel (Vertigo). Meist handelt es sich beim zervikalen Schwindel um einen sogenannten Rezeptorenschwindel, der durch Halswirbelsäulenbewegungen ausgelöst wird. Dabei gehen von den irritierten kleinen Wirbelgelenken des oberen Halswirbelsäulenabschnittes Fehlimpulse aus, die in den Hirnstamm geleitet werden und mit den dort einlangenden anderen Afferenzen des optovestibulo-somatosensiblen Koordinationssystems nicht in Einklang gebracht werden können. Öfters begegnet man auch vaskulär bedingten Schwindelformen, vor allem dem diffusen Hirnschwindel, wie er sich bei Hypotonie bzw. im Rahmen eines Orthostasesyndroms findet und mit Benommenheitsgefühl im Kopf sowie mit Schwarzwerden vor den Augen einhergeht. Mitunter liegt ein Lagerungs- bzw. paroxysmaler Lageschwindel vor, der auf Störungen im peripheren Gleichgewichtsorgan oder im vestibulären Kerngebiet hinweist. Ausnahmsweise wird über einen lang anhaltenden Lageschwindel, der weniger intensiv als der Lagerungsschwindel ist und mit einer Innenohrirritation (Otolithenschwindel) in Zusammenhang gebracht wird, berichtet.

Laut Barré (1926) und Liéou (1928) ist der zervikale Schwindel durch Reizung des hinteren Halssympathikus, des sogenannten Nervus vertebralis, der um die Vertebralarterie ein Geflecht (Plexus vertebralis) bildet und dieses Gefäß vasomotorisch-sympathisch versorgt, bedingt. Das klassische *hintere Sympathikussyndrom* dieser Autoren besteht aus Kopfschmerzen, Schwindel, Ohrensausen, Sehstörungen, vasomotorischen Störungen im Gesichtsbereich, Übelkeit und Brechreiz sowie pharyngealen und laryngealen Störungen. Anfallartiges Auftreten einer derartigen Beschwerdensymptomatik nannte Bärtschi-Rochaix (1949 und 1957) *zervikale Migräne*, als deren Ursache er posttraumatische Arthrosen an der Halswirbelsäule annahm, welche Meinung im Hinblick auf eine lediglich traumatische Entstehung jedoch weitgehend abgelehnt worden ist. Desgleichen wird ein eigenständiges Krankheitsbild der isolierten zervikalen Sympathikusreizung heutzutage wiederholt in Frage gestellt, wahrscheinlich zu Unrecht. Als Erklärungsversuch für eine gleichartige Beschwerdensymptomatik vermutet man oft eine Kompression der Vertebralarterie während des Schleudervorganges. Es bleibt jedoch unbewiesen und dahingestellt, wie die einmalige, leichte mechanische Affektion eines Gefäßes ohne nachzuweisende Intimaläsion auch später noch Durchblutungsstörungen verursachen soll.

Nach dem heutigen Stand der Wissenschaft müssen demnach vornehmlich zwei Arten des zervikalen Schwindels unterschieden werden, einerseits eine artikulär bedingte und andererseits eine vaskulär bedingte Schwindelform, letztere auf vasomotorisch-sympathischer Basis oder bei schweren Traumen durch Arterienkompression. Insbesondere nach Kontaktverletzungen des Schädels im Rahmen von Mischunfällen scheint außerdem ein Innenohrschwindel durch mechanische Otolithenschädigung möglich. Im Einzelfall ist die differentialdidagnostische Abgrenzung oft schwierig.

4. Ohrgeräusche und Hörstörungen

In der Akutphase des HWS-Schleudertraumas gehen sie auf eine Sympathikusreizung oder eine stärkere Vertebralis-Basilaris-Durchblutungsstörung zurück. Handelt es sich um ein schweres Zustandsbild mit Zeichen einer kritischen vaskulären Insuffizienz in Form zerebraler Ausfälle, so kann im Rahmen des daraus resultierenden klinischen Defektsyndroms auch ausnahmsweise eine Hörminderung persistieren, eventuell vergesellschaftet mit Ohrgeräuschen. Hörstörungen sind an sich durch Sympathikusreizung möglich, wie SEYMOUR (1954) tierexperimentell bewies. Sie wurden auch von MORITZ (1953) bei Reizung des Ganglion cervicale craniale beschrieben. In bezug auf ein Zervikalsyndrom hält HÜLSE (1983) derartige Beschwerden jedoch für problematisch, zumal nach seiner Erfahrung eine Provokation durch Kopfbewegungen nicht gelingt. KORNHUBER (1976) negiert deswegen die Möglichkeit einer Hörminderung im Rahmen eines Zervikalsyndroms sogar vollkommen. Meist sind die Beschwerden in Form von Ohrgeräuschen und Hörstörungen im Gefolge eines HWS-Schleudertraumas nur initial und passager vorhanden sowie darüber hinaus bei den hier zu besprechenden leichten, unkomplizierten Zerrungen der Halswirbelsäule bloß gering ausgeprägt, so daß für die Beurteilung dieser Fälle keine wesentlichen gutachtlichen Schwierigkeiten erwachsen.

5. Sekundäre Abweichungen von der Körperachse

Lage- und Stellreflexe sind beim oberen Zervikalsyndrom wiederholt gestört. Ein anhaltender, traumatisch bedingter Schiefhals (Caput obstipum, Torticollis traumaticus) oder einseitige Muskelverspannungen im Rahmen eines Zervikalsyndroms können mitunter eine kompensatorische, abnorme Wirbelsäulenkrümmung leichten Grades hervorrufen, welche primär nicht lädierte Wirbelsäulenabschnitte betrifft. Neuroorthopädischerseits wurden sekundäre Skoliosen und sonstige Fehlstellungen des Stützorganes beschrieben. Sogar Beckenschiefstand und asymmetrische Beinbelastung wurden vereinzelt auf eine Zerrung der Halswirbelsäule zurückgeführt. Gleichzeitig ist in diesen Fällen neben der Bewegungseinschränkung der Halswirbelsäule meist eine solche der Brustwirbelsäule feststellbar. Angesichts der Tatsache, daß sich Wirbelsäulenverkrümmungen in Form von Skoliosen geringen Grades sehr häufig auch bei sonst gesunden und beschwerdefreien Personen finden, kommt sekundären Abweichungen von der Körperachse nach leichten Traumatisierungen der Halswirbelsäule gutachtlich kaum eine Bedeutung zu. Es besteht ansonsten die Gefahr einer Fehlbeurteilung durch Anerkennung der Unfallkausalität für einen bereits vorbestehenden, schicksalhaften Zustand. Häufig liegt die wahre Ursache für eine schmerzhafte Wirbelsäulenverkrümmung, die außerhalb des verletzten Wirbelsäulenbereiches gelegen ist, in lokalen degenerativen Veränderungen des Skoliosebezirkes selbst. Jedenfalls empfehlen sich für den ärztlichen Gutachter bei Beurteilung der Unfallkausalität sekundärer Abweichungen von der Körperachse nach Schleudertraumen der Halswirbelsäule größte Skepsis und Zurückhaltung.

B. Biomechanik, Manifestation und Verlauf

Für das Schleudertrauma der Halswirbelsäule gibt es selbstverständlich einen *Schwellenwert*, der überschritten werden muß, ehe überhaupt eine körperliche Verletzung gesetzt wird und Beschwerden auftreten. WALZ (1986) fand, daß die Insassen eines Personenkraftwagens im Falle einer Kollisionsgeschwindigkeit von weniger als 20 km/h praktisch unverletzt bleiben oder nur ganz leichte und unbedeutende Verletzungen davontragen. An dieser Stelle sei des weiteren insbesondere auf die Untersuchungen von DANNER (1987) verwiesen, der durch Schlittenversuche feststellte, daß angegurtete, gesunde Probanden bis zu einer Aufprallgeschwindigkeit von 27 km/h unversehrt blieben. Dies entspricht einer Geschwindigkeitsänderung des gestoßenen Fahrzeuges von 17 km/h. Als Schwellenwert für die Entstehung einer Schleuderverletzung der Halswirbelsäule bei Auffahrunfällen gibt DANNER (1987) unter Beachtung eines weiten Sicherheitsbereiches eine *Kollisionsgeschwindigkeit von 15 km/h* und eine *Geschwindigkeitsänderung des von hinten Gestoßenen von 11 km/h* an, was eine Fahrgastzellenbeschleunigung von ungefähr 3 g oder 30 m/s^2 bedeutet. Alle diese Angaben beziehen sich auf simulierte Unfälle, bei denen die Personenkraftwagen mit exakt montierten Kopfstützen (übrigens die beste Vorbeugung gegen Schleudertraumen der Halswirbelsäule bei klassischen Auffahrunfällen) ausgestattet und die Autoinsassen angegurtet waren. Wörtlich heißt es in der Publikation von DANNER (1987): „Bei einem Auffahrunfall mit Pkw ist bis zu einer Geschwindigkeitsdifferenz von 15 km/h ein HWS-Schleudertrauma für die Insassen des gestoßenen Fahrzeugs auszuschließen, wenn deren Kopf durch eine weitgehend korrekt eingestellte Kopfstütze geschützt wird." Der Autor berichtet ferner, daß bis zu einer Kollisionsgeschwindigkeit von 15 km/h auch im Falle eines außermittigen Aufpralls keine Verletzungen auftraten. Da die Humanversuche zum Zeitpunkt der Veröffentlichung teilweise schon zwei Jahre zurücklagen, und die Probanden beschwerdefrei geblieben waren, konnten auch Spätfolgen einer Schleuderverletzung ausgeschlossen werden.

Ist das Fahrzeug nicht mit *Kopfstützen* ausgerüstet, so müssen die genannten Grenzwerte um etwa ein Drittel (30%) reduziert werden. Dazu DANNER (1987): „Unterhalb einer Grenze von 10 km/h Aufprallgeschwindigkeit Pkw gegen Pkw ist auch ohne Kopfstützen" – belegbar durch die Meßergebnisse der Autoscooterversuche – „nicht mit einem HWS-Schleudertrauma zu rechnen." Gemäß LEINZINGER (1992) können Anprallgeschwindigkeiten zwischen 10 und 15 km/h bei Vorliegen besonderer Umstände eine Schleuderverletzung hervorrufen, z. B. beim Zweitanstoß an ein davor befindliches Hindernis und bei dadurch bedingter Verstärkung der Sekundärbewegung des Kopfes oder bei extrem weit vorgebeugtem Oberkörper während des Wartens vor einer Verkehrsampel. Jedoch schloß er, wenn die Anstoßgeschwindigkeit weniger als 10 km/h betrug, die Entstehung einer Schleuderverletzung mit rechtserheblichen Folgen aus. Wesentlich zu tief eingestellte Kopfstützen erhöhen das Verletzungsrisiko deutlich, und zwar sogar über jenes einer Rückenlehne ohne Kopfstütze hinaus, in welchem Falle WIELKE (1989) ein Mitverschulden der verletzten Person bzw. des Fahrzeughalters zur Diskussion stellt. Wichtig für die Intensität der HWS-Zerrung ist auch, ob der Betroffene von dem Trauma überrascht wurde, oder ob er es voraussah und dadurch eine muskuläre Abwehrspannung einnahm, des weiteren, ob sich sein Kopf in gerader oder stark gedrehter Position befand, da in letzterem Falle zusätzlich asymmetrische Rotations- und Scherkräfte einwirken. Selbstverständlich spielen zusätzlich die Körperkonstitution, der Allgemeinzustand und das Alter der dem Unfallmechanismus ausgesetzten Person eine gewisse Rolle. Muskelschwache Individuen und solche mit hypermobiler Halswirbelsäule erleiden eher eine HWS-Distorsion als muskulöse und stiernackige Personen. Daher leiden Frauen häufiger an einem posttraumatischen Zervikalsyndrom nach Schleuderverletzung der HWS als Männer. Dem Überraschungsmoment und damit der Unvorbereitetheit des gestoßenen Pkw-Insassen sowie einer möglichen leichten Seitdrehung des Kopfes beim Blick in den Rückspiegel oder durch das Seitenfenster und einer nicht idealen Einstellung der Kopfstützen trug DANNER (1987) durch die zuvor genannte Senkung der Grenzwerte für die Kollisiongeschwindigkeit auf 15 km/h und für die aufgezwungene Fahrgastzellenbeschleunigung auf 11 km/h voll Rechnung. Die Zubilligung einer weiteren Unsicherheitszone ist laut WIELKE (1989) als unberechtigt abzulehnen. Ferner muß ein häufiges Mißverständnis bezüglich des genannten Grenzwertes unbedingt aufgeklärt werden. In der Biologie haben wir es fast ausnahmslos nicht mit punktuellen bzw. linearen Grenzen, sondern mit mehr oder minder breiten Grenzbereichen zu tun. So auch, was die Vulnerabilität der Halswirbeläule bei einem Unfall anlangt. Der erwähnte Wert von 11 km/h Fahrgastzellenbeschleunigung stellt das untere Ende dieses Grenzbereiches dar. Dies bedeutet, daß eine geringere Beschleunigung als 11 km/h keine Verletzung bedingt, jedoch keineswegs, daß eine größere Beschleunigung als 11 km/h unbedingt eine Verletzung hervorruft. Das obere Grenzbereichsende, ab dem, statistisch gesehen, stets eine Traumatisierung eintritt, liegt, wie die Erfahrung lehrt, weitaus höher. Es hat sich bisher, da derartige Versuche nicht zumutbar sind, noch nicht definitiv festlegen lassen. Ob innerhalb des genannten Grenzbereiches der Vulnerabilität tatsächlich eine Verletzung gesetzt wird oder nicht, hängt von vielen, nicht überblickbaren Faktoren ab. Jedenfalls ist die von Rechtsvertretern der Klägerseite in letzter Zeit zunehmend häufiger vorgebrachte Behauptung, eine Fahrgastzellenbeschleunigung über 11 km/h müsse unbedingt eine Verletzung nach sich ziehen, unrichtig und irrig.

Befinden sich beide, am Unfall beteiligte Fahrzeuge in Bewegung, so ist keineswegs die tatsächliche Fahrgeschwindigkeit des stoßenden Wagens ausschlaggebend, sondern es ist einzig und allein die Geschwindigkeitsdifferenz der zwei Wagen, d. h. die Relativgeschwindigkeit im Augenblick des Zusammenstoßes, entscheidend. Die Energie dieser wirksamen Kollisionsgeschwindigkeit wird des weiteren durch Absorption auf Grund der Fahrzeugmaterialverformung teilweise (im günstigsten Falle zur Gänze) abgebaut. Als maßgebliche Größe für die Verletzung der Halswirbelsäule des Pkw-Insassen fungiert somit ausschließlich die kollisionsbedingte Geschwindigkeitsänderung der Fahrgastzelle und damit der gestoßenen Person innerhalb einer Zeitspanne von 0,1 bis 0,2 Sekunden. Unwesentlich sind der Zustand der Fahrbahn (rauh, glatt, feucht, eisig) und eine eventuelle Bremsung im Augenblick des Zusammenstoßes. An dieser Stelle sei eigens darauf hingewiesen, daß auch eine Vollbremsung, bei welcher stets nur geringe Verzögerungskräfte (ungefähr 7 m/s^2) frei werden, keine Zerrung der Halswirbelsäule nach sich ziehen kann (Wielke 1989). Große Personen, die den oberen Rückenlehnenrand bei weitem überragen, sind einer höheren Verletzungsgefahr ausgesetzt als kleine Personen, welche durch die Einbettung in den Sitz besser geschützt werden. Laut Danner (1987) haben Pkw-Insassen von 1,52 m Körpergröße eine 40% geringere Verletzungswahrscheinlichkeit. Dies gilt auch für Kinder. Nach Wielke (1989) birgt der Stoß von vorne im Rahmen einer Frontalkollision ein geringeres Verletzungsrisiko, da die zu erwartenden Geschwindigkeitsgrenzwerte höher als für Auffahrunfälle mit Heckkollision liegen. Dies erklärt sich durch das weiche Abfangen des Körpers im Sicherheitsgurt und durch die muskuläre Abwehrspannung bei Gewahren der drohenden Gefahr. Risikoarm sind Stöße, bei denen der Pkw-Insasse zur Wagenmitte hin auspendeln kann (Stoß von rechts für den links sitzenden Lenker und Stoß von links für den rechts sitzenden Beifahrer). Anders verhält es sich im umgekehrten Falle. Stöße, bei denen der Pkw-Insasse von der Mitte weg zur Seite bewegt wird, führen zum Anprall am Seitenfenster oder an der Türsäule, dadurch unter Umständen zu Kontaktverletzungen des Schädels und der Schulter. Die Geschwindigkeitsgrenze der Verletzungswahrscheinlichkeit liegt in diesem Falle unter jener für den Gestoßenen bei Heckkollision. Stark exzentrische

Stöße, welche ziemlich rechtwinklig vorn oder hinten am Fahrzeug erfolgen, drehen dieses um seine Hochachse und gehen mit einem geringen Verletzungsrisiko einher. Schließlich weist WIELKE (1989) noch darauf hin, daß streifende Stöße, wie sie im Rahmen einer Kollision bei Fahrstreifenwechsel wirksam werden, keine Verletzung der Halswirbelsäule nach sich ziehen können, zumal nur geringe Gewalten auftreten.

Beim typischen Auffahrunfall wird der von hinten Gestoßene primär in den Sitz und gegen die Rückenlehne gepreßt, wobei sein Kopf nach hinten gerissen wird und gegen die Kopfstütze stößt, ohne daß dadurch eine Kopfverletzung entstünde. Obgleich diese erste passive Bewegungsphase mit mehr Gewalt verläuft als die zweite entgegengesetzte Bewegungsphase, können sich manche Verunfallte später nur an die letztere mit Vorwärtsbewegung des Kopfes und des Körpers (Fallen in den Gurt) erinnern. Dies heißt, daß man nicht von allen Betroffenen eine exakte Beschreibung der Bewegungsabläufe, wie sie von den Gesetzen der Mechanik diktiert werden, erwarten kann. In dieser Hinsicht scheint das Überraschungsmoment, das sich oft für den Insassen des gestoßenen Fahrzeuges ergibt, gleichfalls eine Rolle zu spielen. War die Gewalteinwirkung stärker, so sind aber die meisten Verunfallten oder Betroffenen in der Lage, den durch den Stoß von hinten aufgezwungenen Bewegungsablauf zu schildern. Die geschilderte Schleuderbewegung des Kopfes, welche auf Trägheitskräften beruht, wird ab einer gewissen Intensität als eine unangenehme Bewegung, bei stärkerer Gewalteinwirkung manchmal als das Gefühl des Kopfabreißens bzw. des Geköpftwerdens empfunden. Prädisponierte Personen können dadurch bereits unmittelbar nach dem Unfall eine psychogene Reaktion aufweisen, sei es in Form von Angst, Erregung, Zittern, Übelkeit, Schweißausbruch, Schwankschwindel, Weinen oder psychischer Starre. Diese Phänomene müssen von tatsächlichen, organischen Verletzungsfolgen unterschieden werden und werden meist als *„psychischer Unfallschock“* bezeichnet. Organisch bedingte Beschwerden nach leichten Zerrungen der Halswirbelsäule stellen sich mit *Latenz* ein, weil die zugrundeliegenden pathologisch-anatomischen Veränderungen erst nach einiger Zeit ein schmerzverursachendes Ausmaß erreichen. Dieses beschwerdefreie Intervall beträgt bei Verletzungen des Schweregrades I nach ERDMANN zumindest eine Stunde, manchmal einen Tag und allenfalls zwei Tage, so daß der Arzt nicht gleich nach dem Unfall, sondern erst später aufgesucht wird. Dauert die Zeitspanne der Beschwerdefreiheit länger als zwei Tage, so ist der ursächliche Zusammenhang mit einem nachfolgenden HWS-Syndrom unwahrscheinlich und gutachtlich nicht mehr anzuerkennen. Typisch ist neben der genannten anfänglichen Latenz bezüglich der Manifestation eines posttraumatischen Zervikalsyndroms die sodann einsetzende *Progredienz* dieser Störungen. Das heißt, daß Nacken- und Kopfschmerzen sowie Nackensteife kontinuierlich zunehmen und sich auch die anderen Symptome einige Zeit hindurch, welche Stunden bis wenige Tage mißt, verstärken. Schließlich ist der Höhepunkt im Ausprägungsgrad des posttraumatischen Zervikalsyndroms erreicht, der dann plateauartig einige Tage anhält. Die weitere Entwicklung ist durch eine allmähliche Rückbildung der Beschwerden gekennzeichnet. Der gesamte Verlauf ist selbstverständlich abhängig vom Verhalten des Betroffenen: ob er sich schont, den verletzten Wirbelsäulenabschnitt mittels einer Halskrause ruhigstellt, vorübergehend das Bett hütet oder seine gewohnte Tätigkeit trotz Schmerzen fortsetzt, eventuell auch Belastungen ausgesetzt ist (Autofahrten, Schreibarbeiten mit ungünstiger Kopfhaltung usw.). So ist es verständlich, daß die skizzierte Entwicklung mit anfänglicher Progredienz, plateauartigem Höhepunkt und anschließender, länger dauernder Rückbildung der Beschwerden nicht glatt und linear, sondern unregelmäßig undulierend verläuft. Stark einseitig betonte Nackenschmerzen treten typischerweise kontralateral zu einem schräg oder seitlich erfolgten Anstoß auf und sind Ausdruck der im Augenblick der Gewalteinwirkung stattfindenden einseitigen Überdehnung der Halsmuskulatur (LEINZINGER 1992). Eine Seitenbetonung der Schmerzsymptomatik und Muskelverspannung nach Schleudertrauma kann jedoch auch durch einen vorbestehenden hauptsächlich einseitigen degenerativen Wirbelsäulenprozeß bedingt sein.

Meist erfolgt bei Schleudertraumen der Halswirbelsäule leichten Grades keine stationäre, sondern lediglich eine *ambulante Behandlung*. Es empfiehlt sich eine Ruhigstellung des verletzten Wirbelsäulenabschnittes mittels SCHANZ-Krawatte, die etwa zwei bis allenfalls drei Wochen hindurch, jedoch nicht länger, getragen werden sollte, weil sich sonst infolge der Immobilisierung Gelenkskontrakturen und Muskelatrophien entwickeln, welche ihrerseits Beschwerden hervorrufen. Ferner werden Analgetika, Antirheumatika, Kortikoide, bei Bedarf Kreislaufmittel, Myotonolytika, Sympathikolytika und Gefäßdilatantien, lokale Wärme, aber auch Kälte (Eis- bzw. Kryotherapie), leichte Massagen und Elektrotherapie (Galvanisationen sowie Iontophoresen), Manualtherapie, Lockerungsübungen der Muskulatur, isometrisches Muskeltraining und Bewegungsübungen der Halswirbelsäule, vorsichtige Extensionen mit der GLISSON-Schlinge, entsprechende Kopflagerung (vor allem nachts), Heißluft, Rotlicht, Fango- und Moorpackungen, Unterwasser- und Ultraschallbehandlungen, Akupunktur sowie eventuell Röntgenreizbestrahlungen angewandt. Ebenso appliziert man schmerzlindernde intravenöse Mischinfusionen und Lokalanästhetika als Infiltrationen oder Quaddeln. Schonung ist zusätzlich erforderlich.

Zerrungen der Halswirbelsäule des Schweregrades I nach ERDMANN heilen innerhalb von Wochen bis Monaten aus. Ihre Beschwerdensymptomatik überdauert kaum jemals ein halbes Jahr (ERDMANN 1973, SCHERZER 1976 und 1987, KRÄMER und SCHULZE 1977, KRÖSL 1981 und 1984). Es kommt in diesen Fällen stets zu einer *Restitutio ad integrum* und es resultiert *kein unfallkausaler Dauerschaden*. Dauer- oder Spätfolgen werden in der Gutachtenliteratur nach leichten HWS-Distorsionen allgemein negiert (ROHRER, ROLLETT und SCHERZER 1970, SCHLEGEL 1972, ERDMANN 1973 und zuletzt 1983, SCHERZER 1976 und 1987, KRÄMER und SCHULZE 1977, KRÖSL 1981 und 1984, KRÜGER 1986, WALZ

1986, Pearce 1989). Vergleichsweise sei an dieser Stelle der klinische Verlauf von HWS-Schleudertraumen des Schweregrades II nach Erdmann erwähnt. Solche Verletzungen können etwas länger Beschwerden verursachen und brauchen zu ihrer Rückbildung bis zu einem Jahr oder maximal bis zu zwei Jahren (Schlegel 1972, Krüger 1986). Dies erklärt sich durch den Umstand, daß die vollkommene Ausheilung der hier vorliegenden Bandrupturen eben länger dauert. Üblicherweise erfolgt schließlich aber doch eine komplette Remission und damit eine vollkommene funktionelle Wiederherstellung. Nur ausnahmsweise bleibt nach einer Band- bzw. Gelenkskapselzerreißung eine Lockerung des Gelenksbereiches auf Dauer bestehen. Dies dürfte den Beobachtungen von Wiesner und Mumenthaler (1974 und 1975) entsprechen, nach denen glaubhafte Schmerzsyndrome mitunter über Jahre hinaus anhalten, ohne daß eine nachweisbare knöcherne Läsion vorliegt. Auf Grund des Gesagten ist es klar, daß nach Schleudertraumen der Halswirbelsäule des Schweregrades II nach Erdmann ein unfallkausaler Dauerschaden geringen Grades zwar prinzipiell möglich, jedoch selten ist. Diesbezüglich entscheidet die unfallchirurgische Begutachtung.

Arbeitsunfähigkeit im Sinne des Krankenstandes ist nach Schleudertraumen der Halswirbelsäule des Schweregrades I nach Erdmann bis zur Dauer von zwei Wochen, in Abhängigkeit vom speziellen Beruf, wenn der Betroffene wiederholten Belastungen der Halswirbelsäule ausgesetzt ist, bis zur Dauer von maximal vier Wochen anzunehmen. Es schließt sich eine partielle Arbeitsbeeinträchtigung an, im Ausmaß von 50% in der Dauer bis zu zwei Wochen und im Ausmaß von 25% in der Dauer bis zu etwa vier Wochen. Danach sinkt der Prozentsatz der Arbeitsbeeinträchtigung weiter und fällt bis spätestens sechs Monate nach dem Unfall auf kaum mehr einschätzbare Werte ab. Selbstverständlich dürfen die hier genannten Perioden nicht starr gesehen und daher in jedem Gutachtenfall eingesetzt werden. Sie stellen vielmehr Höchstwerte auf Grund ärztlicher Erfahrung dar. Konstitution, Allgemeinzustand und Alter des Betroffenen sowie berufliche Beanspruchung sind besonders zu berücksichtigen.

Bezüglich der *Einschätzung unfallkausaler Schmerzen* für die Haftpflichtversicherung sind wie üblich nicht nur tatsächliche Schmerzen, sondern auch diesen gleichzusetzende Unbilden anderer Art wie Bewegungsbehinderung der Halswirbelsäule und des Kopfes, Schwindelsensationen, anfängliche Übelkeit, Mißempfindungen und Parästhesien, Muskelverspannungen usw. in Betracht zu ziehen. Prinzipiell können zwar nach Zerrungen der Halswirbelsäule des Schweregrades I Schmerzen aller drei Schweregrade auftreten, jedoch muß auch hier eine Abstufung nach der Intensität der Traumatisierung, der körperlichen Konstitution und dem Alter der betroffenen Person vorgenommen werden. Solchermaßen wird der Gutachter oft nur mittelgradige und leichte Schmerzen zubilligen, bei ganz leichten und grenzwertigen Traumatisierungen überhaupt nur leichte Schmerzen einschätzen. Die Annahme starker Schmerzen ist dann gerechtfertigt, wenn sich der Betroffene psychisch von seinem Leidenszustand nicht freimachen konnte, wenn er glaubhaft verletzungsbedingt gar keine Arbeiten verrichten konnte und womöglich weitgehend Bettruhe einhalten mußte. Besonders der Umstand, daß nach der Verletzung anfangs Beschwerdefreiheit bestand und Schmerzen sowie sonstige Störungen erst sekundär in Erscheinung treten, beunruhigt manche Personen in höchstem Maße und läßt sie eventuell sogar in Panik geraten. Die Furcht vor weiterer ungünstiger Entwicklung klingt jedoch bald ab, weil sich zeigt, daß eine solche nicht eintritt. Damit ist auch die einfühlbare Irritationsphase beendet. Gutachtlich trägt man einer solchen anfänglichen Irritation durch die Zuerkennung starker Schmerzen durch einen Tag oder höchstens durch zwei Tage Rechnung. Ein so stark beeinträchtigender Zustand ist jedoch bei den hier besprochenen Distorsionen der Halswirbelsäule leichten Grades nur selten gegeben. Nach einer HWS-Zerrung sind die unfallbedingten Schmerzen und Unbilden zuerst kontinuierlich, später haben die Verletzten schmerz- und beschwerdefreie Unterbrechungen, dann wechseln Zeiten mit Schmerzen und Zeiten ohne Schmerzen ab, bis die unfallbedingten Beschwerden nur mehr sporadisch vorkommen und schließlich vollkommen abklingen. BINDER, GERSTENBRAND und TILSCHER (1976) beschrieben, daß nach leichten Schleuderverletzungen der Halswirbelsäule, welche dem Schweregrad I und II nach ERDMANN entsprechen, starke Schmerzen durch eine Woche und mehr, mittelgradige durch vier bis sechs Wochen und leichte durch zwei bis drei Monate auftreten. Diese Autoren dürften aber damit offensichtlich bloß die Zeiträume begrenzen, während welcher Schmerzen der genannten Intensitäten auftreten können. Dies bedeutet nicht, daß während der angegebenen Perioden Schmerzen ununterbrochen vorhanden sind. Deshalb muß also aus gutachtlicher Sicht erst eine Raffung bzw. Komprimierung der diskontinuierlichen Schmerzen zu Perioden kontinuierlicher Schmerzen erfolgen. Eine solche führt selbstverständlich zu wesentlich kürzeren Schmerzperioden. Nicht gefolgt werden kann der Annahme starker Schmerzen durch eine Woche oder mehr. Entweder haben die Autoren einen in der Begutachtung unüblichen und ungerechtfertigten Schmerzbegriff gewählt, welcher der Definition nach HOLCZABEK (1976) nicht entspricht, oder sie haben länger anhaltende psychogene Reaktionsweisen unberechtigtermaßen in ihren Schmerzkatalog einbezogen.

Auf Grund allgemeiner ärztlicher Erfahrung kommt man beim HWS-Schleudertrauma vom Schweregrad I nach ERDMANN gutachtlich zu folgenden *Perioden komprimierter bzw. geraffter unfallkausaler Schmerzen einschließlich Schmerzen gleichzusetzender unfallkausaler Unbilden anderer Art:* Starke Schmerzen scheinen nur ausnahmsweise, wie zuvor dargestellt, in der Dauer eines Tages, eventuell zweier Tage, gerechtfertigt. Mittelgradige Schmerzen fallen in einem höheren Ausmaß an, nämlich von wenigen Tagen bis zu einer Woche oder maximal bis zu zwei Wochen. Die längste Schmerzperiode betrifft die leichten Schmerzen. Sie reicht von einigen Tagen bis zu 20 Tagen und allenfalls bis zu 30 Tagen. Die angeführten unfallkausalen Schmerzperioden entsprechen den Obergrenzen und markieren damit die Maximalhöhe der gutachtlichen Einschätzung. Dabei wurde insofern eine Zweiteilung vorgenommen, als die niedrigeren Werte für relativ junge und kräftige Personen, die höheren Werte für ältere und schwächliche Personen gelten. An der eigenen Statistik der Begutachtungen des unkomplizierten Schleudertraumas der Halswirbelsäule ergaben sich durchschnittliche Einschätzungen von starken Schmerzen durch 0,1 Tage, von mittleren Schmerzen durch 5,2 Tage und von leichten Schmerzen durch 14,8 Tage. Nochmals sei betont, daß die Schmerzeinschätzung dem Einzelfall Rechnung zu tragen hat und daher oft zu einer wesentlich geringeren Schmerzperiodik als zu den obzitierten Maximalwerten gelangen wird. Selbstverständlich sind auch spezielle berufliche Belastungen nach Arbeitswiederaufnahme (ungünstige Haltungen beim Maschinschreiben, stärkeres Kopfbewegungsausmaß beim Autolenken usw.) zu berücksichtigen.

Das Schleudertrauma der Halswirbelsäule des Schweregrades I stellt eine *voll reversible Schädigung* dar und ist aus diesem Grunde *nicht geeignet, einen unfallkausalen Dauerschaden zu hinterlassen.* Es liegt ein bloß passageres Beschwerdebild vor, welches vollkommen ausheilt. Nach einer einfachen Zerrung der Halswirbelsäule sind somit auch *keine unfallkausalen Spätkomplikationen* möglich. Treten tatsächlich Spätfolgen im Sinne unfallabhängiger Sekundärschäden auf, so war die ursprünglich gestellte Diagnose falsch. Entscheidungen in dieser Hinsicht sind schwierig und daher fachärztlichen Kausalitätsgutachten mit ausführlichen differentialdiagnostischen Erwägungen vorbehalten.

C. Hilfsbefunde

Der wichtigste Hilfsbefund nach Verletzungen der Halswirbelsäule ist selbstverständlich der radiologische Befund. Je nach den vom Untersuchten angegebenen Beschwerden sind noch andere Hilfsbefunde einzuholen. Deren Wertigkeit steht aber weit hinter jener des Halswirbelsäulenröntgens zurück. Bei leichten Verletzungen dieses Wirbelsäulenabschnittes ist von Nebenbefunden wenig zu erwarten, wenn man vom Nachweis vorbestehender degenerativer bzw. anlagebedingter Veränderungen der Wirbelsäule absieht. Die gutachtliche Aussagekraft der erhobenen Hilfs- und Nebenbefunde liegt dann überwiegend im Ausschluß und nicht im Nachweis von traumatischen Veränderungen.

Röntgenologisch findet man beim Schleudertrauma der Halswirbelsäule des Schweregrades I nach ERDMANN als auffallenden Befund meistens eine Streckstellung der Halswirbelsäule, da durch die reflektorische Ruhigstellung dieses Wirbelsäulenabschnittes die physiologische Halslordose aufgehoben ist. Jedoch kann die gestreckte Halswirbelsäule auch Ausdruck einer besonderen, aber nicht krankhaften Kopfhaltung sein. Neben solchen Normvarianten muß man daran denken, daß die Streckstellung der Halswirbelsäule unter

Umständen lediglich eine Lagerungsfolge darstellt. Somit ist die Aufhebung der Halslordose auf dem Röntgenbild noch kein absoluter Beweis für das Vorliegen eines Zervikalsyndroms. Beim Schleudertrauma der Halswirbelsäule des Schweregrades II nach ERDMANN kann manchmal ein kyphotischer Knick in der Mitte oder im unteren Teil dieses Wirbelsäulenabschnittes röntgenologisch nachweisbar sein. Solche Knickbildungen heben sich bei der Retroflexion des Kopfes wieder auf und sind Ausdruck einer Bandlockerung. Hier muß der Gutachter darlegen, ob im gegenständlichen Fall eine vorbestehende (unfallfremde) oder eine verletzungsbedingte (Kausalität zum gegenständlichen Unfall wahrscheinlich zu machen) Veränderung anzunehmen ist. Ein leichter kyphotischer Knick, der übrigens selbst bei gesunden Jugendlichen als Zufallsbefund vorkommt, muß nicht unbedingt mit Beschwerden einhergehen, besonders dann nicht, wenn er nicht traumatisch bedingt ist. Bewegungsaufnahmen der Halswirbelsäule in maximaler Ante- und Retroflexionsstellung, sogenannte Funktionsaufnahmen, zeigen mitunter Wirbelblokkierungen. Gutachtlich erhebt sich auch hier die Frage, ob es sich um Verletzungsfolgen oder vorbestehende Veränderungen auf degenerativer oder rheumatischer Basis handelt. Zur Bestimmung des Bewegungsausmaßes eignen sich Funktionsaufnahmen der Halswirbelsäule erfahrungsgemäß weniger als die klinische Untersuchung. Da auf Grund von Schmerzen anfangs ausreichende Bewegungsaufnahmen oft nicht erzielt werden können, empfiehlt sich zu einem späteren Zeitpunkt, wenn die Schmerzen und der Hartspann der Muskulatur nachgelassen haben, eine nochmalige röntgenologische Funktionsuntersuchung der Halswirbelsäule. Aber selbst dann ist man auf die Kooperation des Untersuchten angewiesen. Schrägaufnahmen der Halswirbelsäule dienen zur Darstellung der Foramina intervertebralia (Drehung um 45 Grad beidseits) und der kleinen Wirbelgelenke (Drehung um 15 Grad beidseits). Diese Spezialaufnahmen können wie Densaufnahmen (vorzugsweise transorale Untersuchung des Dens epistrophei sowie gezielte seitliche Aufnahme) bereits initial angefertigt werden. Der radiologischen Densuntersuchung kommt beim oberen Zervikalsyndrom eine wesentliche diagnostische Bedeutung zu, da ein übersehener Bruch des Zahns des zweiten Halswirbels die Gefahr einer sekundären bulbospinalen Querschnittlähmung, also eine akute Todesgefahr, in sich birgt.

Besteht röntgenologisch eine abnorme Aufklappbarkeit eines Bewegungssegmentes der Halswirbelsäule, so geht dieser Befund eindeutig über den Begriff der einfachen Zerrverletzung hinaus, und zeigt, daß eine Band- bzw. Bandscheibenzerreißung vorliegt. Eine Stufenbildung an mehreren benachbarten Wirbeln in Anteflexionsstellung der Halswirbelsäule bezeichnet man als „Treppenphänomen“. Betroffen ist typischerweise der obere HWS-Bereich. Bei geringer Ausprägung (Verschiebung jeweils um nicht mehr als 2 mm in der Anteflexionsstellung und Aufhebung der Verschiebung in der Retroflexionsstellung des Kopfes) liegt ein physiologischer Befund vor, der auf einer konstitutionellen Bandschwäche beruht. Radiologische Zeichen einer reaktiven Spondylose sind nach Schleudertraumen des Schweregrades I nach ERDMANN nicht zu erwarten. Sie sind Ausdruck einer Bandzerreißung und entwickeln sich innerhalb von Monaten nach schweren Traumen. Lediglich der Vergleich von Aufnahmen vom Unfalltage oder aus der ersten Zeit nach dem Unfallereignis mit späteren Aufnahmen läßt eine differentialdiagnostische Abgrenzung gegenüber unfallfremden und schicksalhaften degenerativen Wirbelsäulenveränderungen in Form von Osteochondrose, deformierender Spondylose und Spondylarthrose zu. Letztere erlauben bei entsprechender Ausbildung die Annahme erschwerter Heilungsbedingungen auch nach unkomplizierten Schleuderverletzungen der Halswirbelsäule. Die Aussagekraft von Röntgenuntersuchungen, welche aus chiropraktischer Sicht und entsprechend den dort gegebenen Richtlinien durchgeführt wurden, ist für den Gutachter gering. Solchermaßen festgestellte und in einschlägigen Befunden beschriebene radiologischen Veränderungen sind zum Teil äußerst diskret und auch bei beschwerdefreien Personen zu finden. Des weiteren handelt es sich um Deutungen von Stellungsanomalien usw., die oft einem starken Wechsel unterworfen sind und selbst bei knapp nacheinander vorgenommenen Untersuchungen nicht oder nicht in derselben Art zur Darstellung kommen. Sie lassen mithin die für den Gutachter so wichtige Nachvollziehbarkeit vermissen. Manchmal verwirren derartige Befunde auf Grund der daraus abgeleiteten Schlußfolgerungen über den Zustand und die Beschwerden des Betroffenen mehr, als sie zur Analyse des Beschwerdebildes beitragen.

Die *Computertomographie (CT)* ergibt wie das Nativröntgen der Halswirbelsäule nach der einfachen HWS-Zerrung bzw. beim unkomplizierten posttraumatischen HWS-Syndrom keinen pathologischen Befund im Sinne von Verletzungsfolgen am knöchernen Skelett oder an den Bandscheiben. Unter Umständen kann man eine Zeitlang kleine und kleinste Blutungen in den Weichteilen, vor allem in der paravertebralen Halsmuskulatur, mehr ventral als dorsal, nachweisen (TIPOLD 1987). Bei etwas stärkeren Traumatisierungen, welche bereits dem Schweregrad II nach ERDMANN entsprechen, finden sich neben Einblutungen im Bereiche der prävertebralen Muskulatur eventuell auch Hämatome in den Zervikalkompartimenten. Sie vergrößern die Retropharyngealbreite (Abstand von der vorderen unteren Wirbelkante C 2 bis zur Pharynxhinterwand physiologischerweise unter 7 mm) und die Retrotrachealbreite (Abstand von der vorderen unteren Ecke C 6 bis zur Trachealhinterwand physiologischerweise beim Erwachsenen unter 22 mm). Ferner kann auch der prävertebrale Fettstreifen, der parallel zum Ligamentum longitudinale anterius verläuft, durch ein Hämatom nach ventral verlagert sein. Besser und länger als mit der Computertomographie lassen sich die genannten geringfügigen Einblutungen in die paravertebralen Weichteile mit der *Kernspintomographie (NMR* bzw. *MRI)* feststellen. Jedoch gilt dies nicht für ganz frische Hämorrhagien, da sich die Abbauprodukte des Hämoglobins erst ab dem 4. posttraumatischen Tag deutlich in der Kernspinuntersuchung abzeichnen. Es muß einschränkend darauf hingewiesen werden, daß sich pathologische Veränderungen der genannten Art im Spätstadium, also zum üblichen Zeitpunkt der Begutachtung, nicht mehr finden. Mit vollständiger Resorption der Blutungsherde und mit Rückbildung der ödematösen Gewebsdurchtränkung sowie der Flüssigkeitsansammlungen in den kleinen Wirbelgelenken kommt es zur Restitutio ad integrum. Sowohl computertomographisch als auch kernspintomographisch zeigen sich dann keine traumatisch bedingten Veränderungen mehr. Falls tatsächlich mit der Abheilung kleinste Narben in den Weichteilen entstehen sollten, entziehen sie sich allerdings selbst der Darstellung durch unsere modernen bildgebenden Methoden. Hingegen können sich wie auch in der Computertomographie sehr wohl degenerative Veränderungen im Sinne von Osteochondrose, deformierender Spondylose und Spondylarthrose zeigen und erschwerte Heilungsbedingungen für ein Schleudertrauma der Halswirbelsäule annehmen lassen.

Die *Leuchtbrillenuntersuchung* im Dunkelzimmer unter der FRENZEL-Brille (bei Aufhebung der optischen Fixation) ergibt überwiegend einen normalen Befund und nur fallweise einen Rucknystagmus. Dabei kann es sich um einen Zervikalnystagmus bei extremer Kopfwendung nach rechts oder links, um einen paroxysmalen Lagenystagmus, der auch als Lagerungsnystagmus bezeichnet wird oder um einen lang anhaltenden Lagenystagmus, meist zum unten liegenden Ohr schlagend, handeln. All diese Nystagmusformen lassen sich noch besser durch die *Elektronystagmographie (ENG)* bzw. *Elektrookulographie (EOG)* nachweisen. Vestibulärer Spontannystagmus bei geschlossenen Augen und abnorme Resultate bei Prüfung des experimentellen Nystagmus, besonders in Form eines vestibulären Richtungsüberwiegens, früher als zentrale Tonusdifferenz bezeichnet, sind nach leichten Schleudertraumen der Halswirbelsäule seltene nystagmographische Befunde. Meist entspricht die Verletzung dann schon dem Schweregrad II nach ERDMANN. Typischerweise haben diese Störungen eine gute Remissionstendenz. In der überwiegenden Mehrzahl der Fälle lassen sich aber nach leichten HWS-Zerrverletzungen weder klinisch noch apparativ okulomotorische Spontanphänomene, Provokationsnystagmen oder Störungen des experimentellen Nystagmus (Drehstuhluntersuchung, Kalorisation) nachweisen. Was die *Zervikomotographie* anlangt, so handelt es sich bei ihr um eine neuere Untersuchungsmethode, welche in Zusammenarbeit mit der Neuro-Orthopädie eine detaillierte neurophysiologische Funktionsprüfung anstrebt. Wie bei anderen Methoden ist jedoch auch durch dieses Verfahren eine Kausalitätsbeurteilung bezüglich eines erlittenen Traumas nicht möglich.

Das *Elektroenzephalogramm (EEG)* ist bei den hier referierten Fällen von unkomplizierter Distorsio columnae vertebralis cervicalis normal. Nicht selten werden vorbestehende abnorme Veränderungen der bioelektrischen Hirntätigkeit fälschlich einem HWS-Schleudertrauma zugeordnet. Eine mangelnde Remissionstendenz über einen größeren Zeitraum hinweg spricht gegen eine traumatische Verursachung der registrierten EEG-Veränderungen. Dabei muß jedoch die Labilität konstitutioneller Störungen der bioelektrischen

Hirntätigkeit in Betracht gezogen werden. Besonders in der Gutachtensituation oder infolge Schmerzen durch ungünstige Lagerung während der Ableitung kann sich das Elektroenzephalogramm ändern. So bedingt psychische Spannung ein weitgehend flaches Kurvenbild oder ein EEG vom Betatyp. Es liegt dann eine „psychogene Alpha-Suppression" (SCHERZER 1969 und 1971) vor, die nicht als Ausdruck einer organischen Hirnschädigung gewertet werden darf. Bei Ablenkung, wozu auch die Hyperventilation zählt, tritt der Alpharhythmus oft wieder in Erscheinung.

Die *somatosensiblen evozierten Potentiale (SSEP)* sind nach leichten Zerrungen der Halswirbelsäule normal. Ebenso ergibt die *Elektromyographie (EMG)* bei der einfachen indirekten Halswirbelsäulenverletzung keinen abnormen Befund. Gleiches gilt für die *zervikale Myelographie* und die *Vertebralisangiographie*. Die beiden letztgenannten invasiven Untersuchungsmethoden sind im Rahmen der Begutachtung ohnedies nicht anzuwenden, da eine Duldungspflicht für deren Durchführung nicht gegeben ist. Laut häufig geäußerter juristischer Meinung sind derartige Untersuchungen außerhalb der kurativen Medizin nicht zumutbar und sollten daher ganz besonderen Indikationen im Diagnose- und Behandlungsbereich vorbehalten bleiben.

Die *psychologische Untersuchung* ergibt nur im Anfangsstadium infolge unfallbedingter einfühlbarer Irritation typischerweise psychische Veränderungen allgemeiner Art, wie emotionale Labilität, Reizbarkeit, Ängstlichkeit, vermehrte Ermüdbarkeit, Konzentrationsstörungen und Verlangsamung. Relativ häufig finden sich deutliche, unter Umständen sogar länger anhaltende psychogene Überlagerungen. Dies nimmt angesichts der Tatsache, daß die Halswirbelsäule zu den affektiv stark besetzten Körperteilen zählt, nicht wunder. RALLO ROMERO, DE CABO CASADO, OLIVIERI PERDIKIDIS und VALCARCE AVELLO (1968) haben psychogene Faktoren bei der Arthrose der Halswirbelsäule herausgestellt und sogar von einem „neurotischen Zervikalsyndrom" gesprochen, welches sie als eine der Elementarformen der Angstneurose auffaßten. Tatsächlich können Angst und psychische Spannung die muskuläre Verspannung im Hals- und Nackenbereich weiter aufrechterhalten, nachdem die organisch bedingten (posttraumatischen) Beschwerden bereits abgeklungen sind. Gedächtnisstörungen und depressive Symptome wurden oft gleichfalls als Folgen einer Schleuderverletzung der Halswirbelsäule beschrieben. KUTZNER und DELANK (1987) weisen darauf hin, daß die Art der bei Schleudertraumen gelegentlich auffälligen Hirnbeteiligung noch ungeklärt ist. Sie meinen, daß sie am ehesten im Sinne eines „zephalen Begleitsyndroms" als Ausdruck einer Zirkulationsstörung im extrakraniellen Gefäßbereich, an welcher pathogenetisch Läsionen sympathischer Nervengeflechte (Nervus vertebralis) beteiligt sein dürften, anzusehen seien. Eine primäre begleitende Gehirnprellung oder eine ischämische Hirnschädigung durch eine kritische Vertebralisabklemmung mit konsekutiver Gefäßwandläsion kommt jedenfalls bei den hier referierten leichten Schleudertraumen der Halswirbelsäule nicht in Frage. Sicherlich sind Patienten auch ohne zerebrale Schädigung nach jedweder körperlichen Verletzung und nach psychischen Traumen eine Zeitlang irritiert. So kann man die zuvor genannten psychischen Allgemeinphänomene, wie Nervosität, vermehrte Reizbarkeit, emotionale Labilität, ja sogar Angstzustände und depressive Verstimmungen beobachten, ohne daß ihnen ein pathologisches Substrat im Sinne einer Gehirnschädigung zugrunde läge.

Kurzdauernde psychoreaktive Schwierigkeiten bei der Verarbeitung von Unfallfolgen sind durchaus normal. Wenn solche Störbilder das übliche (normalerweise zu erwartende) Ausmaß in zeitlicher und quantitativer Hinsicht überschreiten, werden sie als akute abnorme Erlebnisreaktionen bezeichnet. Auch sie klingen typischerweise bald ab, halten Stunden oder Tage, höchstens wenige Wochen lang an. Tritt keine derartige „spontane Heilung" ein, dann liegt eine *abnorme psychogene Entwicklung* vor, bei der WITTER (1981) drei Formen unterscheidet:

a) einfache abnorme erlebnisreaktive Entwicklung mit dem Wunsch nach existentieller und finanzieller Absicherung;
b) neurotische Entwicklung auf Basis einer gestörten Einstellung des Betroffenen zum Leben und insbesondere zur Arbeit (so daß durch psychische Fehlverarbeitung weitere Konflikte mit depressiver, neurasthenischer, konversionsneurotischer, hysterischer und zwangsneurotischer Phänomenologie geschaffen werden); sowie
c) paranoide Fehlentwicklung bei vorbestehender psychopathischer Persönlichkeitsstruktur des Betroffenen mit anhaltendem Kampf um vermeintliches Recht und gegen vermeintliche Benachteiligung.

Ganz allgemein kann gesagt werden, daß psychogene Reaktionsweisen durch den besonderen Stellenwert des Unfallereignisses in der Lebensbiologie des Betroffenen, durch eine gespannte finanzielle Situation, aber auch durch rentennahes Alter und Revanche- oder Rachegedanken eine Förderung erfahren. Gegen solche Motive und Konstellationen kann der Verunfallte willentlich ankämpfen. Wenn er sich derartigen Tendenzen hingibt und sie noch absichtlich verstärkt, gerät er in eine gutachtlich keineswegs mehr anzuerkennende Begehrenshaltung, die sich bis zum Rentenkampf steigern kann.

All diese psychogenen Störungen werden, wenn sie sich nach einem Schleudertrauma manifestieren, erfahrungsgemäß oft nicht richtig erkannt und fälschlich als organisch bedingt angesehen. So werden mitunter Einzelergebnisse einer psychologischen Untersuchung wie Leistungsabfall, Konzentrations- und Auffassungsschwierigkeiten usw. fehlinterpretiert und es wird irrtümlich die Diagnose eines organischen Psychosyndroms gestellt. Gutachtlich ist jedoch für die Annahme eines organischen Psychosyndroms stets der Beweis einer stattgehabten substantiellen Hirnschädigung entsprechenden Grades auf Grund der Initialsymptomatik, des klinischen Verlaufes und pathologischer Hilfsbefunde zu fordern. Abzulehnen ist der Erklärungsversuch der Entstehung eines organischen Psychosyndroms durch Reizimpulse aus den Gelenksrezeptoren der Halswirbelsäule (LAUBICHLER und SPIELMANN 1986), also ohne zugrundeliegende zerebrale Läsion. Auch längere Zeit anhaltende Zeichen von Depressivität und vermehrter Irritierbarkeit allein reichen für die Diagnose eines organischen Psychosyndroms nicht aus. Derartige Symptome müssen nach leichten Schleudertraumen der Halswirbelsäule, wenn sich keine substantielle Hirnschädigung nachweisen läßt, als psychogen gewertet werden. Psychogene Symptome sind in der Persönlichkeitsstruktur des Untersuchten und in seiner speziellen Lebenssituation begründet. Gutachtlich sind sie daher nicht als Verletzungsfolgen anzuerkennen. Nach WURZER und SCHERZER (1987) ist es falsch, wenn ärztlicherseits oder psychologischerseits bei leichten und mittelgradigen Schleudertraumen der Halswirbelsäule lediglich auf Grund psychogener Symptomatik eine substantielle Hirnschädigung vermutet wird. Mit einer solchen unbewiesenen Diagnose schadet man dem Betroffenen, anstatt ihm zu helfen. Manch ein Versehrter wird dadurch unnütz in einen jahrelangen und aufreibenden Rentenkampf verwikkelt, aus dem er – selbst bei fälschlicher gutachtlicher Anerkennung – nur geschädigt hervorgehen kann.

D. Erschwerte Heilungsbedingungen

Sie spielen in der Praxis eine große Rolle und sind in Form degenerativer Veränderungen der Halswirbelsäule, sonstiger Vorerkrankungen und anlagebedingter Anomalien dieses Wirbelsäulenabschnittes gegeben. In diesen Fällen ist der klinische Verlauf protrahiert, und oft sind auch die subjektiven Beschwerden im Vergleich zu Fällen mit vorbestehend normaler Halswirbelsäule verstärkt. Einer einschlägigen Vorerkrankung ist ein relativ kurze Zeit zurückliegender Vorunfall mit Halswirbelsäulenverletzung gleichzusetzen. Anamnestische Angaben und ausführliche Unterlagen über frühere Behandlungen wegen Halswirbelsäulenbeschwerden sind zur genauen Analyse absolut erforderlich. Die größten gutachtlichen Probleme stellen die degenerativen Veränderungen der Halswirbelsäule dar, zumal sie ja im mittleren und höheren Lebensalter häufig im Sinne schicksalhafter Erkrankungen auftreten (SCHERZER 1970 und 1987, ERDMANN 1973, KRÖSL 1981 und 1984). Die klinischen Manifestationsformen der unfallfremden Osteochondrose und Spondylarthrose sowie deformierenden Spondylose sind denen eines posttraumatischen Beschwerdebildes nach Halswirbelsäulenverletzung sehr ähnlich. In beiden Fällen liegt ein schmerzhaftes Zervikalsyndrom vor.

Wenn gutachtlich ein protrahierter klinischer Verlauf des posttraumatischen Leidenszustandes infolge erschwerter Heilungsbedingungen durch vorbestehende degenerative oder sonstige krankhafte bzw. anlagebedingte Veränderungen der Halswirbelsäule zugebilligt worden ist, bedeutet dies noch nicht zwangsläufig, daß alle weiteren, in Zukunft auftretenden HWS-Beschwerden in einem solchen Fall unbedingt und absolut dem erlittenen Trauma angelastet werden können. Wir müssen uns vor Augen halten, daß einem degenerativen Wirbelsäulenprozeß an sich schon die Eigenschaft der Progredienz und des Rezidivs innewohnt, wogegen eine leichte Zerrverletzung nur vorübergehend Beschwerden verursacht. Der Gutachter muß demnach den posttraumatischen Leidenszustand zeitlich begrenzen, was sicherlich nur annähernd möglich ist, da häufig ein fließender Übergang des ursprünglich traumatisch bedingten Zervikalsyndroms in ein ähnliches, unfallfremdes Zervikalsyndrom auf degenerativer Basis stattfindet. Dabei weichen die unfallkausalen Beschwerden des Betroffenen allmählich zurück, und die unfallunabhängigen Beschwerden treten zunehmend in den Vordergrund. Auch in diesen Fällen resultiert *kein unfallkausaler Dauerschaden*, zumal die Reversibilität der Beschwerdensymptomatik der einfachen Verletzung der Halswirbelsäule trotz Vorliegen von Abnützungs- und Aufbraucherscheinungen des betroffenen Wirbelsäulenabschnittes erhalten bleibt.

Bestehen degenerative Wirbelsäulenveränderungen der genannten Art, so ist die anfängliche Beschwerdenlatenz meist verkürzt. Die darauffolgende Progredienz in der Entwicklung der Beschwerdensymptomatik ist beschleunigt, und der weitere klinische Verlauf ist, wie schon zuvor dargestellt, protrahiert. Die klinische Erfahrung lehrt, daß nach einem einfachen HWS-Schleudertrauma *unfallkausale Schmerzen und diesen gleichzusetzende Unbilden bei Vorliegen erschwerter Heilungsbedingungen unter Umständen bis ein Jahr nach dem Unfall*, selten bis anderthalb Jahre und ausnahmsweise bis maximal zwei Jahre nach dem Unfall, anhalten können. Dementsprechend läßt sich unter Berücksichtigung des Ausmaßes eines HWS-Vorschadens, der an Hand früherer, unfallfremder Nackenbeschwerden und an Hand des Röntgenbefundes beurteilt werden muß, ein *Erweiterungsfaktor* für die Berechnung der Dauer der zu erwartenden unfallbedingten Beschwerdensymptomatik annehmen. Dieser besagt, daß die erschwerten Heilungsbedingungen im konkreten Fall die globale Zeitspanne der unfallkausalen Beschwerden nach Zerrung der Halswirbelsäule beispielsweise auf das Doppelte, Dreifache oder allerhöchstens auf das Vierfache gegenüber einer vergleichbaren Traumatisierung der nicht vorgeschädigten Halswirbelsäule verlängert. Durch derartige Multiplikationen gelangt man zu ziemlich realitätsbezogenen Zeiträumen, während welcher anfangs kontinuierlich und dann diskontinuierlich Schmerzen und sonstige Unbilden als Verletzungsfolgen vorkommen können. Ausgehend von der Schmerzperiodik eines vergleichbaren einfachen und unkomplizierten HWS-Zerrtraumas, kann man so auch die Perioden geraffter bzw. komprimierter Schmerzen bezüglich ihres Höchstmaßes begrenzen. Das heißt jedoch nicht, daß diese Maximalwerte gutachtlich stets zuzubilligen sind. Oft werden sie nicht erreicht, und es liegen die tatsächlichen unfallkausalen Schmerzperioden, wie eingehende Verlaufsanalysen zeigen, tiefer. Unter Umständen sind die Beschwerden der verschiedenen Intensitätsgrade auch nicht in gleichem Maße vermehrt. Manchmal sind die stärkeren Schmerzen, häufig die leichteren Schmerzen verlängert. Hinweise in dieser Richtung vermögen lediglich die Anamnese über die Zeit nach dem Unfall und entsprechende medizinische Unterlagen zu liefern. Es kann nämlich sein, daß die Traumatisierung sehr gering war, so daß trotz ungünstiger Verhältnisse infolge vorbestehender krankhafter Wirbelsäulenveränderungen die resultierenden Schmerzen nicht oder nur geringfügig stärker und länger waren, als die Maximaleinschätzung bei einer nicht vorgeschädigten Halswirbelsäule ergeben hätte. Die Beurteilung des Einzelfalles ist also auch hier von größter Wichtigkeit und kann keineswegs durch schematisierende Hochrechnungen ersetzt werden. Sie muß versuchen, den tatsächlichen klinischen Verlauf möglichst genau zu erfassen.

Einen recht guten Anhaltspunkt für das Ende der traumatisch bedingten Beschwerden nach einer Schleuderverletzung der Halswirbelsäule kann der Gutachter im Falle erschwerter Heilungsbedingungen allenfalls aus einer *längeren Periode von Beschwerdefreiheit* im klinischen Verlauf gewinnen. Dies bedeutet, daß die Traumafolgen zur Gänze abgeklungen sind und daß aus diesem Grunde die nach dem schmerzfreien Intervall neuerlich auftretenden HWS-Beschwerden ein Rezidiv der unfallfremden, vorbestehenden Wirbelsäulenaffektion und keineswegs eine Spätfolge bzw. Komplikation des seinerzeitigen Schleudertraumas der Halswirbelsäule darstellen. Man kann dann drei voneinander deutlich getrennte Zeitabschnitte unterscheiden, nämlich eine posttraumatische Phase mit entsprechender Remission, ein beschwerdefreies Intervall und einen dritten Abschnitt, der dem Krankheitsschub des unfallfremden Wirbelsäulenleidens entspricht. Als eine solche Zäsur zwischen unfallbedingten und unfallfremden Beschwerden darf aber das schmerzfreie Intervall nur dann gewertet werden, wenn es sich zumindest über Wochen erstreckt, denn eine tagelange Beschwerdefreiheit ist in der ausklingenden Phase des posttraumatischen Zervikalsyndroms durchaus möglich und bedeutet noch nicht unbedingt das Ende der Traumafolgen. Wird keine völlige Beschwerdefreiheit nach der Schleuderverletzung der Halswirbelsäule erlangt und kommt es nach einer längeren Periode geringerer Beschwerden zu einer *plötzlichen starken Zunahme der Symptome* mit gleichzeitiger maßgeblicher Verstärkung der objektiven Zeichen des Zervikalsyndroms, allenfalls auch mit bisher nicht zu beobachtenden Veränderungen (radikuläre Ausfälle usw.), dann muß eine genaue differentialdiagnostische Abklärung erfolgen. Ist diese im Hinblick auf nachweisbare traumatische Veränderungen negativ, so müssen zusätzlich auslösende und symptomverstärkende Momente unfallfremder Natur angenommen werden. Es kann beispielsweise der vorbestehende degenerative Wirbelsäulenprozeß spontan einen neuerlichen Krankheitsschub erfahren haben. Dies ist aber nur dann anzunehmen, wenn ein entsprechend langer Abstand zum Unfallzeitpunkt (mehrere Monate) gegeben ist.

Schwierig gestaltet sich auch die gutachtliche Beurteilung, wenn die Schleuderverletzung der Halswirbelsäule zu einem Zeitpunkt erfolgte, da der Betroffene bereits an einem – meist degenerativ bedingten – *prätraumatischen Zervikalsyndrom* litt. Das Schleudertrauma bewirkt in einem solchen Fall eine Verstärkung bzw. Verschlimmerung der ohnedies bereits manifesten klinischen Symptome. Mitunter zeigt das Zervikalsyndrom auch eine Änderung in seiner Ausprägung. So kann sich der Schwerpunkt der Beschwerden vom oberen in den unteren Halswirbelsäulenbereich verlagern, wenn die Schleuderverletzung ein unteres Zervikalsyndrom (zervikobrachiales Syndrom) verursachte oder umgekehrt. Eine gutachtliche Anerkennung der Beschwerdensymptomatik als Unfallfolge ist in einem solchen Fall auf begrenzte Zeit, die lediglich aus dem klinischen Verlauf abgeschätzt werden kann, gerechtfertigt. Die Dauer der unfallkausalen Verschlimmerung kann entweder mit dem Zeitpunkt deutlicher Besserung des Zustandsbildes (Rückbildung auf den Vorzustand) bzw. mit dem Eintritt von Beschwerdefreiheit oder, wenn keine Besserung erfolgt, spätestens mit einem oder maximal mit zwei Jahren nach dem Unfall begrenzt werden. Auch aus der Verschlimmerung eines vorbestehenden unfallfremden Zervikalsyndroms durch ein leichtes Schleudertrauma der Halswirbelsäule erwächst kein Dauerschaden. Hingegen sind sehr wohl unfallkausale Schmerzperioden zuzubilligen, deren Einschätzung sich an der objektiven Symptomverstärkung, also an der tatsächlichen Verschlimmerung, orientieren muß.

Manchmal wird ein *degenerativer Wirbelsäulenprozeß*, der bis dahin beschwerdefrei ertragen worden ist, anläßlich der medizinischen Untersuchungen nach einer HWS-Schleuderverletzung zufällig entdeckt. Der Umstand, daß erst mit der Traumatisierung Beschwerden aufgetreten sind, berechtigt den Gutachter keineswegs dazu, das Wirbelsäulenleiden an sich und mit all seinen Folgen als unfallbedingt anzuerkennen. Auch hier muß eine zeitliche Limitierung der verletzungsbedingten Beschwerden nach den zuvor dargelegten Richtlinien erfolgen. Danach anhaltende bzw. auftretende Schmerzen und sonstige Unbilden sind schicksalhaft und dem degenerativen Wirbelsäulenprozeß zuzuordnen. Demnach ergibt sich auch in diesen Fällen kein unfallkausaler Dauerschaden. Übrigens verschweigen viele Verletzte in der Begutachtungssituation vorbestehende Wirbelsäulenbeschwerden, wie wir an Hand ärztlicher Behandlungsberichte aus der Zeit vor dem Unfall immer wieder feststellen müssen.

Häufig begegnet man nach Verletzungen der Wirbelsäule, insbesondere nach Schleudertraumen der Halswirbelsäule, psychogenen Symptomen (Scherzer 1987, Wurzer und Scherzer 1987). Sie können zusätzlich zu den besprochenen erschwerten Heilungsbedingungen vorhanden sein, so daß sich ein sehr komplexes klinisches Bild bietet. Eine genaue Analyse ist erforderlich, da eine solche psychogene Überlagerung absolut von den organisch bedingten Symptomen der HWS-Distorsion getrennt sowie unter dem Blickwinkel einer unfallfremden psychischen Fehlentwicklung betrachtet werden muß.

E. Differentialdiagnose

Gemeint ist hier die Abgrenzung von komplizierten Schleudertraumen der Halswirbelsäule, welche vorwiegend dem Schweregrad III nach Erdmann entsprechen. Wiederholt sind bei ihnen auch neurologische Ausfälle festzustellen. Andererseits muß darauf hingewiesen werden, daß selbst schwere Schleuder- und Abknickverletzungen der Halswirbelsäule nicht unbedingt mit neurologischen Ausfällen kombiniert sein müssen. Liegen eindeutige neurologische Ausfälle in Form von radikulären oder spinalen Schädigungen vor, so beweisen sie eine beträchtliche Gewalteinwirkung und damit eine höhergradige Traumatisierung der Halswirbelsäule. In diesem Sinne ist es überhaupt fraglich, ob man, abgesehen von den Distorsionen des Schweregrades I nach ERDMANN, von Schleudertraumen der Halswirbelsäule sprechen sollte (KRÖSL 1981). Die Diagnose könnte dann besser nach den Zusatzverletzungen erfolgen. An dieser Stelle sei ferner eine Besonderheit der Knicktraumen der Halswirbelsäule vermerkt. Die sie hervorrufende Gewalteinwirkung führt relativ bald zu einer knöchernen Skelettverletzung. Solchermaßen fallen sie nach der Einteilung durch ERDMANN meist in den Schweregrad I oder in den Schweregrad III. Nur selten handelt es sich bei ihnen um ein Trauma, das dem Schweregrad II zuzuordnen ist. Betrachtet man die Schleudertraumen der Halswirbelsäule in ihrer Gesamtheit, so findet man überwiegend leichte Distorsionen I. Grades, selten Schleudertraumen II. Grades und bloß ausnahmsweise wird der Schweregrad III erreicht.

Schwere Schleuderverletzungen der Halswirbelsäule zeigen keine Latenz im Auftreten der Beschwerden, sondern haben eine ausgeprägte akute Verletzungsphase. Ihre Behandlung ist abhängig von der Art der Verletzung (Wirbelbruch, Wirbelluxation, Querschnittlähmung des Rückenmarkes usw.). Sehr wohl können Dauerfolgen auf unfallchirurgisch-orthopädischem Gebiete und auch auf dem nervenärztlichen Sektor zurückbleiben. Ihre Einschätzung erfolgt nach den entsprechenden Ausfällen. Neurologische Affektionen im Rahmen von Schleuderverletzungen der Halswirbelsäule können die Rückenmarkwurzeln, das Rückenmark und eventuell das Gehirn betreffen. Eine Irritation des Nervus vertebralis findet sich hingegen bereits oft bei leichten HWS-Zerrungen.

Der Schwerpunkt der *radikulären Schädigungen* bei Schleudertraumen der Halswirbelsäule betrifft den zerviko-kranialen und den zerviko-thorakalen Übergang. Entsprechend diesen Prädilektionsstellen begegnen wir am häufigsten einer Schädigung der zweiten zervikalen Wurzel oder der sechsten bis achten zervikalen Wurzel. Die neurologischen Ausfallserscheinungen sind damit in ein oberes oder ein unteres Zervikalsyndrom eingebettet. Wesentlich seltener findet man ein mittleres Zervikalsyndrom mit motorischer Beeinträchtigung der Zwerchfelltätigkeit und Innervationsstörungen des Musculus deltoideus und des Musculus biceps brachii (Wurzelsyndrome C 3 bis C 5). Beim oberen Zervikalsyndrom mit Wurzelläsion läßt sich eine Sensibilitätsstörung im Bereiche von C 2, bedingt durch Quetschung des Nervus occipitalis maior zwischen dem ersten und zweiten Halswirbel während der Retroflexion des Kopfes, nachweisen. Untersuchungsmäßig ist der genannte Nerv an seinem Austrittspunkt bzw. subokzipital druckempfindlich. Es liegt ein kontinuierlicher Schmerz der entsprechenden Hinterhauptsregion vor, der häufig als Okzipitalneuralgie bezeichnet wird, obgleich strenggenommen dieser Ausdruck hier nicht am Platze ist. Der spondylogene Kopfschmerz, der sich bis in die Stirnregion erstrecken kann (helmartige Ausbreitung), entspricht vor allem einem muskulären Spannungskopfschmerz und ist häufig beidseits vorhanden. Stirn- und Augenkopfschmerzen sowie Parästhesien im Gesichtsbereich werden gleichfalls beobachtet und werden wahrscheinlich durch pathologische Afferenzen aus den oberen Zervikalwurzeln, die zur absteigenden Trigeminuswurzel gelangen, unterhalten. Es resultieren pseudotrigeminale Schmerzen, welche mitunter auch das Gesicht und die Kaumuskulatur betreffen können. Häufig findet sich eine brachiozervikale Symptomatik, welche einem unteren Zervikalsyndrom (C 6 bis C 8) entspricht. Die Schädigung der kaudalen zervikalen Rückenmarkwurzeln wird im Augenblick der Gewalteinwirkung durch eine Verschiebung der Wirbelsäule gegenüber dem Duralsack und gegenüber dem Rückenmark bedingt. Voraussetzung hiefür ist eine sehr starke Retroflexion des Kopfes. Eine meist bilaterale Nervenwurzelzerrung tritt in diesem Fall insbesondere im Bereiche der Zwischenwirbellöcher ein, wo eine relative Fixierung der Nervenwurzeln gegeben ist. Vorbestehende degenerative Veränderungen der Halswirbelsäule mit Einengung der Foramina intervertebralia begünstigen die Entstehung derartiger radikulärer Schäden. Typisch sind Gefühlsstörungen an den Händen, welche auch mit zeitlicher Latenz nach dem Unfall auftreten bzw. nach ungünstiger Kopflagerung während der Nachtruhe bei gleichzeitiger Tonusherabsetzung im Schlafe manifest werden. MUMENTHALER (1973) wies darauf hin, daß die schmerzbedingte Ruhigstellung der gesamten oberen Extremität zu sekundären Gelenkssymptomen führen kann, wodurch insbesondere auch pseudoradikuläre Syndrome entstehen. Motorische Nervenwurzelausfälle an der Hand sind meist nur geringgradig ausgeprägt, gehen jedoch mit einer Reflexabschwächung, entsprechend der geschädigten Nervenwurzel einher. Manchmal ist die Unterscheidung zwischen schmerzbedingter und paretischer verminderter Kraftentfaltung an der Hand schwierig. Differentialdiagnostisch helfen hier die eben erwähnte Abschwächung der Muskeleigenreflexe sowie der Nachweis typischer Sensibilitätsstörungen weiter. Nervenwurzelabrisse und Nervenwurzelausrisse aus dem Rückenmark sind äußerst seltene Folgen eines Schleudertraumas der Halswirbelsäule. Auch sind sie meist einseitig und entstehen vor allem dann, wenn zugleich ein Zug vom Arm her erfolgt. Der diagnostische Nachweis erfolgt durch spinale Computertomographie und zervikale Myelographie (mit dem kennzeichnenden Befund der „leeren Wurzeltaschen"). Meist ist ein Großteil oder die Gesamtheit des Armplexus betroffen, wobei die Ausfälle auf motorischem und sensiblem Gebiete komplett sind.

Spinale bzw. medulläre Läsionen können bei Schleudertraumen der Halswirbelsäule dann auftreten, wenn die einwirkende Kraft wesentlich war oder wenn ungünstige vorbestehende anatomische Verhältnisse gegeben waren. Es handelt sich um akute geschlossene Verletzungen des Rückenmarkes verschiedenen Schweregrades. Sie können durch eine perakute Kompression im

Augenblick der Gewalteinwirkung, durch eine chronische Kompression bei Luxation und durch vaskuläre, insbesondere arterielle Schädigungen bedingt sein. Im klinischen Bereich findet man demgemäß die meist nur Minuten oder Stunden anhaltende und vollkommen reversible Rückenmarkerschütterung (Commotio medullae spinalis), bei der keine faßbaren morphologischen Veränderungen vorhanden sind, und die Rückenmarkquetschung (Contusio medullae spinalis), bei der stets eine substantielle Läsion des Rückenmarkgewebes vorliegt. Letztgenannte Verletzungsart geht meist mit einem Bruch oder einer Verrenkung der Wirbelsäule einher. Die traumatische Querschnittlähmung des Halsmarkes bei HWS-Schleudertraumen ist entweder partiell (Quetschung) oder komplett (Quetschung oder Lazeration). Partielle Querschnittschädigungen des Halsmarkes findet man im Rahmen des Schleudertraumas vornehmlich auf Grund eines sogenannten *Kneifzangenmechanismus* (SCHNEIDER 1955, KUHLENDAHL 1964). Bei diesem bewirkt die maximale Retroflexion des Kopfes eine kritische Einengung des Wirbelkanals, einerseits infolge Vorwölbung der Bandscheibe nach hinten und andererseits durch Vorwölbung der zwischen den Wirbelbögen komprimierten Ligamente nach vorn. Die auf das Rückenmark ausgeübte Druckwirkung führt zu einer akuten zentralen Halsmarkschädigung im Gebiete der grauen Substanz und deren Umgebung, wobei das Maximum der Schädigung typischerweise das vierte und fünfte Zervikalsegment betrifft. Im Gegensatz zu den sich teilweise oder ausnahmsweise total zurückbildenden partiellen Querschnittschädigungen des Halsmarkes, wie sie soeben beschrieben wurden, kann man ganz vereinzelt nach Wirbelfrakturen und Wirbelluxationen sowie bei medialen Bandscheibenvorfällen und epiduralen Hämatomen des Wirbelkanals progrediente spinale Ausfälle beobachten. Eine derartige Compressio medullae spinalis auf Grund raumfordernder Blutungen des Wirbelkanals tritt sofort oder mit kurzer Latenz nach dem Unfall, auf Grund sekundärer arachnitischer Veränderungen mit konsekutiver Narbenschrumpfung hingegen mit langer Latenz nach dem Trauma auf. Oft ist von Anfang an schon eine Querschnittsymptomatik gegeben, welche durch die angeführten Schädigungen in ihrem Ausmaß zunimmt. Als eine weitere Verletzungsfolge mit besonders langer Latenz, die eventuell Jahre betragen kann, ist die vaskuläre Spätmyelopathie zu nennen. Bei ihr bestehen arachnitische Veränderungen, welche einer Narbenschrumpfung unterliegen, bzw. proliferative Veränderungen mit sekundären Gefäßschädigungen, so daß eine progrediente chronische Mangeldurchblutung des Rückenmarkes einsetzt. Manchmal kann ein Ausfall der Arteria spinalis anterior klinisch abgegrenzt werden. Bezüglich der resultierenden Symptome wird auf das Kapitel der Querschnittläsionen verwiesen.

Eine *organische zerebrale Läsion* im Sinne einer Dauerschädigung ist nach Schleudertrauma der Halswirbelsäule nur äußerst selten anzutreffen. Es kann sich einerseits um zerebrale Kontusionsherde und intrakranielle Blutungen, also mechanisch bedingte Verletzungen des Schädelinneren, und andererseits um Durchblutungsstörungen des Gehirns, mithin um Folgen von Gefäßschädigungen, insbesondere der Arteria vertebralis und ausnahmsweise der Arteria carotis, handeln. Ein kurzdauernder Bewußtseinsverlust, der einer Commotio cerebri ähnelt, ohne daß dabei eine Kontaktverletzung des Schädels stattgefunden hat, ist als rein funktionelle und vorübergehende Beeinträchtigung bei schweren HWS-Schleuderverletzungen prinzipiell möglich und muß streng von einer kontusionellen Hirnschädigung durch plötzliche Relativverschiebung des Gehirns innerhalb der Schädelkapsel beim Schleudertrauma der Halswirbelsäule unterschieden werden. Nach dem Anschlag- und Gegenschlag-Mechanismus, insbesondere nach der Theorie der Unterdruckwirkung (SELLIER und MÜLLER 1961 sowie SELLIER und UNTERHARNSCHEIDT 1963), entstehen Prellungsherde des Gehirnes vor allem frontal, temporo-basal, okzipital und auch zerebellär. Voraussetzung für eine derartige Traumatisierung ist der besondere Schweregrad der Schleuderverletzung mit vehementer Gewalteinwirkung. Die Akutphase ist durch Zeichen der zerebralen Läsion geprägt. Oft wird dadurch die Symptomatik der Schleuderverletzung der Halswirbelsäule gar nicht diagnostiziert. Unter Umständen führt die Relativbewegung des Gehirns innerhalb der knöchernen Schädelkapsel zum Abriß von Brückenvenen, die sich zwischen Gehirnoberfläche und harter Hirnhaut spannen. Solchermaßen kann sich ein Subduralhämatom entwickeln, nicht selten auf Grund der geschilderten mechanischen Gegebenheiten bei sagittaler Gewalteinwirkung in bilateraler Lokalisation.

Eine passagere Kompression der Vertebralarterie führt zum sogenannten *Subokzipitalsyndrom* (KUHLENDAHL 1964) mit Kopfschmerzen in der Hinterhaupts- und Schläfenregion, Übelkeit und Brechreiz. Jedoch scheint es fraglich, ob länger dauernde Beschwerden durch eine singuläre Gefäßkompression möglich sind. In diesen Fällen dürfte doch eine anatomische Schädigung der Gefäßwand eingetreten sein, sonst sind länger anhaltende Beschwerden der genannten Art nicht erklärlich. Ursächlich wird ferner eine sympathische Irritation über den Nervus bzw. Plexus vertebralis mit einem arteriellen Spasmus angenommen. Das Zustandsbild kann sich bis zur zervikalen Migräne steigern.

Bei vorbestehenden Anomalien (Hypoplasie oder Atresie einer Vertebralarterie, insuffizienter basaler Hirnarterienkranz) und insbesondere bei vorbestehenden arteriosklerotischen Veränderungen an den Hirngefäßen kann die traumatische Kompression einer Vertebralarterie sofort oder mit Latenz von Stunden bis wenigen Tagen eine akute *Vertebralis-Basilaris-Insuffizienz* bedingen. Es handelt sich dabei um ein klinisch schweres Zustandsbild, das einer stationären Behandlung bedarf und mit Sehstörungen, Ohrgeräuschen, Augenmuskelparesen, Ataxie, Nystagmus, Gliedmaßenparesen, Sensibilitätsstörungen, Paresen der unteren Hirnnerven und vor allem mit Bewußtseinstrübungen einhergeht. Im Falle einer zusätzlichen Kardiopathie mit Herzrhythmusstörung konnten wir anfallsartige derartige Beschwerden nach Art einer Claudicatio intermittens vertebro-basilaris beobachten. Selbstverständlich kann sich, vor allem bei Entwicklung einer lokalen Thrombose, ein organisches Psychosyndrom als eine indirekte Verletzungsfolgen ergeben. Insbesondere *Depressivität* im Gefolge einer HWS-Schleuderverletzung wurde oft auf eine Mangeldurchblutung im Basilarisbereich mit Auswirkungen auf das limbische System zurückgeführt. Für diese Annahme ist im gutachtlichen Bereich der eindeutige Nachweis der zerebralen Durchblutungsminderung, vornehmlich an Hand neurologischer Symptome und relevanter Hilfsbefunde, zu fordern, sonst ist die Kausalität nach HWS-Trauma zu negieren.

F. Gutachtliche Wertung

Die spezielle Problematik der Schleudertraumen der Halswirbelsäule liegt nicht in den schweren, sondern in den leichten Fällen. Gravierende Zerrverletzungen dieses Wirbelsäulenabschnittes mit eindeutigen knöchernen und ligamentären Verletzungen sowie neurologischen Ausfällen kommen selten vor und lassen sich gut diagnostizieren sowie beurteilen. Anders verhält es sich mit leichten Zerrungen der Halswirbelsäule. Sie finden sich häufig und bereiten Schwierigkeiten in der diagnostischen Einordnung und in der gutachtlichen Einschätzung. Dieser Umstand gibt wiederholt Anlaß zu wesentlichen Diskrepanzen und Kontroversen, welche mit Emotion und Härte ausgetragen werden. Schwierigkeiten entstehen aus verschiedenen Gründen, deren wichtigste hier genannt seien: primäre Beschwerdefreiheit und Latenz im Auftreten von Schmerzen und sonstigen Störungen, Objektivierung der Verletzungsfolgen in der Begutachtungssituation meist nicht mehr möglich, weitgehende Beurteilung auf Grund der Angaben des Verunfallten, Vorliegen degenerativer Wirbelsäulenveränderungen, welche ein gleichartiges Beschwerdebild hervorrufen, psychogene Reaktionsweisen, die bis zur Simulation reichen können. Untersuchungen von Missliwetz und Mortinger (1987) haben ergeben, daß eine Vortäuschung mit dem Ziel, finanzielle Vorteile (Schmerzengeld) zu erlangen, ein häufiges Phänomen darstellt, welches die Autoren bereits als gesellschaftliches Problem bezeichnen („Versicherungsbetrug ist Kavaliersdelikt"). Danek (1987) wies auf die Häufigkeit von Schmerzengeldprozessen nach Schleudertraumen der Halswirbelsäule innerhalb gewisser „eingeweihter" (d. h. mit den Gegebenheiten vertrauter) Berufsgruppen hin und stellte die ironische Frage: Peitschenschlag als „Berufskrankheit"? Ebenso in die Richtung der Simulation weisen die Feststellungen von Krösl (1987), der einen überproportionalen Anstieg der Diagnose Schleudertrauma bei Verkehrsunfällen zwischen den Jahre 1970 bis 1985 an Hand einer Erhebung der Medizinischen Dokumentation der gesetzlichen Allgemeinen Unfallversicherungsanstalt Österreichs (AUVA) aufdeckte: 1970 5%, 1975 15%, 1980 24% und 1985 32% sogenannte Schleudertraumen bei Verkehrsunfällen. Dies bedeutet, daß im Jahre 1985 bei einem knappen Drittel (laut persönlicher Mitteilung 1989 35%, also bereits bei über einem Drittel) der Verkehrsunfälle ein Schleudertrauma der Halswirbelsäule behauptet wurde, und dies trotz der bereits fast allgemein erfolgten Ausrüstung der Personenkraftwagen mit Kopfstützen, die eigentlich diese Verletzungsart verhindern sollten.

Nicht unerwähnt soll der Umstand bleiben, daß der Ausdruck Peitschenschlagsyndrom (whiplash injury) gutachtlich große Verwirrung gebracht hat. Besonders in den USA vermittelte es bei den Laienrichtern oft einen äußerst bedrohlichen Eindruck. Zwar wurde agumentiert, daß die Halswirbelsäule keineswegs einer Peitsche vergleichbar sei, zumal sie nicht spitz auslaufe, sondern an ihrem Ende den schweren Kopf trage, jedoch vermochten dieser Einwand und alle ähnlichen Einwände keineswegs die emotional bedingte Überbewertung dieses Verletzungsmechanismus durch Nichtmediziner zu verhindern. Der Terminus Peitschenschlagtrauma hat leider für die Begutachtung viel Unfug bedeutet und richtet auch heute noch großen Schaden an, weil er häufig falsch verstanden wird. Jedoch hat sich dieser Begriff so stark eingebürgert, daß er kaum mehr verdrängt werden kann. Durch weitgehende Emotionalisierung ist damit ein fruchtbarer Boden für die unberechtigte Anerkennung psychogener Reaktionsweisen geschaffen.

Bei der bisherigen Schilderung des klinischen Zustandsbildes einschließlich biomechanischer Aspekte wurden schon wiederholt gutachtliche Aussagen gemacht. Sie fußen auf langjährigen kritischen Beobachtungen und erlauben es, die oft übertriebenen Angaben der Verunfallten zu relativieren und psychogene Symptomverstärkungen, welche ein verzerrtes Bild der tatsächlichen Verletzungsfolgen liefern, aufzuheben. Wiederholt ist es notwendig, daß der Sachverständige überzeichnete Beschwerden auf ihr tatsächliches Ausmaß zurückführt. Dies gelingt einzig und allein auf Grund klinischer Erfahrung und guten Einfühlungsvermögens. Stets sollte der Gutachter auch nach den beim gegenständlichen Unfall eingetretenen Fahrzeugschäden fragen, sich aber dessen bewußt sein, daß er sich an diesen nur grob orientieren kann und infolge fehlender Fachkenntnisse keineswegs in der Lage ist, fahrzeugtechnische Fragen zu beantworten. Vor allem hüte er sich davor, aus der Angabe eines „Totalschadens" unbedingt auf eine starke Gewalteinwirkung zu schließen. Ein sehr altes Fahrzeug steht mit einem geringen Wert zu Buche, so daß oft schon die Reparatur eines geringen Schadens diesen Wert übersteigt und rechnerisch einen Totalschaden ergibt. Finanzieller Totalschaden und tatsächlicher Großschaden am Fahrzeug lassen sich demnach nicht von Haus aus gleichsetzen. Es empfiehlt sich daher, in allen Zweifelsfällen und insbesondere dann, wenn nur ein leichter Unfall stattgefunden hat, vor Erstattung des ärztlichen Gutachtens die Einholung eines technischen Sachverständigengutachtens anzuregen. Zweck eines solchen Vorgehens ist es, das Ausmaß der auf den Fahrzeuginsassen einwirkenden Gewalt zu kennen. Weiß der ärztliche Sachverständige über diese Gewalt in Form der kollisionsbedingten Geschwindigkeitsänderung der Fahrgastzelle nicht Bescheid, so ist er weitestgehend auf die nicht immer realitätsentsprechenden Angaben des Betroffenen angewiesen. Er kann solchermaßen unter Umständen dem Objektivitätsanspruch, der vom Sachverständigen gefordert wird, nicht mehr gerecht werden.

Liegt der vom technischen Sachverständigen ermittelte Wert über der wirksamen Kollisionsgeschwindigkeit, so wird der Neurologe, Orthopäde oder Unfallchirurg in der Annahme einer stattgehabten Schleuderverletzung der Halswirbelsäule bestätigt. Fällt der gefundene Wert jedoch unter diese Grenze (11 km/h Geschwindigkeitsänderung der von hinten gestoßenen Person), so kann die Verletzung einer gesunden Person, welche die eingangs genannten Sicherheitsmaßnahmen und sonstigen Bedingungen eingehalten hat (Nackenstütze, Sicherheitsgurt, normale Sitzposition) nicht zugebilligt werden. Es ist in diesem Falle, da die erwähnten experimentell ermittelten Geschwindigkeitsgrenzwerte für Verletzungen der Halswirbelsäule den Gesetzen der Statistik unterliegen, in der Folge zu prüfen, ob die zu begutachtende Einzelperson in das Kollektiv der gesunden Durchschnittspersonen einzureihen ist oder nicht. Mit anderen Worten ausgedrückt, bedeutet dies, daß der ärztliche Gutachter zu prüfen hat, ob beim Anspruchssteller oder Kläger eine *vermehrte Vulnerabilität* der Halswirbelsäule vorliegt. Eine solche ist am häufigsten bei degenerativen Veränderungen des betroffenen Wirbelsäulenabschnitts (Osteochondrose, deformierende Spondylose, Spondylarthrose) gegeben. Des weiteren kann das Verletzungsrisiko von seiten des Verunfallten durch angeborene Anomalien und Defektzustände der Wirbelsäule, durch operationsbedingte Instabilitäten (z. B. Laminektomiedefekt), durch destruktive und entzündliche Knochenerkrankungen (osteolytische Herde) und auch durch eine Vorschädigung infolge einer früheren Verletzung der Halswirbelsäule, wenn sie erst Wochen oder Monate zurückliegt, erhöht sein. Erfahrungsgemäß werden aber derartige Veränderungen, welche eine vermehrte Vulnerabilität der Halswirbelsäule bewirken und welche in weiterer Folge auch erschwerte Heilungsbedingungen für die Verletzungsfolgen des Schleudertraumas der Halswirbelsäule darstellen können, oft überschätzt. Auch bei ziemlich ungünstigen Ausgangsbedingungen sinkt die Wahrscheinlichkeitsgrenze des Verletzungsrisikos nur selten um ein Drittel und kaum je unter die Hälfte der zuvor für gesunde Personen genannten Grenzwerte (Kollisionsgeschwindigkeit von 15 km/h und Geschwindigkeitsänderung des von hinten Gestoßenen von 11 km/h oder 3 g bzw. 30 m/s^2).

Die folgende Beurteilung befaßt sich nicht mit den zuvor nur am Rande dargestellten komplizierten Schleuderverletzungen der Halswirbelsäule, welche eindeutige neurologische Symptome (Nervenwurzelausfälle, zerebrale Symptome auf organischer Basis) nach sich ziehen, sondern bloß mit der einfachen und unkomplizierten Zerrung der Halswirbelsäule, die auch als Stauchung oder Verstauchung dieses Wirbelsäulenabschnittes (Distorsio columnae vertebralis cervicalis) bezeichnet wird und mit dem HWS-Schleudertrauma des Schweregrades I nach Erdmann bzw. mit der Peitschenschlagverletzung identisch ist. Die in der Folge getroffenen gutachtlichen Stellungnahmen beziehen sich auf die private Unfallversicherung und die Haftpflichtversicherung sowie das Zivilgerichtsverfahren. Diese Aussagen gelten ebenso für die einfache Knick- bzw. Abknickverletzung der Halswirbelsäule (bei gleichzeitigem Kontakttrauma des Schädels), für die unkomplizierte axiale Stauchung (kraniokaudale Kompression) und für die sogenannte „Mischverletzung" der Halswirbelsäule, die sich aus einem Schleuder- und einem darauffolgenden Knicktrauma zusammensetzt. Des weiteren kann die einfache Prellung der Halswirbelsäule (Contusio columnae vertebralis cervicalis) in ihren klinischen Auswirkungen der leichten HWS-Distorsion gleichgesetzt werden. Im einzelnen lassen sich nachstehende gutachtliche Beurteilungen in bezug auf die einfache Schleuderverletzung der Halswirbelsäule (Schweregrad I nach ERDMANN) treffen:

Ein unfallbedingter Krankenstand im Sinne der völligen Arbeitsunfähigkeit ist meist in der Dauer von einigen Tagen bis zwei Wochen, berufsbedingt maximal bis vier Wochen gerechtfertigt.

Die unfallkausale partielle Arbeitsbeeinträchtigung folgt direkt auf den Krankenstand. Sie ist selbstverständlich auch unter dem Blickwinkel der speziellen beruflichen Tätigkeit zu sehen und zeigt fallende Prozentsätze: meist 50%ige Beeinträchtigung bis zwei Wochen, sodann 25%ige Beeinträchtigung bis maximal vier Wochen. Längstens sechs Monate nach dem Unfall ist die Arbeitsbeeinträchtigung in der Regel abgeklungen.

Die Dauer der unfallkausalen Behandlung, bezogen auf Physiotherapie, beträgt einige Wochen bis maximal vier Monate. Gerade diesbezüglich stößt man aber auf sehr große Unterschiede.

Es handelt sich bei der einfachen Zerrung der Halswirbelsäule um eine Verletzung mit bloß passagerer Beschwerdensymptomatik, also mit allmählicher Ausheilung. Die Beschwerden sistieren erfahrungsgemäß nach Tagen, Wochen oder Monaten, überdauern kaum jemals ein halbes Jahr.

Bei Vorliegen erschwerter Heilungsbedingungen, insbesondere infolge degenerativer Wirbelsäulenveränderungen, kann sich die Beschwerdendauer auf ein Jahr (bei sehr ungünstigen Verhältnissen auf eineinhalb bis maximal zwei Jahre) verlängern. Gegenüber vergleichbaren Verletzungen ohne erschwerte Heilungsbedingungen ergibt sich somit ein Erweiterungsfaktor, der nach Lage des Falles mit 1,5 oder 2 (selten mit 3 und nur ausnahmsweise bei besonders ungünstigen Verhältnissen mit 4) festgelegt werden kann.

Unfallkausale geraffte bzw. komprimierte Schmerzen und diesen gleichzusetzende Unbilden anderer Art sind in der Regel folgendermaßen anzunehmen: starke Schmerzen nur ausnahmsweise bei sehr ungünstigen Bedingungen durch einen Tag, eventuell durch zwei Tage; mittelgradige Schmerzen bei relativ jungen und kräftigen Personen durch wenige Tage bis sieben Tage, bei älteren und schwächlichen Personen maximal durch 14 Tage; leichte Schmerzen bei relativ jungen und kräftigen Personen durch einige Tage bis 20 Tage, bei älteren und schwächlichen Personen maximal durch 30 Tage. Zum Vergleich seien als durchschnittliche Schmerzperioden der eigenen Gutachtenfälle genannt: starke Schmerzen durch 0,1 Tage, mittelgradige Schmerzen durch 5,2 Tage und leichte Schmerzen durch 14,8 Tage.

Die Schmerzperiodik hat vor allem Konstitution, Allgemeinzustand und Alter des Betroffenen zu berücksichtigen. Bei ganz leichten Zerrungen der Halswirbelsäule sind nur leichte Schmerzen gerechtfertigt.

Bei erschwerten Heilungsbedingungen fallen vermehrt unfallkausale Schmerzen einschließlich sonstiger Unbilden an. Sie können unter gleichzeitiger kritischer Überprüfung der medizinischen Verlaufsdokumentation bezüglich ihres Höchstmaßes mittels des festgelegten Erweiterungsfaktors eingeschätzt werden.

Ein unfallkausaler Dauerschaden, eine bleibende unfallbedingte Invalidität oder unfallabhängige Dauerfolgen sind nach unkomplizierten Zerrrungen der Halswirbelsäule nicht gegeben. Unfallkausale Spätkomplikationen oder Spätfolgen treten nicht auf.

Auch bei Vorliegen erschwerter Heilungsbedingungen klingen die unfallkausalen Beschwerden und Störungen schließlich innerhalb der zuvor genannten (verlängerten) Zeiträume ab und münden in keinen unfallkausalen Dauerschaden. Deshalb sind Rezidivbeschwerden oder anhaltende Beschwerden nach dem so festgelegten Zeitlimit nicht mehr als unfallkausal anzuerkennen.

Die strafrechtlich relevante Gesundheitsschädigung bzw. Berufsunfähigkeit fällt bei der leichten Schleuderverletzung der Halswirbelsäule oft, jedoch keineswegs immer in den Bereich zwischen drei und 24 Tagen, wiederholt auch darunter und nur ausnahmsweise etwas darüber.

Eine „zweifache“ oder „doppelte“ (rein additive) Einschätzung durch den Unfallchirurgen bzw. Orthopäden einerseits und durch den Nervenarzt andererseits ist angesichts der Tatsache, daß die Beschwerden und Störungen auf den beiden Fachgebieten einander überdecken oder weitgehend überlappen, unstatthaft. Eine gemeinsame Einschätzung in globaler Hinsicht ist erforderlich.

Abschließend sei nochmals auf die relative Häufigkeit einer psychogenen (funktionellen) Symptomatik nach Schleuderverletzungen der Halswirbelsäule, vor allem wenn diese nur leichtgradig waren, hingewiesen. Oft zeigen die psychischen Veränderungen der Betroffenen eine depressive oder neurasthenische Färbung. Wiederholt geschieht der Fehler, daß ohne adäquates Trauma, d. h. ohne substantielle Hirnschädigung, wie bei unkomplizierten Schleuderverletzungen der Halswirbelsäule, auf Grund eines falsch gedeuteten psychologischen Befundes ein organisches Psychosyndrom diagnostiziert wird. Gewisse psychische Phänomene können sowohl organisch als auch psychogen (nicht organisch bedingt) sein, z. B. Ermüdbarkeit und Leistungsschwankungen. Es ist Aufgabe des untersuchenden Psychologen, die volle

Mitarbeit des Probanden anzustreben, so daß schließlich eine differentialdiagnostische Klärung möglich ist. Gutachtlich zählt aber stets nur die nachvollziehbare Ableitbarkeit der Beschwerden und Störungen des Verunfallten von der stattgehabten Verletzung her. Diese muß im Anerkennungsfall geeignet gewesen sein, eine entsprechende substantielle Schädigung zu verursachen, aus welcher sich anhaltende Beschwerden und Symptome herleiten lassen. Beim einfachen und unkomplizierten Schleudertrauma der Halswirbelsäule im Sinne der Zerrung dieses Wirbelsäulenabschnittes (Distorsio columnae vertebralis cervicalis) ist dies eindeutig nicht möglich.

Literatur

BARRÉ, J. A.: Sur un syndrome sympathique cervical postérieur et sa cause fréquente: l'arthrite cervicale. Rev. neurol. 33: 1246-1248 (1926)

BARRÉ, J. A.: Le syndrome sympathique cervicale postérieur. Rev. ONO 4: 65 (1926)

BÄRTSCHI-ROCHAIX, W.: Migraine cervicale (das enzephale Syndrom nach Halswirbeltrauma), Huber, Bern, 1949

BÄRTSCHI-ROCHAIX, W.: Le syndrome de migraine cervicale en pathologie cervicale. Méd. Hyg. 15: 606-607 (1957)

BINDER, H., GERSTENBRAND, F., TILSCHER, H.: Peripheres Nervensystem und Schmerzensgeld. Forsch. u. Prax. d. Begutacht. 12: 30-41 (1976)

BRUSSATIS, F.: Das Zervikalsyndrom. Therapiewoche 19: 844 (1969)

CROWE, H. E. (1928 und 1966): zitiert von UNTERHARNSCHEIDT, F. (1991)

DANEK, M.: Peitschenschlagsyndrom – eine „Berufskrankheit"? eine Analyse aus der Sicht des Strafrichters. Österr. Richter-Zeitg. 12 (1987)

DANNER, M.: Halswirbelsäule(HWS)-Verletzungen bei Pkw-Insassen und daraus resultierende Versuche im Allianz-Zentrum für Technik (Versuchsdurchführung und Trends). Forsch. u. Prax. d. Begutacht. 30: 45-65 (1987)

ERDMANN, H.: Schleuderverletzungen der Halswirbelsäule. Erkennung, Begutachtung. Hippokrates-Verlag, Stuttgart, 1973

ERDMANN, H.: Versicherungsrechtliche Bewertungen des Schleudertraumas. In: HOHMANN, D., KÜGELGEN, B., LIEBIG, K., SCHIRMER, M. (Hrsg.) Neuroorthopädie 1. Springer, Berlin–Heidelberg–New York–Tokio, 304-315, 1983

GAY, J. R., ABBOTT, K. H.: Common whiplash injuries of the neck. JAMA 152: 1698-1704 (1953)

GIEBEL, M. G.: Das Schleudertrauma der Halswirbelsäule. Selecta 49: 4378 (1970)

HOLCZABEK, W.: Gerichtsmedizinische Grundlagen der Schmerzengeldbestimmung. Forsch. u. Prax. d. Begutacht. 12: 24-29 (1976)

HÜLSE, M.: Hör- und Gleichgewichtsstörungen im Rahmen der vertebrobasilären Insuffizienz. In: HOHMANN, D., KÜGELGEN, B., LIEBIG, K., SCHIRMER, M. (Hrsg.) Neuroorthopädie 1. Springer, Berlin–Heidelberg–New York–Tokio, 210-219, 1983

JAROSCH, K., MÜLLER, O. F., PIEGLER, J.: Das Schmerzengeld (in medizinischer und juristischer Sicht), Manz, Wien, 1980

JELLINGER, A.: Schleudertrauma der Halswirbelsäule. Ärztl. Praxis 73: 3301 (1971)

KORNHUBER, H. H.: Diskussionsbemerkung. Arch. Oto-Rhino-Laryng. 212: 374 (1976)

KRÄMER, J., SCHULZE, H.: Zur Begutachtung beim Schleudertrauma der Halswirbelsäule. Z. Orthop. 115: 954-958 (1977)

KRÖSL, W.: Das Schleudertrauma der Halswirbelsäule in versicherungsrechtlicher Sicht. ÖÄZ 36/2: 121-124 (1981)

KRÖSL, W.: Begutachtung des Peitschenschlagsyndroms in der gesetzlichen Unfallversicherung, in der privaten Unfallversicherung und im Haftpflicht- bzw. Gerichtsverfahren. Z. Unfall-Chir. Vers. Med. Berufsk. 77/1: 5-7 (1984)

KRÜGER, P.: Die klinischen Aspekte des Peitschenschlagsyndroms. Der Sachverständige 3: 9-13 (1986)

KUHLENDAHL, H.: Die neurologischen Syndrome bei der Überstreckungsverletzung der Halswirbelsäule nach dem sogenannten Schleudertrauma. Münch. Med. Wschr. 106: 1025 (1964)

KUTZNER, M., DELANK, W.: „Rückenmarkstraumen". In: SUCHENWIRTH, R. M. A., WOLF, G. (Hrsg.) Neurologische Begutachtung. Fischer, Stuttgart–New York, 219-256, 1987

LAUBICHLER, W., SPIELMANN, A.: Das Psychosyndrom nach Verletzungen der Halswirbelsäule. Medizin u. Recht, Festschrift f. Wolfgang Spann, Springer, 191-199 (1986)

LEINZINGER, E. P.: Persönliche Mitteilung (1992)

LIÉOU, Y. C.: Syndrome sympathique cervical postérieur et arthrite chronique de la colonne vertébrale cervicale. Etude clinique et radiologique. Thèse de Strasbourg (1928)

MISSLIWETZ, J., MORTINGER, H.: Kenntnisse über das sogenannte Schleudertrauma der Halswirbelsäule und mögliche Simulation. Med. Sach. 83/5: 128-130 (1987)

MORITZ, W.: Das cervicale Sympathicussyndrom und seine praktische Bedeutung. Z. Laryng. Rhinol. 32: 270 (1953)

MÜLLER, E.: Das Schleudertrauma der Halswirbelsäule. Selecta 49: 4378 (1970)

MUMENTHALER, M., SCHLIACK, H.: Läsionen peripherer Nerven. Thieme, Stuttgart–New York, 1973

PEARCE, J. M. S.: Whiplash injury: a reappraisal. J. Neurol. Neurosurg. Psychiat. 52: 1329-1331 (1989)

Rallo Romero, J., De Cabo Casado, B., Olivieri Perdikidis, H., Valcarce Avello, M.: Psychogenic factors in cervical arthrosis – the cervical neurotic syndrome. Rev. Esp. Reum. 12/8: 122 (1968)

Rohrer, T., Rollett, E., Scherzer, E.: Erfahrungen mit dem traumatisch bedingten Zervikalsyndrom in den Arbeitsunfallkrankenhäusern. Forsch. u. Prax. d. Begutacht. 4: 20-30 (1970)

Scherzer, E.: Die Störungen des Gleichgewichtssystems nach Unfällen. Verlag der Wiener Med. Akademie 1968

Scherzer, E.: Die Aussagekraft des EEG in der Begutachtung. Forsch. u. Praxis d. Begutacht. 2: 26-31 (1969)

Scherzer, E.: Das EEG in der Unfallsbegutachtung. Forsch. u. Praxis d. Begutacht. 8: 9-16 (1971)

Scherzer, E.: Zentrales Nervensystem und Schmerzensgeld. Forsch. u. Praxis d. Begutacht. 12: 42-52 (1976)

Scherzer, E.: Das Schleudertrauma der Halswirbelsäule aus nervenärztlicher Sicht. Forsch. u. Prax. d. Begutacht. 30: 18-44 (1987)

Schlegel, K. F.: Aussprache zum Thema Schleudertrauma der Halswirbelsäule. Hefte z. Unfallheilk. 110: 64 (1972)

Schneider, R. C.: The syndrome of acute anterior spinal cord injury. J. Neurosurg. 12: 95 (1955)

Sellier, K., Müller, R.: Die mechanischen Vorgänge bei Stoßwirkung auf den Schädel. Klin. Wschr. 38: 239 (1961)

Sellier, K., Unterharnscheidt, F.: Mechanik und Pathomorphologie der Hirnschäden nach stumpfer Gewalteinwirkung auf den Schädel. Hefte z. Unfallheilk. 76 (1963)

Seymour, J. C.: Observations on the circulation in the cochlea. J. Laryngol. 68: 689 (1954)

Sutter, J., Mumenthaler, M.: Gutachterliche Aspekte bei Schleuderverletzungen der Halswirbelsäule. Arch. Orthop. Unfall-Chir. 90: 325-342 (1977)

Tilscher, H.: Indikationen und Erfolgsaussicht der Manualtherapie bei pseudoradikulären Syndromen im Bereiche der Halswirbelsäule. In: Hohmann, D., Kügelgen, B., Liebig, K., Schirmer, M. (Hrsg.) Neuroorthopädie 1. Springer, Berlin–Heidelberg–New York–Tokio, 187-192, 1983

Tipold, E.: Ergebnisse computertomographischer Untersuchungen nach einer Verstauchung der Halswirbelsäule. Forsch. u. Prax. d. Begutacht. 30: 89-99 (1987)

Trost, H.: Pseudoradikuläre Syndrome der Halswirbelsäule. In: Hohmann, D., Kügelgen, B., Liebig, K., Schirmer, M. (Hrsg.) Neuroorthopädie 1. Springer, Berlin–Heidelberg–New York–Tokio, 175-186, 1983

Unterharnscheidt, F.: persönliche Mitteilung (1991)

Walz, F.: Das Peitschenschlagsyndrom. Biomechanische Aspekte. Der Sachverständige 2: 2-4 und 28 (1986)

Wielke, B.: Das Schleudertrauma der Halswirbelsäule: Verletzungswahrscheinlichkeit aus technischer Sicht. Z. f. Verkehrsrecht 34/5: 129-131 (1989)

WIESNER, H., MUMENTHALER, M.: Schleuderverletzungen der Halswirbelsäule. Mechanismus, Diagnostik, Therapie und Begutachtung. Therap. Umschau 31/9: 64-648 (1974)

WIESNER, H., MUMENTHALER, M.: Schleuderverletzungen der Halswirbelsäule. Eine katamnestische Studie. Orthop. Unfall-Chir. 81: 13-36 (1975)

WITTER, H.: Zur rechtlichen Beurteilung sogenannter Neurosen (Neurose und Versicherung). Versicherungsrecht 13 (A), 301-306, 1981

WURZER, W., SCHERZER, E.: Psychologische Aspekte beim Schleudertrauma der Halswirbelsäule, Forsch. u. Prax. d. Begutacht. 30: 83-88 (1987)

II. Bandscheibenvorfall und Spondylolisthese

Wie die Beurteilung der Unfallkausalität der Spondylolisthese ist auch die Beurteilung des Bandscheibenschadens bzw. Diskusvorfalles besonders schwierig, weil ein kausaler Zusammenhang mit einem Unfallereignis in beiden Fällen nach dem derzeitigen Wissensstand fast nie gegeben ist, der Versicherte aber andererseits eine Ablehnung der Kausalität nicht versteht. Dies trifft speziell auf die Bandscheibenschädigung zu, die vom Versicherten als akutes und manchmal als sehr dramatisches Ereignis erlebt wird und tatsächlich auch bei einer bestimmten belastenden Tätigkeit auftreten kann. Der Grund dafür, daß beide genannten Schäden gemeinsam besprochen werden, liegt nicht darin, daß sie beide die Wirbelsäule betreffen, sondern in dem Umstand, daß die Kausalitätsprobleme in beiden Fällen ähnlich sind.

A. Bandscheibenvorfall

In diesem Zusammenhang muß daran erinnert werden, daß nach den AUVB als Unfall im Sinne des Vertrages jedes vom Willen des Versicherten unabhängige Ereignis gilt, das, plötzlich von außen mechanisch oder chemisch auf den Körper einwirkend, eine körperliche Schädigung oder den Tod des Versicherten nach sich zieht. Allerdings wird in Artikel 2 der AUVB konzediert, daß auch unter anderem Verrenkungen, Zerrungen und Zerreißungen infolge plötzlicher ungewohnter Kraftanstrengung als Unfallfolgen gelten. Damit liegt der „Schwarze Peter" beim Begutachter, der entscheiden soll, was eine plötzliche ungewohnte Kraftanstrengung ist. Sicherlich wird es im Hinblick auf die Bandscheibe nicht eine Tätigkeit sein, die in gleicher Weise bereits des öfteren durchgeführt wurde, wenn z. B. ein Arbeiter eine Last hebt, deren Gewicht etwa in dem Rahmen liegt, den er bislang ohne Schwierigkeiten bewältigt hat. Als Unfallereignis ausreichender Schwere betrachtet Lob (1973) beispielsweise den Fall eines 21jährigen Bäckergesellen, der beim Aufladen eines ein Zenter schweren Mehlsackes auf einer Stiege plötzlich das Gleichgewicht verlor und abrutschte. Der Mann versuchte, seine Last noch abzufangen, aber der Sack drückte ihn nach hinten. Es war also nicht nur die Last selbst, sondern die zusätzliche plötzliche Einwirkung der Muskelkraft, die den Druck auf die Bandscheibe akut und stark erhöhte.

Aus all dem läßt sich sagen, daß eine generelle Ablehnung eines Bandscheibenvorfalles als Unfallfolge sicherlich nicht gerechtfertigt ist. Ein Bandscheibenprolaps ist zwar an und für sich relativ selten und kann daher nicht ohne weiteres als schicksalmäßige Folge der Chondrose angenommen werden, jedoch ist ein Bandscheibenvorfall bei einem gesunden Vorzustand des Knorpelgewebes extrem selten. Es kann im Ausnahmefall eher eine Verschlimmerung eines bereits vorbestehenden degenerativen Bandscheibenleidens vermutet werden, sofern die Anamnese hiefür Anhaltspunkte bietet und der

Unfallhergang logisch nachvollziehbar ist. Jedoch ist versicherungsrechtlich eine Unfallkausalität in den meisten Fällen und in der Regel nicht zu bejahen.

TÖNNIS und SCHILDHAUER (1971) bestätigen, daß die Anerkennung von Unfällen als Ursache von Bandscheibenschädigungen für jeden Gutachter ein schwieriges Problem ist. Über den Zustand einer Bandscheibe vor dem Unfall können wir meist nur Vermutungen anstellen, wenn uns der Patient nicht Angaben über frühere Erkrankungen macht. Ebenso läßt sich aus dem Hergang des Unfalles meist nicht mit absoluter Sicherheit schließen, in welchem Maße er die Ursache einer Bandscheibenschädigung war. Für TÖNNIS und SCHILDHAUER ist die *Anerkennung einer Bandscheibenzerreißung* im allgemeinen unter folgenden selbstverständlichen Voraussetzungen kein besonderes Problem: a) ein Unfallereignis entsprechender Schwere; b) Röntgenaufnahmen, die möglichst unmittelbar nach dem „Unfall" angefertigt sein sollen; und c) Verlaufsuntersuchungen in zweimonatigen Abständen, um sich entwikkelnde Knochenspangen zu erkennen.

Indirekte Zeichen, welche die Diagnose einer Diskusruptur zu stellen erlauben, sind Verschiebungen benachbarter Wirbel gegeneinander oder eine starke Verschmälerung des Bandscheibenraumes. Sehr viel schwieriger ist die Begutachtung von Zusammenhangsfragen bei stärkeren Bandscheibenprotrusionen und bei den Diskusprolapsen. Die Voraussetzungen, die nach der heutigen Lehrmeinung hiefür erfüllt sein müssen, sind nach LOB (1973):

1. Das Unfallereignis muß schwer genug gewesen sein, um Rißbildungen der Bandscheibe zu verursachen.
2. Es muß auch in seiner Mechanik so abgelaufen sein, daß es die Entstehung derartiger Rißbildungen erklärt.
3. Es muß der Nachweis geführt werden, daß sich in unmittelbarem Anschluß an den Unfall die Symptome eines Ischiasleidens oder einer Lumbago eingestellt haben, und zwar dadurch, daß der Verletzte die Arbeit mehr oder weniger bald nach dem Unfall niedergelegt hat.
4. Es muß nach Möglichkeit der Beweis erbracht werden, daß vor dem Unfall keinerlei Ischias- oder Lumbagoanfälle aufgetreten waren.
5. Die klinischen Symptome müssen für einen hinteren Bandscheibenvorfall bzw. eine Bandscheibenprotrusion sprechen.

Hinsichtlich der Pathologie der Bandscheibendegeneration teilt P. F. MATZEN (1967) in seinem „Lehrbuch der Orthopädie" pathologisch-anatomisch die auf die Bandscheibe begrenzten Degenerationserkrankungen in zwei Grundformen, nämlich in die Chondrosis intervertebralis, bei der die Alters- und Verschleißerscheinungen rein auf die faserknorpeligen Anteile mit Einschluß des Nucleus pulposus begrenzt bleiben, und in die Osteochondrosis vertebrae, bei der sich die Degenerationserscheinungen in den hyalinknorpeligen Grund- bzw. Deckplatten der die Bandscheibe begrenzenden Wirbelkörper abspielen. Diese führen regelmäßig zu einer sklerosierenden Reaktion an der benachbarten Wirbelspongiosa. MATZEN (1967) erwähnt jedoch, verschiedene Autoren seien auf Grund klinischer Beobachtungen der Ansicht, daß auch massive lokale Traumen, die eine bereits chondrotisch veränderte Wirbelsäule treffen, zu einer verstärkten Lockerung in den Bewegungssegmenten und damit zum Auftreten einer örtlich umschriebenen Osteochondrosis vertebrae führen können. Wenn man diese Meinung, die bei weitem nicht allgemein geteilt wird, als richtig ansieht, bleibt jedoch die Aussage bestehen, daß das Trauma eine bereits chondrotisch veränderte Wirbelsäule getroffen hat, somit nicht alleiniger Auslöser einer Schädigung sein kann.

Erfahrungsgemäß muß im Falle eines traumatischen Bandscheibenvorfalles ein schweres Trauma die gesunde Wirbelsäule getroffen haben, damit es zu einer Bandscheibenruptur und in weiterer Folge zu einem Diskusprolaps bzw. zu einer Bandscheibenhernie kommt. In diesem Zusammenhang muß insbesondere gefordert werden, die diagnostischen Begriffe „Verheben", „Verreißen" und „Hebetrauma" fallenzulassen, da sie unwissenschaftlich sind und wahre Sachverhalte verschleiern. Es ist ja bekannt, daß die gesunde Bandscheibe äußerst widerstandsfähig ist, was sich auch darin äußert, daß nicht allzuselten sogar schwere Wirbelbrüche ohne Schädigung der angrenzenden Bandscheiben einhergehen. *Es erweist sich demnach Knochengewebe im allgemeinen als weniger widerstandsfähig gegenüber einer traumatischen Schädigung als die gesunde Bandscheibe.* Dies bedeutet, daß bei einem Unfall eine Wirbelfraktur oder eine Wirbelverrenkung eher zu erwarten ist und bei Vorliegen einer traumatischen Bandscheibenzerreißung überwiegend auch eine radiologisch nachweisbare, knöcherne Läsion zu erwarten ist. Sekundäre Bandscheibenschäden im Bereiche schwerer Wirbelbrüche sind nicht direkte Verletzungsfolgen, sondern auf die traumatischen Läsionen der angrenzenden Wirbelkörper zurückzuführen. In der Regel ist es daher so, daß eine Bandscheibe bereits vorgeschädigt sein muß, um bei einem Unfallereignis weitergeschädigt werden zu können. Hiezu bedarf es meist keines speziellen Anlasses; manchmal genügen auch geringfügige Belastungen des täglichen Lebens. Hiezu meint Mifka (1961) in seiner „Nervenärztlichen Unfallbegutachtung" aus der Schriftenreihe der Allgemeinen Unfallversicherungsanstalt Österreichs zu Recht: „Wenn eine Bandscheibenhernie gelegentlich einer Tätigkeit auftritt, die zu den täglichen Verrichtungen des Berufes gehört, kann nicht von einer Unfallgenese gesprochen werden."

Jedoch vermag bei einem *vorbestehenden Bandscheibenschaden* im Sinne von Verschleiß- und Aufbraucherscheinungen bereits eine leichtere Belastung einen Diskusprolaps hervorzurufen. Der schon zerschlissene Faserring der Bandscheibe rupturiert unter der Gewalteinwirkung teilweise oder total, so daß nun das Gewebe des Nucleus pulposus austreten und in weiterer Folge auch auf eine Nervenwurzel oder sogar auf das Rückenmark drücken kann. Neben dem schmerzhaften Zustand des lokalen Vertebralsyndroms stellen sich eine radikuläre Irritations- und später eventuell eine Läsionssymptomatik mit typischen sensiblen und motorischen Ausfällen ein. Im Falle eines teilweisen Einreißens des Faserringes kann eine Art Selbstheilung durch Narbenbildung eintreten, oder es kann sich der vorerst kleine Riß allmählich vergrößern, bis ein massiver Austritt von Bandscheibengewebe in die Umgebung stattfindet.

Wenn der Discus intervertebralis sozusagen „reif" zur Ruptur ist, genügt bereits eine geringfügige Druckerhöhung, z. B. Niesen, Husten, Bauchpresse usw., um eine solche Zerreißung des Anulus fibrosus zu bewirken, als dessen Folge dann ein Diskusprolaps zustande kommt. Derartige leichtgradige Belastungen der Wirbelsäule, welche von einer radikulären Reiz- sowie unter Umständen auch von einer neurologischen Ausfallsymptomatik gefolgt werden, stellen selbstverständlich keine Traumen im gutachtlichen Sinne dar. Letzten Endes bleibt es also dem Zufall überlassen, bei welcher Gelegenheit eine Ruptur des Bandscheibenfaserringes eintritt. Nach IDELBERGER (1960) ist die Hauptursache der Diskuschondrose in der frühzeitigen Alterung bradytropher Gewebe zu suchen. Aus mechanischen Gründen finden sich die frühesten und stärksten Abnützungserscheinungen in der unteren Lenden- und unteren Halswirbelsäule. Mit zunehmender Austrocknung wird zunächst die Struktur des Anulus fibrosus deutlicher. Später kommt es zu Verwerfungen der Lamellen und – in den Lendenbandscheiben – zu radikulären Fissuren. Bei weit fortgeschrittener Zermürbung können sich sogar Teile des Faserringes herauslösen (Bandscheibensequester).

Die Wirbelsäule zeigt als Stützapparat häufig bereits im mittleren Lebensalter Aufbrauch- und Verschleißerscheinungen. Auch LEITZ (1980) betont in diesem Zusammenhang, daß der Nucleus pulposus im Laufe der Zeit und mit zunehmendem Alter die Fähigkeit verliert, seine Elastizität durch Flüssigkeitsaufnahme zu bewahren, und daß darüber hinaus auch der äußere Faserring bald degenerative Erscheinungen aufweist, brüchig und damit gegen Belastungen jedweder Art anfällig wird. Schon im dritten und vierten Lebensjahrzehnt lassen sich solche degenerativen Schäden an den Bandscheiben fast regelmäßig nachweisen. KUHLENDAHL (1970) ist der Meinung, daß es praktisch ab dem mittleren Lebensalter keine ganz gesunde Bandscheibe mehr gibt, weil er mit einer großen Regelmäßigkeit mehr oder weniger stark ausgeprägte degenerative Veränderungen an den Zwischenwirbelscheiben feststellen konnte. FRANK (1970) publizierte seine Erfahrung, nach welcher ein Großteil der Bevölkerung ab dem dritten Lebensjahrzehnt über Beschwerden im Bereiche der Wirbelsäule klagt. Näher präzisierte DOLLHÄUBL (1970) die Häufigkeit von Schäden im Bereiche der Wirbelsäule, indem er 2150 Versehrte, die nicht wegen eines Wirbelsäulenleidens, sondern wegen anderer Störungen und Verletzungen untersucht wurden, bezüglich Beschwerden von seiten der Wirbelsäule befragte: 820 Personen (38% der Befragten) gaben solche Wirbelsäulenbeschwerden anamnestisch an.

Aus gutachtlicher Sicht kann daher ein Bandscheibenvorfall nur unter der Voraussetzung als Unfallfolge anerkannt werden, daß eine *ganz außergewöhnliche Gewalteinwirkung*, insbesondere in Form von Scherkräften stattgefunden hat. Eine solch schwere Traumatisierung manifestiert sich überwiegend durch eine Verletzung der knöchernen Wirbelsäulenanteile, also durch Frakturen und Luxationen. Diese Meinung wird weitgehend in der älteren und oft auch noch in der rezenten Gutachtenliteratur bekundet. In diesem Sinne sei MIFKA (1961) wörtlich zitiert: „Bei der Abgrenzung der Unfallkausalität ist stets im Auge zu behalten, daß Wirbelsäulentraumen eher zu einem Wirbelbruch als zu einem Bandscheibenriß führen und als Voraussetzung einer Bandscheibenverletzung ohne Wirbelbruch stets eine Degeneration der Bandscheibe vor dem Unfall anzunehmen ist." Auch KRETSCHMER (1978) verlangt zur Annahme einer Bandscheibenschädigung als Unfallfolge ein adäquates Trauma mit entsprechenden röntgenologischen Zeichen, vor allem in Sinne einer Schädigung des knöchernen Skelettes. SCHEID (1983) fordert in seinem Lehrbuch der Neurologie eine schwere, umschriebene Gewalteinwirkung, welche zu einer Fraktur oder einer Subluxation geführt hat, als Voraussetzung zur gutachtlichen Anerkennung eines Diskusprolapses als Unfallfolge. Er weist darauf hin, daß selbst eine ungewöhnliche Beanspruchung einer gesunden Wirbelsäule nicht imstande ist, das Krankheitsbild eines Bandscheibenschadens hervorzuzurufen. Ferner führt BODECHTEL (1974) in seinem Lehrbuch aus, daß „isolierte Bandscheibenzerreißungen selten vorkommen, da im allgemeinen der Wirbelkörper zusammenbricht, ehe der Anulus fibrosus der intakten Bandscheibe nachgibt. Gutachtlich wird man eine Bandscheibenzertrümmerung stets dann bejahen müssen, wenn ein oder beide benachbarte Wirbel frakturiert sind."

LOEW, JOCHHEIM und KIVELITZ (1969) meinen, daß „gegen die Überbewertung des traumatischen Faktors bei der Entstehung von lumbalen Bandscheibenvorfällen schließlich die allgemeine statistische Erfahrung bei unausgelesenem Krankengut spreche." Nach diesen Autoren ist „das Auftreten eines ausgeprägten Wurzelkompressionssyndroms, das auf einen Bandscheibenvorfall schließen läßt, ein Ereignis, das nur sehr selten als eindeutige Unfallfolge beschrieben worden ist." Sie erwähnen in diesem Zusammenhang, daß in den USA unter dem Begriff des Traumas auch Ereignisse wie Verheben oder Ausgleiten fallen, daß jedoch wir (gemeint ist der deutschsprachige Raum) an dem strengen Kausalitätsbegriff festhalten.

Des weiteren schreibt DELANK (1970) in seinem Grundriß der Unfallneurologie im Kapitel über die ärztliche Begutachtung, daß für Nervenwurzelschädigungen als Auswirkung eines Bandscheibenvorfalles – von extrem seltenen Ausnahmen abgesehen – kein Unfallzusammenhang bestehe, denn Bandscheibenvorfälle setzten eigentlich immer eine degenerative Zermürbung der Zwischenwirbelscheibe, mithin ein unfallunabhängiges und schicksalmäßiges Leiden, voraus. Unbestritten seien hingegen Wirbelkörperbrüche häufig mit Bandscheibenverletzungen kombiniert, wobei der Gallertkern aber in diesen Fällen fast stets in das Innere des gebrochenen Wirbelkörpers prolabiere und daher selbst keine Nervenwurzelkompression bewirke. ROMPE und ERLENKÄMPER (1978) weisen in ihrem Buch über die Begutachtung der Haltungs- und Bewegungsorgane darauf hin, daß „bei Entwicklung eines

Bandscheibenvorfalles (mit radikulärer Symptomatik einer Ischialgie) akuten Gewalteinwirkungen nur äußerst selten Bedeutung beikommt." In etwa einem Viertel der Fälle werde die Ischialgie auf einen „Unfall" und in einem weiteren Viertel auf schweres Heben bezogen, aber nur einer von 30 Unfallbehauptungen komme eine wesentliche Bedeutung im Sinne der Reichsversicherungsordnung (RVO) zu. Auf Grund eigener Erfahrungen scheint uns selbst dieser niedrige Prozentsatz noch überhöht.

Was die *isolierte Bandscheibenverletzung* anlangt, sei insbesondere auf das sehr bekannte Lehrbuch der Orthopädie und Traumatologie von Lange und Hipp (1967) hingewiesen. Diese Autoren führen in dem einschlägigen Kapitel aus: „Die isolierte Bandscheibenverletzung definiert man nach Lob als eine mehr oder weniger umfangreiche Zerstörung einer oder mehrerer Bandscheiben durch eine plötzliche Gewalteinwirkung, die zu keiner Fraktur geführt hat. Teile der Bandscheibe (Faserring, Gallertkern) können in verschiedene Richtungen unmittelbar prolabieren, am häufigsten nach vorne und lateral. Es ist zu berücksichtigen, daß beim Mechanismus der Hyperflexion und Stauchung (häufigster Unfallmechanismus) die Bandscheibe nach vorne vorfällt. Der traumatische dorsale Bandscheibenvorfall ist selten." Gelegentlich erfolgt bei Belastungen, die ein durchschnittliches Ausmaß überschreiten (also bei echter unfallmäßiger Gewalteinwirkung) der Prolaps einer bereits vorgeschädigten Bandscheibe. Man darf dann aber annehmen, daß diese degenerierte Bandscheibe wahrscheinlich früher oder später auch ohne besondere Einwirkung prolabiert wäre. Hinsichtlich der Deutung des Unfallherganges ergeben sich dabei öfters Schwierigkeiten. Das Unfallereignis bedarf jedenfalls einer exakten Analyse. Von Interesse sind in diesem Zusammenhang Beobachtungen von Lange und Hipp (1962). Diese Autoren fanden unter 700 objektivierten Bandscheibenvorfällen, die in 20 Jahren nach einer exakten klinischen und myelographischen Lokalisierung operativ bestätigt wurden, in weniger als 1% der Fälle einen allein traumatisch bedingten Bandscheibenprolaps.

An dieser Stelle sei auch darauf hingewiesen, daß entsprechend den Allgemeinen Unfallversicherungsbedingungen (AUVB) der *privaten Unfallversicherung* Bandscheibenhernien prinzipiell als Unfallfolgen ausgeschlossen werden, es sei denn, die Traumatisierung erfolgte mit einer solchen Gewalt, daß auch eine gesunde Bandscheibe lädiert worden wäre. Die Bandscheibenhernie muß durch die gewaltsame Einwirkung direkt herbeigeführt worden sein und darf nicht anlagebedingt entstanden sein. In diesem Sinne werden zur Anerkennung des Kausalzusammenhanges zwischen Unfall und Bandscheibenvorfall nach Mollowitz und Liniger-Molineus (1964) in deren Buch „Der Unfallmann" gefordert:

1. Nachweis einer erheblichen Gewalteinwirkung auf die Wirbelsäule, wobei diese Gewalt nach der Art und Richtung in der Lage gewesen sein muß, eine gesunde Bandscheibe zu zerreißen (diesbezüglich vor allem Rotations- und Scherkräfte anzunehmen).

2. Wahrung des zeitlichen Zusammenhanges (gleich nach dem Unfall Auftreten heftiger Beschwerden).
3. Sicherer Ausschluß von Bandscheibensymptomen vor dem Unfall (keine Neigung zu Hexenschuß und Ischias).
4. Nach dem Unfall angefertigtes erstes Röntgenbild darf keine Veränderungen im Sinne einer vorbestehenden Osteochondrose zeigen.

Wenn sich die private Unfallversicherung in ihren vertraglichen Versicherungsbedingungen weitgehend vor einer Anerkennung von Bandscheibenhernien als Unfallfolgen schützt, so ist dies ein auch vom Versicherten akzeptierter Teil des Vertrages, der vom medizinischen Gutachter nicht ignoriert werden darf. Anders verhält es sich bei *Haftpflichtfällen.* Ihnen liegt kein Vertrag mit diesbezüglichen Bedingungen zugrunde. Der Rechtssprechung zufolge muß auch in derartigen Entschädigungsverfahren die nachgewiesene Verschlimmerung eines vorbestehenden Leidenszustandes anerkannt und gutachtlich eingeschätzt werden. Der Nachweis eines vorbestehenden degenerativen Wirbelsäulenleidens mit entsprechender Anamnese und röntgenologischen Veränderungen an der Wirbelsäule schließt die Möglichkeit eines isolierten traumatischen Bandscheibenvorfalles noch nicht aus. Auch kann hier nicht überzeugend damit argumentiert werden, daß der Abnützungs- und Verschleißprozeß des Stützapparates allein entscheidend war. Gefragt ist hingegen bloß, ob im vorliegenden Fall die Gewalteinwirkung nach Intensität und Art geeignet war, die bereits lädierte Bandscheibe endgültig zu zerreißen. Leichte Belastungen ohne Traumawert sind nicht anzuerkennen. Der Gutachter muß also Vorschaden und Traumatisierung bezüglich des gegenständlichen Unfalles abwägen.

War die Gewalteinwirkung leicht, dann muß der degenerative Bandscheibenprozeß pathogenetisch ausschlaggebend gewesen sein, so daß auch jedes andere (nicht-traumatische) Ereignis genauso imstande gewesen wäre, den Faserring der Bandscheibe zu zerreißen und den Bandscheibenvorfall zu bewirken. Es handelt sich in diesem Fall um eine auch spontan zu beobachtende Entwicklung einer schicksalhaften Erkrankung des Stützapparats, nämlich des degenerativen Wirbelsäulenprozesses, wobei die Beschwerdensymptomatik lediglich im Rahmen einer *„Gelegenheitsursache“* klinisch manifest wurde. Das angeschuldigte Ereignis des Unfalles wirkte demnach bloß zufällig auslösend auf bereits weit fortgeschrittene krankhafte Veränderungen, welche schon unter leichten und alltäglichen Belastungen dekompensieren. Eine Kausalität im gutachtlichen Sinne liegt hier nicht vor.

Andere Verhältnisse sind gegeben, wenn die Gewalteinwirkung nicht leicht, sondern schwer ist. In diesem Falle zerreißt als erstes die vorgeschädigte, krankhaft veränderte Bandscheibe, da sie durch den degenerativen Aufbrauch- und Verschleißprozeß vulnerabler als der sonst weniger widerstandsfähige Knochen geworden ist. Mit anderen Worten ausgedrückt, könnte man sagen, daß der bestehende Bandscheibenschaden mit vermehrter Brüchigkeit des Faserringes den Knochen vor einer Fraktur dadurch rettet, daß die degenerierte Bandscheibe zerreißt, wobei auch Gallertgewebe in Form der Diskushernie prolabieren kann. Vor allem Rotationstraumen, bei denen die Wirbelsäule Scherkräften ausgesetzt ist, wirken schädigend. Den *besonderen Schweregrad der Gewalteinwirkung* auf die Wirbelsäule bei einer isolierten Bandscheibenruptur muß der Gutachter aus der Anamnese und aus sonstigen Verletzungszeichen wie lokalem Hämatom, gravierenden Schädigungen paravertebral usw. beweisen. Liegt ein Operationsbefund vor, so kann auch er diagnostische Hinweise liefern. Der spontane Bandscheibenprolaps liegt meist subligamentär, das hintere Längsband ist dann nicht zerrissen. Daher spricht eine intraoperativ verifizierte Ruptur des genannten Ligamentum longitudinale posterius eher dafür, daß eine erhebliche Gewalteinwirkung auf die Wirbelsäule stattgefunden hat. Von weiterem Interesse ist der Zustand des operativ vorgefundenen Bandscheibengewebes. Degeneration kennzeichnet den schicksalhaften Verschleiß- und Aufbrauchprozeß, sofern der Bandscheibenvorfall nicht allzulange zurückliegt, in welch letzterem Falle auch gesundes Bandscheibengewebe zwischenzeitlich degenerativ umgewandelt wird. Selbstverständlich stützen Angaben des Operateurs über intraoperativ vorgefundene sonstige traumatische Veränderungen wie Blutungen usw. die Annahme einer Unfallkausalität.

Daß die klinische Symptomatik einer traumatischen Bandscheibenhernie nicht sofort und unmittelbar, sondern erst mit Latenz in Form von neurologischen Ausfällen auftritt, erklärt sich durch die allmähliche Größenzunahme einer Ruptur des Faserringes. Erst wenn diese eine gewisse Größe erreicht hat, kann Bandscheibengewebe massiv austreten und ein entsprechendes neurologisches Kompressionssyndrom hervorrufen. Das zeitliche Intervall erstreckt sich dabei meist über Tage, nur selten über einen längeren Zeitraum. Typischerweise sind *Brückensymptome* in Form von lokalen Schmerzen und allenfalls auch schon in Form von passageren Wurzelreizerscheinungen gegeben. Fehlen solche und ist der zeitliche Abstand zwischen Unfallereignis und klinischer Manifestation des Bandscheibenprolapses lang, so ist die Wahrscheinlichkeit einer Unfallfolge sehr gering.

Anhaltende Wirbelsäulen- und Nervenwurzelschmerzen nach einer einfachen Wirbelsäulenverletzung können nicht als unfallkausal angesehen werden. Derartige Beschwerden sind vorübergehend nach Prellungen oder Distorsionen der Wirbelsäule zu beobachten, jedoch nicht auf Dauer. Günther und Hymmen (1972) schreiben in ihrer „Unfallbegutachtung", daß *Lumbago (Hexenschuß)* mit einem Unfall an sich nichts zu tun habe und daß ein Bandscheibenvorfall im Bereich der Wirbelsäule mit seinen ersten Erscheinungen oft nach Husten, Niesen, Pressen, Heben einer üblichen Last, brüsken Rumpfbewegungen usw. auftritt, also nach körperlichen Beanspruchungen, welche als gewohnt und gehörig gelten. Es könne daher als Entstehungsursache für derartige Degenerationserscheinungen der Zwischenwirbelbandscheiben ein Unfallereignis nicht in Betracht gezogen werden.

B. Spondylolisthese

Die Feststellung, daß auch bei schweren Wirbelbrüchen Bandscheibenschäden sehr häufig nicht auftreten, kann jedoch nur cum grano salis aufrechterhalten werden. Entscheidend ist hier unter anderem die Lokalisation der Diskusläsion. Brocher (1966) schreibt in seinem Werk über die Wirbelsäulenleiden und ihre Differentialdiagnose hinsichtlich *Wirbelverschiebungen*: „In der durch höhere Bandscheiben charakterisierten Lendenwirbelsäule findet man im Gegensatz zur Brustwirbelsäule relativ häufig Wirbelbrüche neben einer Bandscheibenschädigung. Wir wiesen bereits darauf hin, daß bei jedem nennenswerten Hyperflexionsbruch ein Teil der Bandscheibe zerreißt. Zerreißt aber ein großer Abschnitt der Bandscheibe, so kann sich der seines vorderen Haltes beraubte Wirbel lockern und, nur noch der nach hinten ziehenden Kraft der Ligamenta flava gehorchend, rückwärts verschoben werden."

Bandscheibenlockerungen und geringe Wirbelverschiebungen, bis etwa 3 mm, kommen auch wiederholt im Rahmen unfallfremder und schicksalhafter degenerativer Prozesse der Wirbelsäule vor. Sie müssen streng von der echten Spondylolisthese unterschieden werden. Voraussetzung für das *echte Wirbelgleiten* ist nach Matzen (1967) laut seinem Lehrbuch der Orthopädie die Spondylolyse, die Spaltbildung im Zwischengelenksstück des Wirbels. Betroffen sind fast ausschließlich der vierte und fünfte Lendenwirbel, deren Körper über den darunterliegenden Wirbel nach vorne abgleiten. Auch Doppelgleiten wird in seltenen Fällen beobachtet. Eine extreme Seltenheit ist die Spondylolyse bzw. Spondylolisthese im Bereich der unteren Halswirbelsäule (C 6/7). Wirbelspaltbildung und echtes Wirbelgleiten sind an sich relativ häufige Ereignisse, die nach Brocher (1966) 10% des Krankengutes mancher orthopädischer Ambulanz ausmachen und in etwa 4 bis 5% der weißen Rasse vorkommen.

Die erste systematische Darstellung über die *Spondylolyse* stammt von Neugebauer (1882), der die Spondylolyse als Grundursache der Spondylolisthese erkannte und für deren Genese eine angeborene Ossifikationsstörung der Interartikulärregion, aber auch Traumafolgen verantwortlich machte. In der Folgezeit lief die Diskussion dieses Problems im wesentlichen auf diese zwei Ursachen hinaus. Heute nimmt die Mehrzahl der Autoren eine Hemmungsmißbildung als Ursache an, wogegen die traumatische Genese nur für Ausnahmefälle und auch dann meist nur im Sinne der Verschlimmerung eines vorbestehenden Leidens anerkannt wird.

Unter *Spondylolisthese* versteht man eine Verschiebung des Wirbelkörpers mit den kranialen Gelenkfortsätzen nach ventral. Der Wirbelbogen mit den kaudalen Gelenkfortsätzen bleibt hingegen in seiner Lage unverändert. Die Spondylolisthese ist nur möglich durch eine Kontinuitätsunterbrechung (Spondylolyse) oder durch eine Verlängerung des Interartikulärabschnittes. Beschwerden treten selten auf, die überwiegende Mehrzahl der Fälle von

Spondylolisthese bleibt symptomlos. Bei der Minderzahl der Fälle kommen lokale Schmerzen in Form eines Vertebralsyndroms durch Arthrose der kleinen Wirbelgelenke und selten radikuläre Kompressionen durch das Fasergewebe im Bereiche der Spondylolyse, ausnahmsweise auch ein Syndrom der Cauda equina vor. Die Behandlung der Spondylolisthese besteht orthopädischerseits in einem längere Zeit hindurch zu tragenden Mieder und in Extensionen, chirurgisch in einer Spondylodese bei gleichzeitiger Dekompression der betroffenen Wurzeln.

Nach den Ausführungen von Marx (1977) in dem Buche „Medizinische Begutachtung“ handelt es sich in den weitaus meisten Fällen von Spondylolyse um eine Verknöcherungsstörung der Interartikularportion. Auch können nach neueren Untersuchungen wiederholte Mikrotraumen zu einer Spaltbildung führen. Besonders im Wachstumsalter wurde eine *Streßfraktur* bzw. ein *Ermüdungsbruch* im Isthmusbereich als Ursache der Wirbelspaltbildung und des folgenden Wirbelgleitens angenommen. Derartige Fälle betreffen wiederholt Spitzensportler. Überhaupt spielt sich die dynamische Phase des Wirbelgleitens vorwiegend in der Jugend und Kindheit ab. Im Erwachsenenalter findet sich hingegen ein zumeist statischer Zustand, d. h. die Wirbelverschiebung nimmt nicht mehr zu. Aus diesem Grunde wäre sprachlich richtig, in der Jugend von einem Wirbelgleiten und im Erwachsenenalter nur mehr von einer Wirbelverschiebung zu sprechen. Die große Häufigkeit des Leidens bringt es mit sich, daß man bei relativ vielen Verunfallten (laut orthopädischer Literatur bei jedem 20. bis 25. Patienten, der eine Verletzung der Lendenregion erlitten hat) eine Spondylolyse oder Spondylolisthese findet. Wiederholt wird daher dem Gutachter die Frage gestellt: Unfallfolge oder unfallfremder Vorzustand? Nicht selten ist ferner eine Erblichkeit der Spondylolyse gegeben. Jedenfalls ist der traumatischen Entstehung gegenüber einer Spondylolyse größte Zurückhaltung geboten, denn nur äußerst selten kommt sie durch ein *einmaliges schweres Unfallereignis* zustande. Bevor die Interartikularportion frakturiert, werden die übrigen Wirbelanteile zerstört. Die röntgenologische Darstellung gelingt eindeutig nur auf Schrägaufnahmen und läßt eine Abgrenzung der anlagebedingten Spaltbildung (Spondylolyse) mit glatter Konturierung von der traumatischen Spaltbildung mit gezähnelter Konturierung unterscheiden. Bei bestehender Spaltbildung vermögen erfahrungsgemäß selbst heftige Gewalteinwirkungen, wie sie bei Stürzen aus großer Höhe entstehen, nur äußerst selten ein Wirbelgleiten zu erzeugen. Bezüglich der Ätiologie der Spondylolisthese schreiben Mumenthaler und Schliack (1982) zu Recht, daß „bei der umfassenden Sozialversicherung und der nahezu selbstverständlichen Röntgendiagnostik wohl mancher Befund einer Lyse oder Listhesis durch unpsychologische Mitteilung nicht nur in den Unfallakten, sondern auch im Kopf des versicherten Individuums fixiert“ wird.

Differentialdiagnostisch abzugrenzen vom echten Wirbelgleiten ist die *Pseudospondylolisthese*, bei welcher die Interartikularportionen normal sind. Die Ursache für diese Form der Ventralverschiebung eines Wirbels, in der

Regel des vierten gegenüber dem fünften Lendenwirbel, liegt in einer ausgeprägten Spondylarthrose, begünstigt dadurch, daß die Flächen der kleinen Wirbelgelenke in der unteren Lendenwirbelsäule schon weitgehend sagittal gerichtet sind. Die Wirbelverlagerung erreicht nur ein geringes Ausmaß, führt aber doch zu einem schmerzhaften Lumbalsyndrom, manchmal zu radikulären Störungen (Wurzelischialgien) und ausnahmsweise zu einer Claudicatio intermittens der Cauda equina. Die Wirbelverschiebung bzw. das Wirbelgleiten bedingt schließlich eine *Wirbelkanalenge*. Dieser Zustand, der übrigens aus sprachlichen Gründen nicht als Vertebrostenose (Vermeidung der Verbindung lateinischer und griechischer Wörter), sondern besser als Spondylostenose zu bezeichnen wäre, bedeutet lediglich eine anatomische Gegebenheit. Eine solche kann nicht nur erworben, sondern auch angeboren sein. Die kongenitalen Formen betreffen entweder den Hals- oder den Lendenbereich. Meist verursachen sie lange Zeit hindurch keine Beschwerden. Erst durch Hinzutreten weiterer Schädigungen kommt es zu Kompressionssyndromen, so bei Entwicklung degenerativer Veränderungen, einer Pseudospondylolisthese bzw. eines Bandscheibenvorfalles. Unter den erworbenen Formen gibt es auch traumatisch bedingte, welche auf Wirbelfrakturen, Wirbelluxationen und Bandscheibenvorfälle zurückgehen. Sie können sofort radikuläre Störungen und Ausfälle sowie auch Rückenmarkschädigungen verursachen. Eventuell treten die neurologischen Symptome aber erst mit Latenz in Erscheinung. Als pathologisch-anatomische Grundlage solcher Spätmanifestationen sind arachnitische und vaskuläre Veränderungen zu nennen, denen eine nur langsame Progredienz innewohnt. Daher können selbst noch nach Jahren Schäden im Sinne einer vaskulären Spätmyelopathie auftreten, z.B. in Form eines Syndroms der Arteria spinalis anterior mit Erhaltenbleiben der sensiblen Hinterstrangsqualitäten (taktile Ästhesie und Tiefensensibilität), mit symmetrischen dissoziierten Gefühlsstörungen, mit Zeichen von Pyramidenbahnläsionen infraläsionell und mit schlaffen Lähmungen einschließlich Muskelatrophien in der Läsionshöhe (Erweichungen im Vorderhornbereich).

Des weiteren kann die *persistierende Instabilität einer Wirbelfraktur* durch Kompression zu Sekundärschädigungen von Nervenwurzeln oder des Rückenmarkes führen, mitunter auch bloß eine passagere Wirbelkanalenge bedingen. In letzterem Falle sind die spinalen Ausfallserscheinungen oft gleichfalls passager und rezidivierend, welche Symptomatik man als (Pseudo-) Claudicatio intermittens medullae spinalis bezeichnet. Der pathophysiologische Mechanismus einer solchen Störung entspricht dem einer vorübergehenden vaskulären Insuffizienz des Rückenmarkes oder der Cauda equina medullae spinalis. Ein derartiges Störbild manifestiert sich vor allem beim Abwärtsgehen und wird nicht durch Stehenbleiben, sondern nur durch Haltungsänderungen der Wirbelsäule behoben. Ausnahmsweise beobachtet man nach einem Wirbelbruch die Sekundärverlagerung eines Knochenfragmentes in den Wirbelkanal, so daß das Syndrom der Wirbelkanalenge in diesem Falle nicht durch die Wirbelverlagerung selbst bedingt ist. Eine abgesprengte Knochenlamelle kann je nach Größe und Lage beschwerdefrei ertragen werden, sofort neurologische Ausfälle verursachen oder solche erst mit Latenz bewirken. Allenfalls kann eine an sich belanglose Belastung des Alltags wie Bücken oder Springen akute klinische Symptome auslösen. Meist liegen im Falle einer Spätkomplikation dieser Art bis dahin klinisch stumm gebliebene arachnitische und vaskuläre Veränderungen im Verletzungsbereich vor. Die mechanische Beanspruchung bedeutet dann bloß die endgültige Dekompensation.

Die Begutachtung der sich bei Wirbelkanalenge manifestierenden Störungen hat sowohl unfallchirurgisch als auch neurologisch zu erfolgen. Unbedingt erforderlich ist eine genaue radiologische Klärung, die früher vor allem durch die Röntgentomographie erfolgte. Heutzutage bedient man sich vorzugsweise der Computertomographie oder der Kernspinresonanztomographie. Die Diagnose eines engen Wirbelkanals auf traumatischer Basis bedeutet jedoch nicht zwangsläufig, daß ein Kompressionssyndrom vorliegt. Oft wird der Zustand lange Zeit beschwerdefrei ertragen und es treten erst dann Symptome auf, wenn eine weitere Schädigung hinzukommt, wie dies schon zuvor bei den kongenitalen Formen der Wirbelkanalenge erwähnt wurde. Es ist daher wichtig, daß der Gutachter die Möglichkeit von Spätfolgen erwähnt. Selbstverständlich vermag er nicht den Wahrscheinlichkeitsgrad, die Art sowie das Ausmaß einer allfälligen Spätkomplikation für den Einzelfall vorauszusehen. Nur allgemeine Feststellungen können gemacht werden.

Liegen jedoch klinische Symptome einer Wirbelkanalenge vor, so muß sich der Gutachter in erster Linie die Frage stellen, ob chirurgische Maßnahmen eher Abhilfe schaffen können. Erst dann hat er sich mit der gutachtlichen Einschätzung des klinischen Syndroms zu befassen, bei dem spinale sowie radikuläre Irritations- und Ausfallserscheinungen möglich sind. Nicht selten sind Rückenmark- und Wurzelsymptome miteinander vergesellschaftet. Meist sind schon Befunde über Myelographie und Lumbalpunktion vorhanden, welche auch das Ausmaß der Passagebehinderung und der chronisch-entzündlichen Veränderungen des Wirbelkanals verifizieren. Besonders in fraglichen Fällen können solche Befunde von großem Interesse sein. Im Rahmen der Begutachtung selbst sind aber die genannten eingreifenden Untersuchungsmethoden nicht zumutbar, wie von juristischer Seite wiederholt festgestellt wurde (kein Duldungszwang).

Eine Sonderform der traumatischen Spondylolisthesis stellt der *bilaterale Bogenbruch des Axisringes* dar. Diese sogenannte *Hangman-Fraktur* führt zu einer mehr oder weniger ausgedehnten Dislokation des Wirbelkörpers vom Wirbelbogen. Besonders häufig begegnet uns dieses unfallkausale Wirbelgleiten im Gefolge von Verkehrsunfällen. Der Dens epistrophei mit seinen Bändern bleibt dabei unversehrt. Typischerweise reißt hingegen das Ligamentum longitudinale anterius. Auch der Anulus fibrosus und das hintere Längsband können bei dieser Verletzung rupturieren. Mitunter kommt ein Knochenabriß vom vorderen unteren Rand des zweiten Halswirbelkörpers und/oder vom oberen Rand des dritten Halswirbelkörpers vor.

C. Gutachtliche Wertung

Zusammenfassend und abschließend läßt sich in bezug auf die hier erörterte Thematik sagen, daß ein *isolierter Bandscheibenschaden mit Diskusvorfall nur sehr selten* und nur unter den zuvor dargelegten Bedingungen, eine *Spondylolisthese praktisch nie als Unfallfolge anzuerkennen* ist. Weitaus häufiger bzw. fast immer handelt es sich um schicksalhafte Leidenszustände. Zur differentialdiagnostischen Abgrenzung können nach wie vor die Forderungen von LOB (1973) bezüglich der anzuerkennenden Unfallkausalität eines Bandscheibenvorfalles dienen, so daß sie an dieser Stelle wiederholt seien:

1. Das Unfallereignis muß schwer genug gewesen sein, um Rißbildungen der Bandscheibe zu verursachen.
2. Es muß auch in seiner Mechanik so abgelaufen sein, daß es die Entstehung derartiger Rißbildungen erklärt.
3. Es muß der Nachweis geführt werden, daß sich in unmittelbarem Anschluß an den Unfall die Symptome eines Ischiasleidens oder einer Lumbago eingestellt haben, und zwar dadurch, daß der Verletzte die Arbeit mehr oder weniger bald nach dem Unfall niedergelegt hat.
4. Es muß nach Möglichkeit der Beweis erbracht werden, daß vor dem Unfall keinerlei Ischias- oder Lumbagoanfälle aufgetreten waren.
5. Die klinischen Symptome müssen für einen hinteren Bandscheibenvorfall bzw. eine Bandscheibenprotrusion sprechen.

Im Rahmen schwerer Wirbelbrüche mit Bandscheibenzerreißung können sehr wohl Bandscheibenvorfälle und Wirbelverschiebungen entstehen. An ihrer traumatischen Ätiologie ist nicht zu zweifeln. Bezüglich der traumatisch bedingten Spondylolisthese sind in ähnlicher Form strenge Forderungen an die Kausalitätsbeurteilung zu stellen. Was die gutachtliche Einschätzung im Falle einer Anerkennung betrifft, gelten für die Einstufung die Richtlinien sowohl der chirurgischen Wirbelsäulenbegutachtung als auch der neurologischen Syndrombegutachtung (radikuläre und bloß ausnahmsweise spinale Ausfälle). Überschneidungen in den Einschätzungen sind zu erwarten, so daß eine globale Beurteilung und Einschätzung unter Absprache der Gutachter am besten von jenem Sachverständigen vorzunehmen ist, auf dessen Gebiet die hauptsächliche Beeinträchtigung gegeben ist.

Literatur

BODECHTEL, G.: Differentialdiagnose neurologischer Krankheitsbilder. Thieme, Stuttgart, 1974

BROCHER, J. E. W.: Die Wirbelsäulenleiden und ihre Differentialdiagnose. Thieme, Stuttgart, 1966

DELANK, H. W.: Grundriß der Unfallneurologie. Steinkopff, Darmstadt, 1970

DOLLHÄUBL, J.: Die Beurteilung von Folgen nach Wirbelsäulenverletzungen. Forsch. u. Prax. d. Begutacht. 3: 11 (1970)

FRANK, E.: Bandscheibenveränderungen und Trauma. Forsch. u. Prax. d. Begutacht. 3: 37 (1970)

GÜNTHER, E., HYMMEN, R.: Unfallbegutachtung. De Gruyter, Berlin, 1972

IDELBERGER, K.: Die Begutachtung von Wirbelsäulenkrankheiten. Öffentl. Gesundheitsdienst 21: 513 (1960)

KRETSCHMER, H.: Neurotraumatologie. Thieme, Stuttgart, 1978

KUHLENDAHL, H.: Über die Beziehungen zwischen anatomischer und funktioneller Läsion der lumbalen Kreuzwirbelscheiben und den klinischen Erscheinungsbildern und Ischialgien. Ärzl. Wschr. 5: 282 (1950)

KUHLENDAHL, H.: Analyse der Biomechanik von Halswirbelsäule und Rückenmark. Wirbelsäule und Nervensystem. Thieme, Stuttgart, 1970

LANGE, M., HIPP, E.: Variationen der Wirbelsäule und deren klinische Bedeutung. Med. Klin. 57: 1589 (1962)

LANGE, M., HIPP, E.: Lehrbuch der Orthopädie und Traumatologie. Ferd. Enke, Stuttgart, 1967

LOB, A.: Begutachtung traumatischer Schädigungen der Wirbelsäule. In: LOB, A. (Hrsg.) Handbuch der Unfallbegutachtung. Bd. 3, Enke, Stuttgart, 492-852, 1973

LOEW, F., JOCHHEIM, K.-A., KIVELITZ, R.: Klinik und Behandlung der lumbalen Bandscheibenschäden. In: Handbuch der Neurochirurgie VII/1. Springer, Berlin–Heidelberg–New York, 220, 1969

MARX, H. K.: Medizinische Begutachtung/Grundlagen und Praxis. Thieme, Stuttgart, 1977

MATZEN, P. F.: Lehrbuch der Orthopädie. Volk und Gesundheit, Berlin, 1967

MIFKA, P.: Nervenärztliche Unfallbegutachtung. Schriftenreihe der AUVA, Ueberreuter, Wien, 1961

MOLLOWITZ, G., LINIGER-MOLINEUS: Der Unfallmann. Barth, München Frankfurt/M., 1974

MUMENTHALER, M., SCHLIACK, H.: Läsionen peripherer Nerven. Georg Thieme, Stuttgart–New York, 1982

NEUGEBAUER, F.: Zur Entwicklungsgeschichte des spondylolisthetischen Beckens. Halle, 1882

ROMPE, G., ERLENKÄMPER, A.: Begutachtung der Haltungs- und Bewegungsorgane. Thieme, Stuttgart, 1978

SCHEID, W.: Lehrbuch der Neurologie. 5. Aufl., Thieme, Stuttgart–New York, 1983

TÖNNIS, D., SCHILDHAUER, M.: Isolierte Bandscheibenverletzungen und Unfallgenese von Bandscheibenvorfällen. Acta Traumatol. 1: 145 (1971)

III. Kompartmentsyndrome

Unter dieser Bezeichnung versteht man klinische Syndrome, welche über den Mechanismus der Drucksteigerung bzw. der kritischen Durchblutungsstörung zu einer Schädigung des Inhaltes eines Kompartments führen. Ein Kompartment stellt eine Faszienloge dar, welche durch Knochen und Bindegewebe straff begrenzt ist. Man muß einerseits geschlossene und andererseits offene derartige Räume unterscheiden. Ein Kompartmentsyndrom kann lediglich in einer geschlossenen, typischerweise überwiegend von Muskelgewebe ausgefüllten Loge entstehen. Erstmals wurde in klarer Form ein Kompartmentsyndrom von VOLKMANN (1869) beschrieben. In weiterer Folge häuften sich Publikationen über derartige Beobachtungen, welche unter dem Einfluß der angelsächsischen medizinischen Literatur unter dem Begriff des Kompartmentsyndroms diagnostiziert werden. Auf Grund der Tatsache, daß Muskeln und meist auch Nerven in den osteofibrösen Logen lokalisiert sind, beschäftigen Kompartmentsyndrome sowohl Unfallchirurgen bzw. Orthopäden als auch Neurologen. Ätiologisch kommen verschiedene Schädigungen in Frage, darunter auch häufig Traumen.

A. Pathophysiologie und Ätiologie

Nach HOLD und DENCK (1987) bedeutet das Kompartmentsyndrom die gefährlichste Komplikation einer passageren Ischämie. Es beruht auf einer Erhöhung des Innendruckes einer präformierten Muskelloge, ihrerseits zurückführen auf einen kritischen Anstieg des Gewebsdruckes. Dieser zeigt sich in einer Beendigung der Vasomotorik, in einer Erweiterung der Arteriolen und in einem Sistieren des Karpillarflusses (RESCHAUER 1987). Pathophysiologisch liegt eine *Störung der neuromuskulären Funktion* vor, wobei sich im Rahmen des postischämischen Ödems ein typischer Circulus vitiosus entwikkelt: Gewebsödem – Hypoxie – Azidose – Permeabilitätsstörung – Gewebsdruckanstieg – Minderdurchblutung – Ödem (ECHTERMEYER 1985).

Durch kontinuierlichen Druckanstieg innerhalb des präformierten Kompartments, das eine Volumsvermehrung infolge seiner Straffheit nicht zuläßt, wird die Muskulatur hochgradig geschädigt, so daß sie bald funktionslos wird und schließlich zerfällt. Es setzt ein makrophagischer Abbauprozeß ein und schließlich kommt es im Sinne der Reparation zu einer ausgedehnten Narbenbildung. Sie bedeutet eine fibröse Umwandlung des infarzierten Muskelgewebes. Durch Narbenschrumpfung entsteht letztlich eine Gelenkskontraktur, am besten bekannt als VOLKMANNsche Kontraktur nach Verschluß der Arteria cubitalis bzw. der Arteria brachialis.

SEDDON (1956) wies darauf hin, daß es sich um einen massiven Infarkt innerhalb der Muskelloge handelt, in der Regel um einen Totalinfarkt. Durch Druckmessung läßt sich rein physikalisch der Anstieg des Gewebsdruckes innerhalb des betroffenen Kompartments feststellen. Als approximativer Grenzwert gelten 33 mm Hg. Jedoch ist auch in dieser Hinsicht eine Abhängigkeit vom systemischen Blutdruck gegeben. Der normale Gewebsdruck beträgt zwischen 0 und 10 mm Hg. Die Druckmessung kann in verschiedener Form, am einfachsten durch Punktion bzw. Einlegen eines Katheters und Anschluß an ein Steigrohr, erfolgen. Mit dem Gewebsabbau kommt es zu einem Anstieg der Enzymaktivitäten im Blutserum, so der Kreatinphosphokinase und der Laktatdehydrogenase. Im Gefolge der arteriellen Mangeldurchblutung der Muskulatur wird mit dem Abbau der kontraktilen Substanz Myoglobin frei, das sich nach etwa vier Stunden sowohl im Serum als auch im Harn findet und durch Peroxydase-(z. B. Benzidin-)Proben nachgewiesen werden kann. Übrigens bewirkt eine inkomplette Ischämie eine stärkere Zellschädigung als eine komplette (Hold und Denck 1987). Dieses paradoxe Phänomen dürfte sich dadurch erklären, daß erst durch Bereitstellung von Glukose eine anaerobe Glykolyse möglich wird, die ihrerseits das zellschädigende Laktat ansteigen läßt. Setzt die Durchblutung schließlich wieder ein, so entwickelt sich ein Wandödem der Arteriolen und Kapillaren. Die Reperfusion führt damit rasch zu einer Endothelzellschädigung. Die Blutzirkulation nimmt ab und sistiert schließlich total. Verständlichermaßen sind besonders Patienten im Hinblick auf ein Kompartmentsyndrom gefährdet, wenn sie eine Gefäßverletzung mit peripherer Ischämie oder eine Gewebsverletzung mit großer Energiewirkung und dadurch mit weitreichendem lokalem Ausfall der Mikrozirkulation erlitten haben (z. B. Explosionsverletzungen und Schußverletzungen).

B. Klinischer Verlauf

Kompartmentsyndrome finden sich einerseits bei einer Vermehrung des Logeninhaltes (Volumszunahme) und andererseits bei einer Verminderung des Logeninhaltes (Druck von außen). So können lokale Blutungen und Gefäßverletzungen, die zuvor beschriebene postischämische Schwellung, aber auch Embolien, lang anhaltende Gefäßspasmen, toxische Schädigungen (Schlangenbiß), Frakturen und Osteotomien sowie ausgedehnte Verbrennungen, aber auch Kompression durch einen engen Gipsverband, Druck des eigenen Körpergewichtes bei Bewußtlosen und Vergifteten, schwere Quetschungen und Extensionen von Frakturen ein Kompartmentsyndrom verursachen. Ja selbst trainingsbedingte Muskelhypertrophie und Überanstrengung durch Laufen oder Marschieren können gleich oder nach einem zeitlichen Intervall zu einem Kompartmentsyndrom führen. Als bekanntestes dieser funktionellen Muskellogensyndrome ist die „Marschgangrän" zu nennen (Blandy und Fuller 1957).

Dem Schweregrad nach unterscheidet Echtermeyer (1985) ein drohendes und ein manifestes Kompartmentsyndrom. Das *drohende Kompartmentsyndrom* kündigt sich durch ein starkes Spannungsgefühl sowie einen starken Schmerz an, der für die erlittene Verletzung unverhältnismäßig intensiv ist. Der periphere Puls ist noch tastbar. Es finden sich noch keine faßbaren neurologischen Störungen. Die Manometrie in der betroffenen Muskelloge ergibt Werte an der kritischen Druckgrenze. Das *manifeste Kompartmentsyndrom* läßt eine Schwellung und Rötung über der betroffenen Muskelloge erkennen. Palpatorisch findet sich eine pralle bis bretthart Gewebsspannung. Der Schmerz hat zugenommen, wird als bohrend, brennend und krampfartig beschrieben. Durch passive Dehnung der minderdurchbluteten Muskulatur steigert sich die Schmerzintensität deutlich. Die Muskulatur ist äußerst druckschmerzhaft. Der periphere Puls ist nicht mehr tastbar. Anfängliche Parästhesien gehen über Hypästhesie in Anästhesie über. Die neurologische Untersuchung ergibt ein Defizit, welches den anatomischen Gegebenheiten des betroffenen Kompartments entspricht.

Lokalisatorisch lassen sich Kompartmentsyndrome an den oberen und unteren Extremitäten, aber auch im Stammbereich feststellen. Am häufigsten begegnet uns das Tibialis-anterior-Syndrom, das wegen seiner klinischen Wichtigkeit später noch als Beispiel der klinischen Symptomatik und Entwicklung eigens besprochen wird. ECHTERMEYER (1985) unterscheidet zahlreiche anatomische Logen, so am Unterarm zehn, an der Hand fünf, in der Glutäalregion drei, im Oberschenkelbereich neun, am Unterschenkel vier und am Fuß gleichfalls vier Kompartments. Aus klinischer Sicht sind nachstehende Faszienräume von Bedeutung:

Schulterblattloge
Loge des Deltamuskels – geht in die Beugerloge des Oberarmes über
Beugerloge des Oberarmes – enthält neben der Muskulatur den Nervus musculocutaneus
Streckerloge des Oberarmes – enthält neben der Muskulatur den Nervus ulnaris
Streckerloge des Unterarmes – enthält neben der Muskulatur den Ramus profundus nervi radialis
Radiale Unterarmloge – enthält neben der Muskulatur den Ramus superficialis nervi radialis
Beugerloge des Unterarms – enthält neben der Muskulatur die Nervi ulnaris et medianus
Thenarloge der Hand – enthält neben der Muskulatur den Ramus opponens nervi mediani
Intramediäre Hohlhandloge einschließlich des Karpaltunnels – enthält neben der Muskulatur den Nervus medianus
Hypothenarloge der Hand – enthält neben der Muskulatur den Nervus ulnaris
Drei Muskellogen der Glutäalregion
Iliopsoasloge – enthält neben der Muskulatur den Nervus femoralis
Streckerloge des Oberschenkels
Adduktorenloge des Oberschenkels

Beugerloge des Oberschenkels – enthält neben der Muskulatur den Nervus ischiadicus
Vordere Loge des Unterschenkels – enthält neben der Muskulatur den Nervus peronaeus profundus
Laterale Loge des Unterschenkels – enthält neben der Muskulatur den Nervus peronaeus superficialis
Hintere oberflächliche Unterschenkelloge
Hintere tiefe Unterschenkelloge – enthält neben der Muskulatur den Nervus tibialis
Intermediäre Fußsohlenloge
Großzehenloge – enthält neben der Muskulatur den Nervus plantaris medialis
Kleinzehenloge – enthält neben der Muskulatur den Nervus plantaris lateralis

Die Ausfälle sind bei Kompartmentsyndromen überwiegend sowohl muskulär als auch neurogen bedingt. Die Unterscheidung kann manchmal Schwierigkeiten bereiten. Differentialdiagnostisch können die motorische Nervenstimulation und die Elektromyographie (EMG) eingesetzt werden. Da die motorischen Endplatten gegenüber Sauerstoffmangel besonders empfindlich sind, fällt bei einem Kompartmentsyndrom bald die physiologische Muskelreaktion durch motorische Nervenreizung aus. Das EMG hat vor allem prognostischen Wert, da eine elektrische Stille, welche auch die Einstichaktivität einschließt, auf eine irreversible Nekrose hinweist. An Hilfsbefunden werden ferner DOPPLER-Ultraschalluntersuchungen zum Nachweis präexistenter arterieller Gefäßverschlüsse und Gefäßverengungen, Radioisotopenuntersuchungen zum metabolischen Funktionsnachweis der Muskulatur sowie arteriographische und phlebographische Untersuchungen zum Nachweis von Gefäßverengungen und Thrombosen eingesetzt.

Die Therapie der Kompartmentsyndrome besteht in der möglichst frühen Behebung der Drucksteigerung in der Muskelloge und der lokalen Durchblutungsstörung. Wenn einengende Verbände vorhanden sind, dann müssen diese unverzüglich gespaltet werden. Die betroffene Extremität ist flach zu lagern, bis höchstens 10 cm über Herzniveau, da eine stärkere Hochlagerung die Durchblutung zusätzlich vermindert. Ruhigstellung ist absolut erforderlich. Das weitere therapeutische Vorgehen hängt vom Entwicklungsstadium des Kompartmentsyndroms ab. Wenn ein solches in der vorhin geschilderten Art droht, dann werden meist nur kleine Hautinzisionen zur Entlastung gesetzt. Liegt bereits ein manifestes Kompartmentsyndrom vor, so wird die Faszie quer und längs inzidiert. Nekrotisches Muskelmaterial sowie Blutkoagula müssen entfernt werden. Laut ECHTERMEYER (1985) ist ein derartiges ausgedehntes Debridement gleichzeitig die beste Prophylaxe gegen eine Sekundärinfektion, deren Gefahr angesichts eingetretener Nekrose besonders groß ist. Die Operation darf keine zusätzliche Durchblutungsminderung setzen, darf daher nicht in Blutsperre erfolgen. Es muß sichergestellt werden, daß postoperativ keine neuerliche Drucksteigerung im Kompartment entsteht (kein primärer Wundverschluß und Verhinderung einer Instabilität durch gleichzeitige Osteosynthese). Intraoperativ erkennt man das ausgebildete Kompartmentsyndrom an der negativen Tetralogie der „4 K": Kontraktibilität bei Berührung fehlend, Konsistenz erhöht, Kolorit nicht mehr rotbraun, sondern meist gelb, Kapillarblutung bei Inzision fehlend. Der Endzustand des unbehandelten oder zu spät operierten Kompartmentsyndroms zeigt sich in Form von Kontrakturen. Das Therapieziel zu diesem Zeitpunkt ist ein dreifaches: Beseitigung der Gelenkkontrakturen, Ersatz der ausgefallenen Muskelfunktion und Wiederherstellung der Nervenfunktion. Eine Kryotherapie hat nur bei leichten und chronischen Fällen in der Anfangsphase Sinn.

C. Tibialis-anterior-Syndrom

Dieses stellt das häufigste Kompartmentsyndrom dar und wird daher beispielhaft näher erörtert. Es beruht auf einer *ischämischen Muskelnekrose in der Tibialisloge.* Betroffen sind sämtliche hier gelegenen Muskeln, nämlich der Musculus tibialis anterior, der Musculus extensor hallucis longus und der Musculus extensor digitorum longus. Eine Druckerhöhung in der von Knochen und straffendem Bindegewebe begrenzten Loge führt, wenn dadurch der Arteriendruck überschritten wird, zur kompletten Ischämie aller innerhalb des genannten Raumes lokalisierten Strukturen. Kausal kommen Raumforderungen durch Blutung oder Ödem, aber auch ein Gefäßverschluß durch Thrombose oder Embolie in Frage. Die klinische Symptomatik besteht in heftigen Schmerzen an der Vorderseite des Unterschenkels, in einer dort lokalisierten Rötung und brettharten Schwellung, oft verbunden mit Fieber, Anstieg der Blutsenkungsgeschwindigkeit und des Transaminasenspiegels. Diese Phänomene sind auf die lokale Muskelnekrose zurückzuführen, die sich im Funktionsausfall der betroffenen Muskeln äußert, d. h. in einer Lähmung für die Dorsalflexion der Zehen und des Fußes. An neurogenen Ausfällen sind *Paresen des Nervus peronaeus profundus und manchmal des Nervus peronaeus superficialis* zu beobachten. Der erstgenannte Nerv verläuft regelmäßig durch die Tibialisloge, der letztgenannte Nerv wird mitunter aus der Arteria tibialis anterior versorgt und kann daher zusätzlich ausfallen. Da die Muskulatur der Tibialisloge primär geschädigt ist, zeigt sich klinisch eine Symptomatik, welche diese Muskeln betrifft und daher einer motorischen Parese des Nervus peronaeus profundus ähnelt. Die Nervenschädigung tritt erst sekundär ein. Das klinische Bild mit der obgenannten Symptomatik in Form von Schmerzen, Schwellung und Rötung der Prätibialregion, Fieber sowie Anstieg der Blutsenkungsgeschwindigkeit und der Enzymaktivitäten im Blutserum (Kreatinphosphokinase und Laktatdehydrogenase) ermöglicht zusammen mit dem meist vorliegenden Schwinden des Pulses der Arteria dorsalis pedis die richtige Diagnose. Die Elektromyographie ergibt das zuvor erwähnte typische Bild, nämlich eine vollkommene Stille in den von der Nekrose betroffenen Muskeln und weiters eine neurogene Läsion im Musculus extensor hallucis brevis und im Musculus extensor digitorum brevis, allenfalls auch in den Musculi peronaei. Ohne rechtzeitige Behandlung, die in der breiten chirurgischen Spaltung der Fascia cruris anterior innerhalb weniger Stunden nach Beginn der Symptomatik besteht, ist das Tibialis-anterior-Syndrom irreparabel: Die Muskelschwellung geht in eine totale Nekrose über, welche später eine bindegewebige Umwandlung erfährt, so daß sich diese Region bei der Palpation wie hölzern anfühlt. Es tritt eine Kontraktur des Logeninhaltes ein, der Fuß kann nicht mehr über einen Winkel von ungefähr 90° nach plantar flektiert werden. Es entwickelt sich eine Hammerstellung der Großzehe durch Kontraktur des Musculus extensor hallucis longus. Besonders nach operativer Spaltung der vorderen Unterschenkelfaszie kann sich der Nervus peronaeus superficialis erholen und es kann sich dann unter Umständen die Parese der kleinen Zehenstrecker des Fußrückens zurückbilden. Leider wird das Tibialis-anterior-Syndrom wiederholt nicht rechtzeitig erkannt, so daß die operative Druckentlastung der Tibialisloge zu spät kommt und ein Dauerschaden nicht mehr zu verhindern ist. Dieser besteht in der genannten Bewegungsstörung des Fußes und auch der Großzehe bei gleichzeitigem Schwund der Muskulatur, was zu einem deutlichen Hervortreten der ventralen Tibiakante führt. Die Folge ist eine Gangbehinderung. Gutachtlich ist der ausgeprägte Folgezustand eines Tibialis-anterior-Syndroms weitgehend der Lähmung des Nervus peronaeus profundus gleichzusetzen.

D. Gutachtliche Wertung

Zusammenfassend läßt sich sagen, daß die gutachtliche Einschätzung der Ausfälle und Störungen nach einem Kompartmentsyndrom sowohl unfallchirurgisch bzw. orthopädisch als auch neurologisch zu erfolgen hat. Überwiegend ist eine mehr oder minder ausgeprägte Überschneidung in den Einschätzungen gegeben. Entscheidend ist jedoch einzig und allein das Gesamtausmaß der Behinderung. Da mehrfache ätiologische Möglichkeiten für die Entstehung eines Kompartmentsyndroms in Frage kommen, muß zu Beginn des Gutachtens die Unfallkausalität des Leidenszustandes eindeutig geklärt werden, was an Hand der primären medizinischen Unterlagen und des weiteren klinischen Verlaufes in der Regel keine Schwierigkeiten bereiten sollte.

Literatur

Blandy, J. P., Fuller, R.: March gangrene. J. Bone Joint Surg. (Br.) 39: 679-693 (1957)

Echtermeyer, V.: Das Kompartment-Syndrom. Hefte z. Unfallheilk. 169 (1985)

HOLD, M., DENCK, H.: Bedeutung des Compartmentsyndroms in der Gefäßchirurgie. Frühjahrstagung d. Österr. Ges. f. Unfallchirurgie, Hefte z. Unfallchirurgie, Plastischen und Wiederherstellungschirurgie 85: 18-20 (1987)

RESCHAUER, R.: Mikrozirkulation und histologische Veränderungen beim Compartmentsyndrom. Frühjahrstagung d. Österr. Ges. f. Unfallchirurgie, Hefte z. Unfallchirurgie, Plastischen und Wiederherstellungschirurgie 85: 12-17 (1987)

SEDON, H.: Volkmann's contracture. Treatment by excision of the infarct. J. Bone Joint Surg. 39-B: 152 (1956)

VOLKMANN, R. von: Krankheiten der Bewegungsorgane. In: PITHA-BILLROTH (Hrsg.) Handbuch der Chirurgie. Bd. 2, 845-920, 1869

IV. Pflegebedürftigkeit, früher Hilflosigkeit

Während der Drucklegung dieses Werkes trat am 1. 7. 1993 das neue **Bundespflegegeldgesetz** in Kraft. Dazu liegt eine Einstufungsverordnung vor, erschienen im Bundesgesetzblatt für die Republik Österreich am 11. 5. 1993. Es wird nunmehr eine detaillierte und genaue Einstufung des Pflegebedarfes gewährleistet und zugleich der bisher geltende Begriff der Hilflosigkeit aufgegeben. Grundlage der medizinischen Beurteilung des Pflegebedarfes stellt nach wie vor eine eingehende ärztliche Untersuchung des Antragstellers dar, welche funktionell-praktischen Aspekten Rechnung zu tragen hat. Voraussetzungen für Anspruchsberechtigung sind:

Ständiger Betreuungs- und Hilfsbedarf (Pflegebedarf) für mindestens sechs Monate wegen einer körperlichen, geistigen oder psychischen Behinderung oder einer Sinnesbehinderung,

Pflegebedarf von mehr als 50 Stunden monatlich,

Gewöhnlicher Aufenthalt in Österreich,

Vollendung des 3. Lebensjahres.

In der Folge sind der Text der Einstufungsverordnung zum Bundespflegegesetz (314. Verordnung im Bundesgesetzblatt für die Republik Österreich, ausgegeben am 11. 5. 1993) und der Text des einschlägigen, nunmehr verwendeten Gutachtenformulars der Allgemeinen Unfallversicherungsanstalt Österreichs zur Feststellung der Pflegegeldstufe (Einteilung nach insgesamt sieben Stufen) wiedergegeben. Zukünftig werden Schwerstversehrte in der Haftpflichtversicherung und im Zivilgerichtsverfahren gleichfalls nach diesen neuen gesetzlichen Richtlinien zu beurteilen sein.

314. Verordnung des Bundesministers für Arbeit und Soziales über die Beurteilung des Pflegebedarfes nach dem Bundespflegegeldgesetz (Einstufungsverordnung zum Bundespflegegeldgesetz)

Gemäß § 4 Abs. 5 und § 37 des Bundespflegegeldgesetzes, BGBl. Nr. 110/1993, wird verordnet:

§ 1. (1) Unter Betreuung sind alle in relativ kurzer Folge notwendigen Verrichtungen anderer Personen zu verstehen, die vornehmlich den persönlichen Lebensbereich betreffen und ohne die der pflegebedürftige Mensch der Verwahrlosung ausgesetzt wäre.

2) Zu den im Abs. 1 genannten Verrichtungen zählen insbesondere solche beim An- und Auskleiden, bei der Körperpflege, der Zubereitung und Einnahme von Mahlzeiten, der Verrichtung der Notdurft, der Einnahme von Medikamenten und der Mobilitätshilfe im engeren Sinn.

(3) Bei der Feststellung des zeitlichen Betreuungsaufwandes ist von folgenden – auf einen Tag bezogenen – Richtwerten auszugehen:

An- und Auskleiden:	2 x 20 Minuten
Reinigung bei inkontinenten Patienten:	4 x 10 Minuten
Anus-praeter-Pflege:	15 Minuten
Kanülen-Pflege:	10 Minuten
Katheter-Pflege:	10 Minuten
Einläufe:	30 Minuten

(4) Für die nachstehenden Verrichtungen werden folgende zeitliche Mindestwerte festgelegt:

Tägliche Körperpflege:	2 x 25 Minuten
Zubereitung von Mahlzeiten:	1 Stunde
Einnehmen von Mahlzeiten:	1 Stunde
Verrichtung der Notdurft:	4 x 15 Minuten

Abweichungen von diesen Zeitwerten sind nur dann zu berücksichtigen, wenn der tatsächliche Betreuungsaufwand diese Mindestwerte erheblich überschreitet.

§ **2.** (1) Unter Hilfe sind aufschiebbare Verrichtungen anderer Personen zu verstehen, die den sachlichen Lebensbereich betreffen und zur Sicherung der Existenz erforderlich sind.

(2) Hilfsverrichtungen sind die Herbeischaffung von Nahrungsmitteln und Medikamenten, die Reinigung der Wohnung und der persönlichen Gebrauchsgegenstände, die Pflege der Leib- und Bettwäsche, die Beheizung des Wohnraumes einschließlich der Herbeischaffung von Heizmaterial und die Mobilitätshilfe im weiteren Sinn.

(3) Für jede Hilfsverrichtung ist ein – auf einen Monat bezogener – fixer Zeitwert von 10 Stunden anzunehmen.

§ **3.** (1) Pflegebedarf ist insoweit nicht anzunehmen, als die notwendigen Verrichtungen vom Anspruchswerber durch die Verwendung einfacher Hilfsmittel selbständig vorgenommen werden können oder könnten und ihm der Gebrauch dieser Hilfsmittel mit Rücksicht auf seinen physischen und psychischen Zustand zumutbar ist.

(2) Die Verwendung anderer Hilfsmittel ist zu berücksichtigen, wenn diese vorhanden sind oder deren Finanzierung zur Gänze oder zumindest überwiegend durch den Entscheidungsträger oder einen öffentlichen Kostenträger sichergestellt ist.

§ **4.** Die Anleitung sowie die Beaufsichtigung von Menschen mit geistiger oder psychischer Behinderung bei der Durchführung der in den §§ 1 und 2 angeführten Verrichtungen ist der Betreuung und Hilfe selbst gleichzusetzen.

§ **5.** Ständiger Pflegebedarf liegt vor, wenn dieser täglich oder zumindest mehrmals wöchentlich regelmäßig gegeben ist.

§ **6.** Ein außergewöhnlicher Pflegeaufwand liegt vor, wenn die dauernde Bereitschaft, nicht jedoch die dauernde Anwesenheit einer Pflegeperson erforderlich ist.

§ 7. (1) Bei hochgradig sehbehinderten, blinden und taubblinden Personen ist mindestens folgender Pflegebedarf ohne weitere Prüfung nach § 4 des Bundespflegegeldgesetzes anzunehmen:

1. Pflegebedarf von durchschnittlich mehr als 120 Stunden monatlich für Personen, die hochgradig sehbehindert sind;
2. Pflegebedarf von durchschnittlich mehr als 180 Stunden monatlich für Personen, die blind sind;
3. Pflegebedarf von durchschnittlich mehr als 180 Stunden monatlich und ein außergewöhnlicher Pflegeaufwand für Personen, die taubblind sind.

(2) Als hochgradig sehbehindert gilt, wer das Sehvermögen so weit eingebüßt hat, daß er sich zwar in nicht vertrauter Umgebung allein zurechtfinden kann, jedoch trotz der gewöhnlichen Hilfsmittel zuwenig sieht, um den Rest an Sehvermögen wirtschaftlich verwerten zu können.

(3) Als blind gilt, wer nichts oder nur so wenig sieht, daß er sich in einer ihm nicht ganz vertrauten Umgebung allein nicht zurechtfinden kann.

(4) Als taubblind gelten Blinde, deren Hörvermögen so hochgradig beeinträchtigt ist, daß eine Kommunikation mit der Umwelt nicht mehr möglich ist.

§ 8. Bei Personen, die zur Fortbewegung überwiegend auf den Gebrauch eines Rollstuhles angewiesen sind, ist mindestens folgender Pflegebedarf ohne weitere Prüfung nach § 4 des Bundespflegegeldgesetzes anzunehmen:

1. Pflegebedarf von durchschnittlich mehr als 120 Stunden monatlich, wenn kein deutlicher Ausfall von Funktionen der oberen Extremitäten und weder eine Stuhl- oder Harninkontinenz noch eine Blasen- oder Mastdarmlähmung vorliegen;
2. Pflegebedarf von durchschnittlich mehr als 180 Stunden monatlich, wenn kein deutlicher Ausfall von Funktionen der oberen Extremitäten, jedoch eine Stuhl- oder Harninkontinenz bzw. eine Blasen- oder Mastdarmlähmung vorliegt;
3. Pflegebedarf von durchschnittlich mehr als 180 Stunden monatlich und ein außergewöhnlicher Pflegeaufwand, wenn ein deutlicher Ausfall von Funktionen der oberen Extremitäten gegeben ist.

§ 9. (1) Die Grundlage der Entscheidung bildet ein ärztliches Sachverständigengutachten. Erforderlichenfalls sind zur ganzheitlichen Beurteilung der Pflegesituation Personen aus anderen Bereichen, beispielsweise dem Pflegedienst, der Heil- und Sonderpädagogik, der Sozialarbeit sowie der Psychologie beizuziehen.

(2) Das Sachverständigengutachten hat jedenfalls zu enthalten:

1. die Anamnese, die Diagnose und die voraussichtliche Entwicklung der Behinderung,

2. den Befund über die Funktionsausfälle und die zumutbare Verwendung von Hilfsmitteln bzw. die Beschreibung der Defizite auf Grund der geistigen oder psychischen Behinderung,
3. die Angabe, zu welchen Verrichtungen ständige Betreuung und Hilfe benötigt wird,
4. eine Begründung für eine Abweichung von den im § 1 Abs. 3 und 4 festgelegten Richtwerten und Mindestwerten sowie
5. die Beurteilung, ob ein außergewöhnlicher Pflegeaufwand, eine dauernde Beaufsichtigung oder ein der dauernden Beaufsichtigung gleichzuachtender Pflegeaufwand erforderlich ist, wenn der Pflegebedarf durchschnittlich mehr als 180 Stunden monatlich beträgt.

§ 10. Diese Verordnung tritt mit 1. Juli 1993 in Kraft.

Hesoun

Allgemeine Unfallversicherungsanstalt

Landesstelle Graz ☐ Landesstelle Linz ☐ Landesstelle Salzburg ☐ Landesstelle Wien ☐

Ärztliches Gutachten zur Feststellung der Pflegegeld-Stufe
gem. Bundespflegegeldgesetz , BGBl. Nr. 110/1993

Unfall-Nr.

Familienname, Vorname

Vers.-Nr. / Geburtsdatum

PLZ, Ort, Straße

Tel.-Nr.

☐ Erstantrag ☐ Verschlimmerungsantrag ☐ Nachuntersuchung

☐ Hausbesuch ☐ Untersuchung am ______

Anamnese kausal:

Anamnese akausal:

Diagnose kausal:

Diagnose akausal:

Voraussichtliche Entwicklung der Behinderung:

Mindestdauer von 6 Monaten zu erwarten: ja ☐ nein ☐

Funktionsausfälle und Defizite

k = kausal bedingt, **a** = akausal bedingt (Zutreffendes bitte ankreuzen!)

Einzelbeweglichkeit	OE re		OE li		UE re		UE li	
	k	a	k	a	k	a	k	a
keine Behinderung								
gestörte Feinmotorik inkl. Sensorik								
Teilfunktion								
Massenbewegungen								
Unbeweglichkeit								

Globalbeweglichkeit	k	a
selbständige Fortbewegung ohne Fremdhilfe und ohne Stützbehelf		
Fortbewegung ohne Fremdhilfe mit Stützbehelf		
Fortbewegung nur mit Fremdhilfe oder Rollstuhl		
Bettrand, Lehnsessel (Sitzen)		
bettlägerig		
bewegungsunfähig		

Nahrungsaufnahme	k	a
völlig selbständig		
ißt selbst (Vorbereitung nötig)		
muß gefüttert werden		
mit Breinahrung gefüttert		
künstliche Ernährung, Sonde etc.		

Ausscheidungsfunktionen	k	a
ungestört		
leicht behindert, jedoch allein möglich		
Fremdhilfe nötig, kontrolliert		
Harninkontinenz, Dauerkatheter, Teilkontrolle		
Stuhl-u. Harninkontinenz Kontrollverlust		

Sinnesfunktion Sehen	k	a
keine Störung		
sehbehindert, wirtschaftl. verwertbarer Sehrest		
sehbehindert, wirtschaftl. nicht verwertbarer Sehrest		
kann sich aufgrund der Sehbehinderung in nicht vertrauter Umgebung allein nicht zurechtfinden		
völliger Visusverlust		

Störung von Intellekt, Antrieb u. geistiger Leistung	k	a
unbeeinträchtigt		
min. Ausfälle, herabgesetzte Kritikfähigkeit		
faßbare Ausfälle einzelner Funktionen		
im Gespräch erkennbare, globale Beeinträchtigung		
deutliche Demenz mit völligem Selbständigkeitsverlust		

Sonstige wesentliche Feststellungen	k	a		k	a
praktische Taubheit/Taubheit			schwere, therapieresistente cardio-pulmonale Dekompensation		
häufige Anfälle (mehr als einer pro Tag)					
schwere Schmerzzustände					
Süchtigkeiten					
höhergradige Störung des sozialen Umfeldes					

A) Zuordnung ohne weitere Prüfung

Die Pflegegeldstufe ergibt sich ohne weitere Prüfung aufgrund folgender Kriterien: (Zutreffendes bitte ankreuzen!)

1. ☐ hochgradige Sehbehinderung .... Stufe 3
2. ☐ Blindheit .... Stufe 4
3. ☐ Taubblindheit .... Stufe 5
4. ☐ überwiegender Gebrauch eines Rollstuhls:
   - ☐ weder Stuhl- oder Harninkontinenz noch Blasen- oder Mastdarmlähmung .... Stufe 3
   - ☐ mit Stuhl- oder Harninkontinenz bzw. Blasen- oder Mastdarmlähmung .... Stufe 4
   - ☐ mit deutlichem Ausfall von Funktionen der oberen Extremitäten .... Stufe 5

Zusätzliche Behinderungen ja ☐ nein ☐

Wenn ja, ist der ***zusätzliche*** Betreuungs- und Hilfsaufwand zu ermitteln.

Wenn eine Zuordnung nach Abschnitt A nicht zutrifft, ist der tatsächliche Betreuungs- und Hilfsaufwand (Abschnitte B, C und D) zu ermitteln.

Die Anleitung sowie Beaufsichtigung von Menschen mit geistiger oder psychischer Behinderung bei der Durchführung der in den Abschnitten B und C angeführten Verrichtungen ist der Betreuung und Hilfe selbst gleichzusetzen.

B) Ermittlung des Betreuungsaufwandes

	Verrichtung	MRW/RW	Min./Tag =	Std./Mon.	kausal in Std./Monat	akausal in Std./Monat
5.	tägliche Körperpflege	MRW	2 x 25	25		
6.	Zubereitung von Mahlzeiten	MRW	60	30		
7.	Einnehmen von Mahlzeiten	MRW	60	30		
8.	Verrichtung der Notdurft	MRW	4 x 15	30		
9.	An- und Auskleiden (komplett)	RW	2 x 20	20		
10.	Reinigung bei inkontinenten Patienten	RW	4 x 10	20		
11.	Anus praeter-Pflege	RW	15	7,5		
12.	Kanülen-Pflege	RW	10	5		
13.	Katheter-Pflege	RW	10	5		
14.	Einläufe	RW	30	15		
15.	Einnahme von Medikamenten					
16.	Mobilitätshilfe im engeren Sinn (Unterstützung beim Aufstehen, Zubettgehen, Gehen, Umlagern, Stehen, Treppensteigen, An- und Ablegen von Körperersatzstücken etc.)					
17.	Sonstiges					
			Zwischensumme			

Begründung für Abweichungen von den Richtwerten

Pkt. 5 - 8: keine Unterschreitungen möglich; Überschreitungen der Mindestrichtwerte sind nur zu berücksichtigen, wenn der tatsächliche Betreuungsaufwand den MRW erheblich übersteigt.

Pkt. 9 - 14: die Richtwerte können im Einzelfall über- bzw. unterschritten werden.

C) Ermittlung des Aufwandes für Hilfsverrichtungen

Bei Zutreffen ist der pauschale Fixwert anzunehmen.

	Verrichtung	Fixwert	kausal	akausal
		Übertrag		
18.	Herbeischaffung von Nahrungsmitteln und Medikamenten	10 Std.		
19.	Reinigung der Wohnung und der persönlichen Gebrauchsgegenstände	10 Std.		
20.	Pflege der Leib- und Bettwäsche	10 Std.		
21.	Beheizung des Wohnraumes, einschl. Herbeischaffung von Heizmaterial	10 Std.		
22.	Mobilitätshilfe im weiteren Sinn (zur Sicherung der Existenz)	10 Std.		
		Gesamtsumme		

Hilfsmittel

Der Zeitaufwand für die Abschnitte B und C (Betreuung und Hilfe) wurde unter Berücksichtigung folgender Hilfsmittel ermittelt:

Davon sind noch beizustellen:

Monatlicher Pflegebedarf durchschnittlich
mehr als 50 Stunden = Stufe 1 mehr als 75 Stunden = Stufe 2 mehr als 120 Stunden = Stufe 3 mehr als 180 Stunden = Stufe 4

Ermittelter Gesamtaufwand für Betreuung und Hilfe/Monat:
kausal: .... Stunden zusätzlich akausal: .... Stunden

▌ Bei mehr als 180 Stunden/Monat (Stufe 4), ist der Abschnitt D auszufüllen.

D) Bei einem ermittelten Pflegebedarf von durchschnittlich mehr als 180 Stunden/Monat (Stufe 4) trifft zusätzlich folgendes zu:

		kausal		akausal	
23.	Außergewöhnlicher Pflegeaufwand = dauernde Bereitschaft der Pflegeperson (= Stufe 5)	ja ☐	nein ☐	ja ☐	nein ☐
24.	Dauernde Beaufsichtigung oder ein der dauernden Beaufsichtigung gleichzuachtender Pflegeaufwand (= Stufe 6)	ja ☐	nein ☐	ja ☐	nein ☐
25.	Praktische Bewegungsunfähigkeit oder gleichzuachtender Zustand (= Stufe 7)	ja ☐	nein ☐	ja ☐	nein ☐

Ermittelte Pflegegeldstufe:
kausal ....
akausale Erhöhung auf Stufe ....

Nachuntersuchung in .... Jahren

______________________________ ______________________________

Ort, Datum Ort, Datum

______________________________ ______________________________

Unterschrift des untersuchenden Arztes Unterschrift des Chefarztes

Sachregister